Guía para consultar este diccionario

cámbium m. BOT. Meristemo existente entre el líber y el leño de los vegetales.

Indicación de especialidad

Americanismos

chino, -na *adj.-s.* De China. - 2 *m. f. Amér.* desp. Indio, mestizo. - 3 *m.* Piedra pequeña.

campo *m.* Terreno extenso fuera de poblado. 2 Campiña. 3 Tierra laborable. 4 Tereno destinado a determinado fin. 5 Espacio material o imaginario que ocupa una cosa. 6 ~ *visual,* el espacio que abarca la vista estando el ojo inmóvil. 7 ~ *santo,* cementerio católico. 8 FÍS. espacio en que se hace sensible una fuerza determinada.

Sustituye la entrada

Locución

cantidad *f.* Todo lo que es capaz de aumento o disminución. 2 Porción grande. ▷ *En cantidades industriales,* abundantemente.

castañuela *f.* Instrumento músico de percusión compuesto de dos pequeñas piezas de madera en forma de concha. ▷ *Estar como unas castañuelas,* estar muy alegre.

Frase hecha

Gentilicio

canario, -ria *adj.-s.* De Canarias. - 5*m.* Ave doméstica granívora, cantora, oriunda de Canarias, de plumaje variado.

DICCIONARIO ESENCIAL
LENGUA
ESPAÑOLA

DICCIONARIO ESENCIAL
LENGUA
ESPAÑOLA

SEGUNDA EDICIÓN
(Reimpresión)
Julio, 1996

BIBLOGRAF

Calabria, 108
08015 BARCELONA

© BIBLOGRAF, S.A.
Calabria, 108
08015 Barcelona

Impreso en España - Printed in Spain

ISBN: 84-7153-568-8
Depósito legal: B. 25.950-1996

Impreso por LITOGRAFÍA ROSÉS, S.A.
Progrés, 54-60, Políg. Ind. La Post
08850 Gavà (Barcelona)

Índice General

Pág.

Índice General

Presentación

Desde hace años la editorial Biblograf, s.a. tiene en marcha un amplio proceso de organización y modernización de su colección de diccionarios VOX para poner en las manos de cada usuario el diccionario de la lengua que pueda necesitar. De algunos de ellos se han realizado no sólo nuevas ediciones, sino nuevas redacciones, conservando de la obra anterior sólo el título, como es este *Diccionario esencial de la lengua española*; en otros los cambios se han producido tanto en el contenido como en el título. El empeño consiste en mantener uno de los principios que han guiado la historia de la lexicografía: tradición e innovación. Tradición porque no se puede romper sin más con lo que han sido los diccionarios y la lengua. Innovación porque la lengua, y en especial su vocabulario, está en continuo movimiento, y porque la teoría lingüística y las técnicas instrumentales de que hace uso la redacción de diccionarios también evolucionan. La lexicografía es avanzar en el reflejo de la lengua, en la aplicación práctica de los conocimientos, pues de lo contrario sus productos, los diccionarios se quedarían anclados en la época a que pertenecen, como un hito del camino por donde nunca más pasará el peregrino.

Cada nuevo diccionario de la colección VOX, cada nueva edición, supone un testigo más adelantado que los demás, y no son pocos los que van quedando. La realización del *Diccionario esencial de la lengua española* ha sido posible gracias a la amplia base de datos lexicográficos con que cuenta Biblograf, s.a., en continua renovación y actualización, como lo demuestra el más extenso de sus diccionarios, cuyo soporte ya no es el papel, sino magnético, el *Diccionario actual de la lengua española* editado en forma de CD-ROM. Que se cuente con un vasto conjunto de informaciones y unos medios técnicos modernos no quiere decir que esté hecho cualquier diccionario que pueda desearse. Sólo sirven de garantía de la calidad del contenido. De otro modo negaríamos la capacidad del lexicógrafo que va examinando pacientemente cuanto desea poner en su obra, y a quien se debe lo que hay en el interior del diccionario. Su tarea no es nada brillante y tiene escaso reconocimiento, tan poco que por lo general sólo espera el desdén, ya que el usuario tiene como normal hallar lo que busca, y lo criticará cuando no le encuentre, sin darle opción –como a cualquier otro hombre– a la equivocación, o sin pararse a pensar en los motivos que hacen que aquello no esté allí. Por ello, la comprensión y cualquier elogio, por pequeño que sea, le sorprende y le gratifica, proporcionándole una satisfacción muy superior a la de cualquier otro placer.

El *Diccionario esencial de la lengua española* no es, pues, el resultado mecánico de una cadena de producción bien engrasada. Debemos considerarlo más como una pieza de artesanía realizada con los medios más modernos con que se ha podido contar, y gracias al esfuerzo coordinado, y realizado de manera continua a lo largo de muchos meses de trabajo, de un equipo de expertos redactores lexicográficos e informáticos.

El *Diccionario esencial de la lengua española* no quiere suplantar ni ocupar el espacio de otras obras de la colección VOX, pues no se acerca a ellas por el contenido, ni se les parece en la forma. Quiere prestar el mayor servicio posible a un público muy concreto. Biblograf, s.a. no pretende que esta obra vaya a manos de especialistas o técnicos, sólo desea que lo utilicen escolares todavía no formados. De ahí que la cantidad de entradas pueda parecer grande, 30.889, pero no llegan, ni con mucho, a las palabras que tiene el *Diccionario manual ilustrado de la lengua española*, o el *Diccionario escolar*, que cumplen adecuadamente esos cometidos. Tampoco su contenido quiere alcanzar al de estos dos diccionarios, pues no posee la gran cantidad de explicaciones que figuran en el *Escolar*, ni la cantidad de acepciones ni sus definiciones se aproximan a las del *Manual*.

Este diccionario es diferente a los demás de la colección. En él se consigna un buen número de voces con unas definiciones muy simples. Ello explica el título de *Esencial*, no porque sólo se recoja el vocabulario esencial de la lengua, que está en él, sino porque se describe lo esencial del significado de las palabras para llegar a conocerlo. No se engañe, pues, quien considere que este diccionario únicamente da cuenta de lo esencial del léxico de nuestra lengua. Se ha elaborado a la vista de los índices estadísticos del léxico básico y escolar de nuestra lengua, y de los índices de frecuencia de voces de que dispone Biblograf, s.a., completados con otros artículos, algunos de los cuales necesarios para que la obra estuviese cerrada, para que no figurase entre las definiciones ninguna palabra que no estuviese, a su vez, definida en el interior del diccionario. Entre sus características diferenciadoras hay que señalar, igualmente, la inclusión de un gran número de construcciones multiverbales con las que el usuario podrá conocer y entender algo más de nuestra lengua, y no sólo las palabras aisladas.

Va destinado el *Diccionario esencial de la lengua española* a un público español, razón por la que el mundo que se ha querido reflejar es el español de nuestros días, de manera que el vocabulario consignado es, necesariamente –por las fuentes de información empleadas, y por la finalidad perseguida–, el español general, con muy escasas concesiones a voces regionales americanas.

Manuel Alvar Ezquerra

Índice de ilustraciones en color

Índice de ilustraciones en color

Abreviaturas usadas en este diccionario

a. C.	antes de Cristo	adv. m.	adverbio de modo
abs.	absoluto	*adv. m. interr.*	adverbio de modo interrogativo
Ac.	acción		
adj.	adjetivo	*adv. neg.*	adverbio de negación
adj.-com.	adjetivo usado también como substantivo del género común	*adv. t.*	adverbio de tiempo
		adv. t. interr.	adverbio de tiempo interrogativo
adj. dem.	adjetivo demostrativo	*adv. t. relat.*	adverbio de tiempo relativo
adj. f.	adjetivo en forma femenina		
adj.-f.	adjetivo usado también como substantivo femenino	*amb.*	substantivo ambiguo
		Amér.	América
		Amér. Central.	América Central
		ANAT.	Anatomía
adj. indef.	adjetivo indefinido	ANGLIC.	anglicismo
adj.-m.	adjetivo usado también como substantivo masculino	ant.	antiguo
		antig.	antiguamente
		ARQ.	Arquitectura
adj. poses.	adjetivo posesivo	ASTRON.	Astronomía
adj.-pron. dem.	adjetivo demostrativo usado también como pronombre demostrativo		
adj.-pron. indef.	adjetivo indefinido usado también como pronombre indefinido	BIOL.	Biología
		BOT.	Botánica
adj.-pron. poses.	adjetivo posesivo usado también como pronombre posesivo	*Can.*	Canarias
		CINEM.	Cinematografía
adj.-s.	adjetivo usado también como substantivo	CIR.	Cirugía
		cl.	centilitro
adv.	adverbio	cm.	centímetro
adv. afirm.	adverbio afirmativo	*com.*	substantivo del género común
adv. c.	adverbio de cantidad		
adv. d.	adverbio de duda	*conj.*	conjunción
adv. l.	adverbio de lugar	*conj. advers.*	conjunción adversativa

conj. conces.	conjunción concesiva
conj. condic.	conjunción condicional
conj. copul.	conjunción copulativa
conj. distrib.	conjunción distributiva
conj. disyunt.	conjunción disyuntiva
CRIST.	Cristalografía
d. C.	después de Cristo
DEP.	Deportes
DER.	Derecho
desp.	despectivo
díc.	dícese
dm.	decímetro
ECON.	Economía
ef.	efecto
ELECTR.	Electricidad
en gral.	en general
esp.	especialmente
etc.	etcétera
eufem.	eufemístico
expr.	expresión
f.	substantivo femenino
f. pl.	substantivo femenino plural
fam.	familiar
FARM.	Farmacia
fest.	festivo
fig.	figurado
FILOL.	Filología
FIL.	Filosofía
FISIOL.	Fisiología
FÍS.	Física
FON.	Fonología
FOT.	Fotografía
fr.	frase
GALIC.	galicismo
GEOL.	Geología
GEOM.	Geometría
GRAM.	Gramática
H. NAT.	Historia Natural
impers.	verbo impersonal
IMPR.	Imprenta
INFORM.	Informática

intr.	verbo intransitivo
intr.-prnl.	verbo intransitivo usado también como pronominal
intr.-tr.	verbo intransitivo usado también como transitivo
intr.-tr.-prnl.	verbo intransitivo usado también como transitivo y como pronominal
irón.	irónico
irreg.	irregular
kg.	kilogramo
l.	litro
LING.	Lingüística
LIT.	Literatura
loc.	locución
loc. adv.	locución adverbial
loc. prep.	locución prepositiva
m.	metro
m.	sustantivo masculino
m.f.	sustantivo masculino y femenino
m. pl.	sustantivo masculino plural
MAR.	Marina
MAT.	Matemáticas
MEC.	Mecánica
MED.	Medicina
MIL.	Milicia
MIN.	Minería
MÚS.	Música
p. anal.	por analogía
p. ant.	por antonomasia
p. ext.	por extensión
PAT.	Patología
perten.	perteneciente
poét.	poético
pop.	popular
p.p.	participio pasado
prep.	preposición
prnl.	verbo pronominal

prnl.-intr.	verbo pronominal usado también como intransitivo
prnl.-tr.	verbo pronominal usado también como transitivo
pron.	pronombre
pron.-adj. interr.	pronombre interrogativo usado también como adjetivo interrogativo.
pron.-adj. relat.	pronombre relativo usado también como adjetivo relativo
pron. dem.	pronombre demostrativo
pron. indef.	pronombre indefinido
pron. interr.	pronombre interrogativo
pron. pers.	pronombre personal
pron. relat.	pronombre relativo
pron. relat. poses.	pronombre relativo y posesivo
QUÍM.	Química
rec.	verbo recíproco
rel.	relacionado
RET.	Retórica

s.	siglo
TAUROM.	Tauromaquia
tr.	verbo transitivo
tr.-intr.	verbo transitivo usado también como intransitivo
tr.-intr.-prnl.	verbo transitivo usado también como intransitivo y como pronominal
tr.-prnl.	verbo transitivo usado también como pronominal
TRIG.	Trigonometría
unipers.	verbo unipersonal
v.	verbo
vulg.	vulgar
ZOOL.	Zoología
#	Glosa de frases y/o locuciones

A

a *f.* Vocal central, primera letra del alfabeto. **2** *prep.* Denota movimiento, tiempo e instrumento.

ababol *m.* Amapola.

abacá *m.* Planta textil tropical.

abacería *f.* Tienda de comestibles.

abacial *adj.* Perten. o rel. al abad.

ábaco *m.* Parte superior del capitel. **2** Cuadro con alambres y bolas para contar.

abad *m.* Superior de un monasterio.

abadejo *m.* Bacalao.

abadengo, -ga *adj.* Perten. o rel. al abad.

abadesa *f.* Superiora en ciertos monasterios de religiosas.

abadía *f.* Dignidad y jurisdicción de abad o abadesa. **2** Monasterio.

abajo *adv. l.* En o hacia lo inferior.

abalanzar *tr.* Poner la balanza en el fiel.

abaldonar *tr.* Ofender, insultar.

abalizar *tr.* Poner balizas.

abalorio *m.* Cuenta agujereada.

abaluartar *tr.* Fortificar un espacio con baluartes.

abancalar *tr.* Trazar bancales en un terreno.

abanderado, -da *m. f.* Persona que lleva la bandera.

abanderar *tr.* Matricular un barco bajo la bandera de un Estado.

abandonado, -da *adj.* Desaseado.

abandonar *tr.* Dejar desamparado. **2** Desistir de algo, renunciar a ello. - **3** *prnl.* Entregarse a algo. **4** Descuidar sus actos, obligaciones o aseo.

abandonismo *m.* Tendencia a abandonar algo sin lucha.

abandono *m.* Ac. y ef. de abandonar o abandonarse. **2** Desaliño.

abanicar *tr.-prnl.* Hacer aire con el abanico.

abanico *m.* Instrumento para hacer aire.

abanillo *m.* Abanico.

abaniqueo *m.* Acción de abanicarse.

abano *m.* Aparato que colgado del techo sirve para hacer aire.

abanto *adj.* Espantadizo. **2** Ansioso y vehemente.

abaratar *tr.* Bajar el precio.

abarca *f.* Calzado rústico de cuero.

abarcar *tr.* Ceñir con los brazos. **2** Ceñir, rodear, comprender.

abaritonado, -da *adj.* De timbre de barítono.

abarloar *tr.* Atracar una embarcación de costado.

abarquillado, -da *adj.* De figura de barquillo.

abarquillar *tr.-prnl.* Encorvar como un barquillo.

abarrancar *tr.* Hacer barrancos.

abarrotado, -da *adj.* Muy lleno.

abarrotar *tr.* Llenar, atestar.

abarrotería *f. Amér. Central.* Ferretería.

abarrotes *m. pl.* Artículos de comercio.

abasia *f.* Afección nerviosa que impide andar.

abastar *tr.* Abastecer.

abastecedor, -ra *adj.-s.* Que abastece.

abastecer *tr.-prnl.* Proveer de víveres u otras cosas.

abastecimiento *m.* Ac. y ef. de abastecer.

abastionar *tr.* Fortificar con bastiones.

abasto *m.* Provisión de cosas necesarias.

abatanar *tr.* Batir el paño o los tejidos de lana en el batán.

abate *m.* Clérigo extranjero.

abatido, -da *adj.* Díc. de la persona que ha perdido el ánimo o las fuerzas.

abatimiento *m.* Ac. y ef. de abatir o abatirse.

abatir *tr.* Derribar. **2** Hacer bajar o inclinar. - **3** *tr.-prnl.* Humillar. **4** Hacer perder las fuerzas o el ánimo.

abazón *m.* Bolsa que tienen algunos monos en los carrillos.

abdicación *f.* Ac. y ef. de abdicar.

abdicar *tr.-intr.* Renunciar, abandonar el trono, sus opiniones, etc.

abdomen *m.* Cavidad que contiene el

estómago y los intestinos.

abdominal *adj.* Perten. o rel. al abdomen.

abducción *f.* Movimiento por el que un órgano se aleja del plano medio del cuerpo.

abductor *adj.-m.* ANAT. Músculo que sirve para producir abducción.

abecé *m.* Abecedario. 2 fig. Rudimentos de una ciencia, facultad, etc.

abecedario *m.* Serie ordenada de las letras de un idioma.

abedul *m.* Árbol betuláceo de corteza plateada.

abeja *f.* Insecto himenóptero que fabrica la cera y la miel.

abejarrón *m.* Abejorro.

abejaruco *m.* Ave que se alimenta de abejas.

abejón *m.* Zángano. 2 Abejorro.

abejorro *m.* Insecto himenóptero, velludo, grande y muy zumbador.

abemolar *tr.* Suavizar, dulcificar la voz.

abéñula *f.* Cosmético para las pestañas.

aberración *f.* Desviación de la verdad, de la rectitud, de lo natural y lógico.

aberrante *adj.* Que se separa de regla general.

aberrar *intr.* Errar, equivocarse.

abertura *f.* Ac. y ef. de abrir. 2 Agujero, entrada, brecha.

abertzale *adj.-s.* Nacionalista vasco radical.

abetal *m.* Terreno poblado de abetos.

abetinote *m.* Resina del abeto.

abeto *m.* Árbol abietáceo, de copa cónica.

abiertamente *adv. m.* Sin reserva.

abierto, -ta *adj.* Llano, raso. 2 No cerrado. 3 fig. Ingenuo, franco.

abietáceo, -a, abietíneo, -a *adj.-f.* Díc. de la planta conífera de hojas aciculares y fruto en piña.

abigarrado, -da *adj.* De varios colores mal combinados.

abigarrar *tr.* Poner a una cosa varios colores combinados en desorden.

abiogénesis *f.* Producción hipotética de seres vivos por generación espontánea.

abiología *f.* Ciencia que estudia la vida inorgánica.

abiosis *f.* Suspensión aparente de la vida.

abiótico, -ca *adj.* Díc. de la región en donde no es posible la vida.

abisal *adj.* Abismal. 2 Propio de las profundidades marinas.

abismal *adj.* Perten. o rel. al abismo.

abismar *tr.-prnl.* Hundir en un abismo.

abismo *m.* Profundidad grande.

abjuración *f.* Ac. y ef. de abjurar.

abjurar *tr.-intr.* Retractarse con juramento. 2 Renunciar a una creencia.

ablación *f.* Extirpación de una parte del cuerpo.

ablandamiento *m.* Ac. y ef. de ablandar.

ablandar *tr.-prnl.* Poner blando. 2 Mitigar el enojo, el rigor.

ablativo *m.* Caso de la declinación que expresa relaciones que se pueden clasificar como complementos circunstanciales.

ablución *f.* Lavatorio. 2 Purificación ritual por el agua.

abnegación *f.* Renuncia voluntaria y con sacrificio de los propios afectos o intereses.

abnegado, -da *adj.* Que tiene abnegación.

abnegar *tr.-prnl.* Renunciar voluntariamente a algo.

abobado, -da *adj.* Que parece bobo.

abobar *tr.-prnl.* Hacer bobo. 2 Embelesar.

abocado, -da *adj.* Grato por su suavidad, especialmente el vino. 2 fig. Próximo, expuesto a.

abocar *tr.* Asir con la boca. 2 Acercar, aproximar.

abocardado, -da *adj.* De boca semejante a la de una trompeta.

abocardar *tr.* Ensanchar la boca de un tubo o agujero.

abocetar *tr.* Idear a manera de boceto.

abocinar *tr.* Dar forma de bocina.

abochornar *tr.-prnl.* Causar bochorno.

abofetear *tr.* Dar de bofetadas.

abogacía *f.* Profesión de abogado.

abogado, -da *m. f.* Licenciado en derecho que se dedica a defender. 2 fig. Intercesor, mediano.

abogar *intr.* Defender en juicio. 2 fig. Hablar en favor de alguien o algo.

abolengo *m.* Ascendencia de abuelos. 2 Solera, alcurnia.

abolición *f.* Ac. y ef. de abolir.

abolicionismo *m.* Doctrina inglesa que defendía la abolición de la esclavitud.

abolicionista *adj.-com.* Partidario de la

abolición de algo, especialmente de la esclavitud.

abolir *tr.* Derogar. 2 Suprimir.

abolsarse *prnl.* Tomar figura de bolsa.

abolladura *f.* Efecto de abollar.

abollar *tr.-prnl.* Hacer a una cosa uno o varios bollos.

abombar *tr.-prnl.* Dar forma convexa. 2 fig. Asordar, aturdir.

abominable *adj.* Digno de abominar.

abominación *f.* Ac. y ef. de abominar. 2 Cosa abominable.

abominar *tr.-intr.* Condenar, maldecir. 2 Aborrecer, detestar.

abonado, -da *adj.* Que es de fiar. 2 Capaz de alguna cosa. - 3 *m. f.* Persona que ha tomado un abono.

abonador, -ra *adj.-s.* Que abona.

abonanzar *intr.* Cesar la tormenta. 2 Serenarse el tiempo.

abonar *tr.* Acreditar o calificar de bueno. 2 Fertilizar la tierra. 3 Pagar. 4 COM. Tomar en cuenta; asentar en el haber. - 5 *tr.-prnl.* Inscribir a alguno mediante pago para que pueda disfrutar de alguna comodidad.

abono *m.* Ac. y ef. de abonar o abonarse. 2 Derecho del que se abona. 3 COM. Asiento en el haber de una cuenta. 4 Substancia con que se abona la tierra.

abordable *adj.* Que se puede abordar. 2 fig. Tratable.

abordaje *m.* MAR. Acción de abordar.

abordar *tr.-intr.* Chocar una embarcación con otra. 2 p. anal. Acercarse a uno para hablarle. 3 p. ext. Plantear un asunto.

aborigen *adj.* Originario del suelo en que vive. - 2 *adj.-m.* Primitivo morador de un país.

aborrascarse *prnl.* Ponerse el tiempo borrascoso.

aborrecer *tr.* Tener aversión. 2 Abandonar las aves el nido, los huevos o las crías.

aborrecible *adj.* Digno de ser aborrecido.

aborrecimiento *m.* Aversión, odio.

aborregarse *prnl.* Cubrirse el cielo de pequeñas nubes. 2 Volverse gregario.

abortar *tr.-intr.* Dar a luz antes de tiempo. - 2 *intr.* fig. Fracasar, malograrse.

abortista *com.* Partidario de la despenalización del aborto intencionado.

abortivo, -va *adj.-m.* Que hace abortar.

aborto *m.* Acción de abortar. 2 Cosa abortada.

abotagarse, abotargarse *prnl.* Hincharse el cuerpo.

abotonador *m.* Instrumento para abotonar.

abotonar *tr.-prnl.* Ajustar con botones.

abovedar *tr.* Cubrir con bóveda. 2 Dar figura de bóveda.

aboyar *tr.* MAR. Poner boyas.

abra *f.* Bahía pequeña. 2 Abertura entre dos montañas.

abracadabra *m.* Palabra cabalística a la cual se atribuía la propiedad de curar ciertas enfermedades.

abracadabrante *adj.* Sorprendente, confuso, alegre.

abrasador, -ra *adj.-s.* Que abrasa.

abrasar *tr.-prnl.* Reducir a brasa. 2 Secar una planta por el calor o el frío. 3 fig. Agitar a uno una pasión.

abrasión *f.* Ac. y ef. de quitar o arrancar algo por fricción.

abrasivo, -va *adj.* Perten. o rel. a la abrasión o que la produce.

abrazadera *f.* Pieza para asegurar una cosa ciñéndola.

abrazar *tr.-prnl.* Ceñir con los brazos. 2 fig. Rodear, ceñir. 3 fig. Comprender, contener. 4 fig. Seguir una profesión, carrera.

abrazo *m.* Ac. y ef. de abrazar.

abrebotellas *m.* Instrumento que sirve para quitar las cápsulas metálicas que cierran las botellas.

abrecartas *m.* Instrumento a manera de cuchillo para abrir cartas.

ábrego *m.* Viento sudoeste.

abrelatas *m.* Instrumento para abrir las latas de conservas.

abrevadero *m.* Lugar donde se abreva.

abrevar *tr.* Dar de beber al ganado.

abreviación *f.* Ac. y ef. de abreviar.

abreviado, -da *adj.* Que es resultado de abreviar.

abreviamiento *m.* Reducción del cuerpo fónico de una palabra.

abreviar *tr.* Acortar, reducir a menos tiempo y espacio. 2 Apresurar.

abreviatura *f.* Acortamiento en la escritura de una o varias palabras.

abridor *m.* Abrebotellas, abrelatas.

abrigar *tr.-prnl.* Resguardar del frío, el viento, la lluvia, etc. 2 fig. Amparar.

abrigo *m.* Defensa contra el frío. 2 fig. Amparo. 3 Prenda de abrigo que se pone sobre las demás. ▷ *Estar al* ~, galic. por *estar libre de algo*.

abril *m.* Cuarto mes del año.

abrillantador *m.* Instrumento o substancia para abrillantar.

abrillantar *tr.* Dar brillo.

abrir *tr.-prnl.* Descubrir lo que está cerrado u oculto; separar las hojas de una puerta, descorrer una cortina o cerrojo, tirar de un cajón, etc. 2 Hender, rasgar, dividir. 3 Despegar cartas o paquetes. 4 Extender lo doblado o encogido. 5 Ir a la cabeza o delante.

abrochar *tr.-prnl.* Ajustar con broches, botones, corchetes, etc.

abrogar *tr.* Abolir, revocar.

abrojal *m.* Terreno poblado de abrojos.

abrojo *m.* Planta dicotiledónea de fruto espinoso. 2 Fruto de esta planta.

abroncar *tr.-prnl.* Reprender.

abrótano *m.* Planta herbácea medicinal.

abrumador, -ra *adj.* Que abruma.

abrumar *tr.* Agobiar con grave peso, trabajo, etc. 2 fig. Causar gran molestia.

abrupto, -ta *adj.* Escarpado.

absceso *m.* Acumulación de pus en un tejido orgánico.

abscisa *f.* Una de las dos coordenadas rectilíneas que determinan la posición de un punto en un plano.

absentismo *m.* Abstención frecuente o prolongada de acudir al trabajo.

absentista *adj.* Perten. o rel. al absentismo. - 2 *com.* Persona que practica el absentismo laboral.

ábside *m.* Parte abovedada, semicircular, que sobresale de la fachada posterior de una iglesia.

absidiola *f.* Capilla levantada en la parte anterior del ábside de las iglesias.

absidiolo *m.* Ábside pequeño o secundario.

absolución *f.* Acción de absolver.

absolutamente *adv. m.* De modo absoluto.

absolutismo *m.* Sistema de gobierno en que el dirigente no tiene limitadas sus facultades por ninguna ley constitucional.

absolutista *adj.-com.* Partidario del absolutismo.

absoluto, -ta *adj.* Independiente, ilimitado, sin restricción.

absolutorio, -ria *adj.* Que absuelve.

absolver *tr.* Dar por libre de algún cargo. 2 Perdonar a un penitente sus pecados.

absorbente *adj.-s.* Que absorbe. - 2 *adj.-com.* Díc. de la persona de carácter dominante.

absorber *tr.* Retener gases o líquidos entre las moléculas de otros cuerpos. 2 fig. Consumir, acabar. 3 Atraer a sí, cautivar.

absorción *f.* Acción de absorber.

absorto, -ta *adj.* Admirado, pasmado.

abstemio, -mia *adj.-s.* Que no toma bebidas alcohólicas.

abstención *f.* Renuncia de los electores al ejercicio del derecho de sufragio, o de un miembro de una asamblea a votar.

abstencionismo *m.* Actitud de los que se abstienen de participar en alguna actividad.

abstencionista *adj.-com.* Partidario del abstencionismo.

abstenerse *prnl.* Privarse de algo.

abstinencia *f.* Acción de abstenerse. 2 Privación total o parcial de algunos apetitos por motivos médicos o morales. 3 Conjunto de síntomas producidos por la cesación brusca de un tóxico o droga habitual.

abstinente *adj.* Que practica la abstinencia.

abstracción *f.* Ac. y ef. de abstraer o abstraerse.

abstracto, -ta *adj.* Genérico, no concreto.

abstraer *tr.-prnl.* Aislar mentalmente una cualidad de un objeto o considerarlo en su esencia. - 2 *intr.-prnl.* Prescindir.

abstraído, -da *adj.* Retirado del trato de las gentes. 2 Aislado mentalmente.

abstruso, -sa *adj.* Recóndito; de difícil comprensión.

absurdidad *f.* Cosa absurda.

absurdo, -da *adj.* Contrario a la razón.

abubilla *f.* Ave insectívora que tiene un penacho de plumas eréctiles en la cabeza.

abuchear *tr.* Manifestar ruidosamente desagrado o protesta.

abucheo *m.* Acción de abuchear.

abuelo, -la *m. f.* Progenitor del padre o de la madre. ▷ *No tener abuela*, alabarse en demasía.

abulense *adj.-s.* De Ávila.

abulia f. Falta de voluntad.

abúlico, -ca adj.-s. Que tiene abulia.

abultado, -da adj. De mucho bulto.

abultamiento m. Hinchazón, prominencia.

abultar tr. Aumentar el bulto. 2 fig. Exagerar. - 3 intr. Hacer bulto.

abundancia f. Gran cantidad.

abundante adj. En gran cantidad.

abundantemente adv. m. En gran cantidad.

abundar intr. Haber o tener en abundancia. 2 Adherirse a una opinión.

abundoso, -sa adj. Abundante.

¡abur! ¡Adiós!

aburguesar tr.-prnl. Volver burgués.

aburrido, -da adj. Que aburre o cansa.

aburrimiento m. Tedio, fastidio.

aburrir tr. Molestar, cansar. - 2 prnl. fig. Fastidiarse, hastiarse.

abusar intr. Usar mal o indebidamente.

abusivo, -va adj. Que se hace por abuso.

abuso m. Ac. y ef. de abusar.

abyección f. Abatimiento.

abyecto, -ta adj. Despreciable, vil.

acá adv. l. Aquí, de este lugar.

acabado, -da adj. Perfecto. 2 Díc. de la persona avejentada, destruida o fracasada. - 3 m. Ac. y ef. de acabar.

acabamiento m. Efecto o cumplimiento. 2 Término, fin.

acabar tr.-prnl. Dar fin, terminar. 2 Apurar, consumir.

acacia f. Género de árboles papilionáceos sin flores en racimos colgantes.

academia f. Institución oficial cuyos miembros se ocupan de las letras, las artes, las ciencias, etc. 2 Establecimiento docente de carácter privado.

academicismo m. Sujeción a la tradición artística de las academias (institución).

academicista adj. Perten. o rel. al academicismo.

académico, -ca adj. Perten. o rel. a la academia. - 2 m. f. Miembro de ella.

acaecer unipers. Suceder.

acaecimiento m. Suceso.

acalefo m. Medusa.

acalorado, -da adj. Ardiente, apasionado. 2 Irritado.

acaloramiento m. Ardor, arrebato de calor. 2 fig. Apasionamiento.

acalorar tr. Dar o causar calor.

acallar tr. Hacer callar. 2 fig. Sosegar, aplacar.

acampada f. Ac. y ef. de acampar.

acampanado, -da adj. De figura de campana.

acampar intr.-tr. Detenerse, hacer alto.

acanalado, -da adj. Que pasa por canal. 2 De figura larga o con estrías.

acanalar tr. Hacer canales o estrías. 2 Dar forma de canal.

acanelado, -da adj. De color o sabor de canela.

acantilado, -da adj. Que forma escalones o cantiles. - 2 adj.-m. Díc. de la costa cortada verticalmente.

acanto m. Planta de hojas largas, rizadas y espinosas.

acantocéfalo, -la adj.-m. ZOOL. Díc. del gusano que carece de aparato digestivo y tiene en el extremo anterior de su cuerpo una trompa armada de ganchos.

acantonamiento m. Sitio en que hay tropas acantonadas.

acantonar tr.-prnl. Distribuir las tropas en varios lugares.

acaparador, -ra adj. Que acapara.

acaparar tr. Adquirir y retener de un producto comercial todo lo que existe en el mercado. 2 Apropiarse de cosas en perjuicio de los demás.

acaramelar tr. Bañar de caramelo. - 2 prnl. fig. Mostrarse dulce y galante.

acariciar tr. Hacer caricias. 2 fig. Complacerse en pensar en alguna cosa con deseo o esperanza de conseguirla o hacerla.

acaricida adj.-s. Que sirve para matar ácaros.

ácaro, -ra adj.-m. Díc. del arácnido de abdomen sentado, diminuto.

acarrear tr. Transportar en carro; transportar en general. 2 fig. Ocasionar, causar.

acarreo m. Acción de acarrear.

acartonarse prnl. Ponerse como cartón. 2 fig. Quedarse enjuta una persona.

acaso m. Casualidad. - 2 adv. m. Por casualidad, al azar. - 3 adv. d. Quizá. ▷ Si ~ o por si ~, en caso de, o en todo caso.

acatamiento m. Sumisión y respeto.

acatar tr. Tributar sumisión y respeto.

acatarrarse prnl. Contraer catarro.

acaudalado, -da adj. De mucho caudal.

acaudalar tr. Reunir caudal.

acaudillar tr. Mandar gente de guerra.

acceder intr. Consentir en lo que otro pide. 2 Ceder uno en su opinión.

accesible adj. Que tiene acceso. 2 fig. De fácil trato.

accésit m. Recompensa inmediatamente inferior al premio.

acceso m. Acción de acercarse. 2 Entrada o paso. 3 Aparición repentina de cierto estado físico o moral.

accesorio, -ria adj.-s. Que depende de lo principal. - 2 m. Utensilio auxiliar.

accidentado, -da adj. Turbado, agitado. 2 fig. Quebrado, fragoso. - 3 adj.-s. Víctima de un accidente.

accidental adj. No esencial. 2 Casual.

accidentar tr. Producir accidente. - 2 prnl. Sufrir un accidente.

accidente m. Cualidad no esencial. 2 Suceso eventual. 3 Indisposición que priva de sentido o movimiento. 4 Lo que altera la uniformidad. 5 GRAM. Modificación en la forma de las palabras variables.

acción f. Operación, acto. 2 Movimientos que denotan una intención. 3 Derecho a pedir en juicio. 4 Actos y sucesos del drama, novela, etc. 5 Hecho de armas; esp., combate entre fuerzas poco numerosas. 6 COM. Porción del capital de una sociedad anónima.

accionar intr. Hacer movimientos y gestos para dar a entender alguna cosa o para acompañar a la palabra.

accionariado m. Conjunto de accionistas de una sociedad anónima.

accionista com. COM. Poseedor de una o varias acciones.

acebo m. Árbol de hojas duras y espinosas y flores blancas.

acebuche m. Olivo silvestre.

acecinar tr. Salar las carnes y secarlas para conservarlas.

acechanza f. Acecho, espionaje.

acechar tr. Observar, aguardar con cautela.

acecho m. Acción de acechar.

acedar tr.-prnl. Poner agria alguna cosa.

acedera f. Planta de sabor ácido que se emplea como condimento.

acederilla f. Planta parecida a la acedera.

acedía f. Calidad de acedo. 2 Indisposición del estómago por acedarse la comida.

acedo, -da adj. Agrio.

acefalia f. Calidad de acéfalo.

acéfalo, -la adj. Falto de cabeza.

aceitar tr. Untar con aceite.

aceite m. Líquido graso que se extrae de la aceituna. 2 Substancia untuosa y combustible, en general.

aceitero, -ra adj. Perten. o rel. al aceite.

aceitoso, -sa adj. Que tiene aceite. 2 Grasiento.

aceituna f. Fruto del olivo.

aceitunado, -da adj. De color de aceituna.

aceitunero, -ra m. f. Persona que tiene por oficio coger aceitunas.

aceituno m. Olivo.

aceleración f. Ac. y ef. de acelerar. 2 Incremento de la velocidad.

acelerador, -ra adj.-m. Que acelera. - 2 m. Mecanismo que regula la entrada de la mezcla explosiva en la cámara de combustión de un motor.

acelerar tr. Hacer más rápido. 2 Anticipar.

acelerón m. Aceleración súbita e intensa.

acelga f. Planta quenopodiácea hortense, de hojas grandes y comestibles.

acémila f. Mula o macho de carga.

acendrado, -da adj. Depurado, sin mancha.

acendrar tr. Purificar los metales. 2 fig. Depurar.

acento m. Mayor intensidad con que se pronuncia determinada sílaba o que se da a ciertos sonidos musicales. 2 Tilde que en ciertos casos se pone sobre la vocal de la sílaba que recibe el acento prosódico.

acentuación f. Ac. y ef. de acentuar.

acentuar tr. Dar acento prosódico a las palabras o ponerles acento ortográfico. 2 fig. Recalcar.

aceña f. Molino movido por agua.

acepción f. Significado en que se toma una palabra o frase.

aceptable adj. Que se puede aceptar.

aceptación f. Ac. y ef. de aceptar. 2 Aprobación.

aceptar tr. Recibir voluntariamente una cosa. 2 Aprobar, dar por válido.

acequia f. Zanja para conducir agua.

acera f. Parte lateral de una calle o vía pública destinada a los peatones.

aceráceo, -a adj.-f. Díc. de la planta dicotiledónea de hojas opuestas y flores actinomorfas.

acerado, -da adj. De acero o parecido a

él. 2 Incisivo, mordaz, penetrante.

acerar *tr.* Dar al hierro las propiedades del acero. 2 Poner aceras.

acerbo, -ba *adj.* Áspero al gusto.

acerca de *loc. prep.* Sobre la cosa de que se trata; en orden a ella.

acercamiento *m.* Ac. y ef. de acercar.

acercar *tr.-prnl.* Poner cerca o a menor distancia.

acerería *f.* Fábrica de acero.

acerico *m.* Almohadilla para clavar en ella alfileres.

acero *m.* Hierro combinado con carbono. 2 fig. Arma blanca.

acerolo *m.* Árbol rosáceo de fruto redondo, encarnado o amarillo, y agridulce.

acérrimo, -ma *adj.* fig. Muy fuerte, decidido o tenaz.

acertadamente *adv. m.* Con acierto.

acertado, -da *adj.* Que tiene o incluye acierto.

acertante *adj.-s.* Que acierta.

acertar *tr.* Dar en el punto propuesto. 2 Conseguir el fin adecuado. 3 Dar con lo cierto. - 4 *tr.-intr.* Hacer con acierto una cosa.

acertijo *m.* Enigma para entretenerse en acertarlo.

acervo *m.* Montón de cosas menudas. 2 Conjunto de valores morales, culturales, etc., de una persona o colectividad.

acético, -ca *adj.* Perten. o rel. al vinagre.

acetileno *m.* Hidrocarburo gaseoso, utilizado en alumbrado y en soldadura.

acetona *f.* Líquido incoloro, inflamable y volátil, de olor característico.

acetoso, -sa *adj.* Agrio. 2 Perten. o rel. al vinagre.

acevía *f.* Pez teleósteo muy parecido al lenguado, de color pardusco o rosáceo.

aciago, -ga *adj.* Desgraciado, infausto, de mal agüero.

acial *m.* Instrumento para sujetar las bestias por el hocico.

aciano *m.* Planta medicinal de flores azules.

acíbar *m.* Áloe. 2 fig. Amargura.

acicalado, -da *adj.* Pulcro, bien arreglado. - 2 *m.* Ac. y ef. de acicalar.

acicalar *tr.* Limpiar, bruñir. - 2 *tr.-prnl.* Adornar, componer.

acicate *m.* Espuela con sólo una punta de hierro. 2 fig. Estímulo.

acícula *f.* Hoja de las coníferas. 2 Espina endeble de algunas especies de rosales.

acicular *adj.* De figura de aguja.

acidez *f.* Calidad de ácido.

acidificar *tr.-prnl.* Dar propiedades ácidas.

ácido, -da *adj.* Agrio. 2 Perten. o rel. a un ácido. - 3 *m.* QUÍM. Cuerpo químico en cuya composición entra el hidrógeno, que es capaz de atacar o corroer a los metales, formando cuerpos llamados sales. 4 Droga alucinógena que modifica las sensaciones (L.S.D.). 5 fig. Áspero, desabrido.

acidular *tr.* Poner acídulo.

acídulo, -la *adj.* Ligeramente ácido.

acierto *m.* Ac. y ef. de acertar. 2 Cordura, tino. 3 Coincidencia, casualidad.

acimut *m.* ASTRON. Ángulo que forma el meridiano con el círculo vertical que pasa por un punto del globo terráqueo.

acinesia *f.* Ausencia de movimiento.

ación *f.* Correa del estribo.

acirate *m.* Loma que sirve de lindero en las heredades. 2 Caballón.

acitrón *m.* Cidra confitada.

aclamación *f.* Ac. y ef. de aclamar.

aclamar *tr.* Dar voces la multitud en aplauso de alguno. 2 Conferir por voz común algún cargo u honor.

aclaración *f.* Ac. y ef. de aclarar o aclararse.

aclarado *m.* Ac. y ef. de aclarar la ropa.

aclarar *tr.-prnl.* Hacer que algo sea menos obscuro, turbio o espeso. 2 fig. Poner en claro. - 3 *tr.* Volver a lavar la ropa. - 4 *impers.* Serenarse el tiempo.

aclaratorio, -ria *adj.* Que aclara.

aclimatación *f.* Ac. y ef. de aclimatar.

aclimatar *tr.-prnl.* Acostumbrar a un clima o ambiente que no le es habitual.

acné *f.* Enfermedad cutánea debida a la obstrucción de los folículos sebáceos de la piel.

acobardar *tr.-prnl.* Infundir o causar temor.

acocear *tr.* Dar coces.

acodado, -da *adj.* Doblado en forma de codo.

acodar *tr.-prnl.* Apoyar el codo. - 2 *tr.* Enterrar el vástago de una planta, sin separarlo del tronco, para que eche raíces.

acodillar *tr.* Doblar en forma de codo.

acogedor, -ra *adj.* Que acoge.

acoger *tr.* Admitir en su casa o compaña. 2 Amparar. 3 fig. Admitir, aceptar, aprobar. - 4 *prnl.* Refugiarse.

acogida *f.* Recibimiento u hospitalidad. 2 fig. Protección o amparo. 3 fig. Aprobación, aceptación.

acogido, -da *m. f.* Persona mantenida en establecimientos de beneficencia.

acogotar *tr.* Matar con herida o golpe en el cogote. 2 fig. Dominar, vencer.

acojonar *tr.-prnl.* vulg. Asustar, acobardar.

acolchar *tr.* Poner lana, algodón, etc., entre dos telas y echarles bastas.

acólito *m.* Monaguillo que sirve en la iglesia. 2 irón. El que sigue o acompaña constantemente a otro.

acollar *tr.* Cobijar con tierra el pie de las plantas.

acometedor, -ra *adj.* Que acomete.

acometer *tr.* Atacar con energía y decisión; dirigirse violentamente contra alguien o algo. 2 Emprender, intentar. 3 Venir súbitamente la enfermedad, el sueño, etc.

acometida *f.* Ataque. 2 Punto donde la línea de conducción de un fluido enlaza con la principal.

acometividad *f.* Propensión a acometer.

acomodadizo, -za *adj.* Que a todo se aviene fácilmente.

acomodado, -da *adj.* Conveniente, oportuno. 2 De buena posición económica. 3 Moderado en el precio.

acomodador, -ra *m. f.* En los espectáculos, persona encargada de indicar a la concurrencia sus asientos.

acomodar *tr.* Ajustar, adaptar unas cosas a otras. - 2 *tr.-prnl.* Poner en sitio conveniente.

acomodaticio, -cia *adj.* Que se adapta a cualquier situación o doctrina.

acomodo *m.* Ocupación; conveniencia.

acompañado, -da *adj.* Que tiene o lleva compañía.

acompañamiento *m.* Ac. y ef. de acompañar. 2 Gente que acompaña.

acompañante *adj.-s.* Que acompaña.

acompañar *tr.-prnl.* Estar o ir en compañía de otro. 2 Ejecutar el acompañamiento musical. 3 Juntar, agregar.

acompasado, -da *adj.* Hecho o puesto a compás. 2 fig. Pausado.

acomplejado, -da *adj.-s.* Que tiene complejos psíquicos. 2 Tímido.

acomplejar *tr.* Causar un complejo psí-

quico o inhibición. - 2 *prnl.* Padecer o experimentar un complejo psíquico.

acondicionado, -da *adj.* De buena o mala condición. 2 Que está en las debidas condiciones.

acondicionador *m.* Aparato que se emplea para acondicionar la temperatura y la humedad del aire en un local.

acondicionar *tr.-prnl.* Dar o adquirir cierta condición o calidad. - 2 *tr.* Disponer para determinado fin.

acongojar *tr.-prnl.* Oprimir, afligir.

acónito *m.* Planta ranunculácea venenosa y medicinal.

aconsejable *adj.* Que se puede aconsejar.

aconsejar *tr.* Dar consejo.

aconsonantar *tr.* Hacer en la rima una palabra consonante de otra. 2 Rimar los versos en consonante.

acontecer *unipers.* Suceder.

acontecimiento *m.* Suceso importante.

acopiar *tr.* Reunir en cantidad.

acopio *m.* Ac. y ef. de acopiar.

acoplamiento *m.* Ac. y ef. de acoplar o acoplarse.

acoplar *tr.* Unir o ajustar dos piezas u objetos. - 2 *tr.-prnl.* Aparear.

acoquinar *tr.-prnl.* fam. Amilanar, acobardar.

acorazado *m.* Buque de guerra blindado de grandes dimensiones.

acorazar *tr.* Blindar buques, fortificaciones, etc. - 2 *prnl.* Prepararse para soportar algo, defenderse.

acorazonado, -da *adj.* De figura de corazón.

acorchado, -da *adj.* Fofo y seco como el corcho.

acorchar *tr.* Recubrir algo con corcho. - 2 *prnl.* Ponerse una cosa como el corcho.

acordado, -da *adj.* Hecho con acuerdo.

acordar *tr.* Resolver o determinar algo. 2 Conciliar, componer. 3 Templar, armonizar. - 4 *prnl.* Recordar.

acorde *adj.* Conforme; de un mismo dictamen. 2 Con armonía. - 3 *m.* MÚS. Tres o más sonidos diferentes combinados con armonía.

acordeón *m.* Instrumento músico de viento y teclado, compuesto de un fuelle.

acordeonista *com.* Músico que toca el acordeón.

acordonar *tr.* Ceñir o sujetar con un cordón. 2 Incomunicar un sitio con un cordón de gente, especialmente de tropa.

acornear *tr.* Dar cornadas.

ácoro *m.* Planta monocotiledónea de raíz aromática.

acorralar *tr.* Encerrar en el corral. 2 Tener a uno rodeado para que no pueda escaparse. 3 Dejar sin respuesta.

acortamiento *m.* Ac. y ef. de acortar.

acortar *tr.-prnl.* Disminuir la longitud, duración o cantidad de algo.

acosar *tr.* Perseguir sin tregua. 2 fig. Molestar, importunar.

acoso *m.* Ac. y ef. de acosar.

acostar *tr.-prnl.* Echar o tender a uno para que descanse especialmente en la cama.

acostumbrar *tr.-prnl.* Hacer adquirir costumbre. - 2 *intr.* Tener costumbre.

acotación *f.* Nota al margen de un escrito.

acotamiento *m.* Ac. y ef. de acotar.

acotar *tr.* Amojonar o reservar un terreno. 2 Poner límites a cualquier cosa.

acotiledóneo, -a *adj.* Que no tiene cotiledones.

acracia *f.* Doctrina que niega la necesidad de un poder y autoridad política.

ácrata *adj.-com.* Partidario de la acracia.

acre *adj.* Áspero y picante. 2 Desabrido. - 3 *m.* Medida agraria inglesa; equivale a 4,046 m.

acrecentar, acrecer *tr.-prnl.* Aumentar.

acreditado, -da *adj.* Con crédito o reputación.

acreditar *tr.-prnl.* Hacer digno de crédito o reputación. 2 Dar u obtener crédito, fama o reputación. - 3 *tr.* Dar seguridad de que tiene facultades para desempeñar una comisión. 4 Abonar (asentar).

acreditativo, -va *adj.* Que acredita.

acreedor, -ra *adj.-s.* Que tiene derecho a pedir el cumplimiento de una obligación.

acrescente *adj.* BOT. Díc. del cáliz de la flor fecundada que sigue creciendo.

acribillar *tr.* Abrir muchos agujeros.

acrílico, -ca *adj.-s.* QUÍM. Díc. del líquido incoloro de olor sofocante que se usa en pinturas y barnices.

acriminar *tr.* Acusar de un crimen o delito.

acrisolado, -da *adj.* Mejorado, depurado.

acrisolar *tr.* Depurar los metales en el crisol. 2 fig. Purificar, apurar.

acritud *f.* Calidad de acre. 2 Agudeza del dolor. 3 fig. Aspereza en el carácter.

acrobacia *f.* Arte o ejercicio del acróbata. 2 Ejercicio que presenta dificultad.

acróbata *com.* Volatinero, gimnasta.

acromático, -ca *adj.* Díc. del cristal que presenta las imágenes sin descomponer la luz en los colores del arco iris.

acromegalia *f.* Enfermedad crónica caracterizada por un extraordinario desarrollo de las extremidades.

acromion *m.* ANAT. Apófisis triangular del omóplato.

acronimia *f.* Abreviación de dos palabras por la unión de sus extremos opuestos.

acrónimo *m.* Palabra compuesta por acronimia.

acrópolis *f.* En la ciudad griega ant., el sitio más alto y fortificado.

acróstico, -ca *adj.-m.* Díc. de la composición poética en que las letras iniciales, medias o finales de los versos forman un vocablo o frase.

acrotera *f.* ARQ. Pedestal que sirve de remate a los frontones y sobre el cual se colocaban estatuas o adornos.

acta *f.* Relación escrita de lo tratado o acordado en una junta. 2 Certificación en que consta la elección de una persona.

actinia *f.* Pólipo de forma cilíndrica con numerosos tentáculos alrededor de la boca.

actinio *m.* Metal radiactivo que se obtiene artificialmente del uranio y del radio.

actinología *f.* QUÍM. Ciencia que estudia los efectos químicos de la luz.

actinometría *f.* Medida de la intensidad de las radiaciones.

actinomorfo, -fa *adj.* BOT. Díc. del organismo u órgano que tiene por lo menos dos planos de simetría.

actinopterigio, -gia *adj.-m.* Díc. del pez de cola homocerca y fecundación externa.

actitud *f.* Postura del cuerpo. 2 fig. Disposición de ánimo.

activación *f.* Ac. y ef. de activar.

activar *tr.-prnl.* Avivar, acelerar, excitar.

2 Hacer funcionar un mecanismo.

actividad f. Calidad de activo, facultad de obrar. 2 Diligencia, prontitud. - 3 f. pl. Operaciones de una persona o entidad.

activista adj.-com. Díc. de la persona que se dedica a la propaganda y a promover las actividades de una sociedad o grupo político o social.

activo, -va adj. Que obra. 2 Diligente. 3 Que implica acción. - 4 m. COM. Importe del haber de una persona o empresa.

acto m. Hecho realizado por el hombre. 2 Hecho público. 3 Parte del drama.

actor m. El que representa en el teatro o en el cine. 2 Personaje de una acción.

actriz f. Mujer que representa en el teatro o en el cine.

actuación f. Ac. y ef. de actuar.

actual adj. Presente, de ahora.

actualidad f. Condición de presente.

actualizar tr. Hacer actual. 2 Poner al día, modernizar.

actualmente adv. t. En el tiempo presente.

actuar tr.-prnl. Poner en acción. - 2 intr. Ejercer actos propios de su naturaleza u oficio. 3 Representar en el teatro o en el cine.

acuadrillar tr. Juntar en cuadrilla.

acuarela f. Pintura con colores preparados con goma y diluidos en agua.

acuarelista com. Pintor de acuarelas.

acuario m. Depósito para conservar vivos animales y vegetales acuáticos. 2 Edificio destinado a la exhibición de animales acuáticos vivos. 3 Signo del zodíaco.

acuartelamiento m. Ac. y ef. de acuartelar. 2 Lugar donde se acuartela.

acuartelar tr.-prnl. Poner la tropa en cuarteles. 2 Tenerla reunida en el cuartel.

acuático, -ca, acuátil adj. Que vive en el agua. 2 Perten. o rel. al agua.

acuciante adj. Vehemente. 2 Que estimula o da prisa.

acuciar tr. Estimular, dar prisa.

acuchillado, -da adj. fig. Díc. del vestido que tiene aberturas semejantes a cuchilladas.

acuchillar tr. Dar cuchilladas.

acudir intr. Ir a un sitio. 2 Ir en socorro. 3 Recurrir a alguno.

acueducto m. Conducto de agua subterráneo o elevado sobre arcos.

acuerdo m. Unión, armonía. 2 Resolución de una junta.

acuicultivo m. ZOOL. Incremento de la fauna acuática.

acuicultura f. Técnica de criar animales en agua dulce o salada.

acuidad f. Agudeza, viveza.

acuífero, -ra adj. Que lleva agua.

aculatar tr. Apoyar la culata de la escopeta en el hombro.

acullá adv. l. En parte alejada del que habla.

acuminado, -da, acumíneo, -a adj. Que, disminuyendo gradualmente, termina en punta.

acumulador, -ra adj.-s. Que acumula. - 2 m. FÍS. Pila reversible que almacena energía durante la carga y la restituye durante la descarga.

acumular tr. Juntar, amontonar.

acumulativo, -va adj. Que acumula.

acunar tr. Mecer en la cuna.

acuñar tr. Imprimir con cuño monedas, medallas, etc. 2 Meter cuñas.

acuocultivo m. BOT. Cultivo de las plantas sin tierra.

acuoso, -sa adj. De agua. 2 Abundante en agua o jugo.

acupuntura f. MED. Punción con una aguja en puntos especiales del cuerpo.

acurrucarse prnl. Encoger el cuerpo.

acusación f. Acción de acusar.

acusado, -da m. f. Persona a quien se acusa. - 2 adj. Sobresaliente, que resalta.

acusar tr. Imputar delito. 2 Notar, tachar. 3 Notificar el recibo de cartas, oficio, etc.

acusativo m. GRAM. Caso de la declinación que corresponde al complemento directo.

acuse m. Ac. y ef. de acusar recibo.

acusica, acusón, -sona adj. Delator, soplón.

acusón, -sona adj.-s. fam. Que tiene el vicio de acusar.

acústica f. Parte de la física que trata del sonido.

acústico, -ca adj. Perten. o rel. al oído o a la acústica.

acutángulo adj. GEOM. Que consta de ángulos agudos.

achabacanar tr. prnl. Hacer chabacano.

achacar tr. Atribuir, imputar.

achacoso, -sa *adj.* Que padece achaques. 2 Indispuesto, levemente enfermo.

achampañado, -da *adj.* Que imita al vino de Champaña.

achantarse *prnl.* Acobardarse. 2 *fam.* Conformarse. 3 *Amér.* Detenerse, estacionarse en un lugar.

achaparrado, -da *adj.* Rechoncho.

achaque *m.* Indisposición habitual. 2 Excusa o pretexto.

acharar *tr.-prnl.* Avergonzar, azorar, sobresaltar.

achatar *tr.-prnl.* Poner chata una cosa.

achicar *tr.-prnl.* Reducir el tamaño. 2 *fig.* Humillar, acobardar. - 3 *tr.* Sacar el agua de una mina, embarcación, etc.

achicoria *f.* Planta de hojas y raíces amargas usada como sucedánea del café.

achicharrar *tr.-prnl.* Freír o asar demasiado. - 2 *tr. fig.* Molestar. - 3 *prnl.* Abrasarse.

achinado, -da *adj.-s.* Persona que tiene rasgos de su rostro parecidos a los naturales de China.

achispar *tr.-prnl.* Poner casi ebrio.

achuchar *tr.* Aplastar. 2 Empujar.

achuchón *m.* Empujón, embestida.

adagio *m.* Sentencia breve y generalmente moral. 2 *MÚS.* Movimiento lento del ritmo musical.

adalid *m.* Caudillo de gente de guerra.

adamantino, -na *adj.* Perten. o rel. al diamante.

adán *m. fig. fam.* Hombre desaliñado o apático.

adaptable *adj.* Capaz de ser adaptado.

adaptación *f.* Ac. y ef. de adaptar o adaptarse.

adaptador *m.* Aparato que permite adaptar un mecanismo eléctrico para diversos usos.

adaptar *tr.-prnl.* Acomodar, ajustar una cosa a otra.

adarga *f.* Escudo de cuero ovalado o acorazonado.

adarme *m. fig.* Porción mínima de una cosa.

addenda *m.* Adiciones o complementos de una obra escrita.

adecentar *tr.-prnl.* Poner decente.

adecuación *f.* Ac. y ef. de adecuar.

adecuado, -da *adj.* Proporcionado, acomodado.

adecuar *tr.* Proporcionar, acomodar.

adefesio *m. fam.* Disparate. 2 Traje ridículo. 3 Persona fea o extravagante.

adelantado, -da *adj.* Que adelanta. 2 Precoz. 3 *fig.* Atrevido.

adelantamiento *m.* Ac. y ef. de adelantar o adelantarse. 2 *fig.* Mejora.

adelantar *tr.-prnl.* Mover o llevar hacia adelante. 2 *fig.* Exceder a uno. - 3 *tr.* Acelerar, apresurar. 4 Sobrepasar un vehículo a otro que circula en la misma dirección. - 5 *intr.* Progresar. - 6 *prnl.* Anticiparse.

adelante *adv. l.* Más allá. - 2 *adv. t.* En lo venidero.

adelanto *m.* Anticipo. 2 Progreso.

adelfa *f.* Arbusto de hojas lanceoladas y venenosas y flores de varios colores.

adelgazamiento *m.* Ac. y ef. de adelgazar.

adelgazar *tr.-prnl.* Poner delgado.

ademán *m.* Movimiento o actitud que denota algún afecto del ánimo. - 2 *m. pl.* Modales.

además *adv. c.* A más de esto o aquello. 2 También.

ademe *m.* Madero para entibar.

adensar *tr.-prnl.* Condensar.

adentrarse *prnl.* Penetrar con el examen o análisis en lo interior de un asunto.

adentro *adv. l.* A o en lo interior. - 2 *m. pl.* Lo interior del ánimo.

adepto, -ta *adj.* Afiliado en una secta o asociación. 2 Partidario.

aderezar *tr.-prnl.* Componer, hermosear. 2 Disponer, preparar. - 3 *tr.* Condimentar, sazonar los manjares.

aderezo *m.* Ac. y ef. de aderezar.

adeudar *tr.-prnl.* Deber dinero.

adherencia *f.* Ac. y ef. de adherir o adherirse. 2 Rozamiento en la superficie de contacto de dos cuerpos, de forma que uno se desliza sobre otro.

adherente *adj.* Que adhiere o se adhiere.

adherir *intr.-prnl.* Pegarse, unirse. 2 Abrazar una doctrina, un partido, etc.

adhesión *f.* Fuerza molecular de atracción manifestada entre cuerpos en contacto. 2 Apoyo, consentimiento.

adhesivo, -va *adj.-s.* Capaz de adherirse.

adicción *f.* Sumisión a un producto o a una conducta de la que no se puede liberar. Hábito al consumo de drogas.

adición f. Ac. y ef. de añadir. 2 Operación de sumar.

adicional adj. Que se añade.

adicionar tr. Añadir. 2 Sumar.

adicto, -ta adj.-s. Partidario. 2 Dominado por el uso de ciertas drogas.

adiestrar tr.-prnl. Hacer diestro.

adinerado, -da adj. Rico, acaudalado.

adiós m. Despedida.

¡adiós! Interjección para despedirse.

adiposidad f. Gordura.

adiposis f. Obesidad.

adiposo, -sa adj. Grasiento, gordo.

aditamento m. Añadidura.

aditivo, -va adj. Que puede o debe añadirse. 2 Díc. de la substancia que se agrega a otras para mejorar sus cualidades.

adivinanza f. Acertijo.

adivinar tr. Descubrir lo que no se sabe por medios sobrenaturales o por conjeturas. 2 Descifrar un enigma.

adivino, -na m. f. Persona que adivina.

adjetivación f. Ac. y ef. de adjetivar.

adjetivamente adv. m. Con significación o valor de adjetivo.

adjetivar tr. GRAM. Aplicar adjetivos. 2 GRAM. Convertir en adjetivo una palabra o grupo de palabras.

adjetivo, -va adj. Que se refiere a una cualidad o accidente. - 2 m. GRAM. Parte de la oración que se aplica a un substantivo para designar una cualidad o limitar su extensión.

adjudicación f. Ac. y ef. de adjudicar.

adjudicar tr. Declarar que una cosa pertenece a uno. - 2 prnl. Apropiarse.

adjudicatario, -ria m. f. Persona a quien se adjudica algo.

adjuntar tr. Acompañar o remitir adjunta alguna cosa.

adjunto, -ta adj. Unido con otra cosa. - 2 adj.-s. Que acompaña a otra persona.

adminículo m. Cosa que sirve de ayuda.

administración f. Acción de administrar. 2 Cargo y oficina del administrador.

administrador, -ra adj.-s. Que administra.

administrar tr. Gobernar, regir. 2 Servir o ejercer. 3 Suministrar, aplicar.

administrativo, -va adj. Perten. o rel. a la administración. - 2 adj.-s. Encargado de la gestión de una oficina en las tareas de documentación, contabilidad, etc.

admirable adj. Digno de admiración.

admiración f. Acción de admirar. 2 Cosa admirable. 3 GRAM. Signo ortográfico (¡ !).

admirador, -ra adj.-s. Que admira.

admirar tr.-prnl. Ver con sorpresa o placer. - 2 tr. Causar sorpresa o placer.

admirativo, -va adj. Que causa o denota admiración.

admisible adj. Que puede admitirse.

admisión f. Acción de admitir.

admitir tr. Dar entrada, acoger. 2 Aceptar, reconocer. 3 Permitir o sufrir.

admonición f. Amonestación.

admonitorio, -ria adj. Con carácter de admonición.

adobar tr. Poner en adobo las carnes u otras cosas para conservarlas.

adobe m. Masa de barro moldeada en forma de ladrillo y secada al sol.

adobo m. Ac. y ef. de adobar. 2 Salsa para sazonar y conservar las carnes.

adocenado, -da adj. Vulgar.

adocenar tr. Disponer por docenas. - 2 tr.-prnl. Hacerse vulgar.

adoctrinar tr. Instruir.

adolecer intr. Caer enfermo o padecer enfermedad. 2 fig. Tener algún defecto.

adolescencia f. Edad que sucede a la infancia.

adolescente adj.-s. Que está en la adolescencia.

adonde adv. l. A qué parte o a la parte que. 2 Donde.

adondequiera adv. l. A cualquier parte. 2 Dondequiera.

adonis m. fig. Mancebo hermoso.

adopción f. Acción de adoptar.

adoptar tr. Prohijar. 2 Admitir una opinión o doctrina. 3 Tomar acuerdos o resoluciones.

adoptivo, -va adj. Adoptado o que adopta.

adoquín m. Piedra prismática para pavimentar. 2 fig. Hombre torpe.

adoquinado m. Suelo de adoquines.

adoquinar tr. Pavimentar con adoquines.

adoración f. Acción de adorar.

adorador, -ra adj.-s. Que adora.

adorar tr. Honrar con culto religioso. 2 fig. Amar con extremo.

adormecer tr. -prnl. Dar o causar sueño.

2 Calmar. - 3 *prnl.* Entorpecerse.

adormecimiento *m.* Ac. y ef. de adormecer.

adormidera *f.* Planta papaverácea de cuyo fruto se extrae el opio.

adormilarse *prnl.* Dormirse a medias.

adornar *tr.-prnl.* Embellecer con adornos. 2 fig. Concurrir en una persona ciertas prendas o circunstancias favorables.

adorno *m.* Lo que sirve para hermosear.

adosar *tr.* Arrimar por la espalda.

adquirir *tr.* Ganar, empezar a poseer.

adquisición *f.* Acción de adquirir. 2 Cosa adquirida.

adquisitivo, -va *adj.* Que sirve para adquirir.

adrede *adv. m.* De propósito.

adrenalina *f.* Hormona que aumenta la presión sanguínea y estimula el sistema nervioso central.

adriático, -ca *adj.* Relativo al mar Adriático.

adscribir *tr.* Inscribir, atribuir. 2 Agregar una persona a un servicio.

adscripción *f.* Ac. y ef. de adscribir.

adsorción *f.* FÍS. Retención de un líquido o gas en la superficie de un cuerpo.

adstrato *m.* LING. Lengua cuyo territorio es contiguo al de otra, sobre la cual influye.

aduana *f.* Oficina donde se cobran los derechos de importación de las mercaderías.

aduanero, -ra *adj.* Perten. o rel. a la aduana. - 2 *m.* Empleado en la aduana.

aduar *m.* Población de beduinos formada de tiendas.

adúcar *m.* Seda que rodea exteriormente el capullo del gusano de seda.

aducción *f.* Movimiento por el cual un miembro o un órgano cualquiera se acerca al plano medio del cuerpo.

aducir *tr.* Alegar pruebas, razones, etc.

aductor *adj.-m.* ANAT. Músculo que sirve para producir aducción.

adueñarse *prnl.* Apoderarse de algo.

adulación *f.* Ac. y ef. de adular.

adulador, -ra *adj.-s.* Que adula.

adular *tr.* Mostrar afecto de manera servil para ganar la voluntad de uno.

adulterar *intr.* Cometer adulterio. - 2 *tr.-prnl.* fig. Desnaturalizar, falsificar.

adulterio *m.* Relación carnal fuera del matrimonio.

adúltero, -ra *adj.-s.* Que comete adulterio. - 2 *adj.* fig. Depravado, pervertido.

adulto, -ta *adj.-s.* Llegado al término de la adolescencia.

adusto, -ta *adj.* Seco, austero.

advenedizo, -za *adj.-s.* Extranjero. 2 Díc. de la persona de origen humilde que pretende figurar en la alta sociedad.

advenimiento *m.* Ascenso al trono.

adventicio, -cia *adj.* Que sobreviene accidentalmente.

adventista *adj.-s.* Díc. de la secta americana que espera un nuevo advenimiento de Cristo.

adverbial *adj.* Perten. o rel. al adverbio.

adverbio *m.* Parte invariable de la oración que modifica la significación del verbo, del adjetivo o de otro adverbio.

adversario, -ria *m. f.* Persona o colectividad rival o competidora.

adversativo, -va *adj.-f.* GRAM. Que denota oposición de sentido.

adversidad *f.* Calidad de adverso. 2 Desgracia.

adverso, -sa *adj.* Contrario, desfavorable.

advertencia *f.* Ac. y ef. de advertir. 2 Nota o escrito breve en que se advierte algo al lector.

advertido, -da *adj.* Experto, avisado.

advertir *tr.* Percibir algo, darse cuenta de ello. 2 Llamar la atención de uno sobre algo.

adviento *m.* Tiempo litúrgico que comprende las cuatro semanas antes de Navidad.

advocación *f.* Título que se da a un templo, capilla o altar.

adyacencia *f.* Inmediación, proximidad.

adyacente *adj.* Inmediato, próximo.

adyuvante *adj.* Que ayuda.

aeración *f.* Ventilación. 2 Acción terapéutica del aire.

aéreo, -a *adj.* De aire o relativo a él.

aerícola *adj.* Díc. de la planta o el animal que vive en el aire.

aerífero, -ra *adj.* Que conduce aire.

aerificación *f.* QUÍM. Paso al estado gaseoso de un cuerpo sólido o líquido.

aeriforme *adj.* FÍS. Parecido al aire.

aerobic *m.* Gimnasia rítmica acompañada de música.

aerobio, -bia *adj.* Que necesita del aire para subsistir.

aerobús *m.* Avión de gran capacidad para el transporte a cortas y medias distancias.

aeroclub *m.* Centro de formación para pilotos civiles.

aerodinámica *f.* Parte de la mecánica que estudia el movimiento de los gases.

aerodinámico, -ca *adj.* Relativo a la aerodinámica. 2 Díc. del objeto cuya forma reduce al mínimo la resistencia del aire.

aeródromo *m.* Terreno dispuesto para la salida, llegada y maniobra de aeroplanos.

aeroespacial *adj.* Perten. o rel. al aire y al espacio extraterrestre.

aerofagia *f.* Deglución espasmódica del aire.

aerofaro *m.* Luz de ayuda a la navegación aérea.

aerofotografía *f.* Fotografía del suelo tomada desde el aire.

aerografía *f.* Descripción científica del aire. 2 Dibujo mediante aerógrafo.

aerógrafo *m.* Pulverizador de aire a presión que se utiliza para pintar.

aerolínea *f.* Compañía de transporte aéreo.

aerolito *m.* Fragmento de un bólido que cae sobre la tierra.

aerología *f.* Ciencia que estudia las propiedades de la atmósfera.

aeromarítimo, -ma *adj.* Perten. o rel. a la aviación y a la marina.

aerometría *f.* Ciencia que estudia las propiedades físicas del aire.

aerómetro *m.* Instrumento para medir la densidad del aire.

aeromodelismo *m.* Modelismo de aeronaves.

aeronáutica *f.* Navegación aérea.

aeronaval *adj.* Perten. o rel. al ejército del aire y a la armada.

aeronave *f.* Vehículo capaz de navegar por el aire.

aeronavegación *f.* Aeronáutica.

aeroplano *m.* Avión.

aeropostal *adj.* Perten. o rel. al correo aéreo.

aeropuerto *m.* Aeródromo que sirve de estación.

aerosol *m.* Aparato que desprende a presión partículas suspendidas en un gas.

aerostación *f.* Navegación aérea con aparatos menos pesados para el aire.

aerostática *f.* Parte de la mecánica que estudia el equilibrio de los gases.

aerostático, -ca *adj.* Perten. o rel. a la aerostática.

aeróstato *m.* Globo aerostático.

aerotaxi *m.* Avión o avioneta de alquiler.

aerotecnia *f.* Ciencia que estudia las aplicaciones del aire a la industria.

aeroterrestre *adj.* Perten. o rel. a los ejércitos de tierra y aire.

aerovía *f.* Ruta para el vuelo comercial de los aviones.

afabilidad *f.* Calidad de afable.

afable *adj.* Suave en el trato.

afamado, -da *adj.* Famoso.

afamar *tr.* Dar fama.

afán *m.* Trabajo excesivo y solícito. 2 Anhelo vehemente.

afanar *intr.-prnl.* Entregarse al trabajo con solicitud. 2 Hacer diligencias con anhelo para conseguir algo.

afanoso, -sa *adj.* Muy trabajoso. 2 Que se afana.

afasia *f.* Pérdida del habla a consecuencia de desorden cerebral.

afear *tr.* Causar fealdad. 2 fig. Reprobar.

afección *f.* Alteración. 2 Afición, inclinación. 3 Enfermedad.

afectación *f.* Ac. y ef. de afectar. 2 Falta de naturalidad.

afectado, -da *adj.* Poco natural, fingido.

afectar *tr.* Usar maneras estudiadas, fingir. 2 Atañer. 3 Tener o producir algo un determinado efecto.

afectividad *f.* Propensión a los afectos o emociones.

afectivo, -va *adj.* Perten. o rel. al afecto o a la sensibilidad.

afecto, -ta *adj.* Que siente aprecio por alguien o algo. 2 Sujeto a cargas u obligaciones. 3 Destinado a un determinado servicio. - 4 *m.* Pasión del ánimo, especialmente amor o cariño.

afectuoso, -sa *adj.* Amoroso, cariñoso.

afeitado *m.* Ac. y ef. de afeitar. 2 Corte de las puntas de los cuernos del toro para disminuir la peligrosidad del toreo.

afeitador, -ra *adj.* Que afeita. - 2 *f.* Máquina de afeitar eléctrica.

afeitar *tr.* Raer con navaja o maquinilla. 2 Esquilar.

afeite *m.* Aderezo. 2 Cosmético.

afelio *m.* En la órbita de un planeta, punto más alejado del Sol.

afelpado, -da *adj.* Hecho en forma de felpa. 2 Parecido a la felpa.

afelpar *tr.* Dar aspecto de felpa.

afeminado, -da *adj.* Que en su persona, acciones o adornos se parece a las mujeres.

afeminamiento *m.* Ac. y ef. de afeminar o afeminarse.

afeminar *tr.-prnl.* Hacer que uno se parezca a las mujeres.

aferente *adj.* Que conduce de la periferia al centro.

aféresis *f.* Supresión de letras al principio de un vocablo.

aferrado, -da *adj.* Obstinado.

aferrar *tr.-intr.* Agarrar fuertemente. - 2 *intr.-prnl.* Insistir con tenacidad. - 3 *prnl.* Asirse una cosa con otra.

afestonado, -da *adj.-s.* Labrado en forma de festón.

afgano, -na *adj.-s.* De Afganistán.

afianzar *tr.* Dar fianza por uno. - 2 *tr.-prnl.* Afirmar, hacer firme, asegurar. 3 Asir.

afición *f.* Inclinación, amor a una persona o cosa.

aficionado, -da *adj.-s.* Que cultiva un arte sin tenerlo por oficio. 2 Que siente afición por algún arte, espectáculo o deporte.

aficionar *tr.-prnl.* Inducir a uno a que guste de una persona o cosa.

afijación *f.* GRAM. Añadidura de afijos para formar palabras nuevas.

afijo, -ja *adj.-m.* GRAM. Díc. del elemento formativo que unido a la raíz de una palabra modifica el sentido y función de ésta.

afilador, -ra *adj.* Que afila.

afilamiento *m.* Adelgazamiento de la cara, nariz o dedos.

afilar *tr.* Sacar filo o punta.

afiliación *f.* Ac. y ef. de afiliar.

afiliado, -da *adj.* Perteneciente a un partido, asociación, etc.

afiliar *tr.-prnl.* Hacer entrar en una sociedad, partido, etc.

afiligranado, -da *adj.* De filigrana. 2 Fino y delicado.

afiligranar *tr.* Trabajar en filigrana.

áfilo, -la *adj.* BOT. Que no tiene hojas.

afín *adj.* Próximo, contiguo. 2 Que tiene afinidad con otra cosa.

afinador, -ra *adj.-s.* Que afina.

afinar *tr.-prnl.* Hacer fino. 2 Perfeccionar. 3 Purificar metales. - 4 *tr.* Poner en tono los instrumentos musicales. - 5 *intr.* Cantar o tocar entonando.

afincarse *prnl.* Establecerse.

afinidad *f.* Semejanza. 2 Parentesco entre un cónyuge y los deudos del otro. 3 QUÍM. Fuerza que une los átomos.

afirmación *f.* Ac. y ef. de afirmar.

afirmar *tr.-prnl.* Poner firme, dar firmeza. - 2 *tr.* Dar por cierto.

afirmativo, -va *adj.* Que denota o implica afirmación.

aflautar *tr.* Tener o adquirir voz de flauta.

aflicción *f.* Efecto de afligir o afligirse.

aflictivo, -va *adj.* Que aflige.

afligido, -da *adj.* Que padece aflicción.

afligir *tr.-prnl.* Causar sufrimiento.

aflojar *tr.-prnl.* Disminuir la presión o tirantez. - 2 *intr.* Ceder.

aflorar *intr.* Asomar en un terreno un filón o capa mineral. 2 fig. Manifestarse una cualidad o estado de ánimo.

afluencia *f.* Ac. y ef. de afluir. 2 Abundancia. 3 fig. Facundia.

afluente *adj.-m.* Díc. del arroyo o río que desemboca en otro principal.

afluir *intr.* Acudir en abundancia. 2 Verter un río o arroyo sus aguas en las de otro, o en un lago o mar.

afonía *f.* MED. Falta de voz.

afónico, -ca *adj.* Falto de voz.

áfono, -na *adj.* Falto de sonido.

aforar *tr.* Medir el agua que lleva una corriente o la capacidad de un receptáculo.

aforismo *m.* Sentencia breve y doctrinal.

aforo *m.* Ac. y ef. de aforar. 2 Capacidad total de un teatro, cine, etc.

afortunadamente *adv. m.* Por fortuna.

afortunado, -da *adj.* Que tiene buena suerte o la trae. 2 Feliz.

afototrópico, -ca *adj.* BOT. Díc. de la planta que crece en sentido contrario a la luz.

afrancesado, -da *adj.-s.* Que imita a los franceses. 2 Partidario de los franceses.

afrancesar *tr.-prnl.* Dar carácter francés.

afrecho *m.* Salvado.

afrenta *f.* Vergüenza y deshonor que resulta de algún dicho o hecho. 2 Dicho o hecho que causa afrenta.

afrentar tr.-prnl. Causar afrenta.

africado, -da adj.-s. Sonido consonante articulado con una oclusión y una fricación en el mismo lugar.

africanista com. Persona que se dedica al estudio de los asuntos concernientes a África.

africanizar tr. Dar carácter africano.

africano, -na adj.-s. De África.

afrikánder com. Persona de la República Sudafricana, de raza blanca, descendiente de ingleses.

afro adj. Díc. de la moda que imita modelos africanos.

afrocubano, -na adj. Perten. o rel. al arte de Cuba con influencia africana.

afrodisíaco, -ca, afrodisiaco, -ca adj.-m. Díc. de la substancia que excita el apetito venéreo.

afrodita adj. BOT. Díc. de la planta que se reproduce de modo sexual.

afrontar tr. Poner enfrente. 2 Hacer frente al enemigo. 3 Desafiar. 4 Carear.

afrutado, -da adj. Que en su sabor recuerda el de la fruta.

afta f. Pequeña úlcera en la boca.

afuera adv. l. Fuera del sitio en que uno está. 2 En el exterior. - 3 f. pl. Alrededores de una población.

agachadiza f. Ave zancuda parecida a la chocha.

agachar tr. Inclinar hacia abajo o bajar. - 2 prnl. Encogerse doblando el cuerpo.

agalla f. Excrecencia que se forma en ciertos árboles. 2 Órgano de la respiración de los peces. - 3 f. pl. Valor, valentía.

agamí m. Ave zancuda doméstica de Sudamérica.

ágamo, -ma adj. BOT. Díc. de la planta sin estambres ni pistilos.

ágape m. Banquete.

agárico m. Hongo parásito de árboles.

agarrada f. Altercado, riña.

agarraderas f. pl. fam. Influencias, buenas relaciones.

agarradero m. Asa, mango. 2 fig. Amparo o recurso con que se cuenta para algo.

agarrado, -da adj. Tacaño. - 2 adj.-m. fam. Díc. del baile en que la pareja va estrechamente enlazada.

agarrar tr.-prnl. Asir con fuerza. 2 fig. Conseguir lo que se desea. - 3 intr.-prnl. Arraigar las plantas.

agarrochar tr. Herir al toro con garrocha.

agarrotado, -da adj. fig. Rígido, tieso. 2 Díc. de la pieza que no funciona por faltarle engrase.

agarrotar tr. Apretar fuertemente. - 2 prnl. Ponerse rígidos los miembros. 3 Moverse con dificultad una pieza.

agasajar tr. Tratar con atención cariñosa. 2 Halagar.

agasajo m. Acción de agasajar. 2 Regalo, obsequio.

ágata f. Cuarzo translúcido, de colores.

agave m. Pita (planta).

agazaparse prnl. Agacharse (encogerse). 2 Ocultarse, esconderse.

agencia f. Empresa dedicada a gestionar asuntos o prestar determinados servicios.

agenciar tr.-prnl. Procurar, o conseguir con diligencia. - 2 prnl. Componérselas.

agenda f. Cuaderno en que se anota lo que se ha de recordar cada día. 2 Relación de temas que deben ser tratados en una reunión.

agente m. Que obra. - 2 adj.-s. GRAM. Díc. de la persona que ejecuta la acción del verbo. - 3 m. Causa activa. - 4 com. Persona que obra por otro.

agigantado, -da adj. De estatura mucho mayor que lo regular.

agigantar tr. Dar proporciones gigantescas.

ágil adj. Que se mueve con rapidez y facilidad.

agilidad f. Calidad de ágil.

agilipollado, -da adj. vulg. Atontado, abobado.

agilizar tr. Dar mayor rapidez.

agitación f. Ac. y ef. de agitar.

agitador, -ra adj.-s. Que agita. - 2 m. f. Persona que provoca conflictos de carácter político o social.

agitanado, -da adj. Que parece gitano.

agitanar tr.-prnl. Dar aspecto o carácter gitano.

agitar tr.-prnl. Mover violentamente. 2 fig. Inquietar el ánimo.

aglomeración f. Ac. y ef. de aglomerar. 2 Gentío. ·

aglomerado m. Plancha artificial de madera conseguida por la mezcla prensada de maderas trituradas y cola.

aglomerar tr.-prnl. Amontonar, juntar.

aglosia f. ZOOL. Carencia de lengua.

aglutinación f. Ac. y ef. de aglutinar.

aglutinante adj.-m. Que aglutina. 2 Díc. del material empleado en pintura para unir elementos colorantes.

aglutinar tr.-prnl. Unir, pegar.

agnosticismo m. Doctrina epistemológica que declara inaccesible al entendimiento humano toda noción de lo absoluto.

agnóstico, -ca adj. Perten. o rel. al agnosticismo. - 2 adj.-s. Partidario de él.

agobiado, -da adj. fig. Sofocado, angustiado.

agobiar tr.-prnl. Doblar o encorvar hacia el suelo. 2 fig. Oprimir con peso; fatigar.

agobio m. Ac. y ef. de agobiar. 2 Sofocación, angustia.

agolparse prnl. Juntarse de golpe.

agometría f. FÍS. Parte de la física que tiene por objeto medir la conductividad y resistencia eléctricas.

agonía f. Lucha postrera de la vida contra la muerte. 2 fig. Pena, ansia o aflicción extremada.

agónico, -ca adj. De la agonía o que se halla en ella.

agonioso, -sa adj. Ansioso, apremiante en el pedir.

agonizar intr. Luchar entre la vida y la muerte. 2 Extinguirse una cosa.

ágono, -na adj. GEOM. Que no tiene ángulos.

ágora f. Plaza pública en las antiguas ciudades griegas.

agorar tr. Predecir lo futuro.

agorero, -ra adj.-s. Que adivina por agüeros. 2 Que predice males.

agostar tr.-prnl. Secar el calor las plantas.

agosto m. Octavo mes del año.

agotador, -ra adj. Que agota.

agotamiento m. Ac. y ef. de agotar.

agotar tr. Extraer todo el líquido. 2 fig. Consumir del todo.

agracejo m. Uva que no llega a madurar. 2 Arbusto de bayas comestibles.

agraceño, -ña adj. Agrio como el agraz.

agraciado, -da adj. Gracioso, hermoso. 2 Recompensado, afortunado en un sorteo.

agraciar tr. Dar o aumentar la gracia y hermosura. 2 Conceder una gracia.

agradable adj. Que agrada.

agradar intr. Complacer, causar agrado.

agradecer tr. Corresponder con gratitud.

agradecido, -da adj.-s. Que agradece.

agradecimiento m. Ac. y ef. de agradecer.

agrado m. Trato amable. 2 Complacencia.

agrafía f. Pérdida de la facultad de escribir, debida a perturbación cerebral.

agramadera f. Instrumento para agramar.

agramar tr. Majar el cáñamo o lino para separar la fibra.

agramatical adj. Que no se ajusta a las reglas de la gramática.

agramaticalidad f. LING. Calidad de una oración que infringe alguna regla de la gramática.

agramiza f. Desperdicio del cáñamo o lino después de haber sido agramado.

agrandar tr. Hacer más grande.

agrario, -ria adj. Perten. o rel. al campo.

agravamiento m. Ac. y ef. de agravar o agravarse.

agravante adj.-m. Que agrava.

agravar tr. Oprimir con tributos. - 2 tr.-prnl. Hacer más grave o peligroso.

agraviar tr. Hacer agravio.

agravio m. Ofensa. 2 Perjuicio.

agraz m. Uva sin madurar. 2 Zumo de ella. 3 fig. Amargura, disgusto.

agrazar intr. Tener gusto agrio, saber a agraz.

agredir tr. Acometer, atacar.

agregado, -da adj. Adjunto o añadido a otra cosa. - 2 adj.-s. Díc. de la persona que es incorporada a un servicio del cual no es titular. 3 Díc. del profesor de categoría inmediatamente inferior a la de catedrático de instituto de bachillerato.

agregar tr.-prnl. Unir personas o cosas a otras.

agremiar tr.-prnl. Reunir en gremio.

agresión f. Ac. y ef. de agredir.

agresividad f. Propensión a agredir.

agresivo, -va adj. Que constituye agresión. 2 Propenso a ofender.

agresor, -ra adj.-s. Que agrede.

agreste adj. Áspero, inculto. 2 fig. Tosco.

agriado, -da adj. Ácido.

agriar tr.-prnl. Poner agrio. 2 fig. Exasperar.

agrícola adj. Perten. o rel. a la agricultura o al que la ejerce.

agricultor, -ra m. f. Persona que cultiva la tierra.

agricultura f. Cultivo de la tierra.

agridulce adj.-s. Que tiene mezcla de agrio y dulce.

agrietar tr.-prnl. Abrir grietas.

agrimensor, -ra m. f. Persona perita en agrimensura.

agrimensura f. Técnica de medir las tierras.

agrio, -gria adj. De sabor parecido al del vinagre o del limón. 2 Acre.

agrisar tr. Dar color gris a algo.

agro m. Campo.

agronomía f. Conocimientos aplicables al cultivo de la tierra.

agrónomo, -ma m. f. Persona que se dedica a la agronomía.

agropecuario, -ria adj. Que tiene relación con la agricultura y la ganadería.

agroquímica f. Parte de la química que trata de la utilización industrial de materias orgánicas procedentes del campo.

agrupación f. Ac. y ef. de agrupar. 2 Personas agrupadas para un fin.

agrupar tr.-prnl. Reunir en grupo.

agrura f. Sabor acre o ácido de algunas cosas.

agua f. Líquido inodoro, incoloro e insípido compuesto de oxígeno e hidrógeno. 2 Infusión o destilación de flores, plantas o frutos. 3 Lluvia. ▷ Como ~ de mayo, se dice de lo que es muy esperado o deseado. Entre dos aguas, con duda, cautela o indecisión. Estar con el ~ al cuello, estar en un gran aprieto. Hacer aguas, orinar. Romper aguas, romperse la bolsa que envuelve el feto y expulsar el líquido amniótico.

aguacate m. Árbol lauráceo de fruto parecido a una pera grande. 2 Este fruto.

aguacero m. Lluvia repentina e impetuosa. 2 fig. Sucesos y cosas molestas que en gran cantidad caen sobre una persona.

aguacha f. Agua encharcada y corrompida.

aguachirle f. Bebida floja y sin substancia.

aguada f. Sitio para surtirse de agua potable. 2 Provisión de agua.

aguadero, -ra adj. Propio para el agua.

aguado, -da adj. Mezclado con agua.

aguador, -ra m. f. Persona que tiene por oficio llevar o vender agua.

aguafiestas com. Persona que turba una diversión.

aguafuerte amb. Agua fuerte (ácido nítrico). 2 Lámina obtenida por el grabado al agua fuerte. 3 Estampa obtenida con ésta.

aguamala m. Medusa.

aguamanil m. Jarro con que se echa agua en la jofaina para lavarse las manos. 2 Jofaina.

aguamarina f. Berilo de color verde mar.

aguamiel f. Agua mezclada con miel.

aguanoso, -sa adj. Lleno de agua o muy húmedo.

aguantar tr. Sostener. 2 Detener. 3 Tolerar. - 4 prnl. Contenerse.

aguante m. Sufrimiento, paciencia. 2 Fuerza, resistencia.

aguapié m. Vino de muy poca calidad.

aguar tr.-prnl. Mezclar agua con vino u otro licor. - 2 tr. fig. Turbar, frustrar.

aguardar tr.-intr. Esperar.

aguardentoso, -sa adj. Que contiene aguardiente o se parece a él. 2 fig. De voz áspera y bronca.

aguardiente m. Bebida alcohólica que se obtiene del vino.

aguarrás m. Esencia de trementina.

aguatinta f. Pintura realizada con tinta de un solo color.

aguaturma f. Planta compuesta, de raíz tuberculosa y comestible.

aguaviva f. Medusa.

aguaza f. Humor que destilan algunas plantas y frutos.

aguazal m. Lugar pantanoso.

agudeza f. Calidad de agudo. 2 fig. Dicho agudo.

agudizar tr. Hacer aguda una cosa. - 2 prnl. Agravarse una enfermedad.

agudo, -da adj. Que tiene filo o punta. 2 fig. Sutil, perspicaz. 3 fig. Gracioso y oportuno. 4 fig. Vivo y penetrante. 5 GRAM. Díc. de la palabra con acento prosódico en la última sílaba.

agüero m. Presagio.

aguerrido, -da adj. Experimentado en las luchas y trabajos.

aguerrir tr.-prnl. Acostumbrar a la guerra.

aguijada f. Vara con punta de hierro.

aguijar tr. Picar con la aguijada. 2 fig. Estimular, incitar. 3 Apresurar.

aguijón *m.* Punta con que pican algunos insectos. 2 Púa de una planta. 3 fig. Estímulo, incitación.

aguijonazo *m.* fig. Estímulo vivo.

aguijonear *tr.* Aguijar, estimular. 2 Picar con el aguijón. 3 fig. Atormentar.

águila *f.* Ave rapaz falconiforme, grande, fuerte y de vuelo muy rápido. 2 fig. Persona de mucha viveza y perspicacia.

aguileño, -ña *adj.* De rostro largo y afilado. 2 De nariz encorvada.

aguilón *m.* Brazo de una grúa.

aguilucho *m.* Pollo del águila.

aguinaldo *m.* Regalo de Navidad. 2 Villancico que se canta por Navidad.

aguja *f.* Barrita puntiaguda con un ojo que sirve para coser, bordar, etc. 2 Barrita de metal para diversos usos. 3 Obelisco, chapitel. 4 Riel movible para desviar trenes. 5 Brújula. 6 Pez marino teleósteo de hocico alargado y muy voraz.

agujerear *tr.* Hacer algún agujero.

agujero *m.* Abertura redonda. 2 El que hace o vende agujas. 3 fig. Falta de dinero sin justificar en una empresa.

agujetas *f. pl.* Dolores a consecuencia de un ejercicio violento.

aguosidad *f.* Humor corporal parecido al agua.

agusanarse *prnl.* Llenarse de gusanos.

agustino, -na *adj.-s.* Religioso de la orden de San Agustín.

aguzado, -da *adj.* Que tiene forma aguda.

aguzar *tr.* Sacar punta. 2 Afilar. 3 fig. Forzar el entendimiento o algún sentido.

¡agur! ¡Adiós!

¡ah! Interjección de pena, admiración o sorpresa.

ahechar *tr.* Cribar el trigo u otras semillas.

aherrojar *tr.* Poner prisiones de hierro. 2 fig. Subyugar.

aherrumbrar *tr.* Dar color o sabor de hierro. - 2 *prnl.* Tomar una cosa sabor de hierro. 3 Cubrirse de herrumbre.

ahí *adv. l.* En ese lugar, a ese lugar. 2 En esto.

ahijado, -da *m. f.* Persona respecto de sus padrinos.

ahijar *tr.* Prohijar.

ahilado, -da *adj.* Díc. del viento suave y continuo. 2 Díc. de la voz delgada y tenue.

ahilarse *prnl.* Adelgazarse por causa de alguna enfermedad. 2 p. ext. Criarse débiles las plantas.

ahincar *tr.* Instar con ahínco.

ahínco *m.* Empeño grande.

ahíto, -ta *adj.* Saciado de comer. 2 fig. Cansado de algo o alguien hasta el tedio o fastidio.

ahocicar *intr.* Caer tendido con la boca hacia el suelo.

ahogadillo, -lla *m. f.* Zambullida que se da a otro en broma, manteniendo sumergida su cabeza durante unos instantes.

ahogado, -da *adj.* Díc. del sitio estrecho y sin ventilación. 2 fig. Sin medios, sin recursos. - 3 *m. f.* Persona que muere por falta de respiración.

ahogar *tr.-prnl.* Matar impidiendo la respiración. 2 fig. Oprimir. - 3 *tr.* Apagar. - 4 *prnl.* Sentir sofocación.

ahogo *m.* Opresión en el pecho. 2 fig. Aprieto. 3 fig. Escasez, penuria.

ahombrarse *prnl.* fam. Adquirir la mujer modales masculinos.

ahondar *tr.* Hacer más hondo. 2 Profundizar. - 3 *tr.-intr.-prnl.* Penetrar. - 4 *tr.-intr.* Escudriñar lo más recóndito.

ahora *adv. t.* En este momento, en el tiempo presente. ▷ ~ *bien*, esto supuesto o sentado. *Por* ~, por de pronto, por lo pronto. ~ *que*, pero.

ahorcajarse *prnl.* Montar a horcajadas.

ahorcar *tr.-prnl.* Quitar la vida a uno colgándolo por el cuello.

ahorita *adv. t.* Poco ha.

ahormar *tr.* Ajustar a su horma o molde.

ahornagarse *prnl.* Abrasarse la tierra y sus frutos por el calor.

ahornar *tr.* Hornear.

ahorquillado, -da *adj.* Que tiene forma de horquilla.

ahorquillar *tr.* Afianzar con horquillas. 2 Dar figura de horquilla.

ahorrar *tr.* Reservar dinero separándolo del gasto ordinario. 2 Evitar, excusar algún trabajo, riesgo, dificultad.

ahorrativo, -va *adj.* Que ahorra.

ahorro *m.* Lo que se ahorra.

ahuecar *tr.* Poner hueco. 2 fig. Hablar con afectación.

ahumado, -da *adj.* Que tiene color sombrío. - 2 *m.* Alimento conservado mediante el humo, o con el sabor de éste.

ahumar *tr.* Poner al humo. 2 Llenar de humo. - 3 *intr.* Humear.

ahusar *tr.* Dar a algo forma de huso.

ahuyentar *tr.* Hacer huir. 2 fig. Desechar de sí una cosa que molesta. - 3 *prnl.* Alejarse huyendo.

aimara, aimará *adj.-com.* De una raza india que habita en Perú y Bolivia. - 2 *m.* Lengua aimara.

airado, -da *adj.* Irritado, lleno de cólera. 2 De vida desordenada y viciosa.

airar *tr.-prnl.* Irritar, encolerizar.

aire *m.* Fluido transparente, inodoro e insípido que rodea la tierra. 2 Viento. 3 fig. Aspecto. 4 Garbo. 5 MÚS. Canción. ▷ *Ser ~ una cosa,* no tener importancia.

aireación *f.* Ventilación.

airear *tr.-prnl.* Poner al aire o ventilar. 2 fig. Contar algo, hacer que se sepa.

airón *m.* Penacho de algunas aves. 2 Adorno de plumas.

airoso, -sa *adj.* Díc. del tiempo o sitio en que hace mucho aire. 2 fig. Garboso, gallardo. 3 fig. Que sale con éxito de algo.

aislacionismo *m.* Tendencia opuesta al intervencionismo internacional.

aislacionista *adj.* Que procura apartar a la nación de cualquier relación internacional.

aislador, -ra *adj.* Que aísla. - 2 *m.* Aparato con que se aíslan de sus soportes los alambres conductores de electricidad.

aislamiento *m.* fig. Incomunicación.

aislante *adj.-s.* Díc. del cuerpo mal conductor del calor y la electricidad.

aislar *tr.-prnl.* Dejar solo, incomunicar.

¡ajá! Interjección de complacencia.

ajar *tr.* Maltratar, deslucir.

ajarafe *m.* Terreno alto y extenso.

ajardinar *tr.* Convertir en jardín un terreno.

ajedrea *f.* Planta de jardín de hojas estrechas y flores olorosas.

ajedrecista *com.* Jugador de ajedrez.

ajedrez *m.* Juego entre dos personas, con 32 piezas y 64 escaques.

ajedrezado, -da *adj.* Que forma cuadros de dos colores.

ajenjo *m.* Planta amarga y aromática. 2 Bebida alcohólica preparada con ella.

ajeno, -na *adj.* Que es de otro. 2 Extraño.

ajete *m.* Ajo tierno. 2 Salsa de ajo.

ajetrearse *prnl.* Fatigarse con algún trabajo.

ajetreo *m.* Ac. y ef. de ajetrearse.

ají *m.* Planta silvestre de fruto parecido al pimiento.

ajiaceite *m.* Salsa de ajos y aceite.

ajilimoje, ajilimójili *m.* Especie de salsa. 2 fig. Revoltijo.

ajimez *m.* ARQ. Ventana arqueada dividida por una columna.

ajipuerro *m.* Cebollino.

ajo *m.* Planta liliácea cuyo bulbo, blanco, dividido y de olor característico, se usa como condimento. 2 Bulbo de esta planta. 3 Asunto o negocio. ▷ *Estar en el ~,* conocer algo secreto.

ajoarriero *m.* Guiso de bacalao, aceite, huevos y ajos.

ajonjolí *m.* Planta dicotiledónea de semillas oleaginosas.

ajonuez *m.* Salsa de ajo y nuez moscada.

ajopuerro *m.* Cebollino, planta liliácea.

ajorrar *tr.* Remolcar, arrastrar.

ajuar *m.* Muebles y ropas de una casa o los que trae la novia. 2 Equipo de los niños recién nacidos.

ajuiciar *tr.-intr.* Hacer juicioso.

ajuntar *tr.* En el lenguaje infantil, ser amigo de alguien. - 2 *prnl.* Unirse en matrimonio. 3 Amancebarse.

ajustado, -da *adj.* Justo, recto.

ajustador *m.* Anillo con que se impide que se salga una sortija que se viene ancha al dedo. 2 Operario que trabaja piezas de metal terminadas para ajustarlas.

ajustamiento *m.* Ajuste.

ajustar *intr.-prnl.* Proporcionar, acomodar. 2 Arreglar a lo justo. 3 Contratar para un servicio. - 4 *tr.* Arreglar y liquidar una cuenta. 5 Concertar.

ajuste *m.* Medida proporcionada de las partes de una cosa para ajustar o cerrar.

ajusticiado, -da *m. f.* Reo en quien se ha ejecutado la pena de muerte.

ajusticiar *tr.* Castigar con la pena de muerte.

al Contracción de la preposición *a* y el artículo *el.*

ala *f.* Miembro de que se sirven para volar las aves y los insectos. 2 Parte de una cosa que se parece a un ala. 3 Parte lateral de un edificio o de un ejército. 4

Tendencia de un partido, organización o asamblea. ▷ *Dar alas,* estimular.

alá *m.* Dios, entre los árabes.

alabanza *f.* Expresión o conjunto de expresiones con que se alaba.

alabar *tr.-prnl.* Celebrar o aplaudir con palabras.

alabarda *f.* Lanza cuya moharra tiene una cuchilla transversal.

alabardado, -da *adj.* De figura de alabarda.

alabardero *m.* Soldado armado de alabarda.

alabastrino, -na *adj.* De alabastro.

alabastro *m.* Piedra caliza, blanca y translúcida.

álabe *m.* Rama combada hacia la tierra. 2 MEC. Paleta de rueda hidráulica.

alabear *tr.* Dar a una superficie forma combada. - 2 *prnl.* Combarse la madera.

alabeo *m.* Vicio que toma la madera al alabearse.

alacena *f.* Hueco en la pared, a manera de armario.

alacrán *m.* Arácnido pulmonado con el abdomen terminado en uña venenosa.

alada *f.* Movimiento que hacen con las alas.

aladierna *f.* Arbusto empleado en medicina y tintorería, cuyo fruto es una baya pequeña, negra y jugosa.

alado, -da *adj.* Que tiene alas. 2 fig. Ligero, veloz.

alagartado, -da *adj.* Semejante a la piel del lagarto.

alajú *m.* Dulce de almendras, nueces o piñones.

alamar *m.* Presilla con botón que se cose a la orilla de un vestido.

alambicado, -da *adj.* fig. Sutil.

alambicar *tr.* Destilar. 2 Sutilizar. 3 Examinar con atención.

alambique *m.* Aparato para destilar.

alambrado, -da *adj.* Cercado con alambres. - 2 *f.* Cerco de alambres afianzado en postes.

alambre *m.* Hilo de metal.

alambrecarril *m.* Cable o alambre resistente del que van colgadas algunas vagonetas.

alambrera *f.* Red de alambre que se pone en las ventanas y en otras partes para resguardar los cristales.

alambrista *com.* Funámbulo, equilibrista.

alameda *f.* Terreno poblado de álamos. 2 Paseo con árboles.

álamo *m.* Árbol de tronco alto y madera blanca, ligera y resistente al agua.

alancear *tr.-intr.* Dar lanzadas.

alano, -na *adj.-s.* Díc. del pueblo nómada que invadió la Galia y España.

alantoides *adj.-s.* Díc. de la membrana que rodea el embrión.

alarde *m.* fig. Ostentación, gala.

alardear *intr.* Hacer alarde.

alargadera *f.* Pieza que sirve para alargar o prolongar algo.

alargador, -ra *adj.* Que alarga.

alargamiento *m.* Ac. y ef. de alargar.

alargar *tr.* Dar más longitud. 2 Prolongar.

alarido *m.* Grito lastimero.

alarma *f.* MIL. Señal para la defensa o el combate. 2 fig. Inquietud, sobresalto. 3 Señal que avisa de un peligro o de alguna anormalidad. 4 Mecanismo que emite dicha señal.

alarmante *adj.* Que alarma.

alarmar *tr.* Dar la alarma. - 2 *tr.-prnl.* Inquietar, asustar.

alarmismo *m.* Inclinación natural a alarmarse o a causar alarma a otros.

alarmista *adj.* Que produce alarma. - 2 *com.* Persona que difunde noticias alarmantes.

alauita *adj.* Perten. o rel. a la dinastía reinante en Marruecos.

alavense, alavés, -sa *adj.-s.* De Álava.

alazán, -zana, -zano *adj.-s.* De color muy parecido al de la canela.

alba *f.* Primera luz del día. 2 Vestidura talar sagrada de lienzo blanco.

albacara *f.* Torreón saliente.

albacea *com.* DER. Persona nombrada por el testador para que cumpla su última voluntad.

albacetense, -teño, -ña *adj.-s.* De Albacete.

albada *f.* Alborada.

albahaca *f.* Planta labiada de hojas pequeñas y olorosas.

albaicín *m.* Barrio en pendiente.

albanega *f.* Cofia o red para el pelo. 2 ARQ. Enjuta de arco de forma triangular.

albanés, -nesa, albano, -na *adj.-s.* De Albania. - 2 *m.* Lengua albanesa.

albañal *m.* Conducto que da salida a las aguas inmundas. 2 Depósito de inmundicias. 3 fig. Lo repugnante o inmundo.

albañil *m.* Maestro u oficial de albañilería.

albañilería *f.* Técnica de construir edificios.

albar *adj.* Blanco. - 2 *adj.-s.* Díc. de la tierra blanquecina en altos y lomas.

albarán *m.* COM. Relación duplicada de mercancías entregadas al cliente.

albarda *f.* Aparejo principal de las bestias de carga.

albardero *m.* Persona que hace o vende albardas.

albardilla *f.* Silla para domar potros. 2 ARQ. Tejadillo que se pone sobre los muros.

albardón *m.* Aparejo más alto y hueco que la albarda.

albarelo *m.* Bote de cerámica usado en las farmacias, de boca ancha y forma cilíndrica.

albaricoque *m.* Fruto del albaricoquero.

albaricoquero *m.* Árbol rosáceo de fruto en drupa amarillenta.

albariño *m.* Vino blanco afrutado gallego.

albarrada *f.* Pared de piedra seca.

albarranilla *f.* Cebolla silvestre.

albarsa *f.* Cesta en que lleva el pescador sus utensilios.

albatros *m.* Ave palmípeda del Pacífico.

albayalde *m.* Carbonato de plomo, de color blanco, empleado en pintura.

albazano, -na *adj.* De color castaño oscuro.

albear *intr.* Tirar a blanco.

albedrío *m.* Potestad de obrar por reflexión y elección. 2 Voluntad, antojo.

alberca *f.* Depósito artificial de agua.

albérchiga *f.* Fruto del alberchiguero.

albérchigo *m.* Albérchiga. 2 Alberchiguero. 3 Albaricoquero.

alberchiguero *m.* Variedad de melocotonero.

albergar *tr.* Dar albergue. - 2 *intr.-prnl.* Tomar albergue.

albergue *m.* Lugar donde se halla hospedaje o resguardo. 2 Residencia juvenil.

albertita *f.* MIN. Betún de color negro brillante.

albica *f.* Clase de arcilla blanca.

albín *m.* Carmesí oscuro usado para pintar al fresco.

albina *f.* Laguna formado con las aguas

del mar. 2 Sal que queda en estas lagunas.

albinismo *m.* Anomalía congénita caracterizada por una falta de pigmento que hace aparecer más o menos blancos el cabello, la piel, etc.

albino, -na *adj.-s.* Que padece albinismo.

albita *f.* Feldespato constituyente del granito.

albo, -ba *adj.* poét. Blanco.

albogue *m.* Especie de dulzaina.

albóndiga, albondiguilla *f.* Bolita de carne o pescado picado frita y guisada.

albor *m.* Luz del alba. 2 fig. Comienzo.

alborada *f.* Amanecer. 2 Música al alborear. 3 Composición poética o musical destinada a cantar la mañana.

alborear *impers.* Amanecer.

albornoz *m.* Tela de estambre muy torcido y fuerte. 2 Especie de capa o capote con capucha. 3 Bata amplia que se usa después del baño.

alborotadizo, -za *adj.* Que se alborota fácilmente.

alborotado, -da *adj.* Que obra sin reflexión. 2 Inquieto, revoltoso.

alborotador, -ra *adj.-s.* Que alborota.

alborotar *tr.-prnl.* Inquietar, perturbar, amotinar. - 2 *intr.* Causar alboroto.

alboroto *m.* Gritería. 2 Desorden, motín. 3 Sobresalto.

alborozado, -da *adj.* Alegre, contento.

alborozar *tr.-prnl.* Causar alborozo.

alborozo *m.* Extraordinario regocijo, placer o alegría.

albricias *f. pl.* Regalo al primero que trae una buena noticia.

albufera *f.* Laguna formada por un golfo.

albugo *m.* Mancha blanca de la córnea o de las uñas.

álbum *m.* Libro en blanco cuyas hojas se llenan con poesías, fotografías, etc. 2 Carpeta con dos o más discos fonográficos.

albumen *m.* Tejido de reserva que envuelve el embrión de algunas semillas.

albúmina *f.* Substancia blanquecina y viscosa que forma la clara de huevo y se halla en disposición en la sangre.

albuminoide *m.* Compuesto orgánico que constituye la parte principal de las células animales y vegetales.

albuminoso, -sa *adj.* Que contiene albúmina. - 2 *f.* Materia en que se transforman las substancias albuminosas digeridas.

albur *m.* fig. Contingencia, azar.

albura *f.* lit. Blancura. 2 Clara de huevo. 3 Capa blanquecina que se halla debajo de la corteza en los árboles.

alcacel *m.* Cebada verde.

alcachofa *f.* Planta hortense compuesta, con cabezuelas escamosas y comestibles. 2 Pieza agujereada por donde sale el agua de la regadera o de la ducha.

alcadafe *m.* Lebrillo que se pone debajo del grifo de las botas.

alcahuete, -ta *m. f.* Persona que procura, o encubre, un amor ilícito.

alcahuetear *intr.* Hacer oficios de alcahuete.

alcahuetería *f.* Acción de alcahuetear.

alcaide *m.* En la cárcel, encargado de custodiar a los presos.

alcaldada *f.* Acción abusiva de una autoridad. 2 Sentencia necia.

alcalde *m.* Presidente de un ayuntamiento.

alcaldesa *f.* Mujer que ejerce el cargo de alcalde.

alcaldía *f.* Empleo y oficina del alcalde. 2 Territorio de su jurisdicción.

álcali *m.* Parte soluble de las cenizas de las plantas. 2 Óxido soluble en agua que tiene reacción básica.

alcalimetría *f.* Método de análisis del álcali que contiene una substancia.

alcalinidad *f.* Calidad de alcalino.

alcalino, -na *adj.* Que tiene álcali o sus propiedades.

alcaloide *m.* Substancia orgánica nitrogenada de carácter alcalino o básico.

alcalometría *f.* QUÍM. Determinación del contenido de alcaloides en una solución.

alcallería *f.* Conjunto de vasijas de barro.

alcamonías *f. pl.* Semillas que se emplean en condimento; como anís, cominos, etc.

alcance *m.* Seguimiento, persecución. 2 Distancia a que llega una cosa. 3 Trascendencia. 4 fig. Capacidad, talento.

alcancía *f.* Vasija cerrada con una hendidura por donde se echan monedas para guardarlas.

alcanfor *m.* Substancia blanca, volátil, de olor característico, empleada en medicina y en la industria.

alcanforar *tr.* Componer o mezclar una cosa con alcanfor.

alcanforero *m.* Árbol lauráceo de cuyas ramas y raíces se extrae el alcanfor.

alcantarilla *f.* Cloaca, sumidero.

alcantarillado *m.* Conjunto de alcantarillas.

alcantarillar *tr.* Hacer o poner alcantarillas.

alcanzado, -da *adj.* Falto, escaso, necesitado.

alcanzar *tr.* Llegar a juntarse con una persona o cosa que va delante. 2 Llegar a igualarse con otro o a tocar algo, especialmente con la mano. 3 Entender, comprender. 4 Conseguir. 5 Llegar el tiro a cierta distancia. 6 Ser suficiente para algún fin.

alcaparra *f.* Arbusto de fruto en baya carnosa y pequeña. 2 Botón de su flor que se usa como condimento.

alcaparrón *m.* Fruto de la alcaparra.

alcaraván *m.* Ave zancuda que vive de insectos y pequeños vertebrados.

alcaravea *f.* Planta umbelífera de semillas aromáticas.

alcarraza *f.* Vasija de arcilla porosa para tener el agua fresca.

alcarria *f.* Terreno alto y raso.

alcatifa *f.* Tapete o alfombra fina.

alcatraz *m.* Ave palmípeda marina de gran tamaño.

alcaudón *m.* Ave carnívora que se usó en cetrería.

alcayata *f.* Escarpia.

alcazaba *f.* Recinto fortificado dentro de una población.

alcázar *m.* Fortaleza. 2 Palacio real.

alce *m.* Mamífero artiodáctilo rumiante cérvido.

alcista *com.* Persona que juega al alza en la bolsa. - 2 *adj.* Que está en alza.

alcoba *f.* Habitación para dormir.

alcohol *m.* Compuesto químico que se obtiene a partir de la oxidación de un hidrocarburo.

alcoholemia *f.* Presencia de alcohol en la sangre.

alcoholera *f.* Fábrica de alcohol.

alcoholero, -ra *adj.* Perten. o rel. a la producción y comercio del alcohol.

alcohólico, -ca *adj.* Que contiene alcohol. - 2 *adj.-s.* Alcoholizado.

alcoholímetro *m.* Aparato para medir

la cantidad de alcohol en un líquido.

alcoholismo *m*. Abuso de las bebidas alcohólicas. 2 Enfermedad que ocasiona.

alcoholizado, -da *adj.-s*. Que padece alcoholismo (enfermedad).

alcoholizar *tr*. Añadir alcohol a un líquido. - 2 *prnl*. Contraer alcoholismo.

alcohotest *m*. Instrumento que determina el grado de alcohol en la respiración.

alcor *m*. Colina.

alcornoque *m*. Árbol cupulífero cuya corteza constituye el corcho. - 2 *adj.-com*. fig. Estúpido.

alcorque *m*. Hoyo hecho al pie de las plantas para detener el agua de los riegos.

alcotán *m*. Ave rapaz falconiforme parecida al halcón.

alcotana *f*. Herramienta de albañil, con dos bocas, una en forma de azuela y otra en forma de hacha.

alcurnia *f*. Ascendencia, linaje.

alcuza *f*. Vasija en que se pone el aceite.

alcuzcuz *m*. Cuscús.

aldaba *f*. Pieza de metal para llamar a las puertas. 2 Barra para asegurar postigos o puertas.

aldabada *f*. Golpe de aldaba.

aldabilla *f*. Pieza de hierro que entrando en una hembrilla sirve para cerrar.

aldabón *m*. Aldaba para llamar.

aldabonazo *m*. Aldabada. 2 Sobresalto.

aldea *f*. Pueblo de poco vecindario.

aldeanismo *m*. Vocablo o giro propio de los aldeanos.

aldeano, -na *adj.-s*. De una aldea. - 2 *adj*. fig. Inculto, rústico.

aldehído *m*. Compuesto derivado de la oxidación de un alcohol.

aleación *f*. Producto homogéneo de propiedades metálicas compuesto de dos o más elementos; uno de las cuales, al menos, debe ser un metal.

alear *intr*. Mover las alas, los brazos. - 2 *tr*. Mezclar metales fundiéndolos.

aleatorio, -ria *adj*. Dependiente de algún suceso casual.

aleccionar *tr*. Instruir, enseñar.

aledaño, -ña *adj*. Contiguo. - 2 *m*. Confín, término.

alegación *m*. Acción de alegar.

alegar *tr*. Citar hechos, razones, etc., en apoyo de algo.

alegato *m*. DER. Alegación por escrito. 2 Razonamiento.

alegoría *f*. Ficción en virtud de la cual una cosa representa o significa otra distinta. 2 Obra alegórica.

alegórico, -ca *adj*. Perten. o rel. a la alegoría.

alegorizar *tr*. Interpretar o dar un sentido alegórico a alguna cosa.

alegrar *tr.-prnl*. Causar alegría.

alegre *adj*. Que siente, causa o denota alegría. 2 fig. Bebido. 3 fig. De color vivo.

alegremente *adv. m*. Con alegría. 2 Sin reflexionar el alcance ni las consecuencias de lo que se dice o se hace.

alegreto *adj.-m*. Díc. del movimiento musical menos vivo que el alegro.

alegría *f*. Sentimiento de placer y viva satisfacción. 2 Irresponsabilidad, ligereza.

alegro *adj*. Díc. del movimiento musical moderadamente vivo.

alegrón *m*. fam. Alegría intensa.

alejamiento *m*. Distancia.

alejandrino, -na *adj.-m*. Díc. del verso de catorce sílabas.

alejar *tr.-prnl*. Poner lejos o más lejos.

alelado, -da *adj*. Atontado.

alelar *tr.-prnl*. Poner lelo.

aleluya *f*. Voz de júbilo usada por la Iglesia. 2 Estampa pequeña. 3 Pareado de versos octosílabos, de carácter popular.

alemán, -mana *adj.-s*. De Alemania. - 2 *m*. Lengua germánica hablada en Alemania.

alentado, -da *adj*. Animoso, valiente. 2 Altanero, valentón.

alentar *intr*. Respirar. - 2 *tr.-prnl*. Animar, infundir aliento.

alerce *m*. Árbol conífero, que da una piña menor que la del pino.

alergia *f*. Conjunto de fenómenos respiratorios, nerviosos o eruptivos, producidos por la absorción o contacto de ciertas substancias. 2 p. ext. Sensibilidad extremada.

alérgico, -ca *adj.-s*. Perten. o rel. a la alergia. 2 Díc. de la persona que la padece.

alergista *adj.-com*. Díc. del médico especializado en las alergias.

alero *m*. Parte saliente del tejado.

alerón *m*. Timón movible para variar la inclinación del avión.

alerta *adv. m.* Con vigilancia. - 2 *f.* Situación de vigilancia. - 3 *m.* Señal que previene de algún peligro.

alertar *tr.* Poner alerta.

alesnado, -da *adj.* Puntiagudo.

aleta *f.* Ala de la nariz. 2 Apéndices que tienen los peces para nadar.

aletargar *tr.* Causar letargo. - 2 *prnl.* Padecer letargo.

aletear *intr.* Mover las alas sin echar a volar.

aleteo *m.* Acción de aletear.

alevín, alevino *m.* Pescado menudo que se echa en los ríos o estanques para poblarlos. 2 fig. Joven principiante.

alevosía *f.* Traición, perfidia.

alevoso, -sa *adj.-s.* Que comete o que implica alevosía.

alexia *f.* Imposibilidad de leer, debida a perturbación cerebral.

alfa *f.* Primera letra del alfabeto griego, equivalente a la *a* del español.

alfabético, -ca *adj.* Perten. o rel. al alfabeto.

alfabetizado, -da *adj.-s.* Díc. de la persona que ha aprendido a leer y escribir.

alfabetizar *tr.* Poner por orden alfabético. 2 Enseñar a leer y escribir.

alfabeto *m.* Abecedario. 2 Conjunto de signos con los que se puede transmitir una comunicación.

alfaguara *f.* Manantial copioso.

alfajor *m.* Alajú. 2 Rosquillas de alajú.

alfalfa *f.* Planta papilionácea cultivada para forraje.

alfanje *m.* Sable ancho y curvo.

alfanumérico, -ca *adj.* Compuesto por elementos del alfabeto y la numeración.

alfaque *m.* Banco de arena en la boca de un río.

alfar *m.* Alfarería. 2 Arcilla.

alfarería *f.* Arte de fabricar vasijas de barro. 2 Obrador de alfarero. 3 Tienda donde se venden las vasijas de barro.

alfarero *m.* Persona que fabrica vasijas de barro.

alfarje *m.* Artefacto para moler la aceituna. 2 Techo con maderas labradas.

alféizar *m.* Vuelta o derrame de la pared en el corte de una puerta o ventana.

alfeñicarse *prnl.* fig. Afectar delicadeza, remilgarse. 2 Adelgazarse.

alfeñique *m.* Pasta de azúcar cocida en aceite de almendras. 2 fig. Débil.

alférez *m.* MIL. Oficial del ejército en el grado y empleo inferior de la carrera.

alfil *m.* Pieza del ajedrez que se mueve en diagonal.

alfiler *m.* Clavillo metálico o joya que sirve para sujetar.

alfilerazo *m.* Punzada de alfiler. 2 fig. Dicho que zahiere, pulla.

alfiletero *m.* Cañuto para guardar alfileres y agujas. 2 Almohadilla.

alfiz *m.* Recuadro del arco árabe que envuelve las albanegas.

alfombra *f.* Tejido con que se cubre el suelo.

alfombrado *m.* Conjunto de alfombras. 2 Acción de alfombrar.

alfombrar *tr.* Cubrir el suelo con alfombra.

alfombrilla *f.* Alfombra pequeña que se pone a la entrada de las casas o al pie de la bañera.

alfóncigo *m.* Árbol anacardiáceo de fruto en drupa y almendra con semilla comestible. 2 Fruto de este árbol.

alfonsí *adj.* Perten. o rel. a algún rey Alfonso.

alforjas *f. pl.* Talega que forma dos bolsas cuadradas. 2 Comestibles necesarios para el camino.

alforza *f.* Pliegue horizontal en la parte inferior de una ropa. 2 fig. Cicatriz.

alga *f.* Planta talofita acuática.

algaida *f.* Terreno lleno de maleza.

algalia *f.* Substancia untuosa, de color fuerte y sabor acre que se extrae de una bolsa que tiene cerca del ano el gato de algalia.

algar *m.* Mancha grande de algas en el fondo del mar.

algarabía *f.* Lengua árabe. 2 fig. Lengua o escritura ininteligible. 3 Gritería confusa.

algarada *f.* Gritería, tumulto.

algarroba *f.* Fruto del algarrobo.

algarrobo *m.* Árbol leguminoso papilionáceo cuyo fruto es una vaina azucarada.

algazara *f.* Ruido, gritería.

álgebra *f.* Parte de las matemáticas que trata de la cantidad en general.

algebraico, -ca *adj.* Relativo al álgebra.

algia *f.* Dolor en una región del cuerpo.

algidez *f.* Frialdad glacial.

álgido, -da *adj.* Muy frío. 2 fig. Culminante, decisivo.

algo *pron. indef.* Alguna cosa. - 2 *adv. c.*

Un poco. ▷ ~ *es* ~ *; más vale* ~ *que nada,* no despreciar las cosas por muy pequeñas o de poca entidad que sean.

algodón *m.* Substancia fibrosa, blanca y suave que recubre las semillas del algodonero. 2 Tejido hecho de esta substancia.

algodonero, -ra *adj.* Perten. o rel. al algodón. - 2 *m.* Arbusto que produce el algodón.

algodonoso, -sa *adj.* Que tiene aspecto de algodón.

algoritmia *f.* Parte de la matemática que estudia el cálculo aritmético y algebraico.

alguacil *m.* Oficial inferior de justicia, que ejecuta las órdenes de un tribunal.

alguacilillo *m.* Jinete vestido de alguacil del s. XVII, que en las plazas de toros sale al frente de la cuadrilla.

alguien *pron. indef.* Alguna persona. - 2 *m.* Persona importante.

algún *adj. indef.* Apócope de *alguno.*

alguno, -na *adj. indef.* Se aplica a persona o cosa indeterminada. ▷ ~ *que otro,* unos cuantos pocos de un conjunto.

alhaja *f.* Joya (adorno).

alhajar *tr.* Adornar con alhajas.

alharaca *f.* Demostración excesiva o vehemente por ligero motivo.

alhelí *m.* Planta crucífera de jardín, de flores olorosas.

alheña *f.* Arbusto cuyas hojas, en polvo, se usan para teñir.

alhóndiga *f.* Local público para venta y depósito de granos.

aliáceo, -a *adj.* Perten. o rel. al ajo.

aliado, -da *adj.-s.* Díc. de la persona o país unido o coligado con otro u otros.

alianza *f.* Acción de aliarse. 2 Parentesco por casamiento. 3 Anillo matrimonial.

aliar *prnl.* Unirse o coligarse.

alias *adv.* De otro modo, por otro nombre. - 2 *m.* Apodo.

alicaído, -da *adj.* Caído de alas. 2 fig. Débil. 3 Triste, desanimado.

alicantino, -na *adj.-s.* De Alicante.

alicatado *m.* Obra de azulejos.

alicatar *tr.* Revestir de azulejos.

alicate *m.* Tenaza de acero de puntas fuertes.

aliciente *m.* Atractivo, incentivo.

alicorto, -ta *adj.* Que tiene las alas cortas.

alícuota *adj.* Proporcional.

alienable *adj.* Que provoca alienación.

alienación *f.* Ac. y ef. de alienar.

alienado, -da *adj.-s.* Loco, demente.

alienante *adj.* Que produce alienación.

alienar *tr.-prnl.* Enajenar.

alienígeno, -na *adj.-com.* Extranjero. 2 Extraño, no natural.

aliento *m.* Acción de alentar. 2 Respiración. 3 fig. Vigor del ánimo, esfuerzo.

aligación *f.* Mezcla.

aligator *m.* Caimán.

aligerar *tr.* Hacer menos pesado. 2 fig. Acelerar. 3 fig. Abreviar. 4 fig. Aliviar.

alijar *tr.* Aligerar o desembarcar la carga de una embarcación. 2 Transbordar o echar en tierra géneros de contrabando.

alijo *m.* Conjunto de géneros de contrabando.

alimaña *f.* Animal perjudicial a la caza.

alimentación *f.* Ac. y ef. de alimentar o alimentarse. 2 Conjunto de lo que se toma como alimento.

alimentar *tr.-prnl.* Dar alimento. 2 p. ext. Sustentar. - 3 *tr.* p. ext. Suministrar a una máquina lo necesario para seguir funcionando.

alimentario, -ria *adj.* Perten. o rel. a la alimentación, esp. en su aspecto público.

alimenticio, -cia *adj.* Que alimenta.

alimento *m.* Substancia que sirve para nutrir. 2 fig. Sostén, pábulo.

alimoche *m.* Ave rapaz falconiforme.

alimón (al ~) *loc. adv.* fam. Conjuntamente, hecho entre dos personas que se turnan.

alindar *tr.* Señalar los límites.

alineación *f.* Ac. y ef. de alinear o alinearse. 2 Formación de un equipo deportivo.

alineado, -da *adj.* Que pertenece a alguno de los bloques militares.

alinear *tr.-prnl.* Situar en línea recta. 2 Formar un equipo deportivo o ser parte de él. - 3 *prnl.* Unirse, adaptarse, imitar.

aliñar *tr.* Aderezar, condimentar.

aliño *m.* Ac. y ef. de aliñar.

alioli *m.* Ajiaceite.

alisador, -ra *adj.-s.* Que alisa.

alisar *tr.* Poner liso. 2 Planchar.

alisios *adj.-m. pl.* Díc. de los vientos fijos que soplan de la zona tórrida.

alisma *f.* Planta que crece en pantanos.

aliso *m.* Árbol betuláceo de madera

muy dura.

alistamiento *m.* Grupo de mozos alistados cada año para el servicio militar.

alistar *tr.* Escribir en lista. 2 Prevenir disponer. - 3 *prnl.* Sentar plaza en la milicia.

aliteración *f.* Repetición de una o unas mismas letras en un enunciado.

aliviadero *m.* Vertedero de aguas sobrantes embalsadas o canalizadas.

aliviar *tr.-prnl.* Hacer menos pesado. 2 *fig.* Disminuir las fatigas o enfermedades.

alivio *m.* Ac. y ef. de aliviar o aliviarse.

aljaba *f.* Caja para flechas.

aljamía *f.* Lengua castellana transcrita en caracteres árabes.

aljamiado, -da *adj.* Escrito en aljamía.

aljibe *m.* Cisterna. 2 Caja en que se tiene el agua a bordo de un barco.

alma *f.* Parte espiritual e inmortal del hombre. 2 Principio de la vida, esencia; sostén. 3 Persona que da vida, aliento, o alegría a una situación. 4 *fig.* Persona, individuo. 5 Parte interior de ciertos objetos. ▷ *Partir una cosa el ~ ,* causar gran aflicción.

almacén *m.* Local donde se guardan o se venden géneros.

almacenaje *m.* Derecho de almacén.

almacenamiento *m.* Ac. y ef. de almacenar. 2 Conjunto de mercancías almacenadas.

almacenar *tr.* Poner en almacén. 2 Reunir muchas cosas.

almacenista *com.* Dueño de un almacén. 2 Persona que vende en él.

almáciga *f.* Resina amarillenta y aromática. 2 Lugar donde se siembran semillas para trasplantarlas.

almadraba *f.* Pesca de atunes. 2 Lugar donde se hace. 3 Red que se emplea en ella. - 4 *f. pl.* Tiempo en que se pesca.

almadreña *f.* Zueco (zapato de madera).

almagre *m.* Óxido nativo de hierro.

almanaque *m.* Calendario impreso en hojas sueltas o formando libro.

almazara *f.* Molino de aceite. 2 Depósito de aceite.

almeja *f.* Molusco bivalvo comestible.

almena *f.* Prisma que corona los muros de las fortalezas.

almenara *f.* Fuego de aviso en las atalayas.

almendra *f.* Fruto y semilla del almen-dro. 2 Semilla carnosa de cualquier fruto con hueso.

almendrada *f.* Bebida de leche de almendras y azúcar.

almendrado, -da *adj.* De figura de almendra. - 2 *m.* Pasta de almendras, harina y miel o azúcar.

almendro *m.* Árbol rosáceo de fruto en drupa alargada con semilla comestible.

almendruco *m.* Fruto tierno del almendro.

almeriense *adj.-s.* De Almería.

almez *m.* Árbol de corteza lisa y fruto en drupa comestible, redonda y negra.

almeza *f.* Fruto del almez.

almiar *m.* Pajar al descubierto.

almíbar *m.* Azúcar disuelto en agua y espesado a fuego lento.

almibarado, -da *adj.* *fig.* Meloso, excesivamente halagüeño.

almibarar *tr.* Cubrir con almíbar.

almidón *m.* Substancia blanca que se halla en semillas y raíces de varias plantas.

almidonado, -da *adj.* Preparado con almidón. 2 *fig. fam.* Vestido con excesiva pulcritud.

almidonar *tr.* Impregnar la ropa blanca de almidón desleído en agua.

alminar *m.* Torre de una mezquita.

almirantazgo *m.* Dignidad de almirante. 2 Alto tribunal de la armada.

almirante *m.* Persona que tiene el cargo superior de la armada.

almirez *m.* Mortero de metal.

almizcle *m.* Substancia odorífera que se emplea en medicina y perfumería.

almizclero *m.* Mamífero artiodáctilo rumiante que tiene en el vientre una bolsa que segrega almizcle.

almocafre *m.* Instrumento para escardar y limpiar la tierra.

almodrote *m.* Salsa de aceite, ajos, queso y otras cosas. 2 *fig.* Mezcla confusa.

almófar *m.* Cofia de malla sobre la cual se ponía el capacete.

almogávar *m.* Soldado de una tropa muy diestra, que hacía correrías en campo enemigo.

almohada *f.* Colchoncillo para reclinar la cabeza o para sentarse sobre él.

almohade *adj.-s.* De una ant. dinastía beréber que gobernó el Islam en el siglo XII.

almohadilla *f.* Almohada pequeña.

almohadillar tr. Acolchar, henchir, rellenar.

almohadillero, -ra m. f. Persona que hace o vende almohadillas. 2 Persona que las alquila a los asistentes a ciertos espectáculos.

almohadón m. Almohada grande.

almoneda f. Venta de bienes muebles en pública subasta.

almorávide adj.-s. De una ant. dinastía beréber que gobernó el Islam en el siglo XI.

almorrana f. Tumorcillo sanguíneo en el ano.

almorta f. Planta leguminosa papilionácea.

almorzar intr. Tomar el almuerzo. - 2 tr. Tomar en el almuerzo una u otra cosa.

almuecín, almuédano m. Musulmán que desde el alminar convoca a la oración.

almuerzo m. Comida del mediodía o primeras horas de la tarde.

alocado, -da adj. Que carece de sensatez y juicio.

alocución f. Discurso breve de un superior a sus inferiores.

áloe, áloes m. Planta liliácea de la cual se extrae un purgante.

alófono m. GRAM. Variante que se da a la pronunciación de un fonema.

alojamiento m. Ac. y ef. de alojar. 2 Casa o lugar en que uno está alojado.

alojar tr.-prnl. Proporcionar a una persona una habitación o un lugar donde instalarse. 2 Introducir una cosa dentro de otra.

alómero, -ra adj.-s. QUÍM. Díc. de la substancia que tiene la misma estructura cristalina que otra, pero distinta composición química.

alomorfo, -fa adj.-s. QUÍM. Díc. de la substancia que tiene la misma composición química que otra, pero distinta estructura cristalina. - 2 adj. LING. Variante de un morfema en función del contexto.

alón m. Ala entera sin plumas de ave.

alondra f. Ave paseriforme insectívora pardusca con collar negro.

alópata adj.-com. Que se dedica a la alopatía.

alopatía f. Terapia cuyos medicamentos producen efectos distintos de los provocados por la enfermedad que combaten.

alopecia f. Caída del cabello por enfermedad.

alotropía f. Diferencia que en sus propiedades físicas y químicas puede presentar un mismo cuerpo simple.

alpaca f. Mamífero artiodáctilo rumiante propio de la América meridional. 2 Su pelo, y tejido hecho con él. 3 Aleación de cobre, zinc y níquel.

alpargata f. Sandalia de cáñamo.

alpargatería f. Taller donde se hacen alpargatas. 2 Tienda donde se venden.

alpax m. Aleación de aluminio y silicio.

alpechín m. Líquido fétido que sale de las aceitunas apiladas.

alpestre adj. Alpino.

alpinismo m. Deporte consistente en la ascensión a altas montañas.

alpinista com. Persona que practica el alpinismo.

alpino, -na adj. Perten. o rel. a los Alpes o a las altas montañas.

alpiste m. Planta graminácea cuyas semillas se dan a los pájaros.

alquería f. Casa de labranza.

alquilar tr. Dar o tomar un servicio o el uso de una cosa por precio convenido.

alquiler m. Precio en que se alquila una cosa.

alquimia f. Química de los antiguos que pretendía transmutar los metales.

alquímico, -ca adj. Perten. o rel. a la alquimia.

alquimista m. Persona que profesaba la alquimia.

alquitrán m. Substancia untuosa de color obscuro que se obtiene de la destilación de la madera, hulla o el petróleo.

alquitranar tr. Dar de alquitrán.

alrededor adv. l. Denota la situación de lo que rodea alguna cosa. - 2 adv. c. Cerca, sobre poco más o menos. - 3 m. pl. Contornos de un lugar.

alta f. Entrada en servicio de un militar destinado a un cuerpo. 2 Documento que lo acredita. 3 Orden en que se declara curado un enfermo.

altanería f. fig. Altivez, soberbia.

altanero, -ra adj. fig. Altivo, soberbio.

altar m. Mesa para celebrar la misa. 2 Monumento religioso para ofrecer sacrificios.

altavoz m. Aparato que transforma las oscilaciones eléctricas en ondas sonoras y eleva la intensidad del sonido.

alterable *adj.* Que puede alterarse.

alteración *f.* Acción de alterar. 2 Sobresalto, movimiento de una pasión. 3 Altercado, disputa. 4 Desarreglo, desorden.

alterar *tr.-prnl.* Cambiar la esencia, forma, etc., de una cosa. 2 Trastornar.

altercado *m.* Disputa violenta.

altercar *intr.* Disputar, porfiar.

alteridad *f.* Condición de ser otro.

alternador *m.* Dinamo generadora de corriente alterna.

alternancia *f.* Sucesión alternativa. 2 FÍS. Cambio de sentido de la corriente alterna.

alternar *tr.* Hacer cosas por turno y sucesivamente. - 2 *intr.* Sucederse por turno. 3 Tener trato las personas entre sí.

alternativamente *adv. m.* Con alternancia.

alternativo, -va *adj.* Que se hace o sucede con alternancia. - 2 *f.* Opción entre dos cosas. 3 Servicio en que se turnan dos o más personas. 4 TAUROM. Acto por el cual un matador de toros eleva a un matador de novillos a su misma categoría.

alterne *m.* fam. Acción de alternar. 2 fig. Copeo.

alterno, -na *adj.* Alternativo.

alteza *f.* Elevación, excelencia. 2 Tratamiento dado a los príncipes.

altibajos *m. pl.* Desigualdades de un terreno. 2 Alternativas de sucesos prósperos y adversos.

altillo *m.* Construcción en alto en el interior de una dependencia.

altímetro *m.* Instrumento para medir alturas.

altiplanicie *f.* Meseta extensa y a gran altitud.

altiplano *m.* Altiplanicie.

altísimo, -ma *adj.* Superlativo de *alto*.

altisonancia *f.* Calidad de altisonante.

altisonante *adj.* Díc. del lenguaje elevado afectadamente.

altísono, -na *adj.* Muy sonoro, elevado.

altitud *f.* Altura.

altivez, -za *f.* Orgullo, soberbia.

altivo, -va *adj.* Orgulloso, soberbio.

alto, -ta *adj.* De altura considerable. 2 De gran estatura. 3 Superior en su línea. - 4 *m.* Sitio elevado en el campo. 5 Detención o parada. - 6 *adv. l.* En lugar superior. - 7 *adv. m.* En voz fuerte.

▷ *Por todo lo* ~, de manera espléndida.

altorrelieve *m.* Relieve en que el motivo escultórico sobresale más de la mitad de su grosor sobre la superficie del fondo.

altozano *m.* Monte de poca altura en terreno llano.

altramuz *m.* Planta papilionácea de semilla comestible. 2 Fruto de esta planta.

altruismo *m.* Amor desinteresado al prójimo.

altruista *adj.-com.* Que tiene la virtud del altruismo, o que profesa el altruismo.

altura *f.* Elevación sobre la superficie de la tierra. 2 Cima. 3 Región elevada. 4 Dimensión de los cuerpos perpendicular a su base. 5 fig. Elevación moral o intelectual. - 6 *f. pl.* Cielos. ▷ *A estas alturas,* en este tiempo.

alubia *f.* Judía.

alucinación *f.* Sensación subjetiva que no obedece a impresión en los sentidos.

alucinado, -da *adj.-s.* Que sufre alucinaciones. 2 fam. Asombrado, fascinado.

alucinante *adj.* Que alucina. 2 fig. fam. Impresionante, asombroso, increíble.

alucinar *tr.-prnl.* Producir sensaciones o percepciones imaginarias. 2 fig. Atraer la voluntad.

alucinógeno, -na *adj.-m.* Díc. de la substancia química que causa alucinaciones, estados eufóricos, etc.

alud *m.* Masa de nieve que se desprende de los montes. 2 fig. Lo que se desborda y precipita impetuosamente.

aluda *f.* Hormiga con alas.

aludir *tr.* Hacer referencia.

alumbrado *m.* Sistema de iluminación.

alumbramiento *m.* fig. eufem. Parto.

alumbrar *tr.* Llenar de luz. 2 Poner luces. 3 Acompañar con luz. 4 Enseñar, ilustrar. - 5 *intr.* Dar a luz.

alumbre *m.* Sulfato doble de alúmina y potasio, empleado en medicina e industria.

alúmina *f.* Óxido de aluminio.

aluminífero, -ra *adj.* Que tiene alúmina o alumbre.

aluminio *m.* Metal blanco muy maleable, dúctil y sonoro.

aluminita *f.* Roca formada por un sulfato de alúmina básico. 2 Variedad de porcelana.

aluminoso, -sa *adj.* Que contiene alúmina o tiene sus propiedades.

alumnado *m.* Conjunto de alumnos.

alumno, -na *m.* f. Discípulo, respecto de su maestro, de la materia que aprende.

alunizaje *m.* Ac. y ef. de alunizar.

alunizar *intr.* Posarse sobre la Luna.

alusión *f.* Acción de aludir.

alusivo, -va *adj.* Que alude.

aluvial *adj.* De aluvión.

aluvión *m.* Avenida fuerte de agua. 2 *Terreno de ~,* el formado por la acción mecánica de las corrientes de agua. 3 fig. Cantidad grande de una cosa.

alveario *m.* Conducto auditivo externo.

álveo *m.* Madre de un río o arroyo.

alveolar *adj.* Perten. o rel. a los alvéolos. - 2 *adj.-s.* GRAM. Díc. de la consonante que se articula tocando la lengua en los alvéolos.

alveolo, alvéolo *m.* Celdilla. 2 Cavidad en que está engastado un diente. 3 Cavidad en que terminan las ramificaciones de los bronquiolos.

alza *f.* Aumento de precio. 2 Regla en el cañón de un arma para precisar la puntería.

alzacola *m.* Ave paseriforme insectívora de color pardo rojizo.

alzacuello *m.* Tira de tela endurecida que, ceñida al cuello, obliga a llevarlo erguido. 2 Corbatín usado por el clero.

alzado, -da *adj.* Fijado en determinada cantidad. - 2 *m.* Diseño de un edificio, máquina, etc., en su proyección vertical. 3 Robo. - 4 *f.* Estatura del caballo.

alzamiento *m.* Ac. y ef. de alzar o alzarse. 2 Puja. 3 Rebelión, sublevación.

alzapaño *m.* Pieza de la pared para tener recogida una cortina.

alzapié *m.* Trampa o lazo para prender y cazar animales por el pie.

alzaprima *f.* Palanca. 2 Cuña empleada para realzar alguna cosa.

alzar *tr.* Levantar. 2 Elevar la hostia y el cáliz en la misa. 3 Quitar, recoger. - 4 *prnl.* Sublevarse. 5 Apelar judicialmente.

allá *adv. l.* En aquel lugar. - 2 *adv. t.* Denota tiempo pasado o futuro.

allanamiento *m.* Ac. y ef. de allanar.

allanar *tr.-intr.-prnl.* Poner llano. 2 Superar una dificultad. 3 Pacificar, suje-

tar. 4 Entrar a la fuerza en casa ajena.

allegadera *f.* Apero que se usa en las eras para recoger las porciones de mies.

allegado, -da *adj.* Cercano. 2 Reunido, recogido. - 3 *adj.-s.* Pariente.

allegar *tr.-prnl.* Recoger, juntar. 2 Agregar, añadir. - 3 *prnl.* Adherirse.

allende *adv. l.* lit. De la parte de allá.

allí *adv. l.* En aquel lugar, a aquel lugar. - 2 *adv. t.* Entonces.

ama *f.* Cabeza o señora de la casa o familia. 2 Criada principal. 3 *~ de cría,* mujer que amamanta una criatura ajena.

amabilidad *f.* Calidad de amable.

amable *adj.* Afable, afectuoso.

amado, -da *adj.-s.* Díc. de la persona amada.

amadrinar *tr.* Unir dos caballerías con la correa llamada madrina. 2 Ser madrina una mujer.

amaestrado, -da *adj.* Díc. del animal domado que tiene ciertas habilidades.

amaestrar *tr.* Adiestrar. 2 Domar, enseñar a los animales.

amagar *intr.-tr.* Dejar ver la intención de ejecutar una cosa. 2 Amenazar. - 3 *intr.* Estar una cosa próxima a sobrevenir. - 4 *tr.* Fingir que se va a hacer o decir algo.

amago *m.* Señal, indicio de algo. 2 Ataque fingido.

amainar *intr.* Aflojar el viento. 2 fig. Aflojar en algún empeño.

amalgama *f.* Aleación de mercurio con otro metal. 2 Mineral compuesto de mercurio y plata. 3 fig. Mezcla.

amalgamar *tr.-prnl.* Alear el mercurio con otro metal. 2 fig. Unir, mezclar.

amamantar *tr.* Dar de mamar.

amancebarse *prnl.* Unirse en concubinato.

amancillar *tr.* Manchar. 2 Deslucir.

amanecer *m.* Tiempo en que amanece. - 2 *impers.* Apuntar el día.

amanerado, -da *adj.* Que adolece de amaneramiento. 2 Afeminado.

amaneramiento *m.* Falta de naturalidad. 2 Afeminamiento.

amanerar *tr.-prnl.* Dar cierta afectación a las obras, lenguaje, etc.

amanita *f.* Hongo muy semejante al agárico, algunas de cuyas especies son muy venenosas.

amansar *tr.-prnl.* Hacer manso, domar.

2 fig. Sosegar, apaciguar, mitigar.

amante *adj.-s.* Que ama. - 2 *m. pl.* Hombre y mujer que tienen relaciones amorosas.

amanuense *com.* Persona que escribe al dictado.

amañado, -da *adj.* Mañoso, hábil. 2 Dispuesto con maña para falsearlo.

amañar *tr.* Componer con maña. - 2 *prnl.* Darse maña.

amaño *m.* Destreza. 2 fig. Traza o artificio.

amapola *f.* Planta de flores rojas y semilla negruzca.

amar *tr.* Tener amor. 2 Desear, aspirar al conocimiento y disfrute del ser amado.

amaraje *m.* Ac. y ef. de amarar.

amarantáceo, -a *adj.-f.* Díc. de la planta dicotiledónea de hojas alternas u opuestas y flores pequeñas.

amarar *intr.* Posarse en el agua un hidroavión, una nave espacial, etc.

amargado, -da *adj.* Malhumorado, resentido.

amargar *intr.-prnl.* Tener sabor parecido al de la hiel. 2 fig. Causar amargura. - 3 *prnl.* Experimentar una persona resentimiento por frustraciones, fracasos, etc.

amargo, -ga *adj.* Que amarga. 2 fig. Que causa disgusto. 3 fig. De genio desabrido.

amargor *m.* Gusto amargo.

amargura *f.* Aflicción, disgusto.

amariconado, -da *adj.* Afeminado.

amarilis *f.* Planta con bulbos y flores de colores muy vivos.

amarillear *intr.* Mostrar amarillez.

amarillecer *intr.* Ponerse amarillo.

amarillento, -ta *adj.* Que tira a amarillo.

amarillez *f.* Calidad de amarillo.

amarillo, -lla *adj.-m.* Color parecido al del oro. - 2 *adj.* De color amarillo.

amariposado, -da *adj.* De figura de mariposa. 2 fig. Afeminado.

amarra *f.* Cabo para asegurar la embarcación.

amarradero *m.* Poste, argolla donde se amarra algo.

amarrar *tr.* Atar, asegurar con cuerdas, cadenas, etc.

amartelamiento *m.* Amor apasionado.

amartelar *tr.-prnl.* Dar celos. 2 Enamorar.

amartillar *tr.* Poner un arma de fuego en posición de disparar. 2 fig. Asegurar.

amasadera *f.* Artesa en que se amasa.

amasadero *f.* Artesa en que se amasa. 2 Aparato mecánico que sirve para trabajar la masa en las panaderías.

amasar *tr.* Formar masa mezclando harina, yeso, etc., con agua. 2 fig. Reunir.

amasijo *m.* Acción de amasar. 2 Porción de masa. 3 fig. Mezcla confusa.

amateur *adj.* DEP. Aficionado, no profesional.

amateurismo *m.* Espíritu y condición del jugador amateur.

amatista *f.* Variedad de cuarzo cristalizado de color violeta.

amatorio, -ria *adj.* Perten. o rel. al amor. 2 Que induce a amar.

amazacotado, -da *adj.* Pesado, hecho a manera de mazacote.

amazona *f.* Mujer de una ant. raza de guerreras. 2 Mujer que monta a caballo. 3 Traje de falda larga, usado por ésta.

amazónico, -ca *adj.* Perten. o rel. al río Amazonas, o a los territorios situados a sus orillas.

ambages *m. pl.* fig. Rodeos, circunloquios.

ámbar *m.* Resina fósil, amarillenta y translúcida. - 2 *adj.-m.* De color amarillo anaranjado.

ambarino, -na *adj.* Perten. o rel. al ámbar.

ambición *f.* Pasión por conseguir poder, fama, etc.

ambicionar *tr.* Tener ambición.

ambicioso, -sa *adj.-s.* Que tiene ambición.

ambidextro, -tra *adj.* Que usa indistintamente de una y otra mano.

ambientación *f.* Presentación de una obra de acuerdo con las circunstancias de la época en que se desarrolla la acción.

ambiental *adj.* Perten. o rel. al ambiente.

ambientar *tr.* Proporcionar a un lugar un ambiente adecuado. 2 En las bellas artes, rodear a un personaje, situación, tema, etc., de lo necesario para evocar un medio social, época o lugar determinados. - 3 *tr.-prnl.* Adaptar o acostumbrar a una persona a un medio desconocido.

ambiente *adj.* Díc. del fluido que rodea

un cuerpo. - **2** *m.* Lo que rodea a las personas o cosas, especialmente el aire; medio social.

ambigú *m.* En los locales para reuniones o fiestas, sitio donde se sirven manjares.

ambigüedad *f.* Calidad de ambiguo.

ambiguo, -gua *adj.* Que admite varias interpretaciones. 2 Incierto, dudoso.

ámbito *m.* Espacio comprendido dentro de ciertos límites. 2 Su contorno.

ambivalencia *f.* Condición de lo que se presta a dos interpretaciones opuestas.

ambivalente *adj.* Que presenta ambivalencia.

ambos, -bas *adj. pl.* El uno y el otro; los dos.

ambrosía *f.* fig. Manjar o bebida de gusto suave y delicado. 2 fig. Cosa deliciosa.

ambulacral *adj.* Perten. o rel. al ambulacro.

ambulacro *f.* Órgano locomotor de los equinodermos.

ambulancia *f.* Hospital ambulante. 2 Coche para transportar enfermos.

ambulante *adj.* Que va de un lugar a otro, que no está fijo.

ambulatorio, -ria *adj.* Que sirve para andar. - **2** *m.* Dispensario donde se atiende a los enfermos que no necesitan hospitalizarse.

ameba *f.* Protozoo parásito que vive en las aguas estancadas. - **2** *f. pl.* Orden de dichos protozoos.

ameboideo, -a *adj.* Perten. o rel. a las amebas.

amedrentar *tr.* Infundir miedo.

amén *m.* Voz que se dice al fin de las oraciones. 2 Así sea. - **3** *adv. m.* Excepto. - **4** *adv. c.* A más, además.

amenaza *f.* Acción de amenazar. 2 Dicho o hecho con que se amenaza.

amenazador, -ra *adj.* Que amenaza.

amenazar *tr.-intr.* Dar a entender que se quiere hacer algún mal a otro. 2 Parecer inminente una cosa mala.

amenidad *f.* Calidad de ameno.

amenizar *tr.* Hacer ameno.

ameno, -na *adj.* Grato, placentero.

amenorrea *f.* Supresión morbosa del flujo menstrual.

amento *m.* BOT. Inflorescencia formadapor una espiga articulada en su base.

americana *f.* Prenda de vestir semejante a la chaqueta.

americanismo *m.* Vocablo o giro propio de los americanos. 2 Amor o apego al espíritu de América.

americanista *adj.* Perten. o rel. a las cosas de América. - **2** *com.* Persona que estudia las lenguas y culturas de América.

americanizar *tr.* Dar carácter americano a persona o cosas.

americano, -na *adj.-s.* De América.

americio *m.* Metal radiactivo, de color blanco argénteo, que se obtiene a partir del uranio.

amerindio, -dia *adj.-s.* Perten. o rel. a los indios de América.

amerizaje *m.* Ac. y ef. de amerizar.

amerizar *intr.* Amarar.

ametrallador, -ra *adj.* Díc. del arma que dispara los proyectiles a ráfagas. - **2** *f.* Especie de fusil ametrallador.

ametrallar *tr.* Disparar metralla contra el enemigo. 2 fig. Acosar verbalmente.

amétrope *adj.* Que padece ametropía.

ametropía *f.* Defecto de refracción en el ojo que impide que las imágenes se enfoquen sobre la retina.

amianto *m.* Mineral resistente al fuego con forma de fibras blancas y flexibles.

amida *f.* QUÍM. Compuesto orgánico que formalmente resulta al substituir por un ácido un átomo de hidrógeno unido al nitrógeno.

amigable *adj.* Amistoso.

amígdala *f.* Glándula situada a uno y otro lado de la faringe.

amigdalitis *f.* Inflamación de las amígdalas.

amigo, -ga *adj.-s.* Que tiene amistad. 2 Aficionado. 3 Amistoso.

amiguismo *m.* Tendencia a favorecer a los amigos, dándoles cargos y prebendas.

amiláceo, -a *adj.* De la naturaleza del almidón.

amilanado, -da *adj.* Cobarde, perezoso, flojo.

amilanar *tr.* fig. Acobardar. - **2** *prnl.* Abatirse.

amilasa *f.* Diastasa que produce la sacarificación del almidón.

amillarar *tr.* Evaluar el haber de los vecinos de un pueblo para el reparto de contribuciones.

amina *f.* QUÍM. Compuesto orgánico que formalmente resulta al substituir por un radical alcohólico uno o más átomos de hidrógeno del amoniaco.

amino *m.* QUÍM. Radical monovalente formado por un átomo de nitrógeno y dos de hidrógeno.

aminoácido *m.* QUÍM. Compuesto químico con funciones de ácido y amina, principal constituyente de la materia viva.

aminoramiento *m.* Ac. y ef. de aminorar.

aminorar *tr.* Disminuir.

amistad *f.* Afecto desinteresado. 2 fig. Conexión, afinidad. - 3 *f. pl.* Personas con las que se tiene amistad.

amistoso, -sa *adj.* Propio de amigos. 2 DEP. No competitivo.

amito *m.* Lienzo con una cruz en medio que se pone el sacerdote antes del alba.

amnesia *f.* Pérdida o debilidad notable de la memoria.

amnésico, -ca *adj.-s.* Que padece amnesia.

amnícola *adj.* H. NAT. Que crece en las márgenes de los ríos.

amnios *m.* Membrana más interna de las que envuelven al embrión de los mamíferos, aves y reptiles. 2 BOT. Cubierta gelatinosa del embrión de las semillas jóvenes.

amniótico, -ca *adj.* Perten. o rel. al amnios. 2 *Líquido ~,* el que se encuentra en el interior del saco que forma el amnios y en el que está sumergido el feto.

amnistía *f.* Perdón general de delitos.

amnistiar *tr.* Conceder amnistía.

amo *m.* Cabeza de una casa o familia. 2 Dueño.

amodorrado, -da *adj.* Soñoliento.

amodorrar *tr.* Causar modorra.

amófilo, -la *adj.* H. NAT. Que nace y habita en sitios arenosos.

amohinar *tr.-prnl.* Causar mohína.

amojamar *tr.* Hacer cecina de atún.

amojonar *tr.* Señalar con mojones.

amoladera *adj.-f.* Díc. de la piedra de amolar.

amolar *tr.* Afilar en la muela. 2 fig. fam. Molestar, fastidiar.

amoldar *tr.-prnl.* Ajustar al molde o pauta.

amonal *m.* QUÍM. Mezcla explosiva compuesta de nitrato amónico, aluminio en polvo fino y carbón.

amonarse *prnl.* Embriagarse.

amonedar *tr.* Reducir a moneda un metal.

amonestación *f.* Ac. y ef. de amonestar. 2 Publicación de los nombres de los que quieren casarse u ordenarse.

amonestar *tr.* Advertir, reprender. 2 Publicar las amonestaciones.

amoniacal *adj.* Que contiene amoniaco.

amoniaco *m.* Gas incoloro compuesto de nitrógeno e hidrógeno.

amónico, -ca *adj.* Amoniacal.

amonio *m.* QUÍM. Radical compuesto de un átomo de nitrógeno y cuatro de hidrógeno.

amonita *f.* Mezcla explosiva cuyo principal componente es el nitrato amónico.

amontillado *adj.-m.* Díc. del vino hecho a imitación del de Montilla.

amontonar *tr.-prnl.* Juntar y mezclar sin orden. - 2 *prnl.* Sobrevenir muchos sucesos en poco tiempo.

amor *m.* Vivo afecto o inclinación a una persona o cosa. 2 Blandura, suavidad.

amoral *adj.* Falto de sentido moral.

amoralidad *f.* Calidad de amoral.

amoratado, -da *adj.* Que tira a morado.

amoratarse *prnl.* Ponerse morado.

amorcillo *m.* Figura de niño con que se representa a Cupido.

amordazar *tr.* Poner mordaza.

amorfismo *m.* Calidad de amorfo.

amorfo, -fa *adj.* Sin forma determinada. 2 fig. fam. Falto de iniciativa, decisión o personalidad.

amorío *m.* fam. Enamoramiento. 2 Relación amorosa superficial y pasajera.

amoroso, -sa *adj.* Que siente o denota amor. 2 fig. Blando; templado, apacible.

amorrar *intr.-prnl.* Bajar o inclinar la cabeza. 2 Aplicar lo labios o morros directamente a una de líquido, para beber.

amortajar *tr.* Poner la mortaja a un difunto.

amortiguador, -ra *adj.* Que amortigua. - 2 *m.* Resorte para disminuir el efecto de los choques o sacudidas.

amortiguamiento *m.* Disminución progresiva de la intensidad de un fenómeno.

amortiguar *tr.-prnl.* fig. Moderar, hacer menos violento.

amortizable *adj.* Que se puede amortizar.

amortización f. Ac. y ef. de amortizar.

amortizar tr. Redimir el capital de una deuda. 2 Suprimir empleos o plazas.

amoscarse prnl. fam. Enfadarse.

amotinado, -da adj.-s. Díc. de la persona que toma parte en un motín.

amotinar tr.-prnl. Alzar en motín.

amovible adj. Que puede ser libremente separado del lugar o cargo que ocupa.

amparar tr.-prnl. Favorecer, proteger, defender.

amparo m. Ac. y ef. de amparar o ampararse. 2 Protección, defensa.

amperaje m. Intensidad en amperios de una corriente eléctrica.

ampere ELECTR. Unidad básica de corriente eléctrica en el Sistema Internacional.

amperímetro m. Aparato para medir la intensidad de una corriente eléctrica.

amperio m. ELECTR. Ampere.

ampliación f. Ac. y ef. de ampliar. 2 Fotografía que ha sido ampliada.

ampliador, -ra adj.-s. Que amplía. - 2 f. Aparato para sacar ampliaciones.

ampliar tr. Extender, dilatar. 2 Reproducir en mayor tamaño.

amplificación f. Ac. y ef. de amplificar.

amplificador, -ra adj.-s. Que amplifica. - 2 m. FÍS. Aparato que aumenta la intensidad de un fenómeno físico.

amplificar tr. Ampliar.

amplio, -plia adj. Dilatado, espacioso.

amplitud f. Extensión; calidad de amplio. 2 fig. Capacidad de comprensión.

ampolla f. Vejiga en la piel. 2 Burbuja formada en el agua cuando hierve. 3 Vasija de vidrio de cuello largo.

ampulosidad f. Calidad de ampuloso.

ampuloso, -sa adj. Hinchado, afectado.

amputación f. Ac. y ef. de amputar.

amputar tr. CIR. Cortar y separar del cuerpo un miembro o porción de él. 2 fig. Quitar, suprimir una parte de un todo.

amueblar tr. Dotar de muebles.

amuelar tr. Recoger el trigo ya limpio en la era.

amuermar intr. fam. Aburrir.

amuleto m. Objeto portátil al que se atribuye virtud sobrenatural protectora.

amura f. Parte de los costados de una embarcación donde ésta se estrecha para formar la proa.

amurallar tr. Cercar con murallas.

amustiar tr. Enmustiar.

anabaptismo m. Doctrina protestante que considera ineficaz el bautismo administrado antes de llegar al uso de razón.

anabaptista adj.-com. Partidario del anabaptismo.

anabólico, -ca adj. Perten. o rel. al anabolismo.

anabolismo m. Parte del proceso del metabolismo en la cual se forma la substancia de los seres vivos.

anacardiáceo, -a adj.-f. Díc. de la planta dicotiledónea de hojas alternas y flores en racimos.

anacardo m. Árbol de flores pequeñas cuyo pedúnculo se hincha en forma de pera comestible.

anacoluto m. GRAM. Falta de ilación.

anaconda f. Serpiente acuática de las selvas tropicales de Sudamérica, de unos 6 m. de longitud.

anacoreta com. Religioso que vive en lugar solitario.

anacrónico, -ca adj. Que adolece de anacronismo.

anacronismo m. Error consistente en atribuir a sucesos, costumbres, etc., una fecha que no les corresponde. 2 Cosa impropia de las costumbres de una época.

ánade m. Pato.

anaerobio, -bia adj.-s. Que puede vivir en ausencia del oxígeno del aire.

anáfora f. Repetición de una palabra al principio o al final de una o varias oraciones.

anaforesis f. QUÍM. Movimiento de partículas en suspensión hacia el ánodo, debido a un campo eléctrico.

anagnórisis f. Reconocimiento de una persona en una obra dramática.

anagrama m. Transformación de una palabra en otra por transposición de letras.

anal adj. Perten. o rel. al ano.

anales m. pl. Relaciones de sucesos por años. 2 fig. Relato histórico, crónica.

analfabetismo m. Falta de instrucción elemental. 2 Estado de analfabeto.

analfabeto, -ta adj.-s. Que no sabe leer. 2 fig. Ignorante.

analgesia f. Ausencia de dolor.

analgésico, -ca adj.-s. Díc. del medicamento que produce analgesia.

análisis *m.* Distinción de las partes de un todo. 2 Examen crítico minucioso. 3 MED. Examen para determinar los componentes de una substancia y la cantidad y cualidades de ellos.

analista *com.* Persona que analiza.

analítico, -ca *adj.* Perten. o rel. al análisis.

analizar *tr.* Hacer el análisis.

analogía *f.* Relación de semejanza entre cosas distintas.

análogo, -ga *adj.* Semejante.

anana, ananás *m.* Planta de fruto en forma de piña carnosa y comestible. 2 Fruto de esta planta.

anaquel *m.* Tabla horizontal de armario.

anaranjado, -da *adj.-m.* De color parecido al de la naranja.

anarco, -ca *adj.-s.* fam. Anarquista.

anarquía *f.* Falta de gobierno en el Estado. 2 fig. Desorden.

anarquismo *m.* Doctrina política que aspira a crear una sociedad sin Estado.

anarquista *adj.-com.* Partidario del anarquismo.

anástrofe *f.* GRAM. Inversión violenta en el orden de las palabras de una oración.

anatema *amb.* Excomunión. 2 Imprecación, maldición.

anatematizar *tr.* Pronunciar anatema.

anatomía *f.* Estructura de un ser orgánico. 2 Separación artificiosa de sus partes. 3 Parte de la medicina que estudia las diferentes partes de los cuerpos orgánicos.

anatómico, -ca *adj.* Perten. o rel. a la anatomía. 2 Construido para que se adapte perfectamente al cuerpo humano.

anca *f.* Mitad lateral de la parte posterior de un animal.

ancestral *adj.* Perten. o rel. a los antepasados remotos. 2 Tradicional y de origen remoto.

ancianidad *f.* Vejez.

anciano, -na *adj.-s.* De mucha edad, especialmente la persona.

ancla *f.* Instrumento que, pendiente de una cadena, se echa al mar para asegurar los barcos.

anclar *intr.* Echar anclas.

áncora *f.* Ancla.

ancho, -cha *adj.* Que tiene anchura. 2 fig. Orgulloso, satisfecho. - 3 *m.* Anchura.

anchoa *f.* Boquerón curado en salmuera.

anchura *f.* Latitud (dimensión). 2 Extensión, amplitud.

anchuroso, -sa *adj.* Muy ancho.

andaderas *f. pl.* Aparato para que el niño aprenda a andar sin caerse.

andador, -ra *adj.-s.* Que anda mucho o con velocidad. 2 *m. pl.* Tirantes para sostener al niño cuando aprende a andar.

andalucismo *m.* Vocablo o giro propio de los andaluces. 2 Amor o apego a las cosas características de Andalucía.

andalusí *adj.* Perten. o rel. al Ándalus o España musulmana.

andaluz, -za *adj.-s.* De Andalucía. - 2 *m.* Dialecto que se habla en Andalucía.

andamiaje *m.* Conjunto de andamios.

andamiar *tr.* Poner andamios.

andamio *m.* Armazón de tablones para trabajar en las obras o para ver desde él.

andana *f.* Orden de algunas cosas puestas en línea.

andanada *f.* Descarga cerrada de toda una batería de un buque. 2 Localidad superior en las plazas de toros.

andante *adj.-m.* MÚS. Díc. del movimiento del ritmo musical moderadamente lento.

andanza *f.* Caso, suceso. - 2 *f. pl.* Vicisitudes.

andar *m.* Manera de proceder. - 2 *m. pl.* Manera de andar, garbo. - 3 *intr.* Moverse de un lugar a otro.

andariego, -ga *adj.-s.* Que anda o viaja mucho.

andarín, -rina *adj.-s.* Andador.

andarivel *m.* Maroma tendida entre las orillas de un río para guiar una barca.

andas *f. pl.* Tablero con dos barras para llevar algo en hombros.

andén *m.* Corredor, acera o sitio para andar a lo largo de un muelle o una vía.

andino, -na *adj.* Perten. o rel. a los Andes.

andorrano, -na *adj.-s.* De Andorra.

andrajo *m.* Pedazo de ropa muy usada. 2 fig. Persona o cosa muy despreciable.

andrajoso, -sa *adj.* Cubierto de andrajos.

androceo *m.* Conjunto de los estambres de una flor.

androginismo *m.* Hermafroditismo masculino con apariencia femenina.

andrógino, -na *adj.* Hermafrodita. 2 Díc. del animal que, reuniendo los dos sexos, no puede ser fecundo de manera aislada.

androide *m.* Autómata de figura humana.

andrología *f.* Parte de la medicina que estudia la fertilidad y la esterilidad del hombre.

andromorfo, -fa *adj.* Que tiene forma humana.

andropausia *f.* Período de la vida caracterizado por el cese de la actividad de las glándulas sexuales en el varón.

andurrial *m.* Paraje extraviado.

anea *f.* Planta cuyas hojas se emplean para asiento de sillas, ruedos, etc.

anécdota *f.* Relación breve de algún rasgo o suceso curioso.

anecdótico, -ca *adj.* Que tiene carácter de anécdota.

anegadizo, -za *adj.-m.* Díc. del terreno que frecuentemente se anega.

anegar *tr.-prnl.* Ahogar en el agua. 2 fig. Inundar.

anejo, -ja *adj.-m.* Anexo. 2 Propio, inherente, concerniente.

anélido, -da *adj.-m.* Díc. del gusano celomado cuyo cuerpo cilíndrico o aplanado está dividido en anillos.

anemia *f.* Deficiencia de glóbulos rojos.

anémico, -ca *adj.* Perten. o rel. a la anemia. - 2 *adj.-s.* Que la padece.

anemófilo, -la *adj.* Díc. de la planta que se poliniza por medio del viento.

anemómetro *m.* Instrumento para medir la velocidad del viento.

anémona, anemona *f.* Planta ranunculácea de flores vistosas.

anestesia *f.* Privación artificial de la sensibilidad con fines curativos.

anestesiar *tr.* Insensibilizar con anestesia.

anestésico, -ca *adj.* Perten. o rel. a la anestesia. - 2 *adj.-m.* Que la produce.

anestesista *com.* Especialista en aplicar la anestesia.

aneurisma *amb.* Dilatación de las paredes de una arteria o vena.

anexionar *tr.* Unir una cosa a otra con dependencia de ella.

anexo, -xa *adj.-s.* Unido a otra cosa con dependencia de ella.

anfetamina *f.* Fármaco estimulante del sistema nervioso.

anfibio, -bia *adj.* Que puede vivir dentro y fuera del agua. 2 Díc. del aparato que funciona igualmente en tierra, agua o aire. - 3 *adj.-m.* Díc. del vertebrado, ovíparo, con respiración pulmonar, y piel desnuda con glándulas mucosas.

anfíbol *m.* Silicato natural de calcio y magnesio, y hierro.

anfibología *f.* GRAM. Doble sentido, ambigüedad.

anfiteatro *m.* Edificio redondo u oval con gradas alrededor. 2 Conjunto de asientos en semicírculo.

anfitrión, -triona *m. f.* Persona que tiene convidados a su mesa.

ánfora *f.* Cántaro alto y estrecho, usado por los griegos y romanos.

anfractuosidad *f.* Escabrosidad de un terreno. 2 ANAT. Depresión y elevación en algunos cuerpos.

angarillas *f. pl.* Andas pequeñas.

ángel *m.* Espíritu celeste creado por Dios para su ministerio. 2 fig. Expresión, gracia.

angélica *f.* Planta de flores verdosas cuyas hojas se usan como condimento.

angelical *adj.* Perten. o rel. a los ángeles.

angelote *m.* Figura grande de ángel.

ángelus *m.* Oración en honor del misterio de la Encarnación. 2 Toque de campana para esta oración.

angina *f.* Inflamación de las amígdalas. 2 ~ *de pecho,* enfermedad del corazón.

angiospermo, -ma *adj.-f.* Díc. de la planta cuyas semillas están envueltas por un pericarpio.

anglicanismo *m.* Conjunto de las doctrinas de la Iglesia oficial inglesa.

anglicano, -na *adj.-s.* Que profesa el anglicanismo. - 2 *adj.* Perten. o rel. a él.

anglicismo *m.* Giro propio del inglés.

anglicista *com.* Persona que suele incurrir en anglicismos. 2 Aficionado a lo propio de Inglaterra.

angloamericano, -na *adj.* Perten. o rel. a ingleses y americanos. - 2 *adj.-s.* De origen inglés y nacido en América.

anglófilo, -la *adj.-s.* Que simpatiza con los ingleses.

anglófobo, -ba *adj.-s.* Desafecto a Inglaterra y a los ingleses.

anglófono, -na *adj.-s.* Que tiene como lengua materna el inglés.

anglosajón, -jona *adj.-s.* De los pueblos germánicos que en el s. V invadieron Inglaterra. 2 De civilización inglesa.

angoleño, -ña *adj.-s.* De Angola.

angora *adj.-s.* Díc. del gato, conejo o cabra notable por su pelo sedoso y largo.

angosto, -ta *adj.* Estrecho, reducido.

angostura *f.* Estrechura, paso estrecho.

angström *m.* FÍS. Unidad para medir longitudes del orden de las distancias atómicas.

anguiforme *adj.* Que tiene forma de serpiente.

anguila *f.* Pez anguiliforme de agua dulce, comestible, de cuerpo cilíndrico.

anguiliforme *adj.-m.* Díc. del pez de cuerpo en forma de serpiente, con aletas blandas y piel mucosa.

angula *f.* Cría de la anguila.

angular *adj.* Perten. o rel. al ángulo.

ángulo *m.* GEOM. Porción indefinida de plano limitado por dos líneas que se cortan. 2 Esquina, arista. 3 fig. Punto de vista.

anguloso, -sa *adj.* Que tiene ángulos.

angustia *f.* Congoja, aflicción.

angustiado, -da *adj.* Acongojado, afligido. 2 fig. Codicioso, apocado, miserable.

angustiar *tr.-prnl.* Causar angustia.

angustioso, -sa *adj.* Lleno de angustia. 2 Que la causa o la padece.

anhelante *adj.* Que anhela.

anhelar *intr.-tr.* Tener anhelo de conseguir una cosa.

anhelo *m.* Deseo vehemente.

anheloso, -sa *adj.* Díc. de la respiración fatigosa. 2 Que siente o causa anhelo.

anhídrido *m.* Óxido capaz de formar un ácido al combinarse con el agua.

anhidro, -dra *adj.* Que carece de agua en su composición.

anidar *intr.-prnl.* Hacer nido. - 2 *intr.* Estar algo dentro de una persona o cosa.

anilina *f.* Colorante obtenido de la hulla.

anilla *f.* Anillo para colgaduras y cortinas. - 2 *f. pl.* En gimnasia, aros pendientes de cuerdas en los que se hacen ejercicios.

anillado, -da *adj.* Que tiene anillos o forma de anillo.

anillar *tr.* Dar forma de anillo a una cosa. 2 Sujetar con anillos. 3 Poner anillas en las patas de las aves.

anillo *m.* Aro pequeño; esp. el que se lleva en los dedos. 2 ZOOL. Segmento. ▷ *Venir como ~ al dedo,* haber sido hecha o dicha una cosa con oportunidad.

ánima *f.* Alma que pena en el purgatorio.

animación *f.* Ac. y ef. de animar. 2 Viveza en las acciones. 3 Concurso de gente. 4 Técnica de dar impresión de movimiento a los dibujos en el cine.

animado, -da *adj.* Que tiene alma. 2 Alegre, divertido.

animadversión *f.* Enemistad, ojeriza.

animal *m.* Ser viviente dotado de sensibilidad y movimiento voluntario. - 2 *adj.* Perten. o rel. al animal o a lo sensitivo.

animalario *m.* Recinto para albergar a los animales de experimentación.

animalizar *tr.* Transformar algo en ser animal. - 2 *prnl.* Embrutecerse.

animalucho *m.* desp. Animal de figura desagradable.

animar *tr.* Infundir el alma. 2 Infundir ánimo, energía. 3 Dar movimiento, alegría, variedad. - 4 *prnl.* Atreverse.

anímico, -ca *adj.* Psíquico.

animismo *m.* Creencia en la actividad voluntaria y animada de los seres orgánicos e inorgánicos y de los fenómenos de la naturaleza.

animista *adj.-com.* Partidario del animismo.

ánimo *m.* Alma. 2 Valor, energía. 3 Intención. 4 Atención o pensamiento.

animosidad *f.* Animadversión.

animoso, -sa *adj.* Que tiene ánimo.

aniñado, -da *adj.* Que se parece a los niños. 2 Propio de niños.

anión *m.* Ion negativo.

aniquilar *tr.* Reducir a la nada, destruir. 2 Anonadar, humillar, abatir.

anís *m.* Planta de semillas menudas aromáticas. 2 Grano de anís con azúcar. 3 Aguardiente hecho con esta semilla.

anisado, -da *adj.* Compuesto o aderezado con anís.

anisete *m.* Licor compuesto de aguardiente, azúcar y anís.

anisótropo, -pa *adj.* Fís. Díc. del cuerpo que ofrece distintas propiedades cuando se examina en direcciones diferentes.

aniversario *m.* Día en que se cumplen años de algún suceso.

ano *m.* Orificio por donde se expele el excremento.

anoche *adv. t.* En la noche de ayer.

anochecer *m.* Tiempo en que obscurece. - 2 *impers.* Venir la noche.

anodino, -na *adj.-m.* Que calma el dolor. - 2 *adj.* fig. Ineficaz, insubstancial.

ánodo *m.* Polo positivo de un generador de electricidad.

anofeles *m.* Género de mosquitos con larga probóscide y palpos tan largos como ella, cuyas hembras inoculan el germen del paludismo.

anomalía *f.* Irregularidad.

anómalo, -la *adj.* Irregular, extraño.

anona *f.* Pequeño árbol tropical de fruto carnoso.

anonadar *tr.-prnl.* Desconcertar o aturdir totalmente a alguien. 2 fig. Apocar.

anonimato *m.* Condición de anónimo.

anónimo, -ma *adj.-m.* Díc. de la obra o escrito sin el nombre de su autor. 2 Díc. del autor de nombre desconocido.

anopluro, -ra *adj.-m.* Díc. del insecto áptero, con boca de tipo chupador, que vive parásito del hombre o de los animales.

anorak *m.* Chaqueta impermeable y con capucha.

anorexia *f.* PAT. Inapetencia.

anormal *adj.* No normal.

anormalidad *f.* Calidad de anormal.

anotación *f.* Ac. y ef. de anotar.

anotar *tr.* Poner notas en un escrito. 2 Apuntar.

anovulación *f.* Corte de la ovulación.

anovulatorio, -ria *adj.-m.* MED. Que impide la ovulación femenina.

anquilosarse *prnl.* Producirse anquilosis. 2 fig. Envejecer, inmovilizarse.

anquilosis *f.* Imposibilidad de movimiento en una articulación móvil.

ánsar *m.* Ganso.

ansarino, -na *adj.* Perten. o rel. al ánsar. - 2 *m.* Pollo del ánsar.

anseriforme *adj.-m.* Díc. del ave corpulenta con las patas palmeadas y cortas y el cuello largo.

ansia *f.* Congoja, fatiga, angustia. 2 Anhelo. - 3 *f. pl.* Náuseas.

ansiar *tr.* Desear con ansia.

ansiedad *f.* Inquietud del ánimo. 2 Ansia, angustia.

ansiolítico, -ca *adj.-m.* Díc. del fármaco que sirve para reducir y curar los estados de ansiedad.

ansioso, -sa *adj.* Que tiene ansia (anhelo). 2 Codicioso.

antagónico, -ca *adj.* Que denota o implica antagonismo.

antagonismo *m.* Oposición. 2 Estado de lucha o rivalidad.

antagonista *com.* Persona o cosa opuesta o contraria a otra. - 2 *adj.* Que obra en sentido opuesto.

antaño *adv. t.* En otro tiempo.

antártico, -ca *adj.* Perten. o rel. al polo sur.

ante *m.* Alce. 2 Piel adobada de algunos animales. - 3 *prep.* En presencia de.

anteanoche *adv. t.* En la noche de anteayer.

anteayer *adv. t.* En el día inmediatamente anterior a ayer.

antebrazo *m.* Parte del brazo desde el codo a la muñeca.

antecámara *f.* Habitación que precede a la alcoba principal en las mansiones y palacios.

antecedente *adj.* Que antecede. - 2 *m.* Acción que sirve para juzgar hechos posteriores. 3 GRAM. Término a que se refieren los pronombres y adverbios relativos. - 4 *m. pl.* DER. Constancia jurídica de delitos.

anteceder *tr.* Preceder.

antecesor, -ra *adj.* Anterior en tiempo. - 2 *m. f.* Persona que precedió a otra en algo. - 3 *m.* Antepasado.

antedicho, -cha *adj.* Dicho con anterioridad.

antediluviano, -na *adj.* Muy antiguo.

antefirma *f.* Tratamiento o denominación que se pone antes de la firma.

antelación *f.* Anticipación con que sucede una cosa respecto a otra.

antemano (de ~) *loc. adv.* Con anticipación.

antemeridiano, -na *adj.* Anterior al mediodía.

antemural *m.* Fortaleza, roca, etc., que sirve de defensa.

antena *f.* Conjunto de elementos metálicos utilizado para emitir o recibir ondas radioeléctricas. 2 Apéndice móvil en la cabeza de un artrópodo. - **3** *f. pl.* fig. Orejas.

anténula *f.* ZOOL. Antena pequeña.

anteojera *f.* Pieza que tapa lateralmente los ojos del caballo.

anteojo *m.* Instrumento óptico para ver desde lejos. - **2** *m. pl.* Instrumento óptico con cristales que se sujetan ante los ojos.

antepalco *m.* Pieza que da ingreso a un palco.

antepasado, -da *adj.* Perten. o rel. al tiempo anterior a otro pasado. - **2** *m. f.* Persona de quien desciende otra.

antepecho *m.* ARQ. Pretil. **2** Reborde de ventana para apoyar los codos.

antepenúltimo, -ma *adj.* Inmediatamente anterior al penúltimo.

anteponer *tr.* Poner delante. **2** Preferir.

anteportada *f.* Hoja que precede a la portada de un libro.

anteproyecto *m.* Conjunto de trabajos para redactar un proyecto de arquitectura, ingeniería o legislación.

antepuesto, -ta p. p. irreg. de *anteponer.*

antera *f.* BOT. Parte superior del estambre que contiene el polen.

anteridio *m.* Órgano en que se desarrollan los anterozoides en la mayoría de las plantas criptógamas.

anterior *adj.* Que precede en el tiempo o en el espacio.

anterioridad *f.* Cualidad de anterior.

anterozoide *m.* Gameto masculino de los vegetales.

antes *adv. t.* Denota prioridad de tiempo. - **2** *adv. l.* Prioridad en el espacio. ▷ ∼ *de anoche,* anteanoche. ∼ *de ayer,* anteayer. ∼ *(de) que,* denota prioridad de tiempo en el sentido de una oración respecto de otra.

antesala *f.* Pieza delante de la sala.

antever *tr.* Ver algo antes que otro.

antiabortista *com.* Contrario a la despenalización del aborto.

antiacadémico, -ca *adj.* Que va contra el academicismo.

antiácido, -da *adj.-m.* Díc. de la substancia opuesta a la acción del ácido.

antiaéreo, -a *adj.* Perten. o rel. a la defensa contra aviones.

antialcohólico, -ca *adj.* Contrario al alcoholismo.

antiasmático, -ca *adj.-m.* Que sirve para combatir el asma.

antibiótico *adj.-m.* MED. Díc. del medicamento que destruye los microorganismos patógenos.

anticanceroso, -sa *adj.* Que sirve para combatir el cáncer.

anticarro *adj.-m.* Antitanque.

anticatarral *adj.* Que combate el catarro.

anticiclón *m.* Área en que la presión barométrica es mayor que en otras.

anticipación *f.* Ac. y ef. de anticipar.

anticipado, -da *adj.* Adelantado, prematuro, precoz.

anticipar *tr.-prnl.* Hacer que ocurra algo antes de tiempo. **2** Entregar dinero antes de tiempo.

anticipo *m.* Dinero anticipado.

anticlerical *adj.-s.* Contrario al clero.

anticlericalismo *m.* Sistema opuesto al clericalismo.

anticlímax *m.* Parte de una narración que se halla después del clímax.

anticlinal *m.* Pliegue del terreno parecido a un arco.

anticoagulante *adj.-m.* Que sirve para impedir la coagulación de la sangre.

anticomunismo *m.* Tendencia política opuesta al comunismo.

anticonceptivo, -va *adj.-m.* Que impide la fecundación.

anticongelante *adj.* Que impide la congelación. - **2** *m.* Producto que evita la congelación del radiador de un motor.

anticonstitucional *adj.* Contrario a la constitución.

anticorrosivo, -va *adj.-m.* Díc. de la substancia que protege de la corrosión.

anticristo *m.* Enemigo de Cristo o de su Iglesia que al fin del mundo se levantará.

anticuado, -da *adj.* Antiguo. **2** Sin uso.

anticuario *m.* Persona que comercia en antigüedades. **2** Persona que las colecciona.

anticuerpo *m.* Substancia defensiva creada por el organismo.

antidemocrático, -ca *adj.* Contrario a la democracia.

antideportivo, -va *adj.* DEP. Contrario al espíritu deportivo.

antidepresivo, -va *adj.-m.* MED. Díc. del medicamento que sirve para anular los estados de depresión patológica.

antideslizante *adj.* Que impide que las

ruedas resbalen.

antidóping *adj.-m.* Que sirve para descubrir el consumo de substancias excitantes por parte de los deportistas.

antídoto *m.* Contraveneno.

antidroga *adj.* Que lucha contra la droga.

antiesclavista *adj.-com.* Contrario a la esclavitud.

antiespasmódico, -ca *adj.* Que calma los desórdenes nerviosos.

antiestático, -ca *adj.* Que impide la formación de electricidad estática.

antiestético, -ca *adj.* Contrario a la estética; p. ext., feo.

antifascista *adj.-com.* Contrario al fascismo.

antifaz *m.* Velo o máscara con que se cubre la cara.

antífona *f.* Versículo que se reza antes y después de un salmo.

antífono *m.* Instrumento que se adapta a la oreja y protege el oído de los ruidos intensos.

antigás *adj.* Que previene los efectos del gas.

antígeno, -na *adj.-m.* MED. Díc. de la substancia que estimula la formación de anticuerpos.

antigripal *adj.-m.* Que sirve para combatir la gripe.

antigualla *f.* Cosa antigua o pasada de moda.

antigubernamental *adj.* Contrario al gobierno constituido.

antigüedad *f.* Calidad de antiguo. 2 Tiempo antiguo.

antiguo, -gua *adj.* Que existe desde hace mucho tiempo. 2 Que sucedió en el pasado.

antihéroe *m.* Personaje de características contrarias al héroe tradicional.

antiinflamatorio, -ria *adj.-m.* Que disminuye la inflamación.

antilogaritmo *m.* MAT. Número que corresponde a un logaritmo determinado.

antílope *m.* Mamífero artiodáctilo rumiante de aspecto de ciervo.

antilopino, -na *adj.-m.* Díc. del mamífero bóvido con la cornamenta alta y dirigida hacia atrás.

antillano, -na *adj.-s.* De Antillas.

antimeridiano *m.* Meridiano diametralmente opuesto a otro.

antimilitarismo *m.* Oposición al militarismo.

antimilitarista *adj.-com.* Partidario del antimilitarismo.

antimonárquico, -ca *adj.* Contrario a la monarquía.

antimonio *m.* Metal blanco azulado, brillante y quebradizo.

antinatural *adj.* No natural.

antiniebla *adj.* Que hace posible la visión a través de la niebla.

antinomia *f.* Contradicción entre dos leyes o principios racionales.

antinuclear *adj.-s.* Contrario a la energía nuclear.

antioxidante *adj.-m.* QUÍM. Substancia que se opone a la formación de óxidos.

antipapa *m.* Papa cismático.

antiparasitario, -ria *adj.-m.* Que se opone a las perturbaciones que afectan la recepción electrónica. - 2 *adj.* Que elimina, destruye o reduce los parásitos.

antipartícula *f.* Partícula elemental que tiene propiedades contrarias a las de los átomos de los elementos químicos.

antipatía *f.* Repugnancia instintiva.

antipático, -ca *adj.* Que causa antipatía.

antipatriótico, -ca *adj.* Contrario al patriotismo.

antipirético, -ca *adj.-m.* Febrífugo.

antípoda *adj.-m.* Habitante de la Tierra con respecto a otro que more en lugar diametralmente opuesto.

antirrábico, -ca *adj.* Que combate la rabia.

antirreglamentario, -ria *adj.* Que se hace o se dice contra el reglamento.

antirrepublicano, -na *adj.-s.* Opuesto a la república.

antirreumático, -ca *adj.-m.* Que sirve para curar el reuma.

antirrevolucionario, -ria *adj.-s.* Enemigo de la revolución.

antirrobo *adj.-m.* Dispositivo que evita el robo.

antisemita *adj.-com.* Opuesto a la raza judía.

antisemitismo *m.* Oposición a los judíos.

antisepsia *f.* Desinfección.

antiséptico, -ca *adj.-m.* Desinfectante.

antisísmico, -ca *adj.* Díc. de la construcción a prueba de terremotos.

antisocial *adj.* Contrario al orden social.

antisubmarino, -na *adj.* Que se emplea para combatir a los submarinos.

antitanque *adj.* MIL. Que se emplea para combatir tanques.

antítesis *f.* RET. Oposición de sentido entre dos términos o proposiciones.

antitetánico, -ca *adj.* Que sirve para curar el tétanos.

antitético, -ca *adj.* Que implica antítesis.

antitóxico, -ca *adj.* Que neutraliza el efecto de un tóxico.

antivirus *m.* Fármaco que produce la destrucción de un virus.

antojadizo, -za *adj.* Que tiene antojos con frecuencia.

antojarse *prnl.* Hacerse objeto de deseo una cosa. 2 Ofrecerse como probable.

antojo *m.* Deseo caprichoso vivo y pasajero. 2 Mancha o lunar en la piel.

antología *f.* Colección literaria de trozos escogidos,

antónimo, -ma *adj.-s.* Díc. de las palabras que tienen una significación contraria.

antonomasia *f.* RET. Figura que consiste en poner el nombre propio por una cualidad que lo define.

antorcha *f.* Hacha o tea para alumbrar.

antozoo *adj.-m.* Díc. de la clase de cnidarios que viven fijos en el fondo del mar y están constituidos por un sólo pólipo o por una colonia de ellos.

antraceno *m.* Hidrocarburo obtenido del alquitrán.

antracita *f.* Carbón de piedra poco bituminoso.

ántrax *m.* PAT. Inflamación circunscrita, dura y dolorosa del tejido subcutáneo.

antro *m.* Caverna. 2 fig. Local de mal aspecto o reputación.

antropocentrismo *m.* FIL. Doctrina que supone que el hombre es el centro de todas las cosas.

antropofagia *f.* Costumbre de comer carne humana.

antropófago, -ga *adj.-s.* Que come carne humana.

antropogenia *f.* Estudio de la evolución y desarrollo del hombre.

antropografía *f.* Parte de la antropología que describe las razas humanas.

antropoide *adj.-s.* Antropomorfo.

antropología *f.* Parte de la historia natural que trata del hombre.

antropológico, -ca *adj.* Perten. o rel. a la antropología.

antropólogo, -ga *m. f.* Persona que por oficio se dedica a la antropología.

antropomorfo, -fa *adj.* De forma parecida a la del hombre.

antroponimia *f.* Estudio del origen y significación de los nombres propios de persona.

antropónimo *m.* Nombre propio de persona.

anual *adj.* Que se repite cada año. 2 Que dura un año.

anualidad *f.* Calidad de anual. 2 Renta anual.

anuario *m.* Libro publicado cada año.

anublar *tr.-prnl.* Ocultar las nubes el cielo.

anudar *tr.* Hacer nudos.

anular *tr.* Dar por nulo. 2 fig. Incapacitar. - 3 *prnl.* Humillarse, postergarse. - 4 *m.* Cuarto dedo de la mano.

anunciar *tr.* Dar noticia de algo. 2 Hacer publicidad. 3 Pronosticar.

anuncio *m.* Conjunto de palabras o signos con que se anuncia algo. 2 Pronóstico, señal.

anuro, -ra *adj.* Sin cola. - 2 *adj.-m.* Díc. del anfibio sin cola en estado adulto.

anverso *m.* Cara principal de una moneda o medalla.

anzuelo *m.* Arpón o garfio muy pequeños utilizados para pescar. 2 fig. Atractivo, aliciente.

añadido *m.* Postizo. 2 Adición.

añadidura *f.* Lo que se añade.

añadir *tr.* Agregar una cosa a otra. 2 Aumentar, ampliar.

añagaza *f.* Señuelo. 2 fig. Artificio para atraer con engaño.

añal *adj.* Anual. - 2 *adj.-s.* Díc. de la res que tiene un año.

añejo, -ja *adj.* Que tiene mucho tiempo.

añicos *m. pl.* Pedacitos en que se divide alguna cosa al romperse.

añil *m.* Arbusto papilionáceo que da un colorante azul. 2 Este colorante.

año *m.* Tiempo que emplea la tierra en recorrer su órbita. 2 Período de 365 días, divididos en doce meses. 3 ~ *luz,* unidad de longitud consistente en la distancia que la luz recorre en un año.

añojo, -ja *m. f.* Becerro o cordero de un año.

añoranza *f.* Nostalgia.

añorar *tr.* Recordar con pena la ausencia, privación o pérdida de una persona o cosa. - **2** *intr.* Padecer añoranza.

añublo *m.* Enfermedad de los cereales.

aorta *f.* Arteria principal que arranca del ventrículo izquierdo del corazón.

aovado, -da *adj.* De figura de huevo.

aovillarse *prnl.* fig. Encogerse mucho, hacerse un ovillo.

apabullar *tr.* Dejar a uno confuso o avergonzado.

apacentar *tr.* Dar pasto al ganado. **2** fig. Cebar los deseos o placeres.

apacible *adj.* Dulce en la condición y el trato. **2** Agradable, bonancible.

apaciguar *tr.* Poner en paz, aquietar.

apache *adj.-s.* De una tribu de indios norteamericanos.

apadrinar *tr.-prnl.* Acompañar como padrino. **2** Patrocinar.

apagado, -da *adj.* De genio sosegado y apocado.

apagar *tr.* Extinguir el fuego, la luz, etc. **2** Aplacar pasiones, deseos, etc. - **3** *tr.-prnl.* Interrumpir el funcionamiento de un aparato eléctrico. ▷ *Apaga y vámonos*, expresión para indicar que una cosa llega a su término, o que algo es muy absurdo.

apagón *m.* Interrupción súbita de la luz eléctrica.

apaisado, -da *adj.* De figura rectangular y con la base mayor que la altura.

apalabrar *tr.* Concertar de palabra dos o más personas.

apalancado, -da *adj.* Acomodado en un lugar o posición.

apalancar *tr.* Mover con palancas. - **2** *prnl.* Acomodarse, quedarse.

apalear *tr.* Dar golpes con un palo.

apantanar *tr.-prnl.* Llenar de agua un terreno.

apañado, -da *adj.* fig. Hábil, mañoso. **2** Práctico.

apañar *tr.* Recoger. **2** Asir, apropiarse. **3** Ataviar. - **4** *prnl.* fam. Darse maña.

apaño *m.* Compostura, remiendo. **2** Maña, habilidad. **3** fam. Lío amoroso.

aparador *m.* Mueble donde se guarda el servicio de mesa.

aparato *m.* Instrumento o conjunto de instrumentos que sirven para determinado objeto. **2** fig. Pompa, ostentación. **3** fig. Exageración, encomio excesivo.

aparatoso, -sa *adj.* Pomposo, ostento-

so. **2** Espectacular.

aparcamiento *m.* Ac. y ef. de aparcar. **2** Lugar donde se aparca.

aparcar *tr.* Colocar un vehículo durante un tiempo en un lugar público señalado al efecto. **2** fig. Dejar a un lado.

aparcería *f.* Trato de los que van a la parte en una granjería.

aparcero, -ra *m.* *f.* Persona que tiene aparcería con alguien.

aparear *tr.* Juntar las hembras de los animales con los machos para que críen.

aparecer *intr.-prnl.* Manifestarse, dejarse ver. **2** Estar, hallarse.

aparecido *m.* Espectro de un difunto.

aparejado, -da *adj.* Apto, idóneo.

aparejador, -ra *adj.-s.* Que apareja. - **2** *m.* *f.* Perito que ayuda a un arquitecto.

aparejar *tr.* Preparar. **2** Poner el aparejo.

aparejo *m.* Conjunto de instrumentos para un oficio o maniobra. **2** Conjunto de palos, vergas, velas, etc., de una embarcación. **3** Sistema de poleas.

aparentar *tr.* Dar a entender lo que no es o no hay. **2** Hablando de la edad de una persona, tener ésta el aspecto correspondiente a dicha edad.

aparente *adj.* Que parece y no es. **2** Que se muestra a la vista.

aparición *f.* Visión de un ser sobrenatural o fantástico.

apariencia *f.* Aspecto exterior. **2** Verosimilitud, probabilidad.

apartado, -da *adj.* Retirado. **2** Diferente. - **3** *m.* Correspondencia que se aparta en el correo para que el interesado la recoja.

apartamento *m.* Vivienda más pequeña que el piso, compuesta de uno o varios aposentos.

apartar *tr.* Separar, alejar. **2** fig. Disuadir, distraer. - **3** *prnl.* Desviarse, retirarse.

aparte *adv. l.* En otro lugar. - **2** *adv. m.* Separadamente. - **3** *adj.* Diferente.

apartheid *m.* Segregación racial.

apartotel *m.* Complejo de apartamentos con servicios hoteleros.

aparvar *tr.* Disponer la mies para trillarla y recogerla.

apasionado, -da *adj.* Poseído de una pasión.

apasionamiento *m.* Ac. y ef. de apasionar o apasionarse.

apasionante *adj.* Que apasiona.

apasionar *tr.* Causar una pasión. - 2 *prnl.* Llenarse de pasión. 3 Aficionarse.

apatía *f.* Impasibilidad del ánimo. 2 Dejadez, falta de energía.

apático, -ca *adj.* Que tiene apatía.

apatita *f.* Fosfato de cal nativo.

apátrida *adj.-com.* Díc. de la persona que no tiene patria.

apeadero *m.* Poyo para montar o desmontarse. 2 Estación secundaria de ferrocarril.

apear *tr.-prnl.* Bajar de una caballería o carruaje. - 2 *tr.* fig. Quitar a uno de su empleo o destino. 3 fam. Disuadir. ▷ *Apearse del burro,* salir del error mantenido con obstinación; caer en la cuenta.

apechugar *intr.* Aceptar una cosa que repugna.

apedrear *tr.* Tirar piedras.

apegarse *prnl.* Cobrar apego.

apego *m.* fig. Afición o inclinación. 2 p. ext. Cariño, amor, pasión

apelación *f.* Acción de apelar.

apelar *intr.* DER. Recurrir contra una decisión o sentencia. 2 fig. Recurrir a una persona o cosa.

apelativo *m.* Apodo. 2 Nombre con que se llama a alguien sin ser el suyo.

apelmazado, -da *adj.* fig. Falto de amenidad.

apelmazar *tr.-prnl.* Poner menos esponjoso de lo requerido.

apelotonar *tr.-prnl.* Formar pelotones.

apellidar *tr* Nombrar, llamar. - 2 *prnl.* Tener tal nombre o apellido.

apellido *m.* Nombre de familia.

apenar *tr.* Causar pena.

apenas *adv. m.* Casi no, escasamente, con dificultad.

apencar *intr.* fig. Apechugar.

apéndice *m.* Cosa adjunta a otra, de la cual es parte accesoria. 2 H. NAT. Prolongación delgada y hueca en la parte inferior del intestino ciego.

apendicitis *f.* Inflamación del apéndice vermicular.

aperador *m.* Capataz de una hacienda del campo, una mina, etc.

apercibimiento *m.* Aviso, advertencia de una autoridad.

apercibir *tr.-prnl.* Disponer lo necesario. 2 Percibir, observar, caer en la cuenta. - 3 *tr.* Preparar el ánimo.

apergaminado, -da *adj.* Parecido al pergamino. 2 fig. Flaco y enjuto.

apergaminarse *prnl.* fig. Acartonarse.

aperitivo *adj.-m.* Díc. de la bebida que se toma antes de las comidas. 2 Díc. de la comida que la acompaña.

apero *m.* Conjunto de instrumentos de labranza.

aperreado, -da *adj.* Trabajoso, molesto.

aperrear *prnl.* Llevar una vida llena de trabajos, fatigas y dificultades.

aperreo *m.* Ac. y ef. de aperrearse.

apertura *f.* Acción de abrir. 2 Inauguración.

apesadumbrar *tr.-prnl.* Causar pesadumbre.

apestar *tr.-prnl.* Causar la peste. 2 fig. Corromper. - 3 *intr.* Arrojar mal olor.

apestoso, -sa *adj.* Que apesta.

apétalo, -la *adj.* Que carece de pétalos.

apetecer *tr.* Tener gana. 2 fig. Desear.

apetecible *adj.* Digno de apetecerse.

apetencia *f.* Deseo.

apetito *m.* Tendencia a satisfacer las necesidades orgánicas. 2 Gana de comer. ▷ *Abrir el ~,* excitar la gana de comer.

apetitoso, -sa *adj.* Que excita el apetito. 2 Sabroso.

apiadar *tr.* Causar piedad. - 2 *prnl.* Tener piedad.

apical *adj.* Perten. o rel. al ápice. 2 *adj.-s.* GRAM. Díc. del sonido en que uno de los órganos productores es la punta de la lengua.

ápice *m.* Punta o extremo superior.

apícola *adj.* Perten. o rel. a la apicultura.

apicultor, -ra *m. f.* Persona que se dedica a la apicultura.

apicultura *f.* Cría de las abejas.

apilar *tr.* Amontonar.

apiñar *tr.-prnl.* Juntar estrechamente.

apio *m.* Planta umbelífera de raíz y tallo comestibles.

apiolar *tr.* Atar los pies de un animal muerto en la caza para colgarlo. 2 Matar.

apisonador, -ra *adj.-f.* Que apisona. - 2 *f.* Máquina para apisonar carreteras.

apisonar *tr.* Apretar la tierra por medio de rodillos pesados.

aplacar *tr.* Amansar. 2 Mitigar.

aplacóforo, -ra *adj.-m.* Díc. del molusco primitivo abisal sin concha y con aspecto de gusano.

aplanadera *f.* Instrumento para aplanar el suelo.

aplanar *tr.* Allanar. - 2 *prnl.* Perder el vigor, desalentarse.

aplastante *adj.* Que apabulla.

aplastar *tr.-prnl.* Deformar una cosa disminuyendo su grueso. 2 Dejar a uno confuso. 3 fig. Aniquilar, vencer.

aplatanarse *prnl.* fam. Ser o volverse indolente y apático.

aplaudir *tr.* Palmotear en señal de aprobación. 2 Alabar, aprobar.

aplauso *m.* Ac. y ef. de aplaudir. 2 fig. Elogio, alabanza.

aplazar *tr.* Diferir.

aplicación *f.* Dedicación y asiduidad que se pone en una actividad. 2 Adorno sobrepuesto.

aplicado, -da *adj.* Que tiene aplicación.

aplicar *tr.* Poner una cosa sobre, o en contacto con otra. 2 fig. Hacer uso de una cosa para un fin. - 3 *prnl.* fig. Poner esmero en ejecutar algo.

aplique *m.* Aparato de luz fijo a una pared.

aplomo *m.* Gravedad, serenidad.

apocado, -da *adj.* De poco ánimo.

apocalipsis *m.* Libro de la Biblia que contiene las revelaciones del apóstol San Juan.

apocalíptico, -ca *adj.* Perten. o rel. al apocalipsis. 2 Terrorífico.

apocamiento *m.* fig. Cortedad de ánimo.

apocar *tr.-prnl.* fig. Humillar, tener en poco.

apocárpico, -ca *adj.* Díc. del gineceo de carpelos separados.

apocináceo, -a *adj.-f.* Díc. de la planta dicotiledónea de hojas persistentes y fruto en cápsula.

apocopar *tr.* GRAM. Hacer apócope.

apócope *f.* GRAM. Supresión de uno o más sonidos al fin de un vocablo.

apócrifo, -fa *adj.* Fabuloso, supuesto.

apodar *tr.-prnl.* Poner apodos.

apoderado, -da *adj.-s.* Que tiene poder de otro para proceder en su nombre.

apoderar *tr.* Dar poder una persona a otra para que la represente. - 2 *prnl.* Hacerse dueño de una cosa.

apodo *m.* Nombre que se da a uno, tomado de sus defectos u otra circunstancia.

ápodo, -da *adj.* ZOOL. Falto de pies.

apódosis *f.* En la oración condicional, proposición subordinada en que se completa el sentido que queda pendiente en la primera, llamada prótasis.

apófisis *f.* Parte saliente de un hueso.

apogeo *m.* Punto en que la Luna dista más de la Tierra. 2 Grado superior que puede alcanzar una cosa.

apolillado, -da *adj.* Deteriorado por la polilla.

apolillar *tr.-prnl.* Roer la polilla.

apoliticismo *m.* Condición del apolítico. 2 Carencia de carácter o significación política.

apolítico, -ca *adj.* Ajeno a la política.

apolo *m.* Mariposa diurna de gran tamaño, de color blanco con lunares negros.

apologético, -ca *adj.* Perten. o rel. a la apología. - 2 *f.* Parte de la teología que expone las pruebas y fundamentos de la religión.

apología *f.* Alabanza o defensa.

apologista *com.* Persona que hace alguna apología.

apólogo *m.* Fábula.

apoltronarse *prnl.* Hacerse poltrón.

aponer *tr.* GRAM. Adjuntar un nombre o una construcción nominal a un substantivo o a un pronombre.

aponeurosis *f.* Prolongación laminar del perimisio.

apoplejía *f.* Parálisis cerebral por derrame sanguíneo.

aporcar *tr.* Cubrir con tierra ciertas hortalizas.

aporrear *tr.-prnl.* Golpear.

aportación *f.* Ac. y ef. de aportar. 2 Bienes que se aportan.

aportar *intr.* Arribar a puerto. - 2 *tr.* Llevar su parte. 3 Dar, proporcionar.

aporte *m.* Aportación, contribución.

aposento *m.* Cuarto o pieza de una cosa.

aposición *f.* GRAM. Construcción que aclara a un substantivo por medio de otro substantivo yuxtapuesto.

apósito *m.* Material de curación que se aplica sobre una lesión.

aposta *adv.* m. Adrede.

apostador, -ra *adj.-s.* Aficionado a las apuestas o que las hace a menudo.

apostante *adj.-com.* Que apuesta.

apostar *tr.* Pactar entre sí los que disputan. - 2 *intr.* Competir.

apostasía *f.* Ac. y ef. de abandonar públicamente la religión que se profesa.

apóstata *com.* Persona que comete apostasía.

apostatar *intr.* Abandonar una religión.

apostilla *f.* Acotación que interpreta, aclara o completa un texto.

apóstol *m.* Cada uno de los doce primeros discípulos de Cristo.

apostolado *m.* Ministerio de apóstol.

apostólico, -ca *adj.* Perten. o rel. a los apóstoles o al Papa.

apostrofar *tr.* Dirigir apóstrofes.

apóstrofe *amb.* Interpelación brusca y poco amable. 2 Dicterio.

apóstrofo *m.* Signo ortográfico (') que indica la elisión de una vocal.

apostura *f.* Cualidad de apuesto.

apoteconimia *f.* Estudio de los nombres de los locales comerciales.

apotegma *m.* Sentencia breve.

apotema *f.* Perpendicular desde el centro de un polígono a uno de sus lados.

apoteósico, -ca *adj.* Con caracteres de apoteosis.

apoteosis *f.* fig. Alabanza. 2 fig. Final brillante de un espectáculo.

apoyar *tr.* Hacer que una cosa descanse sobre otra. 2 fig. Servir de apoyo. 3 Confirmar una opinión. 4 Favorecer.

apoyo *m.* Lo que sirve para sostener. 2 fig. Protección, auxilio. 3 fig. Fundamento.

apreciable *adj.* Capaz de ser apreciado. 2 fig. Digno de estima.

apreciación *f.* Aumento del valor de una moneda en el mercado libre de dinero.

apreciar *tr.* Poner precio. 2 fig. Estimar.

apreciativo, -va *adj.* Perten. o rel. al aprecio de algo.

aprecio *m.* Estima.

aprehender *tr.* Coger, prender.

aprehensión *f.* Ac. y ef. de aprehender.

apremiante *adj.* Que apremia.

apremiar *tr.* Dar prisa, compeler. 2 Imponer apremio o recargo.

apremio *m.* Urgencia. 2 DER. Procedimiento judicial muy breve. 3 DER. Recargo de contribuciones por demora en el pago.

aprender *tr.* Adquirir por el estudio o la experiencia el conocimiento de una cosa.

aprendiz *m.* *f.* Persona que aprende un arte u oficio. 2 Persona que se halla en el primer grado de una profesión manual.

aprendizaje *m.* Acción de aprender un arte u oficio. 2 Tiempo que dura.

aprensar *tr.* Prensar, oprimir.

aprensión *f.* Escrúpulo, temor. 2 Opinión infundada.

aprensivo, -va *adj.-s.* Que exagera la gravedad de sus dolencias.

apresar *tr.* Asir, hacer presa. 2 Tomar por fuerza una nave, un convoy, etc.

aprestar *tr.-prnl.* Preparar, disponer. - 2 *tr.* Aderezar los tejidos.

apresto *m.* Prevención, preparación para una cosa.

apresurado, -da *adj.* Que muestra apresuramiento.

apresuramiento *m.* Ac. y ef. de apresurar o apresurarse.

apresurar *tr.-prnl.* Dar prisa, acelerar.

apretado, -da *adj.* Comprimido. 2 fig. Arduo, peligroso. 3 Lleno de actividades.

apretar *tr.* Estrechar con fuerza. 2 Poner tirante. 3 Comprimir. 4 Activar. 5 Acosar. - 6 *tr.-prnl.* Apiñar. - 7 *intr.* Intensificar. ▷ ~ *a correr,* echar a correr. ~ *la mano,* estrecharla en señal de amistad; aumentar el rigor, apremiar; ser tacaño.

apretón *m.* Ac. y ef. de apretar con fuerza. 2 fig. Ahogo, conflicto.

apretujar *tr.* fam. Apretar mucho o reiteradamente. - 2 *prnl.* Oprimirse varias personas en un recinto reducido.

apretura *f.* Opresión causada por el gentío. 2 fig. Aprieto. 3 Escasez.

aprieto *m.* Conflicto, apuro.

aprisa *adv. m.* Con celeridad o prontitud.

aprisco *m.* Paraje donde se recoge el ganado.

aprisionar *tr.* Poner en prisión. 2 fig. Atar, sujetar.

aprobación *f.* Ac. y ef. de aprobar.

aprobado *m.* En la calificación de exámenes, nota de aptitud inmediatamente inferior a la notable.

aprobar *tr.* Calificar de bueno. 2 Asentir. 3 Declarar apto.

aprontar *tr.* Disponer con prontitud. 2 Entregar sin dilación.

apropiado, -da *adj.* Adecuado a un fin.

apropiar *tr.* Hacer propio de alguno. - 2 *prnl.* Hacerse dueño.

aprovechado, -da *adj.* Que saca provecho. 2 Aplicado, diligente. - 3 *adj.-s.* Que saca beneficio de las circunstancias.

aprovechamiento *m.* Ac. y ef. de

aprovechar.

aprovechar *intr.* Servir de provecho. 2 Progresar. - 3 *tr.* Emplear con provecho una cosa. - 4 *prnl.* Servirse de algo.

aprovisionar *tr.* Abastecer.

aproximación *f.* Ac. y ef. de aproximar o aproximarse. 2 En la lotería nacional, premio concedido a los números anterior y posterior y a los demás de la centena de los primeros premios de un sorteo.

aproximadamente *adv. m.* Con más o menos aproximación.

aproximado, -da, aproximativo, -va *adj.* Que se aproxima.

aproximar *tr.-prnl.* Acercar.

ápside *m.* En la órbita de un astro, extremo del eje mayor.

apterigotas *m. pl.* Subclase de insectos ápteros de pequeño tamaño, que viven en el suelo y entre la vegetación en descomposición.

áptero, -ra *adj.* Que carece de alas.

aptitud *f.* Suficiencia, idoneidad.

apto, -ta *adj.* Idóneo, capaz.

apuesta *f.* Ac. y ef. de apostar. 2 Cosa que se apuesta.

apuesto, -ta *adj.* Gallardo, garboso.

apuntador, -ra *m. f.* El que en el teatro va apuntando a los actores lo que han de decir.

apuntalamiento *m.* Ac. y ef. de apuntalar.

apuntalar *tr.* Poner puntales. 2 fig. Sostener, afirmar.

apuntar *tr.* Tomar nota breve por escrito. 2 Hacer un apunte o dibujo ligero. 3 Fijar de manera provisional con clavos, hilvanes, etc. 4 Asestar un arma. 5 Insinuar. 6 Ir leyendo a los actores lo que han de recitar. 7 Decir en voz baja a otro lo que debe contestar. ▷ ~ *y dar,* ofrecer y no cumplir.

apunte *m.* Nota por escrito. 2 Dibujo o pintura hechos con pocas líneas o pinceladas. - 3 *m. pl.* Extracto de las explicaciones de un profesor.

apuñalar *tr.* Dar de puñaladas.

apurado, -da *adj.* En apuros. 2 Dificultoso, peligroso. 3 Exacto.

apurar *tr.* Purificar. 2 fig. Averiguar. 3 Extremar. 4 fig. Apremiar. 5 Rasurarse la barba mucho. - 6 *prnl.* Afligirse.

apuro *m.* Aprieto, escasez grande. 2 Aflicción. 3 Embarazo, vergüenza.

aquaplaning *m.* ANGLIC. Derrapaje de un automóvil provocado por el suelo mojado.

aquejar *tr.* Afectar una enfermedad, vicio, etc.

aquejoso, -sa *adj.* Afligido, acongojado.

aquel, -lla, -llos, -llas *adj. dem.* Designa la persona o cosa que físicamente está lejos del que habla y del que escucha.

aquél, aquélla, aquello *pron. dem.* Designa la persona o cosa que físicamente está lejos del que habla y del que escucha.

aquelarre *m.* Reunión de brujos.

aquende *adv. l.* De la parte de acá.

aquenio *m.* Fruto cuyo pericarpio no está soldado con el grano.

aquerenciarse *prnl.* Tomar querencia.

aquí *adv. l.* En este lugar. ▷ *De ~ para allá,* de una a otra parte, sin quedarse en ninguna parte.

aquiescencia *f.* Consentimiento.

aquietar *tr.-prnl.* Sosegar.

aquilatar *tr.* Graduar los quilates. 2 fig. Apreciar debidamente.

aquilón *m.* Norte, cierzo.

aquinesia *f.* Privación de movimiento.

ara *f.* Altar. ▷ *En aras de,* en honor de.

árabe *adj.-s.* De Arabia. - 2 *m.* Lengua semítica hablada en el mundo musulmán.

arabesco, -ca *adj.* Arábigo. - 2 *m.* Adorno compuesto de tracerías, follajes, volutas, etc.

arábigo, -ga *adj.* Árabe. - 2 *m.* Idioma árabe.

arabismo *m.* Giro o modo de hablar propio de la lengua árabe.

arabista *com.* Persona que estudia la lengua y literatura árabes.

arabizar *tr.-prnl.* Adquirir el carácter, las costumbres y la cultura árabes.

arácnido, -da *adj.-m.* Díc. del artrópodo sin antenas, con cuatro pares de patas y con el tórax, y a veces el abdomen, formando un todo con la cabeza.

aracnoides *f.* Meninge situada entre la duramadre y la piamadre.

arada *f.* Acción de arar. 2 Porción de tierra arada.

arado *m.* Instrumento para arar. 2 Reja (labor).

arador, -ra *adj.-s.* Que ara. - 2 *m.* Ácaro que produce la sarna.

aragonés, -nesa adj.-s. De Aragón.

arameo, -a adj.-m. Lengua semítica ant. hablada en Asia y África.

arancel m. Tarifa oficial de derechos.

arancelario, -ria adj. Perten. o rel. al arancel.

arándano m. Arbusto muy ramificado de flores rosadas solitarias, y fruto en baya.

arandela f. Disco que se pone en el candelero. 2 Anillo en las máquinas para evitar el roce.

arandillo m. Ave insectívora.

aranero, -ra adj.-s. Embustero, estafador.

araña f. Arácnido de abdomen abultado que segrega un hilo sedoso. 2 Especie de candelabro colgante.

arañar tr. Herir ligeramente con las uñas, un alfiler, etc. 2 fig. Recoger poco a poco y de varias partes.

arañazo m. Herida hecha arañando.

arar tr. Abrir surcos en la tierra con el arado.

araucano, -na adj.-m. Lengua precolombina hablada en Chile y Argentina.

araucaria f. Árbol conífero de gran talla y hojas perennes.

arbitraje m. Acción de arbitrar.

arbitrar tr. Proceder libremente. 2 Juzgar como árbitro. 3 Allegar, disponer.

arbitrariedad f. Acto injusto o ilegal.

arbitrario, -ria adj. Que depende del arbitrio. 2 Que incluye arbitrariedad.

arbitrio m. Facultad de resolver. 2 Medio para un fin. 3 Sentencia del árbitro. - 4 m, pl Derechos o impuestos para gastos públicos.

arbitrista com. Persona que propone planes disparatados.

árbitro, -tra adj.-s. Que puede obrar con independencia. - 2 m. f. Persona a quien se somete la decisión de una disputa. 3 DEP. Persona que cuida de la aplicación del reglamento.

árbol m. Planta perenne de tronco leñoso que se ramifica a cierta altura. 2 Pie derecho que sirve de eje en una máquina.

arbolado, -da adj. Poblado de árboles. - 2 m. Conjunto de árboles.

arboladura f. Conjunto de palos y vergas de un barco.

arboleda f. Terreno poblado de árboles.

arborecer intr. Hacerse árbol.

arbóreo, -a adj. Perten. o rel. al árbol.

arborescente adj. Que tiene caracteres de árbol.

arboricida adj.-m. Que destruye los árboles.

arborícola adj.-s. Que vive en los árboles.

arboricultura f. Cultivo de los árboles.

arboriforme adj. De figura de árbol.

arborizar tr. Poblar de árboles.

arbotante m. Arco que transmite los empujes de la bóveda a un contrafuerte.

arbustivo, -va adj. Que tiene la naturaleza del arbusto.

arbusto m. Planta leñosa de poca altura, ramificada desde la base.

arca f. Caja grande con tapa llana y cerradura. 2 Caja de caudales. - 3 f. pl. Pieza para guardar el dinero en las tesorerías.

arcada f. Serie de arcos. 2 Ojo de puente. 3 Movimiento del estómago que excita a vómito.

arcaduz m. Caño que conduce el agua.

arcaico, -ca adj. Anticuado.

arcaísmo m. Voz o frase anticuada.

arcaizante adj. Que usa arcaísmos o propende a ellos.

arcángel m. Espíritu angelical.

arcano, -na adj. Secreto, recóndito.

arce m. Árbol aceráceo de madera muy dura.

arcediano m. Dignidad en el cabildo catedral.

arcén m. Margen u orilla. 2 En una carretera, margen reservado a un lado y otro de la calzada para uso de peatones, tránsito de vehículos no automóviles, etc.

arcilla f. Silicato de aluminio hidratado.

arcipreste m. Dignidad en el cabildo catedral. 2 Presbítero que tiene jurisdicción sobre ciertas parroquias.

arco m. GEOM. Porción de línea curva. 2 ARQ. Fábrica en forma de arco geométrico. 3 Arma para disparar flechas. 4 Varilla con cerdas para tocar el violín.

archicofrade com. Individuo de una archicofradía.

archicofradía f. Cofradía más ant. o importante que otras.

archidiácono m. Arcediano.

archidiócesis f. Diócesis del arzobispo.

archifonema m. FILOL. Conjunto de las

características distintivas que son comunes a dos fonemas cuya oposición se puede neutralizar.

archilexema *m*. FILOL. Lexema cuyo contenido es idéntico al de todo un campo léxico.

archipiélago *m*. Parte del mar poblada de islas. 2 p. ext. Conjunto de islas.

archivador *m*. Mueble o caja para guardar documentos. 2 Carpeta convenientemente dispuesta para tal fin.

archivar *tr*. Poner en archivo.

archivero, -ra *m. f*. El que tiene por oficio cuidar de un archivo.

archivístico, -ca *adj*. Perten. o rel. a los archivos. - 2 *f*. Ciencia que estudia la conservación y catalogación de archivos.

archivo *m*. Lugar donde se custodian documentos. 2 Conjunto de éstos.

arder *intr*. Estar encendido. 2 fig. Estar muy agitado por una pasión.

ardid *m*. Artificio, maña para lograr algo.

ardiente *adj*. Que arde. 2 Que causa ardor. 3 Vehemente. 4 fig. Fervoroso.

ardilla *f*. Mamífero roedor de cola muy larga y peluda. - 2 *adj.-s*. fig. Avispado.

ardimiento *m*. Ac. y ef. de arder.

ardor *m*. Calor grande. 2 fig. Vehemencia. 3 fig. Valor, intrepidez.

ardoroso, -sa *adj*. Que tiene ardor. 2 fig. Vigoroso, vehemente.

arduo, -dua *adj*. Muy difícil.

área *f*. Superficie comprendida dentro de un perímetro. 2 Unida de medida agraria (1 Dm²). 3 Zona delante de la meta, dentro de la cual se sancionan las faltas cometidas por el equipo que defiende aquella meta.

areca *f*. Palma cuyo fruto se emplea en tintorería.

arena *f*. Conjunto de partículas de piedra. 2 Lugar de una lucha. 3 Redondel (toros).

arenal *m*. Suelo de arena movediza. 2 Terreno arenoso.

arenga *f*. Discurso que enardece. 2 fig. Razonamiento largo e impertinente.

arenífero, -ra *adj*. Que lleva arena.

arenilla *f*. Arena menuda que se echa en los escritos para secarlos. - 2 *f. pl*. Cálculos urinarios o biliares pequeños.

arenisca *f*. Roca formada por granitos de cuarzo.

arenoso, -sa *adj*. Que tiene arena. 2 Que participa de la naturaleza y cualidades de la arena.

arenque *m*. Pez parecido a la sardina.

aréola *f*. Círculo rojizo que limita ciertas pústulas. 2 Círculo algo moreno que rodea el pezón.

areómetro *m*. Instrumento para medir la densidad de los líquidos.

arepa *f*. Pan de maíz, huevos y manteca.

arete *m*. Pequeño aro de metal que, por adorno, llevan las mujeres en cada oreja.

argamasa *f*. Mezcla de cal, arena y agua.

arganeo *m*. Argolla en el extremo opuesto a la cruz del ancla.

argelino, -na *adj.-s*. De Argelia.

argentado, -da *adj*. Plateado.

argénteo, -a *adj*. De plata. 2 fig. Semejante a la plata.

argentería *f*. Bordadura o filigrana de plata u oro.

argentífero, -ra *adj*. Que contiene plata.

argentino, -na *adj*. De color o de sonido semejante al de la plata. - 2 *adj.-s*. De Argentina.

argentita *f*. Sulfuro de plata cristalizado en el sistema regular.

argolla *f*. Aro grueso de metal.

argón *m*. Cuerpo simple gaseoso, incoloro e inodoro, existente en el aire.

argot *m*. Jerga. 2 Lenguaje de un mismo oficio o actividad.

argucia *f*. Sutileza, sofisma.

argüir *tr*. Deducir. 2 Descubrir, demostrar. 3 Acusar.

argumentación *f*. Argumento (razonamiento).

argumentar *tr*. Deducir, probar. - 2 *intr*. Disputar.

argumento *m*. Razonamiento para demostrar algo. 2 Asunto de una obra.

aria *f*. Composición musical melodiosa.

aridez *f*. Calidad de árido.

árido, -da *adj*. Seco, estéril. 2 fig. Falto de amenidad. - 3 *m. pl*. Legumbres.

ariete *m*. DEP. En el juego del fútbol, delantero centro de un equipo.

arimez *m*. Resalto de algunos edificios.

ario, -ria *adj.-m*. Díc. de la familia de lenguas indoeuropeas habladas en Asia Menor. 2 Supuesta raza de europeos nórdicos.

arisco, -ca *adj*. Áspero, intratable.

arista f. Filamento de la cáscara de los cereales. 2 GEOM. Línea de intersección de dos planos.

aristocracia f. Gobierno de las clases altas. 2 Clase noble o que sobresale entre las demás.

aristócrata com. Individuo de la aristocracia.

aristocrático, -ca adj. Perten. o rel. a la aristocracia. 2 Distinguido, elegante, selecto en sus gustos, conducta, etc.

aristotélico, -ca adj. Perten. o rel. a Aristóteles o a su doctrina.

aristotelismo m. Sistema filosófico de Aristóteles.

aritmética f. Parte de las matemáticas que estudia la composición y descomposición de la cantidad representada por números.

aritmético, -ca adj. Perten. o rel. a la aritmética.

aritmómetro m. Instrumento para ejecutar mecánicamente las operaciones aritméticas.

arlequín m. Personaje cómico de la ant. comedia italiana.

arma f. Instrumento para atacar o defenderse. 2 Cuerpo militar. - 3 f. pl. Defensas naturales de los animales. ▷ Alzarse en armas, sublevarse. Pasar a uno por las armas, fusilarlo. Presentar las armas, hacer la tropa los honores militares a una persona, poniendo el fusil frente al pecho. Rendir el ~, hacer la tropa los honores, hincando en tierra la rodilla o inclinando las armas.

armada f. Fuerzas navales de un Estado. 2 Escuadra de buques de guerra.

armadillo m. Mamífero americano cuyo dorso está cubierto de placas córneas.

armador, -ra m. f. El que por su cuenta arma un barco.

armadura f. Conjunto de armas defensivas que protegían el cuerpo. 2 Armazón.

armamentista adj. Perten. o rel. a la industria de armas de guerra. - 2 com. Partidario de la política de armamentos. 3 Fabricante de armas.

armamento m. MIL. Prevención de todo lo necesario para la guerra. 2 Conjunto de armas.

armar tr.-prnl. Proveer de armas. - 2 tr. Concertar las varias piezas de una cosa. 3 Sentar, fundar una cosa sobre otra. 4 MAR. Dotar de lo necesario para la navegación a un barco. 5 Organizar. 6 Causar, provocar. - 7 prnl. fig. Disponer el ánimo para lograr algún fin. ▷ Armarla, promover alboroto.

armario m. Mueble con puertas y anaqueles.

armatoste m. Máquina o mueble tosco. 2 fig. Persona que para nada sirve.

armazón f. Conjunto de piezas sobre las que se arma algo.

armella f. Anillo de metal con una espiga para clavarlo.

armenio, -nia adj.-s. De Armenia. - 2 m. Lengua armenia.

armería f. Museo de armas. 2 Tienda en que se venden. 3 Técnica de fabricarlas.

armero m. El que fabrica, vende o custodia armas. 2 Aparato para tenerlas.

armiño m. Mamífero de piel suave, parda en verano y blanca en invierno. 2 Su piel.

armisticio m. Suspensión de hostilidades.

armón m. Juego delantero de la cureña.

armonía f. Arte de formar los acordes musicales. 2 Conjunto de sonidos agradables. 3 fig. Proporción y concordancia.

armónica f. Instrumento músico de viento compuesto por unas lengüetas colocadas entre dos placas metálicas.

armónico, -ca adj. Perten. o rel. a la armonía. - 2 m. MÚS. Sonido agudo.

armonio m. MÚS. Órgano pequeño.

armonioso, -sa adj. Sonoro y agradable al oído. 2 fig. Que tiene armonía.

armonizar tr. Poner en armonía. 2 MÚS. Componer los acordes. - 3 intr. fig. Guardar armonía unas cosas con otras.

arnés m. Armadura (conjunto de armas). - 2 m. pl. Guarniciones de las caballerías.

árnica f. Planta compuesta medicinal de cabezuela amarilla. 2 Tintura de ella que se emplea contra las contusiones.

arnicina f. Substancia alcalina que se extrae de las flores del árnica.

aro m. Pieza de madera, hierro, etc., en forma de circunferencia. 2 Planta de rizoma rico en féculas y raíz tuberculosa. ▷ Pasar por el ~, obrar por fuerza de otro.

aroma f. Flor de aromo. - 2 m. Perfume.

aromático, -ca adj. Que tiene aroma.

aromatizar *tr.* Dar o comunicar aroma.

aromo *m.* Acacia de flores amarillas, muy olorosas.

arpa *f.* Instrumento músico de cuerdas punteadas y forma triangular.

arpado, -da *adj.* Que remata en dientecillos como de sierra.

arpegio *m.* MÚS. Sucesión de los sonidos de un acorde.

arpeo *m.* Instrumento de hierro con garfios.

arpía *f.* Monstruo fabuloso. 2 fig. Mujer perversa.

arpillera *f.* Tejido de yute o de estopa de cáñamo, para hacer sacos y cubiertas.

arpista *com.* Músico que toca el arpa.

arpón *m.* Instrumento de pesca con una punta para herir y otras dos para apresar.

arponar, -near *tr.* Cazar o pescar con arpón.

arponero *m.* El que pesca o caza con arpones.

arquear *tr.* Dar forma de arco. 2 Medir la cabida de una embarcación.

arquegonio *m.* Órgano donde se forman las oosferas.

arqueo *m.* Cabida de una embarcación. 2 Reconocimiento de los caudales que existen en la caja.

arqueolítico, -ca *adj.* Perten. o rel. a la Edad de Piedra.

arqueología *f.* Ciencia que estudia las culturas antiguas.

arqueólogo, -ga *m. f.* Persona que se dedica a la arqueología.

arquero *m.* Soldado armado con arco. 2 DEP. El que practica el tiro con arco.

arqueta *f.* Cofre pequeño.

arquetípico, -ca *adj.* Que tiene carácter o cualidades de arquetipo.

arquetipo *m.* Modelo original y primario.

arquimiceto, -ta *adj.-m.* Díc. del hongo de estructura muy sencilla, que se reproduce por zoosporas.

arquitecto, -ta *m. f.* Persona que se dedica a la arquitectura.

arquitectónico, -ca *adj.* Perten. o rel. a la arquitectura.

arquitectura *f.* Arte de proyectar y construir edificios. 2 fig. Estructura.

arquitrabe *m.* Parte inferior del conjunto de molduras que coronan un edificio.

arquivolta *f.* Conjunto de molduras que decoran el paramento exterior de un arco.

arrabal *m.* Barrio extremo o contiguo a una población.

arrabalero, -ra *adj.-s.* Habitante de un arrabal. 2 fig. fam. Díc. de la persona grosera.

arracimado, -da *adj.* En racimo.

arracimarse *prnl.* Unirse en forma de racimo.

arraclán *m.* Árbol de hojas ovales, flores hermafroditas y madera flexible.

arraigar *intr.-prnl.* Echar raíces. 2 fig. Hacerse firme. - 3 *prnl.* Establecerse.

arraigo *m.* Ac. y ef. de arraigar o arraigarse.

arramblar *tr.* Cubrir el suelo de arena un río o torrente. 2 fig. Llevárselo todo.

arrancaclavos *m.* Palanca de uña hendida.

arrancada *f.* Empuje al emprender la marcha. 2 Embestida.

arrancamoños *m.* Fruto del cadillo.

arrancar *tr.* Sacar de raíz. 2 Quitar con violencia. - 3 *intr.* Empezar a andar, partir. 4 fig. Provenir, tener su origen.

arranchar *tr.* MAR. Contornear la costa, un banco, etc.

arrancharse *prnl.-intr.* Juntarse en ranchos.

arranque *m.* Ac. y ef. de arrancar. 2 fig. Ímpetu de cólera, amor, etc. 3 Ocurrencia. 4 Comienzo.

arrapiezo *m.* Persona de corta edad o humilde condición.

arras *f. pl.* Lo que se da como prenda en un contrato. 2 Monedas que, en el matrimonio, entrega el esposo a la esposa.

arrasar *tr.* Allanar. 2 Destruir.

arrastrado, -da *adj.* Pobre, miserable.

arrastrar *tr.* Llevar por el suelo o tras de sí. - 2 *intr.-prnl.* Trasladarse rozando el cuerpo por el suelo. - 3 *prnl.* Humillarse.

arrastre *m.* Ac. y ef. de arrastrar. ▷ *Estar para el ~,* hallarse muy decaído físicamente.

arrastrero, -ra *adj.* De arrastre.

arrayán *m.* Arbusto de flores blancas, olorosas.

¡arre! Interjección para arrear las bestias.

¡arrea! Interjección para dar prisa. 2 Interjección de sorpresa o desaprobación.

arrear tr. Estimular a las bestias para que anden. 2 Dar prisa, estimular.

arrebañaderas f. pl. Ganchos de hierro para sacar los objetos que se caen a los pozos.

arrebatado, -da adj. Precipitado, impetuoso. 2 fig. Violento. 3 fig. De rostro encendido.

arrebatar tr. Quitar con violencia. 2 Llevar consigo o tras sí con fuerza irresistible. - 3 prnl. Enfurecerse.

arrebato m. Furor, enajenamiento. 2 Éxtasis.

arrebol m. Color rojo de las nubes. 2 Colorete.

arrebolada f. Conjunto de nubes enrojecidas por luz del Sol.

arrebolar tr.-prnl. Poner de color de arrebol.

arrebujar tr. Coger mal y sin orden. - 2 prnl. Cubrirse y envolverse con la ropa.

arreciar intr.-prnl. Ir haciéndose más recio o violento.

arrecife m. Banco o bajío a flor de agua.

arrecirse prnl. Entumecerse por el frío.

arrechucho m. Arranque colérico. 2 Indisposición repentina y pasajera.

arredrar tr.-prnl. Hacer retroceder. 2 fig. Amedrentar.

arreglar tr.-prnl. Ajustar a regla. 2 Ordenar. 3 Reparar. 4 Embellecer. ▷ Arreglárselas, componérselas.

arreglo m. Acción de arreglar o arreglarse. 2 Regla, orden. 3 Transformación de una obra musical. ▷ Con ~ a, según, conforme a, de acuerdo con. ~ de cuentas, venganza entre gente del hampa.

arrejuntarse prnl. vulg. Amancebarse.

arrellanarse prnl. Extenderse en el asiento con comodidad.

arremangar tr.-prnl. Recoger hacia arriba las mangas o la ropa.

arremeter intr. Acometer con ímpetu.

arremolinarse prnl. Formar remolinos. 2 fig. Amontonarse con desorden.

arrendador, -ra m. f. Persona que da algo en arrendamiento. 2 Arrendatario.

arrendamiento m. Ac. y ef. de arrendar.

arrendar tr. Ceder o adquirir por precio el aprovechamiento temporal de una cosa.

arrendatario, -ria adj.-s. Que toma algo en arrendamiento.

arreo m. Atavío, adorno. - 2 m. pl. Guarniciones de caballería.

arrepentimiento m. Dolor por haber hecho alguna cosa.

arrepentirse prnl. Pesarle a uno haber hecho o haber dejado de hacer alguna cosa. 2 Desdecirse, echarse atrás.

arrestar tr. Poner preso.

arresto m. Reclusión por tiempo breve. - 2 m. pl. Arrojo, atrevimiento.

arrianismo m. Doctrina herética de Arrio, que niega la divinidad del verbo.

arriano, -na adj.-s. Partidario del arrianismo. - 2 adj. Perten. o rel. a él.

arriar tr. Bajar una vela o bandera.

arriate m. Era estrecha para plantas junto a una pared.

arriba adv. l. A lo alto, hacia lo alto, en lo alto. 2 En lugar anterior.

arribar intr. Llegar la nave a un puerto. 2 Llegar por tierra a cualquier paraje.

arribismo m. Cualidad de arribista.

arribista adj.-com. Díc. de la persona que progresa sin escrúpulos.

arribo m. Llegada.

arriendo m. Arrendamiento.

arriero m. El que tiene por oficio trajinar con bestias de carga.

arriesgado, -da adj. Peligroso. 2 Osado, temerario.

arriesgar tr. Poner a riesgo.

arrimar tr. Acercar; poner en contacto. 2 Dar golpes, palos, etc.

arrinconado, -da adj. Retirado, distante del centro. 2 fig. Apartado, olvidado.

arrinconar tr. Poner en un rincón. 2 fig. Dejar por inútil. - 3 prnl. fig. Retirarse del trato de las gentes.

arriñonado, -da adj. De figura de riñón.

arriscado, -da adj. Lleno de riscos. 2 fig. Atrevido, resuelto.

arritmia f. Falta de ritmo regular. 2 Irregularidad de pulso.

arrizofito, -ta adj. Díc. de la planta que no tiene raíces.

arroba f. Unidad de peso, equivalente a 11,502 kgs.; veinticinco libras.

arrobamiento m. Éxtasis.

arrobar tr. Embelesar. - 2 prnl. Enajenarse.

arrocero, -ra adj. Perten. o rel. al arroz.

arrodillar tr.-prnl. Hacer que uno apoye las rodillas en el suelo. - 2 prnl. fig. Humillarse.

arrogancia f. Calidad de arrogante.

arrogante adj. Soberbio. 2 Valiente, brioso. 3 Gallardo.

arrogarse prnl. Atribuirse, apropiarse jurisdicción, facultad, etc.

arrojadizo, -za adj. Que se puede arrojar o tirar.

arrojado, -da adj. Resuelto, intrépido.

arrojar tr. Lanzar con violencia. 2 Echar, despedir. 3 Tratándose de cuentas, dar como consecuencia o resultado.

arrojo m. fig. Disposición de actuar de manera impulsiva ante un peligro.

arrollar tr. Envolver en forma de rollo. 2 Llevar rodando. 3 fig. Derrotar; confundir. 4 fig. Atropellar.

arromanzar tr. Poner un texto en romance.

arropado, -da adj. fig. fam. Que es amparado o protegido.

arropar tr. Cubrir con ropa. 2 fig. Amparar.

arrope m. Mosto cocido. 2 Almíbar de miel. 3 Jarabe concentrado.

arrostrar tr. Afrontar, resistir.

arroyada f. Surco que hace el agua. 2 Crecida de un arroyo y la inundación que produce.

arroyamiento m. Erosión difusa producida por las aguas.

arroyar tr. Formar la lluvia arroyadas. 2 Formar la lluvia arroyos.

arroyo m. Corriente de agua de escaso caudal. 2 Parte de la calle por donde corren las aguas. 3 fig. Afluencia, corriente.

arroz m. Planta gramínea de grano comestible. 2 Fruto de esta planta.

arrozal m. Terreno sembrado de arroz.

arruga f. Pliegue que se hace en la piel. 2 Pliegue irregular en la tela, papel, etc.

arrugar tr.-prnl. Hacer arrugas. - 2 prnl. Encogerse.

arruinar tr. Causar ruina. - 2 tr.-prnl. fig. Destruir, ocasionar grave daño.

arrullar tr. Enamorar con arrullo el palomo el tórtolo. 2 p. ext. Adormecer al niño con arrullos.

arrullo m. Canto de las palomas y tórtolas. 2 fig. Canto para adormecer a los niños.

arrumaco m. Demostración de cariño hecha con gestos y ademanes.

arrumazón f. Conjunto de nubes en el horizonte.

arrumbar tr. Poner algo como inútil en lugar excusado. 2 fig. Arrinconar.

arsenal m. Almacén de armas y efectos bélicos.

arseniato m. Sal del ácido arsénico.

arsenical adj. Perten. o rel. al arsénico.

arsénico m. Metaloide quebradizo, venenoso, de color gris.

arseniuro m. Combinación del arsénico con un metal.

arte amb. Conjunto de procedimientos para producir cierto resultado. 2 Obra humana que expresa simbólicamente un aspecto de la realidad entendida estéticamente. 3 Habilidad, maña. 4 Aparato para pescar, en general. 5 De ~ mayor, díc. de los versos de más de ocho sílabas. 6 De ~ menor, díc. de los versos de menos de ocho sílabas. ▷ No tener ~ ni parte, no intervenir en algo. Por ~ del diablo, fuera del orden natural.

artefacto m. Máquina, aparato. 2 desp. Objeto de cierto tamaño. 3 Carga explosiva.

artejo m. ZOOL. Pieza que forma los apéndices de los artrópodos.

artemisa, -misia f. Planta compuesta aromática.

arteria f. Conducto que recibe la sangre del corazón. 2 fig. Calle a la que afluyen muchas otras.

artería f. Amaño, astucia.

arterial adj. Perten. o rel. a las arterias.

arterialización f. Transformación de la sangre venosa en arterial.

arteriosclerosis f. PAT. Endurecimiento de las paredes de las arterias.

arteriostenosis f. PAT. Estrechez de las arterias.

artero, -ra adj. Mañoso, astuto.

artesa f. Cajón para amasar el pan.

artesanado m. Conjunto de los artesanos.

artesanal adj. Perten. o rel. al artesano o a la artesanía.

artesanía f. Calidad de artesano. 2 Arte u obra de artesano.

artesano, -na m. f. Persona que ejerce un arte mecánico. 2 fig. Autor de una cosa.

artesiano, -na adj.-s. Díc. del pozo que alcanza una capa acuática cuyas aguas tienen presión suficiente para emerger.

artesón m. Adorno con molduras en techos y bóvedas.

artesonado, -da adj. Adornado con artesones. - 2 m. Techo artesonado.

ártico, -ca adj.-m. Perten. o rel. al polo norte.

articulación f. Ac. y ef. de articular o articularse. 2 Unión de dos partes rígidas de un animal o de una planta.

articulado, -da adj. Que tiene articulaciones. - 2 m. Serie de artículos (disposiciones).

articular adj. Perten. o rel. a las articulaciones. - 2 tr. Unir, enlazar. 3 Pronunciar claramente. - 4 prnl. Organizarse.

articulatorio, -ria adj. GRAM. Perten. o rel. a la articulación de los sonidos.

articulista com. Escritor de artículos.

artículo m. Disposición numerada de un tratado, ley, etc. 2 División de un diccionario correspondiente a una palabra. 3 Escrito en un periódico. 4 Cosa con la que se comercia. 5 GRAM. Parte de la oración antepuesta al substantivo para presentarlo.

artífice com. Artista. 2 Autor.

artificial adj. Hecho por mano o arte del hombre. 2 No natural, ficticio.

artificiero m. MIL. Pirotécnico. 2 Especialista en desactivar artefactos explosivos.

artificio m. Habilidad. 2 Máquina. 3 Artefacto (carga). 4 fig. Disimulo.

artificioso, -sa adj. Hecho con artificio. 2 fig. Disimulado, cauteloso.

artigar tr. Roturar un terreno quemando antes la maleza.

artilugio m. Mecanismo de poca importancia. 2 Herramienta. 3 fig. Enredo.

artillería f. Técnica de construir máquinas de guerra. 2 Conjunto de ellas. 3 Cuerpo militar destinado a este servicio.

artillero, -ra adj. Perten. o rel. a la artillería.

artimaña f. Artificio, astucia.

artiodáctilo, -la adj.-m. Díc. del mamífero placentario con un número par de dedos en cada pata, de los cuales el tercero y el cuarto están más desarrollados; los demás dedos se reducen o se atrofian.

artista com. Persona que ejercita un arte bello, o hace una cosa con perfección.

artístico, -ca adj. Perten. o rel. a las artes.

artrítico, -ca adj. MED. Perten. o rel. a la artritis.

artritis f. MED. Inflamación de las articulaciones.

artrópodo, -da adj.-m. Díc. del animal invertebrado de cuerpo segmentado con esqueleto exterior y patas articuladas.

artrosis f. MED. Enfermedad de las articulaciones.

artúrico, -ca adj. Perten. o rel. al ciclo caballeresco del Rey Arturo.

arveja f. Hierba trepadora papilionácea parecida al alpiste.

arvense adj. Díc. de la planta que crece en los sembrados.

avicultura f. Cultivo de los cereales.

arzobispado m. Dignidad de arzobispo; palacio y territorio de su jurisdicción.

arzobispo m. Obispo de una provincia eclesiástica.

arzón m. Pieza de madera de la silla de montar.

as m. Naipe que lleva el número uno. 2 fig. El primero en su especie. 3 Campeón.

asa f. Asidero que sobresale del cuerpo de una vasija, cesta, etc.

asado m. Carne asada.

asador m. Varilla en que se clava lo que se quiere asar. 2 Utensilio para asar.

asadura f. Entrañas. 2 Hígado.

asaetear tr. Tirar saetas; herir con ellas.

asafétida f. Gomorresina de olor nauseabundo.

asalariado, -da adj.-s. Que percibe salario.

asalariar tr. Señalar salario.

asalmonado, -da adj. De color rosa pálido.

asaltar tr. Acometer una plaza. 2 Acometer por sorpresa. 3 fig. Ocurrir de pronto a uno un pensamiento, una duda, etc.

asalto m. Ac. y ef. de asaltar. 2 Parte de un combate de boxeo. ▷ *Dar* ~, asaltar.

asamblea f. Reunión de personas con un fin.

asambleísta com. Individuo de una asamblea.

asar tr. Cocer un manjar a la acción directa del fuego.

asaz adj. Bastante, mucho.

asbesto m. Amianto de fibras duras.

ascendencia *f.* Serie de antepasados.

ascendente *adj.* Que asciende.

ascender *intr.* Subir. 2 fig. Mejorar en el empleo o dignidad. - 3 *tr.* Dar un ascenso.

ascendiente *adj.* Ascendente. - 2 *com.* Antepasado.

ascensión *f.* Ac. y ef. de ascender.

ascensional *adj.* Que asciende.

ascenso *m.* Subida. 2 fig. Promoción a mayor empleo.

ascensor *m.* Aparato para subir.

ascensorista *com.* Persona que tiene a su cargo el manejo del ascensor.

asceta *com.* Persona que hace vida ascética.

ascética *f.* Ascetismo.

ascético, -ca *adj.* Perten. o rel. a la práctica y ejercicio de la perfección cristiana.

ascetismo *m.* Profesión y doctrina de la vida ascética.

ascii *m.* INFORM. Código de representación de caracteres alfanuméricos usado en la mayoría de ordenadores.

asclepiadáceo, -a *adj.-f.* Díc. de la planta dicotiledónea de hojas opuestas, flores regulares y frutos en folículo.

asco *m.* Repugnancia que incita a vómito.

ascocarpo *m.* Aparato esporífero de los ascomicetes.

ascomicete *adj.-m.* Díc. del hongo con esporas encerradas en saquitos.

ascua *f.* Pedazo de materia que arde sin llama. ▷ *Arrimar el ~ a su sardina,* aprovechar la ocasión en favor propio. *Estar en ascuas,* estar inquieto, sobresaltado. *Ser un ~ de oro,* que está limpio y resplandeciente.

aseado, -da *adj.* Limpio, curioso.

asear *tr.* Componer con aseo, limpiar.

asechanza *f.* Engaño para dañar.

asechar *tr.* Armar asechanzas.

asediar *tr.* Sitiar. 2 fig. Importunar constantemente.

asedio *m.* Ac. y ef. de asediar.

asegurado, -da *adj.-s.* Que ha contratado un seguro.

asegurador, -ra *adj.-s.* Que asegura.

asegurar *tr.* Fijar sólidamente. 2 Dar garantía. 3 Preservar de daño.

asemejar *tr.* Hacer una cosa semejante a otra. - 2 *prnl.* Parecerse una cosa a otra.

asentado, -da *adj.* Juicioso. 2 fig. Estable.

asentador, -ra *m. f.* Persona que contrata al por mayor víveres para un mercado público.

asentamiento *m.* Ac. y ef. de asentar. 2 Instalación provisional de colonos.

asentar *tr.* Sentar. 2 Colocar, poner. 3 Fundar. 4 Aplanar, alisar. 5 Anotar algo para que conste, esp. en un libro de cuentas.

asentimiento *m.* Aceptación, aprobación.

asentir *intr.* Admitir como cierto.

aseo *m.* Limpieza. 2 Cuarto de baño.

asépalo, -la *adj.* Que carece de sépalos.

asepsia *f.* MED. Método para impedir el acceso de gérmenes nocivos al organismo. 2 MED. Ausencia de éstos.

aséptico, -ca *adj.* Perten. o rel. a la asepsia. 2 Libre de gérmenes infecciosos. 3 fig. Que no se compromete, sin originalidad, falto de sensibilidad.

asequible *adj.* Que se puede conseguir.

aserción *f.* Afirmación.

aserradero *m.* Paraje donde se asierra la madera.

aserrar *tr.* Serrar.

aserto *m.* Afirmación.

asesinar *tr.* Matar con alevosía. 2 fig. Causar viva aflicción o grandes disgustos.

asesinato *m.* Ac. y ef. de asesinar.

asesino, -na *adj.-s.* Que asesina.

asesor, -ra *adj.-s.* Que asesora.

asesoramiento *m.* Consejo o informe dado por un experto.

asesorar *tr.* Dar consejo o dictamen. - 2 *prnl.* Tomar consejo.

asesoría *f.* Profesión del asesor. 2 Oficina del asesor.

asestar *tr.* Dirigir un arma contra una persona o cosa. 2 Dar un golpe.

aseverar *tr.* Asegurar lo que se dice.

aseverativo, -va *adj.* Que asevera.

asexuado, -da *adj.* Que no tiene sexo.

asexual *adj.* Sin sexo; ambiguo. 2 BIOL. Díc. de la reproducción que se verifica sin intervención de los dos sexos.

asfaltado *m.* Acción de asfaltar. 2 Pavimento hecho con asfalto.

asfaltadora *f.* Máquina para asfaltar.

asfaltar *tr.* Revestir de asfalto.

asfalto *m.* Betún que, mezclado con arena, se usa para pavimentar.

asfixia *f.* Corte de las funciones vitales

por falta de respiración. 2 fig. Agobio.

asfixiante *adj.* Que asfixia.

asfixiar *tr.-prnl.* Causar asfixia.

así *adv. m.* De esta, o de esa, manera. 2 En tanto grado, de tal manera, tanto. 3 Aunque. - 4 *adj.* De esta clase. ▷ ~ *como,* ~ *que,* en oraciones temporales, tan luego como, al punto que. ~ ~, tal cual, medianamente. ~ *como* ~, o ~ *que* ~, de cualquier suerte, de todos modos.

asiático, -ca *adj.-s.* De Asia.

asibilar *tr.* Hacer sibilante un sonido.

asidero *m.* Parte por donde se ase. 2 fig. Ocasión, pretexto.

asiduidad *f.* Calidad de asiduo.

asiduo, -dua *adj.* Frecuente, constante.

asiento *m.* Mueble o lugar para sentarse. 2 Parte inferior de las vasijas. 3 Sedimento, poso.

asignación *f.* Ac. y ef. de asignar. 2 Sueldo.

asignar *tr.* Señalar lo que corresponde a uno.

asignatura *f.* Materia cualquiera de las que forman un plan de estudios.

asilado, -da *adj.-s.* Díc. de la persona que reside en un establecimiento benéfico. 2 ~ *político,* desterrado.

asilar *tr.* Dar asilo político a un emigrado.

asilo *m.* Refugio para los delincuentes. 2 Establecimiento benéfico. 3 fig. Amparo. 4 ~ *político,* derecho de residencia que se concede a emigrados políticos.

asilvestrado, -da *adj.* Que se cría o hace salvaje.

asimetría *f.* Falta de simetría.

asimétrico, -ca *adj.* Que no guarda simetría.

asimilar *tr.* Asemejar, comparar. 2 Aprender algo comprendiéndolo. 3 BOT. ZOOL. Apropiarse los organismos de las substancias nutritivas. - 4 *prnl.* Parecerse.

asimismo *adv. m.* Del mismo modo. - 2 *adv. afirm.* También.

asindético, -ca *adj.* Díc. del período construido sin conjunciones.

asíndeton *m.* RET. GRAM. Construcción de la cláusula sin conjunciones.

asíntota *f.* Recta que se acerca indefinidamente a una curva sin encontrarla.

asir *tr.-prnl.* Tomar, coger, agarrar.

asirio, -ria *adj.-s.* De Asiria.

asistencia *f.* Presencia. 2 Ayuda. 3 Conjunto de personas presentes en un acto.

asistencial *adj.* Perten. o rel. a la asistencia.

asistenta *f.* Criada de una casa particular.

asistente *adj.-s.* Que asiste. - 2 *m.* Soldado que sirve a un oficial.

asistir *intr.* Estar presente. - 2 *tr.* Acompañar; ayudar, socorrer.

asma *f.* Enfermedad que se manifiesta por acceso de sofocación.

asmático, -ca *adj.* Perten. o rel. al asma.

asnal *adj.* Perten. o rel. al asno.

asno, -na *m. f.* Mamífero perisodáctilo más pequeño que el caballo. 2 fig. Persona ruda.

asociación *f.* Ac. y ef. de asociar o asociarse. 2 Conjunto de asociados.

asociado, -da *adj.-s.* Que se junta a otro u otros para algún fin. - 2 *m. f.* Persona que forma parte de una asociación.

asociar *tr.* Dar o tomar como compañero. 2 Juntar cosas. - 3 *prnl.* Juntarse para algún fin.

asolar *tr.* Poner por el suelo, arrasar. - 2 *prnl.* Posarse los líquidos. - 3 *tr.-prnl.* Echar a perder el calor.

asomar *intr.* Empezar a mostrarse. - 2 *tr.-prnl.* Mostrar o sacar por una abertura o por detrás de alguna parte.

asombrar *tr.* Hacer sombra, obscurecer. - 2 *tr.-prnl.* Causar admiración.

asombro *m.* Susto. 2 Sorpresa grande.

asombroso, -sa *adj.* Que causa asombro.

asomo *m.* Acción de asomar o asomarse. 2 Indicio o señal. 3 Sospecha, conjetura.

asonada *f.* Tumulto, motín.

asonancia *f.* Repetición del mismo sonido. 2 Identidad de sonido en la terminación de dos palabras cuyas vocales son iguales a contar desde la última sílaba acentuada.

asonante *adj.-s.* Díc. de la voz con respecto a otra de la misma asonancia.

asordar *tr.* Ensordecer.

aspa *f.* Conjunto de dos maderos atravesados en forma de X. 2 Signo en forma de X. 3 Pieza en forma de pala de los molinos y ventiladores.

aspar *tr.* Hacer madeja. 2 fig. Mortificar.

aspaventar *tr.* Atemorizar o espantar.

aspaviento *m.* Demostración afectada de temor, admiración, etc.

aspecto *m.* Manera de aparecer a la vista. 2 Semblante, apariencia. 3 GRAM. Accidente verbal por el que se indica si la acción es acabada o no.

aspereza *f.* Calidad de áspero. 2 Desigualdad del terreno. 3 Desabrimiento en el trato.

asperjar *tr.* Rociar.

áspero, -ra *adj.* Desagradable al tacto por lo poco suave. 2 fig. Desapacible. 3 Desabrido.

asperón *m.* Piedra amoladera.

aspersión *f.* Ac. y ef. de asperjar.

aspersor *m.* Instrumento para asperjar.

áspid, -de *m.* Víbora muy venenosa.

aspillera *f.* Abertura estrecha en un muro para disparar por ella.

aspiración *f.* Ac. y ef. de aspirar. 2 GRAM. Sonido que resulta del roce del aliento cuando se emite con relativa fuerza.

aspirador, -ra *m. f.* Instrumento o máquina que aspira el polvo.

aspirante *adj.-s.* Que aspira. - 2 *com.* Persona que ha obtenido derecho a un empleo. 3 Pretendiente.

aspirar *tr.* Atraer el aire a los pulmones. 2 Pretender.

aspirina *f.* Preparado farmacéutico usado como analgésico y antipirético.

asqueado, -da *adj.* Que siente asco.

asquear *intr.-tr.* Tener o mostrar asco.

asquerosidad *f.* Suciedad asquerosa.

asqueroso, -sa *adj.* Que causa asco.

asta *f.* Palo de lanza, pica, bandera, etc. 2 Lanza. 3 Mango. 4 Cuerno.

astado, -da *adj.-m.* Que tiene astas; p. ant. díc. del toro.

ástato *m.* QUÍM. Elemento químico radiactivo que pertenece al grupo de los halógenos.

astenia *f.* MED. Debilidad general.

áster *f.* Conjunto de finísimas estrías radiantes que aparecen rodeando el centrosoma de la célula.

asterisco *m.* Signo ortográfico en forma de estrella (*).

asteroide *adj.* De figura de estrella. - 2 *m.* Pequeño planeta.

astifino, -na *adj.* De astas delgadas y finas, especialmente el toro.

astigmatismo *m.* Desigualdad en la curvatura del cristalino del ojo.

astil *m.* Mango de las azadas, picos, etc.

2 Eje córneo de la pluma de ave.

astilla *f.* Fragmento que salta de lo que se rompe.

astillero *m.* Sitio donde se construyen barcos.

astracán *m.* Tejido grueso de lana. 2 Piel de cordero recién nacido.

astracanada *f.* Farsa disparatada.

astrágalo *m.* ANAT. Hueso del tarso. 2 ARQ. Anillo que rodea una columna.

astral *adj.* Perten. o rel. a los astros.

astringente *adj.-m.* Que astringe.

astringir *tr.* Contraer los tejidos orgánicos.

astro *m.* Cuerpo celeste. 2 fig. Persona sobresaliente.

astrofísico, -ca *adj.* Perten. o rel. a la astrofísica. - 2 *f.* Parte de la astronomía que estudia las leyes de la física aplicadas a la materia interestelar y a los astros.

astrografía *f.* Descripción de los cuerpos celestes según su distribución y posición en el firmamento.

astrolabio *m.* Antiguo instrumento para observar los astros.

astrología *f.* Ciencia que pretende conocer la influencia de los astros en los destinos de los hombres.

astrólogo, -ga *m. f.* Persona que profesa la astrología.

astronauta *com.* Miembro de la tripulación de una astronave.

astronáutico, -ca *adj.* Perten. o rel. a la astronáutica. - 2 *f.* Ciencia que estudia la navegación espacial.

astronave *f.* Vehículo que se emplea en la navegación espacial.

astronomía *f.* Ciencia que estudia los astros.

astronómico, -ca *adj.* Perten. o rel. a la astronomía. 2 fig. Enorme, exagerado.

astrónomo, -ma *m. f.* Persona que se dedica a la astronomía.

astroso, -sa *adj.* Desastrado. 2 fig. Vil.

astucia *f.* Calidad de astuto.

astur, asturiano, -na *adj.-s.* De Asturias.

astuto, -ta *adj.* Hábil para engañar o evitar el engaño.

asueto *m.* Vacación, descanso.

asumir *tr.* Tomar para sí. 2 Aceptar.

asunción *f.* Ac. y ef. de asumir.

asunto *m.* Materia de que se trata. 2 Negocio.

asustadizo, -za *adj.* Fácil de asustar.

asustar *tr.-prnl.* Dar o causar susto.

atabal *m.* Timbal.

atacador, -ra *adj.-s.* Que ataca. - 2 *m.* Instrumento para atacar los cañones de artillería.

atacar *tr.* Lanzarse contra alguien o algo para causarle daño o destruirlo. 2 Meter y apretar el taco en un arma, barreno, etc. 3 Perjudicar, irritar.

atado *m.* Conjunto de cosas atadas.

atadura *f.* Cosa con que se ata. 2 fig. Unión o enlace. 3 fig. Traba, impedimento.

ataguía *f.* Macizo para atajar el agua mientras se construye una obra hidráulica.

ataharre *m.* Banda que sujeta la silla o albarda y rodea las ancas de la caballería.

atajar *intr.* Ir por el atajo. - 2 *tr.* Detener el curso de una cosa, interrumpir.

atajo *m.* Camino más corto. 2 fig. Procedimiento o medio rápido.

atalaje *m.* Conjunto de guarniciones de las bestias de tiro.

atalaya *f.* Torre o altura para observar. - 2 *m.* Hombre que vigila desde la atalaya.

atañer *unipers.* Pertenecer, tener una cosa interés o consecuencias para alguien.

ataque *m.* Acción militar ofensiva. 2 Acceso repentino de un mal, un sentimiento, etc.

atar *tr.-prnl.* Unir con ligaduras. 2 fig. Impedir el movimiento y libertad de acción.

atardecer *unipers.* Empezar a caer la tarde. - 2 *m.* Último período de la tarde.

atarear *tr.* Señalar tarea. - 2 *prnl.* Entregarse mucho al trabajo.

atascadero *m.* Terreno donde se atascan los carruajes o las personas. 2 fig. Impedimento, estorbo.

atascar *tr.* fig. Poner embarazo en un negocio o dependencia. - 2 *tr.-prnl.* Obstruir. - 3 *prnl.* Quedarse detenido.

atasco *m.* Obstáculo para pasar. 2 Obstrucción. 3 Congestión de vehículos.

ataúd *m.* Caja para un cadáver.

ataujía *f.* Obra moruna de taracea de metales finos y esmaltes.

ataurique *m.* Decoración de tipo vegetal en la arquitectura islámica.

ataviar *tr.-prnl.* Componer, adornar.

atávico, -ca *adj.* Perten. o rel. al atavismo.

atavío *m.* Compostura y adorno. 2 fig. Vestido. - 3 *m. pl.* Objetos para adorno.

atavismo *m.* Herencia de caracteres de un antepasado que no se ofrecen en las generaciones intermedias.

ateísmo *m.* Doctrina que niega la existencia de Dios.

atemorizar *tr.* Causar temor.

atemperar *tr.* Moderar. 2 Acomodar.

atenazar *tr.* Sujetar. 2 Afligir.

atención *f.* Acción de atender. 2 Obsequio, cortesía.

atender *intr. -tr.* Aplicar el entendimiento a algo. 2 Cuidar. 3 Tener en cuenta. ▷ ~ *por*, para indicar el nombre con que se llama a un animal.

ateneo *m.* Asociación científica o literaria. 2 Local en donde se reúne.

atenerse *prnl.* Ajustarse en sus acciones a alguna cosa.

atentado *m.* Acto criminal. 2 Delito contra una autoridad.

atentar *tr. -intr.* Cometer atentado.

atento, -ta *adj.* Que tiene fija la atención en algo. 2 Cortés.

atenuante *adj.* Que atenúa. 2 Díc. de la circunstancia que disminuye la gravedad de un delito.

atenuar *tr. prnl.* Poner tenue. 2 fig. Disminuir.

ateo, -a *adj.* Perten. o rel. al ateísmo.

aterirse *prnl.* Pasmarse de frío.

atérmico, -ca *adj.* FÍS. Que difícilmente da paso al calor.

aterrador, -ra *adj.* Que aterra.

aterrar *tr.* Echar por tierra. 2 Cubrir con tierra. - 3 *tr.-prnl.* Causar terror.

aterrizaje *m.* Toma de tierra de un avión.

aterrizar *intr.* Tomar tierra un avión.

aterrorizar *tr.-prnl.* Aterrar.

atesorar *tr.* Reunir, guardar dinero o cosas de valor. 2 fig. Tener muchas y buenas cualidades.

atestado *m.* Documento oficial en que se hace constar como cierto un hecho.

atestar *tr.* Henchir. 2 DER. Testificar.

atestiguar *tr.* Afirmar como testigo.

atezado, -da *adj.* Tostado. 2 Negro.

atiborrar *tr.* fig. Atestar de cosas inútiles. - 2 *tr.-prnl.* Llenar la cabeza de lecturas, ideas, etc. - 3 *prnl.* fig. Hartarse.

ático *m.* Dialecto de la lengua griega. 2

Último piso que cubre las techumbres.

atildado, -da *adj.* Pulcro, elegante.

atildar *tr.* Poner tildes. 2 *fig.* Censurar. - 3 *tr.-prnl. fig.* Componer, asear.

atinar *intr.* Dar con lo que se busca. - 2 *tr. fig.* Acertar.

atípico, -ca *adj.* Que no es común.

atiplado, -da *adj.* Agudo, en tono elevado.

atirantar *tr.* Poner tirante.

atisbar *tr.* Observar con recato.

atisbo *m.* Indicio, sospecha.

¡atiza! Interjección de admiración.

atizador, -ra *adj.-s.* Que atiza. - 2 *m.* Instrumento para atizar.

atizar *tr.* Remover el fuego.

atlante *m.* ARQ. Estatua de hombre que sirve de columna.

atlántico, -ca *adj.-s.* Díc. del mar que va desde Europa y África hasta América.

atlantismo *m.* Política propia del Tratado del Atlántico Norte (OTAN).

atlantista *adj.* Perten. o rel. a la Organización del Tratado del Atlántico Norte (OTAN).

atlas *m.* Colección de mapas.

atleta *com.* Persona que practica el atletismo.

atlético, -ca *adj.* Perten. o rel. al atleta o al atletismo.

atletismo *m.* Conjunto de prácticas deportivas que se basan en la reproducción competitiva de movimientos básicos.

atmología *f.* Tratado de la evaporación de los cuerpos gaseosos.

atmósfera *f.* Masa de aire que rodea la tierra. 2 *fig.* Espacio a que se extienden las influencias de una persona o cosa. 3 FÍS. Unidad de presión ejercida sobre una unidad de superficie.

atmosférico, -ca *adj.* Perten. o rel. a la atmósfera.

atole *m.* Bebida que se hace en América con maíz cocido.

atolón *m.* Isla de coral formada por un arrecife que rodea a una laguna.

atolondrado, -da *adj.* Aturdido.

atolondramiento *m.* Aturdimiento, falta de serenidad.

atolondrar *tr.-prnl.* Aturdir.

atolladero *m.* Situación de difícil salida.

atomicidad *f.* Valencia de un átomo o radical. 2 Número de átomos que

constituyen la molécula de un cuerpo dado.

atómico, -ca *adj.* Perten. o rel. al átomo o a su desintegración. 2 *Energía atómica,* la que procede de la desintegración del átomo.

atomismo *m.* Doctrina que explica la formación del mundo por el concurso fortuito de los átomos.

atomista *com.* Partidario del atomismo. 2 Persona que investiga en física atómica.

atomístico, -ca *adj.* Perten. o rel. al atomismo.

atomización *f.* Ac. y ef. de atomizar.

atomizador *m.* Aparato pulverizador.

atomizar *tr.* Dividir en partes muy pequeñas. 2 Hacer sufrir los efectos de las radiaciones. 3 Destruir con armas atómicas. 4 *fig.* Aniquilar. - 5 *prnl.* Dispersarse.

átomo *m.* Elemento primario de la composición química de los cuerpos. 2 *fig.* Partícula muy pequeña.

atonal *adj.* MÚS. Díc. de la composición en que no existe una tonalidad bien definida.

atonía *f.* Falta de energía. 2 Debilidad de los tejidos orgánicos.

atónito, -ta *adj.* Lleno de asombro.

átono, -na *adj.* GRAM. Sin acento prosódico. 2 Sin fuerza.

atontado, -da *adj.* Tonto o como tonto.

atontar *tr.* Aturdir. 2 Volver o volverse tonto.

atontolinado, -da *adj.* fam. Atontado.

atorar *tr.* Obstruir, atascar.

atormentar *tr.* Causar dolor o aflicción. 2 Dar tormento.

atornillar *tr.* Introducir un tornillo. 2 Sujetar con tornillos.

atortolar *tr.* Aturdir, acobardar. - 2 *prnl.* Enamorarse de manera tierna y ostensible.

atosigar *tr.* Fatigar con prisas.

atrabiliario, -ria *adj.-s.* De genio destemplado; malhumorado.

atracadero *m.* Paraje donde pueden atracar las embarcaciones menores.

atracador, -ra *m. f.* Persona que atraca para robar.

atracar *intr.* Arrimar o arrimarse una embarcación a otra o a tierra. - 2 *tr.* Asaltar con armas para robar. - 3 *prnl.* Hartarse.

atracción *f.* Cosa que atrae. 2 FÍS. Fuerza que atrae. - 3 *f. pl.* Espectáculos.

atraco *m.* Ac. y ef. de atracar.

atractivo, -va *adj.* Que atrae. - 2 *m.* Cualidad física o moral que atrae.

atraer *tr.* Traer hacia sí. 2 fig. Captar la voluntad.

atrafagar *intr.-prnl.* Fatigarse o afanarse.

atragantar *tr.* Tragar con dificultad. - 2 *prnl.* Atravesarse algo en la garganta.

atraillar *tr.* Atar los perros con traílla.

atrancar *tr.-prnl.* Asegurar la puerta con tranca.

atrapar *tr.* Coger al que huye. 2 Conseguir. 3 Engañar con maña.

atraque *m.* Ac. y ef. de atracar una embarcación.

atrás *adv. l.* Hacia la parte posterior. 2 Detrás. 3 Denota tiempo pasado.

atrasado, -da *adj.-s.* Que adolece de debilidad mental.

atrasar *tr.-prnl.* Retardar. - 2 *tr.* Hacer retroceder las agujas del reloj.

atraso *m.* Falta de desarrollo. - 2 *m. pl.* Pagas o rentas vencidas y no cobradas.

atravesado, -da *adj.* Cruzado. 2 fig. De mala intención.

atravesar *tr.* Poner una cosa de una parte a otra para impedir el paso. 2 Situado oblicuamente. 3 Ir de una parte a otra.

atrayente *adj.* Que atrae.

atreverse *prnl.* Determinarse a algo arriesgado. 2 Proceder con insolencia.

atrevido, -da *adj.-s.* Que se atreve. - 2 *adj.* Hecho con atrevimiento.

atrevimiento *m.* Ac. y ef. de atreverse.

atrezo *m.* En el teatro, conjunto de enseres que se emplean en escena.

atribución *f.* Facultad por un cargo.

atribuir *tr.-prnl.* Aplicar por conjetura. - 2 *tr.* Imputar, achacar. 3 Asignar algo a uno como de su competencia.

atribular *tr.* Causar tribulación. - 2 *prnl.* Padecer tribulación.

atributivo, -va *adj.* Que indica cualidad.

atributo *m.* Cualidad. 2 Símbolo. 3 GRAM. Palabra que se adjunta a un substantivo para calificarlo o especificarlo.

atrición *f.* Dolor por ofensa a Dios.

atril *m.* Mueble para sostener libros o papeles abiertos.

atrincheramiento *m.* Conjunto de trincheras.

atrincherar *tr.* MIL. Fortificar con trincheras. - 2 *prnl.* Ponerse en trincheras. 3 fig. Obstinarse, aferrarse.

atrio *m.* Espacio cubierto que da acceso a algunos edificios. 2 Patio interior.

atrocidad *f.* Crueldad grande. 2 Necedad o temeridad grande.

atrofia *f.* Detención fortuita en el desarrollo de un órgano.

atrofiar *prnl.* Padecer atrofia. - 2 *tr.* Producir atrofia.

atronador, -ra *adj.* Que ensordece.

atronar *tr.* Ensordecer. 2 Aturdir.

atropellado, -da *adj.* Que habla u obra con precipitación.

atropellar *tr.* Pasar precipitadamente por encima. 2 fig. Hacer precipitadamente. 3 Agraviar con abuso de fuerza. 4 fig. Proceder sin miramiento.

atroz *adj.* Fiero. 2 Enorme, grave. 3 fam. Muy grande. 4 fam. Horrendo.

atuendo *m.* Atavío, vestido.

atufar *tr.-prnl.* fig. Enfadar, enojar. - 2 *prnl.* Recibir o tomar tufo.

atufo *m.* Enfado o enojo.

atún *m.* Pez comestible de gran tamaño.

atunero, -ra *adj.* Perten. o rel. a la pesca del atún. - 2 *m.* Barco destinado a la pesca del atún.

aturdido, -da *adj.* Lleno de aturdimiento.

aturdimiento *m.* Perturbación física. 2 fig. Perturbación moral por una desgracia o mala noticia. 3 fig. Falta de serenidad.

aturdir *intr.* Causar aturdimiento. 2 fig. Pasmar.

aturrullar *tr.-prnl.* Turbar, confundir.

atusar *tr.* Recortar o alisar el pelo. - 2 *prnl.* fig. Adornarse.

audacia *f.* Atrevimiento.

audaz *adj.* Osado, atrevido.

audible *adj.* Que se puede oír.

audición *f.* Función del sentido auditivo. 2 Concierto, recital o lectura en público. 3 Prueba que se hace a un artista.

audiencia *f.* Acto de oír a una autoridad a los que acuden a ella. 2 Tribunal de justicia de una provincia o región. 3 Público en general.

audífono *m.* Aparato usado por los sordos para oír mejor los sonidos.

audímetro *m.* Aparato para medir la audiencia de los programas de televisión y radio.

audiograma *m.* Grafía que representa la variación de agudeza del oído.

audiometría *f.* Medida de la sensibilidad de los órganos del oído.

audiómetro *m.* Instrumento que mide la agudeza auditiva.

audiovisual *adj.* Díc. del método de enseñanza que se basa en la utilización del oído y de la vista.

auditar *tr.* Ejercer la censura de cuentas.

auditivo, -va *adj.* Que tiene virtud para oír. 2 Perten. o rel. al órgano del oído.

auditor *m.* Revisor o inspector de cuentas.

auditoría *f.* Examen de libros, cuentas y registros de una empresa.

auditorio *m.* Concurso de oyentes. 2 Local de gran capacidad destinado a reuniones y espectáculos.

auditórium *m.* Auditorio (local).

auge *m.* Elevación grande en dignidad, fortuna, etc. 2 Apogeo.

augur *m.* Persona que vaticina.

auguración *f.* Arte supersticiosa de adivinar por el vuelo y el canto de las aves.

augurar *tr.* Agorar.

augurio *m.* Presagio.

augusto, -ta *adj.* Venerable.

aula *f.* Sala de clase.

aulaga *f.* Planta espinosa papilionácea de flores amarillas.

aulario *m.* Conjunto de aulas de un centro de enseñanza.

áulico, -ca *adj.-s.* Perten. o rel. a la corte.

aullador, -ra *adj.* Que aúlla. - 2 *m.* Primate platirrino de cola muy larga.

aullar *intr.* Dar aullidos.

aullido *m.* Voz triste y prolongada del lobo, el perro, etc.

aumentar *tr.* Dar mayor extensión, número o materia a una cosa.

aumentativo, -va *adj.-m.* GRAM. Díc. del sufijo que aumenta la significación del vocablo al que se une. - 2 *m.* GRAM. Palabra formada con dicho sufijo.

aumento *m.* Cantidad que se aumenta. 2 En los instrumentos ópticos, amplificación de la imagen.

aun *adv. m.* Hasta, también, inclusive.

aún *adv. t.* Todavía.

aunar *tr.-prnl.* Unir para un fin. 2 Unificar.

aunque *conj. conces.* Introduce una objeción a pesar de la que puede llevarse a cabo la acción verbal. ▷ ~ *más,* por mucho que.

¡aúpa! Interjección de ánimo.

aupar *tr.* Levantar o subir a una persona. 2 fig. Ensalzar.

aura *f.* lit. Viento suave. 2 fig. Atmósfera que rodea a ciertos seres. 3 Ave rapaz de América de unos 80 cms. de longitud.

áureo, -a *adj.* lit. De oro. 2 Dorado.

aureola *f.* Círculo luminoso que se figura detrás de la cabeza de las imágenes. 2 Mancha en forma de círculo. 3 fig. Gloria.

aurícula *f.* Cavidad cardíaca, situada sobre cada uno de los ventrículos.

auricular *adj.* Perten. o rel. al oído. 2 Perten. o rel. a la aurícula del corazón. - 3 *adj.-m.* Dedo auricular o meñique. - 4 *m.* Parte del teléfono que se aplica al oído.

aurífero, -ra *adj.* Que lleva oro.

auriga *m.* poét. Cochero.

aurora *f.* Luz que precede al día. 2 fig. Principio de algo.

auscultación *f.* Acción de auscultar.

auscultar *tr.* MED. Escuchar los sonidos que se producen en el cuerpo.

ausencia *f.* Tiempo en que alguno está ausente. 2 Falta de alguna cosa.

ausentar *tr.* Hacer que uno se aleje. 2 fig. Hacer desaparecer. - 3 *prnl.* Alejarse o separarse de un lugar, ambiente, etc.

ausente *adj.-s.* Alejado de una persona o lugar. 2 fig. Distraído.

auspiciar *tr.* Predecir por la observación de las aves. 2 Proteger, patrocinar.

auspicio *m.* Presagio. 2 Protección, favor.

austeridad *f.* Calidad de austero.

austero, -ra *adj.* Que se reduce a lo práctico y prescinde de lo superfluo.

austral *adj.* Perten. o rel. al austro. - 2 *m.* Unidad monetaria de Argentina desde 1985.

australiano, -na *adj.-s.* De Australia.

australopiteco *m.* Antropomorfo fósil de África del Sur que vivió hace más de un millón de años .

austriaco, -ca, austríaco, -ca *adj.-s.* De Austria.

austro *m.* Sur.

autarquía *f.* Organización económica que permite a un estado liberarse de las importaciones. 2 Autocracia.

autenticidad *f.* Calidad de auténtico.
auténtico, -ca *adj.* Verdadero. 2 Autorizado o legalizado.
autentificar *tr.* Acreditar la verdad de un hecho.
autentizar *tr.* Autentificar.
autillo *m.* Ave rapaz de tamaño y cabeza pequeños, color pardo grisáceo.
autismo *m.* Pérdida de contacto con el mundo exterior y la realidad.
autista *adj.-com.* Díc. de la persona que padece autismo.
auto *m.* DER. Resolución judicial. 2 Composición dramática religiosa. 3 Automóvil.
autoadhesivo, -va *adj.-s.* Que tiene la propiedad de adherirse por contacto.
autobiografía *f.* Vida de una persona escrita por ella misma.
autobombo *m.* Elogio desmesurado y público que hace uno de sí mismo.
autobús *m.* Ómnibus automóvil.
autocar *m.* Autobús para el servicio de carretera.
autocine *m.* Lugar al aire libre en el que se puede asistir a proyecciones cinematográficas sin salir del automóvil.
autoclave *f.* Aparato para la desinfección por vapor y altas temperaturas.
autocontrol *m.* Capacidad de control sobre sí mismo.
autocracia *f.* Gobierno absoluto.
autócrata *com.* Soberano absoluto.
autocrático, -ca *adj.* Perten. o rel. a la autocracia.
autocrítica *f.* Crítica que alguien hace de sí mismo o de su entorno social.
autóctono, -na *adj.* Originario del país en que vive.
autodeterminación *f.* Libre disposición de los actos sin coacción externa.
autodidacto, -ta *adj.-s.* Que se instruye por sí mismo.
autodominio *m.* Dominio sobre sí mismo.
autódromo *m.* Pista destinada a las carreras de automóviles.
autoescuela *f.* Escuela de conductores de automóvil.
autoestop *m.* Manera de viajar que consiste en parar un coche en la carretera para pedir que éste le desplace gratuitamente.
autofagia *f.* Nutrición de un organismo a expensas de su propia substancia.
autógeno, -na *adj.* Que se engendra a sí mismo.

autogestión *f.* Método de administración basado en la participación de todos.
autogiro *m.* Tipo de avión que tiene las alas sustituidas por una hélice que gira alrededor de un eje vertical.
autogobierno *m.* Sistema de administración de los territorios que gozan de autonomía.
autógrafo, -fa *adj.-m.* Escrito de mano de su mismo autor. - 2 *m.* Firma de una persona famosa o notable.
autoinculpación *f.* Declaración voluntaria de haber cometido un delito.
autolesión *f.* Ac. y ef. de lesionarse a uno mismo.
autómata *m.* Máquina que imita la figura y movimientos de un ser animado.
automáticamente *adv. m.* De manera automática.
automático, -ca *adj.* Maquinal. 2 Que obra o se regula por sí mismo. 3 Inmediato.
automatismo *m.* Ejecución de actos sin intervención de la voluntad.
automatización *f.* Funcionamiento automático de una máquina.
automatizar *tr.* Hacer automático.
automoción *f.* Automovilismo.
automodelismo *m.* Reproducción de automóviles a escala reducida.
automotor, -ra *adj.* Díc. del aparato que se mueve sin la intervención de una acción exterior. - 2 *m.* Ferrocarril con motor de explosión o combustión.
automóvil *adj.* Que se mueve por sí mismo. - 2 *m.* Vehículo movido por un motor propio; esp. el destinado al transporte de seis personas o menos.
automovilismo *m.* Uso deportivo del automóvil. 2 Conjunto de conocimientos referidos al automóvil.
automutilación *f.* Ac. y ef. de mutilarse a uno mismo.
autonomía *f.* Facultad de gobernarse por sus propias leyes. 2 Independencia relativa. 3 Territorio español autónomo.
autonómico, -ca *adj.* Perten. o rel. a la autonomía.
autonomista *adj.-com.* Partidario de la autonomía o que la defiende.
autónomo, -ma *adj.* Que goza de autonomía.

autopista *f.* Carretera en que los vehículos circulan con velocidad.

autopropulsado, -da *adj.* Movido por autopropulsión.

autopropulsión *f.* Acción de trasladarse hacia adelante una máquina por su propia fuerza motriz.

autopsia *f.* Disección de un cadáver.

autopullman *m.* Autocar grande y lujoso destinado al turismo.

autor, -ra *m. f.* Persona que hace una cosa o es causa de ella.

autoría *f.* Calidad de autor.

autoridad *f.* Poder. 2 Persona que lo tiene.

autoritario, -ria *adj.-s.* Que se funda de modo exclusivo o exagerado en la autoridad.

autoritarismo *m.* Sistema fundado en la sumisión incondicional a la autoridad.

autorización *f.* Ac. y ef. de autorizar.

autorizado, -da *adj.* Digno de respeto o crédito.

autorizar *tr.* Dar autoridad. 2 Aprobar. 3 Permitir.

autorregulación *f.* Regulación automática.

autorretrato *m.* Retrato de una persona hecha por ella misma.

autoservicio *m.* Establecimiento en el que se sirve el mismo cliente.

autosuficiencia *f.* Estado del que es capaz de satisfacer sus necesidades con sus propios medios. 2 Presunción.

autosuficiente *adj.* Que se basta a sí mismo.

autosugestión *f.* Sugestión que se produce en una persona sin influencia extraña.

autovacuna *f.* MED. Vacuna obtenida mediante gérmenes procedentes del mismo paciente.

autovía *f.* Carretera de circulación rápida, con dos carriles en cada dirección.

auxiliar *adj.-s.* Que auxilia. - 2 *m.* Funcionario subalterno. - 3 *tr.-prnl.* Dar auxilio.

auxilio *m.* Ayuda, socorro.

aval *m.* Firma que garantiza un documento de crédito.

avalancha *f.* Alud. 2 fig. Multitud. 3 fig. Irrupción, tropel.

avalar *tr.* Garantizar por medio de aval.

avalista *com.* Persona que avala.

avance *m.* Anticipo de dinero. 2 Fragmentos de un filme que se proyectan para anunciarlo. 3 ~ *informativo,* parte de una información que se adelanta.

avanzada *f.* Partida de soldados destacada para prevenir sorpresa. 2 Cosa que antecede.

avanzadilla *f.* MIL. Pequeña participación de soldados destacada para observar al enemigo.

avanzado, -da *adj.* Hablando de edad, que tiene muchos años. 2 Que se distingue por su audacia o novedad.

avanzar *intr.-prnl.* Ir hacia adelante. 2 Progresar. 3 Acercarse a su fin un tiempo.

avaricia *f.* Afán de atesorar riquezas.

avaricioso, -sa, avariento, -ta, avaro, -ra *adj.* Que tiene avaricia.

avasallar *tr.* Sujetar, someter, dominar.

avatar *m.* Cambio, fase, vicisitud.

ave *f.* Animal vertebrado ovíparo, de sangre caliente, con pico y plumas.

avecindarse *prnl.* Establecerse en algún pueblo en calidad de vecino.

avejentar *tr.* Parecer viejo antes de serlo.

avellana *f.* Fruto del avellano.

avellanar *tr.* Ensanchar en forma de embudo. - 2 *prnl.* Arrugarse y ponerse enjuta una persona o cosa.

avellano *m.* Arbusto que da un fruto de cubierta leñosa con una semilla redonda, comestible.

avemaría *f.* Oración a la Virgen.

avena *f.* Planta graminácea cuyo grano se da a las caballerías.

avenado, -da *adj.* Que tiene vena de loco.

avenar *tr.* Dar salida al agua de los terrenos húmedos por medio de zanjas.

avenencia *f.* Convenio, conformidad.

avenida *f.* Creciente impetuosa de un río. 2 Vía ancha con árboles.

avenido, -da *adj.* Con los adv. *bien* o *mal,* concorde o al contrario.

avenir *tr.* Conciliar. - 2 *prnl.* Ponerse de acuerdo.

aventador, -ra *adj.-s.* Que avienta los granos. - 2 *m.* Ruedo pequeño, generalmente de esparto, para aventar el fuego.

aventajado, -da *adj.* Que aventaja.

aventajar *tr.-prnl.* Conceder alguna ventaja o preeminencia. 2 Llevar ventaja.

aventar *tr.* Dirigir una corriente de aire.

2 Echar al viento una cosa, especialmente los granos en la era para limpiarlos.

aventura *f.* Suceso o lance extraño. 2 Casualidad. 3 Riesgo, peligro inopinado; empresa de futuro incierto. 4 Relación sexual esporádica.

aventurar *tr.-prnl.* Arriesgar. 2 Decir una cosa de la que se duda.

aventurero, -ra *adj.-s.* Que busca aventuras. 2 Que trata de elevarse por medios deshonestos.

aventurismo *m.* Tendencia a actuar en política sin la suficiente prudencia.

avergonzar *tr.* Causar vergüenza. - 2 *prnl.* Sentirla.

avería *f.* Daño sufrido por una máquina, vehículo, etc. 2 Desperfecto.

averiar *tr.* Causar avería. - 2 *prnl.* Estropearse.

averiguar *tr.* Descubrir la verdad.

averno *m.* Infierno.

aversión *f.* Odio, repugnancia.

avestruz *m.* Ave corredora de África.

avezar *tr.-prnl.* Acostumbrar.

aviación *f.* Locomoción aérea con aparatos más pesados que el aire. 2 Cuerpo militar que utiliza los aviones.

aviador, -ra *adj.-m.* Que dirige o tripula un aparato de aviación.

aviar *tr.* Proveer de lo necesario.

avícola *adj.* Perten. o rel. a la avicultura.

avicultura *f.* Técnica de criar aves.

avidez *f.* Ansia, codicia.

ávido, -da *adj.* Ansioso, codicioso.

avieso, -sa *adj.* Torcido. 2 fig. Malo.

avinagrado, -da *adj.* fig. Acre y desabrido.

avinagrar *tr.* Poner agrio. - 2 *prnl.* fig. Volverse áspero el carácter de una persona.

avío *m.* Prevención, apresto. - 2 *m. pl.* Utensilios necesarios para algo.

avión *m.* Vehículo de transporte aéreo. 2 Ave paseriforme parecida a la golondrina.

avioneta *f.* Avión pequeño.

avisado, -da *adj.* Despierto, listo.

avisar *tr.* Dar noticia. 2 Advertir.

aviso *m.* Noticia. 2 Advertencia, consejo.

avispa *f.* Insecto himenóptero de cuerpo amarillo con fajas negras, provisto de un aguijón.

avispado, -da *adj.* fig. Vivo, despierto.

avispar *tr.* fig. Despabilar. - 2 *prnl. fig.*

Inquietarse.

avispero *m.* Panal fabricado por avispas. 2 Conjunto de avispas.

avistar *tr.* Alcanzar con la vista. - 2 *prnl.* Reunirse uno con otro para tratar algo.

avitaminosis *f.* Enfermedad producida por la escasez de vitaminas en los alimentos.

avituallar *tr.* Proveer de vituallas.

avivar *tr.* Dar nueva fuerza y vigor. 2 Excitar, animar. 3 fig. Atizar el fuego.

avizor *adj.* Atento, vigilante.

avoceta *f.* Ave de cuerpo blanco con manchas negras y pico encorvado hacia arriba.

avutarda *f.* Ave zancuda de vuelo corto.

axial *adj.* Perten. o rel. al eje.

axila *f.* Sobaco. 2 Punto de unión de una parte de la planta con la rama o tronco.

axilar *adj.* Perten. o rel. a la axila.

axiología *f.* Disciplina filosófica que estudia los valores.

axioma *m.* Verdad clara y evidente.

axiomático, -ca *adj.* Incontrovertible, evidente. - 2 *f.* Conjunto de axiomas de una teoría científica.

axis *m.* Segunda vértebra del cuello.

axonomorfo, -fa *adj.* BOT. Díc. de la raíz que tiene un eje preponderante y raíces secundarias poco desarrolladas.

¡ay! Interjección de dolor o pena.

ayatollah *m.* Superior religioso de la secta chiíta.

ayeaye *m.* Prosimio de orejas grandes, cola larga y gruesa.

ayer *adv. t.* En el día inmediatamente anterior al de hoy. 2 En tiempo pasado.

ayo, -ya *m. f.* Persona encargada de la custodia o crianza de un niño.

ayuda *f.* Ac. y ef. de ayudar. 2 Persona o cosa que ayuda. 3 Enema.

ayudante, -ta *m. f.* Persona que está a las órdenes de otro y le ayuda.

ayudantía *f.* Empleo de ayudante.

ayudar *tr.* Prestar cooperación. 2 fig. Socorrer. - 3 *prnl.* Valerse de ayuda.

ayunar *intr.* Abstenerse de comer o beber. 2 fig. Privarse de algún gusto.

ayuno *m.* Ac. y ef. de ayunar.

ayuntamiento *m.* Corporación que gobierna un municipio. 2 Coito.

azabache *m.* Variedad de lignito negro, compacto y susceptible de pulimento.

azada *f.* Instrumento para cavar.

azadón *m.* Azada de pala curva y larga.
azafata *f.* Empleada que en los aviones, y en algunos trenes, atiende a los pasajeros. 2 Empleada que atiende a los visitantes de ciertas exposiciones o reuniones.
azafrán *m.* Planta cuyos estigmas se usan para teñir y como condimento.
azafranado, -da *adj.* De color de azafrán.
azagaya *f.* Lanza pequeña arrojadiza.
azahar *m.* Flor del naranjo, del limonero y del cidro.
azalea *f.* Arbusto de adorno, de flores venenosas.
azar *m.* Casualidad. ▷ *Al ~,* sin propósito determinado.
azararse *prnl.* Perder la serenidad.
azaroso, -sa *adj.* Que tiene en sí azar o desgracia.
ázimo *adj.* Sin levadura.
azimut *m.* Acimut.
ázoe *m.* Nitrógeno.
azófar *m.* Latón.
azogar *tr.* Cubrir con azogue. - 2 *tr.* Apagar la cal, rociándola con poca agua.
azogue *m.* Mercurio.
azolvar *tr.* Cegar un conducto.
azor *m.* Ave rapaz que se usó en cetrería.
azorar *tr.-prnl.* Conturbar, sobresaltar.
azotaina *f.* fam. Paliza.
azotar *tr.* Dar azotes. 2 Golpear de forma repetida y violenta.
azote *m.* Instrumento con que se azota. 2 Golpe dado con este instrumento. 3 fig. Calamidad.
azotea *f.* Cubierta llana de un edificio. 2 fam. Cabeza.
azteca *adj.-s.* De un ant. pueblo indio que habitaba Méjico. - 2 *m.* Lengua azteca.

azúcar *amb.* Substancia blanca, muy dulce, que se obtiene de varias plantas.
azucarado, -da *adj.* Dulce. 2 Que contiene azúcar. 3 fig. Blando y afable.
azucarar *tr.* Poner azúcar. 2 fig. Suavizar, ablandar.
azucarera *f.* Vasija para azúcar. 2 Fábrica de azúcar.
azucarero, -ra *adj.* Perten. o rel. al azúcar. - 2 *m. f.* Azucarera (vasija).
azucarillo *m.* Masa esponjosa de almíbar y clara de huevo.
azucena *f.* Planta liliácea de flores blancas, muy olorosas.
azud *m.* Máquina con que se saca agua de los ríos.
azuela *f.* Herramienta de carpintero.
azufaifo *m.* Árbol de tronco tortuoso con fruto en drupa, comestible.
azufrar *tr.* Echar azufre en una cosa.
azufre *m.* Metaloide amarillo que se electriza al frotarlo.
azufroso, -sa *adj.* Que contiene azufre.
azul *adj.-m.* De color parecido al cielo.
azulado, -da *adj.* De color azul o que tira a él.
azular *tr.* Dar o teñir de azul.
azulear *intr.* Mostrar color azul.
azulejo *m.* Ladrillo pequeño vidriado.
azulete *m.* Viso de azul que se da a las ropas.
azulgrana *adj.* De color azul y rojo grana.
azumbre *f.* Medida para líquidos (2,016 l.).
azur *adj.-m.* Azul obscuro.
azurita *f.* Malaquita azul.
azuzar *tr.* Incitar a los perros a que embistan. 2 fig. Estimular.

B

b f. Consonante bilabial, segunda letra del alfabeto.

baba f. Saliva que fluye de la boca. 2 Viscosidad de algunos animales y plantas. ▷ *Caérsele a uno la* ~ , ser bobo o experimentar gran complacencia ante alguna cosa.

babear *intr.* Echar baba.

babel *amb.* fig. Lugar de confusión.

babélico, -ca *adj.* Enorme, gigantesco. 2 Ininteligible, confuso.

babero *m.* Prenda que por limpieza se pone a los niños sobre el vestido.

babia (estar en ~ **)** *fr.* Estar distraído.

babieca *com.* fam. Persona floja y boba.

babilónico, -ca *adj.* Perten. o rel. a Babilonia. 2 fig. Fastuoso.

babilla f. En los cuadrúpedos, conjunto de musculatura y tendones que articulan el fémur con la tibia y la rótula.

babismo *m.* Sistema religioso fundado en Persia basado en la fraternidad universal y en el feminismo.

bable *m.* Dialecto asturiano.

babor *m.* Lado izquierdo de la embarcación, mirando de popa a proa.

babosa f. Molusco terrestre sin concha.

babosear *tr.* Llenar de babas.

baboso, -sa *adj.-s.* Que echa muchas babas. 2 fig. Excesivamente zalamero.

babucha f. Zapato moruno ligero y sin tacón.

baca f. Portaequipajes sobre el techo del automóvil. 2 Fruto del laurel.

bacaladero, -ra *adj.* Perten. o rel. al bacalao.

bacalao *m.* Pez teleósteo comestible que se conserva salado y prensado. ▷ *Cortar el* ~ , mandar en un negocio o colectividad.

bacanal *adj.* Perten. o rel. al dios Baco. - 2 f. pl. Fiestas que se celebraban en honor de Baco. - 3 f. fig. Orgía.

bacante f. Mujer movida por la embriaguez o la pasión.

bacará, bacarrá *m.* Juego de naipes de origen italiano.

baceta f. Naipes que quedan sin repartir.

bacía f. Vasija. 2 Jofaina usada por los barberos para remojar la barba.

bacilar *adj.* Perten. o rel. a los bacilos.

baciliforme *adj.* Que tiene forma de bacilo.

bacilo *m.* Bacteria en forma cilíndrica.

bacín *m.* Orinal. 2 Vasija para pedir limosna. 3 fig. Hombre despreciable.

bacinete *m.* Casco ligero de la armadura, sin visera ni gola.

bacisco *m.* Mineral menudo y tierra de la mina con que se hace barro.

bacon *m.* Panceta ahumada.

bacteria f. Microorganismo unicelular que puede ser o no patógeno.

bactericida *adj.-m.* Que destruye las bacterias.

bacteriófago, -ga *adj.-s.* Díc. del virus que destruye ciertas bacterias.

bacteriología f. Parte de la microbiología que estudia las bacterias.

báculo *m.* Palo o cayado; insignia de los obispos. 2 fig. Consuelo.

bache *m.* Hoyo en una calle o camino. 2 fig. fam. Momento difícil.

bachear *tr.* Arreglar las vías públicas rellenando los baches.

bachiller, -ra *adj.-s.* Que habla mucho. - 2 com. Persona que ha obtenido el grado al terminar la enseñanza media.

bachillerato *m.* Grado de bachiller. 2 Estudios para obtenerlo.

badajo *m.* Pieza que hace sonar la campana. 2 fig. Persona habladora y necia.

badana f. Piel curtida de oveja. - 2 m. fam. Persona floja. ▷ *Zurrar a uno la* ~ , darle golpes.

badea f. Sandía. 2 Melón.

badén *m.* Zanja que forman las aguas llovedizas. 2 Cauce para dar paso al agua en una carretera. 3 Bache, hoyo en una calle.

badil *m.* Paleta para remover la lumbre. 2 Recogedor de basuras.

bádminton *m.* Deporte parecido al tenis, practicado mediante raquetas ligeras y una especie de pelota, redondeada en un extremo y con plumas en el otro.

badulaque *adj.-m.* fig. De poco juicio. - 2 *adj.* Informal, embustero.

baffle *m.* Caja que contiene un altavoz.

baga *f.* Cápsula que contiene la linaza.

bagaje *m.* Equipaje. 2 fig. Suma de conocimientos.

bagar *intr.* Echar el lino baga y semilla

bagatela *f.* Cosa fútil.

bagazo *m.* Cáscara de la baga, después de separada de ella la linaza.

¡bah! Interjección de incredulidad o desdén.

bahía *f.* Entrada de mar en la costa.

bailable *adj.* Que se puede bailar.

bailaor, -ra *m. f.* Bailarín o bailarina profesional que ejecuta bailes populares de España.

bailar *intr.-tr.* Mover el cuerpo y los pies en orden y a compás. 2 Moverse una cosa sin salir de un espacio reducido. ▷ ~ *al son que tocan,* acomodarse a las circunstancias. ~ *el agua a uno,* adularle, servirle con mucha diligencia. *Otro que bien baila,* otro de la misma calaña.

bailarín, -rina *adj.-s.* Que baila. - 2 *m. f.* Persona que se dedica al baile.

baile *m.* Acción o arte de bailar. 2 Reunión para bailar.

baja *f.* Disminución de precio o valor. 2 Pérdida o falta de un individuo. 3 Cese de una persona física o jurídicamente en una sociedad, empresa, etc. 4 Documento en que el médico acredita las causas que imponen el abandono de la actividad laboral.

bajá *m.* En Turquía, el que obtenía mandato superior.

bajada *f.* Acción de bajar. 2 Camino por donde se baja. 3 Disminución del caudal de un río.

bajamar *f.* Fin del reflujo del mar.

bajante *amb.* Tubería de desagüe.

bajar *intr.* Ir a un lugar más bajo. 2 Disminuir una cosa. - 3 *intr.-tr.-prnl.* Apearse de un vehículo. - 4 *tr.* Llevar a un sitio más bajo. 5 Recorrer de arriba abajo. 6 Inclinar hacia abajo. 7 Disminuir el precio.

bajel *m.* lit. Barco.

bajero, -ra *adj.* Bajo, situado en lugar inferior. 2 Que se pone debajo de otra cosa.

bajeza *f.* Acción vil. 2 Calidad de bajo. 3 fig. Humillación.

bajines, -nis, -ni (por lo ~) *loc. adv.* En voz baja.

bajío *m.* Bajo en los mares. 2 fig. Mala suerte.

bajo, -ja *adj.* De poca altura. 2 Situado en lugar inferior. 3 Inclinado hacia abajo. 4 Díc. del sonido grave. 5 Humilde, despreciable. - 6 *m.* Sitio hondo. 7 Elevación del fondo del mar que obstruye la navegación. 8 MÚS. La más grave de las voces humanas; el que la tiene. - 9 *m. pl.* Planta baja de un edificio. - 10 *adv. l.* Abajo. - 11 *adv. m.* En voz baja. - 12 *prep.* Debajo de. ▷ *Por lo ~,* con disimulo.

bajón *m.* fig. Notable disminución en el caudal, la salud, etc.

bajorrelieve *m.* Relieve en el cual las figuras resaltan poco del plano.

bajuno, -na *adj.* desp. Soez.

bala *f.* Proyectil para armas de fuego. 2 Fardo apretado de mercancías. ▷ *Tirar con ~,* hablar con mala intención.

balada *f.* Composición poética en que se refieren hechos legendarios.

baladí *adj.* De poca substancia y aprecio.

baladro *m.* Grito o voz espantosa.

baladrón, -drona *adj.* Fanfarrón que blasona de valiente.

balaj, -je *m.* Rubí de color morado.

balalaica *f.* MÚS. Instrumento músico de cuerdas punteadas, forma triangular y largo mástil.

balance *m.* Movimiento de un cuerpo ya a un lado, ya al otro. 2 fig. Resultado de un asunto. 3 COM. Cómputo y comparación del activo y el pasivo en un negocio.

balancear *intr.-prnl.* Dar o hacer balances. 2 Mecerse. - 3 *tr.* fig. Dudar.

balanceo *m.* Ac. y ef. de balancear o balancearse.

balancín *m.* Volante para acuñar. 2 Contrapeso de volatinero. 3 Asiento colgante cubierto con toldo.

balandrán *m.* Vestidura talar ancha y con esclavina.

balandro *m.* Velero pequeño con cubierta y un palo.

bálano, balano *m.* Miembro viril.

balanófago, -ga *adj.* Díc. del animal que se alimenta de bellotas.

balanza *f.* Instrumento para pesar. 2 fig.

Comparación.

balar *intr.* Dar balidos.

balarrasa *m.* Aguardiente fuerte. 2 fig. Persona alegre y poco seria.

balaústa *f.* Fruto seco, indehiscente, coronado por el cáliz persistente, que encierra numerosas semillas.

balaustrada *f.* Serie de balaustres.

balaustre, balaústre *m.* Columna de barandillas.

balazo *m.* Golpe o herida de bala.

balboa *m.* Unidad monetaria de Panamá.

balbucear *intr.* Balbucir.

balbucir *intr.* Hablar de manera vacilante y confusa.

balcánico, -ca *adj.* De los Balcanes.

balcanizar *tr.* fig. Fragmentar un país.

balcón *m.* Hueco abierto desde el suelo de la habitación, con barandilla.

balconada *f.* Balcón corrido.

balconaje *m.* Conjunto de balcones de un edificio.

balconcillo *m.* En los teatros, galería baja delante de la primera fila de palcos.

balda *f.* Anaquel de armario o alacena.

baldaquín, -quino *m.* Dosel de tela de seda. 2 Pabellón que cubre un altar.

baldar *tr.* Impedir una enfermedad el uso de algún miembro. - 2 *prnl.* fam. Fatigarse con exceso.

balde *m.* Cubo de cuero, lona o madera. ▷ *De ~*, sin pagar; sin motivo. *En ~*, en vano.

baldío, -a *adj.-s.* Díc. del terreno sin labrar y abandonado. - 2 *adj.* Vano, sin fundamento.

baldón *m.* Oprobio, injuria.

baldosa *f.* Ladrillo fino para solar.

baldosín *m.* Baldosa pequeña.

balea *f.* Escobón para barrer las eras.

balear *adj.-s.* De Baleares.

balido *m.* Voz del carnero, el cordero, la oveja, la cabra, el gamo y el ciervo.

balín *m.* Bala menor que la de fusil.

balística *f.* Ciencia que estudia el movimiento de los proyectiles.

balitar, -tear *intr.* Balar con frecuencia.

baliza *f.* Señal fija o flotante.

balizaje *m.* Derechos de puerto. 2 Sistema de balizas.

balneario, -ria *m.* Establecimiento de baños medicinales.

balneoterapia *f.* MED. Tratamiento de enfermedades por medio de baños.

balompié *m.* Fútbol.

balón *m.* Pelota grande de viento. 2 Fardo grande. 3 Recipiente esférico.

baloncesto *m.* Juego entre dos equipos que consiste en lanzar el balón, valiéndose de las manos, a un aro sujeto a un tablero.

balonmano *m.* Juego entre dos equipos que consiste en tratar de introducir el balón, valiéndose de las manos, en la portería contraria.

balonvolea *m.* Juego entre dos equipos que consiste en tratar de introducir el balón, valiéndose de las manos, en el campo contrario, lanzándolo por encima de una red puesta en alto.

balota *f.* Bolilla para votar.

balsa *f.* Hueco del terreno que se llena de agua. 2 Embarcación formada por una plataforma de maderos unidos.

balsadero *m.* Paraje de un río donde hay balsa en que pasarlo.

balsámico, -ca *adj.* Que tiene bálsamo o cualidades de tal.

balsamina *f.* Planta cucurbitácea anual y trepadora. 2 Planta herbácea, perenne, empleada en medicina.

bálsamo *m.* Líquido resinoso y aromático que fluye de ciertos árboles. 2 Medicamento de uso externo. 3 fig. Consuelo, alivio.

báltico, -ca *adj.* Perten. o rel. al mar Báltico.

baluarte *m.* Obra pentagonal de fortificación. 2 fig. Protección, defensa.

balumba *f.* Conjunto desordenado y excesivo de cosas.

balumbo *m.* Lo que es más embarazoso por su volumen que por su peso.

ballena *f.* Mamífero cetáceo, el mayor de los conocidos. 2 Lámina córnea que tiene en la mandíbula superior este mamífero.

ballenato *m.* Hijo de la ballena.

ballenero, -ra *adj.* Perten. o rel. a la pesca de ballenas. - 2 *m.* Barco destinado a la pesca de ballenas.

ballesta *f.* Arma portátil ant. para lanzar flechas. 2 Trampa para cazar pájaros. 3 Muelle en que descansa la caja de los coches.

ballet *m.* Danza escénica. 2 Música de esta danza. 3 Compañía que interpreta estas danzas.

ballueca *f.* Especie de avena que crece entre los trigos.

bamba f. Pastel redondo. 2 Baile de Cuba.

bambalina f. Lienzo pintado que cuelga del telar de un teatro.

bambolear intr. Moverse a un lado y otro.

bambolla f. Boato aparente, pompa fingida. 2 Ampolla.

bambú m. Planta graminácea de tallo leñoso y muy resistente.

banal adj. Trivial, vulgar, común.

banana f. Banano (fruto).

bananero, -ra adj. Perten. o rel. a los plátanos o bananas.

banano m. Plátano (planta). 2 Su fruto.

banasta f. Cesto grande.

banca f. Asiento de madera sin respaldo. 2 Mesa sobre la que se tienen para la venta frutas y otras cosas. 3 Comercio que consiste en operaciones de giro, cambio, créditos, cuentas corrientes, etc.

bancada f. Mesa o banco grande. 2 ARQ. Trozo de obra. 3 MAR. Banco de los remeros. 4 MIN. Escalón en las galerías subterráneas.

bancal m. Pedazo de tierra dispuesto para siembra. 2 Tapete de banco.

bancario, -ria adj. Perten. o rel. a la banca de comercio.

bancarrota f. Quiebra de un comerciante. 2 fig. Desastre.

banco m. Asiento largo y estrecho. 2 Mesa de trabajo de un artesano. 3 Parte inferior de un retablo. 4 Establecimiento de crédito. 5 Multitud de peces. 6 Organismo encargado de la conservación de órganos o líquidos fisiológicos.

band m. Unidad empleada para medir la velocidad de transmisión de las señales en telegrafía.

banda f. Faja o lista ancha que cruza el pecho. 2 Tira de papel usada en rotativos y teletipos. 3 Lado. 4 Línea que delimita un campo deportivo. 5 ~ sonora, parte de la película en la cual se graba el sonido. 6 Porción de gente armada. 7 Partido, facción. 8 Cuerpo de músicos. ▷ Cerrarse en ~, mantenerse intransigente.

bandada f. Conjunto de aves o peces que van juntos. 2 Grupo numeroso.

bandazo m. Inclinación violenta del barco sobre una banda. 2 Vaivén violento.

bandearse tr. Mover una cosa a una y otra banda. - 2 prnl. fig. Ingeniarse.

bandeja f. Pieza plana con bordes de poca altura para presentar algo. ▷ Servir en ~ de plata, facilitar el logro de algo.

bandera f. Lienzo que, sujeto a un palo, sirve de insignia. ▷ ~ a media asta, la que de esta manera indica luto. ~ blanca, la que se enarbola cuando se desea parlamentar. Jurar ~, prestar juramento de fidelidad a la insignia nacional.

bandería f. Bando, parcialidad.

banderilla f. Palo con una lengüeta de hierro que usan los banderilleros. 2 Tapa hincada en un palillo de dientes.

banderillear tr. Clavar banderillas a los toros.

banderillero m. Torero que banderillea.

banderín m. Bandera pequeña.

banderita f. Pequeña insignia que se ofrece para obtener recaudaciones.

banderola f. Bandera pequeña, especialmente la usada en topografía.

bandido, -da adj.-s. Fugitivo de la ley. 2 Bandolero. 3 Perverso.

bando m. Edicto publicado de orden superior. 2 Facción, partido.

bandolera f. Correa que cruza el pecho. ▷ En ~, en forma de bandolera.

bandolerismo m. Existencia continuada de numerosos bandoleros en una comarca.

bandolero m. Salteador de caminos.

bandoneón m. Instrumento músico parecido al acordeón, pero de menor tamaño.

bandurria f. Instrumento músico de cuerdas punteadas con púa y mástil corto.

banjo m. Instrumento músico de cuerdas punteadas, con una caja de resonancia circular y un mástil largo.

banqueo m. Desmonte de un terreno en planos escalonados.

banquero, -ra m. f. Jefe de una casa de banca. 2 Persona que se dedica a operaciones bancarias.

banqueta f. Asiento pequeño y sin respaldo. 2 Banquillo para poner los pies.

banquete m. Comida espléndida.

banquillo m. Asiento para el procesado ante el tribunal. 2 DEP. Lugar donde permanecen sentados el entrenador y los jugadores de reserva durante el partido.

banquisa f. Banco de hielo.

bantú adj.-s. De un conjunto de pueblos que habitan al sur de África.

banzo m. Listón del bastidor para bordar.

bañadero m. Charco donde se bañan los animales monteses.

bañador, -ra adj.-s. Que baña. - 2 m. Cajón o vaso para bañar algunas cosas. 3 Traje de baño.

bañar tr.-prnl. Meter el cuerpo o sumergir una cosa en un líquido. 2 Humedecer, empapar. 3 Dar de lleno el sol, la luz.

bañera f. Pila para bañarse.

bañero, -ra m. f. Persona que cuida de los baños y sirve a los bañistas.

bañista com. Persona que toma baños.

baño m. Ac. y ef. de bañar o bañarse. 2 Líquido en que se baña. 3 Bañera. 4 Capa que queda en la cosa bañada. 5 Cuarto de baño. 6 Aplicación de aire, vapor, etc., con fines medicinales. ▷ *Dar un ~ a alguien,* mostrarse claramente superior a él.

bao m. Pieza del barco que va de un costado a otro y sostiene la cubierta.

baobab m. Árbol tropical de tronco voluminoso y flores grandes.

baptisterio m. Pila para bautizar y sitio donde está.

baque m. Golpe de una cosa al caer.

baquelita f. QUÍM. Resina sintética que se obtiene por condensación del fenol con el formol.

baquero, -ra adj.-s. Díc. del vestido que cubre todo el cuerpo y se abrocha por detrás.

baqueta f. Varilla para atacar y limpiar las armas de fuego. - 2 f. pl. Palillos con que se toca el tambor.

baqueteado, -da adj. fig. Acostumbrado a negocios y trabajos.

baquetear tr. Maltratar. 2 Ejercitar.

baquía f. Conocimiento práctico de las sendas, atajos, caminos, ríos, etc., de un país.

báquico, -ca adj. Perten. o rel. a Baco.

bar m. Establecimiento de bebidas o manjares, que suelen tomarse de pie ante el mostrador. 2 FÍS. Unidad de presión, un millón de barias.

barahúnda f. Ruido y confusión.

baraja f. Conjunto de naipes que sirven para varios juegos de azar. ▷ *Jugar con dos barajas,* proceder con doblez.

barajar tr. Mezclar los naipes. 2 fig. Sortear un peligro o dificultad.

baranda f. Madero o moldura colocado en un alféizar.

barandal m. Listón en que se asientan los balaustres.

barandilla f. Antepecho con balaustres y barandales.

barata f. Trueque, cambio.

baratear tr. Dar una cosa por menos de su precio.

baratija f. Cosa menuda y de poco valor.

baratillo m. Conjunto de cosas de poco precio. 2 Tienda en que se venden.

barato, -ta adj. Vendido o comprado a bajo precio. - 2 m. Venta a bajo precio. - 3 adv. Por poco precio. ▷ *De ~,* en balde, sin interés.

barba f. Parte de la cara debajo de la boca. 2 Pelo de la cara. 3 Pelo de algunos animales en la quijada inferior. - 4 f. pl. Raíces delgadas de los árboles y plantas. ▷ *En las barbas de uno,* en su presencia, cara a cara. *Por ~,* por cabeza o por persona. *Subirse uno a las barbas de otro,* perderle el respeto, atreverse con él.

barbacana f. Obra de fortificación, avanzada y aislada para defender puertas, cabezas de puente, etc. 2 Elemento de fortificación que consiste en una galería corrida que corona los muros o torres, para permitir la vigilancia del pie de los mismos.

barbacoa, -cuá f. Parrilla para asar al aire libre carne o pescado. 2 Dicho asado.

barbada f. Quijada inferior de las caballerías.

barbado, -da adj.-s. Que tiene barbas.

barbaridad f. Necedad. 2 Crueldad grande. 3 Gran cantidad.

barbarie f. Rusticidad, falta de cultura. 2 fig. Crueldad.

barbarismo m. GRAM. Idiotismo o modo de hablar propio de una lengua extranjera.

barbarizar tr. Hacer bárbara a una persona o cosa. 2 Adulterar una lengua con barbarismos.

bárbaro, -ra adj.-s. De cualquiera de los pueblos que invadieron el imperio romano. 2 fig. Cruel. 3 Temerario.

barbechar tr. Arar la tierra para que descanse o para la siembra.

barbechera f. Conjunto de varios barbechos.

barbecho m. Tierra de labranza que no se siembra durante uno o más años.

barbería f. Tienda y oficio del barbero.

barbero m. El que tiene por oficio afeitar, cortar el pelo, etc.

barbián, -biana adj.-s. Desenvuelto.

barbilampiño, -ña adj. De poca o ninguna barba.

barbilindo, barbilucio adj. Que presume de guapo.

barbilla f. Punta de la barba.

barbillón m. Apéndice que tienen algunos peces alrededor de la boca.

barbiquejo m. Barbuquejo.

barbitúrico adj.-m. Díc. del ácido cristalino o derivado que tiene propiedades alucinógenas y sedantes.

barbo m. Pez teleósteo cipriniforme de agua dulce.

barboquejo m. Barbuquejo.

barbotina f. Pasta cerámica líquida para decorar en relieve.

barbudo, -da adj. Que tiene muchas barbas.

barbullar intr. Hablar atropelladamente.

barbuquejo m. Cinta que sujeta el sombrero, la gorra, etc., por debajo de la barba.

barca f. Embarcación pequeña destinada a la pesca o la navegación costera y fluvial.

barcarola f. Canción popular italiana.

barcaza f. Lancha grande para carga y descarga.

barcelonés, -nesa adj.-s. De Barcelona.

barcino, -na adj. Díc. del animal de pelo blanco y pardo y a veces rojizo.

barco m. Embarcación de cierto porte destinada al transporte marítimo o fluvial: ~ de vela, el que tiene como fuerza motriz el empuje del viento en sus velas; ~ de vapor, el que tiene como fuerza motriz el vapor de agua; ~ mercante, el destinado al transporte de mercancías.

barda f. Cubierta de ramaje, espino, etc., sobre una tapia.

bardo m. Poeta.

baremo m. Cuaderno de cuentas ajustadas. 2 Conjunto de normas para evaluar.

barestesia f. Facultad de percibir la diferencia de peso de los objetos.

bargueño m. Mueble de madera con muchos cajones y pequeñas gavetas.

baria f. FÍS. Unidad de presión en el sistema cegesimal.

baricentro m. Centro de gravedad de un cuerpo. 2 FÍS. Punto de aplicación de la resultante de un sistema de fuerzas.

barimetría f. Medición de la gravedad.

bario m. Metal blanco amarillento.

barisfera f. Núcleo sólido, pesado e interior del globo terrestre.

barita f. Óxido de bario.

baritocalcita f. Mineral de la clase de los carbonatos que cristaliza en el sistema monoclínico.

barítono m. Voz media entre la de tenor y la de bajo. 2 Persona que tiene esta voz.

barján m. Duna típica en forma de media luna.

barlovento m. MAR. Parte de donde viene el viento.

barman m. Camarero de un bar.

barn m. Unidad de sección nuclear en el Sistema Internacional.

barniz m. Composición para dar lustre.

barnizar tr. Dar barniz.

barómetro m. Instrumento para determinar la presión atmosférica.

barón m. Título de nobleza de diferente importancia según los países.

baroscopio m. Aparato para demostrar la pérdida de peso de los cuerpos en el aire.

baróstato m. Dispositivo que regula la presión en las turbinas de gas.

barquear tr.-intr. Ir o atravesar en barca.

barqueta f. Pequeña cesta de material ligero para la presentación y distribución de algunos alimentos.

barquilla f. Molde, a manera de barca, para hacer pasteles. 2 Cesto pendiente del globo aerostático en que van sus tripulantes.

barquillo m. Hoja delgada de pasta dulce, encorvada o arrollada en canuto.

barquín m. Fuelle grande usado en las herrerías.

barra f. Pieza rígida mucho más larga que gruesa. 2 Bajío en la boca de un río. 3 Pieza de pan alargada. 4 Mostrador

basidio

de un bar. 5 IMPR. Signo gráfico que sirve para separar. ▷ *Sin pararse,* o *reparar, en barras,* sin reparo.

barrabasada *f.* Travesura grave, acción atropellada.

barraca *f.* Caseta tosca y provisional. 2 Vivienda rústica propia de las huertas de Valencia.

barracón *m.* Edificio de un solo piso, de planta rectangular y sin tabiques, que se construye para albergar tropas.

barracuda *f.* Pez marino de cuerpo alargado y mandíbulas armadas de dientes.

barragán *m.* Tela de lana, impenetrable al agua.

barranco *m.* Quiebra profunda que hacen en la tierra las corrientes de las aguas. 2 Precipicio, despeñadero.

barrena *f.* Instrumento para taladrar. ▷ *Cerrar,* o *caer, en* ~, descender verticalmente y con giro.

barrenar *tr.* Taladrar con la barrena.

barrendero, -ra *m. f.* Persona que tiene por oficio barrer.

barrenillo *m.* Insecto coleóptero provisto de élitros que emplea como palas para extraer el serrín de las galerías que excava. 2 Enfermedad producida por estos insectos en los árboles.

barreno *m.* Barrena grande.

barreño *m.* Vasija para fregar en ella.

barrer *tr.* Limpiar el suelo con la escoba. 2 Llevárselo todo. 3 *fig.* Hacer desaparecer. 4 *fig.* Pasar rozando.

barrera *f.* Valla de palos o tablas. 2 Obstáculo. 3 Antepecho en las plazas de toros.

barretear *tr.* Afianzar con barras de hierro.

barretina *f.* Gorro catalán.

barriada *f.* Barrio o parte de él.

barrica *f.* Tonel mediano.

barricada *f.* Parapeto improvisado para estorbar el paso del enemigo.

barrido *m.* Exploración sistemática.

barriga *f.* Vientre.

barrigón, -gona, barrigudo, -da *adj.* De gran barriga.

barril *m.* Cuba para conservar y transportar vinos, licores, etc.

barrilete *m.* Instrumento de hierro en figura de siete, con que los carpinteros aseguran sobre el banco los materiales que labran. 2 Pieza del revólver, destinada a colocar los cartuchos, móvil y

de forma cilíndrica.

barrilla *f.* Planta quenopodiácea con cuya semilla se prepara la sosa. 2 Ceniza de esta planta.

barrio *m.* Parte de una población. 2 Caserío dependiente de otra población.

barritar *intr.* Berrear el elefante.

barrizal *m.* Terreno lleno de barro.

barro *m.* Masa de tierra y agua. 2 Granillo rojizo en el rostro.

barroco, -ca *adj.-s.* Díc. del período de la cultura europea que va de finales del s. XVI a principios del XVIII, caracterizado por la complicación formal.

barroquismo *m.* Calidad de barroco.

barrote *m.* Barra gruesa.

barrueco *m.* Perla irregular.

barruntar *tr.* Prever por algún indicio.

bartola (a la ~) *loc. adv.* Sin ningún cuidado.

bártulos *m. pl.* Enseres de uso corriente. ▷ *Liar,* o *preparar, los* ~, disponerse para un viaje, mudanza u otra empresa.

barullo *m.* Confusión, desorden.

basa *f.* ARQ. Asiento de la columna o estatua.

basal *adj.* Situado en la base.

basalto *m.* Roca volcánica de color negro verdoso.

basamento *m.* ARQ. Cuerpo formado por la basa y el pedestal de la columna. 2 Parte inferior de una edificación.

basar *tr.-prnl.* Asentar sobre una base.

basca *f.* Ansia, náusea. 2 *fam.* Pandilla.

bascosidad *f.* Inmundicia.

báscula *f.* Balanza para grandes pesos.

bascular *adj.* Perten. o rel. a la báscula. - 2 *intr.* Tener movimiento de vaivén.

base *f.* Fundamento o apoyo. 2 Parte inferior de un cuerpo. 3 DEP. Jugador de baloncesto encargado de organizar el juego de su equipo. 4 MAT. Cantidad que ha de elevarse a una potencia. 5 GEOM. Línea o superficie inferior de una figura o cuerpo. 6 QUÍM. Compuesto que combinado con los ácidos forma sales.

basic *m.* INFORM. Lenguaje simbólico de programación muy extendido por su sencillez.

básico, -ca *adj.* Fundamental. 2 Que sirve de base.

basidio *m.* Célula madre de los hongos basidiomicetes que origina en su cúspide cuatro esporas exógenas.

basidiolíquenes *m. pl.* Clase de plantas dentro de la división de los líquenes. Están formados por la unión simbiótica de una alga y un hongo basidiomicete.

basidiomicetes *m. pl.* Clase de hongos dentro de la división de los eumicetes.

basílica *f.* Iglesia antigua o que goza de ciertos privilegios.

basilisco *m.* Animal fabuloso que mataba con la vista. 2 *fig.* Persona furiosa.

basipodio *m.* En los vertebrados tetrápodos, muñeca o tobillo.

basquiña *f.* Saya generalmente negra.

basta *f.* Hilván. 2 Puntada que suele tener a trechos el colchón para mantener la lana en su lugar.

bastante *adj.* Que basta. - 2 *adv. c.* Ni mucho ni poco. - 3 *adv. t.* Largo tiempo.

bastar *intr.-prnl.* Ser suficiente.

bastarda *adj.* Díc. de la letra inclinada hacia la derecha y rotunda en las curvas.

bastardear *intr.* Degenerar de su naturaleza o pureza primitiva.

bastardía *f.* Calidad de bastardo. 2 *fig.* Dicho o hecho indigno.

bastardilla *adj.* Díc. de la letra de imprenta que imita a la bastarda.

bastardo, -da *adj.* Ilegítimo, no reconocido por el padre. 2 Que degenera en su origen o naturaleza.

bastidor *m.* Armazón donde se fijan lienzos, vidrios, etc. 2 Decoración lateral en un teatro.

bastilla *f.* Doblez que se hace y asegura con puntadas a los extremos de la tela para que no se deshilache.

bastimento *m.* Barco. 2 Provisión para sustento de una ciudad, ejército, etc.

bastión *m.* Baluarte.

basto, -ta *adj.* Sin pulimento. 2 Grosero, rústico. - 3 *m. pl.* Palo de la baraja española.

bastón *m.* Vara para apoyarse al andar. 2 Insignia de mando o de autoridad.

bastonera *f.* Mueble para poner bastones y paraguas.

basura *f.* Desechos. 2 Estiércol.

basurero *m.* El que tiene por oficio recoger la basura. 2 Sitio donde se amontona.

bata *f.* Ropa talar con mangas usada para estar en casa, o para el trabajo profesional de clínica, laboratorio, taller, etc.

batacazo *m.* Caída o choque.

batahola *f.* fam. Bulla, ruido grande.

batalla *f.* Combate entre dos individuos o ejércitos. 2 *fig.* Agitación del ánimo.

batallar *intr.* Luchar con armas. 2 *fig.* Disputar, debatir. 3 Esforzarse, porfiar por conseguir algo.

batallón *m.* Unidad de infantería compuesta de varias compañías.

batán *m.* Máquina para que el paño o los tejidos de lana adquieran aspecto fibroso.

batata *f.* Planta de tubérculo azucarado. 2 Tubérculo de esta planta.

bate *m.* Palo para el juego de béisbol.

batea *f.* Embarcación pequeña, con forma de cajón.

bateador *m.* Jugador de béisbol que maneja el bate.

bateaguas *m.* Canal o ingenio que se coloca para impedir que el agua de lluvia entre en el edificio.

batear *intr.* Usar el bate.

batería *f.* Conjunto de piezas de artillería. 2 Sistema eléctrico que permite la acumulación de energía y su posterior suministro. 3 Conjunto de utensilios de cocina para guisar. 4 Conjunto de instrumentos de percusión. ▷ *En ~*, modo de aparcar vehículos colocándolos paralelamente unos a otros.

baticola *f.* Correa sujeta a la silla o a la albardilla, que pasa por debajo de la cola de la caballería.

batida *f.* Acción de batir o explorar.

batido, -da *adj.* Díc. del camino muy andado. - 2 *m.* Claras, yemas o huevos batidos. 3 Bebida que se hace batiendo helado, leche u otros ingredientes.

batidora *f.* Instrumento para batir.

batiente *adj.* Que bate. - 2 *m.* Parte del cerco en que baten las puertas al cerrarse.

batímetro *m.* Aparato que mide la profundidad de las aguas.

batín *m.* Bata que llega sólo un poco más abajo de la cintura.

batintín *m.* MÚS. Gong.

batipelágico, -ca *adj.* Perten. o rel. a las grandes profundidades marinas.

batir *tr.* Golpear. 2 Dar el sol, el aire, el agua, en una cosa. 3 Revolver con fuerza para mezclar, espesar, etc. 4 Derrotar. 5 Explorar un terreno.

batiscafo *m.* Aparato autónomo para sumergirse en el mar.

batisfera *f.* Aparato usado para investigar la fauna de los mares profundos.

batisismo *m.* Seísmo cuyo hipocentro se halla a gran profundidad.

batista *f.* Tela fina de lino o algodón.

batolito *m.* GEOL. Masa de rocas, de grandes dimensiones, consolidada en la corteza terrestre a gran profundidad.

batracio, -a *adj.-m.* Díc. del anfibio, especialmente anuro.

baturrillo *m.* Mezcla de cosas que desdicen entre sí.

baturro, -rra *adj.-s.* Díc. del rústico aragonés.

batuta *f.* Varilla con que un director marca el compás.

baúl *m.* Cofre grande y de mucho fondo.

bauprés *m.* Palo horizontal que sale de la proa.

bausán, -sana *m. f.* Figura de hombre, embutida de paja y vestida de armas.

bautismo *m.* Sacramento de conversión en miembro de la Iglesia católica.

bautizar *tr.* Administrar el bautismo. 2 *fig.* Poner nombre.

bautizo *m.* Acción de bautizar y fiesta con que se solemniza.

bauxita *f.* Roca blanda formada por hidróxidos de aluminio.

bauza *f.* Madero sin labrar, de dos a tres metros de longitud.

baya *f.* Fruto polispermo de pericarpio con pulpa.

bayadera *f.* Bailarina y cantora de la India.

bayanismo *m.* Herejía propugnada en el s. XVII por Miguel Bay o Bayo.

bayeta *f.* Tela de lana poco tupida.

bayo, -ya *adj.* De color blanco amarillento.

bayón *m.* Arbusto con las hojas coriáceas y fruto en drupa de color anaranjado.

bayoneta *f.* Arma blanca que se adapta al cañón del fusil.

baza *f.* Naipes que recoge el que gana la mano. 2 *fig.* Ocasión, oportunidad. ▷ *Meter ~,* intervenir en una conversación, esp. careciendo de autoridad para ello.

bazar *m.* En Oriente, mercado público. 2 Tienda de artículos diversos.

bazo, -za *adj.-m.* De color moreno amarillento. - 2 *m.* Víscera vascular situada en el hipocondrio izquierdo.

bazofia *f.* Mezcla de desechos de comida. 2 *fig.* Comida muy mala. 3 *fig.* Inmundicia, basura.

bazuca *m.* Arma portátil que dispara proyectiles de propulsión a chorro.

bazucar, bazuquear *tr.* Revolver un líquido moviendo la vasija.

be *f.* Nombre de la letra *b.* 2 Onomatopeya del balido. ▷ *~ por ~,* detallada, minuciosamente.

beatificar *tr.* Hacer a uno bienaventurado o feliz. 2 Declarar el Papa digno de culto a un siervo de Dios.

beatitud *f.* Bienaventuranza eterna. 2 *fam.* Felicidad, dicha.

beato, -ta *adj.* Bienaventurado. - 2 *adj.-s.* Beatificado por el Papa. 3 Muy devoto.

bebé *m.* Nene.

bebedero *m.* Vasija o sitio donde beben los pájaros.

bebedizo, -za *adj.* Potable. - 2 *m.* Bebida confeccionada con veneno.

bebedor, -ra *adj.* Que bebe. - 2 *adj.-s. fig.* Que abusa de las bebidas alcohólicas.

beber *intr.-tr.* Tragar un líquido. 2 *fig.* Aprender. - 3 *intr.* Brindar. 4 Hacer por vicio uso frecuente de bebidas alcohólicas.

bebida *f.* Líquido que se bebe. 2 Hábito de beber licores o vino.

bebido, -da *adj.* Casi borracho.

beca *f.* Ayuda económica que percibe un estudiante.

becar *tr.* Conceder a alguien una beca.

becario, -ria *m. f.* Estudiante que disfruta de beca.

becerra *f.* Vaca de menos de un año.

becerro *m.* Toro de menos de un año.

bedano *m.* Escoplo grueso.

bedel, -la *m. f.* Empleado subalterno en un centro docente.

beduino, -na *adj.-s.* Díc. del árabe nómada del desierto.

befa *f.* Burla grosera que insulta u ofende.

befo, -fa *adj.-s.* De labios gruesos.

begardo, -da *m. f.* Hereje de los s. XIII y XIV que profesaba doctrinas análogas a las de los iluminados.

begonia *f.* Planta dicotiledónea de hojas grandes y flores rosadas.

behaviorismo *m.* Conductismo.

behetría *f.* Antigua población cuyos vecinos podían recibir por señor a quien quisiesen.

beidelita *f.* Silicato del grupo de los filosilicatos, que cristaliza en el sistema monoclínico, de color blanco amarillento.

beige *adj.-m.* Díc. del color natural de la lana, pajizo amarillento.

béisbol *m.* Juego entre dos equipos que consiste en tratar de recorrer ciertos puestos de un circuito, en combinación con el lanzamiento de una pelota desde el centro del circuito.

bejín *m.* Hongo basidiomicete esférico que encierra un polvo negro.

bejuco *m.* Planta tropical sarmentosa.

bel *m.* Fís. Belio en la nomenclatura internacional.

beldad *f.* lit. Belleza. 2 Mujer hermosa.

belén *m.* Representación del nacimiento de Jesús. 2 fig. Confusión, desorden.

belfo, -fa *adj.-s.* Que tiene muy grueso el labio inferior. - 2 *m.* Labio del caballo y otros animales.

belga *adj.-s.* De Bélgica.

belicismo *m.* Tendencia a provocar la guerra o a tomar parte en ella.

belicista *adj.* Partidario de la guerra.

bélico, -ca *adj.* Perten. o rel. a la guerra.

beligerancia *f.* Calidad de beligerante.

beligerante *adj.-com.* Que está en guerra.

belio *m.* Fís. Unidad de intensidad sonora, cuya décima parte es el decibelio.

bellaco, -ca *adj.-s.* Malo.

belladona *f.* Planta solanácea venenosa y medicinal.

belleza *f.* Propiedad de las cosas que infunde en nosotros un deleite espiritual, un sentimiento de admiración.

bello, -lla *adj.* Que tiene belleza. 2 Bueno, excelente. ▷ ~ *gesto,* galic. por *acto hermoso.*

bellota *f.* Fruto de la encina y el roble.

bemol *adj.-m.* Mús. Díc. de la nota cuya entonación es un semitono más baja que la de su sonido natural. ▷ *Tener bemoles alguna cosa,* ser grave, dificultosa.

benceno *m.* Hidrocarburo volátil, inflamable, que se usa como disolvente.

bencina *f.* Mezcla de hidrocarburos que se emplea para hacer funcionar motores.

bendecir *tr.* Alabar. 2 Invocar la protección divina en favor de alguien o de algo. 3 Formar, el sacerdote, cruces en el aire.

bendición *f.* Ac. y ef. de bendecir.

bendito, -ta *adj.* Bienaventurado. 2 Feliz. - 3 *adj.-s.* De pocos alcances.

benedictino, -na *adj.-s.* Religioso de la regla de San Benito.

benefactor, -ra *adj.* Bienhechor.

beneficencia *f.* Virtud de hacer bien. 2 Conjunto de instituciones benéficas.

beneficiar *tr.* Hacer bien. 2 Hacer que produzca beneficio.

beneficiario, -ria *m. f.* Persona que recibe un beneficio.

beneficio *m.* Bien que se hace o se recibe. 2 Ganancia.

beneficioso, -sa *adj.* Provechoso, útil.

benéfico, -ca *adj.* Que hace bien.

benemérito, -ta *adj.* Digno de galardón.

beneplácito *m.* Aprobación, permiso.

benevolencia *f.* Buena voluntad.

bengala *f.* Luz especial de pirotecnia.

benignidad *f.* Cualidad de benigno.

benigno, -na *adj.* Bueno, afable. 2 Que no reviste gravedad; que no es maligno.

benjamín *m.* fig. Hijo menor y preferido.

bentónico, -ca *adj.* Díc. del animal o planta que vive en contacto con el fondo del mar. 2 Perten. o rel. al fondo del mar.

bentonita *f.* Arcilla coloidal que se usa en la industria como emulsionante y detergente.

bentos *m.* Fauna y flora del fondo del mar y de los ríos y lagos.

benzoico, -ca *adj. Ácido ~,* $C_7H_6O_2$, de color blanco, cristalizado, que se emplea como antiséptico.

benzol *m.* Benceno crudo.

beodo, -da *adj.-s.* Borracho, ebrio.

beque *m.* Obra exterior de proa.

béquico, -ca *adj.* Eficaz contra la tos.

berberecho *m.* Molusco de conchas estriadas, casi circulares.

berberisco, -ca, beréber, bereber, -bere *adj.-s.* De Berbería.

berbiquí *m.* Manubrio semicircular que lleva una broca o taladro.

berenjena *f.* Planta solanácea hortense, de fruto alargado comestible. 2 Fruto de esta planta.

berenjenal *m.* Terreno plantado de berenjenas. 2 fig. Asunto embrollado.

bergamota f. Variedad de lima y de pera muy aromáticas.

bergante m. Pícaro, sinvergüenza.

bergantín m. MAR. Velero de dos palos, trinquete y vela mayor.

berginización f. Procedimiento para la obtención de petróleo a partir del carbón.

beriberi m. Enfermedad caracterizada por parálisis general y edemas múltiples.

berilia f. Óxido de berilio.

berilio m. Metal de color gris y sabor dulce que se encuentra en el berilo.

berilo m. Variedad de esmeralda.

berilonita f. Mineral de la clase de los fosfatos que cristaliza en el sistema monoclínico.

berkelio m. Elemento químico que se obtiene artificialmente por bombardeo del curio o del americio con partículas de alfa.

berlina f. Automóvil de cuatro puertas.

berlinés, -nesa adj.-s. De Berlín.

bermejo, -ja adj. Rubio, rojizo.

bermellón m. Cinabrio pulverizado, de color rojo vivo.

bermudas m. pl. Pantalón estrecho de colores alegres que llega hasta las rodillas.

berrea f. Ac. y ef. de berrear. 2 Brama del ciervo y algunos otros animales.

berrear intr. Llorar o gritar con estridencia un niño.

berrido m. Voz del becerro y otros animales. 2 fig. Grito desaforado.

berrinche m. fam. Coraje, enojo grande.

berro m. Planta crucífera de hojas comestibles.

berza f. Col.

berzotas com. Tonto, necio.

besamanos m. Adoración de una imagen religiosa pasando los fieles uno a uno ante ella para besarla.

besamel, besamela f. Salsa blanca que se hace con harina, leche y manteca.

besana f. Labor de arado de surcos paralelos.

besar tr.-prnl. Tocar con los labios en señal de afecto.

beso m. Acción de besar.

best seller m. ANGLIC. Libro o disco de mayor venta o de gran éxito. 2 p. ext. Que se vende bien o atrae a muchos.

bestia f. Animal cuadrúpedo. - 2 com. Persona ruda e ignorante. ▷ A lo ~, con dureza, sin contemplaciones.

bestial adj. Brutal, irracional. 2 fam. Extraordinario, formidable.

bestializar tr.-prnl. Vivir o proceder como las bestias.

bestiario m. Colección de fábulas de animales.

besugo m. Pez marino de carne blanca y delicada. 2 fig. fam. Zoquete, estúpido.

beta f. Segunda letra del alfabeto griego, equivalente a la b del español.

bético, -ca adj.-s. De Bética, ant. región de España.

betónica f. Planta labiada, de hojas y raíces medicinales.

betuláceo, -a adj.-f. Díc. de la planta dicotiledónea de hojas alternas y flores monoicas.

betún m. Substancia mineral que arde. 2 Mezcla con que se lustra el calzado.

bezo m. Labio grueso.

bezoar m. Cálculo que se encuentra en las vías digestivas de algunos cuadrúpedos.

bibelot m. GALIC. Muñeco, figurilla, chuchería, etc.

biberón m. Utensilio para la lactancia artificial.

biblia f. Conjunto de los libros canónicos del Antiguo y Nuevo Testamento.

bíblico, -ca adj. Perten. o rel. a la biblia.

bibliobús m. Autobús acondicionado como biblioteca pública móvil.

bibliófilo, -la m. f. Aficionado a los libros. 2 Persona amante de los libros.

bibliografía f. Relación de libros o escritos referentes a una materia.

bibliología f. Estudio general del libro en su aspecto histórico y técnico.

biblioteca f. Local donde se tienen libros ordenados para la lectura. 2 Conjunto o colección de libros. 3 Mueble, estantería, etc., donde se colocan libros.

bical m. Salmón macho.

bicameral adj. Díc. de la organización del Estado que tiene dos cámaras legislativas, a diferencia de unicameral.

bicarbonato m. Sal que resulta de substituir la mitad del hidrógeno del ácido carbónico por un metal que sólo tiene una valencia.

bicéfalo, -la *adj.* De dos cabezas.

bíceps *m.* ANAT. Músculo con un extremo dividido en dos; esp., el flexor del brazo.

bicicleta *f.* Biciclo de dos ruedas, generalmente de igual tamaño.

biciclo *m.* Velocípedo de dos ruedas.

bicoca *f.* fig. Cosa de poca estima. 2 fig. fam. Ganga.

bicolor *adj.* De dos colores.

bicóncavo, -va *adj.* Díc. del cuerpo que tiene dos superficies cóncavas opuestas.

biconvexo, -xa *adj.* Díc. del cuerpo que tiene dos superficies convexas opuestas.

bicha *f.* Culebra.

bichero *m.* MAR. Asta larga con un hierro de punta y gancho para atracar, desatracar y otros usos diversos.

bicho *m.* Animal pequeño. 2 Toro de lidia. 3 fig. Persona de mal genio. ▷ *Mal ~,* malintencionado.

bidé *m.* Lavabo para el aseo de los genitales.

bidón *m.* Lata, bote.

biela *f.* Barra que en las máquinas sirve para transformar el movimiento de vaivén en otro de rotación, o viceversa.

bieldo *m.* Instrumento para aventar.

bien *m.* Objeto que se considera como la última perfección. 2 Lo que produce bienestar o dicha. - 3 *m. pl.* Hacienda, caudal. - 4 *adv. m.* Como es debido, acertadamente. 5 Con gusto, sin inconveniente. 6 En abundancia, mucho.

bienal *adj.* Que dura un bienio. - 2 *f.* Manifestación artística que se celebra cada dos años.

bienaventurado, -da *adj.-s.* Que goza de la gloria eterna. - 2 *adj.* Feliz.

bienaventuranza *f.* La gloria eterna. 2 Felicidad.

bienestar *m.* Comodidad. 2 Vida holgada.

bienhechor, -ra *adj.-s.* Que hace bien a otro.

bienio *m.* Período de dos años.

bienmesabe *m.* Dulce de claras de huevo y azúcar.

bienquistar *tr.* Poner bien a una o varias personas con otra u otras.

bienvenida *f.* Parabién por la feliz llegada.

bienvenido, -da *adj.* Recibido con complacencia.

biés *m.* Oblicuidad. 2 Tira de tela que se cose al borde de las prendas de vestir.

bifásico, -ca *adj.* Díc. del sistema que tiene dos corrientes eléctricas alternas iguales, procedentes del mismo generador, cuyas fases respectivas se producen a la distancia de un cuarto de período.

bífero, -ra *adj.* Que fructifica dos veces al año.

bífido, -da *adj.* Hendido en dos partes.

bifocal *adj.* Que tiene dos focos; esp., la lente para la visión a corta y larga distancia.

bifurcación *f.* Lugar en que un camino, vía férrea, etc., se bifurca.

bifurcarse *prnl.* Dividirse en dos.

big bang *m.* Fase explosiva de una masa compacta que, según algunos, dio origen al universo.

biga *f.* Carro de dos caballos.

bigamia *f.* Estado ilegítimo del hombre casado a la vez con dos mujeres o de la mujer casada con dos hombres.

bígamo, -ma *adj.-s.* Que se casa por segunda vez, viviendo el primer cónyuge.

bígaro *m.* Molusco gasterópodo marino.

bigeminado, -da *adj.* Que está dividido en dos partes.

bigenérico, -ca *adj.-s.* Híbrido resultante del cruce de dos especies distintas.

bignonia *f.* Planta de jardín, de flores grandes y encarnadas.

bigornia *f.* Yunque con dos puntas opuestas.

bigote *m.* Pelo sobre el labio superior. ▷ *Tener bigotes,* tener tesón.

bigotera *f.* Compás pequeño.

bigotudo, -da *adj.* Que tiene mucho bigote.

bigudí *m.* Pinza para ondular el cabello.

bilabial *adj.* GRAM. Díc. de la consonante que tiene el punto de articulación en los dos labios.

bilateral *adj.* Que se refiere a ambas partes o aspectos de una cosa.

bilbaíno, -na *adj.-s.* De Bilbao.

biliar *adj.* Perten. o rel. a la bilis.

bilingüe *adj.* Que habla dos lenguas. 2 Escrito en dos idiomas.

bilingüismo *m.* Uso de dos lenguas.

bilioso, -sa adj. Colérico, irritable.

bilis f. Líquido segregado por el hígado.

bilocular adj. BOT. Díc. del órgano que tiene dos cavidades o compartimentos.

billa f. Jugada de billar que consiste en hacer que una bola entre en la tronera después de haber chocado con otra bola.

billar m. Juego que consiste en impulsar, por medio de tacos bolas de marfil en una mesa rectangular.

billete m. Carta breve. 2 Tarjeta o cédula para entrar u ocupar asiento en un local, vehículo, etc. 3 Cédula que acredita participación en una rifa o lotería. 4 Documento al portador que representa cantidades de cierta moneda.

billetero, -ra m. f. Utensilio de bolsillo para guardar la documentación, billetes, tarjetas, etc.

billón m. Un millón de millones.

bimembre adj. De dos miembros.

bimestre m. Período de dos meses.

bimetalismo m. Sistema monetario que admite como patrones el oro y la plata.

bimotor adj.-s. Díc. del avión propulsado por dos motores.

binar tr. Dar segunda labor a las tierras.

binario, -ria adj. Compuesto de dos elementos.

bingo m. Juego de lotería en el que cada jugador tacha en un cartón los números impresos según van saliendo en el sorteo.

binocular adj. Perten. o rel. a los dos ojos. - 2 adj.-m. Instrumento óptico que se emplea con los dos ojos.

binóculo m. Anteojo con lunetas para ambos ojos.

binomio m. Expresión algebraica formada por la suma o la diferencia de dos términos. 2 Conjunto de dos nombres.

binza f. Película exterior de la cebolla.

bioagricultura f. Agricultura en la que no se emplean substancias químicas, y se respetan los ciclos naturales de las plantas.

biobibliografía f. Historia de la vida y obras de un escritor.

biocalcirrudita f. Roca calcárea formada por la acumulación de restos esqueléticos.

biocenosis f. Conjunto de organismos que viven y se reproducen en determinadas condiciones de un medio.

biocinética f. Ciencia que estudia los movimientos o cambios de posición en los organismos vivientes.

bioclástico, -ca adj. Díc. del sedimento o roca que se ha formado por restos de organismos o productos de su actividad.

bioclimatología f. Disciplina que estudia las relaciones existentes entre el clima y los organismos vivos.

biodegradable adj. Díc. del compuesto orgánico que se puede descomponer en compuestos menos contaminantes.

biodeterminismo m. Ideología que tiende a subrayar el origen biológico de las desigualdades sociales.

biodinámica f. Parte de la fisiología que estudia los fenómenos vitales activos de los organismos.

bioelectricidad f. Disciplina que estudia la potencia eléctrica de los seres vivos.

bioelemento m. Elemento químico indispensable para el desarrollo normal de alguna especie viva.

bioenergética f. Conjunto de mecanismos que presiden las transformaciones de la energía en los organismos vivos.

biofísica f. Ciencia que estudia los estados físicos de los seres vivos.

biogénesis f. Teoría según la cual todo ser vivo procede a su vez de otro ser vivo.

biogeografía f. Disciplina que estudia la distribución geográfica de animales y plantas.

biografía f. Historia de la vida de una persona.

biografiar f. Hacer la biografía de una persona.

biógrafo, -fa m. f. Persona que escribe una biografía.

biología f. Ciencia que estudia a los seres vivos.

biológico, -ca adj. Perten. o rel. a la biología.

biologismo m. Interpretación de la sociedad como un organismo vivo.

bioluminiscencia f. Producción de luz por organismos vivos.

biomasa f. Suma total de la materia de los seres que viven en un lugar determinado.

biombo *m.* Mampara suelta y plegable.

biomecánica *f.* Ciencia que trata de explicar los fenómenos de la vida por medio de la mecánica.

biomedicina *f.* Medicina clínica basada en los principios de las ciencias naturales.

biometría *f.* Aplicación de los métodos estadísticos y el cálculo en el estudio de los seres vivos.

biónica *f.* Disciplina que se ocupa de la aplicación tecnológica de las funciones y estructuras biológicas de los animales.

biopsia *f.* Examen de un trozo de tejido perteneciente a un ser vivo.

bioquímica *f.* Química biológica.

biorritmo *m.* Manifestación cíclica de un fenómeno vital.

biosfera *f.* Conjunto de los medios donde se desarrollan los seres vivos.

biosíntesis *f.* Formación de una substancia orgánica en el interior de un ser vivo.

biosociología *f.* Disciplina que estudia la relación entre la estructura sociocultural y la biológica de los seres.

biot *m.* FÍS. Unidad de corriente eléctrica equivalente a diez amperios.

biota *f.* Conjunto de la fauna y flora de una región.

bioterapia *f.* Tratamiento de ciertas afecciones por substancias vivas.

biotipo *m.* Animal o planta que puede ser considerado como tipo representativo de su especie, variedad o raza.

biótopo *m.* Espacio vital constituido por todas las condiciones físicas y químicas del suelo, agua y atmósfera, necesarias para la vida de una biocenosis.

bióxido *m.* Combinación de un radical simple o compuesto con dos átomos de oxígeno.

bipartito, -ta *adj.* Partido en dos.

bípedo, -da *adj.-m.* De dos pies.

bipirámide *f.* Cristal en forma de dos pirámides con base común.

biplano *m.* Aeroplano cuyas alas forman dos planos paralelos.

biplaza *adj.-s.* Vehículo de dos plazas.

bipolarización *f.* Tendencia a agrupar las fuerzas políticas en dos partidos.

biquini *m.* Traje de baño de dos piezas.

biricú *m.* Cinto de que penden el espadín, el sable, etc.

birlar *tr.* fig. Matar o derribar de un golpe. 2 fig. Hurtar.

birrefracción *f.* Propiedad vectorial óptica que presentan algunos minerales por lo que al mirar a través de ellos se ven dobles las imágenes.

birreta *f.* Casquete rojo de los cardenales.

birrete *m.* Gorro con borla, distintivo de los catedráticos, magistrados, etc.

birria *f.* fam. Cosa deforme o ridícula.

bis *adv. c.* Indica repetición.

bisabuelo, -la *m. f.* Padre o madre del abuelo o de la abuela.

bisagra *f.* Conjunto de dos láminas metálicas unidas por un pasador, sobre el cual giran las puertas, tapas, etc. 2 fig. Punto de unión o articulación.

bisbita *m.* Ave paseriforme de patas largas y gráciles, pico corto y plumaje de color pardo.

biscote *m.* Pan especial, cocido dos veces que se puede conservar largo tiempo.

biscuit *m.* Bizcocho.

bisector, -triz *adj.-s.* GEOM. Que divide en dos partes iguales.

bisel *m.* Corte oblicuo en el borde.

bisexualidad *f.* Presencia de las cualidades de ambos sexos en un mismo individuo. 2 Afición sexual para ambos sexos.

bisiesto *adj.-s.* Díc. del año de 366 días.

bisílabo, -ba *adj.* De dos sílabas.

bismutina *f.* Mineral de la clase de los sulfuros, que cristaliza en el sistema rómbico, de color gris.

bismuto *m.* Metal blanco grisáceo, poco maleable, duro y quebradizo.

bisnieto, -ta *m. f.* Hijo o hija del nieto o nieta.

bisojo, -ja *adj.-s.* Que padece estrabismo.

bisonte *m.* Mamífero artiodáctilo rumiante, parecido al toro.

bisoñé *m.* Peluca que cubre la parte anterior de la cabeza.

bisoño, -ña *adj.-s.* Inexperto.

bisté, bistec *m.* Lonja de carne.

bisturí *m.* Instrumento de cirugía para hacer incisiones.

bisulfito *m.* Sal ácida del ácido sulfuroso.

bisulfuro *m.* Combinación de un radical simple o compuesto con dos átomos de azufre.

boa

bisutería f. Joyería de imitación.

bit m. INFORM. Unidad de medida de la cantidad de información o memoria.

bita f. MAR. Poste que sirve para dar vuelta a los cables del ancla cuando se fondea la nave.

bitácora f. Armario para la brújula.

bíter m. Bebida amarga que se toma como aperitivo.

bitoque m. Tarugo con que se cierra el agujero de un tonel.

bituminoso, -sa adj. Que tiene betún o semejanza con él.

bivalente adj. Que tiene dos valores o doble valor.

bivalvo, -va adj. De dos valvas.

bizantino, -na adj.-s. De Bizancio.

bizarría f. Gallardía, valor.

bizarro, -rra adj. Valiente, gallardo. 2 Espléndido.

bizco, -ca adj.-s. Que padece estrabismo. ▷ *Quedarse ~*, asombrarse, deslumbrarse, ante algo inesperado o magnífico.

bizcochar tr. Recocer el pan para conservarlo mejor.

bizcocho m. Masa de harina, huevos y azúcar, que se cuece al horno.

bizna f. Telilla interior de la nuez.

biznaga f. Planta umbelífera de tallos lisos y flores blancas.

bizquear intr. Padecer estrabismo o simularlo. - 2 tr. Guiñar, cerrar un ojo momentáneamente.

blanco, -ca adj.-m. Del color de la nieve. 2 De la raza europea o caucásica. - 3 m. Objeto sobre el que se dispara. 4 fig. Fin a que se dirigen nuestros deseos o acciones. 5 fig. Hueco entre dos cosas. - 6 f. MÚS. Figura equivalente a la mitad de la redonda. ▷ *Quedarse en ~*, perder momentáneamente la memoria de algo.

blancura f. Calidad de blanco.

blandear intr.-prnl. Aflojar, ceder. - 2 tr. Hacer mudar de propósito.

blandengue adj. desp. Blando, dócil, débil.

blandir tr. Mover un arma u otra cosa con aire de amenaza.

blando, -da adj. Tierno, que cede fácilmente a la presión. 2 fig. Suave, dulce, benigno. 3 fig. Afeminado, cobarde, falto de carácter.

blandura f. Calidad de blando.

blanquear tr. Poner blanco. 2 Dar cal o yeso diluido en agua a las paredes o techos.

blanquecer tr. Limpiar y sacar su color al oro, plata y otros metales.

blanquecino, -na adj. Que tira a blanco.

blanqueo m. Ac. y ef. de blanquear.

blasfemar intr. Decir blasfemias.

blasfemia f. Expresión injuriosa contra Dios, la Virgen o los santos. 2 fig. Injuria grave contra una persona.

blasón m. Ciencia que estudia los escudos de armas. 2 Escudo de armas.

blasonar tr. Disponer el escudo de armas según las reglas del arte.

blastocito m. Estructura fetal propia de los mamíferos.

blastodermo m. Membrana formada por la segmentación del óvulo fecundado.

blástula f. Esfera hueca formada por el blastodermo en el primer período de desarrollo embrionario.

bledo m. Hierba amarantácea erecta y anual. 2 fig. Cosa de poca importancia.

blenda f. Sulfuro de cinc nativo.

blenorragia f. Inflamación infecciosa de la uretra.

blindado, -da adj. Con blindaje.

blindaje m. Conjunto de materiales usados para blindar.

blindar tr. Proteger con planchas metálicas.

bloc m. Cuaderno.

blocao m. Fortín.

blocar tr. DEP. En el fútbol, detener el balón sujetándolo con las manos.

blonda f. Encaje de seda.

bloque m. Trozo grande de piedra sin labrar. 2 Manzana o cuadra de casas. 3 Taco de hojas de papel. ▷ *En ~*, en conjunto.

bloquear tr. Cortar las comunicaciones. 2 Inmovilizar una cantidad o crédito. - 3 prnl. Quedarse sin capacidad de reacción.

bloqueo m. Ac. y ef. de bloquear.

blues m. Género poético y musical del folclore negro americano.

blusa f. Vestidura exterior a modo de túnica holgada con mangas. 2 Vestidura femenina a modo de jubón ceñido al talle.

blusón m. Blusa larga.

boa f. Serpiente gigante de América, no venenosa, de gran fuerza y corpulencia.

boato m. Ostentación en el porte exterior.

bobada f. Dicho o hecho necio.

bobear intr. Hacer o decir bobadas.

bobina f. Carrete. 2 Componente de los circuitos eléctricos.

bobinar tr. Arrollar o devanar hilos, alambre, etc., en una bobina.

bobo, -ba adj.-s. Tonto. 2 Muy cándido.

boca f. Abertura por la que un ser viviente recibe los alimentos. 2 Abertura, entrada. 3 Órgano de la palabra. ▷ ~ a ~, forma de respiración artificial que consiste en aplicar la boca de uno a la de la persona accidentada para insuflarle aire con un ritmo determinado. *Abrir ~*, despertar el apetito con algún manjar o bebida. *Hablar por ~ de ganso*, decir lo sugerido por otro.

bocacalle f. Entrada de una calle. 2 Calle secundaria que afluye a otra.

bocadillo m. Panecillo relleno. 2 Palabras envueltas en una línea que salen de la boca del personaje de una viñeta.

bocadito m. Pastel pequeño relleno de nata o crema.

bocado m. Porción de comida que cabe en la boca. 2 Mordedura. 3 Parte del freno que entra en la boca de la caballería.

bocajarro (a~) loc. adv. Tratándose del disparo de un arma de fuego, desde muy cerca. 2 fig. De improviso.

bocal m. Jarro de boca ancha.

bocamanga f. Parte de la manga más cercana a la muñeca.

bocana f. Paso estrecho de mar, que sirve de entrada a una bahía o fondeadero.

bocanada f. Porción de líquido que de una vez se toma en la boca o se arroja de ella. 2 Porción de humo que se echa de una vez cuando se fuma.

bocata m. fam. Bocadillo.

bocazas com. fig. Persona que habla indiscretamente.

bocel m. Moldura cilíndrica.

bocera f. Lo que queda ensuciando los labios después de comer o beber.

boceras com. Bocazas, hablador.

boceto m. Bosquejo de un cuadro. 2 p. ext. Proyecto de obra artística.

bocezar intr. Mover los labios las bestias hacia uno y otro lado.

bocina f. Pieza de metal que cubre los extremos del eje del carruaje. 2 Trompeta usada para hablar de lejos. 3 Claxon.

bocio m. Tumor enquistado que se forma en el cuello.

bocoy m. Barril grande para envase.

bocha f. Bola de madera para el juego llamado de bochas. - 2 f. pl. Juego en que se tiran unas bolas medianas y otra pequeña.

boche m. Hoyo que hacen los muchachos en el suelo para ciertos juegos.

bochinche m. Tumulto, barullo.

bochorno m. Calor sofocante. 2 fig. Rubor, vergüenza.

boda f. Casamiento y fiesta con que se solemniza.

bodega f. Lugar donde se guarda y cría el vino. 2 Espacio interior de los barcos donde se almacenan las mercancías. 3 Tienda de vinos y licores.

bodegón m. Pintura de alimentos, vasijas y utensilios domésticos.

bodeguero, -ra m. f. Dueño de una bodega. 2 Persona encargada de ella.

bodón m. Charca que se seca en verano.

bodoque m. Relieve de adorno en algunos bordados. - 2 adj.-m. fig. Tonto.

bodrio m. Guiso mal aderezado. 2 fam. Obra artística de pésima calidad.

body m. Malla para practicar gimnasia. 2 Prenda interior femenina de una sola pieza.

bóer adj.-s. De un ant. grupo de colonos holandeses que se estableció en el sur de África.

bofe m. Pulmón. ▷ *Echar los bofes*, afanarse mucho.

bofetada f. Golpe dado con la mano abierta en el carrillo.

bofetón m. Bofetada fuerte.

boga f. Pez de río comestible. 2 Pez marino teleósteo perciforme de cuerpo fusiforme y de color azulado. 3 fig. Buena aceptación, fama.

bogar intr. Remar.

bogavante m. Crustáceo decápodo parecido a la langosta.

bohemio, -mia adj.-s. Que lleva un tipo de vida libre y poco organizada. - 2 f. Este tipo de vida.

bohío m. Amér. Cabaña hecha de madera.

bohordo m. Junco de la espadaña. 2 Tallo sin hojas que sostiene las flores.

boicot *m.* Acción de boicotear.

boicotear *tr.* Privar de toda relación social o comercial para obligar a ceder.

boina *f.* Gorra chata y sin visera.

boj *m.* Arbusto de madera muy dura.

bol *m.* Taza grande y sin asa.

bola *m.* Cuerpo esférico. 2 fig. Mentira.

bolchevique *adj.-com.* Comunista ruso. - 2 *adj.* Perten. o rel. al bolchevismo.

bolcheviquismo, bolchevismo *m.* Sistema de gobierno comunista implantado en Rusia.

boleadoras *f. pl. Amér.* Instrumento para cazar animales.

bolear *tr.* Arrojar (lanzar).

bolero, -ra *adj.-s.* Que hace novillos. 2 fig. Que miente mucho. - 3 *m.* Baile popular español.

boletín *m.* Publicación periódica sobre una materia determinada.

boleto *m.* Billete de teatro, tren, etc. 2 Impreso que debe rellenar el apostante en ciertos juegos de azar.

boliche *m.* Juguete compuesto de una bola taladrada sujeta con un cordón a un palito aguzado. 2 Juego de bolos.

bólido *m.* Masa mineral en ignición que atraviesa la atmósfera. 2 fig. Vehículo que corre a gran velocidad.

bolígrafo *m.* Instrumento para escribir que tiene en su interior un tubo de tinta y en la punta una bolita metálica.

bolillo *m.* Palito para hacer encajes.

bolina *f.* Posición del barco al navegar formando la proa con la dirección del viento el menor ángulo posible. 2 fig. Alboroto, pendencia.

bolívar *m.* Unidad monetaria de Venezuela.

boliviano, -na *adj.-s.* De Bolivia. - 2 *m.* Unidad monetaria de Bolivia hasta 1963.

bolo *m.* Palo torneado con base plana para que pueda tenerse en pie. - 2 *m. pl.* Juego que se hace con nueve bolos a los que se tira una bola.

bolómetro *m.* Aparato que sirve para medir pequeñísimas variaciones de temperatura.

bolsa *f.* Caudal o dinero de una persona. 2 Ayuda económica para determinada actividad no lucrativa. 3 Recipiente flexible. 4 Arruga o seno. 5 Reunión oficial de los que operan con fondos públicos y privados.

bolsillo *m.* Especie de bolsa hecha en los vestidos para llevar alguna cosa. ▷ *Rascarse el ~*, gastar dinero de mala gana.

bolso *m.* Bolsa de mano, generalmente pequeña, de cuero, tela u otras materias.

bollo *m.* Panecillo de harina amasada con leche, huevos, etc. 2 Convexidad hecha por golpe o presión en una cosa.

bomba *f.* Máquina para elevar o comprimir fluidos. 2 Proyectil o artefacto explosivo. 3 fig. Noticia inesperada que se anuncia de improviso y causa estupor.

bombacho, -cha *adj.-s.* Díc. del pantalón cuyas perneras terminan en forma de campana.

bombardear *tr.* Atacar con artillería o bombas. 2 Proyectar radiaciones eléctricas para producir la fisión atómica.

bombardeo *m.* Acción de bombardear.

bombardero, -ra *adj.-s.* Díc. del avión que tiene la capacidad de bombardear.

bombardino *m.* Instrumento músico de viento, de sonido grave, con tres pistones.

bombear *tr.* Elevar agua u otro líquido por medio de una bomba.

bombero *m.* Individuo del cuerpo destinado a extinguir incendios.

bombilla *f.* Ampolla de cristal con un filamento que al paso de la corriente eléctrica se pone incandescente e ilumina.

bombillo *m.* Aparato con sifón para evitar la subida del mal olor en los desagües, retretes, etc. 2 Tubo con un ensanche en la parte inferior, para sacar líquidos.

bombín *m.* Sombrero de fieltro de copa en forma chata o de huevo. 2 Bomba pequeña para llenar de aire los neumáticos.

bombo *m.* Tambor muy grande que se toca con una maza. 2 Caja giratoria para las bolas de un sorteo. 3 fig. Elogio exagerado. ▷ *A ~ y platillo*, con mucha publicidad.

bombón *m.* Pieza pequeña de chocolate o azúcar. 2 fam. Mujer atractiva.

bombona *f.* Vasija grande de vidrio o loza, de boca estrecha y muy barriguda. 2 Vasija de forma cilíndrica y cierre hermético.

bombonera *f.* Caja pequeña para bombones.

bonaerense *adj.-s.* De Buenos Aires.

bonancible *adj.* Tranquilo, sereno.

bonanza *f.* Tiempo tranquilo en el mar.

bonapartismo *m.* Partido afecto a Napoleón Bonaparte o a su dinastía.

bondad *f.* Calidad de bueno. 2 Inclinación a hacer bien.

bondadoso, -sa *adj.* Lleno de bondad.

bonete *m.* Gorra de cuatro picos.

bongó *m.* Instrumento músico de percusión, que consta de un tubo de madera cubierto en su extremo superior por un cuero de chivo tenso.

boniato *m.* Variedad de batata de tubérculo comestible.

bonificación *f.* Mejora. 2 Descuento.

bonificar *tr.* Hacer bonificación.

bonito, -ta *adj.* Lindo, agraciado. - 2 *m.* Pez semejante al atún.

bono *m.* Vale de limosna que se canjea por géneros. 2 Tarjeta de abono que da derecho a la utilización de un servicio. 3 COM. Título de deuda.

bonsai *m.* Arte de cultivar en macetas pequeñas algunas especies de plantas y arbustos ornamentales. 2 Planta o arbusto así cultivado.

bonzo *m.* Sacerdote o monje budista.

boñiga *f.* Excremento del ganado vacuno.

boom *m.* Avance extraordinariamente rápido, eclosión.

boquear *intr.* Abrir la boca. 2 Estar expirando. - 3 *tr.* Pronunciar.

boquera *f.* Ventana del pajar. 2 Escoriación en las comisuras de los labios.

boquerón *m.* Pez de cuerpo pequeño y delgado y color verdoso o azulado.

boquete *m.* Entrada angosta. 2 Brecha.

boquiabierto, -ta *adj.* Que tiene la boca abierta. 2 fig. Que mira embobado.

boquilla *f.* Pieza donde se produce la llama en ciertos aparatos de alumbrado. 2 Pieza por donde se sopla en ciertos instrumentos musicales. 3 Tubito para fumar cigarros. ▷ *De ~*, de palabra, pero sin actuar.

boragináceo, -a *adj.* Díc. de la planta dicotiledónea de flores en forma de embudo.

borato *m.* Sal del ácido bórico.

borbolla *f.* Burbuja de aire que se forma en el interior del agua producido por la lluvia u otras causas.

borbollón *m.* Erupción que hace el agua elevándose sobre la superficie.

borborigmo *m.* Ruido de tripas.

borbotar, -ear *intr.* Manar o hervir un líquido a borbotones.

borbotón *m.* Borbollón.

borceguí *m.* Calzado ajustado con cordones hasta más arriba del tobillo.

borda *f.* Canto superior del costado del barco.

bordada *f.* Camino que hace una embarcación entre dos viradas.

bordado, bordadura *f.* Labor de relieve hecha con aguja.

bordar *tr.* Adornar con bordados.

borde *m.* Extremo, orilla. - 2 *adj.* No cultivado, especialmente planta y árbol.

bordear *tr.* Andar por el borde. 2 Acercarse mucho.

bordillo *m.* Faja de piedra que forma el borde de una acera.

bordo *m.* Costado exterior del buque.

bordón *m.* Cuerda gruesa de un instrumento de música. 2 Verso quebrado, repetido al fin de cada copla.

bordoneo *m.* Sonido ronco del bordón de la guitarra.

boreal *adj.* Perten. o rel. al bóreas. 2 Septentrional.

bóreas *m.* Viento norte.

bórico, -ca *adj.* Que contiene ácido compuesto de boro, oxígeno e hidrógeno.

borla *f.* Conjunto de hebras o cordoncillos reunidos por uno de sus cabos. 2 Utensilio para empolvarse el cutis. 3 Insignia de los graduados de doctores y licenciados.

borne *m.* Botón metálico al que se une un conductor eléctrico.

bornita *f.* Mineral de la clase de los sulfuros, de color de bronce y brillo metálico.

boro *m.* Metaloide que sólo existe combinado en la naturaleza.

borra *f.* Parte más grosera de la lana. 2 Pelo de cabra. 3 Pelusa. 4 fig. Cosa inútil.

borrachera *f.* Embriaguez. 2 fig. Exaltación extremada.

borracho, -cha *adj.-s.* Ebrio. 2 Que se embriaga habitualmente.

borrador *m.* Escrito de primera intención, que se copia después de enmendado. 2 Libro en que los comerciantes hacen sus apuntes. 3 Utensilio o goma de borrar.

borraja f. Hierba anual de tallo cubierto de espinas.

borrajear tr. Trazar rúbricas y rasgos por entretenimiento.

borrar tr. Hacer desaparecer por cualquier medio lo representado con tinta, lápiz, etc. 2 fig. Desvanecer.

borrasca f. Tempestad fuerte. 2 fig. Peligro o contratiempo.

borrascoso, -sa adj. Que causa borrascas. 2 fig. Desordenado, desenfrenado.

borrego, -ga m. f. Cordero o cordera de uno o dos años. - 2 adj.-s. desp. Sencillo o ignorante. 3 desp. Estudiante novato.

borrico, -ca m. Asno. - 2 adj.-s. fig. Necio.

borrón m. Mancha de tinta en el papel. 2 Acción deshonrosa. 3 fig. Imperfección.

borronear tr. Escribir sin propósito.

borroso, -sa adj. Lleno de borra. 2 Confuso.

borujo m. Masa del hueso de la aceituna después de molida y prensada.

bósforo m. Canal por donde se comunican dos mares.

bosque m. Terreno poblado de árboles y matas. 2 fig. Abundancia desordenada.

bosquejar tr. Trazar los primeros rasgos de una obra. 2 fig. Indicar con vaguedad.

bosquejo m. Ac. y ef. de bosquejar. 2 fig. Idea vaga.

bosta f. Excremento del ganado.

bostezar intr. Abrir la boca y hacer inspiración y espiración lenta por efecto del sueño, aburrimiento, etc.

bostezo m. Acción de bostezar.

bota f. Calzado que resguarda el pie y parte de la pierna. 2 Odre pequeño con brocal. 3 Cuba. ▷ *Ponerse las botas,* sacar muchas ganancias.

botador, -ra adj. Que bota. - 2 m. Pértiga con que se hace fuerza en la arena para mover las barcas.

botafumeiro m. Incensario.

botalón m. Palo largo que sale fuera de la embarcación, para varios usos.

botana f. Remiendo que tapa los agujeros de los odres. 2 Taco puesto con el mismo objeto en las cubas de vino.

botánica f. Parte de la historia natural que estudia los vegetales.

botar tr. Arrojar con violencia. 2 Echar al agua una embarcación. - 3 intr. Saltar después de dar en el suelo.

botarate adj.-com. De poco juicio.

botavara f. Palo horizontal, apoyado en el mástil.

bote m. Vasija pequeña. 2 fam. Propina y lugar para colocarla. 3 Embarcación pequeña que se mueve remando. 4 Salto. ▷ A ~ *pronto,* fig., de manera rápida. *De ~ en ~,* lleno de gente.

botella f. Vasija de cuello angosto.

botellazo m. Golpe con una botella.

botepronto m. Acción de dejar caer el balón de las manos y darle con el pie al primer bote.

botica f. Establecimiento donde se hacen y venden medicinas.

botijo m. Vasija de barro, barriguda, con asa, boca y pitón.

botín m. Calzado que cubre la parte superior del pie. 2 Despojo tomado al enemigo.

botiquín m. Mueble para medicinas.

boto, -ta adj. Romo. 2 fig. Rudo, torpe.

botón m. Yema de las plantas. 2 Pieza pequeña, generalmente circular, para abrochar o adornar los vestidos. 3 Pieza que se pulsa en ciertos instrumentos o aparatos para hacerlos funcionar.

botonadura f. Juego de botones.

botones m. Muchacho para recados.

botulismo m. Intoxicación.

bourbon m. Güisqui estadounidense.

boutique f. Tienda especializada donde se venden prendas de vestir de moda. 2 p. ext. Tienda selecta.

bóveda f. Techo que forma concavidad. 2 Cripta.

bóvido, -da adj.-m. Díc. del mamífero rumiante que tiene cuernos óseos permanentes envueltos en una vaina córnea.

bovino, -na adj. Perten. o rel. al buey o a la vaca. - 2 adj.-m. Díc. del bóvido de gran tamaño y cuernos encorvados hacia afuera. - 3 m. pl. Familia de bóvidos.

boxeador m. El que se dedica al boxeo o se ejercita en él.

boxear intr. Practicar boxeo.

boxeo m. Deporte que consiste en batirse a puñetazos según ciertas reglas.

boya f. Cuerpo flotante sujeto al fondo del mar que sirve de señal. 2 Flotador de la caña de pescar.

boyada f. Manada de bueyes.

boyante *adj.* fig. Próspero.

boyar *intr.* Volver a flotar la embarcación que ha estado en seco.

boyera, -riza *f.* Corral donde se recogen los bueyes.

bozal *m.* Aparato que se pone en la boca a los animales para que no muerdan.

bozo *m.* Vello del labio superior antes de nacer el bigote.

bracear *intr.* Mover los brazos. 2 Nadar volteando los brazos fuera del agua.

bracero *m.* Peón, jornalero.

bráctea *f.* Hoja de cuya axila nace una flor.

bractéola *f.* Hoja situada en el pedúnculo de una flor.

bradicardia *f.* Lentitud anormal del pulso.

bradilalia *f.* Lentitud en la palabra.

braga *f.* Cuerda con que se ciñe un objeto para suspenderlo. - 2 *f. pl.* Prenda interior.

bragado, -da *adj.* Díc. del animal que tiene las entrepiernas de diferente color que el resto del cuerpo.

bragadura *f.* Entrepiernas del hombre o del animal.

bragapañal *m.* Pañal, especie de braguita de celulosa.

braguero *m.* Aparato o vendaje para contener las hernias.

bragueta *f.* Abertura delantera del pantalón.

brahmán *m.* Sacerdote de la India.

brahmanismo *m.* Religión de la India, que adora a Brahma como a dios supremo.

braille *m.* Sistema de escritura y lectura para ciegos.

brama *f.* Ac. y ef. de bramar. 2 Época de celo en los ciervos y otros animales.

bramante *m.* Cordel de cáñamo.

bramar *intr.* Dar bramidos.

bramido *m.* Voz del toro y otros animales. 2 p. ext. Grito furioso.

brandi *m.* Bebida parecida al coñac.

branquia *f.* Órgano respiratorio de los animales acuáticos.

branquial *adj.* Perten. o rel. a las branquias.

branquiuro, -ra *adj.-m.* Díc. del crustáceo parásito cuyos maxilares están transformados en ventosas.

braña *f.* Pasto de verano.

braquiblasto *m.* Brote corto; pequeña rama muy corta, con las hojas muy juntas.

braquicéfalo, -la *adj.* Díc. del individuo cuyo cráneo es casi redondo.

braquícero, -ra *adj.-m.* Díc. del insecto de cuerpo grueso, alas anchas y antenas cortas.

braquigrafía *f.* Estudio de las abreviaturas.

braquiópodo, -da *adj.-m.* Díc. del animal marino, de aspecto similar a los lamelibranquios, pero con las valvas dispuestas una en posición dorsal y otra ventral.

braquíptero, -ra *adj.* Díc. del insecto que tiene las alas cortas.

braquiuro, -ra *adj.-m.* Díc. del crustáceo decápodo, de abdomen muy corto y replegado debajo del cefalotórax.

brasa *f.* Leña o carbón encendido.

brasear *tr.* Cocer a fuego lento.

brasero *m.* Pieza de metal en que se pone lumbre para calentarse.

brasil *m.* Árbol papilionáceo cuya madera es el palo brasil.

brasileño, -ña *adj.-s.* De Brasil.

brasmología *f.* Tratado de las mareas.

bravata *f.* Amenaza con arrogancia.

bravío, -a *adj.* Feroz, indómito. 2 fig. Silvestre.

bravo, -va *adj.* Valiente. 2 Fiero. 3 Bueno, excelente.

¡bravo! Interjección de aplauso o entusiasmo.

bravucón, -cona *adj.-s.* desp. Que presume de valiente.

bravuconada *f.* desp. Dicho o hecho propio del bravucón.

bravura *f.* Fiereza. 2 Valentía.

braza *f.* Medida de longitud, equivalente a 1,67 m. 2 DEP. Modalidad de natación boca abajo.

brazada *f.* En natación, movimiento de brazos.

brazal *m.* Pieza de la armadura que cubre y defiende el brazo. 2 Asa por donde se sujeta el escudo. 3 Sangría que se saca de un río o acequia para regar.

brazalete *m.* Aro que se lleva alrededor de la muñeca.

brazo *m.* Miembro del cuerpo que comprende desde el hombro hasta la mano. 2 p. ext. Pata delantera del cuadrúpedo. ▷ *Hecho un ~ de mar,* vestido con mucho lujo. *No dar el ~ a torcer,* mantenerse firme en un propósito.

brazuelo *m.* Parte de las patas delanteras de los cuadrúpedos.

brea f. Substancia viscosa que se obtiene por destilación de ciertas maderas.

brear tr. Maltratar, molestar.

brebaje m. Bebida, especialmente la de aspecto o sabor desagradables.

brécol m. Variedad de col.

brecolera f. Especie de brécol que echa pellas como la coliflor.

brecha f. Rotura o agujero hecho en una muralla o pared. 2 Herida.

bregar intr. Luchar, reñir. 2 Afanarse. 3 fig. Luchar con los riesgos y dificultades.

brenca f. Fibra, filamento, y especialmente el estigma del azafrán.

breña f. Tierra quebrada y maleza.

bresca f. Panal de miel.

brete m. Cepo de hierro. 2 fig. Aprieto.

bretón, -tona adj.-s. De Bretaña.

breva f. Primer fruto de la higuera. 2 Cigarro puro aplastado. 3 fig. Ventaja, ganga. ▷ *De higos a brevas,* de tarde en tarde.

breve adj. De corta extensión o duración. ▷ *En ~,* muy pronto.

brevedad f. Corta extensión o duración.

breviario m. Libro de rezo eclesiástico. 2 fig. Compendio.

brezo m. Arbusto de hojas escamosas, madera dura y raíces gruesas.

briba, bribia f. Holgazanería picaresca.

bribón, -bona adj.-s. Dado a la holgazanería. 2 Díc. de la persona que engaña o estafa; granuja, pícaro.

bricolaje m. Realización artesanal de trabajos de poca importancia, en especial las reparaciones caseras.

bricolar intr. Hacer trabajos de bricolaje.

brida f. Freno del caballo con las riendas y el correaje de la cabeza. 2 Reborde circular que une dos tubos metálicos.

bridge m. Juego de naipes de origen inglés.

brigada f. Unidad formada por dos regimientos. 2 Conjunto de personas reunidas para trabajos. - 3 m. Grado militar entre el de sargento primero y subteniente.

brigadier m. Antiguo oficial general.

brillante adj. Que brilla. 2 fig. Admirable. - 3 m. Diamante tallado.

brillantina f. Cosmético para dar brillo al cabello.

brillar intr. Despedir brillo. 2 fig. Sobresalir por alguna cualidad.

brillo m. Lustre o resplandor. 2 fig. Lucimiento, gloria.

brin m. Tela de lino ordinaria y gruesa.

brincar intr. Dar brincos o saltos.

brinco m. Movimiento que se hace levantando los pies del suelo con ligereza.

brindar intr. Manifestar, al ir a beber, el bien que se desea a personas o cosas. - 2 intr.-tr. Ofrecer voluntariamente.

brindis m. Acción de brindar.

brío m. Pujanza. 2 Espíritu de resolución.

briófito, -ta adj.-s. Díc. de la planta arrizofita con falso tallo y falsas hojas; son las plantas verdes más primitivas.

briol m. Cabo que sirve para cargar o recoger las velas.

briología f. Estudio de los musgos.

brioso, -sa adj. Que tiene brío.

briozoo, -a adj.-m. Díc. del animal invertebrado que forma generalmente colonias de aspecto de musgo.

brisa f. Viento nordeste. 2 Viento suave y agradable.

brisca f. Juego de naipes, consistente en sumar puntos a través de bazas.

briscar tr. Tejer una tela.

bristol m. Cartulina compuesta de hojas de papel superpuestas y adheridas entre sí.

británico, -ca adj.-s. De Gran Bretaña.

brizna f. Filamento o parte muy delgada de una cosa.

broa f. Abra o ensenada llena de barras y rompientes.

broca f. Barrena.

brocado m. Tela de seda entretejida con oro o plata.

brocal m. Antepecho en la boca de un pozo. 2 Cerco en la boca de la bota para beber por él. 3 Pretil o pasamano.

brocha f. Escobilla de cerdas para pintar o para afeitarse.

brochado, -da adj. Díc. del tejido de seda que tiene alguna labor de oro o plata o seda.

broche m. Conjunto de dos piezas que enganchan entre sí, esp. en los vestidos.

broma f. Dicho o hecho para burlarse de alguien sin intención de ofenderle. 2 Actitud poco seria para divertirse o hacer gracia. 3 Molusco que destruye las maderas en el mar.

bromato m. Sal de ácido brómico.

bromatología f. Ciencia que estudia los alimentos.

bromear intr.-prnl. Usar de bromas.

brómico, -ca adj. Perten. o rel. al bromo. 2 Ácido ~, el líquido, incoloro o amarillo, soluble en el agua.

bromista adj.-com. Aficionado a dar bromas.

bromo m. Metaloide líquido que despide vapores rojizos.

bromuro m. Sal del ácido de bromo.

bronca f. fam. Riña. 2 Reprensión. 3 Protesta ruidosa del público.

bronce m. Aleación de cobre y estaño. 2 fig. Estatua o escultura de bronce.

bronceador, -ra adj. Que broncea. - 2 adj.-m. Díc. del cosmético para broncear la piel.

broncear tr. Dar color de bronce. - 2 prnl. Tomar color moreno la piel por la acción del sol.

bronco, -ca adj. Tosco. 2 fig. Áspero. 3 fig. De sonido desagradable.

bronconeumonía f. Inflamación que de los bronquios se propaga a los alvéolos pulmonares.

bronquear tr. Reprender con dureza.

bronquio m. Conducto en que se bifurca la tráquea.

bronquiolo, -quíolo m. Última ramificación de los bronquios.

bronquitis f. Inflamación de los bronquios.

broquelete m. Hierba crucífera perenne de hojas pilosas de color claro y flores de color amarillo; sus frutos son silicuas.

broqueta f. Varilla o aguja larga en que se ensartan pedazos de carne para asarlos.

brotar intr. Nacer las plantas. 2 Salir las hojas o renuevos. 3 Manar.

brote m. Pimpollo que empieza a desarrollarse. 2 Acción de brotar.

brótola f. Pez marino teleósteo de cuerpo rechoncho y color amarillento o pardo.

broza f. Despojo de las plantas. 2 Desecho de cualquier cosa.

brucelosis f. MED. Enfermedad infecciosa del ganado.

bruces (de ~) loc. adv. Tendido con la boca hacia el suelo.

brugo m. Larva de una especie de pulgón.

bruguera f. Arbusto erecto y ramificado, de flores de color rosa con la corola acampanada.

brujería f. Obra de brujos o brujas.

brujo, -ja m. f. Persona que, según la superstición popular, tiene pacto con el diablo. - 2 f. fig. Mujer fea y vieja.

brújula f. Aguja imantada que marca la dirección del norte magnético.

brujulear tr. fig. Adivinar por indicios o conjeturas algún suceso o negocio. 2 fig. Vagar, errar.

bruma f. Niebla en el mar.

brumoso, -sa adj. Nebuloso.

brunela f. Hierba labiada, perenne con hojas ovaladas, puntiagudas y flores violetas.

bruno, -na adj. De color obscuro.

bruñir tr. Sacar lustre a un metal, piedra, etc.

brusco, -ca adj. Áspero, desapacible. 2 Súbito.

brusquedad f. Calidad de brusco.

brutal adj. Que imita o semeja a los brutos. 2 fig. Enorme, colosal. 3 fig. Magnífico, maravilloso.

brutalidad f. Calidad de bruto. 2 fig. Acción torpe o cruel. 3 fam. Gran cantidad.

bruto, -ta adj.-s. Necio, incapaz. - 2 adj. Vicioso, torpe, desenfrenado. 3 Tosco. - 4 m. Animal irracional. ▷ En ~, sin labrar.

bruza f. Cepillo redondo de cerdas muy espesas y fuertes.

bubas f. pl. Tumores blandos que se presentan de ordinario en la región inguinal y a veces en las axilas y en el cuello.

bubón m. Tumor purulento y voluminoso.

bubónico, -ca adj. Perten. o rel. al bubón. 2 Que se manifiesta con bubones.

bucal adj. Perten. o rel. a la boca.

bucanero m. Corsario y filibustero que en los s. XVII y XVIII saqueaba los dominios españoles de ultramar.

búcaro m. Jarrón; florero.

buceador, -ra adj.-s. Que bucea. 2 Que practica el submarinismo.

bucear intr. Nadar o mantenerse debajo del agua. 2 Trabajar como buzo. 3 fig. Explorar acerca de algún asunto.

bucinador adj.-m. ANAT. Díc. del músculo de la cara que sirve para hinchar los carrillos y soplar.

bucino *m.* Molusco gasterópodo marino de concha arrollada en una helicoidal.

bucle *m.* Rizo de cabello.

bucólica *f.* Género de poesía en que el autor expone asuntos pastoriles.

bucólico, -ca *adj.* Perten. o rel. a la poesía bucólica.

buche *m.* Cavidad en el esófago de las aves. 2 Estómago. 3 Líquido que cabe en la boca.

buchón, -chona *adj.* Díc. del palomo o paloma caracterizado por inflar mucho el buche.

budín *m.* Plato de dulce que se prepara con bizcocho o pan deshecho en leche, azúcar y frutas secas.

budismo *m.* Religión fundada por Buda.

budista *adj.* Perten. o rel. al budismo. - 2 *com.* Persona que profesa el budismo.

buen *adj.* Apócope de *bueno.* ▷ *De ~ ver,* con buena apariencia.

buenaventura *f.* Buena suerte. 2 Adivinación que hacen las gitanas.

bueno, -na *adj.* Que tiene bondad. 2 Útil, conveniente. 3 Sabroso. 4 Sano. ▷ *De buenas a primeras,* súbitamente. *Por las buenas,* voluntariamente. *Estar de buenas,* de buen humor, bien dispuesto.

buey *m.* Toro castrado. 2 ~ *de mar,* crustáceo decápodo grande de carne muy apreciada.

búfalo *m.* Mamífero artiodáctilo rumiante mayor que el buey, de cuernos vueltos hacia atrás.

bufanda *f.* Prenda para abrigar el cuello y la boca.

bufar *intr.* Resoplar con ira.

bufé *m.* Comida, compuesta de manjares calientes y fríos, con que se cubre de una vez la mesa. 2 Local donde se sirven y consumen estos manjares.

bufete *m.* Mesa de escribir. 2 fig. Despacho de abogado.

bufido *m.* Voz del animal que bufa. 2 fig. Expresión de enojo.

bufo, -fa *adj.* Cómico, grotesco.

bufón, -fona *m. f.* Truhán que se ocupa en hacer reír.

buganvilla *f.* Arbusto trepador, de flores rojas o purpúreas.

buguí-buguí *m.* Baile norteamericano de movimiento muy rápido.

buhardilla *f.* Ventana que sobresale en el tejado. 2 Desván.

búho *m.* Ave rapaz nocturna de gran tamaño, de vuelo pausado y silencioso. 2 fig. Persona huraña.

buhonería *f.* Baratija de buhonero.

buhonero *m.* Vendedor ambulante de baratijas.

buido, -da *adj.* Aguzado, afilado.

buitre *m.* Ave rapaz que se alimenta especialmente de carroña. 2 fig. fam. Aprovechado, egoísta.

buitrón *m.* Arte de pesca en forma de cono prolongado cuya boca está cerrada por otro más corto, dirigido hacia adentro y abierto por el vértice. 2 Agujero que los ladrones hacen en techos o paredes para robar.

buje *m.* Arandela interior en el cubo de las ruedas de los vehículos.

bujeta *f.* Caja de madera. 2 Pomo para perfumes.

bujía *f.* Vela de cera blanca. 2 Unidad de intensidad luminosa. 3 Dispositivo donde salta la chispa eléctrica en los motores de explosión.

bula *f.* Documento pontificio expedido por la cancillería apostólica.

bulbo *m.* Órgano vegetal subterráneo, formado por una yema o brote. 2 ANAT. Protuberancia redondeada de ciertos órganos.

buldog *adj.-m.* Perro de presa de cara aplastada y pelaje corto blanco y rojizo.

bulerías *f. pl.* Modalidad de cante y baile flamenco de movimiento vivo.

bulevar *m.* Paseo público con andén central.

búlgaro, -ra *adj.-s.* De Bulgaria. - 2 *m.* Lengua búlgara.

bulimia *f.* MED. Hambre canina.

bulo *m.* Rumor público falso.

bulto *m.* Volumen de una cosa. 2 Fardo, maleta, etc. 3 Hinchazón. 4 Cuerpo del que sólo se percibe confusamente la forma. ▷ *A ~,* sin examen ni cuidado.

bulla *f.* Gritería. 2 Concurrencia grande. 3 fig. Prisa.

bulldozer *m.* Máquina automóvil movida por un motor potente y provista de una pala frontal.

bullicio *m.* Ruido de mucha gente. 2 Alboroto, tumulto.

bullicioso, -sa *adj.* Que produce bullicio. 2 Inquieto. - 3 *adj.-s.* Alborotador.

bullir *intr.* Hervir. 2 fig. Moverse, agitarse. 3 Darse una cosa en abundancia.

bullón *m.* Pieza de metal en figura de cabeza de clavo para guarnecer las cubiertas de los libros grandes.

bumeran, bumerang *m.* Arma arrojadiza que vuelve al lugar de donde salió.

bungalow *m.* Casa pequeña, de un solo piso y con un portal corredor o galería, en el frente o alrededor.

búnker *m.* Refugio subterráneo. 2 fig. Conjunto muy cerrado de personas.

bunsen *m.* QUÍM. Mechero de laboratorio.

buñuelo *m.* Fruta de sartén hecha de masa de harina.

buque *m.* Casco del barco. 2 Barco con cubierta.

buqué *m.* Aroma o sabor particular de un vino o licor.

burbuja *f.* Glóbulo de aire u otro gas que se forma en un líquido. 2 fig. Espacio aislado de su entorno.

burdégano *m.* Hijo de caballo y burra.

burdel *adj.* Lujurioso, vicioso. - 2 *m.* Casa de rameras.

burdeos *adj.-m.* De color rojo violado.

burdo, -da *adj.* Tosco, basto.

bureo *m.* Entretenimiento, diversión.

burga *f.* Manantial de agua caliente.

burgalés *adj.-s.* De Burgos.

burgo *m.* Pueblo que depende de otro.

burgomaestre *m.* Alcalde de algunas ciudades alemanas.

burgueño, -ña *adj.-s.* Natural de un burgo.

burgués, -guesa *adj.-s.* Vulgar, mediocre. - 2 *adj.* Perten. o rel. al burgo. - 3 *m. f.* Ciudadano de la clase media acomodada.

burguesía *f.* Conjunto de burgueses.

buriel *adj.-m.* De color rojo pardo.

buril *m.* Instrumento de acero para grabar en metales.

burilar *tr.* Grabar metales con el buril.

burla *f.* Acción o palabras con que se procura poner en ridículo. 2 Broma. 3 Engaño.

burladero *m.* Trozo de valla paralelo a la barrera para resguardo de los toreros.

burlador, -ra *adj.-s.* Que burla. 2 Libertino.

burlar *intr.-prnl.* Chasquear, zumbar. 2 Hacer burla. - 3 *tr.* Engañar. 4 Frustrar la esperanza o deseo de uno. 5 Esquivar al que impide el paso. 6 Seducir con engaño a una mujer.

burlesco, -ca *adj.* fam. Jocoso, satírico.

burlete *m.* Tira de tela que se pone en puertas y ventanas para que una vez cerradas no entre aire.

burlón, -lona *adj.-s.* Inclinado a decir o hacer burlas. - 2 *adj.* Que implica burla.

buró *m.* Escritorio o tablero para escribir.

burocracia *f.* Conjunto de funcionarios públicos. 2 Administración pública.

burócrata *com.* Funcionario público.

burrada *f.* fam. Enormidad, gran cantidad. 2 fam. Dicho o hecho necio.

burrajo *m.* Estiércol seco de las caballerías.

burro, -rra *m. f.* Asno. 2 fig. Persona necia e ignorante. 3 fig. Persona laboriosa y de mucho aguante. ▷ *Caer del ~,* darse cuenta del error u obstinación.

bursátil *adj.* Perten. o rel. a las operaciones de bolsa.

burujo *m.* Aglomeración o pella que se forma con varias partes de una cosa.

bus *m.* Forma abreviada de *autobús.*

búsano *m.* Molusco gasterópodo marino, provisto de una concha univalva arrollada en forma helicoidal.

busca *f.* Acción de buscar.

buscapiés *m.* Cohete sin varilla que corre por el suelo.

buscar *tr.* Hacer diligencias para encontrar.

buscavidas *com.* fam. Persona diligente en buscarse la subsistencia.

busco *m.* Umbral de una puerta de esclusa.

buscón, -cona *adj.-s.* Que busca. 2 Que hurta o estafa con habilidad. - 3 *f.* Ramera.

bushido *m.* Código de honor del Japón.

busilis *m.* fam. Punto en que estriba la dificultad.

búsqueda *f.* Busca, investigación.

busto *m.* Escultura o pintura de la cabeza y parte superior del tórax. 2 Parte superior del cuerpo humano. 3 Pecho de mujer.

bustrófedon *m.* Escritura de derecha a izquierda y de izquierda a derecha, alternativamente.

butaca *f.* Silla de brazos con el respaldo inclinado hacia atrás. 2 En los teatros, asiento de patio.

butanero *m.* Barco destinado al transporte de gas butano.

butano *m.* Gas natural que se sirve envasado a presión y se usa como combustible.

butifarra *f.* Embutido de carne de cerdo.

butiondo *adj.* Hediondo, lujurioso.

butírico *adj.-m. Ácido ~,* líquido oleoso que se encuentra, combinado con glicerina, en la manteca.

butirina *f.* Líquido aceitoso que se halla en la manteca rancia.

buzo *m.* El que tiene por oficio trabajar sumergido en el agua.

buzón *m.* Conducto de desagüe. 2 Abertura por donde se echan las cartas para el correo, y, por extensión, caja provista de abertura para el mismo fin.

byte *m.* INFORM. Conjunto de dígitos binarios constituido por un número determinado de bits.

C

c *f*. Consonante interdental (*ce, ci*) o velar (*ca, co, cu*), tercera letra del alfabeto. 2 *C,* cifra romana equivalente a cien.

cabal *adj*. Ajustado a peso o medida. 2 fig. Completo, acabado, exacto, justo.

cábala *f*. Interpretación mística de la Sagrada Escritura. 2 Conjetura, suposición.

cabalgadura *f*. Bestia para cabalgar. 2 Bestia de carga.

cabalgar *intr*. Montar o pasear a caballo.

cabalgata *f*. Comparsa de jinetes, carrozas y gente de a pie.

cabalístico, -ca *adj*. Perten. o rel. a la cábala. 2 Misterioso, oculto.

caballa *f*. Pez marino teleósteo de color azul verdoso.

caballar *adj*. Perten. o rel. al caballo.

caballeresco, -ca *adj*. Propio de caballero. 2 Perten. o rel. a la caballería medieval.

caballería *f*. Animal équido que sirve para cabalgar en él. 2 Cuerpo de soldados que sirven a caballo.

caballeriza *f*. Sitio destinado para los caballos y bestias de carga.

caballerizo *m*. El que cuida de la caballeriza.

caballero, -ra *adj*. Que cabalga. - 2 *m*. Hidalgo noble. 3 Individuo de una orden de caballería. 4 El que se porta con nobleza, generosidad y cortesía.

caballeroso, -sa *adj*. Propio de caballero. 2 Que obra como caballero.

caballete *m*. Línea más elevada de un tejado que lo divide en dos. 2 Especie de bastidor con tres pies, sobre el cual se coloca un cuadro, pizarra, etc.

caballista *com*. Persona que monta bien a caballo.

caballito *m*. ~ *del diablo,* insecto odonato similar a la libélula, con dos pares iguales de alas. 2 ~ *de mar,* hipocampo.

caballitos *m. pl*. Tiovivo.

caballo *m*. Mamífero ungulado, de orejas pequeñas, crin larga y cola cubierta de pelos. 2 Aparato gimnástico, con cuatro patas y un cuerpo superior. 3 ~ *de vapor* o *de fuerza,* unidad práctica de potencia. 4 fig. fam. En el lenguaje de la droga, heroína.

caballón *m*. Lomo de tierra entre dos surcos.

cabaña *f*. Casilla tosca y rústica. 2 Conjunto de los ganados de una provincia, región, país, etc.

cabañuelas *f. pl*. Cálculo que, observando ciertas variaciones atmosféricas, forma el vulgo para pronosticar el tiempo.

cabaré *m*. Sala de fiestas.

cabecear *intr*. Mover la cabeza. 2 Dar cabezadas. 3 Moverse la embarcación bajando y subiendo de popa a proa.

cabecera *f*. Principio o parte principal de ciertas cosas. 2 Parte superior de la cama.

cabecero *m*. Madero horizontal de la parte superior de un cerco de puerta o ventana. 2 Dintel de madera.

cabecilla *m*. Jefe de rebeldes.

cabellera *f*. Conjunto de los cabellos. 2 Ráfaga luminosa que rodea a un cometa.

cabello *m*. Pelo que nace en la cabeza del hombre, y conjunto de todos ellos. 2 ~ o *cabellos de ángel,* dulce de almíbar que se hace con cidra.

cabelludo, -da *adj*. De mucho cabello.

caber *intr*. Poder contenerse una cosa dentro de otra. 2 Tener lugar o entrada. 3 Corresponder a uno una cosa. ▷ *No ~ uno en sí,* estar muy contento u orgulloso.

cabestrillo *m*. Banda pendiente del hombro para sostener la mano o el brazo lastimados.

cabestro *m*. Ramal atado a la cabeza de la caballería. 2 Buey manso que guía la manada de toros.

cabeza *f*. Parte superior del cuerpo humano, separada del tronco por el cuello; y la superior o anterior del de muchos animales. ▷ **~ de chorlito,** persona ligera y de poco juicio. **Calentarse la ~,** fatigarse en el trabajo mental. **Levantar ~,** salir de la pobreza o desgracia. **Mala ~,** persona que procede sin juicio. **Meterse de ~,** entrar de lleno en un negocio. **Metérsele a uno en la ~ alguna cosa,** obstinarse en considerarla cierta o probable. **Pasarle a uno una cosa por la ~,** antojársele, imaginarla. **Perder uno la ~,** volverse loco. **Romperse la ~,** devanarse los sesos. **Sentar la ~,** hacerse juicioso. **Tener la ~ llena de pájaros,** no tener juicio.

cabezada f. Inclinación de la cabeza al saludar o dormirse. 2 Correaje que ciñe la cabeza de una caballería.

cabezal m. Almohada 2 MEC. Pieza fija del torno en la que gira el árbol.

cabezazo m. Golpe dado con la cabeza o que se recibe en ella.

cabezón, -zona adj. De cabeza grande. 2 Terco, cabezota.

cabezota com. Persona testaruda.

cabezudo, -da adj. Cabezón. - 2 m. Figura de enano de gran cabeza.

cabezuela f. Harina más gruesa del trigo, después de sacada la flor. 2 Inflorescencia de flores sentadas sobre un receptáculo común, rodeada por un involucro de brácteas.

cabida f. Espacio o capacidad que tiene una cosa para contener otra.

cabildo m. Comunidad de eclesiásticos de una catedral o colegiata. 2 Junta celebrada por esta comunidad y sala donde se celebra. 3 Ayuntamiento, concejo.

cabina f. Pequeño departamento aislado.

cabizbajo, -ja adj. Que tiene la cabeza inclinada por abatimiento, melancolía, etc.

cable m. fig. Texto informativo recibido por teletipo. 2 **~ eléctrico,** haz de hilos de cobre, aislados unos de otros y protegido del exterior. 3 fig. Ayuda.

cableado, -da adj. Unido, conectado mediante cables. - 2 m. Conjunto de cables.

cablegrafiar tr. Transmitir por cablegrama.

cablegrama m. Telegrama transmitido por cable submarino.

cablevisión f. Televisión transmitida por cable.

cabo m. Extremo de las cosas. 2 Punta de tierra que penetra en el mar. 3 Parte pequeña que queda de una cosa. 4 fig. Fin, término. 5 Cuerda. 6 MIL. Individuo de tropa inmediatamente superior al soldado. ▷ **De ~ a rabo,** de principio a fin. **Atar cabos,** extraer una conclusión a partir de unos antecedentes. **Estar al ~ de la calle,** conocer todos los detalles de algo. **Llevar a ~,** realizar algo, hacerlo.

cabotaje m. Navegación comercial hecha a lo largo de la costa.

cabra f. Mamífero rumiante ovino, de cuernos arqueados hacia atrás.

cabracho m. Pez marino teleósteo parecido al rascacio, aunque algo mayor y de color rojizo jaspeado.

cabrahígo m. Higuera silvestre. 2 Fruto de este árbol.

cabrales m. Queso de leche de vaca, de pasta blanda y sabor fuerte.

cabrear tr.-prnl. fam. Enfadar, molestar.

cabrero, -ra m. f. Pastor de cabras.

cabrestante m. Torno vertical para mover grandes pesos.

cabria f. Torno en que la cuerda de tracción pasa por una polea suspendida en el punto de unión de las tres vigas inclinadas que forman trípode.

cabrilla f. Pez marino teleósteo, parecido al mero, aunque bastante más pequeño, muy voraz, de color amarillo rosado. 2 Trípode de madera en que los carpinteros sujetan los maderos grandes. - 3 f. pl. Manchas que se hacen en las piernas por permanecer mucho tiempo cerca del fuego. 4 Pequeñas olas blancas y espumosas.

cabrio m. Madero colocado paralelamente a los pares de una armadura de tejado para recibir la tablazón.

cabrío, -a adj. Perten. o rel. a las cabras.

cabriola f. Brinco. 2 Voltereta.

cabriolé m. Coche de caballos, ligero, generalmente de dos ruedas, con capota plegable. 2 Automóvil descapotable.

cabritilla f. Piel curtida de cabrito o cordero.

cabrito m. Cría de la cabra.

cabrón m. Macho de la cabra. 2 desp. El que consiente el adulterio de su mujer.

cabronada f. vulg. Mala pasada, acción malintencionada o indigna contra otro.

cabuya f. Pita. 2 Fibra de la pita.

caca f. Excremento humano. 2 Suciedad, inmundicia. 3 Cosa de poco valor.

cacahuete m. Planta papilionácea de semillas oleaginosas y comestibles. 2 Semilla de esta planta.

cacao m. Pequeño árbol tropical, de fruto en baya con muchas semillas, que se usan como principal ingrediente del chocolate. 2 Semilla de este árbol. 3 fig. fam. Jaleo, embrollo.

cacarear intr. Dar voces repetidas el gallo o la gallina. - 2 tr. fig. Ponderar excesivamente las cosas propias.

cacatúa f. Ave de Oceanía con el plumaje de vistosos colores. 2 fig. fam. Mujer fea.

cacereño, -ña adj.-s. De Cáceres.

cacería f. Partida de caza.

cacerina f. Bolsa de cuero para llevar las municiones.

cacerola f. Cazuela de metal con mango.

cacicato, -cazgo m. Dignidad de cacique. 2 Territorio que posee el cacique.

cacillo m. Cazo pequeño.

cacique m. Jefe de una tribu de indios. 2 fig. Persona que en un pueblo o comarca ejerce excesiva influencia política.

caciquismo m. Intromisión abusiva de una persona en determinados asuntos, valiéndose de su autoridad o influencia.

caco m. fig. Ladrón diestro.

cacofonía f. Vicio de lenguaje por la unión desagradable de los mismos sonidos.

cacografía f. Escritura defectuosa.

cacoquimio, -mia m. f. Persona que padece tristeza o disgusto que le ocasiona estar pálida y melancólica.

cacosmia f. Degeneración del sentido del olfato, que hace agradables los olores repugnantes o fétidos.

cactáceo, -a adj.-f. Díc. de la familia de plantas dicotiledóneas tropicales, de tallo carnoso, hojas reducidas a espinas.

cacto, cactus m. Nombre dado a la mayoría de plantas cactáceas.

cacumen m. fig. fam. Agudeza, perspicacia.

cacuminal adj.-f. FON. Díc. del sonido que se articula con la lengua elevada hacia los alvéolos superiores o el paladar.

cacha f. Pieza que junto a otra forma el mango de una navaja o cuchillo. 2 vulg. Nalga.

cachalote m. Mamífero cetáceo de 15 a 20 m. de largo, de enorme cabeza.

cacharrazo m. Golpe dado con un cacharro. 2 fig. fam. Golpe violento.

cacharrero, -ra m. f. Persona que tiene por oficio vender cacharros o loza ordinaria.

cacharro m. Vasija tosca. 2 Recipiente para usos culinarios. 3 Máquina vieja o que funciona mal.

cachaza f. Lentitud, flema.

cachazudo, -da adj.-s. Díc. de la persona que tiene cachaza.

cachear tr. Registrar a alguien palpándole el cuerpo.

cachemir m. Tejido muy fino fabricado con la lana de una cabra de Cachemira.

cachet m. Cotización de un artista.

cachete m. Golpe dado con la mano en la cabeza o en la cara. 2 Carrillo.

cachetero m. Puñal corto y agudo. 2 El que remata al toro con este instrumento.

cachifollar tr. fam. Dejar a uno deslucido y humillado.

cachimba f. Pipa para fumar.

cachipolla f. Insecto de unos 2 cms. de largo, de color ceniciento.

cachiporra f. Palo abultado en uno de los extremos.

cachivache m. desp. Vasija, trasto.

cacho m. fam. Pedazo pequeño. 2 Amér. Asta o cuerno.

cachondearse prnl. vulg. Burlarse.

cachondo, -da adj. Dominado por el apetito venéreo. 2 fig. vulg. Burlón.

cachorrillo m. Pistola pequeña o de bolsillo.

cachorro, -rra m. f. Cría de un mamífero, especialmente del perro.

cada adj. Sirve para referir a todos los individuos de una colectividad de por sí lo que se dice del conjunto. 2 Tiene significación distributiva antepuesto a nombres en singular o en plural acompañados éstos de un numeral cardinal.

cadalso m. Tablado erigido para patíbulo o para un acto solemne.

cadarzo m. Seda basta de los capullos enredados.

cadáver m. Cuerpo muerto.

cadavérico, -ca *adj.* Perten. o rel. al cadáver. 2 *fig.* Con apariencia de cadáver.

cadaverina *f.* Substancia tóxica que se forma en la descomposición de los cadáveres. 2 Olor que desprende esta substancia.

cadena *f.* Conjunto de eslabones enlazados entre sí. 2 Grupo de empresas o establecimientos de un mismo propietario. 3 Continuación de montañas, sucesos. 4 Equipo de alta fidelidad. ▷ *En ~,* de manera continuada.

cadencia *f.* Repetición regular de sonidos o movimientos. 2 Distribución proporcionada de los acentos y pausas.

cadeneta *f.* Labor en figura de cadenilla.

cadenilla *f.* Cadena estrecha que adorna las guarniciones.

cadera *f.* Región saliente formada a ambos lados del cuerpo por los huesos superiores de la pelvis.

cadete *m.* Alumno de una academia militar.

cadi *com.* Muchacho que lleva los palos en el juego del golf.

cadillo *m.* Planta umbelífera de fruto erizado de espinas.

cadmio *m.* Metal blanco, dúctil y maleable, muy parecido al estaño.

caducar *intr.* Chochear. 2 Perder su validez, una ley, documento, etc. 3 *fig.* Arruinarse una cosa por el uso o por antigua.

caduceo *m.* Símbolo de la medicina y el comercio que consiste en una vara lisa, con dos alas a un extremo, rodeada de dos culebras.

caducidad *f.* Ac. y ef. de caducar. 2 Calidad de caduco.

caducifolio, -lia *adj.* Díc. del árbol o la planta de hoja caduca.

caduco, -ca *adj.* Decrépito. 2 Perecedero. 3 Nulo, que ha perdido su validez. 4 BOT. Díc. de la hoja que se cae todos los años.

caedizo, -za *adj.* Que cae fácilmente.

caedura *f.* Desperdicios textiles en los telares.

caer *intr.-prnl.* Venir un cuerpo de arriba abajo. 2 Pender, colgar. 3 Decaer, bajar. 4 Desaparecer. 5 Morir. ▷ *~ de pie,* tener suerte. *~ en desgracia,* perder el favor de alguien. *~ en gracia,*

agradar. *~ en la cuenta,* advertir algo que no se había advertido.

café *m.* Cafeto. 2 Semilla de este árbol. 3 Bebida preparada con ella. 4 Cafetería. ▷ *Mal ~,* mal humor, mal talante.

cafeína *f.* Alcaloide que se encuentra en el café, el té, etc.

cafetal *m.* Terreno poblado de cafetos.

cafetería *f.* Establecimiento donde se sirve café y otras bebidas y alimentos.

cafetero, -ra *adj.* Perten. o rel. al café. 2 *fam.* Que le gusta mucho el café. - 3 *m. f.* Persona que en los cafetales coge la simiente. - 4 *f.* Vasija para hacer o servir café. 5 *fig.* Vehículo viejo y destartalado.

cafeto *m.* Árbol tropical de fruto en baya roja y semillas con un surco longitudinal.

cáfila *f. fam.* Conjunto de gentes, animales o cosas.

cafre *adj.-com. fig.* Bárbaro, cruel.

cagada *f.* Excremento que sale cada vez que se evacúa el vientre. 2 *fig.* Equivocación, error.

cagado, -da *adj. fig. fam.* Cobarde.

cagafierro *m.* Escoria de hierro.

cagajón *m.* Porción del excremento de las caballerías.

cagalera *f. fam.* Diarrea. 2 *fig.* Miedo.

cagar *intr.-tr.-prnl.* Evacuar el vientre. - 2 *tr. fam.* Manchar, echar a perder una cosa. - 3 *prnl.* Acobardarse.

cagarruta *f.* Excremento del ganado menor.

cagón, -gona *adj.-s.* Que caga mucho. 2 *fig.* Cobarde.

caguama *f.* Tortuga marina mayor que el carey.

caída *f.* Declive de alguna cosa. 2 Parte de algo que pende de alto abajo. 3 Altura de las velas de cruz. 4 *~ de ojos,* expresión agradable de la mirada.

caído, -da *adj. fig.* Desfallecido, flojo. - 2 *adj.-s.* Muerto en la lucha.

caimán *m.* Reptil americano parecido al cocodrilo.

cainita *adj.-com.* Fratricida.

cairel *m.* Adorno de pasamanería a modo de fleco.

caja *f.* Recipiente hueco que se cierra con una tapa. 2 Parte del vehículo en que van sentadas las personas. 3 Dependencia para cobros y pagos. 4 *~ de reclutamiento,* organismo militar encargado de la inscripción, clasificación y destino a cuerpo activo de los reclutamientos. 5 ~ **registradora,** la que se usa en el comercio y suma automáticamente el importe de las ventas. ▷ *Echar con cajas destempladas,* despedir a alguien con violencia.

cajero, -ra m. f. Persona que por oficio hace cajas. 2 Persona encargada de la entrada y salida de caudales en bancos.

cajetilla f. Paquete de tabaco picado o de cigarrillos.

cajilla f. Cápsula, fruto seco y dehiscente.

cajista com. Persona que compone lo que se ha de imprimir.

cajón m. Caja grande. 2 Receptáculo que se puede extraer de un hueco de ciertos muebles. 3 ~ *de sastre,* fig., conjunto de cosas desordenadas. ▷ *Ser de ~ una cosa,* ser evidente.

cajonera f. Mueble con cajones.

cake m. Especie de bizcocho que contiene frutas.

cal f. Óxido de calcio.

cala f. Ensenada pequeña. 2 Perforación para reconocer la profundidad y composición de un terreno. 3 Pedazo que se corta de una fruta para probarla. 4 Parte más baja del interior de un barco.

calabacera f. Planta cucurbitácea de fruto variado con multitud de semillas.

calabacín m. Calabaza cilíndrica, de corteza verde y carne blanca.

calabaza f. Calabacera. 2 Fruto de cualquier calabacera. 3 fig. Cabeza de hombre. ▷ *Dar calabazas,* rechazar la mujer al que la pretende o requiere de amor.

calabazate m. Dulce de calabaza.

calabobos m. Lluvia menuda.

calabozo m. Lugar para encerrar presos.

calabriar tr. Mezclar, confundir o embrollar.

calabrote m. Cabo grueso de nueve cordones, unidos en grupos de tres.

calada f. Vuelo rápido del ave de rapiña al abatirse o levantarse. 2 Chupada de cigarrillo, puro, etc.

caladero m. Lugar a propósito para calar las redes de pesca.

calado m. Labor que se hace sacando hilos de una tela o taladrando papel, madera, etc. 2 Profundidad a la que llega la quilla de un barco.

calafate m. El que tiene por oficio calafatear las embarcaciones.

calafatear f. Cerrar las junturas de las maderas de las naves con estopa y brea.

calamar m. Molusco cefalópodo de cuerpo alargado y carne muy estimada.

calambre m. Contracción espasmódica y dolorosa de un músculo. 2 Temblor que produce una corriente eléctrica.

calambuco m. Árbol gutífero de flores blancas y fruto carnoso.

calambur m. GALIC. Equívoco, retruécano, juego de palabras.

calamidad f. Desgracia que alcanza a muchos. 2 fig. Persona desdichada o insoportable.

calamiforme adj. Que tiene figura de cañón de pluma.

calamina f. Silicato hidratado de cinc nativo. 2 Cinc fundido.

calamite f. Sapo verde pequeño, de uñas planas y redondas.

calamitoso, -sa adj. Que causa calamidades o es propio de ellas. 2 Infeliz.

cálamo m. Tallo cilíndrico, liso y desprovisto de hojas y ramas. 2 Especie de flauta antigua. 3 Parte central de la pluma de ave.

calandino m. Pez fluvial pequeño que se agrupa en cardúmenes.

calandra f. Rejilla del radiador de un automóvil.

calandrajo m. Trapo viejo.

calandria f. Alondra.

calaña f. fig. Índole, calidad, naturaleza.

calar tr. Penetrar un líquido en un cuerpo. 2 Atravesar. 3 Penetrar, comprender. 4 Hacer calados (labor). 5 Sumergir las redes, artes de pesca, etc. - 6 tr.-prnl. Ponerse la gorra, el sombrero o las gafas. - 7 prnl. Mojarse mucho. 8 Pararse un vehículo por insuficiente alimentación de carburante.

calavera f. Parte del esqueleto que corresponde a la cabeza. 2 fig. Hombre vicioso, de poco juicio.

calboche m. Olla de barro agujereada, para cocer castañas.

calbote m. Castaña asada.

calcáneo m. ANAT. Hueso del tarso que forma el talón.

calcañal, -ñar, -ño m. Parte posterior de la planta del pie.

calcañuelo m. Enfermedad que padecen las abejas.

calcar *tr.* Sacar copia de un dibujo por contacto con un papel, tela, etc. 2 Imitar.

calcáreo, -a *adj.* Que tiene cal.

calce *m.* Llanta de rueda. 2 Cuña.

calcedonia *f.* Variedad de cuarzo translúcida, de brillo céreo y fractura concoidea.

calcemia *f.* Cantidad de calcio en la sangre.

calceta *f.* Media (calzado). 2 Tejido de punto.

calcetín *m.* Media que sólo llega a la mitad de la pantorrilla.

calcetón *m.* Media para debajo de la bota.

cálcico, -ca *adj.* Perten. o rel. al calcio.

calcificar *tr.* Dar a un tejido orgánico propiedades calcáreas.

calcina *f.* Hormigón.

calcinar *tr.* FÍS. Someter a calor muy elevado una materia. 2 fig. Carbonizar.

calcio *m.* Metal blanco y blando que se altera en el aire húmedo.

calcirrudita *f.* Caliza constituida por granos mayores de un milímetro.

calcita *f.* Carbonato de cal cristalizado.

calciterapia *f.* Empleo terapéutico de sales de calcio.

calco *m.* Copia que se obtiene calcando. 2 Plagio, imitación.

calcografía *f.* Arte de estampar con láminas metálicas grabadas.

calcomanía *f* Pasatiempo que consiste en pasar imágenes preparadas, de un papel a objetos diversos. 2 Imagen así obtenida.

calcoquimigrafía *f.* Procedimiento de grabado químico en hueco, en planchas de metal.

calcosquistos *m. pl.* Rocas metamórficas originadas por metamorfismo regional de calizas arcillosas o arcillas calcáreas.

calcotipia *f.* Procedimiento de grabado en cobre con caracteres móviles.

calculador, -ra *adj.-s.* Que calcula. 2 Interesado, egoísta. - 3 *f.* Máquina con que se ejecutan operaciones aritméticas.

calcular *tr.* Determinar una cantidad en relación con otra. 2 Conjeturar.

cálculo *m.* Ac. y ef. de calcular. 2 Conjetura. 3 Concreción sólida que se forma en alguna parte del organismo.

calda *f.* Introducción de combustible en un alto horno.

caldario *m.* Sala donde los romanos tomaban baños de vapor.

caldear *tr.* Calentar mucho. 2 fig. Animar, excitar.

caldeo, -a *adj.-s.* De Caldea, ant. región de Asia.

caldera *f.* Vasija de metal grande y redonda que sirve para calentar. 2 Recipiente de la máquina de vapor donde se hace hervir el agua.

caldereta *f.* Guisado de pescado. 2 Guisado de cordero o cabrito.

calderilla *f.* Conjunto de monedas de poco valor.

caldero *m.* Caldera pequeña.

calderón *m.* IMPR. Signo ortográfico (¶) usado para introducir alguna observación especial. 2 MÚS. Signo que representa la suspensión del compás; colocado sobre una nota o pausa, indica que se puede prolongar.

caldo *m.* Líquido que resulta de cocer en agua la vianda. 2 Jugo vegetal como el vino, el aceite, etc. 3 BIOL. ~ *de cultivo,* líquido preparado para que proliferen en él determinadas bacterias.

calé *m.* Gitano.

calefacción *f.* Conjunto de aparatos destinados a calentar un edificio, sala, etc.

calefactor *m.* Persona que construye, instala o repara aparatos de calefacción. 2 Electrodoméstico para calentar el aire.

calenda *f.* Lección del martirologio romano, con los nombres y hechos de los santos y las fiestas pertenecientes a cada día.

calendario *m.* Sistema de división del tiempo por años, meses y días. 2 Representación gráfica de esta división.

caléndula *f.* Maravilla (planta compuesta).

calentador, -ra *adj.* Que calienta. - 2 *m.* Aparato para calentar agua.

calentar *tr.-prnl.* Hacer subir la temperatura de un cuerpo. 2 fig. Enardecer. - 3 *tr.* fam. Azotar. 4 DEP. Realizar ejercicios preparatorios para el esfuerzo.

calentura *f.* Fiebre.

calenturiento, -ta *adj.-s.* Que tiene indicios de calentura.

calepino *m.* fig. Diccionario latino.

calera *f.* Horno o cantera de cal.

calero, -ra *adj.* Perten. o rel. a la cal.

calesa f. Coche abierto con capota.

caletre m. fam. Tino, capacidad.

calibrador m. Instrumento para calibrar.

calibrar tr. Medir el calibre. 2 fig. Medir el talento, ciencia u otras cualidades.

calibre m. Diámetro interior de un tubo o cañón. 2 p. ext. Diámetro del proyectil o de un alambre. 3 fig. Tamaño, importancia, clase.

calicanto m. Mampostería.

calicata f. Exploración de un terreno para saber los minerales que contiene.

caliciforme adj. En forma de cáliz.

calículo m. Verticilo de brácteas que rodea el cáliz de algunas flores.

caliche m. Costra de cal que se desprende del enlucido de las paredes.

calidad f. Conjunto de cualidades que constituyen la manera de ser de una persona o cosa. 2 Superioridad, nobleza, importancia o gravedad de alguna cosa.

cálido, -da adj. Que da calor. 2 Caluroso.

calidoscopio m. Aparato de óptica para recreo.

calientapiés m. Pequeño brasero para calentar los pies.

calientaplatos m. Aparato para mantener calientes los platos.

caliente adj. Que tiene calor. 2 fig. Acalorado, fogoso, agitado.

califa m. Príncipe sucesor de Mahoma.

califato m. Dignidad, duración y territorio del califa. 2 Período histórico en que hubo califas.

calificación f. Ac. y ef. de calificar. 2 Nota que obtiene el examinando.

calificado, -da adj. De autoridad, mérito y respeto.

calificar f. Determinar o expresar las cualidades. 2 Resolver la nota que se ha de dar al examinando. 3 fig. Ennoblecer.

calificativo, -va adj. Que califica. - 2 adj.-m. GRAM. Díc. del adjetivo que expresa cualidades de los substantivos.

caligine f. Niebla, obscuridad.

caligrafía f. Arte de escribir con buena letra. 2 Conjunto de rasgos que caracterizan una escritura.

caligrafiar tr. Hacer un escrito con hermosa letra.

calígrafo, -fa m. f. Persona que escribe a mano con letra excelente.

caligrama m. Composición poética que expresa de manera visual, mediante la tipografía, el dibujo, el tema o idea de base.

calimocho m. fam. Bebida refrescante a base de vino y cola.

calina f. Niebla tenue que enturbia el aire.

cáliz m. Vaso sagrado en el que se consagra el vino en la misa. 2 BOT. Cubierta externa de la flor, formada por hojas verdes.

caliza f. Roca formada por carbonato de cal.

calma f. Falta de viento. 2 fig. Paz, tranquilidad.

calmante adj.-s. Que calma. - 2 adj.-m. Díc. del medicamento sedante.

calmar tr.-prnl. Sosegar, adormecer. - 2 intr. Estar en calma.

caló m. Lengua de los gitanos.

calóptero, -ra adj. ZOOL. Que tiene hermosas alas.

calor m. Energía que produce la dilatación y el cambio de estado de los cuerpos. 2 Elevación de la temperatura. 3 Sensación producida por el calor.

caloría f. FÍS. Unidad de medida térmica equivalente al calor necesario para elevar un grado centígrado la temperatura de un gramo de agua. 2 FISIOL. Unidad de medida del poder nutritivo de los alimentos.

caloricidad f. Propiedad vital por la que los animales conservan casi todos un calor superior al del ambiente en que viven.

calorífero, -ra adj. Que conduce y propaga el calor.

calorificación f. Producción en el organismo del calor animal.

calorífico, -ca adj. Que produce o distribuye calor.

calorífugo, -ga adj. Que se opone a la transmisión del calor.

calorimetría f. Parte de la física que trata de la medición del calor y de las constantes térmicas.

calorímetro m. Aparato para medir la cantidad de calor de un cuerpo.

calostro m. Primera leche de la hembra después de parida.

caloyo m. Cordero o cabrito recién nacido.

calumnia f. Acusación falsa, hecha maliciosamente.

calumniar *tr.* Levantar calumnias.

caluroso, -sa *adj.* Que tiene o causa calor. 2 *fig.* Vivo, ardiente.

calva *f.* Parte de la cabeza de la que se ha caído el pelo.

calvados *m.* Aguardiente francés, seco, elaborado a partir de la sidra de manzana.

calvario *m.* Vía crucis. 2 *fig.* Sufrimiento prolongado.

calvero *m.* Calva en lo interior de un bosque.

calvicie *f.* Falta de pelo en la cabeza.

calvinismo *m.* Doctrina predicada por Calvino, una de las ramas del luteranismo.

calvo, -va *adj.-s.* Que ha perdido el pelo. ▷ *Ni tanto ni tan ~,* expr. con la que se censura la exageración por exceso o por defecto.

calza *f.* Prenda de vestir que cubría el muslo y la pierna o sólo el muslo.

calzada *f.* Camino empedrado y ancho. 2 Zona para la circulación de vehículos.

calzado *m.* Zapato, alpargata, etc.

calzador *m.* Utensilio para calzar.

calzar *tr.-prnl.* Poner el calzado. 2 Poner o llevar puestos guantes, espuelas, etc. - 3 *tr.* Poner una cuña entre el piso y una rueda o mueble para que no se mueva.

calzo *m.* Cuña. 2 Punto de apoyo de la palanca.

calzón *m.* Prenda de vestir del hombre a modo de pantalón corto. ▷ *A ~ quitado,* sin disimulo.

calzonazos *m. fig.* Hombre flojo y condescendiente.

calzoncillos *m. pl.* Calzones interiores.

callado, -da *adj.* Reservado, taciturno.

callar *intr.-prnl.* No hablar. 2 Cesar de hablar, gritar, etc. - 3 *tr.* No decir algo. ▷ *Quien calla otorga,* el que no contradice, da a entender que aprueba.

calle *f.* Camino entre casas o paredes. 2 Libertad, por oposición a cárcel. 3 DEP. Zona en una pista de atletismo. ▷ *Abrir ~,* separar a la gente para dejar paso. *Poner en la ~,* despedir.

callejear *intr.* Andar con frecuencia de calle en calle sin necesidad.

callejero, -ra *adj.* Que callejea. 2 Perten. o rel. a la calle. - 3 *m.* Lista de las calles de una ciudad, que se halla en las guías.

callejón *m.* Paso estrecho y largo entre casas, paredes, etc. 2 *fig.* *~ sin salida,* negocio o conflicto de difícil solución.

callicida *amb.* Substancia para extirpar los callos.

callista *com.* Persona que por oficio extirpa o cura callos.

callo *m.* Dureza en los pies, manos, etc. - 2 *m. pl.* Pedazos del estómago de la vaca, carnero, etc., que se comen guisados.

callosidad *f.* Dureza muy extensa.

cama *m.* Mueble donde duermen las personas. 2 *fig.* Plaza para un enfermo en el hospital o sanatorio. 3 *fig.* Sitio donde se echan a descansar los animales. 4 Pieza encorvada del arado en donde se afianza el timón. ▷ *Caer en ~,* enfermar. *Estar en ~, guardar ~,* estar en ella por necesidad.

camada *f.* Todos los hijos que paren de una vez ciertos animales.

camafeo *m.* Figura tallada de relieve en una piedra preciosa. 2 Esta misma piedra.

camal *m.* Cadena o soga con que se ata la bestia.

camaleón *m.* Reptil saurio, notable por los cambios de color de su piel.

camama *f.* *vulg.* Embuste, falsedad, burla.

camandulear *intr.* Ostentar falsa o exagerada devoción.

cámara *f.* En el palacio real, habitación donde sólo tienen entrada los nobles. 2 Hueco recinto en determinados mecanismos. 3 Recinto cerrado para una determinada función. 4 Órgano colectivo que se ocupa de los asuntos públicos de una comunidad. 5 Cuerpo legislador. 6 Neumático de automóvil, bicicleta, etc. 7 Aparato para la captación de imágenes. - 8 *f. pl.* Diarrea.

camarada *com.* Compañero.

camaranchón *m.* Desván donde se suelen guardar trastos viejos.

camarero, -ra *m. f.* Mozo de cafetería u otro establecimiento semejante. - 2 *f.* Criada distinguida.

camareta *f.* Cámara de los barcos pequeños.

camarilla *f.* Conjunto de personas que influyen de manera subrepticia en los negocios del Estado y, por extensión, en otros actos o decisiones.

camarín *m.* Capilla detrás de un altar. 2

Cuarto donde se guardan las alhajas y vestidos de una imagen. 3 Cuarto donde se visten los actores.

camarlengo m. Título del cardenal que preside la Cámara Apostólica.

camarón m. Crustáceo decápodo macruro, comestible de cefalotórax comprimido lateralmente y antenas muy largas.

camarote m. Compartimiento en los barcos para poner la cama.

camarroya f. Achicoria silvestre.

camastro m. Lecho pobre y sin aliño.

camastrón, -trona adj.-s. fam. Díc. de la persona disimulada y doble.

cambalache m. Cambio, trueque.

cámbaro m. Cangrejo marino.

cambera f. Red pequeña para pescar crustáceos.

cambiante adj. Que cambia. - 2 m. Variedad de visos o colores.

cambiar tr.-intr. Dar, tomar o poner una cosa por otra. 2 Mudar, variar. - 3 prnl. Mudarse de ropa.

cambín m. Nasa de junco para pescar.

cambio m. Ac. y ef. de cambiar. 2 Dinero de vuelta. - 3 m. Valor relativo de las monedas según los países. 4 ~ de velocidades, engranaje para ajustar la velocidad de un vehículo a las revoluciones del motor. ▷ En ~, en lugar de.

cambista com. Persona que cambia. 2 Banquero.

cámbium m. BOT. Meristemo existente entre el líber y el leño de los vegetales.

camboyano, -na adj.-s. De Camboya.

cambray m. Especie de lienzo blanco y sutil.

cámbrico, -ca adj.-m. Primero de los períodos geológicos en que se divide la era primaria.

cambrón m. Arbusto solanáceo, de ramas torcidas, hojas pequeñas, flores solitarias.

cambronera f. Arbusto solanáceo de ramas espinosas y flores tubulares de color violeta.

cambuj m. Antifaz o mascarilla.

camelar tr. Seducir, engañar adulando.

camelia f. Arbusto de flores grandes, blancas, rojas o rosadas. 2 Esta flor.

camélido, -da adj.-m. Díc. del mamífero rumiante propio de los lugares desiertos, sin cuernos, con el cuello vertical y el estómago sin libro.

camelo m. fam. Chasco, engaño.

camellera f. Hierba común erecta, propia de tierras áridas.

camello m. Mamífero rumiante de cuello largo con dos jorobas en el dorso. 2 fig. fam. Traficante de droga al por menor.

camembert m. Queso francés, elaborado con leche de vaca, de pasta blanda.

cameraman com. Operador de cine.

camerino m. Camarín de actor.

camilla f. Cama portátil para enfermos y heridos. 2 Mesa ~, la cubierta por un tapete largo, con una tarima para un brasero.

camillero m. El que transporta la camilla.

caminante adj.-s. Que camina.

caminar intr. Ir de viaje. 2 Andar. 3 fig. Seguir su curso o movimiento las cosas. ▷ ~ derecho, proceder con rectitud.

caminata f. Paseo largo. 2 Viaje corto.

camino m. Tierra por donde se transita. 2 Viaje. 3 fig. Medio o modo. ▷ De ~, aprovechando la oportunidad. En ~, emprender un viaje.

camión m. Vehículo automóvil de cuatro o más ruedas, para transportar cargas.

camionero, -ra m. f. Persona que tiene por oficio conducir camiones.

camioneta f. Vehículo automóvil menor que el camión para transporte de mercancías.

camisa f. Prenda de vestir de tela, que se pone sobre el cuerpo o sobre la camiseta. 2 Piel que deja la culebra. 3 ~ de fuerza, la que sirve para sujetar a los locos furiosos. ▷ Meterse en ~ de once varas, inmiscuirse en lo ajeno.

camisería f. Establecimiento donde se hacen o venden camisas.

camiseta f. Camisa corta y sin cuello, de punto, que se pone sobre la piel.

camisola f. Camiseta deportiva.

camisón m. Prenda femenina de tejido ligero para dormir.

camitosemítico, -ca adj.-m. Díc. del tronco lingüístico del que proceden algunas lenguas de Asia y África.

camomila f. Manzanilla.

camorra f. Pelea.

camorrista adj.-com. Pendenciero.

campa adj. Díc. de la tierra sin árboles.

campal adj. Díc. de la batalla que ocurre fuera del poblado. 2 fig. Encarnizado.

campamento *m.* Acción de acampar. 2 Lugar donde se acampa.

campana *f.* Instrumento de metal en forma de copa invertida que suena herido por un badajo o martillo. ▷ *Echar las campanas al vuelo,* alegrarse lleno de júbilo.

campanada *f.* Golpe de badajo en la campana. 2 Sonido que hace. 3 fig. Escándalo.

campanario *m.* Torre donde se colocan las campanas.

campaniforme *adj.* De forma de campana.

campanilo *m.* Campanario separado de la iglesia.

campanilla *f.* Campana pequeña. 2 Flor de corola en forma de campana. 3 Úvula. ▷ *De campanillas,* de mucha importancia o lujo.

campanillero *m.* El que toca la campanilla.

campanología *f.* Arte de tocar piezas musicales haciendo sonar campanas o vasos de cristal.

campanuláceo, -a *adj.* Díc. de la planta dicotiledónea de flores campaniformes y fruto capsular.

campaña *f.* Campo llano. 2 Expedición militar. 3 Conjunto de actos aplicados a un fin determinado.

campañol *m.* Mamífero roedor de la familia de los múridos.

campar *intr.* Sobresalir. 2 Acampar.

campear *intr.* Campar, sobresalir. 2 Combatir en campo raso.

campechana *f.* Enjaretado de algunas embarcaciones menores, en la parte exterior de la popa.

campechano, -na *adj.* fam. Franco, dispuesto para bromas o diversiones. 2 fam. Afable, sencillo.

campeche *m.* Árbol papilonáceo de madera dura y rojiza.

campeón, -ona *m. f.* Vencedor en un campeonato.

campeonato *m.* Certamen deportivo. 2 Primacía obtenida en el deporte.

campero, -ra *adj.* Descubierto en el campo, abierto a todos los vientos.

campesinado *m.* Conjunto de los campesinos de una comarca, región, etc.

campesino, -na *adj.* Perten. o rel. al campo. - 2 *m. f.* Persona que vive y trabaja en el campo.

campestre *adj.* Campesino. 2 Que se

celebra en el campo.

campilán *m.* Sable recto, con puño de madera y hoja ensanchada hacia la punta.

camping *m.* Terreno destinado a la acampada, dotado de un mínimo de servicios. 2 Actividad que consiste en vivir al aire libre, alojándose en tiendas de campaña.

campiña *f.* Espacio grande de tierra llana de labor.

campista *com.* Persona que practica el camping o acampada.

campizal *m.* Terreno corto cubierto a trechos de césped.

campo *m.* Terreno extenso fuera de poblado. 2 Campiña. 3 Tierra laborable. 4 Terreno destinado a determinado fin. 5 Espacio material o imaginario que ocupa una cosa. 6 ~ *visual,* el espacio que abarca la vista estando el ojo inmóvil. 7 ~ *santo,* cementerio católico. 8 FÍS. Espacio en que se hace sensible una fuerza determinada.

campus *m.* Recinto universitario.

camueso *m.* Variedad de manzano que da una manzana fragante y sabrosa.

camuflaje *m.* Técnica de ocultar material de guerra.

camuflar *tr.* Disfrazar, disimular.

can *m.* Perro.

cana *f.* Cabello blanco. ▷ *Echar uno una ~ al aire,* esparcirse, divertirse. *Peinar canas,* ser de edad avanzada.

canadiense *adj.-s.* Del Canadá.

canal *m.* Cauce artificial. 2 Conducto para las aguas en los tejados. 3 Porción de mar, larga y estrecha, natural o artificial, que pone en comunicación dos mares. 4 Vía de comunicación. 5 Estría.

canaladura *f.* ARQ. Moldura hueca en línea vertical.

canalización *f.* Cañería, conducción.

canalizar *tr.* Abrir canales. 2 fig. Dirigir, orientar, encauzar hacia un objetivo.

canalizo *m.* Canal estrecho entre islas o bajos.

canalón *m.* Conducto que recibe y vierte el agua de los tejados.

canalla *f.* fig. Gente baja, ruin. - 2 *m.* fig. Hombre ruin y despreciable.

canana *f.* Cinto para llevar cartuchos.

canapé *m.* Escaño acolchado. 2 Aperitivo consistente en una rebanada de pan sobre la que se extienden otras viandas.

canaricultura *f.* Crianza y cuidado de canarios para su propagación y venta.

canario, -ria *adj.-s.* De Canarias. - 2 *m.* Ave doméstica granívora, cantora, oriunda de Canarias, de plumaje variado.

canasta *f.* Cesto de mimbre con dos asas. 2 Juego de naipes. 3 DEP. En el juego del baloncesto, cesta y tanto.

canastilla *f.* Cesta pequeña. 2 Ropa para el niño que ha de nacer.

canasto *m.* Canasta recogida de boca.

cáncamo *m.* Hembra de metal para sujetar cuadros, marcos, etc.

cancamusa *f.* fam. Artificio para engañar o deslumbrar a alguien.

cancán *m.* Baile de origen francés. 2 Enagua o falda interior que tiene muchos volantes.

cancanear *intr.* fam. Errar, vagar.

cancel *m.* Puerta generalmente con una hoja de frente y dos laterales ajustadas a las jambas de otra puerta de entrada, cerrado todo por un techo.

cancela *f.* Verja puesta en el umbral de una casa.

cancelar *tr.* Anular una escritura pública o una obligación. 2 Extinguir una deuda.

cáncer *m.* Tumor que destruye los tejidos. 2 fig. Vicio, corrupción.

cancerar *intr.-prnl.* Padecer de cáncer o degenerar en cancerosa una úlcera.

cancerbero *m.* Perro mitológico de tres cabezas. 2 DEP. fig. Portero de fútbol.

cancerígeno, -na *adj.* Que puede producir o favorecer la aparición del cáncer.

canceroso, -sa *adj.* Que tiene cáncer o participa de su naturaleza.

canciller *m.* En algunos Estados, jefe del Gobierno. 2 Empleado auxiliar en las embajadas, consulados, etc.

cancillería *f.* Oficio y oficina del canciller.

canción *f.* Composición en verso para ser cantada. 2 Música de la canción.

cancioneril *adj.* Perten. o rel. a los tipos de poesía culta que se observan en los cancioneros del s. xv.

cancionero *m.* Colección de canciones y poesías.

cancro *m.* Cáncer. 2 Úlcera de la corteza de los árboles.

cancha *f.* Local destinado a juego de

pelota u otros usos análogos.

cancho *m.* Peñasco grande.

candado *m.* Cerradura suelta que asegura puertas, tapas de cofre, etc.

candar *tr.* Cerrar algo con llave.

candeal *adj.-m.* Especie de trigo de espiga cuadrada y granos ovales, de superior calidad.

candela *f.* Vela para alumbrar. 2 Lumbre (combustible). 3 FÍS. Unidad básica de intensidad luminosa en el Sistema Internacional.

candelabro *m.* Candelero de dos o más brazos.

candelero *m.* Utensilio para mantener derecha la vela o candela.

candente *adj.* Díc. del cuerpo que está enrojecido por el fuego.

candidato, -ta *m. f.* Aspirante a una dignidad o cargo.

candidatura *f.* Reunión o lista de candidatos. 2 Aspiración a un cargo.

cándido, -da *adj.* Sencillo, sin malicia.

candiel *m.* Manjar hecho con vino blanco, huevo y azúcar.

candil *m.* Lámpara de aceite formada por dos recipientes de metal superpuestos.

candileja *f.* Recipiente superior del candil. - 2 *f. pl.* Línea de luces en el proscenio del teatro.

candiota *f.* Barril para vino u otro licor.

candor *m.* Suma blancura. 2 fig. Sinceridad y pureza de ánimo.

caneca *f.* Frasco de barro vidriado para contener licores.

canela *f.* Corteza de las ramas del canelo usada como condimento. 2 fam. Cosa muy fina y exquisita.

canelo, -la *adj.* De color de canela. - 2 *m.* Árbol tropical de corteza aromática.

canelón *m.* Carámbano colgante. - 2 *m. pl.* Pasta rectangular de harina de trigo, rellena de carne, verduras, etc.

canesú *m.* Pieza superior de la camisa o blusa.

cangilón *m.* Vaso grande de barro o metal para traer o tener líquidos, esp. en las norias. 2 Recipiente para el transporte, carga o elevación de materiales.

cangreja *adj.-f.* MAR. Vela de cuchillo de forma de trapecio que se enverga en un cangrejo.

cangrejo *m.* Crustáceo marino comestible, con el caparazón de forma cuadrangular. 2 ~ *de río,* crustáceo decápodo de color pardo azulado.

canguro *m.* Mamífero marsupial de Australia. - 2 *com.* fig. Persona que, retribuida por horas, cuida niños.

caníbal *adj.-s.* Díc. del hombre cruel y feroz. 2 Antropófago.

canibalismo *m.* Antropofagia.

canica *f.* Bolita dura con que se juega.

canicie *f.* Color cano del pelo.

canícula *f.* Período del año en que son más fuertes los calores.

cánido, -da *adj.-m.* Díc. del animal mamífero carnívoro, de cabeza generalmente pequeña, orejas grandes y cuerpo esbelto con el vientre hundido.

canijo, -ja *adj.* Débil, enfermizo.

canilla *f.* Hueso largo de la pierna o el brazo. 2 Cañón en la cuba para sacar vino. 3 Carrete para devanar el hilo en las máquinas de tejer o coser.

canina *f.* Excremento de perro.

canino, -na *adj.* Perten. o rel. al perro. - 2 *m.* Colmillo.

canje *m.* Trueque, substitución.

canjear *tr.* Hacer canje.

cannabáceo, -a *adj. -f.* Díc. de la planta angiosperma dicotiledónea, herbácea sin látex.

cannabis *m.* Cáñamo. 2 Polvo obtenido del cáñamo índico, del que se derivan varias drogas, como el hachís, la marihuana y la grifa.

cannel *m.* Variedad intermedia de carbón, de color gris obscuro con tonos pardos.

cano, -na *adj.* Que tiene canas.

canoa *f.* Embarcación pequeña, estrecha y alargada.

canódromo *m.* Lugar donde se celebran las carreras de galgos.

canon *m.* Regla o precepto. 2 Regla de las proporciones humanas conforme a un determinado ideal. 3 Modelo de características perfectas.

canónico, -ca *adj.* Conforme a los cánones.

canónigo *m.* Miembro del cabildo de una catedral.

canonizar *tr.* Declarar santo a un siervo de Dios ya beatificado.

canonjía *f.* Prebenda y dignidad del canónigo.

canoro, -ra *adj.* De canto melodioso. 2 Grato y melodioso.

canotié *m.* Sombrero de paja de copa

plana y ala recta.

cansado, -da *adj.* Que sufre cansancio. 2 Que cansa.

cansancio *m.* Falta de fuerzas por haberse fatigado. 2 Aburrimiento o fastidio.

cansar *tr.-prnl.* Causar cansancio. - 2 *tr.* fig. Enfadar, molestar, fastidiar.

cansino, -na *adj.* Lento, perezoso. 2 Molesto, fastidioso. 3 Que revela cansancio.

cantable *adj.* Que se puede cantar.

cantábrico, -ca *adj.* Perten. o rel. a Cantabria.

cántabro, -bra *adj.-s.* De Cantabria.

cantador, -ra *m. f.* Persona que canta coplas populares.

cantamañanas *com.* fam. Persona informal, fantasiosa, irresponsable.

cantante *adj.* Que canta. ▷ *Llevar la voz ~,* ser la persona que manda.

cantaor, -ra *m. f.* Cantador, especialmente de flamenco.

cantar *tr.-intr.* Formar sonidos modulados con la voz. 2 fig. Componer o recitar poesía. 3 fig. Elogiar, celebrar. 4 fig. Confesar lo secreto. 5 fig. Oler mal. - 6 *m.* Composición poética adaptada para cantarse. ▷ *~ las cuarenta,* regañar.

cántara *f.* Medida para líquidos.

cantarela *f.* Prima de la guitarra o del violín.

cantarera *f.* Poyo o armazón de madera, para poner los cántaros.

cantárida *f.* Insecto coleóptero de élitros casi cilíndricos, de color verde metálico.

cantarilla *f.* Vasija de barro parecida a una jarra con la boca redonda.

cantarín, -rina *adj.* fam. Aficionado a cantar.

cántaro *m.* Vasija grande, de boca angosta y barriga ancha con una o dos asas; líquido que cabe en ella.

cantata *f.* Poema puesto en música.

cantautor, -ra *m. f.* Cantante que compone sus propias canciones.

cante *m.* Ac. y ef. de cantar. 2 fig. fam. Error grave. 3 fig. fam. Regañina. 4 Canción popular; esp. el flamenco.

cantear *tr.* Labrar los cantos de algo.

cantera *f.* Sitio de donde se saca piedra. 2 fig. Lugar, institución, etc., que proporciona especialistas en una determinada actividad.

cantería f. Técnica de labrar las piedras para las construcciones.

cantero m. El que tiene por oficio labrar las piedras para las construcciones.

cántico m. Canto de gracias o alabanzas.

cantidad f. Todo lo que es capaz de aumento o disminución. 2 Porción grande. ▷ *En cantidades industriales,* abundantemente.

cantiga, cántiga f. Antigua composición poética destinada al canto.

cantil m. Lugar que forma escalón en la costa o en el fondo del mar.

cantilena f. Canción. 2 fig. Repetición molesta.

cantimplora f. Frasco aplanado para llevar la bebida, revestido de cuero, paño, etc.

cantina f. Puesto en que se venden bebidas y comestibles.

cantinela f. Cantilena.

canto m. Arte de cantar. 2 Música de canto. 3 fig. Elogio de lo que es ejemplar en su género. 4 Extremidad, lado, borde o esquina. 5 Trozo de piedra.

cantón m. Esquina. 2 País, región.

cantonera f. Pieza de refuerzo en las esquinas de libros, muebles, etc.

cantor, -ra adj.-s. Que canta. 2 fig. Poeta.

cantueso m. Planta labiada parecida al espliego.

canturrear, canturriar intr. fam. Cantar a media voz.

cánula f. Tubo de la jeringa.

canutillo m. Bobina de hilo para coser o bordar.

canuto m. Tubo. 2 Porro.

caña f. Tallo de las gramináceas. 2 Planta graminácea, de 3 a 4 m. de altura, propia de zonas húmedas. 3 Parte de la bota o de la media que cubre la pierna. 4 Palanca de la cabeza del timón, con la cual se maneja. 5 Vaso alto y estrecho. 6 Instrumento de pesca. 7 Vaso pequeño de cerveza. ▷ *Dar* o *meter ~,* aumentar la intensidad de algo.

cañada f. Espacio de tierra entre dos alturas.

cañadilla f. Molusco gasterópodo marino comestible, que segrega un líquido colorante con que los antiguos fabricaban la púrpura.

cañamazo m. Tela de tejido ralo sobre la que se borda.

cáñamo m. Planta de tallo recto del que se extrae una fibra usada para hacer cuerda.

cañamón m. Simiente del cáñamo que se da de comer a los pájaros.

cañaveral m. Terreno poblado de cañas.

cañería f. Conducto formado por caños.

cañí adj.-com. Gitano.

cañizo m. Tejido de cañas.

caño m. Tubo. 2 Chorro.

cañón m. Objeto en forma de tubo. 2 Tubo por donde sale el proyectil en las armas de fuego. 3 Arma de artillería que lanza proyectiles pesados. 4 Parte hueca de la pluma del ave. 5 Paso estrecho entre montañas. 6 Foco potente que ilumina la figura con un círculo.

cañonazo m. Disparo de cañón.

cañonero, -ra adj.-s. Que lleva cañones.

cañutillo m. Tubito sutil de vidrio usado en trabajos de pasamanería. 2 Hilo de oro o de plata rizado para bordar. 3 Trabajo o adorno en algunas telas.

cañuto m. En las cañas, entrenudo. 2 Cañón o tubo corto y no muy grueso.

caoba f. Árbol de tronco alto, recto y grueso, de madera muy estimada.

caolín m. Arcilla blanca.

caolinización f. GEOL. Transformación de los feldespatos y de otros silicatos en caolín por la acción meteorológica.

caos m. fig. Confusión y desorden.

caótico, -ca adj. Perten. o rel. al caos.

capa f. Ropa larga y suelta, sin mangas, que se lleva sobre el vestido. 2 Extensión uniforme de una substancia que cubre una cosa. 3 Capote de torero. ▷ *De ~ caída,* en decadencia. *Hacer uno de su ~ un sayo,* obrar con libertad sin contar con los demás.

capacete m. Pieza de la armadura especie de casco sin cresta ni visera.

capacidad f. Propiedad de una cosa de poder contener otra u otras. 2 Aptitud para ejercer un derecho o función.

capacitar tr. Hacer apto, habilitar.

capacha f. Pequeño capacho de palma.

capacho m. Espuerta.

capar tr. Extirpar o inutilizar los órganos genitales.

caparazón m. Cubierta que se pone a los animales para protegerlos. 2 Envoltura rígida que protege el cuerpo de los crustáceos, los quelonios, etc.

capataz, -za *m. f.* Persona que gobierna y vigila a cierto número de operarios.

capaz *adj.* Que tiene capacidad. 2 Grande, espacioso.

capazo *m.* Espuerta grande.

capcioso, -sa *adj.* Artificioso, engañoso.

capea *f.* Acción de capear. 2 Lidia de becerros o novillos por aficionados.

capear *tr.* Hacer suertes al toro con la capa. 2 MAR. Sortear el mal tiempo.

capelo *m.* Sombrero rojo de cardenal.

capellán *m.* Sacerdote de una capilla u oratorio privado.

capellanía *f.* Fundación para misas y otras cargas pías.

caperuza *f.* Bonete que remata en punta hacia atrás. 2 Pieza que cubre o protege el extremo de algo.

capialzar *tr.* Levantar un arco o dintel por uno de sus frentes.

capicúa *adj.-m.* Díc. del número que es igual leído de izquierda a derecha que de derecha a izquierda.

capilar *adj.* Perten. o rel. al cabello o la capilaridad. 2 Del diámetro de un cabello. - 3 *adj.-m.* Vaso sanguíneo muy tenue.

capilaridad *f.* Calidad de capilar. 2 Cierta propiedad de los líquidos.

capilla *f.* Capucha. 2 Iglesia pequeña o parte de una iglesia con altar particular. 3 Oratorio. 4 Cuerpo de músicos o cantores de una iglesia. ▷ *Estar en ~,* esperar un hecho inminente.

capillejo *m.* Madeja de seda para coser.

capillo *m.* Gorrito de lienzo que se pone a los niños de pecho.

capirotada *f.* Aderezo con hierbas, huevos, ajos, etc., para rebozar otros manjares.

capirotazo *m.* Golpe dado en la cabeza con el dedo.

capirote *m.* Cucurucho de cartón cubierto de tela que, en la cabeza, traen los penitentes.

capital *adj.* Perten. o rel. a la cabeza. 2 Principal, importante. - 3 *adj.-f.* Díc. de la población principal de un Estado, provincia, etc. - 4 *m.* Potencia económica necesaria para una empresa o negocio.

capitalismo *m.* Régimen económico fundado en el predominio del capital.

capitalista *adj.* Propio del capital o del

capitalismo. - 2 *com.* Persona acaudalada. 3 Propietario de medios de producción.

capitalizar *tr.* Fijar el capital que corresponde a determinado rendimiento o interés. 2 Ahorrar, atesorar.

capitán, -tana *m.* Oficial que manda una compañía, escuadrón o batería. 2 El que manda un barco mercante. - 3 *m. f.* Jefe de un equipo deportivo.

capitana *f.* Nave en que va embarcado y enarbola su insignia el jefe de una escuadra.

capitanear *tr.* Mandar como capitán.

capitel *m.* Parte que corona la columna.

capitoste *com.* desp. Persona con influencia, mando, etc.

capitulación *f.* Pacto. 2 Convenio en que se estipula una rendición.

capitular *adj.* Perten. o rel. a un cabildo. - 2 *intr.-tr.* Pactar. - 3 *intr.* Rendirse.

capítulo *m.* Junta de religiosos. 2 División en los libros. ▷ *Ser ~ aparte,* ser cuestión distinta.

capnomancia, -mancía *f.* Adivinación supersticiosa por medio del humo.

capó *m.* Cubierta del motor de los automóviles.

capón *adj.* Castrado. - 2 *m.* Pollo que se castra cuando es pequeño y se ceba. 3 Golpe dado en la cabeza con los nudillos.

caporal *m.* El que tiene a su cargo el ganado de una hacienda.

capota *f.* Cubierta plegable de coche.

capotar *intr.* Dar el avión vuelta de campana por la proa, al despegar o al aterrizar.

capotazo *m.* Suerte del toreo hecha con el capote.

capote *m.* Capa con mangas. 2 Gabán militar. 3 Capa corta de torero. ▷ *Echar un ~,* ayudar al que se halla en apuro.

cappa *f.* Décima letra del alfabeto griego, equivalente a la *k* o a la *c* delante de a, o, u del español.

capricho *m.* Idea o propósito repentino y sin motivo aparente.

caprichoso, -sa, caprichudo, -da *adj.* Que obra o se hace por capricho.

cápsula *f.* Casquete sobre la boca de una botella. 2 Cilindro hueco con un fulminante. 3 Envoltura insípida y soluble en que se encierran ciertos medicamentos. 4 Membrana en forma de saco. 5 BOT. Fruto seco que contiene la semilla.

capsular *adj.* En forma de cápsula.

captación *f.* Ac. y ef. de captar.

captar *tr.-prnl.* Atraer a sí los afectos. - 2 *tr.* Recoger las aguas de un manantial, las ondas radiofónicas, etc. 3 En sentido material, percibir, aprehender.

captura *f.* Ac. y ef. de capturar.

capturar *tr.* Aprehender.

capucha *f.* Gorro cónico unido a una prenda y caído sobre la espalda.

capuchina *f.* Planta trepadora de jardín.

capuchino, -na *adj.-s.* Díc. del religioso franciscano.

capuchón *m.* Cubierta de la pluma estilográfica, bolígrafo, etc.

capullo *m.* Cubierta protectora que las larvas del gusano de seda se fabrican con el hilo que segregan. 2 Botón de las flores. 3 *fig. fam.* Torpe, estúpido, imbécil.

capuz *m.* Vestidura larga y holgada, con capucha y una cola.

caquexia *f.* Estado de deterioro orgánico, profundo y progresivo. 2 Decoloración de las partes verdes de las plantas por falta de luz.

caqui *m.* Árbol originario del Japón, de fruto dulce con pulpa blanca. 2 Fruto de este árbol. - 3 *adj.* De color caqui.

cara *f.* Parte anterior de la cabeza desde la frente hasta la barbilla. 2 Fachada. 3 Superficie que junto con otras limita un poliedro. ▷ *a ~*, uno frente a otro. *Dar la ~*, afrontar el peligro. *Echar en ~*, reprochar. *Lavar la ~ a uno*, adularle, halagarle. *Romperse la ~*, defender con vehemencia.

caraba *f.* Conversación, broma, holgorio. ▷ *Ser algo la ~*, no haber quien se entienda.

carabaña *f.* Agua de efectos purgantes.

carabela *f.* Antiguo barco largo y angosto, con tres palos y cofa.

carabina *f.* Fusil corto. 2 Persona que se pega a una pareja. ▷ *Ser la ~ de Ambrosio*, no servir para nada.

carabinero *m.* Miembro de un cuerpo que persigue el contrabando.

cárabo *m.* Escarabajo. 2 Ave rapaz nocturna de color pardo con manchas blancas.

caracol *m.* Molusco de concha en espiral. 2 Vuelta que el jinete hace dar al caballo. 3 ANAT. Cavidad del oído interno.

caracola *f.* Caracol marino grande.

caracolear *intr.* Hacer caracoles el caballo.

carácter *m.* Conjunto de rasgos distintivos. 2 Condición de las personas. 3 Energía de la voluntad. 4 Signo de escritura o imprenta. 5 Señal o marca.

característica *f.* Parte entera de un logaritmo.

característico, -ca *adj.* Perten. o rel. al carácter. - 2 *adj.-f.* Díc. de la cualidad distintiva.

caracterizar *tr.* Determinar por sus cualidades peculiares. 2 Enaltecer, autorizar. 3 Representar un actor su personaje.

caracterología *f.* Rama de la psicología que estudia los caracteres individuales o colectivos.

carado, -da *adj.* Con los adv. *bien* o *mal*, que tiene buena o mala cara.

caradriforme *adj.-m.* Díc. del ave de tamaño y aspecto variado, por lo general buenas voladoras, y propias de las regiones costeras.

caradura *adj.-com. fam.* Sinvergüenza, descarado.

carajillo *m.* Bebida caliente a base de café y licor.

¡caramba! Interjección de extrañeza o enfado.

carámbano *m.* Pedazo de hielo largo y puntiagudo.

carambola *f.* Lance del billar consistente en hacer que una bola toque a las otras dos. 2 *fig. fam.* Casualidad, azar.

caramelo *m.* Pasta de azúcar hecho almíbar y endurecido.

caramillo *m.* Flauta de caña, madera o hueso, con sonido muy agudo.

caramujo *m.* Especie de caracol pequeño que se pega a los fondos de los barcos.

carantoñas *f. pl.* Halagos, caricias, lisonjas.

carapacho *m.* Caparazón que cubre las tortugas, los cangrejos y otros animales.

carátula *f.* Portada de un libro, revista, disco, etc.

carava *f.* Reunión que celebraban los labradores los días de fiesta para recrearse.

caravana *f.* Grupo de viajeros o vehículos que van juntos. 2 Vehículo remolcable que permite hacer la vida en su interior.

caravaning *m.* Forma de camping practicado en una caravana.

carbón *m.* Substancia sólida, negra, combustible, que resulta de la combustión incompleta de otros cuerpos orgánicos. 2 ~ *de piedra,* substancia fósil, de color obscuro.

carbonada *f.* Cantidad grande de carbón que se echa de una vez en la hornilla. 2 Carne cocida, picada y asada.

carbonado *m.* Diamante negro.

carbonar *tr.-prnl.* Hacer carbón.

carbonarismo *m.* Asociación política secreta que actuó especialmente en Italia y Francia a principios del s. XIX.

carbonatar *tr.* Convertir una substancia en carbonato.

carbonato *m.* Sal del ácido carbónico.

carboncillo *m.* Carbón para dibujar.

carbonear *tr.* Hacer carbón de leña.

carbonera *f.* Pila de leña, cubierta de arcilla para carbonear. 2 Lugar donde se guarda el carbón. 3 Seta con el sombrero de color variable, las láminas y el pie blancos.

carbonero, -ra *adj.* Perten. o rel. al carbón. - 2 *m. f.* Persona que hace o vende carbón. - 3 *f.* Lugar donde se guarda.

carbónico, -ca *adj.* Perten. o rel. al carbono. 2 Compuesto de él.

carbonífero, -ra *adj.* Que contiene carbón.

carbonilo *m.* Óxido de carbono que actúa como radical.

carbonilla *f.* Carbón menudo.

carbonita *f.* Especie de coque natural.

carbonizar *tr.* Reducir a carbón.

carbono *m.* Metaloide sólido, componente principal del carbón.

carboxilo *m.* Grupo monovalente formado por carbono, oxígeno e hidrógeno.

carbunco *m.* Enfermedad contagiosa de los animales.

carburación *f.* En los motores, paso del aire sobre la gasolina para obtener la mezcla inflamable.

carburador *m.* Aparato para carburar.

carburante *adj.-s.* Que contiene hidrocarburo. - 2 *m.* Mezcla de hidrocarburos que se emplea en los motores de explosión.

carburar *tr.* Mezclar los gases o el aire con hidrocarburos. 2 *fam.* Funcionar.

carburo *m.* Combinación del carbono con un cuerpo simple.

carca *adj.-com.* *fam.* Viejo, lleno de prejuicios, extremadamente conservador.

carcaj *m.* Aljaba.

carcajada *f.* Risa ruidosa.

carcajear *intr.-prnl.* Reír a carcajadas.

carcamal *adj.-m.* *fam.* Díc. de la persona vieja y achacosa.

carcasa *f.* Armazón.

cárcava *f.* Hoya. 2 Zanja.

cárcel *f.* Edificio para custodia de los presos.

carcelero *m. f.* Persona que cuida de la cárcel.

carcinógeno, -na *adj.-m.* Substancia o agente que produce o favorece el cáncer.

carcinología *f.* Parte de la zoología que trata de los crustáceos.

carcinoma *m.* Tumor canceroso.

carcoma *f.* Insecto que roe la madera. 2 *fig.* Cosa que consume.

carcomer *tr.* Roer la carcoma. 2 *fig.* Consumir poco a poco.

carda *f.* Cabeza terminal del tallo de la cardencha. 2 Instrumento para preparar el hilado de la lana.

cardar *tr.* Preparar una materia textil para el hilado. 2 Sacar el pelo a los paños.

cardenal *m.* Prelado del Consejo del Papa.

cardenalicio, -a *adj.* Perten. o rel. al cardenal.

cardencha *f.* Planta de tallo espinoso y flores rojas. 2 Carda.

cardenilla *f.* Variedad de uva menuda, tardía y de color amoratado.

cardenillo *m.* Substancia venenosa que se forma en los objetos de cobre.

cárdeno, -na *adj.* De color morado.

cardíaco, -ca, cardiaco, -ca *adj.* Perten. o rel. al corazón.

cardias *m.* Orificio superior del estómago por el cual comunica con el esófago.

cardina *f.* Hoja parecida a las del cardo.

cardinal *adj.* Principal, fundamental.

cardiografía *f.* Estudio y descripción del corazón.

cardiología *f.* Parte de la medicina que estudia el corazón.

cardiopatía *f.* Enfermedad del corazón.

cardo *m.* Planta de hojas espinosas y cabezuelas redondas.

cardume, -men m. Banco de peces.

carear tr. Poner cara a cara.

carecer intr. Tener falta de alguna cosa.

carel m. Borde superior de una embarcación pequeña donde se fijan los remos que la mueven.

carena f. Obra viva, parte normalmente sumergida de la nave. 2 Carrocería aerodinámica de un vehículo.

carenar tr. Reparar el casco de una nave. 2 Dar forma aerodinámica a la carrocería de un vehículo.

carencia f. Falta de una cosa.

carente adj. Que carece.

carestía f. Escasez. 2 Precio alto.

careta f. Máscara para cubrir la cara.

careto m. fam. Cara.

carey m. Tortuga marina de concha parda y leonada. 2 Materia córnea de su concha.

carga f. Ac. y ef. de cargar. 2 Lo que se transporta. 3 Proyectil y explosivo para un disparo. 4 Cosa que hace peso. 5 Gravamen. 6 Obligación. ▷ *Dar la ~*, insistir con empeño.

cargado, -da adj. Fuerte, espeso, denso.

cargador m. El que carga mercancías. 2 Pieza que contiene varios cartuchos para cargar las armas de fuego.

cargamento m. Carga.

cargante adj. Enojoso, pesado.

cargar tr. Poner peso, mercancías, etc., sobre una persona, animal o vehículo. 2 Imponer tributo u obligación. 3 Introducir la carga en un arma. 4 Anotar en las cuentas las partidas del debe. 5 Acometer al enemigo. - 6 intr. Hacer peso, estribar, apoyarse. 7 Con la preposición *con,* tomar sobre sí algún peso u obligación. ▷ *Cargarse a uno,* matarle.

cargazón f. Carga. 2 Pesadez sentida en alguna parte del cuerpo. 3 Aglomeración de nubes espesas.

cargo m. Carga o peso. 2 fig. Obligación. 3 Gobierno, custodia. 4 Dignidad, empleo. 5 fig. Falta que se imputa. ▷ *A ~ de,* confiado al cuidado de una persona. *Hacerse ~ de alguna cosa,* encargarse de ella.

carguero, -ra adj. Que lleva carga. - 2 m. Barco de carga.

cariado, -da adj. Atacado de caries.

cariar tr. Producir caries. - 2 prnl. Padecer caries.

cariátide f. Estatua de mujer con traje talar que sirve de columna o pilastra.

caribeño, -na adj.-s. Del Caribe.

caribú m. Mamífero artiodáctilo, especie de reno salvaje, propio del Canadá.

caricato m. Cómico que imita a algunos personajes frente al público.

caricatura f. Obra de arte en que se ridiculiza a una persona o cosa.

caricaturizar tr. Hacer la caricatura. 2 Remedar de manera grotesca.

caricia f. Demostración cariñosa.

caridad f. Virtud teologal de amar a Dios y al prójimo. 2 Limosna, auxilio.

caries f. Destrucción progresiva de un hueso. 2 Destrucción del esmalte dental.

carilla f. Plana, página.

carillón m. Conjunto de campanas acordadas. 2 Sonido producido por las mismas. 3 Instrumento músico de percusión que consiste en una serie de láminas de acero.

cariñena m. Vino de Cariñena muy dulce y oloroso.

cariño m. Amor, afecto. 2 fig. Expresión de dicho sentimiento.

cariñoso, -sa adj. Que muestra cariño.

cariocinesis f. BIOL. División indirecta de la célula, precedida de una transformación completa del núcleo.

cariópside f. Fruto seco, monospermo e indehiscente, considerado como un aquenio, de pericarpio adherido a la semilla.

cariotipo m. Conjunto cromosómico total de un individuo.

carisma m. Prestigio personal.

caritativo, -va adj. Que ejercita la caridad.

cariz m. Aspecto.

carlinga f. Cabina del avión.

carlismo m. Programa político de los partidarios de don Carlos de Borbón o de sus descendientes.

carmelita adj.-s. Díc. del religioso de la orden del Carmen.

carmenar tr. Desenredar y limpiar el cabello, la lana, la seda, etc.

carmesí adj.-m. De color parecido al de la grana.

carmín adj.-m. De color rojo encendido.

carminativo, -va adj. Que favorece la expulsión de los gases del tubo digestivo.

carnación f. Manera de representar la

carne con que se representa en la pintura.

carnada f. Cebo de carne.

carnal adj. Perten. o rel. a la carne o a la lujuria. 2 fig. Terrenal.

carnalita f. Cloruro doble de potasio y magnesio.

carnaval m. Los tres días que preceden al miércoles de ceniza. 2 Fiesta que se celebra en tales días.

carnaza f. Cara de las pieles que ha estado en contacto con la carne. 2 Carnada. 3 Carne en abundancia y de mala calidad.

carne f. Parte del cuerpo animal constituida por sus músculos. 2 Parte mollar de la fruta. 3 ~ *de membrillo,* dulce de membrillo. ▷ ~ *de gallina,* espasmo que da a la epidermis humana la apariencia de la piel de las gallinas desplumadas. ~ *de cañón,* tropa expuesta al peligro de muerte. *En* ~ *viva,* parte del cuerpo despojada accidentalmente de epidermis. *No ser uno ni* ~ *ni pescado,* fig., carecer de carácter. *Poner toda la* ~ *en el asador,* arriesgarlo todo de una vez.

carné m. Tarjeta de identificación personal o de afiliación.

carnero m. Rumiante ovino de cuernos en espiral, cola larga y lana espesa.

carnestolendas f. pl. Carnaval.

carnet m. Carné.

carnicería f. Tienda de carnicero. 2 fig. Mortandad.

carnicero, -ra adj.-m. Carnívoro. 2 fig. Cruel. - 3 m. f. Persona que vende carne.

cárnico, -ca adj. Perten. o rel. a la carne comestible y a sus preparados.

carnificación f. Alteración morbosa que da a los tejidos de ciertos órganos una consistencia de carne.

carnina f. Principio amargo contenido en el extracto de carne.

carnívoro, -ra adj.-s. Que se alimenta de carne.

carniza f. Desperdicio de la carne del animal que se mata.

carnosidad f. Gordura.

carnoso, -sa adj. De carne o de consistencia de carne.

caro, -ra adj. Que excede el valor regular. 2 Subido de precio.

carola f. Baile medieval en el que se daban vueltas cogidos de un dedo de la mano.

carolina f. Hierba leguminosa, con hojas pinnadas y cabezuelas florales de color rosa y lila.

carolingio, -gia adj.-s. Perten. o rel. a Carlomagno, a su familia y dinastía, o a su tiempo.

carosis f. Sopor profundo acompañado de insensibilidad completa.

carota com. fam. Descarado, caradura.

carótida f. Arteria que por uno y otro lado del cuello lleva la sangre a la cabeza.

carotina f. Pigmento amarillo anaranjado de ciertas células vegetales.

carozo m. Raspa de la espiga del maíz.

carpa f. Pez teleósteo comestible, de agua dulce. 2 Gran toldo que cubre un circo o cualquier otro recinto.

carpelo m. BOT. Órgano sexual femenino de las plantas fanerógamas, que protege los óvulos.

carpeta f. Par de cubiertas entre las que se guardan papeles.

carpetano, -na adj.-s. De Carpetania, ant. región de España.

carpetovetonismo m. Defensa de lo español a ultranza, rechazando la influencia exterior.

carpintería f. Taller, oficio y obra del carpintero.

carpintero m. El que trabaja la madera.

carpo m. ANAT. Conjunto de ocho huesos de la mano que forma la muñeca.

carpófago, -ga adj. Que se alimenta de frutos.

carpología f. Parte de la botánica que estudia el fruto de las plantas.

carquexia f. Mata leguminosa parecida a la retama.

carraca f. Instrumento músico de percusión, de madera, compuesto de una rueda dentada movida por una manivela.

carral m. Barril para acarrear vino.

carraleja f. Escarabajo de color negro con los élitros blandos y pequeños.

carrara m. Mármol blanco de Carrara.

carrasca f. Encina pequeña.

carraspear intr. Tener carraspera.

carraspera f. Aspereza en la garganta.

carrera f. Paso del que corre. 2 fig. Actividad profesional y estudios necesarios para desempeñarla. 3 Espacio que ha de recorrer una comitiva. 4 Competición de velocidad. 5 Línea de puntos sueltos en una media.

carrerilla f. Carrera breve para tomar impulso o saltar. 2 Sucesión rápida de las notas de una escala musical. ▷ *De* ~, fam., de memoria y de corrida.

carreta f. Carro largo y bajo.

carretada f. Carga de una carreta o de un carro.

carrete m. Cilindro en que se arrollan el hilo, alambre, película fotográfica, etc. ▷ *Dar* ~ *a uno,* entretenerle con astucia.

carretera f. Camino ancho para vehículos.

carretero m. El que por oficio, hace o guía carros.

carretilla f. Carro pequeño de mano.

carretón m. Carro pequeño y abierto.

carricoche m. Carro cubierto de caja como la de un coche. 2 desp. Coche viejo o de mala figura. 3 Tiovivo.

carril m. Huella que dejan las ruedas del carruaje. 2 En una vía pública, banda destinada al tránsito de una sola fila de vehículos. 3 Guía metálica o de cemento por la que se deslizan los trenes.

carrillada f. Grasa que tiene el puerco a uno y otro lado de la cara.

carrillo m. Parte carnosa de la cara debajo de la mejilla.

carriola f. Cama baja o tarima con ruedas.

carrizo m. Planta gramínácea de tallo alto y hojas anchas.

carro m. Carruaje de dos ruedas que, tirado por caballerías sirve para el transporte. 2 ~ *de combate,* automóvil de guerra blindado, provisto de orugas y armado con cañones y ametralladoras. ▷ *Parar un* ~, contenerse.

carrocería f. Caja de un vehículo automóvil o ferroviario.

carromato m. Carro con toldo.

carroña f. Carne corrompida.

carroñero, -ra adj. Que se alimenta de carroña.

carroza f. Coche grande y lujoso.

carruaje m. Vehículo sobre ruedas.

carrucha f. Polea.

carrujo m. Copa de un árbol.

carrusel m. Ejercicio ecuestre. 2 Tiovivo.

carta f. Papel escrito y cerrado, dirigido a una persona. 2 Naipe. 3 Lista de platos y bebidas de un restaurante. 4 MAR. Mapa. 5 ~ *pastoral,* escrito de un pre-

lado a los fieles. ▷ *Tomar cartas en un asunto,* intervenir en él.

cartabón m. Regla de dibujo en forma de triángulo rectángulo escaleno.

cartapacio m. Cuaderno. 2 Conjunto de papeles contenidos en una carpeta.

cartapel m. Escrito inútil o impertinente.

cartear intr. Jugar las cartas falsas. - 2 prnl. Corresponderse por carta.

cartel m. Papel que se fija en parajes públicos.

cártel m. Convenio o asociación de empresas comerciales, para mantener o aumentar los precios.

cartela f. Pedazo de cartón, madera, etc., a modo de tarjeta. 2 Decoración que enmarca una parte central destinada a recibir emblemas, leyendas, etc.

cartelera f. Armazón para fijar carteles. 2 Sección en los periódicos donde se anuncian los espectáculos.

cartelero m. El que tiene por oficio fijar carteles.

cárter m. Cubierta protectora de un mecanismo. 2 Depósito para lubricante de un motor de explosión.

cartera f. Billetero (utensilio). 2 Bolsa de piel, con tapadera y asa, para llevar libros, legajos, etc. 3 fig. Empleo de ministro. ▷ *Tener en* ~ *una cosa,* tenerla dispuesta para su pronto estudio o ejecución.

cartería f. Empleo de cartero. 2 Oficina donde se recibe y despacha la correspondencia pública.

carterista com. Ladrón de carteras.

cartero, -ra m. f. Persona que, por oficio, reparte las cartas del correo.

cartesianismo m. Sistema filosófico de Descartes.

cartesiano, -na adj. Perten. o rel. al sistema filosófico de Descartes.

cartilaginoso, -sa adj. Rel. o semejante al cartílago.

cartílago m. ANAT. Tejido conjuntivo sólido, resistente y elástico.

cartilla f. Libro para aprender las letras del alfabeto, y en gral. lo elemental de un oficio o arte.

cartivana f. Tira de papel o tela que se pone en las láminas u hojas sueltas para encuadernarlas.

cartografía f. Ciencia que estudia el trazado de cartas geográficas. 2 Ciencia que las estudia.

cartograma m. Mapa en el cual las intensidades de un fenómeno se representan con la calidad del color o del trazado.

cartomancia, -macía f. Adivinación supersticiosa por medio de naipes.

cartometría f. Medición de las líneas trazadas sobre las cartas geográficas.

cartómetro m. Curvímetro que se usa para medir las líneas trazadas sobre las cartas geográficas.

cartón m. Hoja gruesa y dura de papel.

cartoné m. Encuadernación con tapas de cartón y forro de papel.

cartuchera f. Caja para cartuchos.

cartuchería f. Conjunto de cartuchos.

cartucho m. Cilindro que contiene la carga para un arma de fuego. 2 Dispositivo de carga para que funcionen ciertas máquinas. ▷ *Quemar el último* ~, emplear el último recurso.

cartuja f. Orden religiosa fundada por San Bruno.

cartujano, -na adj. Perten. o rel. a la cartuja. 2 Díc. del caballo o yegua de raza andaluza.

cartujo, -ja adj.-s. Díc. del religioso de la cartuja.

cartulina f. Cartón delgado.

carúncula f. Excrecencia carnosa de algunos animales.

carvajo, carvallo m. Roble.

casa f. Edificio destinado para habitación humana. 2 Linaje, familia. 3 Edificio destinado a un uso especial.

casaca f. Vestidura ceñida al cuerpo con faldones hasta las corvas.

casadero, -ra adj. Que está en edad de casarse.

casado, -da adj.-s. Díc. de la persona que está casada.

casamata f. Bóveda para instalar piezas de artillería.

casamentero, -ra adj.-s. Que propone bodas o interviene en su ajuste.

casamiento m. Ceremonia nupcial.

casar intr.-prnl. Contraer matrimonio. - 2 tr. Unir. 3 DER. Anular. ▷ *No casarse uno con nadie,* conservar la independencia.

cascabel m. Bola hueca de metal con un escrupulillo dentro para que suene.

cascabelero, -ra adj.-s. fig. Díc. de la persona de poco juicio. - 2 m. Sonajero.

cascado, -da adj. fig. Muy trabajado o

gastado. - 2 f. Despeñadero de agua.

cascajo m. Guijo. 2 Trasto inútil.

cascanueces m. Utensilio para partir nueces, avellanas, etc.

cascar tr. Romper sin llegar a separarse las partes. 2 Dar golpes.

cáscara f. Corteza o cubierta. ▷ *Ser de la ~ amarga,* ser díscolo.

cascarilla f. Arbusto de 1,5 m. de altura cuya corteza tiene propiedades medicinales.

cascarón m. Cáscara del huevo.

cascarrabias com. Persona que se enoja fácilmente.

cascarrón, -rrona adj. fam. Bronco, áspero y desapacible.

cascarudo, -da adj. Que tiene gruesa la cáscara.

casco m. Cráneo. 2 Pieza que protege la cabeza. 3 Uña de la caballería. 4 Cuerpo de un barco. 5 Pedazo de vasija rota. 6 Tonel o botella para envase. 7 ~ *urbano,* conjunto de edificios agrupados de una población. ▷ *Ligero de cascos,* alocado.

cascote m. Fragmento de alguna fábrica derribada o en ruinas. 2 Escombro.

caseificar tr. Transformar en caseína.

caseína f. Substancia orgánica contenida en la leche.

caseoso, -sa adj. Perten. o rel. al queso.

caserío m. Conjunto de casas. - 2 f. Casa de campo aislada.

casero, -ra adj. Que se hace en casa. 2 Que está mucho en su casa. - 3 m. f. Dueño o administrador de una casa.

caserón m. Casa grande y destartalada.

caseta f. Casa pequeña de construcción ligera. 2 Barraca de feria.

casete f. Cajita que contiene una cinta magnética para registro y reproducción de sonido e imágenes. 2 Aparato para dichos registros y reproducción del sonido.

casetón m. Adorno con molduras y un florón en el centro.

casi adv. c. Cerca de, poco menos de, aproximadamente, por poco.

casida f. Composición poética árabe, breve y de asunto amoroso.

cásida f. Insecto coleóptero, de cuerpo redondeado con los élitros brillantes.

casilla f. Casa pequeña y aislada. 2 Escaque. 3 Compartimiento.

casillero m. Mueble con divisiones.

casino m. Sociedad de los que se juntan

para conversar, leer, jugar, etc. 2 Edificio en que esta sociedad se reúne.

casiterita *f.* Bióxido de estaño nativo, de color pardo y brillo como el diamante.

caso *m.* Suceso, ocasión, asunto. 2 GRAM. Función que desempeñan los substantivos, adjetivos y pronombres en la oración. ▷ *A ~ hecho,* con premeditación. *~ que,* o *en ~ de que,* si sucede de tal o cual cosa. *En todo ~,* como quiera que sea. *Hacer ~ de uno,* o *de una cosa,* tenerle consideración, apreciarla. *Hacer ~ omiso de una cosa,* prescindir de ella. *Venir al ~ una cosa,* venir al propósito de lo que se trata; convenir o importar para algún efecto.

caspa *f.* Escamilla formada en la cabeza.

¡cáspita! Interjección de extrañeza.

casquete *m.* Cubierta de tela, cuero, etc., que se ajusta a la cabeza. 2 *~ polar,* superficie terrestre comprendida entre el círculo polar y el polo respectivo.

casquijo *m.* Multitud de piedra menuda para hacer hormigón.

casquillo *m.* Cartucho metálico vacío. 2 Parte metálica de la bombilla que conecta con el circuito.

casquivano, -na *adj.* fam. De poco juicio.

casta *f.* Generación, linaje. 2 fig. Clase, especie, calidad.

castaña *f.* Fruto del castaño. 2 Especie de moño. 3 Vasija o frasco para contener líquidos con figura de castaña. ▷ *Sacar a uno las castañas del fuego,* ayudarlo, aún a riesgo de daño.

castañeta *f.* Sonido que resulta de entrechocar el dedo medio y el pulgar. 2 Pez marino teleósteo, carnívoro, de cuerpo alto muy ovalado y comprimido, hocico muy corto.

castañetear *tr.* Tocar las castañuelas. - 2 *intr.* Dar chasquidos con los dedos. 3 Sonarle a uno los dientes.

castaño, -ña *adj.-m.* De color parecido a la castaña. - 2 *m.* Árbol cupulífero de tronco grueso, copa ancha y fruto comestible. ▷ *Pasar de ~ oscuro,* ser algo muy grave.

castañuela *f.* Instrumento músico de percusión compuesto de dos pequeñas piezas de madera en forma de concha. ▷ *Estar como unas castañuelas,* estar muy alegre.

castellana *f.* Copla de cuatro versos de romance octosílabo.

castellanizar *tr.* Dar forma castellana a un vocablo. 2 Enseñar el castellano.

castellano, -na *adj.-s.* De Castilla. - 2 *adj.-m.* Dialecto romance origen del español.

casticismo *m.* Amor a lo castizo.

casticista *com.* Purista en el uso del idioma.

castidad *f.* Virtud del que se abstiene de todo goce sexual ilícito. 2 Continencia absoluta.

castigar *tr.* Imponer o ejecutar algún castigo.

castigo *m.* Pena por un delito o falta.

castillejo *m.* Andamio que se arma para levantar pesos considerables.

castillete *m.* Armazón de distintas formas y materias que sirve de sostén.

castillo *m.* Edificio fortificado. 2 Parte de la cubierta alta de un buque. ▷ *Hacer castillos en el aire,* tener esperanzas sin fundamentos.

castizo, -za *adj.* De buena casta. 2 Que representa bien los caracteres de su raza, país, ciudad, etc. 3 Puro y sin mezcla.

casto, -ta *adj.* Que guarda castidad.

castor *m.* Mamífero roedor de cola plana y pelo espeso y fino. 2 Paño de este pelo.

castrar *tr.* Capar.

castrense *adj.* Perten. o rel. al ejército.

castrismo *m.* Doctrina política basada en las ideas de Fidel Castro.

castro *m.* Ciudad celta amurallada situada en una cima rocosa.

casual *adj.* Que sucede por casualidad.

casualidad *f.* Combinación de circunstancias inevitables que provocan un acontecimiento imprevisto. 2 Suceso imprevisto cuya causa se ignora.

casualismo *m.* Teoría que funda en el acaso el origen de todos los acontecimientos.

casuario *m.* Ave de plumaje oscuro con manchas rojas y azules.

casuística *f.* Consideración de los diversos casos particulares que se pueden prever en determinada materia.

casulla *f.* Vestidura que se pone el sacerdote sobre las demás para celebrar.

catabolismo *m.* BIOL. Parte del proceso del metabolismo en la cual se destruye la substancia de los seres vivos.

cataclasis *f.* GEOL. Fragmentación de los componentes de una roca por un proceso tectónico.

cataclismo *m.* Trastorno grande del globo terráqueo. **2** fig. Catástrofe.

catacresis *f.* RET. Metáfora de uso corriente ya lexicalizada y no advertida como tal.

catacumbas *f. pl.* Subterráneos para uso funerario de los primitivos cristianos.

catadióptrico, -ca *adj.* Que implica a la vez reflexión y refracción de la luz.

catador *m.* El que cata.

catadura *f.* Gesto, semblante.

catafalco *m.* Túmulo suntuoso.

cataforesis *f.* Desplazamiento de partículas que se hallan en suspensión, bajo la influencia de un campo eléctrico.

catalán, -lana *adj.-s.* De Cataluña. - **2** *m.* Lengua catalana.

catalejo *m.* Anteojo.

catalepsia *f.* Suspensión de la sensibilidad y el movimiento acompañado de rigidez muscular.

catálisis *f.* Aceleración de una reacción química.

catalizador *m.* Cuerpo capaz de producir la catálisis.

catalizar *tr.* Producir la catálisis.

catalogación *f.* Ac. y ef. de catalogar.

catalogar *m.* Hacer catálogo.

catálogo *m.* Lista ordenada de cosas.

catamarán *m.* Embarcación deportiva con dos cascos en forma de huso y una plataforma, propulsada a vela o a motor.

cataplasma *m.* Composición blanda medicamentosa de aplicación externa utilizada como calmante.

catapulta *f.* Máquina para lanzar piedras o saetas.

catapultar *tr.* Disparar o lanzar algo con catapulta.

catar *tr.* Gustar o examinar una cosa.

catarata *f.* Salto grande de agua. **2** MED. Opacidad del cristalino.

cátaros *m. pl.* Herejes de los s. XI y XII que afirmaban la existencia de los dos principios universales, el bien y el mal.

catarrino *adj.-m.* Díc. del primate antropoide de tabique nasal muy estrecho.

catarro *m.* Inflamación de las membranas mucosas.

catarsis *f.* Purificación de las pasiones mediante las emociones artísticas.

catártico, -ca *adj.* Perten. o rel. a la catarsis.

catastro *m.* Censo estadístico de fincas.

catástrofe *f.* fig. Suceso infausto y grave.

catastrofismo *m.* Pesimismo extremo. **2** Tendencia a predecir catástrofes.

catatonía *f.* PAT. Conjunto de fenómenos psicomotores caracterizados por una ausencia total de reacción frente a estímulos exteriores.

catavino *m.* Taza para probar el vino.

catear *tr.* Suspender un examen.

catecismo *m.* Libro en forma de preguntas y respuestas.

catecumenado *m.* Tiempo durante el cual se preparaba el catecúmeno para recibir el bautismo.

catecúmeno, -na *m. f.* Persona que se instruye para recibir el bautismo.

cátedra *f.* Aula. **2** Empleo de profesor más alto en institutos de bachillerato y universidades. **3** Dignidad pontificia o episcopal.

catedral *adj.-f.* Iglesia principal de una diócesis.

catedrático, -ca *m. f.* Profesor que ocupa una cátedra.

categoría *f.* Grupo en que se puede clasificar distintos objetos. **2** Rasgo asociado a las distintas partes de la oración para expresar los accidentes gramaticales. ▷ *De* ~, muy bueno.

categórico, -ca *adj.* Absoluto, sin condiciones.

categorizar *tr.* Ordenar o clasificar por categorías.

catenaria *f.* Curva formada por una cadena, cuerda, o cosa parecida, suspendida entre dos puntos que no están en la misma vertical.

catequesis *f.* Ejercicio de catequizar.

catequismo *m.* Ejercicio de instruir en cosas relativas a la religión.

catequizar *tr.* Instruir en la religión.

catering *m.* Servicio de suministro a los aviones.

caterva *f.* desp. Multitud.

catéter *m.* Sonda empleada en medicina.

cateto, -ta *m. f.* desp. Palurdo. - **2** *m.* Lado del ángulo recto en el triángulo rectángulo.

catilinaria *f.* p. ext. Escrito o discurso vehemente dirigido contra alguna persona.

catinga f. Olor fuerte y desagradable que despiden algunos animales y plantas.

catión m. Ion positivo.

cátodo m. Electrodo por donde la corriente eléctrica sale del electrólito. 2 Polo negativo de una pila eléctrica.

catolicismo m. Creencia de la Iglesia fundada por Jesucristo.

católico, -ca adj. Perten. o rel. al catolicismo o que lo profesa.

catolizar tr. Hacer que una persona o cosa adquiera carácter católico.

catóptrica f. Parte de la óptica que trata de la reflexión de la luz.

catoptromancia, -mancía f. Adivinación supersticiosa por medio de espejos.

catorce adj. Diez más cuatro.

catorceavo, -va adj.-s. Parte, que junto con otras trece iguales, constituye un todo.

catre m. Cama ligera para una persona.

caucásico, -ca adj.-s. De una raza a la que pertenecen la mayoría de los pueblos de Europa.

cauce m. Lecho de un río. 2 Acequia.

caución f. Prevención, cautela.

caucho m. Substancia elástica y tenaz que se halla en ciertos árboles tropicales.

caudal adj. Perten. o rel. a la cola. - 2 m. Cantidad de agua que mana o corre. 3 Hacienda, dinero.

caudaloso, -sa adj. De mucha agua.

caudillaje m. Mando de un caudillo.

caudillo m. Adalid, jefe.

caudimano, -na, caudímano, -na adj. Díc. del animal que tiene cola prensil.

caulífero, -ra adj. Díc. de la planta cuya flor nace sobre el tallo.

cauliforme adj. De forma de tallo.

causa f. Aquello que es origen de algo. 2 Motivo, razón. 3 Pleito, proceso. ▷ *A ~ de*, por efecto, a consecuencia de.

causal adj. Que tiene o indica causa.

causalidad f. Relación entre causa y efecto.

causar tr. Ser causa o motivo.

cáustico, -ca adj. Que quema o corroe. 2 fig. Mordaz.

cautela f. Cuidado con que se actúa para evitar un peligro, no ser notado, etc. 2 Astucia.

cauteloso, -sa adj. Que obra con cautela.

tela.

cauterio m. MED. Medio empleado para convertir los tejidos en una escara. 2 fig. Lo que corrige o ataca con eficacia algún mal.

cauterizar tr. CIR. Curar quemando profundamente los tejidos enfermos.

cautivar tr. Aprisionar. 2 Atraer, seducir.

cautiverio m. Estado del cautivo.

cautividad f. Cautiverio.

cautivo, -va adj.-s. Díc. de la persona o animal privado de libertad y retenido en algún lugar por la fuerza.

cauto, -ta adj. Que obra con cautela.

cava f. Acción de cavar. 2 Bodega. - 3 m. Vino blanco espumoso natural.

cavar tr. Mover la tierra con la azada, pico, etc. - 2 intr. Profundizar.

cávea f. Graderío concéntrico o hemiciclo destinado a los espectadores en los teatros, anfiteatros y circos romanos.

caverna f. Cavidad natural en la tierra.

cavernícola adj. Que vive en las cavernas.

cavernoso, -sa adj. Rel. o semejante a la caverna. 2 Sordo y bronco.

caviar m. Manjar de huevas de esturión.

cavidad f. Espacio hueco.

cavilar tr. Considerar una cosa con demasiada insistencia.

cayado m. Bastón corvo por la parte superior. 2 Báculo de los obispos.

cayo m. Isla rasa, arenosa, frecuentemente anegada y cubierta en gran parte de mangle.

caz m. Canal para tomar y conducir el agua.

caza f. Acción de cazar. 2 Animal que se caza. 3 Alcance, persecución.

cazabe m. Torta hecha con harina de raíz de yuca.

cazabombardero m. Avión que sirve tanto para la caza de otros aviones como para el bombardeo ligero.

cazador, -ra adj.-s. Que caza. - 2 f. Especie de chaqueta.

cazadotes m. El que trata de casarse con mujer rica.

cazar tr. Perseguir animales para matarlos o cogerlos.

cazcarria f. Lodo seco pegado a la ropa.

cazo m. Vasija cilíndrica con mango. 2 Cucharón de mango largo y vertical.

cazoleta f. Pieza del puño de la espada

que resguarda la mano. 2 Receptáculo pequeño de algunos objetos.

cazón *m.* Pez marino muy voraz.

cazuela *f.* Vasija redonda, más ancha que honda, para guisar.

cazurro, -rra *adj.-s.* De pocas palabras y metido en sí. 2 Tosco, zafio.

ce *f.* Nombre de la letra *c*.

cebada *f.* Planta graminácea parecida al trigo, con espigas uniformes y grano agudo.

cebadera *f.* Morral para dar cebada al ganado en el campo.

cebador *adj.* Que ceba. 2 Interruptor térmico para el encendido de lámparas de descarga gaseosa.

cebar *tr.* Dar cebo a los animales. 2 Poner cebo en los barrenos. - 3 *tr.-prnl.* Fomentar una pasión. - 4 *prnl.* Encarnizarse.

cebo *m.* Comida con que se engorda o atrae a los animales. 2 Explosivo con que se hace estallar la carga en las armas, barrenos, etc.

cebolla *f.* Planta liliácea hortense de bulbo comestible. 2 Bulbo de esta planta.

cebolleta *f.* Planta parecida a la cebolla, de bulbo pequeño. 2 Bulbo de esta planta.

cebollino *m.* Simiente de cebolla. 2 Planta liliácea parecida a la cebolla.

cebón, -bona *adj.-s.* Animal cebado.

cebra *f.* Mamífero perisodáctilo africano, parecido al asno, de pelaje blanco amarillento con listas transversales pardas.

cebú *m.* Mamífero bovino que tiene encima de la cruz una o dos jibas grasientas.

ceca *f.* Casa donde se acuña moneda.

cecear *intr.* Pronunciar la *s* como *c*.

cecina *f.* Carne salada y seca.

cecografía *f.* Alfabeto y modo de escribir de los ciegos.

cecógrafo *m.* Aparato con que escriben los ciegos.

cecuciente *adj.-com.* Díc. de la persona que se está quedando ciego.

cedazo *m.* Tela de cerdas que cierra la parte inferior de un aro.

ceder *intr.* Disminuirse o cesar la resistencia, la fuerza. 2 Rendirse; sujetarse. 3 Fallar o soltarse algo sometido a una fuerza excesiva. 4 Renunciar. 5 Transferir.

cedilla *f.* Signo que se coloca bajo la letra *c* en algunas lenguas.

cedizo, -za *adj.* Díc. del alimento que empieza a corromperse.

cedro *m.* Árbol conífero de madera aromática e incorruptible.

cédula *f.* Pedazo de papel escrito o para escribir.

cefalalgia *f.* Dolor de cabeza.

cefalea *f.* Cefalalgia violenta que afecta ordinariamente a uno de los lados de la cabeza.

cefalocordado, -da *adj.-m.* Díc. del animal procordado cuyo notocordio se extiende de un extremo a otro del cuerpo.

cefalópodo, -da *adj.-m.* Díc. del molusco marino, sin concha, de cabeza voluminosa rodeada de brazos provistos de ventosas.

cefalorraquídeo *adj.* Díc. de la parte del sistema nervioso relacionada con el encéfalo y la médula espinal.

cefalotórax *m.* Región del cuerpo de los arácnidos y muchos crustáceos formada por la fusión de la cabeza con el tórax.

céfiro *m.* poét. Viento norte.

cegajoso, -sa *adj.-s.* Que habitualmente tiene cargados y llorosos los ojos.

cegar *intr.* Perder la vista. - 2 *tr.* Quitar la vista. 3 fig. Obstruir.

cegato, -ta *adj.-s.* Corto de vista.

cegesimal *adj.* Díc. del sistema de medida que tiene por unidades básicas el centímetro, el gramo y el segundo.

ceguedad *f.* Total privación de la vista.

ceguera *f.* Privación de la vista.

ceiba *f.* Árbol de las regiones tropicales, muy alto, de tronco grueso, hojas palmeadas.

ceibo *m.* Planta leguminosa de adorno y medicinal.

ceja *f.* Parte cubierta de pelo sobre la cuenca del ojo. 2 Pelo que la cubre. ▷ *Hasta las cejas,* hasta el extremo. *Quemarse las cejas,* estudiar mucho. *Tener algo entre ~ y ~,* obsesionarse con alguna cosa.

cejar *intr.* Retroceder, ceder.

cejijunto, -ta *adj.* De cejas casi juntas.

cejilla, cejuela *f.* Pieza que se pone en el mástil de la guitarra para elevar por igual el tono de todas las cuerdas.

celada *f.* Pieza de la armadura que cubría la cabeza. 2 Emboscada.

celador, -ra *adj.-s.* Que cela o vigila.

celaje *m.* Cielo con nubes tenues.

celar *tr.* Vigilar. 2 Observar. 3 Ocultar.

celda *f.* Aposento pequeño. 2 Celdilla.

celdilla *f.* Casilla hexagonal de un panal.

celebérrimo, -ma *adj.* Superlativo de célebre.

celebración *f.* Acción de celebrar.

celebrante *adj.* Que celebra. - 2 *m.* Sacerdote que dice la misa.

celebrar *tr.* Realizar con solemnidad un culto religioso, un acto público, etc. 2 Conmemorar, festejar; aplaudir, alabar. - 3 *tr.-intr.* Decir misa. - 4 *tr.-prnl.* Llevar a cabo un acto, una reunión, un espectáculo, etc.

célebre *adj.* Famoso. 2 Chistoso.

celebridad *f.* Calidad de célebre. 2 Persona famosa.

celemín *m.* Medida para áridos, equivalente a 4'625 l.

celentéreo, -a *adj.-m.* Díc. del animal de simetría radiada.

celeridad *f.* Prontitud, rapidez.

celescopio *m.* Aparato que sirve para iluminar las cavidades de un cuerpo orgánico.

celesta *f.* MÚS. Instrumento de teclado en que los macillos producen el sonido golpeando láminas de acero.

celeste *adj.* Perten. o rel. al cielo. - 2 *adj.-s.* De color azul claro.

celestial *adj.* Perteneciente al cielo de los bienaventurados. 2 fig. Perfecto.

celestina *f.* Alcahueta.

celíaco, -ca *adj.* Perten. o rel. al abdomen o a su contenido.

celibato *m.* Soltería.

célibe *adj.-com.* Soltero.

celo *m.* Cuidado, esmero. 2 Interés ardiente. 3 Apetito y época de la generación en los animales. - 4 *m. pl.* Sospecha de que la persona amada ponga su cariño en otra.

celofán *m.* Tejido delgado y flexible, a manera de papel transparente.

celoma *f.* Cavidad del cuerpo del animal, por el hueco formado en el embrión al desdoblarse en dos hojas su mesodermo.

celomado, -da *adj.-s.* Díc. del animal dotado de celoma.

celosía *f.* Enrejado de listoncillos en una ventana.

celoso, -sa *adj.* Que tiene celo o celos. 2 Receloso.

celta *adj.-s.* De un pueblo ant. establecido en el occidente de Europa. - 2 *m.* Idioma de este pueblo.

celtibérico, -ca *adj.-s.* De Celtiberia, ant. región de España.

célula *f.* Pequeña celda o cavidad. 2 Elemento anatómico microscópico primordial de los seres vivos. 3 fig. Grupo político.

celular *adj.* Perten. o rel. a las células o formado por ellas.

celulita *f.* Pasta que se obtiene machacando la fibra leñosa y mezclándola con substancias minerales, cera y caucho.

celulitis *f.* Inflamación del tejido celular subcutáneo.

celuloide *m.* Substancia sólida casi transparente, de uso industrial.

celulosa *f.* Substancia vegetal sólida, insoluble en agua, usada para fabricar papel, tejidos, explosivos, barnices, etc.

cellisca *f.* Temporal de agua y nieve muy menuda, con fuerte viento.

cello *m.* Aro para sujetar las duelas de las cubas.

cementar *tr.* Calentar una pieza de metal en contacto con otra materia en polvo o en pasta.

cementerio *m.* Terreno destinado a enterrar cadáveres. 2 ~ *nuclear,* almacén de materia radiactiva inservible.

cemento *m.* Polvo que forma con el agua una pasta blanda que se endurece.

cena *f.* Comida que se toma por la noche.

cenáculo *m.* fig. Reunión habitual de literatos, artistas, etc.

cenacho *m.* Espuerta para llevar comestibles.

cenador, -ra *adj.-s.* Que cena. - 2 *m.* Espacio que suele haber en los jardines, cercado de plantas o árboles.

cenagal *m.* Lugar lleno de cieno.

cenar *tr.-intr.* Tomar la cena.

cenceño, -ña *adj.* Delgado, enjuto.

cencerrada *f.* Ruido desagradable que se hace por burla de alguien.

cencerro *m.* Campanilla tosca que llevan las reses.

cencha *f.* Traviesa en que se fijan los pies de las butacas, camas, etc.

cendal *m.* Tela delgada y transparente.

cenefa *f.* Lista en el borde de una tela.

cenestesia *f.* Conjunto de sensaciones que se perciben por los órganos internos.

cenicero *m.* Platillo donde se echa la ceniza y restos del cigarro.

cenicienta *f.* Persona o cosa injustamente abandonada o despreciada.

ceniciento, -ta *adj.* De color ceniza.

cenit *m.* ASTRON. Punto del firmamento vertical a un lugar de la Tierra.

cenital *adj.* Perten. o rel. al cenit.

ceniza *f.* Polvo que queda de una combustión completa. 2 fig. Restos mortales.

cenizo, -za *adj.* Ceniciento. - 2 *m.* Planta silvestre quenopodiácea, de tallo blanquecino, hojas verdes por el haz y cenicientas por el envés. - 3 *com.* Persona a la que se le atribuye mala suerte.

cenobio *m.* Monasterio.

cenotafio *m.* Monumento funerario que no contiene el cadáver del personaje a quien se dedica.

cenozoico, -ca *adj.-m.* Terciario (era).

censar *tr.-intr.* Hacer el censo de los habitantes de algún lugar.

censo *m.* Lista oficial de habitantes de un pueblo o estado.

censor *m.* El que examina los escritos para juzgar si pueden ser publicados.

censura *f.* Oficio de censor. 2 Examen hecho por él. 3 Desaprobación, crítica.

censurar *tr.* Examinar el censor un texto. 2 Reprobar, criticar.

centauro *m.* Monstruo fabuloso, mitad hombre y mitad caballo.

centavo, -va *adj.-m.* Centésimo. - 2 *m.* Moneda americana, centésima parte de la unidad monetaria.

centella *f.* Rayo, chispa.

centellear *intr.* Despedir rayos de luz.

centelleo *m.* Efecto molesto que provocan las imágenes de televisión o de cinematografía cuando existe entre ellas una pausa perceptible.

centena *f.* Conjunto de cien unidades.

centenar *m.* Centena.

centenario, -ria *adj.* Perten. o rel. a la centena. - 2 *adj.-s.* Que tiene cien años. - 3 *m.* Siglo. 4 Día en que se cumplen una o más centenas de años de algún suceso.

centeno, -na *adj.* Centésimo. - 2 *m.* Planta gramínea, parecida al trigo, de espiga larga y delgada. 3 Su grano.

centesimal *adj.* Díc. de los números uno al noventa y nueve inclusive. 2 Que está dividido en cien partes.

centésimo, -ma *adj.-s.* Parte que, junto a otras noventa y nueve iguales, constituye un todo. - 2 *adj.* Que ocupa el último lugar en una serie ordenada de ciento.

centiárea *f.* Unidad de superficie, en el sistema métrico decimal (centésima parte del área; 1 m^2).

centígrado, -da *adj.* Que tiene la escala dividida en cien grados.

centigramo *m.* Unidad de masa, en el sistema métrico decimal, equivalente a la centésima parte de un gramo.

centilitro *m.* Unidad de capacidad, en el sistema métrico decimal, equivalente a la centésima parte de un litro.

centímetro *m.* Unidad de longitud, el sistema métrico decimal, equivalente a la centésima parte del metro. 2 ~ *cuadrado,* unidad de superficie, en el sistema métrico decimal, correspondiente a un cuadrado que tenga un centímetro de lado. 3 ~ *cúbico,* unidad de volumen, en el sistema métrico decimal, correspondiente a un cubo cuyo lado es un centímetro.

céntimo, -ma *adj.* Centésimo. - 2 *m.* Centésima parte de una unidad monetaria.

centinela *amb.* Soldado de guardia.

centola, -lla *f.* Crustáceo marino, decápodo, braquiuro, comestible, de caparazón casi redondo cubierto de pelos.

centollo *f.* Crustáceo marino, decápodo, casi redondo, grande y comestible.

centón *m.* Manta hecha de gran número de piezas de paño o tela de diversos colores. 2 fig. Obra literaria compuesta en la mayor parte, de sentencias y expresiones ajenas.

centrado, -da *adj.* Que tiene el centro en la posición que debe ocupar. 2 fig. Díc. del individuo que se halla en el ambiente o medio que le corresponde.

central *adj.* Perten. o rel. al centro. 2 Que está en el centro. 3 Que ejerce su acción sobre todo un campo o territorio. 4 Esencial, importante.

centralismo *m.* Sistema en el que la acción política y administrativa está concentrada en manos de un gobierno único y central.

centralita *f.* Aparato que conecta una o

varias líneas telefónicas con diversos teléfonos instalados en un mismo local.

centralización f. Ac. y ef. de centralizar.

centralizar tr.-prnl. Reunir varias cosas en un centro común.

centrar tr. Determinar el centro de una cosa. 2 Colocar una cosa de manera que su centro se halle en la posición debida.

céntrico, -ca adj. Central. 2 Que está en el centro de una ciudad, o cercano a él.

centrifugadora f. Máquina que aprovecha la fuerza centrífuga para secar ciertas substancias o para separar los componentes de una masa o mezcla.

centrifugar tr. Secar por medio de la acción centrífuga de la lavadora (máquina).

centrífugo, -ga adj. Que aleja del centro.

centrípeto, -ta adj. Que atrae hacia el centro.

centrismo m. Ideología política de los partidos de centro.

centro m. Punto equidistante de todos los de una circunferencia o de la superficie de una esfera. 2 Punto medio de una cosa. 3 Lugar de donde parten o a donde convergen acciones coordenadas. 4 ~ de gravedad, punto de aplicación de la resultante de todas las acciones de la gravedad sobre las moléculas de un cuerpo.

centroamericano, -na adj.-s. De América Central.

centrocampista com. DEP. Jugador de fútbol que ocupa la posición del centro del campo.

centroeuropeo, -pea adj.-s. De Europa Central.

centrosoma m. Corpúsculo próximo al núcleo de la célula.

centuplicar tr. Hacer cien veces mayor.

céntuplo, -pla adj.-m. Producto de la multiplicación por ciento de una cantidad.

centuria f. Siglo, cien años. 2 Compañía de cien hombres en la milicia romana.

centurión m. Jefe de una centuria.

ceñido, -da adj. Apretado, ajustado.

ceñir tr. Ajustar a la cintura o al cuerpo. 2 Rodear. - 3 prnl. Amoldarse.

ceño m. Gesto de enojo.

ceñudo, -da adj. Que tiene ceño.

cepa f. Parte del tronco junto a la raíz. 2 Tronco de la vid.

cepejón m. Raíz gruesa que arranca del tronco del árbol.

cepellón m. Pella de tierra que se deja adherida a las raíces de los vegetales para trasplantarlos.

cepilladora f. Máquina para rebajar el grueso de una pieza de madera en la totalidad de su anchura.

cepillar tr. Dar o pasar el cepillo.

cepillo m. Cepo para limosnas. 2 Instrumento para quitar el polvo a la ropa. 3 Instrumento para alisar madera o metal.

cepo m. Madero en que se asienta el yunque. 2 Instrumento para sujetar a un reo. 3 Artificio para cazar. 4 Caja con una ranura para recoger limosnas.

ceporro m. fig. Hombre rudo.

cera f. Substancia segregada por las abejas para fabricar los panales. ▷ Dar ~, golpear con violencia.

cerámica f. Arte de fabricar objetos de barro o loza.

ceramista com. El que tiene por oficio fabricar objetos de cerámica.

ceraunografía f. Parte de la meteorología que estudia el rayo y sus fenómenos.

cerbatana f. Canuto para disparar proyectiles.

cerbero m. Cancerbero.

cerca f. Tapia, vallado o muro con que se rodea un espacio. - 2 adv. l. Denota proximidad. - 3 adv. c. Aproximadamente, poco menos. - 4 prep. ~ de, junto a, ante. ▷ De ~, a corta distancia.

cercado m. Huerto, prado u otro lugar rodeado con una cerca.

cercanía f. Proximidad, inmediación. - 2 f. pl. Contornos.

cercano, -na adj. Próximo, inmediato.

cercar tr. Rodear con cerca. 2 Poner cerco a una plaza.

cercenar tr. Cortar las extremidades de una cosa. 2 Disminuir, acortar.

cerceta f. Ave anseriforme del tamaño de una paloma.

cerciorar tr.-prnl. Asegurar a uno la verdad de algo.

cerco m. Lo que ciñe o rodea. 2 Asedio.

cercopitécido, -da adj.-m. Díc. del primate catarrino, arborícola y, por lo general, desprovisto de cola.

cercopiteco *m.* Mono catarrino propio del África provisto de abazones.

cercha *f.* Regla delgada y flexible, de madera, para medir superficies cóncavas y convexas. 2 Conjunto de piezas de madera en forma curva, que formando un armazón sirven de apoyo y guía en la construcción de un arco.

cerda *f.* Pelo recio de la cola y crin de las caballerías, del cuerpo del cerdo, etc.

cerdada *f.* Acción malintencionada o indigna.

cerdo, -da *m. f.* Mamífero paquidermo doméstico, de cuerpo grueso y cerdas fuertes. - 2 *adj. -s.* fig. Díc. de la persona desaliñada y sucia.

cereal *m.* Planta gramínea de semillas farináceas. 2 Semilla de esta planta.

cerealista *adj.* Perten. o rel. a la producción y tráfico de los cereales.

cerebelo *m.* Parte inferior y posterior del encéfalo.

cerebral *f.* Perten. o rel. al cerebro.

cerebro *m.* Parte superior y más voluminosa del encéfalo. 2 Capacidad de pensar, talento. 3 Persona sobresaliente en actividades culturales, técnicas o científicas.

ceremonia *f.* Acto en celebración de una solemnidad. 2 Ademán afectado.

ceremonial *m.* Conjunto de ceremonias.

ceremonioso, -sa *adj.* Que gusta de ceremonias.

céreo, -a *adj.* De cera.

cerevisina *f.* Levadura de cerveza.

cereza *f.* Fruto del cerezo.

cerezo *m.* Árbol rosáceo cuyo fruto es una drupa pequeña, encarnada y dulce.

cerilla *f.* Fósforo (trozo de madera).

cerillero, -ra *m. f.* Persona que vende cerillas y tabaco.

cerio *m.* Metal raro, de color gris brillante, muy dúctil y maleable.

cerne *m.* Parte más dura del tronco de los árboles.

cerner *tr.* Separar con el cedazo las partes más gruesas de las más finas.

cernícalo *m.* Ave rapaz, de cabeza abultada y plumaje rojizo.

cernir *tr.* Cerner.

cero *m.* Signo sin valor propio. ▷ *Ser uno un ~ a la izquierda,* ser inútil.

ceroferario *m.* Acólito que lleva el cirial en la iglesia y procesiones.

cerografía *f.* Método de grabado sobre una plancha metálica recubierta con cera.

ceromático, -ca *adj.* Díc. del medicamento en cuya composición entran aceite y cera.

ceroplástica *f.* Técnica escultórica de trabajar con cera.

cerquillo *m.* Corona de cabello de ciertos religiosos.

cerrado, -da *adj.* fig. Incomprensible, oculto y oscuro. 2 Muy cargado de nubes. 3 Muy callado, introvertido. 4 Torpe, tardo en comprender. 5 Díc. de la barba muy poblada.

cerradura *f.* Mecanismo que se pone en puertas, cajones, etc., para cerrarlos.

cerraja *f.* Hierba compuesta, de tallo hueco y ramoso y cabezuelas amarillas.

cerrajero *m.* El que, por oficio, hace o vende cerraduras, llaves, etc.

cerramiento *m.* Cosa que cierra o tapa cualquier abertura, conducto o paso.

cerrar *tr.* Hacer que una cosa no tenga comunicación directa con el exterior. 2 Asegurar con cerradura. 3 Encoger, doblar, plegar lo que estaba extendido. 4 Poner término a ciertas actividades. - 5 *prnl.* Desaparecer una abertura.

cerrazón *f.* Obscuridad que precede a las tempestades. 2 fig. Obstinación.

cerrero, -ra *adj.* Que vaga de cerro en cerro, libre y suelto.

cerril *adj.* Indómito.

cerro *m.* Elevación de tierra aislada.

cerrojazo *m.* Acción de echar el cerrojo recia y bruscamente. 2 Clausura o final brusco de cualquier actividad, reunión, charla, etc.

cerrojo *m.* Barra de hierro con manija para cerrar puertas o ventanas.

certamen *m.* Función literaria en la que se debate sobre algún tema. 2 Concurso con premios para estimular actividades culturales, científicas, deportivas, etc.

certero, -ra *adj.* Diestro en tirar. 2 Seguro, acertado.

certeza *f.* Conocimiento seguro y claro.

certidumbre *f.* Certeza.

certificación *f.* Documento en que se certifica algo.

certificado, -da *adj.-s.* Díc. de la carta o paquete que se certifica. - **2** *m.* Certificación.

certificar *tr.* Asegurar como cierto. **2** Hacer registrar envíos por correo.

cerúleo, -a *adj.-m.* De color azul.

cerumen *m.* Cera de los oídos.

cervantes *f.* Mariposa diurna diminuta, de color pardo con puntos marginales blancos.

cervato *m.* Ciervo menor de seis meses.

cervecería *f.* Establecimiento donde se sirve cerveza.

cervecero, -ra *adj.* Perten. o rel. a la cerveza.

cerveza *f.* Bebida fermentada de cebada y lúpulo.

cervical *adj.* Perten. o rel. a la cerviz.

cérvido, -da *adj.-m.* Díc. del rumiante cuyo macho lleva un par de cuernos óseos, macizos y caducos.

cerviz *f.* Parte posterior del cuello del hombre y de los animales.

cesación *f.* Ac. y ef. de cesar.

cesalpináceo, -a *adj. -f.* Díc. de la planta papilionácea leñosa, de flores cigomorfas, con los dos pétalos inferiores que cubren a los dos laterales.

cesante *adj.* Que cesa. - **2** *adj.-com.* Empleado del gobierno a quien se priva de su empleo.

cesar *intr.* Suspenderse, acabarse. **2** Dejar de hacer lo que se está haciendo. **3** Dejar de desempeñar algún cargo.

césar *m.* Título de algunos emperadores.

cesárea *f.* Operación que consiste en extraer un feto practicando una incisión en las paredes del abdomen y del útero de la madre.

cesáreo, -a *adj.* Perten. o rel. al imperio o al emperador.

cesarismo *m.* Gobierno absoluto de una sola persona.

cese *m.* Ac. y ef. de cesar.

cesio *m.* Metal alcalino inflamable de color blanco plateado.

cesión *f.* Renuncia de alguna posesión o derecho, a favor de otra persona.

césped, -de *m.* Hierba menuda y tupida.

cesta *f.* Recipiente tejido con mimbres, juncos, etc. **2** Pala cóncava para jugar a la pelota. **3** DEP. En el juego del baloncesto, aro de metal con una red colgante para introducir la pelota y conseguir un tanto.

cestería *f.* Arte de hacer cestas o cestos y tienda donde se venden.

cesto *m.* Cesta grande, más alta que ancha.

cesura *f.* Pausa exigida por el ritmo, que divide los versos largos en dos partes.

cetáceo, -a *adj.-m.* Díc. del mamífero de vida acuática, cuerpo fusiforme y cola musculosa.

cetaria *f.* Estanque en comunicación con el mar, donde se conservan vivos langostas y crustáceos destinados al consumo.

cetario *m.* Paraje en que la ballena y otros vivíparos marinos suelen fijarse para cuidar sus crías.

cetina *f.* Esperma de la ballena.

cetme *m.* Fusil de asalto español.

cetonia *f.* Insecto coleóptero con reflejos metálicos que vive en las flores y en los árboles.

cetrería *f.* Caza con aves rapaces.

cetrino, -na *adj.-m.* De color amarillo verdoso. - **2** *adj.* fig. Melancólico y adusto.

cetro *m.* Vara de oro usada por los emperadores y reyes como insignia de su dignidad. **2** Preeminencia en alguna cosa.

ceutí *adj.-s.* De Ceuta.

cía *f.* Hueso de la cadera.

ciaboga *f.* Maniobra de dar vuelta en redondo a una embarcación de remos.

cian *adj.-m.* Color azul verdoso complementario del rojo.

cianhídrico *adj.* Díc. del ácido compuesto de carbono, nitrógeno e hidrógeno.

cianita *f.* Silicato de aluminio de color azul.

cianógeno *m.* Gas compuesto de carbono y nitrógeno, inflamable y de olor penetrante.

cianosis *f.* Coloración azul, negruzca o lívida de la piel.

cianuro *m.* Sal del ácido cianhídrico.

ciar *intr.* Remar hacia atrás.

ciática *f.* Neuralgia del nervio ciático.

ciático, -ca *adj.* Perten. o rel. a la cadera.

ciatiforme *adj.* De forma de copa.

ciatio *m.* BOT. Inflorescencia que consta de una flor femenina central y cinco grupos de flores masculinas periféricas.

cibernética *f.* MED. Ciencia que estudia el funcionamiento de las conexiones nerviosas en los seres vivos. **2** ELECTR. Teoría que se sirve de las analogías entre las máquinas y el sistema nervioso animal.

ciborio *m.* Baldaquino de la basílica paleocristiana.

cica *f.* Planta cicadal con aspecto de una pequeña palmera.

cicadal *adj.-f.* Díc. de la planta gimnosperma, dioica de tallo coronado por un penacho de hojas pinnadas.

cicatero, -ra *adj.-s.* Ruin, mezquino.

cicatriz *f.* Señal que queda de una herida o llaga.

cicatrizar *tr.-prnl.* Curar completamente una herida o llaga.

cícero *m.* Unidad tipográfica de medida que equivale a 4,5 mms.

cicerone *com.* Persona que enseña y explica las curiosidades de un lugar.

cicindela *f.* Insecto coleóptero de forma esbelta y coloración metálica.

ciclamato *m.* Edulcorante sintético usado en terapéutica como substitutivo del azúcar en diabéticos.

ciclán *adj.-s.* Díc. del animal que tiene un solo testículo.

ciclar *tr.* Bruñir y abrillantar las piedras preciosas.

cíclico, -ca *adj.* Perten. o rel. a un ciclo. **2** Que ocurre en ciclos. **3** QUÍM. Díc. del compuesto orgánico cuyas moléculas forman una cadena cerrada.

ciclismo *m.* Deporte de los ciclistas.

ciclista *com.* Persona que practica la carrera de bicicletas.

ciclo *m.* Período de tiempo en que se verifican una serie de acontecimientos o fenómenos hasta llegar a uno a partir del cual vuelven a producirse en el mismo orden. **2** Unidad de frecuencia para los fenómenos vibratorios.

ciclocross *m.* Carrera de bicicletas en terreno accidentado.

cicloide *f.* Curva plana descrita por un punto de una circunferencia cuando ésta rueda sobre una línea recta.

ciclómetro *m.* Instrumento para medir la velocidad de rotación de un eje.

ciclomotor *m.* Vehículo de dos ruedas con motor de pequeña cilindrada y poca potencia, que no alcanza los 40 km./h.

ciclón *m.* Huracán.

cíclope *m.* Gigante fabuloso que sólo tenía un ojo.

ciclópeo, -a *adj.* Gigantesco.

ciclorama *m.* Gran pantalla panorámica de superficie curvada y de color uniforme para proyecciones cinematográficas.

ciclostilo *m.* Aparato que sirve para copiar muchas veces un escrito por medio de una plancha gelatinosa.

ciclostoma *m.* Molusco gasterópodo, pulmonado, con la abertura de la concha circular.

ciconiforme *adj.-m.* Díc. del ave piscívora, por lo general grande y buena voladora.

cicuta *f.* Planta dicotiledónea venenosa.

cicutina *f.* Alcaloide venenoso contenido en la cicuta.

cidra *f.* Fruto del cidro.

cidro *m.* Árbol rutáceo de tronco liso y ramoso, con flores olorosas y fruto agrio.

ciego, -ga *adj.-s.* Privado de la vista. - **2** *adj.* fig. Poseído en extremo por un sentimiento o una pasión. **3** fig. Que está cerrado o atascado. ▷ *A ciegas,* sin conocimiento, sin reflexión.

cielo *m.* Esfera aparente, azul y diáfana que rodea la Tierra. **2** Según la religión cristiana, mansión de los bienaventurados. **3** fig. Parte superior que cubre algunas cosas. ▷ *Caído del ~,* inesperado y provechoso.

ciempiés *m.* Miriápodo con las patas y las antenas muy largas.

cien *adj.* Apócope de *ciento.* ▷ *Poner a ~,* fam., poner muy excitado.

ciénaga *f.* Lugar lleno de cieno.

ciencia *f.* Conocimiento de las cosas por sus principios y causas. **2** fig. Saber.

cieno *m.* Lodo blando de los ríos, lagunas, etc. **2** fig. Deshonra, descrédito.

cientificidad *f.* Propiedad de lo que es científico.

cientificismo *m.* Tendencia a dar excesivo valor a las nociones más o menos científicas.

científico, -ca *adj.* Perten. o rel. a la ciencia. - **2** *m. f.* Persona que se dedica a la ciencia.

ciento *adj.* Diez veces diez. ▷ *A cientos,* a grandes cantidades. ~ *por ~,* completamente; puro, sin mezcla. ~ *y la madre,* muchedumbre.

cierna *f.* Antera de la flor del trigo.

ciernes (en ~) *loc. adv.* En los comienzos.

cierre *m.* Ac. y ef. de cerrar. 2 Cerradura. ▷ *Echar el ~,* callar; terminar con algo o alguien.

cierto, -ta *adj.* Verdadero, indudable. 2 Alguno. - 3 *adv. afirm.* Con certeza.

ciervo *m.* Mamífero artiodáctilo rumiante cérvido, esbelto y ligero, de patas altas y cola corta.

cierzas *f. pl.* Vástagos de la vid.

cierzo *m.* Viento del norte.

cifela *m.* Hongo que crece y vive entre el musgo de los tejados.

cifra *f.* Número (signo). 2 Escritura secreta. 3 Abreviatura.

cifrar *tr.* Escribir en cifra. 2 fig. Compendiar.

cigala *f.* Crustáceo marino decápodo, de pinzas muy desarrolladas y caparazón duro.

cigarra *f.* Insecto de cabeza gruesa y alas membranosas que produce un sonido estridente.

cigarrero, -ra *m. f.* Persona que vende cigarros. - 2 *f.* Caja para cigarros.

cigarrillo *m.* Cigarro de tabaco picado, envuelto en una hojita de papel.

cigarro *m.* Rollo de hojas de tabaco para fumar.

cigarrón *m.* Saltamontes.

cigomático, -ca *adj.* Perten. o rel. a la mejilla o pómulo.

cigomorfo, -fa *adj.* BOT. Díc. del órgano que está dividido en dos partes simétricas.

cigoñal *m.* Pértiga sostenida en una horquilla para sacar agua de pozos someros.

cigoto *m.* BIOL. Huevo (célula germinal femenina).

cigüeña *f.* Ave ciconiforme de paso, grande, de cuello y pico largos.

cigüeñal *m.* Pieza del motor que transforma el movimiento rectilíneo en circular.

cija *f.* Cuadra para el ganado lanar.

cilanco *m.* Charco formado a orillas de los ríos.

cilantro *m.* Hierba aromática medicinal.

ciliar *adj.* Perten. o rel. a las pestañas.

cilicio *m.* Faja con puntas que se lleva ceñida al cuerpo para mortificarlo.

cilindrada *f.* En los motores de explosión, capacidad que tienen los cilindros.

cilindrar *tr.* Comprimir con el cilindro o rodillo.

cilíndrico, -ca *adj.* De forma de cilindro.

cilindro *m.* Cuerpo limitado por una superficie curva y dos planos circulares y paralelos. 2 Caja en que se mueve un émbolo.

cilindroeje *m.* Prolongación de una célula nerviosa en forma de ramas en ángulo recto.

cilio *m.* BIOL. Filamento delgado y permanente para la locomoción, que emerge de algunos protozoos y otras células.

cima *f.* Lo más alto de un monte, un árbol, etc. 2 fig. Fin, complemento. ▷ *Dar ~,* culminar, concluir.

cimacio *m.* Gola. 2 Cuerpo superior de la cornisa; borde cimero de un retablo.

cimarrón, -rrona *adj.* Díc. del animal doméstico que se hace montaraz.

címbalo *m. pl.* Platillos.

cimbel *m.* Cordel con que se ata el ave que sirve de señuelo. 2 Ave o figura de ella que se emplea con dicho objeto.

cimborio, -rrio *m.* Cuerpo saliente que se levanta sobre el crucero.

cimbra *f.* Armazón para construir los arcos y bóvedas.

cimbrar *tr.-prnl.* Hacer vibrar o doblar una cosa flexible.

cimbre *m.* Galería subterránea.

cimentar *tr.* Poner los cimientos. 2 Fundar.

cimérica *f.* GEOL. Fase de la orogenia alpina que transcurrió a finales del jurásico.

cimero, -ra *adj.* Que finaliza o remata por lo alto alguna cosa elevada. 2 fig. Insigne, ilustre.

cimiento *m.* Parte subterránea en que descansa el edificio. 2 fig. Principio, raíz.

cimitarra *f.* Sable corvo.

cimómetro *m.* Aparato destinado a la determinación de la frecuencia de las corrientes alternas.

cimoso, -sa *adj.* En forma de cima. 2 *Inflorescencia cimosa,* la que tiene el eje principal sobrepasado por los secundarios.

cinabrio *m.* Sulfuro nativo de mercurio.

cinamomo *m.* Árbol meliáceo de madera dura y aromática. 2 Árbol eleagnáceo, de hojas parecidas a las del olivo, y flores de olor penetrante.

cinc *m.* Metal blanco azulado con estructura de láminas.

cincel *m.* Herramienta de boca acerada y recta para labrar piedras y metales.

cincelar *tr.* Labrar, grabar con el cincel.

cinco *adj.* Cuatro y uno.

cincoenrama *f.* Hierba rosácea de hojas compuestas de cinco hojuelas, flores solitarias amarillas y raíz medicinal.

cincuenta *adj.* Cinco veces diez.

cincuentena *f.* Conjunto de cincuenta unidades.

cincuentenario *m.* Conmemoración del día en que se cumplen cincuenta años de algún suceso.

cincuentón, -na *adj.-s.* Que está entre los cincuenta y los sesenta años de edad.

cincha *f.* Faja con que se asegura la silla o la albarda sobre la cabalgadura.

cinchar *tr.* Asegurar con la cincha.

cincho *m.* Faja ancha con que se ciñe y abriga el estómago. 2 Cinturón de vestir. 3 Aro de hierro con que se aseguran los barriles, ruedas, etc.

cine *m.* Abreviación de cinematógrafo. ▷ *De* ~, fastuoso, impresionante.

cineasta *com.* Persona que produce o dirige películas de cine.

cineclub *m.* Asociación dedicada a la difusión de la cultura cinematográfica.

cinéfilo, -la *adj.-s.* Apasionado por el cine.

cinegética *f.* Arte de la caza.

cinegético, -ca *adj.* Perten. o rel. a la caza.

cinemascope *m.* Sistema cinematográfico que comprime la imagen en las tomas y la descomprime en la proyección en gran pantalla panorámica.

cinemateca *f.* Lugar donde se guardan películas cinematográficas.

cinemática *f.* Parte de la mecánica que trata del movimiento en sus condiciones de espacio y tiempo.

cinematografía *f.* Arte de representar el movimiento por medio de la fotografía.

cinematografiar *tr.* Impresionar una película cinematográfica.

cinematográfico, -ca *adj.* Perten. o rel. al cinematógrafo o a la cinemato-

grafía.

cinematógrafo *m.* Linterna que proyecta sobre una pantalla las imágenes de una película, cuyo paso rápido produce la ilusión del movimiento. 2 Local donde se proyectan estas películas.

cinematoscopio *m.* Aparato óptico gracias al cual una serie de imágenes de un cuerpo en movimiento se funde en una sola imagen que parece moverse con perfecta naturalidad.

cinemógrafo *m.* Instrumento registrador de la velocidad del viento.

cinemómetro *m.* Indicador de velocidad.

cinerama *m.* Cinematógrafo basado en la proyección de tres imágenes que se yuxtaponen para dar la impresión de relieve en la pantalla.

cinerario, -ria *adj.* Destinado a contener cenizas de cadáveres.

cinestesia *f.* RET. Metáfora en la que tienen lugar sensaciones de distinta procedencia.

cinética *f.* Parte de la dinámica que trata del movimiento producido por las fuerzas.

cingalés, -lesa *adj.-s.* De Ceilán.

cíngaro, -ra *adj.-s.* Gitano.

cíngulo *m.* Cordón que ciñe el alba.

cínico, -ca *adj.* Impúdico, descarado.

cinismo *m.* Imprudencia, desvergüenza.

cinomorfo, -fa *adj.* Parecido a un perro.

cinta *f.* Tejido largo y angosto. 2 Tira de papel, celuloide, etc.

cinto *m.* Faja para ceñir la cintura.

cintra *f.* Curvatura de un arco o bóveda.

cintura *f.* Parte más estrecha del cuerpo humano por encima de las caderas. 2 Parte de un vestido que corresponde a ella.

cinturón *m.* Tira de cuero o de tejido fuerte, para sujetar las prendas de vestir. 2 fig. Serie de cosas que rodean a otras. ▷ *Apretarse el* ~, reducir gastos.

cipayo *m.* Soldado indio al servicio de una potencia europea.

cipo *m.* Pilastra erigida en memoria de alguna persona difunta.

cipote *adj.* Bobo, zonzo. 2 vulg. Pene.

ciprés *m.* Árbol conífero de madera olorosa y copa cónica.

cipriniforme *adj.-m.* Díc. del pez teleósteo de agua dulce.

circo *m.* Lugar destinado, en la ant. Roma, a espectáculos públicos. 2 Espectáculo en que intervienen atletas, equilibristas, payasos, etc.

circón *m.* Silicato nativo de circonio con alto grado de doble refracción.

circonio *m.* Cuerpo simple, de color y aspecto metálicos.

circuir *tr.* Rodear, cercar.

circuito *m.* Terreno comprendido dentro de un perímetro. 2 Camino que sigue una corriente eléctrica.

circulación *f.* Ordenación del tránsito.

circular *adj.* De figura de círculo. - 2 *f.* Carta o aviso igual a otros muchos dirigido a diversas personas. - 3 *intr.* Moverse en derredor, ir y venir. 4 Pasar una cosa de unas personas a otras.

circulatorio, -ria *adj.* Perten. o rel. a la circulación.

círculo *m.* Porción de un plano comprendida y limitada por la circunferencia. 2 ~ *polar ártico* y *antártico,* círculos imaginarios menores paralelos al Ecuador. 3 Circunferencia. 4 ~ *vicioso,* razonamiento basado en una premisa que supone la conclusión a demostrar. 5 Casino, sociedad.

circumnutación *f.* BOT. Movimiento de crecimiento de los ejes de una planta.

circumpolar *adj.* Que está alrededor del polo.

circuncidar *tr.* Cortar una porción del prepucio.

circuncisión *f.* Ac. y ef. de circuncidar.

circundar *tr.* Cercar, rodear.

circunferencia *f.* Curva plana cerrada, cuyos puntos equidistan del centro.

circunferir *tr.* Circunscribir, limitar.

circunflejo *adj.* Acento compuesto por uno agudo y otro grave unidos por arriba (ˆ).

circunlocución *f.* RET. Rodeo de palabras para expresar algo que hubiera podido decirse con menos.

circunloquio *m.* Circunlocución.

circunnavegar *tr.* Navegar alrededor.

circunscribir *tr.* Trazar una figura que rodee a otra. 2 Reducir a ciertos límites.

circunscripción *f.* División de un territorio.

circunscripto, -ta, circunscrito, -ta *p. p. irreg.* de *circunscribir.*

circunspección *f.* Prudencia ante las circunstancias.

circunspecto, -ta *adj.* Prudente.

circunstancia *f.* Accidente de tiempo, lugar, modo, etc. 2 Conjunto de lo que está en torno a uno.

circunstancial *adj.* Que denota una circunstancia o depende de ella.

circunvalar *tr.* Cercar, ceñir, rodear.

circunvolar *tr.* Volar alrededor.

circunvolución *f.* Vuelta alrededor de alguna cosa.

cirial *m.* Candelero alto.

cirílico, -ca *adj.* Perten. o rel. al alfabeto usado en ruso y otras lenguas eslavas.

cirio *m.* Vela de cera, larga y gruesa.

cirro *m.* Tumor duro e indoloro. 2 Nube blanca, alta, de textura fibrosa.

cirrocúmulo *m.* Nube blanca, alta, con aspecto de bancos o capas delgadas.

cirrópodo, -da *adj.-m.* Díc. del crustáceo marino, que vive fijo a las rocas y tiene el cuerpo imperfectamente segmentado, protegido por un caparazón bivalvo.

cirrosis *f.* Enfermedad del hígado por la destrucción de las células hepáticas.

cirrostrato *m.* Nube alta en forma de velo nuboso blanquecino y transparente.

ciruela *f.* Fruto del ciruelo.

ciruelo *m.* Árbol frutal de tronco robusto y fruto en drupa jugosa.

cirugía *f.* Parte de la medicina que tiene por objeto curar las enfermedades o corregir deformidades mediante operaciones.

cirujano, -na *m. f.* Médico que se dedica a la cirugía.

ciscar *tr.* Ensuciar una cosa.

cisco *m.* Carbón menudo. 2 fig. Bullicio.

cisma *amb.* Separación entre los individuos de una comunidad. 2 Desavenencia.

cismático, -ca *adj.-s.* Que introduce cisma.

cisne *m.* Ave palmípeda de cuello largo y flexible, patas cortas y alas grandes.

cisquero *m.* Muñequilla de lienzo para estarcir.

cisterciense *adj.* De la orden religiosa del Cister.

cisterna *f.* Depósito donde se recoge el agua. 2 Vehículo que transporta líquidos.

cistitis *f.* Inflamación de la vejiga.

cisura f. Rotura o hendidura sutil.

cita f. Determinación del día, hora y lugar para hablarse dos o más personas. 2 Nota que prueba lo que se dice.

citación f. Aviso por el que se cita.

citar tr. Dar cita. 2 Demostrar con textos.

citara f. Pared con sólo el grueso del ancho del ladrillo común.

cítara f. Instrumento músico de cuerdas pulsadas, con una caja rectangular en la base y triangular en el resto.

citerior adj. Situado en la parte de acá.

citogénesis f. Período de desarrollo y división de las células.

citogenética f. Rama de la genética que estudia los datos citológicos relativos al patrimonio cromosómico.

citología f. Parte de la biología que estudia la célula y sus funciones.

citoplasma m. Parte del protoplasma de la célula que rodea al núcleo.

citostoma m. Abertura de algunas células por donde entran las partículas alimenticias.

cítrico, -ca adj. Perten. o rel. al limón. 2 Ácido ~, el que se encuentra en el limón y otras frutas.

citricultura f. Cultivo de cítricos.

citrina f. Aceite esencial del limón.

citrino, -na adj. De color amarillo verdoso.

ciudad f. Población grande y de importancia.

ciudadanía f. Calidad y derecho de ciudadano.

ciudadano, -na adj.-s. Natural o vecino de una ciudad. - 2 adj. Perten. o rel. a la ciudad.

ciudadela f. MIL. Fortaleza para defender una plaza de armas.

cívico, -ca adj. Perten. o rel. a la ciudadanía.

civil adj. Ciudadano. 2 Que no es militar o eclesiástico. 3 DER. Perten. o rel. a las relaciones e intereses privados.

civilista com. Persona que por profesión o estudio se dedica al derecho civil.

civilización f. Cultura de un pueblo.

civilizar tr. Sacar del estado salvaje. 2 Educar.

civismo m. Celo por las instituciones e intereses comunes.

cizalla f. Tijeras para cortar metales.

cizaña f. Planta gramínácea perjudicial a los cereales. 2 fig. Discordia.

clac m. Sombrero de copa alta, plegable.

cladodio m. Tallo o rama aplanados que se cargan de clorofila y toman aspecto de hoja.

clamar intr. Emitir la palabra de manera solemne, esp., dar voces lastimosas.

clámide f. Capa corta de los griegos y romanos.

clamor m. Grito colectivo. 2 Conjunto de voces lastimosas.

clamorear tr. Rogar con clamores para conseguir algo.

clamoroso, -sa adj. Díc. del rumor de voces de mucha gente.

clan m. Grupo de personas unidas por un interés común.

clandestino, -na adj. Secreto; hecho ilícitamente.

claque f. Conjunto de los que aplauden en el teatro por asistir gratis.

claqueta f. CINEM. Plancha que se sitúa delante de la cámara para identificar cada toma.

clara f. Materia albuminosa, blanca y transparente, que rodea la yema del huevo. 2 Bebida refrescante de cerveza y gaseosa.

claraboya f. Ventana abierta en el techo o en la parte alta de las paredes.

clarear tr. Dar claridad a una cosa. - 2 impers. Empezar a amanecer. - 3 intr. Irse abriendo y disipando el nublado. - 4 prnl. Transparentarse.

clarete adj.-s. Díc. del vino tinto algo claro.

claridad f. Calidad de claro. 2 Efecto de la luz iluminando un espacio.

clarificador, -ra adj.-s. Que clarifica.

clarificar tr. Iluminar, alumbrar. 2 Aclarar. 3 Poner claro lo turbio.

clarín m. Instrumento músico de viento, de metal, sin llaves ni pistones.

clarinete m. Instrumento músico de viento formado por un tubo de madera con agujeros y una boquilla con lengüeta.

clarión m. Pasta hecha de yeso mate y greda, para escribir en los encerados y otros usos.

clarisa adj.-f. Díc. de la religiosa que pertenece a la segunda orden de San Francisco, fundada por santa Clara.

clarividencia f. Facultad de comprender y discernir claramente las cosas. 2 Penetración, perspicacia.

claro, -ra adj. Lleno de luz, brillante. 2

Díc. del color poco subido. 3 Transparente. 4 fig. Ilustre. 5 Poco espeso.

claroscuro *m.* Distribución de la luz y de las sombras en un cuadro.

clase *f.* Conjunto de personas de la misma condición social. 2 Grupo de una división. 3 Calidad. 4 Conjunto de escolares que reciben la misma enseñanza. 5 Aula. 6 fig. Distinción, categoría. 7 ~ *pasiva*, la formada por las personas que reciben una pensión. 8 H. NAT. Categoría de clasificación de animales y plantas entre la división y el orden. ▷ *De primera* ~, superior, excelente.

clasicismo *m.* Conformidad con los principios de los autores clásicos.

clásico, -ca *adj.-s.* Díc. del autor u obra que se tiene por modelo digno de imitación en cualquier literatura o arte. - 2 *adj.* Perten. o rel. al clasicismo. 3 Que no se ajusta a las modas cambiantes, duradero.

clasificador, -ra *adj.-s.* Que clasifica. - 2 *m.* Mueble para clasificar documentos.

clasificar *tr.* Ordenar por clases. 2 Determinar la clase a la que corresponde una cosa. - 3 *prnl.* Obtener determinado puesto en una competición.

clasista *adj.-com.* Partidario de las diferencias de clase.

clasto *m.* Fragmento de roca.

claudicar *intr.* fig. Faltar a los deberes o principios. 2 fig. Ceder, transigir.

claustro *m.* Galería que cerca un patio principal. 2 Junta de profesores.

claustrofobia *f.* Fobia a los espacios cerrados o limitados.

cláusula *f.* DER. Disposición de un documento, contrato, etc. 2 GRAM. Conjunto de palabras con un sentido completo.

clausura *f.* Interior de un convento. 2 Obligación de no salir de él. 3 Vida recogida. 4 Ac. y ef. de clausurar un acto público.

clausurar *tr.* Poner fin solemnemente a un acto. 2 Cerrar por orden gubernativa.

clava *f.* Cachiporra.

clavado, -da *adj.* Guarnecido o armado con clavos. 2 Fijo, puntual. 3 Muy semejante.

clavar *tr.* Introducir un clavo o cosa puntiaguda. 2 Sujetar con clavos. 3 fig. Fijar.

clave *m.* Antiguo instrumento músico de cuerda parecido al clavicordio. - 2 *f.* Signo en el pentagrama para determinar el nombre de las notas. 3 Explicación de los signos empleados para escribir en cifra. 4 Dovela central de un arco.

clavel *m.* Planta de hojas largas y estrechas y flores olorosas. 2 Flor de esta planta.

clavelito *m.* Especie de clavel de tallos rectos y ramosos.

clavellina *f.* Clavel silvestre.

clavero *m.* Árbol tropical que produce los clavos de especia.

clavetear *tr.* Guarnecer con clavos.

clavicémbalo *m.* Clavicordio.

clavicordio *m.* Antiguo instrumento músico de cuerda, precursor del piano.

clavícula *f.* ANAT. Hueso en forma de S alargada entre el esternón y el omóplato.

claviforme *adj.* Que tiene forma de porra.

clavija *f.* Trozo de metal o madera que encaja en el taladro de una pieza. 2 Terminal de un cable eléctrico que se introduce en el enchufe. ▷ *Apretar las clavijas a uno*, sujetar su conducta.

clavijero *m.* Pieza en que se colocan las clavijas de los instrumentos músicos de cuerda.

clavillo, -to *m.* Pasador que sujeta las varillas de un abanico.

claviórgano *m.* Instrumento que tiene cuerdas como el clave y tubos como el órgano.

clavo *m.* Pieza de metal, larga, con cabeza y punta. 2 Capullo seco de la flor del clavero usado como especia. ▷ *Dar en el* ~, acertar, atinar.

claxon *m.* Aparato para avisar de los automóviles.

clemencia *f.* Virtud que modera el rigor de la justicia.

clementina *f.* Variedad de naranja mandarina de piel más roja sin pepitas.

clepsidra *f.* Reloj de agua.

cleptomanía *f.* Propensión morbosa al hurto.

clerecía *f.* Clero.

clergyman *m.* Traje de paisano de los sacerdotes, que se lleva con alzacuello.

clerical *adj.* Perten. o rel. al clero.

clericalismo *m.* Influencia del clero en los asuntos políticos.

clérigo *m.* El que ha recibido las órdenes sagradas.

clero *m.* Conjunto de los clérigos.

cliché *m.* Imagen fotográfica negativa. 2 fig. Idea o expresión demasiado repetida.

clienta *f.* Mujer que compra en un establecimiento o utiliza los servicios de un profesional.

cliente *com.* Persona que utiliza los servicios profesionales de otra. 2 Persona que habitualmente compra en un comercio.

clientela *f.* Conjunto de clientes.

clima *m.* Conjunto de condiciones atmosféricas de una región o país. 2 fig. Ambiente o circunstancias de orden moral.

climatérico, -ca *adj.* Tiempo crítico o peligroso por alguna circunstancia.

climaterio *m.* Período de la vida que precede y sigue a la extinción de la función genital.

climático, -ca *adj.* Del clima.

climatizar *tr.* Dar a un recinto la temperatura y humedad adecuadas.

climatología *f.* Estudio de los climas.

clímax *m.* Punto culminante del argumento de una obra o un proceso.

clina *f.* Gradación cuantitativa de las características de una especie vegetal o animal a través de sus áreas de dispersión.

clínica *f.* Enseñanza práctica de la medicina. 2 Hospital privado.

clínico, -ca *adj.* Perten. o rel. a la clínica.

clip *m.* Barrita de metal o de plástico, doblada sobre sí misma, para sujetar papeles.

clíper *m.* Velero fino y ligero.

cliptogénesis *f.* GEOL. Destrucción del relieve por la acción de los agentes geológicos externos.

clisé *m.* Plancha para reproducir un grabado.

clitómetro *m.* Instrumento para medir las pendientes del terreno.

clítoris *m.* Cuerpo carnoso en la parte más elevada de la vulva.

cloaca *f.* Conducto subterráneo para las aguas sucias de las poblaciones.

clon *m.* Reproducción perfecta de un individuo a partir de una célula originaria.

cloque *m.* Garfio enastado para enganchar los atunes en las almadrabas.

cloquear *intr.* Cacarear la gallina clueca.

cloquera *f.* Estado de las aves que quieren empollar.

clorar *tr.* Poner cloro en un líquido.

clorato *m.* Sal del ácido clórico.

clorhídrico *adj.-m.* Díc. del ácido gaseoso compuesto de cloro e hidrógeno.

clórico, -ca *adj.* Perten. o rel. al cloro.

cloro *m.* Elemento gaseoso, de color amarillo verdoso, sofocante y tóxico.

clorofíceo, -a *adj.-f.* Díc. de una clase de algas de aspecto muy variado.

clorofila *f.* Pigmento verde de las plantas que se acumula en las hojas.

clorofílico, -ca *adj.* Perten. o rel. a la clorofila. 2 *Función clorofílica*, la que hace a las plantas verdes transformar en substancia orgánica los alimentos minerales.

cloroformo *m.* Líquido anestésico compuesto de carbono, hidrógeno y cloro.

cloroplasto *m.* Plasto impregnado de clorofila.

clorosis *f.* Enfermedad de los adolescentes por empobrecimiento de la sangre. 2 Enfermedad de las plantas que produce la pérdida del color verde.

cloruro *m.* Compuesto de cloro y otro elemento o radical.

club *m.* Sociedad política, deportiva o de recreo. 2 Sala de fiestas.

clueco, -ca *adj.-s.* Díc. del ave cuando empolla.

cluniacense *adj.-s.* Del monasterio o congregación de Cluni.

clusa *f.* Nuez pequeña.

cnidario, -ria *adj.-m.* Díc. del metazoo con simetría radial, provisto de tentáculos.

coacción *f.* Fuerza que se hace a uno para que diga o haga algo.

coaccionar *tr.* Ejercer coacción.

coactivo, -va *adj.* Que tiene fuerza de apremiar u obligar.

coadjutor, -ra *m. f.* Persona que ayuda a otra. - 2 *m.* Eclesiástico que ayuda a un párroco.

coadyuvar *tr.* Ayudar al logro de algo.

coagulable *adj.* Que se puede coagular.

coagulación *f.* Ac. y ef. de coagular.

coagular *tr.-prnl.* Cuajar, solidificar lo líquido, especialmente la sangre.

coágulo *m.* Sangre coagulada.

coalescencia *f.* Propiedad de las cosas de unirse o fundirse.

coalición f. Confederación, alianza.

coana f. Orificio posterior de las fosas nasales.

coanocito m. Célula que tapiza las paredes interiores de la esponja, y que determina la circulación del agua por su cuerpo.

coartada f. Ausencia del presunto reo del lugar del delito al mismo tiempo y hora en que se cometió.

coartar tr. Limitar, restringir.

coautor, -ra m. f. Autor con otro.

coaxial adj. Que tiene un eje común.

coba f. Halago o adulación fingidos.

cobalto m. Metal blanco, rojizo, duro.

cobarde adj.-s. Falto de valor.

cobardía f. Falta de ánimo y valor.

cobaya m. Mamífero roedor del volumen de un conejo pequeño.

cobertera f. Pluma del ave que cubre la inserción de las remeras y timoneras.

cobertizo m. Tejado saledizo. 2 Lugar con cubierta ligera o rústica.

cobertor m. Colcha.

cobertura f. Cubierta.

cobijar tr. Cubrir, tapar. 2 Albergar.

cobijo m. Ac. y ef. de cobijar. 2 Albergue.

cobista adj.-s. fam. Díc. de la persona aduladora.

cobol m. INFORM. Lenguaje simbólico para la programación de problemas de gestión.

cobra f. Serpiente muy venenosa de color amarillento o pardo.

cobrador, -ra m. f. Persona que tiene por oficio cobrar.

cobrar tr. Percibir uno lo que se le debe. 2 Adquirir.

cobre m. Metal rojizo, dúctil y maleable, buen conductor de la electricidad. ▷ *Batirse el ~,* disputar con pasión.

cobrizo, -za adj. Que contiene cobre. 2 De color de cobre.

coca f. Arbusto del Perú de cuyas hojas se extrae la cocaína. 2 MAR. Vuelta que toma un cabo por vicio de torsión.

cocaína f. Alcaloide estupefaciente cristalino y amargo.

cocainomanía f. Hábito de intoxicarse con cocaína.

cocción f. Ac. y ef. de cocer.

cóccix m. ANAT. Hueso impar en que termina la columna vertebral.

cocear intr. Dar o tirar coces.

cocer tr. Someter ciertas cosas a la acción del calor en un líquido, esp., un alimento. - 2 intr. Hervir.

cocido m. Olla (guiso).

cociente m. Resultado de dividir una cantidad por otra.

cocina f. Habitación de la casa donde se guisa. 2 Aparato para guisar la comida.

cocinar tr. Guisar (preparar manjares).

cocinear intr. fam. Andar en cosas de cocina.

cocinero, -ra m. f. Persona que guisa.

coco m. Fruto del cocotero. 2 Bacteria de forma redondeada. 3 Fantasma con que se amedrenta a los niños. 4 fam. Cabeza.

cocodrilo m. Reptil de gran tamaño, con aspecto de lagarto, muy voraz.

cocotero m. Árbol tropical de tallo alto y fruto grande y comestible.

cóctel m. Mezcla de varios licores. 2 Reunión de personas en la cual se sirven cócteles. 3 ~ *molotov,* granada de mano incendiaria de fabricación casera.

coctelera f. Vasija de metal en la cual se mezclan los componentes del cóctel.

cochambre amb. Cosa puerca.

cocharro m. Vaso o taza de madera o de piedra.

coche m. Carruaje, generalmente de cuatro ruedas, con asientos. 2 p. ext. Vehículo automóvil. ▷ *Viajar en el ~ de San Fernando,* a pie.

cochera f. Paraje para guardar coches.

cochero m. El que guía un coche de caballos.

cochinilla f. Pequeño crustáceo terrestre de color gris obscuro.

cochinillo m. Cerdo pequeño.

cochino, -na m. f. Cerdo. - 2 adj.-s. Díc. de la persona sucia.

cochizo m. Parte más rica de una mina.

coda f. Adición al final de una pieza de música.

codadura f. Parte enterrada del sarmiento acodado.

codal adj. Que consta de un codo. 2 Que tiene medida o figura de codo. - 3 m. Pieza de la armadura que cubre el codo. 4 Mugrón acodado de la vid.

codaste m. Pieza gruesa puesta verticalmente sobre el extremo de la quilla inmediato a la popa.

codazo m. Golpe dado con el codo.

codear intr. Mover los codos. - 2 prnl. fig. Tratarse de igual a igual con otro.

codeína f. Alcaloide del opio menos tóxico que la morfina.

codera f. Pieza de adorno, remiendo o protección que se pone en los codos de las prendas de vestir.

códice m. Libro manuscrito antiguo de importancia histórica o literaria.

codicia f. Apetito desordenado de riquezas. 2 fig. Deseo vehemente.

codiciar tr. Desear con ansia.

codicilo m. DER. Disposición de última voluntad que no contiene la institución de heredero.

codicioso, -sa adj. Que tiene codicia.

codificar tr. Reunir leyes en un código. 2 Poner un texto según un código.

código m. Conjunto de leyes y reglas dispuesto según un método. 2 Conjunto de símbolos y reglas para transmitir información. 3 ~ Morse, sistema telegráfico de señales en que a cada letra corresponde una combinación de rayas, puntos o espacios.

codillo m. En los cuadrúpedos, coyuntura del brazo junto al pecho.

codo m. Parte posterior de la articulación del brazo con el antebrazo. 2 Pieza que forma ángulo. ▷ ~ a ~, en estrecha colaboración con otro. *Empinar el* ~, beber en exceso. *Hincar los codos,* estudiar con ahínco.

codoñate m. Dulce de membrillo.

codorniz f. Ave galliforme de paso, menor que la perdiz.

coeficiente m. MAT. Número empleado como factor del valor de una magnitud.

coercer tr. Contener, sujetar.

coercitividad f. FÍS. Facultad del imán que conserva su imantación.

coercitivo, -va adj. Que refrena.

coetáneo, -a adj.-s. Que es de la misma edad o tiempo.

coexistencia f. Presencia simultánea en un mismo lugar de cosas o fenómenos que no tienen relación.

coexistir intr. Existir juntamente con otra persona o cosa.

cofa f. MAR. Meseta horizontal en el cuello de un palo.

cofia f. Red para recoger y sujetar el pelo.

cofrade com. Persona que pertenece a una cofradía.

cofradía f. Congregación o hermandad, especialmente religiosa.

cofre m. Mueble parecido al arca con tapa convexa.

coger tr. Asir, tomar. 2 Apresar, atrapar. 3 Recoger los frutos del campo. 4 Alcanzar. 5 Contener, abarcar. 6 Subirse. - 7 intr. Hallarse, estar situado.

cogestión f. Participación del personal en la administración de la empresa.

cogida f. Acto de coger el toro a un torero.

cognación f. Parentesco de consanguinidad por la línea femenina.

cognomen m. Apellido.

cognoscitivo, -va adj. Capaz de conocer.

cogollo m. Lo interior y más apretado de una hortaliza. 2 fig. Lo mejor de una cosa.

cogota f. Fruto de la alcachofa.

cogotazo m. Golpe dado en el cogote.

cogote m. Parte superior y posterior del cuello.

cogujada f. Ave paseriforme parecida a la alondra con un penacho en la cabeza.

cogulla f. Hábito de algunos monjes.

cohabitar intr. Habitar conjuntamente.

cohechar tr. DER. Sobornar a un funcionario público.

coherencia f. Conexión de unas cosas con otras. 2 Cohesión.

coherente adj. Que tiene coherencia.

cohesión f. Ac. y ef. de adherirse. 2 FÍS. Unión entre las moléculas.

cohete m. Tubo con explosivo que se lanza a lo alto dándole fuego por la parte inferior. 2 Elemento de propulsión de proyectiles, aviones, naves espaciales, etc.

cohibir tr.-prnl. Refrenar, reprimir moralmente.

cohobo m. Piel de ciervo.

cohombro m. Pepino.

cohonestar tr. Dar visos de honesta a una acción indecorosa.

cohorte f. Antiguo cuerpo romano de infantería.

coincidencia f. Ac. y ef. de coincidir.

coincidir intr. Convenir una persona o cosa con otra. 2 Ocurrir dos o más cosas al mismo tiempo.

coiné f. Lengua común, reducción a unidad de una variedad idiomática.

coito m. Ayuntamiento carnal del hombre con la mujer.

cojear intr. Andar inclinando el cuerpo

más a un lado que a otro por no poder sentar con regularidad ambos pies. 2 Adolecer de algún vicio o defecto.

cojera f. Defecto del que cojea.

cojín m. Almohadón.

cojinete m. Pieza en que descansa y gira cualquier eje de maquinaria.

cojo, -ja adj.-s. Que cojea o carece de un pie, una pierna o pata.

cojón m. Testículo.

col f. Planta crucífera hortense de hojas anchas. 2 ~ de Bruselas, variedad de yemas apretadas del tamaño de un huevo.

cola f. Apéndice posterior del cuerpo de algunos animales. 2 Conjunto de plumas que tienen las aves en la rabadilla. 3 Parte de una cosa parecida a la cola de un animal. 4 Parte posterior o final. 5 Hilera de personas que esperan vez. 6 Pasta para pegar. ▷ A la ~, detrás. Hacer ~, esperar formando hilera. Traer ~, tener consecuencias importantes.

colaboración f. Ac. y ef. de colaborar.

colaboracionista adj.-com. Partidario de la colaboración con el enemigo.

colaborar intr. Trabajar con otros en una misma obra.

colación f. Cotejo. 2 Refacción ligera. ▷ Traer a ~, aducir razones.

colactáneo, -a m. f. Hermano de leche.

colada adj. Díc. del hierro de segunda fundición tal y como sale del alto horno. - 2 f. Lavado periódico de la ropa sucia. 3 Masa de lava que se desplaza desde el cráter de un volcán.

coladero m. Colador.

colado, -da adj. Díc. del hierro de segunda fundición tal y como sale del alto horno.

colador m. Utensilio en que se cuela un líquido.

coladura f. fig. Equivocación, plancha.

colágeno m. Constituyente de la substancia fundamental de algunos tejidos.

colapsar tr. Producir colapso. - 2 intr.-prnl. Sufrir colapso.

colapso m. MED. Postración repentina de las fuerzas vitales. 2 fig. Destrucción.

colar tr. Pasar un líquido por manga, cedazo o paño. 2 Blanquear la ropa con lejía. - 3 prnl. Introducirse a escondidas.

colateral adj. Que está a uno y otro lado.

colcha f. Cobertura de cama.

colchón m. Especie de saco rectangular, relleno de lana, pluma, etc., o provisto de muelles, para dormir sobre él.

colchoneta f. Colchón delgado y estrecho.

coleada f. Sacudida que dan con la cola algunos animales.

colear intr. Mover la cola. 2 fig. fam. Perdurar un asunto.

colección f. Conjunto de cosas de una misma clase.

coleccionar tr. Formar colección.

coleccionista m. f. Persona que forma colecciones.

colecta f. Recaudación de donativos.

colectar tr. Recaudar, reunir.

colectividad f. Conjunto de personas reunidas o concertadas para un fin.

colectivismo m. Teoría económica según la cual los medios de producción han de pertenecer al estado.

colectivizar tr. Convertir en colectivo.

colectivo, -va adj. Que tiene virtud de reunir. 2 Que afecta a una colectividad. 3 GRAM. Díc. del nombre que en singular comprende un conjunto de elementos.

colector, -ra adj.-m. Que recoge. - 2 m. Conducto subterráneo en el cual vierten las alcantarillas sus aguas.

colega com. Compañero, amigo.

colegiado, -da adj.-s. Que pertenece a un colegio. - 2 m. Árbitro.

colegial, -la adj. Perten. o rel. al colegio. 2 Perten. o rel. a un cabildo de canónigos. - 3 m. f. Alumno de un colegio.

colegiarse prnl. Constituirse en colegio. 2 Afiliarse a un colegio constituido.

colegiata f. Iglesia colegial.

colegio m. Establecimiento de enseñanza. 2 Corporación de individuos de la misma profesión. 3 ~ electoral, conjunto de electores comprendidos en un mismo grupo para votar; lugar donde votan.

colegir tr. Inferir, deducir.

colénquima f. Tejido característico de pecíolos y tallos jóvenes.

coleóptero, -ra adj.-m. Díc. del insecto que tiene las alas del primer par convertidas en un especie de estuche.

cólera f. Ira, enojo. - 2 m. Enfermedad contagiosa y epidémica caracterizada por vómitos y diarreas.

colérico, -ca *adj.* Perten. o rel. a la cólera.

colerina *f.* Forma benigna de la enfermedad del cólera. 2 Síntomas precursores de esta enfermedad.

colesterina *f.* FISIOL. Substancia grasa que existe normalmente en la sangre, en la bilis y otros humores, y se encuentra cristalizada en los cálculos biliares.

colesterol *m.* Substancia grasa que existe en la sangre.

coleta *f.* Mechón largo de cabello en la parte posterior de la cabeza. 2 fig. Adición breve.

coletazo *m.* Golpe dado con la cola. 2 fig. Última manifestación de una actividad.

coleto *m.* fig. Interior de una persona.

colgadero, -ra *adj.* A propósito para colgarse o guardarse.

colgadura *f.* Conjunto de tapices o telas con que se adornan paredes, balcones, etc.

colgajo *m.* Trapo que cuelga.

colgante *adj.* Que cuelga.

colgar *tr.* Poner una cosa pendiente de otra sin que llegue al suelo. 2 Ahorcar. 3 Abandonar una profesión o actividad. 4 Interrumpir una conversación telefónica colocando el auricular sobre el aparato correspondiente. - 5 *intr.* Pender.

colibacilo *m.* Bacilo que hace fermentar la leche.

colibrí *m.* Pájaro americano muy pequeño que liba el néctar de las flores.

cólico *m.* Acceso doloroso en los intestinos.

colicuar *tr.* Derretir simultáneamente dos o más substancias sólidas.

colidir *tr.* Tropezar con una oposición física o moral.

coliflor *f.* Variedad de col con los brotes transformados en masas carnosas blancas.

coligar *tr.-prnl.* Unir, confederar.

colilla *f.* Punta del cigarro que se tira.

colimar *tr.* FÍS. Obtener un haz de rayos paralelos a partir de un foco luminoso.

colimbo *m.* Ave de alas cortas que vive en las costas de los países fríos.

colín *m.* Barrita de pan larga y delgada. 2 Pequeña cola del vestido. 3 Parte trasera de la carena de una moto.

colina *f.* Elevación del terreno, menor que una montaña.

colinabo *m.* Variedad de col de raíz carnosa. 2 Especie de nabo parecido a la remolacha.

colindar *intr.* Lindar entre sí.

colirio *m.* Medicamento en gotas para los ojos.

coliseo *m.* Teatro o cine importante.

colisión *f.* Choque de dos cuerpos. 2 fig. Oposición y pugna de ideas.

colisionar *intr.* Producirse una colisión.

colista *com.* El que va último en una competición colectiva.

colmado *m.* Tienda de comestibles.

colmar *tr.* Llenar con exceso.

colmena *f.* Vaso que sirve de habitación a un enjambre de abejas. 2 Enjambre que habita en él. 3 fig. Multitud de personas.

colmillo *m.* Diente agudo situado entre los incisivos y los molares. 2 Incisivo prolongado de elefante.

colmo *m.* Lo que rebasa la medida. ▷ *Ser una cosa el* ~, rebasar la medida.

colocación *f.* Situación. 2 Empleo.

colocado, -da *adj.-s.* Díc. de la persona que tiene un empleo. 2 fam. Que se halla bajo los efectos del alcohol o de otras drogas.

colocar *tr.* Poner, instalar, situar. 2 fig. Poner en un empleo, condición, etc.

colodrillo *m.* Parte posterior de la cabeza.

colofón *m.* Anotación al final de un libro. 2 fig. Lo que pone término a un asunto u obra.

colofonía *f.* Resina sólida, residuo de la destilación de la trementina.

coloidal *adj.* Perten. o rel. a los coloides.

coloide *adj.-m.* Díc. del cuerpo que, disgregado en un líquido, aparece como disuelto por la extremada pequeñez de sus partículas, pero que no se difunde con su disolvente.

colombiano, -na *adj.-s.* De Colombia.

colombicultura *f.* Cría y fomento de la reproducción de palomas.

colombino, -na *adj.* Perten. o rel. a Cristóbal Colón.

colombofilia *f.* Técnica de la cría de palomas.

colon *m.* Parte del intestino grueso comprendida entre el ciego y el recto.

colón *m.* Unidad monetaria de Costa Rica y El Salvador.

colonato *m.* Sistema de explotación de

las tierras por medio de colonos.

colonia *f.* Territorio fuera de un país y dependiente de él. 2 Conjunto de individuos de un país que viven en otro. 3 Grupo de animales pequeños que viven juntos. 4 Residencia veraniega en el campo. 5 Perfume con agua, alcohol y esencias aromáticas.

colonial *adj.* Perten. o rel. a la colonia.

colonialismo *m.* Tendencia a mantener colonias (territorios).

colonizar *tr.* Establecer colonia en un territorio.

colono *m.* Habitante de una colonia. 2 Labrador arrendatario.

coloquial *adj.* Díc. de la palabra o giro propio de la conversación corriente.

coloquio *m.* Conversación, plática.

color *m.* Cualidad de los fenómenos visuales que depende de la clase de rayos de luz que reflejan los objetos. 2 Colorante. ▷ *De ~ rosa,* de manera ideal.

colorado, -da *adj.* De color rojo.

colorante *adj.-m.* Que colora.

colorar *tr.* Dar color.

colorear *tr.* Colorar.

colorete *m.* Afeite encarnado.

colorido *m.* Disposición de colores. 2 Color.

colorimetría *f.* Determinación manifiesta de la intensidad del color de una substancia.

colorín *m.* Color vivo y llamativo.

colorir *tr.* Dar color.

colorismo *m.* Propensión a recargar el estilo con calificativos.

colorista *adj.-s.* Que usa bien el color. - 2 *adj.* Que emplea medios de expresión llamativos.

colosal *adj.* Perten. o rel. al coloso. 2 Gigantesco. 3 Extraordinario.

coloso *m.* Estatua gigantesca. 2 fig. Persona o cosa sobresaliente.

colt *m.* Revólver de cilindro giratorio de seis cámaras.

columbario *m.* Conjunto de nichos.

columbeta *f.* Voltereta que se da sobre la cabeza.

columbiforme *adj.-m.* Díc. del ave con alas largas y afiladas, el pico y las patas cortos y la cabeza pequeña.

columbino, -na *adj.* Perten. o rel. a la paloma.

columbrar *tr.* Divisar.

columna *f.* Elemento de construcción vertical de sostén y apoyo, de forma cilíndrica. 2 División vertical de una página. 3 Tropa en formación de poco frente y mucho fondo; en gral., unidad de tropas independiente. 4 Pila de cosas colocadas ordenadamente unas sobre otras. 5 ~ *vertebral,* conjunto óseo formado por una serie de vértebras articuladas entre sí.

columnata *f.* Serie de columnas.

columnista *adj.-com.* Persona que tiene a su cargo la redacción de una columna en un periódico.

columpiar *tr.-prnl.* Mecer en el columpio.

columpio *m.* Cuerda fija por ambos extremos a un punto elevado para mecerse.

coluro *m.* ASTRON. Círculo máximo de la esfera celeste que pasa por los polos y corta a la eclíptica en los puntos equinocciales.

colutorio *m.* Enjuagatorio medicinal.

coluvión *m.* Depósito acumulado al pie de una pendiente por la acción erosiva de las aguas.

colza *f.* Nabo de semillas oleaginosas.

collado *m.* Colina. 2 Depresión que facilita el paso de una sierra.

collar *m.* Adorno que rodea el cuello. 2 Aro que se ciñe al pescuezo de los animales.

collarín *m.* Aparato de ortopedia que rodea el cuello.

collarino *m.* Parte del fuste de la columna dórica.

collera *f.* Collar de cuero relleno para las caballerías.

coma *f.* Signo ortográfico (,) que indica la división de las frases o miembros de una oración. En matemáticas separa los enteros de los decimales. 2 MED. Estado de pérdida de las funciones psíquicas.

comadre *f.* Madrina de un niño con relación al padrino y a los padres. 2 Vecina y amiga.

comadrear *intr.* fam. Chismear, murmurar.

comadreja *f.* Mamífero mustélido, de cuerpo muy alargado y patas cortas.

comadrona *f.* Partera.

comandancia *f.* Empleo, oficina, distrito del comandante.

comandante *m.* Jefe militar inmediatamente superior al capitán.

comandar *tr.* Mandar un ejército.

comandita *f.* Sociedad en la que se aportan los fondos sin contraer obligación mercantil.

comando *m.* Mando militar. 2 Pequeño grupo de tropas de choque.

comarca *f.* Territorio que comprende varias poblaciones.

comba *f.* Inflexión que toma un cuerpo cuando se encorva. 2 Juego de niños en que se salta con una cuerda. ▷ *No perder ~,* no desaprovechar ninguna ocasión.

combadura *f.* Curvatura de una bóveda.

combar *tr.-prnl.* Encorvar.

combate *m.* Pelea, batalla. ▷ *Fuera de ~,* sin posibilidad de continuar la lucha.

combatiente *adj.-com.* Que combate. - 2 *m.* Soldado de un ejército.

combatir *intr.-prnl.* Luchar. - 2 *tr.* Acometer. 3 fig. Contradecir, impugnar.

combativo, -va *adj.* Inclinado a la lucha.

combinación *f.* Ac. y ef. de combinar. 2 Prenda interior femenina que se lleva debajo del vestido.

combinado *m.* Cóctel. 2 DEP. Equipo integrado por jugadores de diferentes equipos.

combinar *tr.* Unir cosas diversas para formar un compuesto o para algún otro fin. - 2 *intr.* Armonizar una cosa con otra.

combo, -ba *adj.* Que está combado.

combustible *adj.* Que arde con facilidad. - 2 *m.* Lo que sirve para hacer lumbre.

combustión *f.* Reacción de una substancia con el oxígeno con desprendimiento de calor y, a veces, de luz.

comedero *m.* Sitio donde comen los animales.

comedia *f.* Obra dramática, especialmente la de enredo o costumbres. 2 Farsa.

comediante, -ta *m. f.* Actor, actriz. 2 fig. Hipócrita.

comedido, -da *adj.* Cortés, moderado.

comedimiento *m.* Moderación.

comediógrafo, -fa *m. f.* Persona que escribe comedias.

comedirse *prnl.* Moderarse.

comedón *m.* Grano sebáceo del rostro.

comedor, -ra *adj.* Que come mucho. - 2 *m.* Habitación de la casa donde se come. 3 Conjunto de muebles que se colocan en dicha habitación.

comején *m.* Termes.

comendador *m.* Dignidad superior a la de caballero en ciertas órdenes.

comensal *com.* Persona que come con otras en una misma mesa.

comentar *tr.* Hacer comentarios.

comentario *m.* Observación sobre una obra, discurso, etc. - 2 *m. pl.* Conversación.

comentarista *com.* Persona que comenta.

comenzar *tr.* Empezar, dar principio.

comer *intr.* Tomar alimento. 2 Tomar la comida principal del día. - 3 *tr.* Mascar y tragar el alimento. 4 Corroer. 5 Gastar. ▷ *~ con los ojos,* sentir atracción por algo o alguien. *~ el coco,* convencer a alguien aprovechándose de su ingenuidad o buena fe. *Comerse una cosa a otra,* denota que una cosa anula o hace desmerecer a otra. *Sin comerlo ni beberlo,* sin haber tenido parte en el daño o provecho que se sigue.

comercial *adj.* Perten. o rel. al comercio.

comercializar *tr.* Dar a un producto condiciones adecuadas para su venta.

comerciante *adj.-com.* Que comercia.

comerciar *intr.* Comprar y vender con fin lucrativo.

comercio *m.* Ac. y ef. de comerciar. 2 Conjunto de comerciantes. 3 Establecimiento comercial.

comestible *adj.-m.* Que se puede comer. - 2 *m.* Artículo alimenticio.

cometa *m.* Astro de núcleo poco denso que lleva una cola o cabellera nebulosa. - 2 *f.* Armazón plana y muy ligera, sujeta hacia el medio a un bramante muy largo, que se arroja al aire para elevarla.

cometer *tr.* Incurrir en culpa o error.

cometido *m.* Comisión, encargo.

comezón *f.* Picazón. 2 fig. Desazón producida por el deseo.

cómic *m.* Serie de viñetas narrativas.

comicial *adj.* Perten. o rel. a los comicios.

comicidad *f.* Cualidad de cómico.

comicios *m.* Elecciones.

cómico, -ca *adj.* Perten. o rel. a la comedia. 2 Que hace reír. - 3 *m. f.* Comediante.

comida *f.* Lo que se come; alimento. 2

El principal que se toma cada día.

comidilla f. Tema preferido de conversación.

comienzo m. Principio, origen.

comilona f. fam. Comida abundante.

comillas f. pl. Signo ortográfico («...», "..." o ´...´) que se pone en las citas o ejemplos.

comino m. Planta de tallo ramoso con semillas pequeñas y aromáticas.

comisar tr. Declarar en comiso.

comisaría f. Empleo y oficina del comisario.

comisario m. El que ejerce funciones oficiales de cierta responsabilidad.

comiscar tr.-intr. Comer poco y a menudo.

comisión f. Encargo. 2 Mandato para comerciar y lo que se cobra por ello. 3 Conjunto de personas encargadas de algo.

comisionado, -da adj.-s. Encargado de una comisión.

comisionar tr. Dar comisión o encargo.

comiso m. Cosa que ha sido confiscada.

comisura f. Punto de unión de los labios, párpados, etc.

comité m. Junta o comisión dirigente.

comitiva f. Acompañamiento.

como adv. m. Del modo o la manera que, o a modo o manera de. 2 Según, conforme. - 3 conj. Así que, en caso que. 4 A fin de que, de modo que. 5 Porque.

cómo adv. m. interr. De qué modo o manera. 2 Por qué motivo o razón. - 3 m. Precedido del artículo, modo, manera.

cómoda f. Mueble con tablero de mesa y cajones superpuestos que ocupan todo el frente.

comodidad f. Calidad de cómodo.

comodín m. Lo que sirve para fines diversos.

cómodo, -da adj. Que se presta al uso necesario sin ofrecer inconveniente, molestia, etc. 2 Oportuno, fácil.

comoquiera adv. m. De cualquier manera.

compacto, -ta adj. De textura apretada.

compadecer tr.-prnl. Dolerse del mal ajeno.

compadre m. El padrino de un niño con relación a la madrina y a los padres. 2 Amigo, compañero.

compaginar tr. Poner en buen orden cosas que tienen relación mutua.

compañerismo m. Armonía entre compañeros.

compañero, -ra m. f. Persona que vive, trabaja o juega con otra. 2 Miembro de un mismo partido político o sindicato.

compañía f. Presencia de una persona junto a otra. 2 Persona o personas que acompañan. 3 Sociedad comercial o industrial. 4 Cuerpo de actores. 5 MIL. Unidad mandada por un capitán.

comparación f. Ac. y ef. de comparar. 2 GRAM. *Grados de ~*, diferente intensidad con que un adjetivo calificativo es aplicado a dos o más substantivos.

comparar tr. Examinar dos o más objetos para ver sus diferencias o semejanzas.

comparativo, -va adj. Que expresa comparación.

comparecer intr. Presentarse.

comparsa f. En el teatro, conjunto de los que figuran y no hablan. - 2 com. Persona que pertenece a él.

compartimiento m. Ac. y ef. de compartir. 2 Departamento. 3 ~ *estanco,* el absolutamente independiente.

compartir tr. Distribuir en partes. 2 Usar o tener en común.

compás m. Instrumento para trazar curvas y tomar distancias. 2 Medida del tiempo en la música.

compasar tr. Medir con el compás. 2 fig. Arreglar, proporcionar.

compasión f. Dolor por el mal ajeno.

compasivo, -va adj. Que siente compasión.

compatibilidad f. Calidad de compatible.

compatibilizar tr. Hacer compatible.

compatible adj. Capaz de unirse o concurrir en un mismo lugar o sujeto.

compatriota com. Persona de la misma patria que otra.

compeler tr. Obligar con fuerza.

compendiar tr. Reducir a compendio.

compendio m. Resumen.

compenetrarse rec. Identificarse en ideas y sentimientos.

compensación f. Ac. y ef. de compensar.

compensar tr. Neutralizar el efecto de una cosa con otra. 2 Resarcir, indemnizar.

competencia f. Rivalidad, disputa. 2 Incumbencia. 3 Aptitud, idoneidad.

competente adj. Bastante, adecuado. 2

Apto, idóneo.

competer *intr.* Tocar, incumbir.

competición *f.* Ac. y ef. de competir.

competidor, -ra *adj.-s.* Que compite.

competir *intr.* Contender, rivalizar.

competitividad *f.* Capacidad de competir.

competitivo, -va *adj.* Que puede competir.

compilación *f.* Obra en la que se compilan extractos de libros, documentos, etc.

compilador *m.* INFORM. Programa que traduce el programa fuente a un lenguaje de bajo nivel.

compilar *tr.* Juntar en un solo cuerpo varios libros, documentos, etc.

compinche *com. desp.* Amigo, colega.

complacencia *f.* Satisfacción, contento.

complacer *tr.* Hacer lo que es grato a otro, acceder a sus deseos. - 2 *prnl.* Hallar satisfacción en una cosa.

complejo, -ja *adj.-m.* Que se compone de elementos diversos. 2 Díc. del conjunto de edificios agrupados por una actividad común.

complementar *tr.* Dar complemento a una cosa.

complementario, -ria *adj.* Que complementa.

complemento *m.* Parte que completa una cosa. 2 GRAM. Palabra o grupo de palabras que completan a otra u otras, en su significado o en su función gramatical.

completar *tr.* Hacer cabal o perfecta una cosa.

completivo, -va *adj.* Que completa.

completo, -ta *adj.* Lleno, cabal.

complexión *f.* Constitución fisiológica de una persona o animal.

complicación *f.* Embrollo, dificultad.

complicado, -da *adj.* Enmarañado.

complicar *tr.* Mezclar, unir entre sí cosas diversas. - 2 *prnl.* Embrollarse.

cómplice *com.* Compañero en el delito.

complicidad *f.* Calidad de cómplice.

complot *m.* Confabulación, intriga.

compluvio *m.* Abertura cuadrada o rectangular en la techumbre de la ant. casa romana, para dar luz y recoger las aguas de lluvia.

componedor, -ra *m. f.* Persona que compone. - 2 *m.* IMPR. Regla para componer.

componenda *f.* Arreglo incompleto o provisional.

componente *adj.-m.* Que compone o entra en la composición de un todo.

componer *tr.* Formar de varias partes un todo. 2 Producir obras literarias o musicales. 3 Adornar, ataviar. 4 Ordenar o reparar lo desordenado o roto. 5 GRAM. Formar un vocablo por composición. 6 IMPR. Reproducir un texto juntando los caracteres tipográficos.

comportamiento *m.* Manera de portarse.

comportar *tr.* fig. Sufrir, tolerar. - 2 *prnl.* Portarse, conducirse.

composición *f.* Ac. y ef. de componer. 2 Obra científica, literaria o musical. 3 Parte de la música que enseña la formación del canto y del acompañamiento. 4 Redacción escolar. 5 GRAM. Procedimiento para formar palabras agrupando dos o más palabras ya existentes. ▷ *Hacer uno ~ de lugar,* meditar las circunstancias de una situación.

compositivo, -va *adj.* Díc. del prefijo o palabra que forma compuestos.

compositor, -ra *adj.-s.* Que compone, especialmente obras musicales.

compostura *f.* Hechura de un todo. 2 Reparo de una cosa descompuesta. 3 Aseo, adorno. 4 Convenio.

compota *f.* Dulce de fruta cocida.

compra *f.* Ac. y ef. de comprar. 2 Cosa comprada.

comprador, -ra *adj.-s.* Que compra.

comprar *tr.* Adquirir por dinero.

compraventa *f.* Compra de objetos usados para revenderlos.

comprender *tr.* Contener, incluir en sí una cosa. 2 Entender, penetrar.

comprensible *adj.* Que se puede comprender.

comprensión *f.* Acción y facultad de comprender.

comprensivo, -va *adj.* Capaz de entender fácilmente.

compresa *f.* Pedazo de lienzo o celulosa para usos médicos o higiene femenina.

compresión *f.* Ac. y ef. de comprimir.

compresor, -ra *adj.-s.* Que comprime. - 2 *m.* Mecanismo para comprimir gases.

comprimido, -da *adj.-s.* Reducido a menor volumen. - 2 *m.* FARM. Tableta medicinal de pequeño tamaño.

comprimir tr. Apretar, reducir el volumen por presión. 2 Reprimir, contener.

comprobación f. Ac. y ef. de comprobar.

comprobante adj.-m. Que comprueba.

comprobar tr. Verificar, confirmar mediante prueba.

comprometer tr.-prnl. Poner la decisión de algo en manos de un tercero. 2 Exponer a un riesgo. 3 Poner en obligación.

comprometido, -da adj. Arriesgado.

compromisario, -ria adj.-s. Delegado para que resuelva algo.

compromiso m. Obligación contraída, palabra dada. 2 Dificultad, embarazo.

compuerta f. Portón movible en presas o canales.

compuesto, -ta adj. Formado por varios elementos. 2 fig. Moderado, circunspecto. - 3 adj.-f. Díc. de la planta dicotiledónea que se caracteriza por tener las flores compuestas.

compulsa f. DER. Copia cotejada con su original.

compulsar tr. Comprobar un texto con el original.

compunción f. Dolor de haber pecado. 2 Sentimiento que causa el dolor ajeno.

compungido, -da adj. Afligido.

compungir tr. Mover a uno a compunción.

computador, -ra m. f. Calculador electrónico de elevada potencia y gran capacidad de memoria para solucionar con rapidez problemas muy complejos.

computadorizar tr. Someter datos al tratamiento de una computadora.

computar tr. Determinar por el cálculo ciertos datos.

cómputo m. Cuenta, cálculo.

comulgar tr. Dar la sagrada comunión. - 2 intr. Recibirla. 3 fig. Compartir con otro u otros ideas, sentimientos. ▷ ~ con ruedas de molino, ser muy crédulo, dejarse engañar.

común adj. Compartido por dos o más al mismo tiempo. 2 Perten. o rel. a la mayoría. 3 Ordinario, frecuente. - 4 m. Todo el pueblo.

comuna f. Conjunto de personas que viven en comunidad.

comunal adj. Común, compartido por todos.

comunero, -ra adj. Perten. o rel. a las comunidades de Castilla.

comunicación f. Escrito que comunica algo. 2 Trato, relación. 3 Unión mediante pasos, canales, vías, escaleras, etc.

comunicado m. Escrito que se manda a un periódico. 2 Comunicación (escrito).

comunicador, -ra adj. Que comunica o sirve para comunicar.

comunicar tr. Hacer a otro partícipe de algo. 2 Dar parte, hacer saber. 3 Transmitir señales mediante un código. - 4 prnl. Tener paso unas cosas con otras.

comunicativo, -va adj. Que se comunica fácilmente.

comunicología f. Conjunto de conocimientos referentes a la comunicación entre personas o grupos humanos.

comunidad f. Calidad de común (compartido). 2 Común (pueblo). 3 Reunión de personas que viven juntas y bajo ciertas reglas.

comunión f. Participación en lo que es común. 2 Congregación de los que profesan la misma fe. 3 Participación en el sacramento de la Eucaristía.

comunismo m. Sistema de organización social que suprime la propiedad privada.

comunista adj. Perten. o rel. al comunismo. - 2 adj.-com. Partidario de él.

comunitario, -ria adj. Perten. o rel. a la comunidad.

comúnmente adv. m. De uso o consentimiento común.

con prep. Significa el instrumento, medio o modo para hacer una cosa. 2 Juntamente, en compañía. 3 Denota contenido o adherencia. ▷ ~ que, o ~ tal que, o ~ sólo que, en el caso de que.

conato m. Empeño, esfuerzo. 2 Acción o suceso que no llega a realizarse por completo.

concadenar tr. fig. Unir estrechamente a modo de los eslabones de una cadena.

concatenación f. RET. Empleo al principio de dos o más cláusulas de la última voz de la cláusula anterior.

concatenar tr. fig. Unir estrechamente unas cosas con otras.

concavidad f. Calidad de cóncavo. 2 Parte o sitio cóncavo.

cóncavo, -va *adj.* Que tiene, respecto del que mira, la superficie más deprimida por el centro que por las orillas.

concavoconvexo, -xa *adj.* Díc. del cuerpo que presenta dos superficies opuestas, una cóncava y otra convexa, de radio mayor la primera que la segunda.

concebir *intr.-tr.* Dar existencia a un nuevo ser. 2 fig. Formar idea o concepto de algo; comprender.

conceder *tr.* Hacer merced de una cosa. 2 Asentir.

concejal, -la *m. f.* Persona de un concejo o ayuntamiento.

concejero, -ra *adj.* Público, conocido.

concejo *m.* Ayuntamiento de un pueblo o ciudad. 2 Municipio.

concelebrar *tr.-intr.* Celebrar una misa entre varios sacerdotes.

concento *m.* Canto acordado y armonioso de diversas voces.

concentración *f.* Ac. y ef. de concentrar o concentrarse.

concentrado, -da *adj.* Internado en el centro de una cosa. - 2 *m.* Salsa espesa de alguna cosa.

concentrar *tr.-prnl.* Reunir en un centro. 2 QUÍM. Aumentar la proporción de materia disuelta con relación al disolvente. - 3 *prnl.* Fijar la atención.

concéntrico, -ca *adj.* GEOM. Que tiene el mismo centro.

concepción *f.* Ac. y ef. de concebir.

conceptismo *m.* Estilo literario conceptuoso caracterizado por el ingenio.

concepto *m.* Idea. 2 Opinión, juicio. 3 Aspecto, calidad, título.

conceptualismo *m.* Doctrina metafísica que admite la realidad de las nociones universales en cuanto son conceptos de la mente, pero negándosela fuera de ésta.

conceptualizar *tr.-intr.* Organizar en conceptos.

conceptuar *tr.* Formar concepto.

conceptuoso, -sa *adj.* Sentencioso, agudo.

concerniente *adj.* Que concierne.

concernir *unipers.* Atañer.

concertación *f.* Acuerdo en común de las diversas partes que componen un todo.

concertar *tr.-prnl.* Pactar, ajustar. 2 Componer, ordenar. - 3 *intr.-tr.* Concordar, convenir. - 4 *intr.* GRAM. Guar-

dar concordancia las palabras variables de una oración.

concertina *f.* Especie de acordeón.

concertista *com.* MÚS. Músico que toca en un concierto en calidad de solista.

concesión *f.* Ac. y ef. de conceder. 2 Cosa concedida.

concesionario, -ria *adj.-s.* Que tiene la exclusiva distribución de un producto.

concesivo, -va *adj.* Que se concede. - 2 *adj.-f.* GRAM. *Oración concesiva,* la subordinada que expresando una objeción o dificultad, no impide la realización de la principal. 3 GRAM. *Conjunción concesiva,* la que enlaza oraciones de esta clase.

conciencia *f.* Conocimiento de uno mismo y de sus propios estados. 2 Sentimiento interior del bien y del mal.

concienciar *tr.-prnl.* Hacer que alguien tome conciencia de sí mismo o de algo.

concienzudo, -da *adj.* Hecho con atención y detenimiento.

concierto *m.* Buen orden y disposición de las cosas. 2 Sesión en que se ejecutan varias composiciones musicales. 3 Composición musical con la orquesta.

conciliábulo *m.* Junta para intrigar.

conciliación *f.* Semejanza de una cosa con otra. 2 Favor o protección que uno se granjea.

conciliar *adj.* Perten. o rel. al concilio. - 2 *tr.* Poner de acuerdo.

concilio *m.* Junta de eclesiásticos.

concisión *f.* Brevedad en la expresión.

conciso, -sa *adj.* Que tiene concisión.

concitar *tr.* Excitar los sentimientos de uno contra otro. 2 Reunir, congregar.

conciudadano, -na *m. f.* Ciudadano de una misma ciudad respecto de los demás.

cónclave, conclave *m.* Junta de cardenales, especialmente para elegir Papa.

concluir *tr.-prnl.* Acabar. - 2 *tr.* Decidir, formar juicio. 3 Inferir, deducir una verdad.

conclusión *f.* Ac. y ef. de concluir. 2 Deducción, consecuencia.

concluyente *adj.* Que no admite discusión o réplica.

concoideo, -a *adj.* Semejante a la concha.

concomerse *prnl.* fig. Sentir comezón interior.

concomitar *tr.* Acompañar una cosa a otra u obrar juntamente con ella.

concordancia *f.* Conformidad de una cosa con otra. 2 GRAM. Conformidad de accidentes entre dos o más palabras.

concordar *tr.* Poner de acuerdo. - 2 *intr.* Convenir una cosa con otra. 3 GRAM. Guardar concordancia.

concordato *m.* Tratado entre un gobierno y la Santa Sede.

concorde *adj.* Conforme, uniforme.

concordia *f.* Conformidad, unión.

concreción *f.* Acumulación de partículas que forman masa.

concrescente *adj.* Díc. del órgano vegetal que crece unido a otro formando una sola masa.

concretar *tr.* Reducir a lo esencial. 2 Expresar en concreto. - 3 *prnl.* Limitarse.

concreto, -ta *adj.* Determinado, específico. 2 Real, particular.

concubina *f.* Mujer que hace vida marital con un hombre que no es su marido.

concubinato *m.* Trato de un hombre con su concubina.

concúbito *m.* Ayuntamiento carnal.

conculcar *tr.* Quebrantar una ley.

concuñado, -da *m. f.* Cónyuge de una persona respecto del cónyuge de otra persona hermana de aquélla.

concupiscencia *f.* Deseo excesivo de los bienes o placeres terrenos.

concurrencia *f.* Ac. y ef. de concurrir. 2 Gente que concurre.

concurrir *intr.* Juntarse en un mismo lugar muchas personas. 2 Coincidir en el tiempo. 3 Contribuir a un fin. 4 Competir.

concursar *tr.* Acudir a un concurso, participar en él.

concurso *m.* Concurrencia. 2 Competencia entre varios para escoger al mejor.

concusión *f.* Exacción hecha por un funcionario en provecho propio.

concha *f.* Caparazón o cubierta de algunos animales. 2 Mueble para ocultar al apuntador.

conchabar *tr.* Unir, juntar, asociar. - 2 *prnl.* fam. Confabularse.

conchero *m.* Depósito prehistórico de restos de moluscos y peces que servían de alimento a los hombres de aquellas edades.

condado *m.* Dignidad o territorio del conde.

condal *adj.* Perten. o rel. al conde.

conde, -desa *m. f.* Título de nobleza inferior al de marqués.

condecoración *f.* Ac. y ef. de condecorar. 2 Distintivo honorífico.

condecorar *tr.* Dar una condecoración.

condena *f.* Imposición de una pena. - 2 *f.* Pena impuesta.

condenado, -da *adj.-s.* Que sufre condena. 2 fig. Perverso, nocivo.

condenar *tr.* Declarar culpable e imponer pena. 2 Reprobar, desaprobar.

condensación *f.* Ac. y ef. de condensar o condensarse.

condensador, -ra *adj.* Que condensa. - 2 *m.* Aparato para reducir los gases a menor volumen. 3 Sistema óptico empleado para concentrar los rayos procedentes de un foco luminoso.

condensar *tr.-prnl.* Reducir la extensión o volumen de una cosa, dándole mayor densidad.

condesa *f.* Mujer del conde o la que por sí goza de este título.

condescendencia *f.* Ac. y ef. de condescender.

condescender *intr.* Acomodarse a la voluntad de otro.

condescendiente *adj.* Pronto a condescender.

condición *f.* Índole o estado de las cosas. 2 Estado social. 3 Aquello de que depende la realización o cumplimiento de una cosa. 4 Carácter, genio. ▷ *A ~ que,* siempre que, con tal que.

condicional *adj.* Que incluye una condición. - 2 *adj.-f.* GRAM. *Oración ~,* la subordinada que establece una condición para que se efectúe lo expresado en la principal. 3 GRAM. *Conjunción ~,* la que señala la relación en oraciones de esta clase. - 4 *m.* GRAM. Tiempo verbal del modo indicativo.

condicionar *tr.* Hacer depender una cosa de alguna condición.

condimentar *tr.* Sazonar la comida.

condimento *m.* Lo que sirve para sazonar la comida.

condolencia *f.* Participación en el pesar ajeno.

condolerse *prnl.* Dolerse con otro.

condón *m.* vulg. Preservativo.

condonar tr. Remitir una pena o deuda.

cóndor m. Ave rapaz sudamericana de gran tamaño y plumaje negro.

condrioma m. Conjunto de los condriosomas de una célula.

condriosoma m. Conjunto de gránulos y filamentos existentes en el protoplasma de la célula.

conducción f. Ac. y ef. de conducir. 2 Conjunto de conductos para el paso.

conducente adj. Que conduce.

conducir tr. Dirigir, guiar. 2 Llevar, transportar. - 3 prnl. Comportarse.

conducta f. Manera de conducirse. 2 Gobierno, dirección.

conductancia f. Fís. Propiedad de algunos cuerpos que permiten el paso a su través de los fluidos energéticos.

conductismo m. Doctrina psicológica basada en la observación del comportamiento objetivo del ser que se estudia.

conductividad f. Fís. Transmisión del calor o la electricidad de los cuerpos.

conducto m. Tubo, canal, etc., por donde pasa una cosa. 2 fig. Medio o vía que se sigue en algún negocio.

conductor, -ra adj.-s. Que conduce. 2 Que deja pasar el calor y la electricidad.

condumio m. Comida.

conectar tr. Combinar con el movimiento de una máquina el de un aparato.

conejo m. Mamífero roedor doméstico.

conexión f. Trabazón, enlace.

conexionar tr. Enlazar, ligar, conectar.

conexo, -xa adj. Que tiene conexión.

confabulación f. Ac. y ef. de confabularse.

confabularse prnl. Ponerse de acuerdo en secreto sobre algo que interesa a un tercero.

confección f. Ac. y ef. de confeccionar, especialmente prendas de vestir.

confeccionar tr. Hacer una obra combinando sus diversos elementos.

confederación f. Unión, liga. 2 Conjunto de personas o estados unidos para un fin común.

confederar tr. Unir en confederación.

conferencia f. Reunión para tratar de un negocio. 2 Disertación en público.

conferenciante com. Persona que pronuncia una conferencia.

conferenciar intr. Reunirse para tratar de un negocio.

conferir tr. Conceder dignidad, empleo, etc. 2 Atribuir una cualidad no física a una persona o cosa.

confesar tr. Manifestar uno sus actos, ideas, etc., ocultos. 2 Reconocer o declarar la verdad. 3 Declarar los pecados.

confesión f. Ac. y ef. de confesar. 2 Creencia religiosa.

confesional adj. Perten. o rel. a una confesión religiosa.

confesionario, confesonario m. Mueble dentro del cual se coloca el sacerdote para oír las confesiones.

confeso, -sa adj. Que ha confesado su culpa.

confesor m. Sacerdote que confiesa.

confeti m. Pedacitos de papel de color.

confiado, -da adj. Crédulo, inclinado a confiar en cualquier persona o cosa.

confianza f. Esperanza firme. 2 Seguridad que uno tiene en sí mismo.

confiar tr. Depositar algo al cuidado de uno. - 2 intr.-prnl. Esperar con firmeza.

confidencia f. Confianza. 2 Revelación secreta.

confidencial adj. Que se hace o se dice en confidencia.

confidente, -ta adj. Fiel, de confianza. - 2 m. f. Persona a quien otra fía sus secretos. 3 Persona que obtiene y proporciona información secreta por dinero u otro beneficio.

configuración f. Figura peculiar de una cosa.

configurar tr. Dar determinada configuración.

confín m. Punto más alejado del centro de un lugar o territorio.

confinar intr. Limitar. 2 Desterrar. - 3 prnl. Encerrarse, recluirse.

confirmación f. Ac. y ef. de confirmar. 2 Sacramento que confirma en el bautismo.

confirmar tr. Corroborar la verdad o la certeza. 2 Asegurar, dar mayor firmeza. 3 Administrar la confirmación.

confiscar tr. Privar a uno de sus bienes y aplicarlos al fisco.

confitar tr. Cubrir con baño de azúcar las frutas o cocerlas en almíbar.

confite m. Bola pequeña de azúcar.

confitería f. Establecimiento del confitero. 2 Arte de fabricar dulces y confituras.

confitero, -ra m. f. Persona que hace o vende dulces y confituras.

confitura f. Fruta u otra cosa confitada.

conflagración f. Incendio. 2 Guerra.

conflagrar tr. Inflamar, incendiar, quemar.

conflictividad f. Calidad de conflictivo.

conflictivo, -va adj. Que crea conflictos o se encuentra en conflicto.

conflicto m. Choque, combate prolongado. 2 fig. Situación difícil.

confluencia f. Lugar donde confluyen ríos o caminos.

confluir intr. Juntarse ríos o caminos. 2 Concurrir gente en un lugar.

conformación f. Disposición de las partes de una cosa.

conformar tr. Dar forma. - 2 tr.-intr.-prnl. Ajustar, concordar una cosa con otra. - 3 prnl. Acomodarse, resignarse.

conforme adj. Igual, acorde. 2 Que se corresponde con ciertas reglas, costumbres, etc. 3 Resignado. - 4 adv. m. Con arreglo a, en correspondencia a. 5 Del mismo modo que.

conformidad f. Semejanza. 2 Armonía, proporción. 3 Resignación.

conformista adj.-com. Díc. de la persona que se adapta fácilmente a cualquier circunstancia.

confort m. Comodidad, bienestar.

confortable adj. Que conforta. 2 Que da comodidad.

confortar tr. Dar vigor. 2 Animar, consolar.

confraternal adj. Perten. o rel. a los amigos y camaradas.

confraternar intr. Hermanarse una persona con otra.

confraternidad f. Hermandad o amistad íntima.

confraternizar intr. Tratarse con amistad y compañerismo.

confrontar tr. Carear. 2 Cotejar. - 3 intr.-prnl. Estar o ponerse enfrente.

confucianismo m. Conjunto de las doctrinas morales de Confucio.

confulgencia f. Brillo simultáneo.

confundir tr.-prnl. Mezclar cosas diversas. 2 Tomar una cosa por otra.

confusión f. Falta de orden y claridad. 2 Equivocación. 3 Vergüenza, humillación.

confusionismo m. Obscuridad en las ideas o en el lenguaje.

confuso, -sa adj. Obscuro, dudoso. 2 Difícil de distinguir. 3 Perplejo, turbado.

congelación f. Ac. y ef. de congelar o congelarse.

congelador m. En los frigoríficos, compartimiento especial donde se produce hielo. 2 Electrodoméstico para congelar.

congelar tr.-prnl. Hacer pasar un cuerpo del estado líquido al sólido. 2 Enfriar mucho. 3 fig. Bloquear, inmovilizar.

congénere adj. Del mismo género.

congeniar intr. Avenirse por tener el mismo carácter.

congénito, -ta adj. Que se engendra juntamente con otra cosa. 2 Connatural y como nacido con uno.

congestión f. Acumulación de sangre en una parte del cuerpo. 2 fig. Aglomeración.

congestionar tr.-prnl. Producir congestión.

conglomerado m. Aglomerado, especialmente el de madera.

conglomerante adj.-s. Material capaz de conglomerar varias substancias.

conglomerar tr.-prnl. Aglomerar.

congoja f. Desmayo, angustia.

congoleño, -ña, congolés, -lesa adj. Del Congo.

congraciar tr.-prnl. Conseguir la benevolencia de uno.

congratular tr.-prnl. Manifestar a uno que se comparte su alegría o satisfacción.

congregación f. Junta, comunidad.

congregar tr.-prnl. Reunir, juntar.

congresista com. Miembro de un congreso científico, literario, etc.

congreso m. Junta para deliberar. 2 Asamblea legislativa y lugar donde se reúne.

congrio m. Pez marino teleósteo comestible, parecido a la anguila.

congruencia f. Conveniencia, oportunidad; ilación o conexión de ideas.

congruente adj. Conveniente, oportuno.

cónico, -ca adj. Perten. o rel. al cono. 2 De forma de cono.

conífero, -ra adj.-f. Díc. de los árboles o arbustos ramificados, de flores unisexuales y semillas en piñas.

conjetura f. Juicio formado por indicios.

conjeturar *tr.* Creer por conjeturas.

conjugación *f.* Serie ordenada de todas las formas de un verbo. 2 Grupo en que se dividen los verbos de una lengua según la manera como se conjugan.

conjugar *tr.-prnl.* Unir, enlazar. - 2 *tr.* GRAM. Unir sucesivamente las desinencias de un verbo para expresar los accidentes de modo, tiempo, número y persona.

conjunción *f.* Situación relativa de dos astros cuando tienen la misma longitud. 2 GRAM. Parte de la oración que enlaza las oraciones simples.

conjuntar *tr.* Agrupar varias cosas para que formen un conjunto armonioso.

conjuntiva *f.* Membrana mucosa que cubre la parte anterior del ojo.

conjuntivitis *f.* MED. Inflamación de la conjuntiva.

conjuntivo, -va *adj.* Que une y junta. 2 Perten. o rel. a la conjunción.

conjunto, -ta *adj.* Unido, contiguo. - 2 *m.* Agregado de varias cosas. 3 Grupo poco numeroso de músicos. 4 MAT. Grupo de elementos con una determinada propiedad. ▷ *En ~*, en su totalidad.

conjura, conjuración *f.* Conspiración, intriga.

conjurado, -da *adj.-s.* Que entra en una conjuración.

conjurar *intr.-prnl.* Ligarse con juramento. - 2 *intr.* Conspirar. - 3 *tr.* Exorcizar.

conjuro *m.* Ac. y ef. de conjurar. 2 Imprecación supersticiosa.

conllevar *tr.* Ayudar a uno a llevar un trabajo. 2 Ser paciente con uno.

conmemoración *f.* Solemnidad con que se conmemora algo.

conmemorar *tr.* Hacer solemnemente memoria de algo o de alguien.

conmensurable *adj.* Sujeto a medida o valuación.

conmigo *pron. pers.* Forma del pronombre personal *mí* como término de la preposición *con.*

conminar *tr.* Amenazar con un castigo.

conmiseración *f.* Compasión.

conmoción *f.* Perturbación o agitación violentas.

conmocionar *tr.* Producir conmoción.

conmover *tr.-prnl.* Perturbar, mover fuertemente. 2 Enternecer.

conmutador *m.* Pieza que hace cambiar de conductor a una corriente eléctrica.

conmutar *tr.* Trocar, permutar.

conmutativo, -va *adj.* MAT. Díc. de la operación de resultado invariable cambiando el orden de sus términos.

connatural *adj.* Conforme a la naturaleza.

connivencia *f.* Complicidad por tolerancia.

connotación *f.* Ac. y ef. de connotar.

connotar *tr.* Hacer relación.

cono *m.* BOT. Piña (fruto). 2 Sólido limitado por una base plana de periferia curva y la superficie formada por las rectas que unen la base con el vértice.

conocedor, -ra *adj.-s.* Experto, enterado, entendido.

conocer *tr.* Tener idea o noción de una cosa. 2 Distinguir. 3 Echar de ver, advertir. 4 Tener trato con una persona.

conocido, -da *adj.* Distinguido, ilustre. - 2 *m. f.* Persona a quien se trata sin intimidad.

conocimiento *m.* Ac. y ef. de conocer. 2 Entendimiento, inteligencia, razón natural.

conque *conj. ilativa* Anuncia una consecuencia natural de lo que acaba de decirse o es ya sabido.

conquense *adj.-s.* De Cuenca.

conquiliología *f.* Parte de la zoología que trata de los moluscos y de sus conchas.

conquista *f.* Ac. y ef. de conquistar. 2 Cosa conquistada.

conquistador, -ra *adj.-s.* Que conquista.

conquistar *tr.* Adquirir por las armas. 2 fig. Ganar la voluntad o el amor de otro.

consabido, -da *adj.* Conocido, habitual.

consagración *f.* Ac. y ef. de consagrar o consagrarse.

consagrar *tr.* Hacer sagrado. 2 Dedicar a Dios. - 3 *tr.-prnl.* Dedicar con ardor a un fin, estudio, etc. 4 Conferir fama a alguien.

consanguinidad *f.* Parentesco de los que descienden de un mismo tronco.

consciencia *f.* Conciencia.

consciente *adj.* Que tiene conciencia

de sí mismo y de sus actos.

consecución *f.* Ac. y ef. de conseguir.

consecuencia *f.* Hecho que se sigue o resulta de otro. 2 Proposición que se deduce de otra.

consecuente *adj.* Que es consecuencia de una cosa. 2 Conforme a la lógica.

consecutivamente *adv.* Uno después de otro.

consecutivo, -va *adj.* Que sigue a otra cosa. - 2 *adj.-f.* GRAM. *Oración consecutiva,* la subordinada que expresa una consecuencia de la principal. 3 GRAM. *Conjunción consecutiva,* la que enlaza oraciones de esta clase.

conseguir *tr.* Obtener, lograr.

conseja *f.* Cuento, fábula.

consejería *f.* Lugar donde funciona un consejo, corporación consultiva, administrativa o de gobierno.

consejero, -ra *m. f.* Persona que aconseja. 2 Individuo de un consejo.

consejo *m.* Parecer, dictamen. 2 Reunión de personas oficialmente encargadas de aconsejar, administrar o legislar.

consenso *m.* Acuerdo general.

consensuar *tr.* Llegar a un consenso.

consentido, -da *adj.-s.* Díc. de la persona mimada en exceso. 2 Díc. del marido que consiente la infidelidad de su mujer.

consentimiento *m.* Ac. y ef. de consentir.

consentir *intr.-tr.* Permitir una cosa. - 2 *tr.* Mimar.

conserje *m.* El que tiene por oficio la custodia y llaves de un edificio o establecimiento.

conserjería *f.* Oficio del conserje y lugar donde lo lleva a cabo.

conserva *f.* Alimento preparado para que se conserve comestible durante mucho tiempo.

conservador, -ra *adj.-s.* Que conserva. 2 Díc. de la tendencia política que pretende impedir todo cambio o reforma.

conservadurismo *m.* Doctrina de los partidos políticos conservadores.

conservante *m.* Substancia que impide o retrasa el deterioro de un alimento.

conservar *tr.* Mantener en cierto estado; hacer durar. 2 Guardar con cuidado.

conservatorio *m.* Establecimiento de enseñanza artística.

conservero, -ra *adj.* Perten. o rel. a las conservas. - 2 *m. f.* Persona que las hace.

considerable *adj.* Digno de consideración. 2 Grande.

consideración *f.* Ac. y ef. de considerar.

considerado, -da *adj.* Que obra con reflexión.

considerar *tr.* Pensar, reflexionar. 2 Tener en cuenta. 3 Juzgar, estimar. 4 Tratar con respeto.

consigna *f.* Orden dada a un subordinado. 2 Depósito de equipajes de una estación de transportes.

consignar *tr.* Destinar una cantidad para un fin. 2 Poner por escrito.

consignatario *m.* El que en los puertos de mar representa al armador de un barco.

consigo *pron. pers.* Forma especial del pronombre personal reflexivo *sí* como término de la preposición *con.*

consiguiente *adj.* Que depende y se deduce de otra cosa.

consiguientemente *adv. m.* Por consecuencia.

consistencia *f.* Duración. 2 Solidez.

consistente *adj.* Que consiste. 2 Que tiene consistencia.

consistir *intr.* Estar fundada o incluida una cosa en otra.

consistorial *adj.* Perten. o rel. al consistorio.

consistorio *m.* Ayuntamiento, cabildo.

consola *f.* Mesa de adorno, sin cajones, que suele estar arrimada a la pared.

consolador, -ra *adj.-s.* Que consuela. - 2 *m.* Pene artificial para simular el coito.

consolar *tr.-prnl.* Aliviar la pena o aflicción de uno.

consolidar *tr.* Dar firmeza o solidez. 2 p. ext. Reunir o pegar lo roto.

consomé *m.* Caldo substancioso.

consonancia *f.* Correspondencia de sonidos acordes. 2 Identidad de sonido en la terminación de dos palabras.

consonante *adj.-s.* Díc. de la voz con respecto a otra de la misma consonancia. - 2 *adj.-f.* Díc. del sonido de una lengua producido por el estrechamiento de los órganos de articulación. - 3 *f.* Letra que representa a un sonido consonante.

consonántico, -ca *adj.* Perten. o rel. a

la consonante.

consonantismo *m.* Sistema de consonantes de una lengua.

consonantización *f.* Transformación histórica de una vocal en consonante.

consonar *intr.* Formar o tener consonancia.

consorcio *m.* Agrupación de entidades para negocios importantes.

consorte *com.* Partícipe de una misma suerte con otro. 2 Cónyuge.

conspicuo, -cua *adj.* Ilustre, insigne.

conspiración *f.* Acción de conspirar.

conspirar *intr.* Obrar de acuerdo con otro u otros contra alguien o algo.

constancia *f.* Firmeza y perseverancia. 2 Certeza.

constante *adj.* Que tiene constancia.

constantemente *adv. m.* Con constancia.

constar *intr.* Estar compuesto de determinadas partes. 2 Ser cierto y evidente.

constatar *tr.* Comprobar, hacer constar.

constelación *f.* Figura arbitraria formada con un conjunto de estrellas fijas.

consternación *f.* Ac. y ef. de consternar.

consternar *tr.-prnl.* Conturbar mucho y abatir el ánimo.

constipado *m.* Catarro, resfriado.

constiparse *prnl.* Acatarrarse.

constitución *f.* Ac. y ef. de constituir. 2 Manera de estar constituido. 3 Ley fundamental de un estado.

constitucional *adj.* Perten. o rel. a la constitución de un estado.

constituir *tr.* Formar, componer. 2 Ser. 3 Fundar, erigir, ordenar.

constitutivo, -va *adj.* Que constituye.

constituyente *adj.* Que constituye.

constreñir *tr.* Obligar, oprimir. 2 Quitar la libertad. 3 MED. Apretar y cerrar.

constricción *f.* Encogimiento.

construcción *f.* Ac. y ef. de construir. 2 Obra construida. 3 GRAM. Disposición sintáctica de las palabras y oraciones.

constructivismo *m.* ARQ. Movimiento de vanguardia que incorpora a la obra artística espacio y tiempo, a fin de conseguir formas dinámicas.

constructivo, -va *adj.* Que construye o sirve para construir.

constructor, -ra *adj.-s.* Que construye

construir *tr.* Hacer un mueble, una máquina, una casa, etc., siguiendo un plan.

consubstanciación *f.* Doctrina luterana según la cual el cuerpo y la sangre de Jesucristo se hallan presentes en la eucaristía sin que por ello quede destruida la substancia del pan y del vino.

consubstancial *adj.* Que es de la misma substancia que otro.

consuegro, -gra *m. f.* Padre o madre de un cónyuge respecto de los del otro.

consuelo *m.* Lo que consuela.

consuetudinario, -ria *adj.* Que es de costumbre.

cónsul *m.* Antiguo magistrado romano. 2 Agente diplomático en el extranjero.

consulado *m.* Dignidad y oficina del cónsul.

consular *adj.* Perten. o rel. al cónsul.

consulta *f.* Ac. y ef. de consultar. 2 Local donde el médico visita a sus enfermos.

consultar *tr.* Deliberar sobre lo que se ha de hacer. 2 Pedir parecer. 3 Averiguar datos.

consultivo, -va *adj.* Establecido para ser consultado.

consultorio *m.* Establecimiento particular donde el médico recibe al enfermo. 2 Sección en la prensa o en la radio para contestar a preguntas hechas por el público.

consumación *f.* Ac. y ef. de consumar. 2 Extinción, acabamiento.

consumado, -da *adj.* Perfecto en su línea.

consumar *tr.* Llevar a cabo totalmente.

consumición *f.* Lo que se toma en un café, bar, etc.

consumido, -da *adj.* Muy flaco, extenuado y macilento.

consumidor, -ra *adj.-s.* Que consume. - 2 *m. f.* Persona que usa los bienes y servicios de la producción.

consumir *tr.-prnl.* Destruir, extinguir. - 2 *tr.* Gastar.

consumismo *m.* Actitud de consumir bienes sin aparente necesidad.

consumo *m.* Gasto de lo que con el uso se extingue o destruye. 2 Energía que necesita una máquina para funcionar.

consuno (de ~) *loc. adv.* De común

acuerdo.

contabilidad *f.* Orden adoptado para llevar las cuentas.

contabilizar *tr.* Apuntar una cantidad en los libros de cuentas.

contable *adj.* Que puede contarse. - 2 *com.* Persona que lleva la contabilidad.

contactar *tr.* Establecer contacto.

contacto *m.* Ac. y ef. de tocarse. 2 Conexión en general, especialmente la eléctrica. 3 Trato, comunicación.

contactología *f.* Técnica de fabricar lentes de contacto.

contado, -da *adj.* Raro, poco. 2 *Al* ~, con dinero contante.

contador, -ra *adj.* Que cuenta. - 2 *m.* El que lleva las cuentas. 3 Aparato que mide el fluido que pasa por un conductor.

contagiar *tr.* Transmitir por contagio.

contagio *m.* Transmisión de una enfermedad, vicio, costumbre, etc.

contagioso, -sa *adj.* Que contagia.

container *m.* Recipiente para el transporte de mercancías entre puntos distantes.

contaminación *f.* Ac. y ef. de contaminar.

contaminante *adj.* Que contamina.

contaminar *tr.* Penetrar la inmundicia; corromper. 2 Contagiar.

contante *adj.* Díc. del dinero efectivo.

contar *tr.* Notar los objetos para saber cuántas unidades hay en un conjunto. 2 Referir, narrar. - 3 *intr.* Hacer cuentas. 4 Confiar en una persona o cosa.

contemplación *f.* Acción de contemplar. - 2 *f. pl.* Miramientos.

contemplar *tr.* Mirar con detenimiento. 2 Prever una posibilidad.

contemplativo, -va *adj.* Perten. o rel. a la contemplación; dado a ella.

contemporáneo, -a *adj.-s.* Que existe al mismo tiempo que otra persona o cosa.

contemporizar *intr.* Acomodarse al gusto o dictamen ajeno.

contención *f.* Ac. y ef. de contener.

contencioso, -sa *adj.* Que es objeto de litigio.

contender *intr.* Disputar. 2 *fig.* Competir.

contenedor, -ra *adj.* Que contiene. - 2 *m.* Embalaje metálico grande.

contener *tr.* Encerrar dentro de sí. - 2 *tr.-prnl.* Reprimir, suspender, moderar.

contenido, -da *adj.* Moderado. - 2 *m.* Lo que se contiene dentro de una cosa.

contentar *tr.* Satisfacer. - 2 *tr.-prnl* Darse por contento.

contento, -ta *adj.* Alegre, satisfecho. - 2 *m.* Alegría, satisfacción.

conteo *m.* Cálculo, valoración.

contera *f.* Remate de metal u otros materiales con que se protege el extremo del bastón o del paraguas.

contertulio, -lia *m. f.* Persona que concurre con otras a una tertulia.

contestación *f.* Respuesta. 2 Alteración, disputa.

contestador, -ra *m. f.* Que contesta. - 2 *m.* Aparato que da una contestación codificada con anterioridad.

contestar *tr.* Responder a lo que se pregunta o dice. 2 Atestiguar lo que dicen otros. - 3 *intr.* Someter a una crítica radical.

contestatario, -ria *adj.-s.* Que practica la contestación.

contexto *m.* Serie del discurso, tejido de la narración.

contextualizar *tr.* Poner en un determinado contexto.

contextura *f.* Disposición de las partes de un todo.

contienda *f.* Pelea, disputa. 2 DEP. *fig.* Encuentro deportivo.

contigo *pron. pers.* Forma del pronombre personal *ti* como término de la preposición *con*.

contiguo, -gua *adj.* Que está tocando a otra cosa.

continencia *f.* Virtud que refrena las pasiones.

continental *adj.* Perten. o rel. a los países del continente.

continente *adj.* Que tiene continencia. - 2 *m.* Lo que contiene. 3 Gran extensión de tierra separada por los océanos.

contingencia *f.* Posibilidad de que una cosa suceda. 2 Cosa que puede suceder.

contingente *adj.* Posible. - 2 *m.* Parte proporcional que se señala.

continuación *f.* Ac. y ef. de continuar.

continuar *tr.* Mantener, llevar adelante lo comenzado. - 2 *intr.* Durar, permanecer. - 3 *intr.-prnl.* Extenderse, seguir.

continuidad *f.* Unión natural de las partes de un todo. 2 Persistencia. ▷ *Solución de* ~, interrupción, corte en una serie continua.

continuo, -nua adj. Que dura, sin interrupción.

contonearse prnl. Mover con afectación los hombros y caderas al andar.

contoneo m. Acción de contonearse.

contornar, -near tr. Dar vueltas alrededor de un paraje. 2 Hacer los perfiles de una figura.

contorno m. Conjunto de líneas que limitan una figura. - 2 m. pl. Territorio que rodea un lugar o población.

contorsión f. Contracción de los miembros o las facciones.

contorsionista com. Persona que ejecuta contorsiones difíciles.

contra prep. Denota pugna, oposición o contrariedad. 2 Enfrente o mirando hacia.

contraalmirante m. MIL. Oficial general de la armada, inmediatamente inferior al vicealmirante.

contraataque m. Respuesta ofensiva a un ataque.

contrabajo m. Instrumento de cuerda y arco, el mayor y más grave de la familia del violín. - 2 com. Músico que toca este instrumento. - 3 m. La voz humana más baja. 4 Persona que tiene esta voz.

contrabandista adj.-com. Que hace contrabando.

contrabando m. Introducción fraudulenta de géneros prohibidos o ilegales.

contrabarrera f. Segunda fila de asientos en los tendidos de las plazas de toros.

contracción f. Respuesta mecánica de un músculo a una excitación. 2 Figura que consiste en hacer de dos palabras una.

contraclave f. Dovela inmediata a la clave de un arco.

contracorriente f. Corriente derivada y de dirección opuesta a la de la principal de que procede.

contráctil adj. Capaz de contraerse.

contractura f. MED. Contracción involuntaria de uno o más grupos musculares.

contracultura f. Conjunto de valores que caracterizan a algunos movimientos de rechazo de los valores culturales establecidos.

contrachapado, -da adj.-s. Tablero formado por varias capas finas de madera encoladas.

contradanza f. Baile de figuras que ejecutan muchas parejas en un tiempo.

contradecir tr.-intr. Decir lo contrario de lo que otro dice.

contradicción f. Afirmación y negación que recíprocamente se destruyen. 2 Oposición.

contradictorio, -ria adj. Que tiene contradicción con otra cosa.

contraer tr.-prnl. Estrechar, encoger. 2 Adquirir obligaciones, costumbres, enfermedades, etc.

contraespionaje m. Actividad para descubrir y evitar el espionaje.

contrafuego m. Incendio provocado para apagar o cortar otro.

contrafuerte m. ARQ. Pilar saliente para reforzar un muro. 2 Refuerzo interior en el calzado.

contragolpe m. Golpe dado en respuesta de otro.

contrahacer tr. Imitar o falsificar una cosa. 2 Remedar.

contrahecho, -cha adj.-s. Que tiene torcido el cuerpo.

contrahuella f. Plano vertical del peldaño.

contraindicar tr. Señalar como perjudicial un remedio, alimento o acción.

contralto m. MÚS. Voz media entre la de tiple y la de tenor.

contraluz amb. Aspecto de las cosas desde el lado opuesto a la luz.

contramaestre m. Oficial que dirige la marinería.

contraofensiva f. MIL. Ofensiva para contrarrestar la del enemigo.

contraorden f. Orden que revoca otra.

contrapartida f. Compensación. ▷ Por ~, por compensación.

contrapelo (a~) loc. adv. Contra la inclinación natural del pelo. 2 fig. Con desgana.

contrapesar tr. Servir de contrapeso a algo. 2 fig. Igualar, compensar.

contrapeso m. Peso que equilibra otro.

contraponer tr.-prnl. Poner una cosa frente de otra. 2 Comparar. 3 Oponer.

contraportada f. IMPR. Página que se pone frente a la portada con detalles sobre el libro.

contraposición f. Oposición. 2 Contraste.

contraproducente adj. De efecto contrario a aquel que se persigue.

contraproposición, contrapropuesta f. Proposición con que se contesta o se impugna otra ya formulada.

contrapuesto, -ta adj. Díc. de la figura invertida en relación a otra igual.

contrapunto m. MÚS. Combinación de varias melodías con coherencia armónica.

contrariado, -da adj. Afectado, disgustado, malhumorado.

contrariar tr. Oponerse a un deseo, intención, etc. 2 Producir disgusto, enfadar.

contrariedad f. Oposición. 2 Contratiempo. 3 Disgusto.

contrario, -ria adj. Opuesto o repugnante. 2 Que daña o perjudica. - 3 m. f. Enemigo, adversario.

contrarreforma f. Conjunto de actividades, concilios, etc., con que el catolicismo se opuso a la reforma luterana.

contrarreloj adj.-f. DEP. Prueba consistente en cubrir una determinada distancia en el menor tiempo posible.

contrarrestar tr. Resistir, hacer frente y oposición.

contrarrevolución f. Revolución política que tiende a destruir otra anterior.

contrarrevolucionario, -ria adj. Perten. o rel. a una contrarrevolución.

contrasentido m. Deducción opuesta a los que arrojan de sí los antecedentes.

contraseña f. Seña para ser reconocido.

contrastar tr. Resistir, hacer frente. 2 Comprobar. - 3 intr. Diferenciarse mucho.

contraste m. Señal que se imprime en los objetos de metal noble como garantía de su ley. 2 Oposición notable. 3 Diferencia de intensidades de iluminación.

contrata f. Contrato, esp. para ejecutar una obra o prestar un servicio.

contratación f. Contrato. 2 Comercio de géneros para vender.

contratar tr. Pactar, convenir, hacer contratos o contratas.

contraterrorismo m. Actividad dirigida a reprimir el terrorismo.

contraterrorista adj. Perten. o rel. al contraterrorismo.

contratiempo m. Accidente perjudicial.

contratista com. Persona que ejecuta una obra por contrata.

contrato m. Convenio por el cual se crea una obligación.

contraveneno m. Medicamento o medio para combatir los efectos de un veneno.

contravenir tr. Obrar en contra de lo mandado.

contraventana f. Puerta que interiormente cierra sobre la vidriera.

contrayente adj.-s. Que contrae; esp., que contrae matrimonio.

contribución f. Ac. y ef. de contribuir. 2 Cantidad que se paga al estado.

contribuir tr. Pagar un impuesto. - 2 intr. Concurrir con otros al logro de un fin.

contributivo, -va adj. Perten. o rel. o las contribuciones e impuestos.

contribuyente adj.-s. Que contribuye.

contrición f. Dolor del alma por haber ofendido a Dios.

contrincante com. Competidor, rival.

contristar tr. Afligir, entristecer.

contrito, -ta adj. Que siente contrición. 2 fig. Melancólico, triste.

control m. Comprobación, inspección; dirección, regulación. ▷ ~ *de la natalidad,* limitación voluntaria del número de hijos de una pareja.

controlador, -ra adj. Que controla.

controlar tr. Comprobar, inspeccionar, dirigir. - 2 prnl. Moderarse.

controversia f. Discusión. ▷ *Sin ~ ,* sin duda.

controvertir intr.-tr. Discutir.

contubernio m. fig. Alianza vituperable.

contumaz adj. Porfiado en mantener un error.

contundente adj. Que produce contusión. 2 fig. Convincente, concluyente.

contundir tr. Magullar, golpear.

conturbar tr. Turbar, inquietar.

contusión f. Lesión por golpe sin herida.

contusionar tr. Producir contusión.

conurbación f. Conjunto de poblaciones próximas, unas a otras, cuyo crecimiento las ha puesto en contacto.

convalecencia f. Estado de una persona tras haber pasado una enfermedad y tiempo durante el cual se está recuperando.

convalecer intr. Recobrar las fuerzas perdidas por enfermedad.

convaleciente adj.-s. Que convalece.

convalidar tr. Confirmar, revalidar.

convección *f.* Transmisión de calor en un fluido por movimiento de capas de temperatura diferente.

convecino, -na *adj.* Cercano. - 2 *adj.-s.* Que tiene vecindad con otro.

convector *m.* Aparato de calefacción por convección.

convencer *tr.-prnl.* Reducir a uno a reconocer la verdad de una cosa, a adoptar una resolución, etc.

convención *f.* Pacto. 2 Norma aceptada por costumbre. 3 Reunión general de partidos políticos, agrupaciones o gremios.

convencional *adj.* Establecido por convención. 2 Usual, corriente.

convencionalismo *m.* Conjunto de opiniones que se tienen por verdaderas por comodidad o conveniencia.

conveniencia *f.* Conformidad entre dos cosas. 2 Utilidad, provecho, comodidad.

conveniente *adj.* Útil, oportuno. 2 Conforme. 3 Proporcionado.

convenio *m.* Ajuste, pacto.

convenir *intr.* Ser de un mismo parecer. 2 Ser conveniente. 3 Concertar, pactar.

convento *m.* Comunidad y casa de religiosos.

conventual *adj.* Perten. o rel. al convento.

conventualmente *adv. m.* En comunidad.

convergencia *f.* Orientación de tres haces de electrones en un tubo de color en la apertura, durante el barrido de una línea.

convergente *adj.* Que converge.

converger, -gir *intr.* Dirigirse al mismo punto. 2 Concurrir al mismo fin.

conversación *f.* Ac. y ef. de conversar. ▷ *Trabar* ~, dar principio a la plática.

conversador, -ra *adj.* Díc. de la persona de conversación agradable.

conversar *intr.* Hablar una o más personas con otra u otras.

conversión *f.* Mutación de una cosa.

converso, -sa *adj.* Convertido al cristianismo.

convertible *adj.* Que puede convertirse.

convertir *tr.-prnl.* Mudar una cosa en otra. 2 Ganar a alguien para que profese una religión.

convexidad *f.* Calidad de convexo. 2 Parte o sitio convexo.

convexo, -xa *adj.* Que tiene, respecto del que mira, la superficie más prominente en medio que en los extremos.

convicción *f.* Seguridad que se tiene de una cosa.

convicto, -ta *adj.* Díc. del reo cuyo delito se ha probado legalmente.

convidado, -da *m. f.* Persona que recibe un convite.

convidar *tr.* Rogar una persona a otra que la acompañe a comer, a una fiesta, etc. 2 Mover, incitar.

convincente *adj.* Que convence.

convite *m.* Banquete, fiesta.

convivencia *f.* Acción de convivir.

convivir *intr.* Vivir en compañía de otro u otros.

convocar *tr.* Llamar a varios para que concurran a un lugar o acto.

convocatoria *f.* Escrito que convoca.

convoy *m.* Escolta o guardia. 2 Conjunto de barcos, carruajes, etc., escoltados.

convulsión *f.* Contracción muscular, espasmódica y repetida. 2 Agitación violenta.

convulsivo, -va *adj.* Con carácter de convulsión.

convulso, -sa *adj.* Atacado de convulsiones. 2 *fig.* Excitado, nervioso.

conyugal *adj.* Perten. o rel. a los cónyuges.

cónyuge *com.* Marido respecto de la mujer y viceversa.

coñac *m.* Aguardiente hecho añejo en toneles de roble.

coño *m.* Parte externa del aparato genital de la hembra. Es voz malsonante.

cooperación *f.* Ac. y ef. de cooperar.

cooperar *intr.* Obrar juntamente con otros para un fin.

cooperativa *f.* Sociedad para vender o comprar en común.

cooperativismo *m.* Estudio y fomento de las cooperativas.

cooperativista *adj.* Perten. o rel. a la cooperación o a la cooperativa.

coordenado, -da *adj.-f.* Díc. de la línea que sirve para determinar la posición de un punto, y del eje o plano a que aquella línea se refiere.

coordinación *f.* Ac. y ef. de coordinar. 2 GRAM. Relación que existe entre oraciones de sentido independiente.

coordinado, -da *adj.* Concertado para un fin común. - 2 *adj.-f.* GRAM. Díc. de la oración o frase unida a otra por coordinación.

coordinar *tr.* Disponer de manera metódica. 2 Concertar para una acción común.

copa *f.* Vaso con pie para beber y líquido que cabe en él. 2 Conjunto de ramas y hojas de un árbol. 3 Parte del sombrero en que entra la cabeza. 4 Premio de un certamen deportivo. - 5 *f. pl.* Palo de la baraja.

copal *m.* Resina casi incolora para hacer barnices. 2 Nombre de varios árboles tropicales de los que se extrae este barniz.

copar *tr.* Conseguir todos los puestos en una elección. 2 MIL. Apresar por sorpresa.

copartícipe *com.* Participante con otro.

copear *intr.* Tomar copas.

copec, copeck *m.* Moneda rusa, centésima parte de un rublo.

copeo *m.* Ac. y ef. de copear.

copete *m.* Cabello levantado sobre la frente. 2 Penacho. ▷ *De alto ~,* de ilustre linaje.

copia *f.* Gran cantidad. 2 Reproducción de una obra. 3 Imitación.

copiar *tr.* Sacar copia de un escrito, obra de arte, etc. 2 Imitar.

copiloto *m.* Piloto auxiliar en un barco, aeronave o automóvil de carreras.

copioso, -sa *adj.* Abundante, cuantioso.

copista *com.* Persona que copia.

copla *f.* Estrofa. 2 Canción popular breve. - 3 *f. pl.* Versos.

coplero, -ra *m. f.* Persona que vende coplas, romances, etc.

copo *m.* Porción de lana, lino, etc., dispuesta para hilarse. 2 Porción de la nieve que cae. 3 p. ext. Cosa que por su aspecto, se parece a los copos de nieve.

copón *m.* Vaso en que se guardan las hostias consagradas.

coproducción *f.* Producción hecha de manera conjunta.

coprofagia *f.* Inclinación morbosa a comer inmundicias.

coprolito *m.* Excremento fósil abundante en los fosfatos. 2 Concreción fecal dura.

copropietario, -ria *adj.-s.* Propietario de una cosa juntamente con otro u otros.

copto, -ta *adj.* Díc. del cristiano de Egipto.

cópula *f.* Atadura, unión. 2 Unión sexual. 3 GRAM. Verbo substantivo que une el sujeto con el atributo.

copular *tr.* Realizar la cópula.

copulativo, -va *adj.* Que liga o une. - 2 *adj.-m.* GRAM. *Verbo ~,* verbo substantivo. - 3 *adj.-f.* GRAM. *Oración copulativa,* la simple que lleva verbo copulativo; la coordinada enlazada por conjunción copulativa. 4 GRAM. *Conjunción copulativa,* la que coordina y une una oración con otra, o elementos análogos de una oración gramatical.

coque *m.* Residuo del carbón de piedra que produce gran cantidad de calor.

coquetear *intr.* Tratar de agradar por vanidad. 2 Galantear.

coquetería *f.* Deseo de agradar a una persona del sexo contrario.

coqueto, -ta *adj.-s.* Que coquetea. - 2 *adj.-f.* Díc. de la mujer que juega a atraer a los hombres. 3 Díc. de la mujer que cuida con esmero de su arreglo personal.

coquina *f.* Molusco bivalvo de concha triangular y carne apreciada.

coracero *m.* Soldado de a caballo, armado de coraza.

coracoides *adj.-s.* Apófisis del omóplato en forma de pico de cuervo, que corresponde a la parte más prominente del hombro.

coraje *m.* Esfuerzo, valor. 2 Enfado, irritación.

coral *adj.* Perten. o rel. al coro. - 2 *m.* Pólipo que vive en colonias.

corán *m.* Libro fundamental del islamismo.

coraza *f.* Armadura que protege el busto.

corazón *m.* Órgano central de la circulación de la sangre. 2 fig. Parte central o interior de una cosa. 3 fig. Sentimiento interior. 4 fig. Valor. 5 fig. Amor. ▷ *Partir* o *romper el ~,* causar una profunda pena.

corazonada *f.* Impulso espontáneo. 2 Presentimiento.

corbata *f.* Tira de seda, lienzo, etc., que se anuda alrededor del cuello, dejando caer las puntas por delante.

corbatín *m.* Corbata corta.

corbeta *f.* Buque de guerra menor que

la fragata.

corbícula f. zool. Aparato transportador de polen en las abejas.

corcel m. Caballo ligero y de gran alzada.

corcova f. Curvatura anómala de la columna vertebral, o del pecho, o de ambos.

corcovado, -da adj. Que tiene corcova.

corcovar tr. Encorvar.

corcovo m. Salto que da un animal encorvando el lomo.

corcha f. Corcho arrancado del alcornoque.

corchea f. MÚS. Figura equivalente a la mitad de la negra.

corcheta f. Hembra en que entra el macho de un corchete.

corchete m. Especie de broche metálico compuesto de macho y hembra. 2 Signo de estas figuras [ ].

corcho m. Corteza del alcornoque. 2 Tapón o pedazo de esta corteza.

cordada f. Grupo de alpinistas sujetos por una misma cuerda.

cordado, -da adj.-m. Díc. del animal metazoo celomado caracterizado por tener un notocordio, el sistema nervioso central en posición dorsal y el corazón en posición ventral y la faringe adaptada a la respiración.

cordaje m. Jarcia de una embarcación. 2 DEP. Conjunto de cuerdas de una raqueta. 3 MÚS. Conjunto de cuerdas de un instrumento de cuerda.

cordal m. Pieza que en los instrumentos de cuerda ata éstas por el cabo opuesto al que se sujeta en las clavijas.

cordel m. Cuerda delgada. ▷ A ~, en línea recta.

cordelero, -ra m. f. Persona que, por oficio, hace o vende cordeles o cuerdas.

cordero, -ra m. f. Hijo de la oveja, que no pasa de un año.

cordial adj. Afectuoso.

cordialidad f. Calidad de cordial. 2 Franqueza, sinceridad.

cordila f. Atún recién nacido.

cordillera f. Serie de montañas enlazadas.

córdoba m. Unidad monetaria de Nicaragua.

cordobán m. Piel de cabra curtida.

cordobés, -besa adj.-s. De Córdoba.

cordón m. Cuerda delgada redonda. 2 fig. Conjunto de hombres colocados a intervalos para impedir el paso.

cordoncillo m. Lista angosta y algo abultada que forma el tejido en algunas telas. 2 Labor en el canto de las monedas.

cordura f. Prudencia, juicio.

coreano, -na adj.-s. De Corea. - 2 m. Lengua coreana.

corear tr. MÚS. Acompañar con coros una composición.

coreografía f. Arte de la danza. 2 Arte de componer bailes.

coreógrafo, -fa m. f. Compositor de bailes. 2 Director de un ballet.

coriáceo, -a adj. Parecido al cuero.

corifeo m. El que guiaba el coro en las tragedias clásicas.

corimbo m. Inflorescencia constituida por un eje alargado del que parten los ejes secundarios, siendo éstos más largos cuanto más abajo están insertados.

corindón m. Alúmina nativa cristalizada, de la cual son variedades muchas piedras preciosas.

corintio, -tia adj.-s. Díc. del orden cuya columna tiene un capitel adornado con hojas de acanto.

corinto, -ta adj.-m. Color de las pasas de corinto, rojo obscuro, cercano a violáceo.

corión m. Membrana exterior de las dos que envuelven el feto.

corista com. Persona que canta en un coro. - 2 f. Mujer que forma parte del coro de revistas o espectáculos musicales.

corito, -ta adj. Desnudo.

cormofita adj.-f. Díc. de la planta cuyo aparato vegetativo se caracteriza por poseer fibras y vasos y por estar bien diferenciado en raíz, tallo y hojas.

cormorán m. Ave pelecaniforme de hasta un metro de longitud, color obscuro y pico largo.

cornada f. Golpe o herida hecha con la punta del cuerno.

cornalina f. Ágata de color de sangre o rojiza.

cornamenta f. Cuernos del animal.

cornamusa f. Trompeta larga de metal, cuyo tubo forma una rosca.

córnea f. Membrana transparente situada en la parte anterior del globo del ojo.

corneja f. Pájaro de plumaje totalmente

negro, pico robusto y voz característica.

córneo, -a *adj.* Parecido al cuerno.

córner *m.* DEP. Falta del fútbol que se produce cuando la pelota cae fuera por la línea de la portería, habiéndola tocado antes algún jugador del equipo al que corresponde la meta.

corneta *f.* Instrumento músico de viento y metal; consiste en un tubo enroscado y acabado en forma de campana. - 2 *m.* Músico que toca este instrumento.

cornete *m.* Pequeña lámina ósea y de figura abarquillada situada en el interior de las fosas nasales.

cornetín *m.* Instrumento parecido al clarín, pero con tres pistones.

cornezuelo *m.* Hongo parásito del centeno.

cornisa *f.* Conjunto de molduras o cuerpo voladizo que remata la parte superior de un edificio.

cornisamento, -miento *m.* Entablamento.

corno *m.* ~ *inglés,* variedad de oboe, de mayor longitud y sonido más grave.

cornucopia *f.* Vaso de figura de cuerno, rebosando de frutas y flores.

cornudo, -da *adj.* Que tiene cuernos. - 2 *m.* Marido de mujer adúltera.

cornúpeta *m.* Toro de lidia.

coro *m.* Conjunto de personas que cantan juntas. 2 Pieza que canta el coro. 3 Parte de una iglesia destinada al coro.

corografía *f.* Descripción geográfica de un país.

coroides *adj.-f.* Membrana que tapiza todo el globo del ojo, salvo la córnea.

corola *f.* Parte de la flor formada por el conjunto de los pétalos.

corolario *m.* Proposición que se deduce por sí sola de lo demostrado anteriormente.

corona *f.* Cerco que ciñe la cabeza en señal de dignidad o premio. 2 fig. Dignidad real. 3 fig. Reino, monarquía. 4 Aureola. 5 Unidad monetaria de Dinamarca, Suecia, Noruega, Islandia y Checoslovaquia.

coronación *f.* Acto de coronar a un soberano.

coronamento, -miento *m.* Adorno que remata un edificio.

coronar *tr.* Poner una corona en la cabeza. 2 fig. Galardonar, premiar. 3 fig.

Perfeccionar, completar una obra.

coronaria *f.* Rueda de los relojes que manda la aguja de los segundos.

coronel *m.* Jefe militar que manda un regimiento.

coronilla *f.* Parte de la cabeza humana opuesta a la barbilla. ▷ *Estar hasta la* ~, estar muy harto de soportar una situación.

coroza *f.* Capirote de papel engrudado y de figura cónica.

corpiño *m.* Chaleco o blusa de mujer, sin mangas y ajustado.

corporación *f.* Entidad pública.

corporal *adj.* Perten. o rel. al cuerpo.

corporativismo *m.* Tendencia de un grupo profesional a defender sus intereses particulares sobre los generales.

corporeizar *tr.* Dar cuerpo o materia a algo inmaterial.

corpóreo, -a *adj.* Que tiene cuerpo.

corpulencia *f.* Grandeza de un cuerpo.

corpulento, -ta *adj.* Que tiene mucho cuerpo.

corpus *m.* LING. Conjunto acabado de enunciados.

corpúsculo *m.* Cuerpo muy pequeño.

corral *m.* Sitio cercado y descubierto, especialmente el destinado a los animales.

corraleta *f.* Lugar muy sucio.

corralito *m.* Pequeño recinto donde pueden jugar los niños que todavía no andan.

correa *f.* Tira de cuero. 2 Tira o banda flexible de transmisión mecánica. ▷ *Tener* ~, sufrir bromas sin enfado.

correaje *m.* Conjunto de correas.

correcaminos *m.* Ave de hasta 60 cms. de longitud, dotada extraordinariamente para la carrera.

corrección *f.* Ac. y ef. de corregir. 2 Represión.

correccional *m.* Establecimiento penitenciario.

correctivo, -va *adj.-m.* Que corrige. - 2 *m.* Castigo.

correcto, -ta *adj.* Conforme a las reglas; libre de errores. 2 Cortés.

corrector, -ra *adj.-s.* Que corrige.

corredera *f.* Ranura o carril por donde resbala otra pieza.

corredizo, -za *adj.* Que se desata o corre con facilidad.

corredor, -ra *adj.-s.* Que corre mucho. - 2 *m.* El que, por oficio, interviene en compras y ventas. 3 Pasillo, pasadizo. - 4 *m. f.* Persona que corre por deporte.

corregidor, -ra *adj.* Que corrige. - 2 *m.* Magistrado que en su territorio ejercía la jurisdicción real. 3 Alcalde que en algunas poblaciones importantes presidía el ayuntamiento y ejercía funciones gubernativas.

corregir *tr.* Enmendar, rectificar. 2 Amonestar. 3 Repasar los exámenes de los alumnos señalando los errores y dándoles una calificación.

correlación *f.* Relación recíproca entre cosas.

correlacionar *tr.* Poner en relación recíproca.

correlativo, -va *adj.* Que tiene o indica correlación.

correlato *m.* Término que corresponde a otro en una correlación.

correligionario, -ria *adj.-s.* Que es de la misma religión o partido que otro.

correo *m.* El que lleva la correspondencia. 2 Servicio de transporte de correspondencia. 3 Correspondencia (cartas). 4 Oficina del servicio de correos.

correoso, -sa *adj.* Que fácilmente se dobla y estira sin romperse. 2 fig. Que se mastica con dificultad.

correr *intr.* Caminar de forma que los pies queden sin tocar el suelo un momento. 2 Transcurrir el tiempo. 3 Circular. - 4 *tr.* Recorrer. 5 Hacer que una cosa se deslice. 6 Estar expuesto a contingencias o peligros. - 7 *tr.-prnl.* Avergonzar. - 8 *prnl.* Hacerse a un lado.

correría *f.* Incursión hecha por tierra enemiga. 2 Excursión.

correspondencia *f.* Trato recíproco. 2 Significado de una palabra en otro idioma distinto. 3 Cartas recibidas y expedidas.

corresponder *intr.* Pagar, compensar los afectos, beneficios, etc. 2 Pertenecer. - 3 *prnl.* Tener proporción una cosa con otra. 4 Comunicarse por escrito.

correspondiente *adj.* Que corresponde. - 2 *adj.-s.* Que tiene correspondencia con alguien.

corresponsal *adj.-s.* Entre comerciantes y periodistas, correspondiente.

corresponsalía *f.* Cargo de corresponsal y su oficina.

corretaje *m.* Oficio del corredor que

compra y vende.

corretear *intr.* Correr en varias direcciones.

correvedile, correvedile *com.* fig. Persona que trae chismes y cuentos.

corrido, -da *adj.* Experimentado. 2 Lleno de vergüenza. 3 Continuo, seguido. - 4 *f.* Carrera, paso rápido. 5 *Corrida de toros,* acción de lidiar seis toros en una plaza cerrada. ▷ *De corrida,* con rapidez y sin dudas.

corriente *adj.* Que corre. 2 Usual, aceptado por la costumbre. - 3 *f.* Masa de agua o de aire que se mueve. 4 ~ *eléctrica,* paso de la electricidad a través de un conductor. ▷ *Estar al ~ de una cosa,* estar enterado de ella. *Seguir la ~,* seguir la opinión de la mayoría.

corrillo *m.* Corro de personas apartadas de las demás.

corrimiento *m.* Ac. y ef. de correr o correrse. 2 fig. Vergüenza, rubor.

corro *m.* Cerco de gente. 2 Espacio circular o casi circular.

corroborar *tr.* fig. Dar nueva fuerza a una argumento, opinión, etc.

corroer *tr.-prnl.* Desgastar lentamente una cosa.

corromper *tr.-prnl.* Alterar, dañar, pudrir. 2 fig. Pervertir. - 3 *tr.* Sobornar.

corrosión *f.* Ac. y ef. de corroer.

corrosivo, -va *adj.* Que corroe. 2 fig. Incisivo, irónico o hiriente.

corrupción *f.* Ac. y ef. de corromper o corromperse.

corruptela *f.* Mala costumbre o abuso contra la ley.

corrupto, -ta *adj.* Que está corrompido.

corsario, -ria *m. f.* Pirata.

corsé *m.* Prenda interior femenina que se ajusta al cuerpo.

corsetería *f.* Establecimiento donde se venden corsés y prendas parecidas.

corso, -sa *adj.-s.* De Córcega. - 2 *m.* Campaña marítima contra el comercio enemigo.

cortacésped *amb.* Máquina para recortar el césped.

cortacircuito *m.* Interruptor automático de la corriente eléctrica.

cortadillo *m.* Pastelillo cuadrado relleno de cabello de ángel.

cortado *m.* Café con poca leche.

cortador, -ra *adj.* Que corta.

cortadura *f.* División hecha con un instrumento cortante. 2 Paso entre montañas.

cortafrío *m.* Cincel para cortar hierro frío.

cortafuego *m.* Vereda en los bosques para que no se propaguen los incendios.

cortapisa *f.* Restricción, estorbo.

cortaplumas *m.* Navaja pequeña.

cortapuros *m.* Instrumento par recortar la punta de los cigarros puros.

cortar *tr.* Dividir, hender. 2 Suprimir, interrumpir. 3 Dar la forma conveniente. - 4 *prnl.* Turbarse. 5 Separarse los componentes de la leche o de una salsa.

cortaúñas *m.* Tenacillas para cortar las uñas.

corte *m.* Ac. y ef. de cortar. 2 Filo. 3 Tela o cuerpo que se necesita para un vestido o un calzado. 4 fig. fam. Réplica ingeniosa e inesperada. 5 fig. fam. Situación súbita que produce turbación. - 6 *f.* Población donde reside habitualmente el soberano. 7 Familia y comitiva del rey. - 8 *f. pl.* Conjunto de los representantes del país, con facultad de hacer leyes. ▷ ~ *de mangas,* además de significado despectivo. *Dar ~,* dar apuro, dar vergüenza. *Hacer la ~,* cortejar.

cortedad *f.* Pequeñez. 2 fig. Escasez de talento. 3 fig. Timidez.

cortejar *tr.* Acompañar. 2 Galantear.

cortejo *m.* Acción de cortejar. 2 Comitiva.

cortés *adj.* Atento, afable.

cortesano, -na *adj.* Perten. o rel. a la corte. 2 Cortés. - 3 *m.* Palaciego.

cortesía *f.* Calidad de cortés. 2 Demostración de atención o respeto.

corteza *f.* Parte exterior del tallo, raíz y ramas de los árboles. 2 Parte exterior y dura de algunas cosas. 3 ~ *terrestre,* capa superior de la tierra.

cortical *adj.* Perten. o rel. a la corteza.

corticoide *adj.-s.* Hormona que se produce en la corteza suprarrenal.

cortijo *m.* Finca de tierra y casa de labor.

cortina *f.* Paño colgante con que se cubre una puerta, ventana, etc. 2 fig. Lo que encubre y oculta.

cortinaje *m.* Juego de cortinas.

cortisona *f.* Medicamento corticoide empleado contra el reuma y algunas alergias.

corto, -ta *adj.* De poca longitud, extensión o duración. 2 Escaso. 3 fig. De poco talento. 4 Tímido.

cortocircuito *m.* Perturbación en un circuito eléctrico que produce una corriente de gran intensidad.

cortometraje *m.* Película cinematográfica de duración inferior a treinta y cinco minutos.

coruñés, -ñesa *adj.-s.* De La Coruña.

corva *f.* Parte de la pierna opuesta a la rodilla.

corvato *m.* Pollo del cuervo.

corvejón *m.* En las extremidades posteriores de los cuadrúpedos, articulación situada entre la parte inferior de la pierna y la superior de la caña.

corveta *f.* Movimiento del caballo al andar con las patas delanteras en el aire.

córvido, -da *adj.-m.* Díc. del ave paseriforme con el pico fuerte y el plumaje negro, a menudo, con reflejos metálicos.

corvino, -na *adj.* Perten. o rel. al cuervo o parecido a él.

corvo, -va *adj.* De figura de arco.

corzo *m.* Mamífero cérvido rumiante, algo mayor que la cabra, de cola corta y cuernas ahorquilladas.

cosa *f.* Todo lo que tiene entidad. 2 Objeto inanimado. 3 *Poquita ~,* persona débil o pusilánime. ▷ *A ~ hecha,* con éxito seguro. ~ *de,* cerca de, o poco más o menos. ~ *mala,* mucho, en cantidad. *Como si tal ~,* como si no hubiera pasado nada. ~ *del otro jueves,* hecho extravagante. ~ *de oír,* o *de ver,* cosa digna de ser oída o vista. *No haber tal ~,* no ser así, o ser falso. *No sea ~ que,* expr. que indica prevención o cautela. *Ser algo ~ de uno,* ser de su competencia.

cosaco, -ca *adj.-s.* De un pueblo del sur de Rusia.

coscoja *f.* Árbol o arbusto cupulífero, de poca altura, achaparrado, parecido a la encina. 2 Hoja seca de la carrasca o encina.

coscorrón *m.* Golpe dado en la cabeza.

coscurro *m.* Mendrugo de pan.

coscurrón *m.* Trozo de pan frito.

cosecante *f.* TRIG. Secante de un ángulo o arco complementario.

cosecha *f.* Conjunto de frutos que se recogen de la tierra. 2 Acción y tiempo de recogerlos.

cosechador, -ra *adj.* Que cosecha

cosechar *intr.-tr.* Recoger la cosecha. 2 fig. Ganarse o atraerse simpatías u odios.

coseno *m.* TRIG. Seno de un ángulo o arco complementario.

coser *tr.* Unir con hilo enhebrado en la aguja pedazos de tela, cuero, etc. ▷ *Ser algo ~ y cantar,* no ofrecer ninguna dificultad su ejecución.

cosificar *tr.* Considerar como cosa algo que no lo es.

cosmética *f.* Arte de preparar y aplicar cosméticos.

cosmético *m.* Preparado para hermosear la piel o el pelo.

cósmico, -ca *adj.* Perten. o rel. al cosmos.

cosmogonía *f.* Ciencia que estudia la formación del universo.

cosmografía *f.* Astronomía descriptiva.

cosmología *f.* Estudio de los principios generales de la constitución del mundo.

cosmonauta *com.* Astronauta.

cosmopolita *adj.-com.* Que considera como patria el mundo entero. 2 Común a muchos países.

cosmorama *m.* Artificio óptico que sirve para ver aumentados los objetos mediante una cámara oscura.

cosmos *m.* Universo concebido como un todo ordenado.

coso *m.* Plaza cerrada para diversiones públicas. 2 Calle principal.

cospe *m.* Corte de hacha hecho en una madera.

cospel *m.* Disco de metal para hacer la moneda.

cosquillas *f. pl.* Sensación que produce en ciertas partes del cuerpo una sucesión rápida de toques ligeros.

cosquilleo *m.* Sensación de cosquillas.

costa *f.* Coste (precio). 2 Orilla del mar. - 3 *f. pl.* Gastos judiciales.

costado *m.* Parte lateral del cuerpo humano. 2 Lado.

costal *adj.* Perten. o rel. a las costillas. - 2 *m.* Saco grande.

costalada *f.* Golpe dado al caer al suelo.

costalero *m.* Ganapán o mozo de cordel. 2 Persona que lleva a hombros los pasos en las procesiones.

costana *f.* Calle en cuesta o pendiente.

costanero, -ra *adj.* Que está en cuesta.

2 Perten. o rel. a la costa.

costar *intr.* Ser adquirida una cosa por determinado precio. 2 fig. Causar una cosa cuidado, perjuicio, etc.

costarricense, costarriqueño, -ña *adj.-s.* De Costa Rica.

coste *m.* Cantidad que se paga por algo.

costear *tr.* Pagar el coste. 2 Navegar junto a la costa.

costero, -ra *adj.* Perten. o rel. a la costa.

costilla *f.* Hueso largo y encorvado que forma la armazón de la cavidad torácica.

costillar *m.* Conjunto de las costillas. 2 Parte del cuerpo en la cual están.

costoso, -sa *adj.* Que cuesta mucho. 2 fig. Que acarrea daño o sentimiento.

costra *f.* Parte exterior que se endurece y seca sobre una cosa húmeda o blanda.

costumbre *f.* Manera de obrar establecida por un largo uso. 2 Práctica muy usada y recibida que ha adquirido fuerza de precepto.

costumbrismo *m.* En arte y literatura, atención especial que se presta a la pintura de las costumbres típicas de un lugar.

costura *f.* Ac. y ef. de coser. 2 Unión de dos piezas cosidas.

costurera *f.* La que cose por oficio.

costurero *m.* Mesita o cuarto para la costura. 2 Caja o canastilla para guardar los útiles de costura.

cota *f.* Número que en los planos topográficos indica la altura de un punto.

cotana *f.* Muesca que se abre en la madera para encajar allí otro madero o una espiga. 2 Escoplo con que se abre dicha muesca.

cotangente *f.* TRIG. Tangente de un ángulo o arco complementario.

cotarro *m.* fig. fam. Colectividad en estado de inquietud o agitación.

cotejar *tr.* Comparar.

cotejo *m.* Ac. y ef. de cotejar.

cotidiano, -na *adj.* Diario.

cotiledón *m.* Hoja primera del embrión de una planta fanerógama.

cotiledóneo, -a *adj.-f.* Díc. de la planta fanerógama que tiene cotiledón o cotiledones.

cotilla *com.* fig. Persona chismosa.

cotillear *intr.* Chismorrear.

cotilleo *m.* Chisme, murmuración, habladuría.

cotillo *m*. Parte del martillo y otras herramientas que sirve para golpear.

cotillón *m*. Baile y fiesta de un día señalado, especialmente el de final de año.

cotización *f*. Ac. y ef. de cotizar.

cotizar *tr*. Asignar precio en la bolsa o mercado. - 2 *intr*. Pagar una cuota.

coto *m*. Terreno acotado. 2 Límite, tasa. ▷ *Poner ~ a algo*, hacer que acabe.

cotón *m*. Tela de algodón estampada de varios colores.

cotonificio *m*. Industria algodonera.

cotornicultura *f*. Crianza y cuidado de codornices.

cotorra *f*. Papagayo pequeño. 2 fig. Persona habladora.

cotorrear *intr*. Hablar con exceso.

cotufa *f*. Tubérculo de la raíz del aguaturma. 2 Golosina, gollería.

coturno *m*. Calzado de suela gruesa usado en la tragedia antigua.

coulomb *m*. FÍS. Unidad de cantidad de electricidad en el Sistema Internacional.

covacha *f*. desp. Cueva pequeña.

coxa *f*. Primer artejo de la pata del insecto.

coxal *adj*. Perten. o rel. a la cadera. - 2 *m*. ANAT. Hueso par formado por la soldadura de otros tres.

coy *m*. Trozo de lona, que colgado de sus cuatro puntas, sirve de cama a bordo.

coyote *m*. Mamífero carnívoro, especie de lobo, con el pelaje amarillo grisáceo.

coyunda *f*. Correa con que se uncen los bueyes. 2 Unión conyugal.

coyuntura *f*. Articulación movible de un hueso con otro. 2 fig. Circunstancia adecuada para alguna cosa.

coz *f*. Acción de echar violentamente hacia atrás una o ambas patas traseras un animal, y, por extensión, una persona. 2 Golpe dado con este movimiento.

crac *m*. Quiebra importante y sonada, esp. la de un grupo financiero o industrial.

cráneo *m*. Caja ósea que contiene el encéfalo.

craneología *f*. Estudio del cráneo.

crápula *f*. Embriaguez. 2 fig. Disipación, libertinaje. - 3 *m*. Hombre de vida licenciosa.

crasamente *adv. m*. fig. Con suma ignorancia.

crascitar *intr*. Graznar el cuervo.

crasitud *f*. Gordura.

craso, -sa *adj*. Grueso, gordo. 2 Díc. del error que no se puede disculpar. - 3 *m*. Crasitud.

cráter *m*. Boca de volcán. 2 Depresión circular en la superficie de la Luna.

creación *f*. Mundo, cosmos. 2 Cosa creada.

creacionismo *m*. Doctrina filosófica según la cual las especies de seres vivos fueron creadas por Dios.

creador, -ra *adj.-s*. Que crea.

crear *tr*. Producir de la nada. 2 Establecer, fundar. 3 Hacer, componer, idear.

creatividad *f*. Aptitud para crear o inventar.

creativo, -va *adj*. Con espíritu para la inventiva. 2 Que propicia la creación.

crecedero, -ra *adj*. Que está en aptitud de crecer.

crecer *intr*. Desarrollarse, aumentar de tamaño.

creces *f. pl*. fig. Aumento, exceso.

crecido, -da *adj*. fig. Grande, numeroso. - 2 *f*. Aumento del agua de los ríos y arroyos.

creciente *adj*. Que crece.

crecimiento *m*. Ac. y ef. de crecer.

credencial *adj*. Que acredita.

credibilidad *f*. Calidad de creíble.

crédito *m*. Reputación. 2 COM. Opinión que goza una persona de que satisfará puntualmente los compromisos que contraiga.

credo *m*. Oración que contiene los artículos de la fe. 2 fig. Conjunto de doctrinas.

crédulo, -la *adj*. Que cree fácilmente.

creencia *f*. Firme asentimiento y conformidad con alguna cosa. 2 Religión, secta.

creer *tr*. Tener por cierto. 2 Tener fe. 3 Pensar, juzgar. 4 Tener por verosímil. ▷ *¡Ya lo creo!*, es evidente, no cabe duda.

creíble *adj*. Que puede creerse.

creído, -da *adj*. Crédulo, confiado. 2 fam. Vanidoso, orgulloso.

crema *f*. Nata de la leche. 2 Betún para el calzado. 3 Pasta para el cutis. 4 GRAM. Diéresis. - 5 *adj*. De color beige. 6 fig. Lo más excelente de su clase.

cremación *f*. Acción de quemar.

cremallera *f*. Barra dentada que engrana con un piñón. 2 Cierre que se aplica a una abertura longitudinal. ▷ *Echar la ~*, cerrar la boca, callarse.

cremática *f.* Interés pecuniario de un negocio.

crematístico, -ca *adj.* Perten. o rel. al interés económico de un negocio.

crematorio, -ria *adj.* Perten. o rel. a la cremación. - **2** *m.* Edificio destinado a la incineración de cadáveres.

cremona *f.* Artificio para asegurar la parte superior e inferior de puertas y ventanas.

cremoso, -sa *adj.* De la naturaleza o aspecto de la crema. **2** De mucha crema.

crencha *f.* Raya que divide el cabello en dos partes. **2** Esta misma parte.

crenchar *tr.* Hacer raya en el pelo.

crepe *f.* Torta hecha en sartén, muy fina y ligera, rellena de variados alimentos.

crepitar *intr.* Hacer un ruido semejante a los chasquidos de la leña que arde.

crepuscular *adj.* Perten. o rel. al crepúsculo.

crepúsculo *m.* Claridad que hay al amanecer y al anochecer.

cresa *f.* Conjunto de huevos puestos por diversos insectos.

crescendo *m.* MÚS. Aumento graduado de la intensidad del sonido.

crespar *tr.* Encrespar el cabello con el peine.

crespo, -pa *adj.* Ensortijado, rizado. **2** fig. Irritado.

crespón *m.* Tejido ligero, de superficie arrugada y mate.

cresta *f.* Carnosidad en la cabeza de algunas aves. **2** Penacho. **3** fig. Cumbre peñascosa. **4** fig. Cima de una ola coronada de espuma.

crestería *f.* Adorno ojival de labores caladas.

crestomatía *f.* Colección de escritos seleccionados para la enseñanza.

crestón *m.* Parte superior de un filón o de una masa de rocas.

creta *f.* Carbonato de cal terroso.

cretácico, -ca *adj.-m.* Perten. o rel. al tercero y último período geológico de la era secundaria.

cretense *adj.-s.* De Creta.

cretinismo *m.* Enfermedad que detiene el desarrollo físico y mental. **2** fig. fam. Estupidez.

cretino, -na *adj.-s.* Que padece cretinismo. **2** fig. Estúpido, necio.

cretona *f.* Tela de algodón muy fuerte.

creyente *adj.-s.* Que cree.

cría *f.* Ac. y ef. de criar. **2** Niño o animal mientras se está criando.

criadero *m.* Lugar donde se trasplantan los árboles para que se críen. **2** Lugar destinado para la cría de los animales.

criadilla *f.* Testículo de ciertos animales destinado al consumo alimenticio.

criado, -da *adj.* Con los adv. *bien* o *mal*, de buena o mala crianza. - **2** *m. f.* Persona que, mediante salario, se emplea, especialmente en el servicio doméstico.

criador, -ra *adj.-s.* Que cría.

crianza *f.* Época de la lactancia. **2** Envejecimiento de un vino. **3** Cortesía.

criar *tr.* Crear. **2** Producir de la nada. **3** Nutrir la madre al hijo. **4** p. anal. Educar. **5** Alimentar y cuidar animales domésticos.

criatura *f.* Toda cosa criada. **2** Niño de poca edad.

criba *m.* Cerco con un cuerpo agujereado o una tela metálica.

cribar *tr.* Pasar una semilla, un mineral, etc., por la criba para limpiarlo de impurezas o separar las partes menudas.

cricoides *adj.-m.* Cartílago anular del inferior de la laringe.

cricquet *m.* Juego que consiste en plantar a 20 m. uno de otro dos rastrillos, procurando cada equipo derribar con una pelota el del equipo contrario.

crimen *m.* Delito grave.

criminal *adj.-s.* Que ha cometido o intentado un crimen. - **2** *adj.* Perten. o rel. al crimen.

criminalista *com.* Persona que se dedica al derecho penal.

criminología *f.* Ciencia que estudia los delitos, sus causas y su represión.

crin *f.* Conjunto de cerdas que tienen algunos animales en la cerviz y en la cola.

crinología *f.* Parte de la fisiología que estudia las glándulas y sus secreciones.

crío *m.* fam. Niño de corta edad.

crioclastia *f.* Fragmentación de las rocas como consecuencia del fenómeno del hielo-deshielo.

criogenia *f.* Rama de la física que se ocupa de la producción de temperaturas muy bajas.

criollo, -lla *adj.-s.* Hijo de europeos nacido en otra parte del mundo. - **2** *adj.*

Propio de los países americanos.

criotécnica *f.* Aplicación tecnológica de las temperaturas muy bajas.

cripta *f.* Lugar subterráneo.

críptico, -ca *adj.* Perten. o rel. a la criptografía. 2 Obscuro, enigmático.

criptógamo, -ma *adj.* Que no tiene manifiestos los órganos sexuales. - 2 *adj.-s.* Díc. de la planta que no se reproduce por semillas formadas en flores.

criptografía *f.* Técnica de escribir con clave secreta o de un modo enigmático.

criptograma *m.* Documento escrito en cifra.

criptón *m.* Gas raro, incoloro e inodoro, que contiene sólo un átomo.

crisálida *f.* Ninfa de insecto. 2 Caja o capullo de la ninfa.

crisantemo *m.* Planta compuesta de jardín. 2 Flor de esta planta.

crisis *f.* Mutación notable en una enfermedad. 2 Momento decisivo y grave de un negocio. 3 Situación difícil y comprometida. 4 Escasez, carestía.

crisma *amb.* Aceite y bálsamo consagrados el Jueves Santo para ungir a los que se bautizan, confirman u ordenan. 2 *fig. fam.* Cabeza de persona.

crismera *f.* Vaso o ampolla, generalmente de plata, en que se guarda el crisma.

crismón *m.* Símbolo de Cristo compuesto por las letras mayúsculas X y P entrelazadas.

crisol *m.* Vaso para fundir alguna materia a temperatura muy elevada.

crisólito *m.* Silicato nativo de hierro y magnesio, de color verdoso.

crisopa *f.* Insecto de tamaño mediano, de color verde, con antenas filiformes.

crisoprasa *f.* Ágata de color verde manzana.

crisoterapia *f.* MED. Tratamiento mediante sales de oro.

crispación *f. fig.* Irritación.

crispar *tr.* Causar contracción repentina y pasajera de los músculos. - 2 *tr.-prnl.* *fig. fam.* Irritar.

cristal *m.* Cuerpo de forma geométrica, formado por la solidificación en determinadas condiciones de ciertas substancias. 2 Vidrio pesado, brillante y muy transparente. 3 Hoja de cristal o vidrio con que se forman las vidrieras, ventanas, etc.

cristalería *f.* Establecimiento donde se venden o fabrican objetos de cristal. 2 Conjunto de estos objetos. 3 Arte de fabricarlos.

cristalero *m.* El que coloca cristales.

cristalino, -na *adj.* De cristal o parecido a él. - 2 *m.* Cuerpo transparente situado detrás de la pupila del ojo.

cristalización *f.* Ac. y ef. de cristalizar.

cristalizar *intr.-prnl.* Tomar la forma cristalina.

cristalografía *f.* Ciencia que estudia los cristales.

cristaloide *m.* Substancia que atraviesa las láminas porosas que no dan paso a los coloides.

cristalometría *f.* Conocimiento de las propiedades matemáticas de los cristales.

cristianar *tr. fam. pop.* Bautizar (sacramento).

cristiandad *f.* Conjunto de los fieles o países cristianos.

cristianismo *m.* Religión cristiana.

cristianizar *tr.* Conformar con el dogma o rito cristiano. 2 Influir las ideas de los cristianos en los que no lo son.

cristiano, -na *adj.-s.* Que profesa la fe de Cristo. - 2 *adj.* Perten. o rel. a la religión de Cristo.

cristobalita *f.* Mineral de la clase de los óxidos que cristaliza en los sistemas cúbico y tetragonal, incoloro, translúcido y con brillo vítreo.

cristología *f.* Tratado relativo a Cristo.

criterio *m.* Norma o regla para distinguir o clasificar. 2 Opinión. 3 Capacidad de juzgar.

critérium *m.* Competición deportiva no oficial.

crítica *f.* Juicio crítico sobre una obra artística. 2 Conjunto de críticos. 3 Censura, murmuración.

criticar *tr.* Juzgar una obra artística, literaria, etc. 2 Reprobar.

criticismo *m.* FIL. Sistema filosófico que considera la epistemología como una disciplina filosófica independiente y fundamental, previa a cualquier otra.

crítico, -ca *adj.* Perten. o rel. a la crisis. - 2 *adj.-s.* Que juzga las cualidades y los defectos de una obra artística.

croar *intr.* Cantar la rana.

croché *m.* Ganchillo (labor).

croissant *m.* Bollo, panecillo.

crol *m.* DEP. Manera de nadar consistente en un movimiento rotatorio de los brazos y de arriba abajo de los pies.

cromagnon *m.* Raza humana del período paleolítico.

cromar *tr.* Dar un baño de cromo.

cromático, -ca *adj.* Perten. o rel. a los colores. 2 MÚS. Que procede por semitonos.

cromatina *f.* Substancia de color del núcleo de la célula.

cromatismo *m.* Calidad de cromático.

cromatóforo *m.* Célula que lleva pigmento.

crómico, -ca *adj.* Que contiene cromo entre sus componentes.

crómlech *m.* Monumento prehistórico formado por una serie de menhires que cierran un espacio de terreno de figura elíptica o circular.

cromo *m.* Metal grisáceo, susceptible de pulimento.

cromonema *m.* Elemento fundamental del cromosoma.

cromosfera *f.* Zona superior de la envoltura gaseosa del sol.

cromosoma *m.* Corpúsculo de forma fija cuyo número es constante para las células de una misma especie.

cromosómico, -ca *adj.* Perten. o rel. al cromosoma.

cromoterapia *f.* Utilización terapéutica de los efectos de los colores en el organismo.

cromotipografía *f.* Arte de imprimir en colores.

cron *m.* Unidad geológica de tiempo equivalente a un millón de años.

crónica *f.* Historia en que se observa el orden de los tiempos. 2 Artículo de periódico que trata algún tema de actualidad.

crónico, -ca *adj.* Habitual, inveterado.

cronicón *m.* Breve narración cronológica.

cronista *com.* Autor de una crónica.

crono *m.* Cronómetro. 2 DEP. Tiempo.

cronobiología *f.* Disciplina que se ocupa de los ritmos biológicos.

cronógrafo, -fa *m. f.* Persona que se dedica a la cronología. - 2 *m.* Instrumento registrador de intervalos de tiempo sumamente pequeños.

cronograma *m.* Diagrama que representa la evolución temporal de un fenómeno.

cronología *f.* Manera de computar los tiempos. 2 Serie de sucesos históricos por orden de fechas.

cronológicamente *adv. m.* En orden cronológico.

cronológico, -ca *adj.* Perten. o rel. a la cronología.

cronometrar *tr.* Medir con cronómetro el tiempo.

cronómetro *m.* Reloj de alta precisión.

croque *m.* Gancho de hierro acerado.

croquet *m.* Juego que consiste en hacer pasar bajo unos aros unas bolas de madera impulsándolas con un mazo.

croqueta *f.* Masa compuesta de distintos alimentos picados y ligados por una besamel espesa, rebozada en huevo y pan rallado, y frita.

croquis *m.* Diseño o dibujo ligero.

cros *m.* DEP. Competición que consiste en una carrera de obstáculos en el campo.

crótalo *m.* Serpiente venenosa de América, que tiene en la cola unas anillas que mueve con ruido particular.

crotorar *intr.* Producir la cigüeña un ruido peculiar.

cruce *m.* Ac. y ef. de cruzar o cruzarse. 2 Punto donde se cruzan dos líneas, carreteras, etc. 3 Interferencia producida cuando en un canal telefónico, radiofónico, etc., se capta conjuntamente la señal de otro canal. 4 BIOL. Reproducción sexual hecha con individuos que proceden de varias razas.

crucería *f.* Arcos o nervios que refuerzan la intersección de bóvedas.

crucero *m.* Espacio en que se cruzan la nave mayor y la transversal de una iglesia. 2 Buque de guerra de gran tamaño y potente artillería. 3 Viaje marítimo o aéreo de recreo.

cruceta *f.* Cruz que resulta de la intersección de dos series de líneas paralelas.

crucial *adj.* fig. Decisivo, culminante.

crucífero, -ra *adj.-f.* Díc. de la planta dicotiledónea, de hojas alternas, flores en racimo, y corola en forma de cruz.

crucificar *tr.* Clavar en una cruz.

crucifijo *m.* Imagen de Jesús crucificado.

crucifixión *f.* Ac. y ef. de crucificar.

cruciforme *adj.* De forma de cruz.

crucigrama *m.* Entretenimiento que consiste en formar palabras cruzando sus letras.

crudeza *f*. Calidad de crudo.

crudillo *m*. Tela áspera y dura, semejante al lienzo crudo.

crudo, -da *adj*. Que no está cocido. 2 Que no está en sazón o curado. 3 fig. Sin atenuantes, cruel. - 4 *adj.-m*. Díc. del mineral viscoso que una vez refinado proporciona el petróleo, el asfalto y otros productos.

cruel *adj*. Que hace sufrir o se deleita en ello.

crueldad *f*. Calidad de cruel. 2 Acción cruel.

cruento, -ta *adj*. Sanguinario.

crujía *f*. Corredor largo, con piezas situadas a ambos lados. 2 Espacio de popa a proa en medio de la cubierta de un barco.

crujido *m*. Ac. y ef. de crujir. 2 Sonido hecho por algo que cruje.

crujir *intr*. Hacer cierto ruido los cuerpos cuando se frotan o se rompen.

crupié, crupier *com*. Persona empleada en las casas de juegos para controlar las apuestas y dirigir los juegos.

crustáceo, -a *adj.-m*. Díc. del artrópodo de respiración branquial con el cuerpo cubierto por un caparazón y la cabeza y el tórax soldados.

cruz *f*. Madero hincado en el suelo y atravesado por otro. 2 fig. Lo que es causa de sufrimiento prolongado. 3 Representación de la cruz en que murió Jesucristo. ▷ *Hacerse cruces,* asombrarse.

cruzada *f*. Expedición de los cristianos en la Edad Media contra los infieles para liberar Palestina y defender la fe.

cruzado, -da *adj.-m*. Alistado para alguna cruzada. - 2 *adj*. Nacido de padres de distintas castas. 3 Que está en forma de cruz.

cruzar *tr*. Atravesar. 2 Juntar hembras y machos de distintas castas. - 3 *prnl*. Pasar por un lugar dos personas, vehículos, etc., en dirección o sentido opuestos.

cruzeiro *m*. Unidad monetaria de Brasil.

cu *f*. Nombre de la letra *q*.

cuaderna *f*. Pieza curva que encaja en la quilla del barco y desde allí arranca en dos ramas simétricas, formando como las costillas del casco. 2 ∼ *vía,* estrofa compuesta de cuatro alejandrinos monorrimos.

cuadernal *m*. Conjunto de dos o más poleas paralelas en una misma armadura.

cuadernillo *m*. Conjunto de cinco pliegos de papel.

cuaderno *m*. Conjunto de pliegos de papel doblados y cosidos.

cuadra *f*. Sala de cuartel, hospital, etc. 2 Caballeriza. 3 Conjunto de caballos de un mismo dueño o equipo.

cuadradillo *m*. Regla cuadrada para rayar papel.

cuadrado, -da *adj.-m*. Díc. del cuadrilátero rectángulo de lados iguales. - 2 *adj*. De forma parecida a la del cuadrado. 3 p. ext. De sección cuadrada. - 4 *m*. MAT. Producto de una cantidad multiplicada por sí misma.

cuadrafonía *f*. Técnica de grabar el sonido por medio de cuatro canales.

cuadragenario, -ria *adj*. De cuarenta años.

cuadragésimo, -ma *adj.-s*. Parte que, junto a otras treinta y nueve iguales constituye un todo. - 2 *adj*. Que ocupa el último lugar en una serie ordenada de cuarenta.

cuadrangular *adj*. De cuatro ángulos.

cuadrante *m*. Parte visible de un instrumento indicador, en la que va una escala y una aguja. 2 Porción, junto a otras tres, en que queda dividida la media esfera celeste superior al horizonte. 3 ASTRON. Instrumento para medir ángulos, compuesto de un cuarto de círculo graduado. 4 GEOM. Cuarta parte de la circunferencia.

cuadrar *tr*. Dar figura de cuadrado. 2 MAT. Elevar a la segunda potencia. - 3 *intr*. Ajustarse, venir bien. - 4 *prnl*. Ponerse una persona en posición erguida.

cuádriceps *adj*. De cuatro cabezas. - 2 *m*. ANAT. Músculo con sus extremos divididos en cuatro cabos.

cuadrícula *f*. Conjunto de los cuadros que resultan de cortarse dos series de rectas paralelas.

cuadricular *tr*. Trazar líneas que formen una cuadrícula.

cuadrienio *m*. Período de cuatro años.

cuadrifoliado, -da *adj*. De cuatro hojas.

cuadriga *f*. Tiro de cuatro caballos.

cuadrigentésimo, -ma *adj.-s*. Parte que, junto a otras trescientas noventa y nueve iguales, constituye un todo. - 2 *adj.* Que ocupa el último lugar en una serie ordenada de cuatrocientos.

cuadril *m.* Hueso del anca o la cadera.

cuadrilátero, -ra *adj.* Que tiene cuatro lados. - 2 *m.* Polígono de cuatro lados.

cuadrilongo, -ga *adj.* Rectangular.

cuadrilla *f.* Conjunto de varias personas para ejecutar ciertas cosas.

cuadripartito, -ta *adj.* Que consta de cuatro partes.

cuadrivio *m.* Antig., conjunto de las cuatro artes matemáticas: aritmética, música, geometría y astrología o astronomía.

cuadro *adj.-m.* Cuadrado. - 2 *m.* Rectángulo. 3 Tela o tabla con una pintura. 4 Marco, cerco. 5 Espectáculo, escena. 6 Subdivisión de un acto teatral. 7 Armazón de la bicicleta. ▷ *En* ~, con muy pocos miembros.

cuadrumano, -na, cuadrúmano, -na *adj.-s.* Díc. de los animales que tienen el pulgar oponible a los demás dedos en todas las extremidades.

cuadrúpedo, -da *adj.-s.* Díc. del animal de cuatro pies.

cuádruple *adj.* Que contiene un número cuatro veces exactamente.

cuadruplicar *tr.* Multiplicar por cuatro.

cuajada *f.* Parte de la leche que se separa del suero.

cuajado, -da *adj.* fig. Inmóvil, paralizado.

cuajar *m.* Última cavidad del estómago de los rumiantes. - 2 *tr.-prnl.* Trabar, coagular. 3 fig. Recargar de adornos.

cuajarón *m.* Porción de líquido cuajado.

cuajo *m.* Materia que cuaja la leche del cuajar de los rumiantes. 2 Cuajar.

cual *pron. relat.* Precedido de artículo equivale al relativo *que,* en oraciones explicativas. - 2 *pron.-adj. correlativo.* Denota idea de semejanza cualitativa o modal. Su antecedente es *tal.* 3 Adquiere valor adverbial y se asimila a *como, así como,* en oraciones subordinadas de modo.

cuál *pron.-adj. interr.* Pregunta o pondera las cualidades de las personas o cosas en interrogación, o en frase exclamativa o dubitativa. 2 Pregunta sobre las personas o cosas. 3 Se emplea como pronombre indefinido repetido de manera distributiva.

cualidad *f.* Circunstancia que distin-

gue.

cualificado, -da *adj.* Calificado. 2 De buena calidad.

cualitativo, -va *adj.* Que denota cualidad.

cualquier *adj. indef.* Apócope de *cualquiera.*

cualquiera *adj. indef.* Denota que se trata de un objeto indeterminado; uno, sea el que fuere. - 2 *pron. indef.* Denota una persona indeterminada; alguno, sea el que fuere. - 3 *com.* fig. desp. Precedido del artículo indeterminado, persona vulgar.

cuán *adv. c.* Encarece el grado del adjetivo o adverbio al que precede.

cuando *adv. t. relat.* Enlaza oraciones mediante el concepto de tiempo. Sus antecedentes pueden ser: un substantivo que significa tiempo, *entonces,* u otros adverbios. - 2 *conj.* En el tiempo, en el punto o en la ocasión en que. ▷ *De* ~ *en* ~ o *de vez en* ~, algunas veces, de tiempo en tiempo.

cuándo *adv. t. interr.* En qué tiempo. - 2 *m.* Precedido del artículo *el,* tiempo, momento.

cuantía *f.* Cantidad, valor.

cuantificar *tr.* Expresar numéricamente una magnitud.

cuantioso, -sa *adj.* Grande en cantidad.

cuantitativo, -va *adj.* Perten. o rel. a la cantidad.

cuanto, -ta *pron.-adj. relat.* En correlación con *tanto,* denota equivalencia. - 2 *pron. relat.* Todos los que, todo lo que. ▷ *En* ~ *a,* por lo que toca o corresponde de a. ~ *antes,* con diligencia, lo más pronto posible.

cuánto, -ta *pron.-adj. interr.* Sirve para preguntar o encarecer la cantidad, la intensidad de una cosa. - 2 *adv.* En qué grado o manera, hasta qué punto.

cuaquerismo *m.* Doctrina protestante fundada en Inglaterra en el s. XVII.

cuarcita *f.* Roca compacta, compuesta de cuarzo.

cuarenta *adj.* Cuatro veces diez. ▷ *Cantarle a uno las* ~, decirle lo que se piensa sin miramientos.

cuarentena *f.* Conjunto de cuarenta unidades. 2 Tiempo que están en observación los que vienen de lugares donde hay epidemia.

cuarentón, -tona *adj.-s.* Díc. de la persona que ha cumplido cuarenta años de edad y no ha llegado a los cincuenta.

cuaresma f. Tiempo entre el miércoles de ceniza y la Pascua de Resurrección.

cuarta f. Palmo.

cuartear tr. Dividir en cuartas partes. - 2 prnl. Agrietarse una pared.

cuartel m. Cuarta parte. 2 Alojamiento de la tropa.

cuartelazo f. Pronunciamiento militar.

cuartelillo m. Local donde está instalado un puesto de tropa de guardia, etc.

cuarteta f. Estrofa de cuatro versos de menos de ocho sílabas.

cuarteto m. Estrofa de cuatro versos de más de ocho sílabas. 2 MÚS. Conjunto de cuatro voces o instrumentos. 3 Composición para ellos.

cuartilla f. Cuarta parte de un pliego de papel.

cuarto, -ta adj.-s. Parte que, junto a otras tres iguales, constituye un todo. - 2 adj. Que ocupa el último lugar en una serie ordenada de cuatro. - 3 m. Cuarta parte de una hora. 4 Habitación. 5 Cuarta parte de una lunación. 6 fam. Dinero.

cuartucho m. desp. Habitación ruin.

cuarzo m. Mineral silícico, uno de los componentes del granito.

cuaternario, -ria adj.-m. Era geológica que sigue a la terciaria y llega hasta la actualidad.

cuatrero m. Ladrón de bestias.

cuatrillizo, -za adj.-s. Díc. del nacido de un mismo parto con otros tres.

cuatrimestre m. Espacio de cuatro meses.

cuatrimotor adj.-m. Avión con cuatro motores y cuatro hélices.

cuatrirreactor adj.-m. Avión con cuatro motores de reacción.

cuatrisílabo, -ba adj.-s. De cuatro sílabas.

cuatro adj. Tres y uno.

cuatrocentista adj. Perten. o rel. al s. XV.

cuatrocientos, -tas adj. Cuatro veces ciento.

cuba f. Recipiente compuesto de duelas, aseguradas con aros, y cerrado en sus extremos por tablas.

cubano, -na adj.-s. De Cuba.

cubertería f. Conjunto de utensilios para el servicio de mesa.

cubeta f. Cuba pequeña. 2 Recipiente de vidrio plástico, etc., muy usado

en operaciones químicas y fotográficas.

cubicar tr. Determinar la capacidad o el volumen de un cuerpo.

cúbico, -ca adj. Perten. o rel. al cubo. 2 De figura de cubo geométrico, o parecido a él. 3 CRIST. Díc. del sistema cristalino de forma holoédrica con tres ejes principales.

cubículo m. Aposento, alcoba.

cubierta f. Lo que tapa o cubre una cosa. 2 Suelo de un buque. 3 Parte exterior de un libro, neumático, etc.

cubierto m. Techumbre. 2 Juego de tenedor, cuchara y cuchillo. 3 Comida que se da por un precio determinado.

cubil m. Paraje donde se recogen las fieras.

cubilete m. Vaso en forma de cono truncado.

cubismo m. Movimiento artístico que reduce la expresión primaria del volumen y la forma de figuras geométricas.

cúbito m. ANAT. Hueso del antebrazo que forma el codo en su articulación con el húmero.

cubo m. Vasija en forma de cono truncado, con asa. 2 Pieza central de la rueda donde encajan los radios. 3 Tercera potencia de un número. 4 GEOM. Sólido regular limitado por seis cuadrados iguales.

cubrecama f. Colcha.

cubremantel m. Mantel de adorno que se pone sobre el corriente.

cubreobjetos m. Lámina delgada de cristal que protege las preparaciones microscópicas.

cubrir tr. Ocultar y tapar una cosa con otra. 2 Proteger. 3 Recorrer una distancia. - 4 tr.-prnl. Ponerse el sombrero o la gorra.

cucamonas f. pl. fam. Carantoñas.

cucaña f. Palo largo, resbaladizo, por el cual se ha de andar o trepar para coger un objeto atado a su extremo.

cucaracha f. Insecto nocturno y corredor, negro y rojizo.

cucarda f. Martillo de boca ancha cubierta de puntas de diamante.

cuclillas (en ~) loc. adv. Con el cuerpo doblado y sentado sobre los calcañares.

cuclillo m. Ave poco menor que una tórtola, de plumaje ceniciento.

cuco, -ca *adj.* fig. Pulido, de aspecto agradable. - 2 *adj.-s.* fig. Taimado y astuto.

cucú *m.* Canto del cuclillo. 2 Reloj que contiene un cuclillo mecánico.

cucurbitáceo, -a *adj.-f.* Díc. de la planta dicotiledónea de fruto en baya grande con muchas semillas.

cucurucho *m.* Papel arrollado en forma cónica.

cuchara *f.* Utensilio de mesa compuesto de un mango con una palita cóncava.

cucharada *f.* Porción que cabe en una cuchara.

cucharilla *f.* Cuchara pequeña.

cucharón *m.* Cacillo para repartir ciertos manjares en la mesa.

cuchichear *intr.* Hablar en voz baja.

cuchilla *f.* Cuchillo grande. 2 Instrumento cortante de varias formas. 3 Hoja de afeitar.

cuchillada *f.* Golpe de arma de corte.

cuchillo *m.* Instrumento cortante de un solo corte, con mango.

cuchitril *m.* Pocilga. 2 fig. Habitación estrecha y desaseada.

cuchufleta *f.* fam. Dicho de broma o chanza.

cueceleches *m.* Recipiente para calentar la leche que se salga al hervir.

cuelgaplatos *m.* Utensilio para colgar en las paredes platos.

cuello *m.* Parte del cuerpo que une la cabeza al tronco. 2 Pieza suelta o parte de una prenda que cubre el cuello.

cuenca *f.* Cavidad en que está cada una de los ojos. 2 Territorio cuyas aguas afluyen todas a un mismo lugar. 3 Territorio por donde se extienden las ramas de una mina.

cuenco *m.* Vaso de barro, hondo y ancho, sin borde.

cuenta *f.* Ac. y ef. de contar; cálculo. 2 Registro regular de transacciones pecuniarias. 3 fig. Exposición de razones, actos, etc. 4 Cuidado, incumbencia. 5 Bolilla ensartada. ▷ *De ~*, de importancia. *Pedir cuentas*, exigir una explicación. *Tomar* o *tener en ~*, considerar, no olvidar. *Traer ~ una cosa*, ser beneficiosa.

cuentagotas *m.* Utensilio para verter un líquido gota a gota. ▷ *A* o *con ~*, poco a poco, muy despacio.

cuentakilómetros *m.* Contador de las revoluciones de las ruedas de un vehículo, e indica los kilómetros recorridos.

cuentarrevoluciones *m.* Contador que registra las revoluciones de un eje o de una máquina.

cuentista *adj.-com.* Díc. de la persona que suele narrar o escribir cuentos. 2 fam. Chismoso.

cuento *m.* Narración corta en prosa, que pertenece a la ficción literaria. 2 Chisme o enredo. 3 Embuste, engaño, fraude.

cuerda *f.* Conjunto de hilos que torcidos forman un solo cuerpo. 2 MÚS. Hilo de tripa o metal. 3 Parte propulsora del mecanismo de un reloj, juguete, etc. 4 Segmento de recta que une los extremos de un arco. - 5 *f. pl. Cuerdas vocales,* repliegues musculares que en número de cuatro, se encuentran en el interior de la laringe. ▷ *Bajo ~*, con disimulo. *Andar en la ~ floja,* proceder con vacilación entre dificultades. *Dar ~ a uno,* halagar su pasión o su manía incitándole a perdurar en ella.

cuerdo, -da *adj.* Que está en su juicio.

cuerna *f.* Vaso rústico hecho con un cuerno. 2 Cuerno macizo que algunos animales mudan todos los años. 3 Cornamenta.

cuerno *m.* Prolongación ósea del frontal de algunos animales. 2 Materia que lo forma o lo cubre. 3 Instrumento de viento de un solo tono, hecho de un cuerno de animal, utilizado para dar señales. ▷ *Mandar a uno al ~*, despedirlo con enfado o desprecio. *Romperse los cuernos,* trabajar con ahínco.

cuero *m.* Pellejo, esp., el curtido de los animales. 2 *~ cabelludo,* piel del cráneo. ▷ *En cueros,* desnudo.

cuerpo *m.* Substancia material. 2 En el hombre y en los animales, conjunto de sus partes materiales. 3 Tronco, a diferencia de la cabeza y las extremidades. ▷ *A ~ de rey,* con todo lujo y comodidad. *En ~ y alma,* totalmente. *~ a ~*, estrechamente, sin usar las armas. *Dar uno con el ~ en tierra,* caer al suelo. *Pedirle a uno el ~ una cosa,* apetecerla. *Tomar ~ una cosa,* aumentar de poco a mucho.

cuervo *m.* Ave paseriforme omnívora, mayor que la paloma, de pico grueso y plumaje negro.

cuesco *m.* Hueso de fruta. 2 *fam.* Pedo que se expele con ruido.

cuesta *f.* Pendiente. ▷ *A cuestas,* sobre los hombros o espaldas. *Hacérsele a uno ~ arriba una cosa,* sentirla mucho, hacerla con repugnancia. *Ir ~ abajo,* decaer una persona o cosa.

cuestación *f.* Petición de limosnas.

cuestión *f.* Pregunta. 2 Punto que se puede controvertir.

cuestionable *adj.* Dudoso, que se puede discutir.

cuestionar *tr.* Discutir un punto dudoso.

cuestionario *m.* Lista de cuestiones.

cuestor *m.* Antiguo magistrado romano, encargado de la administración del erario público.

cueva *f.* Cavidad subterránea.

cuévano *m.* Cesto grande y hondo.

cuidado *m.* Atención para hacer bien una cosa. 2 Recelo, temor. 3 Dependencia que está a cargo de uno.

¡cuidado! Interjección con que se advierte la proximidad de un peligro o la contingencia de caer en error.

cuidador, -ra *adj.-s.* Que cuida. - 2 *m.* Entrenador deportivo.

cuidadoso, -sa *adj.* Que tiene cuidado.

cuidar *tr.* Poner cuidado. 2 Asistir, guardar. - 3 *prnl.* Seguido de la preposición *de,* vivir con advertencia respecto de una cosa. 4 Preocuparse de su salud.

cuita *f.* Aflicción, trabajo.

cuitado, -da *adj.* Afligido, desventurado.

cuja *f.* Bolsa de cuero asida a la silla del caballo, para la lanza o bandera. 2 Armadura de la cama.

culata *f.* Anca. 2 Parte posterior de un arma de fuego, que sirve para asirla o afianzarla. 3 *MEC.* Pieza metálica que se ajusta al bloque de los motores de explosión y cierra el cuerpo de los cilindros.

culear *intr.* Salirse la parte trasera de un automóvil o motociclo de la línea en que va avanzando.

culebra *f.* Reptil ofidio, especialmente el de pequeño y mediano tamaño.

culebrear *intr.* Andar haciendo eses.

culebrina *f.* Antigua pieza de artillería de poco calibre.

culebrón *m.* *fig.* Telenovela con gran cantidad de capítulos.

culero, -ra *adj.-s.* Que se dedica al tráfico de drogas, ocultándolas en su cuerpo después de haberlas introducido en el ano. - 2 *f.* Remiendo en los fondillos de los pantalones.

culinario, -ria *adj.* Perten. o rel. a la cocina.

culminación *f.* Ac. y ef. de culminar.

culminante *adj.* Superior, sobresaliente, principal.

culminar *intr.* Llegar una cosa a la posición más elevada. - 2 *tr.* Dar fin.

culo *m.* Parte inferior trasera del tronco sobre la cual descansa el cuerpo cuando uno se sienta. 2 Ano. 3 *fig.* Parte inferior o posterior de una cosa. ▷ *~ de mal asiento,* persona inquieta. *Lamer el ~,* adular. *Limpiarse el ~ con algo,* despreciar esa cosa. *Mojarse el ~,* comprometerse.

culombio *m.* *FÍS.* Coulomb.

culote *m.* Especie de pantalón corto muy ceñido.

culpa *f.* Falta, delito, pecado. 2 Responsabilidad.

culpabilidad *f.* Calidad de culpable.

culpable *adj.* Que tiene culpa.

culpar *tr.* Echar la culpa a uno.

culteranismo *m.* Estilo literario caracterizado por sus metáforas violentas, alusiones oscuras, hipérboles extremadas, latinismos, etc.

cultismo *m.* Palabra culta o erudita.

cultivar *tr.* Dar a la tierra y a las plantas las labores necesarias para que fructifiquen. 2 *fig.* Ejercitarse en algo.

cultivo *m.* Ac. y ef. de cultivar.

culto, -ta *adj.* Dotado de cultura. - 2 *m.* Adoración, homenaje religioso.

cultura *f.* Cultivo, esp. el de las facultades humanas. 2 Conjunto de costumbres, conocimientos, grado de desarrollo, en una época o grupo social, etc.

culturismo *m.* *DEP.* Práctica de ejercicios encaminada al desarrollo muscular.

culturizar *tr.* Integrar en una cultura.

cumbre *f.* Cima.

cumpleaños *m.* Aniversario del nacimiento de una persona.

cumplido, -da *adj.* Completo, cabal. 2 Exacto en cumplimientos y cortesías. - 3 *m.* Acción obsequiosa.

cumplidor, -ra *adj.-s.* Que cumple o da cumplimiento.

cumplimentar *tr.* Felicitar, hacer visitas de cumplimiento. 2 Ejecutar una orden.

cumplimiento *m.* Ac. y ef. de cumplir

o cumplirse. 2 Oferta hecha por pura cortesía.

cumplir *tr.* Ejecutar, hacer lo previsto o debido. 2 Completar un tiempo determinado. 3 Terminar un plazo. - 4 *intr.* Hacer uno aquello que debe o a que está obligado. - 5 *prnl.* Verificarse, realizarse. ▷ *Por* ~, por mera cortesía.

cúmulo *m.* Montón, multitud. 2 Nube grande con aspecto de montaña nevada.

cuna *f.* Cama para niños, con bordes altos, y que puede mecerse. 2 fig. Patria, origen. 3 Estirpe.

cundir *intr.* Extenderse, propagarse. 2 Dar mucho de sí.

cuneiforme *adj.* De figura de cuña.

cunero, -ra *adj.-s.* Expósito. 2 fig. De autor desconocido.

cuneta *f.* Zanja de desagüe en los lados de un camino.

cunicultura *f.* Técnica de criar conejos.

cunnilingus *m.* Contacto de los órganos sexuales femeninos con los orales de la pareja.

cuña *f.* Prisma triangular para hender, ajustar, rellenar, etc. 2 Recipiente de poca altura para recoger la orina y el excremento del enfermo impedido. 3 Breve espacio publicitario de radio o televisión.

cuñado, -da *m. f.* Hermano o hermana de un cónyuge respecto del otro.

cuño *m.* Troquel. 2 Signo, señal, huella.

cuota *f.* Parte de cada uno en un reparto o contribución.

cupé *m.* Berlina.

cupido *m.* Dios del amor con figura de niño con alas y con los ojos vendados que lleva un carcaj y un arco. 2 fig. Hombre enamoradizo y que galantea.

cuplé *m.* Canción, tonadilla.

cupo *m.* Cuota o parte asignada. 2 *Excedente de* ~, mozo que, al sortear las quintas, queda libre de hacer el servicio militar.

cupón *m.* Parte de un documento, billete de lotería, etc., que se recorta con facilidad y tiene un valor asignado.

cupresáceo, -a *adj.-f.* Díc. de la planta gimnosperma conífera de hojas opuestas y flores de pocos carpelos.

cuprífero, -ra *adj.* Que tiene cobre.

cuproníquel *m.* Aleación de cobre y níquel.

cúpula *f.* Bóveda en forma de media esfera en lo alto de un edificio. 2 BOT. In-

volucro de la avellana, la bellota, etc.

cupulífero, -ra *adj.-f.* Díc. de la planta dicotiledónea de hojas sencillas y flores monoicas.

cura *m.* Sacerdote. 2 Curación.

curación *f.* Ac. y ef. de curar o curarse.

curado, -da *adj.* fig. Curtido, seco.

curanderismo *m.* Intrusión de los curanderos en el ejercicio de la medicina.

curandero, -ra *m. f.* Persona que hace de médico sin serlo.

curar *intr.* Con la preposición *de,* cuidar. - 2 *tr.* Aplicar remedios. 3 Curtir pieles, ahumar o salar carnes, etc. 4 Sanar.

curare *m.* Veneno extraído de un bejuco americano.

curasao *m.* Licor de corteza de naranja y otros ingredientes.

curativo, -va *adj.* Que sirve para curar.

cúrcuma *f.* Planta de la India, de cuya raíz se obtiene el curry.

curda *f.* fam. Borrachera.

curdo, -da *adj.-s.* De Curdistán.

cureña *f.* Armazón del cañón.

curia *f.* Tribunal eclesiástico. 2 Conjunto de abogados, procuradores y funcionarios judiciales.

curiana *f.* Cucaracha.

curie *m.* FÍS. Unidad histórica de radiactividad.

curio *m.* Elemento químico que se obtiene por bombardeo del plutonio. 2 Unidad de radiactividad.

curiosear *intr.* Andar averiguando lo ajeno.

curiosidad *f.* Calidad de curioso. 2 Cosa curiosa o rara. 3 Aseo, limpieza. 4 Cuidado de hacer una cosa con diligencia.

curioso, -sa *adj.-s.* Que desea saber alguna cosa. - 2 *adj.* Que despierta expectación o interés.

currar *intr.* fam. Trabajar.

currelo *m.* fam. Trabajo.

currículo, curriculum vitae *m.* Relación de los datos personales e historia profesional del aspirante a un cargo o empleo.

curro *m.* vulg. Trabajo.

curry *m.* Polvo utilizado como condimento para alimentos y salsas.

cursar *tr.* Estudiar una materia. 2 Dar curso en la administración pública a una solicitud, instancia, etc.

cursi *adj.* Que, con apariencia de elegancia o riqueza, es ridículo y de mal gusto.

cursillo *m.* Curso de poca duración. 2 Breve serie de conferencias acerca de una materia determinada.

cursivo, -va *adj.-s.* Letra inclinada como la que se liga mucho para escribir de prisa.

curso *m.* Camino que sigue una cosa animada de un movimiento progresivo. 2 Serie de lecciones que forman la enseñanza de una materia y tiempo señalado para oírlas. 3 Conjunto de alumnos de un mismo grado.

cursómetro *m.* Aparato para medir la velocidad de los trenes de ferrocarril.

cursor *m.* Pieza pequeña que se desliza a lo largo de otra mayor en algunos aparatos. 2 INFORM. Símbolo móvil de la pantalla del ordenador que indica el lugar donde se puede escribir.

curtiduría *f.* Establecimiento donde se trabajan las pieles.

curtir *tr.* Adobar o aderezar las pieles. - 2 *tr.-prnl.* fig. Acostumbrar a la vida dura. ▷ *Estar uno curtido en una cosa,* estar acostumbrado a ella.

curvado, -da *adj.* Que tiene forma curva.

curvatura *f.* Desvío de la dirección recta.

curvilíneo, -a *adj.* GEOM. Compuesto de líneas curvas.

curvímetro *m.* Instrumento para medir con facilidad las líneas de un plano.

curvo, -va *adj.-s.* Que constantemente se aparta de la dirección recta sin formar ángulos. 2 Corvo. - 3 *f.*

Línea curva. 4 Representación esquemática por medio de una línea cuyos puntos van indicando valores variables. 5 Recodo de una carretera o camino.

cuscurro, cuscurrón *m.* Trozo de pan, pequeño y muy cocido.

cuscús *m.* Plato árabe con sémola de trigo duro, carne y verdura.

cúspide *f.* Cumbre puntiaguda de los montes. 2 Remate superior de alguna cosa, que tiende a formar punta. 3 fig. Apogeo, cumbre.

custodia *f.* Ac. y ef. de custodiar. 2 Receptáculo en que se expone el Santísimo Sacramento.

custodiar *tr.* Guardar, vigilar.

cutáneo, -a *adj.* Perten. o rel. al cutis.

cutí *m.* Tela fuerte para cubrir colchones.

cutícula *f.* Piel que rodea la base de las uñas.

cutina *f.* BOT. Substancia producida por el citoplasma y de que está formada la cutícula.

cutir *tr.* Golpear una cosa con otra.

cutis *m.* Piel del hombre, especialmente la del rostro.

cutral *adj.-s.* Buey cansado y viejo.

cutre *adj.* Pobre o de baja calidad. 2 Sórdido.

cuyo, -ya *pron. relat. poses.* Precede al substantivo que expresa la cosa poseída por el antecedente. 2 Construido con el verbo *ser* hace el oficio de atributo.

CH

ch *f.* Consonante palatal, cuarta letra del alfabeto.

cha *m.* Título del antiguo soberano de Persia.

chabacanería *f.* Falta de arte, gusto y mérito estimable.

chabacano, -na *adj.* Grosero, de mal gusto.

chabola *f.* Barraca mísera en los suburbios de las ciudades.

chabolismo *m.* Abundancia de chabolas en los suburbios, síntoma de miseria social.

chacal *m.* Mamífero carnívoro, que vive en bandas numerosas y se suele alimentar de carne muerta.

chacina *f.* Carne de cerdo adobada, de la cual se suelen hacer embutidos.

chacó *m.* Morrión de la caballería ligera.

chacolí *m.* Vino ligero y algo agrio, producido en el norte de España.

chacona *f.* Baile cortesano en compás ternario y movimiento lento.

chacota *f.* Broma, burla.

chacotear *intr.* Chancearse.

chacha *f.* Niñera. 2 *fam.* p. ext. Sirvienta.

chachachá *m.* Baile moderno de origen cubano.

cháchara *f.* Charla inútil.

chacharear *intr. fam.* Hablar mucho y sin substancia.

chafaldete *m.* Cabo para cargar los puños de gavias y juanetes.

chafaldita *f.* Pulla ligera e inofensiva.

chafalonía *f.* Objetos inservibles de plata u oro, para fundir.

chafallo *m. fam.* Remiendo mal echado.

chafandín *m.* Persona vanidosa e informal.

chafar *tr.-prnl.* Aplastar. - 2 *tr.* Arrugar, deslucir, estropear.

chafarote *m.* Alfanje corto y ancho.

chafarrinar *tr.* Deslucir una cosa con manchas o borrones.

chafarrocas *m.* Pez marino teleósteo de pequeño tamaño, y aletas convertidas en una ventosa.

chaflán *m.* Cara que resulta de un sólido cortando por un plano una esquina del mismo.

chailota *f.* Postre o entremés hecho con pan, bizcocho o galletas y fruta.

chaira *f.* Cuchilla con que los zapateros cortan la suela.

chal *m.* Pañuelo rectangular para cubrir los hombros.

chalaco *m.* Especie de sombrero de paja.

chalado, -da *adj.* Falto de juicio. 2 Muy enamorado.

chaladura *f. fam.* Extravagancia, manía, locura.

chalán, -lana *adj.-s.* Que trata en compras y ventas, astuto y mañoso.

chalana *f.* Embarcación de fondo plano destinada a la navegación en parajes de poco fondo.

chalar *tr.* Enloquecer. 2 Enamorar.

chalaza *f.* Ligamento en espiral que sostiene la yema del huevo en medio de la clara.

chalazión *m.* Pequeña tumoración indolora y dura del borde libre de los párpados.

chalé *m.* Vivienda individual, por lo general aislada y con jardín.

chaleco *m.* Prenda sin mangas que se lleva encima de la camisa. 2 ~ *salvavidas,* el neumático o de otro sistema, destinado a mantenerse a flote en el agua.

chalet *m.* Chalé.

chalina *f.* Corbata de caídas largas.

chalote *m.* Planta hortense liliácea de flores moradas.

chalupa *f.* Embarcación pequeña con cubierta y dos palos.

chamán *m.* Hechicero al que se supone dotado de poderes sobrenaturales.

chámara, chamarasca *f.* Leña menuda, y hojarasca, que levanta mucha llama.

chamarilero, -ra *m. f.* Persona que tiene por oficio comerciar en trastos viejos.

chamarón m. Ave paseriforme, pequeña, de cola muy larga, con el plumaje blanco y negro.

chamarra f. Vestidura parecida a la zamarra.

chamarreta f. Especie de chaqueta holgada.

chamba f. fam. Chiripa.

chambelán m. Gentilhombre de cámara, noble que acompañaba al rey.

chambilla f. Cerco de piedra en que se afirma una reja de hierro.

chambón, -bona adj.-s. De escasa habilidad en el juego. - 2 adj. Que consigue por chiripa alguna cosa.

chambrana f. Labor o adorno que se pone alrededor de las puertas, ventanas, etc.

chamelo m. Variedad del juego del dominó, en que intervienen cuatro jugadores de los que sólo actúan tres en cada mano.

chamicera f. Pedazo de monte quemado.

chamiza f. Hierba graminácea medicinal. 2 Leña menuda que sirve para los hornos.

chamizar tr. Cubrir con chamiza.

chamizo m. Árbol o leño medio quemado. 2 Choza.

chamorro, -rra adj.-s. Que tiene la cabeza esquilada.

champaña m. Vino blanco espumoso, de origen francés.

champañizar tr. Convertir un vino en espumoso.

champar tr. fam. Decirle a uno algo desagradable.

champiñón m. Seta, hongo.

champú m. Detergente para lavar el cabello.

chamuchina f. Cosa de poco valor.

chamuscado, -da adj. fig. Sujeto a un vicio o pasión.

chamuscar tr. Quemar por la parte exterior. - 2 prnl. fig. fam. Escamarse, desconfiar.

chamusquina f. Ac. y ef. de chamuscar o chamuscarse.

chance amb. ANGLIC. Oportunidad, ocasión.

chancear intr.-prnl. Usar de chanzas.

chancillería f. Antiguo tribunal superior de justicia.

chancla f. Zapato viejo cuyo talón está ya caído y aplastado por el mucho uso.

2 Chancleta.

chancleta f. Zapatilla sin talón o con el talón doblado.

chancletear intr. Andar haciendo ruido con las chancletas.

chanclo m. Calzado de madera o suela gruesa. 2 Zapato grande de materia elástica.

chancro m. Úlcera contagiosa de origen venéreo.

chanchi adj. fam. Extraordinario, espléndido.

chanchullo m. fam. Manejo ilícito.

chandal, chándal m. Prenda deportiva compuesta de pantalón y jersey de mangas largas.

chanfaina f. Guisado de bofes picados.

chanflón, -flona adj. Tosco, grosero, mal formado.

changa f. fam. Negocio, trato, de poca importancia.

changurro m. Plato vasco popular hecho con centollo cocido y desmenuzado en su caparazón.

chanquete m. Pez marino teleósteo, de pequeño tamaño y cuerpo fino y translúcido.

chantaje m. Amenaza de daño contra alguno, a fin de obtener de él algún provecho.

chantajista com. Persona que practica habitualmente el chantaje.

chantar tr. Vestir o poner.

chantillí m. Crema de nata batida que se emplea mucho en pastelería.

chanto m. Tronco, rama o piedra larga que se hinca de punta en el suelo.

chantre m. Dignidad de las catedrales que dirigía el canto en el coro.

chanza f. Dicho festivo y gracioso. 2 Broma.

chapa f. Hoja de metal, madera, etc. 2 Cápsula de botella.

chapado, -da adj. Chapeado.

chapaleta f. Válvula de la bomba hidráulica.

chapaleteo m. Rumor de las aguas al chocar con la orilla. 2 Ruido que al caer produce la lluvia.

chapapote m. Asfalto más o menos espeso.

chapar tr. Chapear (cubrir). 2 fig. Asentar, encajar.

chaparro m. Mata ramosa de encina o roble. 2 fig. Persona rechoncha.

chaparrón *m.* Lluvia recia de corta duración.

chaparrudo, -da *adj.* Achaparrado, rechoncho.

chapatal *m.* Lodazal o ciénaga.

chapeado, -da *adj.* Que está cubierto o guarnecido con chapas.

chapear *tr.* Cubrir con chapas.

chaperón *m.* Listón de madera que cubre las juntas de una obra o de unos maderos.

chapeta *f.* Mancha de color encendido que suele salir en las mejillas.

chapetón, -tona *adj.-s.* En algunos países de América, europeo recién llegado.

chapetonada *f.* Primera enfermedad que sufre el europeo recién llegado a algunos países de América hasta aclimatarse. 2 p. ext. Inexperiencia, error del que no está enterado.

chapín *m.* Chanclo de corcho forrado de cordobán.

chapista *adj.-com.* Que tiene por oficio hacer chapas.

chapitel *m.* Remate de las torres en figura piramidal. 2 Capitel.

chaple *m.* Buril que tiene la punta en bisel como el escoplo.

chapodar *tr.* Cortar ramas de los árboles, aclarándolos para que no se envicien.

chapolín *m.* Juego de billar con seis agujeros en la mesa.

chapón *m.* Chapa, especialmente la lámina de madera.

chapotear *tr.* Humedecer repetidas veces con esponja o paño empapado. - 2 *intr.* Agitar los pies o las manos en el agua.

chapucear *tr.* Hacer algo sin arte ni aseo.

chapucería *f.* Tosquedad, imperfección. 2 Obra mal hecha.

chapucero, -ra *adj.* Hecho con chapucería. 2 Que trabaja mal.

chapurrar *tr.* Hablar con dificultad un idioma pronunciándolo mal y usando en él vocablos, giros o modos de expresión exóticos.

chapurrear *tr.-intr.* Hablar mal un idioma.

chapurreo *m.* Manera de hablar del que chapurrea. 2 Pronunciación defectuosa del niño o del extranjero.

chapuza *f.* Chapucería.

chapuzar *tr.-prnl.* Meter de cabeza en el agua.

chapuzón *m.* Ac. y ef. de chapuzar o chapuzarse.

chaqué *m.* Levita con los faldones separados.

chaqueta *f.* Prenda exterior de vestir con mangas y sin faldones, que llega hasta las caderas.

chaquetear *intr.* Cambiar de partido o ideología, generalmente con sentido oportunista.

chaquetero, -ra *adj.-s.* Que chaquetea.

chaquetilla *f.* Chaqueta más corta que la ordinaria, de forma diferente y casi siempre con adornos.

chaquetón *m.* Prenda de vestir de más abrigo y algo más larga que la chaqueta.

charada *f.* Acertijo en que se trata de adivinar una palabra guiándose por el sentido de las palabras que se pueden formar tomando una sílaba o más de la principal.

charamada *f.* Llamarada del fuego.

charanga *f.* Conjunto musical que consta sólo de instrumentos de viento, comúnmente de metal.

charango *m.* Especie de bandurria pequeña.

charanguero, -ra *adj.-s.* Chapucero.

charca *f.* Depósito de agua detenida en el terreno.

charco *m.* Charca pequeña.

charcutería *f.* GALIC. Tienda de embutidos.

charla *f.* Acción de charlar.

charlar *intr.* Hablar mucho y sin substancia. 2 Conversar.

charlatán, -tana *adj.-s.* Que habla mucho y sin substancia. 2 Hablador indiscreto. 3 Embaucador.

charlestón *m.* Baile de ritmo rápido, muy popular hacia 1920.

charlotada *f.* Festejo taurino bufo. 2 Actuación pública, colectiva, grotesca o ridícula.

charnego, -ga *m. f.* desp. En Cataluña, inmigrante de otra región.

charnela *f.* Bisagra.

charol *m.* Barniz muy lustroso y permanente. 2 Cuero con este barniz.

charolar *tr.* Barnizar con charol.

charpa *f.* Especie de tahalí, con ganchos para colgar armas de fuego.

charrán *adj.-m.* Pillo, tunante.

charrancito *m.* Ave caradriforme de tamaño diminuto con la frente blanca.

charrar *intr.* fam. Charlar, hablar en exceso y de modo indiscreto.

charrasco *m.* Pez marino teleósteo, de cabeza ancha, cubierta de espinas.

charrasqueo *m.* Sonido metálico.

charrete *m.* Coche de dos ruedas y dos o cuatro asientos.

charretera *f.* Divisa militar con fleco que se sujeta en el hombro.

charro, -rra *adj.-s.* Aldeano de Salamanca. - 2 *adj.* fig. Adornado con mal gusto.

chárter *adj.-m.* Díc. del avión que realiza un vuelo por contrato o alquiler.

chartreuse *m.* Licor fabricado por los cartujos.

chas *m.* Ruido que produce una cosa al romperse.

chasca *f.* Leña menuda procedente de la limpia de los árboles.

chascar *tr.* Separar súbitamente del paladar la lengua produciendo una especie de chasquido.

chascarrillo *m.* fam. Anécdota ligera, frase graciosa.

chasco *m.* Burla. 2 fig. Decepción.

chasis *m.* Armazón que sostiene el motor y la carrocería del automóvil.

chaspe *m.* Señal que se hace sobre los troncos de los árboles con un hacha.

chasponazo *m.* Señal que deja la bala al rozar un cuerpo duro.

chasquear *tr.* Dar chasco. - 2 *intr.* Dar chasquidos.

chasquido *m.* Sonido del látigo cuando se sacude en el aire. 2 Ruido seco y súbito. 3 Ruido producido con la lengua al separarla súbitamente del paladar.

chata *f.* Bacín plano, con borde entrante y mango hueco por donde se vacía.

chatarra *f.* Hierro viejo.

chatarrero, -ra *m. f.* Persona que tiene por oficio comerciar con la chatarra.

chato, -ta *adj.-s.* De nariz poco prominente. - 2 *adj.* Bajo y aplanado. - 3 *m.* Vaso de vino.

chatón *m.* Piedra preciosa gruesa engastada en una joya.

chatunga *adj.-f.* fam. Chata, expresión cariñosa.

chauvinismo *m.* GALIC. Alarde excesivo de patriotismo.

chaval, -la *adj.-s.* Joven.

chavea *m.* fam. Rapaz, muchacho.

chaveta *f.* Clavo hendido o clavija.

chavo *m.* Moneda de cobre de valor variable según los países y épocas. - 2 *m. pl.* Dinero en general.

chazo *m.* Corte que los carpinteros hacen en los cantos de un leño.

che *f.* Nombre de la letra *ch*.

checa *f.* Comité de policía secreta en la Rusia soviética. 2 Organismo semejante que ha funcionado en otros países y que sometía a los detenidos a torturas.

checo, -ca, checoslovaco, -ca *adj.-s.* De Checoslovaquia. - 2 *m.* Lengua checa.

cheli *m.* Jerga con elementos castizos, marginales y de la contracultura.

chelín *m.* Moneda inglesa, vigésima parte de la libra. 2 Unidad monetaria de Australia.

cheque *m.* Documento comercial en forma de orden de pago.

chequear *tr.* ANGLIC. Confrontar, cotejar, comprobar cuentas, escritos. 2 Inspeccionar, fiscalizar. 3 Facturar mercancías. 4 Anotar, registrar en general. 5 Reconocer o examinar el médico el estado de salud de una persona. 6 Repasar, revisar una máquina.

chequeo *m.* Reconocimiento médico general.

chequera *f.* Talonario de cheques.

cherna *f.* Pez marino teleósteo perciforme, de cuerpo rechoncho que alcanza hasta 2 m. de longitud.

chernozem *m.* Suelo típico de las praderas, excelente para el cultivo de gramíneas.

chéster *m.* Queso inglés, parecido al manchego.

chevió *m.* Lana del cordero de Escocia.

chibalete *m.* Armazón de madera donde se colocan las cajas para componer.

chibuquí *m.* Pipa turca de tubo largo y recto.

chic *adj.* GALIC. Elegante, de moda, distinguido.

chicana *f.* Artimaña, procedimiento de mala fe.

chicane *f.* En automovilismo o motorismo, conjunto de curvas en zigzag que obstaculizan la conducción.

chicano, -na *adj.-s.* De la minoría mejicana que vive en los Estados Unidos de América. - 2 *adj.* Perten. o rel. a dicha comunidad.

chicarrón, -rrona *adj.-s.* fam. Persona de corta edad muy crecida y desarrollada.

chicle *m.* Substancia gomosa que, endulzada y aromatizada, se usa como goma de mascar.

chico, -ca *adj.* Pequeño. - 2 *adj.-s.* Díc. del niño o el muchacho.

chicoleo *m.* fam. Donaire con las mujeres.

chicote, -ta *m. f.* fam. Persona de poca edad, robusta y bien hecha. - 2 *m.* Extremo de cuerda, o pedazo pequeño separado de ella.

chicha *f.* fam. Carne comestible. 2 Bebida alcohólica hecha con maíz fermentado. ▷ *Poca* ~, poca fuerza. *No ser ni* ~ *ni limonada*, ser inútil.

chícharo *m.* Guisante.

chicharra *f.* Cigarra. 2 Timbre eléctrico de sonido sordo.

chicharrear *intr.* Sonar o imitar el ruido que hace la chicharra.

chicharro *m.* Chicharrón.

chicharrón *m.* Residuo de la manteca del cerdo. - 2 *m. pl.* Fiambre prensado, formado por trozos de carne de cerdo.

chichería *f.* Casa o tienda donde en América se vende chicha.

chichimeca *adj.-com.* Indio que habitaba al poniente y norte de Méjico.

chichisbeo *m.* Obsequio continuado de un hombre a una mujer.

chichito *m.* fam. Niño pequeño.

chicho *m.* fam. Rizo pequeño de cabello que cae sobre la frente.

chichón *m.* Bulto en la cabeza por efecto de un golpe.

chichonera *f.* Gorro para preservar de golpes la cabeza.

chichota *f.* Pizca, parte mínima de una cosa.

chiflado, -da *adj.* Maniático.

chifladura *f.* Afición exagerada por alguna persona o cosa.

chiflar *intr.* Silbar. - 2 *tr.-prnl.* Hacer burla. - 3 *prnl.* Alelarse. 4 Tener sorbido el seso.

chifle *m.* Silbato o reclamo para cazar aves.

chiflido *m.* Silbo.

chiíta *adj.-com.* Musulmán que considera a Alí y sus descendientes como únicos califas legítimos.

chilaba *f.* Vestidura moruna con capucha.

chile *m.* Pimiento picante.

chileno, -na *adj.-s.* De Chile.

chilindrina *f.* fam. Cosa de poca importancia.

chilindrón *m.* Juego de naipes. 2 Preparación culinaria, hecha con pimientos, tomates, cebolla, ajos, pimienta y sal.

chilomona *m.* Protozoo flagelado muy abundante en las aguas dulces.

chillar *intr.* Dar chillidos. 2 Hablando de colores, destacarse con demasiada viveza o estar mal combinados.

chillería *f.* Conjunto de chillidos o voces descompasadas.

chillido *m.* Sonido inarticulado de la voz, agudo y desapacible.

chillón, -llona *adj.-s.* Que chilla mucho. 2 Díc. de los colores muy vivos o mal combinados.

chimenea *f.* Conducto por donde sale el humo. 2 Hogar o fogón. 3 Conducto de un volcán por donde se expulsan al exterior los materiales volcánicos.

chimpancé *m.* Primate antropomorfo de brazos largos, cabeza grande y nariz aplastada.

china *f.* Piedra pequeña. 2 Porcelana. ▷ *Caer la* ~ o *tocar la* ~, llegarle la desgracia.

chinarro *m.* Piedra algo mayor que una china.

chincate *m.* Azúcar moreno último que sale de las calderas.

chinchar *tr.* vulg. Molestar, fastidiar.

chinche *amb.* Insecto de color rojo obscuro y cuerpo elíptico, que chupa la sangre del hombre.

chincheta *f.* Pequeño clavo de cabeza circular y chata y punta acerada.

chinchilla *f.* Mamífero roedor americano parecido a la ardilla, de piel muy estimada.

chinchín *m.* Música callejera. 2 fig. Propaganda estrepitosa. 3 Brindis en que se hace chocar los vasos o copas.

chinchinear *intr.* Brindar.

chinchón *m.* Juego de cartas.

chinchorrear *intr.* Traer y llevar chismes y cuentos. - 2 *tr.* Molestar, fastidiar.

chinchorrero, -ra *adj.* fig. Que se emplea en chismes y cuentos con impertinencia y pesadez.

chinchorro *m.* Red de pesca menor que la jábega.

chinchoso, -sa *adj.* Molesto y pesado.

chindar *tr.* Arrojar, tirar, deshacerse de una cosa.

chiné *adj.* Díc. de la tela rameada o colorida.

chinela *f.* Calzado casero de suela ligera.

chinero *m.* Alacena en que se guardan piezas de china, cristalería, etc.

chinesco, -ca *adj.* Chino. 2 Parecido a las cosas de china.

chingar *tr.* Practicar el coito, fornicar. 2 Molestar, fastidiar.

chinglar *tr.-intr.* Pasar un trago de vino.

chino, -na *adj.-s.* De China. - 2 *m.* f. *Amér.* desp. Indio, mestizo. - 3 *m.* Piedra pequeña.

chip *m.* INFORM. Diminuto trozo de cristal semiconductor que contiene un circuito integrado.

chipé *f.* Verdad, bondad.

chipén *f.* Animación, bullicio. - 2 *adj.* fam. Estupendo, excelente.

chipirón *m.* Calamar.

chipriota *adj.-s.* De Chipre.

chiquero *m.* Pocilga. 2 Toril.

chiquillada *f.* Acción propia de chiquillos.

chiquillería *f.* Multitud de chiquillos.

chiquillo, -lla *adj.* Chico (niño, muchacho).

chiquito *m.* Vaso de vino.

chiribita *f.* Chispa (partícula inflamada). - 2 *f. pl.* fam. Partículas que, vagando en el interior de los ojos, ofuscan la vista.

chiribitil *m.* Desván, rincón o escondrijo.

chirigota *f.* fam. Cuchufleta.

chirimbolo *m.* fam. Utensilio, vasija o cosa análoga.

chirimía *f.* Instrumento parecido al clarinete.

chirimoya *f.* Fruto del chirimoyo.

chirimoyo *m.* Árbol americano de fruto comestible en baya grande, verdosa.

chiringuito *m.* Quiosco o puesto de bebidas y comidas al aire libre.

chiripa *f.* Casualidad favorable.

chirla *f.* Molusco bivalvo de la familia de las almejas, pero de menor tamaño.

chirlo *m.* Herida o señal prolongada en la cara.

chirona *f.* fam. Cárcel.

chirriar *intr.* Dar un sonido agudo ciertas cosas. - 2 *intr.* Chillar los pájaros.

chirrido *m.* Voz o sonido agudo y desapacible.

chirucas *f. pl.* Botas ligeras de lona resistente.

¡chis! Interjección con que se llama a alguien.

chiscar *tr.* Sacar chispas del eslabón chocándolo con el pedernal.

chisgarabís *m.* fam. Zascandil, mequetrefe.

chisme *m.* Noticia para meter discordia o murmuración. 2 fam. Trasto pequeño.

chismear *tr.* Traer y llevar chismes.

chismorrear *intr.* Llevar chismes.

chismoso, -sa *adj.-s.* Dado a chismorrear.

chispa *f.* Partícula inflamada que salta. 2 ~ *eléctrica,* explosión ruidosa, acompañada de una ráfaga luminosa brillante, producida por la descarga eléctrica entre dos cuerpos a través del aire. 3 fig. Viveza de ingenio. 4 Partícula de cualquier cosa.

chispazo *m.* Acción de saltar la chispa.

chispeante *adj.* Que chispea. 2 fig. Díc. del escrito o discurso abundante en detalles de ingenio.

chispear *intr.* Echar chispas. 2 Relucir. - 3 *impers.* Lloviznar.

chispitina *f.* Porción muy pequeña de alguna cosa.

chisporrotear *intr.* Despedir chispas reiteradamente.

chisporroteo *m.* Ac. y ef. de chisporrotear.

chisque *m.* Eslabón para encender la yesca con el pedernal.

chistar *intr.* Prorrumpir en alguna voz.

chiste *m.* Dicho agudo y gracioso. 2 Suceso gracioso.

chistera *f.* Sombrero de copa alta.

chistorra *f.* Embutido de origen navarro, hecho con carne de cerdo y vacuno, panceta y tocino.

chistoso, -sa *adj.* Que usa de chistes. 2 Gracioso.

chistu *m.* Flauta con tres agujeros usada en el País Vasco.

chita *f.* Astrágalo. 2 Juego que consiste en poner derecha una chita y tirar a ella con tejos o piedras para derribarla. ▷ *A la ~ callando,* a la chiticallando.

chiticallando *adv. m.* fam. Con mucho silencio.

chivar *tr.-prnl.* fam. Acusar, delatar.

chivatazo *m.* fam. Soplo, delación.

chivatear *intr.* fam. Chivar.

chivato, -ta *adj.-s.* Soplón, delator. - 2 *m.* fig. Dispositivo que advierte de una anormalidad.

chivo, -va *m. f.* Cría de la cabra.

choc *m.* Choque, síndrome.

chocante *adj.* Raro, extraño.

chocar *intr.* Encontrarse con violencia dos cuerpos. 2 fig. Pelear. 3 fig. Causar extrañeza. - 4 *tr.* Darse las manos en señal de saludo, conformidad, etc.

chocarrería *f.* Chiste grosero.

chocarrero, -ra *adj.-s.* Que tiene por costumbre decir chocarrerías.

choco *m.* Jibia pequeña.

chocolate *m.* Pasta de cacao y azúcar con canela o vainilla. 2 Bebida hecha con ella. ▷ ~ *del loro,* ahorro insignificante.

chocolatería *f.* Establecimiento donde se hace, vende o sirve chocolate.

chocolatero, -ra *adj.-s.* Muy aficionado a tomar chocolate. - 2 *m. f.* Persona que fabrica o vende chocolate. - 3 *f.* Vasija para hacer chocolate.

chocolatina *f.* Pequeña tableta de chocolate para tomar crudo.

chocha *f.* Ave caradriforme, poco menor que la perdiz, de plumaje gris rojizo con manchas negras.

chochear *intr.* Tener debilitadas las facultades por la edad. 2 Extremar el cariño a personas o cosas.

chochera, chochez *f.* Calidad de chocho.

chocho, -cha *adj.* Que chochea. - 2 *m.* Altramuz. 3 vulg. Vulva. - 4 *f.* Ave zancuda, menor que la perdiz, de carne muy sabrosa.

chófer, chofer *m.* Conductor de automóvil.

chola *f.* fam. Cabeza.

chollo *m.* fam. Ganga, trabajo o negocio que produce un beneficio con muy poco esfuerzo.

chopera *f.* Arbusto extendido, ramificado y caducifolio.

chopito *m.* Cefalópodo muy parecido a la jibia, aunque más estrecho y de menor tamaño.

chopo *m.* Árbol de tamaño mediano, corteza obscura y hojas verdes. - 2 *m.* fam. Fusil.

chopper *f.* Bicicleta o motocicleta con el manillar muy alto y el sillín alargado.

choque *m.* Ac. y ef. de chocar. 2 fig. Contienda. 3 fig. Combate. 4 Síndrome consecutivo a la disminución prolongada del volumen de sangre que circula.

chorbo, -ba *m. f.* vulg. Individuo, tipo, fulano.

chorizo *m.* Embutido de carne de cerdo curado al humo. 2 vulg. Ratero, ladrón.

chorlito *m.* Ave zancuda caradriforme, de pico largo y recto y plumaje gris.

chorra *f.* vulg. Azar, casualidad. 2 vulg. Miembro viril.

chorrada *f.* vulg. Necedad, tontería.

chorrear *intr.* Caer un líquido formando chorro o lentamente y goteando.

chorreo *m.* Ac. y ef. de chorrear.

chorreón *m.* Golpe o chorro de un líquido. 2 Huella o mancha que deja ese chorro.

chorrera *f.* Guarnición de encaje que se ponía en la abertura de la camisola.

chorro *m.* Golpe de un líquido que sale con fuerza y continuidad. 2 p. ext. Caída sucesiva de cosas iguales y menudas. ▷ *A chorros,* con abundancia.

chotacabras *amb.* Ave de ojos grandes, pico corto y ancho, plumaje gris, con manchas y rayas negras, alas largas y cola cuadrada.

chotear *tr.-prnl.* vulg. Hacer mofa o burla.

chotis *m.* Baile de origen escocés típico de Madrid.

choto, -ta *m. f.* Cría de la cabra mientras mama. 2 Ternero.

chotuno, -na *adj.* Díc. del ganado cabrío que mama.

chova *f.* Ave paseriforme córvida de plumaje negro.

choza *f.* Cabaña.

chozo *m.* Choza pequeña.

christmas *m.* Tarjeta de Navidad.

chubasco *m.* Chaparrón con mucho viento.

chubasquear *impers.* Llover, especialmente en forma de chubascos.

chubasquero *m.* Impermeable.

chuchería *f.* Golosina.

chucho *m.* fam. Perro.

chuchurrir *tr.-prnl.* fam. Ajar, marchitar.

chufa *f.* Planta rastrera que produce unos tubérculos pequeños con los cuales se hace horchata. 2 Tubérculo de esta planta. 3 fig. Burla, mentira.

chulapo, -pa *m. f.* Chulo.

chulear *tr.* vulg. Ejercer de chulo, vivir a costa de una mujer. - 2 *intr.* Jactarse, presumir.

chulería *f.* Aire o gracia en las palabras o ademanes.

chuleta *f.* Costilla con carne de ternera, carnero o puerco. 2 Entre estudiantes, papel que se lleva escondido para copiar en los exámenes.

chulo, -la *adj.-s.* Que habla u obra con chulería. - 2 *m.* El que obliga o ayuda a las mujeres a la prostitución.

chumacera *f.* Pieza en que descansa y gira un eje de maquinaria.

chumbera *f.* Planta cactácea de tallo formado por una serie de paletas ovales, erizadas de espinas y fruto en baya de pulpa comestible.

chumbo, -ba *adj.-m.* Díc. del fruto de la chumbera.

chuminada *f.* vulg. Cosa sin importancia, tontería, estupidez.

chunga *f.* fam. Burla festiva.

chungo, -ga *adj.* vulg. Malo, falso. 2 vulg. Estropeado.

chupa *f.* Chaqueta.

chupada *f.* Acción de chupar.

chupado, -da *adj.* fig. Muy flaco y extenuado. 2 fig. fam. Muy fácil.

chupador, -ra *adj.* Que chupa.

chupar *tr.* Sacar o atraer con los labios el jugo de una cosa. 2 Absorber. 3 fig. fam. Sacar beneficios sin trabajar o merecerlos.

chupete *m.* Pezón de goma elástica que se da a chupar a los niños.

chupetear *tr.-intr.* Chupar con frecuencia.

chupinazo *m.* Disparo hecho con una especie de mortero en los fuegos artificiales.

chupón, -pona *adj.* Que chupa. - 2 *adj.-s.* Que saca dinero con astucia y engaño. 3 Díc. del jugador que retiene mucho tiempo el balón. - 4 *m.* Vástago inútil de los árboles.

churrascado, -da *adj.* Chamuscado, quemado.

churrasco *m.* Carne asada a la brasa.

churre *m.* Pringue gruesa y sucia.

churrete *m.* Mancha que ensucia alguna parte visible del cuerpo.

churrigueresco, -ca *adj.* Díc. de un estilo arquitectónico, derivación del barroco, caracterizado por los excesos ornamentales.

churritar *intr.* Gruñir el verraco.

churro *m.* Dulce de harina y azúcar frito en aceite. 2 fam. Cosa mal hecha, chapuza.

churruscar *tr.-prnl.* Empezar a quemar el pan, el guisado, etc.

churrusco *m.* Pedazo de pan demasiado tostado.

churumbel *m.* Niño.

churumbela *f.* Instrumento de viento parecido a la chirimía, pero más pequeño.

chusco, -ca *adj.-s.* Gracioso, divertido. - 2 *m.* Pieza de pan, mendrugo.

chusma *f.* Gente soez.

chusquero *adj.-m.* Militar que ha ascendido reenganchándose en el ejército y sin pasar por una academia militar.

chut *m.* Ac. y ef. de chutar.

chutar *intr.* En el juego del fútbol, lanzar la pelota con el pie.

chuzo *m.* Palo armado con un pincho.

D

d *f.* Consonante dental, quinta letra del alfabeto. 2 *D,* cifra romana, quinientos.

dabuti *adj.* vulg. Estupendo.

dactilar *adj.* Digital.

dactiliforme *adj.* Que tiene forma semejante a la palmera.

dactiliología *f.* Parte de la arqueología que estudia los anillos y piedras preciosas grabadas.

dactilograma *m.* Impresión digital tomada con propósitos de identificación judicial, policial o forense.

dactilología *f.* Arte de hablar con los dedos.

dadaísmo *m.* Movimiento artístico de inicios del s. xx basado en la supresión de relaciones entre pensamiento y expresión.

dádiva *f.* Don, regalo.

dadivoso, -sa *adj.* Propenso a hacer dádivas.

dado, -da *adj.* Supuesto. - 2 *m.* Pieza cúbica que sirve para juegos de azar. ▷ ~ *que,* supuesto que.

dador, -ra *adj.-s.* Que da. - 2 *m.* Librador de una letra de cambio.

daga *f.* Espada de hoja corta.

daguerrotipo *m.* Arte de fijar en planchas metálicas imágenes.

daiquiri *m.* Cóctel hecho con ron, zumo de lima, almíbar y marrasquino.

dalia *f.* Planta compuesta de jardín de cabezuelas grandes. 2 Flor de esta planta.

daltonismo *m.* Defecto de la vista que consiste en confundir ciertos colores.

dama *f.* Mujer noble o distinguida. 2 Actriz. 3 En el ajedrez, reina. 4 En el juego de las damas, peón coronado. - 5 *f. pl.* Juego de tablero con 24 piezas iguales.

damajuana *f.* Vasija de figura de castaña.

damán *m.* Mamífero de unos 50 cms. de longitud y con el pelaje corto y áspero de color pardo.

damasco *m.* Tela con dibujos labrados.

damasquinado *m.* Incrustación de hilos de oro o plata sobre hierro o acero.

damasquinar *tr.* Adornar con damasquinados.

damero *m.* Tablero del juego de damas.

damisela *f.* Señorita.

damnificado, -da *adj.-s.* Dañado, perjudicado.

damnificar *tr.* Causar daño.

dandi *m.* Hombre de extremada elegancia.

danés, -nesa *adj.-s.* De Dinamarca. - 2 *m.* Lengua danesa.

dantesco, -ca *adj.* Que causa espanto.

danza *f.* Baile.

danzar *intr.-tr.* Bailar. 2 Andar de un lado para otro sin hacer nada de provecho.

danzarín, -rina *m. f.* Bailarín.

dañado, -da *adj.* Estropeado, echado a perder.

dañar *tr.-prnl.* Hacer daño.

dañino, -na *adj.* Que daña.

daño *m* Perjuicio, menoscabo. 2 Dolor.

dar *tr.* Donar. 2 Entregar. 3 Conferir. 4 Proporcionar, ofrecer, aplicar, causar. - 5 *intr.* Caer, topar. - 6 *prnl.* Entregarse, aficionarse. 7 Suceder un hecho. ▷ ~ *de sí,* extenderse, ensancharse. ~ *a uno en qué pensar,* darle motivo para sospechar algo. *Dársela a uno,* engañarlo.

dardabasí *m.* Ave falconiforme diurna, de plumaje obscuro, alas y colas puntiagudas.

dardo *m.* Lanza pequeña arrojadiza. 2 fig. Dicho satírico o agresivo.

dársena *m.* Parte resguardada en un puerto.

darvinismo *m.* Teoría biológica que explica el origen de las especies por la transformación de unas en otras.

dasifilo, -la *adj.* Que tiene muchas hojas.

dasonomía *f.* Ciencia que trata de la conservación y aprovechamiento de los montes.

data *f.* Lugar y fecha.

datáfono *m.* Servicio de transmisión de datos a través del teléfono.

datar *tr.* Poner data. - 2 *tr.-prnl.* Anotar en las cuentas; abonar. - 3 *intr.* Existir.

dátil *m.* Fruto de la palmera.

datilera *adj.-f.* Palmera que da fruto.

datismo *m.* RET. Manera de hablar acumulando los sinónimos.

dativo, -va *m.* Caso de la declinación que corresponde al complemento indirecto.

dato *m.* Antecedente necesario para llegar al conocimiento de una cosa.

de *f.* Nombre de la letra *d.* - 2 *prep.* Denota posesión y pertenencia.

deambular *intr.* Andar sin objeto.

deambulatorio *m.* ARQ. Espacio compuesto por una o más naves que giran tras el presbiterio o capilla mayor de algunas iglesias.

deán *m.* El que preside el cabildo después del prelado.

debacle *f.* Ruina, hecatombe.

debajo *adv. l.* En lugar o puesto inferior.

debate *m.* Discusión, disputa.

debatir *tr.* Discutir. - 2 *prnl.* Agitarse.

debe *m.* Parte de una cuenta que comprende las partidas de cargo.

deber *m.* Aquello a que uno está obligado. 2 Deuda. 3 Trabajo escolar. - 4 *tr.* Estar obligado. - 5 *prnl.* Tener por causa, ser consecuencia de. - 6 *auxiliar.* Con la preposición *de,* ser posible.

debido, -da *adj.* Justo, razonable.

débil *adj.-s.* Falto de fuerza.

debilidad *f.* Falta de fuerza, vigor o energía. 2 Afecto, cariño.

debilitación *f.* Disminución de fuerzas.

debilitar *tr.* Disminuir la fuerza.

debitar *tr.* Adeudar.

débito *m.* Deuda.

debut *m.* Estreno, presentación.

debutar *intr.* Estrenarse ante el público.

década *f.* Período de diez días o años.

decadencia *f.* Declinación.

decadente *adj.* Que decae. - 2 *adj.-com.* Díc. del artista de refinamiento excesivo.

decadentismo *m.* Escuela literaria y artística caracterizada por el escepticismo de sus temas y un refinamiento exagerado.

decaedro *m.* Sólido de diez caras.

decaer *intr.* Ir a menos. 2 Debilitarse.

decágono *m.* Polígono de diez lados.

decagramo *m.* Unidad de masa, en el sistema métrico decimal, equivalente a diez gramos.

decaído, -da *adj.* Triste, débil.

decaimiento *m.* Flaqueza, debilidad.

decalitro *m.* Unidad de capacidad, en el sistema métrico decimal, equivalente a diez litros.

decálogo *m.* Conjunto de diez normas.

decámetro *m.* Unidad de longitud, en el sistema métrico decimal, equivalente a diez metros.

decanato *m.* Dignidad y despacho del decano. 2 Período en el que ejerce.

decano, -na *m. f.* Persona más antigua de una comunidad. 2 Persona que preside ciertas corporaciones.

decantar *tr.* Divulgar, ponderar. - 2 *prnl.* Preferir, inclinarse por.

decapar *intr.* Quitar la capa de óxido, pintura, etc., que cubre cualquier objeto. 2 Desoxidar la superficie de un metal por inmersión en un baño de ácido.

decapitar *tr.* Cortar la cabeza.

decápodo, -da *adj.* Que tiene diez patas. - 2 *adj.-m.* Díc. del molusco con diez tentáculos provistos de ventosas y caparazón interno. 3 Díc. del crustáceo con los ojos pedunculados y cinco pares de patas.

decárea *f.* Unidad de medida agraria equivalente a diez áreas.

decasílabo, -ba *adj.-s.* De diez sílabas.

decatlón *m.* En atletismo, competición que consta de diez pruebas.

deceleración *f.* Disminución de la velocidad de un móvil.

decena *f.* Conjunto de diez unidades.

decenal *adj.* Que se repite cada decenio. 2 Que dura un decenio.

decencia *f.* Respeto exterior a las buenas costumbres. 2 Dignidad, honestidad.

decenio *m.* Período de diez años.

decentar *tr.* Empezar a hacer perder.

decente *adj.* Que tiene decencia. 2 Moderadamente satisfactorio.

decepción *f.* Engaño. 2 Contrariedad causada por un desengaño.

decepcionar *tr.* Desilusionar.

deceso *m.* Muerte.

deciárea *f.* Unidad de superficie, equivale a la décima parte de un área.

decibel *m.* Decibelio.

decibelio *m.* Unidad de diferencia de niveles de potencia en las comunicaciones.

decidido, -da *adj.* Resuelto, audaz.

decidir *tr.-prnl.* Determinar, resolver.

decidor, -ra *adj.-s.* Que habla con facilidad y gracia.

decigramo *m.* Unidad de masa, en el sistema métrico decimal, equivalente a la décima parte de un gramo.

decilitro *m.* Unidad de capacidad, en el sistema métrico decimal, equivalente a la décima parte de un litro.

décima *f.* Décima parte de un grado del termómetro clínico. 2 Combinación de diez versos octosílabos.

decimal *adj.* Díc. de la parte que junto a otras nueve iguales constituye una cantidad. 2 Que tiene por base el número diez, especialmente el sistema métrico.

decímetro *m.* Unidad de longitud, en el sistema métrico decimal, equivalente a la décima parte de metro. 2 ~ *cuadrado,* unidad de superficie, el sistema métrico decimal, representada por un cuadrado de un decímetro de lado. 3 ~ *cúbico,* unidad de volumen, en el sistema métrico decimal, representada por un cubo de un decímetro de arista y equivalente a un litro.

décimo, -ma *adj.-s.* Parte que, junto a otras nueve iguales, constituye un todo. - 2 *adj.* Que ocupa el último lugar en una serie ordenada de diez. - 3 *m.* Décima parte del billete de lotería.

decimoctavo, -va *adj.-s.* Parte que, junto a otras diecisiete iguales, constituye un todo. - 2 *adj.* Que ocupa el último lugar en una serie ordenada de dieciocho.

decimocuarto, -ta *adj.-s.* Parte que, junto a otras trece iguales, constituye un todo. - 2 *adj.* Que ocupa el último lugar en una serie ordenada de catorce.

decimonónico, -ca *adj.* Relativo al s. XIX. 2 Anticuado.

decimonoveno, -na *adj.-s.* Parte que, junto a otras dieciocho iguales, constituye un todo. - 2 *adj.* Que ocupa el último lugar en una serie ordenada de diecinueve.

decimoquinto, -ta *adj.-s.* Parte que, junto a otras catorce iguales, constituye un todo. - 2 *adj.* Que ocupa el últi-

mo lugar en una serie ordenada de quince.

decimoséptimo, -ma *adj.-s.* Parte que, junto a otras dieciséis iguales, constituye un todo. - 2 *adj.* Que ocupa el último lugar en una serie ordenada de diecisiete.

decimosexto, -ta *adj.-s.* Parte que, junto a otras quince iguales, constituye un todo. - 2 *adj.* Que ocupa el último lugar en una serie ordenada de dieciséis.

decimotercero, -ra *adj.-s.* Parte que, junto a otras doce iguales, constituye un todo. - 2 *adj.* Que ocupa el último lugar en una serie ordenada de trece.

decir *m.* Dicho, sentencia. - 2 *tr.* Expresar el pensamiento, sentimientos, etc. 3 Pronunciar. 4 Convenir, armonizar bien o mal. ▷ ~ *por ~,* hablar sin fundamento. *Dicho y hecho,* con prontitud en la ejecución. *El qué dirán,* la opinión pública.

decisión *f.* Resolución adoptada. 2 Firmeza de carácter.

decisivo, -va *adj.* Que decide.

declamación *f.* Acción o arte de declamar.

declamar *intr.-tr.* Hablar o recitar en voz alta. - 2 *intr.* Hablar en público o ejercitarse para ello.

declaración *f.* Ac. y ef. de declarar o declararse.

declarar *tr.-prnl.* Manifestar, explicar. - 2 *intr.* Manifestar ante el juez. - 3 *prnl.* Manifestarse abiertamente alguna cosa; producirse, formarse.

declinación *f.* Caída, descenso. 2 GRAM. Serie de los casos gramaticales.

declinar *intr.* Desviarse de una dirección. 2 Aproximarse a su fin. 3 Decaer, menguar. 4 Renunciar.

declive *m.* Pendiente, inclinación. 2 fig. Decadencia.

decoloración *f.* Ac. y ef. de descolorar o descolorarse.

decomisar *tr.* Confiscar.

decoración *f.* Ac. y ef. de decorar. 2 Cosa que decora.

decorado *m.* Conjunto de telones, bambalinas y trastos de una representación teatral. 2 Ambiente de las escenas de una película.

decorador, -ra *m. f.* Persona que decora.

decorar *tr.* Adornar.

decorativo, -va adj. Perten. o rel. a la decoración. 2 fig. fam. Que no interesa por la calidad sino sólo por la presencia.

decoro m. Honor, respeto. 2 Circunspección. 3 Recato. 4 Honra. 5 Adecuación del estilo.

decoroso, -sa adj. Que tiene o manifiesta decoro.

decrecer intr. Disminuir.

decrépito, -ta adj. Que está en gran decadencia.

decrepitud f. Suma vejez. 2 Decadencia extrema.

decrescendo m. Disminución gradual de la intensidad del sonido.

decretar tr. Ordenar algo el jefe del estado, el gobierno o un tribunal o juez.

decreto m. Decisión de la autoridad competente. ▷ *Por real* ~, a la fuerza, porque sí, obligatorio.

decúbito m. Posición del cuerpo tendido sobre un plano horizontal.

decuplicar tr. Multiplicar por diez una cantidad.

décuplo, -pla adj.-m. Que contiene un número diez veces exactamente.

decurso m. Sucesión del tiempo.

dechado m. Muestra, modelo, ejemplo.

dedal m. Utensilio para proteger el dedo cuando se cose.

dédalo m. fig. Laberinto.

dedicación f. Ac. y ef. de dedicar o dedicarse.

dedicar tr. Destinar a Dios, al culto, a la memoria de una persona, de un hecho, etc. 2 Dirigir a una persona una obra de entendimiento. - 3 tr.-prnl. Emplear, aplicar.

dedicatoria f. Nota dirigida a la persona a quien se dedica una obra.

dedil m. Dedal de cuero.

dedo m. División en que terminan las extremidades de los vertebrados, salvo los peces; especialmente miembro en que termina la mano y el pie del hombre.

dedolar tr. Cortar oblicuamente alguna parte del cuerpo.

deducción f. Ac. y ef. de deducir. 2 Forma de razonamiento.

deducir tr. Sacar consecuencias. 2 Rebajar, descontar.

deductivo, -va adj. Que procede por deducción.

defecar tr. Clarificar un líquido. - 2 intr. Expeler los excrementos.

defectible adj. Que puede faltar.

defectivo, -va adj. Defectuoso, incompleto. 2 *Verbo* ~, el que sólo se conjuga en determinados modos, tiempos o personas.

defecto m. Imperfección. 2 Carencia. ▷ *Por* ~, que no llega a lo que debiera.

defectuoso, -sa adj. Imperfecto.

defender tr. Proteger, sostener. 2 Sostener la inocencia de alguno.

defendido, -da adj.-s. Díc. de la persona a quien defiende un abogado.

defenestrar tr. Arrojar a alguien por una ventana. 2 fig. Expulsar.

defensa f. Cosa con que uno se defiende. 2 Amparo, socorro. 3 Abogado defensor. 4 DEP. Línea más retrasada de un equipo deportivo, encargada de defender.

defensiva f. Situación del que se defiende.

defensivo, -va adj. Que sirve para defender.

defensor, -ra adj.-s. Que defiende. - 2 m. Persona que en un juicio está encargada de la defensa de un acusado.

deferencia f. Adhesión respetuosa al dictamen ajeno. 2 fig. Muestra de respeto.

deferente adj. Que conduce al exterior.

deferir intr. Adherirse al dictamen de uno por respeto. - 2 tr. Comunicar, delegar.

deficiencia f. Defecto.

deficiente adj. Defectuoso.

déficit m. Lo que falta para equilibrar los gastos con los ingresos o el crédito con el débito. 2 p. ext. Falta o escasez de algo.

deficitario, -ria adj. Que tiene déficit. 2 Que presenta una falta de desarrollo.

definición f. Ac. y ef. de definir.

definido, -da adj. De límites precisos.

definir tr. Fijar con exactitud la significación de una palabra o la naturaleza de una cosa. 2 Decidir por autoridad legítima.

definitivo, -va adj. Que decide o concluye. ▷ *En definitiva*, de manera definitiva.

deflacción f. Proceso de arranque y transporte de pequeñas partículas sólidas producido por la acción del viento.

deflación f. Descenso del nivel general

de precios.

deflagrar *intr.* Arder súbitamente con llama y sin explosión.

deflector *m.* Aparato usado para cambiar la dirección de un fluido.

defoliación *f.* Caída prematura de las hojas de los árboles y plantas.

deforestar *tr.* Despojar un terreno de plantas forestales.

deformación *f.* Alteración de la forma. 2 ~ *profesional,* puntos de vista equivocados debidos al ejercicio de algunas profesiones.

deformar *tr.* Alterar en su forma.

deforme *adj.* De forma anómala.

deformidad *f.* Calidad de deforme. 2 Cosa deforme.

defraudar *tr.* Privar a uno con engaño de lo que le toca. 2 fig. Frustrar, malograr.

defuera *adv. l.* Exteriormente o por la parte exterior.

defunción *f.* Muerte.

degeneración *f.* Alteración grave de la estructura de un tejido orgánico.

degenerado, -da *adj.-s.* Vil, vicioso.

degenerar *intr.* Perder las cualidades de su especie o linaje. 2 Pasar de una condición o estado a otro contrario y peor.

deglución *f.* Ac. y ef. de deglutir.

deglutir *intr.-tr.* Tragar.

degolladero *m.* Sitio donde se degüella.

degolladura *f.* Herida hecha en la garganta.

degollar *tr.* Cortar la garganta.

degradación *f.* Humillación, bajeza.

degradar *tr.* Deponer a uno de sus dignidades, honores, etc. 2 Envilecer.

degustar *tr.* Probar o catar.

dehesa *f.* Tierra destinada a pastos.

dehiscencia *f.* Acción de abrirse naturalmente el pericarpio de ciertos frutos. 2 Abertura espontánea de una parte o de un órgano.

dehiscente *adj.* Díc. del fruto en que se produce la dehiscencia.

deíctico, -ca *adj.* Perten. o rel. a la deíxis.

deidad *f.* Ser divino. 2 Dios de los gentiles.

deificar *tr.* Divinizar. 2 fig. Ensalzar excesivamente.

deíxis *f.* Función de señalar que se realiza mediante ciertos elementos lingüísticos. 2 Indicación que se realiza mediante un gesto.

dejadez *f.* Pereza, abandono.

dejado, -da *adj.* Negligente; que no cuida de sí mismo o de sus cosas propias. 2 Abatido, decaído.

dejar *tr.* Soltar una cosa, retirarse o apartarse de ella. 2 Hacer que alguno entre o continúe en posesión de una cosa. 3 Prestar. 4 Consentir, permitir. 5 Omitir. - 6 *prnl.* Descuidarse, abandonarse. ▷ *Dejarse caer,* soltar una ocurrencia con disimulo. *Dejarse llevar,* seguir por desidia las opiniones ajenas.

deje *m.* Acento o modo de hablar. 2 Sabor que queda de una cosa.

del Contracción de la preposición *de* y el artículo *el.*

delación *f.* Ac. y ef. de delatar o delatarse.

delantal *m.* Prenda que resguarda la parte delantera del vestido.

delante *adv. l.* Con prioridad de lugar. 2 En la parte anterior. 3 Enfrente. - 4 *adv. m.* A la vista. 5 En presencia.

delantera *f.* Parte anterior. 2 Espacio con que uno se adelanta a otro. 3 DEP. Línea de ataque de un equipo deportivo.

delantero, -ra *adj.* Que está delante.

delatar *tr.* Denunciar, acusar. 2 Descubrir, revelar. - 3 *prnl.* Dar a conocer la intención involuntariamente.

delator, -ra *adj.-s.* Que delata.

delco *m.* Sistema de encendido usado en los automóviles.

deleble *adj.* Que puede borrarse.

delectación *f.* Deleite.

delegación *f.* Cargo y oficina del delegado.

delegado, -da *adj.-s.* Díc. de la persona en quien se delega.

delegar *tr.* Facultar uno a otro para que haga sus veces.

deleitar *tr.* Producir deleite.

deleite *m.* Placer.

deletéreo, -a *adj.* Mortífero, venenoso.

deletrear *intr.-tr.* Pronunciar cada letra y sílaba por separado.

deleznable *adj.* Que se rompe o deshace fácilmente. 2 fig. Despreciable.

delfín *m.* Cetáceo de dos o tres metros de largo, dentado, con el hocico en forma de pico. 2 fig. Sucesor.

delgado, -da *adj.* Flaco, de poco grueso. 2 Delicado, tenue.

deliberación *f.* Ac. y ef. de deliberar.
deliberado, -da *adj.* Intencionado.
deliberar *intr.* Examinar el pro y el contra. - 2 *tr.* Decidir después de examen.
delicadeza *f.* Cualidad de delicado. 2 Finura. 3 Atención y exquisito miramiento.
delicado, -da *adj.* Fino, suave, tierno. 2 fig. Bien parecido. 3 Sensible. 4 Fácil de deteriorarse. 5 Que exige mucho cuidado. 6 Sutil. 7 Débil, enfermizo. 8 Que procede con miramiento.
delicia *f.* Placer muy intenso.
delicioso, -sa *adj.* Que causa delicia.
delictivo, -va *adj.* Que constituye delito.
delicuescente *adj.* Que absorbe la humedad y se disuelve en ella. 2 fig. Inconsistente, sin vigor, decadente.
delimitar *tr.* Señalar los límites.
delincuencia *f.* Calidad de delincuente. 2 Conjunto de delitos.
delincuente *adj.-com.* Que delinque.
delineación *f.* Ac. y ef. de delinear.
delineante *com.* El que tiene por oficio trazar planos.
delinear *tr.* Trazar las líneas de una figura.
delinquir *intr.* Cometer un delito.
delirar *intr.* Sufrir delirio. 2 fig. Disparatar.
delirio *m.* Estado de perturbación mental causado por una enfermedad. 2 fig. Despropósito. ▷ *Con* ~, en gran manera.
delírium trémens *m.* Delirio violento producido por el alcoholismo.
delito *m.* Culpa, violación de la ley.
delta *f.* Cuarta letra del alfabeto griego, equivalente a la *d* del español. 2 Zona triangular, depósito de aluvión, en la desembocadura de ciertos ríos.
deltoides *m.* ANAT. Músculo triangular situado en el hombro que sirve para levantar el brazo.
demacrarse *prnl.-tr.* Enflaquecer.
demagogia *f.* Halago de las pasiones del pueblo.
demanda *f.* Solicitud, petición. 2 Pregunta. 3 Busca. 4 Pedido, encargo.
demandado, -da *m. f.* Persona contra quien se actúa en un juicio.
demandante *adj.-s.* Que demanda. - 2 *com.* Persona que demanda en un juicio.
demandar *tr.* Pedir, apetecer o preguntar. 2 Presentar una demanda judicial.

demarcación *f.* Línea de separación entre dos estados o territorios.
demarcar *tr.* Marcar los límites.
demás *adj.-pron. indef.* Precedido de los artículos *lo, la, los, las,* lo otro, la otra, los otros, las otras, los restantes. ▷ *Por* ~, en vano, inútilmente.
demasía *f.* Exceso.
demasiado, -da *adj.-pron. indef.* Que es en demasía. - 2 *adv. c.* En demasía.
demediar *tr.* Partir, dividir en mitades.
demencia *f.* Locura. 2 MED. Estado de debilidad de las facultades mentales.
demente *adj.-s.* Loco, falto de juicio.
demérito *m.* Lo que hace desmerecer. 2 Falta de mérito.
demiurgo *m.* En la filosofía platónica, creador del mundo.
democracia *f.* Régimen político en que el pueblo ejerce la soberanía.
demócrata *adj.-com.* Partidario de la democracia.
democrático, -ca *adj.* Perten. o rel. de la democracia.
democratizar *tr.* Hacer democrática una sociedad, ley, etc.
demodulación *f.* Fenómeno inverso a la modulación de las ondas eléctricas.
demografía *f.* Estudio estadístico de la población.
demoler *tr.* Deshacer, derribar.
demolición *f.* Ac. y ef. de demoler.
demoníaco, -ca *adj.* Perten. o rel. al demonio.
demonio *m.* Diablo. 2 fig. Persona fea, mala o de increíble astucia. ▷ *Del* ~, tremendo, impresionante.
demonismo *m.* Fe en la existencia de seres espirituales y en las prácticas de magia.
demonolatría *f.* Culto supersticioso rendido al diablo.
demora *f.* Dilación. 2 DER. Tardanza en el cumplimiento de una obligación.
demorar *tr.* Retardar. - 2 *intr.* Detenerse.
demos *m.* Conjunto de individuos que forman una unidad política.
demoscopia *f.* Técnica de estudio de las orientaciones de la opinión pública sobre alguna cuestión.
demostración *f.* Razonamiento con que se hace evidente la verdad de una proposición. 2 Comprobación de un principio.

demostrar *tr.* Probar con razonamientos o ejemplos. 2 Manifestar.

demostrativo, -va *adj.* Que demuestra. - 2 *adj.-m.* GRAM. Que sirve para indicar la situación relativa de las personas o cosas como si las señalara.

demudar *tr.* Mudar, variar, alterar. - 2 *prnl.* Cambiarse repentinamente el color, el gesto o la expresión.

denario, -ria *adj.* Que se refiere al número diez o lo contiene.

dendriforme *adj.* De figura de árbol.

dendrita *f.* Concreción mineral arborescente. 2 Prolongación ramificada de una célula nerviosa.

denegar *tr.* No conceder lo que se pide.

denegrido, -da *adj.* De color que tira a negro.

denigrante *adj.* Que denigra.

denigrar *tr.* Hablar mal de una persona o cosa. 2 Injuriar.

denodado, -da *adj.* Que tiene denuedo.

denominación *f.* Nombre o renombre. 2 ~ *de origen,* garantía oficial de la procedencia y calidad de ciertos productos agropecuarios.

denominador, -ra *adj.-s.* Que denomina. - 2 *m.* En un quebrado, guarismo que indica las partes iguales en que se considera dividida la unidad.

denominar *tr.* Nombrar o distinguir con un nombre.

denostar *tr.* Injuriar, infamar.

denotar *tr.* Indicar o significar algo.

densidad *f.* Calidad de denso. 2 Relación entre la masa y el volumen de una substancia. 3 ~ *de población,* número de habitantes por unidad de superficie.

densificar *tr.-prnl.* Hacer denso.

densimetría *f.* Medición de la densidad de los cuerpos.

denso, -sa *adj.* Compacto, espeso. 2 fig. Obscuro, confuso.

dentado, -da *adj.* Que tiene dientes.

dentadura *f.* Conjunto de los dientes. 2 Dientes postizos.

dental *adj.* Perten. o rel. a los dientes. - 2 *adj.-s.* GRAM. Díc. de la consonante articulada con la punta de la lengua aplicada a los dientes incisivos superiores. - 3 *m.* Palo donde se recoge la reja del arado.

dentalizar *tr.* Articular un sonido hacia la región dental.

dentario, -ria *adj.* Dental.

dentellada *f.* Mordisco.

dentera *f.* Sensación desagradable en los dientes.

dentición *f.* Tiempo en que se echa la dentadura. 2 Clase y número de dientes que caracteriza a un animal mamífero.

dentículo *m.* Órgano o parte de él en figura de diente pequeño.

dentífrico, -ca *adj.-m.* Díc. de la substancia para limpiar los dientes.

dentina *f.* Marfil de los dientes.

dentista *adj.-com.* Que se dedica a la odontología y prótesis dental.

dentón *m.* Pez marino teleósteo perciforme, comestible, de cuerpo oval y comprimido.

dentro *adv. l.* A o en la parte interior. ▷ *A ~,* adentro.

dentudo, -da *adj.-s.* Que tiene dientes desproporcionados.

denuedo *m.* Brío, intrepidez.

denuesto *m.* Injuria grave de palabra.

denuncia *f.* Notificación a la autoridad competente de una violación de la ley.

denunciar *tr.* Dar a la autoridad noticia de un daño. 2 Delatar. 3 Pronosticar.

deontología *f.* Teoría o tratado de los deberes.

deparar *tr.* Dar, proporcionar.

departamento *m.* Parte o división de un territorio, edificio, vehículo, etc. 2 Ministerio o ramo de la administración.

departir *intr.* Conversar.

depauperar *tr.-prnl.* Empobrecer. 2 Debilitar.

dependencia *f.* Hecho de depender de una persona o cosa. 2 Habitación.

depender *intr.* Estar condicionada una cosa por otra. 2 Estar subordinado.

dependienta *f.* Empleada que atiende a los clientes en las tiendas.

dependiente, -ta *adj.* Que depende. - 2 *m. f.* Empleado que tiene a su cargo atender a los clientes en un comercio.

depilar *tr.-prnl.* Quitar el pelo o vello.

depilatorio, -ria *adj.-m.* Que sirve para depilar.

deplorable *adj.* Lamentable.

deplorar *tr.* Sentir mucho.

deponer *tr.* Dejar. 2 Privar a uno de su empleo o dignidad. 3 Afirmar, atestiguar. 4 Evacuar el vientre.

deportación *f.* Pena que consiste en

deportar a un culpable.

deportar *tr.* Desterrar a un lugar lejano.

deporte *m.* Recreación. 2 Juego o ejercicio de agilidad, destreza o fuerza.

deportista *com.* Persona aficionada a los deportes.

deportividad *f.* Calidad de deportivo.

deportivo, -va *adj.* Perten. o rel. al deporte. 2 Que se ajusta a las normas de corrección en la práctica de los deportes. - 3 *adj.-m.* Díc. del automóvil de dos puertas, carrocería aerodinámica y muy veloz.

deposición *f.* Exposición o declaración. 2 Evacuación de vientre. 3 Privación de empleo o dignidad.

depositar *tr.* Confiar una cosa a uno, especialmente para su custodia. 2 Poner una cosa en un sitio.

depositario, -ria *m. f.* Persona en quien se deposita una cosa.

depósito *m.* Cosa depositada. 2 Lugar donde se deposita.

depravado, -da *adj.-s.* Vicioso; malvado.

depravar *tr.-prnl.* Viciar, corromper.

deprecar *tr.* Rogar, suplicar.

depreciación *f.* Disminución del valor de una cosa; especialmente una moneda.

depreciar *intr.* Perder valor una moneda en el mercado libre de dinero.

depredación *f.* Saqueo, pillaje. 2 Malversación.

depredador, -ra *m. f.* Animal que caza a otros animales.

depredar *tr.* Saquear con violencia. 2 Cazar para su subsistencia.

depresión *f.* Descenso. 2 Concavidad de alguna extensión. 3 Síndrome caracterizado por una tristeza profunda e inmotivada. 4 Período de baja actividad económica general.

deprimido, -da *adj.* Que sufre depresión fisiológica o moral.

deprimir *tr.* Reducir el volumen por presión. 2 Humillar, abatir. - 3 *prnl.* Disminuir el volumen de un cuerpo o deformarse.

deprisa *adv. m.* Aprisa.

depurador, -ra *m.* Aparato para depurar las aguas potables, el gas del alumbrado, etc.

depurar *tr.* Quitar las impurezas. 2 Eliminar de un cuerpo a los disidentes.

dequeísmo *m.* Uso incorrecto de la preposición *de* y la conj. *que.*

derby *m.* Competición hípica importante. 2 Encuentro deportivo de rivalidad local.

derechazo *m.* Bofetada, golpe, pase de muleta, etc., dado con la mano derecha.

derechismo *m.* Doctrina política de derecha.

derecho, -cha *adj.* Recto, seguido. 2 Vertical. 3 Que corresponde a levante cuando el cuerpo mira hacia el norte. - 4 *m.* Facultad de hacer o de exigir. 5 Razón, justicia. 6 Conjunto y ciencia de las leyes. 7 Lado mejor labrado de una cosa. - 8 *m. pl.* Tanto que se paga por ciertas cosas. - 9 *f.* Mano derecha. 10 En las asambleas parlamentarias, conjunto de los representantes de los partidos conservadores. 11 p. ext. Conjunto de personas que profesan ideas conservadoras. ▷ *A derechas,* con acierto.

deriva *f.* Desplazamiento lento que experimenta el nivel de una señal.

derivación *f.* Conexión de un circuito eléctrico respecto a otro a la misma diferencia de potencial. 2 GRAM. Procedimiento para derivar las palabras.

derivado, -da *adj.* Díc. de la palabra que se deriva de otra de la misma lengua. 2 Díc. del producto obtenido a partir de otro.

derivar *intr.-prnl.* Traer su origen de alguna cosa. - 2 *tr.* Encaminar, conducir. 3 GRAM. Formar una palabra de otra.

dermatitis *f.* Inflamación de la piel.

dermatología *f.* Estudio de las enfermedades de la piel.

dermatólogo, -ga *m. f.* Médico especialista en dermatología.

dermis *f.* Capa de tejido conjuntivo que con la epidermis forma la piel.

derogación *f.* Acción de derogar.

derogar *tr.* Anular, suprimir.

derramamiento *m.* Ac. y ef. de derramar.

derramar *tr.-prnl.* Dejar salir de un recipiente. - 2 *prnl.* Esparcirse.

derrame *m.* Porción de un líquido o de un árido que se desperdicia al medirlo. 2 MED. Salida o acumulación anormal de un líquido orgánico.

derrapaje *m.* Ac. y ef. de derrapar.

derrapar *intr.* Patinar un vehículo desviándose lateralmente.

derredor *m.* Contorno, circuito.

derrengar *tr.-prnl.* Lastimar los lomos. 2 Inclinar a un lado. 3 fig. Cansarse.

derretir *tr.-prnl.* Liquidar por medio del calor. - 2 *tr.* Gastar, disipar. - 3 *prnl.* fam. Estar muy impaciente.

derribar *tr.* Demoler. 2 Echar por tierra.

derribo *m.* Materiales que quedan después de la demolición.

derrocar *tr.* Despeñar. 2 fig. Destituir a alguien de un puesto elevado o del mando mediante el uso de la fuerza.

derrochar *tr.* Dilapidar. 2 fig. fam. Tener una cosa buena en cantidad.

derrota *f.* Camino, rumbo. 2 Vencimiento completo. 3 fig. Ruina.

derrotado, -da *adj.* fam. Deprimido, vencido por los acontecimientos.

derrotar *tr.* Vencer y hacer huir. 2 Destruir, arruinar. - 3 *prnl.* Derrumbarse.

derrote *m.* Cornada que da el toro levantando la cabeza.

derrotero *m.* Camino, rumbo.

derrotista *adj.* Pesimista.

derrubiar *tr.* Robar lentamente una corriente de agua la tierra de las riberas.

derruir *tr.* Derribar un edificio.

derrumbar *tr.-prnl.* Precipitar, despeñar.

desabarrancar *tr.* Sacar de un barranco, barrizal o pantano.

desabastecer *tr.* Desproveer.

desaborido, -da *adj.* Sin substancia. - 2 *adj.-s.* fig. Soso.

desabotonar *tr.* Desasir los botones.

desabrido, -da *adj.* Sin sabor o de mal sabor. 2 Destemplado, brusco. 3 fig. Desapacible.

desabrimiento *m.* Falta de sabor.

desabrochar *tr.* Desasir los broches.

desacatar *tr.* Faltar al respeto. 2 Desobedecer.

desacelerar *tr.* Quitar celeridad.

desacerbar *tr.* Templar, quitar lo áspero.

desacertado, -da *adj.* Que yerra u obra sin acierto.

desacertar *intr.* Errar; no tener acierto.

desacierto *m.* Dicho o hecho desacertado.

desacomodar *tr.* Privar de la comodidad.

desaconsejado, -da *adj.-s.* Que obra sin consejo ni prudencia.

desaconsejar *tr.* Disuadir.

desacorde *adj.* Que no concuerda.

desacostumbrado, -da *adj.* Fuera del uso y del orden común.

desacostumbrar *tr.-prnl.* Hacer perder o dejar una costumbre.

desacreditar *tr.* Disminuir el crédito o estimación.

desactivar *tr.* Anular cualquier potencia activa.

desacuerdo *m* Disconformidad.

desafecto, -ta *adj.* Que no siente estima por una cosa.

desaferrar *tr.* Desasir, soltar. 2 MAR. Levar anclas.

desafiar *tr.* Provocar a duelo, contienda o discusión. 2 Oponerse. 3 Competir.

desafinar *intr.-prnl.* MÚS. Apartarse de la debida entonación.

desafío *m.* Ac. y ef. de desafiar.

desaforado, -da *adj.* Que obra o es contra ley o fuero. 2 fig. Muy grande, desmedido.

desaforar *tr.* Quebrantar o privar de los fueros y privilegios que corresponden a uno. - 2 *prnl.* Descomponerse, atreverse.

desafortunado, -da *adj.* Sin fortuna. 2 Desacertado, no oportuno.

desafuero *m.* Acto contra la ley o la sana razón.

desagradable *adj.* Que desagrada.

desagradar *intr.-prnl.* Causar desagrado.

desagradecer *tr.* No agradecer el beneficio recibido.

desagradecido, -da *adj.* Díc. de la persona que no agradece los favores recibidos.

desagrado *m.* Disgusto, descontento. 2 Expresión de disgusto.

desagraviar *tr.* Reparar el agravio. 2 Compensar el perjuicio.

desaguadero *m.* Conducto de desagüe.

desaguar *tr.* Extraer el agua de un lugar. - 2 *intr.* Entrar los ríos en el mar.

desagüe *m.* Sistema de evacuación para las aguas residuales.

desaguisado, -da *adj.* Hecho contra la ley o la razón. - 2 *m.* Agravio, acción descomedida. 3 fig. Destrozo o fechoría.

desahijar *tr.* Apartar en el ganado las crías de las madres.

desahogado, -da *adj.* Descarado, descocado. 2 Despejado, holgado, espacioso. 3 Que vive con desahogo.

desahogar *tr.* Aliviar. - 2 *tr.-prnl.* Dar

rienda suelta a las pasiones. - 3 *prnl.* Recobrarse del calor. 4 Librarse de deudas. 5 Decir lo que uno siente.

desahogo *m.* Alivio. 2 Expansión. 3 Desembarazo. 4 fig. Comodidad, bienestar.

desahuciar *tr.* Quitar toda esperanza. 2 Considerar el médico al enfermo sin esperanza de salvación. 3 Expulsar al inquilino.

desairado, -da *adj.* fig. Que no queda airoso en lo que pretende.

desairar *tr.* Desatender, desestimar.

desaire *m.* Falta de garbo. 2 Afrenta.

desajustar *tr.* Desconcertar cosas que estaban ajustadas. - 2 *prnl.* Apartarse del ajuste.

desajuste *m.* Desconcierto, desarreglo.

desalar *tr.* Quitar la sal. - 2 *prnl.* fig. Sentir vivo anhelo.

desalentar *tr.-prnl.* Hacer dificultoso el aliento. 2 fig. Quitar el ánimo.

desaliento *m.* Decaimiento del ánimo.

desalinear *tr.* Hacer perder la alineación de lo que está alineado.

desaliñado, -da *adj.* Falto de aliño.

desaliñar *tr.-prnl.* Descomponer el atavío o el aliño.

desaliño *m.* Falta de aliño y cuidado.

desalmado, -da *adj.* Sin conciencia.

desalojar *tr.* Hacer salir de un lugar. - 2 *intr.* Dejar voluntariamente el alojamiento.

desalquilar *tr.-prnl.* Dejar de tener alquilado.

desamarrar *tr.* Quitar las amarras.

desamor *m.* Desafecto. 2 Enemistad.

desamortizar *tr.* Dejar libres los bienes que estaban amortizados.

desamparado, -da *adj.-s.* Falto de amparo.

desamparar *tr.* Abandonar, dejar sin amparo.

desamparo *m.* Falta de amparo.

desanclar, desancorar *tr.* Levantar las anclas de un barco.

desandar *tr.* Retroceder en el camino ya andado.

desangelado, -da *adj.* Falto de ángel, gracia, simpatía.

desangrar *tr.-prnl.* Sacar o salir mucha sangre. 2 fig. Agotar o desaguar.

desanidar *intr.* Dejar el nido las aves.

desanimación *f.* Desaliento, desánimo.

desanimado, -da *adj.* Decaído, falto

de ánimo.

desanimar *tr.-prnl.* Desalentar.

desánimo *m.* Desaliento, falta de ánimo.

desanudar *tr.* Deshacer el nudo.

desapacible *adj.* Que causa disgusto; desagradable.

desaparecer *tr.-prnl.* Ocultar, quitar de delante. - 2 *intr.* Quitarse de la vista.

desaparición *f.* Ac. y ef. de desaparecer.

desapasionar *tr.-prnl.* Quitar la pasión.

desapegar *prnl.* Desprenderse del apego o afecto.

desapego *m.* fig. Falta de apego, indiferencia.

desapercibido, -da *adj.* Desprevenido. 2 Inadvertido.

desaplacible *adj.* Desagradable.

desaplicado, -da *adj.* Que no se aplica.

desapolillar *tr.* Quitar la polilla. - 2 *prnl.* fig. Salir de casa cuando se ha pasado mucho tiempo sin salir de ella.

desaprensivo, -va *adj.* Que no obra con conciencia; fresco, sinvergüenza.

desaprobación *f.* Ac. y ef. de desaprobar.

desaprobar *tr.* No aprobar.

desapropiar *tr.* Quitar la propiedad de una cosa. - 2 *prnl.* Desposeerse.

desaprovechar *tr.* No aprovechar, emplear mal. 2 Dejar inservible. - 3 *intr.* Perder lo que se había adelantado.

desapuntalar *tr.* Quitar los puntales a un edificio.

desarbolar *tr.* Quitar o derribar la arboladura.

desarmado, -da *adj.* Desprovisto de armas. 2 fig. Sin argumentos.

desarmar *tr.* Quitar o hacer entregar las armas. 2 Descomponer un artefacto separando sus piezas. 3 fig. Confundir; dejar a alguien sin posibilidades de actuar.

desarme *m.* Ac. y ef. de desarmar o desarmarse. 2 Supresión parcial o total de fuerzas armadas o de armamento.

desarraigado, -da *adj.-s.* fig. Que vive al margen de las leyes y costumbres sociales. 2 fig. Que no vive en su país natal.

desarraigar *tr.-prnl.* Arrancar de raíz. 2 fig. Desterrar. 3 fig. Extinguir, extirpar.

desarreglado, -da *adj.* Que hace las cosas sin regla. 2 Desordenado.

desarreglo *m.* Desorden.

desarrimar *tr.* Separar una cosa de aquello a que está arrimada. 2 fig. Disuadir.

desarrollar *tr.-prnl.* Descoger lo arrollado. 2 Aumentar, acrecentar, perfeccionar. 3 Explicar una teoría. 4 Llevar a cabo, realizar una idea, proyecto, etc. - 5 *prnl.* Transcurrir, acaecer.

desarrollo *m.* Ac. y ef. de desarrollar o desarrollarse.

desarropar *tr.* Quitar o apartar la ropa.

desarrugar *tr.* Hacer desaparecer las arrugas.

desarticulado, -da *adj.* Inconexo.

desarticular *tr.* Hacer salir un miembro de su articulación. 2 fig. Quebrantar un plan, una organización.

desaseado, -da *adj.* Falto de aseo.

desasimiento *m.* fig. Desinterés.

desasir *tr.-prnl.* Rehuir, desprender.

desasistencia *f.* Falta de asistencia.

desasistir *tr.* Desamparar.

desasosegar *tr.-prnl.* Privar de sosiego.

desasosiego *m.* Falta de sosiego.

desastar *tr.* Quitar o cercenar las astas a una res.

desastrado, -da *adj.* Desgraciado. - 2 *adj.-s.* Desaseado.

desastre *m.* Desgracia grande, suceso lamentable. 2 fig. Cosa de mala calidad. 3 fig. Persona falta de habilidad. 4 fig. En la guerra, derrota.

desastroso, -sa *adj.* fig. Muy malo.

desatar *tr.-prnl.* Soltar, desenlazar. - 2 *prnl.* Perder el encogimiento. 3 Descomedirse. 4 Desencadenarse.

desatascar *tr.* Desobstruir un conducto atascado.

desataviar *tr.* Quitar los atavíos.

desatención *f.* Falta de atención. 2 Descortesía.

desatender *tr.* No prestar atención. 2 No hacer caso. 3 No asistir, no cuidar.

desatento, -ta *adj.* Que no pone atención. - 2 *adj.-s.* Descortés.

desatinado, -da *adj.* Sin tino ni razón.

desatinar *tr.* Hacer perder el tino. - 2 *intr.* Decir o hacer desatinos.

desatino *m.* Falta de tino. 2 Locura, despropósito o error.

desatracar *tr.-intr.* Separar la embarcación de aquello a que está atracada.

desautorizar *tr.* Quitar autoridad.

desavenencia *f.* Oposición, discordia.

desavenir *tr.-prnl.* Discordar.

desaviar *tr.* Descaminar. 2 Quitar el avío.

desavío *m.* Desorden, desaliño.

desayunar *tr.-intr.-prnl.* Tomar el desayuno.

desayuno *m.* Primer alimento ligero, que se toma por la mañana.

desazón *f.* Desabrimiento. 2 fig. Disgusto, pesadumbre, inquietud.

desazonado, -da *adj.* fig. Indispuesto, disgustado.

desazonar *tr.* Quitar la sazón o el sabor. 2 fig. Disgustar. - 3 *prnl.* fig. Sentirse indispuesto.

desbancar *tr.* En algunos juegos, ganar al banquero todo el fondo que puso.

desbandarse *prnl.* Dispersarse; huir en desorden.

desbarajuste *m.* Desorden.

desbaratado, -da *adj.-s.* De mala vida o conducta. 2 Roto, estropeado.

desbaratar *tr.* Deshacer, arruinar. 2 p. anal. Disipar, malgastar.

desbarrar *intr.* Deslizarse. 2 fig. Disparatar.

desbastar *tr.* Quitar las partes más bastas.

desbloquear *tr.* Romper un bloqueo. 2 Suprimir los obstáculos. 3 Aflojar una tuerca. - 4 *tr.-prnl.* Dejar libre.

desbocado, -da *adj.* De boca gastada o mellada. 2 Díc. de la caballería que corre precipitadamente y sin dirección, insensible a la acción del freno.

desbocar *tr.* Romper la boca a una cosa. - 2 *prnl.* Hacerse insensible al freno y dispararse una caballería.

desbordar *intr.-prnl.* Salir de los bordes. 2 Desmandarse las pasiones. 3 fig. Sobreabundar. - 4 *tr.* fig. Abrumar.

desbravar *tr.* Amansar.

desbriznar *tr.* Reducir a briznas, desmenuzar una cosa. 2 Sacar los estambres a la flor de azafrán.

desbrozar *tr.* Quitar la broza.

descabalar *tr.* Dejar incompleto.

descabalgar *intr.* Bajar de una caballería.

descabellado, -da *adj.* fig. Que va sin orden, concierto o razón.

descabellar *tr.-prnl.* Despeinar. - 2 *tr.* Matar instantáneamente al toro hiriéndole en la cerviz.

descabezar *tr.* Quitar o cortar la cabeza. 2 fig. ~ el sueño, adormilarse un poco.

descafeinar *tr.* Quitar la cafeína. 2 fig.

Hacer anodino.

descalabrar *tr.-prnl.* Herir en la cabeza. 2 p. ext. Herir en otra parte del cuerpo. - 3 *tr.* fig. Causar perjuicio.

descalabro *m.* Contratiempo.

descalcificar *tr.* Quitar la cal a algo.

descalificar *tr.* Desconceptuar. 2 Retirar a un deportista en una competición.

descalzar *tr.* Quitar el calzado.

descalzo, -za *adj.* Que trae desnudos los pies. 2 fig. Desnudo, falto de recursos.

descamación *f.* Desprendimiento de la piel seca en forma de escamillas.

descamar *tr.* Quitar las escamas. - 2 *prnl.* Caerse la piel en forma de escamillas.

descambiar *tr.* Deshacer un cambio.

descaminar *tr.* Apartar del camino.

descampado, -da *adj.-m.* Díc. del terreno descubierto y desembarazado.

descansar *intr.* Cesar el trabajo, reposar. 2 p. ext. Dormir. 3 Confiar en uno. 4 Apoyar o estar apoyada una cosa sobre otra. - 5 *tr.* Dar descanso.

descansillo *m.* Porción de piso en que termina un tramo de escalera.

descanso *m.* Pausa en el trabajo o fatiga. 2 Descansillo. 3 Intermedio de un espectáculo o de una competición deportiva.

descantillar *tr.* Romper las aristas o cantos.

descapitalizar *tr.* Perder o hacer perder el capital. - 2 *tr.-prnl.* fig. Hacer perder las riquezas acumuladas por un país o grupo social.

descapotable *adj.-m.* Díc. del automóvil cuya capota puede ser plegada.

descapsulador *m.* Instrumento que sirve para quitar las cápsulas metálicas que cierran las botellas.

descapullar *tr.* Quitar el capullo a alguna cosa.

descarado, -da *adj.-s.* Que habla u obra con descaro.

descararse *prnl.* Desvergonzarse.

descarga *f.* Ac. y ef. de descargar. 2 FÍS. Proceso que tiene lugar en los acumuladores cuando se les hace funcionar como generadores.

descargar *tr.* Quitar o aliviar la carga. 2 Disparar un arma. 3 Dar un golpe.

descargo *m.* Partida de data o salida en las cuentas. 2 Satisfacción o excusa de

un cargo.

descarnar *tr.* Quitar al hueso la carne. 2 Dejar débil, escuálido.

descaro *m.* Desvergüenza.

descarriado, -da *adj.* fig. Díc. de la persona que se aparta de lo justo o razonable.

descarriar *tr.* Apartar del camino. - 2 *tr.-prnl.* Apartar del rebaño. - 3 *prnl.* Perderse. 4 Apartarse de lo justo.

descarrilar *intr.* Salir fuera del carril.

descartar *tr.* Desechar. - 2 *prnl.* Deshacerse de cartas inútiles en el juego.

descarte *m.* Cartas desechadas.

descascarar *tr.* Quitar la cáscara.

descascarillar *tr.* Hacer saltar en escamas la superficie de un objeto.

descastado, -da *adj.-s.* Que manifiesta poco cariño a los parientes. 2 Desagradecido.

descendencia *f.* Conjunto de hijos y demás generaciones sucesivas. 2 Estirpe.

descender *intr.* Bajar. 2 Derivarse. 3 Proceder de una persona o linaje.

descendiente *com.* Persona que desciende de otra.

descenso *m.* Ac. y ef. de descender. 2 fig. Caída a un estado inferior.

descentralización *f.* Ac. y ef. de descentralizar.

descentralizar *tr.* Hacer menos dependiente del poder central.

descentrar *tr.-prnl.* Sacar o salir de su centro. 2 Desequilibrar.

descepar *tr.* Arrancar árboles o plantas. 2 fig. Extirpar.

descerebrar *tr.* Producir la inactividad funcional del cerebro.

descerrajar *tr.* Arrancar o violentar la cerradura. 2 Disparar uno o más tiros.

descifrar *tr.* Leer un texto escrito en cifra. 2 fig. Llegar a comprender lo difícil.

desclavar *tr.-prnl.* Desprender lo clavado.

descoagular *tr.* Liquidar lo coagulado.

descocado, -da *adj.-s.* Desenvuelto, descarado.

descocarse *prnl.* Hablar u obrar con demasiada libertad y osadía.

descoco *m.* fam. Demasiada libertad y osadía.

descodificar *tr.* Interpretar un mensaje codificado.

descoger *tr.* Desplegar, extender.

descolgado, -da *adj.-s.* Desconectado de los amigos o del grupo al que se pertenece.

descolgar *tr.* Bajar lo colgado. 2 Quitar las colgaduras. - 3 *prnl.* Escurrirse de alto abajo por una cuerda, etc.

descolocado, -da *adj.* Que no guarda la colocación conveniente.

descolonización *f.* Proceso histórico que conduce a la independencia política de los pueblos colonizados.

descolonizar *tr.* Otorgar un país a otro la independencia.

descolorar *tr.-prnl.* Quitar el color.

descolorido, -da *adj.* De color pálido.

descollar *intr.* Sobresalir.

descombrar *tr.* Desembarazar.

descomedido, -da *adj.* Excesivo. - 2 *adj.-s.* Descortés.

descomedirse *prnl.* Faltar al respeto.

descompaginar *tr.* Desorganizar.

descompasar *tr.* Hacer perder el compás. - 2 *prnl.* Descomedirse.

descompensar *tr.-prnl.* Hacer perder la compensación.

descomponer *tr.* Separar las partes de un todo. 2 Desorganizar. - 3 *prnl.* Entrar en putrefacción. 4 fig. Perder la compostura.

descomposición *f.* Putrefacción. 2 fam. Diarrea.

descompostura *f.* Desaliño. 2 fig. Descaro.

descompresión *f.* Procedimiento para eliminar la presión o sus efectos.

descomprimir *tr.* Hacer cesar la compresión.

descompuesto, -ta *adj.* Inmodesto, atrevido, descortés. 2 fig. Perturbado.

descomunal *adj.* Extraordinario, monstruoso, enorme.

desconceptuar *tr.* Desacreditar.

desconcertar *tr.* Turbar el orden y concierto. 2 Dislocar. 3 fig. Suspender el ánimo. - 4 *prnl.* Desavenirse. 5 Perder la serenidad.

desconcierto *m.* Descomposición. 2 fig. Desorden. 3 Falta de medida en dichos y hechos. 4 Falta de gobierno y economía.

desconchado *m.* Parte en que una pared o una pieza de loza o porcelana ha perdido el vidriado o enlucido.

desconchar *tr.-prnl.* Quitar a una pared, vasija, etc. parte de su enlucido.

desconchón *m.* Huella o señal que deja

la caída de un trozo pequeño de enlucido o de pintura.

desconectar *tr.* Interrumpir la conexión. 2 fig. Separar.

desconexión *f.* Ac. y ef. de desconectar.

desconfianza *f.* Falta de confianza.

desconfiar *intr.* No tener confianza.

descongelar *tr.* Quitar la escarcha. 2 Licuar lo que estaba helado. 3 fig. Dar efectividad a las cuentas, créditos, etc.

descongestionar *tr.* Quitar la congestión. 2 p. anal. Disminuir la aglomeración.

desconocer *tr.* No reconocer. 2 No conocer. 3 Negar uno ser suya alguna cosa.

desconocido, -da *adj.-s.* No conocido antes.

desconocimiento *m.* Ignorancia.

desconsiderar *tr.* No guardar la consideración debida.

desconsolado, -da *adj.* Que carece de consuelo. 2 fig. Melancólico, triste.

desconsolar *tr.-prnl.* Privar de consuelo; afligir.

desconsuelo *m.* Angustia; aflicción.

descontaminar *tr.* Someter a tratamiento lo que está contaminado, a fin de que pierda sus propiedades nocivas.

descontar *tr.* Rebajar una cantidad. 2 fig. Rebajar algo del mérito atribuido. ▷ *Por descontado,* sin duda alguna.

descontento, -ta *adj.* Disgustado. - 2 *m.* Disgusto, desagrado.

descontextualizar *tr.* Sacar de un contexto.

descontrol *m.* Falta de control u orden.

descontrolarse *prnl.* Perder uno el dominio.

desconvocar *tr.* Anular una convocatoria.

descorazonar *tr.-prnl.* Desalentar.

descorchar *tr.* Quitar o sacar el corcho.

descornar *tr.* Quitar los cuernos. - 2 *prnl.* fig. fam. Trabajar duro.

descorrer *tr.* Volver uno a correr el espacio que antes había corrido. 2 Plegar o reunir lo que estaba antes estirado.

descortés *adj.-s.* Falto de cortesía.

descortesía *f.* Falta de cortesía.

descortezar *tr.* Quitar la corteza.

descoser *tr.-prnl.* Soltar lo cosido.

descosido, -da *adj.* Indiscreto en el hablar. 2 Desordenado, falto de trabazón. - 3 *m*. Parte descosida en un vestido.

descoyuntar *tr.-prnl.* Desencajar un hueso.

descrédito *m*. Pérdida de la reputación.

descreer *tr*. Faltar a la fe, dejar de creer.

descreído, -da *adj.-s*. Incrédulo.

descremado, -da *adj*. Díc. de la substancia a la que se le ha quitado la crema.

descremar *tr*. Desnatar.

describir *tr*. Delinear, dibujar. 2 Representar por medio del lenguaje.

descripción *f*. Ac. y ef. de describir.

descriptivo, -va *adj*. Que describe.

descrito, -ta p. p. irreg. de *describir*.

descuajaringar *tr*. Desvencijar, desunir, desconcertar alguna cosa. - 2 *prnl*. fam. Relajarse el cuerpo por el cansancio.

descuartizar *tr*. Despedazar.

descubierta *f*. Reconocimiento del terreno.

descubierto, -ta *adj*. Sin sombrero, gorro, etc., en la cabeza. - 2 *m*. Déficit. ▷ *Al ~*, al raso, sin albergue.

descubridor, -ra *adj.-s*. Que descubre.

descubrimiento *m*. Acción de descubrir. 2 Cosa descubierta.

descubrir *tr*. Destapar. 2 Hallar lo desconocido o escondido. 3 Inventar. 4 Alcanzar a ver.

descuento *m*. Rebaja.

descuidado, -da *adj.-s*. Negligente. 2 Desaliñado. 3 Desprevenido.

descuidar *tr*. Libertar a uno de un trabajo u obligación. 2 Distraer. - 3 *intr.-prnl*. No cuidar.

descuido *m*. Negligencia. 2 Olvido. 3 Desatención. 4 eufem. Desliz.

desde *prep*. Denota punto de origen en el tiempo o en el espacio.

desdecir *intr*. fig. Degenerar de su condición primera. 2 fig. No convenir una cosa con otra. - 3 *prnl*. Retractarse.

desdén *m*. Indiferencia, desprecio.

desdentado, -da *adj*. Sin dientes.

desdentar *tr*. Quitar o sacar los dientes.

desdeñar *tr*. Tratar con desdén. - 2 *prnl*. Tener a menos.

desdibujarse *prnl*. fig. Perder la claridad de sus perfiles y contornos.

desdicha *f*. Desgracia. 2 Miseria.

desdichado, -da *adj.-s*. Desgraciado, infeliz. 2 Sin malicia, pusilánime.

desdoblar *tr*. Extender lo doblado. 2 fig. Formar dos o más cosas a partir de una.

desdoro *m*. Falta de lustre en la virtud, reputación, etc.

desdramatizar *tr*. Atenuar o suprimir el carácter dramático de algo.

deseable *adj*. Digno de ser deseado.

desear *tr*. Sentir atracción por una cosa hasta el punto de quererla poseer. 2 Anhelar que acontezca o deje de acontecer.

desecar *tr.-prnl.* Quitar el jugo, el agua, la humedad.

desechable *adj*. Que se puede desechar. 2 Destinado a ser usado una sola vez.

desechar *tr*. Excluir, arrojar, rechazar. 2 Apartar de sí. 3 Dejar por inútil.

desecho *m*. Lo que se desecha después de escoger lo mejor. 2 Cosa que no sirve. 3 Residuo, desperdicio.

desembalar *tr*. Deshacer el embalaje.

desembalsar *tr*. Dar salida al agua contenida en un embalse.

desembarazado, -da *adj*. Despejado.

desembarazar *tr*. Quitar el impedimento. 2 Desocupar.

desembarazo *m*. Desenfado.

desembarcadero *m*. Lugar para desembarcar.

desembarcar *tr*. Sacar de la nave. - 2 *intr.-prnl*. Salir de una embarcación.

desembarco *m*. Ac. y ef. de desembarcar.

desembargar *tr*. Quitar el impedimento. 2 Alzar el embargo.

desembarque *m*. Desembarco.

desembarrancar *tr*. Sacar a flote la nave embarrancada.

desembocadura *f*. Abertura. 2 Salida de una calle. 3 Punto donde desemboca un río.

desembocar *intr*. Salir como por una boca o estrecho. 2 Desaguar un río, canal, etc. 3 Tener una calle o camino salida a un lugar. 4 fig. Acabar, terminar.

desembolsar *tr*. Sacar de la bolsa. 2 fig. Pagar dinero.

desembolso *m*. Entrega de dinero. 2 Gasto.

desembotar *tr*. fig. Hacer que lo que estaba embotado deje de estarlo.

desembragar *tr*. MEC. Desprender del eje motor un mecanismo o parte de él.

desembridar *tr*. Quitar las bridas.

desembrollar *tr*. Desenredar, aclarar.

desembuchar *tr.* Expeler las aves lo que tienen en el buche. 2 fig. Decir cuanto uno sabe.

desemejar *intr.* Diferenciarse. - 2 *tr.* Desfigurar.

desempacar *tr.* Deshacer los fardos.

desempadronar *tr.* Dar de baja en el padrón. 2 fig. Matar.

desempalmar *tr.* Romper, desconectar un empalme.

desempapelar *tr.* Quitar a una cosa el papel que la cubría.

desempaquetar *tr.* Desenvolver lo empaquetado.

desempatar *tr.* Deshacer el empate.

desempedrar *tr.* Arrancar las piedras de un empedrado.

desempeñar *tr.* Liberar lo empeñado. 2 Liberar de deudas. 3 Cumplir. 4 Representar un papel. 5 Ejercer un cargo.

desempleado, -da *adj.-s.* Sin trabajo; parado.

desempleo *m.* Falta de trabajo, paro.

desempolvar *tr.* Quitar el polvo. 2 Volver a usar lo que se había abandonado. 3 Traer a la memoria algo olvidado.

desencadenar *tr.* Quitar la cadena. - 2 *prnl.* fig. Estallar con violencia las fuerzas o las pasiones.

desencajar *tr.* Sacar de su lugar o encaje. - 2 *prnl.* Descomponerse.

desencajonar *tr.* Sacar de dentro de un cajón; especialmente el toro de lidia.

desencantar *tr.* Deshacer el encanto. 2 Desilusionar.

desencanto *m.* Ac. y ef. de desencantar.

desencapotar *tr.* Quitar el capote. 2 fam. Descubrir, manifestar. - 3 *prnl.* fig. Despejar el cielo.

desencoger *tr.* Estirar lo encogido. - 2 *prnl.* fig. Perder el encogimiento.

desencolar *tr.* Despegar lo encolado.

desencorvar *tr.* Enderezar.

desencuadernar *tr.* Deshacer lo encuadernado.

desenchufar *tr.* Separar lo enchufado.

desenfadado, -da *adj.* Desembarazado.

desenfadar *tr.-prnl.* Quitar el enfado.

desenfado *m.* Despejo. 2 Desahogo.

desenfocar *tr.-prnl.* Hacer perder o perder el enfoque.

desenfrenado, -da *adj.* Falto de moderación y contención.

desenfrenar *tr.* Quitar el freno. - 2 *prnl.* fig. Desmandarse; entregarse a los vicios.

desenfreno *m.* fig. Ac. y ef. de desenfrenar o desenfrenarse.

desenfundar *tr.* Quitar la funda.

desenganchar *tr.* Soltar lo enganchado. 2 Quitar de un carruaje las caballerías.

desengañar *tr.* Hacer conocer el engaño. 2 Quitar las ilusiones.

desengaño *m.* Conocimiento de la verdad con que se sale del engaño. - 2 *m. pl.* Lecciones de una amarga experiencia.

desengarzar *tr.* Desprender lo engarzado.

desengastar *tr.* Sacar del engaste.

desengrasar *tr.* Quitar la grasa. - 2 *intr.* fig. Cambiar de ocupación para hacer más llevadero el trabajo.

desenhebrar *tr.* Sacar la hebra de la aguja.

desenjaular *tr.* Sacar de la jaula.

desenlace *m.* Ac. y ef. de desenlazar o desenlazarse. 2 Final de un suceso o una obra.

desenlazar *tr.* Desatar los lazos. - 2 *prnl.* fig. Dar desenlace.

desenmarañar *tr.* Desenredar. 2 fig. Poner en claro.

desenmascarar *tr.-prnl.* Quitar la máscara. 2 fig. Dar a conocer lo verdadero.

desenmohecer *tr.* Quitar el moho. - 2 *prnl.* fig. Recuperar el buen estado.

desenmudecer *intr.-tr.* fig. Romper uno el silencio que guardaba.

desenredar *tr.* Deshacer el enredo. 2 fig. Poner orden. - 3 *prnl.* fig. Salir de una dificultad.

desenroscar *tr.-prnl.* Extender lo que está enroscado. 2 Sacar lo que está introducido a vuelta de rosca.

desensamblar *tr.* Desunir.

desensillar *tr.* Quitar la silla al caballo.

desentenderse *prnl.* Fingir que no se entiende algo. 2 Prescindir de un asunto.

desenterrar *tr.* Exhumar, sacar lo que está debajo de la tierra. 2 fig. Traer a la memoria lo olvidado.

desentoldar *tr.* Quitar los toldos. 2 fig. Despojar una cosa de su adorno.

desentonar *intr.* Salir del tono y punto.

desentono *m.* Desproporción en el tono de la voz. 2 fig. Descompostura y falta de medida.

desentrañar *tr.* Sacar las entrañas. 2 *fig.* Poner en claro.

desentrenarse *prnl.* Disminuir o perder la fuerza, destreza, etc., por falta de ejercicio.

desentumecer *tr.* Quitar el entumecimiento.

desenvainar *tr.* Sacar de la vaina.

desenvoltura *f.* Soltura. 2 Desvergüenza. 3 Facilidad en el decir.

desenvolver *tr.-prnl.* Desarrollar, descoger lo envuelto. 2 Descifrar, aclarar. - 3 *prnl.* Desenredar. 4 *fig.* Obrar con maña.

desenvolvimiento *m.* Ac. y ef. de desenvolver.

desenvuelto, -ta *adj.* Libre, descarado.

deseo *m.* Ac. y ef. de desear.

deseoso, -sa *adj.* Que desea.

desequilibrado, -da *adj.* Falto de equilibrio mental.

desequilibrar *tr.* Hacer perder el equilibrio. - 2 *prnl.* Enloquecer.

desequilibrio *m.* Falta de equilibrio. 2 Alteración en la conducta de una persona.

deserción *f.* Acción de desertar.

desertar *intr.* Abandonar el soldado sus banderas. 2 *fig.* Abandonar una causa, etc.

desértico, -ca *adj.* Perten. o rel. al desierto. 2 De clima caracterizado por la sequedad.

desertizar *tr.-prnl.* Convertir en desierto.

desertor, -ra *m.* Que deserta.

desesperación *f.* Pérdida de la esperanza. 2 Alteración extrema del ánimo.

desesperado, -da *adj.-s.* Poseído de desesperación.

desesperanzar *tr.-prnl.* Quitar la esperanza.

desesperar *intr.-prnl.* Desesperanzar. - 2 *tr.* Impacientar, exasperar.

desestabilizar *tr.* Perturbar la estabilidad.

desestimar *tr.* No estimar debidamente. 2 DER. Denegar.

desfachatado, -da *adj.* Descarado, desvergonzado.

desfachatez *f.* Descaro, desvergüenza.

desfalcar *tr.* Tomar para sí un caudal que se tenía en custodia.

desfalco *m.* Ac. y ef. de desfalcar.

desfallecer *tr.* Disminuir las fuerzas. - 2 *intr.* Decaer, debilitar.

desfallecimiento *m.* Disminución del ánimo, decaimiento de vigor y fuerzas.

desfasado, -da *adj. fig.* Que no se ajusta a las circunstancias del momento, inoportuno.

desfasar *tr.-prnl.* Retrasarse, perder la posibilidad de adaptarse a algo.

desfase *m.* Cualidad de desfasado. 2 *fig.* Inoportunidad, inadecuación.

desfavorable *adj.* Poco favorable, perjudicial.

desfavorecer *tr.* Dejar de favorecer. 2 *eufem.* Afear.

desfigurar *tr.* Deformar. 2 Afear. 3 Referir una cosa alterando sus verdaderas circunstancias. - 4 *prnl.* Alterarse.

desfiladero *m.* Paso estrecho entre montañas.

desfilar *intr.* Marchar en fila. 2 Marchar las tropas en orden y formación ante un elevado personaje. 3 *fig.* Salir varios, uno tras otro.

desfile *m.* Acción de desfilar.

desflorar *tr.* Ajar. 2 *fig.* Desvirgar. 3 *fig.* Tratar superficialmente un asunto.

desfogar *tr.* Dar salida al fuego. - 2 *tr.-prnl. fig.* Manifestar con ardor una pasión.

desfondar *tr.* Romper el fondo. - 2 *tr.-prnl.* En competiciones deportivas, perder fuerza.

desgaire *m.* Desaliño afectado. 2 Ademán de desprecio.

desgajadura *f.* Rotura de la rama cuando lleva consigo parte del tronco a que está asida.

desgajar *tr.* Arrancar una rama. 2 Separar. - 3 *prnl. fig.* Desprenderse.

desgana *f.* Inapetencia. 2 Tedio, hastío.

desganarse *prnl.* Perder el apetito de la comida. 2 *fig.* Apartarse de lo que antes se hacía con gusto.

desgañitarse *prnl.* Esforzarse gritando.

desgarbado, -da *adj.* Falto de garbo.

desgarrar *intr.-prnl.* Rasgar. 2 Herir vivamente los sentimientos.

desgarro *m.* Rotura. 2 *fig.* Arrojo.

desgarrón *m.* Desgarro grande en la ropa; jirón.

desgastar *tr.* Quitar o consumir poco a poco. 2 *fig.* Pervertir, viciar; debilitar. - 3 *prnl.* Perder fuerza o poder.

desgaste *m.* Ac. y ef. de desgastar o desgastarse.

desglosar *tr.* fig. Separar una cuestión de otras.

desgobernar *tr.* Perturbar el gobierno, gobernar sin tino. 2 Dislocar.

desgracia *f.* Suceso funesto. 2 Suerte adversa. 3 Pérdida de privanza. ▷ *Caer en ~*, perder la consideración dada por otro.

desgraciado, -da *adj.-s.* Que padece desgracia. - 2 *adj.* Falto de gracia.

desgraciar *tr.-prnl.* Echar a perder, malograr.

desgranar *tr.* Sacar el grano de una cosa. - 2 *prnl.* Soltarse lo ensartado.

desgravación *f.* Ac. y ef. de desgravar.

desgravar *tr.* Rebajar los derechos arancelarios o los impuestos.

desgreñar *tr.-prnl.* Descomponer los cabellos.

desguarnecer *tr.* Quitar la guarnición. 2 Quitar las piezas esenciales.

desguazar *tr.* Desbastar un madero. 2 Desmontar cualquier estructura.

deshabitado, -da *adj.* Que ya no está habitado.

deshabitar *tr.* Dejar de habitar o sin habitantes un lugar.

deshabituar *tr.-prnl.* Hacer perder o eliminar un hábito o costumbre.

deshacer *tr.* Destruir lo hecho. 2 Derretir, desleír, disolver. - 3 *prnl.* Estropearse. 4 fig. Trabajar con mucho interés, esforzarse. 5 fig. Desvanecerse. 6 fig. Afligirse, impacientarse.

desharrapado, -da *adj.-s.* Lleno de harapos; roto.

deshebrar *tr.* Sacar las hebras. 2 fig. Deshacer en partes muy delgadas.

deshecho, -cha, p. p. irreg. de *deshacer.*

deshelar *tr.* Liquidar lo helado.

desherbar *tr.* Arrancar las hierbas.

desheredar *tr.* Excluir de la herencia.

desherrar *tr.* Quitar las herraduras.

deshidratar *tr.* Quitar a una substancia el agua. - 2 *prnl.* Perder agua en exceso los tejidos del cuerpo.

deshielo *m.* Ac. y ef. de deshelar. 2 fig. Distensión en las relaciones.

deshilachar *tr.* Sacar hilachas.

deshilado *m.* Labor que se hace sacando hilos de un tejido y haciendo calados con los que quedan.

deshilar *tr.* Sacar hilos de un tejido.

deshilvanar *tr.* Quitar los hilvanes.

deshinchar *tr.-prnl.* Quitar la hinchazón. 2 fig. Desahogar. 3 fig. Desanimarse.

deshipotecar *tr.* Cancelar la hipoteca de una cosa hipotecada.

deshojar *tr.-prnl.* Quitar las hojas.

deshollinar *tr.* Quitar el hollín.

deshonestidad *f.* Calidad de deshonesto. 2 Dicho o hecho deshonesto.

deshonesto, -ta *adj.* Falto de honestidad.

deshonor *m.* Pérdida del honor. 2 Deshonra.

deshonra *f.* Pérdida de la honra. 2 Cosa deshonrosa.

deshonrar *tr.* Quitar la honra. 2 Mofar.

deshonroso, -sa *adj.* Que llena de deshonra.

deshora *f.* Tiempo inoportuno.

deshuesar *tr.* Quitar los huesos.

deshumanizado, -da *adj.* Carente de sentimientos.

deshumanizar *tr.-prnl.* Privar del carácter humano. 2 fig. Perder una persona sus sentimientos.

deshumidificar *tr.* Eliminar la humedad con medios artificiales.

desiderata *f.* Lista de objetos que se desea adquirir.

desiderativo, -va *adj.* Que expresa deseo.

desiderátum *m.* Lo más digno de ser apreciado en su línea.

desidia *f.* Negligencia, inercia.

desidioso, -sa *adj.-s.* Negligente.

desierto, -ta *adj.* Despoblado, solo. 2 Que no se adjudica a nadie, especialmente en las subastas o certámenes. - 3 *m.* Lugar seco, estéril y casi siempre arenoso.

designación *f.* Ac. y ef. de designar.

designar *tr.* Denominar. 2 Señalar, destinar para un fin.

designio *m.* Intención, propósito.

desigual *adj.* No igual. 2 fig. Arduo. 3 fig. Inconstante.

desigualar *tr.* Hacer que una persona o cosa no sea igual a otra.

desigualdad *f.* Calidad de desigual.

desilusión *f.* Carencia o pérdida de las ilusiones.

desilusionar *tr.* Hacer perder las ilusiones.

desimantar *tr.* Hacer perder la imantación a un hierro o acero.

desincrustar *tr.* Quitar las incrustaciones.

desinencia f. GRAM. Morfema flexivo de una palabra.

desinfección f. Acción de desinfectar.

desinfectante adj. Que desinfecta. - 2 adj.-m. Substancia capaz de destruir los gérmenes que puede producir una infección.

desinfectar tr. Quitar lo que puede ser causa de infección.

desinflar tr.-prnl. Sacar el aire de un cuerpo inflado, etc. - 2 prnl. fam. Desistir de un empeño, rajarse.

desinformar intr. Dar información con intención de manipular.

desinsectar tr. Exterminar los insectos de un lugar.

desintegración f. Ac. y ef. de desintegrar.

desintegrar tr. Romper la integridad.

desinterés m. Desapego de todo provecho personal. 2 Falta de interés.

desinteresado, -da adj. Desprendido, apartado del interés.

desinteresarse prnl. Perder el interés.

desintoxicación f. Ac. y ef. de desintoxicar.

desintoxicar tr.-prnl. Combatir la intoxicación o sus efectos.

desistir intr. Renunciar a una empresa.

desjarretar tr. Cortar las piernas por el jarrete. 2 fig. Debilitar.

deslavazado, -da adj. Insubstancial, insulso. 2 Falto de vigor.

desleal adj.-s. Que obra sin lealtad.

deslealtad f. Falta de lealtad.

desleír tr.-prnl. Deshacer las partes de un cuerpo por medio de un líquido.

deslenguado, -da adj. fig. Desvergonzado, mal hablado.

desliar tr. Desatar.

desligar tr.-prnl. Desatar las ligaduras. 2 fig. Separar. - 3 tr. Dispensar de algo.

deslindar tr. Señalar los lindes. 2 fig. Apurar, aclarar.

desliz m. Ac. y ef. de deslizar o deslizarse. 2 eufem. Culpa, error.

deslizar intr.-prnl. Correr o escurrirse por encima de una superficie lisa.

deslomar tr. Lastimar los lomos. - 2 prnl. Trabajar o esforzarse mucho.

deslucir tr.-prnl. Quitar la gracia o el lustre. 2 fig. Desacreditar, desprestigiar.

deslumbramiento m. Ac. y ef. de deslumbrar.

deslumbrar tr. Ofuscar la vista con demasiada luz. 2 Dejar perplejo.

deslustrar tr. Quitar el lustre.

desmadejar tr. fig. Causar flojedad.

desmadrado, -da adj. Abandonado por la madre, especialmente el animal. 2 Que actúa sin respeto ni miramiento.

desmadrar tr. Separar de la madre las crías del ganado. - 2 prnl. Salirse de madre un arroyo, torrente, etc. 3 fam. Perder la cordura y la dignidad. 4 fam. Actuar al margen de todo convencionalismo.

desmadre m. fig. fam. Exceso desmesurado en palabras o acciones. 2 fig. fam. Jolgorio, juerga incontrolada.

desmán m. Exceso, demasía. 2 Mamífero insectívoro pequeño.

desmandar tr. Revocar la orden o mandato. - 2 prnl. Descomedirse, propasarse.

desmantelado, -da adj. Díc. de la casa, habitación, etc., descuidada y sin muebles.

desmantelar tr. Destruir las fortificaciones. 2 fig. Dejar sin fuerza o recursos. 3 Quitar los muebles y demás útiles de una casa, edificio, etc. 4 Desmontar o desarmar una estructura, instalación, etc.

desmaquillar tr.-prnl. Sacar el maquillaje del rostro.

desmarcar tr. Quitar una marca. - 2 prnl. En algunos deportes, burlar la vigilancia.

desmayado, -da adj. De color apagado.

desmayar tr. Causar desmayo. - 2 intr. fig. Acobardarse. - 3 prnl. Perder el sentido.

desmayo m. Desaliento. 2 Desvanecimiento; síncope.

desmedido, -da adj. Desproporcionado.

desmedirse prnl. Excederse.

desmedrar tr. Deteriorar. - 2 intr. Decaer, enflaquecer.

desmejora f. Deterioro, menoscabo.

desmejorar tr. Hacer perder la perfección. - 2 intr.-prnl. Ir perdiendo la salud.

desmelenado, -da adj.-s. Que no presenta la compostura debida.

desmelenar tr. Desgreñar. - 2 prnl. Dejarse arrastrar por una pasión.

desmembrar tr. Separar los miembros del cuerpo. 2 Separar, una cosa de otra.

desmemoriado, -da adj.-s. Torpe o

falto de memoria.

desmemoriarse *prnl.* Olvidarse; faltar a uno la memoria.

desmentir *tr.* Decir a uno que miente. 2 Sostener la falsedad de un dicho o hecho.

desmenuzar *tr.* Dividir en partes menudas. 2 fig. Examinar con detenimiento.

desmerecer *intr.* Perder mérito o valor. 2 Ser una cosa inferior a otra. - 3 *tr.* Hacerse indigno de alabanza.

desmesurado, -da *adj.* Grande, excesivo. - 2 *adj.-s.* Descortés.

desmesurar *tr.* Exagerar. - 2 *prnl.* Descomedirse.

desmigajar *tr.* Hacer migajas.

desmilitarizar *tr.* Quitar el carácter militar. 2 Desguarnecer de instalaciones militares un territorio.

desmirriado, -da *adj.* Flaco, consumido.

desmitificar *tr.* Privar de atributos míticos; poner en evidencia las características reales de una persona o cosa.

desmochar *tr.* Quitar o cortar la parte superior.

desmontar *tr.* Cortar árboles o matas en el monte, bosque, etc. 2 Allanar un terreno. 3 Desarmar un artefacto. 4 Privar de cabalgadura. 5 Bajar de una caballería.

desmonte *m.* Ac. y ef. de desmontar.

desmoralizar *tr.* Corromper las costumbres. - 2 *prnl.* Desanimarse.

desmoronar *tr.-prnl.* Deshacer y arruinar poco a poco. - 2 *prnl.* Venir a menos. 3 fig. Decaer profundamente el ánimo de una persona.

desmovilizar *tr.* Licenciar las tropas.

desnacionalizar *tr.-prnl.* Quitar el carácter de nacional.

desnarigado, -da *adj.-s.* Que no tiene narices o las tiene muy pequeñas.

desnatado, -da *adj.* Díc. del producto lácteo que ha sido privado de nata o grasa.

desnatar *tr.* Quitar la nata. 2 fig. Escoger lo mejor.

desnaturalizado, -da *adj.-s.* Que falta a los deberes que impone la naturaleza.

desnaturalizar *tr.* Privar del derecho de naturaleza. 2 Alterar, pervertir.

desnivel *m.* Falta de nivel. 2 Diferencia de altura.

desnivelar *tr.* Sacar de nivel.

desnortarse *prnl.* Desorientarse.

desnucar *tr.-prnl.* Dislocar o fracturar los huesos de la nuca. 2 Causar la muerte por un golpe en la nuca.

desnuclearizar *tr.* Abandonar la construcción o instalación de armas nucleares.

desnudar *tr.* Quitar el vestido o parte de él. 2 fig. Despojar de lo que cubre.

desnudismo *m.* Práctica de los que van desnudos para exponer el cuerpo a los agentes naturales.

desnudo, -da *adj.* Sin vestido. 2 Muy mal vestido. 3 fig. Falto de lo que cubre, adorna, etc. 4 fig. Falto de fortuna.

desnutrición *f.* Estado de debilidad del organismo a causa de una alimentación deficiente.

desnutrirse *prnl.* Depauperarse el organismo por trastorno de la nutrición.

desobedecer *tr.* No obedecer.

desobediente *adj.* Propenso a desobedecer.

desobstruir *tr.* Quitar las obstrucciones. 2 Desembarazar.

desocupación *f.* Falta de ocupación.

desocupado, -da *adj.-s.* Sin ocupación, parado, desempleado. 2 Vacío.

desocupar *tr.* Dejar libre un lugar. 2 Sacar lo que hay dentro de una cosa.

desodorante *adj.-s.* Que destruye los olores molestos o nocivos.

desoír *tr.* Desatender, dejar de oír.

desolación *f.* Ac. y ef. de desolar o desolarse. 2 Aflicción, angustia.

desolar *tr.* Asolar. - 2 *prnl.* Afligirse.

desollar *tr.* Quitar la piel. 2 fig. Causar grave daño.

desorbitar *tr.-prnl.* Sacar una cosa de su órbita habitual. 2 fig. Exagerar, abultar.

desorden *m.* Falta de orden. 2 Alteración del orden. 3 Trastorno funcional.

desordenar *tr.* Turbar el orden. - 2 *prnl.* Salir de regla.

desorganizar *tr.* Desordenar en sumo grado, descomponer.

desorientación *f.* Pérdida de la noción del tiempo y del espacio.

desorientar *tr.-prnl.* Hacer perder la orientación. 2 fig. Confundir.

desosar *tr.* Deshuesar.

desovar *intr.* Soltar las hembras de los peces y anfibios sus huevos.

desove *m.* Ac. y ef. de desovar.

desoxidar tr. Limpiar del óxido.

despabiladeras f. pl. Instrumento para despabilar la luz.

despabilado, -da adj. Desvelado. 2 fig. Vivo, despejado.

despabilar tr.-prnl. Avivar el ingenio. - 2 prnl. Sacudir el sueño.

despacio adv. m. Poco a poco. - 2 adv. t. Por tiempo, dilatado.

despachar tr. Abreviar, concluir. 2 Resolver. 3 Enviar. 4 Despedir. 5 p. ext. Vender géneros. 6 fig. fam. Matar.

despacho m. Ac. y ef. de despachar. 2 Tienda. 3 Aposento donde se despachan los negocios. 4 Comunicación. 5 Expediente.

despachurrar tr.-prnl. fam. Aplastar.

despampanante adj. Asombroso.

despampanar tr. Quitar los pámpanos. 2 Dejar atónito. - 3 intr. fam. Desahogarse uno hablando con libertad.

despanzurrar tr. fam. Despachurrar, reventar. 2 fig. fam. Romper algo de modo aparatoso.

desparejar tr. Deshacer la pareja.

desparejo, -ja adj. Dispar.

desparpajo m. Desenfado en el hablar o en las acciones.

desparramar tr.-prnl. Esparcir, extender. - 2 tr. Divulgar una noticia.

despatarrar tr.-prnl. fam. Abrir mucho las piernas. 2 Llenar de asombro. - 3 prnl. Caerse al suelo abierto de piernas.

despavorido, -da adj. Lleno de pavor.

despavorir intr.-prnl. Llenar de pavor.

despectivo, -va adj. Que indica desprecio. 2 Díc. del substantivo o adjetivo derivado que incluye la idea de menosprecio, burla, repugnancia u hostilidad.

despechar tr.-prnl. Causar despecho.

despecho m. Malquerencia nacida de un desengaño.

despechugar tr. Quitar la pechuga a un ave. - 2 prnl. fig. Descubrirse el pecho.

despedazar tr.-prnl. Hacer pedazos un cuerpo. 2 fig. Afligir.

despedida f. Ac. y ef. de despedir o despedirse.

despedido, -da adj. Que ha perdido el empleo.

despedir tr. Lanzar, arrojar. 2 Echar de sí. 3 Esparcir, difundir. 4 Acompañar por obsequio al que se va. 5 Quitar la ocupación o empleo. - 6 prnl. Separarse de alguien diciendo expresiones de afecto o cortesía.

despegado, -da adj. fig. Desabrido en el trato. 2 fig. Poco cariñoso.

despegar tr.-prnl. Separar lo pegado. 2 Separarse un avión del suelo o del agua al iniciar el vuelo. 3 fig. Comenzar el desarrollo económico e industrial.

despegue m. Ac. y ef. de despegar una aeronave que se eleva para iniciar un vuelo.

despeinar tr.-prnl. Deshacer el peinado. 2 Desmelenar.

despejado, -da adj. Desenfadado. 2 De entendimiento claro. 3 Espacioso, ancho. 4 Sin nubes.

despejar tr. Desembarazar un sitio. 2 fig. Aclarar. 3 DEP. Alejar la pelota de la meta propia. 4 MAT. Hallar el valor de una incógnita. - 5 prnl. Adquirir desenvoltura. 6 Serenarse el tiempo.

despejo m. Ac. y ef. de despejar. 2 Desenfado. 3 Claro entendimiento.

despeluzar tr. Desordenar el pelo. 2 Erizar el cabello.

despeluznante adj. Pavoroso, horrible.

despellejar tr. Desollar.

despenalizar tr. Suprimir el carácter penal de un acto ilícito.

despensa f. Provisión de comestibles y lugar donde se guardan.

despeñadero m. Declive alto y peñascoso.

despeñar tr. Precipitar desde una eminencia.

despepitar tr. Quitar las pepitas de un fruto.

despepitarse prnl. Gritar con vehemencia o con enojo.

despercudir tr. Limpiar.

desperdiciar tr. Desaprovechar.

desperdicio m. Residuo que no se aprovecha.

desperdigar tr.-prnl. Separar, esparcir.

desperezarse prnl. Estirarse para sacudir la pereza.

desperfecto m. Leve deterioro.

despersonalizar tr. Tratar a alguien sin considerar su individualidad. 2 Hacer impersonal.

despertador, -ra adj. Que despierta. - 2 m. Reloj con timbre para despertar.

despertar tr.-prnl. Cortar el sueño al dormido. - 2 tr. fig. Traer a la memoria. 3 fig. Mover, excitar. - 4 intr. Dejar de dormir. 5 fig. Hacerse más avisado.

despiadado, -da adj. Impío, inhumano.

despicar tr. Desahogar, satisfacer.

despido m. Ac. y ef. de despedir a una persona de un empleo.

despiece m. Ac. y ef. de descuartizar a un animal.

despierto, -ta adj. fig. Despabilado.

despigmentación f. Pérdida progresiva del pigmento.

despilfarrar tr. Consumir el caudal en gastos desarreglados. - 2 prnl. Gastar mucho en alguna ocasión.

despilfarro m. Gasto excesivo o superfluo.

despimpollar tr. Quitar a la vid los pimpollos superfluos.

despintar tr. Borrar o raer lo pintado. - 2 prnl. Borrarse los colores o los tintes.

despiojar tr. Quitar los piojos. 2 fig. Sacar de la miseria.

despistado, -da adj.-s. Distraído.

despistar tr. Hacer perder la pista, desorientar. - 2 intr. Disimular, fingir.

despiste m. Distracción, equivocación. 2 Desorientación.

despitorrado, -da adj. Díc. del toro que se le han roto los cuernos.

desplacer m. Pena, desazón.

desplantador m. Instrumento para arrancar plantas pequeñas sin lastimarlas.

desplantar tr. Desarraigar una planta.

desplante m. fig. Dicho o hecho lleno de descaro o desabrimiento.

desplazado, -da adj.-s. Inadaptado.

desplazamiento m. Ac. y ef. de desplazar o desplazarse.

desplazar tr. Desalojar el barco un volumen de agua igual al de la parte sumergida. 2 Quitar a una persona o cosa de un lugar para ponerla en otro. - 3 prnl. Trasladarse.

desplegar tr. Extender, desdoblar. 2 fig. Desenvolver, exponer.

despliegue m. Ac. y ef. de desplegar.

desplomar tr. Hacer perder la posición vertical. - 2 prnl. Caerse sin vida o sin conocimiento. 3 fig. Arruinarse, perderse.

desplumar tr. Quitar las plumas. 2 fig. Dejar sin dinero.

despoblación f. Falta de la gente que poblaba un lugar.

despoblado m. Sitio no poblado.

despoblar tr.-prnl. Disminuir mucho la población. - 2 tr. fig. Despojar un sitio de lo que hay en él.

despojar tr. Desposeer, quitar. - 2 prnl. Desnudarse. 3 Desposeerse.

despojo m. Botín del vencedor. 2 fig. Lo que se ha perdido por ciertos accidentes. 3 Vientre, asadura, cabeza y manos de las reses muertas. - 4 m. pl. Sobras. 5 Restos mortales.

despolitizar tr.-prnl. Quitar el carácter político.

despopularizar tr. Hacer perder la popularidad.

desportillar tr. Deteriorar una cosa en su boca o canto.

desposado, -da adj.-s. Recién casado.

desposar tr. Autorizar el párroco el matrimonio. - 2 prnl. Casarse.

desposeer tr. Privar a uno de lo que posee. - 2 prnl. Renunciar a lo poseído.

desposeído, -da adj. Falto de alguna cosa a que tiene derecho.

desposorio m. Promesa mutua de contraer matrimonio.

déspota m. Soberano que gobierna sin sujeción a las leyes. - 2 com. fig. Persona que abusa de su poder o autoridad.

despotismo m. Autoridad absoluta. 2 Abuso de poder.

despotricar intr. Hablar sin reparo.

despreciable adj. Indigno, que no merece ser estimado. 2 Insignificante, sin importancia.

despreciar tr. Desestimar, tener en poco. 2 Desdeñar.

desprecio m. Falta de aprecio.

desprender tr. Desunir, despegar. - 2 prnl. fig. Desposeerse. 3 Deducirse.

desprendido, -da adj. Desinteresado, generoso.

desprendimiento m. Acción de desprenderse. 2 Desapego, desasimiento de las cosas. 3 fig. Largueza, desinterés.

despreocupación f. Estado del ánimo libre de preocupaciones. 2 Descuido.

despreocuparse prnl. Librarse de una preocupación. 2 Desentenderse.

desprestigiar tr. Hacer perder el prestigio.

desprestigio m. Ac. y ef. de desprestigiar o desprestigiarse.

desprevenido, -da adj. Que no está prevenido.

desproporción f. Falta de proporción.

desproporcionado, -da adj. Que no

tiene la proporción conveniente.

desproporcionar *tr*. Quitar la proporción a una cosa.

despropósito *m*. Dicho o hecho fuera de razón.

desproveer *tr*. Despojar de lo necesario.

desprovisto, -ta *adj*. Falto de lo necesario.

después *adv. t*. Significa posterioridad.

despulpar *tr*. Sacar o deshacer la pulpa.

despuntar *tr*. Quitar o gastar la punta. - 2 *intr*. Empezar a brotar o a manifestarse. 3 Mostrar disposición para algo.

desquiciar *tr*. Desencajar, sacar de quicio. 2 fig. Descomponer. 3 fig. Turbar.

desquitar *tr.-prnl*. Restaurar la pérdida sufrida. 2 Vengar a uno de un disgusto.

desquite *m*. Ac. y ef. de desquitar o desquitarse.

desrabotar *tr*. Cortar el rabo o la cola a un animal.

desratizar *tr*. Exterminar las ratas y ratones.

desriñonar *tr*. Derrengar.

destacamento *m*. Porción de tropa destacada.

destacar *tr*. Separar una porción de tropa para un fin. - 2 *tr.-prnl*. Sobresalir.

destajador *m*. Especie de martillo que usan los herreros para forjar el hierro.

destajo *m*. Trabajo que se ajusta por un tanto alzado. 2 Obra o empresa que uno toma por su cuenta. ▷ *A* ~, por un tanto convenido; con empeño y sin descanso.

destapar *tr.-prnl*. Quitar la tapa o tapón. - 2 *prnl*. fig. Hacer ver un secreto, el estado de ánimo.

destape *m*. Ac. y ef. de destapar. 2 En los espectáculos, acción de desnudarse.

destapiar *tr*. Derribar las tapias.

destaponar *tr*. Quitar el tapón.

destartalado, -da *adj*. Descompuesto, desproporcionado.

destazar *tr*. Hacer piezas o pedazos.

destejar *tr*. Quitar las tejas. 2 fig. Dejar sin reparo o defensa.

destejer *tr*. Deshacer lo tejido. 2 fig. Desbaratar.

destellar *intr*. Despedir destellos.

destello *m*. Chispa o ráfaga de luz intensa y breve. 2 Atisbo.

destemplanza *f*. Falta de templanza. 2 Sensación de malestar en el cuerpo. 3

fig. Falta de moderación.

destemplar *tr*. Alterar la armonía o el buen orden de una cosa. - 2 *tr.-prnl*. Destruir la concordancia con que están templados los instrumentos músicos. - 3 *prnl*. Perder la moderación. 4 Sentir malestar en el cuerpo. 5 Perder su temple el acero.

desteñir *tr.-intr*. Quitar el tinte, el color.

desternillarse *prnl*. Romperse las ternillas. 2 fig. Reír mucho.

desterrado, -da *adj.-s*. Que sufre pena de destierro.

desterrar *tr*. Expulsar de un territorio. 2 fig. Apartar de sí.

desterronar *tr*. Deshacer los terrones.

destetar *tr.-prnl*. Hacer que deje de mamar un niño o un animal.

destiempo (a ~) *loc. adv*. Fuera de tiempo, sin oportunidad.

destierro *m*. Pena del desterrado y su residencia. 2 fig. Lugar muy apartado.

destilación *f*. Ac. y ef. de destilar.

destiladera *f*. Instrumento para destilar.

destilar *intr*. Correr lo líquido gota a gota. - 2 *tr*. Filtrar. 3 Evaporar la parte volátil de una substancia y reducirla luego a líquida.

destilería *f*. Oficina en que se destila.

destinar *tr*. Señalar algo para un fin. 2 Designar a uno para un empleo o servicio.

destinatario, -ria *m. f*. Persona a quien va dirigida o destinada una cosa.

destino *m*. Encadenamiento de los sucesos considerado como necesario y fatal. 2 Aplicación de una cosa para un fin. 3 Empleo. 4 Lugar a donde va dirigido un envío, viajero, etc.

destituir *tr*. Privar de alguna cosa. 2 Separar de un cargo.

destocar *tr*. Quitar o deshacer el tocado. - 2 *prnl*. Descubrirse la cabeza.

destornillador *m*. Instrumento para destornillar y atornillar.

destornillar *tr*. Sacar un tornillo.

destrabar *tr*. Quitar las trabas. 2 Desprender.

destral *f*. Hacha pequeña.

destrenzar *tr*. Deshacer lo trenzado.

destreza *f*. Habilidad, arte.

destripacuentos *com*. fam. Persona que interrumpe inoportunamente un relato.

destripar *tr*. Sacar las tripas. 2 p. anal.

Sacar lo interior.

destripaterrones *m.* desp. Jornalero que cava o ara la tierra.

destrizar *tr.* Hacer trizas.

destrocar *tr.* Deshacer el trueque.

destronar *tr.* Echar del trono a un rey. 2 fig. Desposeer a uno de su preeminencia.

destroncar *tr.* Cortar por el tronco.

destrozar *tr.* Romper, hacer trozos. 2 fig. Estropear. 3 fig. Aniquilar. - 4 *prnl.* fig. Esforzarse mucho físicamente.

destrozo *m.* Ac. y ef. de destrozar.

destrozón, -zona *adj.-s.* Que destroza o rompe mucho.

destrucción *f.* Ruina.

destructivo, -va *adj.* Que destruye.

destructor, -ra *adj.-s.* Que destruye. - 2 *m.* Buque de guerra rápido destinado a la lucha contra submarinos y torpederos.

destruir *tr.* Arruinar, deshacer.

desuncir *tr.* Desatar del yugo las bestias uncidas.

desunión *f.* Separación de lo unido. 2 fig. Discordia.

desunir *tr.* Apartar, separar. 2 fig. Introducir discordia.

desurdir *tr.* Deshacer una tela. 2 fig. Desbaratar.

desusado, -da *adj.* Desacostumbrado, insólito. 2 Que ha dejado de usarse.

desusar *tr.* Dejar de usar.

desuso *m.* Falta de uso.

desustanciar *tr.-prnl.* Quitar la substancia.

desvaído, -da *adj.* Alto y desgarbado. 2 De color bajo. 3 Impreciso, poco definido.

desvainar *tr.* Sacar de las vainas.

desvalido, -da *adj.-s.* Sin amparo.

desvalijar *tr.* Robar el contenido de una valija, baúl, etc. 2 fig. Despojar mediante robo, juego, etc.

desvalimiento *m.* Desamparo.

desvalorizar *tr.* Disminuir el valor.

desván *m.* Parte más alta de la casa, inmediata al tejado.

desvanecer *tr.-prnl.* Disgregar las partículas de un cuerpo hasta que desaparecen de la vista. 2 Eliminar de la mente una duda, un sentimiento. - 3 *prnl.* Evaporarse. 4 fig. Desmayarse.

desvanecimiento *m.* Pérdida del conocimiento.

desvariar *intr.* Delirar, decir locuras.

desvarío *m.* Dicho o hecho fuera de concierto. 2 Delirio. 3 fig. Capricho.

desvedar *tr.* Revocar la prohibición que una cosa tenía.

desvelado, -da *adj.* Falto de sueño.

desvelar *tr.* Quitar el sueño. 2 fig. Descubrir, poner de manifiesto. - 3 *prnl.* fig. Poner gran cuidado en algo.

desvelo *m.* Solicitud, celo, vigilancia.

desvencijar *tr.-prnl.* Aflojar, desunir.

desvendar *tr.* Quitar la venda o el vendaje.

desventaja *f.* Mengua o perjuicio notado por comparación.

desventura *f.* Desdicha.

desventurado, -da *adj.* Desgraciado, infeliz. - 2 *adj.-s.* Sin espíritu.

desvergonzado, -da *adj.-s.* Que habla u obra con desvergüenza.

desvergonzarse *prnl.* Descomedirse.

desvergüenza *f.* Falta de vergüenza. 2 Dicho o hecho impúdico o insolente.

desvestir *tr.* Desnudar.

desviación *f.* Ac. y ef. de desviar o desviarse. 2 Cosa anormal o aberrante.

desviar *tr.-prnl.* Alejar de su lugar o camino. 2 fig. Apartar de un propósito.

desvincular *tr.* Romper la vinculación.

desvío *m.* Desviación. 2 Vía o camino que se aparta de otro.

desvirgar *tr.* Hacer perder la virginidad. 2 vulg. Estrenar una cosa.

desvirtuar *tr.* Quitar la virtud.

desvitrificar *tr.* Hacer perder al vidrio su transparencia.

desvivirse *prnl.* Mostrar viva solicitud por una persona o cosa.

desyemar *tr.* Quitar la yema.

detall (al ~) *loc. adv.* Al por menor.

detallar *tr.* Tratar, referir, etc., con detalle. 2 Vender al detall.

detalle *m.* Pormenor; cuenta detallada. 2 Delicadeza, finura.

detallista *com.* Persona que cuida mucho de los detalles. 2 Comerciante que vende al detall.

detección *f.* Ac. y ef. de detectar.

detectar *tr.* Revelar, descubrir.

detective *m.* Persona que se ocupa en hacer investigaciones reservadas y particulares.

detención *f.* Ac. y ef. de detener o detenerse. 2 Dilación, prolijidad. 3 Arresto (reclusión).

detener *tr.* Suspender, no dejar pasar adelante. 2 Retener, conservar. 3

Arrestar. - 4 *prnl.* Retardarse, pararse.

detenido, -da *adj.-s.* Díc. de la persona arrestada por haber cometido un delito; preso. 2 Minucioso.

detenimiento *m.* Detención (dilación).

detentar *tr.* Retener uno sin derecho lo que no le pertenece.

detergente *adj.-s.* Díc. de la substancia que se emplea para lavar.

deterger *tr.* Limpiar un objeto sin corroerlo.

deteriorar *tr.-prnl.* Estropear, menoscabar.

determinación *f.* Ac. y ef. de determinar. 2 Osadía, valor, resolución.

determinante *m.* Elemento constitutivo del sintagma nominal que depende del nombre; morfema gramatical que depende en género y número del substantivo al que especifica.

determinar *tr.* Fijar, precisar. 2 GRAM. Señalar la extensión, función o significado de una palabra. 3 Causar, producir. 4 Discernir. 5 Tomar una resolución.

determinativo, -va *adj.* Que determina.

determinismo *m.* Doctrina metafísica que afirma que todo fenómeno está determinado de una manera necesaria.

detersión *f.* Ac. y ef. de limpiar o purificar. 2 Acción erosiva del hielo en movimiento.

detestable *adj.* Abominable, execrable.

detestar *intr.* Aborrecer, odiar.

detonación *f.* Explosión rápida. 2 Ruido ocasionado por una explosión.

detonador, -ra *adj.* Que provoca o causa detonación. - 2 *adj.-s.* fig. Que desencadena una acción. - 3 *m.* Mixto que se pone en un artefacto explosivo para producir su detonación.

detonante *adj.* Que puede detonar. - 2 *m.* Agente capaz de producir detonación.

detonar *intr.* Dar un estampido como un trueno. - 2 *tr.* Iniciar una explosión.

detractor, -ra *adj.-s.* Maldiciente, denigrante.

detraer *tr.* Substraer. 2 fig. Denigrar, infamar.

detrás *adv. l.* En la parte posterior. 2 Después de.

detrimento *m.* Destrucción leve. 2 Pérdida. 3 fig. Daño moral.

detrito *m.* Resultado de la descomposición en partículas.

deturpar *tr.* Afear, manchar, estropear, deformar.

deuda *f.* Obligación de pagar o devolver algo. 2 Pecado, ofensa.

deudo, -da *m. f.* Pariente. - 2 *m.* Parentesco.

deudor, -ra *adj.-s.* Que debe.

deuteragonista *com.* Personaje que sigue en importancia al protagonista.

devaluación *f.* Reducción del valor de la moneda nacional.

devaluar *tr.* Cambiar el valor.

devanadera *f.* Instrumento para devanar.

devanado *m.* Hilo de cobre con revestimiento aislador.

devanador, -ra *adj.-s.* Que devana.

devanar *tr.* Arrollar hilo en ovillo o carrete.

devaneo *m.* Delirio, desatino. 2 Pasatiempo vano. 3 Amorío pasajero.

devastación *f.* Ac. y ef. de devastar.

devastador, -ra *adj.-s.* Que devasta.

devastar *tr.* Destruir, arrasar.

develar *tr.* Quitar el velo. 2 Descubrir lo oculto o secreto.

devengar *tr.* Adquirir derecho a retribución.

devengo *m.* Cantidad devengada.

devenir *intr.* Sobrevenir. - 2 *m.* FIL. Realidad entendida como proceso o cambio.

deverbal *adj.-s.* Palabra, y especialmente nombre, derivada de un verbo.

devoción *f.* Amor, veneración, fervor religioso. 2 p. ext. Prácticas religiosas. 3 Inclinación, afición.

devolución *f.* Ac. y ef. de devolver.

devolver *tr.* Volver una cosa a su estado anterior. 2 Restituir. 3 Corresponder a un favor, agravio, etc. 4 Dar la vuelta a quien ha hecho un pago. 5 fam. Vomitar.

devorar *tr.* Tragar con ansia. 2 fig. Consumir, destruir.

devoto, -ta *adj.-s.* Que tiene devoción o mueve a ella. - 2 *m.* Objeto de la devoción de uno.

dextrorso, -sa *adj.* BOT. Que trepa girando hacia la derecha. 2 FÍS. Que se mueve a derechas, como las manecillas de un reloj.

deyección *f.* Conjunto de materias

arrojadas por un volcán. 2 Excrementos.

día *m.* Período de veinticuatro horas. 2 Tiempo que dura la claridad del sol. 3 Tiempo que hace durante el día. ▷ ~ *y noche*, a todas horas. *Dar a uno el ~*, causarle un gran pesar. *Vivir al ~*, gastar el dinero que se va ganando sin ahorrar nada.

diabetes *f.* Enfermedad provocada por una insuficiente secreción de insulina.

diabético, -ca *adj.* Perten. o rel. a la diabetes. - 2 *adj.-s.* Que la padece.

diablear *intr.* Hacer diabluras.

diablesa *f.* Diablo hembra.

diablillo *m.* El que se disfraza de diablo. 2 fig. Persona aguda y enredadora.

diablismo *m.* Sistema teológico que consiste en atribuir al diablo excesiva intervención en las acciones humanas.

diablo *m.* Ángel rebelde. 2 Persona traviesa, temeraria o astuta.

diablura *f.* Travesura de poca importancia, especialmente de niños.

diabólico, -ca *adj.* Perten. o rel. al diablo. 2 fig. Excesivamente malo.

diaclasa *f.* Fisura en una roca.

diaconato *m.* Segunda de las órdenes mayores.

diácono *m.* Clérigo que ha recibido el diaconato.

diacrítico, -ca *adj.* Díc. del signo ortográfico que sirve para dar a una letra un valor especial.

diacronía *f.* Desarrollo o sucesión de hechos a través del tiempo.

diacrónico, -ca *adj.* Díc. del fenómeno que ocurre a lo largo del tiempo, y del estudio de dicho tipo de fenómenos.

díada *f.* Pareja de dos cosas o seres vinculados entre sí.

diadema *f.* Corona. 2 Adorno femenino en forma de media corona.

diáfano, -na *adj.* Transparente. 2 fig. Claro, limpio.

diáfisis *f.* Parte tubular del hueso largo.

diafonía *f.* Perturbación producida en un canal de comunicación al acoplarse éste con otro u otros vecinos.

diafragma *m.* ANAT. Músculo que separa la cavidad pectoral de la abdominal. 2 Separación en forma de lámina. 3 Disco vibrante de un teléfono, micrófono, etc. 4 Disco perforado para regular la luz.

diagnosis *f.* Conocimiento de los signos de las enfermedades.

diagnosticar *tr.* Hacer un diagnóstico.

diagnóstico, -ca *adj.* Que sirve para reconocer. - 2 *m.* Determinación de una enfermedad. 3 Conjunto de signos de ésta.

diagonal *f.* Recta que en un polígono une los vértices de dos ángulos no inmediatos, y en un poliedro une dos vértices no situados en la misma cara.

diagrama *m.* Dibujo para demostrar gráficamente una cosa.

dial *m.* Superficie graduada sobre la que se mueve un indicador que mide una determinada magnitud. 2 Placa con letras o números, en los teléfonos y los receptores de radio, para establecer conexiones.

dialectal *adj.* Perten. o rel. a un dialecto.

dialectalismo *m.* Vocablo, giro o modo de expresión dialectal.

dialéctica *f.* Parte de la filosofía que trata el raciocinio.

dialecto *m.* Lengua en cuanto se la considera con relación al grupo de las varias derivadas de un tronco común.

dialectología *f.* Tratado o estudio de los dialectos.

diálisis *f.* Método terapéutico para eliminar substancias nocivas de la sangre cuando el riñón no puede hacerlo.

dialogador, -ra *adj.* Abierto al diálogo, al entendimiento.

dialogar *intr.* Hablar en diálogo.

diálogo *m.* Conversación entre dos o más. 2 Género de obra literaria en que se finge una plática. 3 fig. Negociación.

diamante *m.* Piedra preciosa formada de carbono cristalizado.

diametralmente *adv. m.* De un extremo hasta el opuesto.

diámetro *m.* Recta que divide el círculo en dos mitades.

diana *f.* Toque militar, al amanecer. 2 Punto central de un blanco de tiro.

diapasón *m.* Instrumento en forma de V que, puesto en vibración, se emplea para afinar instrumentos musicales.

diaporama *m.* Técnica de proyectar imágenes yuxtapuestas.

diapositiva *f.* Fotografía positiva sacada en cristal o en película.

diaprea *f.* Ciruela redonda, pequeña y muy gustosa.

diariamente *adv. t.* Cada día.

diario, -ria *adj.* Correspondiente a cada día. - 2 *m.* Relación de lo sucedido día por día. 3 Periódico que se publica cada día.

diarquía *f.* Gobierno y autoridad de dos.

diarrea *f.* Frecuente evacuación intestinal.

diastasa *f.* Fermento cuya acción consiste en convertir el almidón en azúcar.

diástole *f.* Movimiento de dilatación del corazón y las arterias.

diastrofismo *m.* Proceso por el que las rocas han modificado su disposición primitiva en la corteza.

diatermia *f.* Terapéutica que utiliza el calor producido por una corriente de alta frecuencia.

diátesis *f.* Predisposición orgánica a contraer una determinada enfermedad.

diatomea *f.* Alga unicelular de color pardo o amarillento.

diatónico, -ca *adj.* Que procede según la sucesión natural de los tonos y semitonos de la escala musical.

diatriba *f.* Discurso o escrito violento.

diávolo *m.* Juguete que consiste en un carrete que gira sobre una cuerda atada al extremo de dos palillos.

dibujante *adj.-s.* Que dibuja. - 2 *com.* Persona cuya profesión es el dibujo.

dibujar *tr.* Representar un cuerpo por medio de lápiz, pluma, etc. 2 Describir.

dibujo *m.* Arte y acción de dibujar. 2 Imagen dibujada.

dicción *f.* Manera de hablar o escribir. 2 Pronunciación.

diccionario *m.* Conjunto de palabras de una o más lenguas o lenguajes especializados, comúnmente en orden alfabético, con sus correspondientes explicaciones.

diciembre *m.* Último mes del año.

diclino, -na *adj.* De flores unisexuales.

dicótico, -ca *adj.* Díc. de la sensación auditiva que no es igual en los dos oídos.

dicotiledóneo, -a *adj.-f.* Díc. de la planta cuyos embriones tienen dos o más cotiledones.

dicotomía *f.* H. NAT. División en dos partes; bifurcación. 2 Método de clasificación lógica en que las divisiones sólo tienen dos partes.

dicroísmo *m.* Propiedad que tienen algunos cuerpos de presentar uno u otro de dos colores según la dirección de los rayos de luz que los atraviesan.

dicromatismo *f.* Defecto de la vista que consiste en poder diferenciar sólo dos colores.

dicromo, -ma *adj.* Fís. Díc. del cuerpo transparente que, según su espesor, puede presentar dos colores diferentes.

dictado *m.* Título, calificativo. 2 Acción de dictar.

dictador *m.* El que recibe o se arroga todos los poderes.

dictadura *f.* Concentración de todos los poderes en un solo individuo o en una asamblea. 2 Gobierno que, invocando el interés público, se ejerce fuera de las leyes constitutivas de un país.

dictáfono *m.* Aparato fonográfico que recoge y reproduce lo que se dicta.

dictamen *m.* Opinión, juicio.

dictar *tr.* Decir uno algo para que otro lo escriba. 2 Expedir, pronunciar leyes, fallos, etc. 3 fig. Inspirar, sugerir.

dictatorial *adj.* fig. Absoluto, arbitrario.

dicterio *m.* Dicho denigrante.

dictiosoma *m.* En la división nuclear celular, gránulo alrededor del núcleo.

dicha *f.* Felicidad.

dicharachero, -ra *adj.-s.* Propenso a decir dichos vulgares. 2 Decidor.

dichero, -ra *adj.-s.* fam. Que ameniza la conversación con dichos oportunos.

dicho, -cha, p. p. irreg. de *decir.* - 2 *m.* Frase, sentencia. 3 Ocurrencia chistosa. ▷ *Dicho y hecho,* expresa la prontitud de la ejecución. *Lo dicho, dicho,* frase con que uno se ratifica en lo que una vez dijo.

dichoso, -sa *adj.* Feliz, afortunado. 2 Enfadoso.

didacticismo *m.* Cualidad de didáctico. 2 Tendencia o propósito docente o didáctico.

didáctico, -ca *adj.* Perten. o rel. a la enseñanza. 2 Propio para enseñar. - 3 *f.* Ciencia que estudia la enseñanza.

didáctilo, -la *adj.* Que tiene dos dedos.

didactismo *m.* Didacticismo.

diecinueve *adj.* Diez y nueve.

diecinueveavo, -va *adj.-m.* Parte que, junto con otras dieciocho iguales, constituye un todo.

dieciocho *adj.* Diez y ocho.

dieciochoavo, -va *adj.-s.* Parte que, con otras diecisiete iguales, constituye un todo.

dieciséis *adj.* Diez y seis.

dieciseisavo, -va *adj.-m.* Parte que, junto con otras quince iguales, constituye un todo.

diecisiete *adj.* Diez y siete.

diecisieteavo, -va *adj.-s.* Parte que, junto con otras dieciséis iguales, constituye un todo.

dieléctrico, -ca *adj.-m.* Díc. del cuerpo mal conductor, a través del cual se ejerce la inducción eléctrica.

diente *m.* Hueso engastado en la mandíbula, que sirve para masticar y de defensa. 2 Punta o resalto que presentan ciertas cosas. 3 Parte en que se divide la cabeza del ajo. ▷ *Enseñar los dientes,* amenazar.

diéresis *f.* Pronunciación de las vocales de un diptongo en dos sílabas. 2 Signo ortográfico de dos puntos sobre una vocal.

diestro, -tra *adj.* Derecho. 2 Hábil. - 3 *m.* Torero. - 4 *f.* Mano derecha. ▷ *A ~ y siniestro,* sin tino ni orden.

dieta *f.* Régimen en el comer y beber. 2 Asamblea legislativa de ciertos estados. 3 Honorarios diarios de un funcionario mientras desempeña alguna comisión.

dietario *m.* Libro en que se anotan los ingresos y gastos diarios.

dietética *f.* Parte de la medicina que tiene por estudio las reglas de la alimentación normal que contribuyen a mantener la salud.

dietético, -ca *adj.* Perten. o rel. a la dieta. - 2 *f.* Parte de la medicina que estudia las reglas de la alimentación.

diez *adj.* Nueve y uno.

diezmar *tr.* Causar gran mortandad.

diezmilésimo, -ma *adj.-s.* Parte que, junto a otras nueve mil novecientas noventa y nueve iguales, constituye un todo. - 2 *adj.* Que ocupa el último lugar en una serie ordenada de diez mil.

diezmo *m.* Décima parte de los frutos que se pagaban a la Iglesia.

difamación *f.* Ac. y ef. de difamar.

difamar *tr.* Desacreditar publicando cosas contra la buena fama.

diferencia *f.* Cualidad por la cual una cosa se distingue de otra. 2 fig. Disgusto, disputa. 3 MAT. Residuo de la resta.

diferencial *adj.* Que indica diferencia o que constituye una diferencia. - 2 *f.* Engranaje que se emplea en los automóviles.

diferenciar *tr.* Hacer distinción, señalar diferencias. 2 Hacer diferente. - 3 *intr.* Discordar. - 4 *prnl.* Distinguirse.

diferente *adj.* Que difiere en algo. - 2 *adj. pl.* Varios, diversos.

diferido, -da *adj.* Que se retransmite posteriormente al tiempo en que se verificó la grabación que se emite.

diferir *tr.* Retardar o suspender. - 2 *intr.* Distinguirse, no ser igual.

dificerca *adj.* Díc. de la aleta caudal de dos lóbulos iguales.

difícil *adj.* Que no se logra, ejecuta, etc., sin mucho trabajo.

dificultad *f.* Calidad de difícil. 2 Lo que hace difícil una cosa.

dificultar *tr.* Poner dificultades.

dificultoso, -sa *adj.* Difícil.

difluencia *f.* División de las aguas de un río o de la lengua de un glaciar en varias ramas.

difluir *intr.* Difundirse, derramarse por todas partes.

difracción *f.* Desviación de los rayos luminosos cuando pasan por los bordes de un cuerpo opaco.

difteria *f.* Enfermedad infecciosa de la garganta.

difuminar *tr.* Frotar con el esfumino. 2 fig. Hacer impreciso.

difundir *tr.-prnl.* Extender, esparcir. 2 fig. Divulgar, publicar.

difunto, -ta *m. f.* Persona muerta. - 2 *m.* Cadáver.

difusión *f.* Ac. y ef. de difundir o difundirse. 2 Transmisión de algo por cualquier medio de comunicación.

difuso, -sa *adj.* Ancho, dilatado. 2 Que es poco concreto, claro o limitado.

difusor, -ra *adj.* Que difunde.

digerible *adj.* Que se puede digerir.

digerir *tr.* Convertir en el aparato digestivo los alimentos en substancia que se pueda asimilar.

digestión *f.* Ac. y ef. de digerir.

digestivo, -va *adj.* Que sirve para la digestión. - 2 *adj.-m.* Que es a propósito para ayudar a la digestión.

digitación *f.* Movimiento de los dedos

al tocar un instrumento musical.

digital *adj.* Perten. o rel. a los dedos. - 2 *m.* Instrumento que suministra su información mediante números. - 3 *f.* Planta cotiledónea de cuyas hojas se obtiene un tónico cardíaco.

digitalizar *tr.* INFORM. Convertir una magnitud física o una señal en una secuencia de números según ciertas reglas.

digitígrado, -da *adj.* Díc. del mamífero que al andar se apoya sólo sobre los dedos.

dígito *m.* MAT. Número que puede expresarse mediante una sola cifra.

diglosia *f.* Bilingüismo.

dignarse *prnl.* Tener la condescendencia de hacer una cosa.

dignatario *m.* Persona investida de una dignidad.

dignidad *f.* Calidad de digno. 2 Respeto. 3 Gravedad, decoro. 4 Cargo honorífico y de autoridad.

dignificar *tr.* Dar dignidad.

digno, -na *adj.* Que merece algo. 2 Proporcionado al mérito o condición. 3 Que tiene dignidad.

dígrafo *m.* Grupo de dos letras que representa un solo sonido, como la *ch.*

digresión *f.* Parte de un discurso extraña al asunto.

dije *m.* Alhaja pequeña.

dilacerar *tr.* Desgarrar las carnes.

dilación *f.* Retraso, tardanza.

dilapidar *tr.* Disipar, malgastar.

dilatación *f.* fig. Desahogo y serenidad. 2 CIR. Aumento del calibre de un conducto. 3 FÍS. Variación de las dimensiones lineales, superficiales o cúbicas de un cuerpo.

dilatado, -da *adj.* Extenso, vasto, numeroso.

dilatar *tr.-prnl.* Hacer que ocupe más lugar o tiempo una cosa. 2 Diferir.

dilección *f.* Afecto.

dilecto, -ta *adj.* Amado con dilección.

dilema *m.* Argumento en que dos proposiciones contrarias conducen a la misma conclusión. 2 Problema ambiguo.

diletante *adj.* Aficionado al arte, y especialmente a la música.

diletantismo *m.* Afición grande a un arte, especialmente a la música.

diligencia *f.* Cualidad de diligente. 2 Coche grande de viajeros. 3 Negocio, trámite, paso.

diligenciar *tr.* Tramitar un asunto administrativo con constancia escrita.

diligente *adj.* Exacto y pronto en el obrar.

dilogía *f.* Ambigüedad, doble sentido.

dilucidar *tr.* Explicar, aclarar.

diluir *tr.* Desleír.

diluviar *impers.* Llover mucho.

diluvio *m.* Inundación causada por lluvias copiosas. 2 fig. Lluvia muy copiosa.

diluyente *adj.-s.* Substancia líquida que se añade a una solución para hacerla más fluida.

dimanar *intr.* Proceder el agua de sus manantiales. 2 fig. Provenir.

dimensión *f.* Longitud, área, volumen. 2 Extensión en una dirección determinada. 3 fig. Importancia.

dimensionar *tr.* Establecer las dimensiones exactas.

dimes y diretes *loc. fam.* Contestación, debate, réplica.

diminutivo, -va *adj.* Que disminuye. - 2 *adj.-s.* Díc. del sufijo que reduce la magnitud del significado.

diminuto, -ta *adj.* Muy pequeño.

dimisión *f.* Ac. y ef. de dimitir.

dimitir *tr.* Renunciar a un cargo.

dimorfo, -fa *adj.* Que se presenta en dos formas distintas.

dina *f.* FÍS. Unidad de fuerza en el sistema cegesimal.

dinamia *f.* Unidad de medida expresiva de la fuerza capaz de elevar un kilogramo de peso a la altura de un metro, en un tiempo determinado.

dinámica *f.* Parte de la mecánica que estudia las fuerzas que producen el movimiento. 2 fig. Impulso, fuerza.

dinámico, -ca *adj.* Perten. o rel. a la fuerza cuando produce movimiento. 2 fig. Diligente.

dinamismo *m.* Energía activa y propulsora.

dinamita *f.* Explosivo a base de nitroglicerina.

dinamitar *tr.* Volar con dinamita.

dinamizar *tr.* Intensificar la acción.

dinamo, dínamo *f.* Máquina destinada a convertir la energía mecánica en energía eléctrica o al revés.

dinamoeléctrico, -ca *adj.* Perten. o rel. a la conversión de la energía mecánica en eléctrica o al revés.

dinamómetro *m.* Instrumento para medir fuerzas.

dinar *m.* Unidad monetaria de diversos países.

dinastía *f.* Serie de príncipes soberanos de una familia. 2 Serie de hombres célebres de una misma familia.

dineral *m.* Cantidad grande de dinero.

dinero *m.* Moneda corriente. 2 Caudal, riqueza.

dinosaurio *m.* Género de reptiles saurios, fósiles, generalmente de gran tamaño.

dintel *m.* Parte superior de la puerta o ventana.

dintorno *m.* Delineación de las partes de una figura dentro de su contorno.

diñar *tr.* Dar algo. 2 *Diñarla,* morir.

diócesis *f.* Distrito de la jurisdicción de un obispo.

diodo *m.* ELECTR. Dispositivo electrónico con dos electrodos por el que circula la corriente en un solo sentido.

dioico, -ca *adj.* Díc. de la planta que tiene las flores de cada sexo en pie separado.

dionisíaco, -ca *adj.* Que tiene pasión por la bebida.

diópsido *m.* Mineral de brillo vítreo y cristales blanquecinos.

dioptría *f.* Unidad de medida de la convergencia o divergencia de las lentes y espejos en el sistema internacional.

dióptrica *f.* Parte de la óptica que trata de la refracción de la luz.

diorama *m.* Panorama en que, con un lienzo pintado, se producen diferentes efectos escénicos según como se ilumine.

dios *m.* En la religión cristiana, ser supremo y eterno, omnisciente, omnipotente y omnipresente. 2 Ser inmaterial.

diosa *f.* Divinidad de sexo femenino.

dióxido *m.* QUÍM. Compuesto que contiene dos átomos de oxígeno.

dipétalo, -la *adj.* Díc. de la flor con dos pétalos.

diplejía *f.* Parálisis que afecta partes simétricas del cuerpo.

diplococo *m.* Bacteria formada por una asociación de dos cocos.

diplodocus *m.* Reptil dinosaurio de gran tamaño.

diploma *m.* Título que expide una corporación para acreditar algo.

diplomacia *f.* Conocimiento de los intereses y relaciones internacionales.

diplomar *tr.-prnl.* Graduar, dar un título.

diplomática *f.* Estudio científico de los diplomas y otros documentos.

diplomático, -ca *adj.* Perten. o rel. a la diplomacia. 2 fig. Circunspecto, sagaz, disimulado. - 3 *adj.-s.* Que interviene en negocios de estados internacionales.

dipneo, -a *adj.-s.* Díc. del animal dotado de respiración branquial y pulmonar.

dipsacáceo, -a, dipsáceo, -a *adj.-f.* Díc. de la planta dicotiledónea, herbácea, de hojas opuestas o en verticilo.

díptero, -ra *adj.* Que tiene dos alas. - 2 *adj.-m.* Díc. del insecto con solo un par de alas membranosas.

díptico *m.* Cuadro o bajorrelieve formado por dos tableros que se cierran como las tapas de un libro.

diptongación *f.* Ac. y ef. de diptongar.

diptongar *tr.-prnl.* Pronunciar dos vocales en una sola sílaba.

diptongo *m.* Conjunto de dos vocales que se pronuncian en una sola sílaba.

diputación *f.* Cargo de diputado. 2 Conjunto de diputados.

diputado, -da *m. f.* Persona nombrada por un cuerpo para representarle.

dique *m.* Muro para contener las aguas. 2 Cavidad en un puerto para reparar barcos. 3 fig. Cosa con que otra es contenida.

dirección *f.* Inclinación hacia un lugar determinado. 2 Cargo y oficina del director. 3 fig. Camino, rumbo. 4 Domicilio de una persona. 5 Señas escritas sobre una carta o paquete. 6 MEC. Mecanismo que sirve para guiar los vehículos automóviles.

direccional *adj.* Que sirve para dirigir.

directivo, -va *adj.-s.* Que tiene facultad para dirigir. - 2 *f.* Mesa o junta de gobierno.

directo, -ta *adj.* Derecho, en línea recta. 2 Sin intermediario. 3 Sin paradas intermedias. - 4 *f.* Marcha de un vehículo que permite el desarrollo más largo del motor.

director, -ra *adj.-s.* Que dirige. - 2 *m. f.* Persona que dirige.

directorio *m.* Lo que sirve para dirigir en alguna ciencia o negocio. 2 INFORM.

Espacio de un disco identificado por un nombre que contiene ficheros.

directriz *f.* fig. Norma, principio.

dirham *m.* Unidad monetaria de Marruecos y los Emiratos Árabes.

dirigente *adj.-s.* Que dirige. - 2 *com.* Persona con función o cargo directivo.

dirigible *adj.* Que puede ser dirigido.

dirigir *tr.-prnl.* Enderezar. 2 Poner la dirección a una carta o paquete. 3 Tomar una dirección, ir. - 4 *tr.* Gobernar. 5 fig. Guiar, encaminar.

dirimir *tr.* Romper un vínculo. 2 Resolver un desacuerdo.

discernimiento *m.* Acción y facultad de discernir.

discernir *tr.* Distinguir con los sentidos o el entendimiento.

disciplina *f.* Doctrina, enseñanza. 2 Asignatura. 3 Conjunto de reglas para mantener el orden.

disciplinar *tr.* Instruir. 2 Imponer disciplina.

disciplinario, -ria *adj.* Perten. o rel. a la disciplina. 2 Que establece disciplina.

discípulo, -la *m. f.* Persona que recibe enseñanza de un maestro o una escuela.

disc-jockey *m.* Persona que pone los discos en una discoteca.

disco *m.* Cilindro de muy poca altura. 2 Lámina circular plástica para grabar sonidos. 3 Pieza giratoria del aparato telefónico. 4 Pieza metálica en la que hay pintada una señal de circulación. 5 INFORM. Elemento de almacenamiento de datos en forma magnética u óptica.

discóbolo *m.* Atleta que arroja el disco.

discografía *f.* Técnica de impresionar y reproducir discos fonográficos. 2 Conjunto de discos relativos a un tema.

discoidal, discoideo, -a *adj.* En forma de disco.

díscolo, -la *adj.-s.* Avieso, indócil.

disconforme *adj.* No conforme.

disconformidad *f.* Diferencia; oposición.

discontinuidad *f.* Calidad de discontinuo.

discontinuo, -nua *adj.* No continuo.

discordancia *f.* Falta de armonía, coherencia o acuerdo.

discordar *intr.* No estar de acuerdo; ser opuestas dos o más cosas. 2 No estar acordes los sonidos.

discordia *f.* Falta de acuerdo o concordia.

discoteca *f.* Mueble para guardar discos de fonógrafo. 2 Colección de discos. 3 Local público para escuchar música grabada, bailar y consumir bebidas.

discotequero, -ra *adj.* Propio de discotecas. - 2 *adj.-s.* De la persona que frecuenta las discotecas.

discreción *f.* Sensatez de juicio, tacto. 2 Don de expresarse con agudeza. ▷ *A ~,* al buen juicio o voluntad de alguno.

discrecional *adj.* Que se hace o deja al criterio de cada uno. 2 Perten. o rel. a la potestad gubernativa en las funciones de su competencia, que no están regladas.

discrepancia *f.* Desigualdad, discordancia, diferencia.

discrepar *intr.* Discordar. 2 Disentir.

discreto, -ta *adj.-s.* Que tiene discreción o la denota. 2 Que se compone de partes separadas. 3 No extraordinario.

discriminación *f.* Ac. y ef. de discriminar.

discriminar *tr.* Separar, distinguir, diferenciar. 2 Establecer diferencias.

discromatopsia *f.* Dificultad en distinguir los colores.

discromía *f.* Alteración en la pigmentación cutánea.

disculpa *f.* Acción de disculpar o disculparse. 2 Razón que se da para ello.

disculpar *tr.-prnl.* Dar razones que descarguen de culpa. - 2 *tr.* Perdonar.

discurrir *intr.* Andar, correr. 2 Transcurrir. 3 fig. Razonar. - 4 *tr.* Idear, inventar.

discurso *m.* Facultad de discurrir. 2 Serie de palabras para manifestar lo que se piensa, convencer. 3 Transcurso del tiempo. 4 GRAM. Conjunto de oraciones que constituyen una elocución.

discusión *f.* Ac. y ef. de discutir. ▷ *Sin ~,* sin duda.

discutir *tr.* Examinar con detalle una cuestión. - 2 *tr.-intr.* Alegar razones contra el parecer de otro.

disecar *tr.* Dividir en partes un animal o planta para su examen. 2 Preparar animales muertos para conservarlos.

disección *f.* Ac. y ef. de disecar.

diseminar *tr.-prnl.* Esparcir, sembrar.

disensión *f.* Oposición de pareceres. 2

fig. Contienda.

disentería *f.* Enfermedad infecciosa del intestino grueso.

disentir *intr.* Opinar de modo distinto.

diseñar *tr.* Hacer un diseño.

diseño *m.* Delineación. 2 Bosquejo.

disépalo, -la *adj.* Díc. de la flor que tiene dos sépalos.

disertación *f.* Escrito o discurso en que se diserta.

disertar *intr.* Razonar.

disfasia *f.* MED. Perturbación en la capacidad de hablar.

disfavor *m.* Hecho o dicho desfavorable.

disfonía *f.* Trastorno de la fonación.

disforme *adj.* Deforme. 2 Feo.

disfraz *m.* Artificio para desfigurar o disimular. 2 Traje de máscara.

disfrazar *tr.-prnl.* Vestir a uno con un vestido desacostumbrado. 2 fig. Disimular.

disfrutar *tr.* Percibir los productos o ventajas de las cosas. - 2 *intr.* Sentir placer.

disfunción *f.* Trastorno en el funcionamiento.

disgregar *tr.* Separar las partes integrantes de una cosa.

disgustado, -da *adj.* Enfadado, molesto.

disgustar *tr.-prnl.* Causar disgusto. - 2 *prnl.* fig. Sentir enfado.

disgusto *m.* Desazón, desabrimiento. 2 fig. Pesadumbre. 3 fig. Contienda, diferencia. 4 fig. Enfado.

disidencia *f.* Separación por cuestiones doctrinales de una comunidad, escuela, etc. 2 Grave desacuerdo de opiniones.

disidente *adj.-s.* Que diside, que no está de acuerdo.

disidir *intr.* Separarse por cuestiones doctrinales.

disimilar *tr.-prnl.* Alterar un sonido para diferenciarlo de otro igual o semejante en la misma palabra.

disimular *tr.* Encubrir la intención o los sentimientos. 2 Tolerar, perdonar. 3 Ocultar.

disimulo *m.* Arte con que se oculta lo que se siente. 2 Tolerancia.

disipación *f.* Conducta del que se entrega a los placeres.

disipar *tr.* Desvanecer. 2 Desperdiciar, malgastar. - 3 *prnl.* Evaporarse. 4 fig.

Quedar en nada una cosa.

dislalia *f.* MED. Dificultad de articular las palabras.

dislexia *f.* MED. Perturbación de la capacidad de leer y escribir.

dislocación *f.* Ac. y ef. de dislocar o dislocarse.

dislocar *tr.-prnl.* Sacar de su lugar, especialmente los huesos. 2 Dispersar.

disloque *m.* fam. El colmo, cosa excelente.

disminución *f.* Ac. y ef. de disminuir.

disminuido, -da *adj.-s.* Que tiene incompletas sus facultades.

disminuir *tr.-intr.-prnl.* Hacer menor la extensión, intensidad o número.

disnea *f.* MED. Dificultad de respirar.

disociar *tr.* Desunir, separar.

disolución *f.* Ac. y ef. de disolver. 2 Relajación en las costumbres y rompimiento de los vínculos entre varias personas.

disoluto, -ta *adj.-s.* Licencioso.

disolvente *adj.-m.* Que disuelve.

disolver *tr.* Separar, desunir. 2 Destruir. 3 Desleír.

disonancia *f.* Sonido desagradable. 2 fig. Disconformidad.

disonante *adj.* fig. Que discrepa de aquello conque debiera estar conforme.

disonar *intr.* Sonar de manera desagradable. 2 fig. Discrepar. 3 fig. Parecer mal.

dispar *adj.* Desigual, diferente.

disparador *m.* El que dispara. 2 Pieza de un arma que sirve para dispararla. 3 Pieza que sirve para hacer funcionar el obturador de una cámara fotográfica.

disparar *tr.* Hacer que un arma despida el proyectil. 2 Arrojar. - 3 *tr.-prnl.* fig. Crecer o hacer crecer algo de forma descontrolada.

disparatado, -da *adj.* Contrario a la razón. 2 Atroz, desmesurado.

disparatar *intr.* Decir o hacer cosas fuera de razón.

disparate *m.* Dicho o hecho disparatado. 2 fam. Atrocidad.

disparidad *f.* Calidad de dispar.

disparo *m.* Ac. y ef. de disparar o dispararse.

dispendio *m.* Gasto excesivo.

dispensa *f.* Privilegio, excepción de lo dispuesto. 2 Escrito que la contiene.

dispensar *tr.* Conceder, distribuir. 2

Excusar. 3 Eximir de una obligación.

dispensario *m.* Establecimiento donde los enfermos, sin estar hospitalizados, reciben asistencia médica.

dispepsia *f.* Digestión imperfecta.

dispersar *tr.* Separar y diseminar. 2 Romper y desbaratar.

dispersión *f.* Ac. y ef. de dispersar.

displasia *f.* Anomalía en el desarrollo de un órgano.

display *m.* Representación visual de los datos de salida de cualquier sistema.

displicencia *f.* Desagrado e indiferencia en el trato. 2 Desaliento en la ejecución.

displicente *adj.* Que causa disgusto. - 2 *adj.-s.* Desabrido, de mal humor.

disponer *tr.* Colocar, poner en situación conveniente. 2 Preparar, prevenir. 3 Mandar. - 4 *intr.* Usar, utilizar.

disponibilidad *f.* Calidad de disponible.

disponible *adj.* Que se puede disponer de él. 2 En servicio activo sin destino.

disposición *f.* Ordenada colocación de algo. 2 Estado de espíritu o aptitud para hacer algo. 3 Precepto, mandato. 4 Facultad de disponer de algo.

dispositivo, -va *adj.* Que dispone. - 2 *m.* Mecanismo.

dispuesto, -ta *adj.* En disposición. 2 Hábil, despejado.

disputa *f.* Ac. y ef. de disputar.

disputar *tr.* Debatir. 2 Contender para alcanzar o defender algo.

disquete *m.* INFORM. Disco para el registro y reproducción de datos magnéticos.

disquisición *f.* Exposición rigurosa y detallada.

disrupción *f.* Interrupción o apertura brusca de un circuito eléctrico.

distancia *f.* Espacio o tiempo entre dos cosas o sucesos.

distanciamiento *m.* Enfriamiento en la relación amistosa, afectiva o intelectual.

distanciar *tr.-prnl.* Apartar, alejar.

distante *adj.* Apartado, lejano.

distar *intr.* Estar apartado.

distender *tr.-prnl.* Aflojar lo tenso. 2 MED. Causar una tensión violenta.

distensión *f.* Ac. y ef. de distender.

distermia *f.* Temperatura anormal del organismo.

distinción *f.* Ac. y ef. de distinguir. 2

Calidad de distinguido. 3 Honor.

distingo *m.* Reparo, restricción.

distinguido, -da *adj.* Ilustre.

distinguir *tr.* Conocer como diferente. 2 Ver a pesar de la distancia, la obscuridad, etc. 3 Caracterizar.

distintivo, -va *adj.-s.* Que caracteriza. - 2 *m.* Insignia, marca.

distinto, -ta *adj.* Que no es lo mismo. 2 Que no es parecido. 3 Claro, sin confusión.

distorsión *f.* Torcedura. 2 FÍS. Deformación de una onda.

distorsionar *tr.* Producir una distorsión. 2 Deformar, tergiversar.

distracción *f.* Ac. y ef. de distraer. 2 Diversión.

distraer *tr.* Entretener, recrear. 2 Apartar la atención. 3 eufem. Malversar fondos.

distraído, -da *adj.-s.* Que se distrae con facilidad.

distribución *f.* Conjunto de procesos gracias a los cuales un producto llega al consumidor. 2 Disposición.

distribuidor, -ra *adj.-s.* Que distribuye. - 2 *m. f.* Intermediario. - 3 *m.* Mecanismo usado en los motores de explosión para distribuir la corriente a las bujías.

distribuir *tr.* Dividir una cosa entre varias personas o lugares, o atribuyendo a cada parte su destino.

distributivo, -va *adj.* Que atañe a la distribución. - 2 *adj.-f.* GRAM. *Oración distributiva,* la formada por dos o más oraciones coordinadas a las cuales nos referimos alternativamente. 3 GRAM. *Conjunción distributiva,* la que enlaza oraciones de esta clase.

distrito *m.* Subdivisión administrativa o jurídica de un territorio.

distrofia *f.* MED. Estado patológico que afecta a la nutrición y al crecimiento.

disturbio *m.* Perturbación de la paz.

disuadir *tr.* Inducir a mudar de dictamen o propósito.

disuelto, -ta, p. p. irreg. de *disolver.*

disyunción *f.* Ac. y ef. de separar y desunir.

disyuntiva *f.* Alternativa entre dos cosas por una de las cuales hay que optar.

disyuntivo, -va *adj.* Que desune. - 2 *adj.-f.* GRAM. *Oración disyuntiva,* la formada por dos o más oraciones, una de las cuales excluye a las demás. 3 GRAM.

Conjunción disyuntiva, la que enlaza oraciones de esta clase.

disyuntor *m.* Aparato con que se abre automáticamente el paso de la corriente eléctrica.

diteísmo *m.* Doctrina teológica que afirma la existencia de dos dioses.

ditirambo *m.* fig. Elogio exagerado.

diuresis *f.* Aumento en la secreción y excreción de la orina.

diurético, -ca *adj.-m.* MED. Que hace orinar.

diurno, -na *adj.* Perten. o rel. al día.

divagar *intr.* Vagar, deambular. 2 Separarse del asunto.

diván *m.* Sofá con almohadones. 2 Colección de poesía en árabe, persa o turco.

divergencia *f.* Ac. y ef. de divergir. 2 fig. Diversidad de pareceres.

divergente *adj.* Que diverge.

divergir *intr.* Irse apartando unas de otras dos o más líneas o superficies. 2 fig. Discrepar.

diversidad *f.* Variedad. 2 Abundancia.

diversificar *tr.* Hacer diverso.

diversión *f.* Ac. y ef. de divertir.

diverso, -sa *adj.* De distinta naturaleza, figura, etc. 2 No semejante. - 3 *adj. pl.* Varios, muchos.

divertido, -da *adj.* Que divierte. 2 Festivo, de buen humor.

divertimiento *m.* Diversión.

divertir *tr.-prnl.* Producir alegría o placer algo o alguien.

dividendo *m.* Cantidad que ha de dividirse por otra. 2 COM. Cantidad que se reparte entre los accionistas.

dividir *tr.* Separar en partes. 2 Repartir. 3 fig. Desunir. 4 MAT. Hallar las veces que una cantidad está contenida en otra.

divieso *m.* Tumor puntiagudo y duro que se forma en la piel.

divinidad *f.* Naturaleza divina. 2 Dios. 3 fig. Persona o cosa de gran hermosura.

divinizar *tr.* Hacer divino. 2 fig. Santificar. 3 fig. Ensalzar con exageración.

divino, -na *adj.* Perten. o rel. a Dios. 2 fig. Muy excelente.

divisa *f.* Señal exterior para distinguir personas, grados, etc. 2 Moneda extranjera. 3 Lazo de cintas de colores con que se distinguen los toros de cada ganadero.

divisar *tr.* Ver a distancia.

divisible *adj.* Que puede dividirse. 2 Díc. de la cantidad que contiene a otra un número exacto de veces.

división *f.* fig. Desunión en partes. 2 DEP. Agrupación de equipos deportivos según méritos o categoría. 3 MIL. Parte de un cuerpo de ejército. 4 MAT. Operación de dividir. 5 H. NAT. Categoría de clasificación de animales y plantas entre el reino y la clase.

divisionismo *m.* Técnica impresionista consistente en la yuxtaposición de los colores.

divismo *m.* Condición de divo.

divisor *m.* Cantidad por la cual se divide otra.

divo, -va *adj.-s.* Cantante de gran mérito. 2 Engreído, soberbio.

divorciado, -da *adj.-s.* Díc. de la persona cuyo vínculo matrimonial ha sido disuelto jurídicamente.

divorciar *tr.* Separar judicialmente los cónyuges. 2 fig. Separar, apartar.

divorcio *m.* Separación judicial de los cónyuges. 2 Separación, divergencia.

divulgación *f.* Ac. y ef. de divulgar.

divulgar *tr.* Publicar, difundir.

do *m.* Nota musical, primer grado de la escala fundamental.

dobladillo *m.* Pliegue cosido que se hace a la ropa en los bordes.

dobladura *f.* Parte por donde se ha doblado o plegado una cosa. 2 Señal que queda.

doblaje *m.* Ac. y ef. de doblar una película cinematográfica.

doblar *tr.* Aumentar una cosa otro tanto. 2 Curvar algo que estaba derecho. 3 Pasar al otro lado de un cabo, esquina, etc. 4 Sincronizar las palabras de la banda original de una película con las de una lengua distinta.

doble *adj.* Que está formado por dos cosas iguales. 2 Que es más fuerte, más concentrado o más grueso que de ordinario. 3 Fornido. - 4 *adj.-s.* Duplo.

doblegar *tr.-prnl.* Doblar, inclinar, torcer. 2 fig. Obligar a ceder.

dobles *m. pl.* DEP. En el juego del tenis, partido en que participan cuatro jugadores.

doblete *m.* Serie de dos éxitos en un corto espacio de tiempo. 2 Par de palabras del mismo origen y diferente evolución.

doblez *m.* Parte que se dobla o pliega. 2 Señal que queda. - 3 *amb.* fig. Simulación.

doblón *m.* Antigua moneda de oro.

doce *adj.* Diez y dos.

doceavo, -va *adj.-s.* Duodécimo (parte).

docena *f.* Conjunto de doce. ▷ *Meterse en* ~, entrometerse en la conversación.

docencia *f.* Enseñanza.

docente *adj.* Que enseña.

dócil *adj.* Suave, obediente.

docto, -ta *adj.-s.* Que posee muchos conocimientos.

doctor, -ra *m. f.* Persona que ha recibido el último grado académico. 2 Médico. 3 Teólogo de gran autoridad.

doctorado *m.* Grado de doctor. 2 Estudios necesarios para obtener este grado.

doctoral *adj.* Perten. o rel. al doctor.

doctorando, -da *m. f.* Persona que está próxima a recibir el grado de doctor.

doctorar *tr.-prnl.* Graduar de doctor.

doctrina *f.* Lo que es objeto de enseñanza. 2 Conjunto de ideas o principios.

doctrinal *adj.* Perten. o rel. a la doctrina.

doctrinar *tr.* Enseñar, aleccionar.

doctrinario, -ria *adj.-s.* Que atiende más a las doctrinas que a la práctica.

docudrama *m.* Género televisivo o radiofónico que participa de las características del documental y del drama.

documentación *f.* Ac. y ef. de documentar. 2 Conjunto de documentos.

documentado, -da *adj.-s.* Que posee pruebas acerca de un asunto, o que tiene documentos de identidad personal.

documental *adj.-m.* Díc. del programa que informa o ilustra acerca de algo.

documentar *tr.* Probar con documentos. - 2 *tr.-prnl.* Proporcionar documentos.

documento *m.* Escrito que acredita algo. 2 Lo que sirve para aclarar algo.

documentología *f.* Estudio general de los documentos en su aspecto histórico y técnico.

dodecaedro *m.* GEOM. Sólido de doce caras.

dodecafonía *f.* Sistema musical atonal que usa exclusivamente doce sonidos de la gama cromática.

dodecágono *m.* GEOM. Polígono de doce lados.

dodecasílabo, -ba *adj.-s.* De doce sílabas.

dogal *m.* Cuerda para ahorcar.

dogma *m.* Punto capital de un sistema, ciencia o religión. 2 Conjunto de dogmas.

dogmático, -ca *adj.* Perten. o rel. a los dogmas.

dogmatismo *m.* Cualidad de dogmático. 2 Doctrina epistemológica, opuesta al escepticismo, que afirma la posibilidad y la validez del conocimiento humano.

dogmatista *com.* Persona que sustenta o introduce nuevas opiniones, enseñándolas como dogmas.

dogmatizar *intr.* Enseñar dogmas falsos.

dolar *tr.* Desbastar o labrar madera o piedra.

dólar *m.* Unidad monetaria de los Estados Unidos, Canadá, Australia, Nueva Zelanda y P. Rico.

dolby *m.* Reducción del ruido de fondo en las grabaciones magnéticas.

dolencia *f.* Indisposición, enfermedad.

doler *intr.* Padecer dolor una parte del cuerpo. - 2 *prnl.* Quejarse, sentirse. 3 Sentir dolor por la desgracia ajena. 4 Arrepentirse. 5 Lamentarse.

dolicocéfalo, -la *adj.* Díc. del cráneo cuyo diámetro mayor excede en más de un cuarto al menor y de la persona o raza que lo tiene.

dolido, -da *adj.* Quejoso, ofendido.

doliente *com.* En un duelo, pariente del difunto.

dolmen *m.* Megalito en forma de mesa.

dolo *m.* Engaño, fraude.

dolomita *f.* Roca formada por un carbonato doble de cal y magnesia.

dolor *m.* Sensación o sentimiento aflictivo.

dolora *f.* Breve composición poética de espíritu dramático y filosófico.

dolorido, -da *adj.* Que padece dolor. 2 Lleno de pena y tristeza.

doloroso, -sa *adj.* Lamentable, lastimoso. 2 Que causa dolor. - 3 *f.* Imagen de la Virgen de los Dolores.

doloso, -sa *adj.* Engañoso, fraudulento.

dom *m.* Título que se da a algunos religiosos.

doma *f.* Ac. y ef. de domar.

domador, -ra *m. f.* Que exhibe y maneja fieras domadas.

domar tr. Amansar a un animal. 2 fig. Sujetar, reprimir.

domeñar tr. Someter, sujetar.

domesticar tr. Acostumbrar a un animal salvaje a la compañía del hombre.

doméstico, -ca adj. Perten. o rel. a la casa. 2 Díc. del animal que se cría en compañía del hombre.

domiciliación f. Orden que se da a un banco para que reciba y pague los efectos girados al cargo de una persona.

domiciliar tr. Dar domicilio. 2 Efectuar una domiciliación. - 3 prnl. Fijar su domicilio en un lugar.

domicilio m. Lugar en que legalmente se considera establecida una persona. 2 Casa en que uno habita o se hospeda.

dominación f. Ac. y ef. de dominar.

dominante adj. Que quiere avasallar. 2 Que sobresale o prevalece.

dominar tr. Tener bajo su dominio. 2 p. ext. Sujetar, contener. 3 fig. Conocer a fondo una ciencia o arte. - 4 intr.-tr. Sobresalir, ser más alto. - 5 prnl. Reprimirse.

dómine m. Maestro anticuado.

domingada f. Fiesta dominguera.

domingo m. Primer día de la semana.

dominguero, -ra adj. Que suele usarse en domingo. - 2 m. Conductor que sólo utiliza el automóvil los domingos y días festivos para salir de la ciudad.

dominguillo m. Muñeco con un contrapeso en la base que movido en cualquier dirección, vuelve siempre a quedar derecho.

dominical adj. Perten. o rel. al domingo. - 2 m. Periódico editado los domingos.

dominicano, -na adj.-s. De la República Dominicana.

dominico, -ca adj.-s. Díc. del religioso de la Orden de santo Domingo.

dominio m. Superioridad que se tiene sobre personas o cosas. 2 Conocimiento profundo de algo. 3 Territorio sujeto al poder de un estado o soberano. 4 Campo de una ciencia, arte, etc. 5 Ámbito de una actividad.

dominó m. Juego que se hace con 28 fichas. 2 Traje talar con capucha.

don m. Dádiva, presente. 2 Bien natural o sobrenatural. 3 Tratamiento de respeto que se aplica a los hombres.

donación f. Acto de liberalidad por el cual una persona dispone gratuitamente de una cosa a favor de otra que la acepta.

donaire m. Discreción, gracia. 2 Agudeza. 3 Gallardía.

donante adj.-s. Que dona. - 2 com. MED. Persona que voluntariamente cede un órgano, sangre, etc., con fines terapéuticos.

donar tr. Ceder gratuitamente una cosa.

donativo m. Regalo, cesión.

doncel m. Joven noble. 2 Hombre virgen. - 3 adj. Suave, dulce.

doncella f. Mujer virgen. 2 Criada.

donde adv. l. Indica lugar de destino; de procedencia u origen; lugar de tránsito; dirección; lugar de permanencia o reposo. - 2 pron. relat. Equivale a en que o en el, la, lo que o cual; los, las que o cuales.

dondequiera adv. l. En cualquier parte.

dondiego m. Planta de flores fragantes blancas, abiertas sólo de noche.

donjuán m. fig. Galán audaz y pendenciero.

donjuanismo m. Conjunto de caracteres y cualidades propias de don Juan Tenorio.

donoso, -sa adj. Que tiene donaire.

donostiarra adj.-s. De San Sebastián.

doña f. Tratamiento de respeto que se aplica a las mujeres.

dopar tr.-prnl. Suministrar productos farmacéuticos para lograr un mejor rendimiento en una competición deportiva.

doping m. Medicación utilizada para aumentar de modo no natural el rendimiento general de un individuo.

dorada f. Pez marino teleósteo comestible con una mancha dorada entre los ojos.

dorado, -da adj. De color de oro. 2 fig. Esplendoroso.

dorar tr. Cubrir de oro o dar color de oro. 2 fig. Paliar, encubrir. 3 fig. Tostar ligeramente. - 4 prnl. Tomar color dorado.

dórico, -ca adj.-s. Díc. del orden cuya columna tiene un capitel sencillo.

dormilón, -lona adj.-s. fam. Muy inclinado a dormir.

dormilona f. Pendiente con un brillante. 2 Butaca para dormir la siesta.

dormir *intr.* Estar en estado de reposo con suspensión de los sentidos y del movimiento voluntario. 2 Pernoctar. - 3 *prnl.* fig. Entorpecerse. 4 fig. Descuidarse. - 5 *tr.* Anestesiar.

dormitar *intr.* Estar medio dormido.

dormitorio *m.* Habitación para dormir. 2 Conjunto de muebles de esta habitación.

dorsal *adj.* Perten. o rel. al dorso. - 2 *adj.-m.* ANAT. Músculo de la porción inferior del dorso. - 3 *adj.-s.* Díc. de la consonante en cuya articulación interviene principalmente el dorso de la lengua.

dorso *m.* Espalda. 2 Revés de una cosa.

dos *adj.* Uno y uno. ▷ *Cada ~ por tres,* cada poco tiempo. *En un ~ por tres,* en un momento.

dosalbo, -ba *adj.* Díc. de la caballería que tiene blancos dos pies.

dosañal *adj.* De dos años.

doscientos, -tas *adj.* Dos veces ciento.

dosel *m.* Cubierta ornamental. 2 Colgadura de tela a manera de cortina que rodea y adorna una cama.

doselera *f.* Cenefa del dosel.

dosificar *tr.* Determinar la dosis.

dosis *f.* Toma de medicina que se da al enfermo cada vez. 2 fig. Cantidad o porción.

dossier *m.* Expediente.

dotación *f.* Aquello con que se dota. 2 Tripulación de un buque de guerra. 3 Personal de un taller, oficina, etc.

dotar *tr.* Dar o asignar dote, sueldo, haber, etc. 2 Proveer de tripulación, empleados, etc. 3 fig. Adornar a uno la naturaleza con dones y cualidades.

dote *amb.* Caudal que lleva la mujer al casarse. 2 Patrimonio que se entrega al convento o a la orden en que va a profesar una religiosa.

dovela *f.* Piedra en forma de cuña.

dovelar *tr.* Labrar una piedra dándole forma de dovela.

dracma *f.* Ant. moneda griega de plata; unidad monetaria de Grecia.

draconiano, -na *adj.* fig. Díc. de la ley o providencia excesivamente severa.

draga *f.* Máquina para dragar. 2 Barco que la lleva.

dragaminas *m.* Buque de guerra destinado a limpiar de minas los mares.

dragar *tr.* Extraer fango, piedras, arena, etc., del fondo del agua.

dragón *m.* Animal fabuloso, especie de serpiente con pies y alas. 2 Reptil saurio. 3 Planta de jardín, de flores encarnadas o amarillas.

dragontea *f.* Planta herbácea de rizoma feculento y grueso.

drama *m.* Género dramático, en prosa o verso, mixto entre la tragedia y la comedia. 2 Obra de teatro de este género. 3 fig. Suceso de la vida real capaz de conmover.

dramático, -ca *adj.* Perten. o rel. al drama. 2 fig. Capaz de interesar y conmover. - 3 *f.* Arte de componer obras dramáticas.

dramatismo *m.* Cualidad de dramático.

dramatizar *tr.* Dar forma dramática. 2 Exagerar algo con apariencias dramáticas.

dramaturgo, -ga *m. f.* Persona autora de obras dramáticas.

drapear *tr.* Plegar los paños de la vestidura y darles la caída conveniente.

drástico, -ca *adj.* Que actúa rápida y violentamente. 2 fig. Enérgico, autoritario.

drenaje *m.* Operación de dar salida a las aguas muertas o a la excesiva humedad de los terrenos. 2 Procedimiento para asegurar la salida de líquidos de una herida.

drenar *tr.* Avenar o encañar las aguas de un terreno. 2 Practicar el drenaje de una herida, acceso, etc.

dríada *f.* Planta rosácea de hojas ovales, rugosas y dentadas.

driblar *intr.* En fútbol, conservar el balón eludiendo al contrario.

dribling *m.* DEP. Ac. de driblar.

driza *f.* Cuerda para izar o arriar las vergas, velas, etc.

droga *f.* Substancia usada en química, industria, medicina, etc. 2 Substancia de efectos estimulantes o alucinógenos.

drogadicción *f.* Toxicomanía.

drogadicto, -ta *m. f.* Toxicómano.

drogar *tr.-prnl.* Intoxicar con estupefacientes u otras drogas.

droguería *f.* Establecimiento en que se venden productos de aplicación industrial o doméstica.

droguero, -ra *m. f.* Persona que hace o vende artículos de droguería.

dromedario *m.* Mamífero rumiante

parecido al camello, pero con una sola joroba.

droseráceo, -a *adj.-f.* Díc. de la familia de plantas dicotiledóneas, herbáceas, con hojas alternas provistas de pelos con glándulas; muchas de ellas son carnívoras.

druida *m.* Ministro de la religión y de la justicia entre los antiguos galos y celtas.

drupa *f.* Fruto monospermo de pericarpio carnoso y endocarpio leñoso.

dseda, dseta *f.* Sexta letra del alfabeto griego, equivalente al sonido *ds* del español.

dual *adj.-m.* Número gramatical que en ciertas lenguas antiguas indica que la palabra designa dos personas o cosas. 2 Que tiene dos aspectos, factores, etc.

dualidad *f.* Reunión de dos caracteres opuestos.

dualismo *m.* Toda doctrina o creencia religiosa basada en la acción combinada de dos principios opuestos e irreductibles.

dubitativo, -va *adj.* Que implica o denota duda. 2 GRAM. *Oración dubitativa,* la que expresa el juicio como dudoso.

ducado *m.* Título y territorio del duque. 2 Antigua moneda de oro.

ducal *adj.* Perten. o rel. al duque.

ducentésimo, -ma *adj.-s.* Parte que, junto con otras ciento noventa y nueve iguales, constituye un todo. - 2 *adj.* Que ocupa el último lugar en una serie ordenada de doscientos.

dúctil *adj.* Díc. del metal que se puede extender en alambres o hilos.

ducha *f.* Chorro de agua que se hace caer sobre el cuerpo. 2 Aparato o instalación que sirve para ducharse.

duchar *tr.-prnl.* Dar una ducha.

ducho, cha *adj.* Experimentado, diestro.

duda *f.* Indeterminación del ánimo.

dudar *intr.* Estar en duda. - 2 *tr.* Dar poco crédito.

dudoso, -sa *adj.* Que ofrece duda. 2 Que está en duda. 3 Que es poco probable.

duela *f.* Tabla curvada de los toneles.

duelo *m.* Combate entre dos. 2 Dolor. 3 Reunión de parientes o amigos que asisten a un entierro o funeral.

duende *m.* Espíritu que se supone travesea en algunas casas.

dueño, -ña *m. f.* Persona que tiene el dominio de una cosa.

duermevela *m.* Sueño ligero.

dulcamara *f.* Planta solanácea medicinal.

dulce *adj.* De sabor parecido al de la miel o del azúcar. 2 Que no es agrio, amargo o salado. 3 fig. Grato a los sentidos o al ánimo. 4 fig. Afable, dócil. - 5 *m.* Manjar compuesto con azúcar o almíbar.

dulcificar *f.* Volver dulce una cosa. 2 fig. Mitigar.

dulcinea *f.* fig. Mujer querida. 2 fig. Aspiración ideal.

dulía *f.* Culto que se tributa a los ángeles y santos.

dulzaina *f.* Antiguo instrumento músico de viento.

dulzaino, -na *adj.* Demasiado dulce, o que está dulce no debiendo estarlo.

dulzón, -zona *adj.* desp. De sabor dulce, pero desagradable y empalagoso.

dulzura *f.* Calidad de dulce. 2 fig. Suavidad, deleite. 3 fig. Afabilidad, bondad.

dumdum *adj.-s.* Bala explosiva.

dumping *m.* Práctica comercial que consiste en vender a precios extremadamente bajos, con el fin de eliminar a los competidores.

duna *f.* Montecillo de arena movediza.

dúo *m.* MÚS. Composición que se canta o toca entre dos.

duodécimo, -ma *adj.-s.* Parte que, junto con otras once iguales, constituye un todo. - 2 *adj.* Que ocupa el último lugar en una serie ordenada de doce.

duodeno *m.* Primera sección del intestino delgado.

duomesino, -na *adj.* De dos meses.

dúplex *m.* Sistema de transmisión telegráfica por un solo hilo de despachos en sentido contrario. 2 Vivienda distribuida en dos pisos diferentes y comunicados entre sí.

duplicado *m.* Segundo documento del mismo tenor que el primero.

duplicar *tr.-prnl.* Hacer doble. 2 Multiplicar por dos.

duplicidad *f.* Doblez, falsedad. 2 Calidad de doble.

duplo, -pla *adj.-m.* Que contiene un número dos veces exactamente.

duque *m.* Título nobiliario.

duquesa *f.* Mujer del duque. 2 La que posee un ducado.

duración f. Tiempo que dura una cosa.

duradero, -ra adj. Que dura o puede durar mucho.

duralex m. Materia usada para la fabricación de piezas de vajilla.

duraluminio m. Aleación a base de aluminio que contiene cobre, manganeso y silicio.

duramadre, duramáter f. La más externa y fibrosa de las tres meninges.

duramen m. Parte central del tronco de los árboles.

durante adv. t. Mientras.

durar intr. Continuar siendo, viviendo, obrando, etc. 2 Subsistir.

durativo, -va adj. Que dura. 2 Díc. de la expresión verbal formada por un verbo auxiliar seguido de un gerundio.

duraznero m. Variedad de melocotonero.

durazno m. Duraznero. 2 Fruto de este árbol.

dureza f. Calidad de duro. 2 Parte endurecida.

durmiente com. Persona que duerme.

duro, -ra adj. Que se resiste a ser labrado, cortado, comprimido, etc. 2 Falto de suavidad. 3 Penoso. - 4 m. Moneda española de 5 pesetas.

dux m. Antiguo príncipe o magistrado supremo en las repúblicas de Venecia y Génova.

E

e *f.* Vocal palatal, sexta letra del alfabeto. - **2** *conj. copul.* Se usa en vez de la *y* para evitar la repetición del mismo sonido antes de palabras que empiecen por *i* o *hi*.

¡ea! Interjección que se usa para significar algún acto de voluntad o para animar.

ebanista *com.* Persona que trabaja en ébano y otras maderas finas.

ebanistería *f.* Arte del ebanista. **2** Taller donde trabaja.

ébano *m.* Árbol ebenáceo de tronco grueso y madera maciza y pesada. **2** Madera de este árbol.

ebenáceo, -a *adj.-f.* Díc. de la planta dicotiledónea tropical, árbol o arbusto, de hojas alternas, flores axilares y fruto en baya.

ebonita *f.* Caucho vulcanizado negro y muy duro.

ebrio, -bria *adj.-s.* En estado de embriaguez.

ebullición *f.* Hervor.

ebullómetro *m.* Aparato para medir la temperatura a la cual hierve un cuerpo.

ebulloscopia *f.* QUÍM. Determinación del peso molecular de una substancia.

ebúrneo, -a *adj.* De marfil.

eccehomo *m.* Imagen de Jesucristo al ser presentado por Pilatos al pueblo. **2** *fig.* Persona lacerada, rota, de lastimoso aspecto.

eccema *m.* Afección de la piel.

ecdémico, -ca *adj.* Extraño, que no es indígena.

eclecticismo *m.* Método que concilia opiniones sacadas de sistemas diversos.

ecléctico, -ca *adj.* Perten. o rel. al eclecticismo.

eclesial *adj.* Perten. o rel. a la Iglesia como institución.

eclesiástico, -ca *adj.* Perten. o rel. a la Iglesia. - **2** *m.* Clérigo.

eclipsar *tr.* Causar un astro el eclipse. **2** *fig.* Obscurecer.

eclipse *m.* Ocultación de un astro debida a la interposición de otro astro.

eclíptica *f.* ASTRON. Círculo máximo de la esfera celeste que señala el curso aparente del Sol durante el año.

eclíptico, -ca *adj.* Perten. o rel. al eclipse o a la eclíptica.

eclosión *f.* Brote, aparición, salida.

eco *m.* Repetición de un sonido por reflexión de las ondas sonoras. **2** Sonido débil.

ecografía *f.* Método de exploración de los órganos internos basado en el uso de los ultrasonidos.

ecolalia *f.* MED. Perturbación del lenguaje que consiste en repetir involuntariamente una palabra o frase que se acaba de oír o pronunciar.

ecología *f.* Estudio del medio en que viven los animales y vegetales. **2** Defensa de la naturaleza y del medio ambiente.

ecologismo *m.* Oposición a la utilización de la naturaleza como fuente inagotable de recursos.

economato *m.* Almacén o tienda donde determinadas personas pueden adquirir género a precios económicos.

econometría *f.* Aplicación de los métodos estadísticos al estudio de la economía.

economía *f.* Recta administración de los bienes. **2** Ciencia que estudia las leyes que regulan la producción, circulación, distribución y consumo de las riquezas.

económico, -ca *adj.* Perten. o rel. a la economía. **2** Poco costoso.

economista *adj.-com.* Díc. de la persona versada en economía.

economizar *tr.* Ahorrar.

ecosistema *m.* Conjunto estable de un medio natural y los organismos animales y vegetales que viven en él.

ecosonda *m.* Aparato para medir las profundidades del mar y detectar bancos de peces.

ectasia *f.* MED. Dilatación de un vaso u órgano hueco.

ectoparásito *m.* Parásito que vive en la superficie de otro organismo.

ectopia *f.* Anomalía congénita en la situación o posición de un órgano.

ectoplasma *m.* Parte externa de la célula.

ecu *m.* Moneda europea formada por una combinación de las distintas monedas nacionales de los países que constituyen el Mercado Común Europeo.

ecuación *f.* MAT. Igualdad que contiene una o más incógnitas.

ecuador *m.* Círculo imaginario máximo que equidista de los polos de la Tierra.

ecualizador *m.* Aparato que sirve para amplificar las bajas frecuencias y atenuar las altas.

ecuánime *adj.* Que tiene ecuanimidad.

ecuanimidad *f.* Igualdad y constancia de ánimo. 2 Imparcialidad serena del juicio.

ecuatorial *adj.* Perten. o rel. al ecuador.

ecuatoriano, -na *adj.-s.* De Ecuador.

ecuestre *adj.* Perten. o rel. al caballero o al caballo.

ecuménico, -ca *adj.* Universal.

ecumenismo *m.* Movimiento para la unión de las iglesias.

echacuervos *m.* fam. Alcahuete.

echador, -ra *adj.-s.* Que echa.

echadura *f.* Acción de echarse las gallinas cluecas sobre los huevos para empollarlos. 2 Conjunto de los huevos que empolla.

echar *tr.* Hacer que una cosa vaya a parar o caiga en alguna parte dándole impulso. 2 Hacer salir a uno de un lugar. 3 Despedir de sí. 4 Brotar las plantas sus raíces, hojas o flores; salirle a una persona o animal los dientes, el pelo, etc. - 5 *tr.-prnl.* Reclinar, recostar. ▷ *Echar a perder,* perder su buen sabor, malograr. *Echarse atrás,* eludir un compromiso. *~ de menos,* añorar. *Echarse uno a dormir,* descuidar una obligación.

echarpe *m.* Chal angosto y largo.

edad *f.* Tiempo que ha vivido una persona desde que nació o que lleva de existencia una cosa. 2 Período en que se considera dividida la vida humana o la historia.

edafología *f.* Estudio del suelo desde los puntos de vista físico, químico y biológico.

edda *f.* Nombre de dos obras que coleccionan la vieja literatura escandinava.

edecán *m.* MIL. Ayudante de campo.

edema *m.* Hinchazón blanda de una parte del cuerpo.

edén *m.* Paraíso terrenal. 2 fig. Lugar muy ameno y delicioso.

edentado, -da *adj.-m.* Díc. del orden de mamíferos placentarios de aspecto muy variado y tamaño medio; como el armadillo, el perezoso y el oso hormiguero.

edición *f.* Impresión y publicación de una obra o escrito. 2 Grabación de un disco.

edicto *m.* Decreto. 2 Orden que se fija en parajes públicos para conocimiento de todos.

edificación *f.* Edificio.

edificante *adj.* Que edifica.

edificar *tr.* Construir o mandar construir un edificio. 2 fig. Dar buen ejemplo.

edificio *m.* Obra construida para habitación o usos análogos.

edil *m.* Concejal.

editar *tr.* Publicar una obra, periódico, folleto, etc.

editor, -ra *adj.-s.* Que edita. - 2 *m. f.* Persona o entidad que saca a luz pública una obra, periódico, disco, etc.

editorial *adj.* Perten. o rel. al editor o a la edición. - 2 *m.* Artículo de periódico no firmado, por asumir los editores su contenido. - 3 *f.* Empresa editorial.

edredón *m.* Almohadón empleado como cobertor.

educación *f.* Crianza, doctrina dada a los niños y jóvenes. 2 Cortesía, urbanidad.

educado, -da *adj.* Que tiene buena educación o urbanidad.

educador, -ra *adj.-s.* Que educa.

educar *tr.* Desarrollar o perfeccionar las facultades y aptitudes de una persona.

educativo, -va *adj.* Que educa o sirve para educar. 2 Perten. o rel. a la educación.

edulcorante *m.* Substancia que edulcora los alimentos o medicamentos.

edulcorar *tr.* Endulzar.

efe *f.* Nombre de la letra *f.*

efebo *m.* Mancebo, adolescente.

efectismo *m*. Abuso de recursos para impresionar fácilmente.

efectividad *f*. Calidad de efectivo.

efectivo, -va *adj*. Real, verdadero. - 2 *m*. Dinero disponible. - 3 *m. pl.* MIL. Tropas que componen una unidad del ejército.

efecto *m*. Resultado de la acción de una causa. 2 Impresión causada en el ánimo. 3 Movimiento giratorio que se hace tomar a una bola, pelota, etc., tocándola o golpeándola lateralmente. ▷ *A ~ de*, con la finalidad de. *Llevar a ~*, ejecutar. *Surtir ~*, dar resultado.

efectuar *tr*. Poner por obra, ejecutar. - 2 *prnl*. Realizarse una cosa.

efeméride *f. pl.* Libro en que se refieren los hechos de cada día. 2 Sucesos notables ocurridos un número exacto de años antes de una día determinado.

efervescencia *f*. Desprendimiento de burbujas gaseosas a través de un líquido. 2 Hervor, agitación.

efervescente *adj*. Que está o puede estar en efervescencia.

eficacia *f*. Virtud para obrar.

eficaz *adj*. Activo, que tiene la virtud de producir el efecto deseado.

eficiencia *f*. Virtud y facultad para lograr un efecto determinado. 2 Competencia, eficacia en el cargo o trabajo.

eficiente *adj*. Que tiene eficiencia.

efigie *f*. Imagen de una persona.

efímero, -ra *adj*. Que dura sólo un día. 2 Pasajero, de corta duración.

eflorescencia *f*. Erupción aguda o crónica, de color rojo subido, que se presenta especialmente en el rostro.

efluir *intr*. Fluir un líquido o un gas.

efluvio *m*. Emisión de partículas muy finas.

efugio *m*. Salida, recurso para sortear una dificultad.

efusión *f*. Derramamiento de un líquido. 2 fig. Expansión de los afectos del ánimo.

efusivo, -va *adj*. Que siente efusión.

egipcio, -cia *adj.-s.* De Egipto. - 2 *m*. Lengua egipcia.

egiptología *f*. Estudio de las antigüedades de Egipto.

égloga *f*. Género de poesía bucólica, en la cual dialogan pastores acerca de sus afectos y de la vida campestre.

ego *m*. FIL. Ente individual.

egocentrismo *m*. Extremada exalta-

ción de la propia personalidad.

egoísmo *m*. Excesivo amor de sí mismo.

egoísta *adj.-com.* Que tiene egoísmo.

ególatra *adj*. Que tiene egolatría.

egolatría *f*. Culto de sí mismo.

egotismo *m*. Afán de hablar uno de sí mismo.

egregio, -gia *adj*. Ilustre, que excede a lo corriente.

¡eh! Interjección que se emplea para preguntar, llamar, reprender o advertir.

eíder *m*. Ave anseriforme, especie de pato, que tiene un plumón finísimo.

einstenio *m*. QUÍM. Elemento químico, radiactivo artificial.

eje *m*. Pieza cilíndrica alrededor de la cual gira un cuerpo. 2 Línea que pasa por el centro geométrico de un cuerpo y lo atraviesa en el sentido de su máxima dimensión. 3 fig. Parte esencial de un razonamiento; sostén principal de una empresa. 4 GEOM. Diámetro principal de una curva.

ejecución *f*. Ac. y ef. de ejecutar.

ejecutar *tr*. Poner por obra. 2 Ajusticiar. 3 Desempeñar con arte una cosa.

ejecutivo, -va *adj*. Que no permite que se difiera la ejecución. 2 Encargado de llevar a efecto leyes, órdenes o acuerdos. - 3 *m. f.* Persona que forma parte de una comisión ejecutiva o que desempeña cargo de responsabilidad en una empresa.

ejecutoria *f*. Título de nobleza.

ejemplar *adj*. Que da buen ejemplo. - 2 *m*. Modelo. 3 Escrito, impreso, grabado, etc., sacado de un mismo original. 4 Individuo de una especie o género.

ejemplificar *tr*. Demostrar o autorizar con ejemplos.

ejemplo *m*. Caso, hecho, etc., que se cita para que se imite o evite, o bien para ilustrar y autorizar un aserto. 2 Conducta que puede mover a otros a que la imiten.

ejercer *tr*. Practicar una profesión, facultad, virtud, etc.

ejercicio *m*. Ac. y ef. de ejercitarse o ejercer. 2 p. ext. Tiempo durante el cual rige una ley de presupuestos. 3 Trabajo que tiene por objeto la adquisición, desarrollo o conservación de una facultad o aptitud. ▷ *En ~*, que ejerce su profesión o cargo.

ejercitar *tr.* Ejercer. 2 Enseñar una cosa mediante la práctica de ella. - 3 *prnl.* Adiestrarse en la ejecución de una cosa repitiéndola mucho.

ejército *m.* Cuerpo formado por numerosos soldados, o abundante gente armada, bajo las órdenes de un jefe. 2 Conjunto de las fuerzas militares de un estado. 3 *fig.* Colectividad numerosa.

ejido *m.* Campo común de un pueblo.

el Artículo en género masculino y número singular.

él *pron. pers.* Forma de tercera persona para el sujeto en género masculino.

elaboración *f.* Ac. y ef. de elaborar.

elaborar *tr.* Preparar un producto mediante sucesivas operaciones.

elación *f.* Elevación del espíritu. 2 Hinchazón del estilo.

elasmobranquio, -a *adj.-m.* Díc. del pez caracterizado por tener el esqueleto cartilaginoso, las hendiduras branquiales al descubierto, la cola heterocerca y carecer de línea lateral y vejiga natatoria.

elasticidad *f.* Calidad de elástico. 2 Propiedad que los cuerpos poseen de recobrar su extensión y forma primitiva cuando cesa la fuerza que los había deformado.

elástico, -ca *adj.* Que tiene elasticidad, generalmente en grado notable. 2 *fig.* Acomodaticio. - 3 *m.* Tejido elástico.

elativo, -va *adj.* GRAM. Superlativo absoluto.

ele *f.* Nombre de la letra *l.*

eleagnáceo, -a *adj.-f.* Díc. de la planta dicotiledónea de hojas cubiertas de escamas.

elección *f.* Nombramiento para algún cargo, comisión, etc. 2 Libertad para obrar. - 3 *f. pl.* Votación para elegir un cargo.

electivo, -va *adj.* Que se hace o se da por elección.

electo, -ta *adj.-s.* Que acaba de ser elegido para un cargo.

elector, -ra *adj.-s.* Que elige.

electorado *m.* Conjunto de los electores.

electoral *adj.* Perten. o rel. a los electores o a las elecciones.

electoralismo *m.* Declaraciones, promesas, etc., inspiradas en una táctica electoral y no en la fidelidad a una doc-

trina.

electricidad *f.* Manifestación de energía a través de fenómenos mecánicos, luminosos, fisiológicos y químicos.

electricista *adj.-com.* Perito en las aplicaciones de la electricidad.

eléctrico, -ca *adj.* Que tiene o comunica electricidad. 2 Que funciona por medio de la electricidad.

electrificar *tr.* Hacer que algo funcione por medio de la electricidad.

electrizar *tr.-prnl.* Comunicar o producir electricidad en un cuerpo. 2 *fig.* Exaltar, inflamar los ánimos.

electroacústica *f.* Rama de la electrotecnia que trata de las corrientes eléctricas alternas cuya frecuencia está comprendida dentro de la escala de las vibraciones audibles.

electrobomba *f.* Bomba hidráulica impulsada por un motor eléctrico.

electrocardiografía *f.* Parte de la medicina que estudia la obtención e interpretación de los electrocardiogramas.

electrocardiógrafo *m.* Aparato para realizar electrocardiogramas.

electrocardiograma *m.* Gráfico que registra el pulso y el ritmo cardíaco.

electrocirugía *f.* Empleo quirúrgico de la corriente eléctrica.

electrocución *f.* Ac. y ef. de electrocutar.

electrocutar *tr.* Matar por medio de la electricidad.

electrochoque *m.* Procedimiento curativo por medio de corrientes eléctricas.

electrodinámica *f.* Parte de la física que estudia la energía eléctrica en movimiento.

electrodo *m.* Conductor que pone en comunicación los polos de un electrolito con el circuito.

electrodoméstico *m.* Aparato automático que funciona por electricidad o gas, destinado al uso doméstico.

electroencefalografía *f.* Parte de la medicina que trata de la obtención e interpretación de los electroencefalogramas.

electroencefalógrafo *m.* Aparato para realizar electroencefalogramas.

electroencefalograma *m.* Gráfico que registra la actividad del encéfalo.

electrógeno, -na *adj.* Que engendra electricidad.

electroimán *m.* Barra imantada por la acción de una corriente eléctrica.

electrólisis *f.* Descomposición química de un cuerpo por la electricidad.

electrolítico, -ca *adj.* Perten. o rel. a la electrólisis.

electrolito, electrólito *m.* Cuerpo que se descompone en la electrólisis.

electroluminiscencia *f.* Propiedad de los cuerpos que se vuelven luminosos bajo la influencia de una corriente, una descarga o simplemente un campo eléctrico.

electromagnetismo *m.* Magnetismo producido por una corriente eléctrica. 2 Parte de la física que trata de las relaciones entre el magnetismo y la electricidad.

electromagnético, -ca *adj.* Perten. o rel. al electromagnetismo.

electromecánica *f.* Ciencia que estudia las aplicaciones de la electricidad a la mecánica.

electrometalurgia *f.* Sistema metalúrgico basado en la aplicación de electricidad.

electrometría *f.* Parte de la física que trata de la medición de magnitudes eléctricas.

electromotor, -ra *adj.-s.* Que transforma la energía eléctrica en trabajo mecánico.

electromotriz *adj. f.* Electromotora.

electrón *m.* Componente del átomo que lleva carga eléctrica negativa.

electrónico, -ca *adj.* Perten. o rel. a los electrones. - 2 *f.* Ciencia que estudia el comportamiento de los electrones libres.

electronuclear *adj.* Perten. o rel. a la energía eléctrica de origen nuclear.

electronvoltio *m.* Fís. Unidad de energía equivalente a la que adquiere un electrón acelerado con la diferencia de potencial de 1 voltio.

electroquímica *f.* Estudio de los fenómenos químicos que provocan electricidad y los fenómenos eléctricos que dan lugar a transformaciones químicas.

electroscopio *m.* Aparato para conocer si un cuerpo está electrizado.

electrosiderurgia *f.* Ciencia que estudia la electricidad como fuente de calor.

electrostático, -ca *adj.* Perten. o rel. a la electrostática. - 2 *f.* Parte de la física que estudia las leyes y fenómenos de la electricidad en reposo.

electrotecnia *f.* Estudio de las aplicaciones técnicas de la electricidad.

electroterapia *f.* Empleo de la electricidad en el tratamiento de las enfermedades.

electrotermia *f.* Ciencia que estudia los fenómenos en que intervienen la electricidad y el calor.

elefante *m.* Mamífero de gran tamaño, con la nariz en forma de trompa prensil y dos incisivos muy largos.

elefántidos *m. pl.* Familia de mamíferos del orden proboscídeos, que incluye sólo dos especies vivientes de elefantes.

elegancia *f.* Calidad de elegante.

elegante *adj.* Dotado de gracia, nobleza y sencillez. 2 Garboso. 3 De buen gusto.

elegía *f.* Composición poética triste.

elegible *adj.* Que puede ser elegido.

elegir *tr.* Escoger, preferir.

elemental *adj.* Perten. o rel. al elemento. 2 Fundamental, primordial.

elemento *m.* Substancia simple o principio de que está formado el universo físico. 2 Parte simple o integrante de algo. 3 Medio en que vive un ser. - 4 *m. pl.* Las fuerzas naturales. 5 Medios, recursos.

elenco *m.* Catálogo, índice. 2 Conjunto de artistas; personal de un local o empresa.

elepé *m.* Disco de larga duración.

elevación *f.* Ac. y ef. de elevar. 2 Altura.

elevado, -da *adj.* Alto. 2 Excelente.

elevador, -ra *adj.* Que eleva. - 2 *adj.-m.* ANAT. Músculo que sirve para levantar la región del cuerpo en que se inserta.

elevalunas *m.* Mecanismo para elevar los cristales de las ventanillas de un automóvil.

elevar *tr.-prnl.* Alzar. 2 Ensalzar.

elfo *m.* En la mitología escandinava, espíritu que vive en las cuevas, bosques, etc.

elidir *tr.* Frustrar, desvanecer. 2 GRAM. Suprimir la vocal con que acaba una palabra cuando la que sigue empieza con otra vocal.

eliminación *f.* Ac. y ef. de eliminar.

eliminar *tr.-prnl.* Quitar, separar, suprimir, excluir.

eliminatorio, -ria adj. Que elimina, que sirve para eliminar. - 2 f. Competición selectiva anterior a los cuartos de final.

elipse f. Curva cerrada, simétrica respecto a dos ejes perpendiculares entre sí.

elipsis f. GRAM. Supresión de palabras.

elipsoidal adj. De figura de elipsoide.

elipsoide f. Sólido engendrado por la revolución de una elipse.

elíptico, -ca adj. Perten. o rel. a la elipse o a la elipsis.

elisión f. Ac. y ef. de elidir.

elite f. Grupo selecto, minoría selecta.

elitismo m. Sistema que favorece a las elites, o la aparición de ellas.

elitista adj. Perten. o rel. a la elite. - 2 adj.-s. Que se comporta como miembro de una elite, que manifiesta gustos y preferencias frente a los del común.

élitro m. Ala anterior de los ortópteros, endurecida por una capa de quitina.

elixir, elíxir m. Licor medicinal.

elocución f. Manera de hacer uso de la palabra.

elocuencia f. Facultad de expresarse con eficacia. 2 Oratoria.

elocuente adj. Que se expresa con elocuencia.

elogiar tr. Hacer elogios.

elogio m. Alabanza.

elucidación f. Declaración, explicación.

elucidar tr. Poner en claro.

eludir tr. Evitar con algún artificio.

eluvión m. Conjunto de fragmentos de roca erosionada en cuya formación no existe el transporte.

ella pron. pers. Forma de tercera persona singular en género femenino.

elle f. Nombre de la letra ll.

ello pron. pers. Forma de tercera persona en el género neutro.

ellos, ellas pron. pers. Forma de tercera persona plural en género masculino o femenino.

emanación f. Ac. y ef. de emanar. 2 Efluvio.

emanantismo m. Doctrina según la cual todas las cosas proceden de Dios por emanación.

emanar intr. Desprenderse de algo.

emancipación f. Ac. y ef. de emancipar.

emancipar tr.-prnl. Libertar de la patria potestad o de la servidumbre.

emascular tr. Capar.

embabiamiento m. fam. Embeleso.

embadurnar tr.-prnl. Untar. 2 Embarrar.

embajada f. Mensaje. 2 Cargo de embajador. 3 Casa en que reside.

embajador, -ra m. f. Agente diplomático representante de su estado y su jefe de gobierno en otro país.

embalaje m. Ac. y ef. de embalar. 2 Cosa con que se embala.

embalar tr. Colocar dentro de cubiertas o cajas las mercancías. - 2 intr.-prnl. Adquirir gran velocidad.

embaldosado m. Solado con baldosas.

embaldosar tr. Solar con baldosas.

embalsamar tr. Preparar un cadáver para evitar su putrefacción.

embalsar tr. Meter en balsa.

embalse m. Balsa artificial donde se acopian las aguas de un río.

embarazado, -da adj. Turbado, molesto. - 2 adj.-f. Díc. de la mujer preñada.

embarazar tr.-prnl. Entorpecer.

embarazo m. Impedimento. 2 Preñado de la mujer y tiempo que éste dura.

embarazoso, -sa adj. Que embaraza.

embarcación f. Construcción de cualquier forma y tamaño destinada a la navegación.

embarcadero m. Lugar destinado para embarcar.

embarcar tr.-prnl. Dar ingreso a personas, mercancías, etc., en un transporte.

embargar tr. Suspender, paralizar. 2 Retener una cosa judicialmente.

embargo m. Retención judicial de bienes. - 2 conj. advers. Sin ~, no obstante i sin que perjudique.

embarque m. Ac. y ef. de embarcar.

embarrancar intr.-tr. MAR. Encallar.

embarrar tr.-prnl. Cubrir con barro.

embarullar tr.-prnl. Mezclar sin orden. 2 Enredar, confundir.

embastecer intr. Engrosar, tomar carnes. - 2 prnl. Ponerse basto o tosco.

embate m. Golpe impetuoso de mar. 2 Acometida impetuosa.

embaucador, -ra adj.-s. Que embauca.

embaucar tr. Engañar, alucinar.

embaular tr. Meter en un baúl.

embebecer tr.-prnl. Embelesar.

embeber *tr.* Absorber un cuerpo sólido otro líquido. 2 Empapar. 3 Encajar, meter.

embelecar *tr.* Engañar con artificios.

embeleco *m.* Embuste, engaño.

embelesar *tr.-prnl.* Arrebatar, cautivar los sentidos.

embeleso *m.* Efecto de embelesar o embelesarse. 2 Cosa que embelesa.

embellecer *tr.* Hacer o poner bello.

embellecimiento *m.* Ac. y ef. de embellecer. 2 Adorno.

embermejar *tr.* Teñir de color bermejo.

emberrenchinarse *prnl.* Enfadarse mucho.

embestida *f.* Ac. y ef. de embestir.

embestir *tr.* Acometer con ímpetu.

embetunar *tr.* Cubrir con betún.

emblandecer *tr.-prnl.* Ablandar.

emblanquecer *tr.-prnl.* Blanquear.

emblema *m.* Representación, símbolo.

embobamiento *m.* Embeleso.

embobar *tr.-prnl.* Embelesar.

embobecer *tr.* Volver bobo, entontecer.

embocadura *f.* Ac. y ef. de embocar. 2 Boquilla de un instrumento. 3 Boca de un río.

embocar *tr.* Meter por la boca. 2 Entrar por una parte estrecha. 3 Comenzar algo.

embolado *m.* Problema, situación difícil. 2 Artificio engañoso.

embolia *f.* MED. Obstrucción de un vaso sanguíneo.

émbolo *m.* Disco que se ajusta y mueve dentro de un cuerpo de bomba o del cilindro de una máquina.

embolsar *tr.* Guardar en la bolsa. - 2 *tr.-prnl.* Ganar dinero.

emboque *m.* Paso de la bola por el aro o de otra cosa por una parte estrecha.

emboquillado *adj.-m.* Díc. del cigarrillo con filtro.

emboquillar *tr.* Poner boquillas.

emborrachacabras *f.* Arbusto coriáceo de hojas y frutos venenosos.

emborrachar *tr.-prnl.* Causar embriaguez. 2 Atontar, adormecer.

emborrar *tr.* Henchir o llenar de borra.

emborrascar *tr.* Irritar, alterar. - 2 *prnl.* Hacerse el tiempo borrascoso. 3 fig. Echarse a perder un negocio.

emborregado *adj.* Díc. del cielo cubierto de nubes.

emborronar *tr.* Echar borrones. 2 Escribir de prisa y con desaliño.

emboscada *f.* Ataque por sorpresa. 2 Asechanza.

emboscar *tr.-prnl.* Poner en emboscada. - 2 *prnl.* Ocultarse entre el ramaje.

embosquecer *intr.* Hacerse bosque.

embotamiento *m.* Ac. y ef. de embotar.

embotar *tr.-prnl.* Engrosar el filo o la punta de un arma u otro instrumento cortante. 2 Aturdirse y ofuscarse.

embotellado, -da *adj.* Que está dentro de una botella.

embotellamiento *m.* Aglomeración excesiva de personas o vehículos.

embotellar *tr.* Echar en botella. 2 Acorralar, inmovilizar, entorpecer.

embovedar *tr.* Cubrir con bóveda. 2 Poner o encerrar en una bóveda.

embozar *tr.-prnl.* Cubrir el rostro por la parte inferior. - 2 *tr.* Disimular.

embozo *m.* Parte de una prenda con que uno se emboza. 2 Doblez de la sábana por la parte que toca al rostro. 3 Falta intencionada de claridad.

embragar *tr.* Hacer que dos ejes en rotación queden acoplados o no.

embrague *m.* Mecanismo para embragar.

embravecer *tr.-prnl.* Irritar, enfurecer.

embrear *tr.* Untar con brea.

embriagar *tr.-prnl.* Emborrachar. 2 Enajenar.

embriaguez *f.* Turbación de las facultades por haber bebido demasiado alcohol.

embridar *tr.* Poner la brida.

embriología *f.* Parte de la biología que trata de la formación del embrión.

embrión *m.* En los seres orgánicos, óvulo fecundado antes de convertirse en un nuevo ser.

embrionario, -ria *adj.* Perten. o rel. al embrión.

embriopatía *f.* MED. Enfermedad durante los tres primeros meses de vida en el útero materno.

embrocar *tr.* Vaciar una vasija en otra volviéndola boca abajo. 2 Devanar los hilos en la broca.

embrollador, -ra *adj.-s.* Que embrolla.

embrollar *tr.-prnl.* Enredar.

embrollo *m.* Enredo, confusión. 2 Situación embarazosa.

embromar *tr.* Gastar bromas. 2 Engañar con artificios.

embrujamiento *m.* Ac. y ef. de embrujar.

embrujar *tr.* Hechizar.

embrujo *m.* Hechizo.

embrutecer *tr.-prnl.* Entorpecer las facultades del espíritu.

embrutecimiento *m.* Ac. y ef. de embrutecer.

embuchado *m.* Tripa rellena de carne de cerdo.

embuchar *tr.* Meter carne picada en una tripa. 2 Introducir comida en el buche.

embudo *m.* Instrumento cónico, hueco, rematado en un canuto, para transvasar líquidos. 2 Trampa, enredo.

embullar *tr.* Animar a uno para que tome parte en una diversión bulliciosa.

embuste *m.* Mentira.

embustero, -ra *adj.-s.* Que dice embustes.

embutido *m.* Obra de taracea. 2 Embuchado.

embutir *tr.* Meter una cosa dentro de otra y apretarla. 2 Embuchar.

eme *f.* Nombre de la letra *m.*

emergencia *f.* Ocurrencia, accidente súbitos. 2 Asunto urgente, apremiante.

emerger *intr.* Salir del agua u otro líquido.

emérito, -ta *adj.* Que se ha retirado de un empleo o cargo y disfruta algún premio por sus buenos servicios.

emersión *f.* Aparición de un cuerpo en la superficie de un líquido en que se hallaba sumergido.

emético, -ca *adj.-m.* Vomitivo.

emigración *f.* Ac. y ef. de emigrar.

emigrado, -da *m. f.* Persona que reside fuera de su patria.

emigrante *adj.-s.* Que emigra.

emigrar *intr.* Dejar uno su país para establecerse o trabajar en otro. 2 Cambiar periódicamente de clima algunos animales.

eminencia *f.* Elevación del terreno. 2 Persona eminente. 3 Título que se da a los cardenales.

eminente *adj.* Elevado. 2 Sobresaliente.

emir *m.* Príncipe o caudillo árabe.

emirato *m.* Territorio gobernado por un emir.

emisario, -ria *m. f.* Mensajero. - 2 *m.* Cañería para evacuar las aguas residuales.

emisión *f.* Ac. y ef. de emitir. 2 Conjunto de títulos o efectos públicos que se crean de una vez. 3 Tiempo durante el cual emite sin interrupción la radio o la televisión.

emisor, -ra *adj.-s.* Que emite. - 2 *f.* Estación de radiodifusión.

emitir *tr.* Arrojar, exhalar. 2 Poner en circulación papel moneda, títulos, etc. 3 Transmitir por ondas generadas por una corriente oscilatoria. 4 Manifestar.

emoción *f.* Agitación del ánimo.

emocional *adj.* Perten. o rel. a la emoción.

emocionante *adj.* Que causa emoción.

emocionar *tr.-prnl.* Conmover el ánimo.

emolumento *m.* Beneficio extraordinario que corresponde a un cargo o empleo.

emotivo, -va *adj.* Perten. o rel. a la emoción o que la produce. 2 Sensible a las emociones.

empacar *tr.* Empaquetar.

empachar *tr.* Causar indigestión.

empacho *m.* Indigestión.

empadrar *tr.-prnl.* Encariñarse demasiado el niño con su padre o sus padres.

empadronamiento *m.* Ac. y ef. de empadronar.

empadronar *tr.* Inscribir en el padrón.

empalagar *intr.-prnl.* Causar hastío.

empalagoso, -sa *adj.* Que empalaga.

empalar *tr.* Espetar a uno en un palo.

empalizada *f.* Estacada.

empalizar *tr.* Rodear de empalizadas.

empalmar *tr.* Unir dos piezas por sus extremos. - 2 *intr.* Enlazar un coche o ferrocarril con otro. 3 Seguir o suceder una cosa a continuación de otra sin interrupción.

empalme *m.* Ac. y ef. de empalmar. 2 Punto en que se empalma.

empanada *f.* Manjar encerrado en masa o pan y cocido al horno.

empanadilla *f.* Pastel pequeño y relleno de carne.

empanar *tr.* Encerrar en masa o pan. 2 Rebozar con pan rallado.

empantanar *tr.-prnl.* Inundar un terreno. 2 *fig.* Detener un negocio.

empañado, -da *adj.* Díc. de la voz que no es bastante sonora y clara. - 2 *adj.-s.*

Que tiene adherido el vapor de agua.

empañar tr. Envolver en pañales. - 2 tr.-prnl. Quitar el brillo o la transparencia. 3 Disminuir la buena fama.

empapar tr.-prnl. Mojar una cosa hasta que quede penetrada del líquido. 2 Absorber.

empapelado m. Ac. y ef. de empapelar.

empapelador, -ra m. f. Persona que empapela.

empapelar tr. Cubrir de papel.

empaque m. Ac. y ef. de empaquetar. 2 Catadura, aire de una persona.

empaquetar tr. Formar paquetes.

emparedado m. Trocito de vianda entre dos trozos de pan.

emparedar tr.-prnl. Encerrar entre paredes.

emparejar tr.-prnl. Formar una pareja. 2 Poner una cosa a nivel con otra.

emparentar intr. Contraer parentesco.

emparrado m. Conjunto de vástagos de parra que forman cubierto.

emparrar tr. Hacer o formar emparrado.

emparrillado m. Conjunto de barras trabadas para afirmar los cimientos. 2 Suelo de un hogar preparado y apto para quemar combustibles sólidos.

emparrillar tr. Asar en parrillas.

emparvar tr. Poner en parva las mieses.

empastar tr. Cubrir de pasta. 2 Encuadernar en pasta. 3 Rellenar con pasta los dientes que tienen caries.

empaste m. Ac. y ef. de empastar. 2 Pasta con que se llena un diente cariado.

empatar tr.-intr. Igualar los votos de una votación o los tantos ganados en un juego.

empate m. Ac. y ef. de empatar.

empatía f. Participación afectiva y por lo común emotiva, de un sujeto en una realidad ajena.

empavesado m. Conjunto de banderas y gallardetes con que se engalana un barco.

empavesar tr. Engalanar un barco.

empecinarse prnl. Obstinarse.

empedernido, -da adj. Vicioso incorregible. 2 Insensible, duro de corazón.

empedernir tr.-prnl. Endurecer mucho. - 2 prnl. Hacerse insensible.

empedrado m. Pavimento de piedras.

empedrar tr. Pavimentar con piedras. 2

Cubrir, llenar.

empegar tr. Bañar o marcar con pez.

empeguntar tr. Empegar las reses.

empeine m. Parte superior del pie.

empelotarse prnl. Enredarse.

empellar tr. Dar empellones.

empellón m. Empujón fuerte.

empeñar tr. Dar o dejar en prenda. - 2 tr.-prnl. Obligar. - 3 prnl. Endeudarse. 4 Insistir con tesón.

empeño m. Ac. y ef. de empeñar o empeñarse. 2 Obligación de hacer algo. 3 Vivo deseo de hacer o conseguir algo. 4 Tesón, constancia.

empeorar tr.-intr.-prnl. Poner peor.

empequeñecer tr.-prnl. Disminuir.

emperador m. Soberano de un imperio.

emperatriz f. Mujer del emperador. 2 Soberana de un imperio.

emperejilar tr.-prnl. Adornar.

emperezar intr.-prnl. Dejarse dominar por la pereza.

emperifollar tr.-prnl. Adornar.

empero conj. advers. Pero, sin embargo.

emperrarse prnl. Obstinarse.

empetráceo, -a adj.-f. Díc. de la planta alpina ericácea parecida al brezo.

empezar tr. Comenzar, dar principio. - 2 intr. Tener principio.

empicarse prnl. Aficionarse demasiado.

empiece m. Comienzo.

empiltrarse prnl. fam. Echarse o meterse en la cama.

empinado, -da adj. Muy alto. 2 Que tiene una pendiente muy pronunciada.

empinar tr. Levantar en alto. - 2 prnl. Ponerse sobre las puntas de los pies.

empingorotado, -da adj. De elevada posición social. 2 Soberbio.

empíreo, -a adj. Celestial, supremo.

empírico, -ca adj. Perten. o rel. al empirismo.

empirismo m. Doctrina filosófica que basa el conocimiento en la experiencia.

empitonar tr. Coger el toro con los pitones.

emplastar tr. Poner emplastos. - 2 prnl. Embadurnarse con cualquier compuesto pegajoso.

emplaste m. Pasta a base de yeso que se endurece rápidamente.

emplasto m. Medicamento pegajoso

de uso externo. 2 Cosa pegajosa.

emplazamiento m. Ac. y ef. de emplazar. 2 Posición, colocación.

emplazar intr. Citar a una persona en determinado tiempo y lugar. - 2 tr. Colocar.

empleado, -da m. f. Persona que tiene un destino o empleo.

emplear tr.-prnl. Ocupar a uno dándole un trabajo. - 2 tr. Gastar, consumir, usar. ▷ *Emplearse a fondo,* trabajar con empeño.

empleo m. Ocupación, profesión.

emplomar tr. Cubrir con plomo.

emplumar tr. Poner plumas. 2 fam. Sancionar, procesar, condenar.

emplumecer intr. Echar plumas las aves.

empobrecer tr. Hacer pobre. - 2 intr.-prnl. Llegar a pobre. - 3 prnl. Venir a menos.

empobrecimiento m. Ac. y ef. de empobrecer.

empolvar tr.-prnl. Echar polvo. - 2 prnl. Llenarse de polvo.

empollar tr. Calentar el ave los huevos para sacar pollos. 2 fig. Estudiar mucho.

empollón, -llona adj.-s. Díc. del estudiante que prepara mucho sus lecciones.

emponzoñar tr.-prnl. Dar ponzoña. 2 Inficionar.

emporcar tr.-prnl. Ensuciar.

emporio m. Ciudad de gran importancia comercial.

emporrado, -da adj. Que está bajo los efectos del porro.

empotrar tr. Meter algo en la pared.

emprendedor, -ra adj. Resuelto.

emprender tr. Acometer y empezar una obra o empresa.

empreñar tr. Fecundar el macho a la hembra. - 2 prnl. Quedar preñada la hembra.

empresa f. Acción de emprender y cosa que se emprende. 2 Sociedad mercantil o industrial.

empresariado m. Conjunto de las empresas y empresarios de una industria, región, país, etc.

empresario, -ria m. f. Persona que toma a su cargo una empresa.

empréstito m. Préstamo que toma el estado o una corporación.

empujar tr. Hacer fuerza contra una cosa para moverla.

empuje m. Ac. y ef. de empujar. 2 Brío.

empujón m. Impulso dado con fuerza. ▷ *A empujones,* con violencia.

empuñadura f. Puño de la espada.

empuñar tr. Asir por el puño.

emputecer tr.-prnl. Prostituir a una mujer.

emú m. Ave de Australia, de 1 m. de longitud y 50 kgs. de peso.

emulación f. Ac. y ef. de emular.

emular tr. Imitar a otro procurando igualarle o excederle.

émulo, -la adj.-s. Competidor que procura aventajar.

emulsión f. Líquido consistente que contiene en suspensión pequeñas partículas de substancias insolubles.

emulsionante adj. Que permite conseguir una emulsión o estabilizarla.

emuntorio, -ria adj.-s. Díc. del órgano, conducto o glándula, que excreta las substancias o humores superfluos o nocivos.

en prep. Denota el lugar o el tiempo en que se determina una acción o el modo de realizarla. 2 Precediendo a un gerundio significa sucesión inmediata, equivalente a luego que, después que.

enagua f. Falda interior, generalmente de tela blanca, usada bajo la falda exterior.

enaguachar tr. Llenar de agua una cosa en que no conviene que haya tanta.

enaguazar tr.-prnl. Encharcar.

enajenación f. Ac. y ef. de enajenar. 2 Distracción, embeleso.

enajenado, -da adj.-s. Loco.

enajenamiento m. Enajenación.

enajenar tr. Ceder la propiedad de algo. - 2 tr.-prnl. Sacar fuera de sí; turbar la razón. - 3 prnl. Desposeerse de algo.

enaltecer tr. Ensalzar.

enamoradizo, -ra adj. Propenso a enamorarse.

enamorado, -da adj.-s. Que tiene amor.

enamoramiento m. Ac. y ef. de enamorar o enamorarse.

enamorar tr. Excitar la pasión del amor. - 2 prnl. Prendarse de amor de una persona. 3 Aficionarse a una cosa.

enanismo m. Trastorno del crecimiento caracterizado por una talla inferior a la propia de los individuos de la misma edad, especie y raza.

enano, -na *adj.* Diminuto. - 2 *m. f.* Persona muy pequeña.

enarbolado *m.* Conjunto de piezas de madera ensamblada que forman la armadura de una torre o bóveda.

enarbolar *tr.* Levantar en alto una bandera, etc.

enarcar *tr.-prnl.* Arquear.

enardecer *tr.-prnl.* Excitar, avivar.

enarenación *f.* Mezcla de cal y arena con que se preparan las paredes que se han de pintar.

enarenar *tr.* Cubrir de arena.

enargita *f.* Mineral de la clase de los sulfuros de color gris o negro.

enastado, -da *adj.* Que tiene astas o cuernos.

enastar *tr.* Poner mango o asta.

encabalgar *intr.* Descansar una cosa sobre otra.

encaballar *tr.* Colocar una pieza de modo que se apoye sobre el extremo de otra.

encabestrar *tr.* Poner el cabestro. 2 Hacer que las reses bravas sigan a los cabestros. - 3 *prnl.* Enredar la bestia una mano en el cabestro.

encabezamiento *m.* Acción de encabezar. 2 Expresión o fórmula al principio de un escrito.

encabezar *tr.* Comenzar una lista, estar el primero. 2 Poner el encabezamiento a un escrito. 3 Presidir, estar al frente.

encabritarse *prnl.* Empinarse el caballo. - 2 fig. Enojarse.

encabronar *tr.-prnl.* Enfurecer, enojar.

encadenado, -da *adj.* Díc. de la estrofa cuyo primer verso repite en todo o en parte el último de la precedente y del verso que comienza con la última palabra del anterior.

encadenamiento *m.* Ac. y ef. de encadenar. - 2 *m.* Conexión, enlace.

encadenar *tr.-prnl.* Atar con cadena. 2 Trabar, enlazar.

encajamiento *m.* En obstetricia, grado de introducción de la cabeza o la parte fetal que se presenta en la pelvis, como primer tiempo del parto.

encajar *tr.* Meter una cosa dentro de otra de forma que quede bien ajustada. 2 Decir o hacer oír inoportunamente algo en una conversación. 3 Coincidir, estar de acuerdo. - 4 *prnl.* Meterse. 5 Ponerse una prenda.

encaje *m.* Ajuste de dos piezas. 2 Hueco donde se encaja algo. 3 Labor de mallas.

encajonar *tr.* Meter en un cajón. - 2 *tr.-prnl.* Meter en sitio angosto.

encalabrinar *tr.-prnl.* Excitar, irritar. - 2 *prnl.* Obstinarse.

encalar *tr.* Blanquear con cal.

encalmarse *prnl.* Quedar en calma el tiempo o el viento.

encalvecer *intr.* Perder el pelo, quedar calvo.

encallar *intr.* Dar la nave en la arena o piedras quedando sin movimiento.

encallecer *intr.-prnl.* Criar callos. 2 Endurecerse por la costumbre en los trabajos o en los vicios.

encallejonar *tr.-prnl.* Hacer entrar o meter una cosa por un callejón.

encamarse *prnl.* Meterse en cama por enfermedad. 2 Echarse las mieses.

encame *m.* Acción de ser ingresado en un hospital.

encaminar *tr.-prnl.* Dirigir hacia un punto o fin. 2 Enseñar el camino.

encamisar *tr.* Poner la camisa.

encanalar *tr.* Conducir por canales.

encanallar *tr.-prnl.* Envilecer.

encandecer *tr.* Poner incandescente.

encandilar *tr.* Deslumbrar. 2 Avivar la lumbre. - 3 *prnl.* Encenderse los ojos.

encanecer *intr.-prnl.* Ponerse cano. 2 Envejecer.

encanijar *tr.-prnl.* Poner flaco.

encantador, -ra *adj.-s.* Que encanta.

encantamiento *m.* Ac. y ef. de encantar.

encantar *tr.* Ejercer un poder mágico sobre personas o cosas. 2 Cautivar la atención, seducir, hechizar.

encanto *m.* Encantamiento. 2 Cosa que embelesa.

encañada *f.* Cañada, garganta o paso entre dos montes.

encañar *tr.* Conducir el agua por caños. 2 Sanear de humedad las tierras.

encañizar *tr.* Poner o cubrir con cañizos.

encañonar *tr.* Hacer que una cosa entre por un cañón. 2 Apuntar con un arma de fuego.

encapotar *tr.-prnl.* Cubrir con el capote. - 2 *prnl.* Ponerse el rostro ceñudo. - 3 *unipers.* Nublarse el cielo.

encapricharse *prnl.* Empeñarse en un capricho.

encapsular *tr.* Meter algo en cápsula o

cápsulas.

encapuchado, -da *adj.-s.* Cubierto con capucha; especialmente en las procesiones de Semana Santa.

encapuchar *tr.-prnl.* Tapar con capucha.

encapullado, -da *adj.* Encerrado como la flor en el capullo.

encarado, -da *adj.* Con los adv. *bien* o *mal,* de buena o mala cara, de bellas o feas facciones.

encaramar *tr.-prnl.* Levantar o subir. 2 Elevar a puestos altos u honoríficos.

encarar *intr.-prnl.* Ponerse cara a cara. - 2 *tr.* Dirigir la puntería.

encaratularse *prnl.* Cubrirse la cara con mascarilla o carátula.

encarcelamiento *m.* Ac. y ef. de encarcelar.

encarcelar *tr.* Poner en la cárcel.

encarecer *tr.-prnl.* Aumentar el precio. 2 Ponderar.

encarecimiento *m.* Ac. y ef. de encarecer.

encargado, -da *adj.-s.* Que tiene algo a su cargo.

encargar *tr.-prnl.* Poner una cosa al cuidado de uno. - 2 *tr.* Recomendar, prevenir. 3 Pedir que se haga una cosa.

encargo *m.* Ac. y ef. de encargar. 2 Cosa encargada.

encariñar *tr.-prnl.* Tomar cariño.

encarnación *f.* Acción de encarnar. 2 Personificación de una idea, doctrina, etc.

encarnado, -da *adj.* De color carne. 2 Colorado.

encarnadura *f.* Calidad de la carne viva con respecto a la curación de heridas.

encarnar *intr.* Tomar forma carnal una substancia espiritual. 2 Criar carne una herida. - 3 *tr.* Personificar alguna idea.

encarnecer *intr.* Hacerse más grueso.

encarnizado, -da *adj.* Muy porfiado y sangriento.

encarnizar *tr.-prnl.* Encruelecer. - 2 *prnl.* Mostrarse cruel.

encaro *m.* Parte de la culata de la escopeta donde se apoya la mejilla.

encarpetar *tr.* Guardar en carpetas. 2 fig. Dejar detenido un expediente.

encarrilar *tr.* Encaminar. 2 Poner sobre los carriles.

encarroñar *tr.* Inficionar una cosa.

encartar *tr.* Procesar. 2 Incluir a uno en algo. - 3 *intr.* fig. Venir a cuento.

encarte *m.* En varios juegos de naipes, orden casual en que éstos quedan al fin de cada mano. 2 Hoja o folleto de propaganda, de pedido, etc., que se pone entre las hojas de un libro o periódico.

encartonado *m.* Tipo de encuadernación formado por cartón.

encartonar *tr.* Resguardar con cartones. 2 Encuadernar en cartón.

encasamento, encasamiento *m.* ARQ. Adorno de fajas y molduras en una pared o bóveda.

encascotar *tr.* Rellenar con cascote.

encasillar *tr.* Poner en casillas. 2 Clasificar.

encasquetar *tr.-prnl.* Encajar bien en la cabeza el sombrero, gorra, etc. 2 Meter a uno algo en la cabeza.

encasquillar *tr.* Poner casquillos. - 2 *prnl.* Atascarse un arma con el casquillo.

encastar *tr.* Mejorar una casta de animales por cruce. - 2 *intr.* Procrear, hacer casta.

encastillar *tr.* Amontonar. 2 Armar un andamio para la construcción.

encastrar *tr.* Encajar, empotrar.

encauchar *tr.* Cubrir con caucho.

encausar *tr.* Procesar.

encauste, -to *m.* Modo de pintar aplicando el color por medio del fuego.

encáustico *m.* Preparado de cera y aguarrás para dar brillo.

encauzamiento *m.* Conjunto de diques y otras obras que permiten estrechar el cauce de un río y aumentar su profundidad.

encauzar *tr.* Abrir cauce; dirigir por un cauce. 2 Dirigir por buen camino.

encebollar *tr.* Echar abundante cebolla a un manjar.

encefálico, -ca *adj.* Perten. o rel. al encéfalo.

encefalina *f.* MED. Substancia narcótica que el encéfalo segrega como reacción a dolores muy intensos.

encéfalo *m.* Parte central del sistema nervioso, encerrada en el cráneo.

encefalografía *f.* Radiografía del cráneo después de haber substituido por aire el líquido cefalorraquídeo.

encefalograma *m.* Electroencefalograma.

enceguecer *tr.* Cegar, ofuscar el entendimiento. - 2 *intr.-prnl.* Sufrir ceguera.

encelado, -da *adj.* fam. Que está muy enamorado.

encelar *tr.* Dar celos. - **2** *prnl.* Concebir celos.

encella *f.* Molde para hacer quesos.

encenagado, -da *adj.* Mezclado con cieno.

encenagar *tr.-prnl.* Meter en el cieno. - **2** *prnl.* Entregarse al vicio.

encendedor *m.* Aparato para encender.

encender *tr.-prnl.* Hacer que una cosa arda; pegar fuego. **2** Conectar un aparato eléctrico. **3** Suscitar contiendas.

encendido, -da *adj.* Muy colorado.

encendimiento *m.* Ardor.

encenizar *tr.* Echar ceniza sobre una cosa.

encentar *tr.-prnl.* Ulcerar, llagar, herir, enconar. **2** Comenzar, empezar el uso y consumo de una cosa.

encerado *m.* Capa de cera que se da a muebles y entarimados. **2** Cuadro de hule, madera, etc., que sirve de pizarra.

encerador, -ra *m. f.* Persona que tiene por oficio encerar pavimentos.

enceradora *f.* Máquina eléctrica para encerar pavimentos.

encerar *tr.* Aplicar cera.

encerradero *m.* Sitio donde se encierra el ganado.

encerrar *tr.-prnl.* Meter a una persona o cosa en parte de donde no pueda salir. - **2** *tr.* Incluir, contener. - **3** *prnl.* Recogerse en clausura o religión.

encerrona *f.* Retiro voluntario.

encestar *tr.* Meter en una cesta. **2** DEP. En el juego del baloncesto, obtener un tanto.

enceste *m.* En baloncesto, tanto conseguido al encestar.

encía *f.* Porción de la mucosa bucal que cubre la raíz de los dientes.

encíclica *f.* Carta que el Papa dirige a todos los obispos.

enciclopedia *f.* Conjunto de todas las ciencias o conocimientos humanos. **2** Obra en que se expone este conjunto de conocimientos o los referentes a una ciencia.

enciclopédico, -ca *adj.* Perten. o rel. a la enciclopedia.

enciclopedismo *m.* Conjunto de doctrinas que proclaman la independencia y superioridad de la razón frente a la autoridad, la tradición y la fe.

encierro *m.* Ac. y ef. de encerrar. **2** Acto de traer los toros a encerrar al toril. **3** Lugar donde se encierra.

encima *adv. l.* En lugar o puesto superior respecto de otro inferior. **2** Descansando o apoyándose en la parte superior de una cosa. - **3** *adv. c.* Además. ▷ *Por* ~, superficialmente. *Por* ~ *de todo,* a pesar de cualquier impedimento. *Pasar por* ~ *de una persona,* actuar en contra de su voluntad y sin su conocimiento.

encimar *tr.-intr.* Poner una cosa en alto.

encimero, -ra *adj.* Que está o se pone encima. - **2** *f.* Capa de pasta especial con que se suelen cubrir las partes superiores.

encina *f.* Árbol cupulífero de hojas persistentes, dentadas y punzantes, que produce bellotas.

encinar *m.* Terreno poblado de encinas.

encinta *adj.* Embarazada.

encintar *tr.* Adornar con cintas.

enclaustrar *tr.* Encerrar, esconder en un paraje oculto.

enclavado, -da *adj.* Díc. del espacio situado dentro del área de otro.

enclavar *tr.* Colocar, ubicar, situar.

enclave *m.* Territorio de un estado situado en otro extranjero, o en el de otra provincia o distrito. **2** Grupo étnico, político o ideológico inserto dentro de otro.

enclavijar *tr.* Poner clavijas.

enclenque *adj.* Enfermizo.

enclisis *f.* GRAM. Unión de una palabra enclítica a la que la precede.

enclítico, -ca *adj.* Díc. de la palabra que, por no tener acento propio, se apoya en la palabra anterior y forma con ella un todo prosódico.

enclocar *intr.-prnl.* Ponerse clueca una ave.

encobar *intr.-prnl.* Empollar.

encobrar *tr.* Cubrir con una capa de cobre.

encocorar *tr.* Fastidiar, molestar.

encodillarse *prnl.* Detenerse el hurón o el conejo en un recodo de la madriguera.

encofrado *m.* Conjunto de planchas de madera dispuestas para recibir hormigón o sostener tierra.

encofrador *m.* Carpintero dedicado al encofrado de obras en edificios y minas.

encofrar *tr.* Preparar el encofrado.

encoger *tr.-prnl.* Retirar contrayendo. - 2 *intr.* Disminuir el tejido de una tela.

encogido, -da *adj.* Apocado.

encogimiento *m.* Ac. y ef. de encoger.

encohetar *tr.* Hostigar con cohetes.

encolado *m.* Preparación del hilo de urdimbre mediante la aplicación de una solución de cola.

encoladura *f.* Aplicación de una o más capas de cola caliente a una superficie que ha de pintarse al temple.

encolar *tr.* Pegar con cola.

encolerizar *tr.-prnl.* Poner colérico.

encomendar *tr.* Encargar. - 2 *prnl.* Entregarse o confiarse al amparo de uno.

encomiar *tr.* Alabar mucho.

encomiástico, -ca *adj.* Laudatorio.

encomienda *f.* Encargo. 2 Alabanza.

encomio *m.* Alabanza, elogio.

enconar *tr.-prnl.* Inflamar una herida o llaga. 2 Irritar el ánimo.

encono *m.* Animadversión, rencor.

encontradizo, -za *adj.* Que se encuentra con otra persona o cosa.

encontrado, -da *adj.* Opuesto.

encontrar *tr.* Topar, tropezar, dar con una persona o cosa. - 2 *tr.* Hallar. - 3 *prnl.* Oponerse. 4 Hallarse en un sitio o de cierta manera. 5 Concurrir juntos en un mismo lugar.

encontrón, -tronazo *m.* Golpe accidental que se da una cosa con otra.

encopetado, -da *adj.* Engreído. 2 De alto copete.

encorajar *tr.* Dar coraje. - 2 *prnl.* Encolerizarse.

encorajinar *tr.-prnl.* fam. Encolerizar.

encorchadura *f.* Conjunto de corchos que sirven para sostener flotantes las redes de pesca.

encorchar *tr.* Poner tapones de corcho a las botellas. 2 Colocar la encorchadura en las artes de pesca.

encorchetar *tr.* Poner corchetes. 2 Sujetar algo con ellos.

encordar *tr.* Poner cuerdas.

encordelar *tr.* Poner cordeles.

encordonar *tr.* Poner cordones.

encornadura *f.* Forma de los cuernos de un animal. 2 Cornamenta.

encorralar *tr.* Meter en el corral.

encorsetado, -da *adj.* fig. Demasiado tieso o rígido.

encorsetar *tr.* Poner corsé, especial-mente cuando se ciñe mucho. 2 fig. Estrechar o limitar las ideas, el pensamiento, etc.

encortinar *tr.* Poner cortinas, adornar con ellas.

encorvar *tr.-prnl.* Poner corvo. - 2 *prnl.* Inclinarse.

encostrar *intr.-prnl.* Formar costra una cosa.

encovar *tr.* Meter en una cueva. 2 Guardar, contener.

encrasar *tr.* Poner craso. 2 Fertilizar con abonos.

encrespamiento *m.* Ac. y ef. de encresparse.

encrespar *tr.-prnl.* Ensortijar, rizar. 2 Erizar el pelo, el plumaje. 3 Enfurecer.

encristalar *tr.* Colocar cristales o vidrios.

encrucijada *f.* Punto donde se cruzan dos o más calles o caminos. 2 Dilema.

encrudecer *tr.-prnl.* fig. Exasperar, irritar.

encruelecer *tr.* Instigar a la crueldad. - 2 *prnl.* Hacerse cruel.

encuadernación *f.* Ac. y ef. de encuadernar.

encuadernador, -ra *m. f.* Persona que encuaderna.

encuadernar *tr.* Juntar y coser pliegos o cuadernos y ponerles cubiertas.

encuadramiento *m.* Ac. y ef. de encuadrar personas para formar grupos. 2 En fotografía, disposición de la imagen.

encuadrar *tr.* Encerrar en marco o cuadro. 2 Incluir dentro de sí una cosa.

encubado *m.* Operación que consiste en dejar que las uvas estrujadas fermenten dentro de las cubas.

encubar *tr.* Echar un líquido en las cubas.

encubiertamente *adv.* A escondidas.

encubridor, -ra *adj.-s.* Que encubre.

encubrir *tr.* Ocultar, tapar.

encuentro *m.* Acto de encontrarse. 2 Choque. 3 Competición.

encuesta *f.* Conjunto de preguntas recogidas en un cuestionario para conocer la opinión del público sobre un asunto determinado.

encuestar *tr.-intr.* Hacer encuestas.

encuitarse *prnl.* Afligirse, apesadumbrarse.

enculturación *f.* Proceso por el cual la persona adquiere los usos, creencias, tradiciones, etc., de la sociedad en que vive.

encumbrado, -da *adj.* Elevado, alto.

encumbramiento *m.* Ac. y ef. de encumbrar.

encumbrar *tr.-prnl.* Levantar en alto. 2 Ensalzar, engrandecer.

encunar *tr.* Poner al niño en la cuna. 2 Coger el toro al torero entre las astas.

encurtir *tr.* Conservar frutos o legumbres en vinagre.

enchapado *m.* Trabajo hecho con chapas. 2 Chapa fina de madera obtenida con máquinas especiales.

encharcar *tr.-prnl.* Cubrir de agua.

enchilada *f. Amér.* Torta de maíz con chile y rellena de diversos manjares.

enchiquerar *tr.* Encerrar el toro en el chiquero. 2 Encarcelar.

enchironar *tr.* vulg. Encarcelar.

enchufado, -da *adj.-s.* Díc. de la persona que goza de un enchufe o influencia.

enchufar *tr.-intr.* Ajustar la boca de un caño en la de otro. 2 Encajar las dos piezas de un enchufe eléctrico. 3 fig. Recomendar, buscar un enchufe.

enchufe *m.* Clavija para la toma de corriente eléctrica. 2 fig. Cargo obtenido por influencia. 3 fig. Dicha influencia.

enchufismo *m.* fig. fam. Práctica de conceder cargos, destinos o beneficios a personas que aspiran a ellos a través de influencias.

endeble *adj.* Débil. 2 De escaso valor.

endeblez *f.* Calidad de endeble.

endécada *f.* Período de once años.

endecágono, -na *adj.-s.* De once ángulos.

endecasílabo, -ba *adj.-s.* De once sílabas.

endecha *f.* Combinación métrica que consta de cuatro versos de seis o siete sílabas, generalmente asonantes.

endemia *f.* Enfermedad habitual en un país.

endémico, -ca *adj.* Con caracteres de endemia.

endemoniado, -da *adj.-s.* Poseído del demonio. - 2 *adj.* Perverso.

endemoniar *tr.* Introducir los demonios en el cuerpo. - 2 *tr.-prnl.* Encolerizar.

endentar *tr.* Encajar unos con otros los dientes de dos piezas. 2 Poner dientes a una rueda.

endentecer *intr.* Empezar los niños a echar dientes.

endeñarse *prnl.* Infectarse.

enderezar *tr.* Poner derecho. 2 Corregir, enmendar. - 3 *prnl.* Encaminarse.

endeudarse *prnl.* Llenarse de deudas.

endiablado, -da *adj.* Muy feo. - 2 *adj.* Endemoniado.

endiablar *tr.* Endemoniar. - 2 *prnl.* Irritarse, enfurecerse.

endíadis *f.* RET. Figura por la cual se expresa un solo concepto con dos nombres coordinados.

endibia *f.* Escarola.

endilgar *tr.* Encaminar. 2 Encajar.

endiñar *tr.* Propinar.

endiosamiento *m.* Altivez en grado extremo.

endiosar *tr.* Divinizar. - 2 *prnl.* Ensoberbecerse.

endocardio *m.* Membrana del corazón.

endocarpio, endocarpo *m.* Capa interna del pericarpio.

endocrino, -na *adj.* Perten. o rel. a las secreciones internas.

endocrinología *f.* Estudio de la anatomía, funciones y alteraciones de las glándulas endocrinas.

endodermo *m.* Capa más profunda de la corteza de los órganos vegetales.

endogamia *f.* Ley que reduce el matrimonio a los componentes de una misma casta, aldea u otro grupo social.

endógeno, -na *adj.* Que se origina o nace en el interior.

endolinfa *f.* Líquido albuminoso que llena el laberinto membranoso del oído.

endometrio *m.* Mucosa del útero.

endomingarse *prnl.* Vestirse con ropa de fiesta.

endoplasma *m.* Parte interior del citoplasma.

endoplásmico, -ca *adj.* Perten. o rel. al endoplasma.

endorreísmo *m.* Afluencia de las aguas de un territorio hacia el interior de éste, sin desagüe al mar.

endosar *f.* Ceder un documento de crédito, haciéndolo constar al dorso. 2 Trasladar a uno una carga, trabajo, etc.

endoscopia *f.* Exploración visual de los conductos o cavidades internas del cuerpo humano mediante un endoscopio.

endoscopio *m.* Aparato para la exploración visual de los conductos o cavidades internas del cuerpo humano.

endoselar *tr.* Formar dosel.

endosfera *f.* Parte central de la Tierra.

endospermo *m.* Tejido del embrión de las plantas fanerógamas que le sirve de alimento.

endotelio *m.* ANAT. Epitelio que tapiza una cavidad interna.

endotérmico, -ca *adj.* QUÍM. Que se produce con absorción de calor.

endovenoso, -sa *adj.* Que está o se coloca en el interior de una vena.

endrina *f.* Fruto del endrino.

endrino, -na *adj.* Del color de la endrina. - 2 *m.* Especie de ciruelo silvestre de ramas espinosas y fruto negro azulado.

endulzar *tr.* Poner dulce una cosa. 2 Suavizar, hacer llevadero.

endurecer *tr.-prnl.* Poner duro. 2 Encruelecer.

endurecimiento *m.* Dureza.

ene *f.* Nombre de la letra *n.*

eneágono, -na *adj.-s.* De nueve ángulos.

eneasílabo, -ba *adj.-s.* De nueve sílabas.

enebrina *f.* Fruto del enebro.

enebro *m.* Arbusto de gálbulas pequeñas, negras y carnosas.

eneldo *m.* Hierba umbelífera de flores amarillas.

enema *m.* Líquido que se inyecta en el recto con fines terapéuticos.

enemigo, -ga *adj.* Opuesto, enfrentado a una persona o cosa. - 2 *m. f.* Persona o colectividad que tiene enemistad con otra y le hace o desea mal.

enemistad *f.* Aversión, odio.

enemistar *tr.-prnl.* Hacer enemigo; hacer perder la amistad.

eneolítico, -ca *adj.-s.* Período de transición entre la edad de piedra y la edad de los metales.

energético, -ca *adj.* Perten. o rel. a la energía. - 2 *f.* Ciencia que estudia los cambios de energía en las transformaciones físicas y químicas.

energía *f.* Actividad, vigor. 2 Fuerza de voluntad. 3 Capacidad de la materia para producir movimiento, luz, calor, etc.

enérgico, -ca *adj.* Que tiene energía.

energismo *m.* Doctrina metafísica que reduce toda la realidad a la energía. 2 Doctrina ética que considera como fin de la voluntad moral la actividad de la vida.

energúmeno, -na *m. f.* Endemoniado. - 2 *adj.-s.* Furioso, alborotado.

enero *m.* Primer mes del año.

enervación *f.* Agotamiento nervioso.

enervar *tr.* Debilitar, quitar las fuerzas.

enésimo, -ma *adj.* Que se repite un número indeterminado de veces.

enfadado, -da *adj.* Que muestra enfado.

enfadar *tr.-prnl.* Causar enfado.

enfado *m.* Desagrado, enojo.

enfadoso, -sa *adj.* Que causa enfado.

enfaenado, -da *adj.* Metido en faena.

enfaldar *tr.* Recoger las faldas. 2 Cortar las ramas bajas de los árboles para favorecer las de la copa.

enfangar *tr.-prnl.* Meter en el fango. - 2 *prnl.* Mezclarse en negocios sucios.

énfasis *amb.* Fuerza de expresión o de entonación con que se quiere realzar la importancia de lo que se dice o se lee.

enfático, -ca *adj.* Dicho con énfasis. 2 Que habla con énfasis.

enfatizar *intr.* Expresarse con énfasis. - 2 *tr.* Recalcar, hacer hincapié.

enfermar *intr.* Caer enfermo. - 2 *tr.* Causar enfermedad.

enfermedad *f.* Alteración de la salud.

enfermería *f.* Sala para enfermos.

enfermero, -ra *m. f.* Persona que asiste a los enfermos.

enfermizo, -za *adj.* De poca salud. 2 Propio de un enfermo.

enfermo, -ma *adj.-s.* Que padece enfermedad.

enfervorizar *tr.-prnl.* Infundir fervor.

enfeudar *tr.* Dar en feudo.

enfierecerse *prnl.* Enfadarse mucho.

enfilar *tr.* Poner en fila. 2 Dirigir.

enfisema *m.* MED. Tumefacción producida por infiltración de gases en un tejido.

enflaquecer *tr.-intr.-prnl.* Poner flaco.

enflorar *tr.* Adornar con flores.

enfocar *tr.* Hacer que la imagen obtenida por un aparato óptico se produzca exactamente en un plano determinado. 2 Proyectar un haz de luz sobre un punto.

enfoque *m.* Ac. y ef. de enfocar.

enfoscar *tr.* Guarnecer con mortero. - 2 *prnl.* Ponerse hosco y ceñudo. - 3 *im-*

pers. Encapotarse, cubrirse el cielo de nubes.

enfrascado, -da *adj.* Entregado en un trabajo o quehacer.

enfrascar *tr.* Echar en frascos. - 2 *prnl.* fig. Dedicarse por entero a una cosa.

enfrentamiento *m.* Ac. y ef. de enfrentar o enfrentarse.

enfrentar *tr.-prnl.* Poner frente a frente.

enfrente *adv. l.* A la parte opuesta. - 2 *adv. m.* En contra, en pugna.

enfriamiento *f.* Ac. y ef. de enfriar.

enfriar *tr.-intr.-prnl.* Poner frío. 2 fig. Amortiguar. - 3 *prnl.* Contraer un catarro.

enfundar *tr.* Poner dentro de su funda. - 2 *prnl.* fam. Abrigarse.

enfurecer *tr.-prnl.* Irritar, poner furioso.

enfurruñarse *prnl.* Ponerse enfadado.

enfurtir *tr.* Dar a los tejidos de lana el cuerpo correspondiente. 2 Apelmazar el pelo.

engaitar *tr.* fam. Engañar con halagos.

engalanar *tr.-prnl.* Adornar, ataviar.

engallarse *prnl.* Envalentonarse, mostrar soberbia y arrogancia.

enganchar *tr.-intr.-prnl.* Agarrar con gancho o colgar de él. 2 Poner las caballerías a los carruajes. - 3 *tr.* Atraer con arte.

enganche *m.* Ac. y ef. enganchar. 2 Pieza para enganchar.

engañabobos *com.* Persona que engaña fácilmente. - 2 *m.* Cosa engañosa.

engañar *tr.* Inducir a tener por cierto o bueno lo que no lo es. 2 Distraer algún estado o afección. 3 Hacer traición.

engañifa *f.* Engaño artificioso.

engaño *m.* Ac. y ef. de engañar. 2 Falsedad. 3 Muleta o capa del torero.

engañoso, -sa *adj.* Que engaña; falaz.

engarabatar *tr.* Poner en forma de garabato.

engarabitar *intr.-prnl.* Engarabatarse, especialmente los dedos a causa del frío.

engarce *m.* Conexión, unión.

engargolado *m.* Ranura por la cual se desliza una puerta de corredera.

engarzar *tr.* Trabar formando cadena. 2 Engastar.

engastar *tr.* Embutir una cosa en otra.

engaste *m.* Guarnición que asegura lo que se engasta. 2 Perla llana o chata por un lado.

engatusar *tr.* Ganar la voluntad con halagos.

engendrar *tr.* Dar origen a un nuevo ser.

engendro *m.* Criatura informe.

englobar *tr.* Incluir en un conjunto.

engobe *m.* Capa de arcilla fina de color uniforme con la que se suelen bañar los objetos de barro antes de la cocción.

engolado, -da *adj.* Que habla de modo afectado o enfático. 2 fig. Fatuo, engreído.

engolfarse *prnl.* Ocuparse intensamente en un asunto, pensamiento, etc.

engolillado, -da *adj.* Que se precia de observar con rigor los estilos antiguos.

engolosinar *tr.* Excitar el deseo con algún atractivo. - 2 *prnl.* Aficionarse.

engolletado, -da *adj.* fam. Presumido, vano.

engolliparse *prnl.* Atragantarse.

engomado, -da *adj.* Gomoso.

engomar *tr.* Untar con goma.

engominarse *prnl.* Darse gomina.

engordar *tr.* Cebar. - 2 *intr.* Ponerse gordo.

engorde *m.* Ac. y ef. de engordar el ganado.

engorro *m.* Embarazo, estorbo.

engorroso, -sa *adj.* Embarazoso.

engoznar *tr.* Poner goznes a una puerta, ventana, etc.

engranaje *m.* Conjunto de las piezas que engranan. 2 Trabazón.

engranar *intr.* Endentar. 2 Enlazar, relacionar las partes de un conjunto.

engrandecer *tr.* Aumentar, hacer grande. - 2 *tr.-prnl.* Exaltar, elevar.

engrandecimiento *m.* Acción de engrandecer.

engranujarse *prnl.* Hacerse granuja.

engrapar *tr.* Asegurar o unir con grapas.

engrasar *tr.* Untar con grasa.

engreído, -da *adj.* Creído de sí mismo.

engreimiento *m.* Envanecimiento.

engreír *tr.-prnl.* Envanecer.

engrescar *tr.* Incitar a uno a hacer alguna cosa, especialmente a riña.

engrifar *tr.* Encrespar, erizar. - 2 *prnl.* En el lenguaje de la droga, ponerse bajo los efectos de la grifa.

engringarse *prnl.* Seguir uno las costumbres de los gringos.

engrosar *tr.* Hacer grueso. 2 Aumentar el número. - 3 *intr.* Tomar carnes.

engrudar tr. Untar con engrudo una cosa. - 2 prnl. Tomar consistencia de engrudo.

engrudo m. Masa de harina o almidón cocidos en agua. 2 Cola de pegar.

enguatar tr. Colocar guata.

enguijarrado m. Empedrado de guijarros.

enguirnaldar tr. Adornar con guirnalda.

engullir tr. Tragar atropelladamente.

engurrio m. Tristeza, melancolía.

engurruñar tr.-prnl. Encoger, arrugar.

engurruñir intr. fam. Engurruñar.

enharinar tr.-prnl. Cubrir con harina.

enhebrar tr. Pasar la hebra por el ojo de la aguja.

enhestar tr.-prnl. Levantar en alto, poner derecho.

enhiesto, -ta adj. Levantado, derecho.

enhilar tr. Enhebrar. 2 fig. Dirigir, encaminar una cosa.

enhorabuena f. Parabién. - 2 adv. Con bien, con felicidad.

enhoramala adv. Denota disgusto.

enhuerar intr.-prnl. Volverse huero.

enigma m. Dicho, expresión o cosa de interpretación difícil.

enigmático, -ca adj. Obscuro, misterioso; que incluye enigma.

enjabonar tr. Jabonar.

enjaezar tr. Poner los jaeces a una caballería.

enjalbegar tr. Blanquear las paredes.

enjalma f. Albardilla de bestia de carga.

enjambrar tr. Encerrar en las colmenas los enjambres. 2 Sacar un enjambre de una colmena. - 3 intr. Criar la colmena un enjambre. 4 Multiplicar o producir en abundancia.

enjambre m. Muchedumbre de abejas con su maestra, que salen de la colmena. 2 Muchedumbre de personas o cosas.

enjarciar tr. Poner la jarcia a una embarcación.

enjardinar tr. Convertir en jardín.

enjaretado m. Tablero en forma de enrejado.

enjaretar tr. Hacer o decir algo atropelladamente. 2 Endilgar, encajar.

enjaular tr.-prnl. Poner en una jaula.

enjerir tr. Injertar.

enjoyar tr.-prnl. Adornar con joyas.

enjuagadientes m. Porción de licor que se toma en la boca para enjuagar la dentadura.

enjuagar tr. Aclarar con agua limpia lo que se ha jabonado.

enjuagatorio, enjuague m. Líquido para enjuagar o enjuagarse. 2 Vaso con su platillo, destinado a enjuagarse.

enjuague m. Acción de enjuagar.

enjugar tr.-prnl. Quitar la humedad, secar. - 2 tr. Lavar ligeramente. 3 fig. Extinguir un déficit.

enjuiciamiento m. Ac. y ef. de enjuiciar.

enjuiciar tr. Someter a juicio.

enjundia f. Gordura de un animal. 2 fig. Fuerza, vigor, substancia.

enjundioso, -sa adj. Que tiene mucha enjundia.

enjunque m. MAR. Lastre muy pesado en el fondo de la bodega.

enjuta f. ARQ. Triángulo que deja en un cuadro el círculo inscrito en él.

enjuto, -ta adj. Delgado, flaco.

enlace m. Acción de enlazar. 2 Unión, conexión, trabazón.

enladrillado m. Pavimento de ladrillos.

enladrillar tr. Solar con ladrillos.

enlagunar tr.-prnl. Convertir un terreno en laguna.

enlanado, -da adj. Cubierto o lleno de lana.

enlatar tr. Meter una cosa en latas.

enlazar tr. Coger o juntar con lazos. 2 Atar. - 3 tr.-prnl. Unir, dar enlace. - 4 intr. Empalmar unos vehículos con otros.

enlegajar tr. Reunir papeles formando legajo; meterlos en el que les corresponde.

enlevitado, -da adj. Vestido de levita.

enlobreguecer tr.-prnl. Obscurecer, poner lóbrego.

enlodar tr.-prnl. Manchar con lodo. 2 Infamar.

enloquecer tr. Hacer perder el juicio. 2 Gustar exageradamente. - 3 intr. Volverse loco.

enlosado m. Pavimento de losas.

enlosar tr. Solar con losas.

enlucido, -da m. Capa de yeso, estuco, etc., que se da a las paredes.

enlucir tr. Dar una capa de yeso a las paredes. 2 Limpiar los metales.

enlutar tr.-prnl. Cubrir de luto. 2 Entristecer.

enmaderar tr. Cubrir con madera.

enmadrarse prnl. Encariñarse excesivamente el hijo con la madre.

enmagrecer tr. Enflaquecer.

enmarañado, -da adj. Enredado.

enmarañar tr. Enredar, embrollar.

enmararse prnl. Entrar una nave en alta mar.

enmarcar tr. Encuadrar.

enmaridar intr.-prnl. Casarse la mujer.

enmarillecerse prnl. Ponerse descolorido y amarillo.

enmascarar tr.-prnl. Cubrir con máscara. - 2 tr. Encubrir, disfrazar.

enmelar tr. Untar con miel. 2 Hacer miel las abejas. 3 fig. Hacer agradable.

enmendar tr.-prnl. Corregir.

enmienda f. Corrección de un error o falta. 2 Propuesta de variante de un proyecto, informe, etc.

enmohecer tr.-prnl. Cubrir de moho.

enmollecer tr. Ablandar.

enmontarse prnl. Huir un animal hacia el monte, esconderse en él.

enmoquetar tr. Cubrir con moqueta.

enmudecer tr. Hacer callar. - 2 intr. Quedar mudo. 3 Guardar silencio.

enmugrecer tr.-prnl. Cubrir de mugre.

ennegrecer tr.-prnl. Teñir de negro.

ennoblecer tr.-prnl. Hacer noble. 2 Dignificar.

ennoblecimiento m. Ac. y ef. de ennoblecer.

enoftalmia f. Hundimiento anormal del globo ocular dentro de su órbita.

enojar tr. Causar enojo; molestar. - 2 prnl. Comenzar a tener enfado.

enojo m. Movimiento del ánimo que dispone contra una persona o cosa. 2 Molestia, pena, trabajo.

enojoso, -sa adj. Que causa enojo.

enología f. Conjunto de conocimientos relativos a los vinos y su elaboración.

enometría f. Determinación de la riqueza alcohólica de los vinos.

enorgullecer tr.-prnl. Llenar de orgullo.

enorgullecimiento m. Ac. y ef. de enorgullecer.

enorme adj. Desmedido, excesivo.

enormidad f. Tamaño desmedido. 2 Despropósito. 3 Gran cantidad.

enotecnia f. Técnica de elaborar vinos.

enquiridión m. Libro manual.

enquistamiento m. Constitución de una capa de tejido conjuntivo alrededor de un cuerpo extraño o de una infección.

enquistarse prnl. Formarse un quiste.

enrabiar intr.-prnl. Encolerizar.

enraizar intr. Arraigar (echar raíces).

enramada f. Adorno de ramas.

enramar tr. Adornar o cubrir con ramaje.

enranciar tr.-prnl. Hacer rancio.

enrarecer tr.-prnl. Dilatar un cuerpo gaseoso. - 2 tr.-intr.-prnl. Escasear una cosa.

enrasar tr. Igualar en altura, nivelar.

enrase m. Ac. y ef. de enrasar.

enreciar intr. Engordar, ponerse fuerte.

enredadera adj.-f. Díc. de la planta de tallo voluble y trepador.

enredado, -da adj. De difícil solución o desarrollo por la complejidad o desorden de sus elementos.

enredador, -ra adj. Que enreda. 2 Chismoso, embustero.

enredar tr.-prnl. Prender con red. 2 Meter a uno en peligros. - 3 tr. Meter discordia. 4 Entretejer, enmarañar. - 5 intr. Travesear, revolver. - 6 prnl. Hacerse un lío, aturdirse. 7 Amancebarse.

enredo m. Conjunto de cosas flexibles entrecruzadas sin orden. 2 Engaño, mentira. 3 Complicación.

enrejado m. Conjunto de rejas. 2 Especie de celosía de varas entretejidas.

enrejar tr. Poner rejas. 2 Disponer en forma de enrejado.

enresmar tr. Colocar en resmas los pliegos de papel.

enrevesado, -da adj. Intrincado.

enriquecer tr.-prnl. Hacer rico. 2 Adornar, engrandecer.

enriquecimiento m. Ac. y ef. de enriquecer.

enriscado, -da adj. Lleno de riscos.

enristrar tr. Poner la lanza en el ristre. 2 Hacer ristras con ajos, cebollas, etc.

enrocar intr.-tr. En el juego de ajedrez, mover en una misma jugada el rey y una torre, bajo condiciones prescritas.

enrojecer tr.-prnl. Poner rojo. - 2 intr. Ruborizarse.

enrojecimiento m. Ac. y ef. de enrojecer.

enrolar tr. Alistar.

enrollado, -da adj. Dedicado por entero a algo. 2 fig. Que se extiende exageradamente en la conversación.

enrollar tr. Envolver una cosa en otra o en forma de rollo. - 2 prnl. Liarse en un asunto, meterse en algo. 3 Liarse a hablar, extenderse en una conversación.

enronquecer tr.-prnl. Poner ronco.

enroñar tr. Llenar de roña. - 2 tr.-prnl. Cubrir de orín un objeto de hierro.

enroque m. Ac. y ef. de enrocar.

enroscar tr. Poner en forma de rosca. 2 Introducir a vuelta de rosca.

enrudecer tr. Hacer rudo a uno; entorpecerle el entendimiento.

ensaimada f. Bollo formado por una tira de pasta hojaldrada revuelta en espiral.

ensalada f. Manjar frío de hortalizas aderezadas con sal, aceite, vinagre, etc. 2 fig. Mezcla confusa.

ensaladera f. Fuente para ensalada.

ensaladilla f. Especie de ensalada con las hortalizas más picadas.

ensalivar tr. Llenar o empapar de saliva.

ensalmar tr. Componer un hueso dislocado o roto. 2 Curar con ensalmos.

ensalmo m. Modo supersticioso de curar con oraciones y remedios empíricos.

ensalzar tr. Exaltar. - 2 tr.-prnl. Alabar.

ensambladura f. Ac. y ef. de ensamblar.

ensamblar tr. Unir, especialmente piezas de madera.

ensanchar tr. Extender, dilatar.

ensanche m. Dilatación, extensión. 2 Terreno destinado a nuevas edificaciones en las afueras de la ciudad.

ensangrentar tr. Manchar con sangre.

ensañamiento m. Ac. y ef. de ensañarse.

ensañar tr. Enfurecer. - 2 prnl. Deleitarse en hacer daño.

ensartar tr. Pasar por un hilo varias cosas. 2 Enhebrar. 3 Espetar, atravesar. 4 Decir muchas cosas sin conexión.

ensayar tr. Probar, reconocer una cosa antes de usarla. 2 Hacer la prueba de un espectáculo. 3 Probar la calidad de los minerales o los metales. 4 Intentar, tratar de.

ensayista com. Escritor de ensayos.

ensayo m. Ac. y ef. de ensayar. 2 Género literario, en prosa, que trata con brevedad de temas filosóficos, artísticos, históricos, etc.

ensebar tr. Untar con sebo.

enseguida adv. En seguida.

ensenada f. Entrada de mar en la tierra formando seno.

enseña f. Insignia, estandarte.

enseñado, -da adj. Educado, acostumbrado.

enseñante adj. Que enseña. - 2 com. Persona que ejerce la docencia.

enseñanza f. Ac. y ef. de enseñar. 2 Sistema y método de dar instrucción. 3 Ejemplo o suceso que sirve de experiencia.

enseñar tr. Instruir. 2 Indicar. 3 Mostrar.

enseres m. pl. Muebles, utensilios.

ensiforme adj. En forma de espada.

ensilar tr. Encerrar granos, forraje, etc., en un silo.

ensillar tr. Poner la silla al caballo.

ensimismarse prnl. Abstraerse.

ensoberbecer tr.-prnl. Causar soberbia.

ensombrecer tr. Obscurecer.

ensoñar tr. Tener ensueños.

ensordecer tr. Causar sordera. 2 Hacer menos perceptible un ruido. 3 Perturbar a uno la intensidad de un sonido o ruido. - 4 intr. Contraer sordera.

ensortijar tr.-prnl. Rizar el cabello.

ensuciar tr.-prnl. Manchar, poner sucio. - 2 intr.-prnl. Evacuar el vientre.

ensueño m. Acto de representarse en la fantasía del que duerme sucesos o especies. 2 Ilusión, fantasía.

entabacarse prnl. Abusar del tabaco.

entablado m. Suelo formado de tablas.

entablamento m. Conjunto de molduras compuesto generalmente de arquitrabe, friso y cornisa.

entablar tr. Cubrir o cercar con tablas. 2 Disponer, empezar, trabar.

entablillar tr. Sujetar con tablillas y vendaje un miembro del cuerpo.

entalamadura f. Zarzo de cañas forrado con que se entoldan los carros.

entalamar tr. Poner toldo a un carro.

entalegar tr. Meter en talegos. 2 Atesorar dinero. 3 vulg. Encarcelar.

entalladura f. Ac. y ef. de entallar.

entallar tr. Tallar, esculpir, grabar. 2 Hacer cortes en los pinos para resinarlos o en las maderas para ensamblarlas. - 3 tr.-intr.-prnl. Formar el talle.

entallecer intr.-prnl. Echar tallos.

entapetado, -da adj. Cubierto con tapete.

entarimado m. Entablado.

entarimar tr. Cubrir el suelo con tablas.

entarugado m. Pavimento formado con tarugos de madera.

entarugar *tr.* Pavimentar con tarugos de madera.

ente *m.* Ser. 2 Sociedad comercial, organismo. 3 fig. Sujeto ridículo.

enteco, -ca *adj.* Enfermizo, flaco.

entelequia *f.* En la filosofía aristotélica, estado de perfección hacia el cual tiende cada especie de ser. 2 Cosa, persona o situación imaginaria e ideal y perfecta, que no puede existir en la realidad.

entelerido, -da *adj.* Sobrecogido de frío o de vapor.

entena *f.* Palo encorvado al cual se asegura una vela triangular.

entendederas *f. pl.* fam. Entendimiento.

entender *tr.* Formarse idea clara de una cosa; comprender. 2 Deducir, creer, juzgar. - 3 *intr.* Tener conocimiento para algo. - 4 *prnl.* Ir dos o más de conformidad. ▷ *A mí, a su ~*, según el juicio o modo de pensar de uno.

entendido, -da *adj.* Sabio, docto.

entendimiento *m.* Facultad de comprender. 2 Cordura, seso, sentido común.

entenebrecer *tr.-prnl.* Obscurecer.

enterado, -da *adj.* Conocedor, entendido. - 2 *adj.-s.* Sabihondo. - 3 *m.* Palabra *enterado* y firma debajo, con que se hace constar haber recibido y leído una citación o documento oficial.

enteramente *adv.* Del todo.

enterar *tr.-prnl.* Informar, instruir.

entereza *f.* Integridad, perfección. 2 Rectitud. 3 Firmeza de ánimo.

enterizo, -za *adj.* Entero. 2 De una sola pieza.

enternecer *tr.-prnl.* Ablandar. 2 Mover a ternura.

enternecimiento *m.* Ac. y ef. de enternecer.

entero, -ra *adj.* Íntegro, sin falta alguna. 2 Que tiene firmeza de ánimo. 3 Robusto, sano. 4 Díc. de la hoja de borde continuo. - 5 *m.* Variación unitaria en la cotización de los valores bursátiles.

enterocolitis *f.* Inflamación del intestino delgado, del ciego y del colon.

enterrador *m.* Sepulturero.

enterrar *tr.* Poner debajo de tierra. 2 Dar sepultura. - 3 *prnl.* Retirarse del trato de los demás.

entesar *tr.* Poner tirante.

entestar *tr.* Unir dos piezas o maderos por sus cabezas. 2 Adosar, encajar, empotrar.

entibar *intr.* Estribar. - 2 *tr.* Apuntalar con maderas.

entibiar *tr.-prnl.* Poner tibio. 2 Templar.

entidad *f.* Lo que constituye la esencia de una cosa. 2 Valor, importancia. 3 Colectividad considerada como unidad.

entierro *m.* Ac. y ef. de enterrar un cadáver. - 2 *m.* Cadáver que se lleva a enterrar y su acompañamiento.

entigrecerse *prnl.* fig. Enojarse, enfurecerse.

entintar *tr.* Teñir con tinta.

entoldado *m.* Conjunto de toldos para dar sombra, o proteger de la intemperie. 2 Lugar cubierto con toldos.

entoldar *f.* Cubrir con toldos.

entomófilo, -la *adj.* Aficionado a los insectos.

entomología *f.* Parte de la zoología que trata de los insectos.

entomostráceo, -a *adj.-m.* Díc. del crustáceo de organización simple y, generalmente, de pequeñas dimensiones.

entonación *f.* Sucesión de tonos con que se modula el lenguaje hablado.

entonar *tr.* Cantar ajustado al tono. 2 Dar cierto tono a la voz. 3 Dar vigor al organismo. - 4 *prnl.* Envanecerse, engreírse.

entonces *adv. t.* En aquel tiempo o momento. - 2 *adv. m.* En tal caso, siendo así. ▷ *En aquel ~*, en aquel tiempo.

entonelar *tr.* Meter un líquido en toneles.

entono *m.* Entonación. 2 Arrogancia.

entontecer *tr.* Poner tonto. - 2 *intr.-prnl.* Volverse tonto.

entorchado *m.* Bordado del uniforme de ciertos militares y altos funcionarios.

entornar *tr.* Volver la puerta o ventana hacia el marco sin cerrarla del todo. 2 Cerrar a medias los ojos.

entorno *m.* Conjunto de personas, objetos y circunstancias que rodean a alguien.

entorpecer *tr.-prnl.* Poner torpe. 2 Retardar, dificultar.

entorpecimiento *m.* Ac. y ef. de entorpecer.

entrada *f.* Acción de entrar. 2 Derecho de entrar. 3 Conjunto de personas que asisten a un espectáculo. 4 Billete para entrar en él. 5 Cantidad de dinero que debe depositarse al comprar o alquilar algo. 6 Espacio por donde se entra.

entradilla *f.* Frases iniciales de una información que da en resumen lo más importante de la misma.

entramado *m.* Armazón de madera que se rellena para formar pared.

entramar *tr.* Hacer un entramado.

entrampar *tr.* Hacer caer en una trampa. 2 Gravar con deudas. - 3 *prnl.* Endeudarse.

entrante *adj.-s.* Que entra.

entraña *f.* Órgano contenido en las cavidades del pecho y del vientre. - 2 *f. pl.* Lo más escondido. 3 Genio de una persona; voluntad del ánimo. ▷ *No tener entrañas*, ser muy cruel.

entrañable *adj.* Íntimo, muy afectuoso.

entrañar *tr.* Introducir en lo más hondo. 2 Contener, llevar dentro de sí.

entrapajar *tr.-prnl.* Envolver con trapos una parte del cuerpo.

entrar *intr.* Ir de fuera adentro. 2 Meterse una cosa en otra. 3 Pasar a formar parte de un conjunto. ▷ *No ~ ni salir*, no intervenir.

entre *prep.* Denota situación o estado en medio de dos o más personas o cosas, en el intervalo de dos momentos, grados, etc. 2 Indica situación, estado, participación, cooperación en un grupo o conjunto.

entreabrir *tr.-prnl.* Abrir un poco.

entreacto *m.* Intermedio en un espectáculo.

entreancho, -cha *adj.* Que no es ancho ni angosto.

entrearco *m.* Espacio comprendido entre un dintel y el arco de descarga.

entrebarrera *f.* Espacio que media en las plazas de toros entre la barrera y la contrabarrera.

entrecano, -na *adj.* Medio cano.

entrecavar *tr.* Cavar ligeramente.

entrecejo *m.* Espacio entre las dos cejas. 2 Ceño.

entrecerrar *tr.* Entornar.

entreclaro, -ra *adj.* Que tiene alguna claridad.

entrecó *m.* Entrecot.

entrecoger *tr.* Coger, estrechar.

entrecomar, entrecomillar *tr.* Poner entre comas, o entre comillas, una o varias palabras. 2 Citar de modo textual.

entrecoro *m.* Espacio entre el coro y la capilla mayor en las catedrales.

entrecortado, -da *adj.* Díc. del sonido que se emite con intermitencias.

entrecortar *tr.* Cortar con intermitencias, sin dividir del todo. - 2 *prnl.* Interrumpirse a trechos al hablar.

entrecot *m.* Solomillo, chuleta; p. ext., filete grueso de cualquier res.

entrecriarse *prnl.* Criarse una planta entre otras.

entrecruzar *tr.-prnl.* Cruzar dos o más cosas entre sí.

entrecuesto *m.* Espinazo de animal. 2 Solomillo.

entrechocar *tr.-prnl.* Hacer chocar dos o más cosas entre sí.

entredicho *m.* Duda que pesa sobre el honor, virtud, etc., de una persona. ▷ *Poner algo en ~,* dudar de su veracidad.

entredós *m.* Tira de bordado o encaje que se cose entre dos telas.

entrefilete *m.* GALIC. Suelto de un periódico. 2 Frase o fragmento breve intercalado en el texto y destacado de él en tipografía.

entrefino, -na *adj.* De calidad media entre fino y basto.

entrega *f.* Ac. y ef. de entregar. 2 Cuaderno de una obra que se publica por partes.

entregar *tr.-prnl.* Poner en poder de otro. - 2 *prnl.* Someterse. 3 Dedicarse por entero. 4 Abandonarse a una pasión.

entreguerras (de ~) *loc. prep.* Señala el período de paz entre dos guerras consecutivas; especialmente el período de que transcurre, en la historia europea, entre la primera y la segunda guerra mundiales.

entrelargo, -ga *adj.* Que es algo más largo que ancho.

entrelazar *tr.* Enlazar, entretejer.

entrelínea *f.* Lo escrito entre dos líneas.

entrelistado, -da *adj.* Trabajado a listas de diferente color.

entrelucir *intr.* Dejarse ver al través.

entremedias *adv.* Entre una y otra cosa.

entremés *m.* Manjar ligero que se sirve antes del primer plato. 2 Obra de teatro jocosa y de un solo acto.

entremeter *tr.* Meter una cosa entre otras. - 2 *prnl.* Meterse uno donde no le llaman.

entremetido, -da *adj.-s.* Que se mete donde no le llaman.

entremezclar *tr.* Mezclar sin confundir.

entrenador, -ra *adj.-s.* Que entrena.

entrenamiento *m.* Preparación.

entrenar *tr.-prnl.* Ejercitar, adiestrar.

entrene, -no *m.* En los deportes, entrenamiento que a la vez sirve de ensayo.

entrenudo *m.* BOT. Parte del tallo comprendida entre dos nudos.

entreoír *tr.* Oír sin percibir bien.

entreoscuro, -ra *adj.* Que tiene alguna obscuridad.

entrepaño *m.* Tabla pequeña que se mete entre los peinazos de puertas y ventanas. 2 Espacio de pared entre dos columnas o huecos. 3 Anaquel de alacena.

entrepiernas *f. pl.* Parte interior de los muslos.

entrepiso *m.* Piso que se construye quitando parte de la altura de uno y queda entre éste y el superior.

entreplanta *f.* Entrepiso de tiendas, oficinas, etc.

entresacar *tr.* Sacar unas cosas de entre otras. 2 Escoger.

entresijo *m.* Mesenterio. 2 Cosa interior, escondida, dificultosa.

entresuelo *m.* Cuarto bajo levantado sobre el nivel de la calle, y que debajo tiene sótanos o piezas abovedadas.

entresueño *m.* Estado anímico, intermedio entre la vigilia y el sueño.

entretallar *tr.* Labrar a bajo relieve. 2 Grabar, esculpir.

entretanto *adv. t.* Mientras.

entretecho *m. Amér.* Desván, sobrado.

entretejer *tr.* Mezclar hilos diferentes en la tela que se teje. 2 Trabar, enlazar.

entretela *f.* Lienzo que se pone entre la tela y el forro. - 2 *f. pl. fam.* Lo íntimo del corazón.

entretener *tr.-prnl.* Tener a uno detenido y en espera. 2 Recrear el ánimo.

entretenido, -da *adj.* Divertido.

entretenimiento *m.* Cosa que entretiene o divierte. 2 Manutención, conservación.

entretiempo *m.* Tiempo de primavera y otoño.

entrevenarse *prnl.* Introducirse un humor por las venas.

entreventana *f.* Espacio macizo de pared entre dos ventanas.

entrever *tr.* Ver confusamente una cosa. 2 Conjeturarla, adivinarla.

entreverar *tr.* Intercalar una cosa.

entrevía *f.* Espacio que queda entre dos rieles de un camino de hierro.

entrevista *f.* Encuentro entre dos o más personas para tratar de un tema determinado. 2 En el periodismo, la que se celebra con alguna persona para publicar sus opiniones o impresiones.

entrevistar *tr.-prnl.* Tener una entrevista.

entristecer *tr.* Causar tristeza. - 2 *prnl.* Ponerse triste.

entrometer *tr.-prnl.* Entremeter.

entromparse *prnl. fig. fam.* Emborracharse.

entroncar *intr.* Tener parentesco.

entronizar *tr.-prnl.* Colocar a uno en el trono. 2 Ensalzar.

entronque *m.* Relación de parentesco. 2 Empalme de caminos, ferrocarriles, etc.

entropía *f.* Medida del desorden de un sistema.

entruchar *tr.* Meter a uno con engaño en un negocio.

entubar *tr.* Poner tubos.

entuerto *m.* Tuerto o agravio.

entullecer *tr. fig.* Suspender, detener el movimiento. - 2 *intr.-prnl.* Tullirse.

entumecer *tr.-prnl.* Entorpecer el movimiento de un miembro.

entumecimiento *m.* Ac. y ef. de entumecer o entumecerse.

entumido, -da *adj.* Díc. del miembro del cuerpo agarrotado.

entumirse *prnl.* Entorpecerse un miembro o músculo.

enturbiar *tr.-prnl.* Poner turbio.

entusiasmar *tr.-prnl.* Gustar mucho.

entusiasmo *m.* Exaltación del ánimo. 2 Admiración apasionada.

entusiasta *adj.-s.* Que siente entusiasmo.

enumeración *f.* Expresión sucesiva y ordenada de las partes de un todo.

enumerar *tr.* Hacer enumeración.

enunciación *f.* Ac. y ef. de enunciar.

enunciado *m.* Enunciación. 2 Conjunto de palabras limitado por una pausa.

enunciar *tr.* Exponer de forma breve y precisa.

enunciativo, -va *adj.* Que enuncia. 2 GRAM. *Oración enunciativa,* la afirmativa o negativa sin matices.

envaguecer *tr.* Hacer que algo se difumine o pierda sus contornos.

envainar *tr.* Meter en la vaina.

envalentonar *tr.-prnl.* Infundir o cobrar valentía o arrogancia.

envalijar *tr.* Meter en la valija.

envanecer *tr.-prnl.* Infundir vanidad.

envanecimiento *m.* Ac. y ef. de envanecer.

envarado, -da *adj.-s.* Estirado, orgulloso.

envarar *tr.-prnl.* Entumecer un miembro.

envasar *tr.* Echar o meter en envases.

envase *m.* Recipiente para conservar y transportar ciertos géneros.

envedijarse *prnl.* Enredarse.

envejecer *tr.-intr.* Hacer o hacerse viejo.

envejecimiento *m.* Ac. y ef. de envejecer.

envenenamiento *m.* Ac. y ef. de envenenar.

envenenar *tr.-prnl.* Poner o suministrar veneno.

enverar *intr.* Empezar las frutas a tomar color de maduras.

enverdecer *intr.* Reverdecer el campo, las plantas, etc.

envergadura *f.* Distancia entre las puntas de las alas del ave cuando están abiertas, o de un avión. 2 Importancia.

envergar *tr.* Sujetar una vela a su verga.

enverjado *m.* Enrejado, verja.

envero *m.* Color de los frutos que empiezan a madurar.

envés *m.* Revés, espalda.

enviado, -da *m. f.* Embajador.

enviar *tr.* Hacer que uno vaya o que una cosa sea llevada a alguna parte.

enviciar *tr.* Mal acostumbrar, pervertir. - 2 *prnl.* Aficionarse demasiado a una cosa.

envidar *tr.* Hacer envite.

envidia *f.* Pesar del bien ajeno.

envidiable *adj.* Digno de ser deseado.

envidiar *tr.* Tener envidia.

envidioso, -sa *adj.-s.* Que siente envidia.

envilecer *tr.-prnl.* Hacer vil.

envinagrar *tr.* Echar vinagre en una cosa.

envío *m.* Ac. y ef. de enviar; remesa.

envirotado, -da *adj.* fig. Orgulloso y tieso en demasía.

envite *m.* Apuesta en algunos juegos de naipes.

enviudar *intr.* Quedar viudo o viuda.

envoltorio *m.* Cosa para envolver.

envoltura *f.* Conjunto de pañales de un niño. 2 Capa exterior de una cosa.

envolver *tr.-prnl.* Cubrir una cosa. 2 Arrollar hilo, cinta, etc. 3 Complicar en un asunto. 4 Rodear al enemigo.

enyesado *m.* Operación de enyesar.

enyesar *tr.* Tapar, allanar con yeso. 2 Agregar yeso a alguna cosa. 3 Endurecer por medio del yeso o la escayola los apósitos y vendajes.

enzarzar *tr.* Cubrir con zarzas. - 2 *tr.-prnl.* Malquistar a unos con otros. - 3 *prnl.* Enredarse. 4 Reñir.

enzima *amb.* Fermento soluble que se forma y actúa en el organismo animal.

enzimología *f.* Parte de la bioquímica que tiene por estudio los complejos sistemas de enzimas del organismo humano y su repercusión clínica.

enzootia *f.* Enfermedad habitual de una o más especies de animales en un país o región determinados.

eñe *f.* Nombre de la letra ñ.

eoceno, -na *adj.-m.* Díc. del período geológico con que empieza la era terciaria y del terreno a él perteneciente.

eólico, -ca *adj.* Perten. o rel. al viento. 2 Producido o accionado por el viento.

eolito *m.* Piedra de cuarzo usada en su forma natural como instrumento por el hombre primitivo.

eón *m.* En el gnosticismo, ser eterno, emanado de la unidad divina. 2 Unidad de tiempo equivalente a mil millones de años.

eosina *f.* Colorante rojo, que se obtiene del alquitrán.

epacta *f.* Número de días en que el año solar excede al lunar.

epanadiplosis *f.* RET. Figura que consiste en repetir al fin de una cláusula el mismo vocablo con que empieza.

epatar *tr.* Maravillar, asombrar.

epeiroforesis *f.* GEOL. Movimiento horizontal de los continentes.

epéntesis *f.* Adición de letras en medio de un vocablo.

epicarpio, epicarpo *m.* Parte exterior del pericarpio.

epiceno, -na *adj.* Díc. del género de los nombres de animales cuando con una misma terminación y artículo designan al macho y a la hembra.

epicentro *m.* Punto de la superficie terrestre bajo el cual se origina un seísmo.

épico, -ca *adj.* Perten. o rel. a la epopeya. - 2 *adj.-f.* Díc. del género de poesía que narra sucesos heroicos. - 3 *f.* Composición poética de dicho género.

epicureísmo *m.* Sistema filosófico de Epicuro. 2 Amor a los placeres.

epicúreo, -a *adj.* Perten. o rel. a Epicuro. - 2 *adj.-s.* Que ama los placeres.

epidemia *f.* Enfermedad que reina de forma transitoria en una región o localidad.

epidémico, -ca *adj.* Perten. o rel. a la epidemia.

epidemiología *f.* Ciencia que estudia las epidemias.

epidermis *f.* Capa más superficial de la piel.

epidiascopio *m.* Instrumento mixto que permite proyectar en una pantalla tanto imágenes opacas como diapositivas.

epifanía *f.* Festividad de la Adoración de los Reyes.

epifonema *f.* RET. Exclamación o reflexión con la cual se concluye el concepto general de un relato.

epigastrio *m.* Región superior del abdomen.

epiglotis *f.* Órgano que en el momento de la deglución cierra la glotis.

epígono *m.* El que sigue las huellas de otro.

epígrafe *m.* Resumen o cita puesto a la cabeza de una obra, un capítulo, etc. 2 Inscripción. 3 Título, rótulo.

epigrafía *f.* Estudio de las inscripciones.

epigrama *m.* Inscripción. 2 Composición poética breve de tono festivo o satírico.

epilepsia *f.* Enfermedad nerviosa caracterizada por desvanecimientos seguidos de convulsiones.

epiléptico, -ca *adj.* Perten. o rel. a la epilepsia. - 2 *adj.-s.* Díc. de la persona que la padece.

epílogo *m.* Conclusión de un discurso, novela, etc.

epinicio *m.* Canto de victoria.

epirogénesis *f.* GEOL. Movimiento lento de ascenso y descenso de ciertas zonas de la superficie terrestre.

episcopado *m.* Dignidad del obispo. 2 Conjunto de obispos.

episcopal *adj.* Perten. o rel. al obispo.

episcopalismo *m.* Doctrina favorable a la potestad episcopal y adversaria a la pontificia.

episodio *m.* Acción secundaria en la novela, el drama, etc. 2 Suceso enlazado con otros que forman un conjunto.

epistemología *f.* Disciplina filosófica que estudia los principios materiales del conocimiento humano.

epístola *f.* Carta, misiva. 2 Parte de la misa inmediatamente anterior al gradual.

epistolar *adj.* Perten. o rel. a la epístola.

epistolario *m.* Colección de cartas. 2 Libro que contiene las epístolas de la misa.

epitafio *m.* Inscripción sepulcral.

epitalamio *m.* Composición lírica en celebración de una boda.

epitelial *adj.* Perten. o rel. al epitelio.

epitelio *m.* Capa superficial de la piel y de las membranas mucosas.

epitelioma *m.* Tumor canceroso caracterizado por la proliferación de células epiteliales.

epíteto *m.* Adjetivo que se agrega a un substantivo para acentuar su carácter.

epítome *m.* Compendio.

epizona *f.* GEOL. En un proceso de metamorfismo regional, zona superficial sometida a presión y temperaturas bajas.

epizootia *f.* Epidemia de una o más especies de animales.

epizootiología *f.* Estudio científico de las epizootias.

época *f.* Espacio de tiempo y especialmente el memorable por los hechos históricos durante él acaecida.

epodo *m.* Último verso de la estrofa.

epónimo, -ma *adj.* Que da nombre a un pueblo, a una ciudad, a una época, etc.

epopeya *f.* Poema narrativo extenso de empresas nobles y personajes heroicos. 2 Conjunto de poemas que forman la tradición épica de un pueblo.

épsilon *f.* Quinta letra del alfabeto griego, equivalente a la *e* breve latina.

equiángulo, -la *adj.* De ángulos iguales.

equidad *f.* Igualdad de ánimo; bondadosa templanza habitual. 2 Justicia natural. 3 Cualidad que consiste en dar a cada uno lo que se merece.

equidistante *adj.* Que equidista.

equidistar *intr.* Estar a igual distancia.

équido, -da *adj.-m.* Solípedo.

equilátero, -ra *adj.* Que consta de lados iguales.

equilibrado, -da *adj.* Prudente.

equilibrar *tr.-prnl.* Poner en equilibrio.

equilibrio *m.* Estado de reposo de un cuerpo que resulta de la actuación de dos o más fuerzas que se contrarrestan. 2 Estabilidad del cuerpo. 3 Sensatez.

equilibrista *adj.-com.* Diestro en hacer equilibrios.

equimosis *f.* Mancha lívida en la piel generalmente a causa de un golpe.

equino, -na *adj.* Perten. o rel. al caballo.

equinoccio *m.* Época del año en que los días son iguales a las noches.

equinodermo, -ma *adj.-m.* Díc. del animal marino, de simetría radiada, que tiene en el cuerpo un sistema de canales por donde pasa el agua.

equipaje *m.* Conjunto de cosas que se llevan de viaje.

equipar *tr.-prnl.* Proveer de lo necesario.

equiparar *tr.* Comparar dos cosas considerándolas iguales.

equipo *m.* Conjunto de ropas y otras cosas para uso de una persona. 2 Grupo de personas y colección de utensilios, instrumentos y aparatos especiales organizados para un servicio determinado. 3 Conjunto de instrumentos, aparatos técnicos y otro material necesario para ejecutar algo.

equipotencial *adj.* FÍS. Que tiene la misma potencia o potencial.

equis *f.* Nombre de la letra x.

equisetáceo, -a *adj.-f.* Díc. de la planta de rizoma feculento y tallos muy delgados.

equisonancia *f.* Equivalencia de sonido.

equitación *f.* Ejercicio de montar a caballo.

equitativo, -va *adj.* Que tiene equidad.

equivalencia *f.* Igualdad.

equivalente *adj.* Que equivale a otro.

equivaler *intr.* Ser de igual valor.

equivocación *f.* Ac. y ef. de equivocar o equivocarse.

equivocar *tr.-prnl.* Tomar una cosa por otra.

equívoco, -ca *adj.* Que puede entenderse en varios sentidos. - 2 *m.* Palabra de varios significados.

era *f.* Fecha desde la cual se empiezan a contar los años. 2 Época notable en que empieza un nuevo orden de cosas. 3 Gran período en que, junto a otros, se divide para su estudio la historia de la corteza del globo terrestre, desde el punto de vista geológico. 4 Espacio donde se trillan las mieses.

eral *m.* Novillo que no pasa de dos años.

erario *m.* Tesoro público.

ere *f.* Nombre de la letra r en su sonido simple.

erección *f.* Ac. y ef. de levantar, levantarse o ponerse rígida una cosa.

eréctil *adj.* Que puede levantarse.

erecto, -ta *adj.* Derecho, rígido.

eremita *m.* Ermitaño.

eretismo *m.* MED. Exaltación de las propiedades vitales de un órgano.

erg *m.* Nombre del ergio en la nomenclatura internacional. 2 Desierto arenoso.

ergio *m.* FÍS. Unidad de trabajo en el sistema cegesimal. Equivale a la fuerza de una dina cuando se desplaza 1 cm. en la dirección de dicha fuerza.

ergología *f.* Parte de la fisiología que estudia la actividad muscular.

ergonomía *f.* Estudio de las condiciones de adaptación recíproca del hombre y su trabajo, o del hombre y una máquina o vehículo.

ergotizar *intr.* Abusar de la argumentación basada en silogismos.

erguir *tr.-prnl.* Levantar, poner derecho. - 2 *prnl.* Ensoberbecerse.

erial *adj.-m.* Díc. de la tierra inculta.

ericáceo, -a *adj.-f.* Díc. de la planta dicotiledónea de hojas alternas y persistentes, flores solitarias o en inflorescencias y fruto en cápsula, baya o drupa.

erigidecer *tr.-prnl.* Poner rígida alguna cosa.

erigir *tr.* Fundar, instituir o levantar.

erisipela *f.* Enfermedad caracterizada por inflamación de la piel y las mucosas.

eritema *m.* Enrojecimiento de la piel.

erizado, -da *adj.* Cubierto de púas.

erizar *tr.-prnl.* Levantar, poner rígido el pelo, las plumas, etc. 2 Llenar o estar lleno de obstáculos.

erizo *m.* Mamífero insectívoro, con el dorso y los costados cubiertos de púas y capaz de arrollarse en forma de bola. 2 ~ *de mar,* equinodermo de forma de esfera aplanada con la concha llena de púas.

ermita *f.* Capilla o santuario situado generalmente en despoblado.

ermitaño, -ña *m. f.* Persona que cuida de la ermita. - 2 *m.* Asceta solitario. 3 Crustáceo que se aloja en la concha vacía de algún molusco.

erogar *tr.* Distribuir bienes o caudales.

erógeno, -na *adj.* Que produce o es sensible a la excitación sexual.

erosión *f.* Desgaste producido en la superficie de un cuerpo por el roce de otro.

erosionar *tr.* Producir erosión.

erosivo, -va *adj.* Perten. o rel. a la erosión. 2 Que produce erosión.

erostratismo *m.* Manía que lleva a cometer actos delictivos para conseguir renombre.

erótico, -ca *adj.* Perten. o rel. al amor sensual. 2 Díc. del género de poesía que trata de asuntos amorosos o sexuales.

erotismo *m.* Amor sensual intenso. 2 Condición de erótico.

erotizar *tr.* Dar contenido o significación erótica a algo.

errabundo, -da *adj.* Errante.

erradamente *adv.* Con error.

erradicación *f.* Acción de erradicar. 2 Supresión de una enfermedad generalmente contagiosa.

erradicar *tr.* Arrancar de raíz.

errado, -da *adj.* Que yerra.

erraj *m.* Cisco de huesos de aceituna machacados.

errante *adj.* Que anda vagando de una parte a otra.

errar *tr.-intr.-prnl.* No acertar; equivocar. - 2 *intr.* Andar vagando.

errata *f.* Equivocación material en lo escrito o impreso.

erre *f.* Nombre de la letra *r* en su sonido múltiple.

erróneo, -a *adj.* Que contiene error.

error *m.* Acción del que juzga verdadero lo que es falso. 2 Concepto falso.

eructar *intr.* Expeler con ruido por la boca los gases estomacales.

eructo *m.* Ac. y ef. de eructar.

erudición *f.* Conocimiento amplio de un tema o materia, especialmente de literatura e historia.

erudito, -ta *adj.* Que tiene erudición.

erupción *f.* Aparición en la piel de granos, manchas y vesículas. 2 Emisión de materias sólidas, líquidas o gaseosas en los volcanes.

eruptivo, -va *adj.* Perten. o rel. a la erupción o procedente de ella.

esbeltez *f.* Calidad de esbelto.

esbelto, -ta *adj.* Alto, delgado y bien formado.

esbirro *m.* desp. Alguacil.

esbozar *tr.* Bosquejar.

esbozo *m.* Bosquejo.

escabechar *tr.* Echar en escabeche.

escabeche *m.* Adobo de vinagre, laurel, etc., para conservar pescados y otros manjares. 2 Pescado escabechado.

escabechina *f.* fam. Destrozo, estrago.

escabel *m.* Banquillo para descansar los pies. 2 Taburete sin respaldo.

escabicida *m.* Substancia usada en el tratamiento de la sarna.

escábrido, -da *adj.* Cubierto de pelos cortos y tiesos. 2 Aspero al tacto.

escabro *m.* Roña de las ovejas que echa a perder la lana. 2 Enfermedad que padecen en la corteza los árboles y las vides.

escabrosidad *f.* Calidad de escabroso.

escabroso, -sa *adj.* Díc. del terreno desigual y accidentado. 2 Que está al borde de lo inmoral. 3 Incómodo y lleno de dificultad.

escabuche *m.* Azada pequeña para escardar.

escabullirse *prnl.* Escaparse de entre las manos. 2 Irse uno sin que lo vean.

escacharrar *tr.-prnl.* Romper, estropear.

escafandra *f.* Vestidura impermeable que sirve para permanecer y trabajar debajo del agua.

escafandrista *com.* Buzo que trabaja protegido por una escafandra.

escafoides *m.* ANAT. Hueso del carpo. 2 ANAT. Hueso del tarso.

escagarruzarse *prnl.* vulg. Hacer de vientre involuntariamente.

escala *f.* Escalera portátil. 2 Línea graduada para medir algo. 3 Proporción entre las dimensiones de un dibujo. 4 Serie graduada de cosas.

escalada *f.* Ac. y ef. de escalar.

escalafón *m.* Lista de los individuos de un cuerpo.

escalar *tr.* Entrar en un lugar valiéndose de escalas. 2 Subir, trepar a una altura.

escaldar *tr.-prnl.* Bañar con agua hirviendo.

escaleno *adj.* Díc. del triángulo de lados desiguales.

escalera *f.* Serie de escalones.

escalerilla *f.* Escalera de corto número de escalones.

escaleta *f.* Aparato para suspender el eje de un vehículo y poder componer las ruedas.

escalfar *tr.* Cocer en agua hirviendo un huevo sin la cáscara.

escalinata *f.* Escalera exterior de un solo tramo y hecha de fábrica.

escalofriante *adj.* Que produce escalofrío.

escalofriar *tr.-intr.-prnl.* Causar escalofrío.

escalofrío *m.* Indisposición en que se siente calor y frío al mismo tiempo.

escalón *m.* Peldaño.

escalonar *tr.* Situar ordenadamente personas o cosas de trecho en trecho.

escalopar *tr.* Cortar un producto alimenticio en lonchas delgadas y sesgadas.

escalope *m.* Loncha delgada de ternera o de vaca que se come empanada o frita.

escalpelo *m.* Bisturí de mango fijo.

escama *f.* Placa pequeña, rígida, que cubre la piel de algunos animales. 2 Lámina seca y coriácea en la superficie de algunos vegetales.

escamar *tr.* Quitar las escamas. - 2 *tr.-prnl.* Hacer entrar en recelo.

escamón, -mona *adj.* Receloso.

escamondar *tr.* Limpiar un árbol; quitar lo superfluo. 2 Lavar.

escamoso, -sa *adj.* Que tiene escamas.

escamotear *tr.* Hacer el jugador de manos que desaparezcan a ojos vistas las cosas. 2 Robar, hacer desaparecer.

escampar *impers.* Dejar de llover.

escamujar *tr.* Podar algunas ramas para que el fruto tenga mejor sazón.

escanciar *tr.* Echar, servir vino.

escandalizar *tr.-prnl.* Causar escándalo. - 2 *intr.* Armar alboroto o ruido.

escándalo *m.* Acción que ofende a la moral. 2 Ruido, tumulto.

escandalosa *f.* MAR. Vela pequeña que se orienta sobre la cangreja.

escandaloso, -sa *adj.* Que causa escándalo.

escandallar *tr.* Apreciar el valor del conjunto de una mercancía por el valor de una muestra solamente.

escandallo *m.* Determinación del precio de coste o venta de una mercancía.

escandinavo, -va *adj.-s.* De Escandinavia.

escandir *tr.* Medir un verso.

escáner *m.* Aparato que sirve para explorar sistemáticamente un objeto a través de la emisión de electrones. 2 MED. Aparato que sirve para hacer radiografías de capas seleccionadas.

escantillón *m.* Regla o patrón para trazar las líneas según las cuales se han de labrar las piezas.

escaño *m.* Banco con respaldo. 2 Asiento de los parlamentarios en las cámaras.

escapada *f.* Acción de escapar.

escapar *intr.-prnl.* Salir de un encierro o peligro. 2 Salir ocultamente. 3 Quedar fuera del dominio o influencia de alguna persona o cosa. 4 No ser advertido o percibido. 5 fig. Perder un vehículo por llegar tarde.

escaparate *m.* Estante con vidrieras. 2 Hueco con cristales en la fachada de una tienda para exponer géneros.

escaparatista *com.* Persona especializada en el arreglo de escaparates.

escapatoria *f.* Ac. y ef. de escaparse. 2 Excusa, efugio.

escape *m.* Acción de escapar. 2 Fuga apresurada. 3 Fuga de un gas o líquido. 4 Válvula para la salida de gases en un motor.

escápula *f.* Omóplato.

escapulario *m.* Pedazo de tela con una imagen que se lleva colgado al cuello.

escaque *m.* División cuadrada del tablero de ajedrez o de damas.

escaquearse *prnl.* fam. Escabullirse. 2 Eludir el cumplimiento de una tarea o trabajo.

escara *f.* Costra sobre la piel.

escarabajear *intr.* Bullir. 2 Escribir mal.

escarabajo *m.* Coleóptero de cuerpo elíptico y cabeza corta.

escarabajuelo *m.* Insecto coleóptero de color verde azulado que roe las hojas y otras partes tiernas de la vid.

escaramujo *m.* Rosal silvestre con fruto en forma de baya aovada.

escaramuza f. Refriega leve.

escaramuzar intr. Sostener una escaramuza. 2 Revolver el caballo a un lado y otro como en la escaramuza.

escarapela f. Divisa redonda que se traía en el sombrero, morrión, etc.

escarbaorejas m. Instrumento en forma de cucharilla para limpiar los oídos.

escarbar tr. Arañar, rascar el suelo. 2 Mondar, limpiar los dientes o los oídos. 3 Avivar la lumbre. 4 Inquirir lo oculto.

escarcela f. Bolsa que pendía de la cintura. 2 Mochila de cazador.

escarceo m. Movimiento de pequeñas olas en el mar. - 2 m. pl. Tornos y vueltas que dan los caballos.

escarcha f. Rocío congelado.

escarchar tr. Preparar confituras de modo que el azúcar cristalice en lo exterior.

escarda f. Azada pequeña para escardar.

escardar tr. Arrancar las malas hierbas de los sembrados.

escardillo m. Almocafre.

escariar tr. Agrandar o redondear un agujero abierto en metal o el diámetro de un tubo.

escarificador m. Instrumento armado de cuchillos de acero, para cortar verticalmente la tierra y las raíces.

escarificar tr. Labrar la tierra con el escarificador.

escarlata adj.-m. Color carmesí más bajo que el de la grana. - 2 adj. De color escarlata.

escarlatina f. Enfermedad contagiosa caracterizada por inflamación de la garganta y erupción cutánea.

escarmentar tr. Corregir con rigor. - 2 intr.-prnl. Tomar enseñanza de la experiencia propia o ajena.

escarmiento m. Desengaño que hace escarmentar. 2 Castigo.

escarnecer tr. Mofar.

escarnio m. Befa que afrenta.

escarola f. Planta hortense compuesta de hojas divididas y onduladas.

escarpa f. Declive áspero.

escarpado, -da adj. Que tiene escarpa.

escarpadura f. Escarpa.

escarpe m. Corte oblicuo que se da a un madero para empalmarlo con otro. 2 Empalme de dos maderos que se unen

de este modo.

escarpia f. Clavo con cabeza en forma de codo.

escarpiador m. Horquilla de hierro para afianzar a una pared las cañerías.

escarpidor m. Peine de púas gruesas.

escarpín m. Zapato con una suela y una costura. 2 Calzado interior de abrigo.

escasamente adv. Con escasez; apenas.

escasear tr. Dar poco y de mala gana. 2 Ahorrar, excusar. 3 Faltar, no haber suficiente.

escasez f. Calidad de escaso.

escaso, -sa adj. Que tiene poca cantidad de algo. 2 Que carece de lo necesario.

escatimar tr. Disminuir, escasear lo que se ha de dar.

escatofagia f. Costumbre de alimentarse de excrementos.

escatología f. Parte de la teología que estudia el destino final del hombre y del universo. 2 Conjunto de creencias y doctrinas referentes a la vida de ultratumba. 3 Estudio de los excrementos.

escavanar tr. Entrecavar un sembrado para ahuecar la tierra y quitar las hierbas nocivas.

escayola f. Yeso calcinado. 2 Estuco.

escayolar tr. Empapar las vendas con escayola para mantener los huesos rotos o dislocados en posición fija.

escayolista com. Persona especializada en decorar con molduras las habitaciones.

escena f. Escenario. 2 Lugar que allí se figura. 3 Teatro. 4 Parte del acto en que actúan unos mismos personajes. 5 Suceso llamativo y teatral.

escenario m. Parte del teatro donde se dispone la escena. 2 Lugar en que ocurre un suceso.

escénico, -ca adj. Perten. o rel. a la escena.

escenificar tr. Dar forma dramática a una obra literaria para ponerla en escena.

escenografía f. Arte de pintar decoraciones escénicas. 2 Conjunto de decorados que se montan en el escenario.

escepticismo m. Incredulidad o duda acerca de la verdad de alguna cosa.

escéptico, -ca adj.-s. Dado al escepticismo.

escindir *tr.-prnl.* Cortar, dividir.

escintilador *m.* Aparato utilizado para detectar la presencia de radiactividad.

escisión *f.* Cortadura, desavenencia. 2 Eliminación de una pequeña parte de un tejido u órgano.

esclarecer *tr.* Alumbrar, iluminar. 2 Poner en claro. 3 Ennoblecer.

esclarecido, -da *adj.* Noble, insigne.

esclarecimiento *m.* Ac. y ef. de esclarecer.

esclavina *f.* Especie de capa corta.

esclavista *adj.-com.* Partidario de la esclavitud.

esclavitud *f.* Estado de esclavo. 2 Sujeción excesiva.

esclavizar *tr.* Reducir a la esclavitud.

esclavo, -va *adj.-s.* Que carece de libertad por estar sometido a otro.

esclerénquima *m.* Tejido vegetal formado por células muertas de membranas engrosadas y lignificadas.

esclerómetro *m.* Aparato que sirve para medir la dureza de los minerales.

esclerosis *f.* MED. Endurecimiento de un tejido o de un órgano.

esclerótica *f.* Membrana blanquecina que cubre el globo del ojo.

esclusa *f.* Recinto con puertas en un canal para que los barcos puedan pasar de un tramo a otro de distinto nivel.

esclusada *f.* Cantidad de agua que se necesita para llenar una esclusa. 2 Volumen de agua que se vierte de una vez de un embalse a un río para limpiar su cauce, aumentar momentáneamente su nivel, etc.

escoba *f.* Manojo de ramas o palmitos, atados a un palo, que sirve para barrer.

escobajo *m.* Escoba vieja. 2 Raspa de racimo sin uvas.

escobazo *m.* Golpe de escoba.

escobén *m.* MAR. Agujero por donde sale el cable o cadena del ancla.

escobilla *f.* Escobita de cerdas. 2 Hoja de caucho del limpiaparabrisas del automóvil.

escobillón *m.* Instrumento para limpiar los cañones.

escobina *f.* Serrín que hace la barrena cuando taladra. 2 Limadura de un metal cualquiera.

escobón *m.* Escoba de mango muy largo. 2 Escoba sin mango o de mango muy corto.

escocedura *f.* Ac. y ef. de escocerse.

escocer *intr.* Causar escozor. - 2 *prnl.* Dolerse.

escocés, -cesa *adj.-s.* De Escocia.

escoda *f.* Especie de martillo para labrar piedras.

escofina *f.* Especie de lima de dientes gruesos para desbastar.

escoger *tr.* Elegir una cosa entre otras.

escogido, -da *adj.* Selecto.

escolanía *f.* Conjunto de escolanos.

escolano *m.* Niño que en algunos monasterios de Cataluña se educa para el servicio del culto y generalmente para el canto.

escolapio, -pia *adj.* De la Orden de las Escuelas Pías.

escolar *adj.* Perten. o rel. al estudiante o a la escuela. - 2 *com.* Estudiante de una escuela.

escolaridad *f.* Conjunto de cursos que un escolar sigue en una escuela.

escolarización *f.* Ac. y ef. de escolarizar.

escolarizar *tr.* Proporcionar la enseñanza obligatoria a una persona.

escolasticismo *m.* Filosofía enseñada en las escuelas medievales.

escolástico, -ca *adj.-s.* Perten. o rel. a las escuelas medievales o al escolasticismo. - 2 *f.* Escolasticismo.

escólex *m.* Extremo anterior de la tenia y otros gusanos, constituido por la cabeza y los órganos de fijación.

escolio *m.* Nota que se pone a un texto para explicarlo. 2 Proposición aclaratoria.

escoliosis *f.* Desviación lateral de la columna vertebral.

escolopendra *f.* Miriápodo que tiene las patas del primer par en forma de uñas venenosas.

escolta *f.* Tropa que escolta. 2 Acompañamiento en señal de reverencia, protección o vigilancia.

escoltar *tr.* Acompañar para proteger.

escollar *tr.* Tropezar en un escollo la embarcación.

escollera *f.* Obra de piedras arrojadas al fondo del agua como resguardo contra la acción de las olas.

escollo *m.* Peñasco a flor de agua o cubierto por ella. 2 Peligro. 3 Dificultad.

escombrar *tr.* Desembarazar, limpiar.

escombrera *f.* Conjunto de escombros y lugar donde se echan.

escómbrido, -da *adj.-m.* Díc. de la fa-

milia de peces marinos teleósteos per-
ciformes, de boca hendida, armada
por pequeños dientes.

escombro *m*. Desecho de un edificio
derribado.

escomerse *prnl*. Irse desgastando una
cosa sólida.

esconder *tr.-prnl*. Poner a una persona o
cosa en sitio donde no sea vista.

escondidas (a ~) *loc. adv*. De manera
oculta, sin ser visto.

escondite *m*. Escondrijo. 2 Juego de
muchachos en que unos se esconden y
otro los busca.

escondrijo *m*. Lugar para esconder
algo.

escopa *f*. Aparato para recoger polen de
las abejas.

escopeta *f*. Arma de fuego portátil, larga, con uno o dos cañones.

escopetazo *m*. Tiro de escopeta.

escopetear *tr.-prnl*. Tirar escopetazos.

escopladura *f*. Corte o agujero hecho
en la madera a fuerza de escoplo.

escopleadura *f*. Escopladura.

escoplo *m*. Herramienta de hierro acerado con mango de madera que sirve
para hacer cortes.

escora *f*. MAR. Inclinación de una embarcación por la fuerza del viento.

escorar *intr.-prnl*. Inclinarse la nave por
la fuerza del viento.

escorbuto *m*. Enfermedad caracterizada por debilidad general, ulceraciones
en las encías y hemorragias.

escoria *f*. Residuo de la fundición de los
metales. 2 Cosa vil, desechada.

escoriación *f*. Excoriación.

escorial *m*. Montón de escorias.

escoriar *tr*. Excoriar.

escorificar *tr*. Convertir en escoria.

escorpión *m*. Alacrán. - 2 *m. pl*. Orden
de arácnidos con el abdomen dividido
en una parte ancha y deprimida y otra
a modo de cola con una uña venenosa.

escorzar *tr*. Representar, acortándolas
en perspectiva, las cosas muy oblicuas
al plano sobre que se dibuja o pinta.

escorzo *m*. Figura o parte de figura es-
corzada.

escota *f*. MAR. Cabo para atirantar las
velas.

escotadura *f*. Corte hecho en algunas
cosas.

escotar *tr*. Cortar un vestido por la parte

del cuello. 2 Cercenar. 3 Pagar el escote.

escote *m*. Escotadura del cuello en un
vestido de mujer. 2 Parte que paga
cada uno de un gasto hecho en común.

escotilla *f*. Abertura en la cubierta de un
buque.

escotillón *m*. Trampa en el suelo.

escozor *m*. Sensación como la de una
quemadura. 2 fig. Sentimiento penoso.

escriba *m*. Doctor e intérprete de la ley
de los hebreos.

escribanía *f*. Oficio y oficina del escribano. 2 Recado de escribir.

escribano *m*. El que daba fe de las escri-
turas. 2 Secretario judicial. 3 Ave paseriforme corriente en Europa.

escribidor *m*. Mal escritor.

escribiente *com*. Empleado que escribe.

escribir *tr*. Representar ideas, números,
etc., por medio de letras u otros signos.

escriño *m*. Cofre pequeño para objetos
preciosos.

escripia *f*. Cesta de pescador de caña.

escrito *m*. Carta, documento, obra escrita.

escritor, -ra *m. f*. Persona que escribe.

escritorio *m*. Mueble para guardar papeles o para escribir en él.

escritura *f*. Acción y arte de escribir. 2
Sistema de signos usados en la escritura. 3 Documento autorizado por un
notario.

escriturar *tr*. Hacer constar en escritura
pública.

escrófula *f*. Tuberculosis crónica de los
ganglios linfáticos.

escrofularia *f*. Planta medicinal de flores en panoja.

escrofulariáceo, -a *adj.-f*. Díc. de la
planta cotiledónea, generalmente herbácea, de hojas alternas y opuestas.

escrofulosis *f*. Afección de carácter escrofuloso.

escrofuloso, -sa *adj*. Perten. o rel. a la
escrófula. - 2 *adj.-s*. Que la padece.

escroto *m*. Bolsa formada por la piel
que cubre los testículos y las membranas que los envuelven.

escrupulillo *m*. Bolita que se pone dentro del cascabel para que suene.

escrúpulo *m*. Duda o recelo que trae inquieto y desasosegado al ánimo.

escrupulosidad f. Minuciosidad.

escrupuloso, -sa adj.-s. Que tiene escrúpulos. - 2 adj. Minucioso.

escrutar tr. Examinar con cuidado. 2 Hacer el recuento de los votos.

escrutinio m. Examen detallado. 2 Suma de votos.

escrutiñador, -ra m. f. Examinador de una cosa haciendo escrutinio de ella.

escuadra f. Instrumento de dibujo que tiene un ángulo recto. 2 Grupo de soldados que manda un cabo. 3 Conjunto de buques de guerra.

escuadreo m. Ac. y ef. de medir una superficie en unidades cuadradas.

escuadría f. Dimensiones, ancho y alto, del corte de un madero labrado a escuadra.

escuadrilla f. Grupo de aviones que vuelan juntos.

escuadrón m. MIL. Unidad de un regimiento de caballería. 2 MIL. Unidad aérea al nivel del batallón terrestre.

escualidez f. Calidad de escuálido.

escuálido, -da adj. Sucio. 2 Flaco.

escualiforme adj.-m. Díc. del pez elasmobranquio de cuerpo fusiforme y cola robusta.

escuamiforme adj. En forma de escama.

escucha com. En radio y televisión, persona dedicada a escuchar las emisiones para tomar nota de los defectos.

escuchar tr. Aplicar el oído para oír. 2 Dar oídos, atender. - 3 prnl. Hablar con pausas afectadas.

escuchimizado, -da adj. Muy flaco.

escuchimizarse prnl. Ponerse flaco, enflaquecer.

escudar tr.-prnl. Resguardar con el escudo. 2 Amparar, defender.

escudería f. Servicio y ministerio del escudero. 2 DEP. Equipo de competición formado por una marca de automóviles o de motocicletas.

escudero m. Paje que acompañaba a un caballero.

escudilla f. Vasija semiesférica para servir sopa y caldo.

escudo m. Arma defensiva, formada por una lámina de cuero, madera o metal, que se lleva en el brazo contrario al que maneja la ofensiva. 2 Amparo, defensa. 3 Unidad monetaria de Portugal.

escudriñar tr. Examinar, averiguar.

escuela f. Establecimiento de enseñanza. 2 Doctrina, sistema.

escueto, -ta adj. Sin adornos, estricto.

esculapio m. fam. Médico.

esculcar tr. Espiar.

esculpir tr. Labrar a mano una estatua.

escultor, -ra m. f. Persona que esculpe.

escultórico, -ca adj. Escultural.

escultura f. Arte de modelar, esculpir o tallar. 2 Obra de escultor.

escultural adj. Perten. o rel. a la escultura.

escupidera f. Recipiente donde se escupe.

escupidura f. Escupitajo.

escupir intr. Arrojar saliva por la boca. - 2 tr. Despedir un cuerpo una substancia.

escupitajo m. Saliva o flema escupida.

escurreplatos m. Mueble de cocina donde escurren las vasijas fregadas.

escurridero m. Lugar a propósito para poner a escurrir alguna cosa.

escurridizo, -za adj. Que se escurre o desliza fácilmente.

escurridor m. Colador de agujeros grandes para escurrir el líquido de las viandas empapadas. 2 Escurreplatos.

escurriduras f. pl. Últimas gotas que quedan en una vasija.

escurrir tr. Apurar las últimas gotas de una vasija. - 2 tr.-prnl. Hacer que una cosa empapada despida el líquido que contenía. - 3 intr.-prnl. Caer gota a gota.

escusabaraja f. Cesta de mimbres con su tapa.

escutiforme adj. De forma de escudo.

esdrújulo, -la adj.-s. Acentuado en la antepenúltima sílaba.

ese f. Nombre de la letra s. ▷ Andar haciendo eses, andar hacia uno y otro lado por estar bebido.

ese, esa adj. dem. Designa lo que está más cerca de la persona con quien se habla. Si va pospuesto, la expresión toma matiz despectivo.

ése, ésa, eso pron. dem. Designa lo que está más cerca de la persona con quien se habla.

esencia f. Lo permanente e invariable de un ser. 2 Substancia vegetal, volátil y olorosa. 3 Quinta ~, lo más puro y acendrado de una cosa.

esencial adj. Relativo a la esencia. 2 Que contiene lo más importante o significativo de algo.

esencialismo m. FIL. Doctrina que sostiene la primacía de la esencia sobre la existencia, por oposición al existencialismo.

esfenoides m. ANAT. Hueso de la cabeza en la parte media e inferior del cráneo.

esfera f. Sólido limitado por una superficie curva cuyos puntos equidistan todos de otro interior llamado centro. 2 Clase, condición social. 3 Espacio a que se extiende un influjo. 4 Círculo en que giran las manecillas del reloj.

esférico, -ca adj. Perten. o rel. a la esfera o que tiene su figura.

esferoidal adj. Perten. o rel. al esferoide o que tiene su figura.

esferoide m. Cuerpo de forma parecida a la esfera.

esferometría f. Medida de la curvatura de superficies esféricas.

esfigmógrafo m. Instrumento para registrar los movimientos, fuerza y forma del pulso arterial.

esfinge f. Animal fabuloso con cabeza y busto de mujer y cuerpo y pies de león.

esfínter m. Anillo muscular que abre y cierra un orificio natural.

esforzado, -da adj. Alentado, valiente.

esforzar tr. Dar fuerza y vigor. - 2 prnl. Hacer esfuerzos.

esfuerzo m. Empleo enérgico de la fuerza, la actividad, etc. 2 Vigor, valor. 3 Empleo de elementos costosos en la consecución de algún fin.

esfumado m. Transición suave de una zona a otra de la pintura, obtenida por medio de tonos vagos y juegos de sombra.

esfumar tr. Esfuminar. - 2 prnl. Disiparse. 3 Marcharse, irse de un lugar con rapidez y disimulo.

esfuminar tr. Extender el lápiz con el esfumino.

esfumino m. Rollito de piel o papel suave para esfuminar.

esgarrar tr.-intr. Hacer esfuerzo para arrancar la flema.

esgrima f. Deporte que consiste en el enfrentamiento de dos personas armadas con espada, florete, sable, etc.

esgrimir tr. Jugar y manejar una espada, florete, sable, etc. 2 Usar de una cosa como arma.

esguín m. Cría del salmón cuando aún

no ha salido al mar.

esguince m. Distensión violenta de una articulación.

eslabón m. Pieza que, enlazada con otras, forma una cadena.

eslabonar tr. Unir unos eslabones con otros. - 2 tr.-prnl. Enlazar unas cosas con otras.

eslavo, -va adj.-s. De un pueblo ant. que habitó el norte de Europa.

eslinga f. Maroma provista de ganchos para levantar grandes pesos.

eslip m. Pieza interior masculina, a manera de calzoncillos, ajustada y sin pernera. 2 Bañador de iguales características.

eslizón m. Reptil saurio insectívoro de cuerpo largo y pies cortos, con cuatro rayas pardas en el lomo.

eslogan m. Frase publicitaria.

eslora f. Longitud de una embarcación.

esmaltado, -da adj.-s. Revestido de esmalte.

esmaltar tr. Cubrir con esmalte. 2 Adornar, hermosear.

esmalte m. Barniz vítreo que con la fusión se adhiere a un metal, porcelana, etc. 2 Objeto cubierto de esmalte. 3 Materia dura y blanca que cubre la parte de los dientes que está fuera de las encías.

esmerado, -da adj. Hecho con esmero.

esmeralda f. Piedra preciosa verde.

esmerar tr. Pulir. - 2 prnl. Poner sumo cuidado en una cosa.

esmeril m. Mezcla pulverulenta que se usa para pulimentar.

esmerilar tr. Pulir con esmeril.

esmero m. Cuidado sumo.

esmoquin m. Chaqueta de hombre de cuello largo forrada de seda.

esmorecer intr.-prnl. Desfallecer, perder el aliento.

esnifada f. En el lenguaje de la droga, aspiración por la nariz de cocaína u otra substancia análoga. 2 Dosis de droga tomada por este procedimiento.

esnifar tr. Aspirar cocaína.

esnob com. Persona que acoge toda clase de novedades.

esnobismo m. Calidad de esnob. 2 Actitud del esnob.

esófago m. Conducto que va de la faringe al estómago.

esotérico, -ca adj. Oculto, secreto.

esoterismo m. Calidad de esotérico.

espaciador *m.* En las máquinas de escribir, tecla que se pulsa para dejar espacios en blanco.

espacial *adj.* Perten. o rel. al espacio.

espaciar *tr.* Poner espacio entre las cosas. 2 Esparcir.

espacio *m.* Medio homogéneo continuo e ilimitado en que situamos todos los cuerpos. 2 Parte de él que ocupa cada cuerpo. 3 Porción de tiempo. 4 ~ aéreo, zona de la atmósfera de la jurisdicción de un país para la circulación de aviones.

espaciosidad *f.* Anchura, capacidad.

espacioso, -sa *adj.* Ancho. 2 Lento.

espada *f.* Arma ofensiva de hoja de acero, larga, recta, aguda y cortante. - 2 *m.* Torero que mata al toro. - 3 *f. pl.* Palo de la baraja española.

espadachín *m.* El que maneja bien la espada.

espadaña *f.* Anea. 2 Campanario formado por una sola pared.

espádice *m.* Inflorescencia formada por un eje cubierto por las flores y envuelto en una espata.

espadilla *f.* As de espadas.

espadín *m.* Espada estrecha.

espadista *com.* Delincuente que para penetrar en una casa utiliza una ganzúa.

espadón *m.* Hombre castrado que ha conservado el pene.

espagueti *m.* Fideo largo y grueso.

espalar *tr.* Apartar con la pala.

espalda *f.* Parte posterior del tronco humano desde los hombros hasta la cintura. 2 DEP. Modalidad de natación en situación boca arriba. - 3 *f. pl.* Envés o parte posterior. ▷ *A espaldas de,* sin que se entere. *Tirar de espaldas,* causar asombro. *Volver la ~,* abandonar.

espaldar *m.* Espalda de la coraza. 2 Enrejado en una pared.

espaldarazo *m.* Golpe dado de plano con la espada en las espaldas de uno, como ceremonia en el acto de armarse caballero. ▷ *Dar el ~ a uno,* aceptar como igual, refrendar.

espalderas *f. pl.* Aparato de gimnasia consistente en varias barras de madera horizontales y dispuestas para hacer ejercicios.

espaldilla *f.* Cuarto delantero de algunas reses y otros animales.

espaldón *m.* Parte maciza y saliente que queda de un madero después de abierta una entalladura. 2 Barrera para resistir el empuje de la tierra o de las aguas.

espantada *f.* Fuga de un animal. 2 Abandono súbito de una actividad, esp. por miedo.

espantadizo, -za *adj.* Que fácilmente se espanta.

espantagustos *m.* Persona de mal carácter que turba la alegría de los demás.

espantajo *m.* Figura que se pone en un paraje para espantar a los pájaros.

espantalobos *m.* Arbusto papilionáceo de flores amarillas y legumbres de vainas infladas. - 2 *f.* Mariposa diurna de pequeño tamaño.

espantapájaros *m.* Espantajo.

espantar *tr.-prnl.* Causar espanto. 2 Asombrar. - 3 *tr.* Ahuyentar.

espanto *m.* Terror. 2 Asombro.

espantoso, -sa *adj.* Que espanta.

español, -la *adj.* De España. - 2 *m.* Lengua española.

españolada *f.* Dicho o hecho propio de españoles. 2 *desp.* Espectáculo que imita o representa con poca propiedad las costumbres, cantos, bailes, etc., de España.

españolear *intr.* Hacer una propaganda extremada de España en artículos, conferencias, etc.

españolismo *m.* Vocablo, giro o modo de expresión propio de los españoles. 2 Amor o apego a las cosas características de España. 3 Carácter español genuino.

españolizar *tr.* Castellanizar. - 2 *prnl.* Tomar costumbres españolas.

español, -la *adj.-s.* De España. - 2 *m.* Lengua española o castellana.

esparadrapo *m.* Lienzo cubierto de emplasto, usado para sujetar vendajes.

esparavel *m.* Red redonda para pescar. 2 Instrumento de albañil.

esparcido, -da *adj.* Extendido, diseminado. 2 Festivo, franco en el trato, divertido. 3 BOT. Que se dispone en figura de hélice sobre un eje.

esparcimiento *m.* Despejo, franqueza en el trato, alegría. 2 Diversión, recreo, desahogo.

esparcir *tr.* Extender, separar lo que está junto.

esparragar *intr.* Cuidar o coger espárragos.

espárrago *m.* Planta liliácea de turiones comestibles. 2 Turión de esta planta.

esparraguera *f.* Espárrago (planta).

esparrancado, -da *adj.* Muy abierto de piernas.

espartano, -na *adj.-s.* De Esparta. 2 fig. Austero, severo.

esparto *m.* Planta graminácea con cuyas hojas se hacen cuerdas, esteras, etc.

espasmo *m.* Contracción involuntaria de los músculos.

espasmódico, -ca *adj.* Perten. o rel. al espasmo.

espata *f.* Bráctea grande que envuelve el espádice.

espato *m.* Mineral de estructura laminar.

espátula *f.* Paleta estrecha que usan los pintores, farmacéuticos, etc. 2 Ave de plumaje blanco y de pico negro largo y ensanchado en la punta.

espavorizarse *prnl.* Despejarse, esparcirse.

especia *f.* Droga aromática usada como condimento.

especial *adj.* Singular, particular. 2 Muy propio para algún efecto.

especialidad *f.* Calidad de especial. 2 Ramo de la ciencia o arte a que se dedica una persona.

especialista *adj.-com.* Que cultiva un ramo determinado de una ciencia o arte.

especialización *f.* Ac. y ef. de especializar o especializarse.

especializado, -da *adj.* Que posee conocimientos especiales en una materia determinada.

especializar *intr.-prnl.* Cultivar una especialidad.

especiar *tr.* Sazonar, poner especias.

especie *f.* Conjunto de cosas semejantes entre sí. 2 Naturaleza común a cierto número de individuos. 3 Persona o cosa de determinada categoría. 4 Imagen mental, apariencia sensible. 5 H. NAT. Categoría de clasificación de animales o plantas entre la familia y cada variedad. ▷ *En ~*, en frutos o géneros y no en dinero.

especiería *f.* Tienda de especias.

especiero *m.* Armario muy pequeño con varios cajones o estantes para guardar las especias.

especificar *tr.* Explicar, declarar con individualidad.

especificativo, -va *adj.* Que tiene virtud o eficacia para especificar. 2 GRAM. Determinativo: *oración especificativa*, la que limita o determina a algún elemento de la oración principal.

específico, -ca *adj.* Que caracteriza una especie. - 2 *m.* Medicamento para una enfermedad determinada.

espécimen *m.* Muestra, modelo.

espectacular *adj.* Que tiene caracteres propios de espectáculo público.

espectáculo *m.* Función o diversión pública. 2 Aquello especialmente notable que se ofrece a la vista.

espectador, -ra *adj.* Que mira con atención. - 2 *adj.-s.* Que asiste a un espectáculo.

espectro *m.* Imagen o fantasma. 2 Margen completo de las radiaciones o de las ondas electromagnéticas ordenadas según sus características específicas.

espectrógrafo *m.* Espectroscopio dispuesto para obtener espectrogramas.

espectrograma *m.* Fotografía, inscripción o diagrama de un espectro luminoso o acústico.

espectroscopia *f.* Conjunto de métodos empleados para estudiar por medio del espectro las radiaciones de los cuerpos incandescentes.

espectroscopio *m.* Instrumento óptico para observar los espectros.

especulación *f.* Ac. y ef. de especular. 2 Operación comercial practicada con ánimo de obtener lucro.

especular *tr.* Meditar, reflexionar. - 2 *intr.* Comerciar, traficar.

especulativo, -va *adj.* Perten. o rel. a la especulación.

espejarse *prnl.* Reflejarse.

espejear *intr.* Relucir, resplandecer.

espejismo *m.* Ilusión óptica en virtud de la cual los objetos lejanos dan imágenes engañosas.

espejo *m.* Lámina de vidrio, recubierta por la parte posterior de una capa metálica, que forma imagen de los objetos por reflexión de los rayos luminosos. 2 Modelo.

espejuelo *m.* Yeso cristalizado. - 2 *m. pl.* Anteojos.

espeleología *f.* Exploración y estudio de las cuevas y cavidades subterráneas.

espeluznante *adj.* Que hace erizarse el cabello. 2 Pavoroso, terrorífico.

espeluzno *m.* Escalofrío.

espera *f.* Ac. y ef. de esperar.

esperanto *m.* Idioma creado en 1887 por el médico ruso Zamenhof, con idea de que pudiese servir como lengua universal.

esperanza *f.* Confianza de lograr una cosa. 2 Virtud teologal por la cual se aguarda de Dios su gracia.

esperanzar *tr.* Dar esperanza. - 2 *intr.-prnl.* Tener esperanza.

esperar *tr.* Tener esperanza de conseguir algo. 2 Permanecer en un sitio o detenerse en el obrar hasta que llegue uno o suceda algo. ▷ ~ *en uno,* poner en él la confianza. ~ *sentado,* expresa que lo que se espera ha de cumplirse muy tarde o nunca.

esperma *amb.* Semen animal.

espermaticida *adj.-s.* Díc. del producto anticonceptivo que destruye los espermatozoides.

espermatozoide *m.* Gameto masculino de los animales, destinado a la fecundación del óvulo.

espernada *f.* Remate de la cadena que suele tener el eslabón abierto.

esperpento *m.* Persona o cosa fea y ridícula. 2 Género literario en el que se deforma sistemáticamente la realidad, recargando sus rasgos absurdos.

espesar *tr.-prnl.* Hacer espeso.

espesativo, -va *adj.* Que tiene virtud de espesar.

espeso, -sa *adj.* De mucha densidad. 2 Muy numeroso en poco espacio.

espesor *m.* Grueso de un sólido. 2 Densidad de un fluido.

espesura *f.* Calidad de espeso.

espetar *tr.* Atravesar con el asador. 2 Decir a uno algo que le sorprenda o moleste.

espetera *f.* Tabla con garfios para colgar carnes y utensilios de cocina.

espetón *m.* Hierro a manera de asador.

espía *com.* Persona mandada para espiar.

espiar *tr.* Observar con disimulo; informarse en secreto.

espicanardi *f.* Hierba valerianácea de la India, de raíz perenne y aromática. 2 Planta de raicillas fibrosas. 3 Raíz de estas plantas.

espiciforme *adj.* Que tiene forma de espiga.

espícula *f.* Cuerpo u órgano pequeño de forma de aguja.

espichar *intr.* vulg. Morir.

espiche *m.* Arma o instrumento puntiagudo. 2 Estaquilla para cerrar un agujero. 3 Varilla para ensartar pescados y asarlos.

espiga *f.* Inflorescencia formada por un conjunto de flores sentadas, dispuestas a lo largo de un eje. 2 Conjunto de granos agrupados, resultado de la fructificación de la espiga de una planta graminácea.

espigado, -da *adj.* Alto.

espigar *tr.* Recoger las espigas que han quedado en el rastrojo. 2 fig. Tomar datos de uno o más libros, rebuscando acá y allá. - 3 *intr.* Empezar los cereales a echar espiga. - 4 *prnl.* Crecer mucho.

espigón *m.* Espiga áspera y espinosa. 2 Punta. 3 Cerro alto, pelado y puntiagudo. 4 Macizo saliente construido a la orilla de un río o del mar.

espiguilla *f.* Espiga pequeña con brácteas en la base.

espina *f.* Púa de ciertas plantas. 2 Pesar duradero. 3 Hueso de pez. 4 ~ *dorsal,* espinazo. ▷ *Sacarse la ~,* desquitarse.

espinaca *f.* Planta hortense de hojas comestibles.

espinal *adj.* Perten. o rel. al espinazo.

espinapez *m.* Labor hecha en los solados y entarimados con rectángulos colocados oblicuamente a las cintas.

espinar *tr.-prnl.* Herir con espinas.

espinazo *m.* Columna vertebral.

espinela *f.* LIT. Décima.

espíneo, -a *adj.* Hecho de espinas, o relativo a ellas.

espineta *f.* Clavicordio pequeño.

espingarda *f.* Escopeta morisca muy larga. 2 Cañón de artillería de gran tamaño.

espinilla *f.* Parte anterior de la canilla de la pierna.

espinillera *f.* Pieza que preserva la espinilla de los operarios o de los jugadores.

espino *m.* Pequeño árbol rosáceo de ramas espinosas. 2 ~ *artificial,* alambre con pinchos que se usa para cercas.

espinoso, -sa *adj.* Que tiene espinas. 2 fig. Arduo, difícil, intrincado.

espínula *f.* Pequeña espina.

espionaje m. Acción de espiar. 2 Organización dedicada a este fin.

espira f. Parte de la basa de la columna, que está encima del plinto. 2 Vuelta de una hélice o de una espiral.

espiración f. Ac. y ef. de espirar.

espiral f. Línea curva que da vueltas alrededor de un punto alejándose continuamente de él.

espirante adj. Que espira. 2 GRAM. Díc. del sonido que se pronuncia con aspiración.

espirar tr.-intr. Expeler el aire aspirado.

espirilo m. Bacteria alargada y encorvada en forma de hélice o espiral.

espiritismo m. Doctrina según la cual los espíritus de los muertos pueden entrar en comunicación con los vivos.

espiritoso, -sa adj. Vivo, animoso.

espiritrompa f. Tubo chupador de los insectos lepidópteros.

espíritu m. Substancia incorpórea, alma. 2 Ser inmaterial y dotado de razón.

espiritual adj. Perten. o rel. al espíritu.

espiritualidad f. Calidad de espiritual.

espiritualismo m. Doctrina según la cual el espíritu es la única realidad. 2 Sistema que defiende la esencia espiritual y la inmortalidad del alma.

espiritualizar tr. Hacer o considerar espiritual.

espirituoso, -sa adj. Que contiene mucho alcohol.

espirómetro m. Aparato para medir la capacidad respiratoria.

espita f. Canilla de cuba. 2 Grifo pequeño.

esplacnología f. Parte de la anatomía que trata de las vísceras.

esplendidez f. Abundancia, largueza.

espléndido, -da adj. Liberal, ostentoso.

esplendor m. Resplandor. 2 Auge.

esplendoroso, -sa adj. Que resplandece. 2 Que impresiona por su belleza.

esplénico, -ca adj. Perten. o rel. al bazo.

esplenio m. ANAT. Músculo plano que une las vértebras cervicales con la cabeza y contribuye a los movimientos de ésta.

espliego m. Mata labiada aromática de flores en espiga.

espoleadura f. Herida que la espuela hace a la cabalgadura.

espolear tr. Aguijar con la espuela. 2 Incitar, estimular.

espoleta f. Detonador de las bombas.

espolón m. Apófisis ósea que tienen ciertas aves en el tarso. 2 Remate de la proa de un barco. 3 Malecón. 4 Tajamar.

espolvorear tr. Esparcir polvo.

espondeo m. Pie de la versificación clásica formado por dos sílabas largas.

esponja f. Animal acuático fijo, de esqueleto calcáreo y cuerpo compuesto de alveolos. 2 Materia porosa y elástica formada por el esqueleto de este animal.

esponjar tr. Ahuecar, hacer más poroso un cuerpo.

esponjosidad f. Calidad de esponjoso.

esponjoso, -sa adj. Muy poroso y ligero.

esponsales m. pl. Mutua promesa de casamiento.

espontanearse prnl. Descubrir uno a otro voluntariamente un hecho propio desconocido o lo íntimo de sus pensamientos o afectos.

espontaneidad f. Calidad de espontáneo.

espontáneo, -a adj. Que procede de un impulso interior. 2 Que se produce sin cultivo, cuidados o intervención.

espora f. Célula que se aísla y separa del organismo materno y sirve para su multiplicación.

esporádico, -ca adj. Ocasional, aislado.

esporangio m. Órgano productor de las esporas.

esporífero, -ra adj. Que trae o contiene esporas.

esporofilo m. Hoja portadora de esporangios.

esporozoo, -a adj.-m. Díc. del tipo de protozoos, exclusivamente parásitos intracelulares, de reproducción sexual y por esporulación.

esportear tr. Echar, llevar, mudar con espuertas.

esportillo m. Capacho de esparto o de palma.

esporulación f. Formación en el interior de una célula de varias células hijas que quedan en libertad por ruptura de la membrana de la célula primitiva.

esposar tr. Poner esposas.

esposas f. pl. Manillas de hierro para sujetar a los presos.

esposo, -sa *m. f.* Persona casada respecto de su cónyuge.

espuela *f.* Instrumento que se ajusta al talón de la bota para picar al caballo.

espuerta *f.* Receptáculo cóncavo de esparto, palma, etc., con dos asas.

espulgar *tr.* Limpiar de pulgas o piojos. 2 fig. Reconocer algo minuciosamente.

espuma *f.* Agregado de burbujas en la superficie de un líquido. 2 Impurezas que ciertas substancias arrojan de sí al hervir.

espumadera *f.* Cucharón con agujeros para espumar.

espumar *tr.* Quitar la espuma. - *intr.* Hacer espuma.

espumarajo *m.* Saliva arrojada en abundancia por la boca.

espumear *intr.* Producir espuma.

espumero *m.* Lugar donde se junta agua salada para que cristalice o cuaje la sal.

espumilla *f.* Tejido muy ligero y delicado, semejante al crespón.

espumillón *m.* Tela de seda, muy gruesa.

espumoso, -sa *adj.* Que hace mucha espuma.

espurio, -ria *adj.* Bastardo. 2 Falso.

espurrear *tr.* Rociar con un líquido expelido por la boca.

esputar *tr.* Expectorar.

esputo *m.* Lo que se esputa de una vez.

esqueje *m.* Vástago cortado que se introduce en tierra para multiplicar la planta.

esquela *f.* Carta breve. 2 Papel impreso en que se dan citas.

esquelético, -ca *adj.* Perten. o rel. al esqueleto. 2 Muy flaco.

esqueleto *m.* Armazón ósea de los vertebrados. 2 Armazón de algunos invertebrados.

esquema *m.* Representación gráfica de cosas inmateriales. 2 Representación de una cosa en sus caracteres más salientes.

esquemático, -ca *adj.* Perten. o rel. al esquema.

esquematismo *m.* Procedimiento esquemático para la exposición de doctrinas.

esquematizar *tr.* Representar una cosa en forma esquemática.

esquí *m.* Plancha larga de madera dura, usada para patinar sobre la nieve. 2 Deporte practicado al deslizarse con dichas tablas. 3 ~ *acuático,* modalidad de esquí sobre el agua.

esquiador, -ra *m. f.* Persona que esquía.

esquiar *intr.* Deslizarse sobre la nieve o hielo con esquís.

esquife *m.* Bote que se lleva en el barco para saltar a tierra.

esquila *f.* Cencerro. 2 Campana pequeña.

esquilar *tr.* Cortar el pelo o la lana.

esquilmar *tr.* Coger el fruto de las haciendas. 2 Chupar con exceso las plantas el fruto de la tierra. 3 Agotar una fuente de riqueza sacando de ella mayor provecho que el debido.

esquimal *adj.-s.* De un pueblo de raza mongólica que habita la zona ártica.

esquina *f.* Arista, especialmente la que resulta del encuentro de dos paredes.

esquinado, -da *adj.* Que tiene esquina. 2 De trato difícil.

esquinar *tr.-intr.* Hacer o formar esquina. - 2 *tr.* Poner en esquina alguna cosa.

esquirla *f.* Astilla desprendida de un hueso, vidrio, piedra, etc.

esquirol *m.* Obrero que substituye a un huelguista.

esquistosidad *f.* Propiedad que presenta una roca cuando aparece constituida en capas u hojas paralelas.

esquivar *tr.* Evitar, rehuir.

esquivez *f.* Desapego, aspereza.

esquivo, -va *adj.* Arisco, huraño.

esquizocarpio, esquizocarpo *m.* BOT. Fruto polispermo que a la madurez se fragmenta en trozos monospermos que parecen aquenios.

esquizofrenia *f.* Psicosis en la cual el enfermo pierde el contacto con el medio que le rodea.

esquizogénesis *f.* Proceso asexual de reproducción característico de las bacterias.

esquizoide *adj.* Semejante a la esquizofrenia. - 2 *adj.-com.* Díc. de la persona que manifiesta una tendencia exagerada a la soledad.

estabilidad *f.* Permanencia; firmeza. 2 Fijeza en la posición o en el rumbo. 3 Propiedad de un sistema de volver al estado de equilibrio después de sufrir una perturbación. 4 Resistencia a cambiar de posición que presenta un cuerpo en equilibrio.

estabilizador, -ra *adj.-s.* Que estabiliza.

estabilizar *tr.* Hacer estable.

estable *adj.* Permanente, firme.

establecer *tr.* Hacer estable, fundar. 2 Disponer u ordenar lo que debe hacerse. - 3 *prnl.* Fijar la residencia en un lugar.

establecimiento *m.* Ac. y ef. de establecer. 2 Cosa establecida. 3 Colocación estable de una persona. 4 Lugar donde se ejerce una industria o profesión.

establo *m.* Lugar cubierto en que se encierra el ganado.

estabulación *f.* Cría y mantenimiento de los ganados en establos.

estaca *f.* Palo con punta. 2 Rama verde plantada para que se haga árbol.

estacada *f.* Cerca hecha de estacas. ▷ *Dejar en la ~,* abandonar en un aprieto.

estacazo *m.* Golpe de estaca.

estación *f.* División del año comprendida entre un equinoccio y un solsticio. 2 Tiempo, temporada. 3 Lugar en que se hace alto durante un viaje. 4 Edificio situado en la red de transporte público, destinado al servicio de pasajeros y mercancías.

estacional *adj.* Propio de cualquiera de las estaciones del año.

estacionamiento *m.* Ac. y ef. de estacionarse. 2 Lugar de la vía pública donde los vehículos pueden permanecer estacionados.

estacionar *tr.-prnl.* Situar en un lugar. - 2 *prnl.* Quedarse estacionario.

estacionario, -ria *adj.* Que permanece en el mismo estado.

estadía *f.* Estancia, permanencia en un lugar.

estadio *m.* Lugar público en que se practican ciertos deportes. 2 Fase, período.

estadista *com.* Perito en estadística. 2 Persona versada en asuntos de estado.

estadística *f.* Ciencia que tiene por objeto clasificar y contar todos los hechos de un mismo orden.

estadístico, -ca *adj.* Perten. o rel. a la estadística.

estado *m.* Situación, modo de estar. 2 Resumen por partidas generales. 3 Orden, clase, jerarquía y calidad de las personas. 4 Cuerpo político de una nación.

estadounidense *adj.-s.* De Estados Unidos de América del Norte.

estafa *f.* Ac. y ef. de estafar.

estafador, -ra *m. f.* Persona que estafa.

estafar *tr.* Robar con engaño.

estafermo *m.* Persona parada. 2 Persona de mala facha.

estafeta *f.* Oficina de correos.

estafilococo *m.* Variedad de coco (bacteria) cuyos individuos se presentan asociados en racimos.

estagnícola *adj.* Que vive en aguas estancadas.

estalactita *f.* Concreción pendiente del techo de una caverna.

estalagmita *f.* Concreción formada sobre el suelo de una caverna.

estallar *intr.* Henderse o reventar una cosa con estruendo. 2 Restallar el látigo. 3 Ocurrir violentamente alguna cosa.

estallido *m.* Ac. y ef. de estallar.

estambre *m.* Lana de hebras largas. 2 Órgano masculino de la flor.

estamento *m.* Sector de un cuerpo social, definido por un común estilo de vida, una función social o actividad determinada.

estameña *f.* Tejido basto de estambre.

estamíneo, -a *adj.* Perten. o rel. al estambre.

estaminífero, -ra *adj.* Díc. de la flor que lleva únicamente estambres y de la planta que tiene estas flores.

estampa *f.* Figura impresa. 2 Figura total de una persona o animal. 3 Imprenta o impresión.

estampación *f.* Ac. y ef. de estampar.

estampado, -da *adj.-s.* Tejido en que se estampan diferentes labores o dibujos.

estampar *tr.* Imprimir. 2 Formar un relieve en una chapa metálica, prensándola sobre un molde. 3 Dejar una huella. 4 Arrojar, hacer chocar contra algo.

estampida *f.* Carrera rápida e impetuosa.

estampido *m.* Ruido fuerte y seco.

estampilla *f.* Sello que contiene en facsímil la firma y rúbrica de una persona. 2 Sello con letrero para estampar en ciertos documentos.

estampillar *tr.* Sellar con estampilla.

estancamiento *m.* Ac. y ef. de estancar

o estancarse.

estancar *tr.-prnl.* Detener el curso de una cosa. 2 Prohibir la venta libre de una cosa.

estancia *f.* Mansión. 2 Sala. 3 Permanencia durante cierto tiempo en un lugar. 4 Estrofa. 5 *Amér.* Hacienda de campo.

estanco, -ca *adj.* Que no hace aguas por sus costuras. - 2 *m.* Expendeduría de géneros estancados, especialmente sellos y tabaco.

estándar *adj.* Normal y corriente. - 2 *m.* Tipo, patrón uniforme de una cosa.

estandarización *f.* Fabricación en serie siguiendo un modelo determinado.

estandarizar *tr.* Fabricar en serie con arreglo a un modelo determinado.

estandarte *m.* Bandera de los cuerpos montados y de algunas corporaciones.

estannita *f.* Mineral de estaño que cristaliza en el sistema tetragonal.

estanque *m.* Receptáculo de agua para el riego y otros usos.

estanquero, -ra *m. f.* Persona encargada de la venta pública en un estanco.

estante *adj.* Fijo en un lugar. - 2 *m.* Armario con anaqueles y sin puertas.

estantería *f.* Juego de estantes.

estantigua *f.* Visión, fantasma. 2 Persona alta y desgarbada.

estañar *tr.* Cubrir o soldar con estaño.

estaño *m.* Metal blanco, brillante y dúctil que se usa para soldar.

estar *intr.* Existir, hallarse, permanecer en determinado lugar, situación o modo. - 2 *v. auxiliar.* Seguido de gerundio, expresa acción prolongada, repetición del acto. - 3 *v. copulativo.* Atribuye al sujeto la cualidad expresada por el atributo; designa el estado transitorio en que se halla dicho sujeto. ▷ ~ *de más,* ser inútil. ~ *a dos velas,* pobre, sin recursos. ~ *a la que salta,* estar siempre dispuesto a aprovechar las ocasiones. ~ *a oscuras,* completamente ignorante. ~ *en ascuas,* estar impaciente.

estarcir *tr.* Estampar dibujos pasando la brocha por una chapa, papel, etc., recortados o picados.

estatal *adj.* Perten. o rel. al estado.

estática *f.* Parte de la mecánica que estudia las leyes del equilibrio.

estático, -ca *adj.* Que permanece en un mismo estado.

estatificar *tr.* Pasar a administrar el

estado lo que era de propiedad privada.

estatismo *m.* Inmovilidad de lo estático. 2 Tendencia que exalta la plenitud del poder del estado en todos los órdenes.

estatocisto *m.* Órgano del sentido del equilibrio.

estatohmio *m.* FÍS. Unidad de resistencia eléctrica en el sistema cegesimal electrostático.

estator *m.* En las dinamos y motores eléctricos, el circuito fijo dentro del cual gira el móvil o rotor.

estatoscopio *m.* Aparato que sirve para medir los cambios de altura sobre el nivel del mar.

estatua *f.* Figura de bulto labrada a imitación del natural.

estatuaria *f.* Arte de hacer estatuas.

estatuir *tr.* Establecer, determinar.

estatura *f.* Altura de una persona.

estatutario, -ria *adj.* Estipulado en los estatutos o referente a ellos.

estatuto *m.* Norma legal para el gobierno de un organismo público o privado.

estauroscopio *m.* Instrumento que se emplea para determinar si los minerales translúcidos tienen refracción sencilla o doble.

estay *m.* MAR. Cabo que sujeta la cabeza de un mástil al pie del más inmediato.

este *m.* Punto cardinal por donde sale el sol. 2 Viento que sopla de esta parte.

este, esta *adj. dem.* Designa lo que está más próximo a la persona que habla; si va pospuesto al nombre denota menosprecio de la persona o cosa designada.

éste, ésta, esto *pron. dem.* Designa lo que está más próximo del que habla, o señala lo que se acaba de mencionar.

esteárico, -ca *adj.* De estearina. 2 *Ácido* ~, substancia blanca, fácilmente fusible, que se encuentra libre en muchas grasas.

estearina *f.* Substancia blanca, insípida, fusible a 72°, compuesta de ácido esteárico y glicerina.

esteatita *f.* Variedad de talco blanco o verdoso.

estela *f.* Rastro que deja en el agua la embarcación.

estelar *adj.* Sideral. 2 fig. De mayor importancia.

estenocardia *f.* Angustia con sensación de estrechamiento del corazón. 2 PAT. Angina de pecho.

estenohalino, -na *adj.* Díc. del organismo acuático que requiere un hábitat de salinidad constante.

estenotermo, -ma *adj.* Díc. del organismo acuático que requiere un hábitat de temperatura constante.

estenotipia *f.* Taquigrafía mecánica.

estentóreo, -a *adj.* Muy retumbante.

estepa *f.* Erial llano y extenso.

estepario, -ria *adj.* Propio de la estepa.

éster *m.* Compuesto formado por la sustitución del hidrógeno de un ácido orgánico o inorgánico por un radical alcohólico.

estera *f.* Tejido grueso de esparto, junco, etc., para cubrir el suelo.

estercolar *tr.* Beneficiar la tierra con estiércol.

estercolero *m.* Depósito de estiércol.

estéreo *m.* Estereofonía, estereofónico.

estereofonía *f.* Técnica de grabación del sonido por medio de dos canales.

estereofónico, -ca *adj.* Perten. o rel. a la estereofonía.

estereografía *f.* Técnica de representar los sólidos sobre un plano.

estereograma *m.* Representación en relieve de un cuerpo sólido, proyectado sobre un plano.

estereometría *f.* Parte de la geometría que trata de la medida de los sólidos.

estereoscopia *f.* Conjunto de principios que rigen la observación binocular y sus medios de obtención. 2 Visión en relieve.

estereoscopio *m.* Instrumento óptico que da la sensación del relieve.

estereostática *f.* FÍS. Parte de la estática que trata del equilibrio de los cuerpos sólidos.

estereotipado, -da *adj.* Que se repite sin variación.

estereotipar *tr.* Fundir en planchas una composición tipográfica. 2 Imprimir con estas planchas.

estereotipia *f.* Arte de estereotipar.

estereotipo *m.* Modelo fijo de cualidades o conducta.

estereovisión *f.* Procedimiento de televisión en relieve.

estéril *adj.* Que no da fruto.

esterilidad *f.* Calidad de estéril.

esterilizador, -ra *adj.* Que esteriliza.

esterilizar *tr.-prnl.* Hacer estéril. - 2 *tr.*

Destruir los gérmenes patógenos.

esterilla *f.* Pleita estrecha de paja. 2 Especie de cañamazo. 3 Felpudo de estera.

esternocleidomastoideo *m.* ANAT. Músculo flexor de la cabeza.

esternón *m.* Hueso plano en la parte media y anterior del tórax.

estertor *m.* Resuello anheloso de los moribundos. 2 Ruido que hace el paso del aire por las vías respiratorias obstruidas.

estesiómetro *m.* Instrumento para medir la sensibilidad táctil.

esteta *com.* Persona que cuida en grado sumo la belleza formal. 2 Persona versada en estética.

estética *f.* Estudio de la belleza.

esteticismo *m.* Planteamiento ideológico que sitúa la estética y la búsqueda de la belleza absoluta como objetivo fundamental del hecho artístico.

esteticista *adj.* Perten. o rel. al esteticismo. - 2 *com.* Persona que en los institutos de belleza practica el arte cosmética y cuantos tratamientos conciernen al embellecimiento corporal. 3 Tratadista de estética.

estético, -ca *adj.* Perten. o rel. a la estética.

estetoscopia *f.* Auscultación por medio del estetoscopio.

estetoscopio *m.* Instrumento para auscultar.

esteva *f.* Pieza corva del arado que empuña el labrador.

estevado, -da *adj.-s.* Que tiene las piernas arqueadas.

estezar *tr.* Curtir las pieles en seco.

estiaje *m.* Caudal mínimo de un río en épocas de sequía.

estibador *m.* El que estiba.

estibar *tr.* Distribuir todos los pesos del buque. 2 Cargar y descargar mercancías de los barcos en el puerto.

estiércol *m.* Excremento del animal. 2 Materias descompuestas para abono.

estigma *m.* Marca o señal en el cuerpo. 2 Señal de deshonra. 3 BOT. Extremo libre del pistilo.

estigmatizar *tr.* Marcar con hierro candente. 2 Infamar.

estilar *intr.-prnl.* Usar, acostumbrar.

estilete *m.* Punzón pequeño. 2 Puñal estrecho.

estilismo *m.* Tendencia a cuidar exageradamente del estilo.

estilista *com.* Escritor de estilo esmerado y elegante.

estilística *f.* Ciencia que estudia el estilo y la expresión artística en gral.

estilístico, -ca *adj.* Perten. o rel. al estilo.

estilizar *tr.* Conformar a reglas convencionales de manera que sólo resalten las características esenciales.

estilo *m.* Punzón con el que se escribía en tablas enceradas. 2 Manera de escribir o de hablar en cuanto al modo de formar y enlazar los giros o períodos para expresar los conceptos. 3 Carácter propio de las obras de un artista, de una escuela, de una nación, etc. 4 Clase, categoría, condición.

estilográfica *f.* Pluma estilográfica.

estima *f.* Cariño o afecto hacia una persona o cosa.

estimable *adj.* Que admite estimación.

estimación *f.* Valor en que se tasa una cosa. 2 Estima, afecto.

estimar *tr.* Dar valor o importancia a una persona o cosa. 2 Sentir cariño o afecto por alguien. 3 Juzgar, creer.

estimulante *adj.-s.* Que estimula.

estimular *tr.* Animar a realizar algo o a hacerlo mejor o en menos tiempo. - 2 *prnl.* Administrarse una substancia estimulante para aumentar la propia capacidad de acción.

estímulo *m.* Incitación para obrar.

estío *m.* Estación del año comprendida entre el solsticio de verano y el equinoccio de otoño.

estipendio *m.* Remuneración, sueldo.

estípite *m.* ARQ. Pilastra en forma de pirámide truncada, con la base menor hacia abajo.

estípula *f.* BOT. Apéndice foliáceo en los lados del pecíolo.

estipulación *f.* Convenio, cláusula.

estipular *tr.* Convenir, concertar.

estiracáceo, -a *adj.-f.* Díc. de la planta dicotiledónea, árbol o arbusto tropical, de hojas alternas.

estirado, -da *adj.* Que afecta gravedad.

estirar *tr.* Alargar una cosa extendiéndola. 2 Planchar ligeramente. - 3 *prnl.* Alargar los brazos para desperezarse o mover las piernas para desentumecerse.

estirón *m.* Acción de estirar. 2 Crecimiento rápido.

estirpe *f.* Tronco de una familia o linaje.

estival *adj.* Perten. o rel. al estío.

estocada *f.* Golpe dado de punta con la espada. 2 Herida que resulta de él.

estofa *f.* fig. Calidad, clase.

estofado *m.* Guiso de un manjar condimentado con aceite, vino o vinagre, cebolla y especias, puesto todo en crudo y bien tapado.

estoicismo *m.* Fortaleza o dominio sobre la propia sensibilidad.

estoico, -ca *adj.-s.* Fuerte, ecuánime ante la desgracia.

estola *f.* Vestidura de los griegos y romanos a modo de túnica. 2 Ornamento sagrado en forma de faja larga.

estólido, -da *adj.-s.* Estúpido, bobo.

estolón *m.* BOT. Vástago rastrero que a trechos echa raíces.

estoma *f.* Abertura microscópica del tejido epidérmico de los vegetales superiores.

estomacal *adj.* Perten. o rel. al estómago. 2 Que favorece la digestión.

estómago *m.* Dilatación del tubo digestivo, entre el esófago y el intestino.

estomatología *f.* Parte de la medicina que estudia las enfermedades de la boca.

estonio, -nia *adj.-s.* De Estonia. - 2 *m.* Lengua estonia.

estopa *f.* Parte basta del lino o cáñamo.

estoque *m.* Espada angosta.

estorbar *tr.* Poner obstáculo a una cosa.

estorbo *m.* Persona o cosa que estorba.

estornino *m.* Ave paseriforme cantora de cabeza pequeña y plumaje negro.

estornudar *intr.* Despedir estrepitosamente por la boca y la nariz el aire.

estornudo *m.* Ac. y ef. de estornudar.

estrabismo *m.* Desviación de la dirección normal de la mirada.

estrado *m.* Tarima sobre la cual se pone el trono real o la mesa presidencial. - 2 *m. pl.* Salas de los tribunales.

estrafalario, -ria *adj.-s.* Extravagante, raro.

estrago *m.* Daño, ruina.

estragón *m.* Mata compuesta, de hojas estrechas, que se usa como condimento.

estrambote *m.* Versos que se añaden al final de una composición poética.

estrambótico, -ca *adj.* Extravagante.

estramonio *m.* Hierba de hojas grandes, flores blancas y fruto en cápsula, que tiene usos medicinales.

estrangulamiento *m*. Estrechamiento natural o artificial de un conducto o lugar de paso.

estrangular *tr*. Ahogar oprimiendo el cuello.

estraperlista *adj.-com*. Que se dedica al estraperlo.

estraperlo *m*. Comercio ilegal de géneros intervenidos por el estado.

estrás *m*. Cristal de mucha densidad, que imita el diamante.

estratagema *f*. Ardid de guerra. 2 Astucia.

estratega *com*. Perito en estrategia.

estrategia *f*. Técnica de dirigir las operaciones militares. 2 Serie de acciones encaminadas hacia un fin.

estratégico, -ca *adj*. Perten. o rel. a la estrategia.

estratificar *tr.-prnl*. Formar estratos. 2 Disponer en estratos.

estratigrafía *f*. Estudio de la disposición y caracteres de los estratos.

estrato *m*. GEOL. Masa mineral en forma de capa. 2 Nube baja y estrecha.

estratocúmulo *m*. Nube de agua con formas delimitadas y, a veces, con sombras en su parte inferior.

estratopausa *f*. Zona de separación entre la estratosfera y la mesosfera.

estratosfera *f*. Zona superior de la atmósfera.

estrave *m*. Remate de la quilla del navío, que va en línea curva hacia la proa.

estrechamente *adv. m*. Con estrechez. 2 *fig*. Con cercano parentesco o íntima relación.

estrechamiento *m*. Ac. y ef. de estrechar o estrecharse.

estrechar *tr*. Reducir a menor ancho o espacio. 2 Precisar a uno a que haga algo. - 3 *prnl*. Apretarse. 4 Cercenar el gasto.

estrechez *f*. Calidad de estrecho. 2 Escasez, penuria.

estrecho, -cha *adj*. De poca anchura. 2 Que ajusta o aprieta. 3 Miserable, tacaño. 4 Rígido, austero. 5 De parentesco cercano, de amistad íntima. - 6 *m*. Paso angosto en el mar entre dos tierras.

estrechura *f*. Estrechez.

estregar *tr.-prnl*. Frotar.

estrella *f*. Astro, a excepción del Sol y la Luna. 2 Suerte, destino. 3 Figura con

que se representa una estrella. 4 Signo de figura de estrella que indica la graduación de jefes y oficiales de las fuerzas armadas. 5 Signo de figura de estrella que sirve para indicar la categoría de los establecimientos hoteleros. 6 *fig*. Persona que sobresale en su profesión de un modo excepcional. ▷ *Ver las estrellas*, sentir un dolor muy fuerte.

estrellado, -da *adj*. De forma de estrella. 2 Lleno de estrellas.

estrellamar *f*. Equinodermo de cuerpo en figura de estrella de cinco puntos.

estrellar *tr.-prnl*. Hacer pedazos una cosa arrojándola con fuerza. - 2 *prnl*. Quedar malparado o matarse por efecto de un choque violento.

estrellato *m*. Calidad de estrella cinematográfica.

estrelluela *f*. Pieza circular con puntas en que rematan las espuelas y espolines.

estremecer *tr*. Hacer temblar. - 2 *prnl*. Temblar con movimiento agitado y súbito. 3 Sentir un repentino sobresalto.

estremecimiento *m*. Ac. y ef. de estremecerse.

estrenar *tr*. Hacer uso por primera vez de una cosa. 2 Representar por primera vez una comedia, etc. - 3 *prnl*. Actuar por primera vez.

estreno *m*. Ac. y ef. de estrenar.

estreñido, -da *adj*. Que padece estreñimiento. 2 *fig*. Avaro, mezquino.

estreñimiento *m*. Ac. y ef. de estreñirse.

estreñir *tr.-prnl*. Poner el vientre en mala disposición para evacuarse.

estrépito *m*. Ruido, estruendo.

estrepitoso, -sa *adj*. Que causa estrépito.

estreptococo *m*. Variedad de coco (bacteria) cuyos individuos se presentan en cadena.

estrés *m*. Situación de un individuo vivo, o de alguno de sus órganos o aparatos, que por exigir de ellos un rendimiento muy superior al normal, los pone en riesgo próximo de enfermar.

estresar *tr.-intr*. Causar estrés.

estría *f*. Raya en hueco de algunos cuerpos.

estriar *tr*. Formar estrías.

estribar *intr*. Descansar una cosa en

otra. 2 Fundarse.

estribillo *m.* Letrilla que se repite al fin de cada estrofa.

estribo *m.* Pieza en que el jinete apoya el pie. 2 Escalón para subir y bajar de los carruajes. 3 Ramal que se desprende de una cordillera. 4 ARQ. Contrafuerte. 5 ANAT. Huesecillo del oído medio. ▷ *Perder los estribos,* desbarrar.

estribor *m.* Costado derecho de la embarcación mirando de popa a proa.

estricnina *f.* Alcaloide muy venenoso.

estricto, -ta *adj.* Estrecho, riguroso.

estridencia *f.* Calidad de estridente.

estridente *adj.* Díc. del sonido agudo y chirriante.

estrigiforme *adj.-m.* Díc. del ave con el pico en forma de gancho y las garras fuertes; de hábitos nocturnos se alimenta sobre todo de roedores.

estro *m.* Inspiración poética. 2 Mosca grande y vellosa parásita de rumiantes.

estroboscopia *f.* Método de observación óptica por el que es posible examinar lentamente las fases de ciertos fenómenos.

estrofa *f.* Parte o división de una composición poética.

estrógeno *m.* Substancia que provoca el celo de los mamíferos.

estroncio *m.* Metal amarillento, brillante, que descompone el agua a la temperatura ordinaria.

estropajo *m.* Porción de esparto para fregar.

estropajoso, -sa *adj.* Fibroso y áspero. 2 Que pronuncia de manera confusa. 3 Desaseado.

estropear *tr.-prnl.* Maltratar, lisiar. 2 Romper o poner en mal estado algo. 3 Echar a perder.

estropicio *m.* Rotura estrepitosa.

estruciforme *adj.-m.* Díc. del ave primitiva incapaz de volar, pero sí de correr a gran velocidad; como el avestruz.

estructura *f.* Distribución y orden de las partes de un todo. 2 Armazón.

estructurado, -da *adj.* Que sigue una estructura.

estructuralismo *m.* Método o teoría que se propone buscar y determinar estructuras en cada uno de sus campos de actuación. 2 FILOL. Teoría que considera a la lengua como un conjunto de estructuras.

estructurar *tr.-prnl.* Dar una estructura determinada.

estruendo *m.* Ruido grande. 2 Confusión, bullicio. 3 Aparato, pompa.

estruendoso, -sa *adj.* Que causa gran estruendo.

estrujar *tr.* Apretar para sacar el zumo. 2 Agotar, sacar todo el partido posible.

estrujón *m.* Ac. y ef. de estrujar.

estuario *m.* Desembocadura de un río por donde el mar penetra tierra adentro.

estucar *tr.* Dar a una cosa con estuco o blanquearla con él.

estuco *m.* Masa de yeso blanco y agua de cola.

estuche *m.* Caja para guardar objetos.

estudiado, -da *adj.* Fingido, afectado, amanerado.

estudiantado *m.* Alumnado.

estudiante *com.* Persona que cursa estudios.

estudiantil *adj.* Perten. o rel. a los estudiantes.

estudiantina *f.* Comparsa musical de estudiantes.

estudiar *tr.* Aplicar el entendimiento para adquirir el conocimiento de una cosa. 2 Cursar en los centros de enseñanza.

estudio *m.* Ac. y ef. de estudiar. 2 Obra en que se estudia algo. 3 Aposento donde se estudia o trabaja.

estudioso, -sa *adj.* Dado al estudio.

estufa *f.* Aparato para dar calor.

estulticia *f.* Necedad, tontería.

estupefaciente *adj.-s.* Díc. de la substancia que mitiga o suprime el dolor.

estupefacto, -ta *adj.* Atónito.

estupendo, -da *adj.* Muy bueno, admirable.

estupidez *f.* Torpeza en comprender. 2 Hecho propio de un estúpido.

estúpido, -da *adj.-s.* Demasiado torpe para comprender las cosas.

estupor *m.* Disminución de la actividad de las funciones intelectuales. 2 Asombro.

estupro *m.* Relación sexual del hombre con una mujer entre 12 y 18 años, lograda con abuso de confianza o engaño.

estuquería *f.* Arte de hacer labores de estuco. 2 Obra hecha de estuco.

esturión *m.* Pez marino de cuerpo alargado con cuyas huevas se prepara el caviar.

esvástica *f.* Signo solar que representa variadas formas, a menudo con aspecto circular y con numerosos radios, generalmente sinuosos o en forma de z; una de sus variedades es la cruz gamada.

eta *f.* Séptima letra del alfabeto griego, equivalente a la *e* larga latina.

etano *m.* QUÍM. Hidrocarburo formado por dos átomos de carbono y seis de hidrógeno (C_2H_6). Es un gas incoloro e inodoro.

etapa *f.* Época o avance parcial en el desarrollo de una acción u obra.

etarra *adj.-com.* Perten. o rel. a la banda terrorista vasca E.T.A.

etcétera *f.* Voz que se usa para indicar que se omite lo que queda por decir.

éter *m.* Espacio celeste. 2 Fluido invisible que se supone llena todo el espacio. 3 Compuesto químico volátil y anestésico.

etéreo, -a *adj.* Perten. o rel. al éter o al cielo.

eterismo *m.* Pérdida de toda sensibilidad por la acción del éter.

eternidad *f.* Duración infinita. 2 Vida eterna.

eternizar *tr.* Perpetuar la duración de una cosa.

eterno, -na *adj.* Que no tuvo principio ni tendrá fin. 2 De duración infinita, sin fin.

ética *f.* Parte de la filosofía que trata de la moral.

ético, -ca *adj.* Perten. o rel. a la ética o conforme a ella.

etileno *m.* Gas incoloro que se obtiene deshidratando alcohol por acción del ácido sulfúrico.

etilo *m.* QUÍM. Radical formado de carbono e hidrógeno, CH_3-CH_2-, que se encuentra en muchos compuestos orgánicos.

étimo *m.* Raíz o vocablo de que procede otro u otros.

etimología *f.* Origen de las palabras.

etiología *f.* Estudio de las causas de las enfermedades.

etíope *adj.-s.* De Etiopía.

etiqueta *f.* Ceremonial que se debe observar en actos oficiales solemnes, casas reales, etc. 2 Ceremonia en el trato. 3 Marbete, rótulo.

etiquetar *tr.* Colocar etiquetas.

etiquetero, -ra *adj.* Que gasta muchos cumplimientos.

etmoides *m.* ANAT. Hueso de la cabeza situado delante del esfenoides.

etnia *f.* Agrupación natural de individuos que tienen el mismo idioma y cultura.

étnico, -ca *adj.* Perten. o rel. a una nación o raza.

etnobotánica *f.* Disciplina que estudia las relaciones entre el hombre y las plantas.

etnocentrismo *m.* Tendencia a presuponer la superioridad del propio grupo y de la propia cultura sobre otras.

etnocidio *m.* Destrucción de un grupo étnico o de su cultura.

etnografía *f.* Rama de la antropología que se ocupa de la descripción de las razas y pueblos y de sus relaciones.

etnográfico, -ca *adj.* Perten. o rel. a la etnografía.

etnolingüística *f.* Rama de la lingüística que estudia las lenguas de los pueblos y pueblos y de su marco sociocultural.

etnología *f.* Rama de la antropología que estudia los pueblos y razas a partir de los datos proporcionados por la etnografía.

etnos *m.* Agrupación de personas unidas por la raza o la nacionalidad.

etología *f.* Estudio científico del carácter y modos de comportamiento del hombre. 2 Estudio del comportamiento de los animales.

etopeya *f.* RET. Descripción del carácter, acciones y costumbres de una persona.

etrusco, -ca *adj.-s.* De Etruria, ant. región de Italia.

eubolia *f.* Virtud que ayuda a hablar con prudencia.

eucalipto *m.* Árbol muy alto, de hojas alternas y estrechas, de las cuales se extrae una esencia medicinal.

eucarionte *m.* Organismo cuyas células poseen un núcleo bien diferenciado, separado del citoplasma por una membrana.

eucariota *adj.-s.* Célula con un elevado grado de organización que incluye núcleo, siempre con más de un cromosoma, y citoplasma con diferentes orgánulos.

eucaristía *f.* Sacramento instituido por

Jesucristo que contiene el cuerpo, la sangre, el alma y la divinidad de Nuestro Señor Jesucristo bajo las especies de pan y vino.

eudemonismo *m.* Doctrina moral que identifica la virtud con la dicha o la alegría que acompaña a la realización del bien.

eudiómetro *m.* Instrumento para analizar los gases utilizando los efectos químicos de la chispa eléctrica.

eufemismo *m.* Modo de expresar con suavidad y decoro ideas cuya franca expresión sería ofensiva.

eufemístico, -ca *adj.* Perten. o rel. al eufemismo o a lo que lo contiene.

eufonía *f.* Calidad de sonar bien la palabra.

euforbiales *f. pl.* Orden de plantas dentro de la clase dicotiledóneas, con flores unisexuales y fruto normalmente en cápsula.

euforia *f.* Sensación de bienestar. 2 Estado del ánimo propenso al optimismo.

eufórico, -ca *adj.* Perten. o rel. a la euforia.

eugenesia *f.* Aplicación de las leyes biológicas de la herencia al perfeccionamiento de la especie humana.

eumicetes *m. pl.* División de hongos que se alimentan de substancias en descomposición o como parásitos de animales y vegetales.

eunuco *m.* Hombre castrado.

eupepsia *f.* Digestión normal.

eupéptico, -ca *adj.* Díc. de la substancia que favorece la digestión.

eurihalino, -na *adj.-m.* Díc. del organismo acuático capaz de soportar variaciones importantes de la salinidad.

euritermo, -ma *adj.-m.* Díc. del organismo acuático capaz de soportar variaciones importantes de la temperatura.

euritmia *f.* Armonía y proporción.

euro *m.* poét. Viento que sopla del oriente.

euroafricano, -na *adj.* Perten. o rel. a Europa y África.

euroasiático, -ca *adj.-s.* Perten. o rel. al continente llamado Eurasia, formado por Europa y Asia.

eurocentrismo *m.* Tendencia a considerar a Europa como protagonista de la historia y de la civilización humanas.

eurocomunismo *m.* Comunismo propuesto por algunos teóricos y partidos comunistas de Europa occidental.

eurócrata *com.* Funcionario de las instituciones comunitarias europeas.

eurodiputado, -da *m. f.* Diputado del parlamento de las comunidades europeas.

eurodivisa *f.* Divisa invertida en un país europeo que no es el de origen.

eurodólar *m.* Dólar norteamericano invertido en Europa.

euromercado *m.* Mercado financiero de las eurodivisas.

euromisil *m.* Misil nuclear de alcance medio instalado en Europa.

europeidad *f.* Calidad o condición de europeo. 2 Carácter genérico de los pueblos que componen Europa.

europeísmo *m.* Ideología de los europeístas.

europeísta *adj.-s.* Partidario de europeizar o europeizarse.

europeizar *tr.-prnl.* Introducir a las costumbres y la cultura europeas.

europeo, -a *adj.-s.* De Europa.

eurovisión *f.* Acuerdo de los organismos europeos de televisión para el intercambio de programas emitidos simultáneamente en varios países.

euscalduna *adj.-s.* Lenguaje vasco. - 2 *com.* Persona que habla vascuence.

eusquera *m.* Vascuence, lengua vasca.

eutanasia *f.* Muerte sin sufrimientos físicos; especialmente la provocada.

eutrofia *f.* Buen estado de nutrición.

evacuación *f.* Ac. y ef. de evacuar.

evacuar *tr.* Expeler del cuerpo humores, excrementos, etc. 2 Desalojar, desocupar.

evadir *tr.* Evitar, eludir. - 2 *prnl.* Fugarse.

evaluación *f.* Valoración de los conocimientos, aptitudes, capacidad y rendimiento de los alumnos.

evaluar *tr.* Valorar.

evangélico, -ca *adj.* Perten. o rel. al evangelio.

evangelio *m.* Doctrina de Jesucristo. 2 Libro que, junto con otros tres, constituye los cuatro primeros libros canónicos del Nuevo Testamento.

evangelista *m.* Autor de uno de los cuatro evangelios.

evangelizar *tr.* Predicar el Evangelio.

evaporación *f.* Ac. y ef. de evaporar.

evaporar *tr.-prnl.* Convertir en vapor. - 2 *prnl.* Desaparecer alguien o algo.

evasión *f.* Ac. y ef. de evadir o evadirse. 2 Fuga.

evasiva *f.* Efugio.

evasivo, -va *adj.* Que incluye una evasiva o la favorece.

evento *m.* Suceso imprevisto.

eventual *adj.* Sujeto a cualquier evento. - 2 *adj.-com.* Díc. del trabajador que no está inscrito en la plantilla de una empresa y presta temporalmente sus servicios en ella.

eventualidad *f.* Calidad de eventual. 2 Hecho de realización incierta.

evidencia *f.* Calidad de evidente. ▷ *En ~, en ridículo.*

evidenciar *tr.* Hacer evidente.

evidente *adj.* Cierto, claro, patente.

evitar *tr.* Apartar, impedir un daño o molestia. 2 Huir de incurrir en algo.

eviterno, -na *adj.* Que tiene principio pero no fin.

evo *m.* Unidad de tiempo astronómico equivalente a mil millones de años.

evocación *f.* Ac. y ef. de evocar.

evocar *tr.* Llamar a los espíritus. 2 Traer algo a la memoria o la imaginación.

evolución *f.* Ac. y ef. de desarrollarse o transformarse las cosas pasando de un estado a otro.

evolucionar *intr.* Sufrir una evolución. 2 Hacer evoluciones.

evolucionismo *m.* Doctrina según la cual animales y plantas descienden de unos cuantos organismos simples.

evolutivo, -va *adj.* Que se produce por evolución o pertenece a ella.

exabrupto *m.* Cosa dicha bruscamente.

exacción *f.* Ac. y ef. de exigir impuestos, multas, etc.

exacerbar *tr.-prnl.* Irritar.

exactitud *f.* Calidad de exacto.

exacto, -ta *adj.* Puntual, fiel y cabal.

exageración *f.* Ac. y ef. de exagerar. 2 Cosa que traspasa los límites de lo justo, verdadero o razonable.

exagerado, -da *adj.* Que incluye exageración.

exagerar *tr.* Dar proporciones excesivas a una cosa.

exaltación *f.* Ac. y ef. de exaltar.

exaltado, -da *adj.* Que se exalta.

exaltar *tr.* Elevar a mayor dignidad. 2 Realzar el mérito. - 3 *prnl.* Perder la calma.

examen *m.* Indagación. 2 Prueba que se hace de la idoneidad de un sujeto.

examinador, -ra *m. f.* Persona que examina.

examinando, -da *m. f.* Persona que se presenta a examen.

examinar *tr.* Investigar, reconocer. - 2 *tr.-prnl.* Probar la idoneidad de un sujeto.

exangüe *adj.* Falto de sangre. 2 fig. Sin fuerzas.

exánime *adj.* Sin señales de vida.

exantema *m.* Erupción cutánea.

exaración *f.* Acción erosiva de un glaciar.

exasperar *tr.-prnl.* Irritar, exacerbar.

excarcelar *tr.* Poner en libertad.

excavación *f.* Ac. y ef. de excavar.

excavadora *f.* Máquina para excavar.

excavar *tr.* Hacer hoyos o cavidades.

excedencia *f.* Condición de excedente (funcionario). 2 Haber que percibe el oficial público que está excedente.

excedente *adj.* Excesivo. 2 Díc. del funcionario público que temporalmente deja de ejercer cargo.

exceder *tr.* Ser una persona o cosa más grande o aventajada que otra. - 2 *prnl.* Pasar los límites justos.

excelencia *f.* Superior calidad o bondad. 2 Tratamiento que se da a ciertas personas.

excelente *adj.* Que sobresale en mérito.

excelentísimo, -ma *adj.* Díc. del tratamiento con que se habla a la persona a quien corresponde el de excelencia.

excelso, -sa *adj.* Excelente.

excentricidad *f.* Calidad de excéntrico.

excéntrico, -ca *adj.* Que está fuera de centro. 2 Raro, extravagante.

excepción *f.* Ac. y ef. de exceptuar.

excepcional *adj.* Que forma excepción.

excepto *adv. m.* A excepción de.

exceptuar *tr.* Excluir de la generalidad de lo que se trata, de la regla común.

excesivo, -va *adj.* Que excede la regla.

exceso *m.* Lo que excede.

excipiente *m.* Substancia que sirve para disolver ciertos medicamentos.

excitación *f.* Ac. y ef. de excitar o excitarse.

excitante *adj.* Que excita.

excitar tr. Estimular, provocar. - 2 prnl. Animarse por el enojo, el entusiasmo, etc.

exclamación f. Voz o frase en que se refleja una emoción.

exclamar intr. Proferir exclamaciones.

exclamativo, -va, -torio, -ria adj. Propio de la exclamación.

exclaustrar tr.-prnl. Permitir u ordenar a un religioso que abandone el claustro.

excluir tr. No admitir a una persona o cosa entre otras. 2 Descartar, rechazar.

exclusión f. Ac. y ef. de excluir.

exclusiva f. Privilegio de hacer algo prohibido a los demás. 2 Noticia conseguida y publicada por un solo medio informativo.

exclusivamente adv. Únicamente.

exclusive adv. Con exclusión.

exclusivismo m. Obstinada adhesión a una persona o cosa con exclusión de toda otra.

exclusivo, -va adj. Que excluye o puede excluir. 2 Único.

excluyente adj. Que excluye.

excombatiente adj.-s. Que peleó por alguna causa política.

excomulgar tr. Expulsar de la comunión de los fieles.

excomunión f. Ac. y ef. de excomulgar.

excoriación f. Ac. y ef. de excoriar.

excoriar tr.-prnl. Gastar o arrancar la piel de una parte del cuerpo.

excrecencia f. Prominencia anormal que aparece en la superficie de un cuerpo.

excreción f. Ac. y ef. de excretar.

excremento m. Materia que despide el cuerpo por las vías naturales.

excretar intr.-tr. Expeler el excremento, la orina, el sudor, etc.

excretor, -ra adj. Díc. del conducto que sirve para la excreción.

exculpar tr. Descargar de culpa.

excursión f. Ida a algún paraje para recreo, estudio, etc.

excursionismo m. Práctica de las excursiones como deporte o con fin científico o artístico.

excursionista com. Persona que hace excursiones.

excusa f. Motivo o pretexto que se invoca para excusar o excusarse.

excusado, -da adj. Separado del uso común. - 2 m. Retrete.

excusar tr.-prnl. Alegar razones para librar a uno de culpa. 2 Rehusar hacer una cosa.

execrable adj. Digno de execración.

execración f. Ac. y ef. de execrar.

execrar tr. Condenar. 2 Abominar.

exégesis, exegesis f. Explicación, interpretación, especialmente de la Biblia.

exegeta m. Intérprete o expositor de un texto, especialmente de la Sagrada Escritura.

exención f. Libertad que uno goza para eximirse de alguna obligación.

exento, -ta adj. Libre, desembarazado de una cosa.

exequias f. pl. Honras fúnebres.

exfoliación f. Ac. y ef. de exfoliar o exfoliarse.

exfoliar tr.-prnl. Dividir en láminas o escamas.

exhalación f. Ac. y ef. de exhalar.

exhalante adj. Que respira hacia fuera.

exhalar tr. Despedir gases, vapores, olores. 2 Lanzar quejas, suspiros, etc.

exhaustivo, -va adj. Que agota.

exhausto, -ta adj. Muy debilitado o cansado.

exhibición f. Ac. y ef. de exhibir.

exhibicionismo m. Prurito de exhibirse. 2 Tendencia patológica a mostrar los propios órganos genitales.

exhibir tr.-prnl. Presentar en público.

exhortación f. Acción de exhortar. 2 Palabras con que se exhorta a uno.

exhortar tr. Inducir con razones o ruegos.

exhortativo, -va adj. Perten. o rel. a la exhortación. 2 GRAM. Díc. de la oración que expresa ruego o mandato.

exhumación f. Ac. y ef. de exhumar.

exhumar tr. Desenterrar un cadáver.

exigencia f. Ac. y ef. de exigir.

exigente adj.-s. Que exige.

exigir tr. Pedir imperiosamente. 2 Pedir una cosa algún requisito necesario para que se haga.

exiguo, -gua adj. Escaso, insuficiente.

exiliado, -da adj. Desterrado.

exiliar tr.-prnl. Desterrar.

exilio m. Destierro.

eximio, -mia adj. Muy excelente.

eximir tr.-prnl. Libertar de una obligación.

existencia f. Hecho de existir. 2 Vida

del hombre.

existencial adj. Perten. o rel. al acto de existir.

existencialismo m. Doctrina que estima la existencia del hombre como principio de todo pensar.

existente adj. Que existe.

existir intr. Tener una cosa ser real y verdadero. 2 Tener vida. 3 Estar o hallarse una cosa en algún lugar.

éxito m. Resultado feliz. 2 Buena aceptación que tiene una persona o cosa.

exobiología f. Rama de la biología que estudia la posibilidad de existencia de organismos vivos fuera del espacio terrestre.

exocéntrico, -ca adj. Que está o cae fuera del centro.

exocrino, -na adj. Díc. de la glándula que tiene conducto excretor. 2 Díc. de la secreción que se vierte fuera del organismo.

exodermo m. BOT. Capa más externa de la corteza de los órganos vegetales.

éxodo m. Libro de la Biblia. 2 Emigración de un pueblo.

exogamia f. Regla o práctica de contraer matrimonio con cónyuge de distinta tribu o ascendencia, o procedente de otra localidad o comarca. 2 Cruce entre individuos de distinta raza.

exógeno, -na adj. Díc. del órgano que se forma en el exterior de otro. 2 Que es debido a causas externas al propio organismo.

exonerar tr. Aliviar de peso o carga.

exorable adj. Que se deja vencer fácilmente de los ruegos.

exorar tr. lit. Pedir con empeño.

exorbitante adj. Que excede mucho de lo regular.

exorbitar tr. Exagerar.

exorcismo m. Conjuro contra el espíritu maligno.

exorcista com. Persona que exorciza. - 2 m. Clérigo que ha recibido la orden del exorcistado.

exorcistado m. Tercera de las órdenes menores, que da facultad para practicar exorcismos con permiso del obispo.

exorcizar tr. Usar de exorcismos.

exordio m. Introducción, preámbulo.

exornar tr.-prnl. Adornar.

exosfera f. Capa atmosférica más externa de la tierra.

exotérico, -ca adj. Común, accesible.

exotérmico, -ca adj. QUÍM. Díc. de la reacción que se produce con desprendimiento de calor.

exótico, -ca adj. Extranjero, de país lejano. 2 Raro, extraño.

exotismo m. Tendencia a asimilar formas y estilos artísticos de un país o cultura distintos de los propios.

expandir tr.-prnl. Extender, difundir.

expansión f. Dilatación. 2 Desarrollo, difusión. 3 Manifestación efusiva. 4 Esparcimiento.

expansionarse prnl. Desahogarse. 2 Divertirse.

expansionismo m. Tendencia a la expansión de una teoría, de una política, etc.

expatriar tr.-prnl. Abandonar por la fuerza o por propia voluntad el país de uno.

expectación f. Intensidad con que se espera una cosa.

expectante adj. Que espera observando.

expectativa f. Esperanza.

expectoración f. Ac. y ef. de expectorar.

expectorar tr. Arrojar por la boca las secreciones de las vías respiratorias.

expedición f. Ac. y ef. de expedir; remesa. 2 Excursión.

expedicionario, -ria adj. Que lleva a cabo una expedición.

expedientar tr. Formar expediente.

expediente m. Asunto administrativo. 2 Conjunto de los papeles concernientes a un asunto. 3 Procedimiento administrativo en que se enjuicia la actuación de un funcionario, empleado, estudiante, etc. ▷ Formar o instruir ~ a uno, someter a un funcionario a enjuiciamiento de su conducta.

expedir tr. Despachar, extender por escrito. 2 Remitir, enviar.

expeditivo, -va adj. Que obra con eficacia y rapidez.

expédito, -ta adj. Desembarazado, libre; pronto a obrar.

expeler tr. Echar de sí o de alguna parte.

expendeduría f. Tienda en que se expende algo.

expender tr. Vender, despachar.

expensas f. pl. Gastos, costas.

experiencia f. Enseñanza que se adquiere con la práctica. 2 Experimento.

experimentación *f.* Ac. y ef. de experimentar.

experimentado, -da *adj.* Que tiene experiencia.

experimental *adj.* Fundado en la experiencia o que se sabe por ella.

experimentalismo *m.* Preferencia por el método experimental como fuente del conocimiento científico.

experimentar *tr.* Probar y examinar por la práctica. 2 Sentir; sufrir.

experimento *m.* Determinación voluntaria de un fenómeno u observación del mismo en determinadas condiciones, como medio de investigación científica.

experto, -ta *adj.* Práctico, diestro.

expiar *tr.* Pagar las culpas.

expirar *intr.* Morir. 2 Llegar a su fin un plazo, etc.

explanada *f.* Espacio de terreno llano o que ha sido allanado.

explanar *tr.* Allanar.

explayar *tr.* Ensanchar, extender. - 2 *prnl.* Dilatarse, extenderse. 3 Desahogarse.

expletivo, -va *adj.* Perten. o rel. a las voces usadas para hacer más llena, intensa o armoniosa la locución.

explicable *adj.* Que se puede explicar.

explicación *f.* Acción de explicar. 2 Satisfacción que se da de una ofensa.

explicaderas *f. pl.* Manera de explicarse.

explicar *tr.-prnl.* Declarar lo que se piensa o siente. - 2 *tr.* Exponer para hacerlo comprensivo un texto, un problema, etc. 3 Dar a conocer la causa de una cosa. - 4 *prnl.* Llegar a comprender.

explicativo, -va *adj.* Que explica.

explicitar *tr.* Hacer explícito.

explícito, -ta *adj.* Que expresa claramente una cosa.

exploración *f.* Ac. y ef. de explorar.

explorador, -ra *adj.-s.* Que explora.

explorar *tr.* Tratar de descubrir lo que hay en una cosa, lugar, país, etc. 2 Reconocer minuciosamente una parte interna del cuerpo para formar diagnóstico.

explosión *f.* Acción de reventar un cuerpo violenta y ruidosamente. 2 Manifestación súbita y violenta de ciertos afectos del ánimo. 3 Desarrollo repentino y considerable.

explosionar *intr.* Hacer explosión. - 2

tr. Causar o provocar una explosión.

explosivo, -va *adj.-m.* Que hace o puede hacer explosión.

explotación *f.* Ac. y ef. de explotar. 2 Conjunto de operaciones que constituyen la actividad de una empresa.

explotar *tr.* Sacar utilidad. 2 Aprovecharse de algo. - 3 *intr.* Explosionar.

expoliar *tr.* Despojar con violencia o iniquidad.

expolio *m.* Ac. y ef. de expoliar.

exponente *adj.-s.* Que expone. - 2 *m.* Prototipo, persona o cosa representativa de lo más característico en un género. 3 Número colocado en la parte superior derecha de otro número o expresión, para denotar la potencia a que se ha de elevar.

exponer *tr.* Poner a la vista. 2 Manifestar. 3 Explicar un texto, doctrina, etc. - 4 *tr.-prnl.* Arriesgar, poner en peligro.

exportación *f.* Ac. y ef. de exportar.

exportar *tr.* Enviar géneros del propio país a otro.

exposición *f.* Ac. y ef. de exponer o exponerse. 2 Manifestación pública de productos de la tierra, la industria, el arte, etc.

expósito, -ta *adj.-s.* Díc. del recién nacido dejado en la inclusa.

expositor *m.* Objeto que sirve para exponer algo a la vista del público.

exprés *adj.-s.* Rápido.

expresamente *adv.* De manera expresa. 2 Adrede.

expresar *tr.-prnl.* Manifestar lo que se piensa, siente, etc.

expresión *f.* Acción de expresar; palabra, frase. 2 Viveza y exactitud con que se manifiestan los efectos en un arte imitativa. ▷ *Reducir una cosa a la mínima ~,* mermarla, disminuirla todo lo posible.

expresionismo *m.* Escuela y tendencia estética que propugna la intensidad de la expresión sincera.

expresivo, -va *adj.* Que expresa vivamente. 2 Afectuoso.

expreso, -sa *adj.* Claro, concreto. 2 *adj.-m.* Díc. del tren muy rápido. - 3 *m.* Correo extraordinario.

exprimidera *f.* Instrumento usado para sacar el zumo.

exprimidor *m.* Instrumento para sacar zumo.

exprimir *tr.* Extraer el zumo. 2 Estrujar.

expropiación *f.* Ac. y ef. de expropiar.

expropiar *tr.* Desposeer legalmente.

expuesto, -ta p. p. irreg. de *exponer*. 2 *adj.* Peligroso.

expugnar *tr.* Tomar por fuerza de armas.

expulsar *tr.* Expeler, echar.

expulsión *f.* Ac. y ef. de expulsar.

expulsor, -ra *adj.* Que expulsa. - 2 *m.* En algunas armas de fuego, mecanismo dispuesto para expulsar los cartuchos vacíos.

expurgar *tr.* Quitar lo nocivo, erróneo, etc.

exquisito, -ta *adj.* De extraordinario primor o gusto.

extasiarse *prnl.* Enajenarse.

éxtasis *m.* Estado del alma enteramente embargada por un intenso sentimiento de gozo, alegría o admiración.

extatismo *m.* Estado del que se halla en éxtasis.

extemporáneo, -a *adj.* Impropio del tiempo. 2 Inoportuno, inconveniente.

extender *tr.* Hacer que una cosa ocupe más espacio. 2 Esparcir lo amontonado. - 4 *prnl.* Ocupar cierta extensión o tiempo. 5 Difundirse, propagarse.

extensión *f.* Ac. y ef. de extender o extenderse. 2 Duración en el tiempo. 3 Línea telefónica conectada con una centralita de abonado.

extensivo, -va *adj.* Que puede extenderse a otra u otras cosas.

extenso, -sa *adj.* Que tiene extensión.

extensómetro *m.* Instrumento de precisión con el cual se miden las deformaciones de las piezas sometidas a esfuerzos de tracción o de compresión.

extensor, -ra *adj.* Que extiende o hace que se extienda una cosa.

extenuación *f.* Debilidad grande.

extenuado, -da *adj.* Muy cansado, agotado.

extenuar *tr.-prnl.* Debilitar.

exterior *adj.* Que está por la parte de afuera. 2 Perten. o rel. a otros países. - 3 *m.* Superficie externa. 4 Traza, porte.

exteriorizar *tr.* Hacer patente, revelar.

exterminar *tr.* Acabar del todo una cosa. 2 Asolar, devastar.

exterminio *m.* Ac. y ef. de exterminar.

externo, -na *adj.* Exterior. - 2 *adj.-s.* Alumno de un colegio que no habita en éste.

extinción *f.* Ac. y ef. de extinguir.

extinguir *tr.-prnl.* Hacer que cese o acabe del todo una cosa. 2 Apagar.

extintor, -ra *adj.* Que extingue. - 2 *m.* Aparato portátil para extinguir incendios.

extirpación *f.* Ac. y ef. de extirpar.

extirpar *tr.* Seccionar un órgano en una operación quirúrgica. 2 Destruir radicalmente.

extorsión *f.* Ac. y ef. de usurpar o arrebatar. 2 Daño, molestia.

extorsionar *tr.* Usurpar, arrebatar algo. 2 Causar extorsión o daño a alguien.

extra *adj.* Extraordinario. - 2 *com.* En el cine, persona que interviene como comparsa. 3 Persona que presta un servicio accidental. - 4 *m.* Gaje, plus. 5 Gasto extraordinario.

extracción *f.* Ac. y ef. de extraer.

extractar *tr.* Reducir a extracto.

extracto *m.* Resumen de un escrito. 2 Substancia que se extrae de otra.

extractor, -ra *adj.-s.* Que extrae. - 2 *m.* Aparato para extraer.

extracurricular *adj.* Que no pertenece a un currículo, o no está incluido en él.

extradición *f.* Ac. y ef. de extradir.

extradir *tr.* Entregar el reo refugiado en un país a las autoridades de otro que lo reclama.

extraditar *tr.* Extradir.

extradós *m.* Superficie exterior o convexa de un arco o una bóveda.

extraeconómico, -ca *adj.* Sin relación con la economía.

extraer *tr.* Sacar. 2 MAT. Averiguar las raíces de una cantidad dada. 3 QUÍM. Separar de un cuerpo alguno de sus componentes.

extrajudicial *adj.* Que se hace o trata fuera de la vía judicial.

extralimitarse *prnl.* Excederse en sus facultades o atribuciones.

extramuros *adv. l.* Fuera del recinto de una población.

extranjería *f.* Calidad y condición del extranjero residente en un país.

extranjerismo *m.* Voz, giro o modo de expresión de un idioma extranjero empleado en español.

extranjerizar *tr.* Introducir las costumbres extranjeras.

extranjero, -ra *adj.-s.* Que es de otro país. - 2 *m.* Nación que no es la propia.

extrañar *tr.-prnl.* Desterrar a país extranjero. 2 Ver u oír con extrañeza. - 3 *tr.* Sentir la novedad de una cosa echando de menos la que nos es habitual.

extrañeza *f.* Calidad de extraño o raro. 2 Cosa extraña. 3 Admiración, novedad.

extraño, -ña *adj.-s.* De nación, familia o profesión distinta. - 2 *adj.* Que es ajeno a una cosa. 3 Raro, inexplicable. ▷ *Hacer un ~*, seguir un objeto en movimiento una trayectoria no prevista.

extraoficial *adj.* Oficioso, no oficial.

extraordinario, -ria *adj.* Fuera del orden o regla general o común. 2 Mejor o mayor que lo ordinario. - 3 *m.* Correo especial que se despacha con urgencia. - 4 *f.* Paga que se añade al sueldo.

extraplano, -na *adj.* Que es extraordinariamente plano en relación con otras cosas de su especie.

extrapolar *tr.* Aplicar una cosa conocida a otro dominio para extraer consecuencias e hipótesis.

extrarradio *m.* Parte o zona exterior de un término municipal que rodea el casco y radio de la población.

extrasensorial *adj.* Que se percibe o acontece sin la intervención de los órganos sensoriales.

extraterrestre *adj.* Que está fuera del globo terráqueo. - 2 *com.* Habitante de otros mundos.

extraterritorial *adj.* Fuera de los límites territoriales de una jurisdicción.

extraterritorialidad *f.* Privilegio por el cual el domicilio de los agentes diplomáticos, los buques de guerra, etc., se consideran, estén donde estén, sometidos a las leyes de su país de origen.

extravagancia *f.* Calidad de extravagante. 2 Cosa extravagante.

extravagante *adj.* Que se hace o dice fuera del común modo de obrar. 2 Raro, excesivamente peculiar.

extravasarse *prnl.* Salirse un líquido de su vaso o conducto.

extraversión *f.* Movimiento del ánimo que sale fuera de sí por medio de los sentidos.

extravertido, -da *adj.-s.* Díc. de la persona cuyos intereses y preocupaciones

se encuentran en el mundo que la rodea.

extraviado, -da *adj.* De costumbres desordenadas. 2 Poco transitado, apartado.

extraviar *tr.-prnl.* Hacer perder el camino. 2 Poner una cosa en otro lugar que el que debía ocupar. 3 No fijar la vista en objeto determinado. - 4 *prnl.* Perderse.

extremado, -da *adj.* Muy bueno o muy malo en su género.

extremar *tr.* Llevar una cosa al extremo.

extremaunción *f.* Sacramento de la Iglesia que se administra a los fieles moribundos.

extremeño, -ña *adj.-s.* De Extremadura.

extremidad *f.* Parte extrema de una cosa. - 2 *f. pl.* Pies y manos del hombre. 3 Brazos, piernas o patas.

extremismo *m.* Tendencia política extremista.

extremista *adj.-com.* Que es partidario de ideas extremas o exageradas.

extremo, -ma *adj.* Último. 2 Díc. de lo más intenso, elevado o activo de una cosa. - 3 *m.* Momento primero o último de una cosa. 4 Jugador que cubre uno de los flancos del terreno de juego. ▷ *En ~*, mucho, en gran cantidad.

extrínseco, -ca *adj.* No esencial.

extrovertido, -da *adj.-s.* Extravertido.

exuberancia *f.* Abundancia suma.

exuberante *adj.* Abundante en exceso.

exudar *intr.-tr.* Salir un líquido a modo de sudor.

exultar *intr.* Mostrar gran alegría.

exvoto *m.* Ofrenda a Dios, la Virgen o los santos en recuerdo de un favor recibido.

eyacular *tr.* Lanzar con fuerza el contenido de un órgano.

eyección *f.* Extracción. 2 Expulsión del piloto y su asiento en los aviones militares. 3 Expulsión por la tobera de un cohete de los gases.

eyector *m.* Bomba para evacuar un fluido mediante la corriente de otro fluido a gran velocidad.

ezquerdear *intr.* Torcerse a la izquierda de la visual.

F

f *f.* Consonante labiodental, séptima letra del alfabeto.

fa *m.* Nota musical, cuarto grado de la escala fundamental.

fabada *f.* Potaje de judías con tocino y morcilla, originario de Asturias.

fabiola *f.* Mariposa diurna de pequeño tamaño.

fabla *f.* Imitación convencional y literaria del español antiguo.

fábrica *f.* Fabricación. 2 Lugar donde se fabrica. 3 Edificio. 4 Construcción hecha con piedra o ladrillo y argamasa.

fabricación *f.* Ac. y ef. de fabricar.

fabricante *adj.-s.* Que fabrica. - 2 *m.* Dueño de una fábrica.

fabricar *tr.* Hacer una cosa por medios mecánicos. 2 Construir, elaborar, inventar.

fabril *adj.* Perten. o rel. a las fábricas o a sus operarios.

fábula *f.* Relato falso, ficción en que se encubre una verdad. 2 Mito. 3 Poema moral en que se hace hablar a seres irracionales o inanimados.

fabular *intr.* Contar fábulas. 2 Imaginar la realidad.

fabulista *com.* Autor de fábulas.

fabuloso, -sa *adj.* Falso, de pura invención. 2 Excesivo, increíble.

faca *f.* Cuchillo corvo. 2 Cuchillo grande y con punta.

facción *f.* Parcialidad de gente en rebelión. 2 Parte del rostro humano.

faccioso, -sa *adj.-s.* Rebelde.

faceta *f.* Cara de un poliedro pequeño. 2 Aspecto.

facial *adj.* Perten. o rel. al rostro.

facies *f.* Aspecto, caracteres externos de algo.

fácil *adj.* Que se puede hacer sin gran trabajo. 2 Dócil, tratable.

facilidad *f.* Calidad de fácil. 2 Disposición para hacer una cosa sin gran trabajo.

facilitar *tr.* Hacer fácil. 2 Proporcionar.

facineroso, -sa *adj.-s.* Delincuente habitual. - 2 *m.* Hombre malvado.

facistol *m.* Atril grande de las iglesias.

facsímil *m.* Perfecta imitación o reproducción de una cosa.

facsimilar *adj.* En facsímil.

factible *adj.* Que se puede hacer.

factitivo, -va *adj.* GRAM. Díc. del verbo cuyo sujeto no realiza la acción por sí mismo, sino que la hace realizar a otro.

factor *m.* Elemento, circunstancia, influencia, que contribuye a producir un resultado. 2 MAT. Cantidad que se multiplica con otra para formar un producto.

factoría *f.* Establecimiento de comercio, especialmente en país colonial. 2 Fábrica o complejo industrial.

factorial *f.* Producto de todos los términos de una progresión aritmética.

factótum *m.* Persona que oficiosamente se presta a todo género de servicios.

factura *f.* Hechura. 2 Cuenta detallada.

facturar *tr.* Poner en factura. 2 Registrar en las estaciones equipajes o mercancías para su expedición.

fácula *f.* Parte más brillante que las demás en la fotosfera solar.

facultad *f.* Aptitud, capacidad. 2 Derecho o autorización para hacer una cosa. 3 Ciencia o arte. 4 Sección de una universidad que engloba una rama de la enseñanza.

facultar *tr.* Conceder facultades.

facultativo, -va *adj.* Potestativo. 2 Perteneciente a una facultad o ciencia, o que la profesa. - 3 *m.* Médico.

facundia *f.* Abundancia, facilidad de palabra.

facha *f.* Traza, figura, aspecto.

fachada *f.* Parte anterior o principal de un edificio. 2 Aspecto exterior.

fachendear *intr.* fam. Hacer ostentación vanidosa.

fachendoso, -sa *adj.-s.* Jactancioso.

fading *m.* Desvanecimiento de la emisión lanzada por una emisora y captada por un receptor.

fado *m.* Canción popular portuguesa.

faena *f.* Trabajo. 2 Labor del torero. 3 Quehacer. 4 fig. Mala pasada.

faenar *tr.* Pescar; hacer los trabajos de la pesca marina. 2 Trabajar.

faetón *m.* Coche descubierto, de cuatro ruedas, con dos asientos paralelos.

fagáceo, -a *adj.* Cupulífero.

fagocito *m.* Célula capaz de digerir elementos extraños.

fagocitosis *f.* Proceso por el cual las amebas y los fagocitos engloban y digieren otros cuerpos.

fagot *m.* Instrumento músico de viento, de madera, con lengüeta doble y tubo cónico. - 2 *com.* Músico que toca este instrumento.

faisán *m.* Ave galliforme del tamaño del gallo, sin cresta, con un penacho de plumas.

faja *f.* Tira de tela con que se rodea el cuerpo por la cintura. 2 Prenda interior elástica. 3 Superficie de algo más larga que ancha. 4 Tira de papel que se pone a los impresos que se han de enviar por correo.

fajar *tr.-prnl.* Acometer, golpear, pegar.

fajero *m.* Faja de punto que se pone a los niños recién nacidos.

fajín *m.* Especie de faja de determinados colores y distintivos, que pueden usar los generales y ciertos funcionarios.

fajina *f.* Conjunto de haces de mies que se pone en las eras. 2 MIL. Toque de formación para la comida.

fajo *m.* Haz o atado.

falacia *f.* Engaño o mentira con que se intenta dañar a otro.

falange *f.* Cuerpo de infantería de los griegos. 2 Cuerpo de tropas numeroso. 3 fig. Conjunto numeroso de personas unidas en cierto orden para un mismo fin. 4 ANAT. Hueso de los dedos de la mano o del pie.

falangeta *f.* ANAT. Falange tercera.

falangina *f.* ANAT. Falange segunda.

falangismo *m.* Ideología de la agrupación política Falange Española.

falaz *adj.* Que tiene el vicio de la falacia.

falcado, -da *adj.* De curvatura semejante a la de la hoz.

falce *f.* Hoz o cuchillo corvo.

falciforme *adj.* Que tiene forma de hoz.

falcirrostro, -tra *adj.* ZOOL. Que tiene el pico en forma de hoz.

falconiforme *adj.-m.* Díc. del ave con el pico fuerte y curvado, garras afiladas y vuelo poderoso, en adaptación a sus hábitos depredadores.

falda *f.* Vestidura o parte del vestido de mujer que con más o menos vuelo cae desde la cintura abajo. 2 Parte que cae suelta de una prenda de vestir. 3 Parte inferior de las vertientes montañosas.

faldistorio *m.* Asiento pontifical bajo y sin respaldo, usado en ciertas solemnidades.

faldón *m.* Falda suelta al aire. 2 Vertiente triangular de un tejado.

falible *adj.* Que puede faltar o fallar.

falo *m.* Pene.

falocracia *f.* Machismo.

falsabraga *f.* Muro bajo levantado delante del muro principal.

falsario, -ria *adj.-s.* Que falsea o falsifica una cosa.

falsear *tr.* Contrahacer o corromper una cosa haciéndola disconforme con la verdad. - 2 *intr.* Flaquear o perder alguna cosa su resistencia.

falsedad *f.* Falta de verdad.

falsete *m.* MÚS. Voz más aguda que la natural.

falsificación *f.* Ac. y ef. de falsificar.

falsificar *tr.* Falsear, contrahacer.

falsilla *f.* Papel rayado que se pone debajo de otro para que sirva de guía.

falso, -sa *adj.* Contrario a la verdad, que no es real. 2 Engañoso, desleal. ▷ *En ~*, falto de seguridad o resistencia.

falta *f.* Defecto, privación. 2 Acto contrario al deber u obligación. 3 Ausencia de una persona del sitio en que debiera estar. 4 Equivocación.

faltar *intr.* No estar una persona o cosa allí donde debiera estar. 2 Quedar un remanente de tiempo o alguna acción sin realizar. 3 Incurrir en falta. - 4 *tr.* Ofender.

falto, -ta *adj.* Defectuoso o necesitado de alguna cosa.

faltón, -tona *adj.* fam. Que falta con frecuencia a sus obligaciones, a sus citas, al respeto, etc.

faltriquera *f.* Bolsillo del vestido.

falúa *f.* Embarcación menor con toldo.

falla *f.* Defecto que merma la resistencia. 2 Incumplimiento de una obligación. 3 GEOL. Fractura, debida a movimientos geológicos, que interrumpe una formación.

fallar *tr.-intr.* Sentenciar, decidir. - 2 *tr.* Jugar triunfo por no tener el palo que se juega. - 3 *intr.* Frustrarse.

fallecer *intr.* Morir.

fallecimiento *m.* Ac. y ef. de fallecer.

fallero, -ra *m. f.* Persona que toma parte en las fallas.

fallido, -da *adj.* Frustrado.

fallir *intr.* Errar.

fallo *m.* Sentencia.

fama *f.* Opinión pública sobre una persona o cosa. 2 Circunstancia de ser alguien o algo muy conocido.

famélico, -ca *adj.* Hambriento

familia *f.* Gente que vive en una casa bajo la autoridad del dueño. 2 Conjunto de personas de la misma sangre. 3 Prole. 4 H. NAT. Categoría de clasificación de animales o plantas entre el orden y el género. ▷ *En ~*, en la intimidad.

familiar *adj.* Perten. o rel. a la familia. 2 Llano, sin ceremonia. 3 Que se sabe muy bien. - 4 *m.* Allegado, pariente.

familiaridad *f.* Llaneza y confianza.

familiarizar *tr.* Hacer familiar.

famoso, -sa *adj.* Que tiene fama.

fámulo, -la *m. f.* Criado.

fan *com.* ANGLIC. Admirador, partidario, entusiasta, fanático; en los deportes, hincha.

fanal *m.* Farol grande en puertos, naves, etc. 2 Campana de cristal para resguardar algún objeto.

fanático, -ca *adj.* Que defiende con celo desmedido opiniones o creencias.

fanatismo *m.* Pasión del fanático.

fandango *m.* Baile español en compás de tres tiempos, de movimiento vivo. 2 Música y canto de este baile.

fandanguillo *m.* Variedad de fandango, originario de Andalucía.

faneca *f.* Pez marino teleósteo gadiforme, parecido al bacalao.

fanega *f.* Medida para áridos. 2 Medida agraria.

fanerógamo, -ma *adj.* BOT. Que tiene manifiestos los órganos sexuales.

fanfarria *f.* Bravata, jactancia. 2 Conjunto musical ruidoso.

fanfarrón, -rrona *adj.-s.* Que fanfarronea.

fanfarronada *f.* Dicho o hecho de fanfarrón.

fanfarronear *intr.* Comportarse con un valor, suficiencia o conocimiento que no se posee.

fanfarronería *f.* Modo de portarse del fanfarrón.

fangal *m.* Sitio lleno de fango.

fango *m.* Lodo pegajoso.

fangoso, -sa *adj.* Lleno de fango.

fantaseador, -ra *adj.* Que fantasea.

fantasear *intr.* Dejar correr la fantasía.

fantasía *f.* Imaginación. 2 Imagen ilusoria, creación ficticia.

fantasioso, -sa *adj.* Que se deja llevar de la imaginación.

fantasma *adj.* Inexistente, dudoso, poco preciso. - 2 *m.* Visión quimérica. 3 Persona presuntuosa. - 4 *f.* Espantajo.

fantasmada *f.* Bravuconada, fanfarronada.

fantasmagoría *f.* Ilusión de los sentidos o figuración vana de la inteligencia.

fantasmagórico, -ca *adj.* Perten. o rel. a la fantasmagoría.

fantasmear *intr.* Alardear, exagerar, presumir con jactancia.

fantasmón, -mona *adj.-s.* desp. Presuntuoso y vano.

fantástico, -ca *adj.* Quimérico, sin realidad. 2 Perteneciente a la fantasía. 3 Magnífico, estupendo, maravilloso.

fantochada *f.* fam. Dicho o hecho propio de fantoche.

fantoche *m.* Títere. 2 Farolero, figurón.

faquir *m.* Santón mahometano que vive de limosna y practica actos de singular austeridad. 2 Artista de circo que hace espectáculo de mortificaciones semejantes a las practicadas por estos santones.

faquirismo *m.* Género de vida de los faquires.

farad *m.* FÍS. Unidad de capacidad eléctrica en el Sistema Internacional.

faraday *m.* Cantidad de electricidad que se gasta para separar de una solución electrolítica un equivalente químico.

faradio *m.* FÍS. Farad.

faralá *m.* Volante de los vestidos femeninos.

farallón *m.* Roca alta que sobresale en el mar.

farándula *f.* Profesión de los farsantes.

faraón *m.* Soberano del antiguo Egipto.

fardar *tr.* Proveer a uno, especialmente de ropa. 2 Lucir una prenda de vestir. - 3 *intr.* Presumir.

fardo *m.* Lío grande y apretado.

fárfara *f.* Membrana del huevo de las aves.

farfolla *f.* Envoltura de las panojas del maíz.

farfullar *tr.* Decir atropelladamente.

farináceo, -a *adj.* De la naturaleza de la harina.

faringe *f.* Conducto que se extiende desde el velo del paladar hasta el esófago.

faringitis *f.* Inflamación de la faringe.

fariseísmo *m.* Hipocresía.

fariseo *m.* Miembro de una secta judía que afectaba austeridad. 2 Hipócrita.

farmacéutico, -ca *adj.* Perten. o rel. a la farmacia. - 2 *m. f.* Persona que ejerce la farmacia.

farmacia *f.* Conjunto de conocimientos concernientes a la preparación de los medicamentos y a las substancias que los integran. 2 Botica.

fármaco *m.* Medicamento.

farmacología *f.* Ciencia que estudia la acción terapéutica de los medicamentos.

farmacomanía *f.* Tendencia neurótica a consumir medicamentos.

farmacopea *f.* Libro oficial que trata de las substancias medicinales.

farmacoterapia *f.* Tratamiento de las enfermedades mediante drogas.

faro *m.* Torre alta con luz en su parte superior, para guiar de noche a los navegantes. 2 Farol con potente reverbero. 3 Aparato eléctrico que llevan en la parte delantera los vehículos automóviles.

farol *m.* Caja con una o más caras de vidrio dentro de la cual va una luz. 2 Jugada o envite hecho para deslumbrar o desorientar.

farola *f.* Farol grande para el alumbrado público.

farolero, -ra *adj.-s.* Fanfarrón, ostentoso.

farolillo *m.* Farol de papel de colores, que sirve de adorno en fiestas y verbenas. 2 Planta trepadora de flores blancas. 3 ~ *rojo,* el que ocupa el último lugar en una clasificación.

fárrago *m.* Mezcla de cosas desordenadas o inconexas.

farragoso, -sa *adj.* Desordenado, confuso.

farruco, -ca *adj.* fam. Valiente.

farsa *f.* Obra de teatro cómica y breve. 2 Actividad, profesión y ambiente de las personas que se dedican al teatro. 3 Enredo, tramoya.

farsante, -ta *adj.-s.* Que finge lo que no siente; embaucador.

fasces *f. pl.* Haz de varas con una segur en medio, insignia del cónsul romano.

fasciculado, -da *adj.* H. NAT. Agrupado en hacecillos.

fascículo *m.* Entrega (cuaderno impreso).

fascinación *f.* Atracción irresistible que ejerce o que sufre una persona o cosa.

fascinante *adj.* Asombroso.

fascinar *tr.* Deslumbrar, hechizar.

fascismo *m.* Movimiento político y social italiano de carácter totalitario y nacionalista.

fascista *adj.-com.* Partidario del fascismo. - 2 *adj.* Perten. o rel. al fascismo. 3 Reaccionario.

fase *f.* Aspecto sucesivo con que se nos presentan, en su revolución, la Luna y los planetas. 2 Aspecto, estado o período.

fasmidóptero, -ra *adj.-m.* Díc. del insecto pterigota y vegetariano que imita hojas, tallos o flores para pasar inadvertido.

fastidiar *tr.-prnl.* Causar fastidio.

fastidio *m.* Molestia continuada que impide el desarrollo normal de una actividad determinada. 2 Hastío.

fastidioso, -sa *adj.* Que causa fastidio.

fasto, -ta *adj.* Memorable, venturoso. - 2 *m.* Lujo que impresiona por su esplendor.

fastuosidad *f.* Calidad de fastuoso.

fastuoso, -sa *adj.* Que tiene gran fasto.

fatal *adj.* Inevitable. 2 Desgraciado.

fatalidad *f.* Desgracia.

fatalismo *m.* Doctrina que considera como inevitables todos los sucesos.

fatídico, -ca *adj.* Siniestro, nefasto.

fatiga *f.* Cansancio.

fatigar *tr.-prnl.* Causar fatiga.

fatigoso, -sa *adj.* Agitado, con fatiga.

fato *m.* Olfato. 2 Olor.

fatuidad *f.* Dicho o hecho necio. 2 Presunción, vanidad ridícula.

fatuo, -tua *adj.-s.* Presuntuoso, vano.

fauces *f. pl.* Parte posterior de la boca.

fauna *f.* Conjunto de los animales de un país, región, etc.

fauno *m.* Semidiós de los campos y selvas.

fausto, -ta *adj.* Feliz. - 2 *m.* Fasto.

fauvismo *m.* Movimiento pictórico contra el análisis impresionista.

favela *f. Amér.* Chabola, choza, barraca.

favor *m.* Ayuda. 2 Honra, beneficio, gracia. 3 Privanza. ▷ *A ~ de,* en beneficio de.

favorable *adj.* Que favorece.

favorecer *tr.* Ayudar, socorrer. 2 Apoyar.

favoritismo *m.* Preferencia del favor sobre el mérito.

favorito, -ta *adj.-s.* Que es con preferencia estimado.

fax *m.* Abreviación usual de telefax.

faya *f.* Tejido grueso de seda, que forma canutillo.

fayanca *f.* Postura del cuerpo en la cual hay poca firmeza para mantenerse.

faz *f.* Rostro, cara. 2 Vista o lado de una cosa.

fe *f.* Dogma, conjunto de creencias sin necesidad de estar confirmadas por la experiencia o la razón, que constituyen el fondo de una religión. 2 Primera de las tres virtudes teologales que propone la Iglesia Católica. 3 Crédito que se da a las cosas. 4 Confianza. 5 Palabra, promesa solemne. ▷ *De buena ~,* con verdad. *De mala ~,* con malicia. *Dar ~,* asegurar que es cierta una cosa.

fealdad *f.* Calidad de feo.

febrero *m.* Segundo mes del año.

febrícula *f.* Hipertermia prolongada, moderada, casi siempre vespertina.

febrífugo, -ga *adj.-m.* Que quita la fiebre.

febril *adj.* Perten. o rel. a la fiebre. 2 Ardoroso, desasosegado.

fecal *adj.* Perten. o rel. a los excrementos.

fécula *f.* Substancia blanca, pulverulenta, que se extrae de ciertos vegetales.

feculento, -ta *adj.* Que contiene fécula.

fecundación *f.* Acción de fecundar. 2 *~ in vitro,* la lograda en laboratorio.

fecundar *tr.* Hacer fecunda. 2 Unirse el elemento reproductor masculino al femenino para dar origen a un nuevo ser.

fecundidad *f.* Calidad de fecundo.

fecundizar *tr.* Hacer a una cosa susceptible de producir o de admitir fecundación.

fecundo, -da *adj.* Que produce o se reproduce. 2 Fértil, abundante.

fecha *f.* Indicación del tiempo en que se hace u ocurre algo. 2 Tiempo actual.

fechador *m.* Estampilla con que se imprime la fecha en documentos, cartas, etc.

fechar *tr.* Poner la fecha.

fechoría *f.* Acción mala.

fedatario *m.* Notario o funcionario que goza de fe pública.

federación *f.* Acción de federar. 2 Confederación. 3 Asociación de personas que se dedican a un deporte.

federal *adj.* Federativo.

federalismo *m.* Sistema de confederación entre corporaciones o estados.

federalización *f.* Introducción del federalismo.

federar *tr.* Confederar.

federativo, -va *adj.* Perten. o rel. a la federación.

fehaciente *adj.* Que hace fe en juicio.

felatio *f.* Excitación de los órganos sexuales masculinos con los orales de la pareja.

feldespato *m.* Silicato de aluminio con calcio, sodio o bario.

felibre *m.* Poeta provenzal moderno.

felibrismo *m.* Movimiento literario moderno, encaminado a restaurar la lengua provenzal, especialmente en su uso poético.

felice *adj.* poét. Feliz.

felicidad *f.* Estado del ánimo que se complace en la posesión de un bien. 2 Satisfacción, contento. 3 Suerte feliz.

felicitación *f.* Palabras, tarjeta postal, etc., con que se felicita.

felicitar *tr.* Dar el parabién. 2 Expresar el deseo de que una persona sea feliz.

félido, -da *adj.-s.* Díc. del mamífero carnívoro, digitígrado, de uñas retráctiles.

feligrés, -gresa *m. f.* Persona que pertenece a una parroquia.

felino, -na *adj.* Perten. o rel. al gato. - 2 *adj.-s.* Díc. del animal perteneciente a la familia de los félidos.

feliz *adj.* Que tiene felicidad. 2 Oportuno.

felonía *f.* Deslealtad, traición.

felpa *f.* Tejido que tiene pelo por la haz. 2 Paliza.

felpilla *f.* Cordón de seda con pelo

como la felpa.

felpudo, -da adj. Afelpado. - 2 m. Alfombrilla colocada a la entrada de las casas.

femenino, -na adj. Propio de la mujer. 2 Dotado de órganos receptivos de fecundación. 3 Perten. o rel. al género gramatical de los nombres de seres de este sexo o de cosas que sin tener sexo se asimilan a ellos por la terminación o por el artículo.

fémina f. Mujer.

feminidad f. Calidad de femenino.

feminismo m. Doctrina social que concede a la mujer capacidad y derechos reservados hasta ahora a los hombres.

feminista adj.-s. Partidario del feminismo.

femoral adj. Perten. o rel. al fémur.

fémur m. ANAT. Hueso de la pierna entre la rodilla y la cadera.

fenecer intr. Morir. 2 Acabarse.

fenicio, -cia adj.-s. De Fenicia, ant. región de Asia. - 2 m. Lengua fenicia.

fénico adj. Ácido ~, fenol ordinario.

fenicopteriforme adj.-m. Díc. del ave palmípeda con las patas y el cuello muy largos y el pico curvado.

fénix m. Ave fabulosa que renacía de sus cenizas.

fenocristal m. GEOL. Cristal de gran tamaño que se ha producido como consecuencia de un enfriamiento lento del magma.

fenol m. Alcohol de la serie cíclica o aromática de la química orgánica.

fenomenal adj. Perten. o rel. al fenómeno. 2 Tremendo, grande. 3 Muy bueno, estupendo, maravilloso.

fenomenalismo m. Doctrina epistemológica que afirma la existencia de cosas reales, pero incognoscibles en su esencia por limitarse nuestro conocimiento al mundo de la apariencia (fenómeno).

fenómeno m. Toda apariencia o manifestación material o espiritual. 2 Cosa extraordinaria.

fenomenología f. Ciencia que estudia los fenómenos físicos o psíquicos.

fenotipo m. Conjunto de caracteres hereditarios que posee cada individuo.

feo, -a adj. Falto de belleza. 2 Que causa horror o aversión. 3 De aspecto malo o desfavorable. - 4 m. Desaire grosero.

feofíceo, -a adj.-f. Díc. de la clase de algas marinas con la clorofila enmascarada.

feófitos m. pl. División de algas pardas, la mayoría formas marinas coloniales e inmóviles.

feracidad f. Fertilidad de los campos.

feraz adj. Fértil, fecundo.

féretro m. Caja en que se lleva a enterrar los difuntos.

feria f. Mercado en paraje público y días señalados. 2 Fiestas con tal ocasión.

feriante adj.-com. Díc. de la persona que va a una feria para comprar o vender.

feriar tr. Vender, comprar, permutar. - 2 intr. Suspender el trabajo.

fermentación f. Ac. y ef. de fermentar.

fermentar intr. Transformarse un cuerpo orgánico por la acción de otro que no sufre modificación.

fermento m. Substancia que hace fermentar.

ferocidad f. Fiereza, crueldad.

ferodo m. Material formado con fibras de amianto e hilos metálicos.

feroz adj. Que obra con ferocidad.

férreo, -a adj. De hierro. 2 Duro, tenaz.

ferrería f. Lugar donde se beneficia el mineral de hierro.

ferretería f. Establecimiento de ferretero. 2 Ferrería.

ferretero, -ra m. f. Persona que vende utensilios, herramientas, etc., de metal.

ferrificarse prnl. Reunirse las partes ferruginosas de una substancia.

ferrobús m. Tren ligero con un coche motor con tracción en ambos extremos.

ferrocarril m. Camino con dos carriles sobre los cuales se deslizan los trenes.

ferrocerio m. Aleación de hierro y cerio con la cual se fabrican piedras para encendedores.

ferromagnetismo m. Propiedad en virtud de la cual ciertos materiales presentan una gran permeabilidad magnética, como el hierro y el acero.

ferroso, -sa adj. De hierro.

ferrotipia f. Procedimiento fotográfico rápido que permite obtener directamente en la cámara obscura pruebas positivas.

ferrovial, ferroviario, -ria adj. Perten. o rel. a las vías férreas. - 2 m. Empleado de ferrocarriles.

ferruginoso, -sa adj. Que contiene

hierro o sus compuestos.

ferry *m.* ANGLIC. Transbordador.

fértil *adj.* Que produce abundantes frutos. 2 Muy prolijo y productivo.

fertilidad *f.* Calidad de fértil.

fertilización *f.* Ac. y ef. de fertilizar.

fertilizante *adj.-s.* Que fertiliza. 2 Abono.

fertilizar *tr.* Hacer fértil la tierra.

férula *f.* Tablilla flexible empleada en el tratamiento de las fracturas.

ferviente *adj.* Fervoroso.

fervientemente *adv. m.* Con fervor.

fervor *m.* Calor intenso. 2 Celo ardiente y afectuoso.

fervoroso, -sa *adj.* Que tiene fervor.

festejar *tr.* Hacer festejos en honor de alguien o con motivo de algo.

festejo *m.* Ac. y ef. de festejar. - 2 *m. pl.* Regocijos públicos.

festín *m.* Festejo particular. 2 Banquete espléndido.

festival *m.* Gran fiesta musical.

festividad *f.* Día festivo. 2 Fiesta o solemnidad.

festivo, -va *adj.* De fiesta. 2 Chistoso, alegre, agudo.

festón *m.* Bordado, dibujo o recorte en forma de ondas o puntas.

festoneado, -da *adj.* Con el borde en forma de festones.

fetal *adj.* Perten. o rel. al feto.

fetén *adj.* Estupendo.

fetiche *m.* Ídolo de los salvajes. 2 Mascota, objeto que se cree trae suerte.

fetichismo *m.* Culto de los fetiches.

fétido, -da *adj.* Hediondo.

feto *m.* Producto de la concepción en los animales vivíparos, desde que ha adquirido la conformación característica de la especie a que pertenece hasta su nacimiento.

feudal *m.* Perten. o rel. al feudo o al feudalismo.

feudalismo *m.* Sistema de organización social propio de la Edad Media.

feudo *m.* Contrato por el cual un señor daba tierras, rentas, etc., a cambio de un juramento de vasallaje. 2 Cosa dada en feudo. 3 Vasallaje.

fez *m.* Gorro rojo propio de turcos y moros.

fi *f.* Vigésima primera letra del alfabeto griego, equivalente a la *f* del español.

fiabilidad *f.* Calidad de fiable.

fiable *adj.* Digno de confianza.

fiado (al~) *loc. adv.* Sin pagar en el acto el precio de lo que se toma.

fiador, -ra *m. f.* Persona que fía a otra o responde por ella.

fiambre *adj.-m.* Que después de asado o cocido se come frío.

fiambrera *f.* Cacerola con tapa ajustada para llevar comidas.

fianza *f.* Obligación de hacer aquello a que otro se ha obligado, si éste no lo cumple. 2 Prenda dada en seguridad.

fiar *tr.* Asegurar que otro cumplirá lo que promete, obligándose a satisfacer por él. 2 Vender sin tomar el precio de contado. - 3 *tr.-intr.* Confiar.

fiasco *m.* Mal éxito, chasco.

fibra *f.* Filamento que forma los tejidos orgánicos o la textura de ciertos minerales. 2 Filamento obtenido por procedimiento químico y de principal uso textil.

fibrina *f.* Substancia albuminosa que tiene la propiedad de coagularse en contacto con el aire.

fibrocartílago *m.* Tejido fibroso, muy resistente, que entre sus fibras contiene materia cartilaginosa.

fibrocemento *m.* Compuesto de cemento y polvo de amianto.

fibroma *m.* Tumor formado exclusivamente por tejido fibroso.

fibrosis *f.* Formación del tejido fibroso con carácter patológico.

fibroso, -sa *adj.* Que tiene fibras.

ficción *f.* Invención poética.

ficología *f.* Parte de la botánica que trata de las algas.

ficticio, -cia *adj.* Fingido, falso. 2 Irreal, aparente.

ficha *f.* Pieza usada en substitución de moneda o para señalar los tantos en el juego. 2 Pieza de diversos materiales utilizada en el dominó, parchís y otros juegos. 3 Cédula.

fichaje *m.* Ac. y ef. de fichar. 2 Cantidad pagada por la contratación de una persona.

fichar *tr.* Hacer la ficha policial, médica, etc., de alguien. 2 Anotar en fichas o cartulinas. - 3 *intr.* Entrar un jugador a formar parte de un equipo deportivo.

fichero *m.* Mueble para fichas. 2 INFORM. Conjunto de datos o instrucciones que se identifica por un nombre y se almacena en un disco.

fidedigno, -na *adj.* Digno de fe.

fideicomiso *m.* Disposición por la cual el testador encomienda su herencia o parte de ella a otra persona para que haga con ella aquello que se le señala.

fideísmo *m.* Doctrina filosófica según la cual el conocimiento de las primeras verdades se fundamenta en la fe.

fidelidad *f.* Cualidad de fiel. 2 Exactitud. 3 *Alta* ~, reproducción de sonidos con toda su magnitud.

fideo *m.* Pasta de sopa en forma de hilo.

fiduciario, -ria *adj.* Que depende del crédito o confianza.

fiebre *f.* Elevación de la temperatura del cuerpo. 2 Nombre de ciertas enfermedades cuyo síntoma principal es esta elevación de temperatura. 3 Viva excitación.

fiel *adj.* Que cumple sus compromisos. 2 Constante en su afección. 3 Exacto. - 4 *adj.-s.* Díc. del miembro creyente de una religión, doctrina, etc.

fieltro *m.* Tela de lana o pelo.

fiemo *m.* Estiércol.

fiera *f.* Animal salvaje e indómito; especialmente los mamíferos carnívoros. ▷ *Hecho una* ~, muy irritado.

fiereza *f.* Crueldad de ánimo. 2 Cualidad de los animales bravíos.

fiero, -ra *adj.* Perten. o rel. a las fieras. 2 Cruel, intratable.

fiesta *f.* Día en que se celebra una solemnidad religiosa o civil. 2 Alegría, regocijo. 3 Día en que no se trabaja. 4 Reunión de gente para celebrar algún suceso, o simplemente para distraerse o divertirse.

figle *m.* Instrumento músico de viento formado por un tubo cónico de metal provisto de orificios y llaves.

figón *m.* Casa de comidas.

figura *f.* Forma exterior. 2 Cosa que representa otra. 3 Personaje. 4 Mudanza en el baile. 5 GEOM. Espacio cerrado por líneas o superficies. 6 ~ *de dicción,* alteración de una palabra por adición, supresión o cambio de lugar de los sonidos.

figuración *f.* Ac. y ef. de figurarse una cosa.

figurado, -da *adj.* Que se aparta de su sentido recto y literal.

figurante, -ta *m. f.* Comparsa de teatro o de cine.

figurar *tr.* Aparentar. - 2 *intr.* Formar parte de un número de personas o cosas.

figurativo, -va *adj.* Que es o sirve de representación o figura de otra cosa.

figurín *m.* Dibujo o modelo para trajes.

figurón *m.* Hombre creído y vanidoso.

fijación *f.* Ac. y ef. de fijar.

fijador *m.* Líquido para fijar el cabello, una fotografía, etc.

fijar *tr.* Poner fijo. 2 Dirigir la atención, la mirada. 3 Determinar, señalar. - 4 *prnl.* Reparar, notar.

fijeza *f.* Firmeza, seguridad.

fijo, -ja *adj.* Firme; permanente.

fila *f.* Conjunto de personas o cosas puestas en línea. ▷ *En filas,* en servicio militar activo.

filamento *m.* Cuerpo filiforme.

filantropía *f.* Amor al género humano.

filántropo *com.* Persona que se emplea en beneficio de los demás.

filarmonía *f.* Amor a la música.

filarmónico, -ca *adj.-s.* Que ama la música.

filástica *f.* MAR. Hilos de cabos.

filatelia *f.* Afición a coleccionar sellos.

filatería *f.* Verbosidad para embaucar. 2 Demasía de palabras.

filete *m.* Moldura angosta. 2 Línea fina de adorno. 3 Espiral saliente del tornillo. 4 Pequeña lonja de carne o de pescado.

filfa *f.* Mentira, engañifa.

filiación *f.* Procedencia. 2 Señas personales.

filial *adj.* Perten. o rel. al hijo. - 2 *adj.-f.* Díc. del establecimiento, organismo, etc., que depende de otro.

filiar *tr.* Tomar la filiación.

filibustero *m.* Antiguo pirata del mar de las Antillas.

filicidio *m.* Muerte violenta que un padre da a su hijo.

filiforme *adj.* De forma de hilo.

filigrana *f.* Obra primorosa de hilos de oro o plata. 2 Cosa delicada y pulida.

filípica *m.* Censura acre.

filipino, -na *adj.-s.* De Filipinas.

filisteo, -a *adj.-s.* De una antigua nación enemiga de los israelitas.

filmación *f.* Ac. y ef. de filmar.

filmar *tr.* Cinematografiar, tomar o impresionar un filme.

filme *m.* Película cinematográfica.

filmina *f.* Diapositiva.

filmografía *f.* Descripción o conocimiento de filmes o microfilmes. 2

Conjunto de filmes de una época, de un director, etc.

filmología *f.* Disciplina que estudia la cinematografía.

filmoteca *f.* Lugar donde se guardan filmes.

filo *m.* Arista aguda de un instrumento cortante. 2 Punto o línea que divide una cosa en dos partes iguales.

filodio *m.* Pecíolo ensanchado en forma de lámina que substituye el limbo de una hoja.

filófago, -ga *adj.-s.* Que se alimenta de hojas.

filogenia *f.* H. NAT. Desarrollo y evolución general de una especie.

filología *f.* Ciencia que estudia la estructura y la evolución de una lengua. 2 Estudio de la literatura en su aspecto lingüístico, estilístico y formal.

filólogo, -ga *m. f.* Persona que se dedica a la filología.

filón *m.* Masa de mineral que se halla en la tierra.

filoseda *f.* Tela de lana y seda o de seda y algodón.

filosilicato *m.* Variedad de silicato que se divide con facilidad en láminas; como el talco.

filosofar *intr.* Discurrir con razones filosóficas.

filosofía *f.* Ciencia que trata de la esencia, propiedades y causas de las cosas naturales. 2 Sistema filosófico.

filosófico, -ca *adj.* Perten. o rel. a la filosofía.

filósofo, -fa *m. f.* Persona que se dedica a la filosofía.

filoxera *f.* Insecto parecido al pulgón que ataca las raíces de la vid.

filtración *f.* Ac. y ef. de filtrar o filtrarse.

filtrar *tr.* Hacer pasar un líquido por un filtro. - 2 *intr.-prnl.* Penetrar un líquido a través de un cuerpo sólido. 3 Penetrar una idea, pensamiento, noticia, etc., poco a poco y sin notarse, en un medio.

filtro *m.* Materia porosa a través de la cual se hace pasar un fluido para depurarlo. 2 Pantalla que se interpone al paso de la luz para excluir ciertos rayos, dejando pasar otros. 3 Brebaje mágico.

fimo *m.* Estiércol.

fimosis *f.* MED. Estrechez del orificio del prepucio.

fin *m.* Último extremo de una sucesión de circunstancias. 2 Consecuencia a la que tiende una acción; motivo. 3 ~ *de semana,* período de descanso semanal. ▷ *A* ~ *de; a* ~ *de que,* para. *A fines de,* en los últimos días de un período temporal. *Al* ~ *; al* ~ *y al cabo; al* ~ *y a la postre,* por último. *Sin* ~ *,* sin número.

finado, -da *m. f.* Persona muerta.

final *adj.* Que remata o perfecciona. - 2 *m.* Fin, término. - 3 *f.* Última de las pruebas eliminatorias, en una competición.

finalidad *f.* Fin, objeto.

finalísima *f.* DEP. Última fase de una competición eliminatoria.

finalismo *m.* Teleología (doctrina metafísica).

finalista *com.* En los deportes, el que llega a la prueba final.

finalizar *tr.* Concluir. - 2 *intr.* Acabarse.

financiar *tr.* Crear o fomentar una empresa aportando el dinero necesario.

financiero, -ra *adj.* Perten. o rel. a la hacienda pública, a la banca o a los grandes negocios. - 2 *m. f.* Persona versada en estas materias.

finanzas *f. pl.* Hacienda; caudal; negocio. 2 Actividades relacionadas con el dinero que se invierte.

finar *intr.* Fallecer, morir.

finca *f.* Propiedad inmueble.

finés, -nesa *adj.-s.* De Finlandia. - 2 *m.* Lengua finesa.

fineza *f.* Calidad de fino. 2 Acción obsequiosa y delicada.

fingido, -da *adj.* Mostrado como real o cierto cuando es irreal o falso.

fingimiento *m.* Acción de fingir.

fingir *tr.-prnl.* Presentar como cierto o real lo que no lo es. 2 Aparentar.

finiquitar *tr.* Saldar una cuenta. 2 Acabar.

finiquito *m.* Remate de una cuenta.

finisecular *adj.* Perten. o rel. al fin de un siglo determinado.

finito, -ta *adj.* Que tiene fin o límite.

finlandés, -desa *adj.-s.* Finés.

fino, -na *adj.* Delgado, sutil. 2 Delicado y de buena calidad. 3 Cortés, urbano. 4 Sagaz.

finolis *adj.-s.* De finura amanerada.

finta *f.* Ademán o amago para engañar.

fintar *tr.-intr.* Hacer fintas.

finura *f.* Calidad de fino. 2 Urbanidad,

cortesía.

fiord, fiordo *m.* Depresión del continente invadida por el mar.

firma *f.* Nombre y apellido que una persona pone al pie de un escrito. 2 Acto de firmar. 3 Empresa comercial.

firmamento *m.* Bóveda celeste.

firmante *adj.-s.* Que firma.

firmar *tr.* Poner uno su firma.

firme *adj.* Estable, sólido. 2 Constante.

firmeza *f.* Estabilidad, solidez. 2 Tesón.

fiscal *adj.* Perten. o rel. al fisco o al oficio del fiscal. - 2 *com.* Persona que representa el ministerio público en los tribunales.

fiscalía *f.* Empleo y oficina del fiscal.

fiscalidad *f.* Conjunto de leyes, reglamentos y procedimientos relativos a las tasas, impuestos y contribuciones.

fiscalizar *tr.* Inspeccionar, averiguar, criticar.

fisco *m.* Erario público.

fisgar *tr.* Husmear, atisbar.

fisgón, -gona *adj.-s.* Curioso, que fisgonea.

fisgonear *intr.* Fisgar, curiosear.

fisiatría *f.* Naturismo.

fisible *adj.* Que se puede partir o escindir.

física *f.* Ciencia que estudia la materia en relación con los fenómenos que no modifican la estructura molecular de los cuerpos.

físico, -ca *adj.* Perten. o rel. a la física. 2 Corpóreo, en oposición a espiritual. - 3 *m. f.* Persona que se dedica a la física. - 4 *m.* Exterior de una persona.

fisiocracia *f.* Doctrina económica basada en la explotación de los recursos naturales como única fuente de riqueza.

fisiología *f.* Parte de la biología que estudia los órganos y sus funciones.

fisiológico, -ca *adj.* Perten. o rel. a la fisiología.

fisiologismo *m.* Doctrina que considera la enfermedad como resultado de un trastorno de las funciones vitales.

fisión *f.* Fís. Rotura de un núcleo pesado en fragmentos acompañados de algunos neutrones y de gran cantidad de energía.

fisiopatología *f.* Rama de la patología que estudia las alteraciones funcionales del organismo.

fisioterapeuta *com.* Persona especializada en aplicar la fisioterapia.

fisioterapia *f.* Método curativo por medio de los agentes naturales.

fisonomía *f.* Aspecto particular del rostro de una persona.

fisonomista *adj.-s.* Que se dedica al estudio de la fisonomía o que tiene facilidad natural para recordar y distinguir a las personas por ésta.

fístula *f.* Conducto anormal que se abre en la piel o en las mucosas.

fisura *f.* Fractura longitudinal de un hueso. 2 Grieta, hendidura.

fitófago, -ga *adj.-s.* Que se alimenta de materias vegetales.

fitogeografía *f.* Disciplina que estudia la forma en que están distribuidas las especies vegetales sobre la tierra.

fitografía *f.* Descripción de las plantas.

fitolacáceo, -a *adj.-f.* Díc. de la familia de plantas dicotiledóneas, herbáceas o leñosas, de hojas alternas.

fitología *f.* Botánica.

fitopatología *f.* Estudio de las enfermedades de las plantas.

fitoplancton *m.* Plancton formado por algas y otros vegetales.

fitotecnia *f.* Rama de la botánica que se ocupa de la mejora en el cultivo y producción de las plantas de interés económico.

fitotomía *f.* Anatomía de las plantas.

flabelífero, -ra *adj.* Que tiene por oficio agitar un abanico grande en ciertas ceremonias.

flabeliforme *adj.* En forma de abanico.

flabelo *m.* Abanico de plumas de avestruz y pavo real, ornamento exclusivo del Sumo Pontífice.

flaccidez *f.* Calidad de fláccido.

fláccido, -da *adj.* Flaco, flojo.

flaco, -ca *adj.* De pocas carnes.

flagelado, -da *adj.* Provisto de flagelos.

flagelar *tr.* Azotar.

flagelo *m.* Azote. 2 Prolongación filiforme y contráctil de ciertas células.

flagrante *adj.* Que se está ejecutando actualmente.

flama *f.* Llama. 2 Reflejo de la llama. 3 Oleada de calor ardiente.

flamante *adj.* Lúcido, resplandeciente. 2 Nuevo, reciente.

flamear *intr.* Despedir llamas. 2 Ondear las velas o las banderas. - 3 *tr.* Pasar por la llama. 4 Rociar un preparado culinario con un licor espirituoso y encenderlo.

flamenco, -ca *adj.-s.* De Flandes. 2 Chulo, arrogante. - 3 *m.* Conjunto de bailes y cantes formados por la fusión de elementos andaluces, gitanos y orientales. 4 Ave fenicopteriforme de patas, cuello y pico largos.

flamencología *f.* Conjunto de conocimientos, técnicas, etc., sobre el cante y baile flamencos.

flamencólogo, -ga *adj.-s.* Díc. de la persona experta en flamencología.

flamenquín *m.* Loncha de jamón cocido enrollado, rellena de queso y frita.

flamígero, -ra *adj.* Que despide llamas o imita su figura.

flan *m.* Dulce de yemas de huevo, leche y azúcar cuajados en un molde.

flanco *m.* Costado, lado.

flanera *f.* Molde en que se cuaja el flan.

flanquear *tr.* Estar colocado o colocarse al flanco de una cosa.

flaquear *intr.* Decaer la fuerza o intensidad. 2 Amenazar ruina o caída.

flaqueza *f.* Acción defectuosa cometida por debilidad.

flash *m.* Destello breve o intenso, usado en fotografía. 2 Plano cinematográfico de una duración mínima.

flato *m.* Acumulación molesta de gases en el tubo digestivo.

flatulencia *f.* Indisposición del que padece flatos.

flauta *f.* Instrumento músico de viento en forma de tubo con orificio y llaves.

flautín *m.* Flauta pequeña de sonido agudo y penetrante.

flautista *com.* Músico que toca la flauta.

flebitis *f.* Inflamación de las venas.

fleco *m.* Adorno formado por una serie de hilos o cordoncillos colgantes.

flecha *f.* Arma arrojadiza delgada y puntiaguda que se dispara con arco. 2 Sagita. 3 Señal o cualquier otra cosa en forma de flecha. 4 Remate puntiagudo que corona las torres o campanarios.

flechazo *m.* Disparo o herida de flecha.

flema *f.* Mucosidad pegajosa procedente de las vías respiratorias. 2 Apatía, lentitud.

flemático, -ca *adj.* Tardo, lento.

flemón *m.* Tumor en las encías.

flequillo *m.* Porción de cabello recortado que cae sobre la frente.

fletar *tr.* Alquilar un vehículo naval, terrestre o aéreo, o parte de él.

flete *m.* Carga de un barco.

flexibilidad *f.* Calidad de flexible.

flexibilizar *tr.* Hacer flexible.

flexible *adj.* Que se dobla fácilmente.

flexión *f.* Ac. y ef. de doblar o doblarse. 2 GRAM. Cambio de forma que sufren las palabras para expresar sus accidentes gramaticales.

flexionar *tr.* Doblar el cuerpo o un miembro.

flexivo, -va *adj.* Perten. o rel. a la flexión.

flexo *m.* Lámpara de mesa con brazo flexible.

flexor, -ra *adj.* Que produce la flexión de una cosa.

flip *m.* Bebida hecha con vino de Jerez u Oporto y huevo.

flipar *tr.* Cautivar, gustar mucho.

flirt *m.* Conquista amorosa de trascendencia efímera.

flirtear *intr.* Coquetear, galantear.

flocadura *f.* Guarnición hecha de flecos.

flojear *intr.* Flaquear. 2 Obrar con flojedad.

flojedad *f.* Debilidad, flaqueza. 2 Pereza, descuido.

flojera *f. fam.* Flojedad.

flojo, -ja *adj.* Mal atado; poco apretado. 2 Falto de vigor. 3 Perezoso, negligente.

flor *f.* Órgano de fructificación de las plantas fanerógamas. 2 Piropo. ▷ *A ~ de,* en la superficie. *A ~ de piel,* en el estado de ánimo. *En ~,* en el estado anterior a la madurez. *~ y nata,* lo mejor. *Echar flores,* alabar.

flora *f.* Conjunto de las plantas de un país.

floración *f.* Florescencia.

floral *adj.* Perten. o rel. a la flor.

florear *tr.* Adornar con flores. 2 Escoger lo mejor. - 3 *intr.* Decir requiebros.

florecer *intr.* Echar flor.

floreciente *adj.* Que florece. 2 Próspero.

florero *m.* Vaso para poner flores.

florescencia *f.* Ac. y ef. de florecer.

floresta *f.* Terreno frondoso y ameno.

florete *m.* Espada de hoja muy estrecha.

florícola *adj.* Que desarrolla su vida en las flores.

floricultor, -ra *m.f.* Persona que se dedica a cultivar flores.

floricultura *f.* Arte y oficio del floricultor.

florido, -da adj. Que tiene flores. 2 Adornado de galas retóricas.

floridofíceo, -a adj.-f. Díc. del alga rodofícea que forma talos generalmente macroscópicos y ramificados.

florífero, -ra adj. Que produce flores.

florilegio m. Colección de trozos literarios selectos.

florín m. Unidad monetaria de los Países Bajos.

floripondio m. Adorno llamativo y de mal gusto, a veces en forma de flor grande.

florista com. Persona que hace o vende flores.

floristería f. Tienda o puesto donde se hacen o venden flores.

floritura f. Adorno en el canto o en otros ejercicios.

florón m. Adorno a modo de flor.

flósculo m. Flor de una cabezuela en que la corola es tubular y actinomorfa.

flota f. Conjunto de buques.

flotación f. Proceso de separación de minerales recubriéndolos de una capa de aceite o por emulsión.

flotador m. Cuerpo destinado a flotar en un líquido. 2 Útil para mantener a flote a las personas que no saben nadar.

flotar intr. Sostenerse un cuerpo en equilibrio en la superficie de un líquido o en suspensión en un gas.

flotilla m. Flota de barcos pequeños o de pocos aviones.

fluctuación f. Ac. y ef. de fluctuar.

fluctuar intr. Vacilar un cuerpo sobre las aguas. 2 Dudar, titubear.

fluencia f. Lugar donde mana un líquido.

fluidez f. Calidad de fluido. 2 Facilidad de movimiento y operación.

fluidificar tr. Dar fluidez.

fluido, -da adj.-s. Díc. del cuerpo cuyas moléculas cambian con facilidad su posición relativa. - 2 adj. Díc. del lenguaje o estilo corriente y fácil.

fluir intr. Correr un líquido. 2 Manar.

flujo m. Movimiento de las cosas fluidas. 2 Movimientos de ascenso de la marea. 3 Secreción externa, normal o patológica.

flúor m. Metaloide gaseoso, corrosivo, de olor sofocante y color amarillo verdoso.

fluorescencia f. Propiedad de algunos cuerpos de emitir luz en ciertas condiciones. 2 Luz así emitida.

fluorescente adj. Que tiene fluorescencia.

fluorhídrico adj. Ácido ~, cuerpo gaseoso a más de 20° de temperatura, muy deletéreo y corrosivo.

fluorita f. Fluoruro de calcio nativo, compacto, de varios colores.

fluorización f. Empleo de flúor como prevención de la caries dental.

fluoruro m. Sal del ácido fluorhídrico.

fluvial adj. Perten. o rel. a los ríos.

fluviómetro m. Aparato que sirve para medir el nivel del agua fluvial.

flux m. En ciertos juegos, circunstancia de ser de un mismo palo todas las cartas de un jugador.

fluxión f. Acumulación morbosa de humores en cualquier órgano.

fobia f. Temor morboso.

foca f. Mamífero carnívoro anfibio de cabeza y cuello parecidos a los del perro.

focalizar tr. Hacer converger en un punto o zona una radiación luminosa.

foco m. Punto donde vienen a reunirse los rayos de luz, calor, etc., reflejados o refractados. 2 Punto donde está concentrada o localizada una cosa.

focomelia f. Defecto físico que consiste en la desaparición parcial de las extremidades.

focha f. Ave gruiforme zancuda, nadadora, de plumaje negro.

fofo, -fa adj. Esponjoso, blando, poco consistente.

fogarada f. Llamarada.

fogaril m. Jaula de aros de hierro dentro de la cual se enciende lumbre para que ilumine o sirva de señal.

fogata f. Fuego que levanta llama.

fogón m. Sitio donde se enciende fuego en cocinas y en calderas de vapor.

fogonadura f. Agujero de las cubiertas de un barco por donde pasan los palos. 2 Abertura en un piso de madera para dar paso a un pie derecho que sirva de sostén.

fogonazo m. Llama que levanta la pólvora, el magnesio, etc., al inflamarse.

fogosidad f. Ardimiento y viveza.

fogoso, -sa adj. Vehemente.

foguear tr. Limpiar con fuego. 2 Acostumbrar al fuego de la pólvora. 3 fig. Acostumbrar a las penalidades o trabajos.

foie-gras *m.* Pasta alimenticia preparada a base de hígado animal.

folclor, folclore *m.* Conjunto de tradiciones, leyendas, creencias, costumbres y proverbios populares.

folclórico, -ca *adj.* Perten. o rel. al folclor. - 2 *m. f.* Artista que se especializa en temas flamencos y populares.

folía *f.* Baile popular de las islas Canarias.

foliáceo, -a *adj.* Perten. o rel. a las hojas.

foliación *f.* Ac. y ef. de foliar. 2 Acción de echar hojas las plantas.

foliado, -da *adj.* Que tiene hojas.

foliar *tr.* Numerar los folios de un libro.

folículo *m.* BOT. Fruto seco, monocarpelar, dehiscente por la sutura ventral. 2 ANAT. Saco membranoso situado en el espesor de un tegumento.

folio *m.* Hoja de un libro o cuaderno.

folíolo *m.* División de una hoja compuesta.

folk *m.* Canción o música popular.

folklore *m.* Folclore.

follaje *m.* Conjunto de hojas de los árboles y plantas.

follar *tr.-intr.* vulg. Practicar el coito.

folletín *m.* Artículo literario, novela u otra obra publicado en un periódico. 2 Relato, pieza teatral, filme, etc., caracterizado por una intriga emocionante.

folletinesco, -ca *adj.* Perten. o rel. al folletín. 2 Complicado y novelesco.

folleto *m.* Obra impresa de corta extensión. 2 Impreso de propaganda.

follón, -llona *adj.-s.* Flojo, perezoso. 2 Jactancioso, cobarde y ruin. - 3 *m.* Gresca, desbarajuste.

fomentar *tr.* Promover el inicio o desarrollo de algo.

fomento *m.* Ac. y ef. de fomentar.

fon *m.* FÍS. Nombre del fonio en la nomenclatura internacional.

fonación *f.* Emisión de la voz.

fonador, -ra *adj.* Díc. del órgano que interviene en la fonación.

fonda *f.* Establecimiento de hostelería.

fondeadero *m.* Paraje donde puede fondear la nave.

fondear *tr.* Reconocer el fondo del agua. - 2 *intr.* Anclar.

fondillos *m. pl.* Parte trasera de los pantalones.

fondista *com.* DEP. Deportista que practica las modalidades de resistencia física.

fondo *m.* Parte inferior o posterior de una cosa hueca. 2 Parte sumergida de un barco. 3 Superficie sólida sobre la cual descansa el agua del mar, de un río, etc. ▷ A ∼, al límite de las posibilidades.

fondón, -dona *adj.* desp. fam. Díc. de la persona que ha perdido la agilidad de la juventud por haber engordado.

fonema *m.* Sonido abstracto que se puede diferenciar de otros en una lengua.

fonendoscopio *m.* Instrumento para auscultar.

fonético, -ca *adj.* Perten. o rel. a los sonidos del lenguaje. - 2 *f.* Parte de la lingüística que estudia los fonemas en su realización física.

fonetismo *m.* Conjunto de caracteres y particularidades fonéticas de un idioma o dialecto. 2 Adaptación de la escritura a la pronunciación.

foniatría *f.* Estudio y tratamiento de las perturbaciones y defectos de la fonación.

fónico, -ca *adj.* Perten. o rel. a la voz o al sonido.

fonio *m.* FÍS. Unidad acústica para medir la diferencia entre las sensaciones sonoras producidas por dos intensidades distintas.

fonografía *f.* Técnica de inscribir sonidos para reproducirlos por medio del fonógrafo. 2 Ciencia que estudia la voz humana y de los sonidos articulados en cuanto a su representación fonética.

fonográfico, -ca *adj.* Perten. o rel. a la fonografía o al fonógrafo.

fonógrafo *m.* Aparato que inscribe y reproduce los sonidos.

fonograma *m.* Símbolo gráfico que representa un sonido o un grupo de sonidos. 2 Inscripción de las ondas sonoras en los aparatos registradores.

fonología *f.* Parte de la lingüística que estudia los fonemas en sus valores funcionales dentro del sistema propio de cada lengua.

fonometría *f.* Medida de la intensidad de la voz, o de los sonidos.

fonoteca *f.* Lugar donde se guardan archivados documentos sonoros.

fonotecnia *f.* Estudio de las maneras de

obtener, transmitir, registrar y reproducir el sonido.

fonovisión f. Transmisión a distancia del sonido y de la imagen.

fontana f. poét. Fuente.

fontanela f. Espacio membranoso que hay en el cráneo humano y de muchos animales antes de osificarse por completo.

fontanería f. Conjunto de instalaciones que canalizan y distribuyen el agua.

fontanero, -ra m. f. Persona que se ocupa de las conducciones de aguas.

footing m. ANGLIC. Joggin.

foque m. Vela triangular que se orienta sobre el bauprés.

forajido, -da adj.-s. Facineroso que huye de la justicia.

foral adj. Perten. o rel. al fuero.

foráneo, -a adj. Forastero, extraño.

forastero, -ra adj.-s. Que es o viene de fuera del lugar.

forcejear intr. Hacer fuerza. 2 Resistir, hacer oposición.

fórceps m. Instrumento para la extracción del feto en los partos difíciles.

forcípula f. Instrumento utilizado para medir el diámetro del tronco de los árboles.

forense com. Médico especialista designado por la ley para asistir en las actuaciones judiciales como perito.

forestal adj. Perten. o rel. a los bosques.

forja f. Fragua de platero.

forjar tr. Dar forma al metal con el martillo. 2 fig. Inventar, fingir, imaginar.

forma f. Apariencia, figura externa. - 2 f. pl. Modales. ▷ *De ~ que,* indica consecuencia y resultado. *En ~,* como es debido; en buen estado físico.

formación f. Ac. y ef. de formar.

formal adj. Perten. o rel. a la forma. 2 Que tiene formalidad. 3 Expreso, preciso.

formaldehído m. QUÍM. Gas incoloro, inflamable y venenoso, soluble en agua, alcohol y éter.

formalidad f. Norma de comportamiento en la ejecución de ciertos actos públicos. 2 Seriedad. 3 Exactitud.

formalismo m. Observancia rigurosa del método y formas.

formalizar tr. Revestir de los requisitos legales. 2 Concretar, precisar.

formalote, -ta adj. fam. Díc. de la persona que tiene formalidad, serio.

formar tr. Hacer algo dándole forma. 2 Constituir. 3 Educar, adiestrar. - 4 *intr.* Colocarse uno en una formación, cortejo, etc. - 5 prnl. Desarrollarse una persona.

formatear tr. INFORM. Preparar un disco o disquete para darle una estructura con la que pueda ser utilizado por el ordenador.

formativo, -va adj. Que forma o da la forma.

formato m. Forma de un libro, fotografía, cuadro, etc.

formica f. Tipo de plástico en láminas con que se forran algunas maderas.

fórmico adj. *Ácido ~,* CH_{2O_2}, líquido incoloro, de sabor picante, procedente de la oxidación de ciertas substancias orgánicas.

formidable adj. Asombroso. 2 Excesivamente grande. 3 Estupendo.

formol m. Solución acuosa desinfectante.

formón m. Especie de escoplo de filo muy cortante.

fórmula f. Forma establecida para expresar, ejecutar o resolver una cosa. 2 Receta. 3 En los automóviles, características a que se han de ajustar para las carreras de velocidad. 4 MAT. Resultado de un cálculo cuya expresión, simplificada, sirve de regla para resolución de todos los casos análogos. 5 QUÍM. Expresión simbólica de la composición de un cuerpo. ▷ *Por ~,* sólo por cumplir con la costumbre, apariencias, etc.

formular tr. Reducir a una fórmula, expresar en una fórmula. 2 Recetar.

formulario, -ria adj. Perten. o rel. a las fórmulas. 2 Que se hace por pura fórmula. - 3 m. Libro de fórmulas. 4 Escrito con espacios en blanco para rellenar que sirve de modelo.

formulismo m. Excesivo apego a las fórmulas. 2 Tendencia a preferir la apariencia de las cosas a su esencia.

fornáceo, -a adj. poét. Perten. o rel. al horno.

fornicar intr. Realizar fuera del matrimonio el acto de la generación.

fornido, -da adj. Robusto.

foro m. Plaza en las ciudades romanas donde se celebraban las reuniones políticas. 2 Reunión para discutir asuntos de interés actual ante un auditorio que puede intervenir. 3 Fondo del escenario.

forofo, -fa m. f. Hincha, fanático, incondicional.

forración f. Procedimiento para reforzar y hacer flexibles las pinturas sobre el lienzo.

forraje m. Pasto herbáceo, verde o seco.

forrajear tr. Segar y coger el forraje.

forrajero, -ra adj. Que sirve para forraje.

forrar tr. Poner forro.

forro m. Resguardo o cubierta con que se reviste una cosa. 2 Tela interior para reforzar o dar cuerpo al tejido en un vestido.

fortachón, -chona adj. Díc. del hombre recio y fornido.

fortalecer tr.-prnl. Fortificar, dar vigor.

fortaleza f. Fuerza, vigor. 2 Virtud cardinal. 3 Recinto fortificado.

fortificación f. Ac. y ef. de fortificar. 2 Obra de defensa.

fortificar tr.-prnl. Dar vigor y fuerza. 2 Proteger con fortificaciones.

fortín m. Fuerte pequeño.

fortísimo, -ma adj. Superlativo de fuerte.

fortran m. INFORM. Lenguaje de programación de ordenadores de carácter general basado en estructuras del lenguaje humano y de las matemáticas.

fortuito, -ta adj. Casual, inopinado.

fortuna f. Casualidad, suerte. 2 Buena suerte. 3 Hacienda, caudal.

forúnculo m. Divieso.

forzado, -da adj. No espontáneo. 2 Forzoso.

forzar tr. Hacer fuerza o violencia. 2 Obligar a que se ejecute una cosa.

forzoso, -sa adj. Que no se puede excusar o evitar.

forzudo, -da adj. Que tiene grandes fuerzas.

fosa f. Sepultura. 2 Cavidad en el cuerpo humano.

fosfatar tr. Combinar el fosfato con otra substancia. 2 Mejorar las tierras mediante fosfatos.

fosfato m. Sal del ácido fosfórico. 2 Abono inorgánico de fosfatos solubles.

fosforado, -da adj. Que contiene fósforo (metaloide).

fosforecer intr. Manifestar fosforescencia.

fosforescencia f. Propiedad que tienen algunos cuerpos de volverse luminosos en la obscuridad.

fosforescente adj. Que fosforece.

fosfórico, -ca adj. Perten. o rel. al fósforo o que lo contiene.

fosforita f. Mineral compacto, terroso, blanco, amarillento.

fósforo m. Metaloide sólido, amarillento, muy venenoso. 2 Trozo de cerilla, madera, etc., con cabeza inflamable, que sirve para encender.

fosfuro m. Combinación del fósforo con otro elemento o radical.

fósil adj.-m. Díc. del ser orgánico que se encuentra petrificado en las capas terrestres. 2 fig. Viejo, anticuado.

fosilizarse prnl. Convertirse en fósil. 2 Quedarse estancado sin evolucionar.

foso m. Hoyo. 2 Piso inferior del escenario. 3 Excavación que rodea un castillo o fortaleza.

foto f. Fotografía (imagen).

fotocélula f. Célula fotoeléctrica.

fotocinesis f. Reacción móvil de los organismos frente a estímulos luminosos.

fotocomponer tr. Componer textos sobre películas listas para el montaje.

fotocomposición f. IMPR. Ac. y ef. de fotocomponer.

fotocopia f. Copia fotográfica.

fotocopiador, -ra adj. Que fotocopia. - 2 f. Máquina para fotocopiar.

fotocopiar tr. Hacer fotocopias.

fotodegradable adj. Díc. de la substancia que por efecto de la luz pierde sus propiedades, o quedan atenuadas.

fotoelectricidad f. Electricidad producida por acción de la luz.

fotoeléctrico, -ca adj. Perten. o rel. a la acción de la luz sobre ciertos fenómenos eléctricos.

fotofobia f. Fobia a la luz.

fotogénesis f. Producción de luz por parte de ciertas estructuras orgánicas.

fotogenia f. Dote natural de algunas personas gracias a la cual resultan muy favorecidas al ser fotografiadas o filmadas.

fotogénico, -ca adj. Apto para la reproducción fotográfica.

fotograbado m. Arte de grabar planchas por medios fotográficos.

fotografía f. Arte de producir imágenes por la acción química de la luz.

fotografiar tr. Hacer fotografías.

fotográfico, -ca adj. Perten. o rel. a la fotografía.

fotógrafo, -fa m. f. Persona que se dedica a la fotografía.

fotograma m. Imagen cinematográfica.

fotolisis f. Descomposición provocada por la luz.

fotolito m. Cliché fotográfico de un original sobre soporte transparente usado como matriz en huecograbado y offset.

fotoluminiscencia f. Emisión de luz como consecuencia de la absorción previa de una radiación.

fotomatón m. Mecanismo que obtiene el retrato, y entrega la copia seca, en pocos minutos. 2 Cabina con dicho mecanismo.

fotomecánica f. Copia de documentos y de libros obtenida por medio de máquinas con dispositivo fotográfico.

fotometría f. Medida de la intensidad de la luz.

fotómetro m. Instrumento para medir la intensidad de la luz.

fotomodelo com. Modelo utilizado para fotografías.

fotomontaje m. Fotografía resultante de componer otras diversas con intención artística, publicitaria, etc.

fotonovela f. Relato hecho mediante una secuencia de fotografías acompañadas de textos muy breves.

fotorreacción f. Reacción química provocada por la luz.

fotorrobot f. Sistema de identificación consistente en la obtención de un retrato por medio de los detalles del rostro descritos por testigos.

fotosensible adj. Que es sensible a la acción de la luz.

fotosfera f. Atmósfera luminosa del sol.

fotosíntesis f. Formación de un compuesto químico mediante la acción de la luz; especialmente la función realizada por la clorofila de las plantas.

fototeca f. Archivo donde se guardan fotografías.

fototelegrafía f. Transmisión telegráfica de fotografías.

fototerapia f. Método de curación de las enfermedades por la acción de la luz.

fototipia f. Arte de obtener clisés tipo-

gráficos por medio de la fotografía.

fototipografía f. Arte de obtener y estampar clisés fotográficos por medio de la fotografía.

fototropismo m. Tropismo que obedece a la influencia de la luz.

foyer m. Sala de descanso o vestíbulo amplio en los teatros.

frac m. Vestidura de hombre que por delante llega hasta la cintura y por detrás tiene dos faldones.

fracasado, -da adj.-s. Díc. de la persona que está desprestigiada o frustrada a causa de los fracasos padecidos.

fracasar intr. Frustrarse. 2 No tener éxito.

fracaso m. Ac. y ef. de fracasar. 2 Caída o ruina estrepitosa.

fracción f. División en partes. 2 Parte de un todo. 3 Cociente indicado.

fraccionar tr. Dividir en partes.

fraccionario, -ria adj. Perten. o rel. a una fracción.

fractura f. Ac. y ef. de fracturar.

fracturar tr.-prnl. Romper o quebrar.

fragancia f. Olor suave y delicioso.

fragante adj. Que tiene o despide fragancia.

fragata f. Velero de tres palos, con cofas y vergas. 2 Buque de guerra, menor que el destructor, destinado a la protección de convoyes.

frágil adj. Quebradizo. 2 Débil, poco resistente.

fragilidad f. Calidad de frágil.

fragmentar tr. Reducir a fragmentos.

fragmentario, -ria adj. Incompleto.

fragmento m. Pedazo, trozo, porción.

fragor m. Ruido prolongado, estruendo.

fragoso, -sa adj. Áspero, intrincado.

fragua f. Fogón para forjar metales.

fraguar tr. Forjar el metal. 2 Idear.

fraile m. Religioso.

frailecillo m. Ave caradriforme buceadora marina, de plumaje blanco y negro.

frambuesa f. Fruto del frambueso.

frambueso m. Planta rosácea parecida a la zarza, de fruto encarnado comestible.

francachela f. Comida alegre y regocijada.

francalete m. Correa con hebilla en un extremo para oprimir o asegurar algo.

francés, -cesa adj.-s. De Francia. - 2 m. Lengua francesa.

franciscano, -na adj.-s. De la Orden

de San Francisco de Asís.

francmasonería f. Asociación secreta que usa símbolos de la albañilería.

franco, -ca adj. Propenso a hacer dádivas. 2 Ingenuo, leal en su trato. 3 Libre, desembarazado. 4 Exento; que no paga. - 5 adj.-s. Díc. de un pueblo que dominó la Galia. - 6 m. Unidad monetaria de Francia, Bélgica y Suiza.

francófilo, -la adj. Que simpatiza con Francia o con los franceses.

francófono, -na adj.-s. Que tiene como lengua materna el francés.

francotirador m. Combatiente que no pertenece al ejército regular. 2 Tirador que dispara desde lejos con gran puntería.

franela f. Tejido fino ligeramente cardado por una cara.

frangible adj. Capaz de quebrarse o partirse.

frangollar tr. Quebrantar el grano de trigo.

frangollo m. fig. Cosa hecha de prisa y mal, chapuza.

franja f. Faja, lista o tira en general.

franklin m. Unidad de carga eléctrica en el sistema cegesimal electrostático.

franquear tr. Desembarazar. 2 Pagar en sellos el porte por el correo.

franqueo m. Ac. y ef. de franquear las cartas.

franqueza f. Libertad, exención. 2 Sinceridad.

franquía f. Situación del barco que tiene paso franco.

franquicia f. Exención del pago de ciertos derechos.

franquismo m. Régimen político implantado en España por el general Franco (1892-1975).

frasco m. Vaso angosto de cuello recogido.

frase f. Conjunto de palabras que forma sentido.

frasear tr. Formar frases.

fraseología f. Conjunto de modismos o locuciones.

fraternal adj. Propio de hermanos.

fraternidad f. Unión y amor entre hermanos o entre los que se tratan como tales.

fraternizar intr. Tratarse como hermanos.

fraterno, -na adj. Perten. o rel. a los hermanos.

fratría f. Sociedad íntima, heredad, cofradía.

fratricida adj.-s. Que comete fratricidio.

fratricidio m. Crimen del que mata a su hermano.

fraude m. Engaño con que se perjudica.

fraudulento, -ta adj. Que se hace con fraude o se sirve de él.

fray m. Apócope de fraile.

frazada f. Manta peluda.

freático, -ca adj. Díc. de las aguas acumuladas en el subsuelo sobre una capa impermeable.

frecuencia f. Calidad de frecuente. 2 Número de veces que ocurre una cosa.

frecuentar tr. Repetir un acto a menudo. 2 Concurrir con frecuencia a un lugar. 3 Tratar frecuentemente.

frecuentativo, -va adj.-s. Díc. del verbo, expresión, etc., que denota acción reiterada.

frecuente adj. Que ocurre o se hace a menudo. 2 Usual.

fregadero m. Recipiente en que se friegan las vasijas, platos, etc.

fregar tr. Restregar con fuerza. 2 Limpiar y lavar el pavimento, los platos, etc.

fregona f. Criada que sirve en la cocina y friega. 2 Utensilio doméstico provisto de un largo mango para fregar los suelos.

fregotear tr. fam. Fregar de prisa y mal.

freidora f. Electrodoméstico que sirve para freír alimentos.

freiduría f. Tienda donde se fríe pescado.

freír tr. Cocer en aceite o grasa. ▷ ~ *monas, espárragos*, etc., despedir a alguien a quien no se desea ver más.

frenar tr. Refrenar. 2 Parar con el freno.

frenesí m. Delirio furioso; exaltación.

frenético, -ca adj. Poseído de frenesí.

frenillo m. Membrana que sujeta la lengua por la parte inferior.

freno m. Instrumento que colocado en la boca de la caballería sirve para gobernarla. 2 Mecanismo que sirve para disminuir la velocidad de una pieza o llevarla a un estado de reposo. 3 Pedal o palanca que acciona dicho mecanismo. 4 Sujeción.

frenología f. Hipótesis que considera que a cada parte del cerebro corresponde una facultad, afecto o instinto.

frenopatía f. Estudio de las enfermedades mentales.

frente *f.* Parte superior de la cara. 2 Parte delantera de una cosa. - 3 *m.* Línea que ocupan los ejércitos combatientes. ▷ ~ *a* ~, cara a cara. *Ponerse al* ~, asumir el mando.

fresa *f.* Planta rosácea de tallos rastreros y fruto rojo. 2 Fruto de esta planta.

fresador *m.* Operario encargado de manejar las diferentes clases de máquinas para fresar.

fresadora *f.* Máquina provista de aristas cortantes que sirve para labrar metales.

fresar *tr.* Labrar metales con fresadora.

frescales *com.* fam. Fresco (desvergonzado).

fresco, -ca *adj.* Moderadamente frío. 2 Reciente, acabado de coger, hacer, etc. 3 Sereno, impávido. 4 Desvergonzado. 5 Rollizo, sano. - 6 *m.* Frío moderado. 7 Pintura hecha sobre una capa de estuco fresco. - 8 *f.* Frescura.

frescor *m.* Frescura o fresco.

frescura *f.* Calidad de fresco. 2 Desvergüenza. 3 Dicho desagradable que, con claridad descarada, se lanza a una persona.

fresneda *f.* Terreno poblado de fresnos.

fresno *m.* Árbol de tronco grueso, hojas compuestas y madera elástica.

fresón *m.* Variedad de fresa grande.

fresquera *f.* Jaula o armario para conservar frescos los comestibles.

freudismo *m.* Interpretación de ciertas predisposiciones y actividades psíquicas como influencia de la vida subconsciente.

freza *f.* Excremento de algunos animales. 2 Desove y tiempo en que se verifica.

frezar *tr.* Desovar.

frialdad *f.* Calidad de frío. 2 Indiferencia.

fricación *f.* Fricción, roce.

fricandó *m.* Guisado francés hecho de carne y acompañado de setas.

fricasé *m.* Guisado de la cocina francesa cuya salsa se bate con huevo.

fricativo, -va *adj.* GRAM. Díc. del sonido consonante producido por la fricción del aire al pasar por una estrecha abertura entre dos órganos bucales.

fricción *f.* Ac. y ef. de friccionar o rozar. 2 Resistencia que ofrecen dos superficies en contacto. 3 Desavenencia entre personas o colectividades.

friccionar *tr.* Dar friegas.

friega *f.* Acción de estregar una parte del cuerpo.

frigidez *f.* Frialdad. 2 En la mujer, carencia de placer sexual.

frígido, -da *adj.* Muy frío.

frigio, -gia *adj.-s.* De Frigia, ant. región de Asia.

frigoría *f.* Unidad de medida para el frío opuesta a la kilocaloría.

frigorífico, -ca *adj.* Que produce enfriamiento. - 2 *adj.-s.* Cámara o espacio enfriado artificialmente para la conservación de los alimentos.

fríjol, frijol *m.* Judía.

frío, -a *adj.* Que tiene una temperatura inferior a la normal o conveniente. 2 Indiferente. 3 Falto de gracia. - 4 *m.* Disminución notable de calor. ▷ *En* ~, de manera imprevista. *Quedarse* ~, quedarse aturdido por algún suceso.

friolera *f.* Cosa de poca monta. 2 Gran cantidad de alguna cosa.

friolero, -ra *adj.* Muy sensible al frío.

frisar *tr.* Rizar el pelo de los tejidos. - 2 *intr.* Acercarse, lindar.

friso *m.* ARQ. Parte entre el arquitrabe y la cornisa. 2 Faja en la parte superior o inferior de las paredes.

frisón, -sona *adj.-s.* Díc. de una casta de caballos de pies fuertes y anchos.

fritada *f.* Conjunto de cosas fritas.

frito, -ta *p. p.* irreg. de *freír.* - 2 *m.* Fritada. ▷ *Estar uno* ~, estar impaciente; estar dormido; tener vivo deseo.

fritura *f.* Fritada.

frivolidad *f.* Calidad de frívolo.

frivolité *f.* Encaje que se teje a mano con lanzadera, a diferencia del de ganchillo.

frívolo, -la *adj.* Ligero, veleidoso. 2 Fútil. 3 Voluble, irresponsable.

fronda *f.* Hoja de planta. - 2 *f. pl.* Conjunto de hojas o ramas espesas.

frondosidad *f.* Abundancia de hojas y ramas.

frondoso, -sa *adj.* Que abunda en hojas o en árboles.

frontal *adj.* Perten. o rel. a la frente. - 2 *m.* ANAT. Hueso de la cabeza en la parte anterior del cráneo.

frontera *f.* Confín de un estado. 2 Límite, barrera.

fronterizo, -za *adj.* Que está en la frontera. 2 Que está enfrente.

frontis *m.* Fachada o frontispicio.

frontispicio *m.* Fachada o delantera. 2 ARQ. Frontón.

frontón *m.* Pared o edificio para el juego de pelota. 2 ARQ. Remate triangular.

frotamiento *m.* Ac. y ef. de frotar o frotarse.

frotar *tr.-prnl.* Pasar repetidamente una cosa sobre otra con fuerza.

fructífero, -ra *adj.* Que produce fruto.

fructificación *f.* Ac. y ef. de fructificar.

fructificar *intr.* Dar fruto.

fructosa *f.* Azúcar que se encuentra en zumos de frutas dulces.

fructuoso, -sa *adj.* Que da fruto.

frugal *adj.* Parco en comer y beber. 2 De alimentos simples y poco abundantes.

frugalidad *f.* Calidad de frugal.

frugífero, -ra *adj.* lit. Que lleva fruto.

frugívoro, -ra *adj.* Que se alimenta de frutos.

fruición *f.* Complacencia, goce.

frunce *m.* Pliegue o pliegues menudos.

fruncido, -da *adj.* fig. Afectado, receloso, disgustado o colérico. - 2 *m.* Frunce.

fruncir *tr.* Arrugar la frente o las cejas. 2 Recoger una tela haciendo en ella arrugas menudas.

fruslería *adj.* Cosa de poco valor.

frustración *f.* Ac. y ef. de frustrar o frustrarse.

frustrado, -da *adj.* No conseguido. 2 Díc. de la persona mentalmente afectada por una frustración.

frustrar *tr.* Privar a uno de lo que esperaba. - 2 *tr.-prnl.* No conseguir un intento.

fruta *f.* Fruto comestible de las plantas. 2 ~ *de sartén,* masa frita, de varios nombres y figuras.

frutal *adj.* Díc. del árbol que da fruta.

frutería *f.* Tienda donde se vende fruta.

frutero, -ra *adj.* Que sirve para llevar o contener fruta. - 2 *m. f.* Vendedor de fruta. - 3 *m.* Plato para servir fruta.

fruticultura *f.* Técnica de cultivar plantas que producen fruto comestible

fruto *m.* Producto de las plantas constituido por la semilla o semillas y su envoltura. 2 Producto, utilidad, resultado. ▷ *Sacar* ~, lograr un resultado favorable.

fuco *m.* Alga de color pardo obscuro, muy común.

fucsia *f.* Arbusto de jardín, de flores colgantes. - 2 *adj.-m.* Color de las flores de este arbusto. - 3 *adj.* De color fucsia.

fuego *m.* Desprendimiento de calor y luz producido por la combustión. 2 Cuerpo en estado de combustión. 3 Incendio. ▷ *Hacer* ~, disparar un arma. *Jugar con* ~, obrar con imprudencia. *Romper el* ~, comenzar a disparar.

fuel-oil *m.* Residuo combustible de la destilación del petróleo bruto.

fuelle *m.* Instrumento para soplar. 2 Pieza plegable en los lados de ciertos objetos. 3 Pliegue en un vestido.

fuente *f.* Manantial. 2 Construcción con caños por donde sale el agua. 3 Plato grande. 4 Principio, origen.

fuera *adv.* A, o en, la parte exterior. 2 En otra parte. 3 ~ *de,* excepto, salvo. - 4 *m.* Falta que se comete cuando la pelota sale fuera de los límites del campo de juego. 5 ~ *de juego,* en algunos deportes, posición antirreglamentaria de un jugador. ▷ ~ *de que,* además de que. *Estar uno* ~ *de sí,* estar uno enajenado.

fueraborda *m.* Motor montado fuera del casco de una embarcación. 2 Embarcación propulsada por dicho motor.

fuerismo *m.* Doctrina política que aspira a restaurar los antiguos fueros locales.

fuero *m.* Jurisdicción, poder. 2 Compilación de leyes. 3 Privilegio. 4 Arrogancia.

fuerte *adj.* Que tiene fuerza. 2 Versado. 3 Malsonante. - 4 *m.* MIL. Fortaleza.

fuerza *f.* Capacidad, energía, intensidad. 2 Poder, autoridad. 3 Violencia. ▷ *Por* ~, contra la propia voluntad. *Hacer* ~, forzar; persuadir. *Ser* ~, ser necesario.

fufú *m.* Guiso americano que se hace con plátano, ñame o calabaza.

fuga *f.* Huida apresurada. 2 Escape de un fluido. 3 Composición musical.

fugarse *prnl.* Escaparse, huir.

fugaz *adj.* Que con velocidad huye y desaparece. 2 De muy corta duración.

fugitivo, -va *adj.-s.* Que huye.

fuguillas *m.* fam. Hombre de genio vivo, rápido en obrar e impaciente.

fulano, -na *m. f.* Voz con que se suple el nombre de una persona cuando se ignora o se calla. 2 Persona indeterminada.

fular *m.* Tela fina de seda. 2 Pañuelo para el cuello o bufanda de este tejido.

fulcro *m.* Punto de apoyo de la palanca.

fulgente *adj.* Que resplandece.

fulgir *intr.* Resplandecer.

fulgor *m.* Brillo, resplandor.

fulgurante *adj.* Rápido, oportuno.

fulgurar *intr.* Brillar, resplandecer.

fulminante *adj.* Que fulmina. 2 Muy rápido y de efecto inmediato. - 3 *m.* Materia para hacer estallar cargas explosivas.

fulminar *tr.* Arrojar rayos. 2 Causar la muerte o herir con proyectiles o armas.

fulmíneo, -a *adj.* Que participa de las propiedades del rayo.

fullería *f.* Trampa en el juego.

fullero, -ra *adj.-s.* Que hace fullerías. 2 Chapucero.

fumada *f.* Porción de humo que se toma de una vez fumando.

fumador, -ra *adj.-s.* Que tiene costumbre de fumar.

fumar *intr.* Humear. - 2 *intr.-tr.* Aspirar y despedir el humo del tabaco, opio, etc.

fumarada *f.* Porción de humo que sale de una vez. 2 Porción de tabaco que cabe en la pipa.

fumaria *f.* Hierba papaverácea de hojas muy divididas y flores azuladas.

fumarola *f.* Grieta en la tierra por donde salen gases.

fumetear *intr.-tr.* Fumar constantemente.

fumífugo, -ga *adj.* Que extingue el humo.

fumigación *f.* Ac. y ef. de fumigar.

fumigante *m.* Substancia que sirve para fumigar.

fumigar *tr.* Desinfectar con humo.

fumista *com.* El que tiene por oficio hacer, arreglar o vender cocinas, chimeneas y estufas.

fumívoro, -ra *adj.* Que absorbe el humo.

funambulesco, -ca *adj.* Díc. del movimiento semejante al del funámbulo. 2 fig. Grotesco, extravagante.

funámbulo, -la *m. f.* Volatinero que hace ejercicios sobre una cuerda.

función *f.* Acción propia de un órgano o una máquina. 2 Ejercicio de un empleo. 3 Destino que se da a algo. 4 Acto público.

funcional *adj.* Perten. o rel. a las funciones. 2 Práctico, eficaz, utilitario.

funcionalismo *m.* ARQ. Movimiento arquitectónico fundado en el principio de que la forma debe reflejar una función. 2 LING. Teoría y método de los lingüistas funcionalistas.

funcionalista *adj.-com.* LING. Entendido en métodos y estudios que se basan en una interpretación funcional del lenguaje.

funcionar *intr.* Ejecutar una persona o cosa las funciones que le son propias.

funcionario, -ria *m. f.* Empleado público.

funda *f.* Cubierta, bolsa, etc., con que se resguarda una cosa.

fundación *f.* Ac. y ef. de fundar. 2 Persona jurídica dedicada a fines benéficos, culturales, etc., continuando la voluntad de su fundador.

fundador, -ra *adj.-s.* Que funda.

fundamental *adj.* Que sirve de fundamento, que es lo principal o más importante.

fundamentalismo *m.* Movimiento religioso, social y político basado en la interpretación literal de los textos sagrados.

fundamentalmente *adv. m.* De modo fundamental.

fundamentar *tr.* Echar los cimientos. 2 Establecer, asegurar.

fundamento *m.* Cimiento de un edificio. 2 Principio, fondo. 3 Razón, motivo, origen. 4 Seriedad, formalidad.

fundar *tr.* Empezar a edificar. 2 Establecer. - 3 *tr.-prnl.* Apoyar con razones.

fundente *adj.-s.* Que facilita la fusión.

fundición *f.* Ac. y ef. de fundir. 2 Fábrica en que se funden metales.

fundir *tr.* Derretir y liquidar cuerpos sólidos. - 2 *tr.-prnl.* Unir intereses, partidos, etc.

fúnebre *adj.* Perten. o rel. a los muertos. 2 Triste, luctuoso.

funeral *adj.* Funerario. - 2 *m.* Ceremonia solemne en la que se lleva a cabo un entierro.

funeraria *f.* Empresa encargada de la conducción y entierro de difuntos.

funerario, -ria *adj.* Perten. o rel. al entierro.

funesto, -ta *adj.* Aciago. 2 Triste.

fungible *adj.* Que se consume con el uso.

fungicida *m.* Substancia que puede destruir los hongos.

funicular *adj.-m.* Díc. del ferrocarril que funciona por medio de cables.

furcia *f.* Ramera.

furgón *m.* Carro largo cubierto. 2 Vagón de ferrocarril para los equipajes.

furgoneta *f.* Vehículo con una puerta en la parte posterior.

furia *f.* Ira exaltada. 2 Violencia, impetuosidad. 3 Velocidad.

furibundo, -da *adj.* Lleno de furia.

furierismo *m.* Utopía social de Fourier (1772-1837) que aspira a una organización armónica de la sociedad.

furioso, -sa *adj.* Poseído de furia. 2 Violento terrible.

furor *m.* Cólera, furia. 2 Frenesí, locura, afición desordenada.

furriel, furrier *m.* MIL. Cabo que distribuye las provisiones.

furris *adj.* fam. Malo, despreciable, mal hecho.

furtivismo *m.* Ejercicio de caza, pesca o hacer leña por una persona en finca ajena, a hurto de su dueño.

furtivo, -va *adj.* Hecho a escondidas.

furúnculo *m.* Divieso.

fusa *f.* Nota musical que vale media semicorchea.

fuselaje *m.* Cuerpo del avión.

fusible *adj.* Que puede fundirse. - 2 *m.* Hilo o chapa metálica que colocado en una instalación eléctrica se funde e interrumpe la corriente cuando esta es excesiva.

fusiforme *adj.* De figura de huso.

fusil *m.* Arma de fuego portátil de cañón largo.

fusilamiento *m.* Ac. y ef. de fusilar.

fusilar *tr.* Ejecutar a uno con una descarga de fusiles.

fusilería *f.* Conjunto de fusiles o de soldados fusileros.

fusilero *m.* Soldado armado de fusil.

fusión *f.* Liquidación de un cuerpo por la acción del calor. 2 Unión.

fusionar *tr.-prnl.* Unir.

fusta *f.* Leña delgada. 2 Látigo.

fuste *f.* Asta de lanza. 2 Parte de la columna entre el capitel y la base.

fustigar *tr.* Azotar con fusta. 2 Reprobar.

fútbol, futbol *m.* Juego entre dos equipos cada uno de los cuales impulsando un balón con los pies trata de hacerlo pasar por la portería contraria.

futbolín *m.* Juego en que figurillas accionadas mecánicamente remedan un partido de fútbol.

futbolista *com.* Jugador de fútbol.

futesa *f.* Fruslería; nadería.

fútil *adj.* De poca importancia.

futilidad *f.* Poca o ninguna importancia.

futura *f.* Novia que tiene con su novio compromiso formal.

futurible *adj.* Díc. de lo futuro sujeto a unos condicionamientos previos.

futurición *f.* Condición de estar orientado o proyectado hacia el futuro, como la vida humana.

futurismo *m.* Actitud espiritual, cultural, etc., orientada hacia el futuro.

futurista *adj.-com.* Que evoca las etapas venideras.

futuro, -ra *adj.* Que está por venir o suceder. - 2 *adj.-s.* GRAM. Díc. del tiempo verbal que expresa acción futura.

futurología *f.* Conjunto de estudios que tienden a prever la evolución social, económica, etc.

futurólogo, -ga *m. f.* Adivino.

G

g *f.* Consonante velar, octava letra del alfabeto.

gabacho, -cha *adj.* Perten. o rel. a ciertos pueblos pirenaicos. 2 desp. Francés.

gabán *m.* Abrigo.

gabardina *f.* Sobretodo impermeable.

gabarra *f.* Barca grande destinada a la carga y descarga en los puertos.

gabinete *m.* Aposento destinado al estudio o a recibir personas de confianza. 2 Sala de objetos y aparatos de un arte o ciencia. 3 Gobierno, conjunto de ministros.

gacel *m.* Macho de la gacela.

gacela *f.* Rumiante bóvido pequeño muy esbelto y ágil.

gaceta *f.* Periódico en que se dan noticias de algún ramo especial.

gacetilla *f.* Noticia corta en un periódico.

gacetillero *m.* Redactor de gacetillas.

gacha *f.* Masa muy blanda. - 2 *f. pl.* Comida compuesta de harina, agua, sal, leche, miel, etc.

gachí *f.* vulg. Mujer, muchacha.

gacho, -cha *adj.* Inclinado hacia tierra. ▷ *A gachas,* a gatas.

gachó *m.* pop. Hombre en general.

gádido, -da *adj.-m.* Díc. del pez gadiforme, caracterizado por tener aletas o radios blandos.

gadiforme *adj.-m.* Díc. del pez osteíctio con las aletas provistas de radios blandos; como el bacalao.

gaditano, -na *adj.-s.* De Cádiz.

gaélico, -ca *adj.-m.* Díc. de la lengua celta hablada en Irlanda y Escocia.

gafa *f.* Grapa. - 2 *f. pl.* Anteojos con patillas para afianzarlos en las orejas.

gafar *tr.* fam. Traer mala suerte.

gafe *adj.-com.* fam. Díc. de la persona que trae a otras mala suerte.

gafo, -fa *adj.-s.* Que tiene contraídos los dedos.

gag *m.* Situación ridícula y cómica.

gaita *f.* Instrumento músico de viento formado por una especie de odre con tres tubos. 2 fig. fam. Cosa fastidiosa. ▷ *Templar gaitas,* contemporizar.

gaje *m.* Emolumento. 2 irón. *Gajes del oficio,* perjuicios inherentes a un empleo u ocupación.

gajo *m.* Rama de árbol. 2 Parte del racimo de uvas. 3 Racimo apiñado de cualquier fruta. 4 División interior de varias frutas.

gal *m.* Unidad de aceleración en el sistema cegesimal.

gala *f.* Vestido o adorno suntuoso. 2 Gracia y bizarría. 3 Actuación artística excepcional. - 4 *f. pl.* Lujos. ▷ *Hacer ~ de; tener ~,* preciarse de algo.

galáctico, -ca *adj.* ASTRON. Perten. o rel. a la Vía Láctea.

galactómetro *m.* Instrumento para reconocer la densidad de la leche.

galactosa *f.* Azúcar de la leche.

galaicoportugués, -sa *adj.-m.* Galle-goportugués. - 2 *adj.* Perten. o rel. a sus monumentos literarios medievales.

galán *m.* Mueble en forma de percha con pie. 2 Hombre gallardo. 3 El que galantea a una mujer. 4 Actor que desempeña papeles principales, como arquetipo de personaje atractivo.

galante *adj.* Atento, obsequioso.

galantear *tr.* Ser galante con una persona, lisonjearla.

galantería *f.* Acción o expresión obsequiosa. 2 Gracia y elegancia en las cosas.

galanura *f.* Gracia, gentileza, gallardía.

galápago *m.* Tortuga de vida lacustre. 2 Tortada de yeso.

galardón *m.* Premio, recompensa.

galardonar *tr.* Premiar, recompensar.

galaxia *f.* Nebulosa que constituye un sistema estelar; esp. la Vía Láctea.

galbana *f.* fam. Pereza.

gálbula *f.* Fruto compuesto, globoso.

gálea *f.* Casco de la armadura romana.

galeiforme *adj.* En forma de casco o caperuza.

galena *f.* Sulfuro de plomo nativo.

galeno *m.* fam. Médico.

galeón *m.* Antiguo velero más corto y ancho que la galera.

galeote *m.* Condenado a galeras.

galera *f.* Nave antigua de vela y remos. 2 Carro grande, cubierto, de cuatro ruedas. 3 IMPR. Tabla en que se ponen las líneas de letras a medida que se componen.

galerada *f.* IMPR. Trozo de composición que cabe en una galera.

galería *f.* Habitación larga y cubierta. 2 Corredor descubierto o con vidrieras. 3 Camino subterráneo. - 4 *f. pl.* Pasaje donde hay establecimientos comerciales.

galerna *f.* Viento fuerte del noroeste en el Cantábrico.

galés, -lesa *adj.-s.* De Gales. - 2 *m.* Lengua galesa.

galgo, -ga *adj.-s.* Díc. de un perro especialmente veloz en la carrera.

galguería *f.* Golosina, manjar delicado.

gálibo *m.* En los ferrocarriles, arco de hierro en forma de U invertida, para comprobar si los vagones con su carga máxima pueden circular por los túneles y bajo los pasos superiores.

galicismo *m.* Vocablo o giro de la lengua francesa empleado en otra.

galimatías *m.* fam. Lenguaje obscuro. 2 Confusión, desorden.

galio *m.* Hierba de hojas filiformes y fruto en drupa. 2 Metal parecido al aluminio.

galiparla *f.* Lenguaje plagado de galicismos.

galo, -la *adj.-s.* De Galia, ant. Francia.

galófilo, -la *adj.-s.* Extranjero aficionado a lo francés.

galón *m.* Tejido estrecho a manera de cinta. 2 El que usan como distintivo ciertas clases del ejército. 3 Medida de capacidad inglesa y estadounidense.

galopada *f.* Carrera a galope.

galopante *adj.* Que galopa. 2 fig. De crecimiento o desarrollo muy rápido.

galope *m.* Marcha más levantada y veloz del caballo. 2 fig. *A ~*, a toda prisa.

galopín *m.* Muchacho sucio y desharrapado. 2 Pícaro, bribón.

galúa *f.* Pez marino teleósteo perciforme de cuerpo fusiforme y cabeza plana.

galvanizar *tr.* Recubrir un metal con una ligera capa de otro. 2 fig. Infundir nuevos ánimos.

galvanómetro *m.* Instrumento para apreciar la intensidad y el sentido de una corriente eléctrica.

galvanoplastia *f.* Arte de cubrir los cuerpos con capas metálicas mediante la electrólisis.

galvanotecnia *f.* Conjunto de técnicas y aplicaciones de las corrientes galvánicas.

galladura *f.* Pinta roja de la yema del huevo de gallina fecundado.

gallano *m.* Pez marino teleósteo perciforme de vistosos colores.

gallardear *intr.* Ostentar gallardía.

gallardete *m.* Banderita larga y rematada en punta, que sirve como insignia.

gallardía *f.* Desenfado y buen aire. 2 Ánimo, valor.

gallardo, -da *adj.* Que tiene gallardía, garboso. 2 Valiente. 3 fig. Grande, excelente.

gallaruza *f.* Vestido con capucha, propio de montañeses.

gallear *intr.* fig. Fanfarronear. 2 fig. Alzar la voz con amenaza. 3 fig. Sobresalir.

gallego, -ga *adj.-s.* De Galicia. - 2 *m.* Lengua gallega.

gallegoportugués, -guesa *adj.-m.* Díc. de la lengua romance origen del gallego y portugués.

galleo *m.* Excrecencia en la superficie de algunos metales fundidos. 2 Jactancia, presunción.

gallera *f.* Lugar destinado a la pelea de gallos. 2 Gallinero donde se crían gallos de pelea, y jaula en que se transportan.

gallerbo *m.* Pez marino teleósteo perciforme, de pequeño tamaño.

galleta *f.* Pasta de harina, azúcar y otras substancias, cocida al horno. 2 Bofetada.

galliano *m.* Licor de hierbas, aromatizado con vainilla.

galliforme *adj.-m.* Díc. del ave granívora y terrestre con el cuerpo rechoncho y poco aerodinámico; son polígamas y su carne es muy apreciada.

gallina *f.* Hembra del gallo.

gallináceo, -a *adj.* Perten., rel. o parecido a la gallina.

gallinazo, -za *m. f.* Aura (ave). - 2 *f.* Excremento de las gallinas.

gallinero *m.* Lugar donde se crían aves

de corral. 2 fig. Sitio donde hay mucha gritería. 3 Paraíso del teatro.

gallineta f. Pez marino teleósteo, de cuerpo rechoncho y boca grande, armada con numerosos dientes.

gallino m. Gallo que carece de plumas en la cola.

gallipava f. Variedad de gallina de mayor tamaño que las comunes.

gallito m. fig. El que sobresale y hace papel en alguna parte. 2 fig. Pendenciero.

gallo m. Ave galliforme, doméstica, con cresta y carúnculas rojas, y espolones en los tarsos. 2 Pez marino teleósteo, de cuerpo comprimido.

gallocresta f. Planta labiada medicinal de hojas parecidas a la cresta de un gallo. 2 Planta escrofulariácea erecta y anual.

gama f. Escala, gradación. 2 Serie de cosas comparables pertenecientes a una misma categoría.

gamada adj.-f. Díc. de la cruz con cuatro brazos en forma de code.

gamba f. Crustáceo decápodo comestible.

gamberro, -rra adj.-s. Libertino, disoluto. 2 Que comete actos inciviles.

gambeta f. Movimiento que se hace cruzando las piernas en el aire al danzar.

gambetear intr. Hacer gambetas.

gamella f. Arco que se forma en cada extremo del yugo. 2 Artesa para dar de comer a los animales.

gameto m. Célula que, en la reproducción sexual, se une a otra para dar origen a un nuevo ser.

gametocito m. Célula madre de la que deriva un gameto.

gametofito m. En las plantas de generación alterna, sexual y asexuada, la fase que produce los gametos.

gametogénesis f. Proceso de formación de los gametos masculinos o femeninos.

gamma f. Tercera letra del alfabeto griego, equivalente al sonido suave de la g española. 2 Rayos ~, los que emiten ciertas substancias radiactivas, como el radio.

gammaglobulina f. FISIOL. QUÍM. Globulina del suero sanguíneo.

gamo m. f. Mamífero rumiante cérvido de pelo rojizo con manchas blancas.

gamocarpelar adj. Díc. de la flor que

tiene ovarios soldados formando un ovario único.

gamonedo m. Queso asturiano elaborado con leche de vaca mezclada con oveja y cabra.

gamopétalo, -la adj. Díc. de la corola que tiene los pétalos soldados lateralmente.

gamosépalo, -la adj. Díc. del cáliz que tiene los sépalos soldados lateralmente.

gamusino m. Animal imaginario.

gamuza f. Rumiante bóvido del tamaño de una cabra. 2 Piel de este animal. 3 Tejido que la imita.

gana f. Deseo, apetito, voluntad. - 2 f. pl. Deseo de causar un mal a alguien. ▷ Tenerle ganas a uno, desear reñir con él.

ganadería f. Conjunto de los ganados de un país o región. 2 Cría y tráfico de ganados.

ganadero, -ra adj. Perten. o rel. al ganado. - 2 m. f. Dueño de ganados. 3 Persona que cuida del ganado o trafica en él.

ganado m. Conjunto de animales domésticos, especialmente si son de la misma especie.

ganador, -ra adj.-s. Que gana.

ganancia f. Ac. y ef. de ganar.

ganancioso, -sa adj. Que ocasiona u obtiene ganancia.

ganapán m. fig. Hombre rudo y tosco.

ganapierde amb. Juego de damas en que gana el que pierde antes todas las piezas.

ganar tr. Lograr, adquirir o aumentar un beneficio, especialmente dinero. 2 Vencer, aventajar. 3 Conquistar. 4 Llegar al lugar que se pretende. - 5 tr.-prnl. Captar la voluntad. - 6 intr. Prosperar, mejorar.

ganchillo m. Aguja de gancho. 2 Labor hecha con ella. 3 Horquilla para el cabello.

gancho m. Instrumento corvo y puntiagudo para agarrar o colgar cosas. 2 fig. fam. Atractivo. 3 fig. fam. Persona que tiene facilidad para atraer clientes. 4 DEP. Puñetazo dado de abajo arriba. ▷ Tener ~, tener poder de atracción o convicción.

gándara f. Tierra baja e inculta.

gandul, -la adj.-s. Holgazán.

ganga f. fig. Lo que se adquiere a poca costa. 2 Materia inútil que se separa de los minerales. 3 Ave columbiforme parecida a la perdiz.

ganglio *m.* Masa de células nerviosas. 2 Cuerpo rojizo y esponjoso en el trayecto de los vasos linfáticos. 3 Tumor pequeño y duro que se forma en los tendones.

gangoso, -sa *adj.* Que ganguea.

gangrena *f.* Privación de vida en un tejido u órgano.

gangrenarse *prnl.* Padecer gangrena.

gángster *m.* Bandido, malhechor. 2 Persona que utiliza malas artes para su propio beneficio.

ganguear *intr.* Hablar con resonancia nasal.

gánguil *m.* Pesquero con dos proas y un palo. 2 Barco que vierte en alta mar lo que extrae la draga.

ganso, -sa *m. f.* Ave palmípeda, doméstica, mayor que el pato, de color gris, pico anaranjado y pies rojizos. - 2 *adj.-s.* Persona que dice o hace sandeces.

ganzúa *f.* Garfio para abrir sin llaves las cerraduras. 2 *fig.* Ladrón mañoso.

gañán *m.* Mozo de labranza.

gañido *m.* Grito del animal que gañe.

gañil *m.* Gaznate. - 2 *m. pl.* Agallas.

gañir *intr.* Dar gritos agudos el perro y otros animales cuando los maltratan. 2 Graznar las aves.

gañón, gañote *m. fam.* Garguero.

garabatear *intr.* Echar los garabatos para asir una cosa. - 2 *intr.-tr.* Garrapatear.

garabato *m.* Gancho de hierro para asir o colgar algo. 2 Rasgo caprichoso e irregular hecho con la pluma o el lápiz.

garaje *m.* Cochera para automóviles.

garambaina *f.* Adorno de mal gusto. 2 *fam.* Tontería, pamplina. - 3 *f. pl.* Muecas.

garante *adj.-com.* Que da garantía.

garantía *f.* Fianza, prenda. 2 Cosa que asegura o protege contra algún riesgo o necesidad. 3 Compromiso que se adquiere, durante un tiempo, del buen funcionamiento de algo que se vende, y de repararlo gratuitamente en caso de avería. 4 Papel en que se garantiza este derecho.

garantir *tr.* Garantizar.

garantizar *tr.* Dar garantía.

garañón *m.* Asno destinado a la procre-

ación. 2 *Amér.* Caballo semental.

garapiña *f.* Estado del líquido que se solidifica en grumos.

garapiñar *tr.* Poner un líquido en estado de garapiña. 2 Bañar en el almíbar que forma grumos.

garapito *m.* Insecto hemíptero que nada en las aguas estancadas.

garbanza *f.* Garbanzo mayor, más blanco y de mejor calidad que el corriente.

garbanzo *m.* Planta papilionácea, de semillas comestibles en forma de globo.

garbear *intr.-tr.* Robar. - 2 *intr.* Afectar garbo. - 3 *prnl. fam.* Pasearse.

garbeo *m. fam.* Paseo.

garbo *m.* Gallardía, buen porte.

garboso, -sa *adj.* Que tiene garbo.

gárbula *f.* Vaina seca de los garbanzos.

garceta *f.* Ave ciconiforme de penacho con dos plumas filiformes.

garcilla *f.* Ave de plumaje pardo terroso y moño muy largo colgante.

gardenia *f.* Planta de flores blancas y muy olorosas. 2 Flor de esta planta.

garduña *f.* Mamífero carnívoro, algo mayor que la comadreja.

garduño, -ña *m. f.* Ratero mañoso.

garete (al ~) *loc. adv.* MAR. *Ir o irse, al ~,* ir sin gobierno una embarcación.

garfa *f.* Uña corva, garra.

garfear *intr.* Echar los garfios para agarrar.

garfio *m.* Gancho de hierro.

gargajo *m.* Flema (mucosidad).

garganta *f.* Parte anterior del cuello. 2 Espacio entre el velo del paladar y el esófago. 3 Estrechura en una montaña, río, etc. 4 En la polea, ranura por donde pasa la cuerda.

gargantear *intr.* Cantar haciendo quiebros con la garganta.

gargantil *m.* Escotadura en la bacía del barbero.

gargantilla *f.* Collar corto que ciñe el cuello.

gárgara *f.* Acción de gargarizar.

gargarizar *intr.* Mantener un líquido en la garganta con la boca hacia arriba, sin tragarlo y arrojando el aliento.

gárgol *m.* Ranura en un madero.

gárgola *f.* Caño o canal de tejado o fuente. 2 En arquitectura, escultura de remate de la canalización del tejado.

garguero, -güero *m.* Parte superior de

la tráquea o toda ella.

garita *f.* Casilla para abrigo de centinelas.

garito *m.* Casa de juego. 2 Establecimiento de mala reputación.

garlopa *f.* Cepillo largo y con puño.

garnacha *f.* Vestido talar de los togados. 2 Uva roja muy dulce y vino hecho con ella.

garra *f.* Pata del animal armada de uñas corvas. 2 fig. Mano del hombre.

garrafa *f.* Vasija esférica, de cuello largo.

garrafal *adj.* fig. Muy grande.

garrafiñar *tr.* fam. Quitar una cosa agarrándola.

garrapata *f.* Arácnido que vive parásito chupando la sangre.

garrapatear *intr.* Hacer garabatos (rasgos irregulares). 2 desp. Escribir.

garrapatero *m.* Ave de pico corvo, pecho blanco y alas negras, que se alimenta de garrapatas.

garrapiñar *tr.* Confitar almendras, maní, etc.

garriga *f.* Comunidad vegetal que suele crecer sobre terrenos calcáreos.

garrir *intr.* Gritar el loro.

garrocha *f.* Vara con un pequeño arpón en su extremo. 2 Vara para picar a los toros.

garrochón *m.* Rejón del torero.

garrón *m.* Espolón de ave. 2 Extremo de la pata de algunos animales por donde se cuelgan.

garrote *m.* Palo grueso. 2 Ligadura fuerte.

garrotillo *m.* Difteria.

garrotín *m.* Antiguo baile del s. XIX conservado hoy como cante y baile popular andaluz.

garrulería *f.* Charla de persona gárrula.

gárrulo, -la *adj.* Muy hablador; vulgar. 2 Díc. del ave que canta mucho.

garulo, -la *adj.-s.* desp. Díc. de la persona rústica, tosca, de modales zafios.

garza *f.* Ave ciconiforme de cabeza pequeña con moño largo, pico agudo y cuello alargado.

garzo, -za *adj.* De color azulado.

garzón *m.* Joven, mozo.

garzota *f.* Penacho que se pone para adorno en los sombreros.

gas *m.* Fluido sin forma ni volumen propios, cuyas moléculas tienden a separarse unas de otras. - 2 *m. pl.* Vapores del estómago o de los intestinos.

gasa *f.* Tela muy clara y sutil.

gasear *tr.* Hacer que un líquido absorba cierta cantidad de gas.

gaseiforme *adj.* Que se encuentra en estado de gas.

gaseosa *f.* Bebida refrescante, efervescente y sin alcohol.

gaseoso, -sa *adj.* Gaseiforme. 2 Que contiene gases.

gasificar *tr.* Convertir en gas. 2 Disolver ácido carbónico en un líquido.

gasoducto *m.* Tubería para la conducción de gases.

gasógeno *m.* Aparato para obtener un gas.

gasoil *m.* ANGLIC. Gasóleo.

gasóleo *m.* Líquido de aspecto oleoso, mezcla de hidrocarburos.

gasolina *f.* Líquido inflamable obtenido del petróleo.

gasolinera *f.* Establecimiento donde se vende gasolina.

gasometría *f.* Método del análisis químico basado en la medición de gases.

gastado, -da *adj.* Disminuido, desaparecido con el uso. 2 Debilitado, decaído.

gastador, -ra *adj.-s.* Que gasta mucho dinero. - 2 *m.* Soldado de la escuadra que abre la marcha en los desfiles.

gastar *tr.* Emplear el dinero. 2 Tener, usar habitualmente. 3 Destruir, asolar. - 4 *tr.-prnl.* Consumir con el uso.

gáster *m.* Abdomen de los himenópteros.

gasteromicetes *m. pl.* Grupo de vegetales sin categoría taxonómica, caracterizados por producir cuerpos cerrados en cuyo interior se forman esporas.

gasterópodo, -da *adj.-m.* Díc. del molusco de cabeza con tentáculos, cuerpo generalmente protegido por una concha y con un pie ventral para arrastrarse.

gasto *m.* Ac. y ef. de gastar.

gástrico, -ca *adj.* Perten. o rel. al estómago.

gastritis *f.* Inflamación del estómago.

gastroenteritis *f.* Inflamación simultánea de la mucosa gástrica y la intestinal.

gastroenterología *f.* Rama de la medicina que se ocupa del estómago y de los intestinos y de sus enfermedades. 2 p. ext. Rama de la medicina que se ocupa de todo el aparato digestivo y de sus enfermedades.

gastrología f. Rama de la medicina especializada en la fisiología y patología gástrica.

gastronomía f. Arte de preparar una buena comida. 2 Afición a comer de manera opípara.

gástrula f. Saco de doble pared formado por la invaginación de un hemisferio de la blástula en el otro.

gateado, -da adj. Semejante en algún aspecto al del gato. - 2 m. Madera americana muy veteada.

gatear intr. Andar a gatas. 2 Trepar. - 3 tr. Hurtar.

gatillo m. Percusor o disparador de un arma de fuego.

gato, -ta m. f. Mamífero doméstico, de cabeza redonda, cola larga y pelaje suave. - 2 m. Máquina con un engranaje para levantar grandes pesos. 3 Bolsa para guardar dinero. ▷ *A gatas,* con pies y manos en el suelo. *Cuatro gatos,* poca gente. *Como ~ panza arriba,* actitud de defensa desesperada. *Llevar el ~ al agua,* triunfar en una competencia.

gatuña f. Planta leguminosa, de base leñosa y tallo espinoso.

gatuperio m. Mezcla de cosas incoherentes. 2 Embrollo, intriga.

gaucho, -cha adj.-s. De las pampas argentina y uruguaya. 2 *Amér.* Bonito.

gaudeamus m. Fiesta, regocijo, festín.

gauss m. Unidad de densidad de inducción magnética en el sistema cegesimal.

gavera f. Gradilla o galápago para fabricar tejas o ladrillos.

gaveta f. Cajón corredizo de los escritorios. 2 Mueble que tiene uno o varios de estos cajones. 3 Artesa pequeña.

gavia f. Zanja para desagüe o linde.

gavial m. Reptil parecido al cocodrilo.

gavilán m. Ave rapaz de plumaje grisáceo, cola redondeada y pico corto.

gavilla f. Haz de mieses, sarmientos, etc.

gavillero m. Lugar en que se amontonan las gavillas. 2 Línea de gavillas de mies que dejan los segadores tendidas en el terreno segado.

gavión m. Cesto grande de mimbres o alambres, relleno de tierra o piedra, empleado en fortificaciones, construcciones hidráulicas, etc. 2 Fortificación

hecha con gaviones.

gaviota f. Ave caradriforme de alas largas y pico robusto.

gay adj.-s. Homosexual.

gaya f. Lista de diverso color que el fondo.

gayadura f. Guarnición y adorno del vestido u otra cosa hecho con listas de otro color.

gaza f. Lazo que se forma en el extremo de un cabo.

gazapera f. Madriguera de los conejos. 2 Riña.

gazapo m. Conejo nuevo. 2 fig. Hombre disimulado y astuto. 3 fig. Mentira.

gazmoñada, gazmoñería f. Afectación de modestia, devoción o escrúpulos.

gaznápiro, -ra adj.-s. Palurdo, torpe.

gaznate m. Garguero.

gazpacho m. Sopa fría cuya composición varía mucho de unas localidades a otras.

gazpachuelo m. Sopa caliente con huevo, batida la yema y cuajada la clara.

gazul m. Planta dicotiledónea, anual, toda ella cubierta de papilas.

ge f. Nombre de la letra *g.*

gea f. Descripción del reino inorgánico de un país.

géiser m. Surtidor intermitente de agua y vapor, de origen volcánico.

geisha f. Joven japonesa que se dedica al cuidado y distracción de los hombres.

gel m. Materia con apariencia de sólido y aspecto gelatinoso. 2 Jabón gelatinoso.

gelatina f. Substancia sólida transparente que se obtiene de los huesos, tendones, etc. 2 Substancia para acompañar y adornar comidas. 3 Jalea de frutas.

gelatinoso, -sa adj. De gelatina. 2 Abundante en ella o parecido a ella.

gélido, -da adj. Helado o muy frío.

gelivación f. Fragmentación de las rocas al transformarse en hielo el agua que rellena sus grietas.

gema f. Piedra preciosa.

gemación f. Forma de multiplicación de una célula en que ésta se divide en dos partes desiguales.

gemebundo, -da adj. Que gime profundamente.

gemelo, -la adj. Díc. de dos hermanos nacidos al mismo tiempo. 2 Díc. de dos piezas u órganos iguales. - 3 adj.-m. ANAT. Músculo interno y exter no de la pantorrilla. - 4 *m. pl.* Lentes; anteojos.

gemido *m.* Ac. y ef. de gemir.

geminado, -da *adj.* Partido, dividido. 2 Doble o dispuesto en par.

geminar *tr.* Duplicar, repetir. - 2 *prnl.* GRAM. Tender ciertos sonidos a dividirse en dos.

gemiparidad *f.* Reproducción de algunos animales o plantas por medio de yemas.

gemir *intr.* Expresar el dolor con voces quejumbrosas.

gemología *f.* Ciencia que estudia las gemas o piedras preciosas.

gen *m.* Factor hereditario de los gametos sexuales.

gena *f.* Producto que se utiliza para adulterar el hachís. 2 p. ext. Hachís de mala calidad.

genciana *f.* Planta gencianácea vivaz, de cuya raíz se fabrica un licor tónico.

gencianáceo, -a *adj.-f.* Díc. de la planta dicotiledónea, con hojas opuestas y flores terminales o axilares.

gendarme *m.* Agente de policía de algunos países, especialmente Francia.

gendarmería *f.* Cuerpo de gendarmes. 2 Cuartel o puesto de gendarmes.

genealogía *f.* Serie de los ascendientes de cada individuo.

geneantropía *f.* Ciencia que estudia el origen del hombre y la manera como se engendra cada una de las generaciones.

generación *f.* Ac. y ef. de engendrar. 2 Sucesión de descendientes en línea recta. 3 Conjunto de todos los seres vivientes coetáneos. 4 Conjunto de escritores y artistas de una misma edad cuya obra ofrece caracteres comunes.

generador, -ra *adj.* Que engendra u origina. 2 GEOM. Díc. de la línea o plano que, moviéndose, engendra una superficie o un sólido. - 3 *m.* Máquina productora de energía.

general *adj.* Común a todos o a muchos. 2 Vago, indeciso. - 3 *m.* Oficial superior en el ejército.

generala *f.* Toque para que una guarnición se ponga sobre las armas.

generalato *m.* Grado de general. 2 Conjunto de los generales.

generalidad *f.* Calidad de general. 2 Vaguedad, imprecisión. 3 Gobierno

autónomo de Cataluña.

generalizar *tr.* Hacer general o común. 2 Extender, ampliar.

generar *tr.* Engendrar.

generatriz *adj.-f.* GEOM. Generadora.

genérico, -ca *adj.* Común a muchas especies.

género *f.* Conjunto de cosas o seres que tienen caracteres comunes. 2 Clase. 3 Modo, manera de ser. 4 Mercancía. 5 H. NAT. Categoría de clasificación de animales o plantas entre la familia y la especie. 6 Accidente gramatical relativo al sexo. 7 Categoría de los substantivos en función de este accidente.

generosidad *f.* Calidad de generoso. 2 Actitud o hecho generoso.

generoso, -sa *adj.* Noble, magnánimo. 2 Dadivoso. 3 Excelente, de buena clase.

genésico, -ca *adj.* Perten. o rel. a la generación.

génesis *f.* Origen o principio de una cosa. 2 p. ext. Conjunto de fenómenos que dan por resultado un hecho.

genético, -ca *adj.* Perten. o rel. a la genética. - 2 *f.* Parte de la biología que estudia la herencia y los fenómenos referentes a la variación de las especies.

genial *adj.* Perten. o rel. al genio. 2 Excelente, extraordinario.

genio *m.* Carácter de una persona. 2 Disposición para una cosa. 3 Aptitud superior.

genital *adj.* Que sirve para la generación. - 2 *m. pl.* Testículos.

genitivo *adj.* Que puede engendrar o producir una cosa. - 2 *m.* Caso que expresa posesión, pertenencia o materia.

geniudo, -da *adj.* Irritable, de mucho genio.

genocidio *m.* Destrucción de un grupo étnico.

genoma *m.* Conjunto de los cromosomas de una célula.

genotipo *m.* Conjunto de factores hereditarios constitucionales de un individuo o de una especie.

gente *f.* Pluralidad de personas.

gentil *adj.-s.* Idólatra, pagano. 2 Gracioso, apuesto. 3 Amable, cortés.

gentileza *f.* Gracia. 2 Cortesía.

gentilhombre *m.* Noble que servía en casa de los reyes.

gentilicio, -cia *adj.* Perten. o rel. a las gentes o naciones y al linaje o familia. -

2 *adj.-s.* GRAM. Díc. del adjetivo que denota la patria o nación de las personas.

gentío *m.* Afluencia de mucha gente.

gentuza *f.* Gente despreciable.

genuflexión *f.* Ac. y ef. de doblar la rodilla en señal de reverencia.

genuino, -na *adj.* Puro, propio, natural.

geobío *m.* Conjunto de los organismos vegetales y animales que viven en la superficie de la tierra.

geobiología *f.* Disciplina que estudia las interacciones entre los procesos geológicos y los biológicos.

geobiótico, -ca *adj.* Terrestre, que vive en tierra seca.

geobotánica *f.* Rama de la botánica que estudia la relación de las plantas con el medio terrestre en que viven.

geocentrismo *m.* Antigua teoría según la cual la tierra era el centro del Universo.

geoda *f.* Cavidad de una roca revestida de una substancia cristalizada.

geodesia *f.* Ciencia que trata de determinar la posición exacta de un punto en la superficie terrestre.

geodinámica *f.* Parte de la geología que estudia los procesos que alteran la estructura de la corteza terrestre.

geoestacionario, -ria *adj.* Que está en rotación sincrónica alrededor de la tierra.

geofagia *f.* Costumbre de comer tierra.

geófilo, -la *adj.* Que crece en el suelo.

geofísica *f.* Ciencia que estudia los agentes que modifican la tierra.

geófito *m.* Planta que crece en el suelo.

geogenia *f.* Parte de la geología que estudia el origen y formación de la tierra.

geognosia *f.* Parte de la geología que estudia la composición de la Tierra.

geografía *f.* Ciencia que trata de la descripción de la Tierra como planeta. 2 fig. Territorio, paisaje.

geográfico, -ca *adj.* Perten. o rel. a la geografía.

geógrafo, -fa *m. f.* Persona que por profesión o estudio se dedica a la geografía.

geología *f.* Ciencia que estudia la historia de la Tierra y la formación de sus materiales.

geológico, -ca *adj.* Perten. o rel. a la geología.

geólogo, -ga *m. f.* Persona que por profesión o estudio se dedica a la geología.

geomedicina *f.* Estudio de la relación entre la distribución geográfica de las enfermedades y las condiciones geológicas de la región.

geometría *f.* Parte de las matemáticas que trata de la extensión.

geométrico, -ca *adj.* Perten. o rel. a la geometría. 2 fig. Muy exacto.

geonomía *f.* Ciencia que estudia las propiedades de la tierra vegetal.

geopolítica *f.* Ciencia que estudia la vida e historia de los pueblos en relación con el territorio que ocupan.

geoquímica *f.* Estudio de la composición química del suelo.

georama *m.* Esfera grande y hueca sobre cuya superficie interna está representada la de la Tierra.

geotecnia *f.* Parte de la geología aplicada que estudia la zona más superficial de la corteza terrestre.

geotectónica *f.* Parte de la geología que estudia los movimientos de la corteza terrestre.

geotermal *adj.* Díc. del agua que se calienta al pasar por capas profundas del suelo.

geotermia *f.* Estudio de los fenómenos térmicos en el interior de la Tierra.

geranio *m.* Planta de jardín de tallo carnoso y flores en umbela.

gerencia *f.* Cargo y oficina del gerente. 2 Cometido que incumbe al gerente.

gerente *com.* Director de una empresa.

geriatra *com.* Médico especialista en geriatría.

geriatría *f.* Parte de la medicina que estudia la vejez y sus enfermedades.

gerifalte *m.* Ave rapaz, especie de halcón grande.

germanía *f.* Jerga de ladrones y rufianes.

germánico, -ca *adj.-s.* De Germania, ant. región de Europa; p. ext., alemán. - 2 *adj.-m.* Díc. de una familia de lenguas del tronco indoeuropeo.

germanio *m.* Metal blando grisáceo del grupo de las tierras raras.

germanismo *m.* Giro propio del idioma alemán.

germanística *f.* Estudio de las lenguas germánicas y sus correspondientes literaturas.

germanizar *tr.* Hacer tomar el carácter alemán o la inclinación a las cosas alemanas.

germano, -na *adj.-s.* Germánico.

germen *m.* Principio, origen, semilla.

germicida *adj.-m.* Díc. de la substancia destructora de bacterias.

germinal *adj.* Perten. o rel. al germen.

germinar *intr.* Principiar la evolución de una semilla.

gerontocracia *f.* Gobierno de los más viejos.

gerontología *f.* MED. Estudio de la ancianidad y de los fenómenos que la producen.

gerundense *adj.-s.* De Gerona.

gerundio *m.* GRAM. Forma no personal del verbo, que en español termina en *-ando* y en *-iendo*, comunicando carácter durativo a la acción verbal.

gesta *f.* Hecho memorable.

gestación *f.* Desarrollo del óvulo fecundado, hasta el nacimiento del nuevo ser. 2 Preparación, elaboración.

gestar *tr.* Llevar y sustentar la madre en sus entrañas a su futuro hijo.

gestatorio, -ria *adj.* Que se lleva a brazos.

gesticular *intr.* Hacer gestos.

gestión *f.* Ac. y ef. de gestionar.

gestionar *tr.* Hacer diligencias para el logro de algo.

gesto *m.* Expresión del rostro; ademán, mueca. 2 Rasgo notable de carácter o de conducta.

gestor, -ra *adj.-s.* Que gestiona. - 2 *m.* Miembro de una empresa que participa en su dirección o administración.

gestoría *f.* Oficina del gestor.

gestual *adj.* Perten. o rel. a los gestos.

giba *f.* Corcova. 2 fig. Molestia, incomodidad.

gibón *m.* Primate póngido arborícola que vive en Jaba y Borneo.

gibraltareño, -ña *adj.-s.* De Gibraltar.

giennense *adj.-s.* De Jaén.

gigante, -ta *m. f.* Persona que excede mucho en estatura a las demás.

gigantesco, -ca *adj.* Perten. o rel. a los gigantes. 2 fig. Excesivo o muy sobresaliente.

gigantismo *m.* Enfermedad del desarrollo caracterizada por un crecimiento excesivo.

gigoló *m.* Hombre joven que es amante mantenido de una mujer rica y mayor.

gilí *adj.* Chiflado, bobo, tonto.

gilipolla, gilipollas *adj.-com.* vulg.

Que hace o dice tonterías; estúpido.

gimnasia *f.* Conjunto de ejercicios para dotar de un desarrollo armónico, fortalecer y dar agilidad al cuerpo. 2 fig. Ejercicio.

gimnasio *m.* Lugar destinado a la gimnasia.

gimnasta *com.* Persona que practica la gimnasia.

gimnástico, -ca *adj.* Perten. o rel. a la gimnasia.

gimnospermas *f. pl.* Grupo vegetal que en la actualidad carece de categoría taxonómica y que incluye a aquellos vegetales que tienen las semillas desnudas.

gimotear *intr.* Gemir con frecuencia.

ginebra *f.* Licor aromatizado con bayas de enebro.

ginebrés, -bresa, ginebrino, -na *adj.-s.* De Ginebra.

gineceo *f.* BOT. Verticilo floral formado por los pistilos.

ginecocracia *f.* Gobierno de las mujeres.

ginecología *f.* Estudio de las enfermedades de la mujer.

ginecológico, -ca *adj.* Perten. o rel. a la ginecología.

ginecólogo, -ga *m. f.* Especialista en ginecología.

ginger-ale *m.* Refresco de jengibre, agrio y picante.

gingival *adj.* Perten. o rel. a las encías.

gira *f.* Viaje por distintos lugares. 2 Serie de actuaciones sucesivas de una compañía teatral o de un artista.

giradiscos *m.* Elemento de un tocadiscos que hace que los discos fonográficos se muevan a la velocidad adecuada para que se reproduzca lo grabado en ellos.

giralda *f.* Veleta de torre.

girándula *f.* Rueda que gira despidiendo cohetes. 2 Artificio que en las fuentes arroja agua con variedad de juegos.

girar *intr.* Dar vueltas. 2 Desviarse o torcer la dirección inicial. - 3 *intr.-tr.* Expedir letras u órdenes de pago. - 4 *tr.* Enviar dinero por correo o telégrafo.

girasol *m.* Planta compuesta de cabezuelas amarillas con semillas comestibles y oleaginosas.

giratorio, -ria *adj.* Que gira.

giro *m.* Ac. y ef. de girar. 2 Frase, expresión. **3** Dirección, aspecto que toma una cosa. **4** Traslación de caudales por medio de letras de cambio, órdenes de pago, etc.

girofaro *m.* Luz giratoria, intermitente, colocada en el techo de ambulancias, y coches de policía y de bomberos.

girola *f.* Pasillo que rodea la parte trasera del presbiterio.

girómetro *m.* Aparato para medir la velocidad de rotación de un eje vertical. **2** Instrumento que indica los cambios de rumbo de un avión.

gitanear *intr.* Halagar con gitanería para obtener algo. **2** Proceder de modo engañoso en las compras y ventas.

gitanería *f.* Caricia, mimo interesado. **2** Reunión de gitanos. **3** Dicho o hecho propio de gitanos.

gitano, -na *adj.-s.* De un pueblo nómada cuyas tribus se extendieron por Europa a fines del s. XIII.

glabro, -bra *adj.* Calvo, lampiño.

glaciación *f.* Formación de glaciares en determinada región y época.

glacial *adj.* Muy frío.

glaciar *m.* Helero. - **2** *adj.* Perten. o rel. al glaciar o helero.

glaciarismo *m.* Estudio científico de los glaciares. **2** Época de glaciares, existencia de glaciares.

glacis *m.* Explanada, llanura al pie de las zonas montañosas.

gladiador *m.* Persona que en los juegos romanos batallaba a muerte.

gladio, gladíolo, gladiolo *m.* Planta perenne, de flores de color rosado. **2** Flor de esta planta.

glande *m.* Bálano.

glándula *f.* Órgano que elabora y segrega substancias.

glandular *adj.* Propio de las glándulas.

glasé *m.* Tafetán muy brillante.

glasear *tr.* Dar brillo al papel, la ropa, etc. **2** En pastelería, cubrir un preparado con azúcar, mermelada, etc.

glauco, -ca *adj.* De color verde claro.

gleba *f.* Terrón que se levanta con el arado. **2** p. ext. Tierra de labor.

glicerina *f.* Alcohol incoloro y dulce que se obtiene al convertir en jabón las grasas.

glifo *m.* Ornamentación acanalada grabada en un objeto.

glioma *m.* Tumor de consistencia blanda en un órgano nervioso.

glíptica *f.* Arte de grabar las piedras finas. **2** Arte de grabar en acero los cuños para monedas, medallas, etc.

gliptogénesis *f.* Acción de modelar la superficie terrestre por acción de los agentes geológicos externos.

gliptografía *f.* Ciencia que estudia las piedras grabadas antiguas.

gliptoteca *f.* Museo en que se guardan piedras preciosas grabadas o esculpidas.

global *adj.* Considerado en conjunto.

globalizar *tr.* Integrar en un planteamiento global. - **2** *tr.-intr.* Considerar o juzgar en su conjunto.

globalmente *adv. m.* En conjunto, sin pormenores.

globo *m.* Cuerpo esférico. **2** Fanal de una lámpara. **3** ~ *aerostático,* aparato que, lleno de un gas ligero, puede elevarse en la atmósfera; ~ *dirigible,* el de forma alargada, con barquilla cerrada dispuesta para transportar personas o carga; ~ *sonda,* el que se utiliza para estudios meteorológicos. **4** ~ *ocular,* órgano de la vista, de color blanquecino y forma esférica.

globoso, -sa *adj.* De figura de globo.

globular *adj.* De figura de glóbulo. **2** Compuesto de glóbulos.

globulariáceo, -a *adj.-s.* Díc. de la planta dicotiledónea con las flores agrupadas en cabezuelas globulares.

globulina *f.* Substancia existente en la sangre, en el huevo y en la leche.

glóbulo *m.* Corpúsculo esférico. **2** ~ *rojo,* hematíe. **3** ~ *blanco,* leucocito.

gloria *f.* Bienaventuranza y cielo de los bienaventurados. **2** Fama, honor.

gloriarse *prnl.* Preciarse, jactarse. **2** Complacerse.

glorieta *f.* Plazoleta. **2** Encrucijada de calles o alamedas.

glorificación *f.* Alabanza.

glorificar *tr.* Conferir la gloria. **2** Alabar.

glorioso, -sa *adj.* Digno de gloria o que goza de ella. **2** Que procura gloria.

glosa *f.* Comentario de un texto.

glosar *tr.* Explicar, comentar.

glosario *m.* Repertorio alfabético de palabras obscuras o desusadas. **2** Catálogo no exhaustivo de palabras de un texto, autor, zona, etc. **3** Colección de glosas.

glosofobia *f.* Fobia a hablar.

glotis f. Abertura superior de la laringe.

glotón, -tona adj.-s. Que come con ansia.

glotonear intr. Comer con ansia.

glotonería f. Acción de glotonear. 2 Calidad de glotón.

glucemia f. Presencia de azúcar en la sangre.

glúcido m. Compuesto de carbono, hidrógeno y oxígeno.

glucómetro m. Aparato para medir el azúcar de un líquido.

glucosa f. Especie de azúcar que se encuentra en ciertos frutos y en la sangre.

glucósido m. Compuesto que por hidrólisis da glucosa y otra u otras substancias.

gluglutear intr. Emitir el pavo la voz que le es propia.

gluten m. Substancia adhesiva que se encuentra en la harina.

glúteo, -a adj. Perten. o rel. a la nalga. - 2 adj.-m. ANAT. Músculo de la nalga.

gneis m. Roca parecida al granito.

gnómico, -ca adj.-s. Que contiene o compone sentencias morales.

gnomo m. Ser fantástico, enano, dotado de poder sobrenatural.

gnomon m. Estilo vertical por medio de cuya sombra se determinaban el acimut y la altura del Sol. 2 Indicador de las horas en el reloj solar.

gnomónica f. Arte de construir relojes solares.

gnosis f. Ciencia por excelencia, sabiduría suprema. 2 Ciencia de los magos y hechiceros.

gnosticismo m. Escuela cristiana que pretendía conocer por la razón las cosas que sólo se pueden conocer por la fe.

gnóstico, -ca adj. Perten. o rel. al gnosticismo. - 2 adj.-s. Que profesa el gnosticismo.

gobernación f. Gobierno. 2 Territorio dependiente del gobierno nacional.

gobernador, -ra adj.-s. Que gobierna. - 2 m. Jefe superior de un territorio.

gobernanta f. Mujer encargada de administrar una casa o institución.

gobernante adj.-m. Que gobierna.

gobernar tr. Dirigir un país, conducir una colectividad, dando las órdenes o normas necesarias. 2 Controlar una nave, un vehículo, etc.

góbido, -da adj.-m. Díc. del pez perci-forme de pequeño tamaño que vive en las aguas litorales.

gobierno m. Ac. y ef. de gobernar o gobernarse. 2 Conjunto de los ministros de un estado. 3 Forma política según la cual es formado éste.

gobio m. Pez teleósteo perciforme fluvial de pequeño tamaño y cuerpo alargado.

goce m. Ac. y ef. de gozar.

godo, -da adj.-s. De un pueblo germánico que invadió gran parte del Imperio romano.

gol m. En algunos juegos de pelota, acto de hacer entrar el balón en un espacio limitado.

gola f. ARQ. Moldura cuyo perfil tiene la figura de una S.

golear tr. Marcar muchos goles.

goleta f. MAR. Velero ligero de dos o tres palos.

golf m. Juego de origen escocés en que se trata de meter una pelota en ciertos hoyos, golpeándola con un palo.

golfear intr. Vivir a la manera de un golfo.

golfo, -fa m. f. Pillo, vagabundo. - 2 m. Gran porción de mar que se interna en la tierra.

goliardo, -da adj. Dado a la gula y a la vida desordenada. - 2 m. En la Edad Media, clérigo o estudiante vagabundo que llevaba vida irregular.

golondrina f. Ave paseriforme de cuerpo negro por encima y blanco por debajo, alas puntiagudas y cola ahorquillada.

golondrino m. Pollo de la golondrina. 2 Inflamación de las glándulas sudoríparas axilares.

golosina f. Manjar delicado. 2 Cosa más agradable que útil.

goloso, -sa adj.-s. Aficionado a las golosinas.

golpe m. Encuentro repentino y violento de dos cuerpos. 2 Suceso repentino. 3 fig. Ocurrencia graciosa. 4 Atraco, asalto, robo. 5 ~ de estado, medida violenta que toma uno de los poderes del Estado usurpando las atribuciones de otro. ▷ De ~, precipitadamente. No dar ~, no trabajar.

golpear tr. Dar repetidos golpes.

golpete m. Palanca de metal para mantener abierta una hoja de puerta o ventana.

golpista *adj.-com.* Perten. o rel. al golpe de estado. 2 Que participa en él.

gollería *f.* Manjar exquisito y delicado.

gollete *m.* Parte superior de la garganta. 2 Cuello estrecho de algunas vasijas.

goma *f.* Substancia que se endurece al contacto del aire y forma con el agua disoluciones pegajosas.

gomaespuma *f.* Caucho celular.

gomero, -ra *adj.-s.* De Gomera.

gomina *f.* Fijador del cabello.

gomorresina *f.* Substancia formada de goma y resina.

gomoso, -sa *adj.* Que tiene goma o se parece a ella.

gónada *f.* Glándula genital que elabora las células reproductoras.

goncear *tr.* Mover una articulación.

góndola *f.* Embarcación típica de Venecia, de fondo plano y movida por un solo remo a popa. 2 Expositor de mercancías que se venden en un mercado.

gonela *f.* Túnica antigua de piel o de seda.

gonfidio *m.* Seta mediana con el sombrero morado grisáceo.

gong, gongo *m.* Instrumento músico de percusión consistente en un disco de metal que se toca con una maza.

goniometría *f.* Medición de ángulos. 2 Sistema para detectar los receptores clandestinos de radio y televisión.

gonococia *f.* Enfermedad producida por la infección de gonococos.

gonococo *m.* Bacteria en forma de elementos ovoides.

gonopodio *m.* En los peces, órgano copulador masculino.

gonorrea *f.* Blenorragia crónica.

gorbea *m.* Queso vasco, elaborado con leche de oveja, de sabor fuerte y picante.

gordetillo *m.* Babilla del caballo.

gordo, -da *adj.* De muchas carnes. 2 Muy abultado o grueso. - 3 *m.* Premio mayor de la lotería.

gordolobo *m.* Planta escrofulariácea, bienal, de hojas amarillas dispuestas en espigas.

gordura *f.* Grasa del cuerpo. 2 Abundancia de carnes y grasa.

gorga *f.* Comida para las aves de cetrería.

gorgojo *m.* Insecto coleóptero que ataca especialmente a los cereales.

gorgonia *f.* Antozoo colonial marino con esqueleto córneo y numerosos pólipos.

gorgonzola *m.* Queso italiano, elaborado con leche de vaca, de pasta blanda.

gorgorita *f.* Burbuja pequeña.

gorgoritear *intr. fam.* Hacer gorgoritos.

gorgorito *m.* Quiebro que se hace con la voz en la garganta.

gorgorotada *f.* Porción de un líquido que se bebe de un golpe.

gorgotear *intr.* Producir gorgoteo.

gorgoteo *m.* Ruido producido por el movimiento de un líquido o de un gas en una cavidad.

gorguera *f.* Cuello formando pliegues y ondulaciones, que se usó en los s. XVI y XVII.

gorguz *m.* Especie de lanza corta. 2 Vara para recoger las piñas de los pinos.

gorigori *m. fam.* Canto fúnebre de los entierros.

gorila *m.* Primate mayor que el hombre, de tórax ancho y pelaje negro. 2 *fig. fam.* Hombre grande y fuerte; guardaespaldas.

gorja *f.* Moldura de curva compuesta, cuya sección es por arriba cóncava y luego convexa.

gorjal *m.* Parte de la vestidura del sacerdote que rodea el cuello. 2 Pieza de la armadura que cubre y defiende el cuello.

gorjear *intr.* Hacer gorjeos.

gorjeo *m.* Quiebro que se hace con la voz. 2 Articulaciones imperfectas del niño.

gorra *f.* Prenda para abrigar la cabeza, sin copa ni alas. 2 *De ~,* a costa ajena.

gorrear *intr.* Vivir de gorra.

gorrinear *tr.* Hacer de manera sucia.

gorrinera *f.* Pocilga.

gorrino, -na *m. f.* Cerdo. - 2 *adj.-s. fig.* Desaseado o de mal comportamiento.

gorrión, -rriona *m. f.* Ave paseriforme muy común, de pequeño tamaño, pico corto y plumaje gris.

gorro *m.* Prenda de tela o punto para abrigar la cabeza.

gorrón, -rrona *adj.-s.* Que vive o se divierte a costa ajena.

gorronear *intr.* Vivir de gorrón.

gota *f.* Glóbulo de cualquier líquido. 2 Pequeña cantidad. 3 Enfermedad que causa hinchazón muy dolorosa. ▷ *Ni ~,* nada. *Sudar la ~ gorda,* sufrir mucho para lograr un propósito.

gotear *intr.* Caer gota a gota.

gotera *f.* Gotas de agua que caen en el interior de un espacio techado. 2 Hendidura del techo por donde caen.

goterón *m.* Canal en la cara inferior de la corona de la cornisa.

gótico, -ca *adj.* Perten. o rel. a los godos o a su lengua. 2 ARQ. Díc. del estilo que tiene como característica el arco ojival y la bóveda por aristas.

gouda *m.* Queso holandés, de leche de vaca, de pasta compacta.

goyesco, -ca *adj.* Característico de Goya (1746-1828) o semejante a sus pinturas.

gozar *tr.-intr.* Tener alguna cosa de la cual se saca ventaja. - 2 *intr.-prnl.* Sentir placer.

gozne *m.* Herraje articulado con que se fijan al quicio las hojas de puertas y ventanas. 2 Bisagra, charnela.

gozo *m.* Placer, alegría.

grabación *f.* Operación de grabar el sonido.

grabado *m.* Arte de grabar. 2 Estampa.

grabador, -ra *adj.* Que graba. - 2 *m. f.* Persona que graba por oficio. - 3 *f.* Magnetófono.

grabar *tr.* Labrar sobre una plancha de metal o madera, figuras, letras, etc. 2 Registrar imágenes y sonidos. 3 fig. Fijar.

gracejar *intr.* Hablar o escribir con gracejo. 2 Decir chistes.

gracejo *m.* Gracia en el hablar o escribir.

gracia *f.* Según la religión católica, ayuda sobrenatural otorgada por Dios al hombre. 2 Don. 3 Indulto. 4 Benevolencia, amistad. 5 Atractivo, donaire. 6 Chiste. - 7 *f. pl.* Testimonio de agradecimiento. ▷ *Caer en ~*, agradar.

grácil *adj.* Sutil, delicado.

graciosamente *adv. m.* Con gracia. 2 Sin premio ni recompensa alguna.

gracioso, -sa *adj.* Que tiene gracia. 2 Gratuito. - 3 *m. f.* Actor que desempeña papeles festivos.

grada *f.* Peldaño. 2 Asiento colectivo. 3 Instrumento agrícola para allanar la tierra.

gradación *f.* Serie de cosas ordenadas gradualmente.

gradar *tr.* Allanar con la grada.

gradería, graderío *f. m.* Conjunto de gradas. 2 Público que ocupa estos lugares.

gradilla *f.* Escalerilla portátil. 2 Soporte para los tubos de ensayo.

grado *m.* Estado, valor o calidad que puede tener una cosa. 2 Sección de una escuela. 3 Título que se da al que termina sus estudios en una facultad. 4 División de una escala que sirve de unidad de medida. 5 Parte de una circunferencia dividida en 360. 6 FÍS. Unidad de medida de temperatura y densidad.

graduación *f.* Ac. y ef. de graduar o graduarse. 2 Categoría de un militar. 3 Proporción de alcohol que contienen las bebidas espirituosas.

graduado, -da *adj.* Que tiene grado. 2 Dividido en grados.

gradual *adj.* Que está por grados o que va de grado en grado.

gradualmente *adv.* Sucesivamente, de grado en grado.

graduar *tr.* Dar a una cosa el grado que le corresponde. 2 Dividir en grados. 3 *tr.-prnl.* Conceder o recibir grado académico.

grafema *m.* Unidad mínima e indivisible de un sistema de representación gráfica de la lengua. 2 Letra.

grafía *f.* Signo con que se representa un sonido.

gráfico, -ca *adj.* Perten. o rel. a la escritura. 2 Que representa algo por medio del dibujo. 3 fig. Que expresa clara y vivamente las cosas. - 4 *m.* Representación por medio del dibujo. - 5 *f.* Dibujo esquemático que hace ver la relación que guardan entre sí ciertos datos.

gráfila, grafila *f.* Orlita que suelen tener las monedas.

grafismo *m.* Grafía. 2 Aspecto estético de lo escrito.

grafista *com.* Persona que diseña los caracteres de imprenta, monogramas, símbolos, etc.

grafito *m.* Mineral de carbono, negro y lustroso.

grafo *m.* Representación simbólica de los elementos constituidos de un sistema, mediante esquemas gráficos.

grafología *f.* Ciencia que estudia la escritura manuscrita de las personas para conocer su carácter.

grafómetro *m.* Semicírculo graduado para medir ángulos en las operaciones topográficas.

gragea *f.* Confite muy menudo. 2 Píldora o tableta recubierta de azúcar.

grajo *m.* Ave paseriforme parecida al cuervo, de pico y pies rojos y uñas negras.

grama *f.* Planta graminácea medicinal.

gramaje *m.* Peso en gramos por metro cuadrado de un papel.

gramarí *m.* Planta graminácea, de hojas planas y flores en panícula.

gramática *f.* Arte de hablar y escribir correctamente una lengua; texto en que se enseña. 2 Parte de la lingüística que estudia los elementos de una lengua y sus combinaciones.

gramatical *adj.* Perten. o rel. a la gramática. 2 Que se ajusta a sus reglas.

gramaticalidad *f.* Adecuación de una oración a las reglas sintácticas.

gramático, -ca *adj.* Gramatical. - 2 *m. f.* Persona entendida en gramática.

gramináceo, -a *adj -f.* Díc. de la planta de flores en espiguilla.

graminales *f. pl.* Orden de plantas dentro de la clase monocotiledóneas, herbáceas hermafroditas.

gramíneo, -a *adj.-f.* Díc. de la planta monocotiledónea herbácea, de inflorescencias en espiga y estas espigas reunidas en panícula.

graminívoro, -ra *adj.* Que se alimenta de semillas de plantas gramíneas.

gramo *m.* Unidad de masa, en el sistema métrico decimal.

gramófono *m.* Fonógrafo en el cual las vibraciones del sonido están inscritas sobre un disco.

gramola *f.* Gramófono eléctrico acondicionado en un mueble cerrado en forma de armario.

gran *adj.* Apócope de *grande* ante substantivo singular. 2 Principal, primero.

grana *f.* Acción de granar las plantas. 2 Color rojo.

granada *f.* Fruto del granado. 2 Proyectil explosivo.

granadilla *f.* Fruto de la pasionaria.

granadina *f.* Tejido calado. 2 Variedad del cante andaluz.

granadino, -na *adj.-s.* De Granada.

granado, -da *adj.* fig. Maduro, experto. 2 fig. Espigado, alto. - 3 *m.* Arbusto que da un fruto globoso, de corteza coriácea, con multitud de granos rojos.

granalla *f.* Metal reducido a granos menudos.

granar *intr.* Formarse y crecer el grano de ciertos frutos. - 2 *tr.* Convertir en grano.

granate *m.* Piedra fina de color rojo. - 2 *adj.-m.* Color rojo obscuro.

grancero *m.* Sitio en donde se recogen y guardan las granzas.

grancilla *f.* Carbón mineral lavado y clasificado, cuyos trozos han de tener un tamaño reglamentario.

grande *adj.* Que excede a lo común y regular. - 2 *m.* Prócer, magnate. ▷ *En ~*, en conjunto; con gran alegría.

grandeza *f.* Calidad de grande. 2 Extensión, tamaño. 3 Majestad y poder.

grandifoliado, -da *adj.* Díc. de la planta con las hojas más visibles que los tallos.

grandilocuencia *adj.* Elocuencia elevada. 2 Estilo sublime.

grandiosidad *f.* Grandeza.

grandioso, -sa *adj.* Sobresaliente.

graneado, -da *adj.* Reducido a grano. 2 Salpicado de pintas.

granel (a~) *loc. adv.* Sin número ni medida. 2 COM. Sin envase, sin empaquetar.

granero *m.* Sitio donde se guarda el grano. 2 fig. Territorio muy abundante en grano.

granito *m.* Roca dura, compuesta de feldespato, cuarzo y mica.

granívoro, -ra *adj.* Que se alimenta de granos.

granizada *f.* Copia de granizo que cae de una vez. 2 Refresco hecho con hielo.

granizar *impers.* Caer granizo. - 2 *tr.-intr.* Preparar una bebida helada.

granizo *m.* Agua congelada que cae de las nubes en forma de grano.

granja *f.* Hacienda con caserío. 2 Quinta de recreo. 3 Lugar dedicado a la cría de animales domésticos.

granjear *tr.* Adquirir caudal traficando. 2 Conseguir, captar.

granjería *f.* Beneficio de las haciendas de campo. 2 Beneficio.

granjero, -ra *m. f.* Persona que cuida una granja.

grano *m.* Fruto de los cereales. 2 Semilla pequeña, baya de la uva, etc. 3 Trozo pequeño redondeado. 4 Tumorcillo en la piel. ▷ *Ir al ~*, atender a lo más importante.

granuja *m.* Pillo, bribón.

granujiento, -ta *adj.* De superficie áspera al tacto.

granulado, -da *adj.* En forma de granos. - 2 *m.* Técnica ornamental propia de la orfebrería. 3 FARM. Preparación en forma de gránulos o porciones menudas.

granulador, -ra *m. f.* Aparato o máquina que sirve para triturar el material grueso y reducirlo a granos finos.

gránulo *m.* Pequeño cuerpo que se forma en células y tejidos orgánicos. 2 Bolita medicamentosa.

granulometría *f.* Parte de la petrografía que trata de la medida del tamaño de las partículas, granos y rocas de los suelos.

granzas *f. pl.* Residuos de semillas, después de cribarlas. 2 Desechos de metal.

granzón *m.* Pedazo de mineral que no pasa por la criba. - 2 *m. pl.* Nudos de paja que quedan al cribar.

grañón *m.* Sémola de trigo cocido en grano.

grao *m.* Playa que sirve de desembarcadero.

grapa *f.* Pieza metálica, cuyos dos extremos, doblados, se clavan para unir o sujetar algo.

grapadora *f.* Utensilio que sirve para grapar.

grapar *tr.* Sujetar con una grapa de hierro u otro metal.

graptolites *m. pl.* Fósiles marinos de la era paleozoica.

grasa *f.* Substancia untuosa que se encuentra en el tejido adiposo y otras partes del cuerpo de los animales. 2 Mugre.

grasiento, -ta *adj.* Lleno de grasa.

graso, -sa *adj.* Pingüe, mantecoso.

gratén *m.* Salsa espesa hecha con besamela y queso.

gratificación *f.* Remuneración extraordinaria o por un servicio eventual.

gratificar *tr.* Recompensar con gratificación. 2 Dar gusto.

grátil *m.* Extremidad de la vela por donde se une a la verga.

gratinar *tr.* Hacer tostar a fuego fuerte la capa superior de un preparado culinario.

gratis *adv. m.* De balde.

gratitud *f.* Sentimiento que nos obliga a agradecer el favor recibido.

grato, -ta *adj.* Gustoso, agradable.

gratonada *f.* Especie de guisado de pollos.

gratuito, -ta *adj.* De balde. 2 Arbitrario, infundado.

grauvaca *f.* Roca constituida por areniscas de color gris obscuro.

grava *f.* Piedra machacada con que se cubre y allana el piso de los caminos.

gravamen *m.* Impuesto u obligación que recae sobre una persona o un inmueble, propiedad o caudal.

gravar *tr.* DER. Imponer gravamen.

grave *adj.* Que pesa. 2 Arduo. 3 Noble, severo. 4 Serio, circunspecto. 5 Díc. del sonido bajo, hueco. 6 fig. Importante. 7 GRAM. Díc. de la palabra cuyo acento carga en la penúltima sílaba.

gravedad *f.* Fuerza de atracción hacia el centro de la Tierra. 2 Pesadez.

grávido, -da *adj.* Cargado, lleno. Díc. especialmente de la mujer embarazada.

gravimetría *f.* Parte de la física que trata del estudio y la medición de la gravedad.

gravitación *f.* Atracción universal, especialmente la que ejercen entre sí los cuerpos celestes.

gravitar *intr.* Obedecer un cuerpo celeste a la gravitación. 2 Pesar o tener propensión a caer un cuerpo sobre otro.

gravoso, -sa *adj.* Molesto, oneroso.

gray *m.* FÍS. Unidad de dosis de energía absorbida en el Sistema Internacional.

graznar *intr.* Dar gritos algunas aves como el cuervo, el grajo, etc.

graznido *m.* Ac. y ef. de graznar. 2 fig. Canto desapacible.

grecolatino, -na *adj.* Perten. o rel. a griegos y latinos.

grecorromano, -na *adj.* Común a griegos y romanos.

greda *f.* Arcilla arenosa.

gregario, -ria *adj.* Que está en compañía de otros sin distinción.

gregarismo *m.* Tendencia de algunos animales a vivir en sociedad.

greguería *f.* Género literario en prosa que consiste en breves interpretaciones humorísticas de aspectos varios de la vida corriente.

greguescos, gregüescos *m. pl.* Calzones muy anchos usados antiguamente.

grelo *m.* Hojas tiernas y comestibles de los tallos del nabo.

gremial adj. Perten. o rel. a gremio, oficio o profesión.

gremialismo m. Tendencia a formar gremios, o al predominio de los gremios. 2 Doctrina que propugna esta tendencia.

gremio m. Corporación formada por la gente de un oficio, profesión, etc.

greña f. Cabellera mal compuesta.

gres m. Pasta de arcilla y arena con cuarzo para fabricar objetos de alfarería.

gresca f. Bulla, algazara. 2 Riña.

grey f. Rebaño. 2 Conjunto de individuos que tienen algún carácter común.

grial m. Copa mística que se suponía haber servido para la institución de la Eucaristía.

griego, -ga adj.-s. De Grecia. - 2 m. Lengua griega.

grieta f. Quiebra, hendidura.

grifa f. Marihuana, cáñamo índico.

grifo, -fa adj. Crespo, enmarañado. - 2 m. Llave para dar salida a un líquido. 3 Animal fabuloso, medio águila y medio león.

grigallo m. Ave galliforme algo mayor que la perdiz.

grill m. Parrilla. 2 En los hornos de gas, fuego superior que sirve para gratinar.

grillarse prnl. Echar grillos las semillas, bulbos y tubérculos.

grillete m. Aro de hierro para fijar una cadena al pie de un preso.

grillo m. Insecto ortóptero de color negro rojizo que produce un sonido agudo y monótono. 2 Tallo tierno de las semillas, bulbos y tubérculos.

grima f. Desazón.

grímpola f. Gallardete muy corto.

gringo, -ga adj.-s. Extranjero. En Hispanoamérica, norteamericano.

griñón m. Toca usada por las monjas y beatas, que, además de cubrirles la cabeza, les rodea el rostro.

gripal adj. Perten. o rel. a la gripe.

gripar tr.-prnl. GALIC. Agarrotar un motor.

gripe f. Enfermedad epidémica cuyos síntomas más característicos son la fiebre, dolor general y catarro respiratorio.

gris adj.-m. Color que resulta de la mezcla del blanco y negro. - 2 adj. De color gris. - 3 adj.-s. fig. Triste, apagado.

grisáceo, -a adj. Que tira a gris.

griseta f. Tela de seda con dibujo menudo.

grisú m. Gas mefítico y detonante.

gritar intr. Levantar la voz.

gritería, griterío m. Confusión de voces altas.

grito m. Efecto de gritar. 2 Expresión pronunciada en voz muy alta. ▷ *Poner el ~ en el cielo*, quejarse de manera vehemente.

gro m. Tela de seda sin brillo.

groelandés, -desa, groenlandés, -desa adj.-s. De Groenlandia.

grog m. Bebida de agua caliente, ron, azúcar y limón.

grogui adj. Díc. del boxeador que queda momentáneamente sin conocimiento. 2 Atontado, aturdido.

grosella f. Fruto del grosellero.

grosellero m. Arbusto grosulariáceo cuyo fruto es una baya roja de sabor agridulce.

grosería f. Descortesía. 2 Dicho o hecho grosero. 3 Ignorancia, ordinariez.

grosero, -ra adj. Basto, ordinario. - 2 adj.-s. Descortés.

grosor m. Espesor de un cuerpo.

grosulariáceo, -a adj.-f. Díc. de la planta dicotiledónea que incluye arbustos pequeños, con hojas alternas y flores en racimos.

grosura f. Substancia crasa.

grotesco, -ca adj. Ridículo y extravagante. 2 Irregular, grosero y de mal gusto.

grúa f. Máquina para levantar pesos con un brazo giratorio y una o más poleas. 2 Vehículo provisto de dicha máquina.

gruesa f. Doce docenas.

grueso, -sa adj. Corpulento, abultado. 2 Grande. - 3 m. Una de las tres dimensiones de los cuerpos. 4 Espesor o cuerpo de una cosa. 5 Parte principal de un todo.

gruiforme adj.-m. Díc. del ave con las patas y el cuello largos y costumbres terrícolas.

gruir intr. Gritar las grullas.

gruja f. Hormigón de piedras desmenuzadas, arena y cemento.

grulla f. Ave gruiforme alta, de plumaje ceniciento, pico recto y alas grandes.

grumete m. Marinero de clase inferior.

grumo m. Cuajarón.

grumoso, -sa adj. Lleno de grumos.

gruñido m. Voz del cerdo. 2 Voz amenazadora de algunos animales.

gruñir *intr.* Dar gruñidos.

grupa *f.* Anca de una caballería.

grupo *m.* Conjunto de seres o cosas. 2 FISIOL. ~ *sanguíneo*, tipo en que se clasifica la sangre de los distintos individuos.

gruta *f.* Caverna natural o artificial.

gruyere *m.* Queso amarillo pálido con grandes ojos.

guacamayo *m.* Ave psitaciforme de América, con plumaje rojo, azul y amarillo.

guachapazo *m.* Costalada, caída violenta.

guachapear *tr.* Golpear y agitar con los pies el agua.

guache *m.* Técnica pictórica consistente en aplicar el color diluido en goma y mezclado con un medio de tipo resinoso.

guadalajareño, -ña *adj.-s.* De Guadalajara.

guadamecí, -cil *m.* Cuero adobado y adornado con dibujos.

guadaña *f.* Instrumento para segar a ras de tierra.

guadañar *tr.* Segar con la guadaña.

guadarnés *m.* Lugar donde se guardan los arneses. 2 Armería.

guadrapear *tr.* Colocar varios objetos de manera que alternativamente vaya el uno en posición contraria a la del otro.

guagua *f.* Cosa baladí. 2 *Can.* y *Amér.* Autobús.

guaje *m.* Niño, muchacho, joven.

guajiro, -ra *m. f.* Campesino blanco de Cuba.

gualatina *f.* Guiso compuesto de manzanas, leche de almendras, etc.

gualda *f.* Hierba de tallos ramosos y hojas enteras.

gualdera *f.* Tablón lateral de una escalera, cureña, etc.

gualdo, -da *adj.-s.* De color amarillo dorado.

gualdrapa *f.* Cobertura que cubre las ancas de las cabalgaduras.

gualdrapear *tr.* Guadrapear.

guale *m.* fig. Tristeza, murria.

guanaco, -ca *m. f.* Mamífero artiodáctilo rumiante de la familia de los camélidos, parecido a la llama.

guanche *adj.-s.* De un ant. pueblo que habitaba las islas Canarias.

guano *m.* Abono formado por el excremento de ciertas aves marinas. 2 Abono mineral que se le parece.

guantada *f.* Golpe dado con la mano abierta.

guante *m.* Prenda que se adapta a la mano para abrigarla. ▷ *Echar el* ~, atrapar, coger.

guantero, -ra *m. f.* Persona que hace o vende guantes. -2 *f.* Caja de los automóviles para guardar guantes y otros objetos.

guapear *intr.* fam. Ostentar guapura. 2 Alardear de algo.

guapo, -pa *adj.* Bien parecido. 2 Ostentoso en el vestir. - 3 *m.* Hombre pendenciero. 4 Galán.

guapote, -ta *adj.* Lindo, agraciado.

guapura *f.* fam. Cualidad de guapo (bien parecido).

guaraní *adj.-s.* De una raza india de América del Sur. - 2 *m.* Unidad monetaria de Paraguay.

guarda *com.* Persona que guarda. - 2 *f.* Acción de guardar. 3 Guarnición de la espada. 4 Varilla exterior del abanico. 5 Hoja que ponen los encuadernadores al principio y al fin de los libros.

guardabanderas *m.* Marinero que cuida de la bitácora.

guardabarrera *com.* Persona que cuida de un paso a nivel.

guardabarros *m.* Pieza del coche, la motocicleta, etc., para proteger del barro.

guardabosque *m.* Guarda de un bosque.

guardabrisa *m.* Fanal de cristal dentro del cual se colocan las velas.

guardacabo *m.* Anillo metálico que protege el cabo.

guardacantón *m.* Poste de piedra en las esquinas de las calles y en los lados de los caminos.

guardacoches *m.* Guarda de un aparcamiento.

guardacostas *m.* Buque rápido destinado a la vigilancia de costas.

guardaespaldas *m.* Persona que protege a otra más importante.

guardafrenos *m.* Empleado que maneja los frenos en los trenes.

guardaagujas *m.* Empleado que maneja las agujas en las vías férreas.

guardalobo *m.* Mata perenne de flores pequeñas y fruto en drupa.

PARTES DEL ÁRBOL

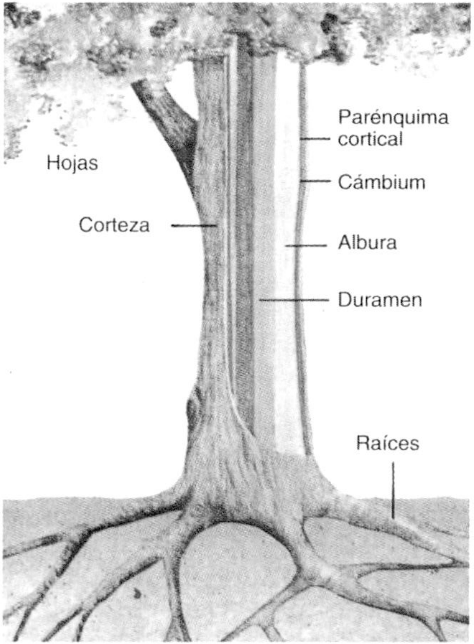

Parénquima cortical
Cámbium
Albura
Duramen
Raíces
Hojas
Corteza

Lámina 1

ESTRUCTURA DEL TALLO

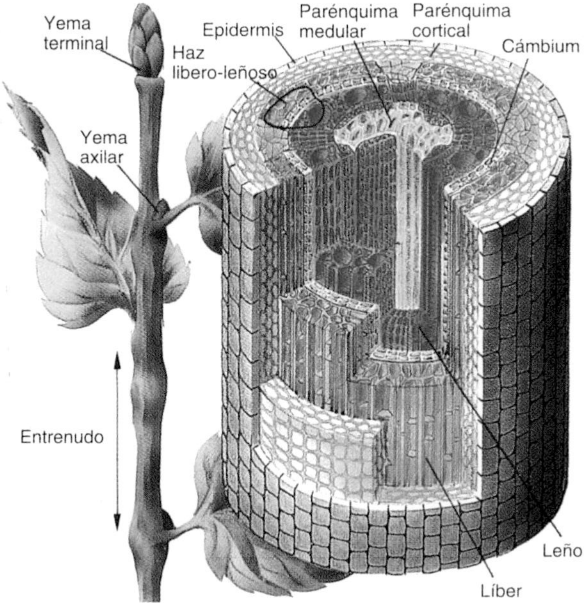

Cámbium
Parénquima medular
Parénquima cortical
Epidermis
Haz libero-leñoso
Yema terminal
Yema axilar
Entrenudo
Leño
Liber

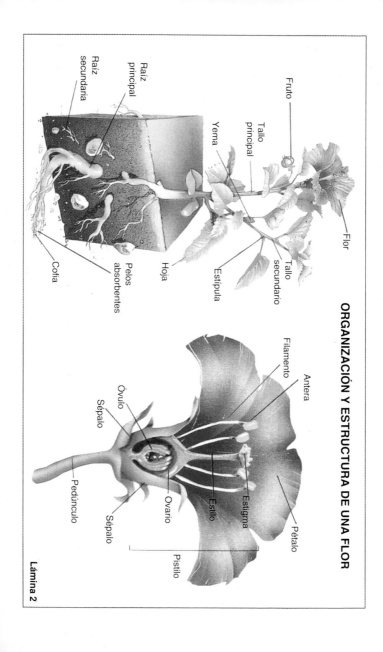

ORGANIZACIÓN Y ESTRUCTURA DE UNA FLOR

Flor

Tallo principal

Fruto

Yema

Tallo secundario

Estípula

Hoja

Raíz principal

Raíz secundaria

Cofia

Pelos absorbentes

Filamento

Antera

Óvulo

Sépalo

Pedúnculo

Ovario

Estilo

Estigma

Sépalo

Pétalo

Pistilo

Lámina 2

ESQUELETO HUMANO

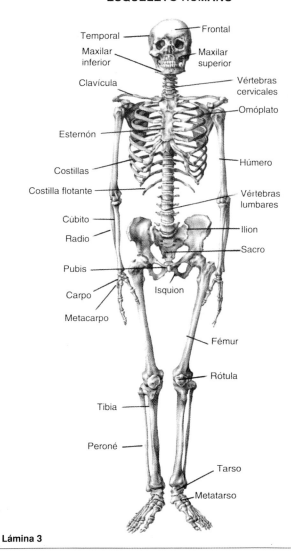

Temporal

Frontal

Maxilar inferior

Maxilar superior

Clavícula

Vértebras cervicales

Omóplato

Esternón

Costillas

Húmero

Costilla flotante

Vértebras lumbares

Cúbito

Ilion

Radio

Sacro

Pubis

Carpo

Isquion

Metacarpo

Fémur

Rótula

Tibia

Peroné

Tarso

Metatarso

Lámina 3

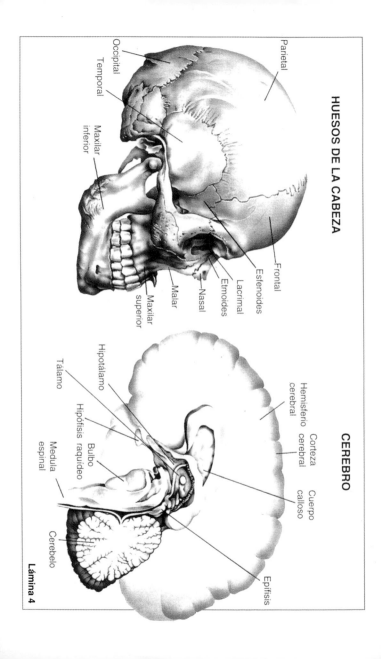

HUESOS DE LA CABEZA

Parietal
Occipital
Temporal
Maxilar inferior
Maxilar superior
Malar
Nasal
Etmoides
Lacrimal
Esfenoides
Frontal

CEREBRO

Hipotálamo
Tálamo
Hipófisis
Bulbo raquídeo
Medula espinal
Cerebelo
Hemisferio cerebral
Corteza cerebral
Cuerpo calloso
Epífisis

Lámina 4

MÚSCULOS DEL CUERPO HUMANO I

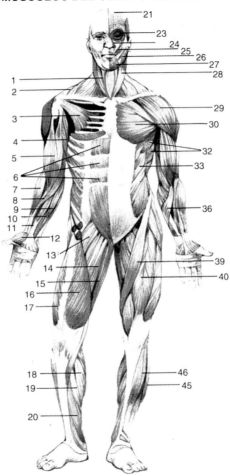

Lámina 5

1 Esternohioideo. **2** Trapecio. **3** Pectoral menor. **4** Tríceps. **5** Bíceps. **6** Recto mayor del abdomen. **7** Supinador largo. **8** Pronador redondo. **9** Flexor cubital del carpo. **10** Flexor común superficial de los dedos. **11** Flexor radial del carpo. **12** Flexor corto del pulgar. **13** Pectíneo. **14** Abductor largo. **15** Recto interno del muslo. **16** Vasto medio. **17** Vasto externo. **18** Gemelos. **19** Sóleo. **20** Flexor común o flexor tibial de los dedos. **21** Occipitofrontal anterior. **22** Occipitofrontal posterior. **23** Orbicular de los párpados. **24** Elevador común del ala de la nariz y el labio superior. **25** Elevador triangular de los labios. **26** Risorio. **27** Depresor del labio inferior. **28** Esternocleidomastoideo. **29** Deltoides.

MÚSCULOS DEL CUERPO HUMANO II

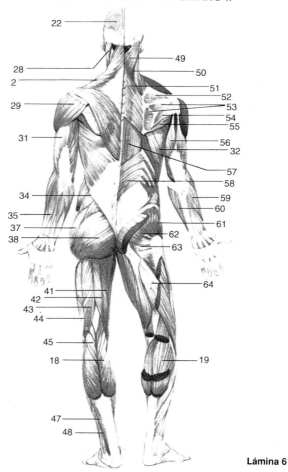

Lámina 6

30 Pectoral mayor. **31** Tríceps bronquial. **32** Serrato anterior. **33** Oblicuo externo.
34 Oblicuo interno. **35** Extensor de los dedos. **36** Aponeurosis bicipital. **37** Glúteo mediano.
38 Glúteo mayor. **39** Sartorio. **40** Recto anterior. **41** Recto interno del muslo. **42** Semitendinoso. **43** Bíceps crural. **44** Vasto externo. **45** Gemelos. **46** Tibial anterior. **47** Sóleo.
48 Peroneo lateral corto.**49** Esplenio. **50** Angular de la escápula. **51** Romboide mayor.
52 Supraspinoso. **53** Infraspinoso. **54** Redondo menor. **55** Redondo mayor. **56** Tríceps.
57 Dorsal largo. **58** Serrato posterior. **59** Supinador largo. **60** Flexor cubital del carpo.
61 Glúteo menor. **62** Gémino. **63** Cuadrado crural. **64** Bíceps crural.

SISTEMA CIRCULATORIO HUMANO

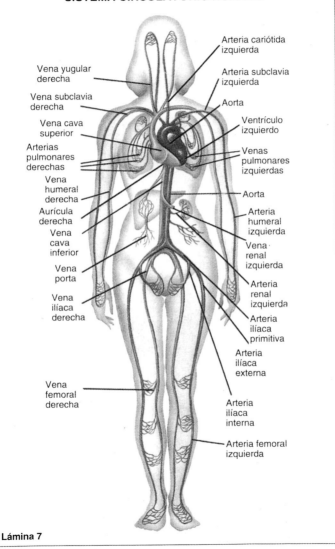

Arteria cariótida izquierda

Arteria subclavia izquierda

Aorta

Ventrículo izquierdo

Venas pulmonares izquierdas

Aorta

Arteria humeral izquierda

Vena renal izquierda

Arteria renal izquierda

Arteria ilíaca primitiva

Arteria ilíaca externa

Arteria ilíaca interna

Arteria femoral izquierda

Vena yugular derecha

Vena subclavia derecha

Vena cava superior

Arterias pulmonares derechas

Vena humeral derecha

Aurícula derecha

Vena cava inferior

Vena porta

Vena ilíaca derecha

Vena femoral derecha

Lámina 7

APARATO RESPIRATORIO

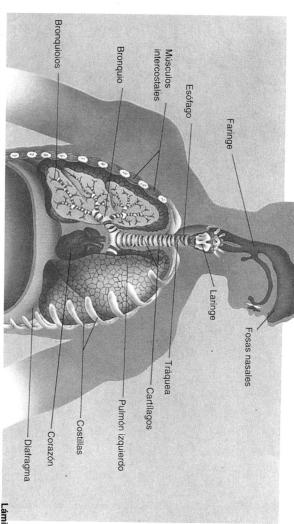

Bronquiolos

Bronquio

Musculos intercostales

Esófago

Faringe

Laringe

Fosas nasales

Tráquea

Cartílagos

Pulmón izquierdo

Costillas

Corazón

Diafragma

APARATO DIGESTIVO

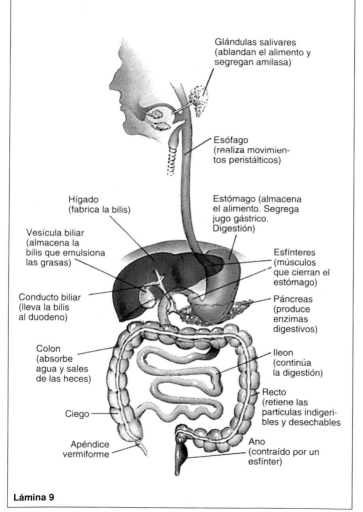

Glándulas salivares
(ablandan el alimento y
segregan amilasa)

Esófago
(realiza movimien-
tos peristálticos)

Hígado
(fabrica la bilis)

Estómago (almacena
el alimento. Segrega
jugo gástrico.
Digestión)

Vesícula biliar
(almacena la
bilis que emulsiona
las grasas)

Esfínteres
(músculos
que cierran el
estómago)

Conducto biliar
(lleva la bilis
al duodeno)

Páncreas
(produce
enzimas
digestivos)

Colon
(absorbe
agua y sales
de las heces)

Ileon
(continúa
la digestión)

Recto
(retiene las
partículas indigeri-
bles y desechables

Ciego

Apéndice
vermiforme

Ano
(contraído por un
esfínter)

Lámina 9

BANDERAS: COMUNIDADES AUTÓNOMAS

España

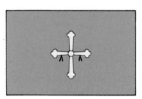

Andalucía

Aragón

Asturias

Baleares

Canarias

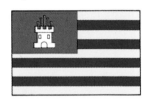

Cantabria

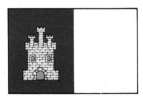

Castilla - La Mancha

Castilla - León

Lámina 10

BANDERAS: COMUNIDADES AUTÓNOMAS

Cataluña

Comunidad Valenciana

Extremadura

Galicia

Madrid

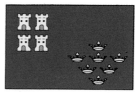

Murcia

Navarra

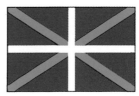

Pais Vasco

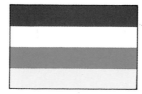

La Rioja

BANDERAS: COMUNIDAD EUROPEA

C.E.E.

Bélgica

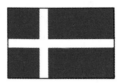

Dinamarca

España

Francia

Grecia

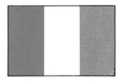

Irlanda

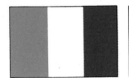

Italia

Luxemburgo

Países Bajos

Portugal

Reino Unido

Alemania

Lámina 12

BANDERAS: HISPANOAMÉRICA

Argentina

Bolivia

Colombia

Costa Rica

Cuba

Chile

Ecuador

El Salvador

Guatemala

Honduras

México

Nicaragua

Panamá

Paraguay

Perú

Rep. Dominicana

Uruguay

Venezuela

Lámina 13

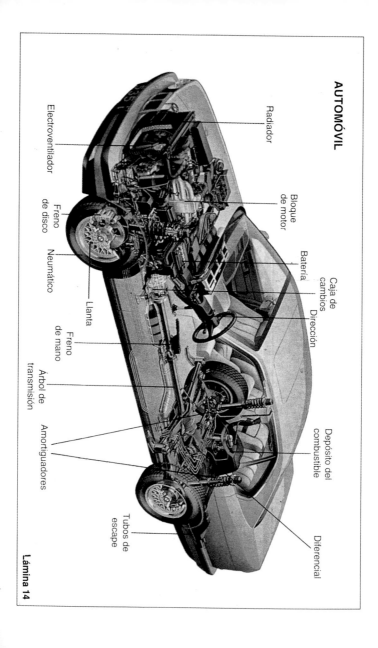

AUTOMÓVIL

Radiador

Electroventilador

Bloque
de motor

Freno
de disco

Batería

Neumático

Caja de
cambios

Dirección

Llanta

Freno
de mano

Árbol de
transmisión

Amortiguadores

Depósito del
combustible

Tubos de
escape

Diferencial

Lámina 14

MICROSCOPIO ELECTRÓNICO

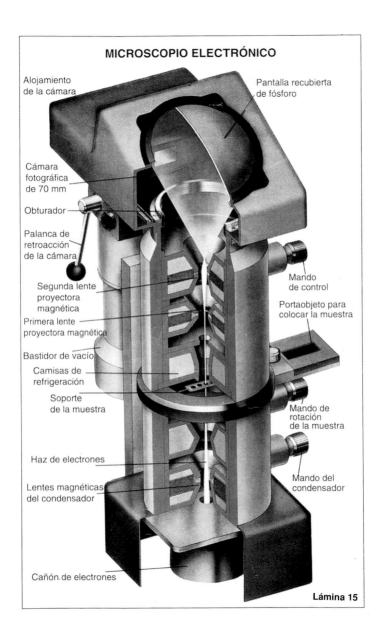

Alojamiento de la cámara

Pantalla recubierta de fósforo

Cámara fotográfica de 70 mm

Obturador

Palanca de retroacción de la cámara

Segunda lente proyectora magnética

Primera lente proyectora magnética

Bastidor de vacío

Camisas de refrigeración

Soporte de la muestra

Haz de electrones

Lentes magnéticas del condensador

Cañón de electrones

Mando de control

Portaobjeto para colocar la muestra

Mando de rotación de la muestra

Mando del condensador

Lámina 15

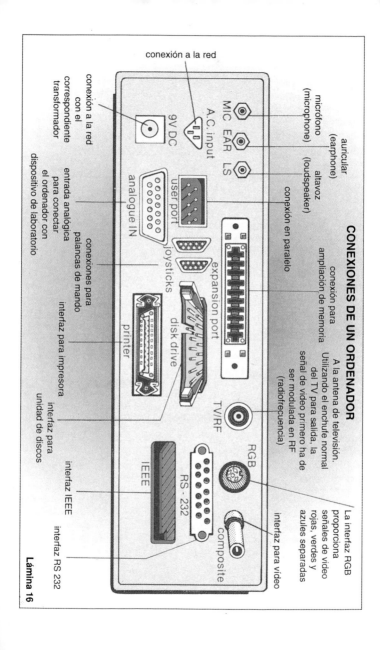

CONEXIONES DE UN ORDENADOR

conexión a la red

microfóno (microphone)

auricular (earphone)

altavoz (loudspeaker)

conexión a la red con el correspondiente transformador

entrada analógica para conectar el ordenador con dispositivo de laboratorio

conexión para ampliación de memoria

conexión en paralelo

conexiones para palancas de mando

interfaz para impresora

interfaz para unidad de discos

MIC EAR LS

9V DC

A.C. input

analogue IN

user port

joysticks

expansion port

printer

disk drive

A la antena de televisión. Utilizando el enchufe normal del TV para salida, la señal de vídeo primero ha de ser modulada en RF (radiofrecuencia)

TV/RF

IEEE

RS - 232

RGB

composite

La interfaz RGB proporciona señales de vídeo rojas, verdes y azules separadas

interfaz para vídeo

interfaz IEEE

interfaz RS 232

Lámina 16

guardameta *m.* En el juego de fútbol, jugador que se coloca ante su meta para evitar la entrada del balón.

guardamuebles *m.* Local destinado a guardar muebles.

guardapolvo *m.* Resguardo para proteger del polvo. 2 Sobretodo de tela ligera para preservar el traje del polvo.

guardar *tr.* Cuidar, custodiar, vigilar. 2 Observar, cumplir. 3 Conservar, retener.

guardarriel *m.* Borde interior de los rieles.

guardarropa *m.* Local o armario para guardar ropa. 2 Conjunto de vestidos de una persona. - 3 *com.* En los teatros, persona encargada de guardar y suministrar los efectos de guardarropía.

guardarropía *f.* Conjunto de muebles y accesorios necesarios para una representación teatral. 2 Lugar donde se custodian.

guardasilla *f.* Moldura de madera en la pared para evitar que ésta sea rozada con los respaldos de las sillas.

guardavía *m.* Empleado encargado de la vigilancia constante de un trozo de línea férrea.

guardavientos *m.* Montera o cilindro que se coloca en lo alto de las chimeneas para desviar las corrientes de aire que podrían dificultar el tiro del interior.

guardería *f.* Institución para el cuidado de los niños durante las horas de trabajo de sus padres.

guardia *f.* Defensa, custodia. 2 Tropa que guarda un puesto. 3 Cuerpo de tropa destinado a mantener el orden, escoltar, etc. - 4 *com.* Individuo de una guardia. ▷ *En ~,* prevenido.

guardián, -diana *m. f.* Persona que guarda algo.

guardilla *f.* Buhardilla.

guardillón *m.* Desván corrido y sin divisiones que queda entre el techo del último piso y la armadura del tejado.

guarecer *tr.-prnl.* Acoger, dar refugio.

guarida *f.* Lugar donde se guarecen los animales.

guarismo *m.* Cifra de la numeración arábiga. 2 Cantidad expresada con cifras.

guarnecer *tr.* Poner guarnición. 2 Adornar. 3 Equipar.

guarnición *f.* Adorno en las ropas. 2 Alimento que se sirve acompañando a otro principal. 3 Montura o armazón de una joya. 4 Defensa en las armas blancas para preservar la mano. 5 Tropa que defiende un lugar. - 6 *f. pl.* Correaje de las caballerías.

guarnicionar *tr.* Poner guarnición en una plaza fuerte.

guarnigón *m.* Pollo de codorniz.

guarnir *tr.* Guarnecer.

guarrada *f.* Guarrería.

guarrazo *m.* fam. Caída fuerte.

guarrería *f.* Porquería, suciedad.

guarro, -rra *adj.-s.* Cerdo.

guasa *f.* Chanza.

guasearse *prnl.* Chancearse.

guasón, -sona *adj.-s.* fam. Burlón.

guata *f.* Lámina gruesa de algodón.

guateado, -da *adj.* Acolchado con guata.

guatemalteco, -ca *adj.-s.* De Guatemala.

guateque *m.* Fiesta, convite. 2 Baile en una casa particular.

guay *adj.* fam. Estupendo, magnífico. 2 fam. Agradable, atractivo.

guayaba *f.* Fruto del guayabo. 2 Jalea hecha con él.

guayabear *intr.* fam. Tener trato con muchachas jóvenes.

guayabeo *m.* fam. Grupo de muchachas jóvenes.

guayabera *f.* Chaquetilla corta de tela.

guayabo *m.* Arbusto tropical de fruto comestible. 2 Muchacha joven y atractiva.

gubernamental *adj.-s.* Perten., rel. o favorable al gobierno.

gubernativo, -va *adj.* Gubernamental.

gubia *f.* Formón de mediacaña.

guedeja *f.* Cabellera larga. 2 Melena de león.

guerra *f.* Lucha armada entre naciones o partidos. 2 *~ fría,* hostilidad en las relaciones internacionales, sin llegar a la guerra armada. ▷ *Dar ~,* causar molestia.

guerrear *intr.* Hacer guerra.

guerrera *f.* Chaqueta de uniforme ajustada que se abrocha hasta el cuello.

guerrero, -ra *adj.* Perten. o rel. a la guerra. 2 Inclinado a la guerra. - 3 *adj.-s.* Que guerrea.

guerrilla *f.* Formación militar en orden abierto. 2 Grupo de personas armadas para desestabilizar el orden establecido.

guerrillero, -ra m. f. Miembro de una guerrilla.

gueto m. Barrio en que eran obligados a vivir los judíos. 2 p. ext. Incomunicación.

guía com. Persona que enseña el camino. 2 fig. La que enseña o dirige a otra. - 3 f. Cosa que dirige o encamina. 4 Tratado en que se dan preceptos o noticias para encaminar las cosas. 5 Lista ordenada de datos o indicaciones útiles para el manejo de un aparato o el uso de un servicio.

guiadera f. Guía de las norias y otros artificios semejantes.

guiar tr. Enseñar el camino. 2 Dirigir, encaminar, conducir.

guija f. Piedra pelada y chica.

guijarro m. Canto rodado.

guijo m. Conjunto de guijas.

guilla f. Cosecha copiosa y abundante.

guillame m. Cepillo estrecho de carpintero.

guillarse prnl. Irse, huirse. 2 Chiflarse.

guillote adj. Holgazán y desaplicado.

guillotina f. Máquina para decapitar. 2 Pena capital. 3 IMPR. Máquina de cortar papel.

guillotinar tr. Decapitar con guillotina. 2 IMPR. Cortar papel con la guillotina.

guimbalete m. Palanca con que se da juego al émbolo de la bomba aspirante.

guimbarda f. Cepillo de carpintero, de cuchilla estrecha.

guinchar tr. Picar o herir con la punta de un palo.

guinda f. Fruto del guindo.

guindaleta f. Cuerda de cáñamo o cuero del grueso de un dedo.

guindar tr. Colgar de lo alto. 2 fam. Ahorcar. 3 vulg. Robar.

guindilla f. Pimiento muy picante.

guindo m. Árbol parecido al cerezo, de fruto redondo y ácido.

guineano, -na adj.-s. De Guinea.

guiñada f. Acción de guiñar.

guiñapo m. Andrajo, trapo. 2 fig. Persona andrajosa. 3 fig. Persona despreciable.

guiñar tr. Cerrar un ojo momentáneamente. - 2 prnl. Hacerse guiños.

guiño m. Guiñada.

guiñol m. Teatro de títeres.

guiñote m. Juego de naipes, variante del tute.

guión m. Cruz que precede a un prelado. 2 Bandera de una cofradía. 3 Escrito esquemático que sirve de guía. 4 Argumento. 5 Signo ortográfico (-).

guionista com. Persona que escribe un guión de cine, radio o televisión.

guipar tr. vulg. Ver, descubrir.

guipuzcoano, -na adj.-s. De Guipúzcoa.

guiri m. vulg. Individuo de la guardia civil. - 2 com. vulg. Extranjero, turista.

guirigay m. Lenguaje ininteligible. 2 Gritería, confusión.

guirnalda f. Corona abierta o tira entretejida de flores y ramos.

guiropa f. Guisado de carne con patatas, u otro semejante.

guisa f. Modo, manera.

guisado m. Guiso preparado con salsa.

guisante m. Planta papilionácea de tallos volubles y semillas globosas comestibles. 2 Semilla de esta planta.

guisar tr. Preparar los manjares al fuego.

guiso m. Manjar guisado.

güisqui m. Licor alcohólico obtenido por la destilación de cereales fermentados.

guita f. Cuerda delgada. 2 fig. Dinero.

guitarra f. Instrumento músico de cuerdas pulsadas y mástil, cuya caja tiene forma de ocho.

guitarrillo m. Guitarra pequeña de cuatro cuerdas.

guitarrista com. Músico que toca la guitarra.

guizque m. Palo con un gancho en una extremidad para alcanzar algo que está en alto.

gula f. Exceso en la comida o bebida. 2 Apetito desordenado de comer y beber.

gulasch m. Estofado de carne de buey o de cerdo.

gules m. pl. Color rojo heráldico.

gulusmear intr. Fisgonear, curiosear.

gumía f. Especie de daga encorvada que usan los moros.

guripa m. fam. Pillo, vagabundo.

gurriato m. Pollo del gorrión. 2 Gorrión. 3 fam. Niño, chiquillo.

gurruño m. Cosa arrugada o encogida.

gurú m. Dirigente espiritual de grupos religiosos de inspiración oriental.

gusana f. Conjunto de gusanos que se

lanzan para cebar a los peces.

gusanera *f.* Sitio donde se crían gusanos. 2 fig. Pasión que domina.

gusanillo *m.* Tejido de labor menuda. 2 Hilo rizado para formar labores.

gusano *m.* Animal invertebrado, de forma prolongada y cuerpo blando. 2 Oruga. 3 fig. Persona despreciable.

gusarapiento, -ta *adj.* Que tiene gusarapos. 2 fig. Inmundo y corrompido.

gusarapo, -pa *m.f.* Pequeño animal de forma de gusano que se cría en los líquenes.

gustar *tr.* Percibir el sabor. 2 Probar. 3 Agradar.

gusto *m.* Sentido corporal con el cual se percibe el sabor de las cosas. 2 Placer, deleite. 3 Facultad de sentir o apreciar las cosas. 4 Capricho, antojo, voluntad. ▷ *A ~*, con gusto. *Coger el ~ a algo; tomar ~ a una cosa,* aficionarse a ella.

gustoso, -sa *adj.* Sabroso. 2 Que hace con gusto una cosa.

gutapercha *f.* Goma translúcida. 2 Tela barnizada con ella.

gutiferáceo, -a *adj.-f.* Díc. de la planta de hojas simples, flores amarillas y fruto en cápsula.

gutiferales *f. pl.* Orden de plantas dentro de la clase dicotiledóneas.

gutífero, -ra *adj.-f.* Díc. de la planta de flores actinomorfas, hojas opuestas y coriáceas y fruto capsular.

gutural *adj.* Perten. o rel. a la garganta. - 2 *adj.-s.* GRAM. Díc. de la consonante velar.

H

h *f.* Consonante que no se pronuncia, novena letra del alfabeto.

haba *f.* Planta anual de legumbre larga y rolliza con varias semillas oblongas y aplastadas. 2 Fruto y semilla de esta planta.

habanera *f.* Baile o música de origen cubano, en compás de dos por cuatro y de movimiento lento.

habano, -na *adj.* De La Habana. - 2 *m.* Cigarro puro de Cuba.

hábeas corpus *m.* Ley que garantiza el derecho de seguridad personal.

haber *auxiliar.* Forma los tiempos compuestos, dando a la acción expresada un sentido perfectivo. 2 Con la preposición *de* seguida del infinitivo de otro verbo, denota obligación. - 3 *unipers.* Acaecer, ocurrir. 4 Estar realmente en alguna parte. 5 Existir en general. - 6 *m.* Hacienda, bienes, dinero. 7 Retribución periódica de algún servicio. 8 Parte de la cuenta corriente en que se anotan las sumas que se acreditan o descargan a la persona a quien se abre.

habichuela *f.* Judía.

hábil *adj.* Inteligente y dispuesto para hacer algo. 2 Legalmente capaz o apto.

habilidad *f.* Calidad de hábil.

habilidoso, -sa *adj.* Que tiene habilidad.

habilitado, -da *m. f.* Encargado de los intereses de un cuerpo o sociedad, especialmente de pagar los sueldos.

habilitar *tr.* Hacer a una persona o cosa hábil. 2 Facilitar a uno lo que necesita.

habitable *adj.* Que puede habitarse.

habitación *f.* Espacio limitado por tabiques o paredes en que se divide una casa.

habitáculo *f.* Hábitat. 2 Habitación.

habitante *m.* Persona que habita en un lugar.

habitar *tr.-intr.* Morar en una casa, ciudad, etc.

hábitat *m.* H. NAT. Medio físico o geográfico en el que vive naturalmente un ser.

hábito *m.* Vestido que denota un estado o ministerio, especialmente el de los religiosos y religiosas. 2 Costumbre.

habitual *adj.* Que se hace o posee por costumbre. 2 Asiduo.

habituar *tr.-prnl.* Acostumbrar.

habla *f.* Facultad y acción de hablar. 2 Realización del sistema lingüístico llamado lengua. 3 Lenguaje, idioma o dialecto.

hablador, -ra *adj.-s.* Que habla demasiado.

habladuría *f.* Chisme, rumor.

hablante *adj.-s.* Que habla.

hablar *intr.* Darse a entender por medio de palabras. 2 Articular palabras. 3 Tratar de una cosa. - 4 *tr.* Conocer un idioma. 5 Decir.

hacecillo *m.* Porción de flores unidas en cabezuela. 2 Conjunto de elementos conductores formando un haz apretado.

hacedero, -ra *adj.-s.* Que puede hacerse.

hacedor, -ra *adj.-s.* Que hace algo.

hacendado, -da *adj.-s.* Que tiene tierras, edificios, etc.

hacendar *tr.* Dar o conferir haciendas.

hacendoso, -sa *adj.* Solícito y diligente en las faenas domésticas.

hacer *tr.* Producir; realizar. 2 Disponer, arreglar. 3 Causar. 4 Habituar, acostumbrar. 5 Obligar. 6 Equivaler. - 7 *intr.* Aparentar. - 8 *prnl.* Convertirse, transformarse. 9 Acostumbrarse. 10 Apartarse, retirarse. - 11 *impers.* Haber transcurrido cierto tiempo. ▷ *Hacerse con una cosa,* apoderarse de ella. ~ *ver,* demostrar.

hacia *prep.* Determina la dirección del movimiento con respecto a su término. 2 Denota proximidad temporal.

hacienda *f.* Finca agrícola. 2 Bienes y riquezas que uno tiene.

hacina *f.* Conjunto de haces apilados.

hacinamiento *m.* Aglomeración en un

mismo lugar de un número excesivo de habitantes.

hacinar *tr.* Poner los haces unos sobre otros. - 2 *tr.-prnl.* fig. Amontonar.

hacha *f.* Vela de cera, grande y gruesa, con cuatro pabilos. 2 Mecha de esparto y alquitrán. 3 Herramienta cortante, de pala acerada con filo algo curvo. ▷ *Ser un ~,* ser muy diestro en algo.

hachazo *m.* Golpe de hacha.

hache *f.* Nombre de la letra *h*.

hachero *m.* Candelero para poner el hacha.

hachís *m.* Composición de flores y otras partes del cáñamo, mezcladas con substancias azucaradas o aromáticas.

hacho *m.* Sitio elevado cerca de la costa.

hachón *m.* Hacha (mecha).

hada *f.* Ser fantástico representado por mujer dotada de poder sobrenatural.

hadado, -da *adj.* Prodigioso, mágico.

hado *m.* Divinidad o fuerza que dispone de manera inevitable lo que ha de suceder; destino. 2 Serie de causas encadenadas que necesariamente producen su efecto.

hagiografía *f.* Historia de las vidas de los santos.

hagiógrafo, -fa *m. f.* Autor de cualquiera de los libros de la Sagrada Escritura.

haitiano, -na *adj.-s.* De Haití.

¡hala! Interjección de sorpresa o contrariedad. 2 Interjección de ánimo.

halagar *tr.* Dar muestras de afecto. 2 Dar motivo de satisfacción. 3 Adular.

halago *m.* Ac. y ef. de halagar. 2 Cosa que halaga.

halagüeño, -ña *adj.* Que halaga. 2 Que atrae con dulzura y suavidad.

halar *tr.* Tirar de un cabo, lona o remo. 2 Tirar hacia sí de una cosa cualquiera.

halcón *m.* Ave rapaz falconiforme diurna, de color ceniciento manchado de negro.

halconería *f.* Caza con halcones.

hálito *m.* Alimento del animal. 2 Vapor que una cosa arroja.

halo *m.* Círculo blanco o irisado que aparece a veces alrededor del Sol o de la Luna. 2 Aureola.

halógeno, -na *adj.* Que forma sales. - 2 *adj.-f.* Díc. de la bombilla del faro de un automóvil hecha con elementos que forman sales al combinarse con metales.

halogenuro *m.* Mineral formado por la combinación de metales con halógenos.

halografía *f.* Estudio y descripción de las sales.

halterofilia *f.* Deporte del levantamiento de pesos.

haluros *m. pl.* Sales formadas por los halógenos con los metales.

hall *m.* ANGLIC. Vestíbulo de un hotel.

hallar *tr.* Dar con una persona o cosa. 2 Inventar. 3 Averiguar. 4 Ver, observar, notar. - 5 *prnl.* Encontrarse en un sitio.

hallazgo *m.* Ac. y ef. de hallar o hallarse. 2 Cosa hallada.

hamaca *f.* Red que, colgada por los extremos, sirve de cama o de vehículo.

hambre *f.* Gana y necesidad de comer. 2 Deseo ardiente de una cosa. ▷ *Matar el ~,* saciarla.

hambrear *intr.* Padecer hambre.

hambriento, -ta *adj.-s.* Que tiene hambre. 2 Muy necesitado, miserable.

hambrón, -brona *adj.-s.* desp. Habitualmente hambriento, necesitado o pobre.

hamburguesa *f.* Pedazo de carne de ternera picada que se sirve frito o asado en un panecito redondo con salsa de tomate.

hamburguesería *f.* Establecimiento donde se venden hamburguesas, perritos calientes y bebidas refrescantes.

hampa *f.* Género de vida de los pícaros, rufianes y maleantes. 2 Conjunto de maleantes que se dedican a la vida delictiva.

hampón, -pona *adj.-s.* Valentón, haragán. 2 Delincuente, malhechor.

hámster *m.* Mamífero roedor de pequeño tamaño, con pelaje castaño en la parte superior del cuerpo y negro en la inferior.

hándicap *m.* DEP. Calificación dada a los participantes en algunos deportes, según la cual se compensa a los que están peor clasificados. 2 Desventaja.

hangar *m.* Cobertizo destinado a guarecer los aparatos de aviación.

hápax *m.* Voz de la que se posee un único testimonio en una lengua.

haragán, -gana *adj.-s.* Holgazán.

haraganear *intr.* Pasar la vida en el ocio.

harakiri *m.* Suicidio cortándose el vientre, practicado en el Japón.

harapiento, -ta *adj.* Andrajoso.

harapo *m.* Andrajo.

hardware *m.* Conjunto de elementos materiales de un ordenador electrónico.

harén, harem *m.* Departamento de la casa árabe en que viven las mujeres. 2 Conjunto de estas mujeres.

harina *f.* Polvo que resulta de la molienda de algunas semillas. ▷ *Meterse en* ~, empeñarse en una obra con ahínco. *Ser una cosa ~ de otro costal,* ser ajena al asunto del que se trata.

hartar *tr.-prnl.* Saciar el apetito de comer o beber. 2 Satisfacer el deseo de alguna cosa. 3 Fastidiar, cansar.

hartazgo *m.* Malestar o incomodidad que provoca el hartarse en exceso.

harto, -ta *adj.-s.* Repleto, que come o ha comido mucho. - 2 *adv.* Bastante.

hartura *f.* Hartazgo.

hasta *prep.* Expresa el término del cual no se pasa con relación al espacio, al tiempo y a la cantidad.

hastial *m.* Fachada de una casa terminada por las dos vertientes del tejado.

hastiar *tr.-prnl.* Causar hastío.

hastío *m.* Repugnancia a la comida. 2 Disgusto, tedio.

hatajo *m.* Pequeño hato (porción de ganado). 2 Hato (conjunto).

hato *m.* Pequeño ajuar para el uso preciso y ordinario. 2 Porción de ganado. 3 Conjunto.

haya *f.* Árbol cupulífero de tronco grueso y liso, y hojas ovales.

hayuco *m.* Fruto del haya.

haz *m.* Porción atada de mieses, hierba, leña, etc. 2 Conjunto de rayos luminosos. 3 ANAT. Conjunto de fibras musculares o nerviosas, agrupadas en un mismo trayecto. - 4 *f.* Cara o rostro. 5 Cara anterior de las telas, las hojas de las plantas, etc.

haza *f.* Porción de tierra de labor.

hazaña *f.* Hecho ilustre y heroico.

hazmerreír *m.* Persona ridícula y extravagante.

he Partícula que, junto con los adverbios *aquí* y *allí* o unida a pronombres personales átonos, sirve para señalar.

¡he! Interjección con que se llama a uno.

hebdómada *f.* Semana.

hebijón *m.* Clavo o púa de la hebilla.

hebilla *f.* Pieza, generalmente de metal, para ajustar y unir correas, cintas, etc.

hebra *f.* Porción de hilo que se pone en una aguja. 2 Filamento de diversas materias que guardan semejanza con el hilo.

hebraísmo *m.* Sistema religioso de los judíos.

hebreo, -a *adj.-s.* De un ant. pueblo semítico que se estableció en Palestina. 2 Que profesa la ley de Moisés. - 3 *m.* Lengua semítica hablada por el pueblo judío.

hecatombe *f.* Sacrificio solemne en que hay muchas víctimas. 2 Matanza (mortandad). 3 Desgracia, catástrofe.

hectárea *f.* Unidad de longitud, en el sistema métrico decimal, equivalente a cien áreas.

hectogramo *m.* Unidad de masa, en el sistema métrico decimal, equivalente a cien gramos.

hectolitro *m.* Unidad de capacidad, en el sistema métrico decimal, equivalente a cien litros.

hectómetro *m.* Unidad de longitud, en el sistema métrico decimal, equivalente a cien metros.

hectovatio *m.* FÍS. Unidad de trabajo equivalente a cien vatios.

hechicería *f.* Conjunto de prácticas empleadas para hechizar.

hechicero, -ra *adj.-s.* Que practica la hechicería. 2 Que hechiza o cautiva.

hechizar *tr.* Someter a uno a supuestas influencias maléficas con prácticas supersticiosas. 2 Cautivar el ánimo, embelesar.

hechizo, -za *adj.* Artificioso o fingido. - 2 *m.* Aquello de que se valen los hechiceros para el logro de sus fines.

hecho, -cha *adj.* Perfecto, acabado. - 2 *m.* Acción u obra. 3 Suceso.

hechura *f.* Ac. y ef. de hacer. 2 Disposición y organización del cuerpo. 3 Figura que se da a las cosas.

hedentina *f.* Olor malo y penetrante.

heder *intr.* Arrojar de sí mal olor.

hediondo, -da *adj.* Que arroja de sí hedor. 2 Sucio, repugnante.

hedonismo *m.* Doctrina ética que identifica el bien con el placer.

hedor *m.* Olor muy desagradable.

hegemonía *f.* Supremacía.

hégira, héjira *f.* Era musulmana que empieza el 15 de julio de 622 de la nuestra.

helada *f.* Congelación debida a la frialdad del tiempo.

heladería f. Establecimiento donde se venden refrescos helados.

helado, -da adj. Muy frío. 2 Pasmado por el miedo o la sorpresa. - 3 m. Bebida o manjar helado.

helar tr.-prnl. Congelar. 2 Pasmar, sobrecoger. - 3 impers. Hacer una temperatura inferior a cero grados.

helecho m. Planta de rizoma ramoso y hojas compuestas de gran longitud.

helénico, -ca adj.-s. Griego.

helenismo m. Giro o expresión propia de la lengua griega. 2 Influencia ejercida por la antigua cultura y civilización griegas.

helenista com. Persona que cultiva la lengua y literatura griegas.

helenizar tr. Introducir en algún país las costumbres o la cultura de los griegos.

heleno, -na adj.-s. Griego.

helero m. Masa de hielo en las altas montañas.

helgadura f. Hueco entre diente y diente.

hélice f. Curva de longitud indefinida que da vueltas en la superficie de un cilindro, formando ángulos iguales con todas las generatrices. 2 Espiral (línea). 3 Conjunto de aletas helicoidales que al girar alrededor de un eje producen una fuerza propulsora.

helicicultura f. Técnica de criar caracoles.

helicoidal adj. En figura de hélice.

helicóptero m. Aparato de navegación aérea que se eleva por la acción de una gran hélice de eje vertical.

helio m. Elemento gaseoso inerte, incoloro e inodoro.

heliocéntrico, -ca adj. Que tiene el Sol como centro.

heliograbado m. Procedimiento para obtener, en planchas preparadas y mediante la acción de la luz solar, grabados en relieve. 2 Estampa obtenida por este procedimiento.

heliografía f. Descripción del Sol. 2 Fotografía de este astro.

heliógrafo m. Instrumento para hacer señales telegráficas por medio de la reflexión de un rayo de sol en un espejo plano.

heliolatría f. Culto o adoración del Sol.

heliomotor m. Dispositivo que sirve para transformar la energía solar en energía mecánica.

heliotropo m. Planta de jardín, de flores pequeñas y azuladas.

heliozoo, -a adj.-m. Díc. del protozoo de pequeño tamaño, de cuerpo más o menos circular, con simetría radial.

helipuerto m. Lugar destinado para el aterrizaje y despegue de helicópteros.

helitransportado, -da adj. Transportado por medio de helicóptero.

helmintología f. Parte de la zoología que trata de la descripción y estudio de los gusanos.

helobial adj.-f. Díc. de la planta monocotiledónea, primitiva, adaptada a la vida acuática, de flores actinomorfas.

helvético, -ca adj.-s. De Helvecia, ant. Suiza.

hematermo, -ma adj. Díc. del animal de temperatura constante e independiente de la del medio en que habita.

hematíc m. Corpúsculo celular rojo de la sangre que contiene la hemoglobina.

hematites f. Óxido de hierro nativo de color rojo o pardo y estructura fibrosa.

hematocito m. Célula sanguínea.

hematófago, -ga adj. Díc. del animal que se alimenta de sangre.

hematología f. Parte de la medicina que estudia la sangre.

hematoma m. Derrame interno de sangre a consecuencia de un golpe o una enfermedad.

hematopatía f. Proceso patológico que afecta a la sangre en general.

hematosis f. Conversión de la sangre venosa en arterial.

hematuria f. Fenómeno morboso que consiste en orinar sangre.

hembra f. Animal del sexo femenino. 2 Pieza con un agujero en que otra se introduce y encaja.

hembrilla f. Pieza pequeña en que otra se introduce o asegura.

hemélitro m. Ala anterior de un insecto cuya mitad es coriácea.

hemeroteca f. Colección de periódicos al servicio del público. 2 Local donde se halla esta colección.

hemiciclo m. Semicírculo. 2 Sala o gradería semicircular.

hemicordado, -da adj.-m. Díc. del animal vermiforme no segmentado y dotado de simetría bilateral.

hemimetábolo, -la adj. Que experimenta una metamorfosis incompleta.

hemiplejia, hemiplejía f. Parálisis de

un lado del cuerpo.

hemíptero, -ra adj.-m. Díc. del insecto provisto de trompa chupadora.

hemisferio m. Mitad de una esfera. 2 Mitad de la esfera celeste o terrestre.

hemistiquio m. Mitad de un verso separada por una cesura.

hemodiálisis f. Diálisis exterior de la sangre ante fracasos agudos del funcionamiento renal.

hemodinámica f. Parte de la fisiología que estudia las leyes y mecanismos que rigen la circulación sanguínea.

hemodonación f. Donación de la sangre.

hemodonante adj.-com. Donante de sangre.

hemofilia f. Estado morboso que se manifiesta por una tendencia a la hemorragia.

hemoglobina f. Pigmento contenido en los hematíes de los vertebrados.

hemopatía f. Enfermedad de la sangre.

hemoptisis f. Expectoración de sangre debida a hemorragia de los pulmones.

hemorragia f. Flujo de sangre.

hemorrea f. Hemorragia que no ha sido provocada directamente.

hemorroide f. Almorrana.

hemoscopia f. Examen de la sangre, por medio del microscopio.

hemostasia, hemostasis f. Estancamiento de la sangre. 2 Contención de una hemorragia.

hemoterapia f. Tratamiento médico por medio de la sangre total o de su plasma.

henchir tr.-prnl. Llenar, hartar.

hender tr. Hacer una hendidura. 2 Atravesar un fluido o líquido.

hendidura f. Abertura o grieta producido por un corte, rotura, etc.

hendir tr. Hender.

henificar tr. Secar al sol plantas forrajeras para convertirlas en heno.

heno m. Conjunto de especies vegetales que forman los prados naturales. 2 Hierba anual graminácea forrajera. 3 Hierba segada.

henrio, henry m. ELECTR. Unidad de inductancia eléctrica en el Sistema Internacional.

heñir tr. Sobar la masa del pan con los puños.

hepática adj.-f. Díc. de la clase de plantas briofitas, unas taliformes y otras

cormofitas, pero sin raíces y con las frondas sin nervios.

hepático, -ca adj. Perten. o rel. al hígado.

hepatitis f. Inflamación del hígado.

hepatología f. Estudio de las funciones y enfermedades del hígado.

heptacordio, -do m. MÚS. Escala usual compuesta de las siete notas.

heptaedro m. Sólido de siete caras.

heptágono m. Polígono de siete ángulos.

heptasílabo, -ba adj.-s. De siete sílabas.

heráldico, -ca adj.-s. Perten. o rel. al blasón. - 2 f. Blasón (arte).

heraldo m. Mensajero, adalid.

herbáceo, -a adj. Que tiene las características de la hierba.

herbaje m. Hierba de los prados.

herbario, -ria adj. Perten. o rel. a las plantas. - 2 m. Colección de plantas secas ordenadas sistemáticamente.

herbero m. Esófago de los rumiantes

herbicida adj.-m. Producto que se emplea para exterminar las hierbas nocivas.

herbívoro, -ra adj.-m. Que se alimenta de vegetales.

herbolario, -ria m. f. Persona que se dedica a vender plantas medicinales. - 2 m. Tienda donde se venden estas plantas.

herboristería f. Tienda del herbolario.

herborizar intr. Recoger plantas para estudiarlas o guardarlas.

herciano, -na adj. Hertziano.

hercio m. FÍS. Hertz.

hércules m. Hombre de mucha fuerza.

heredad f. Terreno cultivado perteneciente a un mismo dueño.

heredar tr. Suceder en los bienes, derechos, etc., de una persona. 2 Poseer ciertos caracteres por herencia biológica.

heredero, -ra adj.-s. Díc. de la persona que por testamento o por ley sucede en una herencia.

hereditario, -ria adj. Perten. o rel. a la herencia o que se adquiere por ella.

hereje com. Persona que sostiene una herejía.

herejía f. Doctrina contraria a los dogmas de la Iglesia. 2 fig. Disparate, error.

herencia f. Derecho de heredar. 2 Lo que se hereda, como bienes, carácter, etc.

heresiarca *m*. Jefe de una secta herética.

herético, -ca *adj*. Perten. o rel. a la herejía.

herida *f*. Rotura hecha en las carnes con un instrumento o por un choque. 2 Ofensa, agravio.

herir *tr*. Dar un golpe que dañe el organismo. 2 Golpear un cuerpo contra otro. 3 Ofender.

hermafrodita *adj.-s*. Que tiene órganos reproductores de los dos sexos.

hermafroditismo *m*. Calidad de hermafrodita.

hermanado, -da *adj*. fig. Igual o semejante a otra cosa.

hermanar *tr.-prnl*. Unir, uniformar.

hermanastro, -tra *m*. f. Hijo de uno de los cónyuges, respecto al hijo del otro.

hermandad *f*. Parentesco entre hermanos. 2 Amistad íntima. 3 Cofradía (congregación).

hermano, -na *m*. f. Nacido de los mismos padres o sólo del mismo padre o de la misma madre. 2 Persona que se siente unida a otras por algún tipo de vínculo espiritual. 3 Lego.

hermenéutica *f*. Ciencia que estudia la interpretación de textos, esp. los bíblicos.

hermético, -ca *adj*. Impenetrable.

hermetizar *tr.-prnl*. fig. Hacer que una cosa sea hermética.

hermosear *tr*. Hacer o poner hermoso a una persona o cosa.

hermoso, -sa *adj*. Dotado de hermosura.

hermosura *f*. Belleza. 2 Mujer hermosa.

hernia *f*. Tumor producido por la salida total o parcial de una víscera fuera de la cavidad que la encerraba.

herniarse *prnl*. Sufrir una hernia.

héroe *m*. Varón ilustre por sus hazañas o virtudes. 2 Protagonista de un poema épico, leyenda, etc. 3 Semidiós.

heroico, -ca *adj*. Perten. o rel. al héroe. 2 Díc. de la poesía que narra hechos grandes y memorables.

heroína *f*. Mujer ilustre por sus hazañas o virtudes. 2 Protagonista de una leyenda en un drama, novela, etc. 3 Éter de la morfina, de acción narcótica y estupefaciente.

heroísmo *m*. Conjunto de cualidades propias del héroe. 2 Acción heroica.

herpe, herpes *m*. Erupción cutánea de pequeñas vesículas agrupadas.

herpetología *f*. Parte de la zoología que trata de los reptiles.

herrada *f*. Cubo de madera con aros de hierro, más ancho por la base que por la boca.

herradura *f*. Hierro que se clava a las caballerías en los cascos.

herraje *m*. Conjunto de piezas de hierro con que se guarnece algo. 2 Conjunto de herraduras y clavos con que se aseguran.

herramienta *f*. Instrumento con que trabajan los artesanos.

herrar *tr*. Ajustar y clavar las herraduras. 2 Marcar con un hierro candente.

herrera *f*. Pez marino teleósteo con manchas obscuras verticales.

herrería *f*. Fábrica en que se labra el hierro. 2 Oficio o taller del herrero.

herrerillo *m*. Ave paseriforme insectívora que presenta una coloración muy típica.

herrero *m*. El que labra el hierro.

herrumbre *f*. Orín (óxido).

hertz *m*. FÍS. Unidad de frecuencia en el Sistema Internacional.

hertziano, -na *adj*. Díc. de las ondas electromagnéticas.

hervidero *m*. Agitación de un líquido al hervir. 2 Manantial donde se producen burbujas al brotar el agua. 3 fig. Multitud.

hervir *intr*. Moverse agitadamente un líquido por crearse en su interior gases o vapores. 2 Excitarse las pasiones.

hervor *m*. Ac. y ef. de hervir.

hesperidio *m*. Baya de epicarpio grueso y esponjoso.

heterocerca *adj*. Díc. de la aleta caudal de dos lóbulos de forma y estructura distinta.

heteróclito, -ta *adj*. Irregular, extraño.

heterocromo, -ma *adj*. Que analiza o se sirve de varios colores a la vez.

heterodonto, -ta *adj*. Díc. del animal con especialización dentaria, como los mamíferos.

heterodoxia *f*. Calidad de heterodoxo.

heterodoxo, -xa *adj.-s*. Que se separa de la ortodoxia.

heterogamia *f*. Fecundación por medio de gametos distintos.

heterogéneo, -a *adj*. Compuesto de partes de diversa naturaleza. 2 Diferente.

heterogénesis *f.* Mutación. 2 Alternancia de generaciones.

heterogenia *f.* Teoría según la cual los seres vivos pueden proceder de otros distintos, anteriores a ellos.

heteromorfo, -fa *adj.* Que dentro de una misma especie, presenta formas muy distintas.

heteronimia *f.* Fenómeno por el cual vocablos de mucha proximidad semántica proceden de raíces diferentes.

heteróptero, -ra *adj.-m.* Díc. del insecto hemíptero cuyas alas anteriores son hemélitros.

heterosexual *adj.* Díc. de la relación erótica entre individuos de diferente sexo.

heterosfera *f.* Capa más externa de la atmósfera que tiene una composición química variable.

heurística *f.* Arte de inventar.

hexaedro *m.* Sólido de seis caras.

hexagonal *adj.* De figura de hexágono.

hexágono *m.* Polígono de seis ángulos.

hexasílabo, -ba *adj.-s.* De seis sílabas.

hez *f.* Poso de un líquido. 2 Lo más vil y despreciable. - 3 *f. pl.* Excremento.

hialografía *f.* Arte de dibujar en vidrio.

hialógrafo *m.* Instrumento para copiar en perspectiva los objetos, utilizando la transparencia de un vidrio.

hialoide *adj.* ANAT. Que es parecido al vidrio: *membrana ~,* la que contiene el humor vítreo del ojo.

hialotecnia *f.* Arte de fabricar y trabajar el vidrio.

hiato *m.* Encuentro de dos vocales consecutivas sin formar diptongo.

hibernación *f.* Estado de letargo de ciertos animales, durante el invierno.

hibernar *intr.* Pasar el invierno en estado de hibernación.

híbrido, -da *adj.* Díc. del animal o vegetal que proviene de dos especies o variedades distintas.

hidalgo, -ga *m. f.* Persona de noble nacimiento. - 2 *adj.* Perten. o rel. a un hidalgo.

hidra *f.* Monstruo con siete cabezas. 2 Pólipo tubular de agua dulce.

hidrartrosis *f.* Hinchazón de una articulación por acumulación de líquido acuoso, no purulento.

hidratación *f.* Ac. y ef. de hidratar.

hidratante *adj.* Que hidrata.

hidratar *tr.* Restablecer el grado de humedad normal en la piel.

hidrato *m.* QUÍM. Combinación de un cuerpo con el agua.

hidráulica *f.* Parte de la mecánica que estudia el equilibrio y el movimiento de los fluidos. 2 Ciencia que estudia el aprovechamiento energético del agua.

hidráulico, -ca *adj.* Que funciona por medio del agua.

hidroavión *m.* Aeroplano con flotadores para posarse sobre el agua.

hidrobiología *f.* Ciencia que estudia la vida de los animales y las plantas que pueblan las aguas.

hidrocarbonado, -da *adj.* Compuesto de agua y carbono.

hidrocarburo *m.* Cuerpo orgánico que sólo contiene carbono e hidrógeno.

hidrocaritáceo, -a *adj.-f.* Díc. de la planta helobial acuática, sumergida o flotante, con las flores actinomorfas y unisexuales.

hidrocución *f.* Síncope que se presenta por inmersión en agua fría.

hidrodinámica *f.* Parte de la dinámica que estudia el movimiento de los líquidos.

hidroelectricidad *f.* Energía eléctrica obtenida por la fuerza hidráulica.

hidrófilo, -la *adj.* Que absorbe el agua con gran facilidad.

hidrofobia *f.* Fobia al agua.

hidrófono *m.* Aparato que convierte las ondas sonoras transmitidas por agua en señales acústicas.

hidrófugo, -ga *adj.-m.* Substancia que evita la humedad o las filtraciones.

hidrogenar *tr.* Combinar una substancia con hidrógeno.

hidrogénesis *f.* Disciplina que trata del descubrimiento y la captación de manantiales y cursos de agua.

hidrógeno *m.* Elemento gaseoso, incoloro e insípido que entra en la composición de muchas substancias orgánicas.

hidrogeología *f.* Rama de la geología que se ocupa del estudio del ciclo de las aguas.

hidrografía *f.* Descripción de los mares y aguas corrientes.

hidrólisis *f.* Descomposición de substancias orgánicas por acción del agua.

hidrología *f.* Parte de las ciencias naturales que trata de las aguas.

hidromagnesita *f.* Mineral de la clase

de los carbonatos de color blanco puro y brillo vítreo.

hidrometalurgia *f.* Parte de la metalurgia que estudia los procedimientos que usan reacciones químicas en solución acuosa para la extracción de metales.

hidrometría *f.* Parte de la hidrodinámica que tiene por objeto medir el caudal, la velocidad, la fuerza, etc., de los líquidos.

hidromodelismo *m.* Modelismo de barcos, canales, presas, etc.

hidronimia *f.* Parte de la toponimia que estudia el origen y significación de los nombres de ríos, arroyos, lagos, etc.

hidropesía *f.* Acumulación anómala de suero en cualquier parte del cuerpo.

hidrópico, -ca *adj.-s.* Que padece hidropesía.

hidroplano *m.* Hidroavión.

hidroscopia *f.* Ciencia que trata de la prospección en busca de aguas ocultas.

hidrosfera *f.* Conjunto de las partes líquidas del globo terráqueo.

hidrosoluble *adj.* Soluble en el agua.

hidrostática *f.* Parte de la mecánica que estudia el equilibrio de los fluidos.

hidroterapia *f.* Tratamiento de las enfermedades por la aplicación del agua.

hidróxido *m.* QUÍM. Compuesto que contiene en su molécula el grupo hidroxilo.

hidroxilo *m.* QUÍM. Radical compuesto de un átomo de oxígeno y uno de hidrógeno.

hiedra *f.* Planta trepadora, de hojas coriáceas y lustrosas.

hiel *f.* Bilis. 2 Amargura, aspereza.

hielo *m.* Agua solidificada por el frío.

hiemación *f.* Acción de pasar el invierno.

hiena *f.* Mamífero carnívoro, nocturno.

hierático, -ca *adj.* Perten. o rel. a las cosas sagradas o a los sacerdotes. 2 Díc. del estilo o ademán que tiene solemnidad extrema.

hierba *f.* Planta cuyo tallo no desarrolla tejido leñoso. 2 Conjunto de estas plantas.

hierbabuena *f.* Planta herbácea vivaz y aromática, usada como condimento.

hierro *m.* Metal gris azulado, dúctil, muy tenaz y se oxida fácilmente. ▷ *De* ~ *,* de gran entereza o resistencia. *Qui-*

tar ~ *,* quitar importancia.

hifa *f.* Elemento filiforme del micelio de los hongos.

hígado *m.* Órgano que elabora y segrega la bilis. - 2 *m. pl.* Ánimo, valentía.

higiene *f.* Parte de la medicina que tiene por objeto la conservación de la salud.

higiénico, -ca *adj.* Perten. o rel. a la higiene.

higo *m.* Segundo fruto de la higuera.

higrología *f.* FÍS. Tratado acerca del agua.

higrometría *f.* Parte de la física que determina la humedad atmosférica.

higrómetro *m.* Instrumento que determina el grado de humedad de la atmósfera.

higroscopio *m.* Instrumento poco preciso que indica la variación de la humedad del aire.

higrostato *m.* Aparato que produce humedad constante.

higuera *f.* Árbol frutal, de savia láctea y hojas grandes y lobuladas.

hijastro, -tra *m. f.* Respecto de uno de los cónyuges, hijo o hija que el otro ha tenido de un matrimonio anterior.

hijo, -ja *m. f.* Persona o animal, respecto de sus padres. 2 Persona respecto del lugar que es natural. 3 Obra o producción del ingenio. 4 Lo que procede de otra cosa por procreación. - 5 *m. pl.* Descendientes.

hila *f.* Hilera. 2 Acción de hilar. - 3 *f. pl.* Hebras que se sacan de un lienzo usado.

hilacha, hilacho *f., m.* Pedazo de hilo que se desprende de una tela.

hilada *f.* Hilera (formación en línea).

hiladillo *m.* Hilo que sale de la maraña de la seda.

hilado *m.* Ac. y ef. de hilar.

hilandería *f.* Arte de hilar. 2 Fábrica de hilados.

hilar *tr.* Reducir una fibra textil a hilo. 2 Inferir unas cosas de otras. ▷ ~ *fino,* actuar con astucia.

hilarante *adj.* Que mueve a risa.

hilaridad *f.* Risa y algazara que excita lo que se ve o se oye.

hilatura *f.* Arte de hilar. 2 Industria y comercio de hilados.

hilaza *f.* Hilo basto y desigual.

hilera *f.* Formación en línea de un número de personas o cosas. 2 Aparato para reducir a alambre las barras metálicas.

hilo *m.* Cuerpo de forma capilar, muy delgado y flexible, que se forma de cualquier materia textil. 2 Alambre delgado. 3 Cable transmisor. 4 Hebra que producen ciertos insectos. 5 Tejido de lino o cáñamo. ▷ *Al ~,* según la dirección o el sentido de una cosa. *Perder el ~,* olvidar lo que se estaba diciendo. *Tomar* o *seguir el ~,* continuar lo que se estaba diciendo.

hilomorfismo *m.* Doctrina según la cual los cuerpos se hallan constituidos por materia y forma.

hilozoísmo *m.* Doctrina metafísica que considera a la materia como viviente, es decir, dotada de espontaneidad y de sensibilidad.

hilván *m.* Costura con que se prepara lo que se ha de coser. 2 Hilo empleado para hilvanar.

hilvanar *tr.* Preparar el cosido de las ropas con hilvanes. 2 Hacer algo con precipitación. 3 Coordinar ideas o palabras.

himen *m.* Membrana de la vagina.

himeneo *m.* Casamiento.

himenóptero, -ra *adj.-m.* Díc. del insecto con cuatro alas membranosas.

himno *m.* Composición poética o musical de alabanza, entusiasmo o adoración.

hincapié *m.* Insistencia.

hincar *tr.* Introducir, clavar. 2 Apoyar una cosa en otra con fuerza.

hincha *f.* Odio, animadversión. - 2 *com.* Partidario entusiasta de un equipo deportivo o de una personalidad destacada.

hinchada *f.* Multitud de hinchas, partidarios de equipos deportivos o personalidades destacadas.

hinchado, -da *adj.* Presuntuoso. 2 Afectado.

hinchar *tr.-prnl.* Hacer que un cuerpo aumente su volumen llenándolo de agua, aire, etc. 2 Exagerar. - 3 *prnl.* Comer con exceso. 4 Envanecerse.

hinchazón *f.* Efecto de hincharse. 2 Vanidad. 3 Vicio del estilo hinchado.

hindi *m.* Lengua de la India.

hindú *adj.-s.* Indio (de la India).

hinduismo *m.* Budismo de los hindúes.

hinojo *m.* Planta aromática de hojas muy divididas usada como condimento.

hioides *m.* ANAT. Hueso flotante situado debajo de la lengua y encima de la laringe.

hipálage *f.* Figura de construcción que consiste en aplicar a un substantivo un adjetivo que corresponde a otro substantivo.

hipar *intr.* Dar hipos reiterados. 2 Fatigarse por el mucho esfuerzo. 3 Gimotear.

hipérbaton *m.* Figura de construcción que consiste en alterar el orden habitual de las palabras en el discurso.

hipérbola *f.* Curva simétrica compuesta de dos ramas abiertas dirigidas en opuesto sentido.

hipérbole *f.* Figura que consiste en exagerar lo que se expresa.

hiperbóreo, -a *adj.* Muy septentrional.

hipercromía *f.* Pigmentación excesiva de la piel.

hiperemia *f.* Superabundancia de sangre.

hiperespacio *m.* Espacio ficticio de más de tres dimensiones.

hiperestesia *f.* Sensibilidad patológica.

hiperfunción *f.* Aumento de la función normal de un órgano.

hiperglucemia *f.* Aumento de la glucemia por encima de los valores normales.

hipermercado *m.* Tienda de enormes dimensiones en la que la venta al público se hace por autoservicio.

hipermetropía *f.* Ametropía por rigidez de los medios refringentes del ojo.

hiperónimo *m.* Voz cuyo significado engloba al de otra u otras.

hiperrealismo *m.* Corriente artística basada en la reproducción de la realidad.

hipersensibilidad *f.* Sensibilidad en un grado mayor de lo normal.

hipersensible *adj.* Que tiene mayor sensibilidad de la normal.

hipertensión *f.* Tensión arterial superior a la normal.

hipertermia *f.* Estado de elevación anormal de la temperatura del cuerpo.

hipertrofia *f.* Desarrollo excesivo de un órgano.

hipertrofiar *tr.-prnl.* Desarrollar excesivamente un órgano.

hípico, -ca *adj.* Perten. o rel. al caballo y a la equitación. - 2 *f.* Conjunto de deportes que se practican a caballo.

hipido m. Ac. y ef. de hipar.

hipnología f. Disciplina que se ocupa del estudio del sueño y de los fenómenos con él relacionados.

hipnosis f. Estado especial del sistema nervioso, parecido al sueño.

hipnótico, -ca adj. Perten. o rel. al sueño o a la hipnosis. - 2 adj.-m. Medicamento que produce sueño; somnífero.

hipnotismo m. Conjunto de teorías y fenómenos relacionados con la hipnosis.

hipnotizar tr. Producir la hipnosis. 2 Fascinar, asombrar.

hipo m. Serie de inspiraciones espasmódicas, acompañadas de un ruido característico, debidas a una contracción súbita del diafragma. ▷ *Quitar el ~*, sorprender.

hipocampo m. Pez teleósteo cuya cabeza recuerda la de un caballo.

hipocentro m. Punto en el interior de la tierra de donde parten las ondas sísmicas.

hipocondría f. Depresión morbosa del ánimo, caracterizada por una preocupación obsesiva por la propia salud.

hipocondríaco, -ca adj. Perten. o rel. a la hipocondría. - 2 adj.-s. Que la padece.

hipocondrio m. Región del abdomen situada debajo de las costillas falsas.

hipocorístico, -ca adj. Nombre usado en forma diminutiva, abreviada o infantil como apelativo cariñoso o eufemístico.

hipocresía f. Fingimiento de cualidades o sentimientos.

hipócrita adj.-s. Que tiene hipocresía.

hipocromía f. Pigmentación deficiente de la piel.

hipodérmico, -ca adj. Que está o se pone debajo de la piel.

hipodermis f. Tejido celular subcutáneo.

hipódromo m. Lugar destinado para carreras de caballos.

hipófisis f. Glándula endocrina muy pequeña, situada en la parte inferior del encéfalo.

hipogeo m. Sepulcro subterráneo de los antiguos.

hipoglucemia f. Disminución de la cantidad normal de azúcar contenida en la sangre.

hipomóvil adj. Movido por caballerías.

hipónimo m. Voz cuyo significado está englobado en el de otra.

hipopótamo m. Mamífero artiodáctilo paquidermo que vive en los grandes ríos del África.

hipostenia f. Pérdida de fuerzas.

hipostesia f. Disminución de la sensibilidad.

hipóstilo, -la adj. Sostenido por columnas.

hipotálamo m. Región del encéfalo situada en la base cerebral.

hipotaxis f. Subordinación de oraciones.

hipoteca f. Derecho que recae sobre una finca que permanece en posesión de su dueño, y que garantiza el cumplimiento de una obligación.

hipotecar tr. Gravar una finca con hipoteca. 2 Poner en peligro.

hipotensión f. Tensión arterial inferior a la normal.

hipotenusa f. Lado opuesto al ángulo recto en un triángulo rectángulo.

hipotermia f. Estado de descenso de la temperatura del cuerpo por debajo de los límites normales.

hipótesis f. Suposición imaginada para deducir de ella ciertas conclusiones.

hipotético, -ca adj. Perten. o rel. a la hipótesis o fundado en ella.

hipotrofia f. Nutrición insuficiente de un órgano o del organismo.

hippie adj.-m. De un movimiento juvenil de carácter pacifista de los años sesenta.

hipsómetro m. Termómetro para medir la altura de un lugar.

hiriente adj. Que hiere.

hirsuto, -ta adj. Díc. del pelo áspero y duro, y de lo que está cubierto de él.

hisopo m. Mata labiada muy olorosa. 2 Utensilio para rociar agua bendita.

hispalense adj.-s. Sevillano.

hispánico, -ca adj. Español. 2 Perten. o rel. a los pueblos de origen español.

hispanidad f. Conjunto de pueblos de lengua y cultura hispánica.

hispanismo m. Vocablo, giro o modo de expresión propio de la lengua española empleado en otro idioma.

hispanista com. Persona que se consagra a los estudios hispánicos.

hispanizar tr. Españolizar.

hispano, -na adj.-s. Español. 2 Habitante de los Estados Unidos de América, de habla española.

hispanoamericanismo *m.* Doctrina que tiende a la unión espiritual de todos los pueblos hispanoamericanos.

hispanoamericano, -na *adj.-s.* De la América española. - 2 *adj.* Perten. o rel. a España y América.

hispanoárabe *adj.* Perten. o rel. al período de la dominación árabe en España.

hispanófilo, -la *adj.-s.* Aficionado al estudio de lo español.

hispanófono, -na *adj.-s.* Hispanohablante.

hispanohablante *adj.-s.* Que tiene como lengua materna el español. 2 De lengua española.

histamina *f.* Excitante de la fibra muscular lisa, que provoca descenso de la tensión arterial y activa la secreción.

histerismo *m.* Estado patológico en que la estabilidad emocional es exagerada.

histogénesis *f.* Proceso del período embrionario en que se generan los tejidos. 2 Parte de la embriología que estudia los procesos de desarrollo de las células germinales.

histograma *m.* Gráfico utilizado en la representación de distribuciones de frecuencias.

histología *f.* Ciencia que estudia la estructura de los tejidos animales y vegetales.

historia *f.* Exposición sistemática de los acontecimientos dignos de memoria. 2 Narración verídica o inventada. 3 Chisme, enredo. 4 ~ *natural,* conjunto de ciencias que tienen por objeto el estudio de los seres de la naturaleza.

historiador, -ra *m. f.* Especialista en historia.

historial *m.* Reseña de los antecedentes de un negocio o de un funcionario.

historiar *tr.* Contar o escribir la historia de alguna persona o de algún hecho.

historicidad *f.* Veracidad histórica.

historicismo *m.* Tendencia intelectual a reducir la realidad humana a su historicidad.

histórico, -ca *adj.* Perten. o rel. a la historia.

historieta *f.* Narración breve. 2 Serie de viñetas o representaciones gráficas.

historiografía *f.* Ciencia que estudia las obras sobre historia.

histrión *m.* Actor teatral.

histrionismo *m.* Oficio de histrión. 2 desp. Teatralidad en los gestos, lenguaje, etc.

hito, -ta *adj.* Fijo, firme. - 2 *m.* Poste de piedra u otra señal clavada en el suelo. ▷ *Mirar de ~ en ~,* fijar la vista en algo.

hobby *m.* Pasatiempo favorito.

hocicar *tr.* Hozar.

hocico *m.* Parte de la cabeza de algunos animales en que están la boca y las narices.

hockey *m.* Juego entre dos equipos que consiste en tratar de introducir la bola en la portería contraria con un stick.

hogaño *adv. t.* En este año.

hogar *m.* Sitio donde se enciende lumbre. 2 Casa, domicilio.

hogareño, -ña *adj.* Amante del hogar.

hogaza *f.* Pan grande.

hoguera *f.* Porción de materias que arden con llama.

hoja *f.* Órgano laminar que nace de la cubierta externa del tallo y las ramas de los vegetales. 2 Lámina delgada de cualquier material. 3 Cuchilla de un arma. 4 ~ *de cálculo,* programa que sirve para calcular y visualizar tablas de valores relacionados.

hojalata *f.* Lámina de hierro o acero bañada de estaño.

hojaldrar *tr.* Dar a la masa forma de hojaldre.

hojaldre *amb.* Masa con manteca que, cocida al horno, hace hojas superpuestas.

hojarasca *f.* Conjunto de hojas caídas de los árboles. 2 Cosa inútil.

hojear *tr.* Pasar ligeramente las hojas de un libro o leer por encima.

hojuela *f.* BOT. Hoja que forma parte de otra compuesta.

¡hola! Interjección de saludo.

holandés, -desa *adj.-s.* De Holanda. - 2 *m.* Neerlandés.

holding *m.* Organización financiera que participa en varias empresas creando una comunidad de intereses entre ellas.

holgado, -da *adj.* Ancho. 2 Que vive con bienestar.

holgar *intr.* Descansar. 2 Estar ocioso.

holgazán, -zana *adj.-s.* Díc. de la persona que holgazanea.

holgazanear *intr.* Estar voluntariamente ocioso.

holgazanería f. Aversión al trabajo.

holgorio m. Fiesta bulliciosa.

holgura f. Esparcimiento, recreo. 2 Desahogo.

holocausto m. Sacrificio en que se quemaba a la víctima. 2 Ofrenda generosa.

holoceno, -na adj.-m. Díc. del segundo período de la era cuaternaria iniciado al terminar la última glaciación.

holodonto, -ta adj. Díc. del animal que presenta completa la dentición característica del grupo taxonómico al que pertenece.

holoédrico, -ca adj. Díc. del cristal que tiene todos los elementos de simetría requeridos por su sistema.

holoedro m. Cristal que tiene el máximo número posible de caras de una notación dada.

holografía f. Proceso fotográfico que consigue la reproducción tridimensional.

holograma m. Imagen reproducida por medio de la holografía.

holómetro m. Instrumento que sirve para tomar la altura angular de un punto sobre el horizonte.

holoturia f. Equinodermo de la clase de los holoturoideos.

holoturoideo, -a adj.-m. Díc. del equinodermo desprovisto de caparazón y de forma alargada.

hollar tr. Pisar.

hollejo m. Pellejo de algunas frutas y legumbres.

hollín m. Substancia crasa y negra depositada por el humo.

hombrada f. Acción propia de un hombre generoso y valiente.

hombre m. Individuo de la especie humana. 2 Ser animado racional, mamífero del orden de los primates que se distingue de los demás por tener una posición erguida, gran desarrollo mental y facultad de hablar. 3 Varón (del sexo masculino).

hombrera f. Adorno o refuerzo de los vestidos en la parte de los hombros.

hombría f. Conjunto de cualidades morales que ensalzan a un hombre.

hombro m. Parte superior y lateral del tronco, de donde nace el brazo. ▷ *A hombros, en hombros,* sobre los hombros. *~ con ~,* en constante colabora-

ción. *Arrimar el ~,* ayudar en el trabajo a otros.

hombruno, -na adj. Que se parece al hombre o parece propio de hombre.

homenaje m. Juramento de fidelidad. 2 Sumisión, veneración. 3 Acto público en honor de una o varias personas.

homenajear tr. Tributar un homenaje.

homeopatía f. Sistema curativo que administra dosis mínimas de substancias que, en mayor cantidad, determinarían una afección análoga a la que se combate.

homeóstasis, homeostasis f. Conjunto de fenómenos de autorregulación, conducentes al mantenimiento de una relativa constancia en la composición y las propiedades del medio interno de un organismo.

homicida adj.-com. Que ocasiona la muerte de una persona.

homicidio m. Muerte causada a una persona por otra.

homilía f. Plática religiosa.

homínido adj.-m. Díc. del primate catarrino con gran desarrollo cerebral que les ha permitido una gran inteligencia; a esta familia sólo pertenece una especie: el hombre.

homocerca adj. Díc. de la aleta caudal de dos lóbulos iguales.

homodonto, -ta adj. Díc. del animal sin especialización dentaria, con un solo tipo de dientes.

homófono, -na adj. Díc. de la palabra que se pronuncia de igual modo que otra, con distinta significación.

homogeneizar tr. Transformar en homogéneo un compuesto de elementos diversos.

homogéneo, -a adj. Perten. o rel. a un mismo género. 2 Formado por elementos de igual naturaleza.

homógrafo, -fa adj.-s. Voz homónima cuando se escribe de igual manera que otra.

homologar tr. Registrar y confirmar un organismo autorizado el resultado de una prueba deportiva. 2 Hacer pruebas respecto a la calidad de un producto para comprobar si se ajusta a determinadas normas. 3 Poner en relación de igualdad.

homólogo, -ga adj. Semejante, que se corresponde con otros.

homónimo, -ma adj.-s. Que llevan el

mismo nombre.

homopétalo, -la adj. Díc. de la flor cuyos pétalos son todos iguales entre sí.

homóptero, -ra adj.-m. Díc. del insecto hemíptero cuyas alas anteriores son de textura uniforme y casi siempre membranosa.

homosexual adj.-s. Que siente atracción sexual por individuos de su mismo sexo.

homosexualidad f. Inclinación sexual hacia individuos del mismo sexo.

homosfera f. Capa inferior de la atmósfera caracterizada por la constancia de su composición química.

honda f. Tira de una materia flexible para arrojar piedras.

hondo, -da adj. Profundo, alto, recóndito. 2 Intenso, extremado.

hondonada f. Terreno hondo.

hondura f. Profundidad.

hondureño, -ña adj.-s. De Honduras.

honestidad f. Decoro. 2 Recato.

honesto, -ta adj. Decente, decoroso. 2 Recatado, pudoroso. 3 Honrado.

hongo m. Planta parásita sin clorofila.

honor m. Virtud, probidad. 2 Cosa por la que alguien se siente enaltecido. 3 Buena reputación.

honorabilidad f. Cualidad de honorable; dignidad, honradez.

honorable adj. Digno de ser honrado.

honorario, -ria adj. Que sirve para honrar. 2 Que lleva el título de un cargo sin desempeñarlo ni cobrar sueldo.

honorífico, -ca adj. Que da o sirve para dar honor.

honoris causa Locución latina que significa por razón o causa de honor.

honra f. Respeto de la dignidad propia. 2 Buena reputación. 3 Demostración de aprecio. - 4 f. pl. Funerales.

honradez f. Cualidad de honrado.

honrado, -da adj. Que procede con rectitud e integridad.

honrar tr. Respetar, enaltecer. 2 Dar honor.

honrilla f. Vergüenza que nos impulsa a hacer o dejar de hacer alguna cosa por el qué dirán.

honroso, -sa adj. Que da honra.

hopear intr. Menear la cola.

hora f. Vigésima cuarta parte del día solar. 2 Momento determinado del día. ▷ A última ~, en los últimos momentos. La ~ de la verdad, el momento decisivo. Tener ~ con alguien, tener una cita reservada con él. Tener las horas contadas, estar próximo a finalizar o morir.

horadar tr. Agujerear.

horario, -ria adj. Perten. o rel. a las horas. - 2 m. Saetilla del reloj que señala las horas. 3 Cuadro indicador de las horas en que deben ejecutarse determinados actos.

horca f. Aparato formado por una barra horizontal sostenida por otras verticales de la que cuelga una cuerda. 2 Palo rematado en dos o más púas, para usos agrícolas.

horcajadas (a ~) loc. adv. Echando cada pierna por su lado.

horcajadura f. Ángulo que forman los dos muslos o piernas en su nacimiento.

horchata f. Bebida de almendras, chufas, etc., machacadas con agua y azúcar.

horda f. Comunidad nómada con vínculos sociales y espirituales rudimentarios. 2 Grupo de gente armada que no pertenece a un ejército regular.

horizontal adj. Que está en el horizonte o paralelo a él.

horizontalidad f. Calidad de horizontal.

horizonte m. Línea que limita la parte de superficie terrestre visible.

horma f. Molde con que se fabrica o forma una cosa.

hormiga f. Insecto himenóptero que abre galerías, donde vive formando colonias.

hormigón m. Material de construcción formado por una mezcla de piedras menudas y argamasa.

hormigonera f. Aparato para preparar hormigón.

hormiguear intr. Experimentar en alguna parte del cuerpo una sensación semejante a la que producirían las hormigas corriendo por ella.

hormigueo m. Desazón física o moral.

hormiguera f. Mariposa diurna diminuta.

hormiguero m. Sitio donde se crían y recluyen las hormigas.

hormiguilla f. Cosquilleo, picazón o prurito.

hormiguillo m. Enfermedad que padecen las caballerías en el casco. 2 Cosquilleo, picazón.

hormiguita *com.* fam. Persona trabajadora y que ahorra cuanto puede.

hormona *f.* Substancia segregada por las glándulas endocrinas que regula la actividad de otros órganos.

hornacina *f.* Hueco o nicho practicado en un muro para colocar en él una imagen, estatua, etc.

hornacho *m.* Excavación hecha en las montañas para extraer minerales o tierra.

hornada *f.* Lo que se cuece de una vez en un horno.

hornaguearse *prnl.* Moverse un cuerpo a un lado y otro.

hornaguera *f.* Carbón de piedra.

hornaguero, -ra *adj.* Flojo, holgado, espacioso.

hornaza *f.* Horno pequeño para fundir metales, especialmente el de los plateros.

hornblenda *f.* Mineral de color verde obscuro.

hornear *tr.* Meter una cosa en el horno.

hornilla *f.* Hueco hecho en los hogares con una reja horizontal para sostener la lumbre.

hornillo *m.* Horno manual.

horno *m.* Obra de fábrica que consiste en un espacio cerrado en el que se consigue una temperatura elevada. 2 Aparato electrodoméstico para asar, calentar o dorar los alimentos. ▷ *No estar el ~ para bollos,* no ser oportunidad para algo.

horóscopo *m.* Observación que los astrólogos hacen del cielo al nacer una persona para adivinar los sucesos de su vida.

horquilla *f.* Horca (palo). 2 Alfiler doblado que se emplea para sujetar el pelo.

horrendo, -da *adj.* Que causa horror.

hórreo *m.* Granero de madera levantado sobre pilares, característico del noroeste de la península.

horrible *adj.* Horrendo.

horripilación *f.* Ac. y ef. de erizarse los cabellos.

horripilador, -ra *adj.-m.* ANAT. Díc. de un pequeño músculo situado en el espesor de la piel, al lado de cada pelo.

horripilar *tr.* Hacer que se ericen los cabellos. 2 Horrorizar.

horror *m.* Sentimiento de repulsión causado por algo terrible o repugnante.

horrorizar *tr.* Causar horror.

horroroso, -sa *adj.* Que causa horror. 2 Muy feo o malo.

hortaliza *f.* Planta comestible que se cultiva en las huertas.

hortelano, -na *adj.* Hortense. - 2 *m. f.* Persona que cuida y cultiva huertas.

hortense *adj.* Perten. o rel. a las huertas.

hortensia *f.* Arbusto de jardín, de flores en inflorescencias. 2 Flor de esta planta.

hortera *adj.-s.* Chabacano, de mal gusto.

hortícola *adj.* De la huerta.

horticultura *f.* Cultivo de los huertos. 2 Parte de la agricultura que trata de este cultivo.

hortofruticultura *f.* Cultivo de hortalizas y frutas.

hosco, -ca *adj.* Áspero, intratable.

hospedador, -ra *adj.-s.* Vegetal o animal en cuyo cuerpo se aloja un parásito.

hospedaje *m.* Alojamiento.

hospedar *tr.-prnl.* Dar hospedaje a una persona o estar alojado como huésped.

hospedería *f.* Casa para alojamiento de visitantes o viandantes.

hospicio *m.* Casa para albergar peregrinos y pobres.

hospital *m.* Establecimiento en que se curan enfermos.

hospitalario, -ria *adj.* Que socorre y alberga a los extranjeros y necesitados.

hospitalidad *f.* Liberalidad que consiste en acoger y asistir a los necesitados. 2 Buen recibimiento que se hace a los visitantes.

hospitalizar *tr.* Ingresar un enfermo en un hospital.

hostal *m.* Establecimiento de hostelería que facilita alojamiento y comidas.

hostelería *f.* Conjunto de servicios prestados por establecimientos dedicados a facilitar de modo profesional y habitual alojamiento y comidas.

hostelero, -ra *m. f.* Persona que tiene a su cargo un hostal.

hostería *f.* Hostal.

hostia *f.* Oblea blanca que el sacerdote consagra en la misa. 2 vulg. Golpe, tortazo.

hostiario *m.* Caja para guardar hostias no consagradas.

hostigar *tr.* Azotar. 2 Perseguir.

hostil *adj.* Contrario, enemigo.

hostilizar *tr.* Acometer a los enemigos.

hotel *m.* Establecimiento de hostelería que facilita alojamiento y comidas, y dispone al menos de un diez por ciento de habitaciones individuales.

hotelero, -ra *adj.* Perten. o rel. al hotel. - 2 *m. f.* Persona que administra un hotel.

hotentote, -ta *adj.-s.* De una raza negra sudafricana.

hovercraft *m.* Vehículo que se desplaza sobre la superficie del agua sustentado por una capa de aire a presión.

hoy *adv. t.* En el día y tiempo presente. ▷ ~ *día;* ~ *en día;* ~ *por* ~, en esta época; en estos días.

hoya *f.* Hoyo grande en la tierra.

hoyanca *f.* Fosa común de los cementerios.

hoyo *m.* Concavidad en una superficie.

hoyuelo *m.* Hoyo en el centro de la barba y en las mejillas de algunas personas.

hoz *f.* Instrumento para segar. 2 Angostura de un valle o río.

hozar *tr.* Levantar el cerdo o el jabalí la tierra con el hocico.

hucha *f.* Alcancía. 2 Dinero que se ahorra.

hueco, -ca *adj.* Cóncavo o vacío. 2 Presumido, afectado. 3 Retumbante y profundo. - 4 *m.* Intervalo de tiempo o lugar.

huecograbado *m.* Procedimiento de fotograbado en cilindros de cobre.

huecorrelieve *m.* Tipo de relieve en el que el motivo escultórico está por debajo del nivel de la superficie de fondo.

huelga *f.* Tiempo en que uno está sin trabajar. 2 Interrupción del trabajo hecha de común acuerdo por los obreros.

huelgo *m.* Hueco entre dos piezas que deben encajar.

huelguista *com.* Persona que toma parte en una huelga (cesación).

huella *f.* Señal que deja el pie en donde pisa. 2 Vestigio. 3 Impresión duradera. ▷ *Seguir las huellas de uno,* imitarle.

huérfano, -na *adj.-s.* Persona de menor edad que pierde a su padre y madre, o a alguno de los dos.

huero, -ra *adj.* Vano, vacío.

huerta *f.* Terreno destinado al cultivo de árboles frutales y hortalizas.

huertano, -na *adj.-s.* Díc. de la persona de algunas comarcas de regadío.

huerto *m.* Lugar de corta extensión en que se plantan verduras, legumbres y especialmente árboles frutales. ▷ *Llevar al* ~, engañar.

huesecillo Hueso pequeño. - 2 *m. pl.* ANAT. Estructuras óseas del interior del oído medio.

hueso *m.* Pieza dura y resistente que, con otras muchas, constituye el esqueleto de los vertebrados. 2 Endocarpio leñoso de las drupas, con la semilla que contiene. ▷ *Estar en los huesos,* estar muy delgado.

huésped, -da *m. f.* Persona alojada. - 2 *m.* Parásito que se aloja en un vegetal o animal. 3 Hospedador.

hueste *f.* Ejército en campaña.

huesudo, -da *adj.* Que tiene mucho hueso.

hueva *f.* Masa que forman los huevos de ciertos pescados en una bolsa oval.

huevero, -ra *m. f.* Persona que trata en huevos. - 2 *f.* Copa pequeña en que se come el huevo pasado por agua.

huevo *m.* Célula germinal femenina madura de un animal metazoo. ▷ *A* ~, fácil. *Pisando huevos,* muy despacio.

huevón, -vona *adj.* Tranquilo, cachazudo, indolente.

hugonote, -ta *adj.-s.* Partidario francés del calvinismo.

huida *f.* Acción de huir.

huidizo, -za *adj.* Que huye fácilmente.

huir *intr.-prnl.* Alejarse para evitar un daño o peligro. 2 Escaparse, fugarse. - 3 *intr.-tr.* Apartarse de una cosa perjudicial.

hule *m.* Tela pintada al óleo y barnizada.

hulla *f.* Carbón fósil que se aglutina al arder.

humanidad *f.* Condición de ser humano. 2 Género humano. 3 Benignidad, compasión. - 4 *f. pl.* Literatura, especialmente la griega y la latina.

humanismo *m.* Cultivo de las humanidades. 2 Movimiento desarrollado en Europa durante los s. XIV y XV que pretendía exaltar la naturaleza humana tomando como maestros a los clásicos griegos y latinos.

humanista *adj.* Perten. o rel. al humanismo. - 2 *com.* Persona instruida en humanidades.

humanitario, -ria *adj.* Caritativo.
humanizar *tr.* Hacer más humano. 2 Hacer algo más acogedor. - 3 *prnl.* Ablandarse, hacerse benigno.
humano, -na *adj.* Perten. o rel. al hombre. 2 Compasivo.
humanoide *m.* Ser con ciertos rasgos de hombre.
humareda *f.* Abundancia de humo.
humear *intr.-prnl.* Exhalar humo.
humedad *f.* Calidad de húmedo. 2 Agua de que está impregnado un cuerpo. 3 Cantidad de vapor de agua que contiene el aire atmosférico.
humedecer *tr.-prnl.* Causar humedad.
húmedo, -da *adj.* Que participa de la naturaleza del agua. 2 Ligeramente impregnado en un líquido.
humeral *adj.* Perten. o rel. al húmero.
humero *m.* Cañón de chimenea.
húmero *m.* ANAT. Hueso del brazo entre el hombro y el codo.
humícola *adj.* ZOOL. Que vive en terreno vegetal o humus.
humidificador *m.* Aparato que contiene agua y hace que ésta se evapore para aumentar el grado de humedad relativa en algún lugar.
humildad *f.* Ausencia completa de orgullo. 2 Sumisión voluntaria.
humilde *adj.* Que tiene humildad.
humillación *f.* Ac. y ef. de humillar o humillarse.
humillante *adj.* Que humilla o degrada.
humillar *tr.* Bajar una parte del cuerpo en señal de acatamiento. 2 Hacer perder el orgullo. - 3 *prnl.* Hacer actos de humildad.
humo *m.* Producto gaseoso de la combustión de materias orgánicas. 2 Vapor que exhala una cosa. - 3 *m. pl.* Altivez.
humor *m.* Líquido del cuerpo del animal o de la planta. 2 Disposición del ánimo.
humorada *f.* Dicho o hecho festivo.
humorismo *m.* Distanciamiento inge-

nioso y burlón. 2 Actividad profesional que pretende divertir o hacer reír al público.
humorista *adj.-com.* Que se expresa con humorismo. 2 Que se dedica al humorismo como profesión.
humorístico, -ca *adj.* Perten. o rel. al humorismo.
humus *m.* Mantillo.
hundimiento *m.* Ac. y ef. de hundir o hundirse.
hundir *tr.-prnl.* Meter en lo hondo. 2 Abatir.
húngaro, -ra *adj.-s.* De Hungría. - 2 *m.* Lengua húngara.
huno, -na *adj.-s.* De un antiguo pueblo bárbaro asiático que en el s. V invadió Europa.
huracán *m.* Viento muy impetuoso.
huraño, -ña *adj.* Que huye de las gentes.
hurgar *tr.* Remover una cosa con los dedos, con un palo, etc.; fisgar.
hurí *f.* Mujer muy bella que acompaña a los creyentes en el paraíso islámico.
hurón *m.* Mamífero carnívoro pequeño, de cuerpo alargado.
huronear *tr.* Cazar con hurón. 2 *fig.* Procurar saber y escudriñar cuanto pasa.
huronera *f.* Madriguera del hurón. 2 *fig.* Guarida, asilo.
¡hurra! Interjección de alegría o entusiasmo.
hurtadillas (a ∼) *loc. adv.* De manera furtiva.
hurtar *tr.* Robar a escondidas.
hurto *m.* Acción de hurtar. 2 Cosa hurtada.
húsar *m.* Soldado de caballería ligera.
husillo *m.* Tornillo de madera o metal para transmitir movimiento a una prensa o máquinas análogas.
husmear *tr.* Rastrear con el olfato.
huso *m.* Instrumento para torcer y arrollar el hilo que se va formando.
¡huy! Interjección de dolor o asombro.

I

i *f.* Vocal palatal, décima letra del alfabeto. 2 *l*, cifra romana equivalente a uno.

iatrogenia *f.* PAT. Producción de efectos nocivos debidos a la actuación médica.

ibérico, -ca *adj.* Ibero.

iberismo *m.* Forma o fenómeno lingüístico con que las lenguas ibéricas contribuyeron a la formación del castellano.

ibero, -ra, íbero, -ra *adj.-s.* De Iberia, ant. España.

iberoamericano, -na *adj.-s.* Hispanoamericano.

íbice *m.* Cabra montés.

ibicenco, -ca *adj.-s.* De Ibiza.

ibídem *adv.* De allí mismo.

ibis *f.* Ave ciconiforme de pico largo y plumaje blanco.

ícaro *f.* Mariposa diurna de pequeño tamaño.

iceberg *m.* Gran masa flotante de hielo en los mares.

icefield *m.* ANGLIC. Vasta extensión de hielo en las regiones polares.

icneumón *m.* Insecto himenóptero cuyas larvas son parásitos de las larvas de otros insectos.

icnografía *f.* Delineación de la planta de un edificio.

iconicidad *f.* Grado de semejanza del signo con su referente.

icono *m.* Imagen religiosa, pintada en tablilla, venerada entre los orientales.

iconoclasta *adj.-s.* Que niega el culto a las sagradas imágenes. 2 Que no respeta los valores tradicionales.

iconografía *f.* Descripción de imágenes, retablos, estatuas, etc.

iconolatría *f.* Adoración de las imágenes.

iconología *f.* Ciencia que estudia la representación gráfica de personajes mitológicos, religiosos o históricos.

iconomanía *f.* Pasión exagerada por las obras de escultura y de pintura.

iconoscopio *m.* Tubo electrónico para someter a barrido las imágenes en las cámaras de televisión.

icosaedro *m.* Sólido de veinte caras.

icosígono, -na *adj.-m.* Polígono de veinte ángulos.

ictericia *f.* Enfermedad caracterizada por la coloración amarilla de la piel.

ictíneo, -a *adj.* Semejante a un pez.

ictiófago, -ga *adj.-s.* Que se alimenta de peces.

ictiofauna *f.* Conjunto de los peces de un mar, un lago o un río.

ictiografía *f.* Parte de la zoología que trata de la descripción de los peces.

ictiología *f.* Parte de la zoología que trata de los peces.

ictionimia *f.* Estudio del origen y significación de los nombres de los peces.

ictiosauro *m.* Reptil fósil marino, gigantesco, de la era secundaria.

ictiosis *f.* Enfermedad cutánea hereditaria, caracterizada por una descamación incesante de la epidermis.

ictus *m.* En la versificación, apoyo rítmico sobre una sílaba larga o acentuada.

ida *f.* Acción de ir.

idea *f.* Conocimiento o representación mental de una cosa. 2 Opinión. 3 Proyecto, intención. ▷ *Con* ~ *de,* con una intención determinada. *Hacerse a la* ~, aceptarla.

ideal *adj.* Que constituye un prototipo perfecto. 2 Que sólo existe en el pensamiento. - 3 *m.* Modelo de perfección.

idealismo *m.* Tendencia a dejarse influir más por ideales que por consideraciones prácticas.

idealista *adj.-s.* Que tiene idealismo.

idealizar *tr.* Atribuir a una cosa características ideales.

idear *tr.* Formar idea de una cosa. 2 Proyectar, inventar.

ideario *m.* Repertorio de las principales ideas de un autor, doctrina, etc.

ídem *pron.* El mismo, lo mismo.

idéntico, -ca *adj.* Que es lo mismo que otra cosa. 2 Muy parecido.

identidad *f.* Calidad de idéntico. 2 Hecho de ser una persona o cosa la misma que se supone.

identificable *adj.* Que puede ser identificado.

identificación *f.* Ac. y ef. de identificar.

identificar *tr.-prnl.* Presentar como idénticas dos o más cosas. - 2 *tr.* Reconocer.

ideografía *f.* Representación de las ideas por medio de imágenes o símbolos.

ideográfico, -ca *adj.* Perten. o rel. a la ideografía o a un ideograma.

ideograma *m.* Símbolo o imagen que significa un ser o una idea.

ideología *f.* Conjunto de ideas de una escuela o un autor.

ideológico, -ca *adj.* Perten. o rel. a la ideología. 2 Díc. del diccionario que agrupa las palabras por conceptos.

ideólogo, -ga *m. f.* Persona versada en ideología.

idílico, -ca *adj.* Perten. o rel. al idilio.

idilio *m.* Coloquio, relación amorosa.

idioblástico, -ca *adj.* Díc. de la roca que presenta cristales delimitados por caras planas.

idioeléctrico, -ca *adj.* Díc. del cuerpo capaz de electrizarse por frotamiento.

idiolecto *m.* Variedad de habla individual.

idioma *m.* Lengua de un país.

idiomático, -ca *adj.* Propio y peculiar de una lengua determinada.

idiomorfo, -fa *adj.* Díc. del cristal que impone su forma a los demás cristales que lo rodean.

idiosincrasia *f.* Temperamento, índole.

idiota *adj.-s.* Que padece idiotez.

idiotez *f.* Falta congénita de las facultades intelectuales.

idiotismo *m.* Ignorancia, falta de letras e instrucción. 2 GRAM. Modismo.

idiotizar *tr.-prnl.* Embrutecer hasta la idiotez.

ido, -da *adj.* Chiflado.

idólatra *adj.-s.* Que adora ídolos. - 2 *adj.* Que ama con idolatría.

idolatrar *intr.-tr.* Adorar ídolos. - 2 *tr.* Amar con exceso.

idolatría *f.* Culto de los ídolos. 2 Amor excesivo.

ídolo *m.* Figura de falsa deidad. 2 Persona amada con exceso.

idoneidad *f.* Calidad de idóneo.

idóneo, -a *adj.* Que tiene aptitud para una cosa. 2 Adecuado.

idus *m. pl.* En el antiguo calendario romano, el día 15 de marzo, mayo, julio y octubre y el 13 de los demás meses.

iglesia *f.* Congregación de fieles que siguen la religión de Jesucristo. 2 Estado y gobierno eclesiástico. 3 Templo cristiano.

iglú *m.* Cabaña o choza de hielo.

ígneo, -a *adj.* De fuego.

ignición *f.* Ac. y ef. de estar un cuerpo ardiendo.

ignífugo, -ga *adj.* Que protege contra el incendio.

ignito, -ta *adj.* Que tiene fuego o está encendido.

ignominia *f.* Afrenta pública.

ignominioso, -sa *adj.* Que causa ignominia.

ignorancia *f.* Falta de instrucción. 2 Falta de conocimiento acerca de una cosa.

ignorante *adj.-s.* Que ignora.

ignorantismo *m.* Creencia de los que rechazan la instrucción como nociva.

ignorar *tr.* No saber una cosa. 2 No tener en cuenta.

ignoto, -ta *adj.* No conocido.

igual *adj.* Que no difiere. 2 Proporcionado. 3 Constante, no variable; liso, uniforme. - 4 *adj.-s.* De la misma clase o condición. - 5 *m.* Signo de la igualdad [=].

iguala *f.* Ac. y ef. de igualar o igualarse. 2 Ajuste, pacto. 3 Cantidad fija anual con que se pagan los servicios médicos y farmacéuticos.

igualar *tr.-prnl.* Poner al igual. 2 Allanar. 3 Pactar, convenirse. - 4 *intr.-prnl.* Ser una cosa igual a otra.

igualatorio *m.* Régimen de asistencia por iguala. 2 Establecimiento donde se ofrece.

igualdad *f.* Condición de igual. 2 Expresión de la equivalencia de dos cantidades.

igualitario, -ria *adj.* Que entraña igualdad o tiende a ella.

igualitarismo *m.* Tendencia a la igualdad política, social, etc., entre los hombres.

igualmente *adv. m.* Con igualdad. 2 También, asimismo.

iguana *f.* Reptil saurio de América con

una cresta espinosa a lo largo del dorso.

iguanodonte m. Reptil saurio, fósil, gigantesco.

ijada, ijar f. Cavidad situada entre las costillas falsas y las caderas.

ikastola f. Escuela de carácter popular en la cual las enseñanzas se imparten en vascuence.

ikebana m. Arte de disponer las flores, según una antigua tradición japonesa, para transmitir una idea místico religiosa de perfección.

ikurriña f. Bandera del País Vasco.

ilación f. Trabazón con que se siguen las partes de un discurso.

ilativo, -va adj. Que se infiere o puede inferirse. - 2 adj.-f. GRAM. *Conjunción ilativa,* la consecutiva que enuncia una ilación o consecuencia de lo anteriormente manifestado.

ilegal adj. Contrario a la ley.

ilegalidad f. Falta de legalidad.

ilegible adj. Que no puede leerse.

ilegitimar tr. Privar a uno de la legitimidad.

ilegítimo, -ma adj. No legítimo.

íleon m. Última sección del intestino delgado.

ilerdense adj.-s. De Lérida.

ileso, -sa adj. Que no ha recibido lesión.

iletrado, -da adj. Falto de cultura.

ilíaco, -ca adj. Perten. o rel. al íleon.

ilícito, -ta adj. No lícito.

ilimitado, -da adj. Que no tiene límites.

ilion m. ANAT. Hueso del coxal que forma el saliente de la cadera.

ilógico, -ca adj. Que carece de lógica.

iluminación f. Ac. y ef. de iluminar. 2 Adorno de muchas luces.

iluminado, -da adj.-s. Díc. del hereje de una secta racionalista, fundada en 1776, contraria al catolicismo. 2 Díc. de la persona que se cree inspirada por un poder sobrenatural.

iluminancia f. FÍS. Cantidad de luz que recibe por segundo una unidad de superficie.

iluminar tr. Alumbrar. 2 Adornar con luces.

iluminaria f. Luminaria en señal de fiesta o regocijo público.

ilusión f. Falsa percepción de un objeto. 2 Esperanza sin fundamento.

ilusionar tr.-prnl. Forjar ilusiones.

ilusionismo m. Arte de producir fenómenos que parecen contradecir las leyes naturales.

ilusionista adj.-s. Que hace prestidigitación.

iluso, -sa adj.-s. Que se deja engañar o seducir con facilidad.

ilusorio, -ria adj. Engañoso, imaginario.

ilustración f. Ac. y ef. de ilustrar. 2 Estampa o grabado en un libro. 3 Publicación periódica con texto y grabados. 4 Espíritu característico de la cultura del s. XVIII y conjunto de autores que lo representan. 5 Cultura.

ilustrado, -da adj.-s. Docto o instruido. 2 Que contiene grabados o ilustraciones.

ilustrar tr.-prnl. Iluminar el entendimiento. 2 Instruir. - 3 tr. Aclarar. 4 Adornar con láminas y grabados.

ilustre adj. De distinguida prosapia. 2 Insigne, célebre.

ilustrísimo, -ma adj. Superlativo de ilustre. Se aplica como tratamiento.

imagen f. Apariencia visible de una persona o cosa imitada por la pintura, la escultura, etc. 2 Idea hecha sensible al espíritu por alguna analogía.

imaginación f. Facultad de imaginar.

imaginar tr.-prnl. Representar mentalmente. 2 Presumir, sospechar.

imaginaria f. MIL. Guardia para prestar servicio en caso necesario. 2 MIL. Soldado que vela en cada dormitorio de un cuartel.

imaginario, -ria adj. Que sólo existe en la imaginación.

imaginativo, -va adj. Que continuamente piensa o imagina. - 2 f. Facultad de imaginar. 3 Sentido común, facultad interior.

imaginería f. Talla o pintura de imágenes.

imaginero m. Escultor o pintor de imágenes.

imago m. Insecto que ha experimentado su última metamorfosis y ha alcanzado su desarrollo perfecto.

imán m. Substancia que atrae al hierro por condición natural o adquirida. 2 Barra de hierro, acero, etc., magnetizada.

imanado, -da adj. Que tiene las propiedades del imán.

imanar tr. Imantar.

imantación f. Ac. y ef. de imantar.

imantar tr. Convertir en imán.

imbatido, -da adj. Invicto.

imbécil adj. Escaso de razón.

imbecilidad f. Escasez de razón. 2 Tontería, acción o dicho imbécil.

imberbe adj. Díc. del joven sin barba.

imborrable adj. Indeleble.

imbricado, -da adj. Dispuesto a la manera de las tejas en un tejado.

imbricar tr.-prnl. Disponer una serie de cosas iguales de manera que se superpongan parcialmente a manera de las escamas de los peces.

imbuir tr. Infundir, persuadir.

imitación f. Ac. y ef. de imitar. 2 Cosa imitada.

imitar tr. Hacer una cosa a semejanza de otra. 2 Hacer lo mismo que hace otro.

imitativo, -va, imitatorio,-ria adj. Perten. o rel. a la imitación.

impacientar tr.-prnl. Hacer perder o perder la paciencia.

impaciente adj. Que no tiene paciencia.

impactar tr. Causar un choque físico. 2 Impresionar, desconcertar.

impacto m. Choque del proyectil en el blanco. 2 Señal que deja en él. 3 Choque violento de un objeto con otro.

impagado, -da adj. Que no ha sido pagado.

impago m. Hecho de no pagar.

impar adj. Que no tiene par. 2 Que no es múltiplo de dos.

imparable adj. Que no se puede parar.

imparcial adj.-s. Que procede con imparcialidad.

imparcialidad f. Falta de prevención en favor o en contra.

imparisílabo, -ba adj. Que tiene un número impar de sílabas.

impartir tr. Repartir, comunicar.

impasibilidad f. Cualidad de impasible.

impasible adj. Incapaz de padecer. 2 Indiferente a las emociones.

impasse m. Punto muerto o situación en la que no se encuentra la salida.

impavidez f. Denuedo, entereza.

impávido, -da adj. Imperturbable.

impecable adj. Perfecto.

impedido, -da adj.-s. Que no puede usar de sus miembros.

impedimenta f. Bagaje que suele llevar la tropa.

impedimento m. Obstáculo, estorbo.

impedir tr. Estorbar o imposibilitar.

impeler tr. Dar empuje a una cosa para moverla. 2 Incitar.

impenetrabilidad f. Calidad de impenetrable.

impenetrable adj. Que no se puede penetrar. 2 Difícil de entender.

impensable adj. Increíble, inimaginable. 2 De difícil realización.

impensado, -da adj. Inesperado.

impepinablemente adv. m. Con toda seguridad.

imperar intr. Ejercer la dignidad imperial. 2 Dominar, mandar.

imperativo, -va adj.-m. Que impera o manda. 2 Díc. del modo verbal que se usa para mandar o rogar.

imperceptible adj. Que no se puede percibir.

imperdible adj. Que no puede perderse. - 2 m. Alfiler que se abrocha.

imperdonable adj. Que no se puede perdonar.

imperecedero, -ra adj. Que no perece.

imperfección f. Falta de perfección.

imperfectivo, -va adj. Díc. de la acción verbal de larga duración.

imperfecto, -ta adj. No perfecto. - 2 adj.-m. Díc. del tiempo verbal que presenta la acción en su continuidad sin que nos interese su comienzo ni su fin.

imperial adj. Perten. o rel. al emperador.

imperialismo m. Sistema que pretende la dominación de un estado sobre otros.

imperialista adj. Perten. o rel. al imperialismo.

impericia f. Falta de pericia.

imperio m. Acción de imperar. 2 Dignidad de emperador y tiempo de su gobierno. 3 Conjunto de estados sujetos a él.

imperioso, -sa adj. Que manda con imperio. 2 Que es necesario o indispensable.

imperito, -ta adj. Que carece de pericia.

impermeabilizar tr. Hacer impermeable.

impermeable adj. Impenetrable al agua o a otro fluido. - 2 m. Abrigo hecho con tela impermeable.

impermutable *adj.* Que no puede permutarse.

impersonal *adj.* Que no se aplica a nadie personalmente. 2 GRAM. Que no admite las personas gramaticales ni se puede atribuir a un sujeto determinado.

impersonalizar *tr.* Usar como impersonal algún verbo que por su índole es personal.

impertérrito, -ta *adj.* Que no se intimida.

impertinencia *f.* Dicho o hecho impertinente.

impertinente *adj.* Que no viene al caso. 2 Importuno, molesto. - 3 *m. pl.* Anteojos con mango.

imperturbable *adj.* Que no se perturba.

impetrar *tr.* Solicitar una gracia con ahínco.

ímpetu *m.* Movimiento acelerado y violento. 2 Fuerza, violencia.

impetuosidad *f.* Ímpetu.

impetuoso, -sa *adj.* Violento.

impío, -a *adj.* Falto de piedad.

implacable *adj.* Que no se puede aplacar.

implantación *f.* Ac. y ef. de implantar.

implantar *tr.* Establecer, instaurar. 2 Plantar, poner, encajar.

implementar *tr.* Activar.

implemento *m.* LING. Complemento directo.

implicación *f.* Consecuencia, repercusión.

implicar *tr.* Envolver, enredar.

implícito, -ta *adj.* Que se sobreentiende.

implorar *intr.* Pedir con ruegos.

implosión *f.* FON. Modo de articulación de las consonantes implosivas.

implosivo, -va *adj.* FON. Díc. de la articulación o sonido que, por ser final de sílaba, termina sin la abertura súbita de las consonantes explosivas.

implume *adj.* Que no tiene plumas.

impluvio *m.* Espacio descubierto en medio del atrio de las casas romanas para recoger las aguas de lluvia.

impoluto, -ta *adj.* Limpio, sin mancha.

imponderable *adj.* Que no puede pesarse. 2 Que excede a toda ponderación.

imponente *adj.-s.* Que impone. - 2 *adv.fam.* Muy bien.

imponer *tr.* Poner tributo, castigo, etc. 2 Infundir respeto o miedo; dominar. 3

Poner dinero a rédito o en depósito.

impopular *adj.* Que no es popular.

importación *f.* Acción de importar. 2 Conjunto de cosas importadas.

importancia *f.* Calidad de importante.

importante *adj.* Que importa. 2 Que es muy conveniente.

importar *intr.* Convenir; ser de mucha entidad. - 2 *tr.* Montar, sumar, valer. 3 Introducir géneros, costumbres, etc., extranjeros.

importe *m.* Dinero que vale una cosa.

importunar *f.* Incomodar, molestar.

importuno, -na *adj.* Inoportuno. 2 Que molesta o fastidia.

imposibilidad *f.* Falta de posibilidad.

imposibilitado, -da *adj.* Impedido.

imposibilitar *tr.* Hacer imposible.

imposible *adj.* No posible. 2 Inaguantable, intratable.

imposición *f.* Ac. y ef. de imponer.

imposta *f.* Hilada de sillares en que se asienta un arco.

impostar *intr.* Fijar la voz en las cuerdas vocales para emitir el sonido en su plenitud.

impostergable *adj.* Que no puede postergarse.

impostor, -ra *adj.-s.* Que engaña con apariencia de verdad. 2 Díc. de la persona que se hace pasar por lo que no es.

impostura *f.* Engaño con apariencia de verdad.

impotencia *f.* Calidad de impotente.

impotente *adj.* Falto de potencia. - 2 *adj.-s.* Incapaz de realizar el coito.

impracticable *adj.* Que no se puede poner en práctica. 2 Intransitable.

imprecación *f.* Expresión con que se impreca.

imprecar *tr.* Manifestar deseo de daño para alguno.

imprecisión *f.* Falta de precisión.

impreciso, -sa *adj.* No preciso, vago.

impredecible *adj.* Que no se puede predecir.

impregnar *tr.-prnl.* Empapar.

imprenta *f.* Arte de imprimir. 2 Oficina donde se imprime.

imprescindible *adj.* Que no se puede prescindir de ello.

impresentable *adj.* Que no es digno de presentarse o de ser presentado.

impresión *f.* Ac. y ef. de imprimir. 2 Obra impresa. 3 Marca.

impresionable *adj.* Que se impresiona

fácilmente.

impresionante *adj*. Que impresiona.

impresionar *tr.-prnl*. Conmover, persuadir. 2 Hacer que la luz actúe sobre la placa fotográfica.

impresionismo *m*. Escuela pictórica que pretende trasladar sobre el lienzo su particular impresión del objeto considerado.

impresionista *adj*. Perten. o rel. al impresionismo. - 2 *adj.-com*. Partidario del impresionismo.

impreso, -sa p. p. irreg. de *imprimir*. - 2 *m*. Obra impresa. 3 Formulario.

impresor, -ra *m. f*. Persona que imprime. - 2 *f*. Máquina periférica de un ordenador que imprime.

imprevisible *adj*. Que no se puede prever.

imprevisto, -ta *adj*. No previsto.

imprimar *tr*. Preparar con los ingredientes necesarios las cosas que han de ser pintadas o teñidas.

imprimir *tr*. Dejar en un papel u otra materia, la huella o señal de letras, caracteres, etc. 2 Comunicar, transmitir, impulsar.

improbable *adj*. No probable.

ímprobo, -ba *adj*. Falto de probidad. 2 Díc. del trabajo excesivo.

improcedente *adj*. No conforme a derecho. 2 Inadecuado.

improductivo, -va *adj*. Que no produce.

impronta *f*. Señal o carácter peculiar.

impronunciable *adj*. Imposible o difícil de pronunciar. 2 fig. Que no debería ser dicho.

improperio *m*. Injuria, denuesto.

impropiedad *f*. Falta de propiedad.

impropio, -pia *adj*. Falto de las cualidades convenientes. 2 Ajeno, extraño.

improrrogable *adj*. Que no se puede prorrogar.

improvisación *f*. Ac. y ef. de improvisar. 2 Cosa improvisada.

improvisar *tr*. Hacer una cosa sin preparación alguna.

improviso, -sa *adj*. Que no se prevé.

imprudencia *f*. Falta de prudencia.

imprudente *adj.-s*. Que no tiene prudencia.

impúber, impúbero, -ra *adj.-s*. Que no ha llegado a la pubertad.

impublicable *adj*. Que no se puede, o no se debe, publicar.

impúdico, -ca *adj*. Deshonesto.

impudor *m*. Falta de pudor.

impuesto *m*. Tributo, carga.

impugnación *f*. Ac. y ef. de impugnar.

impugnar *tr*. Combatir, refutar.

impulsar *tr*. Impeler.

impulsivo, -va *adj*. Que impele. 2 Que procede sin reflexión.

impulso *m*. Ac. y ef. de impeler. 2 Deseo o motivo afectivo que induce a hacer algo sin reflexionar.

impune *adj*. Que queda sin castigo.

impunidad *f*. Falta de castigo.

impureza *f*. Falta de pureza.

impurificar *tr*. Hacer impura a una persona o cosa. 2 Causar impureza.

impuro, -ra *adj*. No puro.

imputación *f*. Ac. y ef. de imputar.

imputar *tr*. Atribuir la culpa o responsabilidad de algo.

inabarcable *adj*. Que no se puede abarcar.

inabordable *adj*. Que no se puede abordar.

inacabable *adj*. Que no se puede acabar.

inaccesible *adj*. No accesible.

inacción *f*. Falta de acción.

inacentuado, -da *adj*. Que no tiene acento.

inaceptable *adj*. No aceptable.

inactividad *f*. Falta de actividad.

inactivo, -va *adj*. Sin acción.

inadaptación *f*. Ac. y ef. de no adaptarse.

inadaptado, -da *adj.-s*. Que no se adapta.

inadecuación *f*. Falta de adecuación. 2 Calidad de inadecuado.

inadecuado, -da *adj*. No adecuado.

inadmisible *adj*. No admisible.

inadvertencia *f*. Falta de advertencia.

inadvertido, -da *adj*. Que no advierte.

inagotable *adj*. Que no se puede agotar.

inaguantable *adj*. Que no se puede aguantar.

inalámbrico, -ca *adj*. Díc. de la telegrafía o telefonía sin hilos.

inalcanzable *adj*. Que no se puede alcanzar.

inalienable *adj*. Que no se puede enajenar.

inalterable *adj*. Que no se puede alterar.

inamovible *adj*. Que no es movible.

inanición *f*. Debilidad extrema.

inanimado, -da *adj*. Que no tiene

vida.

inapelable *adj.* Que no admite apelación.

inapetencia *f.* Falta de apetito.

inapetente *adj.* Que no tiene apetito.

inaplazable *adj.* Que no se puede aplazar.

inaplicable *adj.* Que no se puede aplicar.

inapreciable *adj.* Que no se puede apreciar.

inarmónico, -ca *adj.* Falto de armonía.

inarticulado, -da *adj.* No articulado. 2 Díc. del sonido de la voz que no forma palabras.

inasequible *adj.* No asequible.

inasistencia *f.* Falta de asistencia.

inatacable *adj.* Que no puede ser atacado.

inaudito, -ta *adj.* Nunca oído.

inauguración *f.* Ac. y ef. de inaugurar.

inaugurar *tr.* Dar principio.

inca *m.* Rey, príncipe o varón de estirpe regia entre los antiguos peruanos.

incalculable *adj.* Que no se puede calcular.

incalificable *adj.* Que no se puede calificar. 2 Muy vituperable.

incandescencia *f.* Calidad de incandescente.

incandescente *adj.* Candente.

incansable *adj.* Muy difícil de cansarse.

incapacidad *f.* Falta de capacidad.

incapacitar *tr.* Hacer incapaz. 2 DER. Declarar la falta de aptitud legal.

incapaz *adj.* Falto de capacidad. 2 Necio.

incautación *f.* Ac. y ef. de incautarse.

incautarse *prnl.* Tomar posesión la autoridad de dinero o bienes.

incauto, -ta *adj.* Que no tiene cautela.

incendiar *tr.-prnl.* Causar un incendio.

incendiario, -ria *adj.-s.* Que incendia maliciosamente.

incendio *m.* Fuego grande que abrasa lo que no está destinado a arder.

incensario *m.* Especie de brasero pequeño para incienso.

incensurable *adj.* Que no se puede censurar.

incentivar *tr.* Estimular para que algo se acreciente o aumente.

incentivo *m.* Estímulo.

incertidumbre *f.* Falta de certidumbre.

incesante *adj.* Que no cesa.

incesto *m.* Relación sexual carnal entre parientes.

incestuoso, -sa *adj.-s.* Que comete incesto.

incidencia *f.* Ac. y ef. de incidir. 2 Lo que sobreviene en el curso de un asunto. 3 Consecuencia, repercusión.

incidental *adj.* Accesorio.

incidente *m.* Suceso que interrumpe más o menos el curso de otro.

incidir *intr.* Incurrir en una falta, error, etc. 2 Llegar un proyectil, un rayo de luz, etc., a una superficie. 3 Hacer una incisión. 4 Causar efecto una cosa en otra.

incienso *m.* Gomorresina aromática que se quema en las ceremonias del culto.

incierto, -ta *adj.* No cierto; desconocido. 2 Inconstante, inseguro.

incineración *f.* Ac. y ef. de incinerar.

incinerar *tr.* Reducir a cenizas.

incipiente *adj.* Que empieza.

incisión *f.* Hendidura hecha con instrumento cortante.

incisivo, -va *adj.* Apto para abrir o cortar. 2 Punzante, mordaz. - 3 *adj.-s.* Díc. del diente en forma de cuña.

inciso *m.* Frase, oración intercalada.

incisorio, -ria *adj.* Que corta o puede cortar.

incitación *f.* Ac. y ef. de incitar.

incitar *tr.* Mover, estimular a hacer algo.

incivil *adj.* Falto de civismo.

inclasificable *adj.* Que no se puede clasificar.

inclemencia *f.* Falta de clemencia. 2 Rigor del tiempo atmosférico.

inclemente *adj.* Falto de clemencia.

inclinación *f.* Ac. y ef. de inclinar o inclinarse. 2 Tendencia o afecto hacia alguien o algo.

inclinar *tr.-prnl.* Desviar una cosa de su posición vertical y horizontal. 2 Persuadir.

ínclito, -ta *adj.* Ilustre, esclarecido.

incluir *tr.* Poner, comprender una cosa dentro de otra. 2 Contener una cosa a otra.

inclusa *f.* Asilo de expósitos.

inclusero, -ra *adj.-s.* Que se cría o se ha criado en la inclusa.

inclusión *f.* Ac. y ef. de incluir.

inclusive *adv.* Con inclusión.

incluso, -sa *p. p. irreg. de incluir. - 2 adv.* Con inclusión de; también.

incoar *tr.* Comenzar una cosa.

incoativo, -va adj. Que denota el principio de una cosa o de una acción.

incógnita f. MAT. Cantidad desconocida de una ecuación. 2 Cosa o razón oculta.

incógnito, -ta adj.-m. No conocido.

incognoscible adj. Que no se puede conocer.

incoherencia f. Falta de coherencia.

incoherente adj. No coherente.

incoloro, -ra adj. Que carece de color.

incólume adj. Sano, sin lesión.

incombustible adj. Que no se puede quemar.

incomestible adj. Que no es comestible.

incomodado, -da adj. Molesto, disgustado.

incomodar tr. Causar incomodidad.

incomodidad f. Falta de comodidad. 2 Molestia. 3 Enojo.

incómodo, -da adj. Que incomoda. 2 Falto de comodidad.

incomparable adj. Que no tiene o no admite comparación.

incomparecencia f. Hecho de no comparecer en el lugar y tiempo señalados.

incompatibilidad f. Calidad de incompatible.

incompatible adj. No compatible.

incompetencia f. Falta de competencia. 2 Ineptitud.

incompetente adj. No competente.

incompleto, -ta adj. No completo.

incomprendido, -da adj.-s. Que no ha sido debidamente comprendido.

incomprensible adj. Que no se puede comprender.

incomprensión f. Falta de comprensión.

incomunicación f. Ac. y ef. de incomunicar o incomunicarse.

incomunicar tr. Privar de comunicación a una persona o cosa. - 2 prnl. Aislarse, negarse al trato con otras personas.

inconcebible adj. Que no puede concebirse.

inconciliable adj. Que no puede conciliarse.

inconcluso, -sa adj. No terminado.

incondicional adj. Sin restricción.

inconexo, -xa adj. Que no tiene conexión.

inconfesable adj. Vergonzoso, que no puede confesarse.

inconfeso, -sa adj. Que no confiesa el delito que se le imputa.

inconformismo m. Actitud o tendencia del que no acepta los principios morales, políticos, etc., establecidos.

inconfundible adj. Que no se puede confundir.

incongruencia f. Falta de congruencia.

incongruente adj. No congruente.

inconmensurable adj. No conmensurable.

inconmovible adj. Que no se puede conmover o alterar.

inconsciencia f. Estado en que no se tiene consciencia.

inconsciente adj. No consciente; irreflexivo.

inconsecuencia f. Cosa dicha o hecha sin reflexión.

inconsiderado, -da adj. Que no reflexiona.

inconsistencia f. Falta de consistencia.

inconsistente adj. Falto de consistencia.

inconsolable adj. Que no puede consolarse.

inconstancia f. Falta de constancia.

inconstante adj. Falto de constancia. 2 Inestable, mudable.

inconstitucional adj. No conforme con la constitución del estado.

inconstitucionalidad f. Oposición a los preceptos de la constitución.

incontable adj. Que no puede contarse.

incontenible adj. Que no puede ser contenido o refrenado.

incontestable adj. Que no se puede dudar ni impugnar.

incontinencia f. Vicio opuesto a la continencia; falto de continencia.

incontinente adj. Que no se contiene.

incontrastable adj. Que no se puede contrastar.

incontrolado, -da adj.-s. Que actúa o funciona sin control.

incontrovertible adj. Que no admite discusión.

inconveniencia f. Incomodidad. 2 Falta, grosería en el trato social.

inconveniente adj. No conveniente. - 2 m. Impedimento, dificultad.

incordiar tr. Fastidiar, molestar.

incorporar tr. Unir una o más cosas con otras para que hagan un todo. - 2 tr.-prnl. Levantar la parte superior del cuerpo el que está echado.

incorpóreo, -a *adj.* No corpóreo.

incorrección *f.* Falta de corrección.

incorrecto, -ta *adj.* No correcto.

incorregible *adj.* Que no se puede corregir. 2 Que no se quiere enmendar.

incorruptible *adj.* Que no se corrompe.

incorrupto, -ta *adj.* Que está sin corromperse. 2 fig. No dañado ni pervertido.

incredibilidad *f.* Calidad de lo increíble.

incredulidad *f.* Falta de fe.

incrédulo, -la *adj.-s.* Que no cree.

increíble *adj.* No puede creerse.

incrementar *tr.* Aumentar.

incremento *m.* Aumento.

increpar *tr.* Reprender con dureza.

incriminar *tr.* Acusar de un crimen o delito. 2 en gral. Imputar culpa o falta grave.

incruentamente *adv. m.* Sin derramamiento de sangre.

incruento, -ta *adj.* No sangriento.

incrustación *f.* Acción de incrustar. 2 Cosa incrustada.

incrustar *tr.* Embutir en una superficie lisa piedras, metales, maderas, etc., formando dibujos.

incubación *f.* Ac. y ef. de incubar.

incubadora *f.* Aparato o local destinado a la incubación. 2 Urna de cristal acondicionada para continuar el desarrollo de los niños nacidos antes de tiempo o en circunstancias anormales.

incubar *tr.* Empollar. 2 Iniciar el desarrollo.

incuestionable *adj.* No cuestionable.

inculcar *tr.* Infundir en el ánimo de uno una idea, un concepto, etc.

inculpabilidad *f.* Exención de culpa.

inculpar *tr.* Culpar, acusar.

inculto, -ta *adj.* No cultivado. 2 De corta instrucción.

incultura *f.* Falta de cultura.

incumbencia *f.* Obligación que el cargo, empleo, etc., impone.

incumbir *intr.* Estar a cargo de uno.

incumplimiento *m.* Ac. y ef. de incumplir.

incumplir *tr.* No cumplir.

incunable *adj.-m.* Díc. del libro impreso antes del s. XVI.

incurable *adj.* Que no se puede curar.

incurrir *intr.* Caer en culpa, error, etc. 2 Merecer pena o castigo.

incursión *f.* Acción de incurrir. 2 Desplazamiento rápido y de corta duración por un lugar.

indagación *f.* Ac. y ef. de indagar.

indagar *tr.* Tratar de llegar al conocimiento de una cosa.

indebido, -da *adj.* Ilícito.

indecencia *f.* Falta de decencia. 2 Acto vituperable.

indecente *adj.* Falto de decencia.

indecible *adj.* Que no se puede decir o explicar.

indecisión *f.* Falta de decisión.

indeciso, -sa *adj.* No decidido o resuelto. 2 Irresoluto.

indeclinable *adj.* Que necesariamente tiene que hacerse o cumplirse.

indecoroso, -sa *adj.* Falto de decoro.

indefectible *adj.* Que no puede faltar o dejar de ser.

indefensión *f.* Falta de defensa.

indefenso, -sa *adj.* Que carece de defensa.

indefinible *adj.* Que no se puede definir.

indefinido, -da *adj.* No definido; indeterminado.

indeformable *adj.* Que no se deforma.

indehiscente *adj.* Díc. del órgano vegetal que no se abre de forma espontánea.

indeleble *adj.* Que no se puede borrar.

indelicadeza *f.* Falta de delicadeza.

indemne *adj.* Libre de daño.

indemnización *f.* Ac. y ef. de indemnizar. 2 Cosa con que se indemniza.

indemnizar *tr.* Resarcir de un daño.

indemostrable *adj.* Que no se puede demostrar.

independencia *f.* Falta de dependencia. 2 Libertad.

independentismo *m.* Movimiento que propugna la independencia política.

independiente *adj.* Exento de dependencia.

independizar *tr.-prnl.* Hacer independiente.

indescifrable *adj.* Que no se puede descifrar.

indescriptible *adj.* Que no se puede describir.

indeseable *adj.* Indigno de trato.

indestructible *adj.* Que no se puede destruir.

indeterminable *adj.* Que no se puede

determinar.

indeterminación f. Falta de determinación.

indeterminado, -da adj. No determinado. 2 GRAM. Díc. del pronombre y adjetivo que vagamente alude a personas o cosas.

indeterminismo m. Doctrina que considera el acto volitivo como absolutamente espontáneo, es decir, sin que esté determinado.

indianismo m. Modismo de las lenguas de la India.

indiano, -na adj.-s. De América. 2 Díc. de la persona que vuelve rica de América. - 3 adj. Perten. o rel. a las Indias Orientales.

indicación f. Ac. y ef. de indicar.

indicador, -ra adj.-s. Que indica.

indicar tr. Dar a entender o conocer.

indicativo, -va adj. Que indica. - 2 adj.-m. Díc. del modo verbal que expresa la acción o estado como real.

índice adj.-m. Díc. del segundo dedo de la mano. - 2 m. Lista ordenada.

indicio m. Señal que da a conocer lo oculto. 2 Cantidad pequeñísima de algo.

índico, -ca adj. Indiano, de las Indias Orientales.

indiferencia f. Estado del que no siente inclinación ni repugnancia a una cosa.

indiferenciado, -da adj. Que no se diferencia.

indiferente adj. Que siente indiferencia; sin interés. 2 Que no importa que sea de una o de otra forma.

indiferentismo m. Indiferencia en materias de religión o de política.

indígena adj.-s. Originario del país de que se trata.

indigencia f. Falta de recursos.

indigenismo m. Estudio de ciertos pueblos autóctonos de América.

indigente adj.-s. Falto de recursos.

indigestarse prnl. Sufrir indigestión.

indigestión f. Digestión defectuosa.

indigesto, -ta adj. Que se digiere con dificultad.

indignación f. Enojo, enfado, ira.

indignar tr.-prnl. Irritar, enojar.

indignidad f. Calidad de indigno. 2 Cosa indigna.

indigno, -na adj. Que no tiene mérito para una cosa. 2 Que no corresponde a las circunstancias de un sujeto. 3 Vil, ruin.

índigo m. Añil.

indio, -dia adj.-s. De la India. 2 De una raza de antiguos pobladores de América. ▷ *Hacer el* ∼, hacer el ridículo o el tonto.

indirecto, -ta adj. Que no va rectamente a un fin. - 2 f. Medio indirecto para dar a entender algo.

indiscernible adj. Que no se puede discernir.

indisciplina f. Falta de disciplina.

indisciplinado, -da adj. Falto de disciplina.

indisciplinar tr. Causar indisciplina. - 2 prnl. Quebrantar la disciplina.

indiscreción f. Falta de discreción. 2 Dicho o hecho indiscreto.

indiscreto, -ta adj.-s. Que obra sin discreción. - 2 adj. Hecho sin discreción.

indiscriminadamente adv. m. Sin discriminación; sin la debida discriminación.

indiscutible adj. Que no se puede discutir.

indisoluble adj. Que no se puede disolver.

indispensable adj. Que no se puede dispensar. 2 Muy necesario.

indisponer tr.-prnl. Privar de la disposición conveniente. 2 Malquistar. 3 Causar o experimentar alteración en la salud.

indisposición f. Falta de disposición y preparación. 2 Alteración leve de la salud.

indispuesto, -ta adj. Que siente indisposición.

indistinguible adj. Que no se puede distinguir. 2 fig. Muy difícil de distinguir.

indistinto, -ta adj. Que no se distingue de otra cosa.

individual adj. Perten. o rel. al individuo.

individualidad f. Calidad peculiar de una persona o cosa.

individualismo m. Principio de gobierno que favorece la libertad del individuo. 2 Egoísmo de cada cual.

individualista adj.-s. Partidario del individualismo.

individuar tr. Especificar, distinguir una cosa de otras por cualidades peculiares.

individuo, -dua adj. Indivisible. - 2 m.

Ser organizado respecto de su especie. - 3 *m. f.* Persona, sujeto.

indivisible *adj.* Que no se puede dividir.

indiviso, -sa *adj.* No dividido en partes.

indizar *tr.* Hacer índices. 2 Registrar ordenadamente datos e informaciones para elaborar un índice de ellos.

indoblegable *adj.* Que no desiste de su opinión.

indócil *adj.* Que no es dócil.

indocto, -ta *adj.* Falto de instrucción.

indoctrinado, -da *adj.* Inculto, ignorante.

indocumentado, -da *adj.* Falto de documentos, especialmente de identidad.

indochino, -na *adj.-s.* De Indochina.

indoeuropeo, -a *adj.-s.* De un grupo étnico primitivo que desde el neolítico habitaba parte de Europa y Asia. - 2 *adj.-m.* Díc. de un tronco lingüístico formado por una lengua común de flexión hablada por este grupo.

índole *f.* Inclinación natural de cada uno. 2 Condición de las cosas.

indolente *adj.* Que no se conmueve. 2 Flojo, perezoso.

indoloro, -ra *adj.* Que no causa dolor.

indomable *adj.* Que no se puede domar. 2 Que no se deja someter.

indómito, -ta *adj.* No domado. 2 Difícil de sujetar.

indonésico, -ca *adj.-s.* De Indonesia.

inducción *f.* Ac. y ef. de inducir. 2 Razonamiento que va de lo particular a lo general.

inducir *tr.* Instigar, persuadir. 2 Inferir.

inductancia *f.* Propiedad de los circuitos eléctricos por la cual se produce una fuerza electromotriz cuando existe una variación de la corriente.

inductivo, -va *adj.* Que procede por inducción.

inductor, -ra *adj.* Que induce. - 2 *m.* En una dinamo o motor eléctrico, circuito productor del campo magnético que origina la corriente en el inducido.

indudable *adj.* Que no puede dudarse.

indulgencia *f.* Facilidad en perdonar. 2 Remisión eclesiástica de la pena temporal debida por los pecados.

indulgente *adj.* Fácil en perdonar.

indultar *tr.* Perdonar una pena.

indulto *m.* Perdón de una pena.

indumentaria *f.* Vestido.

industria *f.* Aplicación especial del trabajo humano a un fin económico. 2 Conjunto de operaciones para la obtención o transformación de productos. 3 Conjunto de las industrias de un ramo o de un país.

industrial *adj.* Perten. o rel. a la industria. - 2 *com.* Persona que vive del ejercicio de una industria.

industrializar *tr.* Hacer que una cosa sea objeto de industria. 2 Dar predominio a las industrias en la economía de un país.

industrioso, -sa *adj.* Que obra o se hace con industria. 2 Laborioso.

inédito, -ta *adj.* Escrito y no publicado. 2 No conocido, nuevo.

inefable *adj.* Que con palabras no se puede explicar.

ineficacia *f.* Falta de eficacia.

ineficaz *adj.* No eficaz.

ineluctable *adj.* Inevitable.

ineludible *adj.* Que no puede eludirse.

inenarrable *adj.* Indecible. 2 Maravilloso.

ineptitud *f.* Falta de aptitud.

inepto, -ta *adj.* No apto. 2 Necio.

inequívoco, -ca *adj.* Que no admite duda.

inercia *f.* Flojedad, inacción. 2 Incapacidad que tienen los cuerpos de modificar por sí mismos su estado.

inerme *adj.* Que está sin armas.

inerte *adj.* Que tiene inercia.

inescrutable *adj.* Que no se puede saber ni averiguar.

inesperado, -da *adj.* Que sucede sin esperarse.

inestabilidad *f.* Falta de estabilidad.

inestable *adj.* No estable.

inestimable *adj.* Que no se puede estimar como corresponde. 2 De gran valor.

inevitable *adj.* Que no se puede evitar.

inexactitud *f.* Falta de exactitud.

inexacto, -ta *adj.* Que carece de exactitud.

inexcusable *adj.* Que no se puede excusar.

inexistente *adj.* Que no existe.

inexorable *adj.* Que no se deja vencer por ruegos. 2 Inevitable.

inexperiencia *f.* Falta de experiencia.

inexperto, -ta *adj.-s.* Falto de experiencia.

inexpiable *adj.* Que no se puede expiar.

inexplicable *adj.* Que no se puede explicar.

inexplorado, -da *adj.* Que no ha sido explorado.

inexplotable *adj.* Que no puede explotarse.

inexpresivo, -va *adj.* Que carece de expresión.

inexpugnable *adj.* Que no se puede expugnar. 2 fig. Que no se deja vencer ni persuadir.

inextinguible *adj.* Que no puede extinguirse.

inextricable *adj.* Difícil de desenredar; muy intrincado y confuso.

infalibilidad *f.* Calidad de infalible.

infalible *adj.* Que no puede engañar ni engañarse. 2 Seguro, cierto.

infamar *tr.* Quitar la honra y fama.

infamatorio, -ria *adj.* Que infama.

infame *adj.* Que carece de honra. 2 Malo.

infamia *f.* Descrédito, deshonra. 2 Maldad, vileza.

infancia *f.* Período de la vida del niño desde que nace hasta la pubertad.

infante, -ta *m. f.* Hijo o hija del rey, posterior al primogénito. 2 Niño durante la infancia. - 3 *m.* Soldado de infantería.

infantería *f.* Tropa de a pie.

infanticida *adj.-s.* Que comete infanticidio.

infanticidio *m.* Muerte dada a un niño.

infantil *adj.* Perten. o rel. a la infancia. 2 Inocente, cándido.

infantilismo *m.* Calidad de infantil. 2 Anomalía de desarrollo caracterizada por la persistencia de los caracteres orgánicos y psíquicos propios de la niñez. 3 fig. Falta de madurez, excesiva ingenuidad.

infanzón *m.* Hidalgo que tenía potestad y señorío limitados.

infarto *m.* MED. Obstrucción arterial o venosa de un órgano, en especial del corazón.

infatigable *adj.* Incansable.

infatigablemente *adv. m.* Sin fatigarse; con persistencia tenaz.

infausto, -ta *adj.* Desgraciado.

infección *f.* Ac. y ef. de infectar.

infeccioso, -sa *adj.* Que es causa de infección o tiene carácter de tal.

infectar *tr.-prnl.* Contaminar con los gérmenes de una enfermedad.

infecundidad *f.* Falta de fecundidad.

infecundo, -da *adj.* No fecundo.

infelicidad *f.* Desgracia, desdicha.

infeliz *adj.-s.* Lleno de infelicidad. 2 Bondadoso y apocado.

inferior *adj.* Situado debajo o más bajo. 2 Que es menos que otra persona o cosa. - 3 *com.* Persona sujeta o subordinada.

inferioridad *f.* Calidad de inferior.

inferir *tr.* Sacar una consecuencia. 2 Hacer una ofensa, herida, etc.

infernáculo *m.* Juego de muchachos parecido a la rayuela.

infernal *adj.* Perten. o rel. al infierno. 2 Muy malo.

infestar *tr.* Invadir un lugar los animales o plantas perjudiciales. - 2 *tr.-prnl.* Apestar, propagarse una infección.

inficionar *tr.* Corromper, contagiar.

infidelidad *f.* Falta de fidelidad.

infiel *adj.* Falto de fidelidad o de exactitud. - 2 *adj.-com.* Que no profesa la fe verdadera; esp., no cristiano.

infiernillo *m.* Hornillo.

infierno *m.* Lugar de castigo eterno. 2 Lugar de mucho alboroto y discordia.

infijo, -ja *adj.-m.* Díc. del afijo introducido en el interior de una palabra.

infiltración *f.* Ac. y ef. de infiltrar.

infiltrado, -da *m. f.* Persona que se introduce en una organización con ánimo de conocer sus actividades y denunciarlas o comunicarlas a aquellos para quien trabaja.

infiltrar *tr.* Introducir gradualmente un líquido en un cuerpo sólido. 2 Infundir en el ánimo. - 3 *prnl.* Penetrar de modo subrepticio.

ínfimo, -ma *adj.* Muy bajo. 2 Último y más inferior.

infinidad *f.* Calidad de infinito. 2 Gran número.

infinitesimal *adj.* MAT. Díc. de la cantidad infinitamente pequeña.

infinitivo, -va *adj.-m.* Díc. del modo del verbo que indica la idea verbal sin relaciones de tiempo, número ni persona.

infinito, -ta *adj.* Que no tiene fin. 2 Muy grande. - 3 *m.* Espacio sin límites.

inflación *f.* Ac. y ef. de inflar. 2 Vanidad. 3 Subida permanente de los precios a lo largo del tiempo.

inflacionario, -ria *adj.* Díc. de la política o situación económica que produce inflación.

inflador *m.* Aparato para inflar.

inflagaitas *com.* Tonto, estúpido, majadero.

inflamable *adj.* Fácil de inflamarse.

inflamación *f.* MED. Reacción de un tejido caracterizada por enrojecimiento.

inflamar *tr.-prnl.* Encender levantando llama. 2 Enardecer las pasiones.

inflamatorio, -ria *adj.* Que causa inflamación o procede de ella.

inflar *tr.* Hinchar con gases. - 2 *prnl.* Envanecerse. 3 Hartarse.

inflexibilidad *f.* Calidad de inflexible.

inflexible *adj.* Incapaz de doblarse. 2 Que no se conmueve ni se doblega.

inflexión *f.* Torcimiento de lo derecho. 2 Alteración hecha con la voz. 3 GRAM. Terminación que toma la palabra variable.

infligir *tr.* Imponer un castigo. 2 Producir un daño.

inflorescencia *f.* Disposición de las flores en la planta.

influencia *f.* Ac. y ef. de influir. 2 Poder.

influenciar *intr.* Influir.

influir *intr.* Producir ciertos efectos. 2 Ejercer predominio o fuerza moral.

influjo *m.* Influencia.

influyente *adj.* Que influye. 2 Que goza de influencia y poder.

información *f.* Ac. y ef. de informar o informarse.

informal *adj.* Que carece de formalidad.

informalidad *f.* Calidad de informal.

informar *tr.* Enterar, dar noticia.

informática *f.* Conjunto de conocimientos científicos y técnicos que se ocupan del tratamiento de la información por medio de ordenadores electrónicos.

informático, -ca *adj.-s.* Perten. o rel. a la informática. - 2 *m. f.* Persona que trabaja en informática.

informativo, -va *adj.* Que informa. - 2 *m.* Espacio dedicado a difundir las noticias en radio y televisión.

informatizar *tr.-prnl.* Introducir o aplicar medios o métodos informáticos.

informe *adj.* Mal formado. - 2 *m.* Noticia sobre algo.

infortunado, -da *adj.* Desgraciado.

infortunio *m.* Desgracia.

infracción *f.* Acción de quebrantar una ley, pacto, etc.

infractor, -ra *adj.-s.* Que comete infracción.

infraestructura *f.* Parte de una construcción que está bajo el nivel del suelo. 2 Conjunto de medios necesarios para el desarrollo de una actividad.

in fraganti *loc. adv.* En flagrante.

infraglotal *adj.-s.* GRAM. Díc. de la consonante articulada por el aire procedente de los pulmones.

infrahumano, -na *adj.* Inferior a lo humano.

infrangible *adj.* Que no se puede quebrantar.

infranqueable *adj.* Imposible o difícil de franquear.

infrarrojo, -ja *adj.* Díc. de la radiación del espectro luminoso que se encuentra más allá del rojo visible.

infrascrito, -ta *adj.-s.* Que firma al fin de un escrito. - 2 *adj.* Dicho abajo o después de un escrito.

infrasonido *m.* Vibración de frecuencia inferior a las audibles por el oído humano.

infrautilizar *tr.* Utilizar algo por debajo de las posibilidades que ofrece.

infravalorar *tr.* No apreciar lo suficiente el valor de una cosa.

infrecuente *adj.* Que no es frecuente.

infringir *tr.* Quebrantar una ley.

infructífero, -ra *adj.* Que no produce fruto.

infructuoso, -sa *adj.* Ineficaz.

infrutescencia *f.* Fructificación formada por la agrupación de varios frutos.

ínfula *f.* Cinta ancha que pende por la parte posterior de la mitra episcopal.

ínfulas *f. pl.* Presunción, vanidad.

infundado, -da *adj.* Sin fundamento.

infundio *m.* Mentira, patraña.

infundir *tr.* Causar en el ánimo un impulso moral o afectivo.

infusión *f.* Ac. y ef. de infundir. 2 Acción de tratar con agua caliente una substancia para extraer de ella las partes solubles. 3 Producto líquido así obtenido.

infuso, -sa *adj.* Conseguido sin trabajo.

ingeniar *tr.* Inventar de modo ingenioso.

ingeniería *f.* Conjunto de conocimientos científicos y técnicos que se aplican a la técnica industrial en todas sus determinaciones.

ingeniero, -ra *m.* *f.* Persona que profesa o ejerce la ingeniería.

ingenio *m.* Facultad para discurrir o inventar. 2 Individuo dotado de esta facultad. 3 Industria, maña. 4 Máquina.

ingenioso, -sa *adj.* Que tiene ingenio. 2 Hecho con ingenio.

ingénito, -ta *adj.* No engendrado. 2 Connatural y como nacido con uno.

ingente *adj.* Muy grande.

ingenuidad *f.* Sinceridad, buena fe.

ingenuo, -nua *adj.* Sincero, sin doblez.

ingerir *tr.* Introducir por la boca la comida, bebida o medicamentos.

ingestión *f.* Acción de ingerir.

ingle *f.* Parte del cuerpo en que se juntan los muslos con el vientre.

inglés, -glesa *adj.-s.* De Gran Bretaña. - 2 *m.* Lengua inglesa.

ingobernable *adj.* Que no se puede gobernar.

ingratitud *f.* Falta de gratitud.

ingrato, -ta *adj.-s.* Desagradecido.

ingrávido, -da *adj.* Que no tiene peso.

ingrediente *m.* Substancia que entra en un compuesto.

ingresar *tr.* Entrar una cosa, y especialmente dinero. - 2 *intr.* Pasar a formar parte de un conjunto. 3 Entrar en un establecimiento sanitario para ser tratado.

ingreso *m.* Entrada.

inguinal *adj.* Perten. o rel. a las ingles.

inguinario, -ria *adj.* Inguinal.

inhábil *adj.* Falto de habilidad.

inhabilitar *tr.* Incapacitar.

inhabitable *adj.* No habitable.

inhalador *m.* Aparato para inhalar.

inhalar *tr.* Absorber por las vías respiratorias.

inherencia *f.* Calidad de inherente. 2 Unión de cosas inseparables por su naturaleza.

inherente *adj.* Esencial, permanente.

inhibición *f.* Ac. y ef. de inhibirse.

inhibirse *prnl.* Abstenerse de intervenir.

inhóspito, -ta *adj.* Falto de hospitalidad. 2 Que no ofrece seguridad ni abrigo.

inhumación *f.* Ac. y ef. de inhumar.

inhumano, -na *adj.* Falto de humanidad.

inhumar *tr.* Enterrar, dar sepultura.

iniciación *f.* Ac. y ef. de iniciar.

iniciado, -da *adj.-s.* Que participa en el conocimiento de algún secreto.

inicial *adj.* Perten. o rel. al principio.

iniciar *tr.* Admitir a uno en alguna cosa secreta. 2 Instruir en algo. 3 Comenzar.

iniciativa *f.* Acción de hacer una propuesta. 2 Acción de adelantarse a los demás en el obrar.

inicio *m.* Comienzo, principio.

inicuo, -cua *adj.* Malvado, injusto.

inigualable *adj.* Que no se puede igualar por extraordinario, bueno, etc.

inimaginable *adj.* Que no se puede imaginar.

inimitable *adj.* Que no se puede imitar.

ininteligible *adj.* No inteligible.

ininterrumpido, -da *adj.* Continuado, sin interrupción.

iniquidad *f.* Maldad, injusticia.

injerencia *f.* Ac. y ef. de injerir o injerirse.

injeridor *m.* Instrumento que sirve para injertar.

injerir *tr.* Introducir una cosa en otra. - 2 *prnl.* Entremeterse.

injertar *tr.* Aplicar una parte de una planta provista de una o más yemas a otra planta. 2 Implantar una porción de un tejido vivo.

injerto *m.* Acción de injertar. 2 Parte que se injerta. 3 Planta injertada.

injuria *f.* Ofensa, agravio.

injuriar *tr.* Inferir injuria.

injurioso, -sa *adj.* Que injuria.

injusticia *f.* Falto de justicia. 2 Acción injusta.

injustificado, -da *adj.* No justificado.

injusto, -ta *adj.* Contrario a la justicia.

inllevable *adj.* Que no se puede soportar, aguantar o tolerar.

inmaculado, -da *adj.* Que no tiene mancha.

inmaduro, -ra *adj.-s.* Que todavía no ha alcanzado la madurez. 2 Inexperto.

inmanente *adj.* Inherente a un ser.

inmaterial *adj.* No material.

inmediación *f.* Calidad de inmediato. - 2 *f. pl.* Contornos.

inmediato, -ta *adj.* Contiguo. 2 Que sucede sin tardanza. ▷ *De* ~, inmediatamente.

inmejorable *adj.* Que no se puede mejorar.

inmemorial *adj.* Tan antiguo que no hay memoria de su comienzo.

inmensidad *f.* Calidad de inmenso. 2

Número, extensión grande.

inmenso, -sa adj. Tan grande que no puede medirse. 2 Muy grande.

inmensurable adj. Que no puede medirse.

inmerecido, -da adj. No merecido.

inmersión f. Acción de introducir una cosa en un líquido.

inmerso, -sa adj. Sumergido, absorto.

inmigración f. Ac. y ef. de inmigrar.

inmigrante adj.-s. Que inmigra.

inmigrar intr. Llegar a un país para establecerse en él.

inminencia f. Calidad de inminente.

inminente adj. Que está próximo a suceder.

inmiscuir tr.-prnl. Mezclar. - 2 prnl. Entremeterse.

inmobiliaria f. Empresa o sociedad que se dedica a construir, arrendar, vender y administrar viviendas.

inmodestia f. Falta de modestia.

inmodesto, -ta adj. No modesto.

inmódico, -ca adj. Excesivo.

inmolación f. Ac. y ef. de inmolar.

inmolar tr. Sacrificar una víctima.

inmoral adj. Opuesto a la moral.

inmoralidad f. Falta de moral. 2 Acción inmoral.

inmortal adj. No mortal. 2 Que no puede morir.

inmortalidad f. Calidad de inmortal.

inmortalizar tr.-prnl. Perpetuar en la memoria de los hombres.

inmotivado, -da adj. Sin motivo.

inmóvil adj. Que no se mueve.

inmovilidad f. Calidad de inmóvil.

inmovilismo m. Oposición sistemática a toda innovación.

inmovilizar tr.-prnl. Hacer inmóvil.

inmueble adj.-m. Díc. de los bienes consistentes en tierras o edificios.

inmundicia f. Suciedad, basura.

inmundo, -da adj. Sucio, asqueroso.

inmune adj. Libre, exento. 2 Que no puede ser atacado por ciertas enfermedades.

inmunidad f. Calidad de inmune. 2 Resistencia de un organismo vivo a un agente infeccioso. 3 Privilegio parlamentario de no poder ser detenido sin autorización de dicha institución.

inmunizar tr. Hacer inmune.

inmunología f. Parte de la medicina que estudia las reacciones de inmunidad del organismo, su génesis y los trastornos que resultan de estas reacciones.

inmunoterapia f. MED. Inyección de anticuerpos específicos, generalmente contenidos en un suero, con fines curativos.

inmutable adj. No mudable.

inmutar tr. Alterar.

innato, -ta adj. Connatural y como nacido con el mismo sujeto.

innavegable adj. No navegable.

innecesario, -ria adj. No necesario.

innegable adj. Que no se puede negar.

innegociable adj. Que no puede negociarse.

innoble adj. No noble.

innocuo, -a adj. Que no hace daño.

innominado, -da adj. Que no tiene nombre especial.

innovación f. Ac. y ef. de innovar.

innovador, -ra adj. Que innova.

innovar tr. Introducir novedad.

innumerable adj. Incontable. 2 Copioso.

inobservancia f. Falta de observancia.

inocencia f. Condición de inocente.

inocentada f. Acción ingenua e inocente. 2 Broma del día de Inocentes.

inocente adj.-s. Libre de culpa. 2 Cándido, sin malicia.

inocentón, -tona adj.-s. Inocente.

inocular tr. Comunicar por medios artificiales una enfermedad contagiosa.

inodoro, -ra adj. Que no tiene olor. - 2 m. Retrete provisto de sifón.

inofensivo, -va adj. Incapaz de ofender.

inolvidable adj. Que no se puede olvidar.

inoperable adj. Que no puede ser operado.

inoperante adj. Ineficaz, inactivo.

inopia f. Indigencia. ▷ Estar en la ~, ignorar algo conocido por todos.

inopinado, -da adj. Inesperado.

inoportunidad f. Falta de oportunidad.

inoportuno, -na adj. Fuera de tiempo.

inorgánico, -ca adj. No orgánico.

inoxidable adj. Que no se oxida.

input m. Factor que se utiliza en un proceso productivo. 2 Conjunto de dispositivos y señales que permiten la introducción de información en un sistema.

inquebrantable adj. Que no puede quebrantarse.

inquietar *tr.-prnl.* Causar inquietud.

inquieto, -ta *adj.* Que no puede estarse quieto. 2 De índole bulliciosa.

inquietud *f.* Falta de quietud. 2 Desasosiego.

inquilino, -na *m. f.* Persona que ha tomado en alquiler una casa o habitación.

inquina *f.* Aversión, ojeriza.

inquirir *tr.* Indagar, examinar.

inquisición *f.* Ac. y ef. de inquirir. 2 Tribunal que castigaba los delitos contra la fe.

inquisidor *m.* Juez del tribunal de la Inquisición.

inquisitivo, -va *adj.* Perten. o rel. a la indagación.

inquisitorial *adj.* Perten. o rel. al inquisidor o a la Inquisición.

insaciable *adj.* Que no se puede saciar.

insalivar *tr.* Mezclar los alimentos con la saliva.

insalubre *adj.* Malsano, dañino.

insano, -na *adj.* Malsano.

insatisfacción *f.* Falta de satisfacción.

insatisfecho, -cha *adj.* No satisfecho.

inscribir *tr.* Grabar letreros. 2 GEOM. Trazar una figura dentro de otra. - 3 *tr.-prnl.* Apuntar en una lista o registro.

inscripción *f.* Ac. y ef. de inscribir o inscribirse. 2 Letrero grabado.

inscrito, -ta *p. p.* irreg. de *inscribir.*

insecticida *adj.-m.* Que sirve para matar insectos.

insectívoro, -ra *adj.* Que se alimenta de insectos.

insecto *m.* Artrópodo de respiración traqueal, con un par de antenas, tres pares de patas y cabeza, tórax y abdomen.

inseguridad *f.* Falta de seguridad.

inseguro, -ra *adj.* Falto de seguridad.

inseminación *f.* Siembra. 2 Depósito del semen masculino en las vías genitales femeninas.

inseminar *tr.* Producir o producirse inseminación.

insensatez *f.* Falta de sensatez. 2 Dicho o hecho insensato.

insensato, -ta *adj.-s.* Sin sentido.

insensibilidad *f.* Falta de sensibilidad. 2 Dureza de corazón.

insensibilizar *tr.* Hacer insensible.

insensible *adj.* Que no siente. 2 Duro de corazón. 3 Imperceptible.

inseparable *adj.* Que no se puede separar.

insepulto, -ta *adj.* Que no ha sido sepultado.

inserción *f.* Ac. y ef. de insertar.

insertar *tr.-prnl.* Incluir, introducir.

inserto, -ta *p. p.* irreg. de *insertar.*

inservible *adj.* Que no sirve.

insidia *f.* Asechanza.

insidioso, -sa *adj.* Malicioso o dañino, con apariencias inofensivas.

insigne *adj.* Célebre, señalado.

insignia *f.* Señal, distintivo, divisa.

insignificante *adj.* Que nada significa.

insinuación *f.* Ac. y ef. de insinuar o insinuarse.

insinuar *tr.* Dar a entender algo, indicándolo ligeramente; sugerir.

insípido, -da *adj.* Falto de sabor. 2 Falto de gracia.

insistencia *f.* Acción de insistir, porfiar.

insistente *adj.* Que insiste.

insistir *intr.* Instar reiteradamente.

insobornable *adj.* Que no puede ser sobornado.

insociable *adj.* Intratable y huraño.

insolación *f.* Enfermedad causada por una exposición excesiva al sol.

insolencia *f.* Falta de respeto.

insolentar *tr.-prnl.* Hacer insolente.

insolente *adj.-s.* Que procede con insolencia; arrogante.

insólito, -ta *adj.* No común.

insoluble *adj.* No soluble.

insolvencia *f.* Condición de insolvente.

insolvente *adj.-s.* Que no tiene con qué pagar.

insomne *adj.* Desvelado.

insomnio *m.* Vigilia, desvelo.

insondable *adj.* Que no se puede sondear.

insonorizar *tr.* Acondicionar un lugar para aislarlo acústicamente.

insoportable *adj.* Insufrible, intolerable.

insoslayable *adj.* Que no puede soslayarse, ineludible.

insospechado, -da *adj.* No sospechado.

insostenible *adj.* Que no se puede sostener.

inspección *f.* Ac. y ef. de inspeccionar. 2 Cargo u oficina del inspector.

inspeccionar *tr.* Examinar, reconocer.

inspector, -ra *adj.-s.* Que inspecciona.

inspiración *f.* Ac. y ef. de inspirar. 2 Estímulo creador del artista.

inspirar *tr.* Aspirar el aire. 2 Infundir

ideas o sentimientos.

inspirómetro *m.* MED. Aparato que mide el volumen del aire inspirado.

instalación *f.* Ac. y ef. de instalar o instalarse. 2 Conjunto de cosas instaladas.

instalar *tr.* Acomodar a una persona. 2 Colocar los aparatos o enseres para algún servicio. - 3 *prnl.* Establecerse.

instancia *f.* Ac. y ef. de instar. 2 Solicitud escrita. ▷ *En última ~,* como último recurso.

instantáneo, -a *adj.* Que sólo dura un instante. - 2 *adj.-f.* Díc. de la fotografía hecha en un instante.

instante *m.* Momento.

instar *tr.* Pedir con insistencia. - 2 *intr.* Urgir la pronta ejecución de una cosa.

instaurar *tr.* Restaurar. 2 Establecer.

instigar *tr.* Incitar, inducir.

instilar *tr.* FARM. Echar gota a gota un licor en una cosa. 2 fig. Infundir de modo imperceptible en el ánimo una doctrina, afecto, etc.

instintivo, -va *adj.* Que es obra del instinto.

instinto *m.* Impulso interior que determina los actos de los animales. 2 Impulso o propensión maquinal.

institución *f.* Establecimiento, fundación. - 2 *f. pl.* Órganos constitucionales del poder soberano en un estado. ▷ *Ser alguien una ~,* ser persona de gran importancia.

institucionalizar *tr.-prnl.* Conferir el carácter de institución.

instituir *tr.* Erigir, fundar, establecer.

instituto *m.* Regla, estatuto. 2 Corporación científica, benéfica, etc., y edificio en que funciona. 3 Establecimiento oficial de segunda enseñanza.

institutriz *f.* Maestra en el hogar doméstico.

instrucción *f.* Ac. y ef. de instruir o instruirse. 2 Caudal de conocimientos adquiridos.

instructivo, -va *adj.* Que instruye o sirve para instruir.

instructor, -ra *adj.-s.* Que instruye.

instruido, -da *adj.* Que tiene instrucción.

instruir *tr.* Comunicar a alguien un conocimiento de algo con el fin de que lo aprenda.

instrumental *adj.* Perten. o rel. a los instrumentos. - 2 *m.* Conjunto de instrumentos.

instrumentar *tr.* Arreglar una composición musical para varios instrumentos.

instrumentista *com.* Músico que toca un instrumento.

instrumento *m.* Objeto fabricado para el ejercicio de artes y oficios, efectuar una operación, etc. 2 Aquello que se utiliza para hacer una cosa. 3 Aparato construido para la producción de sonidos musicales, bien por vibración de sus cuerdas (~ de cuerda), por percusión (~ de percusión) o impeliendo aire dentro de él (~ de viento).

insubordinación *f.* Falta de subordinación.

insubordinado, -da *adj.-s.* Que falta a la subordinación.

insubordinar *tr.* Provocar la insubordinación. - 2 *prnl.* Sublevarse.

insubstancial *adj.* De poca substancia. 2 Soso.

insuficiencia *f.* Falta de suficiencia.

insuficiente *adj.* No suficiente.

insuflar *tr.* Introducir soplando.

insufrible *adj.* Que no se puede sufrir.

ínsula *f.* Isla. 2 Lugar pequeño.

insular *adj.-s.* Isleño.

insulina *f.* Hormona segregada por el páncreas, cuya función es regular la cantidad de glucosa de la sangre.

insulsez *f.* Calidad de insulso.

insulso, -sa *adj.* Insípido, soso.

insultar *tr.* Ofender provocando.

insulto *m.* Ac. y ef. de insultar.

insumable *adj.* Que no se puede sumar o es difícil de sumarse.

insumergible *adj.* Que no se puede sumergir.

insumiso, -sa *adj.* Que no se somete o no obedece.

insuperable *adj.* Que no se puede superar.

insurgente *adj.-s.* Insurrecto.

insurrección *f.* Sublevación.

insurreccionar *tr.* Provocar la insurrección. - 2 *prnl.* Levantarse contra la autoridad.

insurrecto, -ta *adj.-s.* Que se ha sublevado contra la autoridad.

insustituible *adj.* Que no puede sustituirse.

intacto, -ta *adj.* No tocado. 2 Que no

ha padecido alteración o deterioro.

intachable *adj.* Que no admite tacha.

intangible *adj.* Que no puede tocarse.

integración *f.* Ac. y ef. de integrar. 2 Unificación de varias entidades.

integracionista *adj.-com.* Partidario de la integración racial.

integral *adj.* Completo.

integrante *adj.* Que integra. - 2 *adj.-s.* Que forma parte de un todo.

integrar *tr.* Dar integridad a una cosa. 2 Hacer entrar. - 3 *prnl.* Incorporarse.

integridad *f.* Calidad de íntegro.

integrismo *m.* Doctrina basada en el mantenimiento de la integridad de la tradición.

íntegro, -gra *adj.* Díc. de aquello a que no falta ninguna de sus partes. 2 Incorruptible, recto, honrado.

intelecto *m.* Entendimiento.

intelectual *adj.* Perten. o rel. al entendimiento. - 2 *adj.-com* Díc. de la persona dedicada al trabajo intelectual.

intelectualidad *f.* Entendimiento (facultad). 2 fig. Conjunto de los intelectuales de un país, región, etc.

intelectualismo *m.* Doctrina epistemológica que media entre el racionalismo y el empirismo. 2 Doctrina psicológica, opuesta al voluntarismo. 3 Doctrina ética opuesta al sentimentalismo.

intelectualizar *tr.* Dar carácter intelectual.

inteligencia *f.* Acción y facultad de comprender. 2 Conjunto de todas las funciones que tienen por objeto el conocimiento. 3 Habilidad, destreza.

inteligente *adj.-s.* Sabio, listo, instruido. - 2 *adj.* Dotado de inteligencia.

inteligible *adj.* Que puede ser entendido.

intemperancia *f.* Falta de templanza.

intemperante *adj.* Falto de templanza.

intemperie *f.* Destemplanza o desigualdad del tiempo.

intempestivo, -va *adj.* Que es fuera de tiempo y sazón.

intemporal *adj.* No temporal.

intención *f.* Determinación de la voluntad con relación a un fin.

intencionado, -da *adj.* Hecho con intención.

intencional *adj.* Deliberado, hecho a sabiendas.

intendencia *f.* Gobierno de una cosa. 2 Empleo y oficina del intendente.

intendente *f.* Jefe superior económico.

intensidad *f.* Magnitud de una fuerza, cualidad, etc.

intensificar *tr.-prnl.* Hacer intenso.

intenso, -sa *adj.* Que tiene intensidad.

intentar *tr.* Tener intención de hacer algo. 2 Procurar, pretender.

intento *m.* Intención. 2 Cosa intentada.

intentona *f.* Intento temerario.

interacción *f.* Influencia recíproca.

interamericano, -na *adj.* Concerniente a las relaciones entre naciones de América.

interastral *adj.* Que media entre los astros.

interatómico, -ca *adj.* Situado entre los átomos o dentro de ellos.

intercalado, -da *adj.* Interpuesto.

intercalar *tr.* Interponer o poner una cosa entre otras.

intercambiar *tr.-prnl.* Cambiar mutuamente ideas, informes escritos, etc.

intercambio *m.* Reciprocidad de servicios. 2 Comercio entre dos países.

interceder *intr.* Rogar por otro.

intercelular *adj.* Situado entre células.

interceptar *tr.* Detener una cosa en su camino.

intercesor, -ra *adj.-s.* Que intercede.

intercomunicación *f.* Comunicación recíproca.

intercomunicador *m.* Aparato destinado a la intercomunicación.

interconectar *tr.* Unir entre sí.

interconexión *f.* Ac. y ef. de interconectar.

intercontinental *adj.* Que está entre dos continentes.

intercostal *adj.* Que está entre las costillas.

interdental *adj.-s.* GRAM. Díc. de la consonante que se articula poniendo la punta de la lengua entre los dientes.

interdependencia *f.* Dependencia mutua entre personas, entidades, naciones, etc.

interdigital *adj.* Situado entre los dedos.

interdisciplinario, -ria *adj.* Perten. o rel. a varias disciplinas científicas.

interés *m.* Lo que a uno le afecta por el provecho o utilidad que le reporta; sentimiento egoísta que incita a buscar el provecho. 2 Ganancia producida por un capital prestado. 3 Inclinación del ánimo.

interesado, -da *adj.-s.* Que tiene interés. - 2 *adj.* Que se deja llevar del interés.

interesar *tr.-prnl.* Cautivar la atención o el ánimo. - 2 *prnl.* Tener interés en algo.

interestatal *adj.* Concerniente a las relaciones entre los Estados.

interestelar *adj.* Situado entre las estrellas.

interfaz *f.* ELECTR. Zona de comunicación o acción de un sistema sobre otro. 2 ELECTR. Dispositivo que conecta dos aparatos o circuitos. 3 INFORM. Dispositivo capaz de transformar las señales generadas por un aparato en señales comprensibles por otro.

interfecto, -ta *adj.-s.* Díc. de la persona muerta violentamente.

interferencia *f.* Ac. y ef. de interferir. 2 Mezcla de las señales de dos emisoras próximas que produce ruido.

interferir *tr.* Interponerse o mezclarse una acción o movimiento en otro.

interfono *m.* Red telefónica interior. 2 Aparato para hablar en dicha red.

intergaláctico, -ca *adj.* Perten. o rel. a los espacios existentes entre las galaxias.

ínterin *adv. t.* Mientras.

interinidad *f.* Calidad de interino.

interino, -na *adj.-s.* Que temporalmente suple la falta de otra persona o cosa.

interior *adj.* Que está en la parte de adentro. 2 Que no tiene vistas a la calle. 3 Que sólo se siente en el alma. 4 Perten. o rel. a la nación de que se habla.

interioridad *f.* Calidad de interior.

interjección *f.* Voz que expresa por sí sola un afecto del ánimo.

interjectivo, -va *adj.* Que tiene carácter de interjección.

interlineado *m.* Escritura hecha entre líneas.

interlocutor, -ra *m. f.* Persona que toma parte en un diálogo.

interludio *m.* Intermedio musical.

intermediario, -ria *adj.-s.* Que media entre dos o más personas.

intermedio, -dia *adj.* Que está en medio. - 2 *m.* Espacio que hay de un tiempo a otro o de una acción a otra.

3 Descanso entre dos partes de un espectáculo; interrupción en una retransmisión.

interminable *adj.* Que no tiene término.

interministerial *adj.* Que se refiere a varios ministerios o los relaciona entre sí.

intermitencia *f.* Calidad de intermitente.

intermitente *adj.* Que se interrumpe o cesa y prosigue o se repite. - 2 *m.* Dispositivo que enciende y apaga periódicamente una luz para señalar algo.

intermolecular *adj.* Que se encuentra entre las moléculas o dentro de ellas.

internacional *adj.* Perten. o rel. a dos o más naciones. 2 Perten. o rel. a todas ellas. - 3 *f.* Organización socialista de alcance internacional.

internacionalizar *tr.* Convertir en internacional.

internado *m.* Estado del alumno interno. 2 Conjunto de alumnos internos y local en que habitan.

internar *tr.* Conducir tierra adentro. 2 Conducir a cierto lugar, como un sanatorio, clínica, etc. - 3 *intr.-prnl.* Penetrar.

internista *adj.-com.* Médico especialista en enfermedades internas.

interno, -na *adj.* Interior. - 2 *adj.-s.* Díc. del alumno que vive dentro de un establecimiento de enseñanza.

interoceánico, -ca *adj.* Que pone en comunicación dos océanos.

interpelación *f.* Ac. y ef. de interpelar.

interpelar *tr.* Dirigir la palabra a uno pidiéndole auxilio o protección. 2 Compeler a uno a qué de explicaciones.

interplanetario, -ria *adj.* Que existe o se efectúa entre dos o más planetas.

interpolar *tr.* Interponer.

interponer *tr.-prnl.* Poner una cosa entre otras.

interposición *f.* Ac. y ef. de interponer o interponerse.

interpretación *f.* Ac. y ef. de interpretar.

interpretar *tr.* Explicar el sentido de una cosa. 2 Representar un papel; ejecutar una composición musical.

interpretativo, -va *adj.* Que sirve para interpretar una cosa.

intérprete *com.* Persona que interpreta.

interpuesto, -ta *p. p. irreg.* de *inter-*

poner.

interrelación *f.* Correspondencia mutua entre personas, cosas o fenómenos.

interrogación *f.* Pregunta.

interrogante *adj.-s.* Que interroga. 2 Díc. del signo ortográfico de interrogación [¿?].

interrogar *tr.* Preguntar.

interrogativo, -va *adj.* Que implica o denota pregunta. 2 *Oración interrogativa,* la que formula un juicio incompleto en espera de que se complete con la respuesta.

interrogatorio *m.* Serie de preguntas.

interrumpir *tr.* Suspender, impedir la continuación de una cosa.

interrupción *f.* Ac. y ef. de interrumpir.

interruptor, -ra *adj.-s.* Que interrumpe. - 2 *m.* Aparato destinado a interrumpir el paso de una corriente eléctrica.

intersección *f.* Encuentro de dos líneas, superficies o sólidos que se cortan.

intersideral *adj.* Perten. o rel. al espacio situado entre dos astros.

intersticio *m.* Espacio pequeño entre dos cuerpos o partes de un cuerpo.

intertónico, -ca *adj.-f.* GRAM. Díc. de la vocal protónica no final.

interurbano, -na *adj.* Díc. de las relaciones y servicios entre poblaciones.

intervalo *m.* Espacio que hay de un lugar o de un tiempo a otro.

intervención *f.* Ac. y ef. de intervenir.

intervencionismo *m.* Intervención de una nación en los conflictos surgidos entre otros países.

intervenir *intr.* Tomar parte en un asunto; mediar. - 2 *tr.* Examinar cuentas; fiscalizar.

interventor, -ra *adj.-s.* Que interviene. - 2 *m. f.* Funcionario que autoriza y fiscaliza ciertas operaciones.

interviú *m.* ANGLIC. Entrevista.

intervocálico, -ca *adj.* Díc. de la consonante que se halla entre vocales.

intestado, -da *adj.-s.* DER. Que muere sin hacer testamento válido.

intestinal *adj.* Perten. o rel. al intestino.

intestino, -na *adj.* Interno, interior. 2 Civil, doméstico. - 3 *m.* Conducto que va desde el estómago al ano.

inti *m.* Unidad monetaria de Perú.

intimar *prnl.-intr.* Introducir en el afecto.

intimidación *f.* Ac. y ef. de intimidar.

intimidad *f.* Lo más íntimo o reservado.

intimidar *tr.* Infundir miedo.

intimismo *m.* Calidad de intimista. 2 Carácter de las obras artísticas de los intimistas.

intimista *adj.-com.* Artista que expresa en un tono confidencial los sentimientos más secretos del alma.

íntimo, -ma *adj.* Interior, interno. 2 Díc. de la amistad estrecha y del amigo de confianza.

intitular *tr.-prnl.* Poner o dar título.

intolerable *adj.* Que no se puede tolerar.

intolerancia *f.* Falta de tolerancia. 2 MED. Imposibilidad del organismo para asimilar ciertas substancias.

intolerante *adj.-s.* No tolerante.

intonso, -sa *adj.* Que no tiene cortado el pelo.

intoxicación *f.* Ac. y ef. de intoxicar o intoxicarse.

intoxicar *tr.-prnl.* Envenenar.

intracelular *adj.* Que está situado u ocurre dentro de una célula o células.

intradós *m.* Superficie cóncava de un arco o bóveda.

intraducible *adj.* Que no se puede traducir.

intrahistoria *f.* Vida tradicional que sirve de fondo permanente a la historia cambiante y visible.

intramuros *adv. l.* Dentro de una ciudad, villa o lugar.

intramuscular *adj.* Que está o se pone en el interior de los músculos.

intranquilidad *f.* Falta de tranquilidad.

intranquilizar *tr.* Quitar la tranquilidad.

intransferible *adj.* Que no se puede transferir.

intransigente *adj.* Que no transige.

intransitable *adj.* No transitable.

intransitivo, -va *adj.-s.* Díc. del verbo que no tiene complemento directo.

intransmisible *adj.* Que no puede ser transmitido.

intransportable *adj.* Imposible o muy difícil de transportar.

intraocular *adj.* Perten. o rel. al interior del ojo.

intratable *adj.* No tratable ni manejable.

intrauterino, -na *adj.* Que está situado u ocurre dentro del útero.

intravenoso, -sa *adj.* Que está o se produce en el interior de las venas.

intrepidez *f.* Arrojo.

intrépido, -da *adj.* Que no teme en los peligros.

intriga *f.* Manejo cauteloso. 2 Enredo.

intrigar *intr.* Emplear intrigas. - 2 *tr.* Excitar la curiosidad.

intrincado, -da *adj.* Enredado, confuso.

intrincar *tr.* Enredar. 2 fig. Confundir.

intríngulis *m.* Razón oculta.

intrínseco, -ca *adj.* Íntimo, esencial.

introducción *f.* Ac. y ef. de introducir o introducirse. 2 Preparación, disposición para llegar al fin propuesto. 3 Prólogo, preámbulo de una obra o discurso.

introducir *tr.-prnl.* Hacer entrar.

introito *m.* Entrada o principio.

intromisión *f.* Ac. y ef. de entrometerse.

introspección *f.* Observación de la propia conciencia con fines especulativos.

introversión *f.* Ac. y ef. de penetrar el alma dentro de sí misma, abstrayéndose de los sentidos.

introvertido, -da *adj.-s.* Que hace poco caso del mundo exterior.

intrusión *f.* Acción de introducirse sin derecho.

intrusismo *m.* Ejercicio fraudulento de una profesión sin títulos para ello.

intrusivo, -va *adj.* Díc. de la roca que resulta de la solidificación de un magma ascendente entre las rocas sólidas de la corteza terrestre ya existentes.

intruso, -sa *adj.-s.* Que se ha introducido sin derecho.

intubar *tr* Introducir un tubo a través de la boca u orificios nasales hasta llegar a la tráquea, para asegurar la respiración.

intuición *f.* Conocimiento inmediato sin el concurso de razonamientos.

intuicionismo *m.* Doctrina epistemológica que admite un conocimiento intuitivo junto al racional.

intuir *tr.* Percibir por intuición.

intuitivo, -va *adj.* Perten. o rel. a la intuición.

inundación *f.* Ac. y ef. de inundar o inundarse.

inundar *tr.-prnl.* Cubrir el agua un terreno.

inusitado, -da *adj.* No usado.

inusual *adj.* No usual, inusitado, insólito, raro.

inútil *adj.* No útil. - 2 *adj.-com.* Díc. de la persona que no puede trabajar o moverse por impedimento físico.

inutilizar *tr.-prnl.* Hacer inútil.

invadeable *adj.* Que no se puede vadear.

invadir *tr.* Entrar por fuerza en un lugar.

invaginación *f.* Ac. y ef. de invaginar. 2 Replegamiento interno de una membrana o de una capa celular.

invaginar *tr.* Doblar los bordes de la boca de un tubo, o de una vejiga, haciendo que se introduzcan en el interior del mismo.

invalidar *tr.* Quitar validez.

invalidez *f.* Calidad de inválido.

inválido, -da *adj.-s.* Viejo, enfermo, inútil. - 2 *adj.* Nulo, sin valor.

invalorable *adj.* Que no se puede valorar.

invar *m.* Aleación de acero y níquel de un coeficiente de dilatación muy pequeño.

invariable *adj.* Que no padece variación.

invariante *adj.* Que no varía. - 2 *f.* Magnitud, relación o propiedad que permanece invariable en una transformación de naturaleza física o matemática.

invasión *f.* Ac. y ef. de invadir.

invasor, -ra *adj.-s.* Que invade.

invectiva *f.* Discurso violento contra personas o cosas.

invencible *adj.* Que no puede ser vencido.

invención *f.* Ac. y ef. de inventar. 2 Cosa inventada. 3 Engaño, ficción.

invendible *adj.* Que no puede venderse.

inventar *tr.* Encontrar o crear algo nuevo. 2 Imaginar hechos falsos.

inventariar *tr.* Hacer inventario.

inventario *m.* Asiento ordenado de los bienes de alguien.

inventiva *f.* Disposición para inventar.

inventivo, -va *adj.* Que tiene disposición para inventar.

invento *m.* Invención, cosa inventada.

inventor, -ra *adj.-s.* Que inventa.

invernáculo *m.* Lugar cubierto artificialmente, para defender las plantas de la acción del frío.

invernadero *m.* Lugar cubierto para defender las plantas del frío.

invernal *adj.* Perten. o rel. al invierno.

invernar *intr.* Pasar el invierno en un sitio.

inverosímil *adj.* Que no tiene apariencia de verdad.

inversión *f.* Ac. y ef. de invertir. 2 Empleo de capital en negocios.

inversionista *com.* Persona que hace una inversión de capital.

inverso, -sa *adj.* Contrario, opuesto.

inversor, -ra *adj.-s.* Que invierte.

invertebrado, -da *adj.-m.* Díc. del animal que no tiene vértebras.

invertido *m.* Homosexual.

invertir *tr.* Poner las cosas en dirección o en orden opuesto al que tenían. 2 Emplear tiempo o dinero.

investidura *f.* Carácter que se adquiere con la toma de posesión de ciertos cargos.

investigación *f.* Ac. y ef. de investigar.

investigar *tr.* Hacer diligencias para descubrir algo. 2 Profundizar en el estudio.

investir *tr.* Conferir una dignidad o cargo.

inveterado, -da *adj.* Antiguo, que está muy arraigado.

inveterarse *prnl.* Envejecer (durar) una costumbre, tradición, fórmula.

inviable *adj.* Que no tiene posibilidades de ser llevado a cabo.

invicto, -ta *adj.* No vencido.

invidente *adj.-com.* Que no ve; ciego.

invierno *m.* Estación del año comprendida entre el solsticio del mismo nombre y el equinoccio de primavera.

inviolabilidad *f.* Calidad de inviolable.

inviolable *adj.* Que no se debe o no se puede violar o profanar.

inviolado, -da *adj.* Que se conserva con toda su integridad y pureza.

invisible *adj.* Que no puede ser visto.

invitación *f.* Ac. y ef. de invitar. 2 Tarjeta con que se invita.

invitado, -da *m. f.* Persona que ha recibido invitación.

invitar *tr.* Convidar. 2 Incitar.

invocación *f.* Ac. y ef. de invocar.

invocar *tr.* Pedir con ruego la ayuda de uno. 2 Alegar una ley, costumbre o razón.

involución *f.* Evolución regresiva.

involucionista *adj.* Perten. o rel. a la involución. - 2 *adj.-com.* Partidario de una involución.

involucrar *tr.* Envolver, implicar.

involucro *m.* Verticilo de brácteas.

involuntario, -ria *adj.* No voluntario.

involutivo, -va *adj.* Perten. o rel. a la involución.

invulnerable *adj.* Que no puede ser herido.

inyección *f.* Ac. y ef. de inyectar. 2 Fluido inyectado.

inyectable *adj.* Que se aplica en inyección. - 2 *m.* Ampolla (tubito).

inyectar *tr.* Introducir un líquido en un cuerpo.

inyector, -ra *adj.* Que inyecta. - 2 *m.* Aparato que divide el combustible en gotas pequeñísimas y que lo distribuye en la carga de aire contenida en el conducto de admisión o en la cámara de combustión.

ion *m.* Substancia que aparece, una en cada polo, como resultado de la descomposición del electrólito.

ionizar *tr.-prnl.* Cargar de iones.

ionona *f.* Substancia química de olor de violeta empleada en perfumería.

ionosfera *f.* Capa elevada de la atmósfera situada entre los 80 y los 400 kms.

iota *f.* Novena letra del alfabeto griego, equivalente a la *i* del español.

ípsilon Vigésima letra del alfabeto griego, equivalente a la *u* del francés.

ir *intr.-prnl.* Moverse de un lugar a otro. - 2 *intr.* Extenderse de un punto a otro. 3 Obrar, proceder. 4 Añade al sentido dinámico el de intención o el de importar, interesar. 5 Por el sentido de intención, acomodarse una cosa con otra. - 6 *v. auxiliar.* Acompañando a los gerundios, intensifica la significación durativa. 7 Con la preposición *a* y un verbo en infinitivo expresa acción que se está realizando o que va a realizarse.

ira *f.* Enojo violento.

iracundo, -da *adj.* Propenso a la ira.

iraní *adj.-s.* De Irán.

iraquí *adj.-s.* De Irak.

irascible *adj.* Propenso a irritarse.

iridio *m.* Metal blanco y quebradizo muy pesado.

iris *m.* Diafragma contráctil en cuyo centro está la pupila del ojo.

irisado, -da *adj.* Que tiene los colores

del arco iris.

irisar *intr.* Presentar un cuerpo fajas variadas o reflejos de luz.

irlandés, -desa *adj.-s.* De Irlanda. - 2 *m.* Lengua irlandesa.

ironía *f.* Burla fina con que se da a entender lo contrario de lo que se dice.

irónico, -ca *adj.* Que denota ironía.

ironizar *tr.* Hablar con ironía, ridiculizar.

irracional *adj.-s.* Que carece de razón. - 2 *adj.* Opuesto a la razón.

irracionalidad *f.* Calidad de irracional.

irracionalismo *m.* Tendencia filosófica o artística que da la preferencia a lo irracional sobre lo racional.

irradiar *intr.* Despedir radiaciones. 2 Someter a la acción de ciertos rayos.

irreal *adj.* Falto de realidad.

irrealizable *adj.* Que no se puede realizar.

irrebatible *adj.* Que no se puede rebatir.

irreconciliable *adj.* Que no quiere reconciliarse. 2 Incompatible.

irreconocible *adj.* Que no se puede reconocer.

irrecuperable *adj.* Que no se puede recuperar.

irrecusable *adj.* Que no se puede recusar.

irreducible, irreductible *adj.* Que no se puede reducir.

irreemplazable, irremplazable *adj.* Que no se puede reemplazar.

irreflexión *f.* Falta de reflexión.

irreflexivo, -va *adj.* Que no reflexiona.

irreformable *adj.* Que no se puede reformar.

irrefrenable *adj.* Que no se puede refrenar.

irrefutable *adj.* Que no se puede refutar.

irregular *adj.* Que no es regular. 2 GRAM. Díc. de la palabra cuya flexión o formación no se ajusta a la regla general.

irregularidad *f.* Calidad de irregular. 2 Inmoralidad en la administración.

irrelevante *adj.* Que carece de importancia o significación.

irreligioso, -sa *adj.-s.* Falto de religión o que se opone a ella.

irremediable *adj.* Que no se puede remediar.

irremisible *adj.* Que no se puede remitir.

irrenunciable *adj.* Que no se puede renunciar.

irreparable *adj.* Que no se puede reparar.

irrepetible *adj.* Que no puede o no debe ser repetido.

irrepresentable *adj.* Que no se puede representar como espectáculo público.

irreprimible *adj.* Que no se puede reprimir.

irreprochable *adj.* Que no se puede reprochar.

irresistible *adj.* Que no se puede resistir.

irresoluble *adj.* Que no se puede resolver o determinar.

irresoluto, -ta *adj.-s.* Que carece de resolución.

irrespetuoso, -sa *adj.* No respetuoso.

irrespirable *adj.* Que no puede respirarse. 2 Que difícilmente puede respirarse. 3 fig. Díc. del ambiente que hace que uno se sienta molesto o disgustado.

irresponsabilidad *f.* Falta de responsabilidad.

irresponsable *adj.* No responsable.

irreverencia *f.* Falta de reverencia. 2 Dicho o hecho irreverente.

irreverente *adj.* Falto de reverencia.

irreversible *adj.* Que no es reversible.

irrevocable *adj.* Que no se puede revocar.

irrigar *tr.* Regar. 2 MED. Rociar con un líquido una parte del cuerpo.

irrisible *adj.* Digno de risa y desprecio.

irrisión *f.* Burla con que se provoca a risa.

irrisorio, -ria *adj.* Que mueve a risa y burla. 2 Insignificante.

irritable *adj.* Que puede irritarse.

irritación *f.* Ac. y ef. de irritar.

irritante *adj.* Que irrita.

irritado, -da *adj.* Enojado, enfadado.

irritar *tr.-prnl.* Hacer sentir ira. 2 Causar o producirse escozor o enrojecimiento en una parte del cuerpo.

irrompible *adj.* Que no se puede romper.

irruir *tr.* Acometer con ímpetu.

irrumpir *intr.* Entrar violentamente.

irrupción *f.* Ac. y ef. de irrumpir.

isa *f.* Baile popular de las islas Canarias.

isabelino, -na *adj.* Díc. del estilo que imperaba en el reinado de Isabel II.

isla *f.* Porción de tierra rodeada de agua.

islam *m.* Islamismo. 2 Conjunto de pueblos mahometanos.

islámico, -ca *adj.* Perten. o rel. al Islam.

islamismo *m.* Religión mahometana.

islamizar *intr.-prnl.* Adoptar la religión, prácticas, usos y costumbres islámicos.

islandés, -desa *adj.-s.* De Islandia. - 2 *m.* Lengua islandesa.

isleño, -ña *adj.-s.* De una isla.

islote *m.* Isla pequeña y despoblada.

ismo *m.* Tendencia de orientación innovadora que se opone a lo ya existente.

isobara *f.* Línea imaginaria que pasa por todos los puntos que tienen la misma altura barométrica.

isobata *f.* Línea imaginaria que une los puntos del fondo del mar de igual profundidad.

isocromático, -ca *adj.* Que tiene el mismo color. 2 Que tiene un tinte o matiz uniforme.

isócrono, -na *adj.* Que se efectúa en tiempos iguales.

isodinámico, -ca *adj.* Que tiene la misma fuerza o intensidad.

isoédrico, -ca *adj.* Que tiene todas las caras iguales.

isoeléctrico, -ca *adj.* Díc. del cuerpo neutro eléctricamente, que posee el mismo número de cargas positivas que negativas. 2 De igual potencial eléctrico.

isofoto, -ta *adj.* De igual intensidad luminosa.

isogamia *f.* Reproducción sexual en que los dos gametos son iguales.

isoglosa *f.* Línea imaginaria que en un atlas lingüístico pasa por todos los puntos en que se manifiesta un mismo fenómeno.

isógono, -na *adj.* De ángulos iguales.

isómero, -ra *adj.* Que tiene la misma fórmula que otro u otros, pero que difiere en algunas propiedades, a causa de una diferencia en la estructura molecular.

isometría *f.* Aplicación geométrica que conserva las distancias existentes entre rectas, longitudes y ángulos.

isomorfo, -fa *adj.* Díc. del cuerpo de diferente composición química que otro u otros, pero con la misma estructura molecular e igual forma cristalina.

isópodo, -da *adj.-s.* De patas iguales.

isósceles *adj.* Díc. del triángulo que tiene dos lados iguales.

isosísmico, -ca *adj.* De igual intensidad sísmica.

isostasia *f.* Teoría del estado de equilibrio de las masas en el interior de la corteza terrestre.

isotermo, -ma *adj.* De igual temperatura.

isótopo *m.* Especie que tiene los mismos elementos químicos que otra pero distinto peso atómico.

isótropo, -pa *adj.* Díc. del cuerpo que tiene la propiedad de transmitir igualmente en todos sentidos cualquier acción recibida en un punto de su masa.

isquion *m.* ANAT. Hueso posterior e inferior del coxal.

israelí *adj.-s.* De Israel.

israelita *adj.-s.* Hebreo.

istmeño, -ña *adj.* Perten. o rel. a un istmo.

istmo *m.* Lengua de tierra que une dos continentes o una península a un continente.

italianismo *m.* Giro o modo de expresión propio de la lengua italiana.

italianizar *tr.* Hacer tomar carácter italiano.

italiano, -na *adj.-s.* De Italia. - 2 *m.* Lengua italiana.

itálico, -ca *adj.* Italiano. - 2 *adj.-m.* Díc. de la familia de lenguas del tronco indoeuropeo habladas antig. en la península italiana.

italohablante *adj.* De lengua materna italiana.

ítem *adv.* Asimismo, igualmente. - 2 *m.* Aditamento, añadidura.

iterar *tr.* Repetir.

iterativo, -va *adj.* Que tiene la condición de reiterarse.

iterbio *m.* Elemento químico del grupo de las tierras raras.

itinerante *adj.* Ambulante.

itinerario *m.* Descripción de un camino o viaje.

itrio *m.* Metal trivalente que forma un polvo brillante y negruzco, y se extrae de algunos minerales raros.

izar *tr.* MAR. Hacer subir una cosa tirando de la cuerda de que está colgada.

izquierdo, -da *adj*. Que está situado del lado del corazón. 2 Torcido, no recto. 3 Zurdo. - 4 *f*. Mano izquierda. 5 Posición que ocupa lo situado con respecto al hombre al lado del corazón.

J

j *f.* Consonante velar, undécima letra del alfabeto.

¡ja, ja, ja! Interjección de risa.

jabalcón *m.* Madero ensamblado en uno vertical, que sirve de apoyo a otro horizontal o inclinado.

jabalí *m.* Mamífero de pelaje tupido y fuerte, jeta prolongada y colmillos grandes.

jabalina *f.* Arma, a manera de venablo, que se usaba en la caza mayor. 2 DEP. Barra de fibra o metal con que se efectúa una prueba atlética de lanzamiento.

jabardillo *m.* Multitud de insectos o pequeñas aves. 2 fig. Multitud de gente.

jabato *m.* Cachorro del jabalí. 2 fig. fam. Joven valiente y atrevido.

jábega *f.* Red muy larga, compuesta de un copo y dos bandas, de las cuales se tira desde tierra.

jabón *m.* Producto que sirve para lavar. ▷ *Dar ~,* adular.

jabonadura *f.* Ac. y ef. de jabonar. - 2 *f. pl.* Agua que queda mezclada con el jabón y su espuma.

jabonar *tr.* Fregar con jabón y agua. 2 Humedecer la barba con agua jabonosa para afeitarla. 3 fig. fam. Reprender.

jabonero, -ra *adj.* De color blanco sucio. - 2 *m. f.* Persona que hace o vende jabón. - 3 *f.* Cajita para el jabón.

jabonoso, -sa *adj.* Que es de jabón o de su naturaleza.

jaca *f.* Caballo de alzada menor a siete cuartas.

jácara *f.* Romance festivo. 2 Breve pieza teatral. 3 Ronda nocturna de gente alegre.

jacarandoso, -sa *adj.* fam. Alegre, desenvuelto.

jacinto *m.* Planta liliácea de flores acampanadas. 2 Flor de esta planta.

jack *m.* Dispositivo de conexión usado para enlazar el cableado de un circuito.

jaco *m.* Caballo pequeño y ruin.

jacobinismo *m.* Sistema político del partido más exaltado de la Revolución francesa. 2 p. ext. Tendencia política de un radicalismo violento impuesto en nombre de la democracia.

jacobino, -na *adj.-s.* Perten. o rel. al partido más exaltado de la Revolución francesa. 2 p. ext. Partidario de la revolución violenta y sanguinaria.

jactancia *f.* Alabanza presuntuosa.

jactancioso, -sa *adj.-s.* Que se jacta.

jactarse *prnl.* Hablar o actuar de forma presuntuosa.

jaculatorio, -ria *adj.* Breve y fervoroso. - 2 *f.* Oración breve y fervorosa.

jade *m.* Piedra muy dura verdosa.

jadear *intr.* Respirar con fatiga por el cansancio.

jaez *m.* Adorno de las caballerías.

jaguar *m.* Mamífero carnívoro de cola larga y pelaje con manchas circulares.

jaharrar *tr.* Revocar una pared.

jalar *tr.* Halar. 2 Tirar, atraer. 3 Comer con apetito.

jalbegue *m.* Blanqueo de las paredes. 2 Lechada de cal dispuesta para blanquear.

jalea *f.* Conserva gelatinosa hecha de zumo de frutas.

jalear *tr.* Llamar a los perros a voces. 2 Animar con palmadas y voces a los que bailan, cantan, etc. 3 fam. Soliviantar.

jaleo *m.* Baile andaluz. 2 Jarana. 3 Gritería.

jalón *m.* Vara que se clava en tierra como señal. 2 fig. Fin de una etapa y comienzo de otra. 3 fig. Hito. 4 Tirón.

jalonar *tr.* Señalar con jalones.

jaloque *m.* Viento sudeste.

jamar *tr.* vulg. Comer.

jamás *adv. t.* Nunca.

jamba *f.* Elemento que sostiene el dintel.

jambaje *m.* Conjunto de las dos jambas y el dintel. 2 Todo lo relativo al ornato de las jambas y el dintel.

jamelgo *m.* fam. Caballo flaco y desgarbado.

jamerdana *f.* Estercolero del matadero.

jamerdar *tr.* Limpiar los vientres de las reses.

jamón *m.* Pernil del cerdo. 2 Anca, pierna.

jamona *adj.-f.* fam. Díc. de la mujer que ha pasado de la juventud, especialmente cuando es gruesa.

jangada *f.* Salida o idea necia y fuera de tiempo. 2 Trastada.

janiforme *adj.* De dos caras.

jansenismo *m.* Doctrina que afirmaba que el hombre sólo podía alcanzar la salvación a través de la gracia divina.

japonés, -nesa *adj.-s.* Del Japón. - 2 *m.* Idioma del Japón.

japuta *f.* Pez marino teleósteo perciforme, de cuerpo alto y comprimido.

jaque *m.* Lance del ajedrez en que el rey está amenazado. 2 Palabra con que se avisa. 3 Valentón, perdonavidas. ▷ *Tener en ~,* amenazar continuamente.

jaqueca *f.* Dolor de cabeza intermitente.

jaquelado, -da *adj.* Labrado con facetas cuadradas.

jáquima *f.* Cabezada de cordel.

jara *f.* Arbusto verde y con flores blancas.

jarabe *m.* Bebida compuesta de azúcar cocido en agua y substancias refrescantes o medicinales. 2 fig. Bebida muy dulce.

jaral *m.* Terreno poblado de jaras.

jaramago *m.* Planta crucífera de hojas en la base del tallo y flores amarillas.

jaramugo *m.* Pececillo nuevo de cualquier especie.

jarana *f.* fam. Diversión bulliciosa. 2 fam. Pelea, escándalo. 3 Trampa, fraude.

jaranero, -ra *adj.* Aficionado a jaranas.

jarcia *f.* Conjunto de aparejos y cabos de un barco. 2 Conjunto de instrumentos y redes para pescar.

jarcha *f.* Estrofa final, escrita en romance, de una composición poética árabe llamada *moaxaja.*

jardín *m.* Terreno donde se cultivan plantas y flores ornamentales. 2 *~ de infancia,* escuela de párvulos.

jardinera *f.* Mueble para plantas. 2 Carruaje descubierto. 3 Autobús que transporta a los viajeros entre la terminal de un aeropuerto y el avión.

jardinería *f.* Arte y oficio del jardinero.

jardinero, -ra *m. f.* Persona que tiene por oficio cuidar un jardín.

jareta *f.* Dobladillo para meter en él una cinta o cordón.

jarope *m.* Jarabe.

jarra *f.* Vasija de barro de boca ancha, con asas. ▷ *En jarras,* con los brazos arqueados y las manos en la cintura.

jarrete *m.* Corva. 2 Corvejón. 3 Parte alta de la pantorrilla.

jarretera *f.* Liga con hebilla.

jarro *m.* Vasija a modo de jarra y con una sola asa. 2 Cantidad de líquido que cabe en ella.

jarrón *m.* Vaso labrado para adorno.

jaspe *m.* Variedad translúcida de cuarzo opaco, veteado.

jaspear *tr.* Pintar imitando al jaspe.

jaspón *m.* Mármol de grano grueso.

jauja *f.* Prototipo de prosperidad y abundancia.

jaula *f.* Caja hecha con alambres, mimbres, etc., para encerrar animales.

jauría *f.* Conjunto de perros que cazan juntos.

jayán, -yana *m. f.* Persona alta y de muchas fuerzas.

jazmín *m.* Arbusto de flores blancas muy olorosas. 2 Flor de esta planta. 3 Perfume.

jazz *m.* Música de danza de origen negro americano, caracterizada por una melodía que se improvisa. 2 Orquesta que ejecuta esta música.

jazzman *m.* Músico especialista en jazz.

¡je! ¡Ja, ja, ja!

jean *m.* Pantalón vaquero.

jeep *m.* Automóvil todo terreno.

jefa *f.* Superiora de un cuerpo u oficio.

jefatura *f.* Dignidad y oficina del jefe.

jefazo *m.* fam. Jefe autoritario.

jefe *m.* Superior de un cuerpo u oficio. 2 Forma de tratamiento con mezcla de respeto y confianza. 3 MIL. Cuerpo que comprende los grados entre capitán y general.

jeme *m.* Distancia que media desde la extremidad del dedo pulgar a la del dedo índice, separando el uno del otro todo lo posible.

jengibre *m.* Planta de rizoma aromático, usado en medicina y como especia.

jenízaro, -ra *adj.* fig. Mezclado de dos especies.

jeque *m.* Jefe árabe que gobierna un territorio.

jerarca *m.* Superior en una jerarquía.

jerarquía *f.* Orden y subordinación de categorías, poderes y dignidades. 2 Persona o grupo de personas que toman las decisiones en una organización, empresa, institución, etc.

jerarquizar *tr.* Organizar en jerarquías.

jeremías *m.* Persona que se lamenta continuamente.

jerez *m.* Vino blanco de fina calidad elaborado en Jerez de la Frontera.

jerezano, -na *adj.-s.* De Jerez.

jerga *f.* Lenguaje especial de ciertas gentes u oficios. 2 Lenguaje de mal gusto.

jergón *m.* Colchón de paja, esparto, etc., y sin bastas.

jerife *m.* Descendiente de Mahoma por su hija Fátima. 2 Individuo de la dinastía reinante en Marruecos. 3 Jefe de la ciudad de La Meca.

jerigonza *f.* Jerga. 2 Acción extraña y ridícula.

jeringa *f.* Instrumento para aspirar o inyectar líquidos.

jeringar *tr.* Arrojar o inyectar un líquido con jeringa. 2 fig. Molestar.

jeringuilla *f.* Jeringa pequeña que sirve para inyectar substancias medicamentosas en el interior de tejidos u órganos.

jeroglífico, -ca *adj.* Perten. o rel. a la escritura en que se usan figuras o símbolos. - 2 *m.* Frase expresada con figuras o símbolos y cuyo descifre constituye un pasatiempo.

jerpa *f.* Sarmiento estéril de las vides.

jerrycan *m.* Bidón para transportar gasolina.

jersey *m.* Especie de chaqueta hecha con tejido de punto.

jesuita *adj.-m.* Religioso de la Compañía de Jesús.

jet *m.* ANGLIC. Reactor o avión a reacción.

jet set *f.* Grupo social económicamente fuerte, asiduo a lugares de moda.

jeta *f.* Boca saliente. 2 Cara. 3 Hocico del cerdo. 4 fam. fig. Cara dura.

ji *f.* Vigésima segunda letra del alfabeto griego, equivalente a la *j* del español.

jíbaro, -ra *adj.* *Amér.* Campesino, silvestre.

jibia *f.* Molusco cefalópodo de cuerpo oval, con diez tentáculos y una concha cubierta por la piel.

jibión *m.* Concha de la jibia.

jícara *f.* Vasija pequeña utilizada para tomar chocolate.

jiennense *adj.-s.* De Jaén.

jijona *f.* Turrón fino original de la ciudad de este nombre.

jilguero *m.* Ave paseriforme cantora, de plumaje pardo, blanco y negro.

jineta *f.* Mamífero carnívoro pequeño, de cola larga listada de blanco y negro. 2 Manera de montar a caballo.

jinete *m.* El que monta a caballo.

jinetear *intr.* Andar a caballo alardeando de gala y primor.

jipiar *intr.* Hipar, gemir, gimotear. 2 Cantar con voz semejante a un gemido.

jipijapa *f.* Tira que se saca de las hojas de una palma y sirve para tejer sombreros. - 2 *m.* Sombrero que se hace de ella.

jipío *m.* Hipido. 2 Lamento en el cante andaluz.

jira *f.* Pedazo que se rasga o corta de una tela. 2 Banquete o merienda campestre.

jirafa *f.* Mamífero rumiante de cuello alto y esbelto y miembros posteriores más bajos que los anteriores.

jiráfido, -da *adj.-m.* Díc. del mamífero rumiante como la jirafa y el okapi.

jirón *m.* Pedazo desgarrado de una ropa. 2 fig. Parte pequeña de un todo.

jironado, -da *adj.* Roto, hecho jirones. 2 Guarnecido con jirones.

jiste *m.* Espuma de la cerveza.

jo! Exclamación que denota sorpresa.

job *m.* Hombre de mucha paciencia.

jockey *m.* Yóquey.

jocosidad *f.* Calidad de jocoso. 2 Chiste, donaire.

jocoso, -sa *adj.* Chistoso, festivo.

jocundo, -da *adj.* Jovial, alegre, jocoso.

joder *tr.* fam. Practicar el coito. - 2 *tr.-prnl.* fig. fam. Molestar.

¡joder! Interjección de sorpresa, contrariedad.

jodido, -da *adj.* fig. fam. Maldito, despreciable. 2 fig. fam. Fastidioso, desagradable. 3 fig. fam. Difícil.

jofaina *f.* Vasija ancha y poco profunda que sirve especialmente para lavarse.

joggin *m.* Ejercicio físico consistente en correr a poca velocidad.

jóker *m.* Comodín de los juegos de

cartas.

jolgorio *m.* Holgorio.

¡jolín! ¡jolines! Interjección de molestia o enfado.

jondo *adj. Cante ~ ,* cante flamenco.

jónico, -ca *adj.-s.* Díc. del orden arquitectónico caracterizado por una columna de nueve módulos y capitel adornado con grandes volutas.

jordano, -na *adj.-s.* De Jordania.

jornada *f.* Camino que se anda en un día. 2 Todo el camino o viaje. 3 Tiempo de duración del trabajo diario de los obreros.

jornal *m.* Estipendio por cada día de trabajo. 2 Este mismo trabajo.

jornalero, -ra *m. f.* Persona que trabaja a jornal.

joroba *f.* Corcova.

jorobado, -da *adj.-s.* Corcovado.

jorobar *tr.-prnl.* Molestar, fastidiar. 2 fam. Estropear. - 3 *prnl.* fam. Contenerse, aguantarse.

jota *f.* Nombre de la letra *j.* 2 Baile popular de Aragón, Valencia y Navarra.

joule *m.* FÍS. Unidad de energía, trabajo o cantidad de calor en el Sistema Internacional.

joven *adj.-com.* De poca edad. - 2 *com.* Persona que está en la juventud.

jovenado *m.* Tiempo que en algunas órdenes están bajo la dirección de un maestro los religiosos que han profesado.

jovial *adj.* Alegre, festivo, apacible.

joya *f.* Objeto precioso usado como adorno. 2 fig. Cosa o persona de mucha valía.

joyel *m.* Joya pequeña.

joyería *f.* Taller, tienda de joyas.

joyero *m.* El que hace o vende joyas. 2 Estuche caja o armario para guardarlas.

juanete *m.* Hueso del dedo grueso del pie cuando sobresale demasiado.

jubilación *f.* Ac. y ef. de jubilar o jubilarse. 2 Pensión del jubilado.

jubilado, -da *adj.-s.* Que se ha retirado del ejercicio de sus funciones y forma parte de la clase pasiva.

jubilar *tr.* Eximir del servicio a un funcionario por razón de enfermedad o ancianidad. - 2 *prnl.* Conseguir la jubilación.

jubileo *m.* Indulgencia plenaria concedida por el Papa. 2 fig. Entrada y salida

frecuente de muchas personas.

júbilo *m.* Viva alegría.

jubón *m.* Vestidura ceñida al cuerpo que cubre desde los hombros hasta la cintura.

judaico, -ca *adj.* Perten. o rel. a los judíos.

judaísmo *m.* Religión de los judíos.

judaizante *adj.-s.* Que judaiza.

judaizar *intr.* Abrazar la religión de los judíos. - 2 *tr.* Poblar de habitantes judíos.

judas *m.* fig. Traidor, delator. 2 fig. Muñeco que se pone en la calle y se quema.

judeocristianismo *m.* Doctrina de los primeros tiempos del cristianismo, según la cual era necesaria la iniciación al judaísmo para entrar en la Iglesia de Cristo.

judeoespañol, -la *adj.-s.* Judío expulsado de España en el s. XV y que conserva la lengua y las tradiciones españolas. - 2 *m.* Español hablado por los descendientes de los judíos expulsados de España.

judería *f.* Barrio de los judíos.

judía *f.* Planta hortense papilionácea de tallos volubles y legumbres largas con varias semillas comestibles. 2 Fruto y semilla de esta planta.

judicatura *f.* Ejercicio de juzgar. 2 Cuerpo constituido por los jueces de un país. 3 Cargo de juez y tiempo que dura.

judicial *adj.* Perten. o rel. a la judicatura.

judío, -a *adj.-s.* Hebreo. 2 De Judea, ant. región de Asia. - 3 *adj.* Avaro.

judión *m.* Variedad de judía, de tamaño mayor que la normal.

judo *m.* Yudo.

judoka *m.* Yudoka.

juego *m.* Ac. y ef. de jugar. 2 Entretenimiento. 3 Ejercicio recreativo sometido a ciertas reglas. 4 Conjunto de ciertas cosas que sirven al mismo fin. 5 Unión de dos cosas que permite que una se mueva en relación con la otra. 6 DEP. División de un set de tenis. 7 *~ de manos,* agilidad de manos con que los prestidigitadores burlan la vista de los espectadores.

juerga *f.* Diversión, jarana.

juerguista *adj.-com.* Aficionado a divertirse.

jueves *m.* Quinto día de la semana.

juez *com.* Persona que tiene a su cargo juzgar y sentenciar. 2 Persona designada para decidir en un concurso, discusión, etc. 3 ~ *de línea,* en algunos deportes, auxiliar del árbitro que vigila el juego desde las bandas laterales del terreno.

jugada *f.* Acción de jugar cuando toca el turno. 2 Lance del juego. 3 fig. Mala pasada.

jugador, -ra *adj.-s.* Que juega. 2 Que tiene el vicio de jugar.

jugar *intr.* Entretenerse, retozar. 2 Tomar parte en un juego. - 3 *tr.* Llevar a cabo un juego. 4 Arriesgar. - 5 *prnl.* Sortearse.

jugarreta *f.* fig. Mala pasada.

juglandáceo, -a *adj.-f.* Díc. de la planta dicotiledónea de flores unisexuales y fruto en drupa; como el nogal.

juglar *m.* El que iba por cortes, castillos, etc., recitando o cantando.

juglaría *f.* Oficio de juglar.

jugo *m.* Líquido contenido en ciertos tejidos orgánicos. 2 fig. Lo útil y substancial de una cosa.

jugoso, -sa *adj.* Que tiene jugo.

juguete *m.* Objeto hecho expresamente para jugar los niños. 2 Persona o cosa dominada por una fuerza material o moral.

juguetear *intr.* Entretenerse jugando.

juguetería *f.* Comercio de juguetes.

juguetón, -tona *adj.* Que juega y retoza con frecuencia.

juicio *m.* Facultad de discernir el bien del mal y lo verdadero de lo falso. 2 Acción y resultado de juzgar. 3 Conocimiento de una causa, en la cual el juez ha de pronunciar la sentencia.

juicioso, -sa *adj.* Que tiene juicio, prudente, sensato.

julepe *m.* Porción de agua destilada, jarabes y otras materias. 2 fig. Reprimenda.

julio *m.* Séptimo mes del año. 2 Fís. Joule.

jumento, -ta *m. f.* Asno.

jumping *m.* DEP. Concurso hípico de saltos de obstáculos celebrado en local abierto.

juncáceo, -a *adj.-f.* Díc. de la planta monocotiledónea herbácea, de hojas estrechas, flores en inflorescencias cimosas y fruto capsular; como el junco.

juncal *adj.* Flexible, airoso.

junciforme *adj.* Que tiene aspecto de junco.

junco *m.* Planta de tallos largos, lisos y cilíndricos. 2 Varilla para enmarcar un cuadro. 3 Embarcación pequeña usada en Oriente.

jungla *f.* Selva aguanosa e intrincada de la India. 2 p. ext. Selva.

junio *m.* Sexto mes del año.

júnior *m.* El más joven entre dos del mismo apellido. - 2 *adj.-s.* Categoría deportiva. - 3 *com.* Deportista de esta categoría.

juniorado *m.* Tiempo que media entre la profesión simple y la solemne en algunas órdenes religiosas y que se destina generalmente al estudio.

junquillo *m.* Planta de flores olorosas, tallo liso, parecida al junco.

junta *f.* Reunión de personas para tratar de un asunto. 2 Conferencia o sesión celebrada por dichas personas. 3 Personas nombradas para regir una colectividad. 4 Unión de dos o más cosas.

juntamente *adv. m.* En unión, en compañía. - 2 *adv. t.* A un mismo tiempo.

juntar *tr.* Unir. 2 Acopiar. 3 Reunir.

junto, -ta *adj.* Unido, cercano. - 2 *adv. l.* Cerca. - 3 *adv. m.* Juntamente, a la vez.

juntura *f.* Parte en que se juntan dos o más cosas.

júpiter *m.* El mayor de los planetas del sistema solar.

jura *f.* Acción de jurar.

jurado, -da *adj.* Que ha prestado juramento. - 2 *m.* Grupo de personas para decidir en concursos, exposiciones, etc. 3 Persona de dicho grupo.

juramentar *tr.* Tomar juramento.

juramento *m.* Afirmación de una cosa tomando por testigo a Dios o invocando algo sagrado.

jurar *tr.* Afirmar con juramento. - 2 *intr.* Echar votos y reniegos. ▷ *Jurársela a uno,* asegurar que se ha de vengar de él.

jurásico, -ca *adj.-s.* Díc. del período geológico de la era secundaria que sigue al triásico y del terreno correspondiente.

jurel *m.* Pez marino teleósteo perciforme de cola en forma de horquilla y cuerpo alto y grisáceo.

jurídico, -ca *adj.* Que atañe al derecho.

jurisconsulto *m.* El que profesa la ciencia del derecho.

jurisdicción *f.* Autoridad para gobernar o juzgar. 2 Territorio en que se ejerce.

jurisdiccional *adj.* Perten. o rel. a la jurisdicción.

jurisperito *m.* Versado en jurisprudencia.

jurisprudencia *f.* Ciencia del derecho.

jurista *com.* Persona que por profesión o estudio se dedica al derecho.

justa *f.* Combate singular a caballo y con lanza. 2 Torneo.

justamente *adv. m.* Con justicia. 2 Ni más ni menos. 3 En el mismo lugar o tiempo en que sucede una cosa.

justicia *f.* Virtud que inclina a obrar y juzgar rectamente y dando a cada uno lo que le pertenece. 2 Lo que debe hacerse según derecho o razón. 3 Ejercicio de la justicia por los jueces y tribunales.

justiciero, -ra *adj.* Que observa y hace observar la justicia.

justificación *f.* Ac. y ef. de justificar. 2 Prueba convincente.

justificar *tr.* Probar con razones, testigos, etc.

justiprecio *m.* Aprecio o tasación de una cosa.

justo, -ta *adj.* Que obra según justicia y razón. 2 Arreglado según justicia y razón. 3 Que vive según la ley de Dios. 4 Exacto, cabal. 5 Apretado, que ajusta bien. - 6 *adv. m.* Justamente, debidamente.

juvenil *adj.* Perten. o rel. a la juventud. - 2 *adj.-s.* Categoría deportiva. - 3 *com.* Deportista de esta categoría.

juventud *f.* Edad entre la niñez y la edad viril. 2 Condición de joven. 3 Conjunto de jóvenes. 4 Energía, vigor, frescura.

juzgado *m.* Tribunal y oficina del juez. 2 Territorio de jurisdicción de un juez.

juzgamundos *com.* fam. Persona murmuradora.

juzgar *tr.* Pronunciar como juez una sentencia. 2 Creer, estar convencido de algo.

K

k *f.* Consonante velar, duodécima letra del alfabeto.

ka *f.* Nombre de la letra *k.*

kabuki *m.* Drama popular japonés.

kafkiano, -na *adj.* Que tiene el carácter trágico y absurdo de la situaciones descritas por el escritor checo Franz Kafka (1883-1924).

káiser *m.* Emperador de Alemania.

kamikaze *m.* Avión suicida pilotado por un voluntario. - **2** *com.* Piloto de dicho avión. **3** p. ext. Extremista fanático que arriesga su vida. **4** fig. Persona temeraria.

kantismo *m.* Sistema filosófico de Immanuel Kant (1724-1804), basado principalmente en la crítica del conocimiento.

kappa *f.* Cappa.

kárate *m.* Deporte de lucha, de origen japonés, basado en golpes secos.

karst *m.* Paisaje calcáreo modelado por la acción del agua.

kart *m.* Pequeño vehículo automóvil, de carácter deportivo sin carrocería.

kayac *m.* Canoa de pesca de Groenlandia, hecha con piel de foca sobre madera.

kéfir *m.* Leche fermentada artificialmente.

kelvin *m.* Fís. Unidad básica de temperatura termodinámica en el Sistema Internacional.

ketchup *m.* Condimento o salsa preparado a base de tomate sazonado con especias.

kibutz *m.* Granja colectiva en Israel.

kilo *m.* Kilogramo.

kiloamperio *m.* Unidad de electricidad equivalente a mil amperios.

kilocaloría *f.* Unidad de energía térmica equivalente a mil calorías.

kilociclo *m.* Unidad de frecuencia equivalente a mil ciclos por segundo.

kilográmetro *m.* Unidad de trabajo mecánico capaz de levantar un kilogramo a un metro de altura.

kilogramo *m.* Unidad de masa, en el sistema métrico decimal, equivalente a mil gramos. **2** ~ *fuerza,* unidad de fuerza equivalente al peso de un kilogramo sometido a la gravedad normal.

kilolitro *m.* Unidad de capacidad, en el sistema métrico decimal, equivalente a mil litros.

kilometraje *m.* Cantidad de kilómetros recorridos o existentes de un punto a otro.

kilométrico, -ca *adj.* Que se cuenta por kilómetros. **2** fig. Muy largo.

kilómetro *m.* Unidad de longitud, en el sistema métrico decimal, equivalente a mil metros. **2** ~ *cuadrado,* unidad de superficie, en el sistema métrico decimal, correspondiente a un cuadrado de un kilómetro de lado.

kilopondio *m.* Kilogramo fuerza.

kilovatio *m.* Unidad de potencia equivalente a mil vatios.

kilovoltio *m.* Unidad de potencial eléctrico equivalente a mil voltios.

kilt *m.* Falda de los escoceses.

kindergarten *m.* Escuela de párvulos.

kirial *m.* Libro que contiene los cantos del ordinario de la misa.

kirie *m.* En la misa, invocación después del introito. **2** En las letanías, oficio divino.

kit *m.* Conjunto de piezas que se venden sueltas cuyo montaje es fácil de realizar por un inexperto gracias a las instrucciones que las acompañan.

kiwi *m.* Arbusto trepador originario de China. **2** Fruto de dicho arbusto.

knock-out *m.* DEP. Golpe decisivo del boxeo que pone a uno de los púgiles fuera de combate.

koala *m.* Mamífero marsupial cuyas cuatro patas son prensiles y provistas de uñas afiladas, de pelo gris rojizo.

koch *m.* Bacilo de la tuberculosis.

koljoz *m.* Cooperativa de producción agrícola en el sistema soviético.

krausismo *m.* Sistema filosófico fundado en las doctrinas de Friedrich Krause (1781-1832).

kremlin *m.* Residencia del gobierno de Moscú.

kukuxklán *m.* Sociedad secreta del sur de Estados Unidos de América que pretende la segregación racial.

k.-o. *m.* Abreviación de knock-out.

L

l *f.* Consonante lateral, decimotercera letra del alfabeto. 2 *L,* cifra romana equivalente a cincuenta.

la Forma del artículo *el* en género femenino y número singular. 2 *pron. pers.* Forma átona de tercera persona para el objeto directo en género femenino y número singular. - 3 *m.* Nota musical, sexto grado de la escala fundamental.

labelo *m.* Pétalo superior de las orquídeas.

laberinto *m.* Lugar formado de intrincados caminos, en el que es muy difícil encontrar la salida. 2 Parte del oído interno.

labia *f.* fam. Verbosidad persuasiva.

labiado, -da *adj.-f.* Díc. de la planta que tiene la corola dividida en dos partes en forma de labios.

labial *adj.* Perten. o rel. a los labios. - 2 *adj.-s.* Díc. del sonido en cuya articulación intervienen los labios.

labihendido, -da *adj.* Que tiene hendido o partido el labio superior.

lábil *adj.* Que resbala fácilmente. 2 Frágil, débil.

labio *m.* Parte exterior, carnosa y movible de la boca. 2 Órgano del habla.

labiodental *adj.-s.* Consonante que se articula acercando el labio inferior a los incisivos superiores.

labor *f.* Trabajo. 2 Operación agrícola. 3 Obra de coser, bordar, etc.

laborable *adj.* Que se puede trabajar. 2 Que se dedica al trabajo.

laboral *adj.* Perten. o rel. al trabajo. 2 Dedicado a la enseñanza de ciertos oficios especializados.

laboralista *adj.-com.* Especialista en derecho laboral.

laboratorio *m.* Lugar para experimentos científicos, operaciones químicas y trabajos fotográficos.

laborioso, -sa *adj.* Aficionado al trabajo. 2 Trabajoso, penoso.

laborismo *m.* Ideología política inglesa de carácter reformista y moderado.

laborterapia *f.* Tratamiento para la curación de las enfermedades mentales o psíquicas mediante el trabajo.

labrador, -ra *adj.-s.* Que labra la tierra.

labrantío, -a *adj.-m.* Campo o tierra de labor.

labranza *f.* Cultivo de los campos.

labrar *tr.* Trabajar, preparar. 2 Cultivar la tierra. 3 Arar. 4 fig. Hacer, causar.

labriego, -ga *m. f.* Labrador rústico.

laca *f.* Resina de ciertos árboles de la India. 2 Barniz hecho con ella. 3 Substancia incolora que se aplica al cabello para fijarlo.

lacado, -da *adj.* Que está cubierto de laca. 2 Que tiene la superficie brillante como cubierta de laca.

lacayo *m.* Persona aduladora y servil.

lacerante *adj.* Que hiere o lacera. 2 Díc. del dolor agudo, punzante.

lacerar *tr.* Lastimar. - 2 *intr.* Padecer.

lacería *f.* Conjunto de lazos.

lacero *m.* Hombre diestro en manejar el lazo para apresar animales. 2 Empleado municipal encargado de recoger los perros vagabundos.

lacinia *f.* Segmento estrecho en que se dividen ciertas hojas, sépalos o pétalos.

lacio, -cia *adj.* Marchito. 2 Flojo, sin vigor. 3 Díc. del cabello que cae sin formar ondas ni rizos.

lacón *m.* Brazuelo del cerdo.

lacónico, -ca *adj.* Breve, conciso.

lacra *f.* Señal de una enfermedad. 2 Vicio, defecto. 3 Plaga, miseria.

lacrar *tr.-prnl.* Dañar la salud. 2 fig. Perjudicar. - 3 *tr.* Cerrar con lacre.

lacre *m.* Pasta que se usa, derretida, para cerrar y sellar pliegos.

lacrimógeno, -na *adj.* Que produce lágrimas.

lacrimoso, -sa *adj.* Que tiene lágrimas. 2 Que mueve a llanto.

lactancia *f.* Período de la vida en que la criatura mama. 2 Secreción de la leche.

lactante *adj.-s.* Que mama.

lácteo, -a *adj.* Perten. o rel. a la leche.

láctico, -ca *adj.* Perten. o rel. a la leche. 2 *Ácido* ~, líquido incoloro producto de la fermentación del azúcar de la leche.

lactosa *f.* Azúcar de leche.

lactucario *m.* Jugo lechoso usado como calmante.

lactumen *m.* Erupción cutánea que suelen padecer los niños de pecho.

lacustre *adj.* Perten. o rel. a los lagos. 2 Que habita en ellos.

ladear *tr.* Inclinar, torcer hacia un lado.

ladera *f.* Declive de un monte.

ladilla *f.* Insecto parásito del hombre.

ladino, -na *adj.* Sagaz, taimado.

lado *m.* Parte derecha o izquierda del cuerpo o de una cosa. 2 Parte del espacio alrededor de un cuerpo. 3 Línea que, junto con otra, forma un ángulo o limita una superficie. 4 Opinión, punto de vista, partido. ▷ *Dar de* ~, abandonar, dejar de tratar.

ladrar *intr.* Dar ladridos.

ladrido *m.* Voz del perro.

ladrillo *m.* Masa de arcilla cocida en forma de prisma, usada en albañilería.

ladrón, -drona *adj.-s.* Que roba. - 2 *m.* Toma clandestina de electricidad. 3 Enchufe que multiplica las tomas de electricidad.

lagar *m.* Recipiente donde se pisa la uva, se prensa la aceituna, la manzana, etc.

lagartija *f.* Lagarto de pequeñas dimensiones.

lagarto, -ta *m. f.* Reptil saurio de patas cortas y cuerpo y cola largos. - 2 *adj.-s.* Díc. de la persona taimada.

¡lagarto! Entre gente superticiosa, interjección para ahuyentar la mala suerte.

lago *m.* Gran masa de agua depositada en hondonadas del terreno.

lagomorfo, -fa *adj.-m.* Díc. del mamífero placentario con dos pares de incisivos dispuestos uno delante del otro; como el conejo y la liebre.

lágrima *f.* Gota del humor que segrega la glándula lagrimal, y que es vertida por los ojos.

lagrimal *m.* Extremidad del ojo próxima a la nariz.

lagrimear *intr.* Secretar lágrimas con facilidad y frecuencia. 2 Acudir lágrimas a los ojos sin llegar a llorar del todo.

lagrimeo *m.* Flujo de lágrimas.

laguna *f.* Lago pequeño. 2 fig. Hueco, omisión, solución de continuidad.

laicado *m.* Condición de los fieles de la Iglesia no clérigos. 2 Conjunto de dichos fieles.

laicismo *m.* Doctrina que defiende la independencia del hombre y el Estado de toda influencia religiosa.

laico, -ca *adj.-s.* Lego. 2 Que prescinde de la religión.

laísmo *m.* Empleo de la forma *la* como objeto indirecto del pronombre personal femenino de tercera persona.

lama *f.* Cieno blando del fondo del agua. 2 Tela de oro o plata. - 3 *m.* Sacerdote budista del Tíbet.

lamaísmo *m.* Secta budista extendida especialmente en el Tíbet.

lambda *f.* Undécima letra del alfabeto griego, equivalente a la *l* del español.

lamé *m.* Tela brillante, con hilos de oro o plata.

lamelibranquio, -quia *adj.-m.* Díc. del molusco de simetría bilateral, con las branquias en forma de láminas.

lamelirrostro, -tra *adj.-m.* Díc. del ave que tiene el pico provisto de laminillas; como los patos.

lamentable *adj.* Que es digno de lamentarse. 2 Que infunde tristeza y horror.

lamentación *f.* Queja con alguna muestra de dolor.

lamentar *tr.* Sentir. - 2 *prnl.* Quejarse.

lamento *m.* Lamentación.

lamer *tr.* Pasar la lengua por una cosa.

lameteo *m.* fam. Adulación interesada.

lametón *m.* Acción de lamer con ansia.

lámina *f.* Plancha delgada, especialmente de metal. 2 Plancha grabada con un dibujo para estamparlo. 3 Parte ancha y delgada de los órganos, tejidos, etc., de los seres orgánicos. 4 Aspecto, figura.

laminador, -ra *m. f.* Máquina para reducir a láminas los metales maleables.

laminar *adj.* De forma de lámina. - 2 *tr.* Cortar en láminas. 3 Cubrir con ellas.

lamiscar *tr.* fam. Lamer aprisa y con ansia.

lampadario *m.* Lámpara de pie.

lámpara *f.* Utensilio para dar luz. 2 Bombilla eléctrica o de radio. 3 Lamparón (mancha).

lamparilla *f.* Vasija con aceite y una pequeña candela para dar luz.

lamparón *m.* Escrófula en el cuello. 2

Mancha de aceite o grasa.

lampiño, -ña *adj.* Que no tiene barba. 2 Liso, sin vello.

lamprea *f.* Pez de cuerpo casi cilíndrico comestible.

lana *f.* Pelo de las ovejas y carneros. 2 Tela de la lana.

lanada *f.* Instrumento para limpiar y refrescar el alma de las piezas de artillería.

lanar *adj.* Díc. del ganado o de la res que tiene lana.

lance *m.* Ac. y ef. de lanzar. 2 Pesca que se saca de una vez. 3 Accidente notable que ocurre en el juego. 4 Ocasión crítica. 5 Riña. 6 TAUROM. Suerte de capa.

lanceolado, -da *adj.* De figura semejante al hierro de la lanza.

lancería *f.* Conjunto de lanzas.

lancero *m.* Soldado que pelea con lanza.

lanceta *f.* Instrumento de acero, de corte en ambos lados y punta agudísima.

lancinante *adj.* Díc. del dolor semejante al dolor que produciría una herida de lanza.

lancinar *tr.* Punzar. 2 *fig.* Obsesionar.

lancha *f.* Barca grande destinada a servicios auxiliares en barcos y puertos. 2 Chalupa, bote, barca.

landa *f.* Páramo arenoso.

landó *m.* Coche de cuatro ruedas con doble capota.

landre *f.* Tumor formado en el cuello, los sobacos o las ingles.

landrilla *f.* Larva de ciertos insectos que se fija debajo de la lengua y en las fosas nasales de algunos mamíferos. 2 Grano que levanta con su picadura.

langosta *f.* Insecto ortóptero saltador que se multiplica mucho y a veces es una plaga para la agricultura. 2 Crustáceo marino de 4 a 6 dms. de largo, de carne muy estimada.

langostín, -tino *m.* Crustáceo marino de carne fina, de 12 a 14 cms. de largo.

languidecer *intr.* Adolecer de languidez. 2 Carecer de animación.

languidez *f.* Calidad de lánguido.

lánguido, -da *adj.* Flaco, débil, fatigado. 2 De poco espíritu, valor y energía.

lanolina *f.* Substancia grasa de color amarillo que se emplea como excipiente.

lanoso, -sa *adj.* Que tiene mucha lana o

posee las características de ésta.

lantánidos *m. pl.* Grupo formado por elementos químicos cuyo número atómico está comprendido entre el 57 y el 71.

lantano *m.* Metal raro de color gris plomo.

lanugo *m.* Vello muy fino que cubre el feto en el momento de su nacimiento.

lanza *f.* Arma ofensiva compuesta de un asta con un hierro puntiagudo. 2 Tubo en que rematan las mangas de las bombas.

lanzacohetes *adj.-s.* Díc. del aparato para lanzar cohetes.

lanzada *f.* Golpe dado o herida causada con una lanza.

lanzadera *f.* Instrumento con una canilla dentro que usan los tejedores para tramar. 2 Vehículo capaz de transportar al espacio un misil, satélite, etc.

lanzagranadas *m.* Arma portátil para lanzar granadas.

lanzallamas *m.* Tubo o aparato para lanzar llamas.

lanzamiento *m.* Acción de lanzar.

lanzamisil, lanzamisiles *adj.-m.* Díc. de la plataforma de lanzamiento de misiles.

lanzaplatos DEP. Aparato que lanza los discos para que se ejerciten los tiradores de tiro al plato.

lanzar *tr.-prnl.* Arrojar, echar. - 2 *tr.* Dar a conocer.

lanzaroteño, -ña *adj.-s.* De Lanzarote.

lanzatorpedos *adj.-m.* Díc. del aparato que sirve para lanzar torpedos.

laña *f.* Grapa (pieza de hierro).

lañador *m.* El que por medio de lañas compone objetos rotos especialmente de barro, loza, etc.

lapa *f.* Molusco gasterópodo comestible.

lapachar *m.* Terreno lleno de cieno o excesivamente húmedo.

laparotomía *f.* Apertura de la pared abdominal.

lapicero *m.* Instrumento en que se coloca el lápiz. 2 Lápiz.

lápida *f.* Piedra que lleva una inscripción.

lapidar *tr.* Apedrear, matar a pedradas.

lapidario, -ria *adj.* Perten. o rel. a las inscripciones en lápidas. 2 *fig.* Muy conciso.

lapidícola *adj.* ZOOL. Que vive debajo de las piedras.

lapislázuli *m.* Mineral de color azul.

lápiz *m.* Barrita de grafito, envuelta en madera, que sirve para dibujar o escribir. 2 Barra formada de diversas substancias, destinada al maquillaje.

lapo *m.* fig. Trago. 2 vulg. Escupitajo.

lapón, -pona *adj.-s.* De Laponia. - 2 *m.* Lengua lapona.

lapso *m.* Espacio de tiempo transcurrido. 2 Caída en una culpa o error.

lapsus *m.* Omisión involuntaria.

laquear *tr.* Barnizar con laca.

laquismo *m.* Escuela poética que floreció en Gran Bretaña en el s. XIX.

lar *m.* En Roma, dios de la casa o del hogar. 2 Hogar (sitio de la lumbre). - 3 *m. pl.* fig. La casa o el hogar.

lardo *m.* Lo gordo del tocino. 2 Grasa de los animales.

largamente *adv. m.* Con extensión. - 2 *adv. t.* Por largo tiempo.

largar *tr.* Aflojar, soltar. 2 MAR. Desplegar la bandera, las velas, etc. 3 fig. fam. Hablar; hablar mal de alguien. 4 fig. Arrojar.

largo, -ga *adj.* Que tiene longitud considerable o que dura mucho tiempo. 2 fig. Dilatado, extenso. 3 fig. Abundante. 4 fig. Listo, astuto. - 5 *m.* Longitud. - 6 *adv.* Sin escasez, con abundancia. ▷ *A lo ~*, según la longitud de una cosa.

¡largo! Interjección para mandar a una o más personas que se vayan.

largometraje *m.* Película cinematográfica de larga duración.

larguero *m.* Palo horizontal que une los dos postes de una portería de fútbol.

largueza *f.* Liberalidad, generosidad.

larguirucho, -cha *adj.* fam. Desproporcionadamente largo.

largura *f.* Longitud.

laringe *f.* Órgano de la voz que forma parte del conducto respiratorio y está situado entre la tráquea y la faringe.

laringitis *f.* Inflamación de la laringe.

laringología *f.* Parte de la patología que estudia las enfermedades de la laringe.

laringoscopio *m.* Instrumento que permite la exploración de la laringe.

laringotomía *f.* CIR. Abertura que se hace en la laringe.

larva *f.* Insecto joven en su primera fase de desarrollo, que debe pasar por una metamorfosis antes de convertirse en adulto.

larvado, -da *adj.* Díc. de la enfermedad que se presenta con síntomas que ocultan su verdadera naturaleza.

las Forma del artículo en género femenino y número plural. 2 *pron. pers.* Forma átona de tercera persona para el objeto directo en género femenino y número plural.

lasaña *f.* Pasta cocinada generalmente con carne y cubierta con queso rallado.

lasca *f.* Trozo pequeño y delgado desprendido de una piedra. 2 Lonja de jamón.

lascivia *f.* Propensión a la lujuria.

lascivo, -va *adj.* Perten. o rel. a la lascivia o inclinado a ella.

láser *m.* Dispositivo que produce un haz luminoso monocromo de gran energía.

laserpicio *m.* Planta umbelífera de flores blancas.

lasitud *f.* Desfallecimiento, cansancio.

laso, -sa *adj.* Cansado, falto de fuerzas.

lastán *m.* Hierba perenne que crece en zonas húmedas en forma de césped.

lástima *f.* Compasión. 2 Cosa que la excita. 3 Cosa que causa disgusto.

lastimar *tr.-prnl.* Herir o hacer daño. 2 Ofender. - 3 *prnl.* Dolerse, quejarse.

lastimero, -ra, lastimoso, -sa *adj.* Que mueve a lástima.

lastrar *tr.* Poner lastre.

lastre *m.* Peso puesto en la embarcación para que ésta se sumerja hasta donde convenga. 2 fig. Cosa pesada y molesta.

lata *f.* Envase de hojalata. 2 fam. Dinero. 3 fam. Todo lo que cansa por molesto o aburrido.

latania *f.* Género de palmeras, con hojas en forma de abanico.

latazo *m.* fam. Cosa pesada y fastidiosa.

latente *adj.* Oculto, que existe sin manifestarse al exterior. 2 BIOL. Díc. del estado de desarrollo suspendido capaz de volverse activo en condiciones favorables.

lateral *adj.* Que está al lado de una cosa. - 2 *adj.-s.* Díc. del sonido articulado de forma que el aire espirado sale sólo por uno o los dos lados de la boca.

lateralizar *tr.-prnl.* Transformar en consonante lateral la que no lo era.

látex *m.* Jugo de ciertos vegetales que se coagula al contacto del aire.

laticífero, -ra *adj.* Díc. del vaso vegetal que conduce el látex.

latido *m.* Movimiento alternativo de contracción y dilatación del corazón y las arterias.

latifundio *m.* Finca rústica de gran extensión.

latigazo *m.* Golpe dado con el látigo. 2 Chasquido del látigo.

látigo *m.* Azote con que se aviva a las caballerías. 2 Atracción de feria que consiste en un circuito elíptico recorrido por unas vagonetas.

latiguillo *m.* Frase o palabra que se repite constantemente.

latín *m.* Lengua itálica difundida por todo el Imperio romano.

latinajo *m.* desp. Cita en latín.

latinidad *f.* Conjunto de los pueblos latinos en cualquiera de los aspectos étnico, geográfico, cultural o lingüístico.

latiniparla *f.* desp. Lenguaje de los que emplean voces latinas más o menos españolizadas.

latinismo *m.* Vocablo, giro o modo de expresión propio de la lengua latina, empleado en otro idioma.

latinista *com.* Persona que cultiva la lengua y literatura latinas.

latinizar *tr.* Dar forma latina. 2 Asimilar a la cultura latina.

latino, -na *adj.-s.* Del Lacio. - 2 *adj.* Perten. o rel. a la lengua latina o propio de ella. 3 Natural de algún pueblo en que se hable una lengua derivada del latín.

latinoamericano, -na *adj.-s.* Del país de América colonizado por naciones latinas de Europa.

latir *intr.* Dar latidos.

latirrostro, -tra *adj.* De pico aplastado.

latitud *f.* Extensión de un territorio. 2 La menor de las dos dimensiones principales que tiene una figura plana. 3 Distancia de un lugar al ecuador.

lato, -ta *adj.* Dilatado.

latón *m.* Aleación de cobre y cinc.

latoso, -sa *adj.* Fastidioso, pesado.

latría *adj.-f.* Adoración, culto que sólo se debe a Dios.

latrocinio *m.* Hurto.

laúd *m.* Instrumento músico de cuerdas pulsadas, mástil de grandes dimensiones y caja de forma oval.

laudable *adj.* Digno de alabanza.

láudano *m.* Tintura o extracto de opio.

laudatorio, -ria *adj.* Que alaba.

laudes *f. pl.* Parte del oficio divino que se dice después de maitines.

lauráceo, -a *adj.-f.* Díc. de la planta dicotiledónea de hojas coriáceas persistentes.

laureado, -da *adj.* Que ha sido recompensado con honor y gloria.

laurel *m.* Árbol lauráceo de hojas lanceoladas siempre verdes. 2 fig. Corona, triunfo.

lauréola *f.* Corona de laurel.

lauro *m.* Laurel.

lava *f.* Materia en fusión de un volcán.

lavabo *m.* Recipiente dotado de grifos de agua corriente que se usa para lavarse las manos, cara, etc. 2 Habitación de la casa donde está instalado.

lavacaras *com.* fig. fam. Adulador.

lavacoches *m.* Empleado de garaje que lava los coches.

lavadero *m.* Lugar en que se lava.

lavado *m.* Ac. y ef. de lavar. 2 fam. Reprimenda. 3 ~ *de cerebros,* acción psicológica para modificar las convicciones y mentalidad de una persona.

lavador, -ra *adj.-s.* Que lava. - 2 *f.* Máquina eléctrica para lavar la ropa.

lavafrutas *m.* Recipiente con agua que se pone en la mesa para lavar las frutas.

lavamanos *m.* Depósito de agua con llave y pila para lavarse las manos. 2 Jofaina, palangana.

lavanda *f.* Espliego. 2 Perfume compuesto de agua, alcohol y esencias aromáticas.

lavandería *f.* Establecimiento industrial para el lavado de la ropa.

lavándula *f.* Género de plantas labiadas al que pertenecen el espliego y el cantueso.

lavaojos *m.* Pequeña copa de cristal cuyo borde tiene forma adecuada para adaptarse a la órbita del ojo con el fin de aplicar a éste un líquido medicamentoso.

lavaplatos *com.* Persona que tiene por oficio lavar platos. - 2 *m.* Lavavajillas (máquina).

lavar *tr.* Limpiar con agua u otro líquido.

lavativa *f.* Enema. 2 Instrumento manual para administrarla.

lavatorio *m.* Acción de lavar o lavarse. 2 En la religión católica, ceremonia de lavar los pies a algunos pobres que se hace el Jueves Santo. 3 Cocción medicinal para limpiar una parte externa del cuerpo.

lavavajillas *m.* Máquina que sirve para lavar la vajilla. 2 Detergente que sirve para lavar la vajilla.

lavazas *f. pl.* Agua mezclada con las impurezas de lo que se lavó en ella.

lavotear *tr.-prnl.* Lavar aprisa y mal.

laxante *adj.* Que laxa o ablanda. - 2 *m.* Medicamento para mover el vientre.

laxar *tr.* Aflojar, ablandar. 2 Purgar por medio de un laxante.

laxismo *m.* Estado de conciencia inclinado a considerar leve lo que es grave, y permitido lo que está prohibido.

laxitud *f.* Calidad de laxo.

laxo, -xa *adj.* Flojo, sin la tensión debida. 2 fig. De moral o conducta poco estricta. 3 fig. Libre.

lay *m.* Composición poética narrativa o lírica, de origen bretón.

lazada *f.* Nudo que se desata fácilmente tirando de uno de sus cabos.

lazareto *m.* Hospital de leprosos.

lazarillo *m.* Muchacho que guía a un ciego. 2 p. ext. Persona o animal que guía a otra necesitada de alguna ayuda.

lazo *m.* Nudo de cintas. 2 Lazada. 3 Artificio para coger conejos, perdices, etc. 4 Cuerda con lazada corrediza para sujetar toros, caballos, etc.

le *pron. pers.* Forma átona de tercera persona para el objeto indirecto en género masculino y femenino y número singular. 2 Forma átona de tercera persona para el objeto directo en número singular y género masculino.

leal *adj.-s.* Fiel, incapaz de traicionar.

lealtad *f.* Calidad de leal.

leasing *m.* Arrendamiento con opción a compra.

lebrato, lebratón *m.* Liebre joven.

lebrel, -la *adj.-s.* Díc. del perro propio para cazar liebres.

lebrillo *m.* Vasija más ancha por el borde que por el fondo, usada para lavar.

lebrón *m.* fig. Hombre tímido y cobarde.

lección *f.* Lectura. 2 Conjunto de conocimientos que en cada vez da un maestro a sus discípulos para que lo estudien.

lecitina *f.* Lipoide que se encuentra en la yema del huevo.

lectivo, -va *adj.* Destinado a dar lección en los centros docentes.

lector, -ra *adj.-s.* Que lee. - 2 *m. f.* Profesor extranjero que enseña su lengua materna. - 3 *m.* Aparato que sirve para ver, y a veces para reproducir, lo que se halla inscrito en ciertos documentos. - 4 *adj.-s.* Díc. del dispositivo que permite la reproducción electrónica de cintas magnéticas.

lectorado *m.* Cargo de lector (profesor).

lectura *f.* Acción de leer. 2 Cosa leída. 3 Operación de acceso para extraer información de la memoria de un ordenador.

lecha *f.* Licor seminal de los peces. 2 Bolsa que, en número de dos, lo contiene.

lechada *f.* Masa fina de cal, yeso, etc.

lechal *adj.-s.* Díc. del animal que aún mama.

leche *f.* Líquido nutritivo que se forma en los pechos de las hembras de los mamíferos, para alimento de sus hijos. 2 Cosmético líquido. 3 *Mala ~,* mala intención. - 4 ¡leche! ¡leches! Interjección de sorpresa, enfado, negación, etc.

lechecillas *f. pl.* Mollejas.

lechería *f.* Establecimiento donde se vende leche.

lechero, -ra *adj.* Perten. o rel. a la leche. 2 Que da leche. - 3 *m. f.* Persona que tiene por oficio vender leche. - 4 *f.* Vasija para la leche.

lecho *m.* Cama para dormir. 2 Terreno por donde corren las aguas de un río.

lechón *m.* Cochinillo que aún mama.

lechoso, -sa *adj.* Parecido a la leche.

lechuga *f.* Planta hortense de hojas grandes y comestibles.

lechuguino *m.* Petimetre.

lechuza *f.* Ave rapaz nocturna, de cara blanca y plumaje muy suave.

leer *tr.* Interpretar el sentido de un texto escrito; pronunciar en alta voz estos textos. 2 Interpretar cualquier clase de signos.

legacía *f.* Cargo de legado. 2 Asunto encargado a un legado.

legación *f.* Cargo de legado. 2 Cargo diplomático.

legado *m.* Don que se hace en testamento. 2 Lo que se transmite a los sucesores. 3 Persona que una suprema potestad eclesiástica o civil envía a otra.

legajo *m.* Atado de documentos.

legal *adj.* Que está prescrito por la ley y es conforme a ella. 2 Verídico, puntual, fiel y recto en el cumplimiento de su cargo.

legalidad *f.* Calidad de legal.

legalista *adj.* Que antepone a toda otra consideración la aplicación literal de las leyes.

legalizar *tr.* Dar estado legal. 2 Certificar la autenticidad de un documento.

légamo *m.* Cieno.

legaña *f.* Humor segregado en los párpados que se cuaja en el borde de éstos.

legar *tr.* Dejar algo en testamento.

legatario, -ria *m. f.* Persona favorecida por un legado.

legendario, -ria *adj.* Perten. o rel. a las leyendas.

legión *f.* Cuerpo militar de elite, cuya tropa está adiestrada como fuerza de choque. 2 fig. Multitud.

legionario, -ria *adj.* Perten. o rel. a la legión. - 2 *m.* Soldado de una legión.

legislación *f.* Conjunto de las leyes de un Estado o de una materia determinada.

legislador, -ra *adj.-s.* Que legisla.

legislar *intr.* Dar o establecer leyes.

legislativo, -va *adj.* Que tiene la misión de hacer leyes.

legislatura *f.* Tiempo en que funcionan los cuerpos legislativos del Estado.

legitimar *tr.* Justificar la verdad de una cosa o la calidad de una persona o cosa conforme a las leyes. 2 Hacer legítimo al hijo natural. 3 Habilitar para un oficio.

legitimidad *f.* Calidad de legítimo.

legítimo, -ma *adj.* Conforme a las leyes. 2 Genuino, verdadero.

lego, -ga *adj.-s.* Que no tiene órdenes clericales. - 2 *adj.* Falto de letras o noticias. 3 Profano, no iniciado.

legra *f.* CIR. Instrumento para legrar.

legrar *tr.* CIR. Raer la superficie de los huesos. 2 CIR. Raer la mucosa del útero.

legua *f.* Medida itineraria, equivale a 5,5727 kms.

leguleyo, -ya *m. f.* Persona que trata de leyes con poco conocimiento de ellas.

legumbre *f.* Fruto o semilla que se cría en vainas. 2 p. ext. Hortaliza.

leguminal *adj.-f.* Díc. de la planta de hojas simples o pinnaticompuestas y flores actinomorfas o cigomorfas.

leguminoso, -sa *adj.-f.* Díc. de la planta dicotiledónea cuyos frutos son legumbres.

leitmotiv *m.* Tema musical conductor. 2 p. ext. Frase, motivo central que se repite en una obra.

leísmo *m.* Empleo de la forma *le* como objeto directo del pronombre personal de tercera persona.

lejano, -na *adj.* Que está lejos.

lejía *f.* Agua que tiene en disolución álcalis o sales alcalinas.

lejos *adv. l.* A gran distancia. ▷ *A lo ~, de ~, de muy ~, desde ~,* a larga distancia. *~ de,* en lugar de.

lelo, -la *adj.-s.* Simple, pasmado.

lema *m.* Tema, argumento. 2 Norma que regula la conducta de alguien. 3 Voz que se emplea como entrada de un artículo de diccionario.

lemnáceo, -a *adj.-f.* Díc. de la planta dicotiledónea acuática, de forma muy simple e inflorescencia en espádice.

lempira *m.* Unidad monetaria de Honduras.

lemúrido, -da *adj.-m.* Díc. del primate prosimio trepador, de hocico prolongado, propio de Madagascar.

lencería *f.* Ropa interior femenina. 2 p. ext. Ropa de cama, lavabo y mesa.

lenceta *f.* Instrumento para sangrar, abrir tumores, etc.

lendakari *m.* Presidente del gobierno autonómico vasco.

lengua *f.* Órgano muscular movible situado en la cavidad de la boca. 2 Órgano de la palabra. 3 Cosa en forma de lengua. 4 Lenguaje de una nación o de una época. 5 *~ de oc,* dialecto romance del sur de Francia. 6 *~ de oil,* dialecto romance del norte de Francia. ▷ *Irse de la ~,* divulgar un secreto. *Morderse la ~,* contenerse. *Tirar de la ~ a alguien,* procurar que hable de algo que interesa saber.

lenguado *m.* Pez marino teleósteo comestible, de cuerpo muy comprimido.

lenguaje *m.* Facultad privativa del hombre para la expresión de pensamientos y afectos. 2 Modo de hablar. 3 Idioma.

lenguaraz *adj.-com.* Deslenguado, atrevido en el hablar. 2 Hablador, charlatán.

lengüeta *f.* Objeto de forma semejante

lenidad a la de una lengua. 2 Laminilla móvil que en algunos instrumentos músicos de viento produce el sonido. 3 Tira de piel debajo de los cordones de los zapatos.

lenidad f. Blandura en exigir el cumplimiento de los deberes o en castigar las faltas.

lenitivo, -va adj.-s. Que suaviza o mitiga.

lenocinio m. Alcahuetería (acción y oficio).

lente amb. Cristal o medio refringente limitado por dos caras curvas o una curva y otra plana. 2 ~ de contacto, disco pequeño de materia plástica o vidrio, que se aplica directamente sobre la córnea. - 3 m. pl. Anteojos que se sujetan a la nariz.

lenteja f. Planta papilionácea de semillas alimenticias, redondas, planas y comestibles. 2 Fruto de esta planta.

lentejuela f. Laminilla redonda de metal para adornar la ropa.

lentibularia f. Planta lentibulariácea insectívora.

lentibulariáceo, a adj.-f. Díc. de la planta insectívora con flores cigomorfas y fruto en cápsula.

lenticular adj. De figura de lenteja. - 2 m. ANAT. Huesecillo del oído medio.

lentilla f. Lente de contacto.

lentisco m. Arbusto anacardiáceo de hojas coriáceas y persistentes, cuya madera se utiliza en ebanistería.

lentitud f. Tardanza. 2 Velocidad escasa en el movimiento.

lento, -ta adj. Que sucede, avanza o se desarrolla despacio.

leña f. Parte de los árboles y matas que se destina para la lumbre. ▷ Echar ~ al fuego, aumentar la gravedad de un mal.

leñazo m. fam. Golpe fuerte.

¡leñe! Interjección de fastidio y molestia.

leñera f. Sitio donde se guarda la leña.

leño m. Parte más dura del tallo de los vegetales. 2 Trozo de árbol cortado.

leñoso, -sa adj. Díc. de la parte más dura de los vegetales.

león m. Mamífero carnívoro, de pelaje amarillo rojizo, cabeza grande y cola larga.

leona f. Hembra del león.

leonado, -da adj. De color rubio obscuro.

leonera f. Jaula para leones. 2 Aposento desordenado.

leonés, -nesa adj.-s. De León.

leontina f. Cadena del reloj.

leopardo m. Mamífero carnívoro de pelaje rojizo con manchas negras. 2 Piel de dicho animal.

leotardo m Prenda de punto que cubre desde el pie a la cintura.

lepidio m. Planta crucífera medicinal.

lepidóptero, -ra adj.-m. Díc. del insecto que tiene las alas cubiertas de escamillas.

lepiota f. Seta de tamaño mediano cuyo sombrero es de color pardo rojizo.

lepórido, -da adj.-m. Díc. del mamífero lagomorfo de cuerpo alargado y arqueado.

lepra f. Enfermedad crónica infecciosa que se manifiesta por manchas cutáneas, ulceraciones y alteraciones en la nutrición.

leproso, -sa adj.-s. Que padece lepra.

lercha f. Junquillo con que se ensartan aves o peces muertos.

lerdo, -da adj. Pesado y torpe.

leridano, -na adj.-s. De Lérida.

les pron. pers. Forma átona de tercera persona para el objeto indirecto en género masculino y femenino y número plural.

lesbianismo m. Inclinación sexual de la mujer hacia personas del mismo sexo.

lesión f. Daño corporal. 2 Detrimento.

lesionar tr.-prnl. Causar lesión.

lesivo, -va adj. Que daña o perjudica.

leso, -sa adj. Que ha sido lesionado.

letal adj. Mortífero.

letanía f. Plegaria con una serie de invocaciones empezadas por uno y completadas por otro. 2 fig. Lista, retahíla.

letargo m. Estado patológico de somnolencia profunda y prolongada. 2 Estado de sopor en que viven muchos reptiles durante ciertas épocas. 3 fig. Modorra.

letífico, -ca adj. Que alegra.

letón, -tona adj.-s. De Letonia. - 2 m. Lengua letona.

letra f. Signo con que se representa un sonido de un idioma. 2 Forma de la letra. 3 Palabras de una canción. 4 Documento mercantil de giro. - 5 f. pl. Carta, nota. 6 Diversos ramos del saber, generalmente opuestos a las ciencias no humanísticas.

letrado, -da *adj.* Docto, instruido. - 2 *m. f.* Abogado.

letrero *m.* Palabra o conjunto de ellas escritas para publicar alguna cosa.

letrilla *f.* Composición poética de versos cortos.

letrina *f.* Lugar destinado para expeler en él los excrementos.

leu *m.* Unidad monetaria de Rumanía.

leucemia *f.* Enfermedad por un exceso de leucocitos en la sangre.

leucita *f.* Silicato de aluminio y potasio que se encuentra en las lavas recientes.

leucocito *m.* Célula de la sangre y de la linfa, cuya función es defensiva.

leucocitoma *m.* Tumor formado por acumulación de leucocitos.

leucón *m.* Porífero caracterizado por tener un mesodermo de gran espesor.

leucopenia *f.* Disminución del número de leucocitos en la sangre.

leucorrea *f.* Flujo blanquecino producido por la inflamación de la membrana mucosa del útero y la vagina.

lev *m.* Unidad monetaria de Bulgaria.

leva *f.* Palanca. 2 Partida de las embarcaciones. 3 Alistamiento.

levadizo, -za *adj.* Que se puede levantar.

levadura *f.* Substancia que hace fermentar el cuerpo con que se la mezcla.

levantamiento *m.* Ac. y ef. de levantar o levantarse. 2 Rebelión.

levantar *tr.-prnl.* Mover de abajo arriba. 2 Poner en sitio más alto. 3 Poner derecho. - 4 *tr.* Recoger, quitar. 5 Construir, edificar. 6 Imputar una cosa falsa. - 7 *prnl.* Ponerse en pie. 8 Dejar la cama. 9 Sublevarse.

levante *m.* Este. 2 Viento del Este.

levantino, -na *adj.-s.* De Levante.

levantisco, -ca *adj.* De genio inquieto y turbulento.

levar *tr.* Recoger el ancla.

leve *adj.* Ligero, de poco peso.

leviatán *m.* Monstruo marino bíblico, inhumano y destructor. 2 fig. Organización estatal de carácter absolutista y opresor.

levita *f.* Prenda de hombre, ceñida al cuerpo, con mangas y faldones cruzados.

levitación *f.* Acto de levantar una persona u objeto por la sola potencia de la voluntad. 2 Sensación de mantenerse en el aire sin apoyo alguno.

levitar *intr.* Elevarse sin intervención de agentes físicos conocidos.

levógiro, -ra *adj.* Que desvía a la izquierda el plano de polarización de la luz.

lexema *m.* Unidad básica del léxico, portadora de significado propio.

lexía *f.* Unidad léxica de la lengua, ya construida.

lexicalizar *tr.-prnl.* Convertir en uso léxico general el que antes era figurado.

léxico *m.* Conjunto de voces, giros o modismos de una lengua determinada o empleados por un autor. 2 Repertorio donde se recoge dicho conjunto. 3 Diccionario de una lengua.

lexicografía *f.* Disciplina lingüística que se ocupa del estudio de los principios teóricos de la elaboración de dic cionarios.

lexicográfico, -ca *adj.* Perten. o rel. a la lexicografía.

lexicología *f.* Disciplina lingüística que se ocupa del estudio de las unidades léxicas y sus relaciones sistemáticas.

lexicón *m.* Léxico (diccionario).

ley *f.* Regla universal a la que están sujetos los fenómenos de la naturaleza. 2 Regla de acción impuesta por una autoridad superior. 3 Proporción de metal fino que deben tener las ligas de metales preciosos. 4 Lealtad, amor.

leyenda *f.* Inscripción al pie de un grabado; en una moneda, lápida, etc. 2 Relación de sucesos, generalmente con un fondo real desarrollado y transformado por la tradición.

lezna *f.* Instrumento que usan los zapateros para agujerear y coser.

lía *f.* Soga de esparto machacado, tejido como trenza.

liana *f.* Bejuco. 2 p. ext. Enredadera o planta trepadora.

liar *tr.* Atar. 2 fig. Envolver en un compromiso. - 3 *prnl.* Amancebarse.

libación *f.* Ac. y ef. de libar.

libanés, -nesa *adj.-s.* Del Líbano.

libar *tr.* Chupar el jugo de una cosa. 2 Probar un licor.

libelo *m.* Escrito infamatorio.

libélula *f.* Insecto de abdomen largo y delgado, con cuatro alas largas y estrechas.

líber *m.* Parte interior de la corteza de los vegetales dicotiledóneos.

liberación *f.* Ac. y ef. de liberar.

liberado, -da *adj.* Que no tiene las trabas impuestas por la sociedad o por la moral. 2 Que ha quedado libre.

liberal *adj.-m.* Partidario del liberalismo. 2 Indulgente, tolerante.

liberalidad *f.* Generosidad, desprendimiento.

liberalismo *m.* Doctrina que afirma la primacía de la libertad individual.

liberalizar *tr.* Conferir mayor libertad.

liberar *tr.* Librar. 2 Libertar.

líbero *m.* Jugador de fútbol que refuerza la defensa de su equipo.

libertad *f.* Ausencia de necesidad o carencia de determinación en el obrar. 2 Estado del que no es esclavo o no está preso, sujeto u obligado. - 3 *f. pl.* Manera de tratar demasiado atrevida.

libertar *tr.* Poner en libertad.

libertinaje *m.* Desenfreno. 2 Falta de respeto a la religión o a las leyes.

libertino, -na *adj.-s.* Entregado al libertinaje.

liberto, -ta *m. f.* Esclavo liberado.

libido *f.* Deseo sexual.

libio, -bia *adj.-s.* De Libia.

libra *f.* Ant. medida de peso, variable según las provincias. 2 Unidad monetaria de Gran Bretaña y de muchas de sus antiguas colonias.

libración *f.* Movimiento como de oscilación que un cuerpo, ligeramente perturbado en su equilibrio, efectúa hasta recuperarlo poco a poco. 2 Balanceo real o aparente de un astro.

librador, -ra *m. f.* Persona que libra una letra de cambio.

libranza *f.* Orden de pago que se da contra uno que tiene fondos a disposición del que la expide y que no precisa aceptación.

librar *tr.* Preservar de un trabajo, peligro, etc. 2 Eximir de una obligación. 3 Dar, expedir. 4 Girar letras u órdenes de pago. - 5 *intr.* fam. Disfrutar del día de descanso.

libre *adj.* Que goza de libertad. 2 Soltero. 3 Que no ofrece obstáculos.

librea *f.* Traje que ciertas personas o entidades dan a sus criados, generalmente uniforme y con distintivos. 2 fig. Pelaje de los venados y otras reses.

librecambismo *m.* Doctrina según la cual la actividad económica debe desenvolverse sin la intervención del Estado.

librepensamiento *m.* Doctrina que reclama para la razón individual independencia absoluta de todo dogma religioso.

librería *f.* Establecimiento donde se venden libros. 2 Mueble con estantes para colocar libros.

libreta *f.* Cuaderno para notas.

libreto *m.* Obra de teatro escrita para ser puesta en música. 2 Guión de radio, cine o televisión.

librillo *m.* Cuaderno de papel de fumar.

libro *m.* Conjunto de hojas de papel impresas, ordenadas para la lectura y reunidas formando volumen. 2 Tercera cavidad del estómago de los rumiantes.

licantropía *f.* Manía en que el enfermo se figura estar convertido en lobo.

licencia *f.* Permiso. 2 Documento en que consta la licencia.

licenciado, -da *m. f.* Persona que ha obtenido en una facultad el grado que le habilita para ejercer.

licenciar *tr.* Dar permiso o licencia. 2 Conferir el grado de licenciado. 3 Dar la licencia a los soldados.

licenciatura *f.* Grado de licenciado. 2 Acto de recibirlo. 3 Estudios necesarios para obtenerlo.

licencioso, -sa *adj.* Libre, atrevido.

liceo *m.* En algunos países, establecimiento de enseñanza. 2 Sociedad literaria o recreativa.

licitar *tr.* Ofrecer precio por una cosa en subasta o almoneda.

lícito, -ta *adj.* Justo, legítimo, legal.

licnobio, -bia *adj.-s.* Que hace su vida ordinaria con luz artificial y duerme de día.

licópside *f.* Planta boraginácea de hojas lanceoladas y flores azules.

licor *m.* Cuerpo líquido. 2 Bebida espirituosa obtenida por destilación.

licorera *f.* Utensilio de mesa donde se colocan las botellas de licor.

licorería *f.* Fábrica de licores. 2 Establecimiento donde se venden.

licuadora *f.* Aparato para licuar.

licuar *tr.* Liquidar, fundir.

lid *f.* Combate. 2 fig. Disputa.

lida *f.* Insecto himenóptero que ataca a los árboles frutales.

líder *com.* Dirigente, jefe. - 2 *adj.-s.* Que va a la cabeza en una clasificación.

lidia *f.* Toreo.

lidiar *tr.* Torear.

liebre *f.* Mamífero lagomorfo parecido al conejo, pero mayor que él.

liendre *f.* Huevo del piojo.

lienzo *m.* Tela de lino o cáñamo. 2 Pintura sobre lienzo.

liga *f.* Cinta para asegurar las medias y los calcetines. 2 Unión, mezcla. 3 Venda o faja. 4 Unión, confederación. 5 Materia viscosa para cazar pájaros. 6 DEP. Competición en la cual se enfrentan todos los equipos de una misma categoría, unos después de otros.

ligadura *f.* Ac. y ef. de ligar. 2 Vuelta que se da apretando con una atadura. 3 Sujeción, unión.

ligamaza *f.* Viscosidad.

ligamento *m.* Cordón fibroso que liga los huesos de las articulaciones.

ligar *tr.* Atar. 2 Alear metales. 3 Unir, conciliar. 4 Obligar.

ligazón *f.* Unión, trabazón.

ligereza *f.* Calidad de ligero. 2 fig. Dicho o hecho irreflexivo. 3 fig. Inconstancia.

ligero, -ra *adj.* Que pesa poco. 2 Rápido, veloz. 3 De poca importancia. 4 Que se interrumpe con facilidad. 5 Que se digiere fácilmente. 6 fig. Inconstante.

lignario, -ria *adj.* Perten. o rel. a la madera.

lignícola *adj.* BOT. Que vive en la madera o en los árboles. 2 ZOOL. Que se alimenta de madera.

lignificar *tr.* BOT. Dar contextura de madera.

lignito *m.* Carbón de piedra.

ligón, -gona *adj.-s.* fam. Que liga con facilidad o frecuencia, conquistador.

ligue *m.* fam. Relación amistosa y amorosa pasajera. 2 fam. Persona con la que se mantiene esa relación.

liguero *m.* Especie de cinturón al que se sujeta el extremo superior de las ligas de las mujeres.

liguilla *f.* Liga o venda estrecha. 2 DEP. Liga en la que interviene un reducido número de equipos.

lígula *f.* Apéndice que se halla en la línea de unión del limbo y el pecíolo de la hoja.

liguliforme *adj.* De forma de lengüeta.

lija *f.* Pez marino elasmobranquio muy voraz, de cuerpo alargado. 2 Piel seca de este pez que sirve para pulir. 3 Papel de lija.

lijadora *f.* Máquina para alisar o lijar.

lijar *tr.* Pulir con lija.

lila *f.* Arbusto de flores moradas, olorosas. - 2 *adj.-m.* Color morado como el de la flor de este arbusto. - 3 *adj.* De color lila. - 4 *adj.-com.* fam. Tonto, fatuo.

liliáceo, -a *adj.-f.* Díc. de la planta monocotiledónea, de raíz en bulbo.

lilial *adj.-f.* Díc. de la planta herbácea, leñosa, con flores hermafroditas y actinomorfas.

liliputiense *adj.-com.* fig. Díc. de la persona muy pequeña.

lima *f.* Instrumento de acero para desgastar metales, maderas, etc.

limadora *f.* Especie de cepilladora para obtener molduras y perfiles.

limadura *f.* Partícula que se desprende al limar.

limar *tr.* Desbastar o pulir con la lima.

limatón *m.* Lima redonda y gruesa.

limbo *m.* Lugar a donde van las almas de los que, antes del uso de razón, mueren sin bautismo. 2 Contorno aparente de un astro. 3 Lámina de las hojas. ▷ *Estar en el ~*, estar distraído.

limero *m.* Árbol rutáceo que da un fruto esférico de corteza amarilla y pulpa jugosa.

limícola *adj.* Que vive en el cieno del fondo del mar o de los lagos.

liminar *adj.-s.* Que está al principio.

limitación *f.* Ac. y ef. de limitar.

limitado, -da *adj.* De corto entendimiento. 2 Díc. de la sociedad de responsabilidad limitada al capital que tiene escriturado.

limitar *tr.* Poner o fijar límites. 2 fig. Acortar, restringir. - 3 *intr.* Estar contiguos dos países, terrenos, etc., tener límites comunes.

límite *m.* Línea imaginaria o real que separa dos cosas. 2 fig. Fin. - 3 *adj.* Que no se puede o debe sobrepasar.

limítrofe *adj.* Que confina o linda.

limo *m.* Lodo, légamo.

limón *m.* Fruto del limonero.

limonada *f.* Bebida compuesta de agua, azúcar y jugo de limón.

limonar *m.* Terreno plantado de limoneros.

limonero *m.* Árbol rutáceo que da un fruto ovoide, de corteza amarilla y pulpa ácida.

limosna *f.* Dádiva caritativa.

limosnear *intr.* Andar pidiendo limosna.

limpiabotas *com.* Persona que se dedica a lustrar el calzado.

limpiamanos *m.* Toalla, servilleta.

limpiaparabrisas *m.* En los automóviles, varilla articulada que limpia el cristal del parabrisas. - 2 *com.* Persona que limpia el cristal del parabrisas de los automóviles detenidos en semáforos.

limpiapipas *m.* Instrumento de metal con que se ataca y limpia la pipa.

limpiar *tr.* Quitar la suciedad.

limpiaúñas *m.* Instrumento para limpiar las uñas.

límpido, -da *adj.* lit. Limpio, claro.

limpieza *f.* Calidad de limpio. 2 Ac. y ef. de limpiar o limpiarse. 3 Destreza, perfección. 4 Honradez, integridad.

limpio, -pia *adj.* Que no tiene suciedad. ▷ *En ~,* en substancia, deducidos los gastos y los desperdicios; sin enmiendas ni tachones.

limusina *f.* Automóvil lujoso de gran tamaño.

lináceo, -a *adj.-f.* Díc. de la planta dicotiledónea, herbácea o leñosa, de hojas alternas; como el lino.

linaje *m.* Ascendencia o descendencia de una familia. 2 fig. Clase, condición.

linaza *f.* Simiente del lino.

lince *m.* Mamífero carnívoro mayor que el gato, con las orejas terminadas en un pincel de pelos. 2 fig. Persona sagaz. - 3 *adj.* Díc. de la vista perspicaz.

linchar *tr.* Ejecutar a una persona la muchedumbre sin proceso previo.

lindar *intr.* Limitar.

linde *amb.* Límite.

lindero *m.* Límite.

lindeza *f.* Calidad de lindo. 2 Hecho o dicho gracioso.

lindo, -da *adj.* Apacible y grato a la vista.

línea *f.* Extensión continua de una sola dimensión. 2 Raya. 3 Serie de personas o cosas dispuestas una a continuación de otra. 4 Renglón. 5 Vía marítima, terrestre o aérea. 6 Clase, género. 7 Silueta. 8 Conjunto de jugadores de un equipo que suelen desempeñar una misión semejante. ▷ *En toda la ~,* de manera completa. *Leer entre líneas,* entender lo que insinúa un escrito.

lineal *adj.* Perten. o rel. a la línea. 2 Que consiste en líneas. 3 Proporcional.

linfa *f.* Líquido coagulable que corre por los vasos llamados linfáticos. 2 Zumo blanquecino de ciertas plantas.

linfático, -ca *adj.-s.* Que abunda en linfa. 2 Perten. o rel. a ella. - 3 *m.* Individuo cuyo temperamento se caracteriza por la blancura de la piel, la falta de energía, etc.

linfatismo *m.* Disposición orgánica con desarrollo anormal del sistema linfático.

linfocito *m.* Leucocito de pequeño tamaño.

lingotazo *m.* vulg. Trago de bebida alcohólica.

lingote *m.* Barra de metal en bruto.

lingual *adj.* Perten. o rel. a la lengua. 2 Díc. de la consonante que se pronuncia con intervención de la lengua.

lingüista *com.* Persona que por profesión o estudio se dedica a la lingüística.

lingüística *f.* Ciencia del lenguaje.

lingüístico, -ca *adj.* Perten. o rel. a la lingüística.

linier *m.* DEP. En el juego del fútbol, juez de línea.

linimento *m.* Preparación de aceite y bálsamos que se aplica en fricciones.

lino *m.* Planta anual linácea de fibra textil. 2 Materia textil obtenida de ella y tejido de esta materia.

linografía *f.* Estampación sobre tela.

linóleo *m.* Tela impermeable de yute cubierto con una capa de corcho en polvo.

linotipia *f.* IMPR. Máquina de componer.

linterna *f.* Farol portátil con una sola cara de vidrio. 2 Utensilio portátil, provisto de pilas, que sirve para alumbrar.

linternón *m.* Farol de popa. 2 Remate vidriado de una cúpula.

liño *m.* Línea de árboles o plantas.

lío *m.* Porción de cosas atadas. 2 fig. Embrollo. 3 fig. Relaciones amorosas ilícitas. ▷ *Armar un ~,* embrollar.

liofilizar *tr.* Deshidratar productos orgánicos para asegurar su conservación.

lioso, -sa *adj.-s.* Complicado.

lipasa *f.* Fermento contenido en el jugo pancreático.

lipemia *f.* Presencia de grasa en la sangre.

lípido *m.* Substancia orgánica llamada comúnmente grasa.

lipiria *f.* Fiebre continua o intermitente, acompañada de calor excesivo por dentro y frío glacial por fuera.

lipograma *m.* FILOL. Escrito en que se omite una letra determinada.

lipoide *m.* Substancia existente en el organismo, de composición parecida a la de las grasas; como la lecitina.

lipoma *m.* Tumor adiposo.

liposoluble *adj.* Soluble en las grasas o los aceites.

lipotimia *f.* Pérdida súbita del sentido.

liquen *m.* Planta constituida por la asociación simbiótica de un hongo y un alga.

liquidación *f.* Venta por menor, con rebaja de precios.

liquidar *tr.* Hacer líquido un sólido o gas. 2 fig. Poner término. 3 fig. Ajustar una cuenta. 4 fig. Saldar, pagar.

liquidez *f.* Calidad de líquido. 2 COM. Calidad del activo de un banco que puede transformarse en dinero efectivo.

líquido, -da *adj.-m.* Díc. del cuerpo que, teniendo volumen propio, no tiene forma propia. 2 Díc. del saldo que resulta de la comparación del debe con el haber. - 3 *adj.-f.* Díc. del sonido consonántico fricativo que forma sílaba con la consonante que le precede.

lira *f.* Instrumento músico de cuerdas pulsadas y tensadas en un marco. 2 Unidad monetaria de Italia y Turquía. 3 Combinación métrica de cinco versos, endecasílabos y heptasílabos. 4 Combinación métrica de seis versos de distinta medida.

lírico, -ca *adj.* Perten. o rel. a la poesía propia para el canto. 2 Propio de la lírica. - 3 *adj.-f.* Díc. de la poesía en que el autor expone sus sentimientos.

lirio *m.* Planta de flores terminales grandes, de seis pétalos.

lirismo *m.* Cualidad de lírico.

lirón *m.* Mamífero roedor, de pelaje sedoso, que hiberna tomando los frutos que ha almacenado.

lisa *f.* Pez marino teleósteo perciforme de labio superior muy grueso.

lisboeta, lisbonense, lisbonés, -nesa *adj.-s.* De Lisboa.

lisiado, -da *adj.-s.* Que padece lesión permanente.

lisiar *tr.-prnl.* Producir lesión permanente.

liso, -sa *adj.* Igual, sin asperezas. 2 Sin labrar o adornar. 3 Exento de obstáculos. ▷ *Lisa y llanamente,* sin ambages ni rodeos.

lisonja *f.* Alabanza afectada.

lisonjear *tr.* Adular. - 2 *tr.-prnl.* fig. Deleitar, agradar.

lista *f.* Tira. 2 Línea de color, especialmente en los tejidos. 3 Enumeración de personas, cosas, cantidades, etc. 4 Papel en que se encuentra. 5 ~ *de correos,* oficina a la cual se dirigen las cartas y paquetes cuyos destinatarios han de ir a ella a recogerlos. ▷ *Pasar ~,* nombrar a los que están en una lista para que confirmen su asistencia.

listado, -da *adj.* Que forma o tiene listas. - 2 *m.* Resultado de los cálculos efectuados por un ordenador escritos en papel por una impresora.

listín *m.* Lista resumida de otra más extensa. 2 ~ *de teléfonos,* guía telefónica.

listo, -ta *adj.* Que comprende las cosas con facilidad y piensa con acierto. 2 Preparado para hacer alguna cosa o para ser utilizado algo. 3 Sagaz, que sabe ver lo que le conviene y sacar provecho de ello.

¡listo! Interjección para decir que algo está bien hecho o acabado.

listón *m.* Pedazo de tabla angosto.

litera *f.* Cama fija de los camarotes de un barco y de ciertos vagones de ferrocarril. 2 p. ext. Mueble formado por dos o más camas superpuestas. 3 Cama de dicho mueble.

literal *adj.* Conforme a la letra del texto.

literario, -ria *adj.* Perten. o rel. a la literatura.

literato, -ta *adj.-s.* Díc. de la persona versada en literatura.

literatura *f.* Arte de la expresión por medio de la palabra. 2 Teoría de la composición literaria. 3 Conjunto de producciones literarias de un país, de una época, etc.

litificación *f.* Proceso mediante el cual un material se convierte en roca compacta.

litigar *tr.* Pleitear.

litigio *m.* Pleito. 2 fig. Disputa.

litio *m.* Metal alcalino, de color de plata, blando y muy ligero.

litófago, -ga *adj.* Que come piedra. - 2 *adj.-s.* Díc. del molusco que taladra las rocas para vivir en ellas.

litogenesia *f.* Parte de la geología que trata de la formación de las rocas.

litogénesis *f.* Conjunto de procesos que dan lugar a la formación de una roca.

litografía *f.* Arte de reproducir dibujos grabándolos sobre piedra preparada al efecto. 2 Reproducción así obtenida.

litología *f.* Parte de la mineralogía que trata de las rocas.

litoral *adj.* Perten. o rel. a la costa del mar. - 2 *m.* Costa de un mar o país.

litosfera *f.* Conjunto de las partes sólidas del globo terráqueo.

litro *m.* Unidad de capacidad en el sistema métrico decimal; equivale al contenido de un decímetro cúbico.

litrona *f.* Botella de cerveza, de capacidad de un litro o litro y medio.

lituano, -na *adj.-s.* De Lituania. - 2 *m.* Lengua lituana.

liturgia *f.* Culto público y oficial que la Iglesia rinde a Dios. 2 Modo de celebrarlo.

litúrgico, -ca *adj.* Perten. o rel. a la liturgia.

liviandad *f.* Calidad de liviano. 2 fig. Acción liviana. 3 fig. Ligereza, frivolidad.

liviano, -na *adj.* Leve, ligero. 2 fig. Inconstante. 3 fig. Lascivo.

lívido, -da *adj.* Amoratado, especialmente el color de la cara, de una herida, etc. 2 Pálido. 3 p. ext. Sin capacidad de reaccionar.

lizo *m.* Hilo fuerte usado como urdimbre para ciertos tejidos.

lo Forma del artículo en género neutro y número singular. 2 *pron. pers.* Forma átona de tercera persona para el objeto directo en género masculino o neutro y número singular.

loa *f.* Breve poema dramático en que se celebra a una persona o acontecimiento.

lob *m.* DEP. Pelota bombeada que, lanzada por un jugador de tenis, pasa por encima del adversario.

loba *f.* Hembra del lobo.

lobanillo *m.* Tumor indoloro que se forma debajo de la piel.

lobato, lobezno *m.* Cachorro del lobo.

lobectomía *f.* Operación quirúrgica mediante la que se extirpa el lóbulo de una víscera.

lobelia *f.* Planta silvestre campanulácea de hojas medicinales.

lobeliáceo, -a *adj.-f.* Díc. de la planta dicotiledónea de flores cigomorfas y frutos en cápsula o baya.

lobo *m.* Mamífero carnívoro muy voraz, parecido al perro, de orejas tiesas y cola larga. 2 fig. fam. ~ *de mar,* marino viejo y experimentado en su profesión.

lóbrego, -ga *adj.* Tenebroso. 2 fig. Triste, melancólico.

lobulado, -da *adj.* Dividido en lóbulos.

lóbulo *m.* División de un órgano o del borde de una cosa. 2 Parte inferior carnosa de la oreja.

local *adj.* Perten. o rel. al lugar. 2 Provincial o municipal. - 3 *m.* Lugar cerrado y cubierto.

localidad *f.* Lugar, pueblo. 2 Asiento en un local de espectáculos. 3 Billete de entrada a un lugar o espectáculo público.

localismo *m.* Palabra, giro o modo de expresión de carácter o empleo local.

localizar *tr.* Limitar en un punto determinado. 2 Determinar el lugar donde se halla algo.

locativo *m.* Caso de la declinación, en algunas lenguas indoeuropeas, que expresa relación de lugar.

locaut *m.* Cierre de fábricas y talleres por parte de las empresas. 2 Despido en masa de los obreros.

loción *m.* Fricción con un líquido preparado como medicación. 2 Producto líquido para el cuidado de la piel o el cabello.

loco, -ca *adj.-s.* Que ha perdido el juicio.

locomoción *f.* Traslación de un punto a otro.

locomotor, -ra *adj.* Propio de la locomoción o que la produce. - 2 *f.* Máquina que arrastra los vagones de un tren.

locomóvil *adj.-s.* Que puede llevarse de un sitio a otro.

locuacidad *f.* Calidad de locuaz.

locuaz *adj.* Que habla mucho.

locución *f.* Expresión, giro o modo de hablar. 2 Conjunto de palabras que tienen el valor de una sola.

locuelo, -la *adj.-s.* De corta edad, vivo y atolondrado.

locura *f.* Privación del juicio. 2 Acción inconsiderada. 3 fig. Exaltación del ánimo.

locutor, -ra m. f. Profesional de la radio o televisión que da avisos, noticias y comunicaciones a la audiencia.

locutorio m. Departamento dividido por una reja, donde reciben las visitas las monjas o los penados.

lodazal, -zar m. Terreno lleno de lodo.

loden m. Tejido grueso de lana parecido al fieltro.

lodo m. Barro que forma la lluvia.

loess m. Limo muy fino que se origina en las regiones áridas y es transportado por el viento.

lofóforo m. Órgano formado por un conjunto de tentáculos con funciones alimenticias.

loganiáceo, -a adj.-f. Díc. de la planta de hojas opuestas con estípulas y fruto en cápsula, baya o drupa.

logaritmo m. Exponente de una potencia de un número fijo que iguala a un número dado.

loggia f. ARQ. Galería sin columnas.

logia f. Galería exterior techada y cubierta por delante. 2 Reunión de francmasones.

lógica f. Disciplina que estudia los principios formales del conocimiento humano. 2 Razonamiento, método.

lógico, -ca adj. Perten. o rel. a la lógica. 2 Que se produce de acuerdo con sus leyes.

logística f. MIL. Conjunto de técnicas seguidas para transportar y mantener tropas. 2 p. ext. Método y medio de organización.

logodédalo, -la adj. Que estudia y emplea con astucia y rebuscamiento las palabras.

logomaquia f. Discusión en que se atiende a las palabras y no al fondo del asunto.

logopedia f. Tratamiento de los defectos de pronunciación.

logos m. En la filosofía de Platón, Dios como principio de las ideas. 2 En el neoplatonismo, uno de los aspectos de la divinidad. 3 En teología cristiana, el Verbo de Dios, segunda persona de la Trinidad.

logotipo m. Dibujo adoptado por una empresa, entidad, etc., como distintivo.

logrado, -da adj. Bien hecho.

lograr tr. Conseguir, obtener.

logrero, -ra m. f. Persona que acapara mercancías para venderlas a precio excesivo.

logro m. Ac. y ef. de lograr. 2 Éxito.

logroñés, -ñesa adj.-s. De Logroño.

loísmo m. Empleo de la forma lo como objeto indirecto del pronombre personal de tercera persona.

loma f. Altura pequeña y prolongada.

lombricida m. Remedio contra las lombrices.

lombriz f. Gusano anélido de cuerpo cilíndrico y muy alargado.

lomera f. Piel o tela que forma el lomo del libro encuadernado en media pasta.

lomo m. Parte inferior y central de la espalda. 2 Espinazo de los cuadrúpedos. 3 Carne de cerdo que forma el lomo. 4 Parte posterior de un libro en que suele ir escrito el título. 5 Tierra que levanta el arado.

lompa f. ZOOL. Pez marino teleósteo con cuatro hileras de placas óseas y sin escamas.

lona f. Tela fuerte usada para velas, toldos, etc.

loncha f. Lonja.

londinense adj.-s. De Londres.

longanimidad f. Grandeza y constancia de ánimo en las adversidades.

longaniza f. Embutido largo y angosto de carne de cerdo.

longevo, -va adj. Muy anciano.

longitud f. Dimensión de una cosa de un extremo a otro. 2 Distancia de un lugar al primer meridiano.

longitudinal adj. Perten. o rel. a la longitud. 2 Hecho o colocado en el sentido o dirección de ella.

lonja f. Parte larga, ancha y poco gruesa que se corta de otra. 2 Edificio donde se reúnen los comerciantes para sus tratos.

lontananza f. Términos de un cuadro más distantes del plano principal.

looping m. Ejercicio de acrobacia aérea consistente en dar una vuelta de campana.

loor m. Alabanza.

loquear intr. Decir o hacer locuras. 2 Regocijarse con bulla y alboroto.

loquero, -ra m. f. Persona que tiene por oficio cuidar y guardar locos.

loran m. Procedimiento radioeléctrico que permite a un avión o a un barco determinar su posición.

lorantáceo, -a adj.-f. Díc. de la planta dicotiledónea parásita, siempre verde, de hojas enteras y opuestas.

lorcha f. Barca ligera y rápida empleada en China.

lord m. Título de honor dado en Gran Bretaña.

lorica f. Película o lámina que recubre superficialmente las semillas.

loriga f. Coraza de láminas pequeñas de acero.

loro, -ra m. Papagayo. - 2 m. f. fig. Persona que habla mucho.

los Forma del artículo en género masculino y número plural. 2 pron. pers. Forma átona de tercera persona para el objeto directo en género masculino y número plural.

losa f. Piedra llana y de poco grueso.

loseta f. Baldosa pequeña.

lote m. Parte en que se divide un todo para su distribución. 2 Conjunto de objetos similares agrupados con un fin.

lotería f. Juego público en que se otorgan premios a varios números sacados a la suerte. 2 Juego casero que imita al anterior. 3 Bingo. 4 ~ *primitiva,* juego público de azar en que se premian los boletos que contienen las combinaciones de seis números sacados a la suerte de entre cuarenta y nueve. 5 fig. Cosa azarosa.

lotero, -ra m. f. Persona encargada de un despacho de lotería.

lotiforme adj. En forma de loto.

loto m. Planta acuática de hojas grandes y flores blancas. - 2 f. Lotería primitiva.

loxodromia f. Curva trazada sobre una superficie esférica que forma ángulos iguales con todos los meridianos.

loza f. Barro fino, cocido y barnizado. 2 Vajilla de loza.

lozanía f. Verdor, frondosidad. 2 Vigor.

lozano, -na adj. Que tiene lozanía.

lubina f. Pez marino teleósteo perciforme de color gris, boca grande y carne apreciada.

lubricán m. Crepúsculo matutino.

lubricante adj.-m. Que sirve para lubricar.

lubricar tr. Hacer lúbrica una cosa. 2 Suministrar lubricante a un mecanismo.

lúbrico, -ca adj. Resbaladizo. 2 fig. Propenso a la lujuria.

lucense adj.-s. De Lugo.

lucera f. Ventana o claraboya abierta en la parte alta de los edificios.

lucerna f. Araña grande para alumbrar. 2 Lumbrera en un techo.

lucernario m. Ventana o claraboya abierta en el techo de un edificio para permitir su iluminación interior.

lucero m. Astro grande y brillante.

lucidez f. Calidad de lúcido.

lucido, -da adj. Que obra con gracia y esplendor. 2 fig. Bien ejecutado.

lúcido, -da adj. fig. Claro en el razonamiento, el estilo, etc.

luciérnaga f. Insecto coleóptero cuya hembra, que carece de alas, está dotada de un aparato fosforescente.

lucifer m. Príncipe de los ángeles rebeldes. 2 fig. Hombre maligno.

lucifero, -ra adj. poét. Resplandeciente, que da luz. - 2 m. Lucero de la mañana.

lucífilo, -la adj. Que busca la luz.

lucífugo, -ga adj. Que huye de la luz.

lucímetro m. Instrumento para medir la cantidad de energía luminosa recibida en un día en un punto determinado.

lucimiento m. Acción de lucir.

lucio m. Pez teleósteo de agua dulce, de cuerpo alargado y rostro aplanado.

lución m. Reptil saurio sin extremidades que pone el cuerpo extremadamente rígido.

lucioperca m. Pez teleósteo perciforme, parecido a la perca común, pero de forma más alargada.

lucir intr. Brillar, resplandecer. 2 Corresponder el provecho con el trabajo realizado. - 3 intr.-prnl. fig. Sobresalir, aventajarse. - 4 tr. Manifestar las cualidades o ventajas. - 5 prnl. Caer en ridículo, fracasar.

lucrar tr. Lograr. - 2 prnl. Sacar provecho.

lucrativo, -va adj. Que produce lucro.

lucro m. Ganancia, utilidad.

luctuoso, -sa adj. Digno de llanto.

lucubración f. Vigilia consagrada al estudio.

lucubrar tr. Imaginar sin mucho fundamento, divagar.

lucha f. Acción de luchar. 2 Lid, combate. 3 fig. Disputa.

luchador, -ra m. f. Persona que lucha.

luchar intr. Contender cuerpo a cuerpo. 2 Pelear, combatir. 3 fig. Disputar.

ludibrio m. Escarnio, desprecio, mofa.

lúdico, -ca *adj.* Perten. o rel. al juego.

ludión *m.* Aparato destinado a hacer palpable la teoría del equilibrio de los cuerpos sumergidos en los líquidos.

ludir *tr.* Frotar una cosa con otra.

ludoteca *f.* Lugar donde se guardan, prestan e intercambian juegos y juguetes.

luego *adv. t.* Prontamente, sin dilación. 2 Después. - 3 *conj. ilativa.* Denota la consecuencia que se infiere de un antecedente. ▷ *Desde ~*, sin duda. *~ que*, así que.

luengo, -ga *adj.* Largo.

lugar *m.* Porción determinada del espacio. 2 Ciudad, pueblo, especialmente si es pequeño. 3 Puesto, empleo. 4 Oportunidad, ocasión. ▷ *Tener ~*, ocurrir, suceder.

lugareño, -ña *adj.* Habitante de un lugar.

lugarteniente *m.* El que tiene autoridad para substituir a otro en algún cargo.

lúgubre *adj.* Triste, melancólico.

luisa *f.* Planta aromática cuyas hojas se usan en infusión.

lujo *m.* Demasía en el adorno, en la pompa y en el regalo. 2 Gasto en bienes de consumo no necesarios. 3 *fig.* Abundancia.

lujoso, -sa *adj.* Que tiene u ostenta lujo.

lujuria *f.* Apetito o deseo sensual desordenado.

lujurioso, -sa *adj.-s.* Dado a la lujuria.

lulú *m.* Perro pequeño de pelo largo y abundante.

lumaquela *f.* Roca calcárea de origen orgánico, formada por los restos de conchas de moluscos y otros animales.

lumbago *m.* Dolor reumático en los lomos.

lumbar *adj.* Perten. o rel. a los lomos.

lumbre *f.* Materia combustible encendida. 2 Luz.

lumbrera *f.* Cuerpo luminoso. 2 Abertura en un techo por donde entra la luz.

lumen *m.* Unidad de flujo luminoso en el Sistema Internacional.

luminancia *f.* Medida de la intensidad de la luz que consiste en el cociente de la intensidad luminosa de una superficie partido por el área aparente de esa superficie.

luminaria *f.* Luz que se pone para adorno. 2 Luz que arde continuamente en las iglesias delante del Santísimo Sacramento.

luminiscencia *f.* Propiedad de emitir una luz débil sin elevación de temperatura.

luminismo *m.* Procedimiento pictórico que trata de captar la incidencia de la luz sobre los objetos.

luminoso, -sa *adj.* Que despide luz.

luminotecnia *f.* Arte de la iluminación por medio de la electricidad.

luna *f.* Satélite de la Tierra. 2 Cristal de un espejo, escaparate, etc. ▷ *A la ~ de Valencia,* frustradas las esperanzas. *Estar en la ~,* estar distraído. *Ladrar a la ~,* reclamar inútilmente.

lunación *f.* Tiempo que media entre dos conjunciones de la Luna con el Sol.

lunar *adj.* Perten. o rel. a la Luna. - 2 *m.* Mancha pequeña en la piel. 3 *fig.* Falta, imperfección.

lunático, -ca *adj.-s.* Que padece locura intermitente. 2 Maniático.

lunatismo *m.* Influencia de los cambios lunares en la evolución de algunas enfermedades psíquicas.

lunch *m.* Comida ligera ofrecida a los asistentes a algún acontecimiento social.

lunes *m.* Segundo día de la semana.

luneta *f.* Lente de los anteojos. 2 Ventanilla trasera del automóvil.

lúnula *f.* Figura formada por dos arcos de circunferencia que tienen los extremos comunes y la convexidad hacia el mismo lado. 2 Espacio blanquecino semilunar de la raíz de las uñas.

lupa *f.* Lente de aumento con mango.

lupanar *m.* Burdel.

lúpulo *m.* Planta cannabácea trepadora, cuyos frutos, desecados, se emplean para aromatizar.

lupus *m.* Afección de la piel, de origen tuberculoso.

lusitanismo *m.* Vocablo, giro o modo de expresión propio de la lengua portuguesa.

lusitano, -na *adj.-s.* Portugués.

lustrar *tr.* Abrillantar, dar lustre.

lustre *m.* Brillo de las cosas tersas.

lustro *m.* Espacio de cinco años.

lustroso, -sa *adj.* Que tiene lustre.

lutecio *m.* QUÍM. Cuerpo simple metálico, del grupo de las tierras raras.

luteína *f.* Pigmento amarillo en los vegetales y en la yema de huevo.

luteranismo *m*. Doctrina que sostiene que la fe sola justifica al hombre.

luterano, -na *adj.-s*. Que profesa el luteranismo.

luto *m*. Duelo por la muerte de una persona. 2 Señal exterior de este duelo.

lux *m*. Unidad de iluminancia en el Sistema Internacional.

luxación *f*. Dislocación de un hueso.

luxemburgués, -guesa *adj.-s*. De Luxemburgo.

luxómetro *m*. Aparato para medir la luz.

luz *f*. Forma de energía que actuando sobre nuestros ojos nos hace ver los objetos. 2 Tiempo que dura la claridad del sol. 3 Utensilio para alumbrar. 4 vulg. Electricidad. ▷ *Dar a ~*, parir la mujer. *Ver la ~*, nacer; empezar.

LL

ll *f.* Consonante lateral, decimocuarta letra del alfabeto.

llaga *f.* Úlcera.

llagar *tr.* Producir llagas.

llama *f.* Masa gaseosa en combustión. 2 fig. Vehemencia de una pasión. 3 Mamífero rumiante doméstico de América.

llamada *f.* Llamamiento. 2 Acción de llamar por teléfono. 3 fig. Impulso, atracción. 4 Toque para que la tropa tome las armas. 5 Señal en un texto para llamar la atención desde un lugar hacia otro.

llamador *m.* Aldaba o botón para llamar.

llamamiento *m.* Ac. y ef. de llamar.

llamar *tr.* Dar voces a uno, decir su nombre o hacerle ademanes para que venga o atienda. 2 Convocar, citar. 3 Establecer una comunicación telefónica. 4 Nombrar. - 5 *intr.* Hacer sonar el llamador, dar golpes, etc., para que acudan a abrir, servir, etc.

llamarada *f.* Llama que se apaga pronto.

llamativo, -va *adj.* Que llama la atención, vistoso.

llamazar *m.* Terreno pantanoso donde queda retenida el agua que mana de él.

llambrega *f.* Pez marino teleósteo, pequeño, de color pardo marrón.

llambria *f.* Parte de una peña que forma un plano muy inclinado.

llameado *m.* Conjunto de reflejos metálicos, obtenidos por reducción del cobre sobre la loza, porcelana o gres, a alta temperatura.

llamear *intr.* Echar llamas.

llana *f.* Herramienta para extender el yeso o la argamasa.

llanamente *adv. m.* Con llaneza. 2 fig. Con ingenuidad y sencillez.

llanear *intr.* Andar por lo llano, evitando pendientes.

llanero, -ra *m. f.* Habitante del llano.

llaneza *f.* Sencillez, moderación.

llanito, -ta *adj.-s.* fam. Gibraltareño.

llano, -na *adj.* Igual y extendido; sin altos ni bajos. 2 Sencillo, claro. 3 Díc. de la palabra con acento grave. - 4 *m.* Llanura (terreno).

llanta *f.* Cerco metálico de las ruedas de coches, bicicletas, etc.

llantén *m.* Hierba plantaginácea de hojas radicales.

llantera, llantina *f.* fam. Llanto fuerte y continuado.

llanto *m.* Efusión de lágrimas.

llanura *f.* Igualdad de la superficie de una cosa. 2 Terreno igual y dilatado.

llares *f. pl.* Cadena con garabatos pendiente en el cañón de la chimenea.

llave *f.* Instrumento de metal para correr y descorrer el pestillo de una cerradura. 2 Instrumento para facilitar o impedir el paso de un fluido por un conducto. 3 Instrumento para apretar y aflojar tuercas. 4 Instrumento para dar cuerda a un reloj. 5 Mecanismo en las armas de fuego para dispararlas. 6 Corchete (signo ortográfico). 7 fig. Medio para descubrir algo o facilitar su conocimiento.

llavero *m.* Objeto para guardar las llaves.

llavín *m.* Llave pequeña.

llegada *f.* Ac. y ef. de llegar a un sitio. 2 Meta de una carrera deportiva.

llegar *intr.* Venir, alcanzar el término de un camino. 2 Ascender, importar. 3 Alcanzar, tocar una cosa a otra. 4 Suceder una cosa a otra. - 5 *tr.* Arrimar. ▷ ~ *a las manos,* pelearse físicamente. ~ *al alma,* sentir una cosa vivamente.

llena *f.* Crecida que hace salir de madre a un río o arroyo.

llenar *tr.-prnl.* Hacer que alguna cosa ocupe enteramente un espacio vacío. 2 fig. Poner en gran cantidad, colmar. - 3 *tr.* Satisfacer. - 4 *prnl.* Mancharse. 5 Hartarse.

llenazo *m.* Lleno (espectáculo).

lleno, -na *adj.* Que contiene todo lo

que su capacidad permite. 2 Regordete. - 3 *m.* Gran concurrencia en un espectáculo público. ▷ *De* ~, enteramente, totalmente.

lleta *f.* Tallo recién nacido de una planta.

llevadero, -ra *adj.* Cómodo de llevar o
soportar.

llevar *tr.* Transportar de una parte a
otra. 2 Vestir una prenda. 3 Guiar, dirigir, conducir. 4 Cobrar un precio. 5
Tolerar, sufrir. 6 Exceder en tiempo,
distancia, etc.

llorar *intr.* Derramar lágrimas. - 2 *tr.* fig.
Sentir vivamente.

llorera *f.* fam. Lloro fuerte y continuado.

llorica *com.* Persona que llora con frecuencia y por cualquier motivo.

lloriquear *intr.* Gimotear.

llorón, -rona *adj.-s.* Que llora mucho.

lloroso, -sa *adj.* Que parece haber llo-
rado. 2 Que causa llanto o tristeza.

llovedizo, -za *adj.* Díc. del techo que,
por defecto, deja pasar el agua de lluvia.

llover *impers.* Caer agua de las nubes. - 2
intr.-tr. fig. Caer sobre uno en abundancia una cosa. ▷ *Como llovido,* de
modo inesperado. ~ *sobre mojado,* repetirse algo enojoso.

lloviznar *impers.* Caer lluvia menuda.

lluvia *f.* Acción de llover. 2 Agua llove-
diza. 3 fig. Multitud.

lluvioso, -sa *adj.* Díc. del tiempo o del
lugar en que llueve mucho.

M

m *f.* Consonante bilabial, decimoquinta letra del alfabeto. 2 *M,* cifra romana equivalente a mil.

maca *f.* Señal que queda en la fruta por un daño recibido.

macabro, -bra *adj.* Que participa de lo feo de la muerte. 2 Tétrico, lúgubre.

macaco *m.* Mono pequeño de cola corta.

macadam, -dán *m.* Pavimento de piedra machacada.

macana *f.* Palo corto y grueso.

macanudo, -da *adj.* Chocante por lo grande y extraordinario.

macarelo *m.* Hombre pendenciero y camorrista.

macareo *m.* Oleada que sube río arriba al crecer la marea.

macarra *adj.-m.* Proxeneta, chulo, pendenciero. 2 De mal gusto, de baja clase.

macarro *m.* Panecillo de forma alargada y de una libra de peso.

macarrón *m.* Pasta alimenticia de harina de trigo dispuesta en canutos largos.

macarronea *f.* Composición burlesca en que se mezclan palabras latinas con otras de una lengua vulgar a las cuales se da terminación latina.

macarrónico, -ca *adj.* Perten. o rel. al lenguaje vulgar que va contra las leyes de la gramática.

macarse *prnl.* Empezar a pudrirse los frutos magullados.

macedonia *f.* Ensalada de frutas.

macedonio, -nia *adj.-s.* De Macedonia.

macerar *tr.* Ablandar una cosa estrujándola, golpeándola o teniéndola sumergida en un líquido.

macero *m.* El que lleva la maza delante de los cuerpos o personas que usan esta señal de dignidad.

maceta *f.* Vaso de barro cocido que, lleno de tierra, sirve para criar plantas.

macetero *m.* Aparato para colocar macetas de flores.

macfarlán *m.* Gabán con esclavina y sin mangas.

macilento, -ta *adj.* Flaco, triste.

macillo *m.* Pieza del piano con la cual, a impulso de la tecla, se hiere la cuerda correspondiente.

macizo, -za *adj.-m.* Lleno, sólido. - 2 *m.* Grupo de montañas o de construcciones apiñadas. 3 Cuadro de flores en un jardín.

macla *f.* Asociación simétrica de cristales simples de la misma especie.

macolla *f.* Conjunto de vástagos, flores o espigas que nacen de un mismo pie.

macollar *intr.-prnl.* Formar macolla las plantas.

macramé *m.* Tejido de nudos.

macrobiótica *f.* Doctrina o régimen encaminado a prolongar la vida por medio de reglas dietéticas e higiénicas.

macrobiotismo *m.* Régimen alimenticio a base de cereales integrales, legumbres y frutas.

macrocardia *f.* Desarrollo anormalmente grande del corazón.

macrocéfalo, -la *adj.* De cabeza grande.

macrocosmo *m.* Gran mundo o universo, en oposición al microcosmo.

macroeconomía *f.* Estudio de los sistemas económicos como un todo.

macromolécula *f.* Agrupación molecular de gran número de átomos.

macroquímica *f.* Estudio de la composición y propiedades químicas de la materia en general.

macroscópico, -ca *adj.* Que se ve a simple vista, sin auxilio del microscopio.

macrostomia *f.* Desarrollo anormalmente grande de la boca.

macrosurco *m.* Surco fonográfico de gran tamaño. 2 Disco fonográfico grabado con dicho surco.

macrozoom *m.* Zoom con una distancia de enfoque variable en gran medida.

macruro *adj.-m.* Díc. del crustáceo decápodo de abdomen muy desarrollado; como la langosta.

mácula *f.* Mancha.

maculada *f.* Mariposa diurna de color leonado naranja.

maculatura *f.* Pliego defectuoso o manchado que se desecha.

macuquero, -ra *m. f.* Persona que sin permiso extrae metales de las minas abandonadas.

macuto *m.* MIL. Mochila.

machaca *com.* fig. Persona pesada.

machacar *tr.* Aplastar o hacer pedazos a golpes. - 2 *intr.* fig. Porfiar e insistir.

machacón, -cona *adj.-s.* Pesado.

machaconería *f.* Insistencia, prolijidad, pesadez.

machamartillo (a ~) *loc. adv.* Con fuerte trabazón o firmeza material o moral.

machear *tr.* Fecundar las palmeras al sacudir las inflorescencias masculinas sobre los pies femeninos.

machete *m.* Cuchillo grande. 2 Arma más corta que la espada, ancha y de un solo filo.

machetero, -ra *m. f.* Persona que desmonta con machete los pasos embarazados con arbustos y matorral. 2 Persona que corta las cañas de azúcar.

machihembrar *tr.* Ensamblar dos piezas de madera.

machismo *m.* Discriminación sexual adoptada por los hombres.

machista *adj.-com.* Partidario del machismo. - 2 *adj.* Perten. o rel. al machismo.

macho *m.* Animal del sexo masculino. 2 Borla pendiente en la chaquetilla del torero. 3 Pilar. - 4 *adj.* fig. Fuerte, varonil.

machorro, -rra *adj.* Estéril, infructífero. - 2 *f.* Mujer de aspecto o modales hombrunos.

machote *adj.-m.* fam. Muy hombre, viril.

machucar *tr.* Maltratar una cosa.

madama *f.* Tratamiento afectado de cortesía o título de honor dado a las señoras.

madefacción *f.* FARM. Acción de humedecer ciertas substancias para preparar con ellas un medicamento.

madeja *f.* Hilo recogido en vueltas iguales.

madera *f.* Substancia dura y fibrosa de los árboles. 2 Pieza labrada de esta materia. ▷ *Tener ~ de,* poseer aptitudes para.

maderable *adj.* Que da madera útil.

maderaje, maderamen *m.* Conjunto de maderas de una construcción.

maderar *tr.* Aprovechar árboles para obtener madera.

maderero, -ra *adj.* De la madera. - 2 *m.* El que trata en maderas.

madero *m.* Pieza larga de madera.

madona *f.* Virgen Santísima. 2 Cuadro o imagen que la representa.

mador *m.* Ligera humedad que baña el cuerpo sin llegar a ser sudor.

madrás *m.* Tejido fino de algodón que se usa para camisas y trajes femeninos.

madrastra *f.* Mujer del padre respecto a los hijos que éste tiene de un matrimonio anterior.

madraza *f.* Madre que mima a sus hijos.

madre *f.* Mujer o hembra respecto de sus hijos. 2 Título de ciertas religiosas. 3 Causa, origen. 4 Cauce de un río. ▷ *Salirse de ~,* exceder lo acostumbrado o regular.

madreclavo *m.* Clavo de especia que ha estado en el árbol dos años.

madreperla *f.* Molusco con concha, cuyo interior está recubierto de una capa de nácar.

madrépora *f.* Pólipo que produce un polípero pétreo y arborescente.

madrero, -ra *adj.* Que está muy encariñado con su madre.

madreselva *f.* Arbusto sarmentoso de flores olorosas.

madrigal *m.* Composición poética breve o vocal de carácter amoroso.

madrigalesco, -ca *adj.* fig. Elegante y delicado en la expresión de los afectos.

madriguera *f.* Guarida en que habitan ciertos animales.

madrileño, -ña *adj.-s.* De Madrid.

madrina *f.* Mujer que presenta o asiste a una persona en algún sacramento, o al recibir un honor o grado.

madroño *m.* Arbusto de hojas alternas, flores blancas y fruto esférico comestible. 2 Fruto de este arbusto.

madrugada *f.* Amanecer. 2 Horas que siguen a la medianoche.

madrugador, -ra *adj.-s.* Que acostumbra madrugar.

madrugar *intr.* Levantarse temprano.

madrugón, -gona *adj.* Madrugador. - 2 *m.* Acción de madrugar.

madurar *tr.* Volver maduro. 2 fig. Meditar un proyecto. - 3 *intr.* Ir sazonándose los frutos. 4 Crecer en edad y juicio.

madurez *f.* Sazón de los frutos. 2 Prudencia, juicio. 3 Edad adulta.

maduro, -ra *adj.* Que está en sazón. 2 Prudente, juicioso. 3 Entrado en años.

maestranza *f.* Sociedad de caballeros que se ejercitan en la equitación. 2 Talleres de artillería.

maestrazgo *m.* Dignidad de maestre.

maestre *m.* Superior de una orden militar.

maestresala *m.* Criado principal que presenta y distribuye los manjares en la mesa.

maestrescuela *m.* Dignatario de algunas catedrales.

maestría *f.* Arte, destreza.

maestril *m.* Celdilla de panal donde se transforma la larva de la abeja maestra.

maestro, -tra *adj.* De relevante mérito. - 2 *m. f.* Persona que enseña; esp., las primeras letras. 3 Perito en una materia. - 4 *m.* Compositor de música o director de alguna agrupación musical.

mafia *f.* Organización clandestina de criminales.

magancería *f.* Engaño, trapaza.

magancés *adj.* Traidor, dañino, avieso.

maganto, -ta *adj.* Triste, maciliento.

magaña *f.* Ardid, astucia.

magazín *m.* Revista ilustrada. 2 Programa variado de radio o televisión.

magdalena *f.* Bollo pequeño de forma redonda, hecho de bizcocho. ▷ *Llorar como una ~,* llorar sin consuelo posible.

magdaleniense *adj.-m.* Último período del paleolítico caracterizado por el pulimento de huesos y por las pinturas rupestres.

magdaleón *m.* FARM. Rollito largo de emplasto.

magenta *adj.-s.* Color carmesí oscuro, que resulta de una mezcla de rojo y azul, y que, con el amarillo y el cian, se emplea en las emulsiones de fotografía. 2 Colorante que produce ese color.

magia *f.* Ciencia oculta que pretende obrar prodigios. 2 fig. Encantamiento. 3 ~ *negra,* arte supersticioso que pretende obrar cosas extraordinarias con ayuda del demonio.

magiar *adj.-s.* Húngaro.

mágico, -ca *adj.* Perten. o rel. a la magia. 2 Maravilloso.

magiscopio *m.* CINEM. Procedimiento para filmar en decorados de pequeñas dimensiones. 2 CINEM. Aparato para realizar filmaciones con ese procedimiento.

magisterio *m.* Enseñanza, ejercicio y profesión del maestro.

magistrado, -da *m. f.* Superior en el orden civil; esp., miembro de la judicatura.

magistral *adj.* Perten. o rel. al magisterio. 2 Hecho con maestría.

magistratura *f.* Cargo y dignidad de magistrado. 2 Tribunal de representantes de asalariados y empresarios, encargado de resolver litigios de tipo profesional.

magma *m.* Materias en fusión ígnea.

magmatismo *m.* Conjunto de fenómenos relativos a la formación y actividad del magma.

magnalio *m.* Aleación ligera de aluminio y magnesio.

magnanimidad *f.* Grandeza de ánimo.

magnánimo, -ma *adj.* Que tiene magnanimidad.

magnascopio *m.* Dispositivo de un proyector de imágenes que permite variar el tamaño de éstas sobre la pantalla.

magnate *m.* Persona muy poderosa.

magnavisión *f.* Sistema de grabación de video discos.

magnesia *f.* Óxido de magnesio.

magnesio *m.* Metal blanco, que arde con llama muy brillante. Su símbolo es Mg.

magnético, -ca *adj.* Perten. o rel. al imán o que tiene sus propiedades.

magnetismo *m.* Fuerza atractiva del imán. 2 Conjunto de fenómenos producidos por imanes y corrientes eléctricas.

magnetita *f.* Mineral pesado, de color negruzco, que atrae el hierro o el acero.

magnetizar *tr.* Convertir un cuerpo en imán. 2 fig. Ejercer una atracción potente y misteriosa.

magneto *m.* Generador de electricidad usado en los motores de explosión.

magnetófono *m.* Aparato para el registro y reproducción de sonidos por medio de una cinta magnética.

magnetómetro *m.* Aparato utilizado para comparar la intensidad de los campos y de los momentos magnéticos.

magnetón *m.* FÍS. Unidad empleada en física nuclear para medir el momento magnético de las partículas cargadas de electricidad.

magnetoscopio *m.* Aparato que graba en cintas magnéticas imágenes y sonido.

magnetosfera *f.* Parte exterior de la atmósfera terrestre.

magnetrón *m.* ELECTR. Tubo de vacío que contiene un ánodo y un cátodo que se calienta.

magnicidio *m.* Asesinato de persona principal por su cargo o poder. 2 Asesinato de grandes masas.

magnificar *tr.* Ensalzar. 2 fig. Exagerar.

magnífico, -ca *adj.* Espléndido, suntuoso. 2 Excelente.

magnitud *f.* Cantidad. 2 fig. Grandeza.

magno, -na *adj.* Grande.

magnolia *f.* Flor del magnolio.

magnoliáceo, -a *adj.-f.* Díc. de la planta dicotiledónea de hojas sencillas, flores grandes, regulares y solitarias y fruto en folículo múltiple.

magnolio *m.* Árbol de jardín, de flores de gran tamaño, blancas y muy olorosas.

mago, -ga *adj.-s.* Que ejerce la magia. 2 *Reyes Magos,* los que fueron a adorar a Jesús recién nacido.

magostar *intr.-tr.* Asar castañas en el magosto. - 2 *intr.* Celebrar una fiesta o reunión de personas para hacer magosto.

magosto *m.* Hoguera para asar castañas al aire libre. 2 Castañas asadas en la hoguera.

magra *f.* Lonja de jamón.

magrear *tr.* vulg. Manosear con lascivia.

magro, -gra *adj.* Flaco, enjuto, sin grosura. - 2 *m.* Carne magra del cerdo.

magulladura *f.* Ac. y ef. de magullar.

magullar *tr.-prnl.* Causar contusiones.

2 Dañar la fruta golpeándola contra algo.

maharajá *m.* Título que significa gran rey y se aplica a casi todos los príncipes de la India.

mahatma *m.* Asceta, jefe espiritual en la India.

mahometano, -na *adj.* Perten. o rel. al mahometismo. - 2 *adj.-s.* Que lo profesa.

mahometismo *m.* Islamismo, religión monoteísta predicada por Mahoma.

mahonesa *f.* Mayonesa.

maicena *f.* Harina muy fina de maíz.

maillot *m.* Camiseta o jersey de ciclista.

maimonismo *m.* Sistema filosófico del judío maimónides Maimónides (1134-1204) y sus discípulos.

mainel *m.* ARQ. Miembro arquitectónico largo y delgado que divide un hueco en dos partes verticalmente.

maitines *m. pl.* Primera de las horas del oficio divino.

maíz *m.* Planta graminácea que produce unas mazorcas con granos gruesos y amarillos. 2 Grano de esta planta.

maja *f.* Mano de almirez.

majada *f.* Lugar donde se recogen el ganado y los pastores. 2 Estiércol de los animales.

majadear *intr.* Hacer noche en una majada.

majadería *f.* Dicho o hecho necio.

majadero, -ra *adj.-s.* fig. Necio, porfiado.

majal *m.* Banco de peces.

majano *m.* Montón de cantos sueltos.

majar *tr.* Machacar. 2 fig. Molestar.

majara, majareta *adj.-com.* fam. Chiflado, loco.

majestad *f.* Grandeza, excelencia. 2 Título dado a Dios y a los soberanos.

majestuoso, -sa *adj.* Que tiene majestad.

majeza *f.* fam. Calidad de majo.

majo, -ja *adj.-s.* Hermoso. 2 Lujoso.

majuela *f.* Correa de los zapatos.

majuelo *m.* Viña nueva.

makimono *m.* Rollo de despliegue horizontal, característico de la pintura japonesa.

mal *adj.* Apócope de *malo.* - 2 *m.* Lo contrario al bien. 3 Daño. 4 Desgracia. 5 Dolencia. - 6 *adv. m.* De manera contraria a como es debido. 7 De modo desacertado.

malabarismo *m.* Juego, ejercicio de

destreza, habilidad y equilibrio.

malacia *f.* MED. Deseo de comer cosas impropias para la nutrición, como arena, carbón, yeso, etc.

malacología *f.* Parte de la zoología que trata de los moluscos.

malaconsejado, -da *adj.-s.* Que se deja llevar de malos consejos.

malacostumbrado, -da *adj.* Que tiene malos hábitos. 2 Que está muy mimado.

malagueño, -ña *adj.-s.* De Málaga. - 2 *f.* Cante flamenco de coplas de cuatro versos octosílabos.

malaleche *com.* fig. Persona de mala intención o mal carácter. - 2 *f.* Mal carácter o mala intención.

malandrín, -drina *adj.-s.* Perverso.

malapata *com.* Persona de mala suerte. - 2 *f.* Mala suerte.

malaquita *f.* Carbonato de cobre nativo.

malar *adj.* Perten. o rel. a la mejilla. 2 *m.* ANAT. Pómulo, hueso de la cabeza.

malaria *f.* Paludismo.

malasangre *adj.-com.* De condición aviesa.

malasombra *com.* Persona patosa. - 2 *f.* Falta de gracia.

malayo, -ya *adj.-s.* De Malasia. - 2 *m.* Lengua malaya.

malbaratar *tr.* Vender a bajo precio. 2 Disipar, malgastar la hacienda.

malcarado, -da *adj.* Que tiene mala cara o aspecto repulsivo.

malcasar *tr.-intr.-prnl.* Casar sin las circunstancias que se requieren para la felicidad del matrimonio.

malcaso *m.* Traición, acción infame.

malcocinado *m.* Menudo de las reses.

malcomer *intr.* Comer poco y mal.

malcriado, -da *adj.* Falto de buena educación; descortés.

malcriar *tr.* Educar mal a los hijos.

maldad *f.* Calidad de malo. 2 Acción mala.

maldecir *tr.* Echar maldiciones. - 2 *intr.* Hablar mal de otros.

maldiciente *adj.-s.* Que murmura o infama.

maldición *f.* Imprecación.

maldito, -ta *adj.* Perverso.

maleabilidad *f.* Calidad de maleable.

maleable *adj.* Díc. del metal que puede extenderse en láminas. 2 fig. Dócil.

maleante *adj.-com.* Perverso, malo.

malear *tr.* Dañar, echar a perder. - 2 *tr.-prnl.* fig. Pervertir.

malecón *m.* Murallón para defensa contra las aguas.

maledicencia *f.* Murmuración.

maleducado, -da *adj.-s.* Malcriado, sin educación.

maleficio *m.* Hechizo o daño causado con él.

maléfico, -ca *adj.* Que hace maleficios. 2 Que ocasiona daño.

malencarado, -da *adj.* Mal educado e insolente.

malentendido *m.* Mala interpretación, error.

maléolo *m.* ANAT. Hueso que forma la protuberancia del tobillo.

malestar *m.* Desazón, incomodidad.

maleta *f.* Caja o bolsa, generalmente de forma rectangular, para llevar ropa y otros efectos en los viajes. - 2 *com.* fam. Persona torpe o desacertada.

maletero *m.* Lugar destinado en los vehículos para llevar maletas o equipajes.

maletilla *m.* Persona joven que aspira a abrirse camino en el toreo.

maletín *m.* Maleta pequeña usada para llevar útiles personales.

malévolo, -la *adj.-s.* Inclinado a hacer mal.

maleza *f.* Abundancia de hierbas malas. 2 Espesura de arbustos.

malformación *f.* Deformidad congénita.

malgache *adj.-s.* De Madagascar. - 2 *m.* Lengua malgache.

malgastar *tr.* Gastar mal, disipar.

malhablado, -da *adj.* Desvergonzado.

malhadado, -da *adj.* Infeliz, desventurado.

malhechor, -ra *adj.-s.* Que comete acciones culpables.

malherir *tr.* Herir de gravedad.

malhojo *m.* Hojarasca y desperdicio de las plantas.

malhumorado, -da *adj.* Que está de mal humor.

malicia *f.* Maldad, perversidad. 2 Propensión a pensar mal.

maliciar *tr.-prnl.* Sospechar, recelar.

malicioso, -sa *adj.-s.* Que interpreta las cosas con malicia.

maligno, -na *adj.-s.* Propenso a pensar u obrar mal. - 2 *adj.* De índole perniciosa. 3 MED. Que evoluciona de modo desfavorable, especialmente los tumores cancerosos.

malilla f. Carta que es la segunda en valor en ciertos juegos de naipes. 2 Juego de naipes en que la carta superior de cada palo es el nueve.

malintencionado, -da adj.-s. Que tiene mala intención.

malmandado, -da adj. Desobediente.

malmaridada adj.-f. Díc. de la mujer que ha realizado un matrimonio infeliz.

malmeter tr. Malbaratar, malgastar. 2 Malquistar.

malmirado, -da adj. Díc. de la persona que está mal considerada.

malnacido, -da adj.-s. Mala persona.

malo, -la adj. Falto de bondad. 2 Contrario a la ley moral. 3 Propenso al mal. 4 Nocivo, peligroso. 5 Enfermo. ▷ *De malas,* con mala intención.

malograr tr. No aprovechar el tiempo, la ocasión, etc. - 2 prnl. Frustrarse.

maloliente adj. Que exhala mal olor.

malparado, -da adj. Que ha sufrido notable menoscabo.

malparir intr. Abortar la mujer.

malpensado, -da adj.-s. Que juzga con mala intención.

malpensar intr. Pensar mal en los casos dudosos.

malquerencia f. Mala voluntad, aversión.

malquerer tr. Tener mala voluntad a una persona o cosa.

malquistar tr. Poner mal a una persona con otra.

malquisto, -ta adj. Que está mal con una o varias personas.

malrotar tr. Disipar, malgastar la hacienda.

malsano, -na adj. Dañino para la salud. 2 Enfermizo.

malsonante adj. Que suena mal. 2 Contrario a la decencia.

malta f. Cebada germinada para fabricar cerveza. 2 Granos de cebada o trigo tostados.

maltés, -tesa adj.-s De Malta.

maltosa f. QUÍM. Azúcar que resulta de la sacarificación incompleta del almidón.

maltraer tr. Maltratar, injuriar a alguien.

maltratar tr. Tratar mal.

maltrato m. Ac. y ef. de maltratar.

maltrecho, -cha adj. En mal estado a causa del maltrato recibido.

maltusianismo m. Teoría económica que afirma que la población tiende a crecer en mayor proporción que los alimentos.

malucho, -cha adj. fam. Que está algo enfermo.

malva f. Planta malvácea medicinal de flores grandes y violáceas. - 2 adj.-m. Color violeta pálido como el de la flor de esta planta. - 3 adj. De color malva. ▷ *Criar malvas,* estar muerto y enterrado.

malváceo, -a adj.-f. Díc. de la planta dicotiledónea, herbácea o leñosa, de hojas estipuladas, lobuladas o partidas, y flores vistosas.

malvado, -da adj.-s. Muy malo, perverso.

malvarrosa f. Geranio de olor muy agradable.

malvasía f. Uva muy dulce y fragante. 2 Vino hecho de ella.

malvavisco m. Planta cuya raíz se usa como emoliente.

malvender tr. Malbaratar.

malversación f. Ac. y ef. de malversar.

malversar tr. Gastar ilícitamente caudales ajenos.

malvís m. Tordo de plumaje verde oscuro manchado de negro y rojo.

malvivir intr. Vivir mal.

malla f. Cuadrilátero del tejido de la red. 2 Tejido de pequeños eslabones o anillos de metal. 3 Vestido de tejido de punto muy fino, ajustado al cuerpo.

malleta f. MAR. Cabo con que se cobra un arte de pesca.

mallo m. Juego en que se hacen correr unas bolas por el suelo dándoles con unos mazos. 2 Terreno dispuesto para dicho juego.

mama f. Teta.

mamá f. fam. Madre.

mamada f. Acción de mamar.

mamadera f. Instrumento para descargar los pechos de las mujeres cuando tienen exceso de leche.

mamantón, -tona adj. Díc. del animal que mama todavía.

mamar tr. Chupar la leche de las tetas.

mamario, -ria adj. Perten. o rel. a la mama.

mamarrachada f. Acción defectuosa y ridícula.

mamarracho m. Figura o cosa defectuosa y ridícula. 2 Hombre informal no merecedor de respeto.

mambo m. Baile cubano.

mameluco m. fig. Hombre necio, bobo.

mamella f. Apéndice largo y ovalado que cuelga del cuello de algunos animales.

mamífero, -ra adj.-m. Díc. del animal vertebrado que tiene glándulas mamarias para alimentar a sus crías y que sólo son funcionales en las hembras.

mamiforme adj. De figura de mama o teta.

mamila f. Teta de la hembra, exceptuando el pezón. 2 Tetilla del hombre.

mamografía f. Radiografía de la mama de la mujer.

mamón, -mona adj.-s. Que aún mama. 2 Que mama demasiado.

mamotreto m. Libro o legajo muy abultado.

mampara f. Tabique movible que se pone en las habitaciones.

mamparra f. Pesca que se verifica colocando una luz en un bote alrededor del cual se tienden las redes. 2 Barca destinada a este tipo de pesca.

mamperlán m. Listón de madera con que se guarnece el borde de los peldaños en las escaleras de fábrica.

mamporrero m. Persona que dirige el miembro del caballo en el acto de la generación.

mamporro m. Golpe de poco daño.

mampostería f. Obra de albañilería hecha de mampuestos.

mampresar tr. Empezar a domar las caballerías cerriles.

mampuesto m. Piedra sin labrar que se puede colocar en obra con la mano.

mamujar tr. Mamar dejando el pecho y volviéndolo a tomar.

mamullar tr. Comer o mascar con los ademanes y gestos que hace el que mama.

mamut m. Especie fósil de elefante.

maná m. Alimento que, según la Biblia, Dios envió a los israelitas en el desierto. 2 fig. Alimento abundante y poco costoso.

manada f. Conjunto de animales de una misma especie que andan juntos.

management m. Técnica de dirección y gestión de una empresa.

mánager com. Persona que se ocupa de los intereses de un profesional del deporte, de la canción, etc.

manantial m. Nacimiento de las aguas. 2 fig. Origen, principio.

manar intr.-tr. Salir un líquido de alguna parte.

manatí m. Mamífero de América, herbívoro, de cola larga.

manazas adj.-com. fam. Díc. de la persona torpe.

mancar tr.-prnl. Lisiar, herir a uno en las manos, imposibilitándole el libre uso de ambas o de una de ellas.

manceba f. Concubina.

mancebía f. Casa de rameras.

mancebo m. Mozo joven. 2 Dependiente.

mancilla f. Mancha, desdoro.

mancillar tr. Manchar. 2 Dañar el honor, la pureza o la buena fama de alguien.

mancipar tr.-prnl. Sujetar, hacer esclavo a uno.

manco, -ca adj.-s. Falto de un brazo o mano o que ha perdido su uso.

mancomún (de ~) loc. adv. Mancomunadamente.

mancomunadamente adv. m. De acuerdo o en unión de dos o más personas.

mancomunar tr.-prnl. Unir para un fin.

mancomunidad f. Corporación y entidad legalmente constituidas por agrupación de municipios o provincias.

mancornar tr. Atar una cuerda a la mano y cuerno de una res vacuna para impedir que huya.

mancuerna f. Pareja de animales o cosas mancornadas. 2 Correa con que se mancuernan las reses.

mancha f. Señal que una cosa hace en un cuerpo ensuciándolo. 2 Parte de una cosa con distinto color del general en ella.

manchar tr. Hacer manchas. 2 fig. Deslustrar la buena fama.

manchego, -ga adj.-s. De La Mancha.

manchón m. En los sembrados, sitio donde nacen las plantas tupidas.

manchú adj.-s. De Manchuria. - 2 m. Lengua manchú.

manda f. Oferta, donación. 2 Legado.

mandamás adj.-com. desp. Jefe.

mandamiento m. Precepto u orden. 2 DER. Orden escrita del juez, mandando ejecutar o cumplimentar una cosa.

mandar *tr.* Obligar, imponer la realización de una cosa. 2 Enviar. 3 Gobernar. ▷ ~ *al otro barrio,* matar .

mandarín *m.* Antiguo alto funcionario de China. - 2 *adj.-m.* Díc. de un dialecto chino.

mandarina *f.* Especie de naranja de cáscara fácil de separar y pulpa dulce.

mandarinero *m.* Árbol rutáceo espinoso que produce frutos con cáscara anaranjada en la madurez.

mandatario, -ria *m. f.* Persona que acepta de otra el encargo de representarla.

mandato *m.* Orden o precepto.

mandíbula *f.* Conjunto óseo formado por los maxilares con los dientes y muelas encajados. ▷ *Reír a ~ batiente,* reírse estrepitosamente.

mandil *m.* Delantal que cuelga desde el cuello.

mandilón *m.* fam. Hombre pusilánime.

mandioca *f.* Arbusto americano de cuya raíz se extrae tapioca.

mando *m.* Autoridad del superior. 2 Persona u organismo que la tiene. 3 Artificio para iniciar, regular o suspender el funcionamiento de un mecanismo.

mandoble *m.* Cuchillada o golpe violento que se da esgrimiendo el arma con ambas manos. 2 fam. Espada grande.

mandolina *f.* Instrumento músico parecido a la bandurria.

mandón, -dona *adj.-s.* Que manda más de lo que debe.

mandrágora *f.* Planta narcótica y medicinal, sin tallo, de hojas anchas y flores malolientes.

mandril *m.* Primate con aspecto de perro.

manduca *f.* fam. Comida, alimento.

manducar *tr.-intr.* fam. Comer.

manecilla *f.* Broche para cerrar los libros. 2 Saetilla de algunos instrumentos. 3 Signo impreso, en figura de mano con el índice extendido.

manejable *adj.* Que se maneja fácilmente.

manejar *tr.* Traer entre las manos, usar. 2 Gobernar, dirigir. - 3 *prnl.* Saber actuar sin problemas en un negocio, situación, etc.

manejo *m.* Ac. y ef. de manejar. 2 fig.

Treta, astucia.

manera *f.* Forma particular con que se ejecuta o acaece una cosa. 2 Porte y modales. ▷ *A la ~ de,* a semejanza de. *En gran ~,* en alto grado, muy, mucho. *Sobre ~,* excesivamente, en extremo.

manes *m. pl.* Almas de los muertos.

manflorita *m.* Afeminado, homosexual.

manga *f.* Parte del vestido que cubre el brazo. 2 Tubo largo y flexible. 3 Tela cónica para filtrar líquidos. 4 Nube en forma de embudo que gira rápidamente. 5 Anchura mayor de un barco. ▷ *Andar ~ por hombro,* haber gran abandono y desorden. *Hacer mangas y capirotes,* obrar por capricho y sin reflexión. *Tener ~ ancha,* ser demasiado indulgente.

manganeso *m.* Metal de brillo acerado, duro y quebradizo.

manganilla *f.* Engaño, treta, ardid.

manganita *f.* Mineral de la clase de los óxidos e hidróxidos, que cristaliza en el sistema monoclínico, de color negro o gris y brillo metálico.

mangante *adj.-s.* Que manga. - 2 *com.* Sinvergüenza, truhán, vividor.

mangar *tr.* fam. Robar, hurtar.

mangle *m.* Arbusto tropical de raíces aéreas.

mango *m.* Parte estrecha y larga por donde se coge un utensilio. 2 Árbol de la India de fruto aromático. 3 Fruto de este árbol.

mangonear *intr.* Entremeterse en una cosa queriendo dirigirla.

mangoneo *m.* Ac. y ef. de mangonear.

mangosta *f.* Mamífero carnívoro, propio de climas cálidos.

mangote *m.* Manga ancha y larga.

manguera *f.* Manga de bomba o de riego.

manguito *m.* Rollo de piel para abrigar las manos. 2 Tubo para empalmar dos piezas cilíndricas iguales.

maní *m.* Cacahuete.

manía *f.* Forma de locura del que está dominado por una idea fija. 2 Ojeriza.

maníaco, -ca, maniaco, -ca *adj.-s.* Que padece manía. 2 Propio de la manía.

maniatar *tr.* Atar las manos.

maniático, -ca *adj.-s.* Que tiene manías.

manicomio *m.* Hospital para enfermos mentales.

manicuro, -ra *m. f.* Persona que se dedica a cuidar las manos y las uñas. - 2 *f.* Cuidado de las manos y las uñas.

manido, -da *adj.* Que empieza a pudrirse. 2 Demasiado común, vulgar.

manierismo *m.* Movimiento artístico que se manifestó en Italia en el s. XVI, caracterizado por su falta de naturalidad y su afectación.

manifestación *f.* Ac. y ef. de manifestar. 2 Reunión pública al aire libre con la cual se manifiesta un deseo u opinión.

manifestante *com.* Persona que toma parte en una manifestación.

manifestar *tr.* Dar a conocer una opinión, un pensamiento, etc. 2 Poner a la vista. - 3 *prnl.* Darse a conocer.

manifiesto, -ta *adj.* Patente. - 2 *m.* Escrito dirigido a la opinión pública. ▷ *Poner de ~ ,* exponer, hacer público.

manigero *m.* Capataz de una cuadrilla de trabajadores del campo.

manija *f.* Mango o manubrio. 2 Empuñadura que abre la puerta del automóvil.

manilargo, -ga *adj.* De manos largas. 2 fig. Propenso a tomar lo ajeno.

manilla *f.* Manecilla de un reloj. 2 Grillete para las muñecas.

manillar *m.* Pieza curva de metal que da dirección a bicicletas y motocicletas.

maniobra *f.* Operación manual. 2 Artificio, manejo. - 3 *f. pl.* Serie de movimientos realizados en un vehículo para colocarlo en determinada posición. 4 Ejercicio táctico o simulando un combate llevado a cabo por el ejército.

maniobrable *adj.* Que se maniobra fácilmente.

maniobrar *intr.* Ejecutar maniobras.

manipulación *f.* Ac. y ef. de manipular.

manipulador *m.* Aparato telegráfico transmisor. 2 Vehículo especial usado en los talleres metalúrgicos para transportar las piezas grandes.

manipular *tr.* Operar con las manos. 2 Manejar negocios.

manípulo *m.* Especie de estola pequeña que el sacerdote lleva sujeta al antebrazo izquierdo, sobre la manga del alba.

maniqueísmo *m.* Secta gnóstica cristiana fundada en el s. III, basada en los principios del bien y el mal, en perpetua pugna entre sí.

maniquí *m.* Figura articulada o armazón en forma de cuerpo humano, para uso de pintores, escultores, modistas, etc. - 2 *com.* Persona empleada por las casas de modas para probarse nuevos modelos.

manir *tr.* Dejar que las carnes se ablanden antes de guisarlas.

manirroto, -ta *adj.-s.* Que derrocha.

manitú *m.* Personaje poderoso.

manivela *f.* Manubrio.

manjar *m.* Comestible; en esp. comida exquisita.

mano *f.* Parte del cuerpo humano desde la muñeca hasta la punta de los dedos. 2 p. ext. En algunos animales, extremidad cuyo dedo pulgar puede oponerse a los dedos. 3 En los cuadrúpedos, pie delantero. 4 Destreza. 5 Poder, mando. 6 Ayuda. 7 Lado en que se halla una cosa. 8 Lance entero de varios juegos. 9 Conjunto de cinco cuadernos de papel. 10 *~ de obra,* trabajo manual empleado en una obra; conjunto de obreros necesarios para efectuar un trabajo. 11 *~ de santo,* remedio muy eficaz. ▷ *A ~ ,* cerca. *A ~ airada,* de manera violenta. *A ~ armada,* usando un arma de fuego. *Pedir la ~ ,* aspirar que una mujer sea concedida en matrimonio. *Tender la ~ ,* ayudar.

manojo *m.* Hacecillo que se puede coger con la mano. ▷ *A manojos,* abundantemente.

manómetro *m.* Instrumento para medir la presión de los gases.

manopla *f.* Guante sin separaciones para los dedos.

manorreductor *m.* Aparato para reducir y regular la presión de un fluido.

manoscopio *m.* Instrumento que indica las variaciones de la presión atmosférica.

manosear *tr.* Tocar repetidamente con las manos.

manóstato *m.* Dispositivo regulador de la presión de un fluido en una canalización en un recinto donde se halla comprimido.

manotear *intr.* Mover mucho las manos al hablar.

manriqueño, -ña *adj. Estrofa manriqueña,* la formada por cuatro octosílabos y dos tetrasílabos, que riman el primero con el cuarto, el segundo y el quinto, y el tercero y el sexto.

mansalva (a ~) *loc. adv.* Sin peligro.

mansarda *f.* Cubierta donde las vertientes se quiebran y acentúan la pendiente en la parte inferior.

mansedumbre *f.* Suavidad de carácter.

mansión *f.* Morada, albergue. 2 Casa lujosa.

manso, -sa *adj.* Benigno, suave. 2 Apacible. 3 Díc. del animal que no es bravo.

mansurrón, -rrona *adj.* Manso con exceso.

manta *f.* Trozo rectangular de tejido grueso para abrigarse. ▷ *A ~* , abundantemente. *Liarse uno la ~ a la cabeza*, actuar sin pensar en las consecuencias. *Tirar de la ~* , hacer público un secreto.

mantaterilla *f.* Tela de urdimbre de bramante y trama de tirillas de paño.

mantear *tr.* Hacer saltar en una manta.

manteca *f.* Gordura de los animales, especialmente la del cerdo. 2 Substancia crasa de la leche y de algunos frutos.

mantecado *m.* Bollo amasado con manteca de cerdo. 2 Sorbete de leche, huevos y azúcar.

mantecoso, -sa *adj.* Que tiene mucha manteca o se parece a ella.

mantel *m.* Tejido con que se cubre la mesa para comer.

mantelería *f.* Conjunto de mantel y servilletas.

manteleta *f.* Esclavina de mujer a modo de chal.

mantelete *m.* Vestidura con dos aberturas para sacar los brazos, que llevan los obispos y prelados.

mantenencia *f.* Alimento, sustento, víveres.

mantener *tr.* Conservar. 2 Sostener, defender. 3 Celebrar. 4 Proveer del alimento necesario. - 5 *prnl.* Estar un cuerpo en un medio, sin caer o haciéndolo muy lentamente. 6 No variar de estado o resolución.

mantenida *f.* Concubina, amante.

mantenimiento *m.* Efecto de mantener. 2 Alimento.

manteo *m.* Capa larga con cuello estrecho que traen los eclesiásticos sobre la sotana; antig. la usaban los estudiantes.

mantequera *f.* Vasija para la manteca.

mantequilla *f.* Grasa de la leche. 2 Manteca de vaca batida con azúcar.

mantés, -tesa *adj.-s.* fam. Pícaro, pillo.

mantilla *f.* Prenda con que las mujeres se cubren la cabeza. 2 Pieza para envolver a los niños por encima de los pañales. ▷ *En mantillas*, en los principios.

mantillo *m.* Parte orgánica del suelo. 2 Estiércol fermentado.

mantis *f.* Santateresa.

manto *m.* Ropa suelta con que las mujeres se cubren. 2 Vestidura de algunos religiosos. 3 Capa mineral que yace casi horizontalmente.

mantón *m.* Pañuelo grande de abrigo.

manual *adj.* Que se ejecuta con las manos. 2 fig. Fácil de entender. - 3 *m.* Libro en que se compendia una materia.

manualidad *f.* Trabajo con las manos.

manubrio *m.* Empuñadura de un instrumento.

manufactura *f.* Obra hecha a mano o con auxilio de máquinas. 2 Fábrica, industria.

manufacturado, -da *adj.* Resultante de la transformación industrial de ciertas materias en una manufactura.

manufacturar *tr.* Producir por manufactura; fabricar.

manumitir *tr.* Dar libertad al esclavo.

manuscrito, -ta *adj.* Escrito a mano. - 2 *m.* Original de un libro.

manutención *f.* Ac. y ef. de mantener.

manzana *f.* Fruto del manzano. 2 Conjunto aislado de casas contiguas. 3 Espacio cuadrado de terreno circunscrito por calles.

manzanahígo *f.* Variedad de manzana que sale sin flor.

manzanilla *f.* Hierba cuyas flores se usan en infusión. 2 Esta infusión. 3 Vino blanco aromático y seco de Andalucía.

manzano *m.* Árbol rosáceo de flores sonrosadas y fruto en pomo.

maña *f.* Destreza. 2 Astucia.

mañana *f.* Tiempo desde el amanecer al mediodía. 2 Tiempo futuro. - 3 *adv. t.* En el día después de hoy. ▷ *De ~* , al amanecer.

mañanero, -ra *adj.* Madrugador.

mañoso, -sa *adj.* Que tiene maña.

maoísmo *m.* Movimiento político inspirado en la doctrina de Mao y aplicado a la revolución comunista china.

maorí *adj.-com.* Indígena de Nueva Zelanda.

mapa *m.* Representación geográfica de la Tierra o parte de ella en un plano.

mapache *m.* Mamífero carnívoro americano, parecido al tejón.

mapamundi *m.* Mapa de la superficie de la Tierra dividida en dos hemisferios.

maqueta *f.* Modelo reducido de una obra arquitectónica. 2 Boceto de un libro, disco o casete.

maquiavélico, -ca *adj.* Perten. o rel. al modo de proceder con astucia, doblez y perfidia.

maquila *f.* Porción de grano, harina o aceite, que corresponde al molinero por la molienda.

maquillaje *m.* Substancia cosmética utilizada para maquillar.

maquillar *tr.-prnl.* Pintar el rostro con preparados artificiales para obtener efectos, o embellecerlo. - 2 *tr.* fig. Alterar para producir apariencia engañosa.

máquina *f.* Conjunto de aparatos combinados para aprovechar, dirigir o regular la acción de una fuerza. 2 Locomotora.

maquinación *f.* Ac. y ef. de maquinar.

maquinal *adj.* Que se ejecuta sin deliberación.

maquinar *tr.* Tramar ocultamente.

maquinaria *f.* Técnica de construir máquinas. 2 Conjunto de máquinas. 3 Mecanismo.

maquinilla *f.* Aparato para afeitar o cortar el pelo.

maquinismo *m.* Sustitución en el trabajo de los hombres por las máquinas.

maquinista *com.* Persona que inventa, construye, gobierna o dirige máquinas.

maquinizar *tr.* Emplear en la producción máquinas que sustituyen o mejoran el trabajo del hombre.

maquis *com.* Persona que, huida a los montes, vive en oposición armada al sistema político establecido.

mar *amb.* Masa de agua salada que cubre la mayor parte de la superficie de la Tierra. 2 Parte de ella. ▷ *A mares,* abundantemente. *La ~ de,* mucho. *Hacerse a la ~,* alejarse el barco de la costa.

marabunta *f.* Enjambre de hormigas carnívoras propias de América del Sur. 2 fig. Desorden y destrucción.

maraca *f.* Instrumento músico popular de origen americano.

maraña *f.* Maleza. 2 fig. Enredo.

marasmo *m.* Grado extremo de extenuación. 2 fig. Suspensión, inmovilidad.

maratón *m.* Carrera pedestre de los Juegos Olímpicos.

maratoniano, -na *adj.* fig. Agotador, de duración anormalmente larga.

maravedí *m.* Moneda española antigua.

maravilla *f.* Cosa extraordinaria que causa admiración. 2 Admiración. ▷ *A las mil maravillas,* perfectamente.

maravillar *tr.-prnl.* Admirar, causar admiración.

maravilloso, -sa *adj.* Extraordinario, fuera de lo común.

marbete *m.* Cédula pegada a un objeto para indicar algo.

marca *f.* Provincia, distrito fronterizo. 2 Señal hecha en una persona, animal o cosa. 3 En los deportes, menor tiempo, mayor distancia o cifra máxima alcanzada.

marcador *m.* Aparato en que se marcan los tantos de cada bando o jugador.

marcapasos *m.* Aparato eléctrico que sirve para estimular el ritmo cardíaco.

marcar *tr.* Señalar. 2 En los deportes, contrarrestar un jugador el juego de su contrario. 3 Obtener tantos.

marcial *adj.* Perten. o rel. a la guerra o a la milicia. 2 Bizarro, varonil.

marciano, -na *adj.* Perten. o rel. al planeta Marte; propio de él. - 2 *m.* Supuesto habitante de Marte.

marcir *tr.* Mustiar, marchitar.

marco *m.* Cerco que rodea o en que se encajan algunas cosas. 2 Unidad monetaria de Alemania y Finlandia.

marcofilia *f.* Afición a coleccionar marcas postales estampadas.

marconigrama *m.* Telegrama transmitido por telegrafía sin hilos.

marcha *f.* Acción de marchar. 2 Toque militar o pieza de música para regular el paso. 3 Pieza de música destinada a regular el paso de la tropa o de un cortejo. 4 fig. Desenvolvimiento de un asunto. 5 Animación. 6 Movimiento regular de un mecanismo. 7 Posición del cambio de velocidades. ▷ *Sobre la* ~, de manera imprevista y simultánea.

marchamo *m.* Señal que los aduaneros ponen en los fardos.

marchante, -ta *adj.* Mercantil. - 2 *m.* Traficante.

marchar *intr.* Andar, funcionar. - 2 *intr.-prnl.* Ir de un sitio a otro, partir de un lugar.

marchitar *tr.-prnl.* Ajar, poner mustio. 2 fig. Quitar el vigor.

marchito, -ta *adj.* Falto de vigor.

marchoso, -sa *adj.* fam. Alegre, juerguista; decidido.

marea *f.* Movimiento periódico y alternativo de ascenso y descenso de las aguas del mar. 2 ~ *negra,* polución de las costas marítimas causada por productos petrolíferos.

marear *tr.* Gobernar una nave. - 2 *prnl.* Sentir mareo. - 3 *intr.-tr.* Molestar.

marejada *f.* Movimiento de grandes olas.

marejadilla *f.* Marejada cuyas olas son de menor tamaño y fuerza.

maremagno, mare mágnum *m.* fam. Abundancia desordenada, confusión.

maremoto *m.* Seísmo en el mar.

marengo *m.* Tela de lana tejida con hilos de distintos colores. - 2 *adj.* De color gris obscuro.

mareo *m.* Desasosiego y turbación de la cabeza y el estómago.

mareógrafo *m.* Instrumento para medir y registrar las variaciones de las mareas.

mareómetro *m.* Instrumento para medir la amplitud de las mareas.

marfil *m.* Parte dura de los dientes de los mamíferos. 2 Materia que la forma.

marfilina *f.* Composición que imita el marfil.

marga *f.* Roca compuesta de arcilla y carbonato de cal.

margarina *f.* Grasa comestible obtenida a partir de aceites vegetales.

margarita *f.* Planta herbácea de cabezuelas amarillas en el centro y blancas en la circunferencia. 2 Flor de esta planta.

margen *m.* Orilla. 2 Espacio blanco alrededor de una página. 3 Cuantía del beneficio que se puede obtener en

un negocio. ▷ *Al* ~, fuera de lo que se trata.

marginación *f.* Ac. y ef. de marginar.

marginado, -da *adj.-s.* No integrado en la sociedad.

marginador *m.* Dispositivo de las máquinas de escribir por el que se regula el ancho de los márgenes laterales de las hojas.

marginal *adj.* Que está al margen. 2 fig. Secundario, accesorio.

marginar *tr.* Dejar márgenes. 2 fig. No entrar en el examen de un asunto. 3 fig. Poner o dejar a una persona o grupo en condiciones sociales de inferioridad.

margrave *m.* Título de dignidad de ciertos príncipes de Alemania.

mariachi *m.* Orquesta y música mejicanas.

marialuisa *f.* Arbusto dicotiledóneo cuyas hojas desprenden un aroma muy agradable.

marianismo *m.* Culto o devoción a la Virgen María.

marianista *m.* Religioso de la Compañía de María.

mariano, -na *adj.* Perten. o rel. a la Virgen.

marica *m.* fig. Hombre afeminado.

maricón *m.* fig. fam. Hombre afeminado.

mariconada *f.* Acción propia del maricón. 2 fig. Acción indigna contra otro.

mariconera *f.* Bolso de mano para hombres.

maricultura *f.* Cultivo de las plantas y animales marinos.

maridable *adj.* Propio del marido y la mujer.

maridaje *m.* Casamiento. 2 Unión.

maridar *intr.* Casarse. - 2 *tr.* Unir.

marido *m.* Hombre casado, con respecto a la mujer.

marihuana *f.* Estupefaciente obtenido mediante la mezcla de hojas y flores secas de una variedad del cáñamo.

marimacho *m.* Mujer hombruna.

marimandona *f.* Mujer autoritaria.

marimanta *f.* fam. Fantasma con que se pone miedo a los niños.

marimba *f.* Especie de xilófono que se toca en América.

marimorena *f.* Pelea.

marina *f.* Parte de tierra junto al mar. 2 Pintura que representa el mar. 3 Arte de navegar. 4 Conjunto de barcos de guerra o mercantes: ~ *de guerra,* armada; ~ *mercante,* la empleada en el comercio.

marinar *tr.* Dar cierta sazón a la carne o al pescado para conservarlo.

marine *m.* Soldado de infantería de ciertas fuerzas navales.

marinear *intr.* Trabajar como marinero.

marinera *f.* Blusa usada por los marineros, y cuyo empleo se ha extendido a las mujeres y niños.

marinería *f.* Oficio de marinero. 2 Conjunto de marineros. 3 Cuerpo de la armada correspondiente a la clase de tropa en los otros ejércitos.

marinero, -ra *adj.* Díc. del buque fácil de gobernar. 2 Perten. o rel. a la marina o a los marineros. - 3 *m.* El que sirve en las embarcaciones.

marinismo *m.* Gusto poético conceptuoso y barroco, análogo al culteranismo, cuyo maestro fue el poeta italiano Marini (1569-1625).

marino, -na *adj.* Perten. o rel. al mar. - 2 *m.* El que profesa la náutica. 3 El que sirve en la marina.

mariología *f.* Estudio de lo relativo a la Virgen María.

marioneta *f.* Títere.

mariposa *f.* Insecto lepidóptero en general. 2 Lamparilla. 3 Tuerca o llave en forma de mariposa. - 4 *adj.-s.* DEP. Díc. de una modalidad de natación de movimientos circulares hacia adelante con los dos brazos simultáneamente.

mariposear *intr.* Variar con frecuencia de ocupaciones y caprichos.

mariquita *f.* Insecto coleóptero, rojo con puntos negros.

marisabidilla *f.* Mujer sabihonda.

mariscal *m.* Oficial elevado en la milicia. 2 ~ *de campo,* oficial general de división.

mariscar *intr.* Coger mariscos.

marisco *m.* Molusco o crustáceo.

marisma *f.* Terreno bajo anegadizo a orillas del mar.

marital *adj.* Perten. o rel. al marido o a la vida conyugal.

maritalmente *adv. m.* De modo marital.

marítimo, -ma *adj.* Perten. o rel. al mar.

marjor *m.* Cabra de cuernos muy desarrollados, retorcidos en espiral.

marketing *m.* Mercadotecnia.

marlín *m.* Pez marino teleósteo perciforme de cuerpo alargado.

marlota *f.* Vestidura morisca a modo de sayo.

marmita *f.* Olla de metal con tapadera ajustada.

marmitón *m.* Pinche de cocina.

mármol *m.* Piedra caliza, susceptible de buen pulimento. 2 Obra de mármol.

marmolear *tr.* Imitar con pintura las vetas del mármol o del jaspe.

marmolillo *m.* fig. Zoquete (persona ruda).

marmolina *f.* Mármol artificial.

marmolista *m.* El que trabaja en mármoles.

marmóreo, -a *adj.* De mármol o parecido a él.

marmosete *m.* Grabado alegórico que suele ponerse al fin de un libro o capítulo.

marmota *f.* Mamífero roedor que pasa el invierno dormido.

maro *m.* Planta labiada medicinal de olor fuerte.

maroma *f.* Cuerda gruesa.

marqués, -quesa *m.* Título intermedio entre los de duque y conde. - 2 *m. f.* Persona que tiene marquesado.

marquesado *m.* Dignidad y territorio del marqués.

marquesina *f.* Cobertizo que cubre una puerta, escalinata, etc.

marquesita *f.* Pirita.

marquesota *f.* Cuello blanco, alto y almidonado, que usaban los hombres como prenda de adorno.

marquetería *f.* Ebanistería.

marra *f.* Falta de una cosa donde debiera estar.

marrajo, -ja *adj.* Díc. del toro taimado, malicioso. 2 fig. Hipócrita, astuto. - 3 *m.* Pez marino seláceo escualiforme.

marranada *f.* Acción o cosa sucia propia de un marrano.

marranear *tr.-intr.-prnl.* Ensuciar, emporcar. - 2 *intr.* Comportarse indignamente.

marranería *f.* Marranada.

marrano, -na *m. f.* Cerdo. - 2 *adj.-s.* fig. Díc. de la persona sucia y desaseada.

marrar *intr.* Faltar, errar.

marrasquino *m.* Licor de cerezas amargas.

marrazo *m.* Especie de hacha de dos bocas para cortar leña.

marrillo m. Palo corto y algo grueso.

marrón adj.-s. Color castaño. - 2 adj. De color marrón.

marroquí adj.-s. De Marruecos.

marroquinería f. Tafiletería.

marrullería f. Astucia para engañar.

marrullero, -ra adj.-s. Que usa de marrullerías.

marsellesa f. Himno nacional francés.

marsopa f. Cetáceo parecido al delfín.

marsupial adj.-m. Díc. del mamífero cuya hembra tiene una bolsa abdominal donde sus crías terminan su desarrollo.

marta f. Mamífero carnívoro de pelaje espeso y suave. 2 Piel de este animal.

marte m. Planeta, el más próximo a la Tierra. 2 Entre los romanos, dios de la guerra.

martellina f. Martillo de cantero con dos bocas guarnecidas de dientes prismáticos.

martes m. Tercer día de la semana.

martillar, martillear tr. Batir, golpear repetidamente con el martillo.

martillo m. Herramienta con una cabeza de hierro y un mango, para golpear. 2 Pieza de las armas de fuego que golpea el proyectil. 3 ANAT. Huesecillo del oído medio.

martina f. Pez teleósteo anguiliforme, muy parecido al congrio.

martinete m. Ave de pico largo y grueso que vive junto a los ríos y lagos. 2 Mazo movido mecánicamente.

martingala f. Artimaña.

martín pescador m. Ave de pico recto y prolongado, que vive junto a los ríos y lagos y se alimenta de pececillos.

mártir com. Persona que padece martirio.

martirio m. Tormento o muerte padecida por sostener la verdad de una creencia. 2 fig. Trabajo penoso o sufrimiento grande.

martirizar tr.-prnl. Hacer padecer martirio. 2 Afligir, atormentar.

martirologio m. Catálogo de los mártires y santos.

marxismo m. Conjunto de las doctrinas de C. Marx (1818-1883) y F. Engels (1820-1895), base del socialismo y del comunismo contemporáneos. 2 Partidos que se inspiran en dicha doctrina.

marzas f. pl. Coplas que cantan de noche los mozos santanderinos por las casas de las aldeas.

marzo m. Tercer mes del año.

mas conj. advers. Pero.

más adv. c. Denota mayor cantidad o intensidad. 2 En comparación expresa lleva como correlativo la conjunción que. - 3 m. Signo de la suma (+). ▷ A lo ~, en el mayor grado posible. A ~, por añadidura. De ~, de sobra. ~ bien, antes bien. Ni ~ ni menos, sin faltar ni sobrar. Por ~ que, aunque. Sin ~ ni ~, por sorpresa.

masa f. Unión de partículas o cosas que forman cuerpo. 2 Mezcla de un líquido con una substancia pulverizada. 3 Volumen. 4 Multitud. ▷ Con las manos en la ~, en delito grave.

masacrar intr. Asesinar en masa.

masacre f. Matanza colectiva.

masaje m. Presión o roce rítmico de las masas musculares, con fines terapéuticos, estéticos, etc.

mascabellotas com. fam. Persona simple.

mascar tr. Partir y deshacer con la dentadura.

máscara f. Figura con que uno se cubre el rostro. 2 Careta para impedir la entrada de gases tóxicos en las vías respiratorias. 3 Disfraz. - 4 com. Persona enmascarada.

mascarada f. Sarao o comparsa de máscaras. 2 fig. Ficción, falacia, simulación.

mascarilla f. Máscara que cubre la parte superior del rostro. 2 Vaciado que se saca sobre el rostro. 3 Aparato que aplican los anestesistas sobre la nariz y boca del paciente.

mascarón m. Figura de adorno colocada en lo alto del tajamar de los barcos.

mascota f. Persona, animal o cosa que trae suerte. 2 Figura que constituye el emblema de una Olimpiada, u otras cosas.

masculillo m. Juego de muchachos consistente en coger a otro dando golpes con su trasero.

masculinizar tr. Dar a algo carácter masculino.

masculino, -na adj. Dotado de órganos para fecundar. 2 Perten., rel. o propio del ser así dotado. 3 fig. Varonil, enérgico.

mascullar tr. Hablar entre dientes.

masera f. Paño con que se abriga la masa para que fermente.

masetero m. ANAT. Músculo elevador de la mandíbula inferior.

masía f. Casa de campo y de labor de Cataluña y Aragón.

masificar tr. Hacer de un grupo de personas una masa amorfa.

masilla f. Mezcla de aceite de linaza y tiza para sujetar los cristales.

masivo, -va adj. Que actúa o se hace en gran cantidad.

maslo m. Tronco de la cola de los cuadrúpedos.

masoca adj.-com. Masoquista.

masón, -sona m. f. Miembro de la masonería.

masonería f. Asociación secreta que declara aspirar a la fraternidad universal, basada en la tolerancia religiosa y en principios humanitarios.

masónico, -ca adj. Perten. o rel. a la masonería.

masoquismo m. Perversión sexual del que goza con verse humillado o maltratado.

masoquista adj.-com. Díc. de la persona que padece masoquismo.

masora f. Estudio crítico de los textos bíblicos, hecho por doctores judíos.

masoreta m. Doctor hebreo que se dedica a la masora.

mass-media m. pl. Conjunto de los medios de difusión masiva de información o de cultura.

mastaba f. Construcción funeraria egipcia en forma de pirámide truncada.

mastelero m. Palo menor que se coloca sobre los mayores del barco.

masticar tr. Mascar.

mástil m. Palo de un barco. 2 Palo derecho que sostiene algo. 3 MÚS. Parte más estrecha de algunos instrumentos de cuerda.

mastín adj.-s. Díc. de un perro grande, fornido, muy valiente y leal.

mástique m. Pasta de yeso mate y agua de cola que sirve para igualar las superficies que se han de pintar o decorar.

mastodonte m. Mamífero fósil parecido al mamut. - 2 com. fig. Persona o cosa muy voluminosa.

mastodóntico, -ca adj. De dimensiones muy grandes.

mastozoología Parte de la zoología que trata de los mamíferos.

mastranto, mastranzo m. Planta labiada aromática y medicinal.

mastuerzo m. Planta hortense de sabor picante. - 2 adj.-m. fig. Díc. del hombre torpe o majadero.

masturbarse prnl. Procurarse en solitario goce sexual.

mata f. Planta vivaz, de tallo bajo, ramificado y leñoso. 2 Pie de una hierba. 3 ~ de pelo, porción grande de cabello.

matacaballos m. Hierba dicotiledónea campanulácea perenne.

matacandil m. Planta crucífera propia de los terrenos húmedos.

matachín m. Matarife. 2 Camorrista.

matadero m. Sitio donde se mata el ganado.

matador, -ra adj.-s. Que mata. 2 fam. Penoso, cansado. - 3 m. Espada (torero).

matadura f. Llaga de la bestia.

matalahúga, matalahúva f. Anís (planta y semilla).

matalascallando com. Persona que persigue sus fines sin aparentarlo.

matalón, -lona adj.-s. Caballería flaca y llena de mataduras.

matamoros adj. Valentón.

matamoscas m. Instrumento para matar moscas.

matanza f. Ac. y ef. de matar. 2 Gran mortandad de personas en una batalla, asalto, etc. 3 Acción y época de matar los cerdos y preparar su carne.

matapalo m. Árbol americano que da caucho y de cuya corteza se hacen sacos.

matar tr.-prnl. Causar la muerte. - 2 tr. Apagar la luz, brillo, color, etc. 3 Quitar los cantos o aristas.

matarife m. El que por oficio mata y descuartiza las reses.

matarratas m. Substancia para matar ratas. 2 Aguardiente fuerte de ínfima calidad.

matasanos m. desp. Curandero.

matasellar tr. Cancelar, inutilizar un sello de correos.

matasellos m. Estampilla con que se inutilizan los sellos de las cartas.

matasuegras m. Tubo espiral de papel, que, al soplar por él, se extiende.

match m. DEP. Lucha, contienda.

mate adj. Sin brillo. - 2 m. Lance final del juego de ajedrez. 3 Planta sudamericana con cuyas hojas se hace una infusión. 4 Esta infusión.

mateado *m.* Pérdida o disminución del lustre o brillo.

matemáticas *f. pl.* Ciencia que trata de la cantidad.

matemático, -ca *adj.* Perten. o rel. a las matemáticas. 2 Exacto, preciso. - 3 *m. f.* Persona que se dedica a las matemáticas.

matematizar *tr.* Introducir métodos matemáticos en cualquier disciplina.

materia *f.* Aquello de que una cosa está hecha. 2 Substancia corpórea en oposición a espíritu. 3 Aquello que se estudia o de que se habla o escribe. ▷ *Entrar en ~,* empezar a tratar un asunto.

material *adj.* Perten. o rel. a la materia. 2 Que concierne a lo físico del hombre. - 3 *m.* Materias necesarias para una obra.

materialismo *m.* Doctrina según la cual la materia es la única realidad. 2 *~ histórico,* doctrina filosófica que explica el curso de la historia por causas materiales y económicas.

materialista *adj.-com.* Partidario del materialismo. 2 Que tiene mucho apego a las cosas materiales.

materializar *tr.* Considerar como material lo que no lo es. - 2 *prnl.* Ir abandonando lo espiritual por lo material.

maternidad *f.* Estado de madre. 2 Establecimiento benéfico de tocología.

maternizar *tr.* Dotar a la leche vacuna de propiedades que posee la de mujer.

materno, -na *adj.* Perten. o rel. a la madre.

matinal *adj.* Matutino.

matiz *m.* Unión de varios colores mezclados con proporción. 2 Gradación de un color. 3 fig. Pequeña diferencia que distingue dos cosas parecidas o próximas.

matizar *tr.* Armonizar los colores. 2 Dar un matiz. 3 Graduar con cuidado.

matojo *m.* Mata (hierba).

matón *m.* fig. fam. Pendenciero.

matorral *m.* Terreno lleno de maleza.

matraca *f.* Instrumento de percusión, de madera, que se utiliza en Semana Santa.

matraz *m.* Frasco esférico de cuello angosto y recto.

matrero, -ra *adj.* Perspicaz, astuto, sagaz.

matriarcado *m.* Organización social en que mandaban las mujeres. 2 fig. Predominio femenino en una sociedad o grupo.

matricaria *f.* Planta compuesta perenne y erecta, muy olorosa.

matricidio *m.* Delito de matar uno a su madre.

matrícula *f.* Lista de nombres de personas o cosas que se asientan para un fin determinado por las leyes o reglamentos. 2 Inscripción oficial y placa que llevan los vehículos para indicar el número de aquélla.

matricular *tr.-prnl.* Inscribir en matrícula.

matrimonial *adj.* Perten. o rel. al matrimonio.

matrimonialista *adj.-com.* Especialista en asuntos del matrimonio.

matrimonio *m.* Sacramento o contrato civil que une a un hombre y una mujer. 2 Marido y mujer.

matritense *adj.-s.* Madrileño.

matriz *f.* Órgano de la hembra de los mamíferos en que se desarrolla el feto. 2 Molde en que se funden ciertos objetos. 3 Parte del talonario que queda encuadernada al separar los talones. 4 MAT. Disposición rectangular de números ordenados por filas y columnas.

matrona *f.* Madre de familia respetable. 2 Partera.

matroneo *m.* ARQ. Lugar reservado a la mujer en los edificios para el culto cristiano en la época paleocristiana. 2 ARQ. Galería o tribuna construida sobre las naves laterales en la basílica, abierta a la central, desde donde asistían al culto las mujeres.

matrónimo *adj.-m.* Nombre de familia que tiene su origen en el de la madre.

maturación *f.* Procedimiento para aumentar la sensibilidad de una emulsión fotográfica.

matute *m.* Introducción fraudulenta de géneros de consumo.

matutino, -na *adj.* Perten. o rel. a la mañana.

maula *f.* Cosa inútil y despreciable. 2 Engaño o artificio encubierto.

maullar *intr.* Dar maullidos.

maullido *m.* Voz del gato.

mauritano, -na *adj.-s.* De Mauritania.

máuser *m.* Fusil de repetición.

mausoleo *m.* Sepulcro monumental.

mavorte *m.* poét. Marte.

maxilar *adj.* Perten. o rel. a la mandíbula. - 2 *m.* ANAT. Hueso de la cara que constituye la mandíbula.

máxima *f.* Regla o principio generalmente admitido. 2 Sentencia moral.

maximalista *adj.-com.* Partidario de la adopción de posturas extremas.

máxime *adv. m.* Sobre todo, con mayor motivo.

máximo, -ma *adj.* Que no lo hay mayor ni igual. - 2 *m.* Límite superior a que puede llegar una cosa. - 3 *f.* Temperatura más alta en un sitio y tiempo determinados.

maxisingle *m.* Disco de mayor duración que el single, pero menor que el elepé.

maya *adj.-s.* De un pueblo indio que habitaba Yucatán. - 2 *m.* Lengua maya.

mayal *m.* Palo del cual tira la caballería que mueve los molinos de aceite.

mayestático, -ca *adj.* Propio de la majestad.

mayo *m.* Quinto mes del año.

mayólica *f.* Loza de esmalte metálico.

mayonesa *f.* Salsa de yema de huevo y aceite crudo.

mayor *adj.* Que excede en cantidad o tamaño. 2 De edad avanzada, adulto, viejo. - 3 *m.* Jefe de ciertos cuerpos. ▷ *Por ~*, en gran cantidad.

mayoral *m.* Capataz de cualquier clase de trabajadores del campo.

mayorazgo *m.* Institución que perpetúa en una familia la propiedad de ciertos bienes. 2 Estos bienes y su poseedor.

mayordomo *m.* Jefe del servicio de una casa.

mayoría *f.* Parte mayor de los componentes de una colectividad. 2 Mayor número de votos.

mayorista *com.* Comerciante que vende al por mayor.

mayoritario, -ria *adj.* Que forma la mayoría.

mayúsculo, -la *adj.* Mayor que lo ordinario de su especie. 2 *fam.* Muy grande. - 3 *adj.-f.* Díc. del tipo de letra mayor que la minúscula.

maza *f.* Arma antigua. 2 Instrumento para golpear. 3 Insignia que llevan los maceros.

mazacote *m.* Vianda seca, dura y pegajosa. 2 Objeto de arte tosco.

mazagrán *m.* Refresco a base de café y limón, a veces con aguardiente o ron, y agua.

mazapán *m.* Pasta de almendras molidas y azúcar, cocida al horno.

mazarota *f.* Masa de metal que, cuando se funden grandes piezas en moldes verticales, se deja sobrante en la parte superior.

mazazo *m.* Golpe dado con la maza o el mazo. 2 Cosa que causa una fuerte impresión.

mazdeísmo *m.* Antigua religión de los persas, que creían en la existencia de dos principios divinos en eterna lucha: uno bueno, Ormuz, y otro malo, Ahrimán.

mazmorra *f.* Prisión subterránea.

mazo *m.* Martillo de madera. 2 Porción de cosas atadas.

mazorca *f.* Espiga densa o apretada, como la del maíz.

mazurca *f.* Danza de origen polaco.

mazut *m.* Residuo combustible de la destilación del petróleo bruto.

me *pron. pers.* Forma de primera persona para el objeto directo e indirecto sin preposición en género masculino y femenino y en número singular.

meada *f.* Orina expelida de una vez. 2 Sitio que moja o señal que hace.

meandro *m.* Recoveco de un río o camino. 2 Curva sinuosa.

meapilas *com.* Persona beata o santurrona; hipócrita.

mear *intr.-prnl.* Orinar.

mecánica *f.* Parte de la física que trata del movimiento y el equilibrio y de las fuerzas que los producen.

mecánico, -ca *adj.* Perten. o rel. a la mecánica. 2 Maquinal. - 3 *m. f.* Persona que maneja o arregla máquinas.

mecanismo *m.* Combinación de las partes de una cosa para producir un efecto.

mecanizado *m.* Proceso de elaboración mecánica.

mecanizar *tr.* Someter a elaboración mecánica. 2 *fig.* Convertir en maquinal.

mecano *m.* Juguete formado por piezas que se pueden articular.

mecanografía *f.* Técnica de escribir con máquina.

mecanógrafo, -fa *m. f.* Persona que escribe con máquina.

mecanoterapia *f.* Empleo de aparatos

especiales para producir movimientos activos o pasivos en el cuerpo humano, con objeto de curar o aliviar ciertas enfermedades.

mecedor, -ra *adj.* Que mece. - 2 *m.* Columpio. - 3 *f.* Silla de brazos para mecerse.

mecenas *com.* Protector de las letras y las artes.

mecer *tr.* Remover un líquido. - 2 *tr.-prnl.* Mover de un lado a otro con un lento vaivén.

mecha *f.* Torcida de una lámpara o bujía. 2 Cuerda inflamable para dar fuego a minas y barrenos. 3 Mechón. 4 Trocito de tocino gordo. ▷ *Aguantar uno* ~, sufrir con resignación.

mechar *tr.* Introducir mechas de tocino en la carne.

mechero, -ra *m. f.* Persona que roba en establecimientos de venta al público. - 2 *m.* Utensilio provisto de mecha, para dar luz o calor. 3 p. ext. Encendedor.

mechinal *m.* Agujero que se deja en las paredes de un edificio para formar los andamios.

mechón *m.* Porción de pelos o hebras.

medalla *f.* Pieza de metal acuñada con alguna figura. 2 Distinción honorífica.

medallero *m.* DEP. Relación del número y clases de medallas obtenidas por las naciones participantes en una competición internacional.

medallón *m.* Bajo relieve redondo u ovalado. 2 Joya en forma de caja pequeña.

médano *m.* Duna. 2 Banco de arena casi a flor de agua.

media *f.* Calzado de punto que cubre pie y pierna. 2 Cantidad que representa el promedio de varias otras.

mediacaña *f.* Moldura cóncava de sección semicircular. 2 Canal, corte delantero y acanalado de un libro encuadernado.

mediación *f.* Procedimiento de derecho que propone una solución a las partes en litigio, pero sin imponerla.

mediador, -ra *adj.-s.* Que media. - 2 *m. f.* Persona encargada de hacer respetar los derechos de dos partes, o de defender sus intereses.

medialuna *f.* Instrumento empleado para desjarretar toros o vacas. 2 Bollo o panecillo.

mediana *f.* Taco largo de billar. 2 GE-

OM. Línea que une un vértice con el punto medio del lado opuesto.

medianero, -ra *adj.* Que está en medio de dos cosas. - 2 *adj.-s.* Que media por otro.

medianía *f.* Término medio entre dos extremos. 2 Carencia de prendas relevantes.

mediano, -na *adj.* De calidad intermedia; ni bueno ni malo; ni grande ni pequeño.

medianoche *f.* Instante que señala el término de un día y el inicio del siguiente.

mediante *adj.* Que media. - 2 *prep.* Por medio de.

mediar *intr.* Llegar a la mitad de una cosa. 2 Interceder.

mediateca *f.* Colección de documentos difundidos por los medios de comunicación social. 2 Lugar donde se guarda dicha colección.

mediatinta *f.* Tono medio entre la luz y la sombra.

mediatizar *tr.* Influir de modo decisivo en la autoridad de otro.

mediato, -ta *adj.* Que está próximo a una cosa mediando otra entre las dos.

mediatriz *f.* MAT. Perpendicular levantada en el centro de un segmento de recta.

medicación *f.* Empleo terapéutico de los medicamentos.

medicamento *m.* Substancia empleada como remedio.

medicamentoso, -sa *adj.* Que tiene la propiedad de curar.

medicar *tr.* Prescribir a un enfermo un sistema de curación. - 2 *prnl.* Seguir un tratamiento.

medicina *f.* Ciencia que trata de prever y curar las enfermedades del hombre. 2 Profesión de médico. 3 Medicamento.

medicinal *adj.* Que tiene cualidades o usos terapéuticos.

medicinar *tr.* Administrar medicinas.

médico, -ca *adj.* Perten. o rel. a la medicina. - 2 *m. f.* Persona que por profesión se dedica a la medicina.

medida *f.* Ac. y ef. de medir. 2 Expresión comparativa de las dimensiones o cantidades. 3 Instrumento que sirve para medir. 4 Proporción. 5 Disposición, preocupación. ▷ *A* ~ *que,* al mismo tiempo que. *Tomar medidas,* adoptar precauciones.

mejillón

medieval *adj.* Perten. o rel. a la Edad Media.

medievalismo *m.* Carácter medieval. 2 Estudio de la Edad Media.

medievo *m.* Edad Media.

medio, -dia *adj.* Igual a la mitad de una cosa. 2 Que está entre dos extremos. - 3 *m.* Parte que en una cosa equidista de sus extremos. 4 Diligencia para conseguir una cosa. 5 Elemento en que vive un ser. - 6 *m. pl.* Caudal, renta. - 7 *adv.* No del todo. 8 ~ *ambiente,* conjunto de circunstancias físicas que rodean a los seres vivos. ▷ *A medias,* tanto a uno como a otro. *De ~ a ~,* mitad por mitad; por completo. *En ~,* en lugar igualmente distante de los extremos. *Estar de por ~,* mediar en un negocio. *Meterse de por ~,* interponerse. *Quitar de en ~,* eliminar; matar. *Quitarse uno de en ~,* apartarse; desaparecer.

mediocre *adj.-com.* Mediano.

mediodía *m.* Hora en que el Sol está en el punto más alto. 2 Período de tiempo alrededor de las doce de la mañana. 3 Sur.

medioluto *f.* Mariposa de color blanco con manchas oscuras.

mediometraje *m.* Filmación con una duración aproximada de 60 minutos.

mediopaño *m.* Tejido de lana, más delgado y de menos duración que el paño.

mediopensionista *adj.-com.* Que vive en alguna institución, sometido a régimen de media pensión.

medir *tr.* Determinar la longitud, extensión, volumen o capacidad de una cosa. 2 Examinar. - 3 *tr.-prnl.* Moderarse.

meditabundo, -da *adj.* Que medita en silencio.

meditación *tr.* Ac. y ef. de meditar.

meditar *tr.* Aplicar el pensamiento a la consideración de una cosa.

mediterráneo, -a *adj.* Que está rodeado de tierra. 2 Perten. o rel. al mar Mediterráneo.

médium *m.* Persona que se considera dotada para comunicar con los espíritus.

medra *f.* Aumento, mejora.

medrar *intr.* Crecer. 2 *fig.* Mejorar uno de fortuna.

medroso, -sa *adj.-s.* Temeroso.

medula, médula *f.* Tejido de los huesos. 2 Centro del tallo y de la raíz. 3 *fig.* Lo más substancioso de una cosa no

material. 4 ~ *espinal,* prolongación del encéfalo que ocupa el conducto vertebral.

medular *adj.* Perten. o rel. a la médula.

medusa *f.* Animal marino con forma de paraguas y que carece de esqueleto.

mefistofélico, -ca *adj.* Diabólico, perverso.

mefítico, -ca *adj.* Que, respirado, puede causar daño, especialmente si es fétido.

megaciclo *m.* FÍS. Unidad de la corriente eléctrica formada por un millón de ciclos o períodos.

megafonía *f.* Técnica de aumentar el volumen del sonido por medios electrónicos.

megáfono *m.* Aparato que amplifica la voz.

megalito *m.* Monumento prehistórico hecho de grandes piedras.

megalocardia *f.* Desarrollo excesivamente grande del corazón.

megalocéfalo, -la *adj.* De cabeza muy grande.

megalocito *m.* MED. Glóbulo rojo anormalmente grande.

megalomanía *f.* Manía de grandeza.

megalópolis *f.* Ciudad de grandes proporciones.

megalóptero, -ra *adj.-m.* Díc. del insecto pterigota de cuerpo muy alargado y alas membranosas muy desarrolladas.

megarón *m.* Patio rectangular del palacio cretense y micénico, destinado a audiencias y reuniones.

megaterio *m.* Mamífero edentado fósil correspondiente al período cuaternario.

megatón *m.* Unidad empleada para valorar la potencia de las bombas atómicas.

megatonelada *f.* Unidad de fuerza equivalente a un millón de toneladas.

megavatio *m.* Unidad equivalente a un millón de vatios.

meiosis *f.* BIOL. Proceso de reducción cromática en la que se reduce a la mitad el número de cromosomas, gametos o células reproductoras.

mejicano, -na *adj.-s.* De Méjico.

mejilla *f.* Prominencia que hay en el rostro humano debajo de cada ojo.

mejillón *m.* Molusco bivalvo comestible de concha negra azulada.

mejor *adj.* Comparativo de *bueno,* más bueno. - 2 *adv.* Comparativo de *bien,* más bien, de manera más conforme a lo bueno. ▷ *A lo ∼,* quizá. *∼ que ∼,* mucho mejor. *Tanto ∼,* mejor todavía.

mejora *f.* Medra, aumento.

mejorana *f.* Arbusto labiado, medicinal, de flores olorosas.

mejorar *tr.* Hacer pasar a un estado mejor. - 2 *intr.-prnl.* Aliviarse el enfermo. 3 Ponerse el tiempo más benigno.

mejoría *f.* Alivio en una enfermedad.

mejunje *m.* Cosmético o medicamento con diversos ingredientes. 2 *fig.* Brebaje.

melado, -da *adj.* De color de miel.

meladucha *adj.* Especie de manzana dulzona, pero poco substanciosa.

melancolía *f.* Tristeza vaga y permanente.

melancólico, -ca *adj.* Perten. o rel. a la melancolía. 2 Que la tiene.

melanina *f.* Pigmento de color negro o pardo negruzco que se halla en ciertas células de los vertebrados.

melanismo *m.* BIOL. Situación en la que una proporción de una población animal está constituida por individuos negros. 2 ZOOL. Situación causada por una producción excesiva de melanina.

melanoma *m.* Tumor formado por células con abundante melanina.

melanosis *f.* Alteración de los tejidos orgánicos, caracterizada por el color oscuro que presentan.

melanterita *f.* Mineral de la clase de los sulfatos de brillo vítreo, es transparente o translúcido.

melanuria *f.* Fenómeno morboso consistente en la coloración negra de la orina.

melar *intr.* Hacer las abejas la miel.

melaza *f.* Residuo de la cristalización del azúcar.

melcocha *f.* Miel concentrada y caliente que se echa en agua fría y sobándola queda muy correosa. 2 Pasta comestible hecha con ella.

melé *f.* DEP. Aglomeración de jugadores.

melena *f.* Cabello largo y suelto. 2 Crin del león.

melenera *f.* Parte superior del testuz de los bueyes. 2 Almohadilla o piel que se pone a los bueyes en la frente al uncirlos.

melenudo, -da *adj.* Que tiene melena.

melera *f.* Daño que sufren los melones por efecto de la lluvia o granizo.

meliáceo, -a *adj.-f.* Díc. de la planta dicotiledónea de hojas pinnaticompuestas y flores en panoja.

mélico, -ca *adj.* Perten. o rel. al canto. 2 Perten. o rel. a la poesía lírica, especialmente griega.

melificar *intr.-tr.* Melar.

melifluo, -flua *adj.* Que tiene miel o se parece a ella. 2 *fig.* Suave como la miel.

melillense *adj.-s.* De Melilla.

melindre *m.* Dulce hecho con miel y harina. 2 *fig.* Delicadeza afectada.

melindroso, -sa *adj.-s.* Que hace muchos melindres.

melisma *m.* Canción o melodía breve. 2 MÚS. Grupo de notas sucesivas, que forman un adorno sobre una misma vocal.

melocotón *m.* Fruto del melocotonero.

melocotonero *m.* Árbol frutal de fruto amarillo y rojo con piel vellosa.

melodía *f.* Dulzura de la voz o de un instrumento. 2 Sucesión de sonidos de una composición que se destacan por su expresión.

melódico, -ca *adj.* Perten. o rel. a la melodía.

melodioso, -sa *adj.* Dulce, grato al oído.

melodrama *m.* Drama popular caracterizado por la violencia de las situaciones y la exageración de los sentimientos. 2 *fig.* Situación patética.

melodramático, -ca *adj.* Propio del melodrama.

melodreña *adj.* Que sirve para amolar.

melografía *f.* Arte de escribir música.

melomanía *f.* Afición desmedida a la música.

melómano, -na *adj.-s.* Que tiene melomanía.

melón *m.* Planta cucurbitácea de fruto grande, ovalado, de carne dulce y llena de agua. 2 Fruto de esta planta. 3 *fig.* Hombre torpe, bobo.

melopea *f.* Arte de producir melodías. 2 *vulg.* Borrachera.

melosidad *f.* Calidad de meloso.

meloso, -sa *adj.* De naturaleza de miel. 2 *fig.* Blando y suave.

mella *f.* Rotura en el borde de una cosa. 2 Vacío que queda en una cosa por faltar la que la ocupaba. 3 *fig.* Merma. ▷

Hacer ~, causar un quebranto o merma.

mellado, -da *adj.-s.* Falto de dientes.

mellar *tr.* Hacer mellas.

mellizo, -za *adj.-s.* Gemelo.

membrana *f.* Piel o lámina muy delgada.

membranoso, -sa *adj.* Compuesto de membranas. 2 Parecido a la membrana.

membrete *m.* Anotación; nota por escrito. 2 Nombre de una persona o corporación estampado en la parte superior del papel que usa para escribir.

membrillo *m.* Arbusto rosáceo de fruto aromático, de carne áspera. 2 Fruto de este arbusto. 3 Carne de membrillo.

membrudo, -da *adj.* Fornido, robusto.

memez *f.* Simpleza, tontería.

memo, -ma *adj.-s.* Tonto, mentecato.

memorable *adj.* Digno de memoria.

memorándum *m.* Libro de apuntes. 2 Comunicación diplomática en que se recapitulan hechos y razones.

memorar *tr.* lit. Recordar una cosa.

memoria *f.* Facultad del alma por la cual reproducimos mentalmente objetos ya conocidos. 2 Recuerdo. 3 Disertación o relación escrita. 4 Reputación que deja al morir una persona. 5 Órgano esencial de un ordenador electrónico para recoger y almacenar informaciones. - 6 *f. pl.* Relación escrita de algunos sucesos particulares. ▷ *De* ~, repitiendo exactamente lo leído u oído. *Hacer* ~; *refrescar la* ~; *venir a la* ~, recordar.

memorial *m.* Libro o cuaderno en que se apunta una cosa.

memorialista *com.* Persona que escribe memoriales, cartas, etc., por encargo.

memorizar *tr.* Aprender de memoria.

mena *f.* Mineral rico en metal, tal como se extrae del criadero.

menaje *m.* Muebles y accesorios de una casa. 2 Material de una escuela.

mención *f.* Recuerdo o memoria que se hace de una persona o cosa.

mencionar *tr.* Hacer mención.

menchevique *com.* Partidario del socialismo moderado que fue derrotado en Rusia por los bolcheviques.

menda *pron. pers.* vulg. El que habla. - 2 *pron. indef.* Uno, uno cualquiera.

mendacidad *f.* Costumbre de mentir.

mendaz *adj.-s.* Mentiroso.

mendelismo *m.* Ley de herencia biológica, según la cual en los hijos predominan ciertos caracteres de uno u otro de los progenitores.

mendicante *adj.* Que mendiga.

mendicidad *f.* Condición de mendigo.

mendigar *intr.* Pedir limosna. - 2 *tr.* Pedir a título de limosna.

mendigo, -ga *m. f.* Persona que pide limosna.

mendrugo *m.* Pedazo de pan duro. - 2 *adj.* fig. fam. Tonto, zoquete.

menear *tr.* Mover, agitar. - 2 *prnl.* Obrar con prontitud y diligencia. ▷ *Peor es meneallo,* fig., es peligroso tratar de este asunto.

meneo *m.* Ac. y ef. de menear. 2 fig. Vapuleo.

menester *m.* Necesidad de una cosa. 2 Ejercicio, empleo o ministerio. ▷ *Haber* o *ser* ~, necesitar.

menesteroso, -sa *adj.-s.* Pobre, necesitado.

menestra *f.* Guisado de hortalizas y trocitos de carne.

mengano, -na *m. f.* Voz usada en la misma acepción que fulano y zutano, pero siempre después del primero.

mengua *f.* Ac. y ef. de menguar. 2 fig. Descrédito.

menguado, -da *adj.-s.* Reducido. - 2 *m.* Punto que se embebe al hacer punto.

menguante *adj.* Que mengua. - 2 *f.* Marea descendente. 3 ~ *de Luna,* intervalo entre el plenilunio y el novilunio.

menguar *intr.* Disminuir. 2 Disminuir la parte iluminada de la Luna. 3 fig. Decaer.

menhir *m.* Megalito formado por una piedra alta hincada en el suelo.

menina *f.* Dama que desde niña entraba a servir a la reina o a las infantas niñas.

meninge *f.* Membrana conjuntiva que envuelve el encéfalo y la médula espinal.

meningítico, -ca *adj.-s.* desp. Tonto, estúpido.

meningitis *f.* Inflamación de las meninges.

menisco *m.* Vidrio cóncavo por un lado y convexo por el otro. 2 Superficie libre del líquido contenido en un tubo estrecho. 3 ANAT. Cartílago de forma semilunar y de menor espesor de la periferia al centro.

menopausia *f.* Cesación del menstruo.

menor *adj.* Comparativo de *pequeño,* más pequeño. 2 De corta edad. - 3 *m.* Religioso de la orden de San Francisco. 4 COM. *Por* o *al por* ~ *,* en pocas cantidades.

menorragia *f.* MED. Menstruación excesiva.

menos *adv. c.* Denota menor cantidad numérica o menor intensidad de las cualidades y acciones en comparación. 2 En comparación expresa, lleva como correlativo la conjunción *que.* 3 Signo de resta (-). ▷ *Al, a lo,* o *por lo* ~ *,* denota una excepción o salvedad. *De* ~ *,* denota falta de número, peso o medida. *En* ~ *,* en menor grado o cantidad. *Lo* ~ *,* tan o tanto en comparación de otro.

menoscabar *tr.-prnl.* Mermar. - 2 *tr.* fig. Deslucir, deteriorar. 3 fig. Causar mengua.

menoscabo *m.* Efecto de menoscabar o menoscabarse.

menospreciar *tr.* Tener a una persona o cosa en menos. 2 Despreciar.

menosprecio *m.* Poco aprecio. 2 Desprecio.

mensaje *m.* Recado o comunicación que una persona manda o dirige a otra.

mensajero, -ra *adj.-s.* Que lleva un mensaje. - 2 *m. f.* Persona que por oficio va a buscar cartas y paquetes de pequeño tamaño para llevarlos a su destinatario.

menstruación *f.* Acción de menstruar. 2 Menstruo.

menstrual *adj.* Perten. o rel. al menstruo.

menstruar *intr.* Evacuar el menstruo.

menstruo *m.* Sangre que todos los meses evacuan naturalmente las mujeres y las hembras de ciertos animales.

mensual *adj.* Que se repite cada mes. 2 Que dura un mes.

mensualidad *f.* Sueldo de un mes.

ménsula *f.* Repisa para sustentar cualquier cosa. 2 ARQ. Miembro arquitectónico saliente para sostener alguna cosa.

mensurable *adj.* Que se puede medir.

mensurar *tr.* Medir.

menta *f.* Hierbabuena.

mentado, -da *adj.* Nombrado, que tiene fama.

mental *adj.* Perten. o rel. a la mente.

mentalidad *f.* Capacidad o actividad mental. 2 Cultura, modo de pensar.

mentalizar *tr.-prnl.* Hacer que un individuo o grupo tome conciencia de un hecho.

mentalmente *adv. m.* Sólo con el pensamiento.

mentar *tr.* Nombrar, mencionar.

mente *f.* Entendimiento, intelecto.

mentecato, -ta *adj.-s.* Tonto, necio.

mentidero *m.* Sitio donde se junta la gente ociosa para conversar.

mentir *intr.* Dar por cierto lo que se tiene por no verdadero. 2 Inducir a error.

mentira *f.* Expresión contraria a la verdad.

mentiroso, -sa *adj.-s.* Que tiene costumbre de mentir.

mentís *m.* Voz con que se desmiente.

mentol *m.* Parte sólida de la esencia de menta.

mentón *m.* Barbilla.

mentor *m.* Consejero, guía, preceptor.

menú *m.* Conjunto de platos que constituyen una comida. 2 INFORM. Lista de acciones que son presentadas por un ordenador y que éste puede realizar.

menudear *tr.* Hacer o suceder una cosa a menudo.

menudencia *f.* Pequeñez de una cosa. 2 Cosa baladí. 3 Detalle.

menudillo *m.* En los cuadrúpedos, articulación entre la caña y la cuartilla. - 2 *m. pl.* Conjunto de menudos de las aves.

menudo, -da *adj.* Pequeño. 2 De poca importancia. 3 Exacto, minucioso. - 4 *m. pl.* Entrañas, manos y sangre de las reses. ▷ *A* ~ *,* con frecuencia.

meñique *adj.-s.* Díc. del dedo más pequeño de la mano.

meollo *m.* Encéfalo. 2 fig. Substancia, fondo. 3 fig. Entendimiento.

meón, -ona *adj.* Que mea mucho.

mequetrefe *com.* Persona entremetida y de poco provecho.

meramente *adv. m.* Solamente.

mercachifle *m.* Buhonero. 2 desp. Mercader de poca monta.

mercader, -ra *m. f.* Comerciante.

mercadería *f.* Mercancía.

mercadillo *m.* Mercado pequeño en el que se venden géneros baratos, generalmente en días determinados.

mercado *m.* Contratación pública en sitio destinado al efecto. 2 Sitio público destinado al comercio. 3 fig. Lugar teórico donde se encuentran la oferta y la demanda y se forma el precio. 4 ~ *común,* forma de integración económica de dos o más países que adoptan un arancel aduanero común frente a terceros países. 5 ~ *negro,* estraperlo.

mercadotecnia *f.* Técnica comercial de rentabilizar un producto.

mercancía *f.* Cosa que se puede comprar o vender.

mercante *adj.* Mercantil. - 2 *m.* Comerciante. 3 Barco mercante.

mercantil *adj.* Perten. o rel. al comercio. 2 fig. Que tiene afán de lucro.

mercantilismo *m.* Espíritu mercantil, aplicado a cosas que no deben ser objeto de comercio.

mercar *tr.* Comprar.

merced *f.* Dádiva. 2 Voluntad. ▷ *A ~ de,* dependiendo de. ~ *a,* gracias a.

mercenario, -ria *adj.-s.* Que sirve por estipendio.

mercería *f.* Comercio de alfileres, cintas, etc. 2 Tienda en que se venden.

mercurial *adj.* Perten. o rel. al mercurio o que lo contiene.

mercurio *m.* Metal líquido, blanco, brillante y muy pesado. 2 Planeta, el más próximo al Sol.

merdellón, -llona *m. f.* Persona sin ninguna delicadeza.

merdoso, -sa *adj.* Asqueroso, sucio.

merecedor, -ra *adj.* Que merece.

merecer *tr.* Hacerse digno de algo.

merecidamente *adv. m.* Dignamente, con justicia.

merecido *m.* Castigo de que se juzga digno a uno.

merendar *intr.* Tomar la merienda. - 2 *tr.* Comer en la merienda una cosa.

merendero *m.* Establecimiento campestre donde se merienda o se come.

merendola, merendona *f.* Merienda abundante.

merengar *tr.* Batir la leche hasta ponerla como merengue.

merengue *m.* Dulce de claras de huevo batidas y azúcar, cocido al horno.

meretriz *f.* Ramera.

mericarpo *m.* Fruto que resulta de la separación de los carpelos de un ovario dividido en varios compartimentos.

meridiano, -na *adj.* Perten. o rel. a las horas del mediodía. 2 fig. Muy claro. - 3 *m.* En la esfera terrestre, círculo máximo que pasa por los polos.

meridional *adj.* Del Sur.

merienda *f.* Comida ligera de la tarde.

merillo *m.* Pez marino teleósteo perciforme, parecido al mero.

merino, -na *adj.* Díc. de una raza de carneros que dan una lana muy fina y rizada.

meristemo *m.* BOT. Tejido vegetal formado por células embrionarias.

mérito *m.* Derecho a la recompensa. 2 Lo que da valor a una cosa.

meritorio, -ria *adj.* Digno de premio. - 2 *m.* Aprendiz de un despacho.

merluza *f.* Pez marino de cuerpo alargado y color grisáceo.

merluzo, -za *adj.-s.* fam. Tonto, bobo.

merma *f.* Porción que se gasta de algo.

mermar *intr.-prnl.* Disminuirse una cosa. - 2 *tr.* Quitar a uno parte de lo suyo.

mermelada *f.* Conserva de fruta con miel o azúcar.

mero, -ra *adj.* Puro, simple, sin mezcla. - 2 *m.* Pez marino de carne fina y delicada.

merodear *intr.* Dar rodeos en torno a un lugar para espiar o sisar.

merodeo *m.* Ac. y ef. de merodear.

mes *m.* Una de las doce partes en que se divide el año. 2 Tiempo que media entre un día y el de igual fecha del mes siguiente. 3 Mensualidad.

mesa *f.* Mueble con una tabla lisa sostenida por uno o varios pies. 2 Conjunto de personas que dirigen una asamblea. ▷ *Tener a ~ y mantel,* dar diariamente de comer. *Sentarse a la ~,* sentarse a comer.

mesalina *f.* fig. Mujer de costumbres disolutas.

mesana *f.* MAR. Mástil de popa. 2 MAR. Vela colocada en él.

mesar *tr.-prnl.* Arrancar o estrujar los cabellos o barbas con las manos.

mescalina *f.* Alucinógeno obtenido a partir de algunas especies de cactus mejicanos.

mesencéfalo *m.* Parte central del encéfalo.

mesenterio *m.* Repliegue del peritoneo que une los intestinos a la pared posterior de la cavidad abdominal.

meseta *f.* Descansillo. 2 Terreno elevado y llano de gran extensión.

mesiánico, -ca *adj.* Perten. o rel. al mesías.

mesianismo *m.* Creencia en la venida del Mesías. 2 fig. Confianza en un mesías.

mesías *m.* Redentor futuro de Israel.

mesnada *f.* Compañía de gente armada que servía a un señor.

mesocarpio, mesocarpo *m.* Parte intermedia del pericarpio.

mesocéfalo *m.* Protuberancia situada en la parte inferior y media del cerebro.

mesocracia *f.* Gobierno de la clase media. 2 fig. Burguesía.

mesodermo *m.* Capa u hoja media de las tres en que se disponen las células del blastodermo tras la segmentación.

mesolítico, -ca *adj.-m.* Díc. del período prehistórico comprendido entre el paleolítico y el neolítico.

mesón *m.* Venta. 2 Restaurante generalmente decorado a la usanza antigua.

mesonero, -ra *m. f.* Dueño de un mesón.

mesopotámico, -ca *adj.-s.* De Mesopotamia, ant. región de Asia.

mesosfera *f.* Región de la atmósfera terrestre inmediatamente inferior a la ionosfera.

mesotórax *m.* Segmento medio del tórax de los insectos. 2 Parte media del pecho.

mesozoico, -ca *adj.-m.* Secundario (era).

mester *m.* ~ *de clerecía,* género de poesía cultivado por las personas doctas de la Edad Media. 2 ~ *de juglaría,* poesía de los juglares.

mestizaje *m.* Cruce de razas. 2 Conjunto de mestizos.

mestizo, -za *adj.-s.* Díc. del hijo de padres de raza distinta.

mesura *f.* Gravedad, compostura. 2 Cortesía. 3 Moderación.

mesurar *prnl.* Contenerse, moderarse.

meta *f.* Término señalado a una carrera. 2 fig. Fin a que tiende una persona. 3 DEP. Portería.

metabolismo *m.* Conjunto de los cambios químicos y biológicos que se producen en las células vivas.

metacarpiano *adj.* ANAT. Perten. o rel. al metacarpo.

metacarpo *m.* ANAT. Parte de la mano entre el carpo y los dedos.

metacrilato *m.* Compuesto orgánico acrílico del que se obtienen ciertos polímeros.

metadona *f.* Producto farmacéutico usado para desintoxicar a los drogadictos.

metafísica *f.* Disciplina filosófica que trata de la esencia de la realidad.

metafísico, -ca *adj.* Perten. o rel. a la metafísica. 2 fig. Abstracto y difícil de comprender.

metáfora *f.* Tropo que consiste en dar a las voces un sentido figurado, en virtud de una comparación tácita.

metafórico, -ca *adj.* Que incluye metáfora.

metagoge *f.* Metáfora que consiste en aplicar voces significativas de propiedades de los sentidos a cosas inanimadas.

metal *m.* Cuerpo simple, sólido, conductor del calor o la electricidad. 2 fig. Timbre de la voz.

metalenguaje *m.* Lenguaje natural o formalizado que se utiliza para describir o hablar de una lengua.

metálico, -ca *adj.* De metal o rel. a él. - 2 *m.* Dinero.

metalizar *tr.-prnl.* Dar propiedades metálicas.

metaloide *m.* Cuerpo simple no metal.

metalurgia *f.* Industria que extrae los metales de los minerales.

metalúrgico, -ca *adj.* Perten. o rel. a la metalurgia. 2 Que trabaja en ella.

metámero *m.* Porción del cuerpo de un animal de simetría bilateral, segmentado transversalmente.

metamórfico, -ca *adj.* Perten. o rel. al metamorfismo o que lo ha sufrido.

metamorfismo *m.* Transformación natural ocurrida en una roca consolidada.

metamorfosear *tr.-prnl.* Transformar.

metamorfosis *f.* Transformación de una cosa en otra. 2 En ciertos animales, cambios que experimenta el individuo desde que sale del huevo hasta que adquiere la forma propia del adulto.

metano *m.* Hidrocarburo gaseoso que se produce por descomposición de substancias vegetales en los pantanos y en las minas de carbón.

metaplasma *m.* Parte del contenido de una célula que no es materia viva.

metaplasmo *m.* Figura de dicción.

metasfera *f.* Zona de la atmósfera terrestre inmediatamente inferior a la protonosfera.

metasomatismo *m.* Reacción química que supone el cambio de un mineral por otro diferente.

metatarsiano *adj.* ANAT. Perten. o rel. al metatarso.

metatarso *m.* ANAT. Parte del pie entre el tarso y los dedos.

metátesis *f.* Alteración del orden de los sonidos de un vocablo.

metatizar *tr.* Pronunciar o escribir una palabra cambiando de lugar uno o más de sus sonidos o letras.

metatórax *m.* Tercer segmento del tórax de los insectos.

metazoo *adj.-m.* Díc. del animal pluricelular constituido por células diferenciadas y agrupadas en tejidos y órganos.

metempsícosis *f.* Creencia en la transmigración del alma del hombre tras su muerte en otros cuerpos.

meteorismo *m.* Distensión del tubo digestivo por acumulación de gases.

meteorito *m.* Aerolito.

meteoro *m.* Fenómeno atmosférico aéreo, acuoso, luminoso o eléctrico. 2 fig. Persona o cosa que brilla con resplandor muy vivo y fugaz.

meteorofobia *f.* Fobia a los fenómenos atmosféricos.

meteorología *f.* Parte de la física que trata de los meteoros.

meteorólogo, -ga *m. f.* Persona que por profesión se dedica a la meteorología.

metepatas *com. fam.* Persona inoportuna en sus intervenciones.

meter *tr.-prnl.* Introducir una cosa dentro de otra. - 2 *tr.* Causar. 3 Poner. - 4 *prnl.* Introducirse en una parte sin ser llamado. ▷ ~ *la pata,* cometer una inconveniencia. *Estar uno muy metido en una cosa,* estar muy empeñado en su consecución. *Meterse con uno,* censurarlo; burlarse de él.

meticuloso, -sa *adj.-s.* Minucioso.

metido, -da *adj.* Abundante en ciertas cosas.

metilo *m.* Radical monovalente (CH_3), derivado del metano.

metódico, -ca *adj.* Hecho con método. 2 Que usa de método para hacer las cosas.

metodismo *m.* Doctrina de una secta protestante de origen inglés.

metodizar *tr.* Poner método en una cosa.

método *m.* Modo ordenado de proceder para llegar a un fin determinado. 2 Obra destinada a enseñar.

metodología *f.* Parte de la lógica que estudia los métodos. 2 En pedagogía, estudio de los métodos de enseñanza.

metomentodo *adj.-com.* Entremetido.

metonimia *f.* Tropo que consiste en designar una cosa con el nombre de otra tomando el efecto por la causa o viceversa, el signo por la cosa significada, etc.

metopa, métopa *f.* ARQ. Espacio que media entre dos triglifos en el friso dórico.

metraje *m.* Longitud de un filme.

metralla *f.* Conjunto de pedazos menudos con que se cargan ciertos artefactos explosivos. 2 Fragmento en que se divide un proyectil al estallar.

metralleta *f.* Arma de fuego automática, portátil y de repetición.

métrica *f.* Parte de la filología que trata del ritmo, estructura y combinaciones de los versos.

metro *m.* Medida del verso. 2 Unidad de longitud, base del sistema métrico decimal. 3 ~ *cuadrado,* unidad de superficie, en el sistema métrico decimal, equivalente a un cuadrado de un metro de lado. 4 ~ *cúbico,* unidad de volumen, en el sistema métrico decimal, equivalente a un cubo de un metro de arista. 5 Abreviación usual de *metropolitano* (ferrocarril).

metrónomo *m.* Aparato indicador del grado de velocidad de la ejecución musical.

metrópoli *f.* La nación respecto a sus colonias. 2 Ciudad principal.

metropolitano, -na *adj.* Perten. o rel. a la metrópoli. - 2 *m.* Ferrocarril subterráneo o aéreo.

mexicano, -na *adj.-s.* Mejicano.

mezcal *m.* Variedad de pita. 2 Aguardiente que se saca de esta planta.

mezcla *f.* Ac. y ef. de mezclar. 2 Agregado de cosas diferentes. 3 Reunión de cosas diversas. 4 Argamasa.

mezclador *m.* Horno grande que se emplea como depósito del hierro colado en los altos hornos. 2 Circuito con dos o más entradas y una salida que combina varias señales de entrada para obtener una sola señal de salida.

mezclar *tr.-prnl.* Juntar varias cosas para que sus partes queden unas entre otras. 2 Desordenar. - 3 *prnl.* Meterse uno entre otros.

mezcolanza *f.* Mezcla extraña y confusa.

mezquindad *f.* Calidad de mezquino. 2 Cosa mezquina.

mezquino, -na *adj.* Escaso, que tiene poco de algo. 2 Avaro.

mezquita *f.* Templo mahometano.

mi *adj. poses.* Apócope de los posesivos *mío, mía,* usado únicamente antes del nombre. - 2 *m.* Nota musical, tercera de la escala fundamental. - 3 *f.* Duodécima letra del alfabeto griego, equivalente a la *m* del español.

mí *pron. pers.* Forma tónica de primera persona en género masculino y femenino y en número singular que, precedida de preposición, se usa para todos los complementos.

mialgia *f.* Dolor muscular.

miasma *m.* Efluvio maligno.

miau *m.* Maullido.

mica *f.* Silicato nativo que se puede separar en hojas transparentes.

micción *f.* Acción de mear.

micelio *m.* Aparato vegetativo de los hongos.

micénico, -ca *adj.* De Micenas, ant. ciudad de la Argólida.

micetología *f.* Micología.

mico *m.* Mono de cola larga.

micología *f.* Parte de la botánica que trata de los hongos.

micorriza *f.* Conjunto de hifas de un hongo que se unen a las raíces de una planta.

micosis *f.* Infección producida por hongos en alguna parte del organismo.

micra *f.* Unidad de longitud equivalente a un micrómetro.

micro *m.* Microbús. 2 Micrófono. 3 Microordenador.

microamperio *m.* Unidad de intensidad de corriente eléctrica equivalente a una millonésima parte del amperio.

microauricular *m.* Combinación normal de un micrófono y un auricular en una sola pieza.

microbio *m.* Ser unicelular microscópico.

microbiología *f.* Ciencia que estudia los microbios.

microbús *m.* Autobús pequeño que se emplea en el transporte urbano.

microcéfalo, -la *adj.-s.* De cabeza pequeña.

microcinta *f.* Cinta cinematográfica más estrecha que la ordinaria.

microcircuito *m.* Circuito electrónico constituido de componentes miniaturizados.

microcirugía *f.* Cirugía que se realiza mediante microscopio sobre estructuras vivas muy pequeñas.

microclima *m.* Conjunto de condiciones climáticas particulares de un espacio homogéneo de extensión muy reducida.

micrococo *m.* Bacteria que se presenta aislada de otras iguales a ellas.

microcomponente *m.* Conjunto de elementos conectados para formar un circuito electrónico.

microcomputador, -ra *m. f.* Microordenador.

microcosmo *m.* Según ciertos filósofos, el hombre considerado como un resumen del universo o macrocosmo. 2 Sociedad, grupo humano muy reducido.

microeconomía *f.* Estudio de la economía en función de las actividades individuales.

microelectrónica *f.* Concepción y fabricación de material electrónico de muy pequeñas dimensiones.

microfaradio *m.* ELECTR. Unidad práctica de capacidad de un condensador, equivalente a la millonésima parte de un faradio.

microficha *f.* Conjunto de fotografías de tamaño extremadamente pequeño.

microfilmar *tr.* Obtener microfilmes de textos, imágenes, etc.

microfilme *m.* Película que se usa principalmente para fijar en ella, en tamaño reducido, imágenes de impresos, manuscritos, etc., y ampliarlas después en proyección o fotografía.

microfísica *f.* Física del átomo.

micrófono *m.* Aparato para transmitir los sonidos y aumentar su intensidad.

microfotografía *f.* Fotografía de las preparaciones microscópicas.

microgameto *m.* Gameto masculino.

micrografía f. Descripción de objetos microscópicos.

microgramo m. Millonésima parte de un gramo.

micrometría f. Medición de cuerpos y distancias de muy pequeñas dimensiones.

micrómetro m. Instrumento para medir cantidades muy pequeñas. 2 Unidad de longitud, en el sistema métrico decimal, equivalente a la millonésima parte de un metro.

microonda f. Onda electromagnética de longitud comprendida entre la radiación infrarroja y las ondas de radio.

microordenador m. Pequeño ordenador electrónico, que suele llevar incorporado el programa específico, de tamaño y potencia muy reducidos.

microorganismo m. Microbio.

microprocesador m. Circuito constituido por millares de transistores integrados en una pastilla.

microscopia f. Empleo del microscopio. 2 Conjunto de métodos empleados en las investigaciones por medio del microscopio.

microscópico, -ca adj. Perten. o rel. al microscopio. 2 Muy pequeño.

microscopio m. Instrumento óptico para observar objetos muy pequeños.

microsegundo m. Unidad de tiempo equivalente a la millonésima parte de un segundo.

microsurco m. Ranura extremadamente fina en la superficie de un disco de fonógrafo. 2 El mismo disco.

microtaxi m. Forma abreviada con que se suele designar al *microtaxímetro*.

microtaxímetro m. Taxímetro de pequeño tamaño y tarifa reducida.

micrótomo m. Instrumento para cortar los objetos que se han de observar con el microscopio.

michelín m. fam. Pliegue de grasa en determinadas partes del cuerpo.

micho, -cha m. f. Gato (mamífero).

miedica com. fam. Miedoso, cobarde.

miedo m. Perturbación angustiosa del ánimo por un peligro real o imaginario.

miedoso, -sa adj. Que tiene o siente miedo con frecuencia.

miel f. Substancia viscosa y muy dulce que elaboran las abejas. ▷ *Dejar a uno con la ~ en los labios,* privarle de lo que empezaba a lograr.

mielga f. Pez elasmobranquio escualiforme, de color gris pardusco, provisto de dos aguijones venenosos.

mielina f. Substancia que envuelve y protege las fibras nerviosas.

mielitis f. Inflamación de la médula espinal.

miembro m. Extremidad del hombre o de los animales. 2 Órgano sexual en el hombre y en algunos animales. 3 Individuo de una colectividad. 4 Parte de un todo.

mientras adv. t. En el período de tiempo transcurrido entre dos sucesos. 2 En oraciones temporales indica que las acciones expresadas por los verbos principal y subordinado son simultáneas.

miércoles m. Cuarto día de la semana.

mierda f. Excremento. 2 fig. Suciedad.

mierdecilla com. fig. fam. Individuo delicado, insignificante.

mies f. Cereal maduro. - 2 f. pl. Sembrados.

miga f. Migaja. 2 Parte más blanda del pan. 3 fig. Substancia y virtud interior de las cosas. - 4 f. pl. Pan desmenuzado, humedecido y frito. ▷ *Hacer buenas* o *malas migas con uno,* entenderse con él bien o mal.

migaja f. Porción pequeña de cualquier cosa.

migajón m. Miga de pan o parte de ella. 2 fig. Miga (substancia).

migar tr. Desmenuzar el pan. 2 Echar migas en un líquido.

migración f. Ac. y ef. de pasar de un país a otro para residir en él. 2 Viaje periódico de las aves de paso.

migrar intr. Hacer migraciones.

migratorio, -ria adj. Perten. o rel. a las migraciones.

miguelete m. Antiguo fusilero de montaña en Cataluña.

mihrab m. Hornacina adonde han de mirar los que oran en las mezquitas.

mijo m. Planta graminácea de grano redondo. 2 Grano de esta planta.

mil adj. Diez veces ciento. 2 Millar.

milagrero, -ra adj. Que todo lo atribuye a milagros. 2 Que finge milagros.

milagro m. Hecho sensible debido al poder divino. 2 Cosa maravillosa.

milagroso, -sa adj. Que tiene carácter de milagro. 2 Maravilloso. 3 Que obra milagros.

milanés, -nesa adj.-s. De Milán. - 2 f. Filete de carne empanada.

milano m. Ave rapaz de plumaje rojizo y cola y alas muy largas.

mildiu m. Enfermedad de la vid, producida por un hongo.

milenario, -ria adj. Perten. o rel. al número mil. 2 fig. Muy antiguo. - 3 m. Milenio. 4 Día en que se cumplen uno o más milenios de algún suceso y fiestas con que se celebra.

milenarismo m. Creencia según la cual Cristo reinaría sobre la tierra por espacio de mil años antes del día del Juicio. 2 Creencia que fijaba en el año 1000 el fin del mundo; p. ext., cualquier creencia que fija una fecha para tal acontecimiento.

milenio m. Período de mil años.

milenrama f. Planta compuesta, usada como tónico y astringente.

milésimo, -ma adj.-s. Parte que, junto a otras novecientas noventa y nueve iguales, constituye un todo. - 2 adj. Que ocupa el último lugar en una serie ordenada de mil.

mili f. fam. Servicio militar.

miliamperio m. Milésima parte del amperio.

milibar m. Unidad de presión atmosférica equivalente a una milésima de bar.

milicia f. Conjunto de técnicas y procedimientos seguidos para hacer la guerra. 2 Profesión militar. 3 Tropa o gente de guerra.

miligramo m. Unidad de masa, en el sistema métrico decimal, equivalente a la milésima parte de un gramo.

mililitro m. Unidad de capacidad, en el sistema métrico decimal, equivalente a la milésima parte de un litro.

milímetro m. Unidad de longitud, en el sistema métrico decimal, equivalente a la milésima parte de un metro.

milimicra f. Unidad de longitud equivalente a una milésima parte de la micra.

militante adj.-s. Que milita, esp. el que milita en un partido político.

militar adj. Perten. o rel. a la milicia o a la guerra. - 2 com. Persona que por profesión se dedica a la milicia. - 3 intr. Servir en la guerra. 4 Figurar en un partido.

militarada f. Intentona militar de carácter político. 2 Acción propia de militares.

militarismo m. Predominio de los militares en el gobierno.

militarizar tr. Organizar militarmente un cuerpo o servicio civil.

milmillonésimo, -ma adj.-s. Parte que, junto a otras novecientas noventa y nueve millones novecientas noventa y nueve mil novecientas noventa y nueve iguales, constituye un todo. - 2 adj. Que ocupa el último lugar en una serie ordenada de mil millones.

milonga f. Baile y canto popular argentino, de ritmo lento y monótono.

milord m. Tratamiento que se da en España a los señores de la nobleza inglesa.

milrayas m. Tejido con rayas de color muy apretadas.

milla f. Medida náutica internacional; equivale a 1,852 kms.

millar m. Conjunto de mil unidades.

millón m. Mil millares.

millonada f. Cantidad como de un millón. 2 fig. Cantidad muy grande de dinero.

millonario, -ria adj.-s. Muy rico.

millonésimo, -ma adj.-s. Parte que, junto a otras novecientas noventa y nueve mil novecientas noventa y nueve iguales, constituye un todo. - 2 adj. Que ocupa el último lugar en una serie ordenada de un millón.

mimar tr. Halagar, acariciar. 2 Tratar con excesivo regalo o condescendencia.

mimbar m Púlpito o cátedra en las mezquitas.

mimbre amb. Mimbrera. 2 Rama de mimbrera.

mimbreño, -ña adj. De naturaleza de mimbre, flexible.

mimbrera f. Arbusto de hojas lanceoladas cuyas ramas se emplean en cestería.

mimesis f. Imitación que se hace de una persona en el modo de hablar y gesticular, generalmente para burlarse de ella.

mimetismo m. Parecido de algunos animales con seres y objetos del entorno.

mímica f. Arte de imitar o expresarse por medio de ademanes.

mimo m. fig. Cariño, halago.

mimología f. Imitación de la voz y de los gestos.

mimosa f. Árbol, variedad de acacia, de flores en cabezuela de color amarillo vivo.

mimoso, -sa adj. Melindroso.

mina f. Yacimiento de un mineral. 2 Excavación para extraerlo. 3 fig. Aquello que abunda en cosas valiosas. 4 Paso subterráneo. 5 Artefacto que explota al ser rozado su dispositivo.

minar tr. Abrir minas y pasos. 2 Colocar minas (artefactos). 3 fig. Destruir poco a poco.

mineral adj. Inorgánico. - 2 m. Substancia inorgánica de la corteza terrestre.

mineralogénesis f. Origen y formación de los minerales en la corteza terrestre.

mineralogía f. Parte de la historia natural que trata de los minerales.

mineralurgia f. Tratamiento a que se someten los minerales para extraer de ellos substancias útiles.

minería f. Arte de trabajar las minas. 2 Conjunto de las minas de una nación.

minero, -ra adj. Perten. o rel. a la minería. - 2 m. f. Persona que trabaja en las minas.

mineromedicinal adj. Díc. del agua mineral usada en medicina.

minerva f. Inteligencia. 2 IMPR. Prensa tipográfica de cortas dimensiones para tirar impresos pequeños.

minestrone f. Sopa de legumbres.

miniatura f. Pintura de pequeñas dimensiones. 2 Letra mayúscula o dibujo que adornaban los manuscritos antiguos.

miniaturista com. Persona que pinta miniaturas.

minicomputador m. Miniordenador.

minifalda f. Falda muy corta.

minifundio m. Finca rústica de reducida extensión.

minifundismo m. Tipo de distribución de la propiedad de la tierra en que predominan los minifundios.

minigolf m. Juego parecido al golf que se practica en un terreno de dimensiones reducidas.

minimalista adj.-com. Durante la revolución rusa, partidario de un mínimo de reformas.

minimizar tr. Empequeñecer o reducir al mínimo la importancia o el valor de algo.

mínimo, -ma adj. Que es tan pequeño en su especie, que no lo hay menos ni igual. - 2 m. El valor más pequeño que puede tener una cosa variable.

minino, -na m. f. Gato (animal).

minio m. Óxido de plomo de color rojo.

miniordenador m. Pequeño computador electrónico de aplicaciones generales.

ministerial adj. Perten. o rel. al ministerio o a alguno de sus ministros.

ministerio m. Función, empleo, cargo. 2 Cargo de ministro. 3 Departamento en que se divide la gobernación de un estado.

ministrar tr. Suministrar.

ministro, -tra m. El que ejerce un ministerio (cargo). - 2 m. f. Jefe de un ministerio (departamento).

minnesinger m. pl. Poetas caballerescos alemanes de los s. XII y XIII.

minorar tr.-prnl. Disminuir.

minoría f. Parte menor de los componentes de una colectividad. 2 Conjunto de votos opuestos a los de la mayoría. 3 Parte de la población que difiere de la mayoría de ella por su raza, lengua o religión.

minorista com. Comerciante por menor.

minoritario, -ria adj. Del partido, raza, grupo, opinión, etc., que está en minoría.

minucia f. Menudencia.

minuciosidad f. Calidad de minucioso.

minucioso, -sa adj. Que se detiene en los menores detalles.

minué m. Antiguo baile de origen francés de ritmo ternario y movimiento moderado.

minuendo m. MAT. Cantidad de la que ha de restarse otra.

minúsculo, -la adj. Muy pequeño.

minusvalía f. Detrimento o disminución del valor de alguna cosa.

minusválido, -da adj.-s. Díc. de las persona que por un defecto físico o psíquico tiene menos capacidad que otras para ciertos trabajos, deportes, etc.

minusvalorar tr. Subestimar, valorar alguna cosa menos de lo debido.

minuta f. Borrador o extracto de un contrato, escritura, etc. 2 Cuenta de honorarios. 3 Lista de los platos de una comida.

minutar *tr.* Cronometrar. 2 Ordenar algo con arreglo al tiempo de que se dispone.

minutero *m.* Manecilla del reloj que señala los minutos.

minuto, -ta *adj.* Menudo. - 2 *m.* Sexagésima parte de un grado de círculo. 3 Sexagésima parte de la hora.

mío, mía *adj.-pron. poses.* Forma de primera persona que expresa que la cosa es poseída por la persona que habla; como adjetivo se usa siempre detrás del nombre, o se apocopa en *mi* si lo precede.

miocardio *m.* Parte muscular del corazón.

miocarditis *f.* Inflamación del miocardio.

mioceno, -na *adj.-m.* Díc. del primer período geológico con que se inicia la era terciaria y terreno a él perteneciente.

miografía *f.* Descripción de los músculos.

miología *f.* Parte de la anatomía que trata de los músculos.

mioma *m.* Tumor formado por elementos musculares.

miopatía *f.* Enfermedad de los músculos en general.

miope *adj.-s.* Que padece de miopía. 2 fig. Corto de alcances o de miras.

miopía *f.* Estado anormal del ojo por una curvatura excesiva del cristalino.

miosis *f.* Contracción anormal permanente de la pupila del ojo.

mira *f.* Pieza para dirigir una visual. 2 fig. Intención.

mirada *f.* Acción de mirar. 2 Modo de mirar.

mirado, -da *adj.* Cauto, circunspecto. 2 Merecedor de buen o mal concepto.

mirador, -ra *adj.-s.* Que mira. - 2 *m.* Galería o terrado para explayar la vista. 3 Balcón cubierto y cerrado con cristales.

miramiento *m.* Acción de mirar o considerar. 2 Respeto y circunspección.

mirar *tr.* Fijar la vista. 2 Tener un fin. 3 Considerar, buscar. 4 Respetar, atender. ▷ *Bien mirado,* si se piensa con exactitud. ~ *por encima,* sin profundizar, en conjunto. ~ *por encima del hom-*

bro, despreciar. ~ *de reojo, soslayo,* con disimulo.

miríada *f.* Conjunto de diez mil unidades.

miriagramo *m.* Medida de peso que tiene diez mil gramos.

mirialitro *m.* Medida de capacidad que tiene diez mil litros.

miriámetro *m.* Medida de longitud equivalente a diez mil metros.

miriápodo *adj.-m.* Díc. del artrópodo con el cuerpo formado por numerosos segmentos con uno o dos pares de patas articuladas cada uno de ellos.

mirilla *f.* Abertura en la puerta para observar quién llama.

miriñaque *m.* Saya interior con aros para dar vuelo a las faldas.

mirlo *m.* Ave de color negro obscuro, que imita los sonidos.

mirón, -rona *adj.-s.* Que mira, especialmente con curiosidad.

mirra *f.* Gomorresina amarga y medicinal.

mirto *m.* Arrayán.

misa *f.* En el culto católico, sacrificio incruento en que bajo las especies de pan y vino, ofrece el sacerdote el Cuerpo y la Sangre de Jesucristo.

misacantano *m.* Sacerdote que celebra misa, especialmente cuando canta la primera.

misal *adj.-m.* Díc. del libro que contiene las oraciones y lecturas de la misa.

misandria *f.* Aversión de la mujer al hombre.

misántropo *m.* El que siente aversión al trato humano.

misceláneo, -a *adj.* Mixto, vario. - 2 *f.* Mezcla de cosas diversas. 3 Obra en que se tratan materias inconexas.

miscible *adj.* Que se puede mezclar.

miserable *adj.* Pobre, infeliz. 2 Abatido.

miserere *m.* Salmo de penitencia que empieza con esta palabra.

miseria *f.* Desgracia. 2 Pobreza extremada. 3 Mezquindad.

misericordia *f.* Virtud que inclina el ánimo a compadecer las miserias ajenas.

misericordioso, -sa *adj.-s.* Que tiene misericordia.

mísero, -ra *adj.* Miserable.

misérrimo, -ma *adj.* Superlativo de

mísero.

misil *m.* Proyectil autopropulsado.

misión *f.* Poder que se da a un enviado para desempeñar algún cometido. 2 Acción de predicar el Evangelio. 3 Territorio donde se lleva a cabo esta predicación.

misionero, -ra *m. f.* Persona que evangeliza en tierra de infieles.

misivo, -va *adj.* lit. Díc. del escrito que contiene un mensaje. - 2 *f.* Este mismo escrito.

mismidad *f.* Condición de ser uno mismo. 2 Aquello por lo cual se es uno mismo. 3 La identidad personal.

mismo, -ma *adj.-pron. dem.* Indica que es una persona o cosa que se presenta en circunstancias distintas. 2 Igual. ▷ *Así ~,* de esta manera. *Por lo ~,* por esta razón.

misogamia *f.* Aversión al matrimonio.

misoginia *f.* Aversión a las mujeres.

misquito *adj.-com.* Indígena centroamericano que habita en la parte central y septentrional de la región costera de Nicaragua y la oriental de Honduras.

miss *f.* Tratamiento que se da a las señoritas en los países de lengua inglesa. 2 fig. Ganadora de un concurso de belleza.

mistela *f.* Bebida hecha de alcohol y zumo de uva sin fermentar.

míster *m.* Tratamiento inglés equivalente a señor. 2 DEP. Entrenador de fútbol.

misterio *m.* Cosa secreta. 2 Dogma cristiano. 3 Paso de la vida, pasión y muerte de Jesucristo.

misterioso, -sa *adj.* Que implica misterio.

mística *f.* Parte de la teología que trata de la unión del hombre con la divinidad.

misticismo *m.* Doctrina que enseña la comunicación directa entre el hombre y la divinidad, en la visión intuitiva o en el éxtasis.

místico, -ca *adj.-s.* Perten. o rel. a la mística. 2 Que se dedica a la vida espiritual.

misticón, -cona *adj.-s.* fam. Que afecta mística y santidad.

mitad *f.* Parte que, con otra igual, constituye un todo.

mítico, -ca *adj.* Perten. o rel. al mito.

mitificar *tr.* Transformar en mito. 2 Rodear de extraordinaria estima algo.

mitigar *tr.* Moderar, suavizar; hacer más soportable.

mitin *m.* Reunión donde se discuten públicamente asuntos políticos o sociales.

mitinear *intr.* Dar mítines o hablar en ellos.

mito *m.* Tradición fabulosa basada en los dioses, héroes, etc., o en un hecho real, histórico o filosófico. 2 fig. Cosa fabulosa.

mitología *f.* Historia fabulosa de los dioses y héroes de la antigüedad. 2 Conjunto de mitos de un pueblo.

mitológico, -ca *adj.* Perten. o rel. a la mitología.

mitomanía *f.* Manía de decir mentiras o relatar cosas fabulosas.

mitón *m.* Guante de punto que deja los dedos al descubierto.

mitosis *f.* Proceso de reproducción celular mediante la división de la célula madre en dos células hijas iguales.

mitra *f.* Prenda alta con que en ciertos actos solemnes se cubren la cabeza los prelados.

mitrado, -da *adj.* Díc. del eclesiástico que puede usar mitra. - 2 *m.* Arzobispo u obispo.

mitral *adj.* En forma de mitra.

mitridatismo *m.* Resistencia a los efectos de un veneno.

mixomatosis *f.* Enfermedad infecciosa del conejo.

mixtilíneo, -a *adj.* Con lados rectos y curvos.

mixto, -ta *adj.* Mezclado. - 2 *adj.-m.* Formado por elementos de distinta naturaleza. - 3 *m.* Fósforo (cerilla).

mixtura *f.* Mezcla de varias cosas.

mízcalo *m.* Hongo comestible de sabor a almizcle.

mnemotécnica *f.* Método para fijar los conocimientos en la memoria.

mnemotécnico, -ca *adj.* Perten. o rel. a la mnemotécnica.

moaxaja *f.* Composición árabe que termina con una estrofa en árabe vulgar o mozárabe, llamada jarcha.

mobiliario *m.* Conjunto de muebles de una casa.

moca *m.* Café de buena calidad, tostado y molido.

mocárabe *m.* Motivo decorativo del arte árabe, consistente en las yuxtaposición de prismas de base cóncava.

mocarrera f. fam. Moco abundante.

mocasín m. Zapato de una sola pieza en cuero muy flexible y con la pala cerrada.

mocedad f. Época de la vida desde la pubertad hasta la edad adulta.

mocerío m. Grupo de gente moza.

mocetón, -tona m. f. Persona joven y robusta.

moción f. Ac. y ef. de moverse. 2 Proposición que se hace en una junta.

mocito, -ta adj.-s. Que está en el principio de la mocedad.

moco m. Humor pegajoso segregado por las membranas mucosas. ▷ *No ser una cosa ~ de pavo,* no ser muy despreciable.

mocoso, -sa adj. Que tiene muchos mocos. - 2 adj.-s. Niño atrevido.

mocheta f. Extremo romo opuesto a la punta o filo de ciertas herramientas.

mochila f. Bolsa con correas para llevarla sujeta a la espalda.

mocho, -cha adj. Falto de punta. 2 Pelado. - 3 m. Remate grueso y romo.

mochuelo m. Ave rapaz nocturna. 2 fig. fam. Asunto o trabajo enojoso o difícil.

moda f. Uso pasajero que regula el modo de vestir, vivir, etc.

modal adj. Perten. o rel. al modo. - 2 m. pl. Acciones con que uno da a conocer su educación.

modalidad f. Modo de ser o de manifestarse una cosa.

modelado m. Morfología de un terreno en función de la acción erosiva.

modelar tr. Formar de cera, barro, etc., una figura. - 2 prnl. Ajustarse a un modelo.

modelismo m. Arte de construcción de modelos, generalmente de tamaño reducido.

modelo m. Lo que sirve de objeto de imitación. 2 fig. Lo que es digno de ser imitado por su perfección. 3 Tipo industrial protegido por una patente. 4 Vestido original en una colección de alta costura.

módem m. INFORM. Dispositivo que permite la comunicación entre dos ordenadores por medio de la red telefónica.

moderación f. Ac. y ef. de moderar o

moderarse. 2 Templanza.

moderado, -da adj. Que tiene moderación.

moderador, -ra m. f. Persona que dirige un debate en una asamblea.

moderantismo m. Sistema político que procede con moderación y mantiene el principio de autoridad.

moderar tr.-prnl. Ajustar una cosa evitando el exceso. - 2 tr. Dirigir una asamblea o reunión.

modernamente adv. t. Recientemente; de poco tiempo a esta parte. 2 En los tiempos actuales.

modernidad f. Calidad de moderno.

modernismo m. Afición a lo moderno. 2 Corriente literaria y arquitectónica de principios del siglo actual.

modernizar tr.-prnl. Dar forma moderna.

moderno, -na adj. Perten. o rel. a la edad moderna de la historia. 2 Nuevo.

modestia f. Virtud del que no siente ni muestra elevada opinión de sí mismo. 2 Falta de lujo.

modesto, -ta adj. Que tiene modestia.

módico, -ca adj. Moderado, reducido.

modificación f. Ac. y ef. de modificar.

modificar tr. Cambiar una cosa en sus caracteres no esenciales. 2 Limitar el sentido de una palabra.

modillón m. Saliente que adorna por debajo una cornisa.

modismo m. GRAM. Frase o manera de hablar propia o característica de una lengua.

modista com. Persona que, por oficio, hace prendas de vestir para señora.

modistilla f. fam. Modista de poco valor en su arte. 2 fam. Joven aprendiza de modista.

modo m. Manera. 2 Forma variable que recibe un ser sin que cambie su esencia. 3 GRAM. Accidente gramatical que expresa cómo se concibe la acción verbal. 4 GRAM. Locución equivalente a una parte de la oración. ▷ *A,* o *al ~,* como; según costumbre. *Por ~ de,* a la manera de. *Sobre ~,* en extremo, mucho.

modorra f. Sueño muy pesado.

modoso, -sa adj. Que tiene buenos modales.

modulación f. Modificación de la frecuencia o amplitud de las ondas eléctricas para la mejor transmisión de las señales.

modular *tr.* Dar inflexiones variadas a la voz o al sonido.

módulo *m.* Medida comparativa de las partes del cuerpo humano. 2 Unidad de medida para establecer las proporciones de un orden arquitectónico. 3 Unidad de un vehículo espacial que funciona independientemente.

mofa *f.* Burla, escarnio.

mofar *intr.-prnl.* Hacer mofa.

mofeta *f.* Mamífero carnívoro de América, parecido a la comadreja.

moflete *m.* Carrillo grueso y carnoso.

mofletudo, -da *adj.* Que tiene mofletes.

mogollón *m.* Lío, confusión.

mogón, -gona *adj.* Falto de un asta, o que la tiene rota por la punta.

mogote *m.* Montículo aislado.

mogrebí *adj.-s.* Del Mogreb.

mohair *m.* Pelo de cabra de Angora. 2 Tejido hecho con este pelo.

moharra *f.* Punta de lanza, comprendiendo la cuchilla y el cubo.

mohedal *m.* Monte alto con malezas.

mohín *m.* Mueca, gesto.

mohína *f.* Enojo, enfado. 2 Melancolía, tristeza.

mohíno, -na *adj.* Triste.

moho *m.* Hongo muy pequeño que se cría en la superficie de ciertos cuerpos. 2 Capa que se forma por alteración química en la superficie de un cuerpo metálico.

mohoso, -sa *adj.* Cubierto de moho.

moisés *m.* Cuna sin pies.

mojama *f.* Cecina de atún.

mojar *tr.* Adherirse un líquido a un cuerpo. 2 Hacer que un líquido moje un cuerpo. - 3 *prnl.* Comprometerse en algo.

mojicón *m.* Especie de bizcocho o bollo. 2 *fig.* Puñetazo dado en la cara.

mojiganga *f.* Fiesta pública con disfraces ridículos.

mojigatería *f.* Calidad de mojigato. 2 Acción propia de él.

mojigato, -ta *adj.-s.* Disimulado, que afecta humildad o cobardía. 2 Beato.

mojito *m.* Cóctel a base de ron, azúcar, zumo de limón, gaseosa y hierbabuena.

mojo *m.* Salsa picante de origen canario.

mojón *m.* Hito. 2 Excremento humano.

mol *m.* QUÍM. Unidad básica de cantidad

de substancia en el Sistema Internacional.

molar *adj.* Perten. o rel. a la muela. 2 Apto para moler. - 3 *m.* Muela (diente). - 4 *intr.* pop. Gustar, agradar.

molaridad *f.* QUÍM. Concentración de una solución.

moldado *m.* Operación que consiste en martillear una pieza metálica para que adquiera una forma cóncava.

molde *m.* Objeto hueco o instrumento para dar forma a una materia.

moldeador *m.* Instrumento para moldear.

moldear *tr.* Sacar el molde de una figura. 2 Vaciar. 3 Peinar el cabello dándole una determinada forma.

moldeo *m.* Proceso por el que se obtienen piezas echando materiales fundidos en un molde.

moldura *f.* Parte saliente de perfil uniforme que sirve de adorno.

mole *m.* Cosa de gran bulto.

molécula *f.* Agrupación definida de átomos considerada como primer elemento de la composición física de los cuerpos.

molecular *adj.* Propio de las moléculas.

moledera *f.* Piedra en que se muele.

moledor, -ra *adj.-s.* fig. Díc. de la persona que cansa por su pesadez.

moleña *f.* Pedernal (cuarzo).

moleño, -ña *adj.* Díc. de la roca que sirve para hacer piedras de molino.

moler *tr.* Deshacer un cuerpo en polvo o finos trocitos. 2 Molestar. 3 Cansar.

molestar *tr.* Causar molestia. - 2 *prnl.* Ofenderse.

molestia *f.* Perturbación del bienestar del cuerpo o de la tranquilidad del ánimo.

molesto, -ta *adj.* Que molesta. 2 Que siente molestia.

molibdeno *m.* Metal de color y brillo plomizos, maleable y difícilmente fusible.

molicie *f.* lit. Blandura.

molienda *f.* Lo que se muele de una vez. 2 Temporada que dura la molienda de caña de azúcar o aceituna.

molificar *tr.-prnl.* Suavizar, ablandar.

molimiento *m.* fig. Fatiga, molestia.

molinero, -ra *m. f.* Persona que tiene molino o que trabaja en él.

molinete *m.* Rueda giratoria con aspas. 2 Movimiento circular que se hace con el bastón, la espada, etc.

molinismo *m.* Doctrina sobre el libre albedrío y la gracia.

molino *m.* Máquina para moler o estrujar. 2 Edificio donde está instalada.

moltura *f.* Molienda.

molturar *tr.* Moler.

molusco *adj.-m.* Díc. del animal invertebrado de cuerpo blando, protegido por una concha calcárea.

molla *f.* Parte magra de la carne. 2 Miga del pan. 3 Pulpa. 4 fig. Lo mejor de cualquier cosa.

mollar *adj.* Blando, fácil de partir.

molledo *m.* Parte carnosa y redondeada de un miembro. 2 Miga del pan.

molleja *f.* Segundo estómago de las aves. 2 Apéndice carnoso formado por infarto de las glándulas.

mollejón *m.* Hombre grueso y flojo.

mollera *f.* Parte superior del cráneo. 2 fig. Caletre, seso; cabeza.

mollete *m.* Panecillo ovalado y esponjado.

momentáneo, -a *adj.* Que sólo dura un momento.

momento *m.* Pequeño espacio de tiempo. 2 Tiempo en que ocurre algo. ▷ *Al ~,* inmediatamente, en seguida. *De ~,* súbitamente; por de pronto. *De un ~ a otro,* pronto, sin tardanza, en seguida. *Por momentos,* de modo progresivo y continuo.

momia *f.* Cadáver que se deseca con el tiempo sin entrar en descomposición.

momificar *tr.-prnl.* Convertir en momia.

momio *m.* Todo aquello apreciable que se adquiere a poca costa o con poco trabajo.

momo *m.* Gesto o mofa ridícula.

mona *f.* Hembra del mono. 2 Mono pequeño de Gibraltar y el norte de África. 3 fam. Borrachera. 4 Juego de naipes.

monacato *m.* Estado o profesión de monje. 2 Institución monástica.

monada *f.* Acción de mono. 2 fig. Gesto afectado. 3 fig. Halago.

mónada *f.* Según ciertos filósofos, ser indivisible completo, de naturaleza distinta, cuya esencia es la fuerza, que constituye en sí una imagen esencial del mundo. 2 Unidad orgánica microscópica.

monadelfo, -fa *adj.* Díc. de la planta o flor que tiene los estambres soldados en un solo cuerpo.

monaguillo *m.* Niño empleado en el servicio del altar.

monarca *m.* Soberano de una monarquía.

monarquía *f.* Forma de gobierno en que el poder supremo corresponde con carácter vitalicio a un rey. 2 Estado regido así.

monárquico, -ca *adj.* Perten. o rel. al monarca o a la monarquía. - 2 *adj.-s.* Partidario de la monarquía.

monasterio *m.* Casa de religiosos.

monástico, -ca *adj.* Perten. o rel. al monacato o al monasterio.

monda *f.* Ac. y ef. de mondar.

mondadientes *m.* Instrumento para limpiar los dientes.

mondadura *f.* Despojo de las cosas que se mondan.

mondar *tr.* Quitar la piel, cáscara, etc., a los frutos. 2 Podar. 3 Quitar lo superfluo.

mondo, -da *adj.* Limpio de cosas superfluas o extrañas.

mondón *m.* Tronco de árbol sin corteza.

mondongo *m.* Intestinos y panza de las reses y del cerdo.

moneda *f.* Pieza de metal acuñada que sirve de medida común para el precio de las cosas. ▷ *Pagar en la misma ~,* corresponder a una buena o mala acción con otra semejante. *Ser una cosa ~ corriente,* ocurrir con mucha frecuencia.

monedero *m.* Portamonedas.

monegasco, -ca *adj.-s.* De Mónaco.

monema *m.* FILOL. Mínima unidad significativa.

monería *f.* Gesto gracioso de los niños.

monetario, -ria *adj.* Perten. o rel. a la moneda.

monetarismo *m.* Doctrina económica según la cual los fenómenos monetarios desempeñan una función determinante en las fluctuaciones económicas.

monetizar *tr.* Dar curso legal como moneda a billetes de banco. 2 Convertir en moneda.

mongol, -la *adj.-s.* De un grupo étnico de piel amarilla que habita el centro de Asia. 2 De Mongolia. - 3 *m.* Lengua mongola.

mongólico, -ca *adj.* Mongol. 2 Que

padece mongolismo.

mongolismo *m.* Enfermedad caracterizada por el aspecto mongólico del rostro y por un desarrollo mental anormal.

monigote *m.* Muñeco o figura ridícula. 2 fig. Persona ignorante.

monín, -nina, monino, -na *adj.* fam. Mono, gracioso.

monismo *m.* Doctrina metafísica según la cual la materia y el espíritu son idénticos en su esencia.

monitor, -ra *m. f.* Persona que amonesta. 2 Persona que enseña ciertos deportes. - 3 *m.* Receptor de televisión para comprobar la salida de las imágenes de un transmisor.

monitorio, -ria *adj.* Que amonesta.

monitorizar *tr.* Dotar de monitores. 2 Controlar a través de monitores.

monja *f.* Religiosa que se liga con los tres votos solemnes.

monje *m.* Religioso que vive en monasterio.

monjil *adj.* Propio de las monjas o relativo a ellas.

mono, -na *adj.* Pulido, gracioso. - 2 *m.* Mamífero del orden de los antropoides. 3 Traje de mono. 4 fig. En el lenguaje de la droga, síndrome de abstinencia.

monoatómico, -ca *adj.* Que sólo contiene un átomo.

monobásico, -ca *adj.* Díc. del ácido que sólo contiene un átomo de hidrógeno.

monobloc *adj.* Compuesto de una sola pieza.

monocarpelar *adj.* Formado por un solo carpelo.

monocárpico, -ca *adj.* Díc. de la planta que no florece más que una vez.

monoclinal *adj.* GEOL. Díc. del pliegue cuya curvatura se produce sólo en una dirección.

monoclínico, -ca *adj.* CRIST. Díc. del sistema cristalino de forma holoédrica con un centro de simetría, un eje binario y un plano perpendicular a él.

monocorde *adj.* De una sola cuerda.

monocotiledóneo, -a *adj.-f.* Díc. de la planta de un solo cotiledón.

monocromático, -ca *adj.* FÍS. Díc. del tipo de radiación compuesto de vibraciones de la misma frecuencia.

monocromía *f.* Calidad de monocro-

mo. 2 Arte de pintar con un solo color. 3 Cuadro pintado de esta forma.

monocromo, -ma *adj.* De un solo color.

monocular *adj.* De un solo ojo.

monóculo *m.* Lente para un solo ojo.

monocultivo *m.* Práctica agrícola que consiste en dedicar toda la tierra disponible a un cultivo único.

monodia *f.* Canto en que interviene una sola voz con acompañamiento musical.

monofásico, -ca *adj.* Díc. de la corriente alterna que es simple, por oposición a la polifásica.

monofilo, -la *adj.* Díc. del órgano vegetal que consta de una sola hoja o de varias soldadas entre sí.

monofisismo *m.* Doctrina herética que sólo reconoce en Cristo la naturaleza divina.

monofonía *f.* Sistema de grabación, emisión o recepción de sonido, que emplea un solo canal.

monogamia *f.* Régimen en que está prohibida la pluralidad de esposas.

monógamo *adj.-m.* Casado con una sola mujer.

monogenismo *m.* Doctrina antropológica según la cual todas las razas humanas descienden de un tipo primitivo único.

monografía *f.* Estudio sobre un punto especial de historia, ciencia, etc.

monohidratado, -da *adj.* Que se encuentra en el primer grado de hidratación.

monoico, -ca *adj.* Díc. de la planta que tiene las flores masculinas y femeninas en un mismo pie.

monokini *m.* Traje de baño femenino que sólo consta de la parte inferior.

monolingüe *adj.-s.* Que habla una lengua. 2 Que está escrito en una sola lengua.

monolítico, -ca *adj.* Perten. o rel. al monolito. 2 Que está hecho de una sola piedra. 3 De una cohesión perfecta.

monolito *m.* Monumento de piedra de una sola pieza.

monologar *intr.* Recitar soliloquios o monólogos.

monólogo *m.* Soliloquio. 2 Obra dramática en que habla un solo personaje.

monomanía *f.* Locura sobre una sola idea.

monómero *adj.-s.* Compuesto químico constituido por moléculas simples.

monometalismo *m.* Sistema monetario en que rige un patrón único.

monomio *m.* Expresión algebraica que consta de un solo término.

monomotor *adj.* De un solo motor.

monopatín *m.* Juguete que consta de una tabla con dos o cuatro ruedas.

monopétalo, -la *adj.* BOT. De un solo pétalo.

monoplano *adj.-m.* Díc. del aeroplano con un solo plano de alas.

monoplaza *adj.* De una sola plaza.

monopolio *m.* Privilegio exclusivo para la venta o explotación de alguna cosa.

monopolizar *tr.* Tener el monopolio.

monopsonio *m.* ECON. Situación comercial en que hay un solo comprador para determinado producto.

monoptongar *tr.-intr.-prnl.* Fundir en una sola vocal los elementos de un diptongo.

monoptongo *m.* Vocal que resulta de monoptongar.

monorraíl *m.* Sistema de transporte ferroviario en que el tren corre sobre un solo carril.

monorrimo, -ma *adj.* De una sola rima.

monorrítmico, -ca *adj.* De un solo ritmo.

monosabio *m.* Mozo que, en las plazas de toros, cuida de los caballos y ayuda a los picadores.

monosacáridos *m. pl.* Azúcares de fórmula $C_6H_{12}O_6$, como la glucosa.

monosilábico, -ca *adj.* Perten. o rel. al monosílabo.

monosílabo, -ba *adj.-m.* Díc. de la palabra de una sola sílaba.

monospermo, -ma *adj.* De una sola semilla.

monóstrofe *f.* Composición poética de una sola estrofa.

monoteísmo *m.* Religión que afirma la existencia de un solo Dios.

monoteísta *adj.-s.* Partidario del monoteísmo.

monotelismo *m.* Doctrina herética que admitía en Cristo las dos naturalezas, pero sólo una voluntad divina.

monotonía *f.* Uniformidad de tono.

monótono, -na *adj.* Que adolece de monotonía.

monotrema *adj.-m.* Díc. de un mamífero muy primitivo, pues todavía pone huevos.

monovalente *adj.* Que tiene un solo valor. 2 QUÍM. Que tiene una sola valencia.

monóxilo *m.* Embarcación hecha de un solo tronco.

monroísmo *m.* Doctrina que propugnaba la no intervención de Europa en los países americanos. Suele formularse diciendo: «América para los americanos».

monseñor *m.* Título que se da a ciertos eclesiásticos de dignidad.

monserga *f.* fam. Lenguaje confuso y embrollado. 2 fam. Lata, pesadez.

monstruo *m.* Producción contra el orden natural. - 2 *adj.-com.* Díc. de la persona de cualidades extraordinarias.

monstruosidad *f.* Calidad de monstruoso. 2 Cosa monstruosa.

monstruoso, -sa *adj.* Que es contra el orden natural. 2 Muy grande.

monta *f.* Ac. y ef. de montar. 2 Valor de una cosa.

montacargas *m.* Ascensor para elevar pesos.

montado, -da *adj.-s.* Que va a caballo. - 2 *m.* fig. Bocadillo de carne.

montador *m.* Especialista en el montaje de películas de cine.

montaje *m.* Combinación de las diversas partes de un todo. 2 En cinematografía, televisión y radio, selección y unión en una banda definitiva de las escenas de un filme.

montante *m.* Pie derecho. 2 Listón que divide una ventana. 3 Suma o importe.

montaña *f.* Monte (elevación). 2 Territorio cubierto de montes. 3 fig. Abundancia.

montañero, -ra *adj.-s.* Alpinista.

montañismo *m.* Alpinismo.

montañoso, -sa *adj.* Perten. o rel. a las montañas. 2 Lleno de ellas.

montar *intr.-prnl.* Subirse encima de una cosa. - 2 *intr.-tr.* Cabalgar. - 3 *intr.* Ser de importancia. - 4 *tr.* Importar una cantidad total. 5 Armar un aparato o máquina.

montaraz *adj.* Criado en los montes. 2 fig. De genio y propiedades agrestes y feroces.

montazgo *m.* Tributo pagado por el tránsito de ganado por un monte.

monte *m.* Grande elevación natural de terreno. 2 Tierra sin roturar. 3 Juego de naipes. 4 ~ *de piedad,* establecimiento público que hace préstamos a interés módico sobre ropas o alhajas. ▷ *Echarse al* ~, huir de la justicia.

montear *tr.* Buscar y perseguir la caza.

montepío *m.* Establecimiento que para socorros mutuos forman los miembros de un cuerpo o sociedad.

montera *f.* Gorro de terciopelo negro que lleva el torero.

montería *f.* Caza mayor. 2 Cinegética.

montero, -ra *m. f.* Persona que busca, persigue y ojea la caza.

montés *adj.* Que anda, está o se cría en el monte.

montgolfier *m.* Globo aerostático inflado con aire caliente.

montículo *m.* Monte pequeño.

montón *m.* Conjunto de cosas puestas sin orden unas sobre otras. 2 fig. Número considerable. ▷ *Ser del* ~, ser vulgar.

montonero *m.* El que por cobardía sólo provoca una lucha cuando está rodeado de sus partidarios.

montura *f.* Cabalgadura. 2 Arreos de la cabalgadura. 3 Soporte mecánico de los instrumentos astronómicos. 4 Armazón.

monumental *adj.* Perten. o rel. al monumento. 2 Muy grande.

monumentalismo *m.* ARQ. Movimiento arquitectónico que se desarrolla entre 1939 y 1948.

monumento *m.* Obra pública para el recuerdo de una persona o hecho. 2 Edificio notable. 3 Objeto o documento histórico.

monzón *m.* Viento que sopla periódicamente en el Océano Índico.

moña *f.* Lazo con que se adornan la cabeza las mujeres. 2 Adorno de cintas en la divisa de los toros.

moño *m.* Rodete que se hace con el pelo. 2 Lazo de cintas. 3 Penacho de ave. ▷ *Ponerse moños,* darse importancia.

moquear *intr.* Echar mocos.

moqueta *f.* Tela fuerte para hacer alfombras.

moquete *m.* Puñetazo dado en las narices.

moquillo *m.* Enfermedad de algunos animales.

moquita *f.* Moco claro que fluye de la nariz.

mora *f.* Fruto del moral y de la morera.

morabito *m.* Ermitaño mahometano. 2 Ermita en que vive.

morada *f.* Casa o habitación. 2 Estancia en un lugar.

morado, -da *adj.-m.* Color entre carmín y azul. - 2 *adj.* De color morado. ▷ *Pasarlas moradas,* pasarlo muy mal.

morador, -ra *adj.-s.* Que habita o mora.

moraga *f.* Asado al aire libre. 2 Espiga de trigo tostada.

moral *adj.* Perten. o rel. a la forma y modos de la vida pública en relación con las categorías del bien y del mal. 2 Conforme a los principios de lo que es bueno y justo. - 3 *f.* Ciencia o doctrina de la conducta y de las acciones humanas en orden a su bondad o malicia. - 4 *m.* Árbol dicotiledóneo de flores unisexuales y fruto comestible formado por muchas bayas de color rojo.

moraleja *f.* Enseñanza que se deduce de un cuento, fábula, etc.

moralidad *f.* Conformidad con los preceptos de la moral. 2 Cualidad de las acciones que las hace buenas.

moralina *f.* Moralidad inoportuna, superficial o falsa.

moralismo *m.* Predominio de la moral en una doctrina.

moralista *com.* Versado en moral.

moralizar *tr.-prnl.* Hacer moral. - 2 *intr.* Hacer reflexiones morales.

morar *intr.* Residir en un lugar.

moratoria *f.* Espera concedida para el pago de una deuda.

morbidez *f.* Calidad de mórbido (blando).

mórbido, -da *adj.* Que padece enfermedad o la ocasiona. 2 Blando, suave.

morbífico, -ca *adj.* Que lleva consigo el germen de las enfermedades.

morbilidad *f.* Número proporcional de personas o animales que enferman en lugar y tiempo determinados.

morbo *m.* Enfermedad.

morbosidad *f.* Conjunto de casos patológicos que caracterizan el estado sanitario de un país.

morboso, -sa *adj.* Enfermo. 2 Que causa enfermedad o concierne a ella. 3 Que provoca reacciones moralmente insanas.

morcella f. Chispa que salta del pabilo de una luz.

morcilla f. Trozo de tripa rellena de sangre cocida con especias. 2 fig. Añadidura de su invención que hace un actor.

morcón m. Morcilla de tripa gruesa.

mordacidad f. Calidad de mordaz.

mordaz adj. Corrosivo. 2 Que critica con ironía aguda o mala intención.

mordaza f. Instrumento que puesto en la boca impide hablar. 2 Aparato de formas variadas usado para apretar.

mordedura f. Ac. y ef. de morder. 2 Herida o señal dejada al morder.

morder tr. Asir con los dientes una cosa. ▷ ~ el polvo, perder, ser vencido.

mordicar tr. Picar como mordiendo.

mordiente adj. Que muerde. 2 Substancia que sirve para fijar los colores.

mordiscar tr. Mordisquear.

mordisco m. Mordedura leve. 2 Trozo que se saca al morder.

mordisquear tr. Morder ligera y frecuentemente.

morena f. Pez marino teleósteo de cuerpo cilíndrico y alargado. 2 Montón de piedras que se forma en los heleros.

moreno, -na adj. De color obscuro que tira a negro. 2 Del color menos claro en la raza blanca.

morera f. Árbol parecido al moral, pero con el fruto blanco.

morería f. Barrio de moros. 2 País o territorio propio de moros.

moretón m. fam. Equimosis.

morfema m. Elemento significativo más pequeño del enunciado.

morfina f. Substancia narcótica, alcaloide del opio.

morfogénesis f. Proceso de formación de un elemento a partir de estructuras diferenciadas. 2 Conjunto de fenómenos que conducen a la formación del relieve del terreno.

morfología f. Parte de la historia natural que trata de la forma de los seres orgánicos. 2 Parte de la gramática que trata de la forma de las palabras.

morfosintaxis f. Descripción de las reglas de combinación de los morfemas para constituir palabras, sintagmas y oraciones.

morganático, -ca adj. Díc. del matrimonio entre un príncipe y una mujer de linaje inferior o viceversa, en el cual cada cónyuge conserva su condición anterior.

moribundo, -da adj.-s. Próximo a morir.

morigeración f. Templanza en las costumbres y modo de vida.

morigerado, -da adj. De buenas costumbres.

morigerar tr. Moderar, evitar excesos.

morillo m. Caballete de hierro para sostener la leña en el hogar.

morir intr.-prnl. Dejar de vivir. 2 Acabar. ▷ ~ uno vestido, expr. con que se presagia la muerte. Morirse de hambre, de risa, etc., experimentar estas sensaciones en extremo.

morisco, -ca adj. Moro. - 2 adj.-s. Díc. del moro bautizado que se quedó en España tras la Reconquista.

morisma f. Multitud de ellos.

morlaco, -ca adj.-s. Que finge tontería o ignorancia. 2 fam. Díc. del toro de lidia.

mormón, -mona m. f. Persona que profesa el mormonismo.

mormonismo m. Secta religiosa fundada en los EE. UU. de América que practica la poligamia.

moro, -ra adj.-s. Del norte de África, de sangre árabe o bereber.

morondo, -da adj. Pelado de cabellos o de hojas.

morosidad f. Lentitud, tardanza.

moroso, -sa adj. Tardo. - 2 adj.-s. Retrasado en el pago.

morra f. Parte superior de la cabeza. 2 Juego entre dos personas que a la vez extienden los dedos de una mano y cantan un número, ganando el que acierta el total.

morral m. Talego que con el pienso se cuelga a la cabeza de las bestias. 2 Saco que usan los cazadores y caminantes.

morralla f. Pescado menudo. 2 fig. Personas o cosas de escaso valer.

morrear intr.-tr.-prnl. vulg. Besar en la boca largo tiempo.

morrena f. Piedra, arena y otros materiales transportados por los glaciares.

morrillo m. Porción carnosa que tienen las reses en la parte superior del cuello. 2 Cogote abultado.

morriña f. Tristeza, melancolía.

morrión m. Parte del yelmo que cubre y defiende la cabeza.

morro m. Cosa redonda de figura de cabeza. 2 Saliente que forman los labios abultados. 3 Extremo de un malecón. ▷ *Beber a ~*, beber aplicando directamente la boca al chorro o a la botella.

morrocotudo, -da adj. De mucha importancia o dificultad.

morrón m. fam. Golpe. 2 *Pimiento ~*, variedad de pimiento grueso.

morsa f. Mamífero parecido a la foca, pero de mayor tamaño, con dos largos caninos en la mandíbula superior.

morse m. Alfabeto telegráfico formado por puntos, rayas y espacios.

mortadela f. Embutido grueso de carne de cerdo picada.

mortaja f. Sudario.

mortal adj. Sujeto a la muerte. 2 Que causa la muerte. 3 Angustioso, abrumador.

mortalidad f. Condición de mortal. 2 Número proporcional de defunciones en población o tiempo determinados.

mortandad f. Multitud de muertes debidas a una causa extraordinaria.

mortecino adj. fig. Apagado, sin vigor.

mortero m. Vaso ancho para machacar en su interior. 2 Pieza de artillería corta y de gran calibre. 3 Argamasa.

morteruelo m. Guisado de hígado de cerdo, carne de pollo, perdiz y liebre, machacado y desleído con especias y pan rallado.

mortífero, -ra adj. Que causa o puede causar la muerte.

mortificar tr.-prnl. Afligir, molestar. 2 Domar las pasiones castigando el cuerpo.

mortinatalidad f. Proporción de niños nacidos muertos.

mortuorio, -ria adj. Perten. o rel. al muerto o a las honras fúnebres.

morueco m. Carnero padre.

moruno, -na adj. Perten. o rel. a los moros.

mosaico, -ca adj.-m. Obra hecha con pequeñas piezas de piedra, vidrio, etc., incrustadas sobre un muro o pavimento. 2 fig. Obra en general, compuesta de trozos.

mosaísmo m. Ley de Moisés. 2 Civilización mosaica.

mosca f. Insecto díptero de cuerpo negro y alas transparentes. 2 *~ muerta*, persona en apariencia de ánimo encogido, pero que no pierde ocasión de su provecho. ▷ *Por si las moscas*, por si acaso. *Tener la ~ detrás de la oreja*, sospechar.

moscarda f. Mosca de tamaño mediano.

moscardón m. Mosca grande que deposita sus huevos en el pelo de las bestias.

moscatel adj.-m. Díc. de una uva de grano muy dulce. 2 Díc. del vino que se saca de ella.

moscón m. Mosca grande y zumbadora. 2 fig. Hombre porfiado e inoportuno.

moscona f. Mujer desvergonzada.

mosconear tr. Molestar a uno con impertinencia y pesadez. - 2 intr. Porfiar para lograr un propósito.

moscovita adj.-s. Ruso.

mosén m. Título que se da a los clérigos en la ant. corona de Aragón.

mosqueado, -da adj. Sembrado de pintas. 2 fig. fam. Molesto, enfadado.

mosquear tr. Ahuyentar las moscas. - 2 prnl. fig. Resentirse.

mosquero m. Haz de hierbas o tiras de papel para espantar o atrapar las moscas.

mosquete m. Antigua arma de fuego mayor que el fusil.

mosquetero m. Soldado armado de mosquete.

mosquetón m. Carabina corta. 2 Anilla que se abre y cierra mediante un muelle.

mosquitero m. Pabellón de cama hecho de gasa para impedir el acceso a los mosquitos. 2 Pequeño artefacto para espantar o matar las moscas o mosquitos.

mosquito m. Insecto díptero, de cuerpo esbelto y aparato bucal perforador.

mostacho m. Bigote.

mostachón m. Bollo de almendras, harina y especias.

mostaza f. Planta crucífera cuya semilla se usa como medicina y condimento. 2 Salsa hecha con ella.

mostear intr. Destilar las uvas el mosto.

mostillo m. Mosto cocido con especias.

mosto m. Zumo de la uva antes de fermentar.

mostrador m. Mesa en las tiendas para presentar los géneros.

mostrar tr. Exponer a la vista, indicar, señalar. 2 Hacer patente.

mostrenco, -ca *adj.* Que no tiene hogar o amo conocido. - 2 *adj.-s.* Torpe.

mota *f.* Nudillo que se forma en el paño. 2 Partícula que se pega a la ropa.

mote *m.* Sentencia breve que incluye un secreto. 2 Apodo.

motear *tr.* Salpicar de motas.

motejar *tr.* Poner motes o apodos.

motel *m.* Establecimiento de hostelería de similar categoría que el hotel, situado en las proximidades de una carretera, con alojamiento en apartamentos.

motete *m.* Breve composición musical sobre versículos de la Escritura.

motilidad *f.* Facultad de moverse que tiene la materia viva ante ciertos estímulos.

motilón, -lona *adj.-s.* Pelón, sin pelo. - 2 *m.* Lego de convento.

motín *m.* Rebelión desordenada contra la autoridad.

motivación *f.* Motivo, causa de algo. 2 Ensayo mental para preparar una acción.

motivar *tr.* Dar motivo. 2 Explicar el motivo. 3 Interesar a alguien por algo.

motivo, -va *adj.* Que mueve. - 2 *m.* Causa, razón. 3 MÚS. Tema de una composición.

moto *f.* Abreviación de motocicleta.

motobomba *f.* Bomba impulsada por un motor.

motocarro *m.* Vehículo automóvil de tres ruedas, con motor.

motocicleta *f.* Vehículo automóvil de dos ruedas, con motor, que puede transportar a una o dos personas.

motociclismo *m.* Deporte de los aficionados a la motocicleta.

motociclista *com.* Persona que conduce una motocicleta.

motociclo *m.* Velocípedo movido por un motor.

motocompresor *m.* Compresor que forma cuerpo con su propio motor.

motocross *m.* Carrera de motocicletas en terreno accidentado.

motocultivo *m.* Aplicación del motor mecánico a la agricultura.

motocultor *m.* Arado pequeño provisto de un motor de arrastre.

motón *m.* MAR. Polea cuya caja cubre completamente la rueda.

motonáutica *f.* Deporte de la navegación en pequeñas embarcaciones de motor.

motonave *f.* Nave de motor destinada al transporte de pasaje o de mercancías.

motopropulsión *f.* Propulsión por medio de un motor.

motor, -ra *adj.* Que produce movimiento. - 2 *m.* Aparato generador de fuerza que mueve una máquina. - 3 *f.* Embarcación pequeña provista de motor. 4 ~ *de explosión,* aquel en el que se logra calor mediante la explosión del combustible en el interior del cilindro.

motorismo *m.* Deporte de los aficionados a viajar en vehículo automóvil, y especialmente en motocicleta.

motorista *com.* Persona que conduce o viaja en moto.

motorizar *tr.* Dotar de medios mecánicos de tracción o transporte.

motorreactor *m.* Motor de reacción.

motovolquete *m.* Dispositivo mecánico para descargar de una sola vez un vagón, etc.

motricidad *f.* Acción del sistema nervioso central que determina la contracción muscular.

motriz *adj.-f.* Motora.

movedizo, -za *adj.* Fácil de ser movido.

mover *tr.-prnl.* Hacer que un cuerpo ocupe posición o lugar distinto del que ocupa. 2 Hacer obrar, inducir. 3 Originar.

movible *adj.* Que puede moverse o ser movido.

movido, -da *adj.* Agitado. 2 fig. Activo, inquieto. 3 Borroso. - 4 *f.* fig. Ambiente muy moderno de creación cultural y de diversión.

móvil *adj.* Movible. - 2 *m.* Lo que mueve o impulsa. 3 Cuerpo en movimiento.

movilidad *f.* Calidad de movible.

movilizar *tr.* Poner en actividad tropas, gente, capitales, etc. 2 Incorporar a filas.

movimiento *m.* FÍS. Cambio de posición de un cuerpo en el espacio. 2 Circulación. 3 Corriente de opinión o tendencia artística de una época determinada. 4 Primera manifestación de un afecto del ánimo. 5 MÚS. Velocidad del compás.

moviola *f.* Máquina que se emplea en los estudios cinematográficos y de televisión para proyectar películas permitiendo examinar el filme, cortar o

muestra

intercalar escenas y sincronizar sus bandas sonoras.

moza f. Criada.

mozalbete, mozalbillo m. Mozo de pocos años.

mozárabe adj.-com. Díc. del cristiano que vivía entre los moros de España. - 2 adj. Perten. o rel. a los mozárabes. - 3 m. Romance hablado por los mozárabes.

mozarabismo m. Rasgo lingüístico peculiar de los mozárabes. 2 Elemento artístico típico del arte mozárabe.

mozo, -za adj.-s. Joven. 2 Camarero. 3 Soltero. - 4 m. Hombre que sirve en oficios humildes. 5 Individuo sometido a servicio militar, desde que es alistado hasta que ingresa en la caja de reclutamiento.

mozuelo, -la m. f. Joven.

mu Onomatopeya de la voz del toro o de la vaca. 2 m. Mugido.

muaré m. Tela fuerte de seda que forma aguas.

mucamo, -ma m. f. Amér. Sirviente o criado de una casa.

muceta f. Esclavina que usan los prelados, doctores y licenciados.

mucilaginoso, -sa adj. Que contiene mucilago o tiene sus propiedades.

mucílago, mucilago m. Substancia viscosa que contienen algunas plantas.

mucosidad f. Secreción viscosa de las membranas mucosas.

mucoso, -sa adj. Semejante al moco. - 2 f. Membrana de las cavidades interiores del cuerpo que segrega una especie de moco.

mucus m. Mucosidad, moco.

muchachada f. Acción propia de muchachos. 2 Grupo de muchachos.

muchacho, -cha m. f. Niño. 2 Joven.

muchedumbre f. Multitud.

mucho, -cha adj.-pron. indef. Denota abundante, numeroso, o que excede a lo ordinario y preciso. - 2 adv. c. Con abundancia, en gran cantidad, más de lo regular. - 3 adv. t. Largo tiempo. ▷ Ni con ~, expresa la gran diferencia que hay de una cosa a otra. Ni ~ menos, expr. con que se niega una cosa o se encarece su inconveniencia. Por ~ que, por más que. Tener en ~, estimar.

muda f. Acción de mudar. 2 Ropa que se muda de una vez.

mudable adj. Que con gran facilidad se muda.

mudadizo, -za adj. Mudable, inconstante.

mudanza f. Ac. y ef. de mudar o mudarse. 2 Cambio de domicilio. 3 Movimiento del baile.

mudar tr.-prnl. Cambiar una persona o cosa el aspecto, el estado, etc. 2 Dejar una cosa y tomar otra en su lugar. - 3 tr. Remover de un sitio o empleo. 4 Experimentar un animal la caída de la pluma o la renovación de la epidermis.

mudéjar adj.-com. Díc. del mahometano que vivió entre los cristianos en tiempo de la Reconquista. - 2 adj. Perten. o rel. a dichos mahometanos. - 3 adj.-s. Díc. del estilo arquitectónico, fusión de los elementos románicos y góticos con el arte árabe.

mudo, -da adj.-s. Privado de la facultad de hablar. - 2 adj. Silencioso, callado.

mueble adj. Movible. - 2 m. Objeto móvil que sirve para comodidad o adorno.

mueca f. Contorsión del rostro.

muela f. Piedra para moler o para afilar. 2 Diente posterior a los caninos.

muelle adj. Suave, delicado. 2 Voluptuoso. - 3 m. Pieza elástica de metal. 4 Obra a la orilla del mar o de un río, o andén alto en una estación, para el embarque y desembarque, la carga y descarga, etc.

muérdago m. Planta dicotiledónea, siempre verde, parásita de algunos árboles.

muermo m. Enfermedad contagiosa de las caballerías. 2 fig. Decaimiento.

muerte f. Cesación de la vida. 2 Acto de matar. 3 Esqueleto con una guadaña que personifica la muerte. 4 fig. Destrucción, ruina. ▷ A ~, sin piedad. De mala ~, sin importancia, despreciable.

muerto, -ta adj.-s. Que está sin vida. - 2 adj. Apagado, inactivo. ▷ Echarle a uno el ~, atribuirle a uno la culpa de una cosa. Estar ~, estar muy cansado. Ser un ~ de hambre, pasar mucha miseria; no tener significación social.

muesca f. Hueco hecho en una cosa para encajar otra. 2 Corte hecho como señal.

muestra f. Pequeña cantidad de una mercancía para darla a conocer. 2 Ejemplar que se ha de copiar. 3 fig.

Señal.

muestrario *m.* Colección de muestras.

muestreo *m.* Acción de escoger muestras representativas de la calidad o condiciones medias de un todo.

muflón *m.* Mamífero rumiante de pelaje color castaño y blanco en el vientre.

muga *f.* Desove.

mugido *m.* Voz de las reses vacunas.

mugir *intr.* Dar mugidos.

mugre *f.* Suciedad grasienta.

mugrón *m.* Sarmiento de la vid, en forma de codo.

mujer *f.* Persona del sexo femenino. 2 La casada con relación al marido.

mujeriego, -ga *adj.* Dado a mujeres.

mujerona *f.* Mujer alta y corpulenta.

mujic *m.* Campesino ruso.

mújol *m.* Pardete.

mulada *f.* Hato de ganado mular. 2 fig. fam. Brutalidad, tontería.

muladar *m.* Lugar donde se echa el estiércol o basura.

muladí *adj.-com.* Díc. del cristiano español que durante la dominación árabe abrazaba el islamismo.

mular *adj.* Perten. o rel. al mulo o la mula.

mulato, -ta *adj.-s.* Díc. del descendiente de blanco y negra. - 2 *adj.* De color moreno.

mulero *m.* Mozo de mulas.

muleta *f.* Bastón con un travesaño en un extremo que se coloca debajo del sobaco para apoyarse al andar. 2 TAUROM. Palo del que cuelga un trapo rojo para engañar al toro. 3 TAUROM. Dicho trapo.

muletilla *f.* Muleta de torero. 2 Voz o frase que uno repite con frecuencia.

muleto, -ta *m. f.* Mulo de poca edad.

muletón *m.* Tela afelpada de lana o algodón.

mulillas *f. pl.* Tiro de mulas que arrastran fuera de la plaza al toro muerto.

mulo, -la *m. f.* Híbrido de asno y yegua, o de caballo y asna. - 2 *adj.* fam. Bruto, animal.

multa *f.* Pena pecuniaria.

multar *tr.* Imponer multa.

multicaule *adj.* Que tiene muchos tallos. 2 Díc. de la planta que se ramifica desde el arranque del tallo.

multicelular *adj.* Formado de muchas células.

multicolor *adj.* De muchos colores.

multicopista *f.* Aparato para sacar copias de un escrito.

multidimensional *adj.* Que tiene varias dimensiones. 2 fig. Que concierne varios aspectos de un asunto.

multifloro, -ra *adj.* Que lleva o produce muchas flores.

multiforme *adj.* De varias formas.

multigrado, -da *adj.* Díc. del aceite lubricante que puede utilizarse en cualquier época del año.

multilátero, -ra *adj.* Díc. del polígono de más de cuatro lados.

multimedia *m. pl.* Conjunto de medios tecnológicos para la comunicación.

multimillonario, -ria *adj.-s.* Que tiene muchos millones.

multinacional *adj.* Perten. o rel. a varias naciones. - 2 *adj.-s.* Díc. de la sociedad cuyos intereses y actividades se hallan establecidos en varios países.

multípara *adj.* Que tiene varios hijos de un solo parto. 2 Díc. de la mujer que ha tenido más de un parto.

múltiple *adj.* Que no es uno ni simple.

multiplicación *f.* Ac. y ef. de multiplicar. 2 Operación de multiplicar.

multiplicador, -ra *adj.-s.* Que multiplica. - 2 *adj.-s.* MAT. Díc. del factor que en una multiplicación indica las veces que el multiplicando se ha de tomar como sumando.

multiplicando *adj.-s.* MAT. Díc. del factor que en una multiplicación debe tomarse como sumando tantas veces como indica el multiplicador.

multiplicar *tr.-prnl.* Aumentar en gran número las unidades de una especie. - 2 *tr.* Dados dos números, hallar abreviadamente la suma de tantos sumandos iguales a uno de ellos como unidades tiene el otro.

multiplicidad *f.* Calidad de múltiple.

múltiplo, -pla *adj.-m.* Díc. del número que contiene a otro varias veces exactamente.

multiprocesador *m.* Ordenador electrónico que emplea dos o más unidades bajo un control integrado.

multiprogramación *f.* Modo de explotación de un ordenador que permite ejecutar distintos programas con una misma máquina.

multisecular *adj.* Viejo, de muchos siglos.

multitratamiento *m.* Ejecución simultánea de varios programas de informática en distintos procesadores de un mismo ordenador.

multitud f. Número grande de personas o cosas. 2 fig. Vulgo.

multiuso adj. Que puede tener varios usos.

mullido m. Cosa blanda con que se rellena algo.

mullir tr. Esponjar una cosa.

mundanal adj. Mundano.

mundano, -na adj. Perten. o rel. al mundo. 2 Que frecuenta las fiestas y reuniones de la buena sociedad.

mundial adj. Perten. o rel. al mundo entero. - 2 m. Campeonato en el que participan representantes de muchos países.

mundialismo m. Doctrina que propugna la unificación de todos los países del mundo en una sola comunidad política.

mundialista adj.-com. Que ha participado en algún campeonato del mundo.

mundillo m. irón. desp. Conjunto de personas de calidad determinada.

mundo m. Conjunto de todo lo creado. 2 Tierra (planeta). 3 Sociedad humana. ▷ Ver ~ , viajar por diversos lugares.

mundología f. irón. Conocimiento del mundo y de los hombres.

mundovisión f. Transmisión de imágenes de televisión por medio de satélites.

munición f. Pertrechos de un ejército. 2 Carga de las armas de fuego.

municipal adj. Perten. o rel. al municipio. - 2 m. Guardia del municipio.

municipalidad f. Municipio.

municipalizar tr. Asignar al municipio un servicio privado.

munícipe com. Vecino de un municipio.

municipio m. Conjunto de habitantes de un término regido por un ayuntamiento. 2 El mismo ayuntamiento.

munificencia f. Generosidad.

muñeca f. Parte del cuerpo donde se articula la mano con el antebrazo. 2 Lío de trapo. 3 Figurilla de juguete.

muñeco m. Figurilla de juguete.

muñeira f. Baile popular de Galicia.

muñequero, -ra m. f. Persona que se dedica a la fabricación o venta de muñecos. - 2 f. Cinta de materia elástica o de cuero para sujetar la muñeca.

muñequilla f. Muñeca para barnizar.

muñón m. Parte de un miembro cortado que permanece adherida al cuerpo.

mural adj. Aplicado sobre una pared.

muralla f. Muro defensivo que rodea una plaza fuerte.

murallón m. Muro robusto.

murar tr. Cercar con muro.

murciano, -na adj.-s. De Murcia.

murciélago m. Mamífero volador del orden de los quirópteros de alas membranosas.

murga f. Compañía de músicos callejeros. 2 Latazo, molestia.

múrido adj.-m. Díc. del animal roedor con el hocico largo puntiagudo y la cola larga y escamosa.

murmujear intr.-tr. Hablar quedo.

murmullo m. Ruido sordo y confuso de voces, de agua corriente, de viento, etc.

murmuración f. Ac. y ef. de murmurar.

murmurar intr. Hacer ruido apacible las aguas, las hojas, etc. - 2 intr.-tr. Hablar entre dientes manifestando queja.

muro m. Pared o tapia gruesa.

murria f. Tristeza, melancolía.

murtón m. Fruto del arrayán.

mus m. Juego de naipes.

musa f. fig. Inspiración de un poeta. 2 fig. Poesía. - 3 f. pl. Las ciencias y las artes liberales.

musaraña f. Mamífero insectívoro muy pequeño, de costumbres nocturnas. ▷ Pensar en las musarañas, estar distraído.

musculatura f. Conjunto de los músculos.

músculo m. Órgano compuesto de fibras que sirve para producir el movimiento.

musculoso, -sa adj. Que tiene músculos o los tiene abultados.

muselina f. Tela muy fina y poco tupida.

museo m. Lugar donde se guardan objetos notables pertenecientes a las ciencias o a las artes. 2 Institución, sin fines de lucro, cuya finalidad consiste en la adquisición, conservación, estudio y exposición de los objetos que mejor ilustran las actividades del hombre.

museografía f. Conjunto de técnicas y prácticas relativas al funcionamiento de un museo.

museología *f.* Ciencia que trata de los museos.

muserola *f.* Correa de la brida que pasa por encima de la nariz del caballo.

musgo *m.* Planta muy pequeña, de aparato vegetativo diferenciado en falso tallo y falsas hojas, que crece formando capa.

música *f.* Arte de combinar los sonidos. 2 Concierto de instrumentos o voces. 3 Compañía de músicos. ▷ *Irse con la ~ a otra parte,* irse a molestar a otro lugar.

musical *adj.* Perten. o rel. a la música.

musicalizar *tr.* Poner música.

musicasete *f.* Casete que se vende grabada con música.

músico, -ca *adj.* Perten. o rel. a la música. - 2 *m. f.* Persona que por profesión o estudio se dedica a la música.

musicología *f.* Estudio científico de la teoría y de la historia de la música.

musicólogo, -ga *m. f.* Persona que escribe sobre música.

musicomanía *f.* Melomanía.

musiquero *m.* Mueble a propósito para guardar música (papeles).

musiquilla *f.* fam. Música fácil, sin valor. 2 Tonillo en la pronunciación.

musitar *intr.* Hablar entre dientes.

muslera *f.* Venda elástica que protege o sujeta el muslo.

muslime *adj.-s.* Mahometano.

muslo *m.* Parte de la pierna desde la cadera hasta la rodilla. 2 Parte análoga en los animales.

musmón *m.* Híbrido de carnero y cabra.

mustela *f.* Comadreja.

mustélido *adj.-m.* Díc. del mamífero carnívoro, de cuerpo muy flexible, con el cuello largo y patas cortas.

musteriense *adj.-m.* Díc. del período del paleolítico medio.

mustiar *tr.-prnl.* Marchitar.

mustio, -tia *adj.* Marchito. 2 Triste.

musulmán, -mana *adj.-s.* Mahometano.

mutabilidad *f.* Calidad de mudable.

mutación *f.* Mudanza. 2 BIOL. Cambio brusco en el conjunto de caracteres hereditarios de un ser vivo.

mutante *m.* BIOL. Nuevo gen o cromosoma que ha surgido por mutación de otro ya existente. 2 BIOL. Célula, organismo o individuo en el que se ha producido un cambio hereditario.

mutar *tr.-prnl.* Mudar, transformar. 2 Mudar o apartar de un puesto o empleo.

mutilación *f.* Ac. y ef. de mutilar.

mutilado, -da *adj.-s.* Que ha sufrido una mutilación.

mutilar *tr.* Cortar un miembro o parte del cuerpo. 2 Quitar una porción de otra cosa.

mutis *m.* Voz que se usa en el teatro para que un actor se retire de la escena. 2 Acto de retirarse. ▷ *Hacer ~,* salir de la escena o de otro lugar.

mutismo *m.* Silencio voluntario o impuesto.

mutualidad *f.* Régimen de prestaciones mutuas.

mutualismo *m.* Conjunto de asociaciones que se basan en la mutualidad. 2 Simbiosis beneficiosa a los dos seres asociados.

mutuo, -a *adj.-s.* Que recíprocamente se hace entre dos o más individuos o cosas.

muy *adv.c.* Mucho, en alto grado.

N

n *f.* Consonante alveolar, decimosexta letra del alfabeto.

nabiza *f.* Hoja tierna del nabo.

nabo *m.* Planta crucífera de raíz fusiforme, comestible.

nácar *m.* Substancia dura, blanca, que se forma en el interior de ciertas conchas.

nacarado, -da *adj.* De aspecto de nácar.

nacer *intr.* Recibir existencia en el mundo. 2 Empezar a ser. 3 Salir el vegetal de su semilla o del suelo. 4 Salir el vello, pelo, pluma. ▷ *Haber nacido de pie,* tener mucha suerte.

nacido, -da *adj.* Apto para una cosa. - 2 *adj.-s.* Díc. del ser humano, en general.

naciente *m.* Oriente (punto cardinal).

nacimiento *m.* Ac. y ef. de nacer. 2 Linaje. 3 Origen, principio. 4 Representación del nacimiento de Jesús.

nación *f.* Conjunto de habitantes de un país regido por el mismo gobierno. 2 Territorio de ese mismo país.

nacional *adj.* Perten. o rel. a la nación. - 2 *adj.-s.* Natural de una nación.

nacionalidad *f.* Carácter nacional. 2 Estado de la persona nacida o naturalizada en una nación.

nacionalismo *m.* Amor o apego a las cosas de la propia nación. 2 Doctrina que exalta la personalidad nacional completa.

nacionalista *adj.-s.* Partidario del nacionalismo.

nacionalizar *tr.-prnl.* Naturalizar una persona. 2 Hacer pasar al Estado una propiedad, servicio, etc.

nacionalsindicalismo *m.* Doctrina política y social que propugnaba la Falange Española.

nacionalsocialismo *m.* Movimiento político y social alemán de carácter fascista.

nada *pron. indef.* Ninguna cosa. - 2 *adv. neg.* En ningún modo. - 3 *f.* El no ser. ▷ *Como si* ~, sin dar importancia. *De* ~, de escaso valor, sin importancia; ex-

presión usada para responder a quien da las gracias.

nadador, -ra *adj.-s.* Que nada.

nadar *intr.* Mantenerse y avanzar dentro del agua. 2 Sobrenadar. 3 Abundar en una cosa.

nadería *f.* Cosa baladí.

nadie *pron. indef.* Ninguna persona. - 2 *m.* Persona insignificante. ▷ *Ser un don* ~, no tener personalidad ni significación.

nadir *m.* Punto de la esfera celeste opuesto al cenit.

nado (a ~ **)** *loc. adv.* Nadando.

nafta *f.* Líquido incoloro, volátil, inflamable, que se obtiene del petróleo.

naftalina *f.* Hidrocarburo sólido, blanco, que se emplea contra la polilla.

nahua *adj.-com.* Individuo de un pueblo indígena americano que habitó en América Central. - 2 *adj.-m.* Náhuatle.

nahuatlatismo *m.* Vocablo o modo de expresión propio de la lengua nahua empleado en otro idioma.

náhuatle *adj.-m.* Díc. de una lengua precolombina hablada en Méjico.

naif *adj.* Ingenuo. 2 Díc. del arte creado por individuos no profesionales y, a imitación de estos, por artistas.

naife *m.* Diamante de gran calidad.

nailon *m.* Resina sintética capaz de tomar forma de fibra muy resistente y elástica; tejido que se fabrica con ella.

naipe *m.* Cartulina rectangular que con otras compone una baraja.

nalga *f.* Parte carnosa del trasero.

nana *f.* Abuela. 2 Canción de cuna. 3 Nodriza.

nanómetro *m.* Medida de longitud, equivalente a la millonésima parte del metro.

nansa *f.* Estanque pequeño para peces.

nao *f.* Barco.

naonato, -ta *adj.-s.* Díc. de la persona nacida en una embarcación que navega.

napalm *m.* Materia inflamable a base de

gasolina, con aspecto gelatinoso.

napias *f. pl.* fam. Narices (órgano olfativo).

napiforme *adj.* Que tiene forma de nabo.

napolitano, -na *adj.-s.* De Nápoles, ciudad de Italia.

naranja *f.* Fruto del naranjo. - 2 *adj.-m.* Color de la naranja. - 3 *adj.* De color naranja.

naranjada *f.* Zumo de naranja con agua y azúcar.

naranjo *m.* Árbol rutáceo de flores blancas aromáticas y fruto redondo, de corteza encarnada y pulpa jugosa, agridulce.

narcisismo *m.* Enamoramiento de sí mismo.

narciso *m.* Planta de flores olorosas blancas o amarillas. 2 Flor de esta planta.

narcoanálisis *m.* Estudio del subconsciente de una persona narcotizada.

narcomanía *f.* Hábito irrefrenable para los narcóticos.

narcosis *f.* Producción del narcotismo; modorra, embotamiento de la sensibilidad.

narcótico, -ca *adj.-m.* Díc. de la droga que produce sopor.

narcotina *f.* Alcaloide blanco e insípido que se obtiene del opio.

narcotismo *m.* Estado de sopor producido por el uso de los narcóticos. 2 Conjunto de efectos producidos por el narcótico.

narcotizar *tr.* Adormecer con narcóticos.

narcotraficante *com.* Traficante de drogas.

narcotráfico *m.* Tráfico de drogas.

nardo *m.* Planta de flores blancas, olorosas, en espiga. 2 Flor de esta planta.

narigudo, -da *adj.* De gran nariz.

nariguera *f.* Pendiente que se ponen algunos indios en la nariz.

nariz *m.* Órgano olfativo con dos cavidades revestidas de una membrana mucosa, que comunican con la faringe; esp. parte externa de este órgano. ▷ *Darle a uno en la ~,* sospechar. *Dejar a uno con un palmo de narices,* engañar o defraudar sus esperanzas. *Hinchársele a uno las narices,* enfadarse.

narizota *f.* Nariz sumamente grande y fea. - 2 *m. pl.* Persona de gran nariz.

narración *f.* Ac. y ef. de narrar. 2 Escrito en prosa en que se narra una historia.

narrar *tr.* Exponer una serie de hechos reales o imaginarios sucedidos a lo largo de un tiempo.

narrativo, -va *adj.* Perten. o rel. a la narración. - 2 *f.* Género literario en prosa constituido fundamentalmente por la novela y el cuento.

nártex *m.* Parte de la basílica cristiana.

narval *m.* Mamífero cetáceo, con un gran diente que se prolonga horizontalmente.

nasa *f.* Arte de pesca en forma de cilindro con un embudo dirigido hacia adentro.

nasal *adj.* Perten. o rel. a la nariz. - 2 *adj.-f.* Díc. del sonido en cuya producción el aire espirado pasa por la nariz.

nasalizar *tr.* Hacer nasal un sonido.

nasofaríngeo, -a *adj.* Que está situado en la faringe por encima del velo del paladar y detrás de las fosas nasales.

nata *f.* Substancia espesa que se mantiene sobre algunos líquidos al cocerlos. 2 Lo mejor de una cosa.

natación *f.* Acción y arte de nadar.

natal *adj.* Perten. o rel. al nacimiento.

natalicio, -cia *adj.* Perten. o rel. al día del nacimiento.

natalidad *f.* Número proporcional de nacimientos en población y tiempo dados.

natatorio, -ria *adj.* Perten. o rel. a la natación. 2 Que sirve para nadar.

natillas *f. pl.* Dulce de huevo, leche y azúcar.

natividad *f.* Nacimiento.

nativo, -va *adj.* Que nace naturalmente. 2 Perten. o rel. al lugar donde uno ha nacido. 3 Díc. del elemento que se encuentra puro en la naturaleza.

nato, -ta *adj.* Díc. de la cualidad o defecto que se tiene de nacimiento. 2 Díc. del título o cargo anejo a un empleo o a la calidad de un sujeto.

natrón *m.* Carbonato sódico usado en las fábricas de jabón y vidrio.

natura *f.* Naturaleza.

natural *adj.* Perten. o rel. a la naturaleza. 2 Conforme a la naturaleza de un ser o a las circunstancias de un caso. 3 Sin artificio. - 4 *adj.-s.* Originario de un país, región o provincia. - 5 *m.* Índole, genio. ▷ *Al ~,* sin variación ni manipulación.

naturaleza *f.* Conjunto de las cosas del universo y de las fuerzas que en él se manifiestan. 2 Esencia. 3 Origen que uno tiene según el lugar donde ha nacido.

naturalidad *f.* Calidad de natural. 2 Sencillez falta de afectación.

naturalismo *m.* Toda doctrina filosófica que tiende a explicar las cosas únicamente por leyes naturales. 2 Escuela literaria del s. XIX que trata de reflejar la realidad sin idealizarla.

naturalizar *tr.-prnl.* Admitir a un extranjero como natural de un país.

naturismo *m.* Doctrina que preconiza el empleo de los agentes naturales para la conservación de la salud.

naufragar *intr.* Irse a pique una embarcación. 2 Salir mal un intento o negocio.

naufragio *m.* Hecho de naufragar.

náufrago, -ga *adj.-s.* Que ha padecido naufragio.

naumaquia *f.* En la ant. Roma espectáculo que representaba un combate naval.

náusea *f.* Ansia de vomitar. 2 Asco.

nauseabundo, -da *adj.* Que produce náuseas.

nauta *m.* Marinero, navegante.

náutica *f.* Navegación marítima o fluvial.

náutico, -ca *adj.* Perten. o rel. a la navegación.

nautilo *m.* Molusco cefalópodo cubierto por una concha en espiral.

nava *f.* Llanura entre montañas.

navaja *f.* Cuchillo plegable. 2 Molusco comestible, de conchas casi rectangulares.

navajazo *m.* Golpe de navaja.

navajero, -ra *adj.-s.* Que emplea la navaja como arma.

naval *adj.* Perten. o rel. a las naves.

navarrismo *m.* Movimiento político defensor de la autonomía de Navarra, y de su independencia del País Vasco.

navarro, -rra *adj.* De Navarra.

navarroaragonés, -nesa *adj.-s.* Perten. o rel. a Navarra y Aragón. - 2 *m.* Dialecto romance nacido en Navarra y Aragón como evolución del latín.

nave *f.* Barco. 2 ~ *espacial,* aeronave. 3 Espacio grande entre muros o filas de arcadas de un edificio. ▷ *Quemar las*

naves, tomar una decisión que no admite rectificación.

navegable *adj.* Díc. del río que se puede navegar. 2 Que puede navegar.

navegación *f.* Acción de navegar.

navegante *adj.-s.* Que navega.

navegar *intr.* Ir por el agua o por el aire en una nave o embarcación. 2 Andar la nave.

naveta *f.* Monumento prehistórico funerario de Menorca con apariencia de nave.

navicular *adj.* De forma de nave.

navidad *f.* Fiesta de la Natividad de Jesucristo.

navideño, -ña *adj.* Perten. o rel. a la Navidad.

naviero, -ra *adj.* Perten. o rel. a naves. - 2 *m.* Dueño de barcos.

navío *m.* Barco.

náyade *f.* Ninfa de los ríos y fuentes.

nazareno *m.* Penitente que en las procesiones de Semana Santa lleva una túnica.

nazismo *m.* Nacionalsocialismo.

neanderthal *m.* Raza humana prehistórica.

neblina *f.* Niebla espesa y baja.

nebulizar *tr.* Proyectar un líquido en pequeñísimas gotas.

nebulosa *f.* Masa celeste, difusa, de aspecto de nube, formada por estrellas.

nebuloso, -sa *adj.* Obscurecido por la niebla o las nubes.

necedad *f.* Calidad de necio. 2 Dicho o hecho necio.

necesario, -ria *adj.* Que no puede dejar de ser. 2 Que hace falta para algún fin.

neceser *m.* Estuche con objetos de tocador o de costura.

necesidad *f.* Impulso irresistible. 2 Imposibilidad de que una cosa deje de ser. 3 Falta de lo indispensable. - 4 *f. pl.* Evacuación corporal.

necesitado, -da *adj.-s.* Falto de lo necesario.

necesitar *tr.* Tener necesidad.

necio, -cia *adj.-s.* Díc. de la persona que no sabe lo que podía o debía saber. 2 Imprudente.

nécora *f.* Cangrejo de mar comestible, de caparazón de color rojo.

necrocomio *m.* Depósito judicial de cadáveres no identificados.

necrófago, -ga *adj.-s.* Que se alimenta

de cadáveres.

necrofilia *f.* Coito con un cadáver. 2 Inclinación anormal hacia los muertos.

necrofobia *f.* Fobia a los muertos. 2 Fobia a la muerte.

necróforo, -ra *adj.-s.* Díc. del coleóptero que entierra los cadáveres de otros animales para depositar en ellos sus huevos.

necrolatría *f.* Adoración tributada a los muertos.

necrología *f.* Noticia referente a la vida de una persona que ha fallecido. 2 Lista o noticia de muertos en periódicos y estadísticas.

necrológico, -ca *adj.* Perten. o rel. a la necrología.

necrópolis *f.* Cementerio.

necrosis *f.* Gangrena de una parte de los tejidos del organismo.

néctar *m.* Licor delicioso. 2 Líquido azucarado que contienen ciertas flores.

nectario *m.* Glándula secretora de néctar en ciertas flores.

nectópodo *m.* Apéndice adaptado para nadar.

neerlandés, -desa *adj.-s.* Holandés. - 2 *m.* Lengua holandesa.

nefando, -da *adj.* Horriblemente malo, execrable.

nefario, -ria *adj.* Sumamente malvado, detestable.

nefasto, -ta *adj.* Triste, funesto.

nefelio, -na *adj.* Pequeña sombra que se forma en la córnea.

nefrectomía *f.* Operación consistente en extirpar un riñón.

nefridio *m.* Órgano excretor rudimentario de los animales inferiores.

nefrita *f.* Piedra preciosa que forma parte del jade.

nefritis *f.* Inflamación de los riñones.

nefrología *f.* Rama de la medicina que estudia el riñón y sus enfermedades.

negación *f.* Ac. y ef. de negar. 2 GRAM. Partícula negativa.

negado, -da *adj.* Incapaz, inepto.

negar *tr.* Decir que una cosa no es cierta. 2 No conceder. 3 Vedar. 4 No reconocer. - 5 *prnl.* Excusarse de hacer una cosa.

negativismo *m.* Doctrina que niega toda realidad y creencia.

negativo, -va *adj.* Que expresa negación. - 2 *m.* Prueba fotográfica que reproduce invertidos los claros y obscuros del original.

negatoscopio *m.* Pantalla luminosa para ver radiografías por transparencia.

negligé *m.* Salto de cama, bata casera de mujer.

negligencia *f.* Falta de cuidado, atención o interés.

negligente *adj.-s.* Que actúa con negligencia.

negociación *f.* Ac. y ef. de negociar.

negociado *m.* Sección de ciertas oficinas.

negociador, -ra *adj.-s.* Que negocia. 2 Que gestiona asuntos diplomáticos.

negociante *m.* Comerciante.

negociar *intr.* Comerciar. - 2 *tr.* Tratar asuntos.

negocio *m.* Asunto, ocupación, diligencia. 2 Utilidad que se logra negociando. ▷ *Hacer ~,* ganar dinero.

negra *f.* MÚS. Figura cuya duración es equivalente a la mitad de una blanca.

negrear *intr.* Tirar a negro.

negrecer *intr.-prnl.* Ponerse negro.

negrero, -ra *adj.-s.* Díc. del que se dedicaba a la trata de negros. 2 Cruel, inhumano con los inferiores.

negrismo *m.* Expresión artística de lo que es propio de los negros.

negrita *adj.-f.* Díc. de la letra especial que se destaca de los trazos ordinarios.

negro, -gra *adj.-m.* Color totalmente oscuro. - 2 *adj.* De color negro. - 3 *adj.-s.* Díc. del individuo de raza negra.

negroide *adj.* Característico del negro.

negruzco, -ca *adj.* De color moreno o algo negro.

nemoroso, -sa *adj.* Perten. o rel. al bosque.

nene, -na *m. f.* Niño pequeño.

nenúfar *m.* Planta acuática de flores blancas.

neocelandés, -desa *adj.-s.* De Nueva Zelanda.

neoclasicismo *m.* Corriente literaria y artística de la segunda mitad del s. XVIII.

neófito, -ta *m. f.* Persona recién bautizada. 2 Persona recientemente adherida a una opinión, partido, etc.

neolatino, -na *adj.* Que procede o se deriva de los latinos. 2 Díc. de la lengua que procede del latín.

neolítico, -ca *adj.-s.* Díc. del período

de la edad de piedra tras el paleolítico.

neologismo *m.* Modo de expresión nuevo en una lengua. 2 Uso de ellos.

neón *m.* Elemento gaseoso, poco activo; es uno de los gases nobles.

neoplatonismo *m.* Sistema filosófico inspirado en la doctrina de Platón.

nepalés, -lesa, nepalí *adj.-s.* De Nepal. - 2 *m.* Lengua nepalesa.

nepotismo *m.* Favoritismo para con los parientes o protegidos.

neptuno *m.* Dios de las aguas. 2 Planeta mayor que la Tierra y el más alejado del Sol después de Plutón.

nereida *f.* Ninfa del mar.

nervadura *f.* Moldura saliente en un ángulo o arista. 2 Conjunto de los nervios de una hoja o de un ala de insecto.

nervio *m.* Cordón fibroso que, partiendo del cerebro y la médula espinal, transmite las impresiones y los impulsos motores. 2 p. ext. Tendón. 3 Fuerza, vitalidad. 4 Haz fibroso en una hoja o en el ala de un insecto. 5 Arco saliente en el intradós de una bóveda.

nerviosismo *m.* Estado de excitación nerviosa.

nervioso, -sa *adj.* Que tiene nervios. 2 Perten. o rel. a los nervios. 3 De nervios irritables.

nervosidad *f.* Fuerza y actividad de los nervios.

neto, -ta *adj.* Limpio, puro. 2 Dic. del valor o peso que resulta después de deducidos los gastos o la tara.

neumático, -ca *adj.* Que opera con el aire. - 2 *m.* Tubo de goma lleno de aire que sirve de llanta a las ruedas de vehículos.

neumología *f.* Rama de la medicina que estudia las enfermedades de los pulmones o de las vías respiratorias.

neumonía *f.* Pulmonía.

neuralgia *f.* Dolor en un nervio.

neurálgico, -ca *adj.* Perten. o rel. a la neuralgia. 2 fig. De la mayor importancia.

neurastenia *f.* Debilidad nerviosa.

neuritis *f.* Inflamación de un nervio.

neurología *f.* Rama de la medicina que estudia el sistema nervioso.

neurona *f.* Célula nerviosa.

neuropatía *f.* Enfermedad nerviosa.

neurosis *f.* Enfermedad funcional nerviosa.

neurótico, -ca *adj.* Perten. o rel. a la neurosis. - 2 *adj.-s.* Que la padece.

neutral *adj.* Que entre dos partes que contienden no se inclina a ninguna.

neutralidad *f.* Calidad de neutral.

neutralizar *tr.* Hacer neutral o neutro. 2 Contrarrestar.

neutro, -tra *adj.* Que no presenta ni uno ni otro de dos caracteres opuestos. 2 No definido. 3 Que no presenta fenómeno eléctrico o magnético. 4 No apto para la generación.

neutrón *m.* Constituyente del núcleo atómico de carga eléctrica nula.

nevada *f.* Cantidad de nieve caída sin interrupción sobre la tierra.

nevado, -da *adj.* Cubierto de nieve.

nevar *impers.* Caer nieve.

nevera *f.* Mueble frigorífico para la conservación de alimentos.

nevisca *f.* Nevada corta de copos menudos.

nevoso, -sa *adj.* Que a menudo lo cubre la nieve. 2 De nieve.

newton *m.* Unidad de fuerza en el Sistema Internacional.

nexo *m.* Nudo, unión, vínculo.

ni *m.* Decimotercera letra del alfabeto griego, equivalente a la *n* del español. - 2 *conj. copul.* Enlaza oraciones negativas o términos de una oración negativa. ▷ ~ *que*, en oraciones exclamativas, como si.

nicaragüense, nicaragüeño, -ña *adj.-s.* De Nicaragua.

nicotina *f.* Alcaloide venenoso del tabaco.

nicho *m.* Concavidad formada en un muro para colocar algo esp., un cadáver.

nidada *f.* Conjunto de los huevos o pájaros de un nido.

nidificar *intr.* Hacer nidos las aves.

nido *m.* Especie de lecho donde las aves ponen sus huevos y crían sus pollos.

niebla *f.* Condensación del vapor de agua de la atmósfera.

nieto, -ta *m. f.* Hijo o hija del hijo o de la hija, respecto de una persona.

nieve *f.* Agua congelada que cae de las nubes formando copos blancos. 2 Suma blancura de cualquier cosa.

nife *m.* Núcleo de la tierra que se considera formado por níquel y hierro.

night club *m.* Sala de fiestas que funciona por la noche.

nigromancia *f.* Adivinación supersticiosa por medio de la invocación a los muertos. 2 Magia negra.

nihilismo m. Doctrina que niega la existencia de una realidad substancial.

nihilista adj.-s. Que profesa el nihilismo.

nilón m. Nailon.

nimbo m. Aureola. 2 Nube baja obscura, de aspecto uniforme.

nimiedad f. Poquedad, cortedad.

nimio, -mia adj. Insignificante.

ninfa f. Divinidad femenina de las aguas, bosques, etc. 2 Mujer hermosa. 3 Insecto que ha pasado del estado de larva.

ningún adj. indef. Apócope de ninguno, antepuesto a nombre masculino.

ninguno, -na adj. indef. Ni uno solo. - 2 pron. indef. Refuerza la negación; nadie.

ninot m. Muñeco que se pone en las calles de Valencia durante las fallas.

niña f. Pupila del ojo.

niñato, -ta adj.-s. Díc. del joven inexperto, irreflexivo o presuntuoso.

niñera f. Criada para cuidar niños.

niñería f. Acción propia de niños. 2 Cosa pequeña y sin importancia.

niñez f. Primer período de la vida del hombre.

niño, -ña adj.-s. Díc. de la persona que está en la niñez o es muy joven.

nipón, -pona adj.-s. Japonés.

níquel m. Metal duro, maleable y dúctil, de color blanco semejante al de la plata.

niquelar tr. Cubrir con un baño de níquel otro metal.

niqui m. Especie de blusa de punto.

nirvana m. En el budismo, suprema y eterna beatitud que consiste en una existencia despojada de todo atributo corpóreo.

níspero m. Árbol de tronco delgado, hojas grandes y fruto aovado comestible.

níspola f. Fruto del níspero.

nit m. fís. Unidad de luminancia del Sistema Internacional equivalente a una candela por centímetro cuadrado.

nitidez f. Calidad de nítido.

nítido, -da adj. Limpio, claro.

nitrato m. Sal del ácido nítrico.

nítrico, -ca adj. Perten. o rel. al nitro o al nitrógeno. 2 Ácido ~, el que se obtiene por acción del ácido sulfúrico sobre un nitrato.

nitro m. Nitrato de potasio nativo.

nitrogenado, -da adj. Que contiene nitrógeno.

nitrógeno m. Elemento gaseoso, incoloro, inodoro e insípido.

nitroglicerina f. Líquido explosivo con el que se forma la dinamita.

nitroso, -sa adj. Que tiene nitro o salitre. 2 Díc. del compuesto en que el nitrógeno tiene una valencia más baja que en los nítricos.

nitrotolueno m. Compuesto del tolueno, que se utiliza en la fabricación de explosivos.

nivación f. Erosión producida por la nieve.

nivel m. Aparato para comprobar la horizontalidad o verticalidad de un plano o para determinar la diferencia de altura entre dos puntos. 2 Grado de elevación de una línea o plano horizontal. 3 ~ de vida, grado de bienestar alcanzado por un grupo social. ▷ A ~, en un plano horizontal.

nivelación f. Ac. y ef. de nivelar.

nivelar tr. Comprobar o medir con el nivel. - 2 tr.-prnl. Poner un plano en la posición horizontal justa.

níveo, -a adj. De nieve o parecido a ella.

no adv. neg. Niega o deniega la acción que expresa el verbo al que precede. 2 En la respuesta a preguntas, expresa negación con valor absoluto. 3 En oraciones interrogativas, denota duda o extrañeza. 4 Con verbos de voluntad o temor, adquiere un valor dubitativo sin significación negativa. - 5 m. Negación. ▷ ~ bien, inmediatamente que, en cuanto. ~ más, sólo, solamente. ~ menos, denota ponderación.

nobiliario, -ria adj. De la nobleza.

nobilísimo, -ma adj. Superlativo de noble.

noble adj. Ilustre. 2 Honroso. 3 Principal, excelente. - 4 adj.-s. Díc. de la persona que goza de ciertos títulos.

nobleza f. Calidad de noble. 2 Conjunto de los nobles de un país.

noblote, -ta adj. Que procede con nobleza llana.

nocautear tr. Noquear (en boxeo).

noción f. Idea de una cosa. 2 Conocimiento elemental.

nocivo, -va adj. Dañino.

noctámbulo, -la adj.-s. Que acostumbra a andar por la noche.

noctiluco, -ca *adj.* Que luce en la oscuridad.

nocturnidad *f.* Circunstancia agravante de responsabilidad que resulta de perpetrarse de noche ciertos delitos.

nocturno, -na *adj.* Perten. o rel. a la noche. 2 Que se hace en la noche. - 3 *m.* Pieza musical de melodía dulce.

noche *f.* Tiempo comprendido entre la puesta y la salida del Sol. ▷ *De ~,* después del crepúsculo vespertino. *De la ~ a la mañana,* de manera rápida e inesperada. *~ y día,* siempre o continuamente.

nochebuena *f.* Noche de la vigilia de Navidad.

nocherniego, -ga *adj.* Que anda de noche.

nodo *m.* Punto en que la órbita de un planeta corta la elíptica. 2 Tumor duro que se forma sobre huesos y tendones.

nodriza *f.* Ama de cría.

nódulo *m.* Concreción mineral de composición distinta al resto de la roca.

noema *f.* LING. En algunas escuelas lingüísticas, rasgo semántico que, junto con otros, compone un semema.

noesis *f.* FIL. Visión intelectual, pensamiento.

nogal *m.* Árbol frutal de tronco corto y robusto, copa extensa y drupa ovoide. 2 Madera de este árbol.

nogalina *f.* Color obtenido de la cáscara de la nuez.

noguerado, -da *adj.-m.* Color pardo obscuro como el de la madera del nogal. - 2 *adj.* De color noguerado.

nómada, nómade *adj.* Que anda vagando, sin domicilio o asiento fijo.

nomadismo *m.* Estado social y económico primitivo propio de los pueblos que fijan su residencia según las necesidades del momento.

nombradía *f.* Nombre (fama).

nombrado, -da *adj.* Famoso, célebre.

nombramiento *m.* Ac. y ef. de nombrar. 2 Documento en que consta un nombramiento.

nombrar *tr.* Decir el nombre de una persona o cosa. 2 Elegir para un cargo.

nombre *m.* Palabra con que se designa una persona o cosa. 2 Reputación. 3 GRAM. Parte de la oración o del discurso para designar personas, animales o cosas. ▷ *En ~ de,* representando a. *No*

tener ~, merecer censura o vituperio.

nomenclátor *m.* Catálogo de nombres.

nomenclatura *f.* Lista de nombres de personas o cosas. 2 Conjunto de las voces técnicas de una ciencia. 3 Conjunto de las entradas de un diccionario.

nomeolvides *f.* Flor de la raspilla. 2 Pulsera que lleva el nombre grabado.

nómina *f.* Relación nominal de empleados que han de percibir sus haberes en una empresa. 2 Suma de dichos haberes.

nominal *adj.* Perten. o rel. al nombre.

nominalismo *m.* Doctrina metafísica según la cual los universales carecen de toda existencia.

nominar *tr.* Nombrar.

nominativo, -va *adj.* Que ha de llevar el nombre de su propietario. - 2 *m.* Caso de la declinación que corresponde al sujeto de la oración.

nomograma *m.* Gráfico que permite leer la solución de cálculos sin efectuarlos.

non *adj.-m.* Impar. - 2 *m. pl.* Negación repetida o enfática de una cosa.

nona *f.* Última parte de las cuatro en que dividían los romanos el día artificial.

nonada *f.* Cosa de poca importancia.

nonagenario, -ria *adj.-s.* Que ha cumplido los noventa años.

nonagésimo, -ma *adj.-s.* Parte que, junto a otras ochenta y nueve iguales, constituye un todo. - 2 *adj.* Que ocupa el último lugar en una serie ordenada de noventa.

nonágono, -na *adj.-m.* Eneágono.

nonato, -ta *adj.* No nacido naturalmente. 2 Que no existe aún.

noningentésimo, -ma *adj.-s.* Parte que, junto a otras ochocientas noventa y nueve iguales, constituye un todo. - 2 *adj.* Que ocupa el último lugar en una serie ordenada de novecientos.

nono, -na *adj.* Noveno.

nónuplo, -pla *adj.* Que contiene un número nueve veces exactamente.

noosfera *f.* Conjunto que forman los seres inteligentes con el medio en que viven.

nopal *m.* Chumbera.

noquear *tr.* En boxeo, poner fuera de combate.

nordeste *m.* Punto del horizonte equidistante del norte y del este. 2 Viento que sopla de esta parte.

nórdico, -ca *adj.* Escandinavo. - 2 *adj.-m.* Grupo de lenguas germánicas del norte de Europa.

noria *f.* Máquina para elevar agua. 2 Pozo donde se coloca este aparato. 3 Recreo de feria formado por una gran rueda vertical giratoria.

norma *f.* Regla que se debe seguir.

normal *adj.* Que se halla en su estado natural. 2 Que se ajusta a ciertas normas. 3 Corriente, ordinario, usual.

normalidad *f.* Calidad de normal.

normalizar *tr.-prnl.* Someter a norma. 2 Poner en buen orden.

normando, -da *adj.-s.* De Normandía.

normativo, -va *adj.* Que sirve de norma. - 2 *f.* Conjunto de normas aplicables a una determinada materia o actividad.

noroeste *m.* Punto del horizonte equidistante del norte y el oeste. 2 Viento que sopla de esta parte.

nortada *f.* Viento del norte cuando sopla sin interrupción por algún tiempo.

norte *m.* Punto cardinal situado frente a un observador a cuya derecha está el este. 2 Viento que sopla de esta parte. 3 Lugar de la tierra que cae del lado del polo ártico, respecto de otro con el cual se compara. 4 Polo ártico. 5 fig. Guía.

norteafricano, -na *adj.-s.* Del norte de África.

norteamericano, -na *adj.-s.* De América del Norte, y especialmente de los Estados Unidos de América.

norteño, -ña *adj.* Perten. o rel. a las gentes o cosas situadas hacia el norte.

noruego, -ga *adj.-s.* De Noruega. - 2 *m.* Lengua noruega.

nos *pron. pers.* Forma de primera persona para el objeto directo e indirecto sin preposición, de género masculino y femenino y en número plural.

nosogenia *f.* Origen y desarrollo de las enfermedades. 2 Parte de la nosología que estudia estos fenómenos.

nosología *f.* Parte de la medicina que tiene por objeto describir y clasificar las enfermedades.

nosomántica *f.* Supuesto modo de curar por encantamiento.

nosotros, -tras *pron. pers.* Forma de la primera persona para el sujeto en género masculino y femenino y en número plural.

nostalgia *f.* Pena de verse ausente de la patria o de los deudos o amigos.

nostálgico, -ca *adj.* Perten. o rel. a la nostalgia. - 2 *adj.-s.* Que la padece.

nota *f.* Señal; cualidad característica. 2 Advertencia, comentario, etc., que va fuera de texto. 3 Comunicación diplomática. 4 Indicación sobre la aplicación, conducta, etc., de uno; calificación de examen. 5 MÚS. Signo que representa un sonido. ▷ *Tomar* ~, tener en consideración.

notabilidad *f.* Calidad de notable. 2 Persona notable.

notable *adj.* Digno de nota o atención. 2 Grande. - 3 *m.* Nota inferior a la de sobresaliente. - 4 *m. pl.* Personas principales.

notación *f.* Representación por medio de signos convencionales.

notar *tr.* Advertir. 2 Poner notas en los escritos.

notaría *f.* Profesión o despacho de notario.

notariado, -da *adj.* Autorizado ante notario. - 2 *m.* Carrera o profesión de notario. 3 Colectividad de notarios.

notarial *adj.* Perten. o rel. al notario o autorizado por él.

notario, -ria *m. f.* Funcionario público que da fe de los contratos, testamentos y otros actos.

noticia *f.* Conocimiento. 2 Suceso que se comunica a quien lo desconoce.

noticiar *tr.* Dar noticia.

noticiario *m.* Colección de noticias. 2 Película cinematográfica, emisión de radio o televisión, o sección de los periódicos, dedicada a dar noticias de actualidad.

notición *m.* Noticia extraordinaria.

notificación *f.* Ac. y ef. de notificar.

notificar *tr.* Dar noticia.

notocordio *m.* Cuerda cartilaginosa que tienen en el dorso los animales del tipo de los cordados.

notoriedad *f.* Calidad de notorio.

notorio, -ria *adj.* Conocido y respetado por todos.

nova *f.* Estrella cuyo brillo experimenta bruscas variaciones.

novatada *f.* Broma pesada que se suele dar a los recién llegados a algún lugar.

novato, -ta *adj.-s.* Nuevo o principiante.

novecientos, -tas adj. Nueve veces ciento.

novedad f. Calidad de nuevo. 2 Extrañeza que causa lo nuevo. 3 Noticia. - 4 f. pl. Mercancías adecuadas a la moda.

novedoso, -sa adj. Que tiene novedad.

novel adj. Novato, sin experiencia.

novela f. Obra literaria extensa y en prosa. 2 Ficción, mentira.

novelar intr. Escribir novelas. 2 Contar patrañas. - 3 tr. Dar forma de novela.

novelero, -ra adj.-s. Amigo de novedades, fábulas o novelas.

novelesco, -ca adj. Propio de las novelas.

novelista com. Autor de novelas.

novelística f. Tratado histórico o preceptivo de la novela. 2 Literatura novelesca.

novelizar tr. Dar a alguna narración forma y condiciones novelescas.

novena f. Espacio de nueve días dedicados a determinado culto o devoción.

noveno, -na adj. Que ocupa el último lugar en una serie ordenada de nueve lugares.

noventa adj. Nueve veces diez.

noventavo, -va adj. Nonagésimo (parte).

noviazgo m. Estado de novio o novia.

noviciado m. Tiempo que pasa un religioso antes de profesar. 2 Conjunto de novicios y casa en que habitan.

novicio, -cia m. f. Religioso que aún no ha profesado. - 2 adj.-s. Principiante.

noviembre m. Undécimo mes del año.

novilunio m. Conjunción de la Luna con el Sol.

novillada f. Conjunto de novillos. 2 Lidia de novillos.

novillero m. El que lidia novillos.

novillo, -lla m. f. Toro o vaca joven. - 2 m. pl. Acción de faltar a la escuela.

novio, -via m. f. Persona recién casada o que mantiene relaciones con intención de casarse.

novísimo, -ma adj. Superlativo de nuevo.

nubarrón m. Nube grande y densa separada de otras. 2 Cosa que obscurece.

nube f. Masa de vapor de agua mantenida en suspensión en la atmósfera por corrientes de aire ascendentes.

núbil adj. En edad de casarse.

nublado, -da adj. Cubierto de nubes. - 2 m. Nube que amenaza tempestad.

nubosidad f. Estado nuboso.

nuboso, -sa adj. Cubierto de nubes.

nuca f. Parte superior de la cerviz.

nuclear adj. Perten., rel. o propio del núcleo, especialmente del átomo.

nuclearización f. Sustitución de las fuentes tradicionales de energía por las de origen nuclear. 2 Instalación, proliferación de armas atómicas.

nuclearizar tr. Instalar una industria atómica. 2 Dotar de armamento atómico.

nucleico, -ca adj. Díc. de los ácidos que forman parte de los elementos fundamentales del núcleo de la célula.

núcleo m. Semilla de los frutos. 2 Parte o masa compacta que forma el centro de ciertas cosas. 3 Parte más densa y luminosa de un astro. 4 Corpúsculo esencial de la célula. 5 Parte central del átomo en la que radica su masa, formada por protones y neutrones. 6 fig. Elemento primordial.

nucléolo m. Órgano esferoidal en el núcleo de las células.

núcula f. Fruto seco de pericarpio óseo o coriáceo. 2 Pequeño hueso de un fruto.

nudillo m. Articulación de las falanges de los dedos.

nudo m. Unión entrelazada de uno o más hilos, cuerdas, etc. 2 Vínculo. 3 Dificultad. 4 Parte del tallo de una planta en que se inserta una hoja. 5 Punto donde se cruzan dos o más vías de comunicación, montañas, etc. 6 MAR. Unidad de velocidad naval, equivale a una milla por hora.

nudoso, -sa adj. Que tiene nudos.

nuera f. Mujer del hijo, respecto a los padres de éste.

nuestro, -tra adj-pron. poses. Forma de primera persona en género masculino, femenino y neutro; es plural en cuanto a los poseedores, y singular o plural en cuanto a la cosa poseída.

nueva f. Noticia que no se había dicho ni oído.

nueve adj. Ocho y uno.

nuevo, -va adj. Recién hecho, fabricado, comprado, llegado, etc. 2 Que se ve u oye por primera vez. 3 Poco o nada usado. 4 Precediendo al nombre, otro. ▷ De ~, otra vez.

nuez f. Fruto del nogal. 2 Prominencia que forma la laringe en la garganta.

nulidad *f.* Calidad de nulo. 2 Persona inepta.

nulo, -la *adj.* Falto de valor legal. 2 Incapaz, inepto.

numen *m.* Deidad pagana. 2 Inspiración poética.

numeración *f.* Ac. y ef. de numerar. 2 Sistema de expresar los números. 3 ~ *arábiga,* la que emplea los diez signos árabes. 4 ~ *romana,* la que expresa los números por medio de siete letras.

numerador *m.* Instrumento para numerar. 2 Término de la fracción que indica cuántas partes de la unidad contiene aquélla.

numeral *adj.* Perten. o rel. al número.

numerar *tr.* Contar por el orden de los números. 2 Marcar con números sucesivos.

numerario, -ria *adj.* Del número. - 2 *adj.-s.* Díc. del funcionario que ocupa su plaza en propiedad.

numérico, -ca *adj.* Perten. o rel. a los números.

número *m.* Expresión de la relación existente entre la cantidad y la unidad. 2 Signo o signos con que se representa. 3 Cantidad de personas o cosas de una especie. 4 Parte de un espectáculo. 5 GRAM. Accidente que expresa si una palabra se refiere a una sola persona o cosa o a más de una. ▷ *Hacer números,* calcular las posibilidades de una inversión o negocio.

numeroso, -sa *adj.* Que incluye gran número.

numismática *f.* Ciencia que estudia las monedas y medallas.

nunca *adv. t.* En ningún tiempo. ▷ ~ *jamás,* nunca, con sentido enfático.

nunciatura *f.* Dignidad de nuncio.

nuncio *m.* Mensajero, enviado. 2 Representante diplomático del Papa.

nupcial *adj.* Perten. o rel. a las nupcias.

nupcias *f. pl.* Boda.

nurse *f.* Niñera.

nutación *f.* Ligera oscilación periódica del eje de la Tierra causada principalmente por la atracción lunar. 2 Cambio de dirección y posición de ciertos órganos de una planta en su crecimiento.

nutria *f.* Mamífero carnívoro mustélido de cuerpo delgado, patas cortas y pelaje espeso.

nutrición *f.* Ac. y ef. de nutrir o nutrirse.

nutrido, -da *adj.* fig. Lleno, abundante.

nutrir *tr.-prnl.* Proporcionar al organismo viviente las substancias que necesita para su crecimiento.

nutritivo, -va *adj.* Que nutre.

Ñ

ñ *f.* Consonante palatal, decimoséptima letra del alfabeto.

ñame *m.* Planta de tallos endebles, hojas grandes y raíz tuberculosa comestible.

ñandú *m.* Ave corredora, parecida al avestruz, pero con tres dedos en cada pata.

ñaque *m.* Conjunto de cosas inútiles y ridículas.

ñiquiñaque *m.* Sujeto o cosa despreciable.

ñoclo *m.* Especie de melindre de harina, azúcar, huevos, vino y anís.

ñoñería *f.* Acción o dicho propio de persona ñoña.

ñoñez *f.* Calidad de ñoño. 2 Ñoñería.

ñoño, -ña *adj.-s.* Apocado y quejumbroso. 2 Soso, insubstancial.

ñoqui *m. pl.* Pasta italiana.

ñora *f.* Pimiento muy picante que se utiliza seco para condimentar.

ñu *m.* Antílope propio del África del Sur.

O

o *f.* Vocal velar, decimoctava letra del alfabeto. - 2 *conj. disyunt.* Denota alternativa o contraposición. 3 Denota equivalencia. ▷ *No saber hacer la ~ con un canuto,* ser muy ignorante.

oasis *m.* Vegetación en un desierto.

obcecación *f.* Ofuscación tenaz.

obcecar *tr.-prnl.* Cegar, ofuscar.

obedecer *tr.* Cumplir la voluntad de quien manda. - 2 *intr.* Provenir, dimanar.

obediencia *f.* Acción de obedecer.

obediente *adj.* Que obedece.

obelisco *m.* Monumento en forma de pilar alto de cuatro caras convergentes.

obertura *f.* Pieza con que se da principio a una ópera u otra composición musical.

obesidad *f.* Calidad de obeso.

obeso, -sa *adj.* Díc. de la persona muy gruesa.

óbice *m.* Obstáculo.

obispado *m.* Dignidad y territorio del obispo. 2 Edificio de la curia episcopal.

obispillo *m.* Rabadilla de las aves.

obispo *m.* Prelado superior de una diócesis.

óbito *m.* Fallecimiento.

obituario *m.* Libro parroquial de las partidas de defunción y de entierro. 2 Sección necrológica de un periódico.

objeción *f.* Razón que se opone para impugnar algo. 2 *~ de conciencia,* oposición a cumplir el servicio militar.

objetar *tr.* Oponer reparo; proponer una razón contraria.

objetivamente *adv. m.* En cuanto al objeto. 2 De manera objetiva, sin pasión.

objetivar *tr.* Hacer objetivo algo. 2 Independizar algo del sujeto.

objetivo, -va *adj.* Perten. o rel. al objeto en sí. - 2 *m.* Lente colocada en un aparato óptico en la parte dirigida hacia los objetos. 3 Objeto, fin. 4 Parte de un aparato fotográfico que contiene las lentes que deben atravesar los rayos luminosos. 5 Zona de terreno que se ha de atacar militarmente.

objeto *m.* Cosa. 2 Materia de conocimiento, sensibilidad o ejercicio de las facultades mentales. 3 Fin a que se dirige una acción. ▷ *Con ~ de,* para.

objetor *adj.-m.* Díc. de la persona que alega objeciones de conciencia para no prestar el servicio militar.

oblación *f.* Ofrenda y sacrificio que se hace a Dios.

oblea *f.* Hoja muy delgada de harina y agua cocida en molde.

oblicuángulo *adj.* Díc. de la figura que no tiene recto ninguno de sus ángulos.

oblicuidad *f.* Calidad de oblicuo (no paralelo). 2 GEOM. Inclinación que aparta del ángulo recto la línea o el plano que se considera respecto de otra u otro.

oblicuo, -cua *adj.* Que no es perpendicular ni paralelo a un plano u una recta.

obligación *f.* Imposición moral o vínculo que sujeta a hacer o no hacer una cosa. 2 Documento en que se reconoce una deuda o se promete su pago.

obligado, -da *adj.* Forzoso, inexcusable.

obligar *tr.* Mover a hacer algo; compeler. - 2 *prnl.* Comprometerse a hacer algo.

obligatorio, -ria *adj.* Que obliga.

obliterar *tr.* Anular, tachar, borrar. - 2 *tr.-prnl.* MED. Obstruir o cerrar un conducto o cavidad de un cuerpo organizado.

oblongo, -ga *adj.* Que es más largo que ancho.

obnubilación *f.* Ofuscamiento.

obnubilar *tr.-prnl.* Obscurecer, ofuscar.

oboe *m.* Instrumento músico de viento formado por un tubo cónico de madera, con agujeros y llaves.

óbolo *m.* Antigua moneda griega de plata. 2 fig. Cantidad exigua con que se contribuye para un fin determinado.

obovado, -da *adj.* Que tiene su parte más ancha por encima de la central.

obra *f.* Aplicación de la actividad a un fin. 2 Trabajo que cuesta o tiempo que requiere la ejecución de una cosa. 3 Medio, virtud o poder. 4 Resultado de la aplicación de la actividad a un fin. 5 Producción del entendimiento; esp., libro. 6 Edificio en construcción. 7 Reparo en un edificio. 8 ~ *muerta,* parte del casco de una embarcación situada por encima del agua. 9 ~ *viva,* parte del casco de una embarcación situada por debajo del agua.

obrador, -ra *adj.-s.* Que obra. - 2 *m.* Taller artesanal.

obraje *m.* Manufactura. 2 Fábrica de paños u otras cosas.

obrar *intr.* Dedicar la actividad a un fin; proceder. 2 Existir una cosa en sitio determinado. 3 Defecar. - 4 *tr.* Hacer una cosa; trabajar en ella. 5 Causar efecto.

obrerismo *m.* Régimen económico basado en el trabajo obrero. 2 Movimiento económico en pro de los obreros.

obrero, -ra *adj.-s.* Que trabaja. - 2 *m. f.* Trabajador manual retribuido.

obsceno, -na *adj.* Lascivo, impuro.

obscurantismo *m.* Oposición a la difusión de la cultura entre el pueblo.

obscurecer *tr.-prnl.* Privar de luz o claridad. 2 Hacer obscuro y poco inteligible. - 3 *impers.* Ir anocheciendo.

obscuridad *f.* Falta de luz o de claridad. 2 Estado de lo no conocido con certeza.

obscuro, -ra *adj.* Falto de luz o claridad. 2 Confuso. 3 Que tira a negro.

obsequiar *tr.* Agasajar. 2 Galantear.

obsequio *m.* Acción de obsequiar. 2 Regalo.

obsequioso, -sa *adj.* Rendido, cortés.

observación *f.* Ac. y ef. de observar. 2 Nota aclaratoria. 3 Advertencia.

observador, -ra *adj.-s.* Que observa. 2 Díc. de la persona que asiste a reuniones sin ser miembro de pleno derecho.

observancia *f.* Cumplimiento de lo que se manda.

observar *tr.* Examinar con atención. 2 Advertir. 3 Guardar, cumplir.

observatorio *m.* Lugar para observar. 2 Edificio con aparatos para observaciones meteorológicas o astronó-micas.

obsesión *f.* Idea o preocupación tenaz.

obsesionar *tr.-prnl.* Causar obsesión.

obsesivo, -va *adj.* Perten. o rel. a la obsesión.

obseso, -sa *adj.* Que padece obsesión.

obsidiana *f.* Mineral volcánico, de color negro o verde muy oscuro.

obsolescente *adj.* Que está volviéndose obsoleto.

obsoleto, -ta *adj.* Poco usado; anticuado, no adecuado.

obstaculizar *tr.* Poner obstáculos a algo o alguien.

obstáculo *m.* Lo que se opone al paso o al cumplimiento de un propósito.

obstante (no ~) *loc. adv.* Sin embargo.

obstar *intr.* Impedir, estorbar, oponerse.

obstetricia *f.* Parte de la medicina que trata de la gestación, el parto y el puerperio.

obstinación *f.* Ac. y ef. de obstinarse.

obstinado, -da *adj.* Que persevera con obstinación.

obstinarse *prnl.* Mantenerse firme en un propósito, opinión, etc., a pesar de cualquier razón en contra.

obstrucción *f.* Ac. y ef. de obstruir.

obstruccionismo *m.* Ejercicio de la obstrucción política.

obstruir *tr.-prnl.* Estorbar el paso; cerrar un conducto.

obtención *f.* Ac. y ef. de obtener.

obtener *tr.* Alcanzar, conseguir.

obturador, -ratriz *adj.-s.* Que sirve para obturar. - 2 *m.* Instrumento para cerrar y abrir a voluntad el objetivo de un aparato fotográfico.

obturar *tr.* Tapar, cerrar.

obtusángulo *adj.* Díc. del triángulo que tiene un ángulo obtuso.

obtuso, -sa *adj.* Romo. 2 Torpe. 3 Díc. del ángulo mayor que el recto.

obús *m.* Pieza de artillería para disparar granadas. 2 Proyectil que se dispara con ella.

obviar *tr.* Evitar, quitar obstáculos o inconvenientes.

obvio, -via *adj.* Visible y manifiesto.

oca *f.* Ganso (ave). 2 Ave de plumaje blanco. 3 Juego sobre un cartón con 63 casillas en espiral en el que se utilizan dados y fichas.

ocarina *f.* Instrumento músico de viento de forma ovoide.

ocasión f. Oportunidad. 2 Motivo. 3 Peligro, riesgo. ▷ *Coger la ~ por los pelos,* aprovecharla.

ocasional *adj.* Que sobreviene accidentalmente.

ocasionar *tr.* Ser causa de algo.

ocaso *m.* Puesta de un astro. 2 Oeste. 3 fig. Decadencia.

occidental *adj.* Situado en el occidente.

occidente *m.* Oeste.

occiduo, -dua *adj.* Perten. o rel. al ocaso.

occipital *adj.* Perten. o rel. al occipucio. - 2 *m.* ANAT. Hueso de la cabeza en la parte inferior y posterior del cráneo.

occipucio *m.* Parte posterior de la cabeza.

occiso, -sa *adj.* Muerto violentamente.

oceánico, -ca *adj.* Del océano.

oceanicultura *f.* Cultivo de las plantas y animales oceánicos.

océano *m.* Masa de agua salada que cubre aproximadamente las tres cuartas partes de la Tierra.

oceanografía *f.* Ciencia que estudia los mares, sus fenómenos, flora y fauna.

ocelo *m.* Órgano visual rudimentario de algunos animales inferiores.

ocelote *m.* Mamífero félido americano, de pelaje suave y brillante con dibujos.

ocio *m.* Cesación del trabajo; inacción. 2 Diversión u ocupación reposada por descanso de otras tareas.

ociosidad *f.* Vicio de no trabajar.

ocioso, -sa *adj.* Que está en ocio, inactivo. 2 Inútil.

ocluir *tr.-prnl.* Cerrar un conducto.

oclusión *f.* Ac. y ef. de ocluir.

oclusivo, -va *adj.-f.* Díc. de la consonante explosiva, la cual se produce cerrando momentáneamente la salida del aire en algún lugar de la boca.

ocráceo, -a *adj.* Pardo amarillento; de color de ocre.

ocre *m.* Mineral terroso de color amarillo. - 2 *adj.-m.* Color amarillo obscuro. - 3 *adj.* De color ocre.

ocróptero, -ra *adj.* ZOOL. Que tiene las alas amarillas.

octaedro *m.* Poliedro de ocho caras.

octagonal *adj.* Perten. o rel. al octágono.

octágono *m.* Polígono de ocho ángulos.

octanaje *m.* Número de octanos de un carburante.

octano *m.* Hidrocarburo saturado líquido existente en el petróleo.

octante *m.* Instrumento astronómico, análogo al sextante.

octava *f.* Espacio de ocho días en que la Iglesia celebra una fiesta. 2 Último de los ocho días. 3 Combinación métrica de ocho versos. 4 Intervalo entre una nota musical y la octava superior o inferior de la escala.

octavario *m.* Período de ocho días.

octavilla *f.* Octava parte de un pliego de papel. 2 Hoja de propaganda, aunque no tenga este tamaño. 3 Combinación métrica de ocho versos de arte menor.

octavo, -va *adj.-s.* Parte que, junto a otras siete iguales, constituye un todo. - 2 *adj.* Que ocupa el último lugar en una serie ordenada de ocho.

octeto *m.* Composición para ocho instrumentos o voces. 2 Conjunto de estas voces o instrumentos.

octingentésimo, -ma *adj.-s.* Parte que, junto a otras setecientas noventa y nueve iguales, constituye un todo. - 2 *adj.* Que ocupa el último lugar en una serie ordenada de ochocientos.

octogenario, -ria *adj.-s.* Que ya ha cumplido ochenta años.

octogésimo, -ma *adj.-s.* Parte que, junto a otras setenta y nueve iguales, constituye un todo. - 2 *adj.* Que ocupa el último lugar en una serie ordenada de ochenta.

octonario *adj.-m.* Verso de dieciséis sílabas.

octópodo, -da *adj.-m.* Molusco cefalópodo que tiene ocho tentáculos.

octosilábico, -ca *adj.* De ocho sílabas.

octosílabo, -ba *adj.-m.* De ocho sílabas.

octubre *m.* Décimo mes del año.

octuplicar *tr.* Multiplicar por ocho.

óctuplo, -pla *adj.* Que contiene ocho veces una cantidad.

ocular *adj.* Perten. o rel. a los ojos. - 2 *m.* Lente colocada en un aparato óptico en la parte a que se aplica el ojo del observador.

oculista *com.* Médico especialista de las enfermedades de los ojos.

ocultación *f.* Ac. y ef. de ocultar.

ocultar *tr.-prnl.* Esconder, tapar. 2 Callar, no decir.

ocultismo *m.* Conjunto de doctrinas misteriosas, de espiritismo e incluso de magia. 2 Dedicación a las ciencias ocultas.

oculto, -ta adj. Escondido, encubierto.

ocupación f. Ac. y ef. de ocupar. 2 Trabajo, oficio.

ocupacional adj. Propio de la ocupación o trabajo habitual. 2 Díc. de la enfermedad de carácter profesional.

ocupante adj.-s. Que ocupa un lugar; esp., que está instalado en él.

ocupar tr. Tomar posesión. 2 Llenar un espacio. 3 Habitar una casa. 4 Tener un empleo. 5 Dar qué hacer o en qué trabajar. - 6 prnl. Emplearse en un trabajo.

ocurrencia f. Suceso casual, ocasión. 2 Dicho agudo u original.

ocurrente adj. Que tiene ocurrencias originales.

ocurrir unipers. Acaecer, acontecer. 2 Venir de repente a la imaginación.

ochavado, -da adj. Díc. de la figura con ocho ángulos iguales.

ochavo m. fig. Cosa insignificante.

ochenta adj. Ocho veces diez.

ocho adj. Siete y uno. ▷ *Dar lo mismo ~ que ochenta,* no dar importancia a algo.

ochocientos, -tas adj. Ocho veces ciento.

oda f. Composición poética del género lírico.

odalisca f. Concubina turca.

odeón m. Teatro moderno, especialmente el dedicado al canto.

odiar tr. Tener odio.

odio m. Antipatía y aversión hacia alguna persona o cosa cuyo mal se desea.

odioso, -sa adj. Digno de odio. 2 Fastidioso, antipático, repelente.

odisea f. Viaje largo lleno de aventuras. 2 Conjunto de penalidades y dificultades que pasa alguien.

odonato adj.-m. Insecto pterigota de gran tamaño, colores vistosos y ojos enormes.

odontalgia f. Dolor de dientes o muelas.

odóntico adj. Perten. o rel. a los dientes.

odontología f. Parte de la medicina que estudia los dientes y su tratamiento.

odontólogo, -ga m. f. Persona que se dedica a la odontología.

odontoma m. Tumor duro que se origina en un diente.

odorífero, -ra adj. Que tiene buen olor

o fragancia.

odre m. Cuero para contener líquidos.

oersted m. ELECTR. Unidad cegesimal electromagnética de intensidad del campo magnético.

oesnoroeste, -rueste m. Punto del horizonte equidistante del oeste y del noroeste. 2 Viento que sopla de esta parte.

oeste m. Punto cardinal por donde se pone el sol. 2 Viento que sopla de esta parte.

oesudoeste, -dueste m. Punto del horizonte equidistante del oeste y del sudoeste. 2 Viento que sopla de esta parte.

ofender tr. Hacer daño o causar molestia. 2 Injuriar. - 3 prnl. Enfadarse, sentirse despreciado.

ofensa f. Ac. y ef. de ofender. 2 Aquello que ofende.

ofensiva f. Situación del que trata de ofender o atacar.

ofensivo, -va adj. Que ofende o puede ofender.

oferente adj.-s. Que ofrece.

oferta f. Promesa de realizar una cosa. 2 Presentación de mercancías en solicitud de venta. 3 Producto que se vende con precio rebajado.

ofertar tr. Ofrecer en venta un producto, especialmente con precio rebajado.

ofertorio m. Parte de la misa en que el celebrante ofrece a Dios la hostia y el vino del cáliz, antes de consagrarlos.

off adj. Desconectado, fuera de funcionamiento. ▷ *~ the record,* confidencial, que no se puede divulgar.

office m. Cuarto contiguo a la cocina.

offset m. Sistema de impresión consistente en un rodillo que toma la tinta del molde para transportarla al papel.

oficial adj. Que emana de la autoridad constituida; que no es particular o privado. - 2 m. Persona que trabaja en un oficio y todavía no es maestro. 3 Cuerpo en la jerarquía militar que comprende desde el grado de alférez hasta el de capitán inclusive.

oficialidad f. Conjunto de oficiales de ejército. 2 Carácter o cualidad de oficial.

oficializar tr. Dar carácter oficial a algo.

oficiante m. El que oficia en las iglesias.

oficiar intr. Celebrar los oficios divinos. - 2 tr. Comunicar oficialmente por escrito.

oficina f. Sitio donde se prepara o elabora una cosa. 2 Departamento donde trabajan los empleados.

oficinal adj. Díc. de la planta usada en medicina.

oficinista com. Persona empleada en una oficina.

oficio m. Ocupación habitual. 2 Profesión de algún arte mecánica. 3 Función de alguna cosa. 4 Comunicación escrita de carácter oficial. 5 Rezo eclesiástico.

oficioso, -sa adj. Que no tiene carácter oficial.

ofidio adj.-m. Díc. del reptil con escamas, ápodo, de cuerpo largo y estrecho carente de esternón.

ofidismo m. Envenenamiento por mordedura de una serpiente.

ofimática f. Conjunto de técnicas y material informático para automatizar las actividades de oficina.

ofrecer tr. Presentar algo para que sea aceptado. 2 Dedicar o consagrar a Dios. 3 Mostrar. - 4 prnl. Entregarse voluntariamente para ejecutar alguna cosa.

ofrecimiento m. Ac. y ef. de ofrecer.

ofrenda f. Don que se ofrece a Dios o a los santos. 2 Dádiva.

ofrendar tr. Ofrecer dones y sacrificios a Dios. 2 Contribuir con dinero u otros dones para un fin.

oftálmico, -ca adj. Perten. o rel. a los ojos.

oftalmología f. Parte de la patología que trata de las enfermedades de los ojos.

oftalmólogo, -ga m. f. Oculista.

oftalmoscopio m. Instrumento para reconocer las partes interiores del ojo.

ofuscación f. Ofuscamiento.

ofuscamiento m. Turbación de la vista. 2 Obscuridad de la razón.

ofuscar tr.-prnl. Obscurecer, turbar la vista o la razón.

ogro m. Según los cuentos y creencias populares, gigante que se alimentaba de carne humana. 2 fam. Persona feroz.

¡oh! Interjección de sorpresa, admiración, pena, alegría, desaprobación, etc.

ohm m. En la nomenclatura internacional ohmio.

ohmio m. Unidad de medida de la resistencia eléctrica en el Sistema Internacional.

oído m. Sentido y órgano de la audición. 2 Aptitud para la música. ▷ *Cerrar uno los oídos,* negarse a oír razones o excusas. *Dar oídos,* tener en consideración lo que se dice, o escucharlo con gusto o aprecio. *Regalar a uno el ~,* halagarle.

oír tr. Percibir los sonidos. 2 Atender los ruegos o avisos. ▷ *Como quien oye llover,* sin hacer caso.

ojal m. Hendidura donde entra el botón.

¡ojalá! Interjección de vivo deseo de que suceda una cosa.

ojaranzo m. Variedad de jara ramosa, de tallos algo rojizos.

ojeada f. Mirada rápida.

ojeador m. El que ojea (la caza).

ojear tr. Mirar rápida y superficialmente. 2 Espantar la caza y acosarla; ahuyentar.

ojén m. Aguardiente dulce anisado.

ojera f. Coloración lívida alrededor de la base del párpado inferior.

ojeriza f. Odio, mala voluntad.

ojeroso, -sa adj. Que tiene ojeras.

ojete m. Ojal redondo para meter por él un cordón o cosa que afiance. 2 Agujero con que se adornan algunos bordados.

ojímetro (a ~) loc. adv. Sin peso, sin medida, a bulto.

ojiva f. Figura de dos arcos iguales, que se cortan volviendo la concavidad el uno hacia el otro. 2 Arco de esta figura.

ojival adj. De figura de ojiva. 2 Díc. del estilo arquitectónico gótico.

ojo m. Órgano de la visión. 2 Agujero que atraviesa de parte a parte alguna cosa, como el de una aguja, unas tijeras, una cerradura, una llave, etc. 3 *~ de buey,* ventana o claraboya circular. 4 *~ clínico,* aptitud para conocer prontamente y apreciar con exactitud las enfermedades. ▷ *A ~ de buen cubero,* aproximadamente. *~ avizor,* alerta, con cuidado. *Abrir los ojos a uno,* desengañarle; descubrirle algo de que estaba ajeno. *En un abrir y cerrar de ojos,* en un instante, con brevedad. *No pegar ~,* no poder dormir.

ojoso, -sa adj. Que tiene muchos ojos (cavidades).

o.k. ANGLIC. Bien, de acuerdo.

okapi m. Mamífero rumiante, de pelaje ocre, con rayas como las de las cebras.

ola f. Onda grande en la superficie de las aguas. 2 Fenómeno atmosférico que produce variación repentina en la temperatura. 3 Oleada.

¡ole! ¡olé! Interjección de ánimo y elogio.

oleada f. Movimiento de gente apiñada.

oleaginoso, -sa adj. Aceitoso.

oleaje m. Sucesión continuada de olas.

olear tr. Administrar a un enfermo la extremaunción. - 2 intr. Hacer o producir olas como el mar.

oleato m. Sal o éster del ácido oleico.

oleico adj. Ácido ~, substancia sólida que se encuentra en el aceite y otras grasas.

oleicultor, -ra m. f. Persona que se dedica a la oleicultura.

oleicultura f. Fabricación y conservación de aceites.

oleífero, -ra adj. Díc. de la planta que contiene aceite.

oleiforme adj. Díc. del líquido que tiene la consistencia del aceite.

oleína f. Substancia que se encuentra en las grasas.

óleo m. Aceite. 2 El que usa la Iglesia en los sacramentos.

oleodinámico, -ca adj. Díc. del mecanismo que se acciona mediante aceite a presión.

oleoducto m. Tubería para la conducción de petróleo.

oleografía f. Forma de impresión con colores que imitan los de la pintura al óleo.

oleómetro m. Instrumento para medir la densidad de los aceites.

oleoso, -sa adj. Aceitoso.

oler tr. Percibir los olores. 2 Inquirir. 3 Adivinar. - 4 intr. Exhalar olor o hedor. ▷ No ~ bien una cosa, dar sospecha de que encubre un daño o fraude.

olfatear tr. Oler con ahínco.

olfativo, -va adj. Perten. o rel. al sentido del olfato.

olfato m. Sentido con que se perciben los olores. 2 fig. Sagacidad, astucia.

oligarquía f. Forma de gobierno en que el poder es ejercido por un reducido grupo.

oligisto m. Mineral óxido de hierro.

oligoceno m. Díc. del período geológico que sigue al eoceno en la era terciaria, y terreno a él correspondiente.

oligoelemento m. BIOL. Substancia indispensable para el organismo vivo y que se halla en muy pequeñas cantidades.

oligofrenia f. Insuficiencia psíquica congénita.

oligopolio m. ECON. Mercado en el que abundan los compradores y escasean los vendedores.

oligoqueto adj.-m. Gusano anélido de cuerpo cilíndrico y alargado.

olimpiada, olimpíada f. Fiesta o juegos que los griegos celebraban cada cuatro años en Olimpia. 2 Conjunto de competiciones deportivas, en que participan la mayoría de los países con sus mejores deportistas, que se celebra cada cuatro años en una ciudad determinada.

olímpico, -ca adj. Perten. o rel. al Olimpo o a la olimpiada.

olimpismo m. Conjunto de todo lo concerniente a los modernos juegos olímpicos.

oliscar tr. Oler con persistencia. 2 Inquirir. - 3 intr. Empezar a oler mal.

olismear tr. Curiosear.

olisquear tr. Oler una persona o un animal alguna cosa. 2 Husmear, curiosear.

oliva f. Aceituna. - 2 adj.-m. Color amarillo verdoso. - 3 adj. De color oliva.

oliváceo, -a adj. Aceitunado.

olivar m. Terreno plantado de olivos.

olivarero, -ra adj. Perten. o rel. al cultivo del olivo y al comercio de sus frutos.

olivenita f. Mineral de la clase de los arseniatos, de color verde, que cristaliza en el sistema rómbico.

olivícola adj. Perten. o rel. a la olivicultura.

olivicultor, -ra m. f. Persona que se dedica a la olivicultura.

olivicultura f. Cultivo del olivo. 2 Arte de cultivarlo.

olivo m. Árbol de hojas persistentes que da un fruto en drupa ovoide, verde, del cual se extrae el aceite común.

olmo m. Árbol de tronco robusto y elevada altura, con hojas caducas.

ológrafo, -fa adj.-m. Testamento de puño y letra del testador. - 2 adj. Autógrafo.

olor m. Sensación que las emanaciones de ciertos cuerpos producen en el olfato. 2 Lo que produce esta sensación.

oloroso, -sa *adj.* Que exhala fragancia.

olvidadizo, -za *adj.* Que olvida fácilmente. 2 Desagradecido.

olvidar *tr.-prnl.* Perder la memoria de una cosa. 2 Descuidar.

olvido *m.* Ac. y ef. de olvidar.

olla *f.* Vasija redonda, para cocer. 2 Guiso de carne, tocino, legumbres y hortalizas.

omaso *m.* Tercer estómago de los rumiantes.

ombligo *m.* Cicatriz formada en el vientre por el cordón umbilical.

ombliguero *m.* Venda que sujeta el pequeño paño que cubre el ombligo de los recién nacidos.

ombudsman *m.* Defensor del pueblo.

omega *f.* Vigésima cuarta y última letra del alfabeto griego, equivalente a la *o* larga del latín. 2 fig. *Alfa y ~*, el principio y el fin.

ómicron *f.* Decimoquinta letra del alfabeto griego, equivalente a la *o* del español.

ominoso, -sa *adj.* De mal agüero. 2 Abominable.

omisión *f.* Cosa omitida. 2 Descuido.

omiso, -sa p. p. irreg. de *omitir*.

omitir *tr.* Dejar de hacer. 2 Pasar en silencio.

ómnibus *m.* Vehículo de gran capacidad para transportar personas.

omnímodo, -da *adj.-s.* Que lo abraza todo.

omnipotencia *f.* Poder omnímodo.

omnipotente *adj.* Que todo lo puede.

omnipresencia *f.* Capacidad de estar en varios sitios al mismo tiempo.

omnipresente *adj.* Ubicuo.

omnisapiente *adj.* Que tiene omnisciencia. 2 fig. Que tiene sabiduría y conocimiento de muchas cosas.

omnisciencia *f.* Conocimiento de todas las cosas.

omnisciente *adj.* Que todo lo sabe.

omnívoro, -ra *adj.* Que se alimenta tanto de vegetales como de animales.

omóplato, omoplato *m.* ANAT. Hueso plano que forma la parte posterior del hombro.

on *adj.* Conectado, en funcionamiento.

once *adj.* Diez y uno.

onceavo, -va *adj.-m.* Undécimo (parte).

oncogénico, -ca *adj.* Que causa cáncer.

oncología *f.* Parte de la medicina que trata de los tumores.

onda *f.* Elevación que se produce en un medio líquido sin desplazamiento del conjunto. 2 FÍS. En la propagación del movimiento vibratorio, conjunto de partículas vibrantes.

ondear *intr.* Hacer ondas. 2 Mecerse en el aire. - 3 *intr.-tr.* Ondular.

ondoso, -sa *adj.* Que tiene ondas o se mueve haciéndolas.

ondulación *f.* Ac. y ef. de ondular.

ondulado, -da *adj.* Que forma ondas.

ondular *intr.* Moverse una cosa formando ondas. - 2 *tr.* Hacer ondas.

ondulatorio, -ria *adj.* Que se extiende en forma de ondulaciones.

oneroso, -sa *adj.* Molesto, gravoso.

ónice *m.* Variedad translúcida de cuarzo listada de varios colores.

onicofagia *f.* Costumbre de roerse las uñas.

onírico, -ca *adj.* Perten. o rel. a los sueños.

oniromancia, -mancía *f.* Adivinación supersticiosa por medio de los sueños.

onomancia, -mancía *f.* Adivinación supersticiosa por medio del nombre de las personas.

onomasiología *f.* Estudio semántico de las denominaciones que parte del concepto para llegar al signo.

onomástico, -ca *adj.* Perten. o rel. a los nombres y especialmente a los propios. - 2 *f.* Conjunto de los nombres propios de persona, de un país, época, etc.

onomatopeya *f.* Imitación del sonido de una cosa en el vocablo que se forma para significarla. 2 El mismo vocablo.

onomatopéyico, -ca *adj.* Perten. o rel. a la onomatopeya; formado por onomatopeya.

ontología *f.* Metafísica general que trata del concepto del ser.

onubense *adj.-s.* Huelveño.

onza *f.* División de una tableta de chocolate.

oogonio *m.* Órgano sexual femenino donde se forman las oosferas de ciertas plantas talofitas.

oolito *m.* Roca calcárea, algunas veces ferruginosa, formada por pequeños granos ovoides.

oosfera *f.* Óvulo de los vegetales.

opacidad *f.* Calidad de opaco.

opaco, -ca *adj.* Que impide la luz.

opalino, -na *adj.* Perten. o rel. al ópalo. 2 De color entre blanco y azulado con reflejos irisados.

ópalo *m.* Piedra de sílice de lustre resinoso y diversos colores.

opción *f.* Facultad de elegir. 2 Elección.

opcional *adj.* Perten. o rel. a la opción.

open *adj.-m.* Díc. de la competición deportiva abierta a todas las categorías.

ópera *f.* Poema dramático puesto en música. 2 Música de la ópera.

operación *f.* Ac. y ef. de operar. 2 Ejecución de una cosa. 3 Ejecución de un cálculo.

operador, -ra *adj.-s.* Que opera. 2 Técnico encargado de la parte fotográfica del rodaje de una película.

operar *tr.* CIR. Llevar a cabo una intervención quirúrgica. - 2 *intr.* Hacer una cosa, especialmente las medicinas, el efecto para que se destinan; obrar. 3 COM. Realizar operaciones mercantiles. 4 Realizar operaciones matemáticas. 5 Llevar a cabo actos delictivos.

operario, -ria *m. f.* Obrero.

operativo, -va *adj.* Que obra y hace su efecto. 2 Que funciona o es válido.

opercular *adj.* Que sirve de opérculo.

opérculo *m.* Pieza que tapa o cierra ciertas aberturas.

opereta *f.* Ópera corta o ligera.

opiáceo, -a *adj.* Compuesto con opio o extraído de él.

opilar *tr.* MED. Obstruir, atascar un conducto del cuerpo.

opinable *adj.* Que puede ser defendido en pro y en contra.

opinar *intr.* Formar o tener opinión. 2 Expresar la opinión.

opinión *f.* Juicio, dictamen, concepto. 2 ~ *pública,* sentir o estimación en que coincide la generalidad de las personas.

opio *m.* Narcótico obtenido del jugo de las cabezas de las adormideras.

opíparo, -ra *adj.* Abundante y espléndido.

oploteca *f.* Colección o museo de armas.

opobálsamo *m.* Resina amarga, olorosa y medicinal que fluye de un árbol.

oponente *adj.-com.* Que opone o se opone. 2 Díc. de la persona que opina de forma contraria.

oponer *tr.-prnl.* Poner una cosa contra otra. 2 Proponer alguna razón contra lo que otro dice. - 3 *prnl.* Ser contrario, estorbar.

oponible *adj.* Que se puede oponer.

oporto *m.* Vino tinto producido principalmente en Oporto ciudad de Portugal.

oportunidad *f.* Calidad de oportuno. 2 Circunstancia oportuna.

oportunismo *m.* Sistema político que subordina en cierta medida los ideales a las oportunidades. 2 Pericia para aprovechar las oportunidades.

oportunista *adj.-com.* Que sabe aprovechar las oportunidades.

oportuno, -na *adj.* Que se hace o sucede en tiempo a propósito. 2 Ocurrente.

oposición *f.* Ac. y ef. de oponer u oponerse. 2 Conjunto de las fuerzas políticas o sociales que son adversas a un régimen, gobierno o autoridad constituida. 3 Concurso con ejercicios entre los que pretenden una cátedra, empleo, premio, etc.

opositar *intr.* Hacer oposiciones.

opositor, -ra *m. f.* Persona que se opone a otra. 2 Pretendiente al puesto que se ha de proveer por oposición.

opresión *f.* Ac. y ef. de oprimir.

opresivo, -va *adj.* Opresor.

opresor, -ra *adj.-s.* Que oprime.

oprimir *tr.* Ejercer presión. 2 Sujetar, vejar, tiranizar.

oprobio *m.* Ignominia, afrenta.

oprobioso, -sa *adj.* Que causa oprobio.

optar *intr.* Escoger. 2 Aspirar a un cargo.

optativo, -va *adj.* Que depende de opción o la admite. - 2 *f.* Asignatura que, en algunas carreras, se puede elegir.

óptica *f.* Parte de la física que trata de la luz.

óptico, -ca *adj.* Concerniente a la óptica o a la visión. - 2 *m. f.* Persona que fabrica o vende instrumentos ópticos.

optimar *tr.* Lograr el resultado óptimo.

optimismo *m.* Propensión a ver las cosas en su aspecto más favorable.

optimista *adj.-s.* Que tiene optimismo. - 2 *adj.* Confiado, con esperanzas.

óptimo, -ma *adj.* Superlativo de *bueno.*

optófono *m.* Aparato empleado para transformar el signo gráfico en señal sonora.

optometría *f.* Graduación científica de

la vista, con el fin de prescribir lentes.

opuesto, -ta p. p. irreg. de *oponer*.

opugnar tr. Asaltar o combatir una plaza o ejército. 2 Contradecir y rechazar las razones de alguno.

opulencia f. Gran riqueza o abundancia.

opulento, -ta adj. Que tiene opulencia.

opus m. En la producción de un compositor, indicación de una obra musical.

opúsculo m. Folleto.

oquedad f. Espacio hueco.

ora conj. distrib. Aféresis de *ahora*.

oración f. Discurso. 2 GRAM. Expresión de un juicio que consta esencialmente de predicado y sujeto. 3 Súplica que se hace a Dios o a los santos.

oracional adj. Perten. o rel. a la oración gramatical.

oráculo m. Respuesta divina. 2 Persona cuyo dictamen se considera como indiscutible.

orador, -ra m. f. Persona que pronuncia un discurso.

oral adj. Expresado verbalmente. 2 Perten. o rel. a la boca.

orangután m. Primate antropomorfo de piernas cortas y brazos muy largos.

orar intr. Hablar en público. 2 Hacer oración.

orate com. Loco.

oratoria f. Arte de conmover o persuadir con la palabra oral.

oratorio m. Lugar destinado para orar.

orbe m. Esfera celeste o terrestre. 2 Mundo.

orbicular adj. Redondo o circular. - 2 m. ANAT. Músculo doble cuya función es la de ocluir la abertura que rodea.

órbita f. Curva que describe un astro en su movimiento de traslación. 2 Esfera, ámbito, límite. 3 Cuenca del ojo. ▷ *Poner en ~*, lanzar al espacio un artefacto o nave.

orbitar intr. Girar describiendo órbitas. 2 fig. Estar algo en relación de dependencia estrecha con otra cosa.

orca f. Cetáceo dentado de gran tamaño, que vive en los mares del Norte.

orco m. Infierno.

orchilla f. Liquen de color gris azulado.

órdago m. Envite del resto en el juego del mus. ▷ *De ~*, fam., excelente, de superior calidad.

ordalía f. Prueba que en la Edad Media hacían los acusados y servía para averiguar su culpabilidad o inocencia; como la del duelo, del fuego, del hierro candente, etc.

orden m. Concierto o disposición regular de las cosas. 2 Normalidad, tranquilidad. 3 En arquitectura, estilo de construcción que se distingue por sus formas, proporciones y ornamentación. 4 H. NAT. Categoría de clasificación de animales o plantas entre la clase y la familia. - 5 f. esp. Cuerpo de personas unidas por alguna regla común o por una distinción honorífica; instituto religioso. 6 Mandato que se ha de obedecer. - 7 amb. Grado del ministerio sacerdotal. ▷ *En ~ a*, respecto a.

ordenación f. Ac. y ef. de ordenar u ordenarse.

ordenada f. Coordenada vertical.

ordenador, -ra adj.-s. Que ordena. - 2 m. Computador electrónico.

ordenamiento m. Ac. y ef. de ordenar.

ordenancista adj. Díc. del jefe u oficial que cumple y aplica con rigor la ordenanza. 2 p. ext. Díc. del superior que exige de los subordinados el riguroso cumplimiento de sus deberes.

ordenanza f. Método, orden. 2 Conjunto de preceptos para el buen gobierno de las tropas, de una ciudad, etc. - 3 m. Soldado a las órdenes de un oficial o jefe. 4 Empleado subalterno en ciertas oficinas.

ordenar tr. Poner en orden. 2 Mandar. - 3 tr.-prnl. Conferir o recibir órdenes sagradas.

ordeñadora f. Aparato mecánico que se emplea para extraer la leche de las ubres de la vaca.

ordeñar tr. Extraer la leche exprimiendo la ubre.

ordinal adj.-s. Díc. del adjetivo numeral que expresa orden.

ordinariez f. Falta de urbanidad.

ordinario, -ria adj. Común, regular, usual. 2 Bajo, vulgar, de poca estimación.

orear tr. Poner al aire una cosa.

orégano m. Hierba de tallos vellosos y hojas pequeñas, usadas como condimento.

oreja f. Oído. 2 Repliegue cutáneo que forma la parte externa del oído. ▷ *Con las orejas caídas* o *gachas,* con tristeza y sin haber logrado lo que se deseaba.

Mojar la ~, buscar pendencia, insultar.

orejera *f.* Pieza de la gorra que cubre la oreja.

orejudo, -da *adj.* Que tiene orejas grandes o largas.

orensano, -na *adj.-s.* De Orense.

orfanato *m.* Asilo de huérfanos.

orfandad *f.* Estado de huérfano.

orfebre *com.* Persona que trabaja en orfebrería.

orfebrería *f.* Obra de oro o plata.

orfeón *m.* Sociedad coral.

órfico, -ca *adj.* Perten. o rel. al orfismo. 2 Capaz de conmover los sentidos.

orfismo *m.* Doctrina esotérica de la antigua Grecia.

organdí *m.* Muselina blanca, muy fina y transparente.

organicismo *m.* Movimiento de la arquitectura contemporánea basado en el predominio de las estructuras.

orgánico, -ca *adj.* Perten. o rel. a los órganos y al organismo de los seres vivientes. 2 Que es un ser viviente.

organigrama *m.* Esquema gráfico de una organización.

organillo *m.* Órgano pequeño que se hace sonar con un manubrio.

organismo *m.* Conjunto de los órganos que constituyen un ser viviente. 2 Conjunto de dependencias que forman un cuerpo o institución.

organista *com.* Músico que toca el órgano.

organización *f.* Ac. y ef. de organizar.

organizado, -da *adj.* Orgánico (ser viviente). 2 Provisto de órganos; que tiene el carácter de un organismo.

organizar *tr.* Establecer o reformar algo, sujetando a reglas sus partes. - 2 *prnl.* Tomar una forma regular.

organizativo, -va *adj.* Que organiza o tiene capacidad para organizar.

órgano *f.* Instrumento músico de viento, compuesto de teclado y fuelle, con muchos tubos. 2 Parte del cuerpo viviente, pieza, máquina, etc., que ejerce una función.

organología *f.* Estudio de los órganos de los animales y las plantas.

órganon *m.* Tratado de lógica.

orgánulo *m.* Estructura o parte de una célula que en ésta cumple la función de un órgano.

orgasmo *m.* Satisfacción final en la excitación sexual.

orgía *f.* Festín en que se cometen excesos. 2 Satisfacción desenfrenada de los deseos y las pasiones.

orgullo *m.* Excesiva estimación del propio valer. 2 Sentimiento legítimo de la propia estimación.

orgulloso, -sa *adj.* Que tiene orgullo.

orientación *f.* Ac. y ef. de orientar.

oriental *adj.-s.* De Oriente.

orientalista *com.* Persona que cultiva las lenguas, literaturas, historia orientales.

orientar *tr.* Colocar una cosa en posición determinada respecto a los puntos cardinales. 2 Determinar la posición de una cosa respecto a estos puntos.

oriente *m.* Este. 2 Lugar que, respecto de otro, cae hacia este punto. 3 Asia y las regiones inmediatas a ella de Europa y África.

orífice *m.* Artífice que trabaja en oro.

orificio *m.* Boca o agujero.

origen *m.* Aquello de donde una cosa procede. 2 Ascendencia.

original *adj.* Perten. o rel. al origen. 2 Que no es copiado ni imitado. 3 Singular, extraño.

originalidad *f.* Calidad de original.

originalmente *adv. m.* De un modo original. 2 En su original. 3 Originariamente.

originar *tr.* Dar origen a una cosa. - 2 *prnl.* Traer una cosa su origen o principio de otra.

originariamente *adv. m.* Desde su nacimiento u origen.

originario, -ria *adj.* Que da origen. 2 Que trae su origen de un lugar, persona o cosa.

orilla *f.* Parte extrema o borde de una superficie, tela, etc. 2 Parte de tierra más próxima al mar, a un río, etc.

orillar *tr.* Guarnecer la orilla de una tela. - 2 *intr.-prnl.* Llegarse o arrimarse a las orillas.

orín *m.* Óxido rojizo que se forma sobre el hierro. 2 Orina.

orina *f.* Secreción líquida de los riñones.

orinal *m.* Vaso para recoger la orina.

orinar *tr.-prnl.* Expeler la orina.

oriundo, -da *adj.* Originario.

orla *f.* Orilla adornada. 2 Adorno que rodea una cosa. 3 Lámina con los retratos de los componentes de una promoción.

orlar *tr.* Adornar con orla.

ornamentación *f.* Ac. y ef. de ornamentar.

ornamental *adj.* Perten. o rel. a la ornamentación.

ornamentar *tr.* Adornar.

ornamento *m.* Adorno.

ornato *m.* Adorno, atavío.

ornitofilia *f.* Polinización por las aves.

ornitofobia *f.* Fobia a las aves.

ornitología *f.* Parte de la zoología que estudia las aves.

ornitomancia, -mancía *f.* Adivinación supersticiosa por el vuelo y canto de las aves.

ornitorrinco *m.* Mamífero originario de Australia, de mandíbulas ensanchadas y cubiertas por una lámina córnea.

oro *m.* Metal precioso de color amarillo. 2 Dinero, riquezas. - 3 *adj.* De color amarillo. - 4 *m. pl.* Palo de la baraja.

orogénesis *f.* Formación de las montañas. 2 Plegamiento.

orogenia *f.* Parte de la geología que estudia la formación de las montañas.

orografía *f.* Parte de la geografía física que trata de las montañas.

orográfico, -ca *adj.* Perten. o rel. a la orografía.

orondo, -da *adj.* Gordo, obeso. 2 *fig.* Lleno de presunción.

oronimia *f.* Parte de la toponimia que estudia los nombres de cordilleras, montañas, etc.

oronja *f.* Hongo de sombrerillo rojo anaranjado.

oropel *m.* Lámina de latón que imita el oro. 2 Cosa de mucha apariencia y escaso valor.

oropéndola *f.* Ave de plumaje amarillo con las alas, la cola y las patas negras, y el pico blanco o negro.

orquesta *f.* Conjunto de los músicos que tocan unidos. 2 Lugar destinado para ella.

orquestar *tr.* Instrumentar música para orquesta. 2 Dirigir un estado de opinión.

orquestina *f.* Orquesta reducida formada por instrumentos variados.

orquidáceo, -a *adj.-f.* Díc. de la planta monocotiledónea, de flores muy vistosas.

orquídea *f.* Planta herbácea de flores muy vistosas. 2 Flor de esta planta.

ortiga *f.* Hierba de hojas agudas y tallos prismáticos, cubiertos de pelos urentes.

orto *m.* Salida de un astro.

ortodoncia *f.* Rama de la odontología que procura corregir los defectos y malformaciones de la dentadura.

ortodoxia *f.* Creencia recta conforme a la doctrina y dogmas de la Iglesia católica.

ortodoxo, -xa *adj.* Conforme con el dogma católico. 2 Díc. de la iglesia cismática griega.

ortoedro *m.* Paralelepípedo recto rectangular.

ortogénesis *f.* Planificación de los nacimientos.

ortogonal *adj.* Que está en ángulo recto.

ortografía *f.* Escritura correcta de las palabras. 2 Parte de la gramática que la enseña.

ortográfico, -ca *adj.* Perten. o rel. a la ortografía.

ortopedia *f.* Corrección de las deformaciones del cuerpo.

ortóptero, -ra *adj.-m.* Díc. del insecto de metamorfosis sencilla y las alas del primer par endurecidas por quitina.

ortorrómbico, -ca *adj.* Díc. del prisma recto con base de rombo.

oruga *f.* Larva de los insectos lepidópteros. 2 Llanta articulada que se aplica a las ruedas de un vehículo.

orujo *m.* Hollejo de la uva. 2 Aguardiente extraído de este hollejo. 3 Residuo de la aceituna molida.

orza *f.* Vasija vidriada de barro.

orzar *intr.* Inclinar la proa hacia la parte de donde viene el viento.

orzuelo *m.* Granillo en el borde de un párpado.

os *pron. pers.* Forma de segunda persona para el objeto directo e indirecto, sin preposición, del pronombre personal en género masculino y femenino y número plural.

osadía *f.* Atrevimiento.

osado, -da *adj.* Que tiene osadía.

osamenta *f.* Esqueleto. 2 Conjunto de huesos del esqueleto.

osar *intr.* Atreverse.

osario *m.* Lugar en que se echan los huesos sacados de las sepulturas.

óscar *m.* Premio concedido por la academia norteamericana de cine.

oscense adj.-s. De Huesca.

oscilación f. Ac. y ef. de oscilar.

oscilar intr. Moverse alternativamente un cuerpo a un lado y otro. 2 Vacilar entre dos magnitudes.

oscilatorio, -ria adj. Que oscila.

osciloscopio m. Aparato que permite ver y medir las oscilaciones de ondas.

ósculo m. Beso. 2 Boca o abertura de las esponjas.

oscurantismo m. Obscurantismo.

oscurecer tr. Obscurecer.

oscuridad f. Obscuridad.

oscuro, -ra adj. Obscuro.

óseo, -a adj. De hueso.

osera f. Guarida del oso.

osezno m. Cachorro del oso.

osificarse prnl. Convertirse en hueso.

osiforme adj. Que tiene forma de hueso.

osmio m. Metal duro y de color blanco.

ósmosis, osmosis f. Difusión que tiene lugar entre dos líquidos o gases a través de un tabique o membrana permeable.

osmótico, -ca adj. Perten. o rel. a la ósmosis.

oso m. Mamífero plantígrado de cabeza grande, extremidades fuertes y cola muy corta. 2 ~ hormiguero, mamífero de cabeza pequeña, hocico muy prolongado y lengua larga. ▷ Hacer el ~, exponerse a la burla de la gente.

ososo, -sa adj. Perten. o rel. al hueso. 2 Que tiene hueso o huesos.

ossobuco m. Estofado de carne de ternera cortada con el hueso.

ostealgia f. Dolor en un hueso.

osteíctio, -tia adj.-m. Díc. del pez que tiene el esqueleto osificado.

ostensible adj. Visible, manifiesto.

ostentación f. Ac. y ef. de ostentar. 2 Grandeza exterior.

ostentar tr. Mostrar. 2 Hacer gala de lujo.

ostentoso, -sa adj. Magnífico, suntuoso.

osteoblasto m. Célula productora de la substancia ósea.

osteolito m. Hueso fósil.

osteología f. Parte de la anatomía que trata de los huesos.

osteopatía f. Enfermedad del esqueleto.

osteoplastia f. Cirugía plástica de los huesos.

ostium m. ZOOL. Abertura parecida a una boca.

ostra f. Molusco bivalvo comestible de conchas rugosas por fuera y lisas y nacaradas por dentro. ▷ Aburrirse como una ~, aburrirse mucho.

ostracismo m. fig. Exclusión voluntaria o forzosa de los oficios públicos.

ostricultura f. Técnica de criar ostras.

ostrogodos m. pl. Rama de los godos.

ostrón m. Especie de ostra mayor y más basta que la común.

otalgia f. Dolor de oídos.

otaria f. Mamífero pinnípedo provisto de orejas, a diferencia de las focas.

otear tr. Observar desde una altura. 2 Escudriñar.

otero m. Cerro aislado en un llano.

otitis f. Inflamación del oído.

otocisto m. Órgano del oído en los animales invertebrados.

otología f. Parte de la patología que estudia las enfermedades del oído.

otomán m. Tejido que forma cordoncillo en sentido horizontal.

otomano, -na adj.-s. Turco.

otoñal adj. Perten. o rel. al otoño.

otoño m. Estación del año tras el estío.

otorgar tr. Consentir. 2 Conceder.

otorrinolaringología f. Parte de la patología que estudia las enfermedades del oído, nariz y garganta.

otorrinolaringólogo, -ga m. f. Especialista en otorrinolaringología.

otro, -tra adj.-pron. indef. Persona o cosa distinta de aquella de que se habla.

ova f. Alga verde de las aguas corrientes o estancadas.

ovación f. Aplauso ruidoso del público.

ovacionar tr. Tributar una ovación.

ovado, -da adj. Díc. del ave hembra cuyos huevos han sido fecundados.

oval adj. De figura de óvalo o de huevo.

ovalado, -da adj. Oval.

ovalar tr. Dar a una cosa figura de óvalo.

óvalo m. Curva cerrada convexa.

ovario m. Órgano de reproducción de las hembras y de las flores.

oveja f. Hembra del carnero.

overa f. Ovario de las aves.

overbooking m. Sobreventa.

ovetense adj.-s. De Oviedo.

oviducto m. Conducto que desde los ovarios lleva los óvulos al exterior.

oviforme adj. Que tiene forma de huevo.

ovillar *intr.* Hacer ovillos. - 2 *prnl.* Encogerse haciéndose un ovillo.

ovillejo *m.* Combinación métrica de tres octosílabos que alternan con tres versos de pie quebrado, y de una redondilla.

ovillo *m.* Bola formada devanando un hilo. 2 Cosa enredada. ▷ *Hacerse uno un ~,* acurrucarse; encogerse.

ovino, -na *adj.* Díc. del ganado lanar. - 2 *adj.-m.* Díc. del rumiante bóvido de pequeño tamaño y cuernos anillados.

ovíparo, -ra *adj.-s.* Díc. del animal que se desarrolla en un huevo.

ovni *m.* Objeto volador no identificado.

ovocélula *f.* BOT. Gameto femenino.

ovogénesis *f.* Formación de los gametos femeninos entre los animales.

ovoide *adj.* Aovado.

ovopositor *m.* Aparato de los insectos destinado a la puesta de los huevos.

ovotestis *f.* Glándula genital hermafrodita.

ovovivíparo, -ra *adj.-s.* Animal de generación ovípara que verifica la ruptura del huevo en el trayecto de las vías uterinas.

ovulación *f.* Desprendimiento natural del óvulo en el ovario para que pueda recorrer su camino y ser fecundado.

ovular *intr.* Salir el óvulo del ovario.

óvulo *m.* Gameto sexual femenino. 2 BOT. En las plantas fanerógamas, órgano contenido en el ovario.

oxiacanto, -ta *adj.* BOT. Que tiene muchas púas o espinas.

oxidación *f.* Ac. y ef. de oxidar.

oxidante *adj.* Que oxida.

oxidar *tr.-prnl.* Combinar una substancia con oxígeno. 2 Formar una capa de óxido.

óxido *m.* Combinación del oxígeno con un elemento radical. 2 Capa rojiza de esta combinación que se forma en los metales por la acción del aire y la humedad.

oxigenado, -da *adj.* Que contiene oxígeno.

oxigenar *tr.* Oxidar. - 2 *prnl.* Airearse.

oxígeno *m.* Cuerpo simple gaseoso, esencial para la respiración, que se encuentra en el aire y el agua. Su símbolo es O.

oxímoron *m.* RET. Figura consistente en reunir dos palabras aparentemente contradictorias.

oxítono, -na *adj.-s.* GRAM. Vocablo agudo.

oyente *adj.-s.* Que oye. 2 Asistente a un aula no matriculado como alumno.

ozonizar *tr.* Convertir el oxígeno en ozono. 2 Combinar con ozono.

ozono *m.* Gas muy oxidante de color azulado que, concentrado en las capas altas de la atmósfera, sirve de filtro a radiaciones perjudiciales.

ozonosfera *f.* Capa atmosférica caracterizada por la presencia de ozono.

P

p *f.* Consonante bilabial, decimonovena letra del alfabeto.

pabellón *m.* Tienda de campaña en forma de cono. 2 Edificio aislado que forma parte de un conjunto. 3 Parte exterior de la oreja. 4 Bandera nacional.

pabilo, pábilo *m.* Torcida que está en el centro de la vela o antorcha.

pábulo *m.* fig. Sustento en las cosas inmateriales. ▷ *Dar ~*, dar ocasión o motivo.

pacato, -ta *adj.* De condición apacible.

pacense *adj.-s.* De Badajoz.

pacer *intr.-tr.* Comer el ganado la hierba en el campo.

paciencia *f.* Virtud del que sabe sufrir con fortaleza los trabajos y adversidades.

paciente *adj.* Que tiene paciencia. - 2 *com.* Persona que padece una enfermedad. - 3 *m.* Sujeto que recibe o padece la acción del agente.

pacificar *tr.* Restablecer la paz. - 2 *tr.-prnl.* Sosegar, aquietar.

pacífico, -ca *adj.* Quieto, sosegado.

pacifismo *m.* Doctrina encaminada a mantener la paz.

pacifista *adj.-com.* Partidario del pacifismo.

pacotilla *f.* Género de inferior calidad. ▷ *Ser de ~ una cosa*, ser de inferior calidad o defectuosa.

pactar *tr.* Concluir un pacto.

pacto *m.* Concierto entre dos o más personas o entidades que se obligan a algo.

pachá *m.* fig. Persona que se da buena vida.

pachanga *f.* Diversión, jolgorio ruidoso y desordenado.

pachanguero, -ra *adj.* Díc. del espectáculo de escasa calidad, fácil, pegadizo.

pachorra *f.* fam. Apatía, lentitud.

pachucho, -cha *adj.* Pasado de puro maduro. 2 fig. Flojo, débil.

pachulí *m.* Planta labiada muy olorosa, de cuyos tallos y hojas se obtiene un perfume muy usado. 2 Perfume de esta planta.

padecer *tr.* Recibir la acción de una cosa que causa daño o dolor. - 2 *intr.* Sentir física o moralmente daño o dolor.

padecimiento *m.* Ac. y ef. de padecer.

padrastro *m.* Marido de la madre respecto de los hijos que ésta tiene de un matrimonio anterior. 2 Pedacito de pellejo levantado junto a las uñas.

padrazo *m.* Padre muy indulgente con sus hijos.

padre *m.* Varón o macho respecto de sus hijos. 2 Título que se da a ciertos religiosos. 3 fig. Creador de alguna cosa.

padrear *intr.* Ejercer el macho las funciones de la generación.

padrinazgo *m.* Título o cargo de padrino. 2 fig. Protección.

padrino *m.* Persona que presenta o asiste a otra en un sacramento o en otros actos.

padrón *m.* Lista de los vecinos de un pueblo.

paella *f.* Plato de arroz seco, con carne, marisco, legumbres, etc., originario de la región valenciana.

paellera *f.* Sartén grande y poco profunda en que se hace la paella.

paga *f.* Acción de pagar, esp. lo que se debe. 2 Cantidad de dinero que se paga. 3 Sueldo mensual de un empleado o militar. 4 Aguinaldo que se da a los niños todas las semanas o los días de fiesta.

pagadero, -ra *adj.* Que se ha de pagar a cierto tiempo.

pagaduría *f.* Lugar público donde se paga.

paganismo *m.* Conjunto de creencias o actividades no cristianas y pueblo o personas que las practican.

paganizar *intr.* Profesar el paganismo el que no era pagano.

pagano, -na *adj.-s.* Idólatra. 2 p. ext.

Infiel no bautizado.

pagar tr. Dar a uno lo que se le debe. 2 Satisfacer el valor de lo que se compra o una deuda pública.

pagaré m. Documento por el cual uno debe pagar una cantidad en un tiempo.

pagaza f. Ave caradriforme marina, con un capirote negro.

pagel m. Pez marino teleósteo perciforme, con el lomo, aletas y cola encarnados.

página f. Plana de un libro o cuaderno.

paginación f. Serie de las páginas de un escrito o impreso.

paginar tr. Numerar las páginas.

pago m. Entrega de lo que se debe. 2 Recompensa. 3 Conjunto de tierras.

pagoda f. Templo oriental.

paidología f. Ciencia que estudia todo lo relativo a la infancia.

pailebot, -te m. MAR. Goleta pequeña, muy rasa y fina.

paipái, paipay m. Abanico de palma en forma de pala y con mango.

pairar intr. MAR. Estar quieta la nave con las velas tendidas.

pairo m. Acción de pairar la nave.

país m. Región, reino, territorio.

paisaje m. Porción de terreno considerado en su aspecto artístico. 2 Pintura o dibujo que lo representa.

paisajismo m. Pintura de paisajes.

paisajista adj.-com. Pintor de paisajes.

paisano, -na adj.-s. Díc. de la persona que es del mismo país, provincia o lugar que otra. - 2 m. Persona que no es militar.

paja f. Caña de cereal, seca y separada del grano. 2 Conjunto de estas cañas. 3 fig. Lo inútil y desechado en cualquier materia. ▷ *Un quítame allá esas pajas,* cosa de poca importancia.

pajar m. Lugar donde se guarda la paja.

pájara f. Pájaro (ave). 2 Cometa (armazón).

pajarear intr. Cazar pájaros. 2 fig. Andar vagando, sin trabajar en cosa útil.

pajarera f. Jaula grande para pájaros.

pajarería f. Tienda donde se venden pájaros y otros animales domésticos.

pajarita f. Papel cuadrado que queda con figura de pájaro al darle varios dobleces. 2 Corbata en forma de mariposa.

pájaro m. Nombre genérico que se da a todo género de aves. - 2 adj.-m. fig. Díc. del hombre astuto y sagaz. ▷ *Matar dos pájaros de un tiro,* lograr dos objetivos con una sola diligencia.

pajarraco, -rruco m. desp. Pájaro grande desconocido. 2 fig. Hombre disimulado y astuto.

paje m. Criado joven para acompañar a sus amos, servir a la mesa, etc.

pajilla f. Caña delgada que sirve para sorber líquidos.

pajizo, -za adj. Hecho o cubierto de paja. 2 De color de paja.

pajolero, -ra adj.-s. Díc. de la persona impertinente y molesta.

pala f. Herramienta formada por una lámina rectangular de madera o hierro adaptada a un mango. 2 Parte ancha y delgada de diversos instrumentos. 3 Parte superior del calzado.

palabra f. Sonido o conjunto de sonidos que expresan una idea. 2 Representación gráfica de esos sonidos. 3 Facultad de hablar. 4 Promesa. ▷ *Coger la* ~, valerse o hacer ofrenda de ella. *Pedir la* ~, solicitar permiso para hablar.

palabrería f. Abundancia de palabras inútiles.

palabrero, -ra adj.-s. Que habla mucho. 2 Que ofrece y no cumple.

palabrota f. Dicho ofensivo o grosero.

palacete m. Casa de recreo más pequeña que el palacio.

palaciano, -na, palaciego, -ga adj. Perten. o rel. al palacio real. - 2 adj.-s. Díc. de la persona que sirve o asiste en palacio real.

palacio m. Edificio grande y suntuoso.

palada f. Porción que la pala puede coger de una vez. 2 Golpe que se da al agua con la pala del remo.

paladar m. Parte interior y superior de la boca. 2 fig. Gusto y sabor de los manjares.

paladear tr. Saborear poco a poco.

paladín m. Caballero valiente. 2 Defensor denodado.

paladino, -na adj. Público y manifiesto.

paladio m. Metal raro, parecido al platino, dúctil y maleable; su símbolo es *Pd.*

palafito m. Vivienda lacustre primitiva construida sobre estacas.

palafrén m. Caballo manso en que montaban las damas.

palafrenero *m.* Mozo de caballos.

palamenta *f.* Conjunto de los remos de una embarcación.

palanca *f.* Barra inflexible que se apoya y gira sobre un punto.

palangana *f.* Jofaina.

palanganero *m.* Mueble donde se coloca la palangana o un jarro de agua, jabón, etc.

palangre *m.* Cordel para pescar.

palanqueta *f.* Barra de hierro para forzar puertas o cerraduras.

palanquín *m.* Mozo que se sitúa en parajes públicos para llevar bultos.

palastro *m.* Hierro laminado.

palatal *adj.* Perten. o rel. al paladar. - 2 *adj.-s.* Díc. del sonido que se articula en el paladar.

palatalizar *tr.-prnl.* Dar a un sonido articulación palatal.

palatino, -na *adj.-s.* Perten. o rel. al palacio.

palazón *f.* Conjunto de palos de que se compone una construcción.

palco *m.* Localidad independiente con balcón en los teatros, plazas de toros, etc.

paleal *adj.* Perten. o rel. al manto de los moluscos.

palenque *m.* Valla o estacada con que se defiende o cierra un terreno.

palentino, -na *adj.-s.* De Palencia.

paleoceno, -na *adj.-m.* Primer período geológico del paleógeno. - 2 *adj.* Perten. o rel. a dicho período.

paleocristiano, -na *adj.* Díc. del arte de los primeros siglos del cristianismo.

paleógeno *m.* Primer período geológico de la era terciaria que agrupa el paleoceno, eoceno y oligoceno.

paleogeografía *f.* Ciencia que estudia la posible distribución de los mares y continentes en las épocas geológicas.

paleografía *f.* Ciencia que estudia las inscripciones y escritos antiguos.

paleolítico, -ca *adj.-s.* Díc. del período más antiguo de la edad de piedra.

paleología *f.* Estudio de las lenguas antiguas.

paleontografía *f.* Descripción de los seres orgánicos fósiles.

paleontología *f.* Ciencia que estudia los seres orgánicos fósiles.

paleozoico, -ca *adj.-m.* Primario (era).

palestino, -na *adj.-s.* De Palestina.

palestra *f.* Lugar donde se celebraban luchas. 2 Sitio desde donde se habla en público.

paleta *f.* Lámina triangular con mango de madera, usada por los albañiles. 2 Tabla ovalada de madera, en que el pintor dispone sus colores. 3 Brazuelo curado.

paletada *f.* Porción que la paleta puede coger de una vez.

paletear *intr.* Remar mal, sin adelantar.

paletilla *f.* Omóplato.

paleto, -ta *m.* Gamo. - 2 *adj.-s.* fig. Díc. de la persona rústica y zafia.

paletón *m.* Parte de la llave en que están los dientes.

paliar *tr.* Disimular. 2 Mitigar.

paliativo, -va *adj.-s.* Que palía.

palidecer *intr.* Ponerse pálido.

palidez *f.* Amarillez.

pálido, -da *adj.* Amarillo. 2 De color desvaído.

paliforme *adj.* Que tiene forma de palo.

palilalia *f.* Trastorno del lenguaje.

palillero *m.* Pieza en la que se colocan los palillos (mondadientes).

palillo *m.* Mondadientes. 2 Varita para tocar el tambor.

palimpsesto *m.* Manuscrito antiguo que conserva huellas de una escritura anterior borrada artificialmente.

palíndromo *adj.* Díc. del escrito que tiene el mismo sentido leído de izquierda a derecha que a la inversa.

palingenesia *f.* Regeneración de los seres después de la muerte real o aparente.

palinodia *f.* Retractación pública.

palio *m.* Insignia usada por el Papa y los arzobispos. 2 Dosel colocado sobre unas varas largas para ciertas solemnidades.

palique *m.* Conversación, charla ligera.

paliquear *intr.* Estar de palique, charlar.

palisandro *m.* Madera de color rojo oscuro, veteada de negro.

palista *com.* Persona que practica el deporte del remo.

palitoque, -troque *m.* Palo pequeño y tosco.

paliza *f.* Conjunto de golpes o azotes que se dan a una persona. 2 fig. Disputa en que uno queda vencido.

palma *f.* Planta de tronco recto, desnudo y coronado por un penacho de grandes hojas divididas. 2 Hoja de palmera. 3 fig. Triunfo, gloria. 4 Parte cóncava de la mano. - 5 *f. pl.* Palmadas de aplausos. ▷ *Llevarse la* ∼, sobresalir.

palmada *f.* Golpe dado con la palma de la mano. 2 Ruido que se hace golpeando una con otra las palmas de la mano.

palmales *f. pl.* Orden de plantas monocotiledóneas, cuya única familia son las palmas.

palmar *adj.* De palma. - 2 *m.* Terreno poblado de palmas. - 3 *intr. fam.* Morir.

palmarés *m.* Historial. 2 DEP. Relación de victorias o vencedores de una competición.

palmario, -ria *adj.* Claro, patente.

palmatoria *f.* Candelero bajo con mango.

palmeado, -da *adj.* De figura de palma.

palmear *intr.-tr.* Palmotear. - 2 *tr.* DEP. En el juego del baloncesto, golpear el balón que se encuentra en la proximidad de la canasta para que entre por el aro.

palmera *f.* Palma de tronco alto que da como frutos unas bayas oblongas, con un hueso muy duro, que cuelgan en racimos.

palmero, -ra *m. f.* Persona que acompaña con palmas los bailes y ritmos flamencos de Andalucía.

palmeta *f.* Tabla pequeña, redonda, provista de un mango.

palmiforme *adj.* De forma de palma.

palmípedo, -da *adj.-f.* Díc. del ave nadadora cuyos dedos están unidos por una membrana.

palmita *f.* Medula dulce de las palmeras.

palmito *m.* Palma pequeña de hojas en figura de abanico.

palmo *m.* Distancia que hay con la mano abierta y extendida desde el extremo del pulgar hasta el del meñique. ▷ *Dejar a uno con un* ∼ *de narices,* frustrarle las esperanzas.

palmotear *intr.* Dar palmadas.

palmoteo *m.* Ac. y ef. de palmotear.

palo *m.* Trozo de madera largo y cilíndrico. 2 Golpe con un palo. 3 Pieza circular que verticalmente sostiene las vergas y las velas de una embarcación. 4 Madera. 5 Serie en que se divide la baraja de naipes: oros, copas, espadas y bastos. ▷ *A* ∼ *seco,* sin el complemento usual.

paloma *f.* Ave de cabeza pequeña y pico corto, buena voladora.

palomar *m.* Lugar para criar palomas.

palometa *f.* Pez marino teleósteo perciforme de color gris azulado. 2 Palomilla (tuerca).

palomilla *f.* Mariposa pequeña. 2 Armazón triangular para sostener. 3 Tuerca con dos alas, como de mariposa, que sirven para enroscarlo con los dedos.

palomina *f.* Excremento de las palomas.

palomino *m.* Pollo de la paloma silvestre. 2 Mancha de excremento en la ropa interior.

palomita *f.* Roseta de maíz tostado.

palomo *m.* Macho de la paloma.

palote *m.* Trazo que se hace como primer ejercicio de escritura.

palpable *adj.* Que puede tocarse. 2 fig. Evidente.

palpar *tr.* Tocar una cosa con las manos para reconocerla.

palpebral *adj.* Perten. o rel. a los párpados.

palpitación *f.* Ac. y ef. de palpitar.

palpitar *intr.* Contraerse y dilatarse el corazón. 2 fig. Manifestarse con vehemencia un afecto.

pálpito *m.* fig. fam. Corazonada, presentimiento.

palpo *m.* ZOOL. Apéndice articulado que en forma y número variable tienen los artrópodos alrededor de la boca.

palúdico, -ca *adj.* Perten. o rel. al paludismo.

paludícola *adj.* Que vive en lagunas o pantanos.

paludismo *m.* Enfermedad infecciosa endémica propia de las regiones pantanosas.

palurdo, -da *adj.-s.* Tosco, rústico.

palustre *adj.* Perten. o rel. a laguna o pantano. - 2 *m.* Paleta de albañil.

palloza *f.* Construcción en piedra de planta redonda con cubierta de paja.

pamela *f.* Sombrero de paja que usan las mujeres, especialmente durante el verano.

pamema *f.* fam. Hecho o dicho insignificante a que se ha querido dar importancia. 2 Fingimiento, melindre.

pampa *f.* Llanura de gran extensión de América Meridional, sin vegetación arbórea.

pámpana f. Hoja de la vid.

pámpano m. Sarmiento tierno y delgado de la vid.

pampero, -ra adj. Perten. o rel. a las pampas.

pampirolada f. fig. Necedad o cosa insubstancial.

pamplina f. fig. Tontería.

pamplonés, -nesa adj.-s. De Pamplona.

pamplonica adj.-com. Pamplonés.

pampsiquismo m. Teoría según la cual toda realidad es de naturaleza psíquica.

pan m. Masa de harina y agua, fermentada y cocida al horno. 2 fig. Sustento diario. 3 fig. Hoja finísima de oro, plata u otro metal. 4 fig. fam. Cosa muy buena. ▷ *Ser algo ~ comido,* ser muy fácil de hacer o conseguir.

pana f. Tela gruesa, parecida al terciopelo.

panacea f. Medicamento a que se atribuye eficacia para curar enfermedades.

panadería f. Oficio y establecimiento del panadero.

panadero, -ra m. f. Persona que hace o vende pan.

panadizo m. Inflamación aguda del tejido celular de los dedos.

panafricanismo m. Tendencia de los países africanos a unirse entre sí.

panal m. Conjunto de celdillas hexagonales de cera que las abejas forman dentro de la colmena para depositar la miel.

panamá m. Sombrero de pita.

panameño, -ña adj.-s. De Panamá.

panamericanismo m. Doctrina para la colaboración entre las repúblicas del Nuevo Mundo.

panamericano, -na adj. Perten. o rel. a toda América.

panarabismo m. Doctrina que aspira a la colaboración entre los países de lengua y civilización árabes.

panavisión f. Sistema de filmación y proyección que emplea grandes formatos.

pancarta f. Cartel con frases o emblemas, que se lleva en manifestaciones públicas.

panceta f. Tocino veteado.

pancifloro, -ra adj. Díc. de la planta de pocas flores.

pancista adj.-com. Díc. de la persona que no pertenece a ningún partido político para poder medrar o estar en paz con todos.

páncreas m. Glándula situada en la cavidad abdominal en comunicación con el intestino delgado, donde vierte un jugo que contribuye a la digestión.

pancreático, -ca adj. Perten. o rel. al páncreas.

panchito m. Cacahuete pelado y frito.

pancho, -cha adj. Tranquilo.

panda m. Mamífero carnívoro de aspecto parecido a un oso, de pelaje blanco y negro. 2 fam. Pandilla.

pandear intr.-prnl. Torcerse una cosa encorvándose, especialmente en el medio.

pandemia f. Enfermedad endémica que se extiende a muchos países o que ataca a casi todos los individuos de una localidad o región.

pandemónium m. Capital imaginaria del reino infernal. 2 fig. Lugar en que hay mucho ruido o confusión.

pandereta f. Pandero.

pandero m. Instrumento músico de percusión formado por una piel estirada sobre un aro de madera, provisto de sonajas.

pandilla f. Liga o unión. 2 La que forman algunos para perjudicar a otros. 3 Reunión de gente joven, para divertirse.

panecillo m. Pan pequeño, propio para el desayuno.

panegírico, -ca adj. Perten. o rel. a la oración o discurso en alabanza de alguien. - 2 m. Elogio de una persona hecho por escrito.

panel m. Compartimiento de un lienzo de pared, de la hoja de una puerta, etc.

panera f. Granero donde se guardan los cereales, el pan o la harina. 2 Cesta o plato en que se sirve o guarda el pan.

paneslavismo m. Tendencia política que aspira a la confederación de todos los pueblos de origen eslavo.

paneuropeísmo m. Tendencia que aspira a la confederación de los países de Europa.

pánfilo, -la adj.-s. Muy pausado.

panfletario, -ria adj. Con el estilo propio de los panfletos.

panfleto m. Folleto, libelo. 2 Escrito político de carácter subversivo.

pangermanismo m. Doctrina que procura la unión de todos los pueblos de origen germánico.

pangolín m. Mamífero de Asia y África, de aspecto parecido al de un lagarto.

panhelenismo m. Tendencia de los griegos de los Balcanes, del mar Egeo y de Asia Menor, a unirse en una sola nación.

paniaguado m. El allegado a una persona y favorecido por ella.

pánico m. Terror grande, generalmente colectivo.

panícula f. Panoja (inflorescencia).

panificadora f. Tahona, fábrica de pan.

panificar tr. Hacer pan.

panislamismo m. Moderna tendencia de los pueblos musulmanes a confederarse.

panizo m. Planta graminácea de grano redondo comestible.

panléxico m. Diccionario muy extenso.

panocha f. Mazorca del maíz, del panizo o del mijo.

panoja f. Mazorca del maíz. 2 Inflorescencia compuesta formada por un racimo cuyos ejes se ramifican.

panoli adj.-s. Díc. de la persona simple y sin voluntad.

panoplia f. Armadura completa. 2 Colección de armas. 3 p. ext. Conjunto de cosas similares.

panorama m. Vista de un horizonte muy dilatado.

panorámica f. Procedimiento cinematográfico para la toma de vistas.

pantagruélico, -ca adj. Opíparo.

pantalón m. Prenda de vestir, ceñida al cuerpo en la cintura, que baja cubriendo separadamente cada pierna.

pantalla f. Lámina que se coloca delante o alrededor de la luz. 2 Mampara que se pone ante las chimeneas. 3 Superficie en que se proyectan y se forman las imágenes.

pantanal f. Tierra pantanosa.

pantano m. Hondonada donde se recogen las aguas naturalmente. 2 Gran depósito artificial de agua. 3 fig. Dificultad.

pantanoso, -sa adj. Con pantanos. 2 fig. Lleno de dificultades.

panteísmo m. Doctrina que afirma la identidad substancial de Dios y el mundo.

panteón m. En la antigüedad, templo dedicado a todos los dioses. 2 Monumento funerario destinado a sepultura de varias personas.

pantera f. Mamífero carnívoro, de manchas anilladas, que vive en África y en gran parte de Asia.

pantocrátor m. Imagen de Dios o de Cristo, sentado en su trono o de medio cuerpo y con la diestra levantada.

pantógrafo m. Instrumento para copiar, ampliar o reducir dibujos.

pantómetro m. Instrumento topográfico para medir ángulos por medio de visuales.

pantomima f. Representación mímica.

pantoque m. Parte plana del casco de un barco, que forma el fondo junto a la quilla.

pantorrilla f. Parte carnosa y abultada de la pierna, por debajo de la corva.

pantorrillera f. Refuerzo del pantalón a la altura de la pantorrilla.

pantufla, -flo f. m. Calzado casero, a modo de zapato sin talón.

panza f. Vientre. 2 Primera de las cuatro cavidades del estómago de los rumiantes.

panzada f. Golpe dado con la panza. 2 Hartazgo.

panzudo, -da adj. Que tiene mucha panza.

pañal m. Especie de braguita absorbente que se pone a los niños de corta edad entre la piel y el vestido.

pañería f. Comercio o tienda de paños. 2 Conjunto de los mismos paños.

paño m. Tela, especialmente la de lana muy tupida. 2 Lienzo de pared. 3 Trapo para limpiar.

pañol m. Compartimiento del barco donde se guardan víveres, municiones, etc.

pañoleta f. Prenda triangular, a modo de medio pañuelo, que usan las mujeres al cuello.

pañuelo m. Pedazo de tela de hilo, algodón, seda, lana, etc., cuadrado y de una sola pieza, que sirve para diferentes usos.

papa m. Sumo pontífice romano. - 2 f. Patata.

papá m. fam. Padre.

papable adj. Díc. del cardenal que se reputa merecedor del papado.

paquetería

papada f. Abultamiento carnoso debajo de la barba.

papadilla f. Parte de carne que hay debajo de la barba.

papado m. Dignidad de Papa. 2 Tiempo que dura.

papagayo m. Ave prensora de América, de pico fuerte y muy encorvado y plumaje vistoso, que puede aprender a repetir palabras o frases.

papal adj. Perten. o rel. al papa.

papamoscas m. Ave paseriforme insectívora, de color gris y blanquecino con manchas pardas.

papanatas m. fig. Hombre simple y crédulo.

papar tr. Comer cosas blandas sin mascar. 2 fam. Comer.

paparrucha f. Noticia falsa. 2 fam. Obra insubstancial.

papaveráceo, -a adj.-f. Díc. de la planta dicotiledónea y herbácea de hojas alternas y fruto capsular.

papaverina f. QUÍM. Alcaloide cristalino contenido en el opio.

papaya f. Fruto del papayo.

papayo m. Pequeño árbol tropical de tronco fibroso y fruto grande, semejante al melón.

papel m. Substancia en forma de hojas delgadas, hecha con pasta de trapos, paja, madera, etc. 2 Pliego de papel. 3 Documento. 4 Parte de la obra que representa cada actor. 5 fig. Función que uno cumple; manera de proceder. - 6 m. pl. Documentos con que se acredita el estado civil o la calidad de una persona. ▷ *Hacer el* ~, fingir. *Ser algo* ~ *mojado,* no tener validez o fundamento.

papela f. fam. Documento de despido de un trabajo.

papeleo m. Conjunto de trámites de un asunto en las oficinas públicas.

papelera f. Mueble para guardar papeles. 2 Cesto para los papeles inútiles.

papelería f. Conjunto de papeles. 2 Tienda en que se vende papel.

papeleta f. Cédula. 2 Boletín de voto. 3 Papel con la calificación de un examen. 4 fig. fam. Asunto difícil de resolver.

papelillo m. Cigarro de papel. 2 Paquete de papel con una pequeña dosis medicinal en polvo.

papelón, -lona adj.-s. Que ostenta y aparenta más que es.

papelote, papelucho m. desp. Papel o escrito despreciable.

papera f. Bocio. 2 Tumor inflamatorio en la parótida.

papi m. fam. Padre.

papiamento m. Habla criolla de Curazao, Oruba y Buen Aire.

papila f. Prominencia pequeña formada debajo de la epidermis y en la superficie de las membranas mucosas.

papilar adj. Perten. o rel. a las papilas.

papilionáceo, -a adj.-f. Díc. de la planta leguminosa de corola parecida a una mariposa.

papiloma m. Epitelioma en las papilas de la piel o en las membranas mucosas. 2 Tumor pediculado en forma de botón.

papilla f. Comida a base de féculas, harinas, etc., hervidas en agua o leche. ▷ *Hacer* ~ *a uno,* vencerlo completamente.

papillote m. Rizo de cabello sujeto con un papel.

papiráceo, -a adj. De textura semejante al papel.

papiro m. Planta de tallos largos, de los que se sacaban láminas para escribir.

papiroflexia f. Técnica de hacer figuras doblando papel.

papirología f. Ciencia que estudia los papiros.

papirotazo m. Capirotazo.

papismo m. Iglesia católica, y su doctrina, según los protestantes y cismáticos.

papista adj.-com. Católico romano, según los protestantes y cismáticos. 2 fam. Partidario de la rigurosa observancia de las disposiciones del papa.

papo m. Buche de las aves. 2 Parte abultada del animal entre la barba y el cuello.

papujado, -da adj. fig. Abultado, prominente y hueco.

pápula f. Tumorcillo eruptivo, cutáneo.

paquebot, paquebote m. Barco destinado al transporte de pasajeros y correo de un puerto a otro próximo.

paquete m. Envoltorio bien dispuesto y no muy abultado. 2 Acompañante del conductor en una motocicleta. 3 Persona torpe. ▷ *Meter un* ~ *a alguien,* multarle, reprenderle, castigarle. *Ser un* ~, ser muy malo o torpe.

paquetería f. Género de mercancía en

paquetes. 2 Comercio de este género.

paquidermo, -ma *adj.-m.* Díc. del mamífero caracterizado por tener la piel muy gruesa.

paquistaní *adj.-s.* De Paquistán.

par *adj.* Igual o semejante totalmente. - 2 *adj.-m.* MAT. Díc. del número entero divisible por dos. - 3 *m.* Conjunto de dos personas o cosas de la misma especie. ▷ *A la ~ o al ~*, juntamente, a un tiempo; igualmente. *De ~ en ~*, enteramente abierto. *Sin ~*, singular, que no tiene semejante.

para *prep.* Expresa principalmente la idea de finalidad, destino o adecuación.

parabién *m.* Felicitación.

parábola *f.* Narración de un suceso fingido que encierra una enseñanza moral. 2 Curva abierta, simétrica respecto de un eje, con un solo foco.

parabólico, -ca *adj.-s.* Perten. o rel. a la parábola. 2 Con figura de parábola.

parabolizar *tr.* Ejemplificar, simbolizar algo.

paraboloide *m.* Superficie en que las secciones paralelas a una dirección dada son parábolas y las demás secciones planas, elipses o hipérbolas. 2 GEOM. Sólido limitado por un paraboloide elíptico y un plano perpendicular a su eje.

parabrisas *m.* Bastidor con cristal que lleva delante el automóvil para resguardar del aire a los ocupantes.

paracaídas *m.* Aparato que, al abrirse, disminuye la velocidad de caída de un cuerpo.

paracaidismo *m.* Técnica de saltar con paracaídas desde un avión.

paracaidista *adj.* Perten. o rel. al paracaidismo. - 2 *com.* Persona que desciende en paracaídas.

paracronismo *m.* Anacronismo que consiste en suponer acaecido un hecho después del tiempo en que sucedió.

parachoques *m.* Pieza exterior de los automóviles y otros carruajes situada en la parte delantera y trasera, para amortiguar los efectos de un choque.

parada *f.* Ac. y ef. de parar. 2 Sitio donde se para. 3 MIL. Desfile.

paradero *m.* Lugar donde se para o se va a parar. 2 fig. Fin o término de una cosa.

paradiástole *f.* Figura retórica que consiste en contrastar voces de significación muy parecida.

paradigma *m.* Ejemplo que sirve de norma, especialmente de una conjugación o declinación. 2 LING. Conjunto de elementos de una misma clase gramatical, que pueden aparecer en un mismo contexto.

paradisíaco, -ca, paradisiaco, -ca *adj.* Perten. o rel. al paraíso.

parado, -da *adj.* Remiso en palabras y acciones. 2 Desocupado, sin empleo.

paradoja *f.* Especie opuesta a la opinión común, especialmente, la que parece opuesta siendo exacta. 2 Aserción inverosímil con apariencias de verdadera.

paradojismo *m.* Figura retórica que une palabras o frases, en sí inconciliables, bajo la forma de paradoja.

parador, -ra *adj.* Que para. - 2 *m.* Hotel que depende de organismos oficiales.

paraestatal *adj.* Díc. de la institución que coopera con el Estado, pero no forma parte de su administración.

parafernalia *f.* Conjunto de utensilios necesarios para un determinado uso. 2 fam. Aparato ostentoso con que se rodea una persona, un acto público, etc.

parafina *f.* Substancia empleada para fabricar bujías y para otros usos.

parafrasear *tr.* Hacer la paráfrasis.

paráfrasis *f.* Explicación o interpretación amplia de un texto.

paragoge *f.* GRAM. Metaplasmo que consiste en añadir una o más letras al final de un vocablo.

paraguas *m.* Utensilio portátil para resguardarse de la lluvia.

paraguayo, -ya *adj.-s.* De Paraguay.

paragüero *m.* Mueble para colocar los paraguas y bastones.

paraíso *m.* Lugar donde Dios puso a Adán y Eva. 2 Mansión celestial, cielo.

paraje *m.* Lugar, esp. el alejado y aislado.

paralaje *f.* ASTRON. Diferencia entre las posiciones aparentes que en la bóveda terrestre tiene un astro según el punto donde se supone observado.

paralelar *tr.* Comparar.

paralelepípedo *m.* GEOM. Sólido determinado por seis paralelogramos, siendo iguales y paralelos cada dos opuestos.

paralelismo m. Calidad de paralelo.

paralelo, -la adj. Equidistante de otro y que por más que se prolonguen no pueden encontrarse. 2 fig. Correspondiente o semejante. - 3 m. Círculo menor paralelo al ecuador, que se supone descrito en cualquier posición del globo terráqueo.

paralelogramo m. Cuadrilátero cuyos lados opuestos son iguales y paralelos.

parálisis f. Pérdida de la sensibilidad o de los movimientos voluntarios.

paralítico, -ca adj.-s. Díc. del enfermo de parálisis.

paralización f. Detención de la actividad o el movimiento.

paralizar tr.-prnl. Causar parálisis. 2 fig. Detener la actividad o el movimiento.

paralogismo m. Razonamiento falso.

paralogizar tr.-prnl. Intentar persuadir a alguien con discursos falaces.

paramecio m. Protozoo de forma de zapatilla, visible en aguas estancadas.

paramento m. Adorno con que se cubre una cosa.

parámetro m. Línea constante e invariable que entra en la ecuación de algunas curvas, especialmente en la de la parábola. 2 Variable tal que otras variables pueden ser expresadas por funciones de ella.

paramilitar adj. De carácter parecido o que recuerda la organización militar.

páramo m. Terreno yermo.

parangón m. Comparación o semejanza.

parangonar tr. Comparar, confrontar.

paraninfo m. Salón de actos de una universidad.

paranoia f. Monomanía.

paranormal adj. Que no se ajusta a las leyes físicas o psíquicas.

parapente m. Paracaidismo deportivo en la que el paracaidista se lanza desde una pendiente.

parapetarse prnl.-tr. Resguardarse con parapetos.

parapeto m. Pared o baranda para evitar caídas en puentes, escaleras, etc. 2 Terraplén corto para protegerse.

paraplejía f. Parálisis de la mitad inferior del cuerpo.

parapsicología f. Estudio de los fenómenos psicológicos todavía no bien conocidos o explicados de un modo científico.

parar intr.-prnl. Cesar en el movimiento, en la acción. 2 Llegar a un término o al fin. 3 Habitar, hospedarse. - 4 tr. Detener el movimiento, la acción. ▷ Sin ~, sin dilación ni tardanza.

pararrayo, -yos m. Artificio para proteger los edificios contra el rayo.

parasimpático adj. Díc. de la parte del sistema nervioso vegetativo que obra antagónicamente al sistema simpático.

parasíntesis f. Modo de formación de palabras en que se combinan la composición y la derivación.

parasitismo m. Condición de parásito.

parásito, -ta adj.-s. Díc. del animal o vegetal que vive dentro o sobre otro organismo, de cuyas substancias se nutre. 2 Díc. de los ruidos que perturban las transmisiones radiofónicas. - 3 m. f. fig. Persona que vive a costa de otro.

parasol m. Quitasol.

parataxis f. GRAM. Coordinación de oraciones.

paratífico, -ca adj. Perten. o rel. a la paratifoidea. - 2 adj.-s. Que adolece de esta enfermedad.

paratifoidea f. Infección intestinal parecida a la fiebre tifoidea.

parazoo adj.-m. Díc. del animal pluricelular que carece de tejidos, órganos y simetría.

parca f. fig. poét. Muerte.

parcela f. Porción pequeña de terreno de un único propietario. 2 Partícula, parte.

parcelar tr. Dividir en parcelas.

parcial adj. Perten. o rel. a una parte del todo. 2 No completo. 3 Que procede con parcialidad.

parcialidad f. Conjunto de los que componen una facción o partido. 2 Prevención en favor o en contra de personas o cosas.

parco, -ca adj. Sobrio. 2 Escaso.

parche m. Ungüento pegado a un pedazo de lienzo que se aplica a una parte enferma. 2 Pedazo de papel, tela, piel, etc., que se pega sobre una cosa.

parchear tr. Poner parches.

parchís m. Juego practicado en un tablero en el que cada jugador avanza hacia la casilla central tirando un dado.

pardal adj. desp. Aldeano. - 2 m. Gorrión.

pardear intr. Sobresalir o distinguirse el

color pardo.

pardela f. Ave procelariforme, parecida a la gaviota.

pardete m. Pez marino de color gris azulado, con una mancha amarilla.

pardillo, -lla adj.-s. Aldeano. - 2 m. Pájaro granívoro.

pardo, -da adj.-m. Color parecido al de la tierra. - 2 adj. De color pardo.

pardusco, -ca adj. De color que tira a pardo.

pareado, -da adj.-m. Díc. de la estrofa de dos versos rimados entre sí.

parear tr. Juntar, igualar dos cosas comparándolas. 2 Formar pares.

parecer m. Opinión, juicio, dictamen. - 2 intr. Tener determinado aspecto o dar determinada impresión. - 4 prnl. Tener el mismo aspecto o cierta semejanza.

parecido, -da adj. Que se parece a otro. - 2 m. Semejanza.

pared f. Obra de fábrica, levantada a plomo, para cerrar un espacio. ▷ *Entre cuatro paredes,* retirado del trato de la gente; encerrado en su casa. *Subirse por las paredes,* mostrarse muy irritado.

paredón m. Pared que queda en pie de un edificio en ruinas. 2 Pared junto a la que se fusila a los condenados.

pareja f. Conjunto de dos seres o cosas que tienen alguna semejanza, y especialmente el formado por varón y mujer. 2 Compañero o compañera en los bailes.

parejo, -ja adj. Igual. 2 Liso.

paremiología f. Tratado de proverbios (sentencias).

parénquima m. ANAT. Tejido esencial en la mayoría de los órganos vegetales.

parentela f. Conjunto de parientes.

parenteral adj. Díc. del medicamento que no se administra a través del aparato digestivo.

parentesco m. Vínculo por consanguinidad o afinidad.

paréntesis m. Palabra u oración que se intercala en el período. 2 Signo en que suele encerrarse.

pareo m. Especie de pañuelo grande que las mujeres se atan al cuerpo por debajo de los brazos.

pargo m. Pez marino teleósteo perciforme, con el dorso y los flancos rosados.

parhelio m. Fenómeno luminoso consistente en la aparición simultánea de varias imágenes del Sol reflejadas en las nubes.

parhilera f. Madero que forma el lomo de la armadura.

paria com. Persona de la casta ínfima de los indios. 2 fig. Persona excluida de las ventajas y trato de las demás.

parida adj.-f. Hembra que hace poco tiempo que parió. - 2 f. fam. Tontería.

paridad f. Comparación. 2 Igualdad.

paridígito, -ta adj. Díc. del animal que tiene los dedos en número par.

pariente, -ta adj.-s. Díc. de la persona respecto de otra con quien tiene parentesco. - 2 m. f. vulg. Marido respecto de la mujer y viceversa.

parietal m. ANAT. Hueso de la cabeza en los lados del cráneo.

parificar tr. Probar con un ejemplo lo que se ha dicho.

parihuela f. Mueble compuesto de unas tablas atravesadas sobre dos varas para llevar una carga entre dos.

paripé m. Fingimiento de importancia, saber, etc. ▷ *Hacer el ~,* fingir.

parir intr.-tr. Expeler la hembra el feto concebido. - 2 tr. fig. Producir una cosa. ▷ *Poner a ~,* ofender, insultar.

parisiense adj.-s. De París.

parisilábico, -ca, -sílabo, -ba adj. Díc. del vocablo o verso de igual número de sílabas que otro.

parisino, -na adj-s. Parisiense.

paritario, -ria adj. Díc. del organismo social que tiene paridad en el número y derechos de los representantes.

paritorio m. Sala de los hospitales donde se producen los alumbramientos.

parking m. Aparcamiento.

parlamentar intr. Hablar. 2 Entrar en tratos para un arreglo, capitulación, etc.

parlamentario, -ria adj. Perten. o rel. al parlamento.

parlamentarismo m. Sistema parlamentario.

parlamento m. Asamblea legislativa.

parlanchín, -china adj.-s. fam. Hablador.

parlar intr. Hablar con desembarazo. 2 p. ext. Hablar mucho y sin substancia. 3 p. anal. Hablar algunas aves. - 4 tr. Revelar lo que se debe callar.

parlero, -ra adj. Que habla mucho. 2 Que lleva chismes de una parte a otra.

parlotear *intr.* Charlar mucho.

parloteo *m.* Charla.

parmesano *m.* Queso de leche de vaca originario de Italia.

parnasianismo *m.* Movimiento poético francés del s. XIX que practicaba una poesía objetiva en el fondo y clásica en la forma.

parnaso *m.* fig. Conjunto de los poetas.

parné *m.* pop. Dinero, moneda.

paro *m.* Suspensión de los trabajos industriales. 2 Carencia de trabajo.

parodia *f.* Imitación burlesca de una obra literaria seria, una persona, etc.

parodiar *tr.* Hacer la parodia.

parónimo, -ma *adj.* Que tiene relación con una voz, por su forma o sonido.

paronomasia *f.* Semejanza fonética entre dos o más vocablos.

parótida *f.* Glándula salival situada detrás de la mandíbula inferior.

paroxismo *m.* Acceso violento de una enfermedad. 2 Exaltación de las pasiones.

paroxítono, -na *adj.-s.* Díc. del vocablo llano o grave que lleva su acento tónico en la penúltima sílaba.

parpadear *intr.* Abrir y cerrar los ojos.

párpado *m.* Repliegue movible que resguarda el ojo.

parque *m.* Terreno cercado y con plantas para caza o recreo. 2 Lugar en las ciudades para estacionar automóviles. 3 Conjunto de instrumentos, aparatos o materiales destinados a un determinado servicio. 4 ~ *nacional,* área donde se encuentran protegidas la flora y la fauna.

parqué *m.* Suelo hecho con tablitas de maderas finas ensambladas.

parquedad *f.* Moderación, parsimonia.

parquímetro *m.* Aparato que mide el tiempo de estacionamiento en un lugar de aparcamiento y que cobra al usuario la cantidad debida.

parra *f.* Vid levantada artificialmente y que se extiende mucho.

parrafada *f.* Conversación. 2 Período oratorio largo.

párrafo *m.* División de un escrito señalada por una mayúscula al principio y un punto y aparte al final.

parral *m.* Conjunto de parras.

parranda *f.* fam. Holgorio, jarana.

parricida *com.* Persona que mata a un progenitor o cónyuge suyo.

parricidio *m.* Crimen del parricida.

parrilla *f.* Instrumento de hierro en forma de rejilla, para asar o tostar.

parrillada *f.* Plato compuesto de diversos pescados asados a la parrilla. 2 Plato compuesto de carne de vaca, chorizo, morcilla, etc., asadas a la parrilla.

párroco *m.* Cura que dirige una parroquia.

parroquia *f.* Territorio bajo la jurisdicción del párroco. 2 Su iglesia.

parroquial *adj.* Perten. o rel. a la parroquia.

parroquialidad *f.* Pertenencia a determinada parroquia.

parroquiano, -na *adj.-s.* Perten. o rel. a determinada parroquia. - 2 *m. f.* Cliente que se sirve de un comerciante con preferencia a otros.

parsec *m.* Unidad astronómica de distancia que corresponde a 3,26 años luz.

parsimonia *f.* Moderación en los gastos. 2 Circunspección, templanza. 3 Lentitud.

parsimonioso, -sa *adj.* Frugal, circunspecto. 2 Lento, flemático.

parte *f.* Fracción o división de un todo. 2 Sitio. 3 Persona, entidad o grupo que contrata, litiga, contiende, etc. - 4 *m.* Comunicación telefónica o telegráfica. - 5 *f. pl.* Órganos sexuales. ▷ *De ~ a ~,* desde un lado al extremo opuesto. *De ~ de,* a favor de. *Dar ~,* notificar.

parteluz *m.* Columna delgada que divide en dos un hueco de ventana.

partenogénesis *f.* H. NAT. Reproducción sexual en que el óvulo se desarrolla sin previa fecundación.

partera *f.* Mujer que asiste en los partos.

parterre *m.* Arriate, cuadro de jardín.

partición *f.* Reparto de una hacienda, herencia, etc. 2 División.

participación *f.* Ac. y ef. de participar. 2 Aviso, noticia.

participante *adj.-s.* Que participa; que interviene en algo.

participar *intr.* Tener o tomar parte en una cosa. - 2 *tr.* Dar parte, notificar.

partícipe *adj.-s.* Que tiene parte en una cosa.

participio *m.* GRAM. Forma del verbo que entra en la conjugación de los tiempos compuestos y hace oficio de adjetivo.

partícula *f.* Parte pequeña. 2 FÍS. Elemento que constituye el átomo.

particular *adj.* Propio. 2 Singular. 3 Extraordinario. - 4 *adj.-com.* Que no ejerce cargo oficial. - 5 *m.* Materia de que se trata.

particularidad *f.* Calidad de particular, individualidad. 2 Circunstancia, detalle.

particularismo *m.* Individualismo.

particularizar *tr.* Expresar con todas sus particularidades. 2 Hacer distinción especial. - 3 *prnl.* Singularizarse.

partida *f.* Acción de partir o salir. 2 Asiento en el registro parroquial o civil. 3 Copia certificada de uno de estos asientos. 4 Artículo de una cuenta. 5 Cantidad de un género de comercio. 6 Mano o conjunto de manos de un juego.

partidario, -ria *adj.-s.* Que sigue, apoya o defiende a una persona, idea, partido, etc.

partidismo *m.* Celo exagerado a favor de un partido, tendencia u opinión.

partidista *adj.* Perten. o rel. al partidismo. - 2 *com.* Persona adepta a un partido u opinión.

partido *m.* Conjunto de personas que siguen una misma opinión. 2 Resolución que uno adopta. 3 Beneficio. 4 Distrito que tiene por cabeza un pueblo principal. 5 Prueba deportiva entre dos jugadores o equipos. ▷ *Tomar ~,* alinearse con una opinión o grupo determinado.

partir *tr.* Dividir, separar en partes. 2 p. anal. Hender, rajar. 3 Repartir. - 4 *intr.* Salir.

partisano, -na *adj.-s.* Partidario, guerrillero.

partitivo, -va *adj.* GRAM. Díc. del numeral que expresa división de un todo.

partitura *f.* Texto de una obra musical en que las diferentes partes o voces se hallan separadas, pero superpuestas.

parto *m.* Acción de parir. 2 fig. Producción del entendimiento o ingenio humano.

parturienta, -te *adj.-f.* Díc. de la mujer que está de parto o recién parida.

parva *f.* Mies tendida en la era.

parvedad *f.* Pequeñez, poquedad.

parvo, -va *adj.* Pequeño.

párvulo, -la *adj.-s.* Niño, pequeño.

pasa *f.* Uva seca.

pasacalle *m.* Marcha popular de compás muy vivo.

pasada *f.* Acción de pasar. 2 Mal comportamiento con una persona. 3 Ac. y ef. de repasar un trabajo.

pasadera *f.* Piedra para pasar charcos.

pasadero, -ra *adj.* Que se puede pasar. 2 Medianamente bueno de salud o calidad.

pasadizo *m.* Paso estrecho.

pasado, -da *adj.* Que pasó, antiguo. 2 Medio podrido. - 3 *m.* Tiempo que pasó.

pasador, -ra *adj.-s.* Que pasa de una parte a otra. - 2 *m.* Barrita que sirve para cerrar puertas, ventanas, etc. 3 Aguja grande para sujetarse el pelo las mujeres.

pasaje *m.* Acción de pasar. 2 Lugar por donde se pasa. 3 Paso público entre dos calles. 4 Conjunto de pasajeros de una nave. 5 Precio que se paga por ser transportado en una nave. 6 Trozo de una obra literaria o musical.

pasajero, -ra *adj.* Que dura poco. - 2 *adj.-s.* Que va de camino en un vehículo.

pasamanería *f.* Obra, oficio o tienda de pasamanero.

pasamanero, -ra *m. f.* Persona que hace o vende flecos, galones, etc.

pasamano *m.* Galón, fleco, cordón, etc., de oro, plata, seda y otros materiales para adornos. 2 Barandal.

pasamontañas *m.* Especie de gorra que cubre el cuello y las orejas.

pasante *m.* El que asiste a un abogado, profesor, etc., para adquirir práctica.

pasaportar *tr.* Expedir pasaporte a una persona. 2 Despedir a alguien, echarlo de donde está. 3 fig. fam. Matar.

pasaporte *m.* Licencia para pasar de un país a otro. ▷ *Dar ~ a uno,* despedirle.

pasapurés *m.* Utensilio de cocina para hacer purés.

pasar *intr.* Moverse, trasladarse. 2 Ser admitido. 3 Entrar. 4 Ser considerado. 5 Cesar. 6 Ocupar el tiempo. 7 Ir a un sitio sin detenerse en él mucho tiempo. 8 Ocurrir. - 9 *tr.* Sufrir. 10 Dejar atrás. 11 Atravesar. 12 Introducir. 13 Tragar. 14 Tolerar. 15 DEP. Enviar la pelota un jugador a otro de su mismo equipo. - 16 *intr.-prnl.* Cesar, acabarse una cosa. - 17 *prnl.* Madurar demasiado, empezar a pudrirse las carnes, frutas, etc.

▷ ~ *las de Caín,* sufrir horriblemente. ~ *uno por alto alguna cosa,* omitir; dejar de decirla. ~ *por encima,* atropellar; anticiparse.

pasarela *f.* Puente pequeño o provisional.

pasatiempo *m.* Entretenimiento.

pasavolante *m.* Acción ejecutada con brevedad y sin reparo.

pascalio *m.* Unidad de presión y tensión en el Sistema Internacional.

pascua *f.* Fiesta de los hebreos que conmemora la liberación del cautiverio en Egipto. 2 Fiesta católica de la Resurrección del Señor. - 3 *f. pl.* Fiesta de Navidad. ▷ *Estar como unas pascuas,* estar alegre. *Hacer la* ~, fastidiar.

pascual *adj.* Perten. o rel. a la Pascua.

pase *m.* Licencia escrita para entrar en algún sitio, viajar gratis, etc. 2 TAUROM. Suerte de muleta.

paseante *adj.-s.* Que pasea o se pasea.

pasear *intr.-prnl.* Andar o ir en cualquier medio de transporte por diversión o ejercicio. - 2 *tr.* fig. Llevar de una parte a otra.

paseíllo *m.* TAUROM. Desfile de las cuadrillas. 2 fig. Recorrido que hacían los detenidos durante la Guerra Civil hasta el lugar de fusilamiento.

paseo *m.* Acción de pasear. 2 Lugar público para pasear. ▷ *Mandar a* ~, despedir con desagrado.

paseriforme *adj.-m.* Ave de pequeño tamaño, llamada en general pájaro, con las alas bien desarrolladas y las patas con cuatro dedos.

pasiego, -ga *adj.-s.* De Pas, valle de Santander. - 2 *f.* Ama de cría.

pasificación *m.* Proceso de convertir la uva fresca en pasa.

pasigrafía *f.* Escritura universal capaz de ser entendida por todos.

pasillo *m.* Pasadizo, corredor.

pasión *f.* Acción de padecer. 2 p. ant. La de Jesucristo. 3 Inclinación del ánimo.

pasional *adj.* Perten. o rel. a la pasión, especialmente amorosa.

pasionaria *f.* Planta de tallos trepadores, flores olorosas y fruto amarillo.

pasito *adv. m.* Con gran tiento, en voz baja.

pasivo, -va *adj.* Que recibe la acción. 2 Que no opone resistencia. - 3 *m.* Conjunto de lo que debe un comerciante.

pasmar *tr.-prnl.* Enfriar mucho. 2 fig.

Asombrar con extremo.

pasmo *m.* Enfriamiento. 2 Asombro.

pasmoso, -sa *adj.* Que causa pasmo (admiración).

paso *m.* Movimiento que se hace al andar. 2 Longitud de un paso. 3 Manera de andar. 4 Lugar por donde se puede pasar. 5 Pieza dramática muy breve. ▷ *A cada* ~, continuamente, a menudo. *A este* ~, según eso, de este modo. *De* ~, al mismo tiempo que. ~ *a* ~, poco a poco, por grados. *Abrir* ~, abrir camino. *Avivar el* ~, andar o ir de prisa. *Ceder el* ~, dejar una persona pasar antes.

pasodoble *m.* Baile y música de marcha en compás de cuatro por cuatro.

pasota *com.* Persona que permanece indiferente ante todo.

paspartú *m.* Recuadro de cartón o tela que se pone entre el marco y el objeto enmarcado.

pasquín *m.* Cartel para anunciar algo. 2 Escrito anónimo que se fija en sitio público.

pasquinada *f.* Dicho agudo y satírico que se divulga.

pasta *f.* Masa blanda y plástica. 2 Encuadernación de los libros.

pastaflora *f.* Pasta hecha con harina, azúcar y huevo.

pastar *tr.* Conducir el ganado al pasto. - 2 *intr.* Pacer.

pastel *m.* Masa de harina y manteca que envuelve otros ingredientes y se cuece al horno. 2 Barrita de color. ▷ *Descubrirse el* ~, descubrirse un secreto que se deseaba ocultar.

pastelear *intr.* desp. Contemporizar por miras interesadas.

pastelería *f.* Arte del pastelero. 2 Establecimiento donde se hacen o venden pasteles.

pastelero, -ra *m. f.* Persona que tiene por oficio hacer o vender pasteles.

pastelillo *m.* Dulce hecho de mazapán y relleno de conservas. 2 Pastel pequeño de carne o pescado.

pasterizar, pasteurizar *tr.* Esterilizar la leche, el vino y otros líquidos según el método de Pasteur.

pastiche *m.* Combinación de diversos elementos en principio incompatibles estéticamente, cuyo objetivo usual es la decoración lujosa.

pastilla *f.* Porción pequeña de pasta de

forma cuadrangular o redonda. 2 Porción pequeña de pasta, compuesta de azúcar y alguna substancia medicinal o agradable. ▷ *A toda* ~, con gran rapidez.

pastinaca f. Pez marino seláceo comestible, de cabeza puntiaguda, amarillento con manchas oscuras.

pastizal m. Terreno de abundante pasto.

pasto m. Acción de pastar. 2 Hierba que pace el ganado. 3 Sitio en que pasta el ganado. ▷ *A todo* ~, en abundancia y sin restricciones.

pastor, -ra m. f. Persona que guarda y apacienta el ganado. - 2 m. Eclesiástico que tiene súbditos.

pastoral adj. Pastoril. 2 Perten. o rel. a los prelados. - 3 f. Carta pastoral.

pastorear tr. Llevar los ganados al campo.

pastorela f. Composición lírica, dialogada, entre un caballero y una pastora.

pastoriego, -ga adj. Perten. o rel. al pastor.

pastoril adj. Perten. o rel. a los pastores.

pastoso, -sa adj. Blando y suave a semejanza de la masa.

pata f. Pie y pierna de los animales. 2 Pie de un mueble. ▷ *A cuatro patas*, a gatas. *A la* ~ *la llana*, o *a la* ~ *llana*, de manera llana, sin afectación. *A* ~, a pie. *Patas arriba*, con gran desorden o trastorno. *Meter la* ~, equivocarse de modo inoportuno. *Tener mala* ~, tener poca o mala suerte.

patada f. Golpe con el pie o con la pata.

patalear intr. Mover violentamente las piernas o patas. 2 Dar patadas en el suelo violentamente, por enfado o pesar.

pataleo m. Acción de patalear.

pataleta f. Convulsión fingida.

patán m. Aldeano o rústico. - 2 adj.-m. fig. Díc. del hombre tosco y grosero.

patanería f. Grosería, tosquedad.

patata f. Planta solanácea de tubérculos redondeados comestibles. 2 Tubérculo de esta planta.

patatero, -ra adj. Perten. o rel. a la patata. 2 fig. Díc. del oficial que ha ascendido desde soldado raso.

patatús m. fam. Congoja leve.

patear tr. Dar golpes con los pies. 2 fig. Tratar mal. - 3 intr. Dar patadas en el suelo.

patena f. Platillo de metal en el cual se pone la hostia en la misa.

patentado, -da adj. Díc. del invento, marca comercial, etc., que goza de una patente oficial.

patentar tr. Conceder, obtener o registrar una patente.

patente adj. Visible, evidente. - 2 f. Título librado por el gobierno confiriendo ciertos derechos o privilegios.

patentizar tr. Hacer patente.

páter m. Sacerdote.

paterfamilias m. Jefe de familia de la ant. Roma.

paternal adj. Propio del afecto del padre.

paternalismo m. Carácter paternal. 2 Actitud protectora de un superior respecto a sus subordinados.

paternalista adj. Díc. del gobierno o empresa que practica el paternalismo. 2 Díc. de la ley o conducta del mismo carácter.

paternidad f. Calidad de padre.

paterno, -na adj. Perten. o rel. al padre.

patético, -ca adj. Capaz de conmover y agitar el ánimo.

patetismo m. Calidad de patético.

pathos m. Afección, emoción.

patiabierto, -ta adj. fam. Que tiene las piernas torcidas y separadas una de otra.

patibulario, -ria adj. Perten. o rel. al patíbulo. 2 Repugnante, que produce horror.

patíbulo m. Lugar en que se ejecuta la pena de muerte.

patidifuso, -sa adj. Atónito.

patihendido, -da adj. Díc. del animal que tiene los pies hendidos.

patilla f. Porción de barba que se deja crecer en los carrillos. 2 Varilla de sujeción de las gafas.

patín m. Aparato que se adapta al calzado para deslizarse sobre el hielo o sobre un pavimento liso. 2 Aparato con flotadores para pasear sobre el agua.

pátina f. Tono que da el tiempo a los objetos antiguos y barniz que lo produce.

patinador, -ra adj.-s. Que patina.

patinaje m. Ac. y ef. de patinar. 2 Deporte consistente en deslizarse por una superficie plana y adecuada al tipo de patines que se emplean.

patinar intr. Deslizarse con patines. 2

Resbalar las ruedas de un vehículo. 3 fig. Errar, equivocarse.

patinazo m. Ac. y ef. de patinar bruscamente. 2 fig. fam. Plancha, equivocación que avergüenza.

patinete m. Juguete compuesto de una plancha con dos ruedas y un manillar.

patio m. Espacio descubierto en el interior de un edificio. 2 En los teatros, planta baja que ocupan las butacas.

patitieso, -sa adj. Que se queda sin sentido ni movimiento.

patizambo, -ba adj. Que tiene las piernas torcidas hacia afuera.

pato m. Ave palmípeda de pico ancho y plano y carne comestible. ▷ *Pagar el* ~, padecer un castigo no merecido.

patochada f. Disparate, sandez.

patógeno, -na adj. Que produce enfermedad.

patojo, -ja adj. Que tiene las piernas o pies torcidos.

patología f. Parte de la medicina que estudia las enfermedades.

patológico, -ca adj. Perten. o rel. a la patología.

patoso, -sa adj. Que presume de chistoso y agudo sin serlo. 2 Inhábil.

patraña f. Mentira o noticia inventada.

patria f. Tierra natal o adoptiva a la que se pertenece por diferentes vínculos.

patriarca m. Título de dignidad de algunos prelados. 2 En la antigüedad, jefe de familia o tribu.

patriarcado m. Dignidad de patriarca y tiempo que dura. 2 Gobierno o autoridad del patriarca y territorio en que lo ejerce.

patriarcal adj. Perten. o rel. al patriarca y a su autoridad.

patricio adj.-s. Descendiente de los primeros senadores romanos, cuyo conjunto constituía la nobleza.

patrimonial adj. Perten. o rel. al patrimonio.

patrimonio m. Bienes heredados o adquiridos por individuos y entidades.

patrio, -tria adj. Perten. o rel. a la patria o al padre.

patriota com. Persona que tiene amor a su patria.

patriotería f. desp. Alarde excesivo e inoportuno de patriotismo.

patriótico, -ca adj. Perten. o rel. al patriota o a la patria.

patriotismo m. Amor a la patria.

patrística f. Estudio de la doctrina, obras y vida de los Santos Padres.

patrocinar tr. Proteger, favorecer.

patrocinio m. Protección.

patrología f. Patrística. 2 Colección de los escritos de los Santos Padres. 3 Tratado sobre los Santos Padres.

patrón, -trona m. f. Defensor, protector. 2 Santo bajo cuya protección se halla una iglesia, un pueblo, etc. 3 Dueño de la casa donde uno se hospeda o de la fábrica donde uno trabaja. 4 Amo, señor. - 5 m. El que manda una embarcación. 6 Modelo según el cual se corta un objeto.

patronal adj. Perten. o rel. al patrono o al patronato. - 2 f. Conjunto de empresarios o patronos que actúa colectivamente.

patronato m. Derecho del patrono. 2 Fundación piadosa o benéfica.

patronear tr. Ejercer el cargo de patrón en una embarcación.

patronímico, -ca adj.-s. Díc. del apellido familiar que se formaba antiguamente del nombre de los padres.

patrono, -na m. f. Patrón.

patrulla f. Pequeña partida de gente armada que ronda, para mantener el orden, en ciudades, líneas avanzadas, etc.

patrullar intr. Rondar una patrulla.

patrullero, -ra adj.-s. Que patrulla. 2 Buque o avión destinado a patrullar; guardacostas.

patuco m. Zapato de bebé.

patulea f. fam. Reunión de chiquillos traviesos.

paulatino, -na adj. Que obra lentamente.

pauperismo m. Existencia de gran número de pobres en un Estado.

pauperización f. Empobrecimiento de una población o de un país.

paupérrimo, -ma adj. Superlativo de *pobre*.

paurópodo adj.-m. Miriápodo provisto de nueve o diez pares de patas.

pausa f. Breve interrupción. 2 Tardanza.

pausado, -da adj. Que obra con pausa.

pauta f. Raya o conjunto de rayas en el papel con que se aprende a escribir e instrumento con que se hacen. 2 fig. Precepto, regla.

pautar tr. MÚS. Rayar el papel con la

pauta. 2 fig. Dar reglas.

pavada f. Manada de pavos. 2 fig. Sosería, insulsez.

pavana f. Danza y música de un ant. baile de origen español.

pavera f. Cazuela para cocer los pavos.

pavero, -ra m. f. Persona que tiene por oficio cuidar pavadas o venderlas.

pavés m. Escudo que cubre y defiende casi todo el cuerpo del combatiente.

pavesa f. Partícula que se desprende de un cuerpo que arde, reduciéndose a ceniza.

pavimentar tr. Revestir el suelo con ladrillos, losas, etc.

pavimento m. Superficie artificial que se hace para que el piso esté sólido y llano.

pavisoso, -sa adj. Soso, sin gracia.

pavo, -va m. f. Ave gallinácea de América, que tiene la cabeza y el cuello cubiertos de carúnculas rojas. 2 ~ real, ave galliforme, oriunda de Asia, cuyo macho tiene una cola larga que se extiende en forma de abanico. - 3 m. fig. Timidez, sosería. ▷ *Pelar la pava,* tener conversación amorosa los novios.

pavón m. Pavo real. 2 Nombre de varias mariposas, llamadas así por tener manchas redondeadas en las alas.

pavonear intr.-prnl. Hacer vana ostentación de sí mismo.

pavor m. Temor, espanto.

pavoroso, -sa adj. Que causa pavor.

payasada f. Acción o dichos propios de payaso.

payaso m. Artista de circo que hace de gracioso.

payés, -yesa m. f. Campesino de Cataluña o de las Islas Baleares.

payo, -ya m. f. Para el gitano, persona que no pertenece a su raza.

paz f. Tranquilidad, sosiego. 2 Estado de la nación que no está en guerra. ▷ *Hacer las paces,* reconciliarse.

pazguato, -ta adj.-s. Simple, que se admira o escandaliza por todo.

pazo m. En Galicia, casa solariega.

pe f. Nombre de la letra *p.*

pea f. Borrachera.

peaje m. Derecho de tránsito.

peana f. Apoyo para colocar una figura.

peatón m. El que va a pie.

peatonal adj. De uso exclusivo para peatones.

peatonalizar tr. Hacer peatonal una calle.

peca f. Mancha pequeña en el cutis.

pecado m. Transgresión voluntaria de la ley de Dios.

pecador, -ra adj.-s. Que peca.

pecaminoso, -sa adj. Perten. o rel. al pecado o al pecador.

pecar intr. Quebrantar la ley de Dios. 2 Faltar a cualquier obligación.

pécari m. Mamífero artiodáctilo parecido al jabalí y propio de América.

pecblenda f. Mineral de uranio.

pecera f. Vasija de cristal llena de agua para tener peces.

pecina f. Cieno negruzco.

pecíolo m. Pezón de la hoja.

pécora f. Res. 2 fig. Persona viciosa.

pecoso, -sa adj. Que tiene pecas.

pectina f. Substancia neutra que se encuentra en muchos tejidos vegetales.

pectiniforme adj. Que tiene forma de peine.

pectoral adj. Perten. o rel. al pecho. - 2 adj.-m. Provechoso para el pecho. 3 ANAT. Músculo de la pared superior del tórax.

pectosa f. Substancia contenida en los frutos sin madurar.

pecuario, -ria adj. Perten. o rel. al ganado.

peculiar adj. Propio o privativo.

peculiaridad f. Calidad de peculiar.

peculio m. Dinero o bienes propios de una persona.

pecuniario, -ria adj. Perten. o rel. al dinero.

pechada f. vulg. Hartazgo, cantidad excesiva de algo.

pechar intr.-tr. Asumir una carga u obligación que desagrada.

pechera f. Parte de una prenda que cubre el pecho.

pechiazul m. Ave paseriforme de canto musical que recuerda a veces al del ruiseñor.

pechina f. Concha. 2 ARQ. Triángulo curvilíneo que, con otros tres, forma el anillo de la cúpula con los arcos sobre los que estriba.

pecho m. Parte del cuerpo que va desde el cuello hasta el vientre. 2 Lo exterior de esta parte. 3 Mama de mujer. ▷ *A ~ descubierto,* sin resguardo; con sinceridad y nobleza. *Entre ~ y espalda,* en el estómago. *Dar el ~,* dar de mamar. *Tomar a ~ una cosa,* tomarla con mucho interés.

pechuga f. Pecho del ave.

pechugón, -gona adj. fam. Que tiene pecho muy abultado.

pedagogía f. Ciencia de enseñar y educar.

pedagógico, -ca adj. Perten. o rel. a la pedagogía.

pedagogo, -ga m. f. Maestro de escuela. 2 Especialista en pedagogía.

pedal m. Mecanismo que se acciona con el pie.

pedalada f. Impulso dado a un pedal.

pedalear intr. Accionar un pedal o pedales, especialmente de una bicicleta.

pedáneo, -a adj.-s. Díc. del alcalde o juez que ejerce sus funciones en asuntos de poca importancia.

pedanía f. Jurisdicción de un alcalde o juez pedáneos. 2 Cargo del alcalde o juez pedáneos.

pedante adj.-com. Que hace vano alarde de erudición.

pedantería f. Afectación de pedante.

pedazo m. Fragmento, parte. ▷ *A pedazos,* por partes, en porciones. ~ *de alcornoque, de animal,* o *de bruto,* persona incapaz o necia. ~ *de pan,* persona bondadosa.

pederasta m. El que comete pederastia.

pederastia f. Abuso deshonesto cometido contra los niños. 2 Sodomía.

pedernal m. Variedad de cuarzo que da chispas al ser herido por el eslabón.

pedestal m. Cuerpo que sostiene una columna, estatua, etc.

pedestre adj. Que anda a pie. 2 fig. Llano, vulgar.

pedestrismo m. Calidad de pedestre. 2 Deporte de las carreras a pie.

pediatra com. Médico especialista en enfermedades de los niños.

pediatría f. Estudio de las enfermedades de los niños.

pedicelo m. BOT. Columna carnosa que sostiene el sombrerillo de las setas. 2 BOT. Tallo que lleva una sola flor o un solo fruto.

pediculado, -da adj. Provisto de pedículo.

pedicular adj. Perten. o rel. al piojo.

pedículo m. Pezón (rabillo).

pediculosis f. MED. Enfermedad de la piel.

pedicuro, -ra m. f. Callista.

pedida f. Petición de mano.

pedido m. Petición. 2 Encargo de mercancías.

pedigrí m. Genealogía de un animal.

pedigüeño, -ña adj.-s. Que pide con frecuencia e inoportunidad.

pediluvio m. Baño de pies.

pedipalpo m. Palpo en forma de pata que tienen los arácnidos.

pedir tr. Rogar o demandar a uno que dé o haga una cosa. 2 Requerir una cosa como necesaria o conveniente.

pedo m. Ventosidad ruidosa que se expele por el ano.

pedorrera f. Frecuencia de ventosidades expelidas del vientre.

pedorreta f. Sonido hecho con la boca imitando al pedo.

pedrada f. Acción de tirar una piedra. 2 Golpe dado con ella.

pedrea f. fig. Conjunto de premios menores en la lotería.

pedregal m. Terreno cubierto de piedras.

pedregoso, -sa adj. Cubierto de piedras.

pedrera f. Cantera.

pedrería f. Conjunto de piedras preciosas.

pedrisco f. Granizo que cae de las nubes.

pedriza f. Pedregal, sitio pedregoso. 2 Cerca o valla de piedra seca.

pedrusco m. Trozo de piedra sin labrar.

pedunculado, -da adj. Díc. de la flor, hoja, etc., que tiene pedúnculo.

pedúnculo m. Pezón en las plantas. 2 Pie de algunos crustáceos.

peer intr.-prnl. Expeler la ventosidad del vientre por el ano.

pega f. Acción de pegar. 2 Paliza. 3 Contratiempo imprevisto. ▷ *De* ~, falso.

pegadizo, -za adj. Pegajoso. 2 Gorrón. 3 Postizo.

pegajoso, -sa adj. Que fácilmente se pega.

pegamento m. Producto para pegar.

pegar tr.-prnl. Unir una cosa a otra con algo para que no pueda separarse. 2 Arrimar. - 3 intr. Estar una cosa contigua a otra. 4 Caer bien una cosa. - 5 tr.-intr. Golpear. ▷ *Pegársela a uno,* burlarse de él.

pegatina f. Impreso autoadhesivo.

pegmatita f. Roca de textura laminar compuesta de feldespato y cuarzo.

pego m. fig. fam. Engaño, fraude.

pegote *m.* Emplasto. 2 fig. fam. Farol.

pegujal *m.* fig. Parcela que el dueño de una finca cede al encargado para que la cultive por su cuenta.

pegujalero *m.* Labrador que tiene poca siembra. 2 Ganadero que tiene poco ganado.

peguntoso, -sa *adj.* Viscoso, pegajoso.

peinado *m.* Compostura del pelo.

peinador, -ra *adj.-s.* Que peina. - 2 *m.* Toalla o bata ligera con que se cubre el que se peina o afeita.

peinar *tr.-prnl.* Desenredar o componer el cabello a una persona. - 2 *tr.* p. ext. Desenredar toda clase de pelo o lana.

peinazo *m.* Listón entre los maderos de puertas y ventanas.

peine *m.* Utensilio con púas para peinar.

peineta *f.* Peine convexo que usan las mujeres para adorno.

pejiguera *f.* Cosa que ofrece dificultades.

pela *f.* fig. fam. Peseta. - 2 *f. pl.* fig. fam. Dinero.

peladilla *f.* Almendra confitada. 2 Guijarro pequeño.

pelado, -da *adj.* fig. Que carece de lo que naturalmente viste, adorna, cubre o rodea. 2 Que ha perdido el pelo. - 3 *m.* Ac. y ef. de pelar o cortar el cabello.

peladura *f.* Ac. y ef. de pelar (quitar la piel). 2 Mondadura (despojo).

pelagatos *m.* Hombre pobre.

pelágico, -ca *adj.* Perten. o rel. al piélago. 2 BIOL. Díc. del animal o planta que flota o nada en el mar.

pelagoscopio *m.* Aparato para estudiar el fondo del mar.

pelagra *f.* Enfermedad caracterizada por lesiones de la piel y trastornos digestivos y nerviosos.

pelaje *m.* Naturaleza y calidad del pelo de un animal.

pelambre *m.* Conjunto de pelo en todo el cuerpo o en algunas partes de él; generalmente se entiende el quitado o arrancado.

pelambrera *f.* Porción de pelo crecido.

pelanas *com.* fam. Persona sin importancia.

pelandusca *f.* Ramera.

pelar *tr.* Cortar el pelo. 2 Desplumar. 3 Mondar. - 4 *prnl.* Desprenderse la piel por tomar con exceso el sol, por rozadura, etc. ▷ *Duro de ~,* difícil de conseguir o tratar.

pelargonio *m.* Geranio.

peldaño *m.* Tramo de escalera.

pelea *f.* Ac. y ef. de pelear o pelearse.

pelear *intr.* Usar las propias fuerzas o las armas para vencer a otro. 2 fig. Trabajar por conseguir una cosa. - 3 *prnl.* Disputar.

pelecaniforme *adj.-m.* Díc. del ave acuática con sus cuatro dedos unidos por una membrana (palmípeda).

pelechar *intr.* Echar pelo o pluma. 2 fig. Comenzar a medrar, a recobrar la salud.

pelele *m.* Muñeco de paja o trapos. 2 Traje para niños.

peleón, -ona *adj.-s.* fam. Díc. del vino muy ordinario. - 2 *adj.* Que pelea.

peletería *f.* Oficio y establecimiento del peletero. 2 Conjunto de pieles finas y comercio de ellas.

peletero, -ra *m. f.* Persona que tiene por oficio adobar y componer pieles finas. - 2 *adj.* Perten. o rel. a la peletería.

peliagudo, -da *adj.* fig. Muy dificultoso. 2 fig. Sutil y mañoso.

pelícano *m.* Ave palmípeda, de pico ancho y muy largo, con la piel de la mandíbula inferior en forma de bolsa.

película *f.* Piel o cubierta membranosa, muy delgada. 2 Cinta cinematográfica o fotográfica.

peligrar *intr.* Estar en peligro.

peligro *m.* Contingencia inminente de que suceda algún mal.

peligrosidad *f.* Calidad de peligroso.

peligroso, -sa *adj.* Que ofrece peligro.

pelirrojo, -ja *adj.* De pelo rojo.

pelmazo, -za *m. f.* fig. fam. Persona lenta en sus acciones. 2 fig. fam. Persona molesta y fastidiosa.

pelo *m.* Filamento cilíndrico que nace en la dermis de los mamíferos. 2 Conjunto de pelos que cubren el cuerpo o parte de él. ▷ *A ~,* o *al ~,* a tiempo, a propósito o a ocasión. *Contra ~,* fuera de tiempo o de propósito. *Por los pelos,* en el último momento. *Un ~,* muy poco. *Estar hasta los pelos,* estar harto. *No tener un ~ de tonto,* ser listo y avisado. *No tener pelos en la lengua,* hablar con libertad y sin reparo. *Ponerse los pelos de punta,* erizarse el cabello; sentir gran pavor. *Tomar el ~ a uno,* burlarse de él.

pelón, -lona *adj.-s.* Que no tiene pelo o lo lleva muy corto. 2 fig. Pobre.

pelota *f.* Bola esférica u ovoide de goma, trapos, etc., que sirve para jugar. 2 Juego hecho con ella. 3 Bola de materia blanda. - 4 *com.* Pelotillero.

pelotari *com.* Jugador de pelota vasca.

pelotazo *m.* Golpe dado con la pelota.

pelotear *intr.* Jugar a la pelota sin hacer partido. 2 Reñir, disputar.

peloteo *m.* Adulación servil.

pelotera *f.* fig. Riña, contienda.

pelotillero, -ra *adj.* Adulador, servil.

pelotón *m.* Grupo de soldados.

peltre *m.* Aleación de cinc, plomo y estaño.

peluca *f.* Cabellera postiza.

peluche *m.* GALIC. Felpa (tejido).

peludo, -da *adj.* Que tiene mucho pelo.

peluquería *f.* Tienda y oficio del peluquero.

peluquero, -ra *m. f.* Persona que tiene por oficio peinar o cortar el pelo.

peluquín *m.* Peluca pequeña.

pelusa *f.* Vello. 2 Pelo menudo desprendido de las telas.

pelvis *f.* Cavidad del cuerpo determinada por los dos coxales, el sacro y el cóccix.

pella *f.* Masa apretada y redonda. - 2 *com.* fam. Persona molesta.

pellada *f.* Porción de yeso o argamasa que se sostiene con la mano o con la llana.

pelleja *f.* Piel quitada del cuerpo del animal.

pellejo *m.* Piel. 2 Odre. ▷ *Jugarse el ~,* arriesgar la vida. *Salvar uno el ~,* librar la vida de un peligro.

pellejudo, -da *adj.* Que tiene la piel floja.

pellíco *m.* Zamarra de pastor. 2 Abrigo de pieles que se le parece.

pelliza *f.* Prenda hecha o forrada de pieles finas.

pellizcar *tr.* Asir entre los dedos, apretándola, una pequeña porción de piel y carne de una persona. 2 Tomar o quitar una pequeña cantidad de una cosa.

pellizco *m.* Ac. y ef. de pellizcar. 2 Porción que se pellizca.

pena *f.* Castigo impuesto. 2 Cuidado, aflicción. 3 Esfuerzo que cuesta una cosa.

penacho *m.* Grupo de plumas que tienen algunas aves en la cabeza. 2 Adorno de plumas.

penado, -da *adj.* Penoso. - 2 *m. f.* Delincuente condenado a una pena.

penal *adj.* Perten. o rel. a la pena. - 2 *m.* Lugar en que los penados cumplen condena.

penalidad *f.* Aflicción, trabajo.

penalista *adj.-com.* Jurisconsulto que se dedica al estudio del derecho penal.

penalización *f.* Ac. y ef. de penalizar. 2 Sanción. 3 En deportes, castigo infligido al jugador que ha cometido alguna falta.

penalizar *tr.* Imponer una sanción.

penalti *m.* DEP. En el juego del fútbol y otros deportes falta, que se comete dentro del área de gol y sanción que le corresponde. 2 fig. Embarazo prematrimonial.

penar *tr.* Imponer pena. - 2 *intr.* Padecer.

penates *m. pl.* Dioses domésticos de los gentiles.

penca *f.* Parte carnosa de ciertas plantas.

penco *m.* Jamelgo.

pendejo *m.* Pelo del pubis y las ingles. 2 fig. Hombre cobarde, pusilánime. 3 fig. fam. Pendón, persona de vida licenciosa.

pendencia *f.* Pelea.

pendenciero, -ra *adj.* Propenso a riñas.

pender *intr.* Estar colgada o inclinada una cosa. - 2 *intr.* Estar por resolverse un negocio o pleito.

pendiente *adj.* Que pende. 2 Que está por resolverse. - 3 *m.* Arete para adornar las orejas. - 4 *f.* Cuesta o declive.

péndola *f.* Péndulo de un reloj. 2 fig. Reloj que tiene péndola. 3 ARQ. Varilla vertical que sostiene el piso de un puente colgante o cosa parecida.

pendón *m.* Bandera o estandarte pequeño. 2 Insignia de las cofradías, iglesias, etc. 3 fig. Persona despreciable.

pendular *adj.* Perten. o rel. al péndulo.

péndulo, -la *adj.* Que pende. - 2 *m.* Cuerpo que puede oscilar suspendido desde un punto fijo.

pene *m.* Miembro viril.

penene *com.* Profesor no numerario.

penetrable *adj.* Que se puede penetrar. 2 fig. Que fácilmente se entiende.

penetración *f.* Ac. y ef. de penetrar. 2 fig. Perspicacia, sagacidad.

penetrante *adj.* Profundo. 2 fig. Que

comprende rápidamente y con facilidad.

penetrar *tr.* Introducirse un cuerpo en otro por sus poros. 2 Hacerse sentir con violencia una cosa. - 3 *tr.-prnl.* Comprender, llegar a conocer. - 4 *intr.* Introducirse en el interior de un espacio.

penibético, -ca *adj.* Perten. o rel. al sistema de cordilleras que van del estrecho de Gibraltar al cabo de la Nao, en Alicante.

penicilina *f.* Substancia medicinal, usada como antibiótico, extraída de un moho.

penillanura *f.* Meseta originada por la erosión de una región montañosa.

península *f.* Tierra cercada de agua y unida sólo por una parte al continente.

peninsular *adj.* De una península.

penique *m.* Moneda inglesa, centésima parte de la libra.

penitencia *f.* Dolor de haber pecado. 2 Sacramento por el cual se perdonan los pecados. 3 Pena que impone el confesor. 4 *fig. fam.* Cosa muy molesta que uno debe hacer.

penitenciaría *f.* Establecimiento penitenciario.

penitenciario, -ria *adj.* Perten. o rel. a los establecimientos y sistemas de castigo y corrección de los penados.

penitente *com.* Persona que se confiesa o que hace penitencia. 2 Persona que en las procesiones públicas viste túnica en señal de penitencia.

penoso, -sa *adj.* Trabajoso; doloroso.

pensador, -ra *adj.* Que piensa.

pensamiento *m.* Acción, efecto o facultad de pensar.

pensar *intr.* Ejercitar la facultad del espíritu de concebir, razonar o inferir. - 2 *tr.* Examinar un asunto, idea, etc. 3 Imaginar, considerar. ▷ *Sin ~*, de improviso o inesperadamente.

pensativo, -va *adj.* Que medita y está absorto.

pensil, pénsil *adj.* Pendiente o colgado en el aire. - 2 *m. fig.* Jardín delicioso.

pensión *f.* Cantidad anual que se da a alguien. 2 Establecimiento de hostelería que no reúne las condiciones de un hotel.

pensionado, -da *adj.-s.* Que goza de una pensión. - 2 *m.* Colegio de alumnos internos.

pensionar *tr.* Conceder una pensión.

pensionista *com.* Persona que cobra pensión. 2 Persona que paga pensión por estar en un colegio o casa particular.

pentadáctilo, -la *adj.* Que tiene cinco dedos o cinco divisiones en forma de dedos.

pentadecágono, -na *adj.-m.* Polígono de quince lados y quince ángulos.

pentaedro *m.* Sólido de cinco caras.

pentagonal *adj.* Que tiene cinco ángulos.

pentágono *m.* Polígono de cinco lados.

pentagrama *m.* MÚS. Renglón de cinco líneas paralelas, sobre el cual se escribe música.

pentámetro *m.* Verso de cinco pies.

pentano *m.* QUÍM. Hidrocarburo saturado, con cinco átomos de carbono.

pentasílabo, -ba *adj.-s.* De cinco sílabas.

pentateuco *m.* Parte de la Biblia que comprende los cinco primeros libros: Génesis, Éxodo, Levítico, Números y Deuteronomio.

pentatlón *m.* Conjunto de cinco ejercicios atléticos: 200 y 1500 metros lisos, salto de longitud y lanzamiento de disco y jabalina.

pentecostés *m.* Festividad de la venida del Espíritu Santo.

pentosa *f.* Monosacárido con cinco átomos de carbono.

pentotal *m.* Narcótico usado como anestésico.

penúltimo, -ma *adj.-s.* Inmediatamente antes de lo último.

penumbra *f.* Sombra débil entre la luz y la obscuridad.

penuria *f.* Escasez.

peña *f.* Piedra grande natural. 2 Reunión de amigos.

peñascal *m.* Terreno cubierto de peñascos.

peñasco *m.* Peña grande y elevada.

peñascoso, -sa *adj.* Díc. del lugar donde hay muchos peñascos.

peñazo *adj.-m. fam.* Persona inoportuna y pesada.

peñón *m.* Monte peñascoso.

peón *m.* El que anda a pie. 2 Jornalero que trabaja en cosas materiales. 3 Pieza del juego de ajedrez y del de damas. 4 Juguete de madera de figura cónica y punta de metal al que se arrolla una cuerda para lanzarlo y hacerle bailar.

peonada f. Obra que un jornalero hace en un día. 2 Cuadrilla o conjunto de peones.

peonaje m. Conjunto de peones (jornaleros).

peonía f. Planta peoniácea, de flores blancas muy vistosas.

peoniáceo, -a adj.-f. Díc. de la planta de flores grandes y vistosas y el fruto en folículo.

peonza f. Juguete parecido al peón.

peor adj. Comparativo de malo, más malo. - 2 adv. Comparativo de mal, más mal.

pepinazo m. fam. Explosión de un proyectil. 2 DEP. Disparo potente, esp. en fútbol.

pepinillo m. Pepino nuevo. 2 Variedad de pepino de pequeño tamaño, en adobo.

pepino m. Planta cucurbitácea de fruto cilíndrico. 2 Fruto de esta planta. ▷ No importar un ~, no tener ninguna importancia.

pepita f. Semilla plana y larga. 2 Trozo rodado de oro o plata.

pepito m. Bocadillo pequeño de carne.

pepitoria f. Guisado de ave, cuya salsa tiene yema de huevo.

pepona f. Muñeca grande de cartón.

pepsina f. Fermento del jugo gástrico.

peque com. Niño.

pequeñez f. Calidad de pequeño. 2 Cosa pequeña.

pequeño, -ña adj. Que no llega a las dimensiones ordinarias. 2 Que no es grande. 3 De corta edad.

pequinés, -nesa adj.-s. De Pequín. - 2 m. Dialecto chino. 3 Perro de pequeño tamaño, cráneo aplastado, hocico corto y pelo largo.

pera f. Fruto del peral. ▷ Pedir peras al olmo, fundar vanas esperanzas. Poner a uno las peras a cuarto, obligarle a conceder lo que no quería.

peral m. Árbol rosáceo de fruto en pomo, de carne jugosa, con pepitas pequeñas y negras.

peraltar tr. Dar peraltes a una curva de vía férrea, carretera, etc.

peralte m. Mayor elevación de la parte exterior de una curva en relación con la interior, en caminos, carreteras, etc.

perborato m. Sal producida por la oxi-

dación del borato. 2 ~ sódico, polvo cristalino que al disolverse en el agua da borato sódico y agua oxigenada.

perca f. Pez fluvial de cuerpo oblongo con escamas duras.

percal m. Tela de algodón fina, teñida o estampada.

percance m. Contratiempo.

percatar intr.-prnl. Advertir.

percebe m. Crustáceo que tiene un pedúnculo carnoso comestible.

percepción f. Ac. y ef. de percibir.

perceptible adj. Que se puede percibir.

perceptivo, -va adj. Que tiene virtud de percibir.

percibir tr. Recibir algo. 2 Adquirir conocimiento de lo exterior por medio de los sentidos.

perciforme adj.-m. Díc. del pez osteíctio con radios espinosos en las aletas.

percloruro m. Cloruro que contiene la mayor cantidad de cloro posible.

percudir tr. Penetrar la suciedad en alguna cosa.

percusión f. Ac. y ef. de percutir. 2 MÚS. Conjunto de instrumentos cuyo sonido se obtiene al ser golpeados.

percusionista com. Músico que toca algún instrumento de percusión.

percusor m. Pieza que golpea, especialmente con la que se hace detonar el fulminante en las armas de fuego.

percutir tr. Golpear.

percutor m. Percusor.

percha f. Madero o estaca larga que se atraviesa para sostener algo. 2 Pieza o mueble con colgaderos.

perchero m. Conjunto de perchas o lugar en que las hay.

percherón, -rona adj.-m. Raza de caballos, fuerte y corpulenta.

perder tr. Verse privado de alguien o algo. 2 Malgastar. 3 Ocasionar un daño. 4 Quedar vencido. - 5 prnl. Errar el camino. 6 Entregarse a los vicios.

perdición f. Acción de perder o perderse. 2 fig. Daño grave moral o material.

pérdida f. Privación de lo que se poseía. 2 Daño. 3 Escape. ▷ No tener ~ una cosa, ser fácil de hallar.

perdido, -da adj. Que no tiene o no lleva destino determinado. 2 fam. Muy sucio. - 3 m. f. Persona viciosa.

perdigón m. Pollo de la perdiz. 2 Grano de plomo que forma la munición de caza.

perdigonada f. Tiro de perdigones. 2 Herida que produce.

perdiguero, -ra adj.-s. Que caza perdices.

perdiz f. Ave galliforme, de cabeza pequeña y pico y pies encarnados.

perdón m. Ac. y ef. de perdonar. 2 Indulgencia.

perdonar tr. Librar a uno de la pena, deuda, castigo, etc., que le corresponde. 2 Exceptuar a uno de una obligación. 3 Exculpar, no tomar en cuenta la falta que otro comete.

perdonavidas m. Fanfarrón, valentón.

perdulario, -ria adj.-s. Sumamente descuidado o desaliñado. 2 Vicioso incorregible.

perdurable adj. Perpetuo. 2 Que dura mucho tiempo.

perdurar intr. Durar mucho, subsistir.

perecedero, -ra adj. Que ha de perecer. 2 Que dura poco.

perecer intr. Acabar, fenecer, morir.

peregrinación f. Viaje por tierras extrañas. 2 Viaje a un santuario por devoción.

peregrinar intr. Andar por tierras extrañas. 2 Ir en romería a un santuario.

peregrino, -na adj.-s. Que peregrina. 2 Raro, extraordinario.

perejil m. Planta umbelífera, herbácea, que se usa como condimento. 2 fig. Adorno excesivo.

perendengue m. Arete. 2 p. ext. Adorno de mujer de poco valor.

perengano, -na m. f. Persona cuyo nombre se ignora o no se quiere expresar.

perenne adj. Perpetuo. 2 BOT. Vivaz.

perennifolio, -lia adj. Díc. del árbol o planta que conserva su follaje todo el año.

perentorio, -ria adj. Concluyente, decisivo. 2 Urgente, apremiante.

pereza f. Repugnancia al trabajo. 2 Flojedad, descuido.

perezoso, -sa adj.-s. Que tiene o muestra pereza. - 2 m. Mamífero arborícola, de movimientos lentos y pesados.

perfección f. Acción de perfeccionar. 2 Calidad de perfecto. 3 Cosa perfecta.

perfeccionamiento m. Acción de perfeccionar.

perfeccionar tr. Acabar enteramente una obra dándole el mayor grado posible de perfección.

perfeccionismo m. Tendencia a mejorar indefinidamente un trabajo.

perfectivo, -va adj. Que da o puede dar perfección. 2 Díc. de la acción verbal que necesita llegar a su término para que se realice.

perfecto, -ta adj. Que tiene todas las cualidades requeridas. 2 GRAM. *Tiempo ~*, el que presenta la acción verbal como acabada.

perfidia f. Deslealtad, traición.

pérfido, -da adj.-s. Desleal, traidor.

perfil m. Adorno o trazo fino y delicado. 2 Postura en que sólo se deja ver una de las dos mitades laterales del cuerpo. 3 Conjunto de rasgos más significativos que caracterizan a un individuo o cosa.

perfilado, -da adj. Díc. del rostro delgado y largo en proporción.

perfilar tr. Dar, presentar o sacar los perfiles de una cosa. 2 Perfeccionar.

perforación f. Ac. y ef. de perforar. 2 MED. Rotura de las paredes del intestino, estómago, etc.

perforador, -ra adj.-s. Que perfora. - 2 f. MIN. Herramienta de aire comprimido o eléctrica usada para perforar rocas.

perforar tr. Agujerear.

perfumador, -ra adj.-s. Que perfuma. - 2 m. Utensilio para perfumar.

perfumar tr. Aromatizar. - 2 intr. Exhalar olor agradable.

perfume m. Materia que exhala buen olor. 2 Olor muy agradable.

perfumería f. Establecimiento del perfumista. 2 Arte de fabricar perfumes.

perfumista com. Persona que, por oficio, prepara o vende perfumes.

pergamino m. Piel de la res, raída, adobada y estirada. 2 Documento escrito en pergamino.

pergeñar tr. Disponer.

pergeño m. Traza, esbozo.

pérgola f. Emparrado. 2 Jardín sobre la techumbre de algunas casas.

perianto m. Envoltura típica de la flor de las plantas fanerógamas.

pericardio m. Cubierta fibrosa que envuelve el corazón.

pericarpio m. Parte del fruto que envuelve las semillas.

pericia f. Habilidad en ciencia o arte.

pericial adj. Perten. o rel. al perito.

perico *m.* Especie de papagayo pequeño.

pericón *m.* Abanico muy grande.

peridoto *m.* Silicato de magnesia y hierro.

perieco, -ca *adj.-s.* Morador de la tierra que, con relación a otro, ocupa el mismo paralelo en un punto diametralmente opuesto.

periferia *f.* Circunferencia, contorno. 2 Alrededores de una ciudad.

periférico, -ca *adj.* Perten. o rel. a la periferia. - 2 *m.* Dispositivo externo de un ordenador.

perifollo *m.* Planta de hojas aromáticas, usadas como condimento. - 2 *m. pl.* Adornos de mujer, especialmente los excesivos.

perífrasis, -si *f.* Circunlocución.

perifrástico, -ca *adj.* Perten. o rel. a la perífrasis. 2 *Conjugación perifrástica,* la que se forma con verbo auxiliar.

perigeo *m.* En la órbita de la Luna, el punto más próximo a la Tierra.

perigonio *m.* Perianto.

perihelio *m.* En la órbita de un planeta, el punto más próximo al Sol.

perilla *f.* Adorno en figura de pera. 2 Pelo que se deja crecer en la barbilla. ▷ *De perillas,* con oportunidad.

perímetro *m.* Ámbito (contorno). 2 GEOM. Contorno de una figura.

perimisio *m.* ANAT. Membrana de tejido conjuntivo que envuelve el músculo.

perinatal *adj.* Que tiene lugar durante el período inmediatamente anterior o posterior al nacimiento.

perineo *m.* Región comprendida entre el ano y las partes sexuales.

perinola *f.* Peonza pequeña que se hace bailar con los dedos.

periodicidad *f.* Calidad de periódico.

periódico, -ca *adj.* Que guarda período determinado. - 2 *m.* Impreso que se publica periódicamente; diario.

periodismo *m.* Profesión de periodista.

periodista *com.* Persona que, por oficio, escribe en los periódicos.

período *m.* Espacio de tiempo determinado. 2 Menstruación. 3 GRAM. Oración compuesta. 4 MAT. Cifra o cifras que se suceden en una fracción decimal limitada.

periostio *m.* ANAT. Membrana fibrosa que cubre los huesos.

peripatético, -ca *adj.-s.* Que sigue la filosofía de Aristóteles (384-322 a. C.). - 2 *adj.* Perten. o rel. a esta filosofía o a sus seguidores. 3 *fig.* Ridículo o extravagante en sus dictámenes.

peripatetismo *m.* Doctrina filosófica de Aristóteles (384-322 a. C.).

peripecia *f.* En el drama, la novela, etc., mudanza repentina de situación. 2 *fig.* Accidente imprevisto.

periplo *m.* Navegación alrededor.

peripuesto, -ta *adj.* Que se aereza y viste con afectación.

periquete *m.* Breve espacio de tiempo.

periquito *m.* Ave prensora, especie de papagayo.

periscio, -cia *adj.-s.* Habitante de las zonas polares.

periscopio *m.* Aparato óptico que sirve para ver los objetos por encima de un obstáculo que impide la visión directa.

perisodáctilo, -la *adj. m.* Dic. del mamífero ungulado que presenta el tercer dedo muy desarrollado, por lo que los demás desaparecen o están muy reducidos.

perista *com.* Comprador de cosas robadas.

peristilo *m.* Galería de columnas que rodea un edificio o parte de él.

peritación *f.* Estudio de un perito.

peritaje *m.* Peritación. 2 Estudios para el título de perito.

perito *adj.-s.* Sabio en ciencia o arte.

peritoneo *m.* Membrana serosa que cubre la superficie interior del vientre.

peritonitis *f.* Inflamación del peritoneo.

perjudicar *tr.* Causar perjuicio.

perjudicial *adj.* Que perjudica o puede perjudicar.

perjuicio *m.* Daño, menoscabo material o moral.

perjurar *intr.* Jurar en falso. - 2 *prnl.* Faltar al juramento.

perjurio *m.* Delito de jurar en falso.

perjuro, -ra *adj.-s.* Que perjura o se perjura.

perla *f.* Concreción nacarada que se forma en el interior de la concha de la madreperla. 2 Pequeño glóbulo. ▷ *De perlas,* perfectamente.

perlado, -da *adj.* En forma de perla.

perlar *tr.-prnl.* poét. Cubrir o salpicar de gotas de agua alguna cosa.

perlé *m.* Hilo de algodón muy brillante.

perlino, -na *adj.* De color de perla.

perlón *m.* Fibra sintética similar al nailon.

perlongar *intr.* Navegar a lo largo de la costa.

permanecer *intr.* Mantenerse.

permanencia *f.* Calidad de permanente. 2 Estancia en un lugar.

permanente *adj.* Que permanece. - 2 *f.* Ondulación del cabello.

permeabilidad *f.* Calidad de permeable.

permeable *adj.* Que puede ser penetrado por el agua u otro fluido.

pérmico, -ca *adj.-m.* Último de los períodos geológicos de la era primaria, y terreno a él correspondiente. - 2 *adj.* Perten. o rel. a dicho período.

permisible *adj.* Que se puede permitir.

permisivo, -va *adj.* Que permite una cosa, sin preceptuarla.

permiso *m.* Ac. y ef. de permitir. 2 Posibilidad de dejar temporalmente el trabajo, el servicio militar u otra obligación y tiempo que dura.

permitir *tr.* Manifestar, conceder, quien tiene autoridad, que alguien puede hacer o dejar de hacer una cosa. 2 No impedir.

permutar *tr.* Trocar, cambiar.

pernear *intr.* Mover violentamente las piernas.

pernera *f.* Pernil del pantalón.

pernicioso, -sa *adj.* Muy perjudicial.

pernil *m.* Anca y muslo del animal.

pernio *m.* Gozne que se pone en las puertas y ventanas para que giren las hojas.

perno *m.* Pieza metálica, con cabeza por un extremo, que se asegura por el otro con chaveta, tuerca o remache.

pernoctar *tr.* Pasar la noche en algún sitio fuera del propio domicilio.

pero *m.* Variedad de manzano. 2 Fruto de este árbol. 3 fam. Defecto, dificultad. - 4 *conj. advers.* Denota que un concepto se contrapone a otro anterior.

perogrullada *f.* Verdad que por sabida es simpleza el decirla.

perol *m.* Vasija de metal en forma de media esfera.

peroné *m.* ANAT. Hueso de la parte externa de la pierna entre la rodilla y el pie.

peronismo *m.* Partido político argentino, dirigido por Juan Domingo Perón (1895-1974).

perorar *intr.* Pronunciar un discurso; p. ext., hablar uno en la conversación familiar como si pronunciara un discurso.

perorata *f.* Discurso inoportuno.

peróxido *m.* En una serie de óxidos, el que tiene la mayor cantidad de oxígeno.

perpendicular *adj.* Que forma ángulo recto con otro.

perpetrar *tr.* Cometer un delito.

perpetua *f.* Planta cuyas flores, una vez cogidas, persisten meses enteros sin alterarse.

perpetuar *tr.-prnl.* Hacer perdurable.

perpetuidad *f.* Duración sin fin.

perpetuo, -tua *adj.* Que dura siempre. 2 Vitalicio.

perplejidad *f.* Confusión, duda.

perplejo, -ja *adj.* Dudoso, confuso.

perqué *m.* Composición poética antigua en forma de pregunta y respuesta.

perra *f.* Rabieta, obstinación.

perrera *f.* Lugar para encerrar perros.

perrería *f.* Conjunto de perros. 2 fig. Acción desleal.

perrito caliente *m.* Panecillo con una salchicha dentro y untado con mostaza, ketchup, etc.

perro, -rra *adj.-s.* Muy malo, indigno. - 2 *m. f.* Mamífero carnívoro, doméstico, muy leal al hombre, de tamaño y forma diversos según las razas. ▷ *Como perros y gatos,* con mutua aversión. *Atar los perros con longaniza,* vivir con abundancia. *Tratar a uno como a un* ~, maltratarle, despreciarle.

persa *adj.-s.* De Persia, actual Irán. - 2 *m.* Lengua iraní.

persecución *f.* Acción de perseguir.

persecutorio, -ria *adj.* Que persigue.

perseguir *tr.* Seguir al que huye para alcanzarlo. 2 Buscar con empeño.

perseverancia *f.* Constancia en la ejecución de los propósitos.

perseverar *intr.* Persistir en una manera de ser o de obrar.

persiana *f.* Especie de celosía de tablillas móviles.

pérsico, -ca *adj.* Persa. - 2 *m.* Árbol frutal rosáceo, de flores de color rosa y fruto carnoso. 3 Fruto de este árbol.

persignar *tr.-prnl.* Signar y santiguar a continuación.

persistencia *f.* Insistencia, perseverancia. 2 Duración permanente o continua.

persistente *adj.* Que persiste.

persistir *intr.* Mantenerse constante en una cosa. 2 Durar largo tiempo.

persona *f.* Ser humano. 2 GRAM. Accidente gramatical que altera la forma de los verbos y de los pronombres personales y posesivos para hacer referencia a los interlocutores. ▷ *En* ~, estando presente.

personaje *m.* Sujeto de distinción o calidad. 2 Ser ideado por un autor.

personal *adj.* Perten. o rel. a la persona. - 2 *m.* Conjunto de personas pertenecientes a una oficina, dependencia, etc. - 3 *f.* DEP. En el juego del baloncesto, falta cometida al tocar o empujar a un jugador del equipo contrario para impedir una jugada.

personalidad *f.* Conjunto de cualidades que constituyen y diferencian a una persona.

personalismo *m.* Acción de personalizar. 2 Antagonismo entre personas.

personalista *adj.* Que se practica según la conveniencia o arbitrio del gobernante.

personalizar *tr.* Hacer personal. 2 Aludir a persona determinada.

personarse *prnl.* Presentarse personalmente en una parte.

personificación *f.* Ac. y ef. de personificar.

personificar *tr.* Atribuir vida o acciones propias de persona a los irracionales o a las cosas.

perspectiva *f.* Arte de representar en una superficie los objetos tal como aparecen a la vista. 2 fig. Conjunto de objetos que se presentan a la vista. 3 fig. Contingencia que puede preverse.

perspicacia *f.* Calidad de perspicaz.

perspicaz *adj.* Díc. de la vista, mirada, etc., muy aguda. 2 Díc. del ingenio agudo y del que lo tiene.

perspicuo, -cua *adj.* Claro, transparente y terso. 2 Capaz de ser comprendido claramente.

persuadir *tr.-prnl.* Inducir a uno a hacer o creer algo.

persuasión *f.* Ac. y ef. de persuadir.

persuasiva, -va *adj.* Que tiene eficacia para persuadir.

persulfuro *m.* Sulfuro que contiene la mayor proporción posible de azufre.

pertenecer *intr.* Ser propia de uno algu-

na cosa o serle debida. 2 Referirse a una cosa o formar parte integrante de ella.

pertenencia *f.* Derecho a la propiedad de una cosa.

pértiga *f.* Vara larga.

pertinaz *adj.* Terco, tenaz. 2 fig. Muy duradero.

pertinente *adj.* Perten. o rel. a una cosa. 2 Que viene a propósito.

pertrechar *tr.* Abastecer de pertrechos.

pertrechos *m. pl.* Instrumentos necesarios para la guerra o para algún fin.

perturbado, -da *adj.-s.* Enfermo mental.

perturbar *tr.* Alterar el orden y concierto.

peruano, -na *adj.-s.* De Perú.

perulero *m.* Vasija de barro, panzuda y estrecha de boca.

perversidad *f.* Suma maldad.

perversión *f.* Acción de pervertir. 2 Corrupción de costumbres.

perverso, -sa *adj.-s.* Malo, depravado.

pervertido, -da *adj.-s.* Degenerado.

pervertir *tr.* Perturbar el orden y estado de las cosas. 2 Viciar, corromper.

pervivencia *f.* Persistencia.

pervivir *intr.* Seguir viviendo a pesar del tiempo o de las dificultades.

pesa *f.* Pieza de peso determinado que sirve para pesar. 2 Pieza que colgada de una cuerda sirve de contrapeso. 3 Barra de hierro con bolas en los extremos, para hacer ejercicio.

pesacartas *m.* Balanza delicada para pesar cartas.

pesada *f.* Cantidad que se pesa de una vez.

pesadez *f.* Calidad de pesado. 2 Pesantez.

pesadilla *f.* Ensueño angustioso.

pesado, -da *adj.* Que pesa mucho. 2 Profundo, hablando del sueño. 3 fig. Cargado de humores, vapores, etc. 4 fig. Tranquilo, lento. 5 fig. Molesto, fastidioso. 6 fig. Duro, insufrible.

pesadumbre *f.* Estado de ánimo del que se encuentra triste y apenado. 2 Motivo de aflicción.

pesaje *m.* Ac. y ef. de pesar algo.

pésame *m.* Expresión con que se significa a uno el sentimiento que se tiene de su pena.

pesantez *f.* Gravedad (fuerza).

pesar *m.* Dolor del ánimo. 2 Arrepentimiento. - 3 *intr.* Tener peso. 4 fig. Hacer fuerza en el ánimo. 5 fig. Causar dolor. - 6 *tr.* Determinar el peso de las cosas.

pesaroso, -sa *adj.* Que siente un pesar.

pesca *f.* Acción, oficio y arte de pescar. 2 Lo pescado.

pescadería *f.* Sitio de venta de pescado.

pescadero, -ra *m. f.* Persona que, por oficio, vende pescado.

pescadilla *f.* Merluza pequeña.

pescado *m.* Pez comestible sacado del agua.

pescador, -ra *adj.-s.* Que pesca. - 2 *m. f.* Persona que se dedica a la pesca.

pescante *m.* En los coches, asiento del cochero.

pescar *tr.* Coger peces. 2 Sacar algo del mar o del río. 3 fig. Agarrar algo.

pescozón *m.* Golpe dado en el pescuezo.

pescuezo *m.* Parte del cuerpo desde la nuca hasta el tronco.

pesebre *m.* Especie de cajón donde comen las bestias. 2 Belén, nacimiento.

peseta *f.* Unidad monetaria de España.

pesetero, -ra *adj.* Avariento.

pesimismo *m.* Propensión a ver las cosas por el lado más desfavorable.

pesimista *adj.-s.* Que tiene pesimismo.

pésimo, -ma *adj.* Sumamente malo.

peso *m.* Resultante de la acción de la gravedad sobre un cuerpo. 2 Balanza (instrumento). 3 Importancia. 4 Carga. 5 Unidad monetaria americana de diversos valores según los países. 6 DEP. Categoría de competición dependiente del peso de los deportistas. ▷ *A ~ de oro*, a precio muy subido. *De ~*, importante, juicioso y sensato. *Caerse una cosa de su ~*, evidenciar su mucha razón y verdad.

pespuntar *tr.* Coser de pespunte.

pespunte *m.* Labor de costura con puntadas unidas.

pesquera *f.* Lugar donde frecuentemente se pesca.

pesquero, -ra *adj.* Perten. o rel. a la pesca. - 2 *m.* Barco destinado a la pesca.

pesquisa *f.* Investigación.

pestaña *f.* Pelo del borde de los párpados. 2 Parte saliente y angosta en el borde de una cosa. ▷ *Quemarse las pestañas*, estudiar o escribir mucho.

pestañear *intr.* Mover los párpados. ▷ *No ~, sin ~*, denota la suma atención

con que se está mirando una cosa o la serenidad con que se arrostra un peligro.

pestañeo *m.* Movimiento rápido de los párpados.

peste *f.* Enfermedad contagiosa que causa gran mortandad. 2 Mal olor.

pesticida *adj.-m.* Plaguicida.

pestífero, -ra *adj.* Pestilente.

pestilencia *f.* Peste, mal olor.

pestilente *adj.* Que puede causar peste. 2 Que tiene muy mal olor.

pestillo *m.* Pasador con que se asegura una puerta o ventana. 2 Pieza prismática de la cerradura.

pestiño *m.* Fruta de sartén, de harina y huevos.

pestoso, -sa *adj.* Que huele mal.

pesuño *m.* Dedo cubierto con su uña, de los animales de pata hendida.

petaca *f.* Estuche para llevar cigarros o tabaco picado.

pétalo *m.* Hoja de la corola de la flor.

petaloide *adj.* Parecido a un pétalo.

petanca *f.* Especie de juego de bochas.

petanque *m.* Mineral de plata nativa.

petardo *m.* Pequeño artefacto explosivo. 2 fig. fam. Persona o cosa muy aburrida.

petate *m.* Esterilla usada para dormir. 2 Lío de la cama y la ropa. ▷ *Liar uno el ~*, mudar de vivienda, esp. cuando es despedido; morir.

petenera *f.* Aire popular parecido a la malagueña.

petición *f.* Acción de pedir.

peticionario, -ria *adj.-s.* Que solicita.

petimetre, -tra *m. f.* Persona que cuida demasiado de su compostura.

petirrojo *m.* Ave paseriforme con la frente, cuello, garganta y pecho de color rojo.

petisú *m.* Pastelillo relleno de crema.

petitorio, -ria *adj.* Perten. o rel. a la petición.

peto *m.* Armadura, adorno o vestidura que cubre el pecho.

petrarquismo *m.* Estilo poético propio de Petrarca (1304-1374) o de sus seguidores.

petrel *m.* Ave palmípeda marina, del tamaño de la alondra.

pétreo, -a *adj.* De piedra.

petrificación *f.* Ac. y ef. de petrificar.

petrificar *tr.-prnl.* Convertir en piedra. 2 fig. Dejar a uno inmóvil de asombro.

petrodólar *m.* Unidad monetaria para las sumas de dinero reportadas a los países productores por venta de su petróleo.

petrografía *f.* Petrología.

petróleo *m.* Líquido oleoso y combustible que se halla en el interior de la tierra.

petroleología *f.* Estudio del petróleo.

petrolero, -ra *adj.* Perten. o rel. al petróleo. - 2 *m.* Barco de gran eslora y calado destinado al transporte de petróleo.

petrolífero, -ra *adj.* Que contiene petróleo.

petrología *f.* Parte de la geología que estudia las rocas, su origen, composición, etc.

petroquímico, -ca *adj.* Que utiliza el petróleo para la obtención de productos químicos. - 2 *f.* Industria de los productos químicos derivados del petróleo.

petulancia *f.* Insolencia. 2 Presunción.

petulante *adj.-s.* Que tiene petulancia.

petunia *f.* Planta de jardín, de flores grandes y olorosas.

peúco *m.* Patuco.

peyorativo, -va *adj.* Que empeora. 2 Que se emplea en el valor más negativo.

pez *m.* Animal vertebrado acuático, ovíparo, de sangre fría, respiración branquial y con aletas. 2 Substancia negra, sólida, obtenida del alquitrán.

pezón *m.* Rabillo de la hoja, la flor o el fruto. 2 Protuberancia en las tetas. 3 Parte saliente de algunas cosas.

pezuña *f.* Conjunto de los pesuños de cada pata. 2 Casco de los équidos.

pi *f.* Decimosexta letra del alfabeto griego, equivalente a la *p* del español. 2 MAT. Signo usado para designar la relación entre la circunferencia y el diámetro; su valor es 3,141592.

piadoso, -sa *adj.* Inclinado a la piedad.

piafar *intr.* Golpear el caballo el suelo con las manos, cuando está parado.

piamadre, -máter *f.* Meninge interna.

pianista *com.* Músico que toca el piano.

piano *m.* Instrumento músico de cuerdas percutidas por pequeños mazos accionados por un teclado.

pianola *f.* Piano que puede tocarse mecánicamente.

piar *tr.* Emitir su voz los polluelos y otras aves. 2 *fig.* Clamar con anhelo.

piara *f.* Manada de cerdos.

piastra *f.* Unidad monetaria de Vietnam del Sur.

pica *f.* Lanza larga de infantería. 2 Garrocha del picador.

picacho *m.* Punta aguda en un monte.

picadero *m.* Sitio donde se aprende a montar.

picadillo *m.* Guisado de carne picada.

picado, -da *adj.* Que tiene cicatrices de viruelas. 2 Que comienza a avinagrarse. - 3 *m.* Descenso casi vertical de un avión. ▷ *En* ~, rápidamente, sin remedio.

picador, -ra *m. f.* Persona que, por oficio, doma caballos. - 2 *m.* Torero de a caballo que pica al toro. 3 MIN. El que tiene por oficio arrancar el mineral por medio del pico. - 4 *f.* Aparato electrodoméstico con cuchillas, usado para trocear carne.

picadura *f.* Ac. y ef. de picar. 2 Tabaco picado para fumar.

picajoso, -sa *adj.-s.* Quisquilloso.

picante *adj.* Que pica. 2 *fig.* Dicho con cierta mordacidad y gracia. - 3 *m.* Guiso que tiene mucho pimentón.

picapedrero *m.* Cantero.

picapica *f.* Polvos que causan un gran picor.

picapinos *m.* Ave piciforme parecida al pájaro carpintero.

picapleitos *m.* Abogado sin pleitos.

picaporte *m.* Instrumento para cerrar de golpe las puertas. 2 Llave para abrir el picaporte. 3 Aldaba, llamador.

picar *tr.* Punzar, morder el ave, el insecto, etc. 2 Herir de punta levemente. 3 Agujerear. 4 TAUROM. Herir al toro con la garrocha. 5 Morder el pez el cebo. 6 Tomar un poco de un manjar. 7 Producir escozor. 8 Cortar en trozos menudos. - 9 *intr.* Calentar mucho el sol. - 10 *prnl.* Cariarse. 11 Formarse en el mar olas pequeñas. 12 Ofenderse.

picardear *intr.* Hacer picardías.

picardía *f.* Habilidad para disimular lo que no conviene que se sepa o para sacar provecho de las situaciones. 2 Dicho o hecho deshonesto o impúdico.

picarel *m.* Pez marino teleósteo, con el cuerpo ovalado con una mancha oscura rectangular a cada lado.

picaresco, -ca *adj.* Perten. o rel. a los pícaros. 2 Perten. o rel. a la producción literaria en que se pinta la vida de los pícaros, y a este género de literatura.

pícaro, -ra *adj.-s.* Malicioso. 2 Taimado, astuto. - 3 *m.* Tipo de persona descarada, traviesa y de mal vivir, que figura en obras de la literatura española.

picatoste *m.* Rebanada de pan frita.

picazón *f.* Desazón que causa lo que pica.

piciforme *adj.-m.* Díc. del ave buena trepadora gracias a la disposición de los dedos y de la uñas en forma de garfios.

picnic *m.* ANGLIC. Gira campestre.

pícnico, -ca *adj.* Díc. de la persona de cuerpo rechoncho y miembros cortos.

pico *m.* Conjunto de las dos mandíbulas del ave. 2 Punta en el borde de alguna cosa. 3 Cúspide aguda de una montaña. 4 Herramienta de cantero o de agricultor. 5 Cantidad de dinero que no se determina. ▷ *Abrir el ~,* intentar hablar. *Andar* o *ir de picos pardos,* ir de diversión. *Cerrar el ~,* callar.

picor *m.* Picazón.

picota *f.* Poste donde se exponían las cabezas de los ajusticiados o los reos a la vergüenza. 2 Variedad de cereza. 3 fam. Nariz.

picotazo *m.* Golpe que dan las aves con el pico, o punzada de un insecto.

picotear *tr.* Golpear, herir con el pico. - 2 *intr.* Picar, comer de diversas cosas y en ligeras porciones.

pictografía *f.* Escritura ideográfica mediante dibujos que representan objetos.

pictórico, -ca *adj.* Perten. o rel. a la pintura.

picudo, -da *adj.* Que tiene pico.

pichichi *m.* DEP. En el juego del fútbol, jugador que ha conseguido más goles en un campeonato.

pichón *m.* Pollo de la paloma.

pídola *f.* Salto (juego).

pie *m.* Parte terminal de la pierna o de la pata. 2 Parte de la bota o la media que cubre el pie. 3 Parte que sustenta un mueble. 4 Base. 5 Parte inferior de ciertas cosas. 6 Ocasión, motivo. 7 Nota explicativa, que se pone al final de una fotografía, grabado, etc. 8 Medida de longitud de diversos países. ▷ *A ~,* andando. *A ~ firme,* sin moverse; constante, con seguridad. *Buscarle tres pies al gato,* empeñarse en cosas que pueden acarrear daño; buscar soluciones que no tienen sentido.

piedad *f.* Devoción. 2 Compasión. 3 Respeto amoroso hacia los padres y objetos venerados.

piedra *f.* Materia que constituye las rocas. 2 Porción de ella. 3 MED. Cálculo.

piel *f.* Membrana que cubre el cuerpo del hombre y de los animales. 2 Cuero curtido. 3 Cubierta exterior de ciertas frutas.

piélago *m.* Parte del mar muy distante de la tierra.

pienso *m.* Porción de alimento seco que se da al ganado.

pierna *f.* Parte del cuerpo entre el pie y la rodilla, o comprendiendo, además, el muslo. 2 Muslo de aves y cuadrúpedos. ▷ *A ~ suelta,* con descanso y sin cuidado. *Estirar la ~,* morir.

pierrot *m.* Máscara de traje completamente blanco.

pieza *f.* Parte que, unida a otras, forma un objeto. 2 Objeto que, junto con otros, forma una colección. ▷ *~ por ~,* con gran cuidado y exactitud. *Quedarse uno en una ~,* quedarse sorprendido o admirado.

piezoelectricidad *f.* Conjunto de fenómenos eléctricos que se manifiestan en algunos cuerpos.

pífano *m.* Flautín muy agudo.

pifia *f.* Error, descuido.

pifiar *tr.* Cometer una pifia.

pigmentación *f.* Ac. y ef. de pigmentar.

pigmentar *tr.-prnl.* Colorear algo con un pigmento. 2 Producir coloración anormal y prolongada en la piel.

pigmento *m.* Materia colorante de las substancias orgánicas.

pigmeo, -a *adj.-s.* De estatura muy pequeña.

pignorar *tr.* Empeñar (dar o dejar) una prenda.

pijada *f.* vulg. Cosa insignificante. 2 Dicho o hecho inoportuno, impertinente o molesto.

pijama *m.* Traje de dormir y para casa, compuesto de pantalón y blusa de tela ligera. 2 fam. Copa de helados de varias clases.

pijo, -ja *adj.-s.* fam. Cursi.

pila *f.* Recipiente grande donde se echa

agua; esp. el que hay en las iglesias para administrar el bautismo. 2 Montón. 3 fam. Gran cantidad de algo. 4 Pilar de puente. 5 Aparato para producir corrientes eléctricas.

pilar m. Hito (poste). 2 Especie de pilastra aislada.

pilastra f. Columna cuadrada.

píldora f. Bolita medicamentosa, especialmente la anticonceptiva. ▷ *Dorar la* ~, adular. *Tragarse uno la* ~, creerse una mentira.

píleo m. Capelo de los cardenales.

pileta f. Pila pequeña para agua bendita.

pilífero, -ra adj. Que tiene pelos.

piliforme adj. BOT. Parecido a un pelo largo y en zig-zag. 2 ZOOL. En forma de pelo o cabello.

pilón m. Receptáculo de piedra para recoger el agua en las fuentes. 2 Mortero. 3 Pesa de la romana.

pilongo, -ga adj. Flaco, extenuado.

pilono m. Construcción maciza de cuatro caras que servia de portada de los templos egipcios.

piloriza f. Envoltura resistente que protege la zona terminal de la raíz.

píloro m. Abertura inferior del estómago.

piloso, -sa adj. Peludo.

pilotaje m. Conjunto de conocimientos propios del piloto.

pilotar tr. Dirigir el rumbo de un barco, un globo, un avión, etc.

pilote m. Pieza vertical para consolidar los cimientos.

piloto m. El que dirige el rumbo de un barco, un globo, un aeroplano, etc. 2 El segundo de un buque mercante. 3 Luz roja en la parte posterior de un vehículo. - 4 adj.-m. Que sirve de modelo, o es experimental.

pilpil m. Sofrito de ajo y guindilla en aceite no muy caliente.

piltra f. vulg. Cama.

piltraca, -fa f. Parte de carne flaca, que casi no tiene más que el pellejo. - 2 f. pl. p. ext. Residuos menudos de cualquier cosa.

pilular adj. Que tiene forma de píldora, o que entra en la composición de éstas.

pillaje m. Hurto, rapiña.

pillar tr. Tomar por fuerza. 2 Robar. 3 fam. Sorprender.

pillastre m. Pillo.

pillería f. Conjunto de pillos.

pillo, -lla adj.-s. Pícaro; granuja. 2 Sagaz, astuto.

pimentero m. Arbusto que da una semilla aromática y picante, usada como condimento. 2 Vasija para la pimienta.

pimentón m. Polvo que se obtiene moliendo pimientos encarnados secos.

pimienta f. Fruto del pimentero.

pimiento m. Planta hortense de baya hueca, grande, alargada y comestible. 2 Fruto de esta planta.

pimpante adj. Garboso.

pimplar tr. fam. Beber vino.

pimpollo m. Vástago, renuevo. 2 fig. Niño, niña o persona joven.

pimpón m. Juego semejante al tenis, que se juega sobre una mesa con pelota ligera y con palas pequeñas.

pinacoide m. CRIST. Cara paralela y perpendicular a un eje, en ciertas formas cristalinas.

pinacología f. Estudio científico de las pinturas antiguas.

pinacoteca f. Museo de pinturas.

pináculo m. Parte más alta de un edificio. 2 fig. Parte más sublime de una cosa.

pinar m. Sitio poblado de pinos.

pinatar m. Pinar.

pincarrasco m. Especie de pino de tronco tortuoso y color pardo rojizo.

pincel m. Haz de pelos fijos en la extremidad de un mango.

pincelada f. Trazo dado con el pincel.

pincelar tr. Pintar (en color).

pincelero m. Caja en que los pintores al óleo guardan los pinceles.

pinchadiscos com. fam. Disc-jockey.

pinchar tr.-prnl. Herir con algo agudo o punzante. 2 fam. Poner inyecciones. 3 Picar, agujerear. 4 fig. Interferir la red telefónica para escuchar las conversaciones. - 5 intr. Sufrir un pinchazo en una rueda del automóvil. 6 fig. Fallar, fracasar. - 7 prnl. En el lenguaje de la droga, inyectársela. ▷ *No* ~ *ni cortar,* no tener poder de decisión.

pinchazo m. Herida causada al pinchar. 2 Perforación que produce la salida del aire de un balón, neumático, etc.

pinche, -cha m. f. Ayudante de cocina.

pinchito m. Tapa de aperitivo.

pincho m. Aguijón o punta aguda.

pindonguear intr. Callejear.

pineal adj. Díc. de una glándula situada delante del cerebro. 2 De forma parecida a la de una piña.

pineda f. Pinar.

pineno m. QUÍM. Hidrocarburo que se halla en la esencia de trementina.

pingajo m. Andrajo que cuelga.

pingo m. Pingajo.

pingorota f. Parte más alta y aguda de las montañas y de otras cosas elevadas.

pingorotudo, -da adj. Empinado, alto.

pingüe adj. Gordo. 2 fig. Fértil.

pingüino m. Ave palmípeda de las regiones frías, mal adaptada para el vuelo.

pinito m. Pino (primer paso).

pinnado, -da adj. Ramificado en ángulo recto con respecto a un eje central, como las barbas de la pluma.

pinnaticompuesto, -ta adj. BOT. Díc. de la hoja en que los folíolos se insertan a ambos lados del pecíolo.

pinnatífido, -da adj. BOT. Díc. de la hoja pinnada y con el borde hendido, pero sin alcanzar el nervio central.

pinnatisecto, -ta adj. BOT. Díc. de la hoja con nervadura pinnada y el borde hendido hasta el nervio medio.

pinnípedo, -da adj.-m. Díc. del mamífero de vida anfibia; como la foca.

pino, -na adj. Muy pendiente o derecho. - 2 m. Árbol conífero de madera fibrosa y dura, hojas aciculares y fruto en piña. 3 Primer paso de los niños.

pinocha f. Hoja del pino.

pinocho m. Pino nuevo. 2 Ramo de pino.

pinrel m. vulg. Pie.

pinsapo m. Árbol conífero de corteza blanquecina, y hojas casi punzantes.

pinta f. Mancha en el plumaje, pelo, etc. 2 Adorno en forma de lunar o mota. 3 Aspecto. 4 Medida para líquidos.

pintada f. Escrito de grandes dimensiones hecho a mano sobre un muro.

pintado, -da adj. Que tiene colores. 2 Que tiene pintas. ▷ *El más ~*, el más hábil.

pintalabios m. Barrita de pintura para los labios.

pintamonas com. Mal pintor.

pintar tr. Cubrir con una capa de color. 2 Representar en una superficie personas, objetos, etc. 3 fig. Describir. - 4 prnl. Darse maquillaje en el rostro.

pintarroja f. Lija (pez).

pintiparado, -da adj. Parecido, igual. 2 Ajustado, a propósito.

pintiparar tr. fam. Asemejar. 2 Comparar una cosa con otra.

pinto, -ta adj. Adornado con pintas.

pintor, -ra m. f. Persona que profesa el arte de la pintura. 2 Persona que, por oficio, pinta puertas y paredes.

pintoresco, -ca adj. Digno de ser pintado. 2 fig. Muy vivo y expresivo.

pintorrear tr. Pintar sin arte.

pintura f. Arte de pintar. 2 Obra pintada. 3 Color o procedimiento con que se pinta. 4 fig. Descripción. ▷ *No poder ver a uno ni en ~*, tenerle gran aversión.

pinturero, -ra adj.-s. Que presume de bien parecido, fino o elegante.

pinza f. Instrumento cuyos extremos se aproximan para sujetar alguna cosa. 2 Órgano prensil con dos piezas que se aproximan, de algunos animales artrópodos.

pinzar tr. Sujetar con pinza. 2 Plegar a manera de pinza una cosa.

pinzón m. Ave paseriforme insectívora, del tamaño de un gorrión.

piña f. Fruto de las abietáceas, formado por un conjunto de piezas leñosas, imbricadas, que encierran las semillas. 2 Ananás. 3 fig. Conjunto muy unido.

piñata f. Vasija llena de dulces que se cuelga del techo para romperla a palos con los ojos vendados.

piñón m. Semilla del pino. 2 Rueda dentada que engrana con otra. ▷ *Estar uno a partir un ~ con otro*, estar muy compenetrado con él.

piñonate m. Pasta de piñones y azúcar.

piñuela f. Tela de seda. 2 Fruto del ciprés.

pío, -a adj. Piadoso. - 2 m. Voz del pollo.

piógeno, -na adj. MED. Que produce pus.

piojento, -ta adj. Que tiene piojos.

piojillo m. Piojo de las aves.

piojo m. Insecto parásito del hombre y de otros animales.

piojoso, -sa adj. Que tiene piojos. 2 fig. Miserable, mezquino.

piolar intr. Pipiar.

piolet m. Bastón de montañero parecido al pico.

pionero, -ra m. f. Precursor, adalid.

pionono m. Bizcocho enrollado relleno de crema y cubierto de azúcar.

piorrea f. Flujo de pus.

pipa f. Utensilio para fumar tabaco picado. 2 Pepita de fruta.

piperáceo, -a adj.-f. Díc. de la planta dicotiledónea, tropical, de hojas gruesas y fruto en baya.

piperina f. Alcaloide obtenido de la pimienta.

pipermín m. ANGLIC. Licor de menta.

pipeta f. Tubo de cristal que sirve para transvasar pequeñas porciones de líquido.

pipí m. En el habla infantil, orina.

pipiar intr. Dar voces las aves cuando son pequeñas.

pipiolo m. Novato, inexperto.

pipirrana f. Ensalada confeccionada a base de tomate, cebolla, huevo cocido y algún pescado.

pipudo, -da adj. fam. Magnífico, formidable.

pique m. Resentimiento. 2 Empeño en hacer una cosa por amor propio. ▷ *Irse a ~*, hundirse una embarcación.

piqué m. Tela de algodón que forma grano u otro género de labrado en relieve.

piqueta f. Zapapico. 2 Estaca con una punta de hierro para facilitar que se hinque.

piquete m. Grupo de personas que con fines políticos se sitúan ante un edificio para impedir la entrada al mismo en señal de protesta.

piquituerto m. Ave paseriforme con el pico cruzado en forma de tijera.

pira f. Hoguera.

pirado, -da adj. fam. Loco, chiflado.

piragua f. Embarcación larga y estrecha, mayor que la canoa.

piragüismo m. Deporte consistente en navegar en kayac, canoa o piragua, tripulados por una o varias personas, por aguas mansas o bravas.

piramidal adj. De forma de pirámide.

pirámide f. Sólido que tiene por base un polígono, siendo las demás caras triángulos que se juntan en un vértice común.

piraña f. Pez teleósteo de agua dulce, ancho, chato y muy voraz.

pirar intr.-prnl. vulg. Largarse, irse.

pirargirita f. Mineral sulfuro, importante mena de la plata.

pirata adj. Clandestino, fraudulento, ilegal. - 2 m. Ladrón de los mares.

piratear intr. Apresar o robar embarcaciones. 2 fig. Robar, hurtar. 3 fig. Copiar o plagiar.

piratería f. Ejercicio de pirata.

pirenaico, -ca adj. Perten. o rel. a los montes Pirineos.

pireneíta f. Granate negro que se encuentra en los Pirineos.

pirético, -ca adj. MED. Febril.

pírex m. Cristal poco fusible y muy resistente al calor.

pirexia f. MED. Estado febril.

pirheliómetro m. Aparato que se emplea para medir la radiación solar.

pírico, -ca adj. Perten. o rel. al fuego, y especialmente a los fuegos artificiales.

piriforme adj. De forma de pera.

piripi adj. fam. Algo ebrio.

pirita f. Sulfuro nativo de hierro.

pirofilita f. Mineral transparente de brillo nacarado, a veces utilizado como talco.

piróforo m. Cuerpo que se inflama al contacto del aire.

pirogénico, -ca adj. Que resulta de la aplicación de una temperatura elevada.

pirograbado m. Procedimiento para grabar en madera con un instrumento incandescente.

piroláceo, -a adj.-f. Díc. de la planta dicotiledónea, con tallos subterráneos y hojas reducidas a escamas.

piroleñoso, -sa adj. QUÍM. *Ácido ~*, el que se extrae de la madera.

pirolisis f. Descomposición química que se obtiene por acción del calor.

pirología f. Ciencia que estudia el fuego y sus aplicaciones.

piromancia, -mancía f. Adivinación supersticiosa por medio de la llama.

pirómano, -na adj.-s. Que tiene la manía de incendiar.

pirómetro m. Instrumento para medir temperaturas muy elevadas.

piropear tr. Decir piropos.

piropo m. Granate de color de fuego. 2 Lisonja, requiebro.

pirosis f. Sensación de quemadura que sube desde el estómago hasta la faringe.

pirotecnia f. Arte de hacer artificios de fuego.

pirotécnico, -ca adj. Perten. o rel. a la pirotecnia. - 2 m. f. Persona que la practica.

piroxeno m. Familia de silicatos de calcio, magnesio y hierro.

pirrarse *prnl.* fam. Desear con vehemencia una cosa.

pírrico, -ca *adj.* Díc. del triunfo o victoria que sale muy cara.

pirueta *f.* Brinco; voltereta.

piruleta *f.* Pirulí, caramelo.

pirulí *m.* Caramelo de forma cónica, con un palillo que sirve de mango.

pis *m.* fam. Orina.

pisada *f.* Ac. y ef. de pisar. 2 Huella que deja el pie.

pisapapeles *m.* Utensilio que se pone sobre los papeles para sujetarlos.

pisar *tr.* Poner el pie sobre una cosa. 2 Apretar o estrujar con el pie o con un instrumento. 3 Pisotear.

pisaverde *m.* Hombre presumido.

piscator *m.* Almanaque con pronósticos meteorológicos.

piscatorio, -ria *adj.* Perten. o rel. a la pesca o a los pescadores. 2 Perten. o rel. a la composición poética en que se pinta la vida de los pescadores.

piscicultura *f.* Técnica de criar peces.

piscifactoría *f.* Establecimiento de piscicultura.

pisciforme *adj.* De forma de pez.

piscina *f.* Estanque para tener peces o para bañarse.

piscívoro, -ra *adj.-s.* Ictiófago.

piscolabis *m.* fam. Aperitivo.

pisiforme *adj.* Que tiene figura de guisante.

piso *m.* Suelo o pavimento. 2 Vivienda de un edificio de varias plantas.

pisón *m.* Instrumento para apretar la tierra, piedras, etc.

pisotear *tr.* Pisar repetidamente. 2 fig. Maltratar, humillar.

pisotón *m.* Pisada sobre el pie de otro.

pispajo *m.* Pedazo roto de una tela. 2 Cosa despreciable de poco valor. 3 Persona débil o pequeña, especialmente niños.

pista *f.* Rastro de los animales. 2 Conjunto de indicios. 3 Sitio dedicado a las carreras y otros ejercicios. 4 Terreno destinado al aterrizaje y despegue de aviones. ▷ *Seguir la ~ a uno,* perseguirle, espiarle.

pistacho *m.* Fruto oleaginoso, dulce y comestible.

pistar *tr.* Machacar, aprensar.

pistilo *m.* Órgano femenino de la flor.

pisto *m.* Fritada de varias hortalizas. ▷

Darse ~, darse importancia.

pistola *f.* Arma de fuego corta, que se maneja con una sola mano. 2 Aparato para pintar.

pistolera *f.* Estuche para la pistola.

pistolerismo *m.* Conjunto de acciones y modos de actuar propios de pistoleros. 2 Conjunto de pistoleros en una sociedad.

pistolero *m.* Delincuente con pistola.

pistoletazo *m.* Tiro de pistola.

pistolete *m.* Arma de fuego más corta que la pistola.

pistón *m.* Émbolo. 2 Parte central de la cápsula donde está el fulminante. 3 Llave de ciertos instrumentos músicos.

pistonudo, -da *adj.* vulg. Formidable, fantástico, imponente.

pistraje, -traque *m.* fam. Licor o bodrio desabrido.

pita *f.* Planta de hojas anchas, carnosas, triangulares, de las que se saca una fibra textil. 2 Pitada.

pitada *f.* Sonido de pito. 2 Muestra de desagrado con silbidos o pitos.

pitagórico, -ca *adj.-s.* Perten. o rel. al pitagorismo.

pitagorismo *m.* Doctrina de Pitágoras (580-¿500? a. C.).

pitanza *f.* Ración. 2 fam. Alimento cotidiano.

pitar *intr.* Tocar el pito. 2 Silbar como signo de desaprobación. 3 DEP. Arbitrar. ▷ *Salir pitando,* marcharse de prisa, huir.

pítcher *m.* DEP. Jugador de béisbol que inicia cada jugada lanzando la pelota.

pitecántropo *m.* Supuesto ser intermedio entre el hombre y el mono.

pitido *m.* Silbido del pito.

pitillera *f.* Petaca para pitillos.

pitillo *m.* Cigarrillo.

pitiminí *m.* Variedad de rosal trepador, de flores pequeñas.

pito *m.* Flauta pequeña, como un silbato, de sonido agudo. 2 p. ext. Claxon del automóvil. 3 fam. Pene, especialmente el del niño. ▷ *Por pitos o por flautas,* por un motivo o por otro. *Tomar a uno por el ~ del sereno,* no concederle el menor interés o atención.

pitón *m.* Serpiente no venenosa de gran tamaño. 2 Cuerno que empieza a salir. 3 Tubo cónico de algunos recipientes para moderar la salida del líquido.

pitonazo *m.* Golpe dado con el cuerno.

pitonisa *f.* Hechicera.

pitorrearse *prnl.* Guasearse o burlarse.

pitorro *m.* Pitón de botijo.

pitote *m.* Barullo, lío, pendencia.

pituita *f.* Humor viscoso que segregan varios órganos del cuerpo animal.

pituitaria *f.* Membrana que reviste la cavidad de las fosas nasales.

pituso, -sa *adj.-s.* Pequeño, gracioso, refiriéndose a niños.

pívot *com.* DEP. En el juego del baloncesto, jugador que se sitúa cerca del tablero para recoger rebotes o encestar.

pivotar *intr.* Girar sobre un pivote. 2 DEP. En el juego del baloncesto, girar el jugador manteniendo un pie fijo en el suelo.

pivote *m.* MEC. Extremo cilíndrico o puntiagudo de una pieza, donde se apoya o inserta otra para girar.

pixidio *m.* BOT. Cápsula que se abre transversalmente.

pizarra *f.* Roca metamórfica de color negro azulado que se divide fácilmente en hojas planas y delgadas. 2 Trozo de pizarra en que se escribe o dibuja. 3 Encerado.

pizarrín *m.* Barrita con que se escribe en las pizarras.

pizca *f.* Porción muy pequeña.

pizpereta, -pireta *adj.* fam. Díc. de la mujer viva y dispuesta.

pizza *f.* Torta de harina con diversos ingredientes y cocida al horno.

pizzería *f.* Establecimiento donde se hacen y venden pizzas.

pizzicato *m.* Modo de producir el sonido en algunos instrumentos de cuerda, punteando simplemente las cuerdas.

placa *f.* Lámina o plancha delgada y rígida. 2 Anuncio, letrero. 3 Insignia o distintivo de los agentes de la autoridad. 4 Matrícula de los vehículos. 5 ~ *solar,* dispositivo destinado a almacenar energía solar para producir energía.

placaje *m.* En el juego de rugby, sistema empleado para detener al adversario, que consiste en abrazársele a la cintura o piernas.

placebo *m.* Medicamento sin eficacia terapéutica.

placenta *f.* En los mamíferos, masa carnosa esponjosa, adherida al útero, y de la cual nace el cordón umbilical.

placentario, -ria *adj.* Perten. o rel. a la placenta. - 2 *m.* Mamífero provisto de placenta.

placentero, -ra *adj.* Agradable, alegre.

placer *m.* Contento del ánimo. 2 Sensación agradable. 3 Diversión. 4 Voluntad, consentimiento. 5 Banco de arena o piedra llano y extenso en el fondo del mar. 6 Arenal aurífero. - 7 *intr.* Agradar o dar gusto.

plácet *m.* Aprobación, beneplácito.

plácido, -da *adj.* Sosegado, apacible.

plácito *m.* Parecer, dictamen.

plafón *m.* Lámpara aplicada directamente en el techo.

plaga *f.* Calamidad grande.

plagar *tr.-prnl.* Llenar o cubrir de algo nocivo o no conveniente.

plagiar *tr.* Copiar ideas, obras, etc., ajenas, dándolas como propias.

plagio *m.* Ac. y ef. de plagiar.

plagioclasas *f. pl.* Grupo mineral que forman los feldespatos.

plaguicida *adj.-s.* Que combate las plagas del campo.

plan *m.* Intención de realizar una cosa. 2 Conjunto de disposiciones a tomar para llevar a cabo algo.

plana *f.* Cara de una hoja de papel. 2 Llana de albañil. ▷ *Enmendar la ~ a uno,* corregir.

plancton *m.* Conjunto de organismos que viven en suspensión en el mar.

plancha *f.* Lámina llana y delgada. 2 Utensilio para planchar. 3 Reproducción preparada para la impresión. 4 fig. Desacierto.

planchada *f.* Tablazón que, apoyada en la costa del mar o de un río, sirve de puente para embarcar o desembarcar.

planchado, -da *m.* f. Ac. y ef. de planchar. 2 Conjunto de ropa blanca por planchar o ya planchada.

planchar *tr.* Pasar la plancha caliente sobre la ropa.

planchear *tr.* Cubrir una cosa con planchas de metal.

plancheta *f.* Instrumento de topografía.

planeador *m.* Avión sin motor, que vuela utilizando las corrientes de aire.

planear *tr.* Hacer o forjar planes. - 2 *intr.* Sostenerse en el aire el avión con el motor parado, y las aves sin mover las alas.

planeta *m.* Astro opaco que se mueve alrededor del Sol, cuya luz refleja.

planetario, -ria *adj.* Perten. o rel. a los planetas. - 2 *m.* Aparato que representa los planetas del sistema solar y reproduce sus movimientos respectivos.

planicie *f.* Llanura.

planificación *f.* Elaboración de un plan general organizado.

planificar *tr.* Someter a plan detallado el desarrollo de cualquier actividad.

planimetría *f.* Técnica de medir superficies planas.

planisferio *m.* Carta que representa la esfera celeste o la terrestre.

plano, -na *adj.* Llano, liso. - 2 *m.* Superficie plana. 3 Representación gráfica de un terreno, edificio, etc. 4 Elemento de una película fotografiado de una vez.

planta *f.* Parte inferior del pie. 2 Vegetal. 3 Piso de un edificio. 4 Representación gráfica de un edificio, objeto, etc. 5 Instalación industrial. ▷ *En* ~, con brevedad, sin retórica.

plantación *f.* Ac. y ef. de plantar. 2 Explotación agrícola.

plantagináceo, -a *adj.-f.* Díc. de la planta dicotiledónea, con tallo aéreo, y flores solitarias o en espiga.

plantar *tr.* Meter en tierra una planta, un esqueje, etc., para que arraigue. 2 fig. Fijar, poner derecho. 3 Abandonar a uno. - 4 *prnl.* Ponerse de pie firme. 5 Resistirse a hacer algo.

plante *m.* Concierto entre varios para exigir o rechazar de manera airada alguna cosa.

planteamiento *m.* Ac. y ef. de plantear.

plantear *f.* Trazar el plan de una cosa. 2 Establecer. 3 Proponer problemas.

plantel *m.* Criadero de plantas.

plantificar *tr.* Plantear (ejecutar).

plantígrado, -da *adj.-s.* Díc. de los cuadrúpedos que al andar apoyan en el suelo toda la planta del pie.

plantilla *f.* Pieza con que se cubre interiormente la planta del calzado. 2 Plancha que sirve de patrón para cortar o labrar una pieza. 3 Lista de los empleados y dependencias de una oficina.

plantillazo *m.* DEP. En fútbol, colocación antirreglamentaria de la planta del pie delante del de otro jugador.

plantío *m.* Terreno plantado recientemente.

plantón *m.* Pequeño árbol para trasplantar. 2 Espera larga o inútil en un sitio.

plántula *f.* BOT. Embrión que nace.

plañidero, -ra *adj.* Lloroso y lastimero. - 2 *f.* Mujer que se contrataba para llorar en los entierros.

plañir *intr.-tr.* Llorar y gemir.

plaqué *m.* Chapa muy delgada, de oro o plata, que recubre la superficie de otro metal de menos valor.

plaqueta *f.* Elemento que interviene en la coagulación de la sangre.

plasma *m.* Parte líquida de la sangre.

plasmar *tr.* Hacer o formar una cosa.

plasta *f.* Cosa blanda, como barro, masa, etc. - 2 *com.* fam. Persona fastidiosa.

plaste *m.* Masa de yeso mate y agua de cola.

plastia *f.* Operación quirúrgica con la cual se pretende restablecer o embellecer la forma de una parte del cuerpo.

plástica *f.* Arte de formar cosas de barro, yeso, etc.

plasticidad *f.* Calidad de plástico.

plástico, -ca *adj.* Perten. o rel. a la plástica. - 2 *m.* Cuerpo químico, obtenido por síntesis.

plastificar *tr.* Recubrir con una lámina de material plástico.

plasto *m.* Orgánulo dotado de vitalidad propia, que se encuentra en la célula vegetal.

plata *f.* Metal precioso, blanco y brillante. 2 fig. Dinero.

plataforma *f.* Tablero horizontal y elevado sobre el suelo. 2 Parte anterior y posterior de los tranvías, autobuses, etc. 3 Programa o conjunto de reivindicaciones.

platanal, -nar *m.* Terreno poblado de plátanos.

plátano *m.* Árbol tropical de tronco recto, hojas partidas y frutos agrupados en bolas pendientes de un largo pedúnculo. 2 Banana.

platea *f.* Patio del teatro.

plateado, -da *adj.* Bañado de plata. 2 De color de plata.

platear *tr.* Dar o cubrir de plata.

platelminto *adj.-m.* Díc. del gusano parásito, de cuerpo aplanado.

plateresco, -ca *adj.-s.* Díc. del estilo arquitectónico de carácter híbrido y gran fastuosidad.

platería *f.* Arte del platero. 2 Taller donde trabaja.

platero *m.* El que, por oficio, vende o labra objetos de plata.

plática *f.* Conversación. 2 Sermón breve.

platicar *intr.* Conversar.

platija *f.* Pez marino teleósteo pleuronectiforme, semejante al lenguado.

platillo *m.* Pieza de figura semejante a la del plato. 2 Chapa metálica circular que, junto a otra igual, forma un instrumento de percusión. 3 ~ *volador* o *volante,* supuesto objeto volante, extraterrestre.

platina *f.* Parte del microscopio en que se coloca el objeto. 2 Magnetófono de casetes conectado a una cadena de sonido.

platinar *tr.* Cubrir con una capa de platino.

platino *m.* Metal de color de plata, muy pesado y duro.

platinoide *m.* Aleación de cobre, níquel y cinc.

platirrino, -na *adj.-m.* Díc. del primate antropoide que tiene los orificios nasales separados por un ancho tabique membranoso.

plato *m.* Recipiente redondo donde se sirve la comida. 2 Manjar, guiso. ▷ *Comer en un mismo* ~, tener gran amistad con otro. *No haber roto un* ~, no haber cometido ninguna falta. *Ser* o *no ser un* ~ *de gusto,* ser o no grata una persona o cosa.

plató *m.* Escenario de un estudio de cine o televisión.

platónico, -ca *adj.* Perten. o rel. a la filosofía de Platón. 2 Desinteresado, puro.

platonismo *m.* Sistema filosófico de Platón (428-347 ó 348 a. C.).

plausible *adj.* Digno de aplauso.

playa *f.* Ribera arenosa y casi plana.

play-back *m.* Grabación del sonido antes de impresionar la imagen.

play-boy *m.* Hombre de físico agradable que lleva una vida ociosa y de seductor.

playero, -ra *adj.* Usado en la playa. - 2 *f.* Sandalia de material plástico.

plaza *f.* Lugar espacioso dentro de poblado. 2 ~ *de toros,* recinto circular donde lidian toros. 3 Sitio fortificado. 4 Población comercial. 5 Espacio, lugar. 6 Empleo. ▷ *Sentar* ~, entrar a servir de soldado.

plazo *m.* Tiempo señalado para una cosa. 2 Parte de una cantidad pagadera en dos o más veces.

plazoleta *f.* Espacio a modo de plaza.

pleamar *f.* Fin de la marea creciente.

plebe *f.* Estado llano. 2 Populacho.

plebeyo, -ya *adj.-s.* Perten. o rel. a la plebe. 2 Ordinario, grosero.

plebiscito *m.* Decisión tomada por todo un pueblo por mayoría de votos.

plectro *m.* Púa o pieza para tocar ciertos instrumentos de cuerda.

plegable *adj.* Que puede plegarse.

plegadera *f.* Instrumento a manera de cuchillo para plegar o cortar papel.

plegamiento *m.* GEOL. Deformación de los estratos de la corteza terrestre.

plegar *tr.* Hacer pliegues en una cosa. - 2 *prnl.* Ceder, someterse.

plegaria *f.* Súplica ferviente.

pleistoceno, -na *adj.-m.* Díc. del período geológico base de la era cuaternaria.

pleita *f.* Tira de esparto trenzado.

pleitear *tr.* Contender judicialmente.

pleitesía *f.* Homenaje.

pleito *m.* Discusión y resolución en juicio de una diferencia entre dos o más. 2 Contienda, disputa.

plenario, -ria *adj.* Lleno, entero.

plenilunio *m.* Luna llena.

plenipotenciario, -ria *adj.-s.* Díc. de la persona que un gobierno envía con plenos poderes a un país extranjero.

plenitud *f.* Totalidad, integridad.

pleno, -na *adj.* Entero, completo. - 2 *m.* Reunión general de una corporación.

pleon *m.* ZOOL. Abdomen de los crustáceos.

pleonasmo *m.* Empleo de palabras innecesarias para dar vigor a la frase.

plepa *f.* Aquello que tiene muchos defectos en lo físico o en lo moral.

plétora *f.* fig. Abundancia excesiva de alguna cosa.

pletórico, -ca *adj.* Que tiene abundancia excesiva.

pleura *f.* Membrana serosa que envuelve los pulmones.

pleuresía *f.* Inflamación de la pleura.

pleuritis *f.* Inflamación crónica de la pleura.

pleuronectiforme *adj.-m.* Díc. del pez teleósteo bentónico con el cuerpo plano y los dos ojos en el mismo costado.

plexiglás *m.* Substancia plástica, transparente e incolora.

plexo *m.* Red de filamentos nerviosos.

pléyade *f.* fig. Grupo de personas señaladas, que florecen por el mismo tiempo.

pliego *m.* Pieza de papel cuadrangular y doblada.

pliegue *m.* Arruga o doblez. 2 GEOL. Ondulación del terreno.

plinto *m.* ARQ. Parte cuadrada inferior de la basa. 2 Especie de taburete, usado en gimnasia.

plioceno, -na *adj.-m.* Díc. del período geológico con que finaliza la era terciaria.

plisar *tr.* Hacer pliegues por adorno.

plomada *f.* Pesa de metal que, colgada de una cuerda, señala la línea vertical.

plomero *m.* El que trabaja o fabrica cosas de plomo.

plomizo, -za *adj.* Que tiene plomo. 2 De color plomo o parecido a él.

plomo *m.* Metal pesado, dúctil, maleable y blando, de color gris. Su símbolo es *Pb.* 2 Fusible.

plotter *m.* INFORM. Periférico para dibujar gráficos.

pluma *f.* Pieza córnea que cubre el cuerpo de las aves. 2 Pluma de ave, o instrumento que la substituye, para escribir. 3 ~ *estilográfica,* la de mango hueco lleno de tinta que fluye a la punta de ella.

plumaje *m.* Conjunto de plumas del ave.

plumazo *m.* Colchón de plumas.

plumbagináceo, -a *adj.-f.* Díc. de la planta dicotiledónea de hojas alternas, vellosas, y flores con el cáliz tubular.

plúmbeo, -a *adj.* De plomo.

plumero *m.* Mazo de plumas sujeto a un mango, para quitar el polvo. 2 Penacho de plumas.

plumier *m.* GALIC. Estuche de lápices, plumas, etc., que usan los escolares.

plumín *m.* Pequeña lámina de metal que se pone en el extremo de las plumas para escribir.

plumón *m.* Pluma muy fina que tienen las aves debajo del plumaje exterior.

plúmula *f.* Parte del embrión de una planta, contenido en la semilla, que corresponde al rudimento del tallo.

plural *adj.-s.* GRAM. Que indica pluralidad.

pluralidad *f.* Multitud. 2 Calidad de ser más de uno.

pluralismo *m.* Multiplicidad. 2 Sistema que reconoce la pluralidad de doctrinas políticas, económicas, etc.

pluralizar *tr.* Atribuir a dos o más sujetos una cosa peculiar de uno.

pluricelular *adj.* Formado por más de una célula.

pluridisciplinar *adj.* Que concierne a varias disciplinas.

pluriempleo *m.* Ejercicio de varias ocupaciones por una persona.

plurilingüe *adj.* Díc. de la persona que habla varias lenguas. 2 Díc. del libro escrito en diversos idiomas.

plurilocular *adj.* Dividido en varios compartimientos.

pluripartidismo *m.* Coexistencia de varios partidos.

plurivalente *adj.* De varios valores.

plurívoco, -ca *adj.* LING. Díc. del morfema que presenta, según los contextos, varios sentidos.

plus *m.* Gratificación o sobresueldo.

pluscuamperfecto *m.* GRAM. Pretérito cuya acción es anterior a otra también pretérita.

plusmarca *f.* En los deportes, marca.

plusmarquista *com.* Persona que obtiene una marca deportiva.

plusvalía *f.* Aumento de valor.

plutocracia *f.* Gobierno de los ricos.

plutón *m.* Planeta del sistema solar, el más alejado del Sol.

plutonio *m.* QUÍM. Elemento radiactivo que se obtiene por reacción nuclear.

pluviometría *f.* Rama de la climatología que trata de la distribución geográfica de las lluvias.

pluviómetro *m.* Aparato para medir la cantidad de agua de lluvia.

pluviosidad *f.* Cantidad de lluvia caída en un lugar y períodos determinados.

población *f.* Número de habitantes de un pueblo, país, etc. 2 Ciudad, villa o lugar.

poblado *m.* Población.

poblador, -ra *adj.-s.* Que puebla.

poblar *tr.* Ocupar con gente un sitio para que habite en él; por extensión, díc. de animales, plantas, etc.

pobre *adj.-s.* Falto de lo necesario para vivir con desahogo. 2 Desdichado. 3 Escaso, incompleto. 4 De poco valor. -

5 *m.* Mendigo.

pobretear *intr.* Comportarse como pobre.

pobreza *f.* Calidad de pobre. 2 Necesidad, estrechez.

pocero *m.* El que tiene por oficio fabricar pozos. 2 El que tiene por oficio limpiar los pozos o depósitos.

pocilga *f.* Establo para ganado de cerda. 2 fig. Lugar sucio y hediondo.

pocillo *m.* Tinaja empotrada en el suelo.

pócima *f.* Cocción medicinal.

poción *f.* Bebida medicinal.

poco, -ca *adj.-pron. indef.* Escaso, limitado. - 2 *adv. c.* Con escasez. ▷ *A ~*, en corto espacio de tiempo. *~ a ~*, despacio. *~ más o menos* o *sobre ~ más o menos,* con corta diferencia. *Por ~*, denota que apenas faltó nada para que sucediese una cosa. *Tener en ~ a una persona o cosa,* despreciarla.

pocho, -cha *adj.* Pálido, descolorido.

pocholo, -la *adj.* Hermoso, guapo.

poda *f.* Ac. y ef. de podar. 2 Tiempo en que se poda.

podadera *f.* Herramienta para podar.

podar *tr.* Cortar las ramas superfluas de las plantas.

podenco, -ca *adj.-s.* Díc. de un perro ágil y sagaz para la caza.

poder *m.* Capacidad y posibilidad de hacer algo. 2 Gobierno de un país. 3 Fuerza, vigor. 4 Posesión de alguna cosa. - 4 *tr.* Tener facilidad o facultad de hacer algo. - 5 *unipers.* Ser posible que suceda algo. ▷ *A más no ~, hasta más no ~,* todo lo posible.

poderío *m.* Dominio, influencia. 2 Bienes, riquezas.

poderoso, -sa *adj.-s.* Que tiene poder o riqueza. - 2 *adj.* Grande, eficaz.

podicipitiforme *adj.-m.* Díc. del ave acuática con la cola rudimentaria y las alas cortas.

podio *m.* Pedestal al que sube el vencedor en las pruebas deportivas.

podología *f.* Conjunto de conocimientos y técnicas dedicadas a cuidar y sanar las dolencias de los pies.

podólogo, -ga *m. f.* Persona que se dedica a la podología.

podómetro *m.* Aparato para contar los pasos de quien lo lleva.

podredumbre *f.* Calidad dañina que pudre las cosas.

podzol *m.* Suelo ceniciento, propio de países fríos y húmedos.

poema *m.* Obra en verso.

poemario *m.* Colección de poemas.

poesía *f.* Expresión artística de la belleza por medio del verso. 2 Obra en verso.

poeta *com.* Persona que compone poesías.

poética *f.* Tratado sobre los principios y reglas de la poesía.

poético, -ca *adj.* Perten. o rel. a la poesía.

poetisa *f.* Poeta.

poetizar *intr.* Componer versos.

pogoníasis *f.* Exceso de pelo en la barba. 2 Crecimiento de pelo en la barba de la mujer.

poiquilotermo, -ma *adj.-s.* Díc. del animal que no puede regular su temperatura, por lo que ésta es semejante a la del medio en que vive.

poiseville *m.* Unidad de viscosidad dinámica.

polacada *f.* Desafuero o favoritismo abusivo cometido por la autoridad.

polaco, -ca *adj.-s.* De Polonia. - 2 *m.* Lengua polaca.

polaina *f.* Especie de media calza que cubre la pierna hasta la rodilla.

polar *adj.* Perten. o rel. a los polos.

polaridad *f.* Propiedad de los cuerpos o agentes físicos que polarizan o se polarizan.

polarización *f.* Ac. y ef. de polarizar.

polarizar *tr.-prnl.* FÍS. Acumular los efectos de un agente físico en puntos opuestos de un cuerpo. 2 Modificar los rayos luminosos, de modo que no puedan reflejarse o refractarse en ciertas direcciones. 3 fig. Atraer, concentrar.

polaroid *f.* Cámara fotográfica de revelado instantáneo.

polavisión *f.* Técnica de revelado instantáneo de películas en color.

polca *f.* Danza de origen polaco.

pólder *m.* En los Países Bajos, terreno pantanoso ganado al mar.

polea *f.* Rueda móvil alrededor de un eje, con un canal en su circunferencia, por donde pasa una cuerda o cadena.

polémica *f.* Discusión.

polémico, -ca *adj.* Perten. o rel. a la polémica.

polemizar *intr.* Sostener una polémica.

polen *m.* Polvo producido en las anteras

cuya función es fecundar la semilla.

polenta f. Gachas de harina de maíz.

poleo m. Planta aromática estomacal.

poliadelfo, -fa adj. BOT. Díc. de la flor o el androceo que tiene los estambres soldados por los filamentos.

poliandria f. Régimen que permite a la mujer tener varios maridos.

poliaquenio m. Fruto constituido por numerosos aquenios.

poliarquía f. Gobierno de muchos.

policárpico, -ca adj. Díc. de la planta que florece varias veces.

policía f. Buen orden y observancia de las leyes. 2 Cuerpo encargado de mantener el orden. 3 Urbanidad. - 4 com. Empleado subalterno de seguridad y vigilancia.

policíaco, -ca, -ciaco, -ca, policial adj. Perten. o rel. a la policía.

policlínica f. Consultorio de varias especialidades médicas.

policotiledóneo, -a adj. Que tiene más de dos cotiledones.

policromar tr. Pintar de varios colores.

polideportivo m. Instalación destinada al ejercicio de varios deportes.

polidipsia f. Necesidad de beber con frecuencia y abundantemente.

poliédrico, -ca adj. Perten. o rel. al poliedro.

poliedro m. Sólido de más de tres caras.

poliéster m. Cuerpo que forma parte de ciertas fibras sintéticas.

polietileno m. QUÍM. Polímero del etileno sólido y translúcido.

polifacético, -ca adj. Que tiene varias facetas. 2 p. ext. De múltiples aptitudes.

polifagia f. Ingestión considerable de alimentos, debida a sensación imperiosa de hambre.

polifásico, -ca adj. De varias fases.

polifonía f. MÚS. Conjunto de partes melódicas que forman un todo armónico.

poligamia f. Régimen familiar en que se permite al varón unirse a varias esposas legítimas.

polígamo, -ma adj.-s. Que tiene a un tiempo varias mujeres como esposas.

poligenismo m. Doctrina que admite variedad de orígenes en la especie humana.

poliginia f. Condición de la flor que tiene muchos pistilos.

polígloto, -ta, poligloto, -ta adj.-s. Que habla varias lenguas. - 2 adj. Escrito en varias lenguas.

polígono m. Porción de plano limitado por varias rectas.

polígrafo m. Escritor que escribe sobre materias diferentes.

polilla f. Mariposa nocturna cuya larva destruye los tejidos, papel, pieles, etc.

polimerizar tr.-prnl. Convertir una substancia en otra de la misma composición, pero de un peso molecular doble, triple, etc.

polímero m. Substancia obtenida de otra al polimerizarla.

polimorfismo m. QUÍM. Propiedad de los cuerpos que cambian de forma, pero no de naturaleza. 2 ZOOL. Presencia de distintas formas individuales en una sola especie.

polimorfo, -fa adj. Que puede tener varias formas.

polinización f. Transporte del polen desde la antera hasta el estigma del pistilo.

polinomio m. Expresión algebraica que consta de varios términos.

poliomielitis f. Enfermedad contagiosa que produce parálisis de los músculos.

polípero m. Formación calcárea producida por colonias de pólipos.

polipétalo, -la adj. Díc. de la flor o corola que tiene varios pétalos.

poliploide adj. BIOL. Célula u organismo cuyas células presentan cada cromosoma diferente repetido más de dos veces.

pólipo m. Animal celentéreo, de cuerpo hueco, abierto por un extremo en una boca rodeada de tentáculos. 2 MED. Tumor por hipertrofia de las mucosas.

polipodiáceo, -a adj.-f. Díc. del helecho de rizoma cubierto de escamas.

polisacáridos m. pl. Hidratos de carbono.

polisemia f. Pluralidad de significados en una palabra.

polisépalo, -la adj. Díc. de la flor o cáliz que tiene varios sépalos.

polisílabo, -ba adj.-s. De más de una sílaba.

polisíndeton m. RET. Figura que consiste en emplear repetidamente las conjunciones.

polisón m. Armazón que se ponían las

mujeres para que abultasen las faldas por detrás.

polispermo, -ma *adj.* De varias semillas.

polistilo, -la *adj.* ARQ. Que tiene muchas columnas.

politécnico, -ca *adj.* Que abraza muchas ciencias o artes.

politeísmo *m.* Religión que afirma la pluralidad de dioses.

política *f.* Ciencia que trata del gobierno y organización de un estado u organismo público. 2 Manera de conducir un asunto. 3 Cortesía.

político, -ca *adj.-s.* Versado en la política y que se ocupa en ella. - 2 *adj.* Perten. o rel. a la política. 3 Cortés, urbano. 4 Díc. de los familiares que lo son por afinidad y no por consanguinidad.

politiquear *intr.* desp. Inmiscuirse en cosas de política.

politizar *tr.-prnl.* Dar carácter político.

politraumatismo *m.* Conjunto de varias lesiones graves causadas simultáneamente.

poliuretano *m.* Materia plástica utilizada en la preparación de barnices, adhesivos y aislantes térmicos.

polivalente *adj.* Que tiene varios valores. 2 Que tiene múltiples funciones.

polivalvo, -va *adj.* Díc. del testáceo que tiene más de dos conchas.

póliza *f.* Documento que justifica un contrato en seguros, alquileres, etc. 2 Sello suelto con que se paga el impuesto del timbre en ciertos documentos.

polizón *com.* Persona que se embarca de modo clandestino.

polo *m.* Extremo del eje de rotación de una esfera, especialmente del de la Tierra. 2 Punto opuesto a otro en un cuerpo, donde se acumula la energía de un agente físico. 3 ~ *magnético,* punto situado en la región polar, adonde se dirige la aguja imantada. 4 Juego de pelota entre jinetes. 5 Helado que se chupa cogiéndolo de un palillo hincado en su base.

polonesa *f.* Baile, de origen eslavo, de movimiento moderado.

polonio *m.* Elemento radiactivo que se halla asociado a sales de bismuto.

poltrón, -trona *adj.* Haragán. - 2 *f.* Butaca ancha y cómoda.

polución *f.* Efusión del semen. 2 Conta-

minación del agua, aire, etc.

polucionar *tr.-intr.* Contaminar.

poluto, -ta *adj.* Sucio, inmundo.

polvareda *f.* Polvo que se levanta de la tierra.

polvera *f.* Caja que contiene los polvos y la borla con que suelen aplicárselos las mujeres.

polvo *m.* Masa de partículas de tierra seca que se levanta en el aire y se pone sobre los objetos. 2 Substancia sólida reducida a partículas muy menudas. ▷ *Limpio de* ~ *y paja,* sin trabajo o gravamen. *Hacerle a uno* ~, aniquilarle, arruinarle. *Hacer morder el* ~ *a uno,* vencerle.

pólvora *f.* Mezcla explosiva. ▷ *Gastar* ~ *en salvas,* poner medios inútiles.

polvoriento, -ta *adj.* Cubierto de polvo.

polvorín *m.* Pólvora fina. 2 Lugar donde se guarda la pólvora, municiones, etc.

polvorón *m.* Dulce que se deshace en polvo al comerlo.

polla *f.* Gallina joven.

pollería *f.* Lugar donde se venden aves comestibles.

pollero, -ra *m. f.* Persona que, por oficio, cría o vende pollos.

pollino, -na *m. f.* Asno.

pollo *m.* Cría de las aves. 2 fig. Persona joven.

poma *f.* Manzana (fruto). 2 Perfumador (vaso).

pomada *f.* Mixtura pastosa cosmética o medicinal.

pomelo *m.* Árbol grande, de follaje denso y fruto en forma de globo amarillo pálido. 2 Fruto de este árbol.

pomo *m.* Extremo de la guarnición de la espada. 2 Tirador redondo que se coloca en puertas y muebles.

pompa *f.* Fasto solemne. 2 Burbuja.

pompón *m.* Borla.

pomposo, -sa *adj.* Ostentoso, magnífico.

pómulo *m.* Hueso de la cara correspondiente a la mejilla.

ponche *m.* Bebida hecha de ron con agua, limón y azúcar.

ponchera *f.* Vasija en que se prepara el ponche.

poncho *m.* Especie de capote.

ponderable *adj.* Que se puede pesar. 2 Digno de ponderación.

ponderación *f.* Atención y cuidado con que se dice o hace una cosa. 2 Encarecimiento, exageración. 3 Acción de pesar.

ponderado, -da adj. Que procede con tacto y prudencia.

ponderal adj. Perten. o rel. al peso.

ponderar tr. Examinar con cuidado y considerar las ventajas e inconvenientes. 2 Alabar, destacar a alguien.

ponencia f. Cargo de ponente. 2 Dictamen del ponente.

ponente com. Individuo de un cuerpo o asamblea a quien corresponde hacer relación de un asunto y proponer la resolución.

poner tr. Colocar en un lugar, posición o estado. 2 Representar un espectáculo, proyectar una película. 3 Disponer. 4 Soltar el huevo las aves. - 5 prnl. Ocultarse los astros bajo el horizonte.

póngido, -da adj.-m. Díc. del primate catarrino desprovisto de cola y de callosidades glúteas.

poni m. Caballo de raza de poca alzada.

poniente m. Oeste.

pontevedrés, -dresa adj.-s. De Pontevedra.

pontificado m. Dignidad de pontífice. 2 Tiempo que dura.

pontifical adj. Perten. o rel. al pontífice.

pontífice m. Prelado supremo de la Iglesia católica romana.

pontificio, -cia adj. Perten. o rel. al pontífice.

ponto m. poét. Mar (masa de agua).

pontón m. Barco chato. 2 Barco viejo atracado que sirve de almacén, hospital, etc. 3 Puente de maderas.

ponzoña f. Veneno.

ponzoñoso, -sa adj. Que tiene ponzoña.

pop adj.-m. Díc. de una música popular derivada del rock and roll y del folk.

popa f. Parte posterior de la embarcación.

pope m. Sacerdote de la iglesia griega.

populachería f. Popularidad alcanzada halagando las pasiones del vulgo.

populachero, -ra adj. Perten. o rel. al populacho. 2 Propio para halagar al populacho.

populacho m. desp. Lo más bajo del pueblo o estado llano.

popular adj. Perten. o rel. al pueblo. 2 Grato al pueblo.

popularidad f. Aceptación y aplauso que uno tiene en el pueblo.

popularismo m. Tendencia a lo popular.

popularizar tr. Extender la fama de una persona o cosa. 2 Dar carácter popular a algo.

populismo m. Popularismo. 2 Tendencia política defensora de los intereses del pueblo.

populoso, -sa adj. Muy poblado.

popurrí m. Mezcla de cosas muy diferentes. 2 Creación musical realizada con fragmentos de diversas composiciones.

poquedad f. Escasez, cortedad.

póquer m. Juego de envite.

por prep. Denota el lugar por donde se pasa. 2 Indica el tiempo en que una acción se realiza. 3 El medio, modo o causa de ejecutar una cosa. 4 Indica el agente en las oraciones de pasiva.

porcelana f. Loza fina y transparente.

porcentaje m. Tanto por ciento.

porcentual adj. Expresado o calculado en tanto por ciento.

porcino, -na adj. Perten. o rel. al puerco.

porción f. Cantidad segregada de otra mayor. 2 Número considerable e indeterminado.

porche m. Soportal, cobertizo.

pordiosear intr. Mendigar.

pordiosero, -ra adj.-s. Mendigo.

porfía f. Acción de porfiar.

porfiado, -da adj.-s. Obstinado.

porfiar intr. Disputar con obstinación. 2 Continuar con insistencia una acción.

pórfido m. Roca compacta y dura de color rojo obscuro.

porífero, -ra adj.-m. Díc. del parazoo con el cuerpo atravesado por canales por los que fluye el agua.

pormenor m. Conjunto de circunstancias menudas. 2 Cosa secundaria.

pormenorizar tr. Detallar.

pornografía f. Carácter obsceno de obras literarias o artísticas.

pornográfico, -ca adj. Perten. o rel. a la pornografía.

poro m. Intersticio entre las partículas o moléculas de un cuerpo. 2 Orificio de la piel.

porosidad f. Calidad de poroso.

poroso, -sa adj. Que tiene poros.

porque conj. causal. Por causa o razón de que. - 2 conj. final. Para que.

porqué m. Causa, razón o motivo.

porquería *f.* Suciedad. 2 Cosa vieja, sucia o rota. 3 Acción sucia.

porqueriza *f.* Pocilga.

porra *f.* Cachiporra. ▷ *Mandar a uno a la ~,* despedirlo con malos modos.

porrada *f.* Conjunto muy abundante de cosas.

porrazo *m.* Golpe dado con la porra. 2 El que se recibe por un choque o caída.

porreta *f.* Conjunto de hojas verdes del puerro, ajo, cebolla, etc. - 2 *com.* fam. Aficionado a fumar porros.

porro *m.* Cigarrillo de hachís o marihuana mezclado con tabaco.

porrón *m.* Botijo. 2 Redoma de vidrio con un pitón largo para beber a chorro.

porta *f.* Abertura en el costado de un barco.

portaaviones *m.* Buque de guerra de gran tamaño destinado al transporte de aviones.

portada *f.* Adorno en la fachada principal de un edificio. 2 Primera plana de un libro impreso.

portadilla *f.* Anteportada de un libro.

portador, -ra *adj.-s.* Que lleva o trae una cosa.

portaequipajes *m.* Parte de un vehículo destinada a transportar los equipajes.

portafirmas *m.* Carpeta donde se ponen los documentos que se han de firmar.

portafolio *m.* Carpeta o cubierta para guardar papeles. - 2 *m. pl.* Maletín de mano rectangular y aplanado.

portahelicópteros *m.* Buque de guerra destinado al transporte de helicópteros.

portal *m.* Entrada, zaguán. 2 Soportal.

portalámparas *m.* Accesorio para sostener la bombilla eléctrica.

portalón *m.* Puerta grande. 2 Portal grande.

portamaletas *m.* Maletero del automóvil.

portamonedas *m.* Bolsa o cartera pequeña para llevar dinero.

portañuela *f.* Tira de tela con que se tapa la bragueta de los pantalones.

portaobjeto, portaobjetos *m.* Lámina de cristal donde se hacen las preparaciones que se examinan al microscopio.

portaplumas *m.* Mango en que se coloca la pluma metálica para escribir.

portarretratos *m.* Marco que se usa para colocar retratos en él.

portarse *prnl.* Conducirse.

portátil *adj.* Que se puede transportar.

portavoz *com.* Persona autorizada para difundir información y responder a ciertas preguntas.

portazo *m.* Golpe recio que da la puerta.

porte *m.* Acción de portear. 2 Cantidad que se paga por el transporte.

portear *tr.* Transportar.

portento *m.* Persona o cosa portentosa.

portentoso, -sa *adj.* Prodigioso.

porteño, -ña *adj.-s.* De diversas ciudades de España y América, en las que hay puerto o se llaman Puerto.

portería *f.* Pieza del zaguán donde está el portero. 2 DEP. Armazón por donde se intenta que entre el balón.

portero, -ra *m. f.* Persona encargada del cuidado de una casa. 2 Jugador que defiende la portería de su bando.

portezuela *f.* Puerta de vehículo.

porticado, -da *adj.* Que tiene soportales.

pórtico *m.* Sitio cubierto y con columnas, delante de un edificio. 2 Galería con columnas o arcadas.

portillo *m.* Abertura en las murallas.

portón *m.* Puerta que divide el zaguán de lo demás de la casa.

portuario, -ria *adj.* Perten. o rel. al puerto de mar.

portugués, -guesa *adj.-s.* De Portugal. - 2 *m.* Lengua portuguesa.

portulano *m.* Colección encuadernada de planos de varios puertos.

porvenir *m.* Suceso o tiempo futuro.

posada *f.* Establecimiento en que se hospedan viajeros. 2 Alojamiento.

posaderas *f. pl.* Nalgas.

posadero, -ra *m. f.* Mesonero.

posar *intr.* Colocarse ante un pintor o máquina fotográfica. - 2 *intr.-prnl.* Asentarse las aves en un sitio, el avión en tierra, etc. - 3 *prnl.* Depositarse en el fondo lo que está en suspensión en un líquido.

posavasos *m.* Pieza que se pone debajo de los vasos para proteger las mesas.

posdata *f.* Lo que se añade a una carta ya firmada.

pose *f.* GALIC. Postura, actitud, afectación.

poseedor, -ra *adj.-s.* Que posee.

poseer *tr.* Tener uno algo en su poder.

poseído, -da *adj.-s.* Poseso. 2 fig. Que ejecuta acciones furiosas o malas. ▷ *Estar ~ uno,* estar obsesionado.

posesión *f.* Acción de poseer. 2 Cosa poseída.

posesionar *tr.* Poner en posesión de una cosa.

posesivo, -va *adj.* Que denota posesión. - 2 *adj.-m.* GRAM. Elemento gramatical, tanto adjetivo como pronombre, que expresa posesión o pertenencia. 3 Dominante, acaparador de la voluntad ajena.

poseso, -sa *adj.-s.* Díc. de la persona de la que se ha apoderado un espíritu, según algunas creencias.

posesor, -ra *adj.-s.* Poseedor.

posguerra *f.* Tiempo tras una guerra, en que se sienten sus consecuencias económicas, morales, etc.

posibilidad *f.* Calidad de posible.

posibilitar *tr.* Facilitar o hacer posible.

posible *adj.* Que puede ser o se puede ejecutar. - 2 *m. pl.* Bienes, rentas, medios.

posición *f.* Postura, situación. 2 Condición social. 3 Punto fortificado.

posicionar *intr.-prnl.* Tomar una posición o postura. - 2 *tr.* Situar algo en la posición adecuada.

positivar *tr.* Obtener un positivo a partir de un negativo. 2 Revelar los negativos de una filmación.

positivismo *m.* Calidad de positivo. 2 Sistema filosófico que considera que todo nuestro conocimiento se deriva de los sentidos, es decir, de la experiencia.

positivo, -va *adj.* Cierto. 2 Que se atiene únicamente a los hechos. 3 GRAM. Que no es comparativo ni superlativo.

posmodernidad *f.* Movimiento cultural caracterizado por la atención a las formas y la carencia de compromiso social.

posmoderno, -na *adj.-s.* Perten. o rel. a la posmodernidad. 2 Miembro de este movimiento.

poso *m.* Sedimento.

posología *f.* Estudio de la dosis en que deben administrarse los medicamentos.

posponer *tr.* Poner a una persona o cosa después de otra.

posta *f.* Conjunto de caballerías que se apostaban para mudar los tiros. 2 Bala pequeña de plomo.

postabdomen *m.* ZOOL. Parte estrecha del abdomen de los escorpiones, que acaba en el aguijón.

postal *adj.* Concerniente al ramo de correos. - 2 *f.* Tarjeta que se expide por correo como carta sin sobre.

postdiluviano, -na *adj.* Posterior al diluvio universal.

postdorsal *adj.-s.* GRAM. Díc. de la consonante cuya articulación se forma con la parte posterior del dorso de la lengua.

poste *m.* Madero, piedra o columna puesta verticalmente para apoyo o señal. 2 Palo vertical de la portería de fútbol y de otros deportes.

póster *m.* Cartel decorativo.

postergar *tr.* Hacer sufrir atraso a una persona o cosa.

posteridad *f.* Descendencia o generación venidera.

posterior *adj.* Que está o viene después.

posteriori (a ~) *loc. adv.* FIL. Díc. del conocimiento que proviene de la experiencia.

posterioridad *f.* Calidad de posterior.

postigo *m.* Puerta pequeña abierta en otra mayor. 2 Puertecilla de una ventana.

postilla *f.* Costra que al secarse forman las llagas o granos.

postillón *m.* Mozo que iba montado en una de las caballerías del tiro del carruaje.

postín *m.* Vanidad, presunción.

postizo, -za *adj.* Que no es natural ni propio; fingido, sobrepuesto. - 2 *m.* Pelo que sirve para suplir la falta o escasez de éste.

postmeridiano, -na *adj.* Perten. o rel. a la tarde; posterior al mediodía. - 2 *m.* Punto del paralelo de declinación de un astro, a occidente del meridiano del observador.

postmodernismo *m.* Movimiento literario o artístico posterior al modernismo.

postnominal *adj.-s.* GRAM. Palabra que se deriva de un substantivo o de un adjetivo.

postónico, -ca *adj.* GRAM. Que está detrás de la sílaba tónica.

postoperatorio, -ria *adj.* Que se verifica después de una operación quirúrgica.

postor *m.* Persona que ofrece precio en una subasta.

postpalatal *adj.-f.* GRAM. Díc. de la consonante que se articula con la parte posterior de la lengua.

postración *f.* Abatimiento.

postrar *tr.* Rendir, derribar. - 2 *tr.-prnl.* Debilitar, abatir. - 3 *prnl.* Hincarse de rodillas.

postre *adj.* Postrero. - 2 *m.* Fruta, dulces, etc., que se sirven al fin de la comida.

postrero, -ra *adj.* Último.

postrimería *f.* Último período de la duración de algo.

postulado *m.* Proposición que se admite como cierta sin demostración.

postulante *adj.-s.* Que postula. - 2 *com.* Persona que aspira ingresar en una congregación.

postular *tr.* Pedir, pretender.

póstumo, -ma *adj.* Que sale a la luz después de la muerte del padre o autor.

postura *f.* Situación, actitud. 2 Precio que ofrece el postor.

postverbal *adj.-s.* GRAM. Palabra que se deriva de un verbo.

potable *adj.* Que se puede beber.

potaje *m.* Legumbres guisadas.

potámico, -ca *adj.* Que vive en ríos y arroyos.

potamogetonáceo, -a *adj.-f.* Díc. de la planta acuática con flores muy pequeñas.

potamotoco, -ca *adj.* Que vive en el mar y freza en agua dulce.

potasa *f.* Carbonato de potasio.

potasio *m.* Metal de color argentino, blando e inflamable. Su símbolo es *K.*

pote *m.* Cocido gallego. ▷ *Darse* ~ , darse importancia.

potencia *f.* Poder o fuerza para hacer una cosa o producir un efecto. 2 Facultad del alma. 3 Existencia posible. 4 MAT. Producto de factores iguales. 5 FÍS. Trabajo producido en la unidad de tiempo.

potencial *adj.* Que tiene potencia o relativo a ella. 2 Que existe en potencia.

potenciar *tr.* Comunicar fuerza o vigor. 2 Aumentar la eficacia.

potentado *m.* Persona poderosa.

potente *adj.* Que puede, poderoso.

potestad *f.* Poder, dominio.

potestativo, -va *adj.* Que está en la facultad o potestad de uno.

potingue *m.* desp. Preparado de botica.

potito *m.* Alimento preparado y envasado para niños de corta edad.

potosí *m.* fig. Riqueza extraordinaria.

potra *f.* Yegua joven. ▷ *Tener* ~ , tener suerte.

potranco, -ca *m. f.* Caballo que no pasa de tres años.

potro *m.* Caballo joven. 2 Antiguo aparato para dar tormento. 3 DEP. Aparato de gimnasia con cuatro patas y un cuerpo paralelepípedo para efectuar saltos.

poyo *m.* Banco que se fabrica junto a las puertas de las casas.

poza *f.* Charca.

pozal *m.* Cubo del pozo. 2 Brocal del pozo.

pozo *m.* Excavación vertical en la tierra hasta encontrar agua. 2 Excavación análoga para bajar a una mina, etc. 3 Hoyo profundo, aunque esté seco.

práctica *f.* Ejercicio de un arte o facultad. 2 Destreza adquirida con él. 3 Ejercicio para habilitarse. 4 Aplicación de una idea. 5 Uso continuado. ▷ *En la* ~ , en realidad.

practicable *adj.* Que se puede practicar o poner en práctica. 2 Que se puede pasar por él, transitable.

prácticamente *adv. m.* De modo práctico. 2 fam. Casi, más o menos.

practicar *tr.* Usar o ejercer continuamente una cosa. - 2 *intr.-prnl.* Ejercitarse.

práctico, -ca *adj.* Perten. o rel. a la práctica. 2 Útil, adecuado y conveniente para un fin. 3 Experimentado, versado.

pradera *f.* Prado grande.

prado *m.* Tierra en que se deja crecer la hierba para pasto.

pragmático, -ca *adj.* Perten. o rel. a la acción y no a la especulación.

pragmatismo *m.* Pensamiento que sólo acepta las cosas por su valor práctico. 2 En política, abandono de las ideas en favor de los intereses prácticos.

pratense *adj.* Que se produce o vive en el prado.

praxis *f.* Conjunto de actividades cuya finalidad es transformar el mundo. 2 Práctica, en oposición a teoría.

preacuerdo *m.* Acuerdo aún no ultimado ni ratificado.

preámbulo *m*. Exordio, prólogo.

prebenda *f*. fig. Oficio o ministerio lucrativo y poco trabajoso.

preboste *m*. Sujeto que es cabeza de una comunidad.

precámbrico, -ca *adj.-m*. Era geológica más antigua, y terreno correspondiente a ella. - 2 *adj*. Perten.`o rel. a dicha era.

precampaña *f*. Campaña que se inicia antes de lo normal o establecido.

precandidato, -ta *m. f*. Probable candidato en una elección o nombramiento.

precario, -ria De poca estabilidad o duración.

precaución *f*. Cautela.

precautelar *tr*. Poner los medios necesarios para evitar un riesgo o peligro.

precaver *tr.-prnl*. Prevenir.

precavido, -da *adj*. Cauto.

precedente *adj*. Que precede. - 2 *m*. Resolución o caso anterior que sirve de norma.

preceder *tr*. Ir delante. 2 fig. Tener primacía.

preceptista *adj.-s*. Que da preceptos.

preceptivo, -va *adj*. Que incluye en sí preceptos.

precepto *m*. Lo que hay que cumplir porque está mandado o establecido.

preceptor, -ra *m. f*. Persona que enseña, maestro privado.

preceptuar *tr*. Dar preceptos.

preces *f. pl*. Oraciones. 2 Súplicas.

preciado, -da *adj*. De mucha estima.

preciar *tr*. Apreciar. - 2 *prnl*. Gloriarse, hacer vanidad de una cosa.

precintar *tr*. Poner precinto.

precinto *m*. Ligadura sellada.

precio *m*. Valor en que se estima una cosa.

preciosismo *m*. Especie de culteranismo francés del s. XVII. 2 Exagerado adorno en el estilo.

precioso, -sa *adj*. Excelente, primoroso. 2 De mucho valor.

precipicio *m*. Despeñadero.

precipitación *f*. Ac. y ef. de precipitar o precipitarse. 2 Lluvia o nieve que cae.

precipitado, -da *adj*. Atropellado, irreflexivo. - 2 *m*. Substancia que se separa de una disolución y se posa.

precipitar *tr.-prnl*. Despeñar, arrojar de lo alto. 2 Acelerar una cosa. 3 QUÍM. Producir en una disolución un precipitado.

precisar *tr*. Fijar o determinar de un modo preciso. 2 Obligar. 3 Necesitar algo. - 4 *intr.-tr*. Ser necesario.

precisión *f*. Calidad de preciso.

preciso, -sa *adj*. Necesario. 2 Fijo, cierto. 3 Bien definido o determinado.

preclaro, -ra *adj*. Esclarecido, ilustre.

precocinado, -da *adj.-m*. Díc. de la comida que se vende preparada y lista para consumirla.

precolombino, -na *adj*. Perten. o rel. a América, antes de descubrirla Colón.

preconcebir *tr*. Pensar, proyectar con anterioridad.

preconizar *tr*. Recomendar, aconsejar.

precoz *adj*. Temprano, prematuro. 2 Que en corta edad muestra cualidades que de ordinario son más tardías.

precursor, -ra *adj.-s*. Que precede o va delante. 2 fig. Que se adelanta a su tiempo.

predador, -ra *adj.-s*. Que saquea. 2 Díc. del animal que apresa a otros para comérselos.

predatorio, -ria *adj*. Perten. o rel. al acto de hacer presa. 2 Perten. o rel. al pillaje o robo.

predecesor, -ra *m. f*. Antecesor.

predecir *tr*. Anunciar algo que ha de suceder.

predestinación *f*. Acción de predestinar.

predestinado, -da *adj.-s*. Elegido por Dios para lograr la gloria. 2 Destinado para otra cosa.

predestinar *tr*. Destinar anticipadamente.

prédica *f*. Perorata.

predicación *f*. Acción de predicar. 2 Doctrina que se predica o ensenanza que se da con ella.

predicado *m*. GRAM. Todo lo que se dice del sujeto en una oración.

predicador, -ra *adj.-s*. Que predica.

predicamento *m*. Dignidad, opinión, lugar o grado de estimación de uno.

predicar *tr*. Pronunciar un sermón.

predicción *f*. Ac. y ef. de predecir.

predilección *f*. Cariño especial y preferencia.

predilecto, -ta *adj*. Preferido por amor o afecto especial.

predio *m*. Heredad, finca.

predisponer *tr*. Disponer anticipadamente a uno para un fin.

predisposición f. Ac. y ef. de predisponer.

predispuesto, -ta adj. Propenso, inclinado a algo.

predominar tr. Prevalecer, preparar.

predominio m. Superioridad, influjo.

predorsal adj. ANAT. Situado en la parte anterior de la espina dorsal. - 2 adj.-s. FON. Sonido articulado con la parte anterior del dorso de la lengua.

predorso m. Parte anterior del dorso de la lengua.

preeminencia f. Privilegio, exención, ventaja, preferencia.

preeminente adj. Sublime, superior.

preescolar adj. Anterior a la escolarización en la enseñanza primaria.

preexistencia f. Existencia anterior.

preexistir intr. Existir antes.

prefabricar tr. Fabricar en serie las piezas de un barco, una casa, etc., para simplificar su construcción.

prefacio m. Prólogo.

prefecto m. Entre los romanos, título de varios jefes militares o civiles. 2 Gobernador de un departamento francés.

prefectura f. Cargo, oficina y jurisdicción del prefecto.

preferencia f. Primacía, ventaja. 2 Elección de alguien o algo entre varios.

preferente adj. Que prefiere o se prefiere.

preferible adj. Digno de preferirse.

preferir tr. Dar la preferencia.

prefigurar tr. Representar anticipadamente.

prefijación f. Formación de palabras por medio de prefijos.

prefijal adj. GRAM. Con forma o función de prefijo. 2 Perten. o rel. a los prefijos.

prefijar tr. Determinar o fijar antes. 2 GRAM. Anteponer un afijo a una palabra.

prefijo, -ja adj.-m. GRAM. Díc. del afijo que va antepuesto. - 2 m. En la comunicación telefónica, cifras que se marcan para indicar una zona, ciudad o país.

pregón m. Acción de pregonar. 2 Discurso con que se inicia una fiesta o acontecimiento.

pregonar tr. Publicar en voz alta; anunciar a voces uno la mercancía que lleva para vender.

pregonero, -ra adj.-s. Que publica o divulga. - 2 m. Oficial que da los pregones.

pregunta f. Proposición con que expresamos a alguno lo que deseamos saber. 2 Tema o punto de un cuestionario o programa de exámenes.

preguntar tr.-prnl. Hacer preguntas.

prehistoria f. Ciencia que estudia la vida de los hombres con anterioridad a todo documento histórico.

prehistórico, -ca adj. Anterior a los tiempos históricos.

preincaico, -ca adj. En América, lo que es anterior a la dominación de los incas.

prejuicio m. Ac. y ef. de prejuzgar.

prejuzgar tr. Juzgar de las cosas antes de tener de ellas cabal conocimiento.

prelación f. Preferencia, antelación.

prelado m. Superior eclesiástico, como abad, obispo, etc.

preliminar adj. Que sirve de preámbulo. 2 Que se antepone a una acción o empresa.

preludiar tr. Preparar o iniciar una cosa.

preludio m. Lo que precede y sirve de principio a una cosa.

prematrimonial adj. Anterior al matrimonio.

prematuro, -ra adj. Que no está en sazón. 2 Que ocurre antes de tiempo.

premeditación f. Acción de premeditar. 2 DER. Circunstancia que agrava la responsabilidad criminal.

premeditar tr. Pensar una cosa antes de ejecutarla.

premiar tr. Remunerar, galardonar.

premier m. Primer ministro británico.

premio m. Recompensa, remuneración. 2 Lote sorteado en la lotería nacional.

premiosidad f. Calidad de premioso.

premioso, -sa adj. Que apremia. 2 Gravoso, molesto.

premisa f. Proposición que sirve de base a un argumento.

premolar m. Diente molar, con tubérculos en la corona.

premonición f. Presentimiento, presagio; advertencia moral.

premonitorio, -ria adj. Que anuncia o presagia. 2 Que sirve de premonición.

premura f. Aprieto, prisa.

prenatal adj. Anterior al nacimiento.

prenda f. Lo que se da como garantía de un contrato. 2 Lo que se da o hace en prueba de una cosa. 3 Parte que compone el vestido. 4 Cualidad que adorna a un sujeto. ▷ *No dolerle a uno pren-*

das, no escatimar esfuerzos. *No soltar* ~ , no hablar.

prendar *tr.* Ganar la voluntad de uno. - 2 *prnl.* Aficionarse, enamorarse.

prender *tr.* Asir, agarrar. 2 Poner preso. - 3 *intr.* Arraigar. 4 Comunicarse el fuego a las cosas.

prensa *f.* Máquina para comprimir, con aplicaciones diversas. 2 Conjunto de las publicaciones periódicas. ▷ *Dar a la* ~ , imprimir y publicar una obra. *Tener buena,* o *mala,* ~ , gozar uno de buena o mala fama.

prensar *tr.* Apretar en la prensa.

prensil *adj.* Que sirve para asir o coger.

prensor, -ra *adj.* Que prende, que agarra.

prenupcial *adj.* Anterior al matrimonio.

preñado, -da *adj.* Que ha concebido y tiene el feto en el vientre. 2 *fig.* Lleno o cargado.

preñez *f.* Embarazo de la mujer; estado de la hembra preñada.

preocupación *f.* Ac. y ef. de preocupar o preocuparse.

preocupar *tr.* Ocupar anticipadamente una cosa. 2 *fig.* Prevenir el ánimo de uno con alguna especie.

prepalatal *adj.-s.* FON. Sonido articulado en la parte anterior del paladar duro.

preparación *f.* Ac. y ef. de preparar. 2 BIOL. Porción de una substancia orgánica, dispuesta sobre un portaobjeto para su observación microscópica.

preparado *m.* Medicamento dispuesto con determinadas normas para su uso.

preparar *tr.* Prevenir, disponer para un efecto o una acción.

preparativo *m.* Cosa dispuesta.

preponderancia *f.* Superioridad de crédito, influencia, autoridad, etc.

preponderante *adj.* Que prepondera.

preponderar *intr.* Ejercer un influjo dominante. 2 *fig.* Prevalecer.

preposición *f.* Palabra invariable que denota la relación que existe entre los elementos por ella enlazados.

preposicional, prepositivo, -va *adj.* Perten. o rel. a la preposición.

prepósito *m.* Primero y principal en una junta o comunidad.

prepotencia *f.* Poder superior al de otros.

prepotente *adj.* Muy poderoso; más poderoso que otros.

prepucio *m.* Prolongación de la piel del pene, que cubre el bálano.

prerrogativa *f.* Privilegio que se concede.

presa *f.* Cosa apresada. 2 Muro construido a través de un río para llevar el agua fuera del cauce. 3 Colmillo de algunos animales. 4 Uña de un ave de rapiña.

presagiar *tr.* Anunciar o prever algo.

presagio *m.* Señal que anuncia un suceso futuro.

presbicia *f.* Hipermetropía.

présbita, -te *adj.-com.* Díc. de la persona que padece presbicia.

presbiterado *m.* Sacerdocio.

presbiterianismo *m.* Secta protestante.

presbiterio *m.* Área del altar mayor hasta el pie de las gradas.

presbítero *m.* Sacerdote.

presciencia *f.* Conocimiento de las cosas futuras.

prescindir *tr.* Hacer abstracción de una persona o cosa; no contar con ella.

prescribir *tr.* Preceptuar, ordenar. - 2 *intr.* Extinguirse una obligación, responsabilidad, etc., por el transcurso del tiempo.

presea *f.* Alhaja o cosa preciosa.

preselección *f.* Selección previa.

presencia *f.* Estado de la persona o cosa que se halla delante de otra u otras. 2 Figura, aspecto.

presenciar *tr.* Hallarse presente.

presentación *f.* Ac. y ef. de presentar. 2 Aspecto exterior de algo.

presentador, -ra *adj.-s.* Que presenta. - 2 *m. f.* Persona que presenta algo.

presentar *tr.* Poner una cosa en la presencia de uno. 2 Introducir a uno en el trato de otro. 3 Proponer para un cargo. - 4 *prnl.* Aparecer, producirse; ofrecerse.

presente *adj.* Que está en presencia de algo o alguien. - 2 *m.* Tiempo actual. 3 Don, regalo. 4 Tiempo de verbo que expresa la coincidencia de la acción con el momento en que se habla.

presentimiento *m.* Movimiento del ánimo que hace presagiar algún suceso.

presentir *tr.* Antever, por cierto movimiento del ánimo, lo que ha de suceder.

preservar *tr.* Guardar, proteger.

preservativo, -va *adj.-m.* Que tiene virtud de preservar. - 2 *m.* Envoltura muy fina de goma que, colocada sobre el pene, sirve para recoger el esperma.

presidencia *f.* Dignidad, cargo, oficina y tiempo de mandato del presidente.

presidencial *adj.* Perten. o rel. a la presidencia o al presidente.

presidencialismo *m.* Sistema en el que un presidente elegido por sufragio universal no comparte el poder ejecutivo.

presidente, -ta *m. f.* Persona que preside.

presidiario, -ria *m. f.* Persona que cumple en presidio su condena.

presidio *m.* Cárcel.

presidir *tr.* Tener el primer lugar en una asamblea, junta, corporación, etc. 2 fig. Tener una cosa principal influjo.

presilla *f.* Cordón pequeño, en forma de lazo, con que se asegura una cosa.

presintonía *f.* Dispositivo de un receptor de radio capaz de memorizar la frecuencia de emisión. 2 Emisora de radio memorizada en un receptor.

presión *f.* Ac. y ef. de apretar o comprimir. 2 Fuerza ejercida sobre la unidad de superficie de un cuerpo por un gas, un líquido o un sólido. 3 fig. Coacción.

presionar *tr.* Oprimir, apretar. 2 fig. Hacer presión, coaccionar a alguien.

preso, -sa *adj.-s.* Que sufre prisión.

prestación *f.* Acción de prestar un servicio, ayuda, etc. 2 Servicio prestado.

prestamista *com.* Persona que da dinero a préstamo.

préstamo *m.* Dinero o cosa prestada.

prestancia *f.* Gallardía en los movimientos y modales.

prestar *tr.* Entregar algo con la obligación de devolverlo.

preste *m.* Sacerdote que celebra la misa cantada.

presteza *f.* Rapidez y diligencia al hacer algo.

prestidigitación *f.* Arte de hacer juegos de manos.

prestidigitador, -ra *m. f.* Persona que hace juegos de manos.

prestigiar *tr.* Dar prestigio o autoridad.

prestigio *m.* Fama y admiración pública. 2 Influencia o autoridad que por ella se posee.

prestigioso, -sa *adj.* Que tiene prestigio.

tigio.

presto, -ta *adj.* Pronto, diligente. 2 Aparejado, dispuesto. - 3 *adv. t.* Luego, al instante, con gran prontitud.

presumido, -da *adj.* Que presume.

presumir *tr.* Sospechar, conjeturar. - 2 *intr.* Mostrarse satisfecho en exceso de uno mismo o sus cosas.

presunción *f.* Ac. y ef. de presumir.

presunto, -ta *adj.* Que se presume o supone pero no se está seguro.

presuntuoso, -sa *adj.-s.* Lleno de presunción y orgullo.

presuponer *tr.* Dar por supuesto.

presupuestar *tr.* Establecer un presupuesto.

presupuesto *m.* Motivo o pretexto con que se ejecuta una cosa. 2 Supuesto o suposición. 3 Cómputo anticipado del coste de una obra, y también de los gastos e ingresos para un período determinado de una corporación u organismo público.

presurizar *tr.* Mantener a presión constante un avión, una nave espacial, etc.

presuroso, -sa *adj.* Pronto, veloz.

pretender *tr.* Pedir o intentar conseguir una cosa. 2 Procurar.

pretendiente, -ta *adj.-s.* Que pretende; especialmente a una mujer.

pretensión *f.* Derecho que uno juzga tener sobre una cosa. 2 Vanidad.

pretensioso, -sa *adj.* Que tiene pretensiones, presumido.

pretericion *f.* RET. Figura que consiste en aparentar que se quiere omitir aquello mismo que se expresa encarecidamente.

preterir *tr.* Prescindir.

pretérito, -ta *adj.* Que ya ha pasado o sucedió. - 2 *m.* Tiempo del verbo que expresa acción pasada.

preternatural *adj.* Que se halla fuera del ser y estado natural de una cosa.

pretextar *tr.* Valerse de un pretexto.

pretexto *m.* Motivo o causa simulada.

pretil *m.* Muro pequeño en puentes y otros parajes para preservar de caídas.

pretina *f.* Correa o cinta con hebilla para sujetar ciertas prendas en la cintura.

pretor *m.* Magistrado romano.

pretoriano, -na *adj.-m.* Díc. del soldado de la guardia de los emperadores romanos.

preuniversitario, -ria *adj.-m.* Enseñanza para preparar el ingreso en la Universidad.

prevalecer *intr.* Sobresalir una persona o cosa; tener alguna superioridad entre otras. 2 Conseguir, obtener en oposición de otros.

prevaricar *intr.* Faltar uno con injusticia a la obligación del cargo que desempeña.

prevención *f.* Ac. y ef. de prevenir. 2 Prejuicio. 3 Puesto de policía.

prevenido, -da *adj.* Preparado, dispuesto para una cosa. 2 Cuidadoso, precavido.

prevenir *tr.* Preparar con anticipación. 2 Prever. 3 Advertir.

preventivo, -va *adj.* Que previene.

prever *tr.* Conjeturar lo que ha de suceder.

previo, -via *adj.* Anticipado.

previsible *adj.* Que puede ser previsto.

previsor, -ra *adj.-s.* Que prevé.

prez *amb.* Estima, gloria, honor.

priapismo *m.* MED. Erección continua y dolorosa del miembro viril.

prieto, -ta *adj.* Apretado.

prima *f.* Entre los romanos, primera de las cuatro partes del día. 2 MÚS. Cuerda primera en algunos instrumentos. 3 Premio sobre el precio o valor de las cosas. 4 Precio que el asegurado paga al asegurador.

primacía *f.* Superioridad. 2 Dignidad o empleo de primado.

primado *m.* Primero de todos los arzobispos y obispos de un país o región.

primar *intr.* Prevalecer, predominar, sobresalir. - 2 *tr.* Conceder o pagar una prima.

primario, -ria *adj.* Principal. 2 Primero. 3 Elemental. - 4 *adj.-m.* Díc. de la era geológica que precede a la secundaria o mesozoica, y del terreno correspondiente a ella.

primate *adj.-m.* Díc. del mamífero placentario, arborícola, caracterizado por tener las extremidades con el pulgar oponible a los otros dedos, ojos en posición anterior y dentadura completa.

primavera *f.* Estación del año comprendida entre el equinoccio del mismo nombre y el solsticio de estío. 2 fig. Juventud.

primaveral *adj.* Perten. o rel. a la primavera.

primer *adj.* Apócope de *primero.*

primeramente *adv. t.* Antes de todo.

primerizo, -za *adj.-s.* Principiante. - 2 *adj.-f.* Hembra que pare por primera vez.

primero, -ra *adj.-s.* Que precede a los demás. - 2 *adj.* Excelente, principal. ▷ *De primera,* de gran calidad.

primicia *f.* Fruto primero de cualquier cosa. 2 fig. Noticia hecha pública por vez primera. - 3 *f. pl.* Primeros frutos que produce cualquier cosa no material.

primigenio, -nia *adj.* Primitivo.

primitivismo *m.* Condición o estado de primitivo. 2 Tosquedad, calidad de elemental.

primitivo, -va *adj.* Primero en su línea; que no se origina de otra cosa. 2 Perten. o rel. a los pueblos de civilización poco desarrollada. 3 Rudimentario, elemental, tosco.

primo, -ma *adj.* Primero. - 2 *adj.-m.* MAT. Díc. del número que sólo es divisible por sí mismo o por la unidad. - 3 *m. f.* Respecto de una persona, hijo de su tío o tía.

primogénito, -ta *adj.-s.* Díc. del hijo que nace primero.

primogenitura *f.* Dignidad o derecho del primogénito.

primor *m.* Habilidad, esmero. 2 Hermosura de la obra hecha con esmero.

primordial *adj.* Esencial, fundamental.

primoroso, -sa *adj.* Hecho con primor. 2 Que hace las cosas con primor.

primuláceo, -a *adj.-f.* Díc. de la planta dicotiledónea, de flores hermafroditas y fruto capsular.

princesa *f.* Mujer del príncipe o que posee un principado.

principado *m.* Dignidad o territorio del príncipe.

principal *adj.* Primero en importancia. 2 Ilustre, noble. 3 Esencial. 4 GRAM. Díc. de la oración que rige o subordina a otra.

príncipe *adj.* Díc. de la edición primera de un libro. - 2 *m.* Hijo primogénito del rey.

principesco, -ca *adj.* Perten. o rel. al príncipe.

principiante, -ta *adj.-s.* Que empieza a hacer o aprender algún arte, oficio, etc.

principiar *tr.-prnl.* Empezar, comenzar.

principio *m.* Primer instante del ser. 2 Punto primero en una extensión o cosa. 3 Causa, origen. 4 Proposición fundamental. ▷ *Al* ~ , al empezar una cosa. *Del* ~ *al fin,* todo. *Desde un principio,* desde el inicio de algo.

pringada *f.* Trozos de carne, tocino y embutidos que se echan en el cocido.

pringar *tr.* Empapar con pringue.

pringoso, -sa *adj.* Que tiene pringue.

pringue *amb.* Grasa. 2 fig. Suciedad.

prior, -ra *m. f.* Superior o segundo prelado de un convento.

priorato *m.* Dignidad y oficio de prior.

priori (a~) *loc. adv.* FIL. Díc. del conocimiento independiente de la experiencia.

prioridad *f.* Anterioridad.

prioritario, -ria *adj.* Que tiene prioridad respecto de algo.

prisa *f.* Prontitud y rapidez. 2 Ansia o precisión de hacer una cosa. ▷ *A* ~ o *de* ~ , aprisa. *A toda* ~ o *de* ~ *y corriendo,* con la mayor prontitud. *Darse uno* ~ , apresurarse en la ejecución de una cosa.

prisión *f.* Cárcel. 2 DER. Pena de privación de libertad, inferior a la de reclusión y superior a la de arresto. 3 ~ *preventiva,* la que sufre el procesado hasta la sentencia del juicio.

prisionero, -ra *m. f.* Persona que cae en poder del enemigo.

prisma *m.* Sólido terminado por dos caras paralelas e iguales llamadas bases, y por tantos paralelogramos cuantos lados tenga cada base.

prismático, -ca *adj.* De figura de prisma. - 2 *m. pl.* Anteojos con una combinación de prismas para ampliar la visión.

prístino, -na *adj.* Antiguo, primitivo. 2 Puro, sin igual.

privación *f.* Acción de despojar, impedir o privar. 2 Carencia.

privado, -da *adj.* Particular y personal, no público. - 2 *m.* El que tiene privanza.

privanza *f.* Preferencia en el favor de un alto personaje.

privar *tr.* Despojar de algo. - 2 *intr.* Tener privanza. 3 Tener general aceptación. - 4 *prnl.* Renunciar.

privativo, -va *adj.* Que causa privación o la significa. 2 Propio, peculiar.

privatizar *tr.* Confiar o transferir al sector privado una actividad del público.

privilegiado, -da *adj.* Que goza de un privilegio.

privilegiar *tr.* Conceder un privilegio.

privilegio *m.* Gracia o prerrogativa concedida a una persona o colectividad.

pro *amb.* Provecho. - 2 *prep.* En favor de.

proa *f.* Parte delantera de la embarcación.

probabilidad *f.* Calidad de probable.

probable *adj.* Verosímil. 2 Que hay razones para que sucederá.

probado, -da *adj.* Acreditado por la experiencia.

probador, -ra *adj.-s.* Que prueba. - 2 *m.* Aposento en que los clientes se prueban los vestidos.

probar *tr.* Examinar las cualidades, medida, etc., de una cosa. 2 Tomar una pequeña porción de un manjar. 3 Demostrar la verdad de una cosa. - 4 *intr.* Intentar.

probatura *f.* fam. Ensayo, prueba.

probeta *f.* Tubo de cristal graduado.

probidad *f.* Integridad y honradez.

problema *m.* Cuestión que hay que resolver; asunto delicado. 2 MAT. Proposición dirigida a averiguar un resultado.

problemático, -ca *adj.* Dudoso, incierto.

probóscide *f.* Aparato bucal en forma de trompa o pico.

proboscídeo, -a *adj.-m.* Díc. del mamífero placentario cuya trompa es prensil.

procacidad *f.* Desvergüenza, insolencia.

procariota *adj.* BIOL. Díc. de la célula que carece de núcleo y con un único cromosoma.

procaz *adj.* Desvergonzado, atrevido.

procedencia *f.* Origen. 2 Conformidad con lo moral, la razón o el derecho.

procedente *adj.* Que trae su origen de una persona, cosa o lugar. 2 Conforme a razón, derecho o conveniencia.

proceder *m.* Modo de portarse. - 2 *intr.* Ir personas o cosas en cierto orden. 3 Seguirse una cosa de otra. 4 Poner en ejecución una cosa. 5 Conducirse, portarse. 6 Ser conforme a razón, derecho o conveniencia. ▷ ~ *contra uno,* iniciar un procedimiento judicial contra él.

procedimiento *m.* Método.

procelariforme *adj.-m.* Ave marina con las alas largas y afiladas.

proceloso, -sa *adj.* Borrascoso, tormentoso.

prócer *adj.* Alto, eminente. - 2 *m.* Persona de alta distinción.

procesado, -da *adj.-s.* Sometido a un proceso criminal.

procesador *m.* Elemento de un ordenador capaz de efectuar el tratamiento completo de una serie de datos.

procesal *adj.* Perten. o rel. al proceso.

procesar *tr.* Formar procesos.

procesión *f.* Acto de ir ordenadamente de un lugar a otro muchas personas con algún fin público o solemne.

procesionaria *f.* Larva de diferentes especies de lepidópteros.

proceso *m.* Progreso. 2 Conjunto de las fases sucesivas de un fenómeno. 3 Causa criminal o civil.

prociónido, -da *adj.-m.* Díc. del mamífero carnívoro, como el panda y el mapache.

proclama *f.* Notificación pública. 2 Alocución política o militar.

proclamar *tr.* Publicar en alta voz. 2 Aclamar. - 3 *prnl.* Declararse uno investido de un cargo o mérito.

proclisis *f.* GRAM. Unión de una palabra proclítica a la que sigue.

proclítico, -ca *adj.-m.* GRAM. Díc. de la palabra que, por no tener acento propio, se une en la pronunciación a la palabra siguiente.

proclive *adj.* Propenso a una cosa.

procónsul *m.* Gobernador de una provincia entre los romanos.

procordado *m.* Animal cordado de organización intermedia entre los vertebrados y los invertebrados.

procreación *f.* Ac. y ef. de procrear.

procrear *tr.* Engendrar.

procurador, -ra *adj.-s.* Que procura. - 2 *m. f.* Persona que obra por poder de otra.

procurar *tr.* Hacer diligencias para conseguir algo.

procurrente *m.* Gran pedazo de tierra que se adelanta y avanza mar adentro.

prodigalidad *f.* Disipación de la propia hacienda. 2 Abundancia.

prodigar *tr.* Disipar, gastar con exceso. 2 Dar con abundancia.

prodigio *m.* Suceso sobrenatural. 2 Cosa rara o primorosa.

prodigioso, -sa *adj.* Maravilloso, extraordinario. 2 Excelente, primoroso.

pródigo, -ga *adj.-s.* Manirroto. - 2 *adj.* Muy dadivoso.

producción *f.* Cosa producida. 2 Suma de los productos del suelo o de la industria. 3 Realización material de una película.

producir *tr.* Crear, fabricar. 2 Dar fruto, renta, etc. 3 Originar, ocasionar. 4 Proporcionar el equipo y personal necesario para realizar una película, un programa, etc.

productividad *f.* Calidad de productivo. 2 Capacidad de producción por unidad de trabajo, superficie de tierra cultivada, etc.

productivismo *m.* Sistema económico en el que predomina el interés por producir.

productivo, -va *adj.* Que tiene virtud de producir. 2 ECON. Que arroja un resultado favorable de valor entre precios y costes.

producto *m.* Cosa producida. 2 Fruto, utilidad, beneficio. 3 MAT. Cantidad que resulta de la multiplicación.

productor, -ra *adj.-s.* Que produce. - 2 *m. f.* Persona que organiza la realización de una obra cinematográfica.

proel *adj.* Que está cerca de la proa. - 2 *m.* Marinero que va en la proa.

proemio *m.* Prólogo.

proeza *f.* Hazaña.

profanación *f.* Ac. y ef. de profanar.

profanar *tr.* Tratar sin respeto una cosa sagrada.

profano, -na *adj.* Que no es sagrado. - 2 *adj.-s.* Ignorante en una materia.

profecía *f.* Predicción de un profeta (inspirado por Dios). 2 Don de profetizar.

proferir *tr.* Pronunciar, decir.

profesar *tr.* Ejercer una ciencia u oficio. 2 Tener una creencia o sentimiento. 3 Adherirse a un principio o doctrina. - 4 *intr.* Hacer votos en una orden religiosa.

profesión *f.* Ac. y ef. de profesar. 2 Empleo, oficio.

profesional *adj.* Perten. o rel. a la profesión. - 2 *com.* Persona que la ejerce.

profesionalidad *f.* Calidad de profesional. 2 Capacidad para realizar el trabajo con rapidez y eficacia.

profesionalismo *m.* Espíritu, ideas, etc., propias de una profesión. 2 Solidaridad entre los que ejercen la misma profesión. 3 desp. Cultivo de ciertas disciplinas o deportes como medio de lucro.

profesionalizar *tr.-prnl.* Ejercer una actividad a cambio de una remuneración.

profesor, -ra *m. f.* Persona que ejerce o enseña una ciencia o arte.

profesorado *m.* Cargo de profesor. 2 Cuerpo de profesores.

profeta *m.* El que, inspirado por Dios, anuncia sucesos futuros.

profético, -ca *adj.* Perten. o rel. al profeta o a la profecía.

profetisa *f.* Mujer profeta.

profetizar *tr.* Predecir lo futuro.

profiláctico, -ca *adj.-m.* Preservativo.

profilaxis *f.* Tratamiento que preserva de una enfermedad.

prófugo, -ga *adj.-s.* Fugitivo de la justicia.

profundidad *f.* Calidad de profundo. 2 Dimensión de los cuerpos perpendicular a una superficie dada.

profundizar *tr.* Hacer más hondo. 2 Llegar a un perfecto conocimiento.

profundo, -da *adj.* Que tiene el fondo muy distante del borde. 2 Que penetra mucho. 3 Más hondo que lo regular.

profusión *f.* Abundancia excesiva.

profuso, -sa *adj.* Muy abundante.

progenie *f.* Ascendencia, linaje.

progenitor, -ra *m. f.* Pariente en línea recta ascendente. - 2 *m. pl.* Padre y madre.

progesterona *f.* Hormona sexual femenina.

prognato, -ta *adj.-s.* Díc. de la persona que tiene salientes las mandíbulas. 2 ZOOL. Que tiene las partes bucales prominentes.

progradación *f.* Proceso por el que el continente gana terreno al mar.

programa *m.* Declaración de lo que se piensa hacer en una materia. 2 Distribución de las materias de un curso o asignatura. 3 Proyecto ordenado de actividades. 4 En radio y televisión, unidad independiente dentro de una emisión. 5 Conjunto de instrucciones para la realización de operaciones por una computadora.

programación *f.* Ac. y ef. de programar.

programador, -ra *adj.-s.* Que programa. - 2 *m.* Aparato que ejecuta un programa automáticamente. - 3 *adj.-s.* Especialista en la elaboración de programas de computadora.

programar *tr.* Elaborar programas.

progresar *tr.* Hacer progresos.

progresión *f.* Serie no interrumpida. 2 MAT. Serie de números en la cual cada tres consecutivos forman proporción continua.

progresismo *m.* Ideas y doctrinas progresivas. 2 Partido político que pregona estas ideas.

progresista *adj.* Que procura el progreso político de la sociedad. 2 De ideas políticas y sociales avanzadas.

progresivo, -va *adj.* Que procura el avance. 2 Que progresa.

progreso *m.* Acción de ir hacia adelante. 2 Desarrollo favorable, mejora en un determinado aspecto.

prohibición *f.* Ac. y ef. de prohibir.

prohibir *tr.* No permitir.

prohibitivo, -va *adj.* Que prohíbe. 2 Muy caro para la economía de la mayoría.

prohijar *tr.* Recibir como hijo legalmente al que naturalmente no lo es.

prohombre *m.* El que goza de prestigio.

prójimo *m.* Persona, respecto de otra.

prolapso *m.* MED. Descenso de una parte interna del cuerpo.

prole *f.* Hijos, descendencia.

prolegómeno *m.* Introducción. 2 Momentos anteriores a un acontecimiento.

prolepsis *f.* RET. Anticipación (figura).

proletariado *m.* Clase social constituida por los obreros proletarios.

proletario, -ria *adj.* Perten. o rel. al proletariado. - 2 *m. f.* Obrero.

proliferación *f.* Ac. y ef. de proliferar.

proliferar *intr.* Multiplicarse.

prolífico, -ca *adj.* Que tiene virtud de engendrar.

prolijear *tr.* Extenderse en demasía en explicaciones, digresiones, etc.

prolijidad *f.* Calidad de prolijo.

prolijo, -ja *adj.* Largo, dilatado. 2 Demasiado esmerado.

prologar *tr.* Escribir el prólogo de una obra.

prólogo *m.* Escrito antepuesto al cuerpo de la obra en un libro. 2 fig. Lo que sirve de principio.

prologuista *com.* Autor de prólogos para libros ajenos.

prolongado, -da adj. Más largo que ancho.

prolongar tr. Hacer más largo en el tiempo o en el espacio.

promediar tr. Repartir una cosa en dos mitades o partes iguales. - 2 intr. Llegar a su mitad un espacio de tiempo.

promedio m. Punto o término medio.

promesa f. Expresión de la voluntad de dar o hacer una cosa.

prometedor, -ra adj. Que promete.

prometer tr. Obligarse a hacer, decir o dar alguna cosa. 2 Asegurar (afirmar). ▷ *Prometérselas uno felices*, tener, con poco fundamento, grandes esperanzas.

prometido, -da m. f. Persona con la que otra ha concertado matrimonio.

prominencia f. Elevación de una cosa sobre lo que la rodea.

prominente adj. Que se eleva sobre lo que está alrededor.

promiscuar intr. fig. Participar indistintamente en cosas heterogéneas.

promiscuidad f. Mezcla, confusión.

promiscuo, -cua adj. Mezclado de manera confusa e indiferente.

promisión f. Promesa (expresión).

promisorio, -ria adj. Que encierra en sí promesa.

promoción f. Ac. y ef. de promover. 2 Conjunto de individuos que obtienen un grado al mismo tiempo. 3 Mejora.

promocionar tr.-prnl. Proporcionar un nivel profesional o cultural, superior al que tenía. 2 Hacer valer artículos comerciales, personas, etc.

promontorio m. Altura grande de tierra.

promotor, -ra adj.-s. Que promueve.

promover tr. Iniciar, dar impulso a una cosa. 2 Elevar a alguien a un empleo.

promulgar tr. Publicar solemnemente.

pronación f. Movimiento del antebrazo que hace girar la mano de fuera a dentro.

pronombre m. Parte de la oración que substituye al substantivo.

pronominal adj. Perten. o rel. al pronombre.

pronosticar tr. Conocer lo futuro. 2 Manifestar lo que va a suceder basándose en ciertos indicios.

pronóstico m. Predicción por indicios. 2 Juicio del médico sobre una enfermedad a partir de sus síntomas.

pronoto m. ZOOL. Protórax de algunos insectos.

prontitud f. Presteza, rapidez.

pronto, -ta adj. Veloz, rápido. 2 Dispuesto, aparejado. - 3 m. Movimiento o acción repentina. - 4 adv. m. Sin tardar. ▷ *Al* ~, en el primer momento. *Por de* ~, *por lo* ~, de manera provisional.

prontuario m. Resumen sucinto de datos, notas, etc.

pronunciación f. Ac. y ef. de pronunciar.

pronunciado, -da adj. GALIC. Abultado, saliente.

pronunciamiento m. Rebelión militar.

pronunciar tr. Emitir y articular sonidos para hablar. 2 Hablar públicamente. - 3 prnl. Adherirse a una opinión.

propagación f. Ac. y ef. de propagar.

propaganda f. Conjunto de medios para propagar doctrinas, opiniones, productos comerciales, etc.

propagar tr.-prnl. Multiplicar, reproducir. 2 fig. Difundir.

propalar tr. Divulgar una cosa oculta.

propano m. Hidrocarburo gaseoso, utilizado como combustible.

proparoxítono, -na adj. Esdrújulo.

propasar tr. Pasar más adelante de lo debido. - 2 prnl. Excederse.

propedéutica f. Enseñanza preparatoria para el estudio de una disciplina.

propender intr. Inclinarse a una cosa.

propensión f. Inclinación. 2 Predisposición a contraer una enfermedad.

propenso, -sa adj. Que tiene propensión a algo.

propiciar tr. Favorecer la ejecución de algo.

propicio, -cia adj. Que propicia, favorable. 2 Oportuno.

propiedad f. Derecho o facultad de disponer de una cosa. 2 Objeto de dominio.

propietario, -ria adj.-s. Que tiene derecho de propiedad sobre una cosa.

propileo m. Vestíbulo de un templo; peristilo de columnas.

propina f. Gratificación pequeña.

propinar tr. Ordenar, administrar una medicina. 2 fig. Dar algo desagradable.

propio, -pia adj. Perteneciente a uno. 2 Característico. 3 A propósito para un fin. 4 Mismo.

proponer *tr.* Manifestar una cosa para inducir a adoptarla. **2** Presentar a uno para un cargo. - **3** *tr.-prnl.* Hacer propósito.

proporción *f.* Correspondencia de las partes con el todo o de una cosa con otra. **2** Tamaño. **3** MAT. Igualdad de dos razones.

proporcionado, -da *adj.* Que guarda proporción.

proporcional *adj.* Perten. o rel. a la proporción o que la incluye en sí.

proporcionar *tr.* Disponer con la debida proporción. **2** Poner a disposición de uno lo que necesita.

proposición *f.* Ac. y ef. de proponer. **2** GRAM. Oración.

propósito *m.* Intención. **2** Objeto, mira. ▷ *A* ~, de forma oportuna. *A* ~ *de,* sobre, acerca de.

propuesta *f.* Idea que se propone.

propugnar *tr.* Defender, amparar.

propulsar *tr.* Impeler.

propulsión *f.* Acción de propulsar.

propulsor, -ra *adj.-s.* Que propulsa; esp., díc. del mecanismo que mueve un barco, avión, etc.

prorrata *f.* Parte proporcional que toca a uno de lo que se reparte entre varios.

prorrateo *m.* Repartición proporcional de una cantidad entre varios.

prórroga *f.* Continuación de una cosa por un tiempo determinado.

prorrogación *f.* Prórroga.

prorrogar *tr.* Continuar, dilatar.

prorrumpir *intr.* Salir con ímpetu. **2** fig. Manifestarse uno repentinamente por medio de lágrimas, voces, etc.

prosa *f.* Forma natural del lenguaje.

prosaico, -ca *adj.* Perten. o rel. a la prosa. **2** Insulso, vulgar.

prosaísmo *m.* Insulsez, vulgaridad.

prosapia *f.* Ascendencia, linaje.

proscenio *m.* Parte anterior del escenario.

proscribir *tr.* Desterrar. **2** fig. Excluir, prohibir.

proseguir *tr.-intr.* Continuar lo empezado.

proselitismo *m.* Celo de ganar prosélitos.

prosélito *m.* El convertido al catolicismo. **2** fig. Partidario ganado para un partido o doctrina.

prosificar *tr.* Poner en prosa una composición poética.

prosimio *adj.-m.* Primate dotado de hocico prominente y olfato muy desarrollado.

prosista *com.* Escritor de obras en prosa.

prosodema *m.* GRAM. Unidad prosódica.

prosodia *f.* Parte de la gramática que estudia la pronunciación.

prosódico, -ca *adj.* Perten. o rel. a la prosodia.

prosopografía *f.* RET. Descripción del exterior de una persona o de un animal.

prosopopeya *f.* RET. Figura que consiste en atribuir a las cosas inanimadas acciones y cualidades propias del ser animado, o las del hombre a seres irracionales.

prospección *f.* Sondeo previo de un terreno para conocer sus posibilidades mineras.

prospectivo, -va *adj.* Que está en perspectiva. - **2** *f.* Conjunto de investigaciones para prever la evolución social.

prospecto *m.* Exposición o anuncio breve de un espectáculo, mercancía, etc.

prosperar *intr.* Tener prosperidad. **2** Triunfar, ser aprobado.

prosperidad *f.* Curso favorable de las cosas. **2** Bienestar material.

próspero, -ra *adj.* Que tiene prosperidad o la favorece.

próstata *f.* Glándula del varón, situada entre la vejiga de la orina y la uretra.

prosternarse *prnl.* Postrarse.

prostibulario, -ria *adj.* Perten. o rel. al prostíbulo.

prostíbulo *m.* Mancebía (burdel).

prostitución *f.* Ac. y ef. de prostituir o prostituirse.

prostituir *tr.-prnl.* Ofrecer una relación sexual por dinero.

prostituta *f.* Ramera.

protactinio *m.* Metal radiactivo. Su símbolo es *Pa.*

protagonismo *m.* Condición de protagonista. **2** Tendencia a estar en el primer plano de una actividad.

protagonista *com.* Personaje principal de un drama, novela, etc.

protagonizar *intr.* Actuar como protagonista.

prótasis *f.* GRAM. En las oraciones condicionales, oración que expresa la condición.

protección f. Ac. y ef. de proteger.

proteccionismo m. Doctrina económica que protege la producción de un país, gravando productos extranjeros.

protector, -ra adj.-s. Que protege. - 2 m. En algunos deportes, prenda para proteger alguna parte del cuerpo.

protectorado m. Función de protector. 2 Parte de soberanía que un Estado ejerce en territorio no incorporado al de su nación.

proteger tr.-prnl. Evitar un daño o peligro poniendo algo delante o encima. 2 Amparar, defender.

protegido, -da m. f. Favorito, ahijado.

proteico, -ca adj. Que cambia de formas o de ideas. 2 De la naturaleza de las proteínas.

proteína f. Substancia orgánica de cuya descomposición resultan únicamente aminoácidos.

prótesis f. CIR. Reparación artificial de la falta de un órgano. 2 Órgano reparado de este modo. 3 GRAM. Adición de una o más letras al principio de un vocablo.

protesta f. Ac. y ef. de protestar.

protestante adj.-com. Que profesa el protestantismo. - 2 adj. Perten. o rel. al protestantismo.

protestantismo m. Movimiento religioso nacido en el s. XVI, que se separó de la Iglesia católica.

protestar intr. Mostrar disconformidad. 2 COM. Hacer protesto de una letra.

protesto m. COM. Requerimiento ante notario por falta de pago de una letra de cambio.

protocolario, -ria adj. fig. Perten. o rel. al protocolo.

protocolo m. Conjunto de documentos originales que un notario autoriza y custodia. 2 Regla, ceremonial.

protoctista adj.-s. Díc. del microorganismo eucariota; como las algas, los hongos y los protozoos.

protohistoria f. Período de la historia en que faltan la cronología y el documento.

protolisis f. BOT. Descomposición de la clorofila por la luz.

protón m. Núcleo del átomo de hidrógeno de carga eléctrica positiva.

protónico, -ca adj. GRAM. Que precede a la sílaba tónica.

protonosfera f. Zona exterior de la atmósfera terrestre casi totalmente ionizada.

protoplasma m. Fracción celular que incluye el citoplasma y el núcleo.

protórax m. Primer segmento del tórax de los insectos.

prototerio adj.-m. Díc. del mamífero primitivo que también presenta caracteres propios de reptiles o aves.

prototipo m. Original o primer molde en que se fabrica una cosa.

protozoo adj.-m. Díc. del animal unicelular y sin distinción de tejidos.

protráctil adj. Díc. del órgano que puede proyectarse mucho hacia afuera.

protuberancia f. Prominencia más o menos redonda. - 2 f. pl. Grandes masas de vapores incandescentes que salen del sol.

provecho m. Beneficio. 2 Adelantamiento en ciencias, artes o virtudes.

provechoso, -sa adj. Que causa provecho.

proveedor, -ra m. f. Persona que, por oficio, provee a una colectividad o casa.

proveer tr.-prnl. Prevenir lo necesario para un fin. 2 Suministrar.

provenir intr. Tener alguien o algo su origen en lo que se expresa.

provenzal adj.-s. De Provenza. - 2 m. Lengua de oc.

proverbial adj. Perten. o rel. al proverbio. 2 Muy notorio y conocido.

proverbio m. Sentencia o refrán.

providencia f. Disposición para el logro de un fin. 2 Cuidado que Dios tiene de sus criaturas.

providencialismo m. Tendencia a explicar los hechos como designio de la Providencia divina.

providente adj. Prudente.

provincia f. Gran división administrativa de un estado.

provincial adj. Perten. o rel. a la provincia.

provinciano, -na adj. De una provincia.

provisión f. Ac. y ef. de proveer. 2 Prevención de cosas necesarias o útiles.

provisional adj. Dispuesto o mandado sólo por algún tiempo, no definitivo.

provocación f. Ac. y ef. de provocar.

provocar tr. Mover, incitar. 2 Irritar. 3

Facilitar, ayudar.

proxeneta *com.* Persona que comercia con las relaciones sexuales ilícitas.

próximamente *adv. t.* Dentro de poco tiempo. - 2 *adv. m.* Con proximidad.

proximidad *f.* Calidad de próximo. - 2 *f. pl.* Contornos.

próximo, -ma *adj.* Situado en lugar cercano.

proyección *f.* Ac. y ef. de proyectar. 2 Acción de proyectar una película.

proyectar *tr.* Lanzar a distancia. 2 Idear un plan. 3 Hacer visible sobre un cuerpo la figura o la sombra de otro.

proyectil *m.* Cuerpo arrojadizo.

proyectista *com.* Persona que hace proyectos (conjunto).

proyecto *m.* Designio, pensamiento de hacer algo. 2 Plan. 3 Conjunto de cálculos y dibujos, para dar idea de la realización y coste de una obra.

proyector, -ra *adj.-s.* Que sirve para proyectar. - 2 *m.* Reflector.

prudencia *f.* Virtud cardinal que consiste en discernir lo bueno de lo malo. 2 Discernimiento. 3 Moderación.

prudente *adj.* Que tiene prudencia.

prueba *f.* Ac. y ef. de probar. 2 Argumento para probar algo. 3 Indicio. 4 Ensayo. 5 DEP. Competición.

pruniforme *adj.* BOT. En forma de ciruela.

pruriginoso, -sa *adj.* Que escuece.

prurito *m.* Sensación de picor. 2 fig. Deseo vehemente.

prusiano, -na *adj.-s.* De Prusia.

pseudo *adj.* Seudo.

pseudomorfismo *m.* Estado de un mineral que adopta la forma de un animal o vegetal.

psi *f.* Vigésima tercera letra del alfabeto griego, equivalente al sonido *ps* del español.

psicoanálisis *m.* Método de análisis de la personalidad, basado en el examen de las tendencias afectivas reprimidas.

psicodrama *m.* Representación teatral con fines psicoterapéuticos.

psicología *f.* Disciplina filosófica que estudia el alma. 2 Manera de sentir de una persona o de un pueblo.

psicológico, -ca *adj.* Perten. o rel. al alma o a la psicología.

psicólogo, -ga *m. f.* Persona que, por profesión o estudio, se dedica a la psicología.

psicomotor, -ra *adj.* Perten. o rel. a la motilidad y los factores psicológicos que intervienen en ella.

psicópata *com.* Enfermo mental.

psicopatía *f.* Trastorno psíquico que implica una alteración de la conducta del individuo.

psicosis *f.* Enfermedad mental, en general. 2 p. ext. Obsesión pertinaz y constante.

psicosociología *f.* Estudio psicológico de la vida social.

psicosomático, -ca *adj.* Perten. o rel. a cuerpo y alma al mismo tiempo.

psicoterapia *f.* Tratamiento de las enfermedades nerviosas y mentales por medios psíquicos.

psicótropo, -pa *adj.* Díc. del medicamento que actúa sobre el psiquismo.

psique *f.* Espíritu humano, alma.

psiquiatra *com.* Médico especialista en psiquiatría.

psiquiatría *f.* Parte de la medicina que estudia las enfermedades mentales.

psíquico, -ca *adj.* Perten. o rel. al alma.

psiquismo *m.* Conjunto de los caracteres psíquicos de un individuo.

psitaciforme *adj.-m.* Díc. del ave de cabeza grande, pico fuerte y plumaje muy vistoso.

psitacismo *m.* Método de enseñanza basado exclusivamente en el ejercicio de la memoria verbal.

psoriasis *f.* Enfermedad de la piel que se manifiesta por manchas y descamación.

pterigota *adj.-m.* Díc. del insecto alado, o que, aunque no tiene alas, desciende de antepasados alados.

pterodáctilo *m.* Reptil prehistórico.

púa *f.* Cuerpo delgado, rígido y puntiagudo.

pub *m.* ANGLIC. Establecimiento público donde se consumen bebidas, en general con música de fondo.

púber *adj.-s.* Adolescente.

pubertad *f.* Edad en que el ser humano se manifiesta apto para la reproducción.

pubescencia *f.* Vellosidad.

pubescente *adj.* Velloso.

pubis *m.* ANAT. Hueso anterior del coxal.

publicación *f.* Ac. y ef. de publicar. 2 Obra publicada.

publicar *tr.* Hacer que una cosa llegue a

noticia de todos. 2 Poner a la venta un libro, periódico, etc.

publicidad f. Calidad o estado de público. 2 Divulgación de anuncios comerciales para atraer a posibles compradores.

publicista com. Agente o especialista en la publicidad comercial.

publicitar intr. Hacer publicidad.

publicitario, -ria adj. Perten. o rel. a la publicidad.

público, -ca adj. Visto o sabido de todos. 2 Perten. o rel. a toda la sociedad. - 3 m. Común de un pueblo o ciudad. 4 Conjunto de los que concurren a un lugar. ▷ *En ~*, a la vista de todos. *Dar al ~*, publicar. *Hacer ~*, dar a conocer.

pucherazo m. fam. Fraude electoral.

puchero m. Olla. 2 Guiso, cocido. 3 fig. Gesto que precede al llanto.

pudendo, -da adj. Torpe, feo, indecente.

pudibundez f. Exageración del pudor.

púdico, -ca adj. Pudoroso, casto.

pudiente adj.-s. Poderoso, rico.

pudor m. Recato, vergüenza.

pudoroso, -sa adj. Lleno de pudor.

pudrir tr.-prnl. Corromper, dañar.

pueblerino, -na adj. Lugareño.

pueblo m. Población, especialmente la pequeña. 2 Gente común y humilde. 3 Conjunto de habitantes de un lugar o país. 4 Nación (conjunto).

puente m. Obra que se construye sobre los ríos, fosos, etc., para poder pasarlos. 2 Plataforma colocada sobre la cubierta del barco, desde la cual se comunican las órdenes. ▷ *Hacer ~*, hacer vacación algún día intermedio entre dos fiestas o inmediato a una.

puerco, -ca m. f. Cerdo (mamífero). - 2 adj. Sucio y grosero.

puericia f. Edad del hombre que media entre la infancia y la adolescencia.

puericultor, -ra m. f. Persona dedicada al estudio y práctica de la puericultura.

puericultura f. Medicina de niños.

pueril adj. De niño. 2 fig. Fútil.

puerperio m. Tiempo que sigue al parto.

puerro m. Planta hortense cuyo bulbo se usa como condimento.

puerta f. Vano abierto en una pared, cerca, etc., para entrar y salir por él. 2 Armazón engoznado o puesto en el quicio y asegurado con llave. 3 fig. Principio. ▷ *A ~ cerrada*, en secreto. *En puertas*, próximo.

puerto m. Lugar en la costa dispuesto para la seguridad de las naves. 2 Garganta entre montañas.

puertorriqueño, -ña adj.-s. De Puerto Rico.

pues conj. Denota generalmente causa, motivo o razón.

puesta f. Acción de ponerse un astro. 2 Acción de poner huevos las aves.

puesto m. Sitio que ocupa una cosa. 2 Lugar ocupado por tropa o policías en actos del servicio. 3 Empleo, cargo. 4 Pequeña tienda. ▷ *~ que*, pues.

puf m. Asiento en forma de almohadón.

¡puf! Interjección de asco o repugnancia.

púgil m. Boxeador.

pugilato m. Pelea a puñetazos. 2 Boxeo.

pugna f. Pelea. 2 Oposición.

pugnar intr. Luchar. 2 Porfiar.

puja f. Ac. y ef. de pujar. 2 Cantidad que un postor ofrece.

pujante adj. Que tiene pujanza.

pujanza f. Fuerza grande con que se desarrolla algo.

pujar tr. Aumentar los postores el precio de una subasta.

pulcritud f. Esmero, aseo. 2 Delicadeza.

pulcro, -cra adj. Aseado, esmerado. 2 Hecho con pulcritud.

pulchinela m. Personaje burlesco de las farsas y pantomimas italianas.

pulga f. Insecto saltador que chupa la sangre del hombre y de los animales. ▷ *Tener malas pulgas*, irritarse fácilmente.

pulgada f. Medida de longitud, duodécima parte del pie.

pulgar m. Dedo primero y más grueso de los de la mano.

pulgón m. Insecto cuyas hembras y larvas viven parásitas sobre ciertas plantas.

pulido, -da adj. Agraciado, bello; pulcro.

pulimentar tr. Pulir.

pulimento m. Ac. y ef. de pulir.

pulir tr. Alisar, dar lustre. 2 Perfeccionar.

pulmón m. Órgano de la respiración de algunos vertebrados. 2 Saco respiratorio de algunos arácnidos y moluscos.

pulmonado, -da adj.-m. Díc. del animal gasterópodo adaptado a la vida terrestre.

pulmonar *adj.* Perten. o rel. a los pulmones.

pulmonía *f.* Inflamación del pulmón.

pulpa *f.* Parte mollar de la carne, las frutas, etc.

pulpejo *m.* Parte carnosa y blanda de un miembro pequeño del cuerpo humano.

púlpito *m.* En las iglesias, plataforma pequeña para predicar desde ella.

pulpo *m.* Molusco cefalópodo, comestible, con ocho tentáculos.

pulque *m.* Bebida fermentada usada en América.

pulquérrimo, -ma *adj.* Superlativo de *pulcro.*

pulsación *f.* Acción de pulsar. 2 Latido de una arteria.

pulsador *m.* Botón que, al ser pulsado, pone en función un aparato o mecanismo.

pulsar *tr.* Tocar, tañer. 2 Tomar el pulso. 3 fig. Tantear un asunto.

púlsar *f.* ASTRON. Objeto astronómico de pequeñas dimensiones que emite radiaciones.

pulsera *f.* Brazalete que se pone en la muñeca.

pulso *m.* Serie de pulsaciones que se perciben en una parte del cuerpo. 2 Firmeza en la mano. ▷ *A ~,* haciendo fuerza con la muñeca y la mano. *Tomar el ~,* tantear.

pulular *intr.* Abundar, bullir en un sitio personas, animales o cosas.

pulverizador *m.* Aparato para pulverizar líquidos.

pulverizar *tr.-prnl.* Reducir a polvo o a partículas muy tenues. 2 fig. Sobrepasar en mucho.

pulverulento, -ta *adj.* Que tiene aspecto de polvo.

pulviniforme *adj.* Díc. de la planta con aspecto de almohadilla.

pulla *f.* Dicho con que se zahiere. 2 Expresión aguda y picante.

pullover *m.* Jersey ligero cerrado y con el escote en pico.

¡pum! Onomatopeya que expresa ruido, explosión o golpe.

puma *m.* Mamífero carnívoro de América, de pelo leonado.

¡pumba! Onomatopeya que remeda la caída ruidosa.

punción *f.* CIR. Operación de atravesar los tejidos hasta llegar a una cavidad.

pundonor *m.* Sentimiento de la dignidad personal, delicado y susceptible.

pundonoroso, -sa *adj.* Que tiene pundonor.

pungir *tr.* Punzar. 2 fig. Herir las pasiones el ánimo o el corazón.

punible *adj.* Que merece castigo.

punir *tr.* Castigar.

punk *adj.-s.* Perten. o rel. a un movimiento de contracultura que propugna lo antiestético y los placeres inmediatos. - 2 *com.* Miembro de dicho movimiento.

punta *f.* Extremo agudo de una cosa. 2 Lengua de tierra. ▷ *De ~ a cabo,* de principio a fin. *De ~ en blanco,* vestido de uniforme, de etiqueta o con el mayor esmero. *Estar de ~ uno con otro,* estar encontrado o reñido con él. *Sacar ~ a una cosa,* atribuirle malicia o significado que no tiene. *Tener uno una cosa en la ~ de la lengua,* estar a punto de decirla.

puntada *f.* Agujero hecho con la aguja al coser. 2 Ac. y ef. de pasar la aguja por estos agujeros. 3 Porción de hilo que lo ocupa.

puntal *m.* Madero que sirve de sostén. - 2 fig. Apoyo, fundamento.

puntapié *m.* Golpe con la punta del pie.

puntazo *m.* Herida hecha con la punta de un instrumento punzante. 2 Cornada penetrante.

puntear *tr.* Marcar puntos en una superficie. 2 Dar puntadas.

puntera *f.* Punta del pie y del calzado.

puntería *f.* Acción de apuntar un arma. 2 Dirección del arma apuntada. 3 Destreza del tirador.

puntero, -ra *adj.-s.* Que es el más avanzado entre los de su género. - 2 *m.* Punzón o vara con que se señala.

puntiagudo, -da *adj.* De punta aguda.

puntilla *f.* Encaje fino. 2 Tachuela, clavo pequeño. 3 Puñal corto y agudo con que se remata al toro. ▷ *De puntillas,* tocando en el suelo únicamente con la punta de los pies.

puntillero *m.* El que remata al toro.

puntillismo *m.* Sistema de pintura en que los tonos se componen de pinceladas separadas.

puntillo *m.* Pundonor exagerado.

puntilloso, -sa *adj.* Quisquilloso.

punto m. Señal pequeñísima. 2 Nota ortográfica que se pone sobre la *i* y la *j*. 3 Signo ortográfico (.) que indica fin de un período u oración; también se pone después de las abreviaturas. 4 ~ *y coma,* signo ortográfico (;) que indica pausa mayor que la coma. 5 *Puntos suspensivos,* signo ortográfico (...) que denota que queda incompleto el sentido de una oración. 6 *Dos puntos,* signo ortográfico (:) que indica haber terminado el sentido gramatical, pero no el lógico. 7 Nudo de un tejido. 8 Unidad de tanteo. ▷ *A* ~, en el momento oportuno. *Al* ~, sin dilación. *De todo* ~, sin que falte nada. *En* ~, sin sobra ni falta. ~ *por* ~, de forma detallada.

puntuación f. Ac. y ef. de puntuar. 2 Conjunto de los signos que sirven para puntuar.

puntual adj. Que tiene puntualidad. 2 Concreto, específico.

puntualidad f. Exactitud en hacer las cosas a su tiempo.

puntualizar tr. Concretar, precisar.

puntualmente adv. m. Con puntualidad. 2 Con diligencia y exactitud.

puntuar tr. Poner los signos ortográficos en los escritos. 2 Sacar puntos en una competición, etc.

punzada f. Herida de punta. 2 fig. Dolor agudo, repentino y pasajero.

punzante adj. Que punza.

punzar tr. Herir con alfiler, espina u otro objeto agudo. 2 fig. Avivarse un dolor de cuando en cuando.

punzón m. Instrumento de hierro que remata en punta. 2 Instrumento para formar el troquel de medallas, monedas, etc.

puñado m. Porción de cualquier cosa que cabe en el puño.

puñal m. Arma corta, de acero, que sólo hiere de punta.

puñalada f. Herida hecha con puñal.

¡puñeta! Interjección de admiración, sorpresa, enojo.

puñetazo m. Golpe dado con el puño.

puñetería f. Cosa insignificante.

puño m. Mano cerrada. 2 Parte de las prendas de vestir que rodea la muñeca. 3 Parte por donde suele cogerse el bastón, el paraguas, etc. ▷ *De propio* ~, *de* ~ *y letra,* autógrafo.

pupa f. Lesión cutánea. 2 Voz infantil que indica dolor. 3 Crisálida.

pupar intr. Convertirse en pupa, crisálida.

pupila f. Orificio del iris por donde entra la luz en el ojo.

pupilaje m. Estado del pupilo. 2 Pensión (casa; precio).

pupilo, -la m. f. Huésped de pago en una casa particular.

pupitre m. Mueble con tapa inclinada que sirve para escribir.

purasangre adj.-s. Díc. del animal que desciende de individuos de la misma raza, en especial los caballos de carreras.

puré m. Pasta de legumbres, patatas, etc., cocidas y pasadas por colador.

pureza f. Calidad de puro. 2 Castidad.

purga f. Medicina para descargar el vientre. 2 fig. Eliminación o expulsión de personas de una organización, partido, etc., por razones políticas.

purgante adj.-m. Que purga.

purgar tr. Limpiar, purificar. 2 Dar una purga. 3 Expiar una culpa.

purgatorio m. En la religión católica, lugar donde las almas no condenadas al infierno purgan sus pecados antes de ascender al cielo. 2 fig. Lugar donde se vive con trabajo y penalidad.

puridad f. Pureza.

purificación f. Ac. y ef. de purificar.

purificar tr. Quitar las impurezas.

purista adj.-com. Que escribe o habla con pureza.

puritanismo m. Secta protestante separada de la iglesia anglicana. 2 Escrupulosidad exagerada en el proceder.

puritano, -na adj.-s. Partidario del puritanismo. 2 fig. Que hace alarde de profesar con rigor las virtudes públicas o privadas. 3 Rígido, austero.

puro, -ra adj. Exento de mezcla o de imperfecciones. 2 Casto. 3 Solo.

púrpura f. Molusco marino del cual se obtenía un tinte rojo o violado. 2 fig. Dignidad imperial, real o cardenalicia. - 3 adj.-m. Color rojo subido que tira a violado. - 4 adj. De color púrpura.

purpurar tr. Teñir de púrpura.

purpúreo, -a adj. De color de púrpura.

purpurina f. Substancia colorante roja. 2 Polvo finísimo dorado o plateado.

purulento, -ta adj. Que tiene pus.

pus m. Humor espeso que secretan los tejidos inflamados, las llagas, etc.

pusilánime adj.-s. Falto de ánimo,

cobarde.

pústula *f.* Vejiguilla de la piel, llena de pus.

puta *f.* Ramera.

putada *f.* vulg. Faena, mala pasada.

putañear *intr.* fam. Tener trato frecuente con prostitutas.

putativo, -va *adj.* Tenido por padre, hermano, etc., no siéndolo.

putear *tr.* Fastidiar, jorobar.

puto, -ta *adj.* Calificación denigrante. 2 Necio, tonto. - 3 *m.* Sodomita.

putrefacción *f.* Ac. y ef. de pudrir. 2 Podredumbre.

putrefacto, -ta *adj.* Que está podrido.

putrescencia *f.* Estado en que se encuentra un cuerpo en vías de putrefacción.

pútrido, -da *adj.* Putrefacto. 2 Acompañado de putrefacción.

puya *f.* Punta acerada de las varas.

puyazo *m.* Herida hecha con puya.

Q

q *f.* Consonante velar, vigésima letra del alfabeto.

quántum *m.* FÍS. Cantidad mínima de energía que puede emitirse o absorberse.

quásar *f.* ASTRON. Sistema estelar que emite una gran cantidad de energía y se mueve a una velocidad casi igual a la de la luz.

que *pron. relat.* Equivale a *él, la* o *lo, cual* y *los,* o *las, cuales;* sin preposición hace el oficio de sujeto o complemento directo; con preposición hace el oficio de complemento indirecto o circunstancial. - 2 *conj.* Sirve para enlazar oraciones substantivas en función de sujeto, complemento directo o de término de una preposición.

qué *pron. interr.* Solo o precedido de preposición equivale a *cuál, cuán* o *cuánto.* 2 Como neutro equivale a *¿qué cosa?*

quebrada *f.* Abertura estrecha y áspera entre montañas.

quebradizo, -za *adj.* Fácil de quebrarse. 2 *fig.* Delicado en la salud.

quebrado, -da *adj.-s.* Que ha hecho quiebra. 2 Que padece hernia. 3 Díc. del terreno desigual y tortuoso. 4 *Número* ~, el que expresa una o varias partes proporcionales. - 5 *f.* Abertura estrecha y áspera entre montañas.

quebradura *f.* Hendidura. 2 Hernia.

quebrantado, -da *adj.* Roto, dolorido.

quebrantahuesos *m.* Ave rapaz, de color obscuro, con la cabeza blanca.

quebrantar *tr.-prnl.* Hender, cascar. - 2 *tr.* Romper, machacar. 3 *fig.* Infringir, violar. 4 *fig.* Causar lástima. 5 *fig.* Persuadir; ablandar.

quebranto *m.* Ac. y ef. de quebrantar o quebrantarse. 2 *fig.* Desaliento. 3 *fig.* Aflicción. 4 *fig.* Pérdida, daño.

quebrar *tr.* Romper. 2 *fig.* Quebrantar, templar. 3 DEP. Esquivar a un jugador contrario haciendo un quiebro con el cuerpo. - 4 *tr.-prnl.* Doblar o torcer. 5 *fig.* Ajar, deslustrar. - 6 *intr. fig.* Ceder,

flaquear. - 7 *prnl.* Formársele hernia a uno.

quécher *m.* Jugador de béisbol que se coloca detrás del bateador.

quechua *adj.-m.* Díc. de una lengua precolombina hablada en Perú.

quechuismo *m.* Vocablo o giro propio de la lengua quechua.

queda *f.* Hora de la tarde o de la noche, a partir de la cual la población civil tiene prohibido el libre tránsito.

quedar *intr.-prnl.* Detenerse, subsistir por entero o parcialmente, o en un aspecto determinado. - 2 *intr. fig.* Cesar una actividad o un propósito; convenir. 3 Restar, subsistir parte de una cosa. - 4 *prnl.* Retener una cosa propia o ajena. ▷ *Quedarse con uno,* engañarlo.

quedo, -da *adj.* Quieto. - 2 *adv. m.* Con voz muy baja. 3 Con tiento.

quehacer *m.* Ocupación, negocio.

queimada *f.* Bebida originaria de Galicia, a base de quemar aguardiente de orujo con limón y azúcar.

queja *f.* Expresión de dolor, pena o sentimiento. 2 Resentimiento.

quejar *tr.* Aquejar. - 2 *prnl.* Expresar el dolor que se siente.

quejica *adj.-s.* Que se queja mucho.

quejido *m.* Exclamación lastimosa.

quejigo *m.* Árbol de tronco grueso y copa recogida, parecido al roble.

quejo *m.* Maxilar, mandíbula.

quejoso, -sa *adj.* Que tiene queja.

quejumbroso, -sa *adj.* Que se queja con poco motivo, o por hábito.

quela *f.* En los artrópodos, apéndice quelado.

quelado, -da *adj.* Díc. del artrópodo que tiene la penúltima articulación de un apéndice ensanchada formando un órgano prensil.

quelicerado, -da *adj.-m.* Díc. del artrópodo que carece de antenas y presenta un par de quelíceros al lado de la boca.

quelícero *m.* Órgano que en los arácnidos sustituye a las antenas y tiene generalmente forma de uña.

quelonio adj.-m. Díc. del reptil con cuatro extremidades cortas, mandíbulas sin dientes, y el cuerpo protegido por una concha.

quelvacho m. Especie de tiburón de color gris pardusco.

quema f. Ac. y ef. de quemar o quemarse. 2 Incendio.

quemado, -da adj. Que ha sido consumido o afectado por el fuego, o que se quema.

quemadura f. Descomposición de un tejido orgánico, producida por el contacto del fuego o de una substancia cáustica. 2 Llaga o ampolla que causa este contacto.

quemar tr. Consumir, destruir con fuego. 2 Calentar mucho. 3 Abrasar. 4 Causar ardor. - 5 tr.-prnl. fig. Impacientar, desazonar. 6 fig. Estar muy cerca de acertar o hallar una cosa.

quemarropa (a ~) loc. adv. A poca o ninguna distancia.

quemasangres adj.-com. Díc. de la persona proclive a causar disgusto a otra hasta exasperarla.

quemazón f. Calor excesivo. 2 fig. Picazón.

quena f. Amér. Flauta de caña que usan los indios.

quenopodiáceo, -a adj.-f. Díc. de la planta dicotiledónea, de hojas alternas u opuestas y flores en racimo.

quepis m. Gorra militar, ligeramente cónica y con visera.

queratina f. Albuminoide existente en gran cantidad en las formaciones epidérmicas de los vertebrados terrestres.

querella f. Queja. 2 Discordia. 3 DER. Acusación ante el juez.

querellarse prnl. Quejarse. 2 DER. Presentar querella contra uno.

querencia f. Acción de querer (amar). 2 Tendencia del hombre y de ciertos animales a volver al sitio donde se han criado o tienen costumbre de acudir. 3 Este sitio.

querendón, -dona adj. Díc. de la persona muy cariñosa, afectiva.

querer tr. Desear, pretender. 2 Tener voluntad de hacer o de que se haga algo. 3 Amar, tener cariño.

querido, -da m. f. Hombre, respecto de la mujer, o mujer, respecto del hombre, con quien tiene relaciones amorosas ilícitas.

queroseno m. Fracción de petróleo natural que se usa como combustible.

querquera f. Mariposa diurna diminuta, de color pardo con puntos marginales rojos.

querubín m. Ángel. 2 fig. Persona, especialmente niño, de gran hermosura.

quesera f. Sitio donde se fabrica el queso. 2 Mesa a propósito para hacerlo. 3 Vasija en que se guarda. 4 Plato para servirlo a la mesa.

quesero, -ra adj. Perten. o rel. al queso.

queso m. Masa que se obtiene cuajando la leche. 2 fam. Pie.

queta f. Seda de algunos anélidos.

quevedos m. pl. Anteojos que se sujetan solamente en la nariz.

¡quia! Interjección de incredulidad o negación.

quianti m. Vino común que se elabora en la Toscana.

quiasma m. Cruce en forma de equis, de dos estructuras anatómicas.

quiasmo m. Inversión del orden de las partes simétricas de dos oraciones o de dos elementos de una oración.

quibla f. Punto del horizonte o muro de la mezquita orientado hacia La Meca.

quicial m. Madero que asegura las puertas y ventanas.

quicio m. Parte de las puertas y ventanas en que se asegura la hoja.

quico m. Grano de maíz tostado y salado.

quid m. Esencia, razón.

quídam m. desp. Sujeto designado indeterminadamente.

quiebra f. Rotura. 2 Hendidura de la tierra. 3 Pérdida, menoscabo. 4 COM. Ac. y ef. de quebrar.

quiebro m. Ademán hecho con el cuerpo, como quebrándolo por la cintura. 2 MÚS. Inflexión acelerada, dulce y graciosa de la voz.

quien pron. relat. Se refiere a persona concertando en número con el antecedente; pero puede referirse también a cosas más o menos personificadas. 2 Con carácter indefinido, equivale a la persona que, aquel que, careciendo de antecedente expreso.

quién pron. interr. En frases interrogativas directas o indirectas y admirativas equivale a cuál, pero a diferencia de éste, no puede adquirir valor adjetivo.

quienquiera *pron. indef.* Persona indeterminada, alguno, sea el que fuere.

quiescente *adj.* Que está quieto.

quietismo *m.* Inacción, inercia.

quieto, -ta *adj.* Que no tiene o no hace movimiento. 2 Pacífico, sosegado.

quietud *f.* Falta de movimiento. 2 fig. Sosiego, reposo.

quijada *f.* Hueso en que están encajados los dientes y muelas.

quijotada *f.* Acción propia de un quijote.

quijote *m.* fig. Hombre que quiere ser juez y defensor de cosas que no le atañen.

quijotería *f.* Modo de proceder con quijotismo.

quijotesco, -ca *adj.* Que obra con quijotería. 2 Que se ejecuta con quijotería.

quijotismo *m.* Condición de quijote.

quilate *m.* Unidad de peso para las perlas y piedras preciosas; equivale a 205 mgs. 2 Unidad en que se expresa la ley de las aleaciones de oro.

quilífero, -ra *adj.* Díc. del vaso linfático que absorbe el quilo de los intestinos.

quilificar *tr.-prnl.* Convertir en quilo el alimento.

quilo *m.* Líquido que el intestino elabora con el quimo formado en el estómago.

quilópodo, -da *adj.-m.* Díc. del miriápodo con el tronco formado por numerosos segmentos, provistos cada uno de un par de apéndices.

quilla *f.* Pieza del barco que va por la parte inferior de popa a proa.

quimera *f.* Monstruo fabuloso, con cabeza de león, vientre de cabra y cola de dragón. 2 Creación imaginaria del espíritu.

quimérico, -ca, quimerino, -na *adj.* Fabuloso, imaginario.

química *f.* Ciencia que estudia la composición íntima de las substancias y sus transformaciones recíprocas.

químico, -ca *adj.* Perten. o rel. a la química.

quimificar *tr.* Convertir en quimo el alimento.

quimioluminiscencia *f.* QUÍM. Producción de luz sin acompañamiento de calor.

quimioterapia *f.* Tratamiento de las enfermedades con productos químicos.

quimo *m.* Masa que resulta de la digestión estomacal de los alimentos.

quimono *m.* Túnica japonesa.

quina *f.* Corteza del quino.

quincalla *f.* Conjunto de objetos de metal de poco valor.

quince *adj.* Diez y cinco. 2 Decimoquinto. - 3 *m.* Guarismo del número quince. 4 En el juego del tenis, primer tanto de un juego ganado por un jugador.

quincena *f.* Espacio de quince días. 2 Paga recibida cada quince días.

quincenal *adj.* Que se repite cada quincena. 2 Que dura una quincena.

quincuagenario, -ria *adj.-s.* Cincuentón.

quincuagésimo, -ma *adj.-s.* Parte que, junto con otras cuarenta y nueve iguales, constituye un todo. - 2 *adj.* Que ocupa el último lugar en una serie ordenada de cincuenta.

quindenio *m.* Espacio de quince años.

quinesia *f.* Trastorno orgánico pasajero originado por los movimientos de un barco, avión, etc.

quinésica *f.* Disciplina que estudia el significado de los movimientos y gestos.

quingentésimo, -ma *adj.-s.* Parte que, junto con otras cuatrocientas noventa y nueve iguales, constituye un todo. - 2 *adj.* Que ocupa el último lugar en una serie ordenada de quinientos.

quiniela *f.* Juego público de apuestas en que se premian con diversas cantidades los boletos que aciertan los resultados de una determinada competición deportiva.

quinielista *adj.-s.* Que hace quinielas.

quinientos, -tas *adj.* Cinco veces ciento.

quinina *f.* Alcaloide que se extrae de la quina.

quino *m.* Árbol americano de hojas opuestas ovales y fruto en cápsula.

quinqué *m.* Lámpara de petróleo con tubo de cristal y bomba o pantalla.

quinquenal *adj.* Que se repite cada quinquenio. 2 Que dura un quinquenio.

quinquenio *m.* Período de cinco años.

quinqui *com.* Delincuente.

quinta *f.* Casa de recreo en el campo. 2

Reemplazo anual para el ejército.

quintaesencia *f.* Última esencia de una cosa.

quintaesenciar *tr.* Refinar, alambicar una cosa.

quintal *m.* ~ *métrico,* medida de peso, equivalente a 100 kgs.

quintar *tr.* Sacar por suerte uno de cada cinco. 2 Sacar por suerte los nombres de los que han de ser soldados. 3 Dar la quinta y última vuelta de arado a las tierras.

quinteto *m.* Combinación métrica de cinco versos de arte mayor aconsonantados y ordenados como los de la quintilla. 2 MÚS. Composición a cinco voces o instrumentos.

quintilla *f.* Combinación métrica de cinco versos octosílabos aconsonantados; riman generalmente el primero y cuarto, y el segundo, tercero y quinto.

quintillizo, -za *m. f.* Persona nacida en un parto de cinco.

quinto, -ta *adj.-s.* Parte que, junto a otras cuatro iguales, constituyen un todo. - 2 *adj.* Que ocupa el último lugar en una serie ordenada de cinco. - 3 *m.* Soldado, mientras recibe la instrucción militar. 4 Botella de cerveza de 20 cls.

quintuplicar *tr.* Multiplicar por cinco.

quíntuplo *adj.-m.* Que contiene un número cinco veces exactamente.

quiosco *m.* Pequeña construcción de estilo oriental, en azoteas, jardines, etc. 2 Edificio en parajes públicos, para vender periódicos, cerillas, etc.

quiqui *m.* Peinado que se hace a los niños, en forma de cresta de gallo.

quiquiriquí *m.* Onomatopeya del canto del gallo. 2 fig. Persona que quiere sobresalir y gallear.

quirófano *m.* Recinto destinado a operaciones quirúrgicas.

quiromancia, -mancía *f.* Adivina-

ción supersticiosa por medio de las rayas de la mano.

quiróptero, -ra *adj.-m.* Díc. del mamífero volador, con los miembros anteriores provistos de una membrana a manera de ala.

quirúrgico, -ca *adj.* Perten. o rel. a la cirugía.

quisicosa *f.* fam. Enigma.

quisquilla *f.* Reparo o dificultad de poca importancia. 2 Camarón.

quisquilloso, -sa *adj.-s.* Que se para en quisquillas. 2 Que se ofende o molesta por cualquier cosa.

quiste *f.* Vejiga membranosa que se desarrolla en el cuerpo y contiene un líquido de diversa naturaleza.

quitamanchas *com.* Substancia para quitar las manchas de la ropa.

quitamiedos *m.* Protección vertical en algunas carreteras para dar seguridad.

quitanieves *adj.-s.* Díc. de la máquina que sirve para retirar la nieve.

quitar *tr.* Libertar, redimir, desembarazar de una obligación. 2 Separar, apartar. 3 Hurtar. 4 Privar de una cosa. 5 Impedir. ▷ *Quitarse de encima,* librarse.

quitasol *m.* Especie de paraguas grande, para resguardarse del sol.

quite *m.* Acción de quitar o estorbar. 2 Suerte que ejecuta un torero para librar a otro del toro. ▷ *Estar al* ~, estar preparado para ayudar a otro.

quitina *f.* Substancia de que está formado generalmente el revestimiento exterior del cuerpo de los artrópodos.

quito, -ta *adj.* Libre, exento.

quitón *m.* Molusco marino cuyo tronco y cabeza están cubiertos por el manto.

quizá, quizás *adv. d.* Denota la posibilidad de aquello de que se habla.

quórum *m.* Número mínimo de votos necesarios en casos determinados para dar validez a una elección o a un acuerdo.

R

r *f.* Consonante alveolar, vigésima primera letra del alfabeto.

rabada *f.* Cuarto trasero de las reses después de matarlas.

rabadilla *f.* Extremidad inferior del espinazo.

rabaniza *f.* Simiente del rábano. 2 Hierba que abunda en los terrenos incultos.

rábano *m.* Hierba hortense de raíz carnosa. 2 fig. Cosa de poca importancia. ▷ *Tomar el ~ por las hojas,* equivocarse, confundirse.

rabera *f.* Parte posterior de cualquier cosa.

rabí *m.* Entre los judíos, sabio de su ley.

rabia *f.* Enfermedad infecciosa que ataca a algunos animales y se transmite por mordedura. 2 fig. Ira, enojo, enfado grande.

rabiar *intr.* Padecer rabia. 2 fig. Impacientarse, encolerizarse. 3 fig. Padecer un dolor muy fuerte. ▷ *A ~,* mucho; con exceso. *Hacer ~ a alguien,* exasperarlo.

rabieta *f.* fig. fam. Enojo pasajero.

rabilargo, -ga *adj.* Díc. del animal que tiene largo el rabo.

rabillo *m.* Prolongación en forma de rabo.

rabino *m.* Maestro hebreo que interpreta la Sagrada Escritura.

rabión *m.* Corriente impetuosa del río.

rabioso, -sa *adj.-s.* Que padece rabia. - 2 *adj.* fig. Colérico. 3 fig. Vehemente.

rabisalsera *adj.-f.* fam. Mujer muy viva y desenvuelta.

rabiza *f.* Punta de la caña de pescar.

rabo *m.* Cola, especialmente la de los cuadrúpedos. 2 Pecíolo, pedúnculo. 3 fig. Cosa que cuelga. 4 vulg. Pene. ▷ *Con el ~ entre piernas,* que ha sido vencido y abochornado.

rabón, -bona *adj.* Sin rabo o de rabo corto.

rabotada *f.* fam. Expresión desabrida con ademanes groseros.

racanear *intr.* Rehuir el trabajo.

rácano, -na *adj.-s.* Poco trabajador, vago, gandul, perezoso. 2 Tacaño, avaro, mezquino. 3 Artero, taimado.

racemiforme *adj.* En forma de racimo.

racer *m.* Caballo de carreras, muy veloz.

racial *adj.* Étnico (de una nación o raza).

racimo *m.* Grupo de uvas unidas en un mismo eje. 2 p. ext. Grupo análogo de otras frutas o de cosas menudas.

racimoso, -sa *adj.* Que echa o tiene racimos.

raciocinar *intr.* Hacer uso del entendimiento y la razón para conocer y juzgar.

raciocinio *m.* Facultad de raciocinar.

ración *f.* Parte que se da para alimento en cada comida a personas o a animales.

racionado, -da *adj.* Que se distribuye dando cierta cantidad a cada persona y no se puede adquirir libremente.

racional *adj.-s.* Dotado de razón. - 2 *adj.* Perten. o rel. a la razón. 3 Arreglado a ella.

racionalismo *m.* Doctrina que considera a la razón como base única del conocimiento.

racionalista *adj.-s.* Que profesa el racionalismo.

racionalizar *tr.* Organizar algo según razonamientos o cálculos. 2 Obtener mayor rendimiento con menor trabajo. 3 MAT. Operación de eliminar raíces del denominador de una fracción.

racionar *tr.* Distribuir raciones. 2 Limitar la cantidad de un artículo.

racismo *m.* Exaltación de la superioridad de la raza propia; programa o doctrina de dominación y diferencia étnica. 2 fig. Hostilidad hacia un grupo profesional o social.

racista *adj.* Perten. o rel. al racismo. - 2 *adj.-com.* Partidario de él.

rack *m.* Armario para equipos electrónicos.

racha *f.* Ráfaga.

racheado, -da *adj.* Díc. del viento que

sopla por rachas.

rada *f.* Bahía, ensenada.

radar *m.* Dispositivo destinado a localizar objetos lejanos o invisibles mediante la reflexión de ondas hercianas dirigidas.

radiación *f.* FÍS. Emisión de partículas de energía. 2 FÍS. Elemento de una onda electromagnética o luminosa.

radiactividad *f.* Calidad de radiactivo.

radiactivo, -va *adj.* Que emite radiaciones.

radiado, -da *adj.* Formado por rayos divergentes. 2 Que tiene sus diversas partes situadas de forma simétrica alrededor de un punto o un eje.

radiador *f.* Aparato de calefacción compuesto de varios tubos por donde circula un líquido. 2 Aparato para refrigerar los cilindros de algunos motores de explosión.

radial *adj.* Perten. o rel. al radio, especialmente al hueso de este nombre. 2 De disposición análoga a los radios de una rueda.

radián *m.* GEOM. Unidad de medida angular, en el Sistema Internacional, que corresponde a un arco de longitud igual a su radio.

radiante *adj.* fig. Brillante, resplandeciente. 2 fig. Que manifiesta gozo o alegría grandes. 3 FÍS. Que radia.

radiar *intr.* Irradiar. - 2 *tr.* Emitir algo por radio. 3 FÍS. Emitir energía en forma de ondas electromagnéticas.

radical *adj.* Perten. o rel. a la raíz. 2 fig. Fundamental. 3 fig. Tajante, intransigente. 4 MAT. Signo [√] con que se indica la operación de extraer raíces.

radicalismo *m.* Doctrina de los que pretenden reformar el orden político, científico o religioso.

radicalizar *tr.-prnl.* Hacer que alguien adopte una actitud radical. 2 Hacer más radical una postura o tesis.

radicalmente *adv. m.* De raíz; fundamentalmente. 2 Con vehemencia radical.

radicar *intr.-prnl.* Arraigar. - 2 *intr.* Estar ciertas cosas en determinado lugar.

radicícola *adj.* Díc. del animal o vegetal que vive parásito sobre las raíces de una planta.

radicoma *f.* BOT. Conjunto de las raíces de un vegetal.

radicular *adj.* Perten. o rel. a las raíces.

radiestesia *f.* Facultad de percibir las radiaciones electromagnéticas. 2 Prospección geofísica.

radio *m.* Segmento rectilíneo comprendido entre el centro de un círculo o una esfera y cualquier punto de la circunferencia del círculo o de la superficie de la esfera. 2 Varilla que une el eje de una rueda con la llanta. 3 Espacio a que se extiende la eficacia o influencia de una cosa. 4 Metal blanco muy raro intensamente radiactivo. 5 Hueso de la parte externa del antebrazo.

radioaficionado, -da *adj.-s.* Díc. de la persona que se pone en comunicación con otras, por medio de una emisora de radio privada.

radiobaliza *f.* Señalización radioeléctrica de una ruta marítima o aérea.

radiocanal *m.* Banda de frecuencia asignada a una emisora de radio.

radiocasete *m.* Conjunto combinado de magnetófono de casetes y receptor de radio.

radiocomunicación *f.* Telecomunicación realizada por medio de las ondas radioeléctricas.

radiocontrol *m.* Control a distancia por medio de ondas radioeléctricas.

radiodifusión *f.* Emisión de radiotelefonía destinada al público.

radiodirigir *tr.* Dirigir un objeto mediante ondas radioeléctricas.

radioelectricidad *f.* Energía eléctrica manifestada en forma de ondas hertzianas.

radioeléctrico, -ca *adj.* Perten. o rel. a la radioelectricidad.

radiofaro *m.* Emisora que en la navegación marítima o aérea señala la ruta.

radiofonía *f.* Parte de la física que trata de los fenómenos acústicos producidos por la energía radiante.

radiofónico, -ca *adj.* Perten. o rel. a la radiofonía. 2 Perten. o rel. a la radiodifusión.

radiografía *f.* Obtención de una imagen por rayos X. 2 Imagen así obtenida.

radiografiar *tr.* MED. Obtener radiografías de cuerpos ocultos a la vista.

radioisótopo *m.* Elemento radiactivo artificial que se obtiene al someter los elementos químicos ordinarios al bombardeo de neutrones.

radiología *f.* Estudio de las aplicaciones médicas de los rayos X.

radionovela f. Narración melodramática para ser emitida a través de la radio.

radiorreceptor m. Aparato que recoge y transforma en señales o sonidos las ondas emitidas por el radiotransmisor.

radioscopia f. Examen del interior del cuerpo mediante los rayos X.

radiosonda f. Globo sonda para transmitir informaciones meteorológicas.

radiotaxi m. Taxi con un emisor y receptor de radio conectado a una central.

radiotelefonía f. Sistema de comunicación telefónica por medio de ondas hertzianas.

radioteléfono m. Teléfono sin hilos.

radiotelegrafía f. Sistema de comunicación telegráfica por medio de ondas hertzianas.

radiotelegráfico, -ca adj. Perten. o rel. a la radiotelegrafía.

radiotelegrafista com. Persona ocupada en el servicio radiotelegráfico.

radiotelescopio m. Aparato para captar las radiaciones de los cuerpos celestes.

radiotelevisión f. Radio y televisión.

radioterapia f. Empleo terapéutico de los rayos X y del radio.

radiotransmisor m. Aparato que produce y envía ondas portadoras de señales y sonidos.

radiotransmitir tr. Transmitir algo por radio.

radioyente com. Persona que oye una emisión radiofónica.

radón m. Elemento químico radiactivo.

raedura f. Parte que se rae de una cosa.

raer tr. Pasar por una superficie un instrumento áspero o cortante para eliminar parte de ella; esp. pelos, vello, etc.

ráfaga m. Movimiento violento del aire, de poca duración. 2 Golpe de luz instantáneo. 3 Serie de disparos de una ametralladora o arma análoga.

raglán adj. Díc. de la manga que, por su parte superior, tiene el corte a la altura del cuello. 2 Díc. del vestido de dicha forma.

ragtime m. Género de música negra bailable.

ragú m. GALIC. Guiso de carne con patatas y alguna verdura.

rahez adj. Vil, despreciable.

raicilla f. Fibra que nace del cuerpo principal de una raíz.

raid m. Incursión, irrupción armada. 2 En el lenguaje deportivo, vuelo a gran distancia; viaje peligroso.

raído, -da adj. Muy deteriorado por el uso. 2 fig. Desvergonzado.

raigal adj. Perten. o rel. a la raíz. 2 Extremo del madero que corresponde a la raíz del árbol.

raigambre f. Conjunto de raíces. 2 fig. Conjunto de antecedentes, intereses, hábitos o afectos que hacen firme una cosa.

raigón m. Raíz de las muelas y los dientes.

raíl, rail m. Carril.

raíz f. Parte de las plantas que se desarrolla bajo tierra y sirve para fijarlas y absorber las substancias nutritivas. 2 Origen, principio. 3 ANAT. Parte de los dientes de los vertebrados engastada en los alveolos. 4 GRAM. Parte históricamente irreductible de una palabra, de la cual proceden otras voces. 5 MAT. Cantidad que tomada como factor cierto número de veces da como producto una cantidad determinada. ▷ *A* ~, por causa de. *De* ~, de principio a fin. *Echar raíces,* establecerse en algún lugar.

raja f. Hendidura. 2 Pedazo cortado a lo largo o a lo ancho de un melón, queso, etc.

rajá m. Soberano índico.

rajado, -da adj.-s. Díc. de la persona que falta a su palabra.

rajar tr. Hender. 2 fam. Herir con arma blanca. - 3 prnl. Desistir. Desdecirse de lo prometido. 4 fam. Acobardarse.

rajatabla (a ~) loc. adv. Por completo, con todo rigor.

ralea f. Especie, género, calidad.

ralear intr. Hacerse ralo.

ralentí m. En automovilismo, marcha con el mínimo de gases en el motor.

ralentizar tr. Imprimir lentitud.

ralo, -la adj. Muy separado.

rallador m. Utensilio con que se raspa pan, queso, etc.

ralladura f. Surco que deja el rallador. 2 Lo que queda rallado.

rallar tr. Desmenuzar una cosa con el rallador.

rally m. Competición deportiva consistente en una carrera, con cualquier medio de locomoción, en la cual se han de realizar además diversas pruebas.

rama *f.* Parte nacida del tronco de una planta. 2 fig. Serie de personas descendientes del mismo tronco. 3 Parte secundaria de una cosa que se deriva de otra principal. 4 Parte de una ciencia. ▷ *Andarse por las ramas,* detenerse en lo menos substancial de un asunto.

ramadán *m.* Noveno mes del año lunar de los mahometanos.

ramaje *m.* Conjunto de ramas.

ramal *m.* Cabo de que se componen las cuerdas, sogas, etc. 2 Ronzal. 3 Parte que arranca de la línea principal de un camino, cordillera, etc.

ramalazo *m.* Señal que sale al cuerpo por un golpe o por enfermedad. 2 fig. Dolor repentino. 3 fig. Adversidad inesperada. 4 fig. Ataque pasajero de locura. 5 fig. Apariencia de homosexual.

ramazón *f.* Conjunto de ramas separadas de los árboles.

rambla *f.* Lecho natural de las aguas de lluvia. 2 Avenida o paseo.

rameado, -da *adj.* Díc. del dibujo que representa ramos.

rameal, rámeo, -a *adj.* Perten. o rel. a la rama.

ramera *f.* Mujer que concede a los hombres relaciones sexuales por dinero.

ramificación *f.* Ac. y ef. de ramificarse. 2 fig. Subdivisión en general.

ramificarse *prnl.* Dividirse en ramas. 2 fig. Extenderse las consecuencias de un hecho.

ramillete *m.* Ramo pequeño de flores.

ramiza *f.* Conjunto de ramas cortadas. 2 Lo que se hace de ramas.

ramo *m.* Rama de segundo orden. 2 Rama cortada. 3 Conjunto de flores.

ramoso, -sa *adj.* Que tiene muchos ramos o ramas.

rampa *f.* Plano inclinado por donde se sube y baja.

rampante *adj.* ARQ. Díc. del arco que tiene sus arranques a distinta altura.

ramplón, -plona *adj.* fig. Tosco, vulgar.

rampollo *m.* Rama que se corta del árbol para plantarla.

rana *f.* Anfibio anuro de piel lisa, ojos saltones y patas largas. ▷ *Salir ~,* defraudar.

rancio, -cia *adj.* Díc. del vino y comestible grasiento que con el tiempo adquiere sabor y olor más fuerte, mejorándose o echándose a perder.

ranchera *f.* Baile popular de ritmo ternario originario de Argentina. 2 Música y canto de este baile. 3 Automóvil de gran capacidad interior.

ranchería *f.* En los cuarteles, cocina donde se guisa el rancho.

ranchero, -ra *m. f.* Persona que guisa el rancho. 2 Persona que gobierna un rancho. - 3 *f.* Baile popular originario de Argentina. 4 Música y canto de este baile.

rancho *m.* Comida hecha para muchos en común. 2 Lugar donde acampan varias familias o personas. 3 fig. Choza.

randa *f.* Especie de encaje más grueso que los hechos con palillos.

ranglán *adj.* Raglán.

rango *m.* Jerarquía, clase, categoría.

ranking *m.* ANGLIC. Clasificación, rango.

ranunculáceo, -a *adj.-f.* Díc. de la planta dicotiledónea, de hojas alternas y flores en racimo.

ranura *f.* Canal estrecho abierto en una tabla, piedra, etc.

raño *m.* Pez marino que tiene dos aguijones en cada opérculo. 2 Garfio para arrancar de las peñas ostras, lapas, etc.

rapapolvo *m.* fam. Represión severa.

rapar *tr.-prnl.* Afeitar. 2 p. anal. Cortar el pelo a rape.

rapaz, -za *m. f.* Muchacho de corta edad. - 2 *adj.* Inclinado al robo o a la rapiña. - 3 *f. pl.* Aves depredadoras de pico fuerte y uñas corvas y aceradas.

rape *m.* fam. Afeitado de la barba hecho de prisa y sin cuidado. 2 *A ~,* casi a raíz. 3 Pez marino teleósteo, de cabeza enorme.

rapé *adj.-s.* Tabaco en polvo.

rapidez *f.* Movimiento acelerado.

rápido, -da *adj.* Veloz, pronto, acelerado.

rapiña *f.* Robo o saqueo violento.

rapiñar *tr.* fam. Hurtar, arrebatar.

raposo, -sa *m. f.* Zorro.

rapsoda *m.* Persona que iba de pueblo en pueblo recitando poemas.

rapsodia *f.* Trozo de un poema épico. 2 Pieza musical formada con fragmentos de otras obras.

raptar *tr.* Cometer el delito de rapto.

rapto *m.* Impulso, arrebato. 2 Delito

que consiste en llevarse por el engaño, la violencia, etc., a alguien. 3 Éxtasis.

raptor, -ra *adj.-s.* Que rapta.

raque *m.* Acto de recoger los objetos perdidos en las costas por algún naufragio.

raqueta *f.* Bastidor de madera, con mango, que sujeta una red; se emplea como pala en algunos juegos. 2 Calzado parecido a una raqueta, para andar por la nieve. 3 Utensilio para recoger el dinero en las mesas de juego.

raquídeo, -a *adj.* Perten. o rel. al raquis.

raquila *f.* BOT. Eje que brota del raquis principal.

raquis *m.* Columna vertebral. 2 Nervio principal de una hoja.

raquítico, -ca *adj.-s.* Que padece raquitismo. 2 fig. Exiguo, débil.

raquitismo *m.* Enfermedad de la nutrición ósea que se manifiesta principalmente en la infancia.

raramente *adv. m.* Rara vez. 2 De un modo extravagante.

rarear *tr.-intr.* Espaciar, hacer menos frecuente.

rarefacer *tr.* Enrarecer.

rareza *f.* Calidad de raro. 2 Cosa rara. 3 Acción de la persona rara o extravagante.

rarificar *tr.* Enrarecer.

raro, -ra *adj.* De poca densidad. 2 Poco frecuente. 3 Escaso en su especie.

ras *m.* Igualdad en la superficie o altura de las cosas. ▷ *A ~,* casi tocando.

rasa *f.* Abertura que se hace en las telas endebles. 2 Llano alto y despejado de un monte.

rasamente *adv. m.* Clara y abiertamente.

rasante *adj.* Que pasa rasando. - 2 *f.* Línea de una calle o camino considerada en relación con el plano horizontal.

rasar *tr.* Igualar con el rasero las medidas llenas de trigo, cebada, etc. 2 Pasar rozando.

rasca *f.* fam. Hambre. 2 fam. Frío.

rascacielos *m.* Edificio muy alto.

rascacio *m.* Pez marino teleósteo, de cabeza gruesa y espinosa.

rascador *m.* Instrumento para rascar la superficie de un metal, de una piel, etc. 2 Instrumento de hierro para desgranar el maíz y otros frutos.

rascar *tr.* Refregar con una cosa aguda o áspera. 2 Arañar.

rascazón *f.* Comezón o picazón.

rascón, -cona *adj.* Áspero al paladar.

rasero *m.* Palo cilíndrico para rasar las medidas de los áridos.

rasgar *tr.* Romper o hacer pedazos tejidos, papel, etc.

rasgo *m.* Línea de adorno en la escritura. 2 Facción del rostro. 3 Carácter, peculiaridad. 4 fig. Acción notable.

rasgón *m.* Rotura de una tela.

rasguear *tr.* Tocar la guitarra rozando varias cuerdas a la vez.

rasguñar *tr.* Arañar.

rasguño *m.* Arañazo.

raso, -sa *adj.-s.* Plano, liso, despejado. 2 Que no tiene título que lo distinga. 3 Que pasa a poca altura del suelo. - 4 *m.* Tela de seda lustrosa.

raspa *f.* Arista del grano. 2 Espina de pescado.

raspado *m.* Ac. y ef. de raspar. 2 MED. Operación que consiste en raer ciertos tejidos enfermos, especialmente del útero.

raspador *m.* Instrumento para raspar.

raspar *tr.* Raer ligeramente.

raspilla *f.* Planta de tallos casi tendidos, con pequeñas espinas revueltas y flores azules.

rasponazo *m.* Lesión superficial causada por un roce violento.

rasposo, -sa *adj.* Que es áspero al tacto. 2 Que tiene abundantes raspas.

rastra *f.* Rastro. 2 Grada. 3 Cabo que se arrastra por el fondo del mar. 4 Cosa que va colgando y arrastrando. ▷ *A rastras,* arrastrando.

rastrear *tr.* Seguir el rastro. 2 Arrastrar por el fondo del agua una rastra. 3 Inquirir, averiguar. - 4 *intr.* Ir casi tocando al suelo.

rastreo *m.* Acción de rastrear.

rastrero, -ra *adj.* Que va arrastrando. 2 fig. Bajo, despreciable.

rastrillar *tr.* Recoger con el rastro. 2 p. anal. Limpiar de hierba con el rastrillo.

rastrillo *m.* Instrumento para rastrillar. 2 Compuerta enrejada que defiende la entrada de un establecimiento penal.

rastro *m.* Instrumento agrícola formado por un mango largo con un travesaño armado de púas. 2 fig. Vestigio, indicio, señal. 3 Mercadillo de objetos usados.

rastrojar *tr.* Arrancar el rastrojo.

rastrojo *m.* Residuo de las cañas de la

mies, que queda en la tierra después de segar. 2 Campo después de segada la mies.

rasurar *tr.* Afeitar.

rata *f.* Mamífero roedor de cabeza pequeña, hocico puntiagudo y cola larga. 2 Hembra del ratón. 3 fam. Tacaño.

ratear *tr.* Rebajar la proporción. 2 Hurtar con destreza.

ratería *f.* Hurto de cosas de poco valor.

ratero, -ra *adj.-s.* Díc. del ladrón que hurta cosas de poco valor.

raticida *adj.-m.* Díc. del producto que se emplea para exterminar las ratas.

ratificar *tr.-prnl.* Confirmar lo que se ha dicho o hecho.

ratio *f.* Relación entre dos magnitudes.

rato *m.* Espacio corto de tiempo. ▷ *Para ~*, por mucho tiempo. *Pasar el ~*, no aprovecharse del tiempo; trabajar en vano.

ratón *m.* Mamífero roedor, parecido a la rata, pero más pequeño. 2 Periférico de algunos terminales de ordenador para hacer dibujos y dar ciertas órdenes.

ratonera *f.* Trampa para cazar ratones. 2 Madriguera de ratones.

raudal *m.* Copia de agua que corre impetuosamente. 2 fig. Abundancia de cosas.

raudo, -da *adj.* lit. Rápido, precipitado.

raviolis *m. pl.* Cuadritos de pasta con carne picada.

raya *f.* Señal larga y estrecha en algún cuerpo. 2 Señal que resulta de dividir los cabellos de la cabeza con el peine. 3 Límite, confín. 4 Pliegue del pantalón. 5 Dosis de cocaína o heroína en polvo para ser esnifada. 6 Pez marino comestible de cuerpo aplastado y cola larga y delgada. ▷ *A ~*, dentro de los justos límites. *Pasar de la ~*, excederse.

rayano, -na *adj.* Que linda con una cosa.

rayar *tr.* Hacer rayas. 2 Tachar lo escrito. 3 Subrayar. - 4 *intr.* Lindar una cosa con otra.

ráyido, -da *adj.-m.* Díc. del pez rayiforme que presenta el cuerpo dividido en disco y cola.

rayiforme *adj.-m.* Díc. del pez seláceo con el cuerpo aplanado en forma de escudo o disco.

rayo *m.* Línea de luz que procede de un cuerpo luminoso. 2 Chispa eléctrica entre dos nubes o entre una nube y la tierra. 3 fig. Persona muy viva y pronta de ingenio o acciones. 4 *Rayos X*, ondas electromagnéticas de corta longitud.

rayón *m.* Seda artificial.

rayuela *f.* Juego en el que, tirando monedas o tejos a una raya hecha en el suelo y a cierta distancia, gana el que la toca o se acerca más a ella.

raza *f.* Casta. 2 Calidad del origen o linaje. 3 Grupo en que se subdividen algunas especies zoológicas.

razia *f.* Incursión sin más objeto que el botín. 2 Redada de policía.

razón *f.* Facultad de discurrir. 2 Palabras con que se expresa el discurso. 3 Argumento. 4 Motivo, causa. 5 Justicia, equidad. 6 Cuenta, relación. 7 fam. Recado, mensaje, aviso. ▷ *En ~ a*, o *de*, por lo que pertenece o toca a alguna cosa. *Perder la ~*, volverse loco.

razonable *adj.* Arreglado o conforme a razón. 2 fig. Bastante en calidad o en cantidad.

razonamiento *m.* Ac. y ef. de razonar. 2 Serie de conceptos encaminados a demostrar una cosa.

razonar *intr.* Discurrir, dar razones.

re *m.* Nota musical, segundo grado de la escala fundamental.

reabrir *tr.-prnl.* Volver a abrir lo que estaba cerrado.

reacción *f.* Acción que un cuerpo sujeto a la acción de otro ejerce en sentido opuesto. 2 fig. En política, tendencia tradicionalista.

reaccionar *intr.* Responder una persona o animal a un estímulo. 2 Mejorar uno en su salud o funciones vitales. 3 Defenderse.

reaccionario, -ria *adj.* Opuesto a las innovaciones.

reacio, -cia *adj.* Terco, desobediente.

reactivar *tr.* Dar más actividad.

reactivo, -va *adj.-m.* Que produce reacción.

reactor *m.* Motor de reacción. 2 Avión que usa motor de reacción. 3 Dispositivo donde se efectúa una reacción química.

readaptar *tr.-prnl.* Adaptar de nuevo a una persona o cosa.

readmitir *tr.* Volver a admitir a alguien.

reafirmar *tr.* Afirmar de nuevo; ratificar.

reagrupar *tr.* Agrupar de nuevo.

reajustar *tr.* Ajustar de nuevo. 2 eufem. Aumentar la cuantía, subir precios, salarios, etc.

reajuste *m.* Ajuste, acuerdo. 2 Reorganización.

real *adj.* Que tiene existencia verdadera. 2 Perten. o rel. al rey. 3 Muy bueno. - 4 *m.* Campo de una feria. 5 Antigua moneda española, equivalente a 0,25 pesetas.

realce *m.* Adorno de relieve. 2 fig. Lustre, estima, grandeza.

realengo, -ga *adj.* Díc. del pueblo que dependía directamente del rey. 2 Díc. del terreno perteneciente al estado.

realeza *f.* Dignidad o soberanía real.

realidad *f.* Existencia real y efectiva. 2 Verdad, sinceridad. ▷ *En ~,* sin duda alguna.

realismo *m.* Doctrina que hace consistir la belleza artística en la imitación de la naturaleza. 2 Conducta del que se atiene más a los hechos que a las razones.

realista *adj.* Perten. o rel. al realismo. - 2 *adj.-com.* Partidario de él.

realización *f.* Ac. y ef. de realizar o realizarse.

realizador, -ra *m. f.* Director de cine o de una emisión televisada.

realizar *tr.-prnl.* Hacer, efectuar. - 2 *prnl.* Alcanzar la plenitud física o moral.

realmente *adv. m.* En realidad.

realquilar *tr.* Subarrendar un inmueble.

realzar *tr.* Elevar una cosa más de lo que estaba. 2 fig. Engrandecer.

reanimar *tr.* Confortar, restablecer las fuerzas. 2 fig. Infundir ánimo y valor.

reanudar *tr.-prnl.* Continuar lo interrumpido.

reaparecer *intr.* Volver a aparecer.

reaparición *f.* Ac. y ef. de reaparecer.

reapertura *f.* Acción de abrir de nuevo un establecimiento, una actividad, etc.

rearmar *tr.* Equipar con nuevo armamento un ejército, país, etc.

rearme *m.* Actividad creciente de un país en la adquisición de armas.

reasumir *tr.* Volver a asumir.

reata *f.* Cuerda que ata y une dos o más caballerías para que vayan en hilera. 2 Hilera de caballerías que van de reata.

reavivar *tr.* Volver a avivar o avivar intensamente.

rebaba *f.* Resalto de materia sobrante en los bordes de un objeto.

rebaja *f.* Disminución.

rebajar *tr.* Hacer más bajo el nivel o la altura. 2 Disminuir, descontar. - 3 *tr.-prnl.* Humillar.

rebajo *m.* Entalladura practicada en una superficie de madera.

rebalsar *tr.* Recoger el agua u otro líquido de modo que haga balsa.

rebanada *f.* Porción delgada, ancha y larga que se saca de una cosa.

rebanar *tr.* Hacer rebanadas. 2 en gral. Cortar de una parte a otra.

rebañar *tr.* Recoger algo sin dejar nada. 2 Apurar la comida de un plato.

rebaño *m.* Hato grande de ganado. 2 fig. Congregación de fieles.

rebasar *tr.* Exceder de ciertos límites.

rebatir *tr.* Rechazar. 2 Refutar.

rebato *m.* Convocatoria de los vecinos de un pueblo, hecha por medio de campana u otra señal. 2 fig. Alarma ocasionada por un acontecimiento repentino y temeroso.

rebeca *f.* Jersey de manga larga, que cierra por medio de botones.

rebeco *m.* Gamuza (rumiante).

rebelarse *prnl.* Levantarse contra la autoridad. 2 fig. Oponer resistencia.

rebelde *adj.-s.* Que se rebela. 2 Indócil.

rebeldía *f.* Calidad o acción de rebelde.

rebelión *f.* Ac. y ef. de rebelarse. 2 DER. Delito contra el orden público.

reblandecer *tr.-prnl.* Poner blando.

rebobinar *tr.* Volver a enrollar el hilo de una bobina. 2 Arrollar hacia atrás el carrete de una película o de una cinta.

reborde *m.* Faja estrecha y saliente a lo largo del borde.

rebosadero *m.* Orificio de desagüe que llevan las bañeras, lavabos, etc., para evacuar el agua.

rebosar *intr.-prnl.* Derramarse un líquido por los bordes de un recipiente. - 2 *intr.-tr.* fig. Abundar con demasía una cosa.

rebotar *intr.* Botar repetidamente un cuerpo al chocar con otro.

rebote *m.* Ac. y ef. de rebotar.

rebotica *f.* Pieza que está detrás de la principal de la botica.

rebozar *tr.-prnl.* Cubrir el rostro. - 2 *tr.* Bañar una vianda en huevo, harina, etc.

rebozo *m.* Modo de llevar la capa cuando con él se cubre casi todo el rostro. 2 fig. Simulación, pretexto.

rebrotar *tr.* Retoñar.

rebufe *m.* Bufido del toro.

rebufo *m.* Expansión del aire alrededor de la boca del arma de fuego al salir el tiro.

rebujado, -da *adj.* Enmarañado, enredado; en desorden.

rebujina, -jiña *f.* fam. Bullicio.

rebujo *m.* Envoltorio hecho con desaliño.

rebullir *intr.-prnl.* Empezar a moverse lo que estaba quieto.

rebuscado, -da *adj.* Afectado.

rebuscamiento *m.* Exceso de adorno que degenera en afectación.

rebuscar *tr.* Buscar con curiosidad.

rebuznar *intr.* Dar rebuznos.

rebuzno *m.* Voz del asno.

recabar *tr.* Alcanzar, conseguir con instancias o súplicas.

recadero, -ra *m. f.* Persona que por oficio lleva recados.

recado *m.* Mensaje verbal. 2 Conjunto de objetos necesarios para algo.

recaer *intr.* Volver a caer. 2 Caer nuevamente enfermo de la misma dolencia. 3 Reincidir.

recalar *tr.-prnl.* Penetrar un líquido en los poros de un cuerpo. - 2 *intr.* Llegar una embarcación a un punto de la costa.

recalcar *tr.-prnl.* Apretar mucho una cosa con otra. 2 fig. Decir algo con lentitud y énfasis exagerado para destacarlo. - 3 *prnl.* fig. fam. Repetir una cosa muchas veces.

recalcitrante *adj.* Terco, obstinado en la resistencia.

recalcitrar *intr.* Retroceder. 2 fig. Resistir tenazmente a quien se debe obedecer.

recalentar *tr.* Volver a calentar o calentar demasiado.

recalzo *m.* Reparo en los cimientos de un edificio.

recamado *m.* Bordado de realce.

recámara *f.* Cuarto después de la cámara. 2 En las armas de fuego, lugar donde se pone el cartucho.

recambiar *tr.* Hacer segundo cambio. 2 Reemplazar en una máquina alguna de sus piezas por otra igual.

recambio *m.* Ac. y ef. de recambiar. 2 Pieza que puede sustituir a otra igual

en una máquina.

recapacitar *tr.* Reflexionar sobre los distintos puntos de un asunto.

recapitular *tr.* Recordar en resumen lo ya manifestado.

recargable *adj.* Que se puede recargar.

recargado, -da *adj.* Cargado otra vez o en exceso. 2 fig. Exagerado, excesivo.

recargar *tr.* Volver a cargar. 2 Aumentar la carga. 3 Agravar una cuota de impuesto.

recargo *m.* Nueva carga o aumento de carga.

recatado, -da *adj.* Prudente. 2 Honesto, modesto.

recatar *tr.* Encubrir, ocultar. - 2 *prnl.* Mostrar recelo en tomar una resolución.

recato *m.* Cautela, reserva. 2 Honestidad, modestia.

recauchutar *tr.* Reparar el desgaste de un neumático, cubierta, etc., recubriéndolo con una disolución de caucho.

recaudación *f.* Acción de recaudar. 2 Cantidad recaudada.

recaudar *tr.* Cobrar rentas o caudales. 2 Asegurar, poner o tener en custodia.

recaudo *m.* Recaudación. 2 Precaución, cuidado. 3 Custodia.

recazo *m.* Parte intermedia comprendida entre la hoja y la empuñadura de la espada y de otras armas blancas. 2 Parte del cuchillo opuesta al filo.

recebo *m.* Arena que se extiende sobre el firme de una carretera.

recelar *tr.* Temer, desconfiar.

recelo *m.* Ac. y ef. de recelar.

receloso, -sa *adj.* Que tiene recelo.

recensión *f.* Reseña.

recental *adj.-s.* Díc. del cordero o del ternero de leche.

recepción *f.* Ac. y ef. de recibir. 2 Reunión con carácter de fiesta que se celebra en algunas casas. 3 Lugar destinado en un establecimiento de hostelería para recibir a los huéspedes.

recepcionista *com.* Persona encargada de atender al público en una oficina de recepción.

receptáculo *m.* Cavidad que contiene o puede contener algo.

receptar *tr.* Encubrir delincuentes o cosas que son materia de delito. 2 Recibir, acoger.

receptividad *f.* Cualidad de receptivo.

receptivo, -va *adj.* Que recibe o es capaz de recibir.

receptor, -ra *adj.-s.* Que recibe. 2 Díc. del aparato que recibe las transmisiones telegráficas o telefónicas. - 3 *m. f.* Persona que recibe el mensaje en un acto de comunicación. 4 MED. Persona a la que se le ha transplantado un órgano.

recesión *f.* Ac. y ef. de retroceder. 2 ECON. Aminoramiento de la actividad económica.

recesivo, -va *adj.* ECON. Que tiende a la recesión o la provoca.

receso *m.* Separación, desvío. 2 Intermedio.

receta *f.* Nota en que el médico indica los medicamentos que debe tomar el enfermo. 2 p. ext. Nota de los componentes de un producto y el modo de prepararlo.

recetar *tr.* Prescribir un medicamento.

recetario *m.* Registro o libro de recetas.

recibí *m.* Expresión con que en los recibos se declara haber recibido aquello de que se trata.

recibidor, -ra *adj.-s.* Que recibe. - 2 *m.* Pieza que da entrada a un piso.

recibimiento *m.* Recepción.

recibir *tr.* Tomar uno lo que le dan. 2 Cobrar. 3 Admitir. 4 Aprobar. 5 Padecer un daño. 6 Admitir visitas.

recibo *m.* Recepción. 2 Escrito o resguardo firmado en que se declara haber recibido algo. ▷ *Acusar ~*, declarar haber recibido cartas, paquetes, etc. *Ser de ~*, ser admisible.

reciclar *tr.* Someter repetidamente una materia a un mismo ciclo. 2 Aprovechar algo para un nuevo uso. - 3 *tr.-prnl.* Proporcionar una formación complementaria para mejorar la situación de alguien.

reciedumbre *f.* Fuerza, vigor.

recién *adv. t.* Inmediatamente antes. - 2 *adv. m.* Solamente.

reciente *adj.* Nuevo, acabado de hacer.

recinto *m.* Espacio comprendido dentro de ciertos límites.

recio, -cia *adj.* Fuerte, robusto. 2 Áspero, duro de genio. 3 Duro, grave, difícil de soportar.

recipiendario, -ria *m. f.* El que es recibido solemnemente en una corporación.

recipiente *adj.* Que recibe. - 2 *m.* Receptáculo.

reciprocar *tr.-prnl.* Hacer que dos cosas se correspondan. - 2 *tr.* Responder a una acción con otra semejante.

reciprocidad *f.* Correspondencia mutua.

recíproco, -ca *adj.* Igual en la correspondencia de uno a otro.

recital *m.* Concierto en que un artista ejecuta varias obras musicales con un solo instrumento; p. ext., lectura de composiciones poéticas.

recitar *tr.* Decir en voz alta, versos, lecciones, etc.

recitativo, -va *adj.* Que tiene forma de recitado. 2 Que emplea el recitado.

reclamación *f.* Ac. y ef. de reclamar. 2 Oposición o impugnación que se hace a una cosa.

reclamar *intr.* Clamar contra una cosa. - 2 *tr.* Exigir con derecho.

reclamo *m.* Ave amaestrada con que se atrae a otras. 2 Instrumento para llamar a las aves de caza imitando su voz. 3 Anuncio, propaganda.

reclinar *tr.-prnl.* Inclinar el cuerpo o parte de él apoyándolo sobre alguna cosa.

reclinatorio *m.* Mueble acomodado para arrodillarse y orar.

recluir *tr.* Poner en reclusión, encerrar.

reclusión *f.* Encierro o prisión.

recluso, -sa *p. p. irreg.* de *recluir.* - 2 *m. f.* Preso.

recluta *m.* Mozo alistado para el servicio militar obligatorio.

reclutamiento *m.* Ac. y ef. de reclutar. 2 Conjunto de los reclutas de un año.

reclutar *tr.* Alistar reclutas. 2 p. ext. Alistar personas para algún fin.

recobrar *tr.-prnl.* Volver a adquirir lo que antes se tenía. - 2 *prnl.* Repararse de un daño recibido. 3 Volver en sí.

recocer *tr.-prnl.* Volver a cocer.

recochinearse *prnl.* vulg. Divertirse por un mal o percance que le ocurre a otro.

recodar *intr.-prnl.* Recostarse o descansar sobre el codo.

recodo *m.* Ángulo que forman las calles, caminos, ríos, etc.

recogedor, -ra *adj.* Que recoge o da acogida a uno. - 2 *m.* Utensilio para recoger del suelo la basura amontonada al barrer.

recogepelotas *com.* Muchacho encargado de recoger las pelotas que salen fuera de un terreno de juego.

recoger *tr.* Volver a coger. 2 Guardar, alzar. 3 Estrechar. 4 Dar asilo, acoger. 5 Reunir ordenadamente. - 6 *prnl.* Retirarse.

recogido, -da *adj.* Que tiene recogimiento y vive retirado de las gentes.

recogimiento *m.* Ac. y ef. de recoger o recogerse.

recolección *f.* Ac. y ef. de recolectar. 2 Recopilación. 3 Cosecha.

recolectar *tr.* Recoger la cosecha.

recoleto, -ta *adj.-s.* Religioso que vive con retiro y abstracción.

recomendación *f.* Ac. y ef. de recomendar. 2 Consejo. 3 Alabanza de un sujeto para introducirlo con otro.

recomendar *tr.* Pedir a uno que tome a su cargo una persona. 2 Hablar por uno elogiándole.

recompensa *f.* Ac. y ef. de recompensar. 2 Lo que sirve para recompensar.

recompensar *tr.* Compensar. 2 Retribuir o remunerar. 3 Premiar.

recomponer *tr.* Componer de nuevo, reparar.

reconcentrar *tr.* Introducir, internar una cosa en otra. - 2 *prnl.* Abstraerse.

reconciliar *tr.-prnl.* Restablecer la concordia.

reconcomerse *prnl.* Concomerse en demasía.

reconcomio *m.* Deseo. 2 fig. Recelo o sospecha. 3 fam. Ira y rencor ocultos.

recóndito, -ta *adj.* Muy escondido.

reconfortar *tr.* Confortar, reanimar.

reconocer *tr.* Distinguir de las demás una persona o cosa. 2 p. ext. Examinar con cuidado. 3 Confesar la gratitud debida. 4 Aceptar.

reconocido, -da *adj.* Agradecido.

reconocimiento *m.* Ac. y ef. de reconocer. 2 Gratitud.

reconquista *f.* Ac. y ef. de reconquistar. 2 p. ant. Lucha de los cristianos contra los moros en la Península Ibérica, hasta su expulsión total en 1492.

reconquistar *tr.* Volver a conquistar.

reconsiderar *tr.* Volver a considerar. 2 Someter algo a un examen crítico; tratarlo según nuevos puntos de vista.

reconstituir *tr.* Volver a constituir. 2 MED. Dar o volver al organismo sus condiciones normales.

reconstituyente *adj.-m.* Díc. del remedio que tiene virtud de reconstituir.

reconstruir *tr.* Volver a construir. 2 fig. Unir.

reconvención *f.* Acción de reconvenir. 2 Argumento con que se reconviene.

reconvenir *tr.* Reprender a uno por lo que ha dicho o hecho.

reconversión *f.* Adaptación de alguien o algo a una situación nueva.

reconvertir *tr.* Hacer que vuelva a su ser, estado o creencia lo que había sufrido un cambio. 2 Proceder a la reconversión.

recopilación *tr.* Compendio. 2 Colección de escritos.

recopilar *tr.* Juntar en compendio.

récord *m.* Hazaña deportiva que excede a las realizadas en el mismo género. 2 p. ext. Hecho que sobrepasa lo registrado hasta entonces referente a un aspecto determinado.

recordar *tr.* Traer algo a la memoria.

recordatorio *m.* Aviso para hacer recordar algo. 2 Estampa religiosa con motivo de algún acto o suceso.

recordman *com.* Persona que ha conseguido realizar un récord deportivo.

recordwoman *f.* Mujer que ha conseguido realizar un récord deportivo.

recorrer *tr.* Atravesar de un cabo a otro un espacio. 2 p. ext. Registrar.

recorrido *m.* Espacio que se recorre.

recortar *tr.* Cercenar lo que sobra. 2 Cortar con arte papel u otra cosa.

recorte *m.* Ac. y ef. de recortar. 2 Noticia breve de un periódico. 3 Disminución.

recostar *tr.-prnl.* Reclinar la parte superior del cuerpo el que está de pie o sentado.

recoveco *m.* Vuelta y revuelta de un callejón, pasillo, arroyo, etc. 2 fig. Rodeo de que uno se vale para conseguir un fin.

recreación *f.* Ac. y ef. de recrear o recrearse. 2 Diversión.

recrear *tr.-prnl.* Divertir. 2 Producir de nuevo.

recreativo, -va *adj.* Que recrea o es capaz de causar diversión.

recrecer *tr.-intr.* Aumentar una cosa. - 2 *prnl.* Reanimarse, cobrar bríos.

recreo *m.* Recreación. 2 Lugar dispuesto para diversión.

recriar *tr.* Dar a un ser nuevos elementos de vida y fuerza para su completo desarrollo.

recriminar *tr.* Reprender. 2 Responder a unos cargos con otros.

recrudecer *intr.-prnl.* Tomar nuevo incremento un mal.

rectal *adj.* Perten. o rel. al intestino recto.

rectangular *adj.* Perten. o rel. al ángulo recto o al rectángulo.

rectángulo, -la *adj.* Rectangular. - 2 *m.* GEOM. Paralelogramo de ángulos rectos y lados contiguos desiguales.

rectificación *f.* Ac. y ef. de rectificar.

rectificar *tr.* Corregir una cosa para que sea más exacta. 2 ELECTR. Convertir la corriente alterna en continua.

rectilíneo, -a *adj.* De líneas rectas.

rectitud *f.* Distancia más breve entre dos puntos. 2 fig. Calidad de recto o justo.

recto, -ta *adj.* Que no se inclina a un lado ni a otro. 2 fig. Justo, severo. - 3 *adj.-m.* Díc. de la última porción del intestino grueso. - 4 *f.* Línea recta.

rector, -ra *adj.-s.* Que rige. - 2 *m. f.* Superior encargado del gobierno y mando de un colegio, comunidad o universidad.

rectorado *m.* Oficio y oficina del rector. 2 Tiempo que se ejerce.

rectoral *adj.* Perten. o rel. al rector.

rectriz *f.* Pluma fuerte de la cola de las aves, usada como timón.

recua *f.* Conjunto de animales de carga que sirve para trajinar.

recuadro *m.* División en una superficie en forma de cuadro. 2 Espacio encerrado por líneas para hacer resaltar una noticia.

recubrir *tr.* Volver a cubrir.

recuento *m.* Segunda cuenta que se hace de una cosa. 2 Escrutinio.

recuerdo *m.* Imagen por la cual se reitera en la mente hechos ya percibidos. 2 fig. Regalo. - 3 *m. pl.* Memorias (saludo).

recular *intr.* Cejar, retroceder.

recuperar *tr.* Recobrar. - 2 *prnl.* Volver en sí.

recurrente *adj.* Que recurre. 2 Díc. del fenómeno que vuelve a su punto de partida.

recurrir *intr.* Acudir a un juez o autoridad con una demanda. 2 Acogerse al favor de uno o emplear medios para un fin.

recursividad *f.* Propiedad de lo que puede repetirse indefinidamente.

recurso *m.* Ac. y ef. de recurrir. 2 Memorial, solicitud, petición por escrito. - 3 *m. pl.* Bienes, medios de vida.

recusar *tr.* Negarse a admitir una cosa o persona.

rechazar *tr.* Resistir un cuerpo a otro. 2 p. anal. Resistir al enemigo. 3 fig. Mostrar oposición hacia alguien o algo. 4 MED. Reaccionar el organismo en contra de un órgano trasplantado.

rechazo *m.* Ac. y ef. de rechazar. 2 MED. Reacción de intolerancia de un organismo respecto a un trasplante.

rechifla *f.* Burla.

rechinar *intr.* Hacer una cosa un sonido desapacible por frotar con otra.

rechoncho, -cha *adj.* fam. Díc. de la persona o animal grueso y de poca altura.

rechupado, -da *adj.* Flaco, enjuto.

red *f.* Aparejo hecho con hilos, cuerdas o alambres trabados en forma de mallas, dispuesto para pescar, cazar, etc. 2 Redecilla para el pelo. 3 fig. Lazo, ardid. 4 fig. Conjunto de vías de comunicación. 5 DEP. Malla que cierra por detrás la portería en ciertos juegos.

redacción *f.* Ac. y ef. de redactar. 2 Oficina donde se redacta. 3 Conjunto de redactores de un periódico, casa editorial, libro, etc.

redactar *tr.* Escribir cartas, artículos, etc.

redactor, -ra *adj.-s.* Que redacta. - 2 *m. f.* Persona que forma parte de una redacción en una revista, casa editorial, etc.

redada *f.* Conjunto de personas o cosas cogidas de una vez.

redaño *m.* Mesenterio. - 2 *m. pl.* Valor.

redargüir *tr.* Convertir el argumento contra el que lo hace.

redecilla *f.* Tejido de mallas de que se hacen las redes. 2 Prenda de malla para recoger el pelo. 3 Segunda de las cuatro cavidades del estómago de los rumiantes.

rededor *m.* Contorno.

redención *f.* Ac. y ef. de redimir o redimirse. 2 fig. Remedio, refugio.

redentor, -ra *adj.-s.* Que redime. - 2 *m.* p. ant. Jesucristo.

redicho, -cha *adj.* Que habla pronunciando con una perfección afectada.

redil *m.* Aprisco cercado.

redimir *tr.* Rescatar de la esclavitud. 2 Dejar libre una cosa hipotecada. 3 *fig.* Librar de una obligación, dolor, etc.

redistribuir *tr.* Distribuir algo de nuevo. 2 Distribuir algo de forma diferente a como estaba.

rédito *m.* Renta o beneficio que rinde un capital.

redituar *tr.* Producir réditos o intereses un capital.

redivivo, -va *adj.* Aparecido, resucitado.

redoblar *tr.-prnl.* Doblar (aumentar). - 2 *tr.* Doblar la punta del clavo. 3 Repetir. - 4 *intr.* Tocar redobles.

redoble *m.* Toque vivo y sostenido en el tambor.

redoma *f.* Vasija de vidrio que va angostándose hacia la boca.

redomado, -da *adj.* Muy cauteloso y astuto.

redonda *f.* MÚS. Figura musical que equivale a cuatro tiempos en un compás menor.

redondear *tr.* Poner redondo. - 2 *prnl.* fig. Hacerse rico.

redondel *m.* Círculo. 2 Espacio destinado a la lidia en las plazas de toros.

redondilla *f.* Combinación métrica de cuatro versos octosílabos; riman el primero y cuarto y el segundo y tercero.

redondo, -da *adj.* De figura circular o esférica. 2 Claro, sin rodeo. 3 *fig.* Perfecto, completo, bien logrado.

redor *m.* Esterilla redonda.

reducción *f.* Ac. y ef. de reducir o reducirse.

reducido, -da *adj.* Estrecho, pequeño.

reducir *tr.* Volver una cosa al estado que tenía. 2 Mudar. 3 Disminuir. 4 Persuadir.

reducto *m.* Obra de campaña, cerrada. 2 *fig.* Paraje natural en el que se conservan especies raras o en extinción.

redundancia *f.* Demasiada abundancia; esp., exceso de palabras.

redundar *intr.* Resultar una cosa en beneficio o daño de alguno.

reduplicar *tr.* Redoblar, aumentar.

reedificar *tr.* Volver a edificar.

reeditar *tr.* Volver a editar una obra.

reeducar *tr.* Volver a enseñar el uso de los órganos o miembros perdidos o viciados.

reelegir *tr.* Volver a elegir.

reembolsar *tr.* Volver una cantidad a poder del que la había desembolsado. - 2 *prnl.* COM. Cobrar.

reembolso *m.* Ac. y ef. de reembolsar o reembolsarse. 2 *A* o *contra ~ ,* envío de una mercancía cuyo importe debe pagar el destinatario en el momento de recibirla.

reemplazar *tr.* Poner una persona o cosa en lugar de otra.

reemplazo *m.* Ac. y ef. de reemplazar. 2 Renovación parcial del ejército activo.

reemprender *tr.* Reanudar.

reencontrar *tr.-prnl.* Volver a encontrar.

reenganchado *m.* Soldado que permanece en el ejército después de haber cumplido el servicio militar.

reestrenar *tr.* Volver a representar una obra teatral o cinematográfica.

reestructurar *tr.* Modificar la estructura de algo. 2 Reorganizar la utilización de algo. - 3 *tr.-prnl.* Reorganizar algo.

reexpedir *tr.* Expedir una cosa que se ha recibido.

reexportar *tr.* COM. Exportar lo que se había importado.

refacción *f.* Alimento moderado que se toma para reparar las fuerzas.

refectorio *m.* Comedor de una comunidad o de algunos colegios.

referencia *f.* Relación de una cosa respecto de otra. 2 Informe acerca de la solvencia de una persona.

referéndum *m.* Consulta por voto directo que se hace al pueblo.

referente *adj.* Que hace referencia a una cosa.

referir *tr.* Contar un hecho. 2 Relacionar. - 3 *prnl.* Remitir. 4 Aludir.

refilón (de ~) *loc. adv.* Oblicuamente.

refinado, -da *adj.* fig. Sobresaliente, muy fino. 2 fig. Astuto, malicioso.

refinamiento *m.* Esmero, buen gusto. 2 Ensañamiento.

refinar *tr.* Hacer una cosa más pura y fina. 2 *fig.* Perfeccionar. - 3 *prnl.* Perder la rudeza o vulgaridad.

refinería *f.* Complejo industrial donde se refina un producto.

refino, -na *adj.* Muy fino y acendrado.

refirmar *tr.* Apoyar una cosa sobre otra. 2 Confirmar, ratificar.

refitolero, -ra *adj.-s.* Díc. de la persona afectada, redicha. 2 *fig.* Entremetido.

reflectar *tr.* FÍS. Reflejar.

reflector, -ra *adj.-s.* Que refleja. - 2 *m.* Aparato para reflejar los rayos luminosos.

reflejar *tr.-prnl.* Hacer retroceder o cambiar de dirección la luz, el sonido, etc. - 2 *tr.* Manifestar o hacer patente. - 3 *prnl.* Dejarse ver una cosa en otra.

reflejo, -ja *adj.* Que ha sido reflejado. 2 Díc. del acto que obedece a excitaciones no percibidas por la conciencia. - 3 *m.* Luz reflejada. 4 Representación, imagen.

réflex *m.* Sistema de visor de algunas cámaras que reproduce la imagen del objetivo.

reflexión *f.* Ac. y ef. de reflejar. 2 Ac. y ef. de reflexionar.

reflexionar *tr.* Pensar o considerar algo con detenimiento.

reflexivo, -va *adj.* Que refleja. 2 Acostumbrado a hablar y a obrar con reflexión.

reflotar *tr.* Volver a poner a flote una nave sumergida o encallada. 2 fig. Sanear la economía de una empresa con dificultades financieras.

refluir *intr.* Hacer retroceso un líquido. 2 fig. Redundar.

reflujo *m.* Movimiento de descenso de la marea. 2 Retroceso.

refocilar *tr.-prnl.* Recrear, alegrar. - 2 *prnl.* Regodearse, recrearse en algo grosero.

reforma *f.* Ac. y ef. de reformar.

reformar *tr.* Rehacer. 2 Arreglar, corregir. - 3 *prnl.* Enmendarse, corregirse.

reformatorio, -ria *adj.* Que reforma. - 2 *m.* Establecimiento penitenciario para corregir a delincuentes menores de edad.

reformismo *m.* Doctrina que procura el cambio de una situación política, social, religiosa, etc., sin cambios radicales.

reformista *adj.-com.* Partidario del reformismo.

reforzar *tr.* Añadir nuevas fuerzas. 2 Fortalecer. - 3 *tr.-prnl.* Animar.

refracción *f.* Ac. y ef. de refractar o refractarse.

refractar *tr.-prnl.* Hacer que cambie de dirección un rayo luminoso.

refractario, -ria *adj.* Díc. de la persona que rehúsa cumplir una promesa u obligación. 2 Opuesto, rebelde a algo. 3 Que resiste la acción del fuego.

refrán *m.* Dicho agudo y sentencioso de uso común.

refranero *m.* Colección de refranes.

refrangible *adj.* Que puede refractarse.

refregar *tr.* Estregar una cosa con otra. 2 fig. fam. Dar en cara a uno con una cosa que le ofende, insistiendo en ella.

refreír *tr.* Volver a freír o freír mucho.

refrenar *tr.* Sujetar con el freno. 2 Contener, reprimir.

refrendar *tr.* Autorizar un documento.

refrendo *m.* Ac. y ef. de refrendar.

refrescante *adj.* Que refresca.

refrescar *tr.* Moderar el calor. 2 Renovar. - 3 *intr.* Tomar fuerzas. - 4 *intr.-prnl.* Tomar el fresco.

refresco *m.* Refrigerio. 2 Bebida fría.

refriarse *prnl.* Enfriarse, acatarrarse.

refriega *f.* Pelea.

refrigerador, -ra *adj.-s.* Que refrigera. 2 Díc. del aparato para refrigerar.

refrigerar *tr.-prnl.* Refrescar.

refrigerio *m.* Alivio que proporciona lo fresco. 2 fig. Alimento que se toma para reparar las fuerzas.

refringente *adj.* Díc. del cuerpo que refracta la luz.

refrito, -ta p. p. irreg. de *refreír.* - 2 *m.* Aceite frito con ajo, cebolla, etc., que se añade caliente a algún guisado.

refuerzo *m.* Reparo para fortalecer una cosa. 2 Ayuda. - 3 *m. pl.* Tropas que se suman a otras para aumentar su fuerza.

refugiado, -da *adj.-s.* Díc. de la persona que busca asilo en país extranjero.

refugiar *tr.-prnl.* Proteger, amparar.

refugio *m.* Asilo, amparo. 2 Andén donde los peatones pueden detenerse al resguardo de los vehículos. 3 Abrigo situado en la montaña. 4 Construcción, generalmente subterránea, destinada a proteger de las bombas.

refulgente *adj.* Que emite resplandor.

refulgir *intr.* Resplandecer.

refundir *tr.* Volver a fundir. 2 fig. Dar nueva forma a una obra de ingenio.

refunfuñar *intr.* Emitir palabras mal articuladas en señal de enojo.

refutar *tr.* Contradecir, impugnar.

regadera *f.* Vasija portátil a propósito para regar. ▷ *Estar como una ~,* estar algo loco; ser extravagante.

regadío, -a *adj.-m.* Díc. del terreno que se puede regar.

regala *m.* Tablón que forma el borde de

las embarcaciones.

regalado, -da *adj.* Suave, cómodo y agradable.

regalar *tr.* Dar a uno una cosa. 2 Halagar. 3 Recrear. - 4 *prnl.* Tratarse bien.

regalía *f.* Prerrogativa que ejerce un soberano en su estado. 2 *fig.* Privilegio o excepción particular.

regaliz *m.* Planta leguminosa, de cuyo rizoma se extrae un jugo dulce.

regalo *m.* Dádiva, cosa que se regala. 2 Comodidad o gusto que se procura.

regañadientes (a~) *loc. adv.* De mala gana.

regañar *intr.* Gruñir el perro. 2 p. anal. Mostrar enfado. - 3 *tr.* fam. Reprender.

regañina *f.* Ac. y ef. de regañar. 2 Amonestación mediante gestos o palabras ásperas.

regar *tr.* Esparcir agua sobre la superficie de la tierra, las plantas, etc. 2 Atravesar un río o canal un territorio. 3 *fig.* Esparcir.

regata *f.* Reguera pequeña. 2 Competición deportiva de velocidad entre embarcaciones ligeras.

regate *m.* Movimiento rápido que se hace apartando el cuerpo.

regatear *tr.* Debatir el comprador y el vendedor el precio de una cosa. - 2 *intr.* Hacer regates. 3 Hacer regatas.

regatón *m.* Especie de contera que se pone en el extremo inferior de las lanzas.

regazo *m.* Parte del cuerpo de una persona sentada que va desde la cintura a la rodilla. 2 *fig.* Cosa que acoge a otra, dándole amparo o consuelo.

regencia *f.* Acción de regir o gobernar. 2 Empleo de regente. 3 Gobierno de un estado durante la menor edad del soberano.

regeneración *f.* Ac. y ef. de regenerar.

regeneracionismo *m.* Movimiento ideológico que tuvo lugar en España a fines del s. XIX y principios del XX.

regenerar *tr.-prnl.* Dar nuevo ser a una cosa que degeneró; restablecerla.

regentar *tr.* Ejercer un cargo de mando u honor. 2 Dirigir, sin ser el dueño, una farmacia, imprenta, etc.

regente *com.* Persona que desempeña una regencia.

regiamente *adv. m.* Con grandeza real. 2 *fig.* De manera suntuosa.

regicida *adj.-com.* Díc. del que mata a

un rey o reina, o que atenta contra ellos.

regidor, -ra *adj.* Que rige. - 2 *m. f.* Persona que cuida del orden de los movimientos y de los efectos escénicos.

régimen *m.* Modo de regir o de regirse. 2 Forma de gobierno. 3 MED. Conjunto de medidas sobre la alimentación que ha de seguir una persona por motivos de salud, para adelgazar, etc. 4 GRAM. Relación de dependencia que guardan entre sí las palabras en la oración.

regimiento *m.* Ac. y ef. de regir o regirse. 2 Unidad orgánica de una misma arma, cuyo jefe es un coronel.

regio, -gia *adj.* Perten. o rel. al rey. 2 *fig.* Suntuoso.

región *m.* Porción de territorio que tiene carácter propio. 2 Espacio.

regional *adj.* Perten. o rel. a una región.

regionalismo *m.* Doctrina política, según la cual cada región debe ser administrada, atendiendo especialmente a su modo de ser. 2 Palabra, giro o modo de expresión de carácter o empleo regional.

regionalización *f.* Descentralización mediante la transferencia de competencias a organismos de carácter regional.

regir *tr.* Gobernar, dirigir. 2 p. anal. Guiar. 3 GRAM. Expresar la subordinación de unas palabras a otras dentro de la oración. - 4 *intr.* Estar vigente. 5 Funcionar bien.

registrado, -da *adj.* Díc. de la marca o modelo que ha pasado por la formalidad del registro.

registrador, -ra *adj.* Que registra. - 2 *adj.-s.* Díc. del aparato destinado a señalar o inscribir determinados fenómenos físicos, operaciones, etc.

registrar *tr.* Examinar con cuidado en busca de alguien o algo. 2 Inscribir en un registro. 3 Señalar ciertos instrumentos determinados resultados o fenómenos. 4 Grabar el sonido o la imagen en una cinta o disco.

registro *m.* Ac. y ef. de registrar. 2 Libro en que se anotan ciertas cosas. 3 Lugar, edificio en donde se registra.

regla *f.* Instrumento para trazar líneas rectas. 2 Precepto, norma. 3 Moderación, tasa. 4 Ley básica. 5 MAT. Método de hacer una operación. 6 Menstruación. ▷ *En ~*, como es debido.

reglado, -da *adj.* Sujeto a precepto.

reglaje *m.* Reajuste que se efectúa en las piezas de un mecanismo.

reglamentación *f.* Ac. y ef. de reglamentar. 2 Conjunto de reglas.

reglamentar *tr.* Sujetar a reglamento.

reglamentario, -ria *adj.* Perten. o rel. al reglamento.

reglamento *m.* Conjunto de reglas para la ejecución de una ley, para el régimen de una colectividad, etc.

reglar *tr.* Tirar líneas con la regla. 2 Sujetar a reglas.

reglón *m.* Regla grande.

regocijar *tr.* Alegrar. - 2 *prnl.* Divertirse, recrearse.

regocijo *m.* Júbilo.

regodearse *prnl.* fam. Deleitarse.

regoldar *intr.* vulg. Eructar.

regolfar *intr.-prnl.* Retroceder el agua contra su corriente haciendo un remanso. 2 p. anal. Cambiar la dirección del viento por el choque con algún obstáculo.

regordete, -ta *adj.* fam. Pequeño y grueso.

regresar *intr.* Volver al lugar de donde se partió.

regresión *f.* Retroceso.

regresivo, -va *adj.* Que hace volver hacia atrás.

regreso *m.* Acción de regresar.

reguera *f.* Canal para el riego, en las huertas.

reguero *m.* Corriente a modo de pequeño arroyo. 2 Señal que queda de una cosa que se va vertiendo.

regulación *f.* Ac. y ef. de regular.

regulador, -ra *adj.* Que regula. - 2 *m.* Mecanismo para regular el funcionamiento de una máquina.

regular *adj.* Ajustado y conforme a regla. 2 Díc. de la figura en que los lados, ángulos, etc., son iguales entre sí. 3 Mediano. 4 GRAM. Díc. de la forma de expresión que se ajusta a una regla general. - 5 *tr.* Medir, ajustar, poner en orden.

regularidad *f.* Calidad de regular. 2 Puntualidad.

regularmente *adv. m.* Comúnmente, ordinariamente.

régulo *m.* Parte más pura de los minerales, después de separadas las impuras.

regurgitar *intr.* Expeler por la boca, sin vómito, lo contenido en el esófago o en el estómago.

regusto *m.* Sabor que queda de la comida o bebida. 2 Sensación que producen las vivencias pasadas.

rehabilitar *tr.-prnl.* Habilitar de nuevo.

rehacer *tr.* Volver a hacer lo deshecho. 2 Reponer, reparar.

rehecho, -cha *adj.* De estatura mediana, grueso o robusto.

rehén *m.* Persona capturada por alguien para obligar a cumplir a un tercero determinadas exigencias.

rehilamiento *m.* GRAM. Vibración que se produce en el lugar de articulación de algunas consonantes y que suma su sonoridad a la originada por la vibración de las cuerdas vocales.

rehogar *tr.* Sazonar una vianda a fuego lento.

rehoyo *m.* Barranco u hoyo profundo.

rehuir *tr.* Evitar una cosa por algún temor.

rehundir *tr.-prnl.* Sumergir a lo más hondo. 2 Ahondar.

rehusar *tr.* Rechazar o no aceptar.

reiforme *adj.-m.* Díc. del ave americana incapaz de volar pero buena corredora.

reimplantar *tr.* Volver a implantar.

reimportar *tr.* Importar lo que se había exportado.

reimpresión *f.* Ac. y ef. de reimprimir. 2 Conjunto de ejemplares reimpresos de una vez.

reimpreso, -sa *p. p.* irreg. de *reimprimir.*

reimprimir *tr.* Volver a imprimir.

reina *f.* Esposa del rey. 2 Mujer que ejerce la potestad real. 3 Pieza del ajedrez. 4 En los insectos sociales, hembra fecunda.

reinado *m.* Espacio de tiempo en que gobierna un rey o una reina. 2 p. ext. Espacio de tiempo en que predomina alguna cosa.

reinar *intr.* Regir un rey o príncipe un estado. 2 Dominar una persona o cosa sobre otras. 3 fig. Prevalecer o persistir.

reincidencia *f.* Reiteración de una misma culpa o defecto.

reincidir *intr.* Volver a caer en un error, falta o delito.

reincorporar *tr.-prnl.* Volver a incorporar.

reingresar *intr.* Volver a ingresar.

reino *m.* Territorio sujeto a un rey. 2 H. NAT. Denominación taxonómica que incluye a todos los seres naturales.

reinsertar *tr.-prnl.* Dar los medios necesarios para adaptarse a la vida social.

reinstalar *tr.* Volver a instalar.

reintegrar *tr.* Restituir. 2 Reconstituir la integridad de una cosa. - 3 *prnl.* Incorporarse de nuevo a una colectividad.

reintegro *m.* Pago (entrega). 2 En la lotería, premio igual a la cantidad jugada.

reír *intr.-prnl.* Mostrar regocijo. 2 fig. Burlarse.

reiteración *f.* Ac. y ef. de reiterar.

reiterar *tr.* Volver a decir o ejecutar.

reiterativo, -va *adj.* Que se reitera.

reivindicar *tr.* Reclamar uno lo que le pertenece.

reja *f.* Pieza del arado que remueve la tierra. 2 Red de barras de hierro para cerrar una abertura.

rejilla *f.* Celosía para cerrar una abertura. 2 p. ext. Abertura pequeña cerrada con rejilla (celosía). 3 Armazón de barras de hierro que sostiene el combustible en el hogar.

rejón *m.* Asta de madera con una punta de hierro para herir al toro.

rejonear *tr.* Herir el jinete al toro con el rejón.

rejuntar *tr.* Escoger, juntar. - 2 *prnl.* Amancebarse.

rejuvenecer *tr.-intr.-prnl.* Dar el vigor de la juventud.

relación *f.* Ac. y ef. de referir o contar. 2 Lista. 3 Conexión, enlace, correspondencia. 4 Trato.

relacionar *tr.* Hacer relación, referir. 2 Poner en relación. - 3 *prnl.* fig. Hacer amistad con alguien.

relajación *f.* Ac. y ef. de relajar o relajarse.

relajar *tr.* Aflojar, hacer que algo esté flojo o menos tenso. 2 fig. Hacer menos rigurosa la ley, la disciplina, etc. 3 fig. Esparcir el ánimo. - 4 *tr.-prnl.* Descansar.

relamer *tr.* Volver a lamer. - 2 *prnl.* Lamerse los labios.

relamido, -da *adj.* Afectado, pulcro en exceso.

relámpago *m.* Resplandor muy vivo producido en las nubes por una descarga eléctrica. 2 fig. Cosa que pasa ligeramente o es pronta en sus operaciones.

relampaguear *impers.* Haber relámpagos. - 2 *intr.* fig. Lanzar destellos.

relampagueo *m.* Acción de relampaguear.

relanzar *tr.* Dar nuevos impulsos a una actividad.

relapso, -sa *adj.-s.* Que reincide en un pecado o herejía.

relatar *tr.* Referir, contar.

relatividad *f.* Calidad de relativo. 2 FÍS. *Teoría de la ~,* conjunto de teorías formuladas por el físico alemán Einstein, sobre la imposibilidad de encontrar un sistema de referencia absoluto.

relativismo *m.* Doctrina filosófica que niega la existencia de toda verdad absoluta.

relativizar *tr.* Conceder a algo un valor o importancia menor.

relativo, -va *adj.* Que hace relación a una persona o cosa. 2 No absoluto. - 3 *adj.-m.* GRAM. Díc. de la palabra que relaciona una oración subordinada a un elemento de la oración principal.

relato *m.* Acción de relatar. 2 Narración breve, cuento.

relator, -ra *adj.-s.* Que relata o refiere.

relax *m.* Relajación física o psíquica.

releer *tr.* Leer de nuevo.

relegar *tr.* Desterrar. 2 fig. Posponer.

relente *m.* Humedad de la atmósfera en las noches serenas.

relevación *f.* Ac. y ef. de relevar.

relevante *adj.* Sobresaliente, excelente. 2 Importante o significativo.

relevar *tr.* Hacer de relieve. 2 Exonerar de un gravamen o de un empleo. 3 Reemplazar. 4 MIL. Mudar una guardia, centinela, etc. - 5 *rec.* Turnarse.

relevista *adj.-com.* DEP. Persona que practica algún deporte de relevos.

relevo *m.* Acción de relevar. - 2 *m. pl.* DEP. Competición deportiva por equipos cuyos componentes se suceden a cada tramo prefijado del recorrido.

relicario *m.* Lugar donde se guardan las reliquias. 2 Caja o estuche para guardarlas.

relieve *m.* Labor o figura que resalta sobre un plano. 2 fig. Mérito, renombre. ▷ *Poner de ~,* destacar.

religión *f.* Conjunto de creencias o dogmas, normas éticas y morales, y prácticas rituales que relacionan al hombre con la divinidad. 2 Virtud que nos mueve a dar a Dios el culto debido.

religiosamente *adv. m.* Con religión. 2 Con puntualidad y exactitud.

religiosidad *f.* Esmero en cumplir los deberes religiosos. 2 Puntualidad, exactitud.

religioso, -sa *adj.-s.* Que ha tomado hábito en una orden religiosa. - 2 *adj.* Perten. o rel. a la religión. 3 Que tiene religiosidad.

relinchar *intr.* Emitir su voz el caballo.

relincho *m.* Voz del caballo.

relinga *f.* Cuerda en que van colocados los plomos y corchos en las redes. 2 Cabo que refuerza la orilla de una vela.

reliquia *f.* Residuo de una cosa. 2 Parte del cuerpo de un santo, o cosa que lo ha tocado. 3 fig. Vestigio de cosas pasadas.

reloj *m.* Instrumento para medir el tiempo. 2 *Contra* ~, en un plazo de tiempo demasiado corto. ▷ *Como un* ~, en perfecto estado.

relojería *f.* Arte y tienda del relojero.

relojero, -ra *m. f.* Persona que tiene por oficio componer o vender relojes.

relucir *intr.* Despedir o reflejar luz una cosa resplandeciente. 2 fig. Resplandecer uno en alguna cualidad. ▷ *Salir* o *sacar a* ~, mentar, alegar de modo inesperado.

reluctancia *f.* ELECTR. Resistencia que ofrece un circuito al flujo magnético.

reluctante *adj.* Reacio, opuesto.

relumbrar *intr.* Dar viva luz, resplandecer.

relumbro, -brón *m.* Golpe de luz vivo y pasajero.

rellano *m.* Descansillo.

rellenar *tr.* Volver a llenar. 2 Llenar de carne picada u otros ingredientes un ave u otro manjar.

relleno, -na *adj.* Muy lleno. - 2 *m.* Picadillo para rellenar. 3 fig. Parte superflua que alarga una oración o escrito.

rem *m.* Unidad de medida de los efectos de emisiones radiactivas.

remachar *tr.* Machacar la punta o la cabeza del clavo ya clavado. 2 fig. Confirmar lo que se ha dicho.

remache *m.* Ac. y ef. de remachar. 2 Roblón.

remanente *m.* Residuo de una cosa.

remanguillé (a la ~ **)** *loc. fam.* Daña-

do, estropeado, en mal estado. 2 En completo desorden.

remansarse *prnl.* Detenerse la corriente de un líquido.

remanso *m.* Detención de la corriente de un líquido. 2 Lugar tranquilo.

remar *intr.* Mover convenientemente el remo para impeler la embarcación.

remarcar *tr.* Volver a marcar una cosa. 2 GALIC. Notar, darse cuenta de algo.

rematadamente *adv. m.* Totalmente.

rematado, -da *adj.* Díc. de la persona que se halla en tan mal estado, que es imposible su remedio.

rematar *tr.* Acabar de matar. 2 Acabar, concluir. 3 Terminar.

remate *m.* Fin, cabo, extremidad o conclusión de una cosa. 2 Adjudicación en subasta. 3 DEP. Disparo a gol.

remedar *tr.* Imitar, contrahacer.

remediar *tr.-prnl.* Reparar un daño. 2 Socorrer una necesidad. 3 Evitar.

remedio *m.* Medio que se toma para reparar un daño. 2 Lo que en las enfermedades sirve para producir un cambio favorable. 3 Recurso, auxilio.

remembranza *f.* Recuerdo de una cosa pasada.

rememorar *tr.* Recordar.

remendar *tr.* Reforzar lo viejo o roto con algún remiendo. 2 Corregir, enmendar.

remera *f.* Pluma larga y rígida con que terminan las alas de las aves.

remero, -ra *m. f.* Persona que rema.

remesa *f.* Envío de una cosa. 2 La cosa enviada en cada vez.

remeter *tr.* Volver a meter o meter más adentro.

remiendo *m.* Pedazo de tela que se cose a lo que está viejo o roto. 2 Pequeña reparación.

rémige *f.* Pluma mayor de las alas.

remilgarse *prnl.* Repulirse.

reminiscencia *f.* Recuerdo. 2 Lo que sobrevive de una cosa.

remirar *tr.* Volver a mirar. - 2 *prnl.* Esmerarse mucho.

remisión *f.* Ac. y ef. de remitir.

remisivo, -va *adj.* Que remite o sirve para remitir.

remiso, -sa *adj.* Flojo, irresoluto.

remisorio, -ria *adj.* Que tiene virtud o facultad de remitir o perdonar.

remite *m.* Nota que se pone en el sobre, paquete, etc., para indicar el remitente.

remitente *adj.-s.* Que remite.

remitido *m.* Comunicado de periódico.

remitir *tr.* Enviar. 2 en gral. Diferir. 3 esp. Indicar en un escrito un lugar que tenga relación con lo que se trata. 4 Ceder, perder intensidad.

remo *m.* Instrumento en forma de pala larga para impulsar la embarcación.

remodelar *tr.* Modificar, transformar, mejorar. 2 Reorganizar, reestructurar.

remojar *tr.* Empapar en agua una cosa. 2 fig. Celebrar uno cualquier asunto feliz convidando a beber a sus amigos.

remolacha *f.* Planta de tallo derecho, hojas grandes y raíz fusiforme, de la cual se extrae azúcar.

remolcable *adj.* Que se puede remolcar.

remolcador, -ra *adj.-s.* Que remolca. - 2 *m.* Embarcación potente destinada a remolcar a los barcos.

remolcar *tr.* MAR. Llevar una embarcación a otra. 2 p. anal. Llevar por tierra un vehículo a otro.

remolinar *intr.-prnl.* Hacer o formar remolinos una cosa; arremolinarse. 2 fig. Apiñarse, amontonarse.

remolinear *tr.* Mover una cosa alrededor en forma de remolino.

remolino *m.* Movimiento giratorio y rápido del aire, el agua, el polvo, etc.

remolón, -lona *adj.-s.* Flojo, perezoso.

remolonear *intr.-prnl.* Resistirse a obrar por flojedad o pereza.

remolque *m.* Ac. y ef. de remolcar. 2 Cabo con que se remolca. 3 Cosa remolcada.

remontar *tr.* Elevar por el aire. 2 fig. Encumbrar. 3 Proveer de nuevos caballos a la tropa. - 4 *prnl.* Volar muy alto.

rémora *f.* Pez marino teleósteo que se adhiere fuertemente a otros peces y a objetos flotantes. 2 fig. Obstáculo.

remorder *tr.* Volver a morder. 2 fig. Causar remordimiento.

remordimiento *m.* Pesar interior de quien ha obrado mal.

remotamente *adv. t.* En la lejanía del tiempo. - 2 *adv. m.* fig. Sin verosimilitud.

remoto, -ta *adj.* Distante, lejano. 2 fig. Poco probable.

remover *tr.* Trasladar de un lugar a otro. 2 Conmover, alterar, apartar.

remozar *tr.-prnl.* Dar o comunicar cierta lozanía propia de la juventud.

remudar *tr.* Reemplazar a una persona o cosa con otra.

remuneración *f.* Ac. y ef. de remunerar.

remunerar *tr.* Recompensar, premiar, pagar.

renacentista *adj.* Perten. o rel. al Renacimiento. - 2 *adj.-com.* Díc. de la persona que cultiva los estudios propios del Renacimiento.

renacer *intr.* Volver a nacer. 2 fig. Recobrar fuerzas.

renacimiento *m.* Acción de renacer. 2 Época que comienza a mediados del s. XV y finaliza con el s. XVI, caracterizada por el estudio de la antigüedad clásica griega y latina.

renacuajo *m.* Larva de la rana. 2 fig. Muchacho enclenque.

renal *adj.* Perten. o rel. al riñón.

rencilla *f.* Cuestión o riña de que queda algún encono.

renco, -ca *adj.-s.* Cojo.

rencor *m.* Resentimiento tenaz.

rencoroso, -sa *adj.* Que tiene rencor.

rendibú *m.* Acatamiento, agasajo.

rendición *f.* Ac. y ef. de rendir o rendirse.

rendido, -da *adj.* Sumiso, obsequioso, galante. 2 Muy cansado.

rendija *f.* Raja, grieta.

rendimiento *m.* Fatiga, cansancio. 2 Sumisión, humildad. 3 Producto, utilidad.

rendir *tr.-prnl.* Vencer, obligar a las tropas o plazas enemigas a que se entreguen. 2 Someter. 3 Cansar, fatigar.

renegado, -da *adj.-s.* Que renuncia la ley de Jesucristo; sus creencias o ideología. 2 fig. Desabrido, detractor.

renegar *tr.* Negar con instancia. 2 Detestar, abominar. - 3 *intr.* Abandonar una religión. 4 fig. fam. Decir injurias.

renegociar *tr.* Negociar con el fin de introducir modificaciones.

renegrido, -da *adj.* Díc. del color cárdeno muy oscuro.

renglón *m.* Serie de palabras escritas o impresas en línea recta. ▷ *A ~ seguido*, a continuación. *Leer entre renglones*, penetrar en uno la intención velada.

reniforme *adj.* De forma de riñón.

renio *m.* Elemento químico muy raro, de color blanco.

renitente *adj.* Que se resiste a hacer o

admitir una cosa.

reno *m.* Mamífero rumiante de los países septentrionales.

renombrado, -da *adj.* Célebre, famoso.

renombre *m.* Sobrenombre. 2 Fama, prestigio.

renovación *f.* Ac. y ef. de renovar.

renovar *tr.-prnl.* Hacer como de nuevo una cosa. 2 Reanudar. - 3 *tr.* Trocar lo viejo por lo nuevo.

renquear *intr.* Cojear. 2 fig. Tener dificultades en alguna empresa, negocio, etc.

renta *f.* Beneficio que rinde anualmente una cosa. 2 Lo que paga en dinero o en frutos un arrendatario. 3 Deuda pública.

rentabilizar *tr.* Hacer rentable.

rentable *adj.* Que produce renta suficiente o remuneradora.

rentar *tr.* Producir renta.

rentista *com.* Persona que conoce materias de hacienda pública. 2 Persona que principalmente vive de sus rentas.

renuencia *f.* Repugnancia a hacer una cosa.

renuente *adj.* Indócil, remiso.

renuevo *m.* Vástago que echa el árbol después de podado o cortado.

renuncia *f.* Acción de renunciar. 2 Documento que contiene la renuncia.

renunciar *tr.* Dejar voluntariamente. 2 p. anal. No querer admitir o aceptar una cosa.

reñido, -da *adj.* Díc. de la persona que se ha peleado o enemistado con otra. 2 De mucha rivalidad.

reñir *intr.* Disputar, pelear. 2 Desavenirse. - 3 *tr.* Reprender.

reo *com.* Persona que, por haber cometido una culpa, merece castigo.

reoca *f.* fam. Extraordinario.

reómetro *m.* Aparato para medir la cantidad de agua que lleva una corriente.

reorganización *f.* Ac. y ef. de reorganizar.

reorganizar *tr.* Volver a organizar.

reorientar *tr.* fig. Dar una orientación nueva.

reóstato *m.* Instrumento que hace variar la resistencia en un circuito eléctrico.

repantigarse *prnl.* Arrellanarse.

reparación *f.* Ac. y ef. de reparar.

reparar *tr.* Componer, enmendar el daño o agravio. 2 Restablecer las fuerzas. 3 Notar, advertir. 4 Considerar. - 5 *intr.-prnl.* Detenerse por algún inconveniente.

reparo *m.* Reparación. 2 Advertencia. 3 Duda, dificultad. 4 Cosa que resguarda.

repartición, repartimiento *m.* Ac. y ef. de repartir.

repartir *tr.* Distribuir entre varios. 2 Dar a cada cosa su destino.

reparto *m.* Repartición. 2 Distribución de papeles entre actores.

repasar *tr.* Volver a pasar. 2 Examinar una obra para corregir sus imperfecciones. 3 Releer lo estudiado.

repatear *tr.* fam. Fastidiar, molestar.

repatriar *tr.* Hacer que uno regrese a su patria.

repecho *m.* Cuesta bastante pendiente y no larga.

repeinado, -da *adj.* Peinado de nuevo. 2 fig. Que se aliña con afectación y exceso.

repeinar *tr.* Volver a peinar, o peinar por segunda vez a alguien. - 2 *prnl.* Peinarse con mucho esmero.

repelar *tr.* Tirar del pelo.

repelente *adj.* Que repele. 2 Que produce repulsión. 3 fam. Que resulta antipático por creerse superior a los demás.

repeler *tr.* Arrojar de sí una cosa. 2 Rechazar, contradecir. 3 Causar repugnancia.

repelo *m.* Lo que no va al pelo. 2 fig. Repugnancia, desabrimiento.

repelón *m.* Tirón del pelo.

repelús *m.* Escalofrío producido por temor, desagrado o repugnancia.

repeluzno *m.* fam. Escalofrío.

repellar *tr.* Arrojar pelladas de yeso o cal a la pared.

repente *m.* fam. Movimiento súbito. ▷ *De* ~, prontamente, sin preparación.

repentino, -na *adj.* Pronto, impensado.

repentizador, -ra *adj.* Que repentiza.

repentizar *tr.* Ejecutar a la primera lectura piezas de música. 2 Improvisar.

repercusión *f.* Ac. y ef. de repercutir.

repercutir *intr.* Retroceder o mudar de dirección un cuerpo al chocar con otro. 2 Causar efecto una cosa en otra.

repertorio *m.* Lista de obras musicales o teatrales que tiene estudiadas una persona, compañía, etc. 2 Lista, catálogo.

repescar *tr.* fig. Admitir nuevamente al que ha sido eliminado en un examen, en una competición, etc.

repetición *f.* Ac. y ef. de repetir. 2 Disposición del arma de fuego que puede hacer varios disparos sin recargarse.

repetidor, -ra *adj.* Que repite. - 2 *m.* Amplificador de señal utilizado en las telecomunicaciones.

repetir *tr.* Volver a hacer o decir lo que se había hecho o dicho. - 2 *intr.* Venir a la boca el sabor de lo que se ha comido o bebido. 3 Volver al mismo curso.

repetitivo, -va *adj.* Que se repite.

repicar *tr.* Picar, desmenuzar mucho. 2 Tañer repetidamente las campanas en señal de fiesta o regocijo.

repintar *tr.* Pintar sobre lo pintado.

repipi *adj.* fam. Cursi, afectado.

repique *m.* Ac. y ef. de repicar.

repiquetear *tr.-intr.* Repicar vivamente.

repisa *f.* Elemento de construcción voladizo. 2 Estante.

replantar *tr.* Volver a plantar. 2 Trasplantar.

replantear *tr.* Trazar en el suelo la planta de una obra. 2 Volver a plantear.

replay *m.* Repetición de imágenes.

replegamiento *m.* Ac. y ef. de replegar.

replegar *tr.* Plegar muchas veces. - 2 *tr.-prnl.* Retirarse en buen orden las tropas.

repleto, -ta *adj.* Muy lleno.

réplica *f.* Ac. y ef. de replicar. 2 Argumento con que se replica. 3 Copia de una obra artística que reproduce con igualdad la original.

replicar *intr.* Argüir contra la respuesta o argumento. - 2 *intr.-tr.* Poner objeciones a lo que se dice o manda.

repliegue *m.* Pliegue doble. 2 Ac. y ef. de replegarse las tropas.

repoblación *f.* Ac. y ef. de repoblar. 2 Vegetación de terrenos repoblados.

repoblar *tr.* Volver a poblar. 2 Plantar árboles.

repollo *m.* Grumo o cabeza que forman apiñándose las hojas de ciertas plantas. 2 Variedad de col.

reponer *tr.* Volver a poner. 2 p. ext.

Completar lo que falta. 3 Replicar. - 4 *prnl.* Recobrar la salud o la hacienda.

reportación *f.* Sosiego, moderación.

reportaje *m.* Información o conjunto de noticias sobre un suceso, un tema o un personaje que se publica en los periódicos o se emite en el cine o la televisión.

reportar *tr.-prnl.* Refrenar, moderar. 2 Traer o llevar. 3 Alcanzar, lograr.

reporte *m.* Noticia.

reportero, -ra *adj.-s.* Periodista dedicado a recoger y redactar noticias.

reposacabezas *m.* Dispositivo donde se apoya la cabeza en determinados asientos.

reposado, -da *adj.* Sosegado, quieto.

reposapiés *m.* Banquillo colocado delante de una silla para descansar los pies. 2 Especie de estribo situado a ambos lados de las motocicletas para apoyar los pies.

reposar *intr.* Descansar. 2 Permanecer en quietud. - 3 *prnl.-intr.* Posarse un líquido.

reposo *m.* Ac. y ef. de reposar.

repostar *tr.-prnl.* Reponer provisiones, combustible, etc.

repostería *f.* Establecimiento y arte del repostero.

repostero, -ra *m. f.* Persona que por oficio hace o vende pastas, dulces, fiambres, etc.

reprender *tr.* Llamar la atención una persona a otra mostrándole que no aprueba lo que ha hecho.

reprensible *adj.* Digno de represión.

reprensión *f.* Acción de reprender.

represa *f.* Acción de represar.

represalia *f.* Derecho que se arrogan los enemigos para causarse recíprocamente un daño igual o mayor que el recibido.

represaliar *tr.-intr.* Tomar represalias.

represar *tr.* Detener o estancar el agua corriente. 2 fig. Contener, reprimir.

representación *f.* Ac. y ef. de representar o representarse. 2 Figura, imagen, idea que substituye a la realidad. 3 Autoridad, dignidad. 4 Conjunto de personas que representa a una colectividad. ▷ *En ~ de,* en sustitución de una persona.

representante *com.* Persona que representa a una casa comercial, a un cuerpo, etc.

representar *tr.-prnl.* Hacer presente algo en la imaginación por medio de palabras o figuras. - 2 *tr.* Ser imagen o símbolo de una cosa. 3 p. ext. Ejecutar una obra dramática. 4 Hacer las veces de uno.

representativo, -va *adj.* Que sirve para representar una cosa. 2 Que tiene condición ejemplar o de modelo.

represión *f.* Ac. y ef. de reprimir o reprimirse. 2 Acto desde el poder para detener o castigar con violencia actuaciones políticas o sociales.

represivo, -va *adj.* Que reprime. 2 fig. Autoritario.

reprimenda *f.* Regañina.

reprimir *tr.-prnl.* Contener, refrenar.

reprís *m.* Capacidad de aceleración del motor de un automóvil desde la posición de parado.

reprivatizar *tr.* Transferir al sector privado lo que se había expropiado.

reprobar *tr.* No aprobar, dar por malo.

réprobo, -ba *adj.-s.* Condenado a las penas eternas. 2 Malvado.

reprochar *tr.* Dirigir quejas a alguien desaprobando su conducta.

reproducción *f.* Ac. y ef. de reproducir o reproducirse.

reproducir *tr.-prnl.* Volver a producir. 2 Propagar una especie. 3 Imitar. 4 Repetir.

reproductor, -ra *adj.-s.* Que reproduce.

reprografía *f.* Técnica de reproducción mediante procedimientos lumínicos, eléctricos, etc. 2 Conjunto de medios utilizados en dicha técnica.

reps *m.* Tela usada en tapicería.

reptar *intr.* Andar arrastrándose.

reptil *adj.-m.* Díc. del vertebrado ovíparo que anda arrastrándose o rozando el suelo con el vientre. - 2 *adj.-s.* fig. Rastrero, vil.

república *f.* Estado. 2 Forma de gobierno representativo en que la soberanía reside en el pueblo y el poder ejecutivo, no hereditario, reside en un presidente.

republicanismo *m.* Condición de republicano. 2 Sistema político de los republicanos (partidos). 3 Amor a la república (forma de gobierno).

republicano, -na *adj.* Perten. o rel. a la república. - 2 *adj.-s.* Partidario de la república.

repudiar *tr.* Rechazar a la mujer propia. 2 Renunciar.

repuesto, -ta *adj.* Apartado, retirado, escondido. - 2 *m.* Prevención de cosas para cuando sean necesarias. 3 Recambio.

repugnancia *f.* Oposición entre dos cosas. 2 Asco, aversión.

repugnar *tr.* Ser opuesta una cosa a otra. 2 Rehusar, admitir con dificultad. - 3 *intr.* Causar asco o disgusto una cosa.

repujar *tr.* Labrar a martillo chapas metálicas.

repulgo *m.* Dobladillo. 2 Borde labrado en las empanadas. - 3 *m. pl.* Melindres.

repulir *tr.-prnl.* Acicalar, componer.

repulsa *f.* Ac. y ef. de repulsar. 2 Reprimenda.

repulsar *tr.* Desechar, despreciar. 2 Denegar.

repulsión *f.* Ac. y ef. de repeler. 2 Repugnancia, aversión.

repulsivo, -va *adj.* Que causa repulsión.

repullo *m.* Movimiento violento del cuerpo, especie de salto dado por sorpresa o susto.

repuntar *intr.* MAR. Empezar la marea para creciente o para menguante. - 2 *prnl.* Empezar a agriarse el vino. 3 fig. Indisponerse levemente una persona con otra.

reputación *f.* Fama, crédito.

reputar *tr.* Estimar, juzgar.

requebrar *tr.* Volver a quebrar. 2 fig. Lisonjear a una mujer.

requemar *tr.-prnl.* Quemar o tostar con exceso. 2 fig. Encender la sangre.

requerimiento *m.* Ac. y ef. de requerir.

requerir *tr.* Hacer saber una cosa con autoridad pública. 2 en gral. Solicitar, pretender. 3 Necesitar o ser necesario.

requesón *m.* Masa de la leche cuajada. 2 Cuajada que se saca de la leche después de hecho el queso.

requeté *m.* Agrupación militar del partido tradicionalista. 2 Individuo que pertenece a esta agrupación.

requiebro *m.* Ac. y ef. de requebrar. 2 Dicho con que se requiebra.

réquiem *m.* Composición musical que se canta en la misa de difuntos.

requintar *tr.* Sobrepujar, aventajar mucho.

requisa *f.* Revista. 2 Requisición.

requisar *tr.* Hacer requisición. 2 *fam.* Apropiarse de cosa ajena.

requisición *f.* Recuento y embargo de caballos, vehículos, etc., para el servicio militar.

requisito *m.* Condición necesaria para una cosa.

res *f.* Animal cuadrúpedo de ciertas especies domésticas, como el ganado vacuno, lanar, etc., o de los salvajes, como venados, jabalíes, etc.

resabiar *tr.* Hacer, tomar un resabio.

resabio *m.* Sabor desagradable. 2 Vicio o mala costumbre.

resaca *f.* Movimiento en retroceso de las olas. 2 Limo. 3 Malestar que se sufre al día siguiente de la borrachera.

resaltar *intr.* Sobresalir. 2 *fig.* Distinguirse.

resalto *m.* Parte que sobresale de la superficie de una cosa.

resarcir *tr.* Indemnizar, reparar un daño.

resbaladizo, -za *adj.* Que resbala fácilmente. 2 Díc. del paraje que puede provocar un resbalón.

resbalar *intr.-prnl.* Escurrirse, deslizarse. 2 *fig.* Incurrir en un desliz.

resbalón *m.* Ac. y ef. de resbalar. 2 Desliz.

rescatar *tr.* Recobrar lo caído en poder ajeno. 2 *fig.* Librar de trabajo o vejación.

rescate *m.* Ac. y ef. de rescatar. 2 Dinero con que se rescata.

rescindir *tr.* Dejar sin efecto un contrato, obligación, etc.

rescisión *f.* Ac. y ef. de rescindir.

rescoldo *m.* Brasa menuda cubierta por la ceniza.

resecar *tr.-prnl.* Secar mucho. - 2 *tr.* Efectuar la resección de un órgano.

resección *f.* CIR. Operación que consiste en separar un órgano o parte de él.

reseco, -ca *adj.* Demasiado seco. 2 Seco (flaco).

resentido, -da *adj.-s.* Que guarda algún resentimiento.

resentimiento *m.* Ac. y ef. de resentirse.

resentirse *prnl.* Empezar a flaquear o sentirse una cosa. 2 *fig.* Tener sentimiento o enojo por una cosa.

reseña *f.* Nota de las señales más distintivas de una persona, animal o cosa. 2 Narración sucinta. 3 Exposición crítica o literaria en un periódico o revista.

reseñar *tr.* Hacer la reseña de una cosa.

reserva *f.* Prevención que se hace de una cosa. 2 Cautela. 3 Discreción, circunspección. 4 Parte del ejército que no está en servicio activo. 5 Vino que posee una crianza mínima de tres años. 6 Parque nacional. 7 En ciertos países, territorio reservado a los indígenas. - 8 *f. pl.* Recursos. ▷ *Sin ~,* con sinceridad.

reservado, -da *adj.* Cauteloso. 2 Discreto. - 3 *m.* Compartimiento destinado a personas o a usos determinados.

reservar *tr.* Guardar para más adelante. 2 Destinar un lugar o cosa para persona o uso determinados. 3 Encubrir, ocultar, callar una cosa. 4 Retener con anticipación.

reservista *adj.-com.* Díc. del militar perteneciente a la reserva.

resfriado *m.* Catarro. 2 Destemple por haberse interrumpido la transpiración.

resfriar *tr.* Enfriar. 2 *fig.* Templar el ardor o fervor. - 3 *prnl.* Contraer un resfriado.

resguardar *tr.* Defender o reparar una cosa. - 2 *prnl.* Prevenirse contra un daño.

resguardo *m.* Guarda, seguridad que se pone en una cosa. 2 Seguridad que por escrito se hace en las deudas y contratos.

residencia *f.* Ac. y ef. de residir. 2 Lugar donde se reside. 3 Edificio donde una autoridad o corporación tiene su domicilio o donde ejerce sus funciones. 4 Casa donde residen y conviven personas afines.

residencial *adj.* Reservado para viviendas de gran calidad y bienestar.

residente *adj.-s.* Que reside.

residir *intr.* Radicar en un lugar.

residual *adj.* Perten. o rel. al residuo. 2 Que sobra o queda como residuo.

residuo *m.* Parte que queda de un todo. 2 Lo que resulta de la descomposición o destrucción de una cosa.

resignación *f.* Ac. y ef. de resignarse. 2 Capacidad para soportar las adversidades.

resignar *tr.* Entregar una autoridad el mando a otra en ciertos casos. - 2 *prnl.* Aceptar las situaciones desfavorables, conformarse.

resina *f.* Substancia orgánica vegetal,

transparente y translúcida, soluble en alcohol y aceite, e insoluble en agua.

resinoso, -sa *adj.* Que tiene resina. 2 Que participa de alguna de las cualidades de la resina.

resistencia *f.* Ac. y ef. de resistir o resistirse. 2 Capacidad para resistir. 3 Causa que se opone a la acción de una fuerza. 4 Cuerpo poco conductor que se intercala en un circuito para que obre por su resistencia eléctrica.

resistir *intr.-prnl.* Oponerse un cuerpo o una fuerza a la acción de otra. 2 Rechazar, repeler. 3 Contradecir. - 4 *tr.* Aguantar un peso o carga. - 5 *prnl.* Bregar, forcejear.

resma *f.* Conjunto de 20 manos de papel.

resol *m.* Reverberación del sol.

resolución *f.* Ac. y ef. de resolver. 2 Valor. 3 Actividad, prontitud. 4 Decreto de la autoridad gubernativa o judicial. 5 Fidelidad del sonido reproducido al original.

resolutivo, -va *adj.-m.* Que tiene virtud de resolver.

resoluto, -ta *adj.* Resuelto.

resolutorio, -ria *adj.* Que tiene, motiva o denota resolución.

resolver *tr.* Tomar una resolución. 2 Dar solución a una dificultad, duda o problema. 3 Atreverse a hacer una cosa.

resollar *intr.* Respirar.

resonancia *f.* Prolongación del sonido que va disminuyendo. 2 *fig.* Gran divulgación que adquiere un hecho.

resonar *intr.* Hacer sonidos por repercusión o sonar mucho.

resoplar *intr.* Dar resoplidos.

resoplido, resoplo *m.* Resuello fuerte.

resorte *m.* Muelle (pieza). 2 Fuerza elástica. 3 *fig.* Medio para lograr un fin.

respaldar *m.* Respaldo. - 2 *tr.* Proteger, guardar. - 3 *prnl.* Arrimarse al respaldo.

respaldo *m.* Parte del asiento en que descansan las espaldas. 2 *fig.* Apoyo, amparo, protección.

respectar *intr.* Tocar, atañer.

respectivamente *adv. m.* Según la relación necesaria a cada caso.

respectivo, -va *adj.* Perten. o rel. a persona o cosa determinada.

respecto *m.* Razón, relación de una cosa con otra. ▷ *Al* ~, a proporción, respectivamente.

résped, réspede *m.* Lengua de la culebra. 2 Aguijón de la abeja o de la avispa.

respetabilidad *f.* Calidad de respetable.

respetable *adj.* Digno de respeto. 2 Considerable en número, en tamaño.

respetar *tr.* Tener respeto.

respeto *m.* Miramiento, acatamiento, atención, deferencia.

respetuoso, -sa *adj.* Que causa y observa veneración y respeto.

réspice *m.* Respuesta desabrida.

respingar *intr.* Sacudirse la bestia y gruñir.

respingo *m.* Sacudida violenta del cuerpo.

respiración *f.* Ac. y ef. de respirar.

respiradero *m.* Abertura por donde entra y sale el aire.

respirar *intr.* Absorber y expeler el aire los seres vivos. 2 Vivir. 3 *fig. fam.* Hablar. - 4 *tr.* Absorber cualquier substancia por los pulmones.

respiratorio, -ria *adj.* Que sirve para la respiración o la facilita.

respiro *m.* Respiración. 2 *fig.* Descanso. 3 Alivio. 4 Prórroga que obtiene el deudor.

resplandecer *intr.* Despedir rayos de luz. 2 *fig.* Sobresalir, aventajarse.

resplandor *m.* Brillo que despide un cuerpo.

responder *tr.* Satisfacer a lo que se pregunta o propone. 2 Contestar uno al que le llama o toca la puerta. 3 Contestar a la carta recibida. 4 Replicar. - 5 *intr.* Estar obligado a satisfacer por el daño causado. 6 esp. Garantizar.

respondón, -dona *adj.-s.* Que tiene el vicio de replicar.

responsabilidad *f.* Obligación de responder de algo.

responsabilizar *tr.* Hacer responsable. - 2 *prnl.* Asumir la responsabilidad.

responsable *adj.* Que responde de algo. 2 Serio, eficaz.

responso *m.* Oración por los difuntos.

respuesta *f.* Acción de responder. 2 Aquello con que se responde a una pregunta, acusación, etc.

resquebrajar *tr.-prnl.* Hender ligeramente; producir grietas.

resquemar *tr.* Causar en la boca calor picante y mordaz. 2 *fig.* Escocer.

resquemor *m.* Escozor. 2 Resentimiento.

resquicio m. Abertura entre el quicio y la puerta. 2 p. ext. Hendidura pequeña.

resta f. Operación de restar.

restablecer tr. Volver a establecer; poner una cosa en el estado que antes tenía. - 2 prnl. Recobrar la salud.

restablecimiento m. Ac. y ef. de restablecer o restablecerse.

restallar intr. Chasquear la honda, el látigo, etc. 2 Crujir, hacer fuerte ruido.

restante m. Residuo de una cosa.

restañar tr.-intr.-prnl. Detener el curso de un líquido, esp. la sangre.

restar tr. Extraer, apartar una parte de un todo. 2 MAT. Hallar la diferencia entre dos cantidades. 3 Disminuir, cercenar. - 4 intr. Faltar, quedar.

restauración f. Ac. y ef. de restaurar. 2 Restablecimiento en un país de un régimen político.

restaurante m. Establecimiento donde se sirven comidas.

restaurar tr. Recuperar, recobrar. 2 Reparar, restablecer.

restinga f. Banco de arena muy superficial.

restitución f. Ac. y ef. de restituir.

restituir tr. Volver una cosa a quien la tenía antes. 2 p. anal. Restablecer.

restitutorio, -ria adj. Que restituye, o se da, o se recibe, por vía de restitución.

resto m. Residuo. ▷ *Echar el ~*, hacer todo el esfuerzo posible.

restregar tr. Estregar mucho.

restregón m. Ac. y ef. de restregar.

restricción f. Limitación, cortapisa.

restrictivo, -va adj. Que restringe.

restricto, -ta adj. Limitado, ceñido.

restringir tr. Ceñir, circunscribir, reducir a menores límites.

resucitar tr. Volver la vida a un muerto. 2 fig. Restablecer. - 3 intr. Volver uno a la vida.

resudar intr. Sudar ligeramente.

resuelto, -ta adj. Audaz, arrojado. 2 Pronto, diligente.

resuello m. Respiración, especialmente la violenta.

resultado m. Efecto, consecuencia.

resultar intr. Originarse, ser consecuencia una cosa de otra. 2 p. anal. Manifestarse o comprobarse una cosa.

resultón, -tona adj.-s. Que tiene buena presencia física agradable.

resumen m. Ac. y ef. de resumir. 2 Exposición resumida.

resumir tr. Reducir a términos breves y precisos.

resurgencia f. Reaparición de un curso de agua subterráneo.

resurgir intr. Surgir de nuevo.

resurrección f. Ac. y ef. de resucitar. 2 Pascua (fiesta cristiana).

retablo m. Conjunto de figuras pintadas o esculpidas. 2 Decoración de un altar.

retaco m. Escopeta corta. 2 Taco de billar corto y grueso. 3 fig. Rechoncho.

retaguarda, -dia f. Tropa que marcha en último lugar. 2 DEP. Línea de defensa de un equipo.

retahíla f. Serie de muchas cosas que van una tras otra.

retajar tr. Cortar en redondo una cosa.

retal m. Pedazo sobrante de una tela, piel, etc.

retama f. Planta leguminosa de abundantes ramas delgadas y largas, y flores amarillas en racimo.

retar tr. Desafiar.

retardar tr. Diferir, detener, entorpecer.

retazar tr. Hacer pedazos.

retazo m. Retal, trozo.

retejer tr. Tejer de modo unido y apretado.

retén m. Prevención. 2 Tropa preparada.

retención f. Ac. y ef. de retener. 2 Parte o totalidad retenida de un haber.

retener tr. Conservar, no devolver. 2 No dejar que se separe una persona o cosa. 3 p. anal. Conservar algo en la memoria.

retentiva f. Memoria, facultad de acordarse.

retentivo, -va adj.-s. Que tiene virtud de retener. - 2 f. Facultad de acordarse.

reticencia f. Efecto de dar a entender que se calla algo que pudiera decirse.

reticente adj. Que usa la reticencia.

reticular adj. De figura de red.

retículo m. Tejido en forma de red. 2 Conjunto de hilos cruzados o paralelos que se ponen en instrumentos ópticos.

retina f. Membrana interior del ojo, en la cual se reciben las impresiones luminosas.

retinte, -tintín m. Sensación persistente en el oído de un sonido agudo. 2 fig.

Modo de hablar para zaherir.

retinto, -ta *adj.* De color castaño muy obscuro.

retirada *f.* Ac. y ef. de retirarse.

retirado, -da *adj.* Distante, apartado. - 2 *adj.-s.* Díc. del militar que ha dejado el servicio.

retirar *tr.* Apartar, separar. 2 Obligar a uno a que se retire.

retiro *m.* Ac. y ef. de retirar. 2 Lugar retirado. 3 Situación del militar retirado. 4 Recogimiento.

reto *m.* Ac. y ef. de retar.

retocar *tr.* Volver a tocar. 2 fig. Quitar las imperfecciones. 3 esp. Restaurar las pinturas deterioradas.

retoñar *intr.* Volver a echar vástagos la planta. 2 fig. Reproducirse.

retoño *m.* Vástago que echa de nuevo la planta. 2 fig. fam. Hablando de personas, hijo, especialmente el de corta edad.

retoque *m.* Pulsación repetida y frecuente. 2 Última mano dada a una obra.

retorcer *tr.* Torcer mucho una cosa dándole vueltas. 2 Interpretar de manera siniestra.

retorcido, -da *adj.* fig. Que tiene malas intenciones.

retórica *f.* Arte de hablar o escribir bien. 2 Parte de la filología que estudia los recursos expresivos de textos escritos u orales.

retoricismo *m.* Afición a la retórica y uso excesivo de sus recursos de expresión.

retórico, -ca *adj.* Perten. o rel. a la retórica. - 2 *adj.-s.* Versado en ella.

retornar *tr.* Devolver, restituir. - 2 *intr.-prnl.* Volver al lugar o a la situación en que se estuvo.

retornelo *m.* MÚS. Frase que sirve de preludio y que después se repite.

retorno *m.* Ac. y ef. de retornar.

retorta *f.* Vasija con cuello largo encorvado usado en la destilación.

retortero *m.* Vuelta alrededor.

retortijón *m.* Torcedura excesiva de una cosa. 2 ~ *de tripas,* dolor breve y vehemente que se siente en ellas.

retostado, -da *adj.* De color obscuro.

retozar *intr.* Saltar y brincar alegremente. 2 Travesear. 3 fig. Excitarse en lo interior algunas pasiones.

retracción *f.* Ac. y ef. de retraer. 2 Reducción persistente de volumen en ciertos tejidos orgánicos.

retractación *f.* Ac. y ef. de retractar.

retractar *tr.-prnl.* Revocar lo que se ha dicho.

retráctil *adj.* Que puede avanzar o adelantarse y retraerse o esconderse.

retraer *tr.* Volver a traer. - 2 *tr.-prnl.* Disuadir. - 3 *prnl.* Retirarse, retroceder. 4 Hacer vida retirada.

retraído, -da *adj.* Que gusta de la soledad. 2 fig. Poco comunicativo.

retranca *f.* fig. Intención disimulada, oculta.

retransmisión *f.* Ac. y ef. de retransmitir.

retransmitir *tr.* Volver a transmitir. 2 Transmitir desde una emisora de radiodifusión lo que se ha transmitido a ella.

retrasar *tr.-prnl.* Diferir. - 2 *intr.-prnl.* Atrasar. - 3 *intr.* Ir atrás o a menos. - 4 *tr.* DEP. Enviar un jugador la pelota hacia la defensa o el portero de su propio equipo.

retraso *m.* Ac. y ef. de retrasar o retrasarse.

retratar *tr.* Hacer el retrato.

retratista *com.* Persona que por oficio hace retratos.

retrato *m.* Representación de una persona o cosa mediante la pintura, la fotografía, la escultura, etc. 2 Descripción de la figura o carácter de una persona. ▷ *Ser el vivo ~ de alguien,* parecérsele mucho.

retrechar *intr.* Retroceder, recular el caballo.

retrechero, -ra *adj.* fam. Que con artificios mañosos trata de eludir algo. 2 Que tiene mucho atractivo.

retreparse *prnl.* Recostarse.

retreta *f.* Toque militar para marchar en retirada y avisar a la tropa que se recoja.

retrete *m.* Recipiente de loza esmaltada en forma de taza para orinar y evacuar el vientre. 2 Habitación donde está instalado.

retribución *f.* Recompensa o pago.

retribuir *tr.* Recompensar o pagar.

retributivo, -va *adj.* Que tiene virtud de retribuir.

retro *adj.* Que se inspira en el pasado, o lo recuerda.

retroactivo, -va *adj.* Que obra o tiene

fuerza sobre lo pasado.

retroceder *intr.* Volver hacia atrás.

retroceso *m.* Ac. y ef. de retroceder.

retrógrado, -da *adj.* Que retrocede. - 2 *adj.-s.* fig. Partidario de instituciones propias de tiempos pasados.

retronar *intr.* Retumbar.

retropropulsión *f.* Producción de un movimiento por reacción.

retrospección *f.* Mirada retrospectiva.

retrospectivo, -va *adj.* Que se refiere al tiempo pasado.

retrotraer *tr.* Considerar una cosa ocurrida antes del tiempo en que ocurrió.

retrovisor *m.* Espejo pequeño que llevan algunos vehículos para que el conductor pueda ver lo que está detrás de él.

retrucar *intr.* En los juegos de billar, retroceder la bola rechazada por la banda y herir a la otra que le causó el movimiento.

retruécano *m.* Inversión de los términos de una proposición en otra. 2 RET. Figura que consiste en la inversión de términos.

retumbante *adj.* fig. Ostentoso, pomposo.

retumbar *intr.* Resonar mucho.

reuma, reúma *amb.* Reumatismo.

reumatismo *m.* Conjunto de afecciones articulares o musculares caracterizadas por dolor y, a veces, hinchazón.

reumatología *f.* Parte de la medicina referente a las afecciones reumáticas.

reunificar *tr.-prnl.* Volver a unir.

reunión *f.* Ac. y ef. de reunir. 2 Conjunto de personas reunidas.

reunir *tr.-prnl.* Volver a unir. 2 Poner a personas o cosas en un lugar formando parte de un conjunto.

revalidar *tr.* Ratificar una cosa. - 2 *prnl.* Sufrir el examen para obtener un grado académico.

revalorización *f.* Ac. y ef. de revalorizar. 2 Procedimiento de regulación económica en situaciones de inestabilidad monetaria.

revalorizar *tr.* Aumentar el valor. 2 Conceder su justo valor.

revancha *f.* Desquite.

revanchismo *m.* Actitud agresiva provocada por un deseo de revancha.

revelación *f.* Ac. y ef. de revelar. 2 Manifestación de una verdad oculta. 3 p. ant. Manifestación divina.

revelado, -da *adj.* Comunicado por la revelación. - 2 *m.* Operación de revelar una fotografía.

revelar *tr.* Descubrir, manifestar lo secreto u oculto. 2 Hacer visible la imagen impresa en la placa fotográfica.

revender *tr.* Vender uno lo que otro le ha vendido.

revenir *intr.* Volver a retornar algo a su estado propio. - 2 *prnl.* Encogerse, consumirse. 3 Acedarse.

reventa *f.* Ac. y ef. de revender. 2 Centro autorizado para vender con recargo.

reventadero *m.* Aspereza de un terreno dificultoso. 2 fig. Trabajo penoso.

reventador *m.* fam. Persona que va al teatro, u otro espectáculo, para mostrar desagrado de modo ruidoso.

reventar *intr.-prnl.* Abrirse una cosa por impulso interior. 2 cn gial. Salir con ímpetu. 3 fig. Estallar. 4 fig. Tener deseo vehemente. 5 Sentir un afecto del ánimo, generalmente ira. 6 fam. Cansarse, fatigarse.

reventón, -tona *adj.* Que parece que va a reventar. - 2 *m.* Ac. y ef. de reventar.

reverberación *f.* Ac. y ef. de reverberar. 2 Prolongación del tiempo de duración de un sonido.

reverberar *intr.* Hacer reflexión la luz en un cuerpo.

reverbero *m.* Cuerpo de superficie lustrosa en que la luz reverbera. 2 Farol que hace reverberar la luz.

reverdecer *intr.-tr.* Cobrar nuevo verdor los campos. 2 fig. Tomar nuevo vigor.

reverencia *f.* Respeto, veneración. 2 Inclinación del cuerpo en señal de respeto.

reverenciar *tr.* Respetar, venerar.

reverendo, -da *adj.* Digno de reverencia. - 2 *adj.-s.* Se aplica como tratamiento a las dignidades eclesiásticas.

reversible *adj.* Que puede volver a un estado anterior. - 2 *m.* Prenda de abrigo que puede usarse por ambos lados.

reversión *f.* Restitución de una cosa al estado que tenía.

reverso, -sa *m.* Revés de una moneda o medalla.

reverter *intr.* Rebosar o salir una cosa de sus límites.

revertir *intr.* DER. Volver una cosa a la

propiedad del dueño que antes tuvo.

revés *m.* Espalda o parte opuesta de una cosa. 2 Golpe dado con la mano vuelta. 3 fig. Infortunio, contratiempo. 4 En los deportes que se juegan con raqueta, golpe dado con ésta partiendo del lado del brazo libre en dirección a la pelota.

revesado, -da *adj.* Intrincado, enrevesado. 2 fig. Travieso, indomable.

revestido, -da *adj.* Que está cubierto con algo.

revestimiento *m.* Ac. y ef. de revestir. 2 Capa o cubierta con que se resguarda o adorna una superficie.

revestir *tr.* Vestir una ropa sobre otra. 2 Cubrir con un revestimiento. 3 Atribuir, conceder.

revigorizar *tr.* Dar nuevo vigor.

revirar *tr.-prnl.* Desviar una cosa de su posición o dirección habitual.

revisar *tr.* Ver con atención y cuidado. 2 Someter una cosa a nuevo examen.

revisionismo *m.* Actitud de los que propugnan la revisión de una doctrina, ley, estatuto político, etc.

revisor, -ra *adj.* Que examina con cuidado una cosa. - 2 *m.* Persona que inspecciona los billetes de los viajeros.

revista *f.* Segunda vista o examen. 2 Inspección militar. 3 Publicación periódica con escritos sobre determinadas materias. 4 Espectáculo teatral de carácter frívolo.

revistero, -ra *m. f.* Persona encargada de escribir revistas en un periódico. 2 Persona que actúa en una revista teatral. - 3 *m.* Mueble para colocar revistas.

revitalizar *tr.* Dar nueva vida.

revival *m.* Movimiento que trata de revalorizar estilos y modas pasados.

revivir *intr.* Resucitar. 2 Volver en sí el que parecía muerto.

revocar *tr.* Dejar sin efecto una concesión, mandato, etc. 2 Hacer retroceder.

revolada *f.* Vuelo en círculo de ciertas aves antes de posarse.

revolcar *tr.* Derribar a uno y darle vueltas por el suelo. 2 fig. Vencer en controversia.

revolear *intr.* Volar haciendo tornos y giros.

revolotear *intr.* Revolear en poco espacio. 2 Venir una cosa por el aire dando vueltas. - 3 *tr.* Arrojar una cosa a lo alto de modo que parezca que dé vueltas.

revoltijo *m.* Conjunto de muchas cosas desordenadas. 2 fig. Confusión o enredo.

revoltoso, -sa *adj.-s.* Sedicioso, alborotador. - 2 *adj.* Travieso, enredador.

revolución *f.* Ac. y ef. de revolver o revolverse. 2 Movimiento circular de un cuerpo. 3 Cambio violento en las instituciones políticas.

revolucionar *tr.* Sublevar, soliviantar. 2 Producir una alteración en las ideas. 3 Imprimir revoluciones a un motor.

revolucionario, -ria *adj.* Perten. o rel. a la revolución. - 2 *adj.-s.* Partidario de ella. 3 Alborotador.

revolver *tr.* Menear, agitar. 2 Registrar, moviendo y separando. 3 en gral. Alterar el buen orden. 4 p. ext. Inquietar, enredar. 5 Producir náuseas. - 6 *tr.-prnl.* Dar vuelta entera.

revólver *m.* Pistola de cilindro giratorio.

revoque *m.* Ac. y ef. de revocar (enlucir). 2 Capa de cal y arena con que se revoca.

revuelo *m.* Vuelta y revuelta del vuelo. 2 fig. Turbación, agitación.

revuelta *f.* Segunda vuelta o repetición de la vuelta. 2 Disturbio, alteración del orden público. 2 Riña, pendencia. 3 Mudanza de un estado a otro, o de un parecer a otro. 4 Punto en que una cosa cambia de dirección y este cambio.

revulsivo, -va, revulsorio, -ria *adj.-s.* Que provoca un cambio o reacción brusca.

rey *m.* Monarca o príncipe soberano de un reino. 2 Pieza principal en el juego del ajedrez. 3 Carta de la baraja que tiene pintada la figura de un rey.

reyerta *f.* Contienda, disputa.

reyezuelo *m.* Rey de poca importancia.

rezagar *tr.* Dejar atrás. 2 Atrasar, suspender. - 3 *prnl.* Quedarse atrás.

rezar *tr.* Orar pronunciando oraciones usadas por la Iglesia. 2 fam. Decirse en un escrito una cosa.

rezno *m.* Garrapata.

rezo *m.* Acción de rezar. 2 Oficio eclesiástico que se reza diariamente.

rezongar *intr.* Gruñir, refunfuñar.

rezumar *intr.-prnl.* Transpirar un líquido por los poros de un recipiente.

rh (factor~) Antígeno de la superficie

de los glóbulos rojos que permite la clasificación de los tipos de sangre.

ría *f*. Parte del río próxima a su entrada en el mar. 2 Ensenada amplia.

riacho, -chuelo *m*. Río pequeño y de poco caudal.

riada *f*. Avenida, inundación.

rial *m*. Unidad monetaria de Irán.

ribazo *m*. Porción de tierra algo elevada y en declive.

ribeiro *m*. Vino originario de Ribeiro.

ribera *f*. Orilla del mar o río. 2 p. ext. Tierra cercana a un río.

ribereño, -ña *adj*. Perten. o rel. a la ribera o propio de ella.

riberiego, -ga *adj*. Díc. del ganado que no es trashumante.

ribete *m*. Cinta con que se guarnece la orilla del vestido, calzado, etc. - 2 *m. pl.* fig. Asomo, indicio.

ribetear *tr*. Echar ribetes.

ribonucleico, -ca *adj*. *Ácido ~,* ácido nucleico que forma parte de la célula viva.

ricacho, -cha, chón, -chona *m. f.* fam. Persona acaudalada, vulgar en su trato.

ricamente *adv. m.* De forma opulenta. 2 Muy a gusto.

riciforme *adj*. Que tiene forma de grano de arroz.

ricino *m*. Planta dicotiledónea anual de cuyas semillas se extrae un aceite purgante y lubricante.

rico, -ca *adj.-s.* Acaudalado. 2 Abundante. 3 Gustoso, sabroso. 4 Muy bueno en su línea. 5 fig. Agradable, simpático.

rictus *m*. Contracción de los labios. 2 fig. Aspecto del rostro que manifiesta un estado de ánimo penoso o desagradable.

ridiculizar *f*. Burlarse de una persona o cosa.

ridículo, -la *adj*. Que mueve a risa. 2 Escaso. 3 Extraño.

riego *m*. Ac. y ef. de regar. 2 *~ sanguíneo,* cantidad de sangre que nutre los órganos del cuerpo.

riel *m*. Barra pequeña de metal en bruto. 2 Carril de tren. 3 Varilla metálica sobre la cual corre una cortina.

rielar *intr*. poét. Brillar con luz trémula. 2 Temblar.

rienda *f*. Correa con que se gobierna la caballería. 2 fig. Sujeción. - 3 *f. pl.* Gobierno, dirección. ▷ *Dar ~ suelta,* actuar con libertad absoluta.

riesgo *m*. Proximidad o posibilidad de un daño.

rifa *f*. Juego que consiste en sortear una cosa entre varios.

rifar *tr*. Efectuar el juego de la rifa, sortear.

rifirrafe *m*. fam. Contienda ligera.

rifle *m*. Fusil de origen americano con el interior del cañón rayado.

rigidez *f*. Calidad de rígido. 2 fig. Rectitud, integridad.

rígido, -da *adj*. Inflexible, tieso. 2 fig. Riguroso, severo.

rigor *m*. Severidad. 2 Aspereza, dureza. 3 Último término a que pueden llegar las cosas. 4 Propiedad y precisión.

rigorismo *m*. Exceso de severidad.

riguroso, -sa *adj*. Áspero y acre. 2 Muy severo. 3 Austero. 4 Extremado, inclemente.

rijo *m*. Propensión a lo sensual.

rijoso, -sa *adj*. Pendenciero. 2 Lujurioso.

rilar *intr*. Temblar, tiritar. - 2 *prnl.* Estremecerse.

rima *m*. Semejanza o igualdad entre los sonidos finales del verso, a contar desde la última vocal acentuada. 2 Composición poética.

rimar *intr*. Componer en verso. 2 Hacer rima. - 3 *tr*. Hacer rimar una palabra con otra.

rimbombante *adj*. irón. desp. Ostentoso, llamativo.

rimbombar *intr*. Retumbar, resonar.

rímel *m*. Cosmético que usan las mujeres para embellecer los ojos.

rimero *m*. Conjunto de cosas puestas unas sobre otras.

rincocéfalo, -la *adj.-m.* Díc. del reptil de cabeza prolongada en forma de pico.

rincón *m*. Ángulo entrante formado por dos paredes o superficies. 2 Espacio pequeño. 3 Lugar retirado.

rinconera *f*. Mesita, armario o estante pequeños que se colocan en un rincón.

ring *m*. DEP. En el boxeo, cuadrilátero de lona donde se celebran los combates.

ringlera *f*. Fila de cosas puestas unas tras otras.

rinitis *f*. Inflamación de la mucosa nasal.

rinoceronte *m*. Mamífero perisodáctilo de Asia y África con uno o dos cuernos sobre la línea media de la nariz.

rinofaringe *f.* Parte de la faringe contigua a las fosas nasales.

rinología *f.* Especialidad médica en enfermedades de la nariz.

riña *f.* Pelea.

riñón *f.* Órgano glandular situado en la región lumbar, que segrega la orina. - 2 *m. pl.* Parte del cuerpo que corresponde a los lomos. ▷ *Costar una cosa un ∼,* ser muy cara.

río *m.* Corriente natural de agua que desemboca en otra o en el mar. 2 fig. Grande abundancia. ▷ *Pescar en ∼ revuelto,* aprovecharse de alguna confusión o desorden.

rioja *m.* Vino originario de La Rioja.

riojano, -na *adj.-s.* De la Rioja.

rioplatense *adj.-s.* Del Río de la Plata.

riostra *f.* Pieza que, puesta oblicuamente, asegura una armazón.

ripio *m.* Palabra superflua usada con el solo objeto de completar el verso.

riqueza *f.* Calidad de rico. 2 Abundancia de bienes.

risa *f.* Acción de reír. 2 Lo que mueve a reír.

riscal *m.* Sitio de muchos riscos.

risco *m.* Peñasco alto y escarpado.

risible *adj.* Capaz de reírse. 2 Que causa risa.

risorio *m.* ANAT. Músculo que se halla fijo en las comisuras de los labios.

risotada *f.* Carcajada.

ristra *f.* Trenza de ajos o cebollas. 2 fig. Hilera.

ristre *m.* Hierro del peto de la armadura, donde se afianzaba el cabo de la lanza.

ristrel *m.* Listón grueso de madera.

risueño, -ña *adj.* Que muestra risa en el semblante. 2 Que con facilidad se ríe.

ritmar *tr.* Sujetar a ritmo.

rítmico, -ca *adj.* Perten. o rel. al ritmo.

ritmo *m.* Orden acompasado en la sucesión de sonidos, movimientos, etc.

rito *m.* Costumbre o ceremonia. 2 Conjunto de reglas establecidas para el culto.

ritornelo *m.* MÚS. Trozo instrumental, situado antes o después de uno de canto. 2 fam. Repetición, estribillo.

ritual *adj.* Perten. o rel. al rito. - 2 *m.* Conjunto de ritos. 3 fig. Ceremonial.

ritualismo *m.* Apego a los ritos.

rival *m.* Competidor.

rivalidad *f.* Oposición entre los que aspiran a obtener una cosa. 2 Competencia (disputa). 3 Enemistad.

rivalizar *intr.* Competir.

rivera *f.* Arroyo.

rizar *tr.* Formar artificialmente rizos en el pelo. 2 p. anal. Hacer dobleces menudos. 3 Formar olas pequeñas.

rizo *m.* Mechón de pelo en forma de sortija, bucle o tirabuzón.

rizófago, -ga *adj.* Díc. del animal que se alimenta de raíces.

rizófito, -ta, rizofito, -ta *adj.-s.* Díc. del vegetal provisto de raíces.

rizoide *adj.-s.* Filamento que hace de raíz en ciertas plantas que carecen de ella.

rizoma *m.* Tallo horizontal y subterráneo de ciertas plantas.

rizópodo, -da *adj.-m.* Díc. del protozoo capaz de emitir seudópodos.

ro *f.* Decimoséptima letra del alfabeto griego, equivalente a la *r* del español.

róbalo, robalo *m.* Lubina.

robar *tr.* Tomar para sí lo ajeno. 2 Tomar naipes del monte en ciertos juegos de cartas y fichas en el del dominó. 3 fig. Captar la voluntad o afecto.

roble *m.* Árbol cupulífero de hojas caedizas, madera dura y fruto en bellota. 2 fig. Persona o cosa muy fuerte.

roblizo, -za *adj.* Fuerte, duro.

roblón *m.* Clavija de metal dulce, cuya punta se remacha.

robo *m.* Ac. y ef. de robar.

roborar *tr.* Dar fuerza y firmeza.

robot *m.* Autómata.

robótico, -ca *adj.* Propio o relativo al robot. - 2 *f.* Ciencia que estudia la construcción de robots.

robotizar *tr.* Dotar de robots.

robusto, -ta *adj.* Fuerte, vigoroso.

roca *f.* Materia mineral que forma parte de la corteza terrestre. 2 Masa concreta, muy sólida, de esta materia. 3 fig. Cosa muy dura, firme y constante.

rocalla *f.* Conjunto de piedrecitas desprendidas de las rocas. 2 Abalorio grueso.

rocambolesco, -ca *adj.* Inverosímil, fantástico.

roce *m.* Ac. y ef. de rozar o rozarse. 2 fig. Trato frecuente.

rociada *f.* Ac. y ef. de rociar. 2 fig. Conjunto de cosas que se esparcen al arrojarlas. 3 fig. Represión áspera.

rociador *m.* Instrumento, utensilio o dispositivo para rociar regar o pulverizar.

rociar *impers.* Caer el rocío o la lluvia menuda. - 2 *tr.* Esparcir en gotas menudas un líquido.

rocín *m.* Caballo de mala raza.

rocinante *m.* fig. Rocín, matalón.

rocío *m.* Vapor que con la frialdad de la noche se condensa en gotas menudas. 2 Lluvia corta y pasajera.

rock and roll *m.* Estilo musical de ritmo binario, robusto y reiterativo creado en la década de los cincuenta.

rococó *adj.-s.* Díc. del estilo arquitectónico y decorativo que floreció en Francia en el s. XVIII, caracterizado por la decoración de interiores y del mobiliario.

rocódromo *m.* Construcción artificial para practicar el alpinismo.

roda *f.* Pieza del barco gruesa y corva que forma la proa.

rodaballo *m.* Pez marino teleósteo, de cuerpo aplanado y carne muy estimada.

rodada *f.* Señal que deja la rueda en la tierra por donde pasa.

rodado, -da *adj.* Díc. del vehículo que tiene ruedas. 2 Díc. del canto liso a fuerza de rodar. 3 Que se distingue por su fluidez o facilidad. 4 fig. Experimentado.

rodaja *f.* Pieza circular y plana.

rodaje *m.* Conjunto de ruedas. 2 Acción de rodar una película. 3 Situación de un automóvil en período de prueba.

rodapié *m.* Paramento con que se cubren alrededor los pies de ciertos muebles.

rodar *intr.* Dar vueltas un cuerpo alrededor de su eje. 2 esp. Moverse por medio de ruedas. 3 Caer dando vueltas. 4 fig. Ir de un lado a otro. - 5 *tr.* Impresionar o proyectar películas.

rodear *intr.* Andar alrededor. 2 esp. Ir por el camino más largo. - 3 *tr.* Poner algo alrededor de una persona o cosa. 4 Hacer dar vuelta a una cosa.

rodela *f.* Escudo redondo y delgado.

rodeno, -na *adj.* Rojo (color de sangre).

rodeo *m.* Acción de rodear. 2 Camino más largo o desvío del camino derecho. 3 fig. Manera indirecta de hacer

una cosa.

rodera *f.* Camino abierto por el paso de los carros a través de los campos.

rodete *m.* Rosca que con las trenzas del pelo se hacen las mujeres en la cabeza. 2 Rosca de paño que se pone en la cabeza para llevar un peso.

rodilla *f.* Región constituida por la rótula y la articulación del fémur con la tibia. ▷ *De rodillas,* arrodillado.

rodillera *f.* Lo que se pone para comodidad, defensa o adorno de la rodilla. 2 Remiendo en la parte del pantalón que cubre la rodilla.

rodillo *m.* Madero redondo. 2 Cilindro pesado que se hace rodar para apretar la tierra. 3 Pieza de metal que forma parte de diversos mecanismos.

rodio *m.* Metal raro, plateado al que no atacan los ácidos.

rododendro *m.* Arbusto ericáceo de hojas coriáceas y flores sonrosadas.

rodofíceo, -a *adj.-f.* Díc. del alga de color rojo, violeta o púrpura.

rodrigón *m.* Vara o caña para sostener el tallo de las plantas.

rodríguez *m.* fig. fam. Marido que permanece trabajando, mientras su familia está de vacaciones.

roedor, -ra *adj.* Que roe. - 2 *adj.-m.* Díc. del mamífero sin colmillos, con dos incisivos largos en cada mandíbula.

roedura *f.* Acción de roer. 2 Porción que se corta royendo y señal que queda en la cosa roída.

roela *f.* Disco de oro o de plata en bruto.

roentgen *m.* Unidad de radiación de los rayos X.

roer *tr.* Cortar menuda y superficialmente con los dientes. 2 fig. Desgastar poco a poco. 3 fig. Atormentar interiormente.

rogar *tr.* Pedir algo por gracia. 2 Instar con súplicas.

rogativa *f.* Oración pública con que se pide algo a Dios.

roído, -da *adj.* fig. Dado con miseria.

rojal *adj.* Que tira a rojo.

rojear *intr.* Tirar a rojo.

rojizo, -za *adj.* Que tira a rojo.

rojo, -ja *adj.-m.* Color parecido al de la sangre arterial. - 2 *adj.-s.* fig. Partidario de las tendencias de izquierda en política, revolucionario. - 3 *adj.* De color rojo.

rol *m.* Lista, nómina.

rolar *intr.* MAR. Dar vueltas en círculo. 2 MAR. Ir variando la dirección del viento.

rollista *adj.-com.* Latoso, pesado. 2 Fantasioso o cuentista.

rollizo, -za *adj.* Redondo. 2 Robusto.

rollo *m.* Objeto que toma forma cilíndrica por dar vueltas. 2 Porción de papel, tejido, etc., dispuesta dando o como dando vueltas alrededor de un eje central. 3 Cilindro de materia dura. 4 Película fotográfica. 5 fam. Persona o cosa que resulta pesada, fastidiosa. 6 fam. Cuento, patraña, embuste. 7 vulg. Asunto, tema.

romadizo *m.* Inflamación de la mucosa de la nariz.

romaico, -ca *adj.-m.* Díc. de la lengua griega moderna.

romana *f.* Instrumento para pesar compuesto de una palanca de brazos desiguales con un pilón que corre sobre el brazo mayor.

romance *adj.-m.* Díc. de la lengua derivada del latín vulgar. - 2 *m.* Idioma español. 3 Combinación métrica que consta de una serie indefinida de versos, generalmente octosílabos, en rima asonante los pares y sin rima los impares.

romancear *tr.* Traducir al romance.

romancero, -ra *m. f.* Persona que canta romances. - 2 *m.* Colección de romances.

romaní *com.* Gitano.

románico, -ca *adj.-s.* Díc. del estilo arquitectónico que dominó en Europa desde los s. IX al XIII, caracterizado por sus pechinas. 2 *Lengua románica,* romance.

romanista *adj.-com.* Versado en las lenguas y literaturas romances.

romanística *f.* Estudio del derecho romano. 2 Estudio de las lenguas romances y sus correspondientes literaturas.

romanizar *tr.-prnl.* Difundir en un país o adoptar la civilización romana o la lengua latina.

romano, -na *adj.-s.* De Roma.

romanticismo *m.* Movimiento literario de la primera mitad del s. XIX, caracterizado por el subjetivismo, la oposición a las normas clásicas y la valoración de la Edad Media y de las tradiciones nacionales. 2 vulg. Sentimentalismo, ausencia de espíritu práctico.

romántico, -ca *adj.-s.* Díc. del escritor que en sus obras refleja los caracteres del romanticismo. 2 Partidario del romanticismo. - 3 *adj.* Perten. o rel. al romanticismo. 4 Sentimental, fantaseador.

romanza *f.* Aria de carácter sencillo y tierno.

rómbico, -ca *adj.* CRIST. Díc. del sistema cristalino de forma holoédrica, con tres ejes binarios rectangulares y no equivalentes, tres planos de simetría y centro.

rombo *m.* GEOM. Paralelogramo de lados iguales y ángulos oblicuos.

rombododecaedro *m.* Forma cristalina limitada por rombos en número de doce.

romboedro *m.* GEOM. Paralelepípedo cuyas caras son rombos.

romboide *m.* GEOM. Paralelogramo de ángulos oblicuos cuyos lados contiguos son desiguales.

romeo *adj.-m.* Díc. del galán enamoradizo.

romería *f.* Peregrinación hecha a un santuario. 2 Fiesta popular en un santuario. 3 fig. Gran número de gentes que afluyen a un sitio.

romero, -ra *adj.-s.* Díc. del peregrino que va en romería. - 2 *m.* Arbusto de hojas aromáticas y flores azules.

romo, -ma *adj.* Sin punta o filo.

rompecabezas *m.* Arma compuesta de dos bolas de metal sujetas a un mango. 2 fig. Pasatiempo que consiste en componer una figura, combinando cierto número de pedacitos.

rompehielos *m.* Barco preparado para navegar por donde abunda el hielo.

rompeolas *m.* Dique avanzado en el mar para proteger a un puerto.

romper *tr.* Separar con violencia las partes de un todo. 2 en gral. Hacer pedazos una cosa. 3 Interrumpir. - 4 *intr.* Reventar las olas. 5 fig. Prorrumpir. ▷ *De rompe y rasga,* de ánimo resuelto y gran desembarazo. ~ *con uno,* separarse de él.

rompiente *m.* Bajo, escollo o costa donde rompen las olas.

rompimiento *m.* Ac. y ef. de romper.

ron *m.* Licor alcohólico sacado de la caña de azúcar.

ronca *f.* Grito del gamo encelado.

roncar *intr.* Hacer ruido bronco con el resuello cuando se duerme. 2 esp. Llamar el gamo a la hembra cuando está en celo.

roncear *intr.* Retardar la ejecución de una cosa por hacerla de mala gana. 2 fam. Halagar para lograr un fin.

ronco, -ca *adj.* Que padece ronquera. 2 Díc. de la voz o sonido áspero y bronco.

roncha *f.* Lesión cutánea característica de la alergia inmediata o provocada por picaduras de un insecto.

ronda *f.* Acción de rondar. 2 Gente que ronda. 3 fam. Distribución de copas de vino a personas reunidas. 4 Camino inmediato al límite de una población.

rondalla *f.* Ronda de mozos para tocar y cantar por las calles. 2 Cuento, conseja.

rondar *intr.-tr.* Andar de noche vigilando o paseando. 2 Pasear los mozos por donde viven las mozas que galantean. - 3 *tr.* Dar vueltas alrededor de una cosa.

rondel *m.* Composición poética corta.

rondeña *f.* Canción parecida al fandango.

rondó *m.* Composición musical cuyo tema se repite.

ronquera *f.* Afección de la laringe que hace bronco el timbre de la voz.

ronquido *m.* Ruido que se hace roncando. 2 fig. Ruido bronco.

ronronear *intr.* Producir el gato una especie de ronquido de contento. 2 p. anal. Producir ruido los motores al trepidar.

ronzal *m.* Cuerda que se ata al pescuezo de las caballerías para sujetarlas.

ronzar *tr.* Mascar cosas duras quebrantándolas con ruido.

roña *f.* Moho de los metales. 2 Sarna de las reses. 3 Porquería pegada. - 4 *com.* Persona roñosa (tacaña).

roñería *f.* fam. Miseria, ruindad.

roñica *com.* Persona roñosa.

roñoso, -sa *adj.* Que está oxidado o cubierto de orín. 2 Que tiene o padece roña. 3 Puerco, sucio. 4 fig. Miserable, tacaño.

ropa *f.* Todo género de tela para uso o adorno de personas o cosas. 2 Vestido. ▷ *Nadar y guardar la ~*, proceder con cautela.

ropaje *m.* Vestido. 2 Vestidura.

ropavejero, -ra *m. f.* Persona que por oficio vende ropas usadas.

ropero *m.* Lugar para guardar la ropa. 2 Asociación benéfica destinada a distribuir ropas entre los necesitados.

roque *m.* Torre de ajedrez.

roqueda *m.* Lugar abundante en rocas.

roquedo *m.* Peñasco o roca.

roquefort *m.* Queso francés hecho con leche de oveja y pan enmohecido.

roqueño, -ña *adj.* Lleno de rocas. 2 Duro como una roca.

roquero, -ra *adj.* Perten. o rel. a las rocas. 2 Perten. o rel. al rock and roll.

rorcual *m.* Cetáceo con pliegues epidérmicos en la garganta.

rorro *m.* fam. Niño pequeño.

ros *m.* Gorro militar con visera.

rosa *f.* Flor del rosal. 2 Cosa de figura de rosa. - 3 *adj.-m.* Color encarnado poco subido. - 4 *adj.* De color rosa. - 5 *f.* ~ *de los vientos* o *náutica,* círculo que tiene marcados los 32 rumbos en que se divide la vuelta al horizonte.

rosáceo, -a *adj.* De color parecido al de la rosa. - 2 *adj.-f.* Díc. de la planta dicotiledónea de la familia del rosal.

rosacruz *f.* Orden gnóstica que pretende unir ciertas concepciones religiosas orientales con otras derivadas del cristianismo.

rosado, -da *adj.* De color de la rosa. 2 Compuesto con rosas. - 3 *adj.-s.* Díc. del vino que ha fermentado sin los orujos.

rosal *m.* Arbusto rosáceo de jardín, de tallos con aguijones y flores hermosas.

rosario *m.* Rezo de la iglesia católica en que se conmemoran los quince misterios de la Virgen. 2 Sarta de cuentas usada para este rezo. 3 fig. Serie.

rosbif *m.* Carne de vaca medio asada.

rosca *f.* Máquina compuesta de tornillo y tuerca. 2 Vuelta de espiral. 3 Faja de material que forma un arco o bóveda. 4 Cosa redonda y rolliza que, cerrándose, forma un círculo u óvalo, dejando en medio un espacio vacío. 5 Pan en forma de rosca. ▷ *Pasarse de ~*, no encajar bien un tornillo en su rosca; excederse.

roscado, -da *adj.* En forma de rosca.

rosco *m.* Roscón o rosca de pan. 2 fam. Nota desfavorable, cero.

roscón *m.* Bollo en forma de rosca grande.

róseo, -a adj. De color de rosa.

roséola f. Erupción cutánea, caracterizada por pequeñas manchas rosáceas.

roseta f. Objeto en forma de rosa. - 2 f. pl. Granos de maíz tostados.

rosetón m. Ventana circular calada. 2 Adorno circular en los techos.

rosicler m. Color rosado de la aurora.

rosillo, -lla adj. Rojo claro.

rosol, rosolí m. Licor compuesto de aguardiente, azúcar, canela, anís, etc.

rosquilla f. Rosca pequeña de masa dulce y delicada.

rostrado, -da adj. Que remata en una punta.

rostro m. Cara, semblante. 2 Pico del ave. 3 fam. Caradura, aprovechado.

rotáceo, -a adj. De forma de rueda.

rotación f. Ac. y ef. de rodar.

rotacismo m. Conversión de la s en r frecuentemente en la fonética indoeuropea.

rotativo, -va adj.-f. Díc. de la máquina que imprime un periódico.

rotatorio, -ria adj. Que tiene movimiento circular.

roto, -ta adj.-s. Andrajoso. - 2 adj. Licencioso, de costumbres y vida licenciosa.

rotonda f. Edificio de planta circular.

rotor m. FÍS. Parte giratoria de un motor. 2 Aspas giratorias de un helicóptero.

rótula f. ANAT. Hueso flotante situado delante de la articulación de la tibia con el fémur.

rotulador, -ra adj.-s. Que rotula. - 2 f. Máquina para rotular. - 3 m. Instrumento para escribir o dibujar con tinta grasa.

rotular tr. Poner rótulo.

rotulista com. Persona que diseña y confecciona rótulos y carteles.

rótulo m. Título, etiqueta, letrero.

rotundo, -da adj. Redondo. 2 fig. Díc. del lenguaje lleno y sonoro. 3 fig. Preciso y terminante.

rotura f. Rompimiento. 2 Espacio abierto o hendido que resulta al romperse un cuerpo.

roturar tr. Arar por primera vez las tierras.

roulotte f. Caravana (remolque).

round m. DEP. Asalto de boxeo.

roya f. Hongo parásito de varios cereales.

royalty m. Derecho pagado al titular de una patente por utilizarla.

rozadura f. Ac. y ef. de rozar y señal que deja. 2 Herida superficial de la piel.

rozagante adj. Díc. del vestido vistoso y muy largo. 2 fig. Vistoso, ufano.

rozamiento m. Roce. 2 Resistencia que se opone al movimiento de un cuerpo sobre otro.

rozar tr. Limpiar la tierra de malezas. 2 en gral. Raer la superficie. 3 Cortar los animales la hierba con los dientes. - 4 intr.-tr. Pasar una cosa tocando la superficie de otra. - 5 prnl. Herirse un pie con otro.

rozno m. Borrico pequeño.

rúa f. Calle de un pueblo.

rubefacción f. Enrojecimiento de la piel.

rúbeo, -a adj. Que tira a rojo.

rubéola f. Enfermedad parecida al sarampión, que provoca erupciones cutáneas.

rubí m. Piedra preciosa, roja y muy brillante.

rubial adj. Díc. de la tierra, planta, que tira a color rubio.

rubicundo, -da adj. Rubio que tira a rojo. 2 De buen color.

rubidio m. Metal parecido al potasio, aunque más pesado.

rubificar tr. Poner colorada una cosa o teñirla de color rojo.

rubio, -bia adj.-m. Color rojo claro parecido al del oro. - 2 adj.-s. De cabellos rubios. - 3 adj. De color rubio.

rublo m. Unidad monetaria de la Unión Soviética.

rubor m. Color encendido que la vergüenza saca al rostro. 2 fig. Vergüenza.

ruborizarse prnl. Teñirse de rubor el rostro. 2 Sentir vergüenza.

rúbrica f. Rasgo o rasgos que como parte de la firma pone cada cual después de su nombre o título. 2 Epígrafe.

rubricar tr. Poner uno su rúbrica en un escrito. 2 Subscribir un despacho o papel y ponerle el sello.

rubro, -bra adj. Encarnado, rojo.

rucio, -cia adj.-s. Díc. de la bestia de color pardo claro. - 2 m. f. Asno.

ruda f. Planta rutácea de flores amarillas y olor fuerte.

rudeza f. Calidad de rudo.

rudimentario, -ria adj. Perten. o rel. a los rudimentos.

rudimento *m.* Embrión de un ser orgánico. 2 Parte de un ser orgánico imperfectamente desarrollada. - 3 *m. pl.* Primeros elementos de una ciencia o arte.

rudo, -da *adj.* Tosco, basto. 2 Descortés. 3 Riguroso, violento, impetuoso.

rueca *f.* Instrumento para hilar.

rueda *f.* Máquina elemental, en forma circular, que gira sobre un eje. 2 Corro. 3 ~ *de prensa,* coloquio que una personalidad sostiene con periodistas. ▷ *Comulgar uno con ruedas de molino,* creer hasta lo más inverosímil.

ruedo *m.* Acción de rodar. 2 Contorno, límite, término. 3 Círculo o circunferencia de una cosa. 4 Redondel en las plazas de toros. 5 Esterilla redonda.

ruego *m.* Súplica, petición.

rufián *m.* fig. Hombre sin honor.

rufianesco, -ca *adj.* Perten. o rel. a los rufianes.

rufo, -fa *adj.* Rubio, bermejo.

rugby *m.* Juego entre dos equipos de quince jugadores que consiste en hacer pasar un balón ovoide, valiéndose de pies y manos, a través de la portería contraria.

rugido *m.* Voz del león. 2 fig. Bramido.

ruginoso, -sa *adj.* Mohoso, o con orín.

rugir *intr.* Bramar el león. 2 p. anal. Dar bramidos.

rugosidad *f.* Calidad de rugoso. 2 Arruga.

rugoso, -sa *adj.* Que tiene arrugas.

ruibarbo *m.* Planta de hojas anchas y rizoma grueso que se usa como purgante.

ruido *m.* Sonido inarticulado y confuso. 2 fig. Pendencia, alboroto. 3 Señales extrañas y no deseadas que surgen en cualquier parte de un sistema de transmisión.

ruidoso, -sa *adj.* Que causa mucho ruido.

ruin *adj.* Vil. 2 Mezquino, avariento. 3 Pequeño, humilde.

ruina *f.* Acción de caer una cosa. 2 fig. Pérdida de los bienes. 3 fig. Perdición. - 4 *f. pl.* Restos de un edificio destruido.

ruindad *f.* Calidad de ruin. 2 Acción de ruin.

ruinoso, -sa *adj.* Que se empieza a arruinar o amenaza ruina. 2 Que arruina.

ruiseñor *m.* Ave paseriforme de plumaje pardo rojizo, notable por la belleza de su canto.

rular *intr.-tr.* Rodar. 2 Marchar, funcionar, ir bien. 3 Deambular sin rumbo fijo.

ruleta *f.* Juego de azar en que se lanza una bolita sobre una rueda giratoria.

rulo *m.* Rodillo para allanar la tierra. 2 Rodillo para dar forma al pelo húmedo.

rumano, -na *adj.-s.* De Rumanía. - 2 *m.* Lengua rumana.

rumba *f.* Baile cubano de origen africano.

rumbo *m.* Dirección trazada en el horizonte, especialmente la de la rosa náutica. 2 Camino que uno se propone seguir. 3 fig. fam. Pompa, ostentación.

rumboso, -sa *adj.* fam. Pomposo, magnífico. 2 fam. Desprendido, dadivoso.

rumiante *adj.-m.* Díc. del mamífero artiodáctilo herbívoro que rumia los alimentos.

rumiar *tr.* Masticar por segunda vez los animales herbívoros, volviendo a la boca el alimento que estuvo en el estómago. 2 fig. fam. Pensar despacio, reflexionar.

rumor *m.* Voz que corre entre el público. 2 Ruido sordo y continuado.

rumorear *unipers.* Circular un rumor (voz). - 2 *intr.* Producir rumor (ruido).

rumoroso, -sa *adj.* Que causa rumor.

runrún *m.* Zumbido, ruido o sonido continuado y bronco.

runrunear *intr.-prnl.* Susurrar. 2 Hacer correr un runrún.

runruneo *m.* Acción de runrunear. 2 Ruido confuso e insistente de algo.

rupescente *adj.* Que crece sobre paredes y rocas.

rupestre *adj.* Perten. o rel. a las rocas.

rupia *f.* Unidad monetaria de la India, Indonesia y Pakistán.

ruptor *m.* Dispositivo que cierra y abre sucesivamente un circuito eléctrico. 2 Dispositivo que produce la chispa en la bujía de un motor de explosión.

ruptura *f.* fig. Rompimiento.

rural *adj.* Perten. o rel. al campo. 2 fig. Tosco.

rusiente *adj.* Que se pone·rojo o candente con el fuego.

ruso, -sa *adj.-s.* De Rusia. - 2 *m.* Lengua rusa.

rusticano, -na *adj.* Silvestre.

rusticidad *f.* Calidad de rústico.

rústico, -ca *adj.* Perten. o rel. al campo. 2 fig. Tosco. - 3 *m.* Hombre del campo.

ruta *f.* Derrota de un viaje. 2 Itinerario.

rutáceo, -a *adj.-f.* Díc. de la planta dicotiledónea de hojas alternas y flores actinomorfas.

rutenio *m.* Metal muy parecido al osmio.

rutilante *adj.* Que rutila.

rutilar *intr.* poét. Brillar, resplandecer.

rutilo *m.* Mineral de color rojo, castaño o negro, con brillo adamantino.

rútilo, -la *adj.* De color rubio subido, o de brillo como el oro.

rutina *f.* Costumbre inveterada, hábito de hacer las cosas por mera práctica.

rutinario, -ria *adj.* Que se hace o practica por rutina.

ruzafa *f.* Entre los árabes, jardín.

S

s *f.* Consonante alveolar, vigésima segunda letra del alfabeto.

sábado *m.* Séptimo y último día de la semana.

sábalo *m.* Pez marino teleósteo, parecido al arenque.

sabana *f.* Llanura dilatada de América y África.

sábana *f.* Pieza de lienzo que se pone en la cama.

sabandija *f.* Reptil pequeño o insecto, especialmente los asquerosos y molestos. 2 fig. Persona despreciable.

sabañón *m.* Color rojo de la piel, acompañado de picazón, causado por el frío.

sabático, -ca *adj.* Perten. o rel. al sábado. 2 Díc. del año de licencia con sueldo que algunas universidades conceden a su personal docente y administrativo.

sabedor, -ra *adj.* Instruido, conocedor de una cosa.

sabelotodo *com.* fam. Sabidillo.

saber *m.* Sabiduría, conocimiento. - 2 *tr.* Tener conocimiento de una cosa. 3 Ser docto en alguna cosa. 4 en gral. Tener habilidad para una cosa. - 5 *intr.* Ser muy sagaz y advertido. ▷ A ~, esto es.

sabidillo, -lla *adj.-s.* desp. Que presume de docto sin serlo.

sabido, -da *adj.* Que se sabe.

sabiduría *f.* Prudencia. 2 Conocimiento profundo en ciencias, letras o artes.

sabiendas (a ~) *loc. adv.* De un modo cierto. 2 Con conocimiento y deliberación.

sabihondo, -da *adj.-s.* irón. desp. Que presume de sabio sin serlo.

sabina *f.* Arbusto verde, de fruto negro azulado y madera encarnada, olorosa.

sabio, -bia *adj.-s.* Que posee sabiduría.

sablazo *m.* Golpe y herida de sable. 2 fig. fam. Acto de sacar dinero a uno sin intención de devolverlo.

sable *m.* Arma blanca parecida a la espada, pero algo corva.

sablear *intr.* fig. Dar sablazos.

sablón *m.* Arena gruesa.

sabor *m.* Sensación que ciertos cuerpos producen en el órgano del gusto. 2 fig. Impresión que una cosa produce en el ánimo.

saborear *tr.* Dar sabor y gusto a las cosas. - 2 *tr.-prnl.* Percibir despacio y con deleite el sabor. 3 fig. Apreciar con deleite.

sabotaje *m.* Destrucción intencionada de medios de trabajo.

sabotear *tr.* Realizar un sabotaje.

sabroso, -sa *adj.* Sazonado y grato al gusto. 2 fig. Delicioso.

sabueso *m.* Perro de olfato muy fino. 2 fig. Persona que indaga.

sábulo *m.* Arena gruesa y pesada.

saburra *f.* Secreción mucosa, espesa, que en ciertos trastornos gástricos se acumula en el estómago. 2 Capa blanquecina que cubre la lengua, por dicha secreción.

saca *f.* Ac. y ef. de sacar. 2 Exportación. 3 Costal muy grande.

sacabocados *m.* Instrumento que sirve para taladrar.

sacacorchos *m.* Instrumento para descorchar botellas.

sacadinero, -ros *m.* fam. Espectáculo o cosa de poco valor, pero de buena apariencia. - 2 *com.* fam. Persona que tiene arte para sacar dinero al público.

sacamuelas *com.* Persona que por oficio saca muelas.

sacapuntas *m.* Utensilio para afilar los lápices.

sacar *tr.* Hacer salir una cosa fuera de otra donde estaba metida. 2 Quitar, separar a una persona o cosa de un lugar o condición. 3 Obtener de uno alguna cosa. 4 Adelantar, mostrar. 5 Citar, nombrar. 6 en gral. Conseguir, obtener. 7 Inferir, deducir. 8 Poner en movimiento la pelota tras haberse cometido una falta. ▷ ~ adelante, llevar hasta el final. ~ en claro, en conclusión.

sacárido m. QUÍM. Nombre genérico de los azúcares y sus derivados.

sacarificación f. Ac. y ef. de sacarificar.

sacarificar tr. Convertir en azúcar.

sacarígeno, -na adj. Capaz de convertirse en azúcar.

sacarimetría f. Procedimiento para determinar la proporción de azúcar.

sacarina f. Substancia blanca, pulverulenta, que sirve para endulzar.

sacarino, -na adj. Que tiene azúcar o se asemeja a ella.

sacarosa f. Azúcar.

sacatrapos m. Instrumento para sacar los cuerpos blandos del ánima de las armas de fuego.

sacerdocio m. Dignidad, estado y ministerio del sacerdote.

sacerdotal adj. Perten. o rel. al sacerdote.

sacerdote m. Hombre dedicado y consagrado a ofrecer sacrificios. 2 Hombre consagrado a Dios, ungido y ordenado para celebrar y ofrecer el sacrificio de la misa.

sacerdotisa f. Mujer dedicada al culto de las deidades paganas.

saciar tr.-prnl. Hartar, satisfacer.

saciedad f. Hartazgo.

saco m. Receptáculo de tela, cuero, papel, etc., abierto por un extremo. 2 Vestidura tosca de paño burdo. 3 Saqueo. ▷ *No echar en ~ roto una cosa,* no olvidarla. *Tener en el ~,* haber logrado.

sacra f. Hoja que en su correspondiente tabla se pone en el altar con algunas oraciones de la misa.

sacralizar tr. Atribuir carácter sagrado.

sacramentado, -da m. f. Persona que ha recibido la extremaunción.

sacramental adj. Perten. o rel. a los sacramentos. 2 Consagrado por la ley o el uso.

sacramentar tr. En la religión católica, convertir el pan en el cuerpo de Jesucristo en la Eucaristía. 2 Administrar a un enfermo el viático y la extremaunción.

sacramento m. En la religión católica, signo sensible de un efecto espiritual que Dios obra en nuestras almas.

sacre m. Ave rapaz falconiforme, muy parecida al gerifalte.

sacrificar tr. Ofrecer o dar una cosa en reconocimiento de la divinidad. 2 fig.

Matar reses. 3 Poner a una persona o cosa en algún riesgo para algún fin elevado.

sacrificio m. Ofrenda a una deidad. 2 Ofrenda del cuerpo de Cristo en la misa. 3 fig. Trabajo grave a que se somete a una persona. 4 fig. Acto de abnegación.

sacrilegio m. Profanación de una cosa, persona o lugar sagrados.

sacrílego, -ga adj. Que comete o contiene sacrilegio. 2 Perten. o rel. al sacrilegio.

sacristán, -tana m. f. Persona que ayuda al sacerdote y cuida la sacristía.

sacristía f. Lugar, en las iglesias, donde se guardan las cosas del culto.

sacro, -cra adj. Sagrado. - 2 m. ANAT. Hueso formado por la extremidad de la columna vertebral, antes del cóccix.

sacrosanto, -ta adj. Sagrado y santo.

sacudida f. Movimiento brusco de una cosa.

sacudidor, -ra adj.-s. Que sacude. - 2 m. Instrumento con que se sacuden y limpian colchones, alfombras, etc.

sacudir tr. Agitar o golpear violentamente una cosa. 2 en gral. Castigar con golpes. - 3 tr.-prnl. Arrojar una cosa o apartarla violentamente de sí.

sáculo m. Parte del laberinto membranoso del oído que comunica con el caracol.

sachar tr. Escardar la tierra sembrada para quitar las malas hierbas.

sádico, -ca adj.-s. Con caracteres de sadismo.

sadismo m. Deleite anormal en la crueldad. 2 fig. Crueldad refinada, con placer de quien la ejecuta.

sadomasoquismo m. Coexistencia del sadismo y del masoquismo en una persona.

saeta f. Flecha que se dispara con arco. 2 Manecilla del reloj. 3 Copla breve y devota que se canta en Andalucía en las calles al pasar las procesiones.

saetera f. fig. Ventanilla estrecha.

safari m. Cacería, expedición de caza mayor. 2 Lugar donde se produce.

sáfico, -ca adj.-m. Díc. del verso endecasílabo acentuado en la cuarta y octava sílaba.

saga f. Leyenda poética de Escandinavia.

sagacidad f. Calidad de sagaz.

sagaz *adj.* Avisado, astuto.

sagita *f.* GEOM. Sección de radio comprendida entre el punto medio de un arco de circunferencia y el de su cuerda.

sagitado, -da *adj.* De figura de saeta.

sagitaria *f.* Planta de hojas sagitadas y flores blancas.

sagrado, -da *adj.* Dedicado a Dios. 2 Que por alguna relación con lo divino es venerable. - 3 *m.* Asilo, refugio.

sagrario *m.* Parte del templo en que se guardan las cosas sagradas. 2 Lugar donde se deposita a Cristo sacramentado.

sah *m.* Rey de Persia o del Irán.

saharaui *adj.-s.* Del Sáhara occidental.

sahariana *f.* Prenda de vestir semejante a una chaqueta, de tela ligera.

sahariano, -na *adj.* Del desierto del Sáhara.

sahumar *tr.* Dar humo aromático a una cosa.

sahumerio *m.* Ac. y ef. de sahumar. 2 Humo con que se sahúma. 3 Substancia que produce humo aromático.

saín *f.* Grasa de un animal.

sainar *tr.* Engordar a los animales.

sainete *m.* Pieza dramática jocosa, en un acto, de carácter popular. 2 *fig.* Bocadito gustoso. 3 *fig.* Sabor suave.

sajadura *f.* Cortadura hecha en la carne.

sajar *tr.* Hacer sajaduras.

sajón, -jona *adj.-s.* De un ant. pueblo germánico.

sake *m.* Aguardiente hecho a base de arroz, originario de Japón.

sal *f.* Cloruro de sodio que sirve de condimento. 2 *fig.* Gracia, agudeza. 3 *fig.* Garbo, gentileza en los ademanes. 4 QUÍM. Combinación de una base y un ácido.

sala *f.* Pieza principal de la casa. 2 Aposento de grandes dimensiones. 3 Pieza donde se constituye un tribunal. 4 Local destinado a un espectáculo o a un servicio público.

salacot *m.* Sombrero en forma de elipse, usado en los países orientales.

saladar *m.* Terreno en que se cuaja la sal en las marismas. 2 Terreno estéril por abundar en él las sales.

saladero *m.* Lugar destinado para salar.

saladillo, -lla *adj.-s.* Tocino fresco poco salado. 2 Almendra, avellana, garbanzo, etc., tostados y salados. - 3 *m.* Pastita salada para el té.

salado, -da *adj.* Con más sal de la necesaria. 2 *fig.* Gracioso, chistoso.

salamandra *f.* Anfibio parecido al lagarto, de color negro con manchas amarillas.

salamanquesa *f.* Reptil saurio, pequeño, de cuerpo comprimido y ceniciento.

salame *m. Amér.* Embutido de carne vacuna y porcina, picadas y mezcladas.

salar *tr.* Echar en sal, curar con sal. 2 Sazonar con sal. 3 Echar demasiada sal.

salariado *m.* Organización del pago del trabajo del obrero por medio del salario.

salarial *adj.* Perten. o rel. a los salarios o a los asalariados.

salario *m.* Estipendio periódico.

salaz *adj.* Inclinado a la lujuria.

salazón *f.* Ac. y ef. de salar. 2 Acopio de carnes o pescados salados.

salcochar *tr.* Cocer sólo con agua y sal.

salchicha *f.* Embutido, en tripa delgada, de carne de cerdo.

salchichón *m.* Embutido de jamón, tocino y pimienta.

saldar *tr.* Liquidar una cuenta. 2 Vender a bajo precio.

saldo *m.* Pago de una cuenta. 2 Cantidad que de una cuenta resulta a favor o en contra. 3 Resto de mercancías que se vende a bajo precio.

saledizo, -za *adj.-s.* Que sobresale.

salero *m.* Vaso para servir o guardar la sal. 2 *fig.* Gracia, donaire.

saleroso, -sa *adj. fig.* Que tiene salero.

salesiano, -na *adj.-s.* De la congregación fundada por San Juan Bosco.

salicáceo, -a *adj.-f.* Díc. de la planta dicotiledónea, de hojas sencillas, flores en amento y fruto capsular.

salicaria *f.* Planta herbácea de flores purpúreas.

salicílico *adj.-s.* Díc. de un ácido, sólido, cristalino, antiséptico.

sálico, -ca *adj.* Díc. de una ley que excluía del trono a las hembras.

salicornia *f.* Planta quenopodiácea, de ramas opuestas cortas, que vive en los saladares.

salicultura *f.* Explotación de las salinas; industria salinera.

salida *f.* Ac. y ef. de salir. 2 Parte por donde se sale. 3 Despacho de los géneros. 4 Parte que sobresale. 5 fig. Escapatoria. 6 fig. Ocurrencia.

salidizo m. Parte del edificio que sobresale fuera de la pared maestra.

salido, -da adj. Que sobresale en un cuerpo. 2 fam. Perten. o rel. a la hembra de algunos animales cuando está en celo.

salificable adj. Díc. de la substancia capaz de combinarse con un ácido para formar una sal.

salificar tr. QUÍM. Convertir en sal.

salina f. Mina de sal. 2 Sitio donde se evapora el agua del mar para obtener sal.

salinidad f. Calidad de salino.

salino, -na adj. Que contiene sal. 2 Que participa de los caracteres de la sal.

salir intr. Pasar de dentro a fuera. 2 Ir del lugar en que se estaba a otro. 3 Cesar en un cargo. 4 Aparecer, nacer, brotar. 5 Proceder, traer su origen. 6 En ciertos juegos, ser uno el primero que juega. 7 Sobresalir. ▷ ~ adelante, ir superando adversidades.

salitre m. Nitro. 2 Substancia salina.

salitroso, -sa adj. Que tiene salitre.

saliva f. Humor alcalino segregado por ciertas glándulas en la cavidad de la boca.

salival, salivar adj. Perten. o rel. a la saliva.

salivar intr. Arrojar saliva.

salivoso, -sa adj. Que expele mucha saliva.

salmantino, -na adj.-s. De Salamanca.

salmear intr. Cantar los salmos.

salmer m. ARQ. Piedra del muro, cortada en plano inclinado, de donde arranca un arco.

salmo m. Cántico de alabanza a Dios.

salmodia f. Canto usado en la Iglesia para los salmos. 2 fig. Canto monótono.

salmodiar intr. Salmear. - 2 tr. Cantar algo con cadencia monótona.

salmón m. Pez teleósteo de carne rojiza, muy estimada. - 2 adj.-m. De color rojizo como el de la carne de este pez.

salmonelosis f. Infección intestinal causada por ingestión de alimentos contaminados.

salmonete m. Pez marino teleósteo, comestible, de color rojizo.

salmorejo m. Salsa de agua, vinagre, aceite, sal y pimienta.

salmuera f. Agua cargada de sal. 2 Líquido preparado con sal para conservas.

salobre adj. Que por su naturaleza tiene sabor de sal.

salobridad f. Calidad de salobre.

saloma f. Canto con que acompañan los marineros su faena.

salón m. Pieza de grandes dimensiones para visitas y fiestas en las casas particulares. 2 p. ext. Mobiliario de esta pieza.

salpa f. Animal procordado, tunicado, de cuerpo cilíndrico.

salpicadero m. Tablero situado en los vehículos automóviles delante del conductor, en el que se hallan algunos mandos y aparatos indicadores.

salpicadura f. Ac. y ef. de salpicar.

salpicar tr. Rociar, esparcir en gotas. 2 Caer gotas de un líquido.

salpicón m. Fiambre de carne picada condimentado con pimienta, sal, vinagre y cebolla.

salpimentar tr. Adobar con sal y pimienta. 2 fig. Amenizar.

salpimienta f. Mezcla de sal y pimienta.

salpresar tr. Aderezar con sal una cosa prensándola para que se conserve.

salpullido m. Erupción cutánea leve y pasajera.

salpullir tr. Levantar salpullido. - 2 prnl. Llenarse de salpullido.

salsa f. Mezcla de substancias comestibles desleídas para aderezar o condimentar la comida. 2 fig. Cosa que excita el gusto. 3 fam. Sal, gracia. 4 Baile surgido entre los inmigrantes caribeños de Nueva York. ▷ En su ~, en su ambiente o entorno habitual.

salsera f. Vasija en que se sirve salsa.

salsero, -ra adj. fam. Entremetido.

salsifí m. Planta de raíz fusiforme, blanca y comestible.

saltabanco, -cos com. Charlatán callejero. 2 Titiritero.

saltadero m. Salto de agua que forma un arroyo en una garganta estrecha.

saltador, -ra adj. Que salta. - 2 m. Comba.

saltamontes m. Insecto ortóptero de color verde amarillento y patas posteriores muy robustas.

saltar intr. Levantarse del suelo con el impulso de las piernas para dejarse caer de pie. 2 Levantarse una cosa por propio impulso y con violencia. 3 Desprenderse una cosa o romperse violentamente. 4 Responder de manera viva o intempestiva. - 5 *tr.* Salvar de un salto un espacio.

saltarín, -rina *adj.-s.* Que danza o baila.

salteador, -ra *m. f.* Persona que roba a los viajeros por los caminos.

saltear *tr.* Salir a robar en los caminos. 2 en gral. Asaltar. 3 Hacer una cosa con interrupciones. 4 Sofreír a fuego vivo.

salterio *m.* Libro de los salmos. 2 Instrumento músico de caja prismática y cuerdas metálicas.

saltígrado, -da *adj.* Díc. del animal que anda a saltos.

saltimbanqui *com.* Jugador de manos, titiritero que va por pueblos y ciudades.

salto *m.* Ac. y ef. de saltar. 2 Espacio que se salta. 3 Despeñadero muy profundo. 4 fig. Tránsito de una cosa a otra sin tocar las intermedias. 5 Palpitación violenta del corazón. ▷ *A ~ de mata,* aprovechando cualquier oportunidad.

saltón, -tona *adj.* Que anda a saltos o salta mucho. 2 Que sobresale.

salubre *adj.* Saludable.

salubridad *f.* Calidad de salubre. 2 Estado general de la salud pública.

salud *f.* Estado del ser orgánico que ejerce normalmente todas las funciones. 2 Estado de gracia espiritual.

¡salud! Interjección para saludar o desear un bien.

saludable *adj.* Que conserva la salud. 2 Que goza de salud. 3 fig. Provechoso.

saludar *tr.* Dirigir a otro palabras de cortesía, deseándole salud.

saludo *m.* Ac. y ef. de saludar. 2 Palabra, gesto o fórmula para saludar.

salutación *f.* Saludo.

salva *f.* Saludo, bienvenida. 2 Serie de cañonazos en señal de honores o saludos.

salvación *f.* Ac. y ef. de salvar. 2 Consecución de la gloria y bienaventuranza eternas.

salvado *m.* Cáscara del grano de trigo molido.

salvadoreño, -ña *adj.-s.* De El Salvador.

salvaguardar *tr.* Defender, proteger.

salvaguardia *f.* Papel o señal dada a uno para que no sea detenido o estorbado. 2 fig. Custodia, amparo, garantía.

salvajada *f.* Dicho o hecho propio de un salvaje.

salvaje *adj.* Díc. de la planta silvestre. 2 Díc. del animal que no es doméstico. 3 fig. fam. Que se porta sin consideración con los demás. - 4 *adj.-com.* Natural de un país sin civilizar.

salvajismo *m.* Modo de ser o de obrar propio de los salvajes.

salvamanteles *m.* Pieza que se pone en la mesa debajo de las fuentes, botellas, etc.

salvamento, -miento *m.* Ac. y ef. de salvar.

salvar *tr.* Librar de un riesgo. 2 Evitar un inconveniente, vencer un obstáculo. 3 Exceptuar de lo que se dice o hace.

salvavidas *m.* Aparato insumergible o embarcación empleados en el salvamento de náufragos.

salve *f.* Oración que se reza a la Virgen.

salvedad *f.* Advertencia que limita el alcance de lo que se dice o hace. 2 Nota por la cual se salva una enmienda en un documento.

salvia *f.* Mata labiada, común en los terrenos áridos, de flores grandes, violáceas.

salvo, -va *adj.* Ileso, librado de un peligro. - 2 *adv. m.* Excepto.

salvoconducto *m.* Documento para transitar. 2 fig. Libertad para hacer algo sin temor de castigo.

sámago *m.* Albura de la madera.

sámara *f.* Aquenio alado.

samaritano, -na *adj.-s.* De Samaria, ant. región de Palestina. - 2 *m.* Lengua samaritana.

samba *f.* Baile típico de Brasil, de origen africano y compás binario.

sambenito *m.* fig. Mala nota que queda de una acción. 2 fig. Difamación, descrédito.

samovar *m.* Tetera rusa con hornillo.

sampán *m.* Embarcación pequeña china, provista de una vela y propulsada a remo.

samurái *m.* En la primitiva organización feudal del Japón, clase noble y militar; miembro de esta clase.

san *adj.* Apócope de *santo.*

sanar *tr.* Restituir la salud. - 2 *intr.* Recobrar la salud.

sanatorio *m.* Establecimiento para albergar enfermos sometidos a cierto régimen curativo.

sanción *f.* Estatuto o ley. 2 Acto por el que el jefe del estado confirma una ley. 3 Aprobación. 4 Pena, castigo.

sancionar *tr.* Dar fuerza de ley. 2 Aprobar. 3 Imponer pena.

sancochar *tr.* Cocer a medias la vianda sin sazonar.

sancocho *m.* Vianda a medio cocer.

sanctasanctórum *m.* Parte más sagrada del tabernáculo de los judíos. 2 fig. Lo que para una persona es de singular aprecio. 3 fig. Lo muy reservado y misterioso.

sanctus *m.* Parte de la misa, después del prefacio y antes del canon.

sandalia *f.* Calzado formado por una suela que se asegura con correas o cintas.

sándalo *m.* Árbol dicotiledóneo de hojas gruesas y madera olorosa. 2 Madera de este árbol. 3 En perfumería, esencia obtenida por destilación de la madera de dicho árbol.

sandáraca *f.* Resina amarillenta que se usa principalmente para hacer barnices.

sandez *f.* Calidad de sandio. 2 Necedad.

sandía *f.* Planta cucurbitácea de fruto grande, esférico y comestible. 2 Fruto de esta planta.

sandinismo *m.* Movimiento político nicaragüense de carácter popular.

sandio, -dia *adj.-s.* Necio, simple.

sandunga *f.* fam. Gracia, donaire.

sandwich *m.* ANGLIC. Emparedado, bocadillo.

saneado, -da *adj.* Que está libre de cargas o descuentos.

saneamiento *m.* Ac. y ef. de sanear.

sanear *tr.* Garantizar el reparo del daño que pueda sobrevenir. 2 Remediar. 3 esp. Dar condiciones de salubridad. 4 Cuidar de que la economía dé beneficios.

sanedrín *f.* Consejo supremo de los judíos.

sanfermines *m. pl.* Festejos que se celebran en Pamplona para celebrar la festividad de San Fermín.

sanfrancisco *m.* Combinado de grosella y otras frutas sin alcohol.

sangradera *f.* Lanceta.

sangrar *tr.* Abrir una vena a un enfermo y dejar salir determinada cantidad de sangre. 2 p. anal. Dar salida a un líquido. 3 fig. Hurtar. 4 IMPR. Empezar un renglón más adentro que los otros de la plana. - 5 *intr.* Arrojar sangre.

sangre *f.* Líquido coagulable que circula por las arterias y venas. 2 fig. Linaje. 3 fig. ~ **fría,** tranquilidad de ánimo.

sangría *f.* Ac. y ef. de sangrar. 2 fig. Bebida refrescante a base de vino, limón y trozos de fruta, con un poco de ron, coñac y especias.

sangriento, -ta *adj.* Que echa sangre. 2 Manchado o mezclado con sangre. 3 Sanguinario.

sanguificar *tr.* Hacer que se críe sangre.

sanguijuela *f.* Gusano anélido de boca chupadora. 2 fig. Persona que va poco a poco sacando a uno el caudal.

sanguinaria *f.* Piedra parecida al ágata, de color de sangre.

sanguinario, -ria *adj.* Feroz, cruel.

sanguíneo, -a *adj.* De sangre. 2 Que contiene sangre o abunda en ella.

sanguinolento, -ta *adj.* Sangriento.

sanidad *f.* Calidad de sano. 2 Salubridad. 3 Conjunto de servicios para preservar la salud pública.

sanitar *tr.* ANGLIC. Sanear.

sanitario, -ria *adj.* Perten. o rel. a la sanidad. - 2 *m. f.* Empleado de los servicios de Sanidad. - 3 *m.* Retrete. - 4 *m. pl.* Aparatos de higiene instalados en cuartos de baño, como la bañera, el lavabo, etc.

sano, -na *adj.* Que goza de salud. 2 Saludable. 3 fig. Entero, no roto.

sánscrito, -ta, sanscrito, -ta *adj.-m.* Díc. de una lengua de origen indoeuropeo de extensa tradición religiosa y literaria.

sansón *m.* fig. Hombre muy forzudo.

santabárbara *f.* Pañol destinado en las embarcaciones para custodiar la pólvora y municiones.

santanderino, -na *adj.-s.* De Santander.

santateresa *f.* Insecto muy voraz, de coloración verde, y primer par de patas provistos de fuertes espolones y espinas.

santería *f.* Calidad de santero.

santero, -ra *adj.* Que tributa a las imágenes un culto supersticioso. - 2 *m. f.* El que cuida un santuario. 3 Persona que pide limosna llevando la imagen de un santo.

santiagués, -guesa *adj.-s.* De Santiago de Compostela.

santiaguiño *m.* Crustáceo decápodo que carece de pinzas y con el cuerpo de color rojo.

santiamén (en un ~) *loc. adv.* fig. En un instante.

santidad *f.* Calidad de santo. 2 Tratamiento honorífico dado al Papa.

santificar *tr.-prnl.* Hacer santo a uno por medio de la gracia. - 2 *tr.* Dedicar a Dios una cosa. 3 Hacer venerable una cosa.

santiguar *tr.-prnl.* Hacer con la mano la señal de la cruz.

santimonia *f.* Santidad (calidad).

santo, -ta *adj.* Perfecto y libre de culpa. - 2 *adj.-s.* Díc. de la persona a quien la Iglesia declara tal y le da culto. 3 De especial virtud y ejemplo. - 4 *adj.* Que está consagrado a Dios. 5 Sagrado, inviolable. - 6 *m.* Imagen de un santo. 7 Respecto de una persona, festividad del santo cuyo nombre lleva.

santón *m.* Asceta musulmán.

santónico *m.* Planta compuesta cuyas cabezuelas tienen propiedades vermífugas.

santonina *f.* Substancia neutra blanca, cristalina, amarga y acre, usada en medicina como vermífugo.

santoral *m.* Libro que contiene vidas de santos. 2 Lista de los santos de cada día.

santuario *m.* Templo en que se venera la imagen o reliquia de un santo. 2 fig. Asilo, lugar sagrado e inviolable.

santurrón, -rrona *adj.-s.* Nimio en los actos de devoción.

saña *f.* Ensañamiento. 2 Intención rencorosa.

sañudo, -da *adj.* Propenso a la saña, o que tiene saña.

sapelli *m.* Árbol africano de madera apreciada.

sapiencia *f.* Sabiduría.

sapo *m.* Anfibio anuro con el cuerpo grueso y con la piel llena de verrugas.

saponificar *tr.-prnl.* Convertir en jabón un cuerpo graso.

saponita *f.* Silicato del grupo de los filosilicatos, de color blanco, amarillo, rojizo o verde.

saprófago, -ga *adj.* Díc. del animal o

planta que se alimenta de materiales orgánicos en putrefacción.

saprófito, -ta *adj.* Díc. del animal o planta que vive sobre materia orgánica en descomposición.

saprógeno, -na *adj.* Díc. del organismo capaz de pudrir la materia orgánica.

saque *m.* Acción de sacar. 2 DEP. Jugada en la que se pone la pelota en movimiento.

saquear *tr.* Apoderarse violentamente los soldados de lo que hallan en un paraje.

saqueo *m.* Ac. y ef. de saquear.

sarampión *m.* Enfermedad eruptiva, febril, contagiosa, propia de la infancia.

sarao *m.* Reunión nocturna con baile y música.

sarasa *m.* fam. Hombre afeminado.

sarcasmo *m.* Burla sangrienta, ironía mordaz.

sarcástico, -ca *adj.* Perten. o rel. al sarcasmo o que lo denota.

sarcófago *m.* Sepulcro.

sarcoma *m.* Tumor del tejido conjuntivo.

sarcótico, -ca *adj.* Que favorece la regeneración del tejido muscular.

sardana *f.* Baile popular de Cataluña.

sardina *f.* Pez marino teleósteo, comestible, de hasta 26 cms. de longitud.

sardinero, -ra *adj.* Perten. o rel. a las sardinas. - 2 *m. f.* Persona que vende o trata en sardinas. - 3 *m.* Arte de pesca que tiene la forma de una gran herradura.

sardo, -da *adj.-s.* De Cerdeña.

sardónica, -ce *f.* Ágata amarillenta.

sardónico, -ca *adj.* Díc. de la risa afectada y que no nace de alegría interior.

sarga *f.* Tela de estambre cuyo tejido forma líneas diagonales. 2 Arbusto de ramas mimbreñas.

sargazo *m.* Alga que flota en los mares cálidos.

sargento *m.* Militar del cuerpo de suboficiales que tiene empleo inmediatamente superior al de cabo. 2 fig. fam. Persona autoritaria y de modales bruscos.

sargo *m.* Pez marino teleósteo de color plateado con fajas transversales negras.

sari *m.* Traje femenino usado en la India. 2 Tela ligera de algodón con la cual se confeccionan estos vestidos.

sarmentar *intr.* Coger los sarmientos podados.

sarmentera *f.* Lugar donde se guardan los sarmientos. 2 Acción de sarmentar.

sarmentoso, -sa *adj.* Que tiene semejanza con los sarmientos.

sarmiento *m.* Vástago de la vid, largo, flexible y nudoso.

sarna *f.* Enfermedad cutánea, contagiosa, debida a un ácaro y caracterizada por multitud de pústulas en el cuerpo.

sarnoso, -sa *adj.-s.* Que tiene sarna.

sarraceno, -na *adj.-s.* Mahometano.

sarracina *f.* Pelea confusa.

sarria *f.* Red basta para transportar paja.

sarro *m.* Sedimento que se adhiere al fondo de una vasija. 2 Substancia amarillenta que se adhiere a los dientes.

sarta *f.* Serie de cosas metidas por orden en un hilo, cuerda, etc.

sartén *f.* Vasija circular, más ancha que honda, de fondo plano y con mango largo. ▷ *Tener la ~ por el mango,* asumir la autoridad y responsabilidad de un negocio.

sartenada *f.* Lo que se fríe de una vez en una sartén; lo que cabe en ella.

sartorio *m.* ANAT. Músculo del muslo cuya función es la de flexionar la pierna.

sastre, -tra *m. f.* Persona que por oficio corta y cose trajes.

sastrería *f.* Oficio y obrador de sastre.

satánico, -ca *adj.* Perten. o rel. a Satanás. 2 fig. Muy perverso.

satanismo *m.* fig. Perversidad, maldad satánica.

satélite *m.* Cuerpo celeste opaco que gira alrededor de un planeta. 2 ~ *artificial,* vehículo que se coloca en órbita alrededor de la Tierra, y que lleva aparatos apropiados para recoger información y retransmitirla.

satén *m.* Raso.

satinar *tr.* Poner terso y lustroso el papel o la tela.

sátira *f.* Escrito, discurso, etc., para censurar o poner en ridículo.

satírico, -ca *adj.* Perten. o rel. a la sátira. 2 Inclinado a la mordacidad.

satirismo *m.* MED. Anomalía sexual en que el sujeto se siente impulsado a cometer agresiones contra mujeres solas.

satirizar *intr.* Escribir sátiras. - 2 *tr.* Zaherir con ellas.

sátiro *m.* Monstruo con el cuerpo velludo y patas de macho cabrío, muy dado a la lascivia. 2 fig. Hombre lascivo.

satisfacción *f.* Ac. y ef. de satisfacer. 2 Razón o acción con que se responde a una queja. 3 Gusto o placer que se recibe; deseo o gusto que se realiza.

satisfacer *tr.* Pagar lo que se debe. 2 Aquietar una pasión, un apetito, etc. 3 Dar solución a una duda. - 4 *intr.* Complacer a una persona algo o alguien.

satisfactorio, -ria *adj.* Que puede satisfacer. 2 Grato, próspero.

satisfecho, -cha *adj.* Presumido. 2 Que está muy complacido y contento. 3 Harto de comida.

sativo, -va *adj.* Que se cultiva, a distinción de lo silvestre.

sátrapa *adj.-m.* fig. Hombre ladino. 2 fig. fam. Hombre que lleva una vida fastuosa.

saturación *f.* Ac. y ef. de saturar o saturarse.

saturado, -da *adj.* QUÍM. Díc. del compuesto químico orgánico de enlaces entre átomos de carbono.

saturar *tr.* Saciar. - 2 *tr.-prnl.* Impregnar de otro cuerpo un fluido hasta el punto de no poder éste admitir mayor cantidad de aquél.

saturnino, -na *adj.* De genio triste y taciturno. 2 Perten. o rel. al plomo.

saturno *m.* Planeta cuya órbita está entre la de Júpiter y la de Urano.

sauce *m.* Árbol de ramas erectas, hojas angostas, flores en amento y fruto capsular.

saúco *m.* Pequeño árbol de flores olorosas, usadas en medicina.

saudade *f.* Nostalgia, añoranza.

saudí *adj.-s.* De Arabia Saudí.

sauna *f.* Baño de calor que se toma con fines higiénicos y terapéuticos. 2 Local en que se pueden tomar esos baños.

saurio, -ria *adj.-m.* Díc. del reptil escamoso, generalmente de cuatro patas, cola larga, párpados libres y esternón.

sauzgatillo *m.* Arbusto de ramas mimbreñas que crece en lugares frescos.

savia *f.* Líquido que nutre las plantas y circula por ellas. 2 fig. Energía.

saxátil *adj.* H. NAT. Que se cría entre peñas o adherido a ellas.

saxífraga *f.* Planta saxifragácea de tallo ramoso y velludo.

saxifragáceo, -a *adj.-f.* Díc. de la planta dicotiledónea, de hojas alternas y flores hermafroditas.

saxo, saxofón, saxófono *m.* Instrumento músico de viento formado por un tubo de metal cónico y encorvado.

saya *f.* Falda que usan las mujeres.

sayal *m.* Tela de lana burda.

sayo *m.* Casaca larga y sin botones. 2 Vestido amplio y de hechura simple.

sazón *f.* Punto, madurez o perfección. 2 Ocasión, coyuntura. 3 Gusto y sabor que se percibe en los manjares. ▷ *A la ~*, en aquel tiempo u ocasión. *En ~*, a tiempo.

sazonado, -da *adj.* Díc. del dicho substancioso y expresivo.

sazonar *tr.* Dar sazón al manjar, a la tierra o a los frutos. - 2 *tr.-prnl.* Poner las cosas en el punto que deben tener.

scout *com.* ANGLIC. Miembro de una organización juvenil cuyo fin es la formación por medio de actividades al aire libre.

scherzo *m.* Canción profana a varias voces, o pieza instrumental de forma libre. 2 Movimiento en tres tiempos, que entró a formar parte de la sinfonía, de la sonata y del cuarteto.

se *pron. pers.* Forma reflexiva y recíproca de tercera persona en ambos géneros para el objeto directo e indirecto. 2 Forma de tercera persona para el objeto indirecto en combinación con el directo en género masculino o femenino y número singular o plural.

sebáceo, -a *adj.* Perten. o rel. al sebo.

sebo *m.* Grasa sólida y dura que se saca de los animales herbívoros. 2 Gordura.

seborrea *f.* Aumento patológico de la secreción de las glándulas sebáceas.

seboso, -sa *adj.* Que tiene sebo. 2 Untado con grasa.

seca *f.* Período en que se secan las pústulas de ciertas erupciones cutáneas.

secadero *m.* Lugar destinado para poner a secar una cosa. 2 Instalación utilizada para el secado de sólidos.

secado *m.* Acción de secar. 2 Operación que consiste en separar el líquido que acompaña a un sólido.

secador, -ra *m. f.* Aparato destinado a secar las manos, el cabello, la ropa, etc.

secamente *adv. m.* Con pocas palabras. 2 De manera áspera, sin atención ni urbanidad.

secano *m.* Tierra de labor sin riego.

secante *adj.* Que seca. 2 Díc. de la línea o superficie que corta a otra.

secar *tr.* Extraer la humedad de un cuerpo. - 2 *prnl.* Perder una planta su verdor. 3 Quedarse sin agua un río, una fuente, etc. 4 Enflaquecer.

sección *f.* Cortadura. 2 Parte o división de un todo. 3 Figura que resultaría si se cortara un cuerpo por un plano. 4 En las empresas, conjunto homogéneo de unidades de trabajo.

seccionar *tr.* Fraccionar, cortar, dividir en secciones.

secesión *f.* Acto de separarse de una nación parte de su pueblo o territorio.

secesionismo *m.* Tendencia u opinión favorable a la secesión pública.

seco, -ca *adj.* Que carece de jugo, humedad o lozanía. 2 Falto de agua. 3 Árido. 4 Flaco, enjuto. 5 fig. Áspero, poco cariñoso. 6 fig. Riguroso, estricto. ▷ *A secas*, solamente. *En ~*, sin agua. *Dejar ~*, matar. *Parar en ~*, de repente.

secreción *f.* Separación. 2 FISIOL. Elaboración de un producto específico por actividad de una glándula. 3 FISIOL. Substancia así producida.

secretar *tr.* Segregar las glándulas.

secretaría *f.* Cargo y oficina del secretario. 2 Cargo del máximo dirigente de un partido político.

secretariado *m.* Secretaría, destino o cargo de secretario. 2 Conjunto de personas que desempeñan la función de secretarios. 3 Estudios para ser secretario.

secretario, -ria *m. f.* Persona encargada de escribir la correspondencia, extender las actas, custodiar los documentos, etc. 2 Persona que se halla al frente de una secretaría o despacho ministerial. 3 Máximo dirigente de algunos partidos políticos. 4 En algunos países, ministro.

secretear *intr.* Hablar en secreto.

secreter *m.* GALIC. Escritorio, mesita para escribir.

secreto, -ta *adj.* Oculto, desconocido. 2 Callado, reservado. - 3 *m.* Lo que tiene oculto. 4 Reserva, sigilo.

secretorio, -ria *adj.* Que segrega.

secta *f.* Conjunto de seguidores de una parcialidad religiosa o política.

sectario, -ria *adj.-s.* Secuaz, fanático de un partido o idea.

sectarismo *m.* Celo propio de sectario.

sector *m.* Porción de círculo comprendida entre un arco y dos radios. 2 fig. Parte de un conjunto.

sectorial *adj.* Perten. o rel. a un sector de una colectividad.

secuaz *adj.-com.* Que sigue el partido o doctrina de otro.

secuela *f.* Consecuencia, resulta. 2 Trastorno que persiste tras una enfermedad.

secuencia *f.* En cinematografía, serie de imágenes o escenas que forman un conjunto. 2 Continuidad, sucesión ordenada.

secuenciar *tr.* Establecer una serie o sucesión de cosas que guardan entre sí cierta relación.

secuestrador, -ra *adj.-s.* Que secuestra.

secuestrar *tr.* Depositar por orden judicial o gubernativa un objeto en poder de un tercero hasta que se decida a quién pertenece. 2 Apoderarse con violencia de una persona o de vehículos para exigir dinero por su rescate.

secuestro *m.* Ac. y ef. de secuestrar. 2 Bienes secuestrados.

secular *adj.* Seglar. 2 Que dura un siglo o más. - 3 *adj.-s.* Díc. del clero o sacerdote no sujeto a votos eclesiásticos.

secularización *f.* Ac. y ef. de secularizar.

secularizar *tr.* Hacer secular lo que era eclesiástico.

secundar *tr.* Seguir la opinión de otro, apoyarla.

secundario, -ria *adj.* Segundo en orden. 2 No principal, accesorio. - 3 *adj.-m.* Díc. de la era geológica que sigue a la era primaria o paleozoica y precede a la terciaria o cenozoica.

secuoya *f.* Árbol conífero gigantesco, de América, que alcanza hasta 150 m. de altura.

sed *f.* Necesidad de beber. 2 fig. Deseo ardiente.

seda *f.* Secreción viscosa con que forman sus capullos diferentes larvas de insectos. 2 Hilo formado por el gusano de seda. ▷ *Como una ~,* perfectamente, con gran facilidad.

sedal *m.* Hilo que se ata por un extremo al anzuelo y por el otro a la caña de pescar.

sedán *m.* Vehículo automóvil de carrocería cerrada.

sedante *adj.-m.* Díc. del fármaco que calma los dolores o disminuye la excitación nerviosa. 2 fig. Que calma el ánimo.

sedar *tr.* Apaciguar, sosegar. 2 Suministrar un sedante (fármaco).

sede *f.* Silla de un prelado. 2 Capital de una diócesis. 3 Jurisdicción y potestad del papa.

sedentario, -ria *adj.* Díc. del oficio, vida u ocupación de poco movimiento. 2 Díc. de la especie animal o grupo humano cuyos individuos no salen de la región donde han nacido.

sedente *adj.* Que está sentado.

sedeño, -ña *adj.* De seda o semejante a ella. 2 Que tiene sedas o cerdas.

sedición *f.* Tumulto, levantamiento contra la autoridad.

sedicioso, -sa *adj.-s.* Que promueve una sedición o toma parte en ella.

sediento, -ta *adj.-s.* Que tiene sed. 2 fig. Que desea una cosa con ansia.

sedimentar *tr.* Depositar sedimento un líquido.

sedimentívoro, -ra *adj.-s.* Que se alimenta de sedimentos.

sedimento *m.* Materia que, habiendo estado suspensa en un líquido, se posa en el fondo. 2 fig. Huella, marca que deja una cosa al pasar de un estado a otro.

sedoso, -sa *adj.* Parecido a la seda.

seducir *tr.* Persuadir suavemente al mal. 2 Atraer la voluntad.

seductor, -ra *adj.-s.* Que seduce.

sefardí *adj.-s.* Díc. del judío oriundo de España.

segadera *f.* Hoz para segar.

segador, -ra *adj.* Que siega. - 2 *m. f.* Persona que siega. - 3 *f.* Máquina para segar.

segar *tr.* Cortar mieses o hierba. 2 Cortar cualquier cosa de un golpe.

seglar *adj.* Perten. o rel. a la vida del siglo o mundo. - 2 *adj.-com.* Lego.

segmentación *f.* Ac. y ef. de segmentar o segmentarse. 2 División en fragmentos. 3 BIOL. División de la célula huevo.

segmentado, -da *adj.* Díc. del animal cuyo cuerpo consta de partes dispuestas en serie lineal.

segmentar *tr.-prnl.* Hacer segmentos.

segmento *m.* Parte cortada de una cosa.

2 Parte de una recta comprendida entre dos puntos. 3 Parte del círculo comprendida entre el arco y su cuerda.

segoviano, -na *adj.-s.* De Segovia.

segregación *f.* Ac. y ef. de segregar. 2 En la vida social, ac. y ef. de apartar de la convivencia común determinados grupos raciales, religiosos, etc.

segregacionismo *m.* Régimen jurídico o práctica de la segregación.

segregar *tr.* Separar una cosa de entre otras. 2 FISIOL. Producir y expulsar ciertos órganos y glándulas determinadas substancias, como sudor, saliva, etc.

segueta *f.* Sierra de marquetería.

seguidilla *f.* Estrofa formada por versos de siete y de cinco sílabas. - 2 *f. pl.* Aire y baile popular español.

seguido, -da *adj.* Continuo.

seguidor, -ra *adj.-s.* Que sigue a una persona o cosa.

seguimiento *m.* Ac. y ef. de seguir.

seguir *tr.* Ir o estar después o detrás de alguien o algo. 2 Tomar un camino o dirección. 3 Ser del partido o de la opinión de otro. 4 Proseguir lo empezado. 5 Ejercer, profesar. - 6 *tr.-prnl.* Inferirse.

seguiriya *f.* Cante flamenco con copla de cuatro versos, el tercero de los cuales es de once sílabas, de contenido triste.

según *prep.* Conforme, con arreglo a. ▷ ~ *y como*, ~ *y conforme*, a igual manera, de suerte que.

segunda *f.* En las cerraduras y llaves, vuelta doble. 2 Segunda intención.

segundar *intr.* Ser segundo.

segundero *m.* Manecilla que señala los segundos en el reloj.

segundo, -da *adj.* Que ocupa el último lugar en una serie ordenada de dos. - 2 *m. f.* Persona que en una institución sigue en jerarquía al principal. - 3 *m.* Sexagésima parte del minuto.

segundón *m.* Hijo segundo de la casa. 2 p. ext. Hijo no primogénito.

segur *f.* Hacha grande. 2 Hoz.

seguridad *f.* Calidad de seguro. 2 ~ *social*, conjunto de instituciones destinadas a la prevención y remedio de los riesgos que puedan presentarse para la salud. ▷ *Con* ~ , sin riesgo; con certeza.

seguro, -ra *adj.* Libre de riesgo. 2 Cierto. 3 Firme. 4 Perten. o rel. a la persona

o cosa en que se puede confiar en absoluto. - 5 *m.* Sitio exento de peligro. 6 Contrato por el cual se asegura a una persona o cosa de algún riesgo. 7 Muelle en algunas armas de fuego que evita que se disparen.

seis *adj.* Cinco y uno.

seisavo, -va *adj.-m.* Sexto.

seiscientos, -tas *adj.* Seis veces ciento. - 2 *m.* Arte, literatura y, en general, cultura del s. XVII.

seise *m.* Niño de coro que baila y canta en algunas catedrales, en determinadas festividades.

seísmo *m.* Temblor de tierra, terremoto.

seláceo, -a *adj.-m.* Díc. del pez elasmobranquio: escualiformes y rayiformes.

selección *f.* Elección de una persona o cosa entre otras. 2 Conjunto de cosas escogidas.

seleccionador, -ra *adj.* Que selecciona o escoge. - 2 *m. f.* En las agrupaciones deportivas, el encargado de escoger los jugadores que han de formar un equipo.

seleccionar *tr.* Elegir, escoger.

selectividad *f.* Función de seleccionar o elegir. 2 Conjunto de pruebas mediante las cuales se seleccionan los alumnos que pueden acceder a la Universidad.

selectivo, -va *adj.* Que selecciona.

selecto, -ta *adj.* Que es o se considera lo mejor entre otras cosas de su especie.

selector, -ra *adj.* Que selecciona o escoge. - 2 *m.* Dispositivo de sintonía para la recepción de canales en televisión.

selenio *m.* Metaloide de color pardo rojizo y brillo metálico.

selenita *com.* Supuesto habitante de la Luna. - 2 *adj.* Perten. o rel. a la Luna.

seleniuro *m.* Compuesto de selenio y otro elemento.

selenografía *f.* Parte de la astronomía que trata de la descripción de la Luna.

selfservice *m.* ANGLIC. Autoservicio.

selva *f.* Terreno extenso, inculto y muy poblado de árboles. 2 fig. Abundancia desordenada de alguna cosa.

selvático, -ca *adj.* Perten. o rel. a las selvas.

sellar *tr.* Imprimir el sello. 2 Cerrar.

sello *m.* Utensilio para estampar las armas, cifras, etc., en él grabadas. 2 Lo que queda estampado con él. 3 Trozo pequeño de papel, con sello oficial impreso, que se pega a ciertos documentos y a las cartas.

sema *m.* FILOL. Unidad mínima de significación.

semáforo *m.* Poste indicador que regula el tránsito en las vías públicas. 2 Telégrafo óptico establecido en las costas.

semana *f.* Espacio de siete días. 2 ~ *Santa,* la última de Cuaresma.

semanal *adj.* Que sucede o se repite cada semana. 2 Que dura una semana.

semanario, -ria *adj.* Semanal. - 2 *m.* Periódico que se publica semanalmente.

semantema *m.* LING. Unidad léxica provista de significación.

semántico, -ca *adj.* Perten. o rel. a la semántica. - 2 *f.* Parte de la lingüística que estudia la significación de las palabras.

semblante *m.* Cara. 2 fig. Apariencia.

semblanza *f.* Breve biografía.

sembrado, -da *adj.* Cubierto de cosas esparcidas. - 2 *m.* Tierra sembrada.

sembrar *tr.* Esparcir las semillas en la tierra. 2 fig. Desparramar, esparcir.

semejante *adj.-s.* De aspecto o características más o menos iguales a las de otra persona o cosa. 2 Con carácter demostrativo equivale a *tal.* - 3 *m.* Prójimo.

semejanza *f.* Calidad de semejante.

semejar *intr.-prnl.* Asemejarse.

semema *m.* LING. Significado que corresponde a cada morfema en una lengua determinada.

semen *m.* Fluido producido por los órganos reproductores masculinos de los animales. 2 Simiente, semilla.

semental *adj.* Perten. o rel. a la siembra. - 2 *m.* Animal macho para la reproducción.

sementera *f.* Ac. y ef. de sembrar. 2 Tierra sembrada. 3 Cosa sembrada.

sementero *m.* Saco en que se llevan los granos para sembrar.

semestral *adj.* Que sucede o se repite cada semestre. 2 Que dura un semestre.

semestre *m.* Espacio de seis meses.

semicilindro *m.* Mitad del cilindro limitada por un plano que pase por su eje.

semicircular *adj.* De figura de semicírculo o semejante a ella.

semicírculo *m.* Mitad del círculo separada por un diámetro.

semicircunferencia *f.* Mitad de la circunferencia.

sémico, -ca *adj.* Concerniente al sema.

semiconductor, -ra *adj.-s.* ELECTR. Díc. del material de resistencia más alta que la de los conductores e inferior a la de los aisladores. - 2 *m.* Cuerpo dotado de una débil conductividad eléctrica.

semiconsonante *adj.-s.* Díc. de la vocal *i* o *u* que forma diptongo con una vocal siguiente.

semicorchea *f.* MÚS. Nota musical cuyo valor es la mitad de una corchea.

semicultismo *m.* FILOL. Palabra influida por el latín o por la lengua culta, que no ha realizado por completo su evolución fonética normal.

semidiós, -diosa *m. f.* Hijo de una deidad y un mortal.

semiesférico, -ca *adj.* En forma de media esfera.

semifinal *f.* Penúltima competición del campeonato deportivo que se gana por eliminación del contrario y no por puntos.

semifusa *f.* MÚS. Nota musical cuyo valor es la mitad de una fusa.

semilunar *adj.* De figura de media luna.

semilla *f.* Parte del fruto que da origen a una nueva planta. 2 fig. Cosa que es causa u origen de que procedan otras.

semillero *m.* Lugar donde se siembran los vegetales que después han de trasplantarse. 2 fig. Origen de que nacen o se propagan algunas cosas.

seminal *adj.* Perten. o rel. al semen.

seminario *m.* Casa o lugar destinado para educación de niños y jóvenes. 2 Trabajo de investigación científica anejo a las cátedras, y local donde se realiza. 3 Reunión de especialistas consagrada al estudio de un problema concreto.

seminarista *m.* Alumno de un seminario eclesiástico.

seminífero, -ra *adj.* ZOOL. Que produce o contiene semen. 2 BOT. Que produce o contiene semillas.

seminívoro, -ra *adj.-s.* ZOOL. Animal

que come semillas.

semiología f. Ciencia que estudia los sistemas de signos.

semiótica f. Teoría general de los signos.

semiplano m. GEOM. Parte de un plano cortado o dividido en dos por una recta.

semisuma f. Resultado de dividir por dos una suma.

semita adj.-com. De una familia etnográfica y lingüística que comprende los pueblos que hablan lenguas de flexión de caracteres especiales.

semítico, -ca adj. Perten. o rel. a los semitas.

semitismo m. Conjunto de las tendencias, instituciones, etc., de los pueblos semíticos. 2 Vocablo, giro o modo de hablar propio de las lenguas semíticas.

semitono m. MÚS. Mitad del intervalo de un tono.

semivocal adj.-s. Díc. de la vocal i o u que forma diptongo con una vocal precedente.

sémola f. Pasta para sopa, de harina de flor reducida a granos muy menudos.

sempervirente adj. Díc. de la vegetación cuyo follaje se conserva verde todo el año.

sempiterno, -na adj. Eterno.

sena f. Conjunto de seis puntos señalados en una de las caras del dado.

senado m. Consejo supremo de la ant. Roma. 2 Cuerpo legislativo de personas cualificadas, elegidas por sufragio directo o bien designadas por razón de su cargo, posición, etc. 3 Edificio o lugar donde los senadores celebran sus sesiones.

senador, -ra m. f. Persona que es miembro del senado.

sencillez f. Calidad de sencillo.

sencillo, -lla adj. Que no tiene artificio ni composición. 2 De poco cuerpo. 3 Incauto, sin malicia. 4 Ingenuo en el trato.

senda f. Camino estrecho.

senderar, senderear tr. Guiar o encaminar a uno por el sendero. 2 Abrir senda.

sendero m. Senda.

sendos, -das adj. pl. Uno o una para cada cual de dos o más personas o cosas.

senectud f. Edad senil.

senegalés, -lesa adj.-s. Del Senegal.

senil adj. Perten. o rel. a la vejez.

senilidad f. Disminución natural y progresiva de las facultades físicas y mentales, propio de la vejez.

sénior adj. Díc. de la persona de más edad de las dos que llevan el mismo nombre. - 2 adj.-s. DEP. Categoría que engloba a deportistas con más de 21 años.

seno m. Concavidad o hueco. 2 Parte interna. 3 Pecho humano. 4 Espacio entre el vestido y el pecho.

sensación f. Impresión que recibimos por medio de los sentidos. 2 Emoción que causa un suceso.

sensacional adj. Que causa sensación. 2 fig. Que llama la atención.

sensacionalismo m. Práctica publicitaria, encaminada a producir sensación.

sensatez f. Calidad de sensato.

sensato, -ta adj. Prudente.

sensibilidad f. Facultad de sentir. 2 Propensión a dejarse llevar por los sentimientos. 3 Medida de la eficacia de ciertos aparatos científicos, ópticos, etc.

sensibilización f. Ac. y ef. de sensibilizar. 2 Proceso por el cual un organismo se vuelve sensible.

sensibilizar tr. Hacer sensible una placa fotográfica. 2 MED. Producir reacciones de hipersensibilidad.

sensible adj. Capaz de sentir. 2 Que puede ser percibido por los sentidos. 3 Patente al entendimiento. 4 Que causa sentimiento. 5 Que se deja llevar de él.

sensiblería f. Sentimentalismo exagerado, trivial o fingido.

sensitivo, -va adj. Perten. o rel. a los sentidos. 2 Capaz de sensibilidad. - 3 adj.-s. Extraordinariamente sensible.

sensor m. Aparato que sirve para determinar los valores de una dimensión física. 2 ELECTR. Dispositivo que por medio del tacto gobierna la acción de un circuito.

sensorial adj. Sensorio.

sensorio, -ria adj. Perten. o rel. a la sensibilidad. - 2 m. Centro común de todas las sensaciones.

sensual adj. Sensitivo. 2 Perten. o rel. a los deleites de los sentidos y de las personas aficionadas a ellos.

sensualidad f. Calidad de sensual. 2

Propensión a los placeres de los sentidos.

sentada f. Acción de protesta que consiste en permanecer sentadas en el suelo un grupo de personas.

sentado, -da adj. Juicioso, quieto.

sentar tr.-prnl. Poner a uno en una silla, banco, etc., de manera que quede apoyado sobre las nalgas. 2 fig. Dar por supuesta alguna cosa. - 3 intr. Caer bien o mal una prenda, agradar o no una cosa.

sentencia f. Dictamen, parecer. 2 Dicho que encierra doctrina o moralidad. 3 Resolución del juez o tribunal.

sentenciar tr. Dictar sentencia. 2 fig. Intimidar a uno anunciándole venganza.

sentencioso, -sa adj. Que encierra una sentencia. 2 Díc. del tono de afectada gravedad.

sentido, -da adj. Que incluye sentimiento. 2 Que se ofende con facilidad. - 3 m. Facultad de recibir estímulos externos e internos mediante los órganos receptores que los transmiten al sistema nervioso central. 4 Entendimiento, cordura. 5 Razón de ser. 6 Significado, interpretación.

sentimental adj. Que expresa o excita sentimientos tiernos. 2 Propenso a ellos.

sentimentalismo m. Calidad de sentimental.

sentimiento m. Ac. y ef. de sentir o sentirse. 2 Impresión que causan las cosas espirituales. 3 Aflicción del ánimo.

sentina f. Cavidad inferior de los barcos donde se recogen las aguas filtradas.

sentir m. Sentimiento. 2 Dictamen, parecer. - 3 tr. Experimentar sensaciones. 4 p. ant. Oír. 5 Experimentar los movimientos afectivos del ánimo. 6 p. ant. Experimentar aflicción. 7 Juzgar, opinar. 8 Presentir. - 9 prnl. Considerarse. ▷ *Sin ~*, sin darse cuenta.

seña f. Nota o indicio para dar a entender una cosa. 2 Señal. - 3 f. pl. Indicación del domicilio de una persona.

señal f. Marca, distintivo. 2 Signo. 3 Vestigio. 4 Parte de precio que se adelanta en algunos contratos. 5 Prodigio. 6 Comunicación que se da. 7 FÍS. Onda eléctrica para transmitir información.

señalado, -da adj. Insigne, famoso.

señalar tr. Poner marca o señal. 2 Hacer

una herida que deje cicatriz. 3 Indicar. 4 Hacer señal. 5 Determinar, designar.

señalización f. Ac. y ef. de señalizar. 2 Conjunto de señales.

señalizar tr. Colocar señales para regular la circulación.

señera f. Bandera oficial de Cataluña.

señero, -ra adj. Solo, solitario. 2 Único sin par.

señor, -ra adj.-s. Dueño de una cosa. - 2 adj. Propio de señor. - 3 m. Poseedor de estados y lugares. 4 Tratamiento de cortesía que se da a un hombre. 5 p. ant. Dios. - 6 f. Mujer (esposa). 7 Mujer respetable que ya no es joven. 8 Tratamiento de cortesía que se da a una mujer.

¡señor! Interjección de sorpresa o enojo.

señorear tr. Dominar. 2 Mandar.

señoría f. Tratamiento que se da a ciertas personas. 2 Señorío.

señorial adj. Perten. o rel. al señorío. 2 Majestuoso, noble.

señorío m. Dominio sobre alguna cosa. 2 fig. Gravedad en el porte. 3 Conjunto de personas de distinción.

señorita f. Hija de un señor. 2 Tratamiento de cortesía que se da a una mujer soltera. 3 Tratamiento de cortesía que se da a maestras de escuela, profesoras, o mujeres que desempeñan algún servicio. ▷ *~ de pan pringado,* la que alardeando de distinción, muestra a menudo su ordinariez.

señorito m. Hijo de un señor. 2 desp. Joven acomodado y ocioso.

señuelo m. Cosa que sirve para atraer las aves. 2 fig. Cosa para atraer con falacia.

sépalo m. Hoja que forma el cáliz de una flor.

separación f. Ac. y ef. de separar. 2 DER. Interrupción de la vida conyugal. 3 DER. *~ de bienes,* régimen de bienes en el matrimonio, en virtud del cual cada uno de los cónyuges conserva sus bienes propios.

separar tr. Poner fuera del contacto de uno o de una cosa. 2 Distinguir. 3 Forzar a dos o más personas o animales que riñen, para que dejen de hacerlo.

separata f. Tirada aparte de un artículo publicado en una revista.

separatismo m. Doctrina política que propugna la separación de algún territorio.

sepelio *m.* Acción de inhumar la Iglesia a los fieles.

sepia *f.* Jibia. 2 Materia colorante sacada de la jibia. - 3 *adj.-m.* Díc. del color de esta materia, marrón tirando a rojo claro.

septenario, -ria *adj.* Que consta de siete elementos. - 2 *m.* Tiempo de siete días.

septenio *m.* Período de siete años.

septentrión *m.* Norte. 2 Viento del norte.

septentrional *adj.* Perten. o rel. al septentrión.

septicemia *f.* Infección del organismo.

séptico, -ca *adj.* Producido por la putrefacción o por gérmenes patógenos.

septiembre *m.* Noveno mes del año.

séptimo, -ma *adj.-s.* Parte que, junto a otras seis iguales, constituye un todo. - 2 *adj.* Que ocupa el último lugar en una serie ordenada de siete.

septingentésimo, -ma *adj.-s.* Parte que, junto a otras seiscientas noventa y nueve iguales, constituye un todo. - 2 *adj.* Que ocupa el último lugar en una serie ordenada de setecientos.

septuagenario, -ria *adj.-s.* Que ha cumplido los setenta años.

septuagésimo, -ma *adj.* Parte que, junto a otras sesenta y nueve iguales, constituye un todo. - 2 *adj.* Que ocupa el último lugar en una serie ordenada de setenta.

septuplicar *tr.* Multiplicar por siete una cantidad.

sepulcral *adj.* Perten. o rel. al sepulcro. 2 fig. Fúnebre, sombrío.

sepulcro *m.* Obra que se construye para sepultar un cadáver.

sepultar *tr.* Poner en la sepultura. - 2 *tr.-prnl.* fig. Ocultar, enterrar.

sepultura *f.* Ac. y ef. de sepultar. 2 Hoyo donde se entierra un cadáver.

sepulturero *m.* El que por oficio entierra los cadáveres.

sequedad *f.* Calidad de seco. 2 fig. Dicho áspero y duro.

sequía *f.* Tiempo seco de larga duración.

séquito *m.* Gente que acompaña o sigue a una persona.

ser *m.* Esencia o naturaleza. 2 Lo que es, existe o puede existir. 3 Modo de existir. - 4 *v. copulativo.* Simple nexo entre

el sujeto y el atributo. - 5 *v. auxiliar.* Con los participios forma la voz pasiva de los verbos. - 6 *intr.* Existir, tener realidad. 7 Suceder, ocurrir. ▷ ~ *de lo que no hay,* no tener igual en su clase. *Un si es, no es,* denota indecisión.

sera *f.* Espuerta grande.

seráfico, -ca *adj.* Parecido al serafín.

serafín *m.* Ángel del segundo coro.

serenar *tr.-prnl.* Aclarar, sosegar. 2 fig. Apaciguar.

serenata *f.* Música que se toca al aire libre y la noche para festejar a alguien.

serenidad *f.* Calidad de sereno. 2 Título de algunos príncipes.

sereno, -na *m.* Humedad de la noche. 2 Vigilante de noche. - 3 *adj.* Claro, despejado de nubes o nieblas. 4 fig. Sosegado.

serial *m.* Novela radiofónica o televisada por episodios.

seriar *tr.* Poner en serie, formar series.

sericicultura *f.* Industria que tiene por objeto la producción de la seda.

sericígeno, -na *adj.* Que origina la seda.

serie *f.* Conjunto de cosas relacionadas entre sí y que se suceden unas a otras. 2 Relato dividido en partes concebidas para su emisión por radio o televisión. ▷ *En* ~ , mediante una técnica de producción de muchos objetos iguales, según un mismo patrón; sin originalidad. *Fuera de* ~ , que sobresale de los demás.

seriedad *f.* Calidad de serio.

serigrafía *f.* Sistema de impresión por medio de una pantalla de seda o tela metálica muy fina.

serio, -ria *adj.* Que obra de manera reflexiva y concienzuda. 2 Grave, severo. 3 Importante. 4 Contrapuesto a jocoso.

sermón *m.* Discurso religioso. 2 fig. Amonestación, represión.

sermonear *intr.* Predicar. - 2 *tr.* Amonestar o reprender.

seroja *f.* Hojarasca seca que cae de los árboles. 2 Residuo de la leña.

serón *m.* Sera más larga que ancha.

serosidad *f.* Líquido que lubrica ciertas membranas. 2 Humor que se acumula en las ampollas de la epidermis.

seroso, -sa *adj.* Perten. o rel. al suero o a la serosidad. 2 Que produce serosidad.

serpenteado, -da *adj.* Que tiene ondulaciones.

serpentear *intr.* Moverse o extenderse formando vueltas.

serpentín *m.* Tubo en espiral para facilitar el enfriamiento de la destilación en los alambiques.

serpentina *f.* Piedra de color verdoso. 2 Tira de papel arrollada que se arroja en días de carnaval.

serpiente *m.* Reptil ofidio, especialmente el de gran tamaño.

serpollo *m.* Rama nueva que brota al pie de un árbol. 2 Retoño de una planta.

serrado, -da *adj.* Que tiene dientecillos semejantes a los de la sierra.

serrallo *m.* Lugar en que los mahometanos tienen sus mujeres. 2 fig. Sitio donde se cometen desórdenes obscenos.

serrana *f.* Composición poética parecida a la serranilla. 2 Canción andaluza, variedad del cante hondo, originaria de la serranía de Ronda.

serranía *f.* Terreno compuesto de montañas y sierras.

serranilla *f.* Composición lírica del s. xv, generalmente en versos cortos.

serrano, -na *adj.-s.* De una sierra.

serrar *tr.* Cortar con la sierra.

serrería *f.* Taller para aserrar maderas.

serrijón *m.* Sierra de montes de poca extensión.

serrín *m.* Conjunto de partículas desprendidas de la madera cuando se sierra.

serrucho *m.* Sierra de hoja ancha.

serventesio *m.* Composición poética provenzal. 2 Cuarteto en que riman el primer verso con el tercero y el segundo con el cuarto.

servicial *adj.* Que sirve con diligencia. 2 Pronto a complacer.

servicio *m.* Ac. y ef. de servir. 2 Organización y personal que sirve. 3 Estado de sirviente. 4 Favor, obsequio. 5 Utilidad. 6 Cubierto de mesa. 7 Conjunto de piezas para servir el café, el té, etc. 8 En el juego del tenis, saque de pelota. 9 Urinario. 10 ~ *militar,* el que se presta como soldado durante un período de tiempo.

servidor, -ra *m. f.* Persona que sirve.

servidumbre *f.* Trabajo o condición de siervo. 2 Sujeción grave. 3 Conjunto de sirvientes.

servil *adj.* Perten. o rel. a los siervos. 2 Humilde. 3 Que obra con servilismo.

servilismo *m.* Ciega y baja adhesión a los poderosos.

servilleta *f.* Pedazo de tela o papel que usa cada comensal para limpiarse la boca y los dedos, y para proteger el vestido.

servilletero *m.* Aro, o bolsa que sirve para guardar la servilleta.

servir *intr.* Ser de utilidad. 2 Ser a propósito para un fin. 3 Estar al servicio de otro. 4 Asistir a la mesa. 5 Ejercer un cargo. 6 Ser soldado. 7 Asistir con naipes del palo que se ha jugado primero. - 8 *tr.* Dar culto a Dios y a los santos.

servodirección *f.* Mecanismo auxiliar que sirve para multiplicar el esfuerzo en el manejo de la dirección.

servofreno *m.* Mecanismo auxiliar que sirve para multiplicar el esfuerzo en el manejo del freno.

sésamo *m.* Ajonjolí.

sesear *intr.* Pronunciar la *c* ante *e, i,* o la *z,* como *s.*

sesenta *adj.* Seis veces diez.

seseo *m.* Ac. y ef. de sesear.

sesera *f.* Parte de la cabeza donde están los sesos.

sesgar *tr.* Cortar en sesgo.

sesgo, -ga *adj.* Cortado o situado oblicuamente. - 2 *m.* Oblicuidad.

sésil *adj.* Sentado (planta y animal). 2 Díc. del organismo que vive fijado a una estructura u otro organismo.

sesión *f.* Reunión de una junta o corporación. 2 Acto que se realiza para el público.

seso *m.* Cerebro. 2 fig. Prudencia, juicio, madurez. ▷ *Devanarse uno los sesos,* meditar mucho una cosa.

sesquiáltero, -ra *adj.* Que contiene la unidad y una mitad de ella.

sesquidoble *adj.* Que contiene dos veces y media un número o cantidad.

sesquiplano *m.* Biplano con una de las alas mucho menor que la otra.

sestear *intr.* Pasar la siesta durmiendo o descansando. 2 Recogerse el ganado durante el día en paraje sombrío.

sesudo, -da *adj.* Que tiene seso. 2 Inteligente, sensato.

set *m.* En tenis, pimpón y balonvolea, cada una de las fases principales en que se divide un partido.

seta *f.* Seda, cerda. 2 Hongo de sombrerillo.

setecientos, -tas *adj.* Siete veces ciento.

setenado *m.* Período de siete años.

setenta *adj.* Siete veces diez.

seto *m.* Cercado hecho de palos o varas entretejidas.

seudo *adj.* Falso, supuesto.

seudónimo, -ma *m.* Nombre empleado por un autor en vez del suyo verdadero.

seudópodo *m.* Prolongación de protoplasma que emiten ciertos protozoos, mediante la cual efectúan su locomoción.

severidad *f.* Calidad de severo.

severo, -ra *adj.* Que no tiene indulgencia. 2 Rígido en la observancia de leyes o reglas. 3 Grave, serio.

sevicia *f.* Crueldad excesiva. 2 Malos tratos.

sevillanas *f. pl.* Modalidad de baile flamenco propia de Andalucía.

sevillano, -na *adj.-s.* De Sevilla.

sexagenario, -ria *adj.-s.* Que ha cumplido sesenta años.

sexagesimal *adj.* Díc. del sistema que cuenta o subdivide de 60 en 60.

sexagésimo, -ma *adj.-s.* Parte que, junto a otras cincuenta y nueve iguales, constituye un todo. - 2 *adj.* Que ocupa el último lugar en una serie ordenada de sesenta.

sex-appeal *m.* Atractivo físico y sexual de una persona.

sexcentésimo, -ma *adj.-s.* Parte que, junto a otras quinientas noventa y nueve iguales, constituye un todo. - 2 *adj.* Que ocupa el último lugar en una serie ordenada de seiscientos.

sexenio *m.* Período de seis años.

sexi *adj.* Físicamente atractivo, erótico, sensual. 2 Díc. de la cosa que hace resaltar dicho atractivo.

sexismo *m.* Tendencia a valorar a las personas según su sexo. 2 Actitud de discriminación en materia sexual.

sexista *com.* Partidario del sexismo. 2 Machista.

sexo *m.* Condición que distingue al macho de la hembra. 2 Conjunto de individuos de uno u otro sexo. 3 Órganos sexuales.

sexología *f.* Disciplina que estudia los fenómenos relacionados con la vida sexual.

sextante *m.* Instrumento usado en navegación para medir la altura de los astros.

sexteto *m.* Composición para seis instrumentos o seis voces. 2 Composición poética de seis versos de arte mayor.

sextilla *f.* Combinación métrica de seis versos de arte menor.

sexto, -ta *adj.-s.* Parte que, junto a otras cinco iguales, constituye un todo. - 2 *adj.* Que ocupa el último lugar en una serie ordenada de seis.

sextuplicar *tr.* Multiplicar por seis una cantidad.

séxtuplo, -pla *adj.-s.* Que incluye en sí seis veces una cantidad.

sexuado, -da *adj.* Díc. de la planta o animal que tiene órganos sexuales bien desarrollados.

sexual *adj.* Perten. o rel. al sexo.

sexualidad *f.* Conjunto de condiciones anatómicas y fisiológicas que caracterizan a cada sexo. 2 Actividad sexual, propensión al placer carnal.

shérif *m.* En Norteamérica y ciertas regiones británicas, representante de la justicia.

sherry *m.* Vino de Jerez.

shock *m.* MED. Choque, conmoción.

short *m.* Pantalón muy corto usado para hacer deporte, o en tiempo de calor.

show *m.* Número de un espectáculo de variedades.

si *conj. condic.* Introduce la condición necesaria (prótasis) para que se verifique algo (apódosis). - 2 *m.* MÚS. Nota musical, séptimo grado de la escala fundamental. ▷ ~ *bien,* aunque, pero.

sí *pron. pers.* Forma reflexiva de tercera persona en ambos géneros y números que, siempre precedido de preposición, se usa para todos los complementos. - 2 *adv. afirm.* Respondiendo a una pregunta, equivale a una oración afirmativa. - 3 *m.* Consentimiento, permiso. ▷ *De por ~,* separadamente, cada cosa. *Para ~,* mentalmente y sin dirigir a otro la palabra.

sial *m.* Capa externa sólida de la corteza terrestre.

siamés, -mesa *adj.-s.* Díc. del hermano mellizo unido al otro por alguna parte de su cuerpo. 2 Díc. de la raza de gatos, de aspecto rollizo y pelaje suave de color marrón.

sibarita *adj.-com.* Muy dado a regalos y placeres.

sibaritismo *m.* Género de vida del sibarita.

siberiano, -na *adj.-s.* De Siberia.

sibila *f.* Profetisa, adivina.

sibilante *adj.* Que suena a manera de silbo. 2 FON. Que se pronuncia produciendo una especie de silbido; como la *s*.

sibilino, -na, sibilítico, -ca *adj.* Perten. o rel. a la sibila. 2 fig. Misterioso, obscuro.

sicalíptico, -ca *adj.* Obsceno, erótico.

sicario *m.* Asesino pagado.

siciliano, -na *adj.-s.* De Sicilia.

sicomoro *m.* Árbol dicotiledóneo parecido a la higuera con hojas como la morera.

sicono *m.* Fruto carnoso y hueco; como el higo.

sida *m.* Enfermedad de transmisión sexual o por vía intravenosa, que afecta al sistema de inmunidad.

sidecar *m.* Cochecito que algunas motocicletas llevan unido al lado.

sideral *adj.* Perten. o rel. a los astros.

siderurgia *f.* Técnica de extraer y de trabajar el hierro.

sidra *f.* Bebida alcohólica obtenida por la fermentación del zumo de manzanas.

siega *f.* Acción, efecto y tiempo de segar.

siembra *f.* Acción, efecto y tiempo de sembrar.

siemens *m.* ELECTR. Unidad de conductancia eléctrica en el Sistema Internacional.

siempre *adv. t.* En todo o cualquier tiempo. 2 En todo caso o cuando menos. ▷ *Para ~*, por todo tiempo o por tiempo indefinido. *Por ~*, por tiempo sin fin.

sien *f.* Parte lateral de la cabeza, entre la frente, la oreja y la mejilla.

siena *adj.-m.* Color amarillo oscuro. - 2 *adj.* De color siena.

sierpe *f.* Serpiente. 2 Vástago que brota de la raíces.

sierra *f.* Herramienta para dividir madera, piedra, etc., que consiste en una hoja de acero con dientes en el borde y sujeta a un mango. 2 Cordillera de montes.

siervo, -va *m. f.* Esclavo.

siesta *f.* Tiempo destinado para dormir o descansar después de comer.

siete *adj.* Seis y uno.

sietemesino, -na *adj.-s.* Nacido antes de tiempo. 2 fig. Raquítico, enclenque.

sífilis *f.* Enfermedad venérea infecciosa.

sifón *m.* Tubo encorvado para trasegar líquidos. 2 Tubo acodado que se intercala en ciertas cañerías para impedir la salida de gases al exterior. 3 Botella con agua carbónica provista de un sifón con llave.

sifonáptero, -ra *adj.-m.* Díc. del insecto pterigota de tamaño muy pequeño y que ha perdido las alas.

sigilo *m.* Secreto que se guarda.

sigiloso, -sa *adj.* Que guarda sigilo.

sigla *f.* Letra inicial usada como abreviatura. 2 Denominación que se forma con varias siglas. 3 Abreviatura formada por las letras iniciales de nombres propios.

siglo *m.* Espacio de cien años.

sigma *f.* Decimoctava letra del alfabeto griego, equivalente a la *s* del español.

signar *tr.* Poner el signo. 2 Firmar. - 3 *tr.-prnl.* Hacer la señal de la cruz.

signatario, -ria *adj.-s.* Firmante.

signatiforme *adj.-m.* Díc. del pez teleósteo de hocico tubular y placas óseas por el cuerpo.

signatura *f.* Acto de firmar un documento importante. 2 Nota en un libro para indicar su colocación en la biblioteca.

significación *f.* Ac. y ef. de significar. 2 Sentido de una palabra o frase.

significado, -da *adj.* Muy conocido y bien considerado. - 2 *m.* Concepto que se une al significante para constituir un signo lingüístico.

significante *m.* Fonema o secuencia de fonemas que, asociados con un significado, constituyen un signo lingüístico.

significar *tr.* Ser una cosa signo, representación o expresión de otra. 2 p. ext. Hacer saber. - 3 *intr.* Tener importancia.

significativo, -va *adj.* Que da a entender con propiedad una cosa. 2 Que tiene importancia.

signo *m.* Cosa que evoca en el entendimiento la idea de otra. 2 Carácter empleado en la escritura y en la imprenta. 3 *~ lingüístico*, unidad mínima de la oración, constituida por un significante y un significado.

siguiente *adj.* Posterior en orden, calidad, espacio o tiempo.

sílaba *f.* Sonido o conjunto de sonidos articulados que constituyen un solo núcleo fónico entre dos depresiones sucesivas de la emisión de voz.

silabación *f.* División en sílabas. 2 Pronunciación lenta y clara de una palabra.

silabear *intr.-tr.* Ir pronunciando separadamente cada sílaba.

silábico, -ca *adj.* Perten. o rel. a la sílaba.

silbar *intr.* Dar silbidos. - 2 *intr.-tr.* fig. Manifestar desagrado el público con silbidos.

silbato *m.* Instrumento para silbar.

silbido *m.* Silbo.

silbo *m.* Sonido agudo y penetrante que hace el aire o que se produce con la boca o con algún instrumento hueco. 2 Voz aguda y penetrante de algunos animales.

silenciador *m.* Dispositivo que se aplica a los motores de explosión o a algunas armas de fuego, para amortiguar el ruido.

silenciar *tr.* Guardar silencio.

silencio *m.* Abstención de hablar. 2 Falta de ruido.

silencioso, -sa *adj.* Que calla. 2 Que no hace ruido.

silepsis *f.* GRAM. Figura de construcción que consiste en quebrantar la concordancia gramatical atendiendo al significado más que a las palabras. 2 Figura retórica que consiste en usar a la vez una misma palabra en sentido recto y figurado.

sílex *m.* Piedra silícea muy dura.

sílfide *f.* Ninfa del aire. 2 fig. Joven esbelta y graciosa.

silfo *m.* Ser fantástico, espíritu elemental del aire.

silicato *m.* Sal del ácido silícico.

sílice *f.* Anhídrido de silicio.

silícico, -ca *adj.* Perten. o rel. a la sílice.

silicio *m.* Metaloide que se obtiene del cuarzo.

silicona *f.* Compuesto de carácter orgánico que contiene átomos de silicio.

silicosis *f.* Enfermedad respiratoria producida por el polvo de la sílice.

silicua *f.* Fruto capsular, alargado, de dos carpelos.

silo *m.* Lugar para guardar granos.

silogismo *m.* Razonamiento que consta de tres proposiciones, una de las cuales se deduce de las otras dos.

silogizar *intr.* Argüir con silogismos o hacerlos.

silueta *f.* Dibujo sacado siguiendo los contornos de la sombra de un objeto. 2 Forma que presenta a la vista la masa de un objeto más obscuro que el fondo sobre el cual se proyecta.

siluetear *tr.* Dibujar un objeto, persona, etc., en silueta.

siluriano, -na, silúrico, -ca *adj.-m.* Período geológico de la era primaria, y terreno a él correspondiente. - 2 *adj.* Perten. o rel. a dicho período.

silva *f.* Colección de varias materias, escritas sin método. 2 Combinación métrica que consta de una serie indefinida de versos heptasílabos y endecasílabos aconsonantados. 3 Composición poética escrita en silva.

silvestre *adj.* Que se cría naturalmente en selvas y campos.

silvícola *adj.* Que habita en la selva.

silvicultura *f.* Cultivo de los bosques y montes.

silla *f.* Asiento individual con respaldo y con cuatro patas. 2 Sede de un prelado. 3 Aparejo para montar a caballo.

sillar *f.* Piedra labrada que forma parte de un edificio.

sillería *f.* Conjunto de sillas, sillones y canapés de una habitación. 2 Taller o tienda del sillero.

sillero, -ra *m. f.* Persona que fabrica, vende o arregla sillas.

sillín *m.* Silla de montar ligera. 2 Asiento de la bicicleta y vehículos análogos.

sillón *m.* Silla de brazos grande y cómoda.

sima *f.* Cavidad grande y profunda en la tierra.

simbiosis *f.* H. NAT. Asociación íntima de organismos de especies diferentes que se favorecen mutuamente. 2 fig. Mezcla.

simbiótico, -ca *adj.* Que tiene carácter de simbiosis.

simbólico, -ca *adj.* Perten. o rel. al símbolo o expresado por medio de él.

simbolismo *m.* Conjunto o sistema de símbolos.

simbolizar *tr.* Servir una cosa como símbolo de otra.

símbolo *m.* Cosa sensible que se toma como representación de otra. 2 Signo en que la relación de representación es de carácter convencional.

simbología *f.* Conjunto de símbolos.

simetría *f.* Proporción adecuada de las partes de un todo. 2 Correspondencia entre las partes de un cuerpo o figura a uno y otro lado de un plano transversal o alrededor de un punto o eje.

simétrico, -ca *adj.* Perten. o rel. a la simetría o que la tiene.

simiente *f.* Semilla.

simiesco, -ca *adj.* Que se asemeja al simio o es propio de él.

símil *adj.* Semejante, parecido. - 2 *m.* Comparación, ejemplo.

similar *adj.* Semejante, análogo.

similicadencia *f.* Figura retórica que consiste en emplear al fin de dos o más cláusulas, o miembros del período, nombres en el mismo caso de la declinación, verbos en igual modo o tiempo y persona, o palabras de sonido semejante.

similitud *f.* Semejanza.

simio *m.* Primate antropoide.

simonía *f.* Compra o venta de cosas espirituales.

simpatía *f.* Afinidad, inclinación que atrae una persona hacia otra.

simpático, -ca *adj.* Que inspira simpatía.

simpatizante *adj.-s.* Que se siente atraído por un partido sin militar en él.

simpatizar *intr.* Sentir simpatía.

simpétalo, -la *adj.* BOT. Díc. de la flor con la corola formada por pétalos soldados en un tubo.

simple *adj.* Sin composición. 2 Sencillo. 3 fig. Desabrido, falto de sazón.

simpleza *f.* fam. Cosa insignificante.

simplicidad *f.* Calidad de simple. 2 Sencillez, candor.

simplificar *tr.* Hacer más sencillo.

simplista *adj.-s.* Que simplifica o tiende a simplificar.

simplón, -plona *adj.-s.* Ingenuo.

simposio *m.* Reunión de un grupo de personas, que se proponen estudiar un tema concreto o exponer asuntos relativos a él.

simulación *f.* Ac. y ef. de simular.

simulacro *m.* Imagen hecha a semejanza de una persona o cosa. 2 Acción de guerra fingida para adiestrar las tropas.

simulador, -ra *adj.-s.* Que simula. - 2 *m.* Dispositivo o programa que simula.

simular *tr.* Representar una cosa fingiendo lo que no es.

simultanear *tr.* Realizar en el mismo espacio de tiempo dos operaciones.

simultáneo, -a *adj.* Que se hace u ocurre al mismo tiempo que otra cosa.

sin *prep.* Denota carencia o falta. 2 Fuera de, o además de.

sinagoga *f.* Congregación religiosa y templo de los judíos.

sinalefa *f.* Pronunciación en una sola sílaba de la vocal final de una palabra y la inicial de la siguiente.

sinapismo *m.* fig. fam. Persona o cosa que molesta o exaspera.

sincárpico, -ca *adj.* Díc. del gineceo de la flor que tiene los carpelos soldados entre sí.

sincerarse *prnl.* Hablar con sinceridad.

sinceridad *f.* Calidad de sincero.

sincero, -ra *adj.* Que se siente o piensa realmente. 2 Veraz, no hipócrita.

sinclinal *m.* GEOL. En un terreno dispuesto en capas paralelas, pliegue hundido.

síncopa *f.* Figura de dicción que consiste en la supresión de una o más letras en medio de una palabra.

sincopado, -da *adj.* Díc. del ritmo o canto que tiene notas sincopadas. 2 Díc. de la voz que ha sufrido síncopa.

sincopar *tr.* Hacer síncopa.

síncope *m.* MED. Suspensión repentina de los movimientos del corazón y de la respiración, con pérdida del conocimiento.

sincretismo *m.* Sistema filosófico que trata de conciliar doctrinas diferentes.

sincronía *f.* Serie de acontecimientos en una época determinada de la historia. 2 Método de análisis lingüístico que considera a la lengua en un momento dado.

sincrónico, -ca *adj.* Que ocurre o se verifica a la vez que otra cosa.

sincronismo *m.* Circunstancia de ocurrir dos o más cosas al mismo tiempo.

sincronizar *tr.* Hacer que dos o más fenómenos se produzcan al mismo tiempo.

sindéresis *f.* Capacidad natural para juzgar rectamente.

sindesmografía *f.* Sutura de los ligamentos.

sindicado, -da *adj.-s.* Que pertenece a un sindicato.

sindical *adj.* Perten. o rel. al síndico o al sindicato.

sindicalismo *m.* Sistema de organización obrera y social por sindicatos.

sindicalizar *tr.-prnl.* Hacer adeptos de un sindicato.

sindicar *tr.-prnl.* Sindicalizar.

sindicato *m.* Asociación formada para defender intereses económicos comunes.

síndico *m.* En una quiebra, el que liquida al deudor. 2 Persona elegida por una corporación para cuidar de sus intereses.

síndrome *m.* Conjunto de síntomas característicos de una enfermedad.

sinécdoque *f.* Figura retórica que consiste en alterar la significación de las palabras tomando el todo por la parte, o viceversa.

sinecura *f.* Cargo retribuido que ocasiona poco o ningún trabajo.

sinéresis *f.* Pronunciación en una sola sílaba de dos vocales de una palabra que ordinariamente se pronuncian separadas.

sinestesia *f.* Imagen o sensación propia de un sentido, determinada por otra sensación que afecta a un sentido diferente.

sinfín *m.* Infinidad, sinnúmero.

sinfonía *f.* Conjunto de voces o de instrumentos que suenan a la vez. 2 Composición instrumental para orquesta.

singenésico, -ca *adj.* BOT. Díc. de la planta o flor que tiene los estambres soldados por las anteras.

singladura *f.* MAR. Distancia recorrida por una nave en 24 horas.

single *m.* MÚS. Disco de corta duración.

singular *adj.* Único, solo. 2 fig. Extraordinario, raro. 3 GRAM. Díc. del número que expresa una sola persona o cosa.

singularizar *tr.* Distinguir. 2 GRAM. Dar número singular a palabras que no lo tienen. - 3 *prnl.* Apartarse del común.

siniestra *f.* Izquierda.

siniestrado, -da *adj.* Que ha sufrido siniestro (avería).

siniestralidad *f.* Propensión a sufrir siniestro (avería).

siniestro, -tra *adj.* Díc. de la parte o sitio que está a la mano izquierda. 2 fig. fig. Infeliz, funesto. - 3 *m.* Avería grande, destrucción, pérdida importante.

sinnúmero *m.* Número incalculable.

sino *m.* Hado, destino. - 2 *conj. advers.* Contrapone a un concepto negativo otro positivo. 3 Denota a veces idea de excepción.

sínodo *m.* Concilio. 2 Junta de eclesiásticos.

sinonimia *f.* Circunstancia de ser sinónimos dos o más vocablos. 2 Figura consistente en usar adrede voces sinónimas.

sinónimo, -ma *adj.-m.* Díc. del vocablo que tiene igual o muy parecida significación.

sinopsis *f.* Compendio en forma sinóptica. 2 Resumen.

sinóptico, -ca *adj.* Que presenta con claridad las partes principales de un todo.

sinovia *f.* Líquido viscoso que lubrica las articulaciones.

sinrazón *f.* Acción injusta.

sinsabor *m.* fig. Pesar, desazón.

sintáctico, -ca *adj.* Perten. o rel. a la sintaxis.

sintagma *m.* Secuencia de elementos que constituyen una unidad en la oración.

sintaxis *f.* Parte de la gramática que estudia la ordenación y relaciones mutuas de las palabras en la oración.

síntesis *f.* Composición de un todo por unión de sus partes. 2 Compendio. 3 BIOL. Proceso en el que, a partir de moléculas simples, se producen materias más complejas. ▷ *En ~*, en resumen.

sintético, -ca *adj.* Perten. o rel. a la síntesis. 2 Obtenido por síntesis.

sintetizador, -ra *adj.* Que sintetiza. - 2 *m.* Aparato electrónico de composición musical.

sintetizar *tr.* Hacer síntesis.

sintoísmo *m.* Religión primitiva de los japoneses.

síntoma *m.* Fenómeno que revela la existencia de una enfermedad. 2 Señal, indicio.

sintomático, -ca *adj.* Perten. o rel. al síntoma.

sintomatología *f.* Conjunto de síntomas.

sintonía *f.* Circunstancia de estar el aparato receptor adaptado a la misma longitud de onda que la estación emisora.

sintonizador *m.* Sistema que permite aumentar o disminuir la longitud de onda de un aparato.

sintonizar *tr.* Poner el aparato receptor en sintonía con una estación emisora. - 2 *intr.* Coincidir en gustos, carácter, etc.

sinuoso, -sa *adj.* Que tiene recodos.

sinusitis *f.* Inflamación de los senos del cráneo.

sinvergüenza *adj.-com.* Pícaro, bribón.

sionismo *m.* Movimiento favorable a que los judíos colonicen territorios árabes.

siquier, siquiera *conj. advers.* Equivale a *bien que, aunque.* - 2 *adv. c.* Por lo menos, tan sólo.

sir *m.* Señor, caballero.

sire *m.* Majestad, tratamiento propio de los reyes en algunos países.

sirena *f.* Ninfa marina con busto de mujer y cuerpo de pez o de ave. 2 Alarma que se oye a mucha distancia empleada en fábricas, ambulancias, etc., para avisar.

sirenio, -a, sirénido, -da *adj.-m.* Díc. del mamífero placentario marino, herbívoro, de aspecto pisciforme.

sirga *f.* Maroma para tirar redes, para llevar embarcaciones desde tierra, etc.

sirimiri *m.* Lluvia menuda.

siringa *f.* Instrumento musical de viento compuesto de varios tubos que forman escala musical.

siringe *f.* Órgano de la voz de las aves.

sirio, -ria *adj.-s.* De Siria.

sirle *m.* Excremento del ganado lanar y cabrío.

siroco *m.* Viento sudeste.

sirope *m.* Jarabe para endulzar bebidas refrescantes.

sirte *f.* Bajo de arena.

sirvienta *f.* Mujer dedicada al servicio doméstico.

sirviente *adj.-s.* Que sirve. - 2 *m.* Criado.

sisa *f.* Parte que se hurta en la compra diaria. 2 Corte hecho en una prenda de vestir.

sisal *m.* Fibra vegetal extraída de la pita (planta).

sisar *tr.* Cometer sisa en la compra. 2 Hacer sisas en la ropa.

sisear *intr.-tr.* Emitir repetidamente el sonido inarticulado de *s* y *ch* para manifestar desagrado o para llamar.

siseo *m.* Ac. y ef. de sisear.

sísmico, -ca *adj.* Perten. o rel. al terremoto.

sismógrafo *m.* Instrumento para registrar los movimientos sísmicos.

sismología *f.* Parte de la geología que estudia los terremotos.

sistema *m.* Conjunto de reglas enlazadas entre sí. 2 Conjunto ordenado de cosas que contribuyen a un fin. 3 Norma de conducta. 4 ~ *solar,* el formado por el Sol y los demás astros que giran a su alrededor. ▷ *Por* ~, de manera sistemática.

sistemático, -ca *adj.* Que sigue un sistema. 2 Que procede por principios.

sistematizar *tr.* Reducir a sistema.

sístole *f.* Contracción rítmica del corazón. 2 Licencia poética que consiste en usar como breve una sílaba larga.

sitial *m.* Asiento de ceremonia.

sitiar *tr.* Cercar un lugar enemigo para combatirlo. 2 fig. Acosar.

sitio *m.* Lugar o espacio que está o puede ser ocupado por alguien o algo. 2 Cerco de una plaza. ▷ *Dejar a uno en el* ~, dejarle muerto en el acto. *Quedarse uno en el* ~, morir súbitamente.

sito, -ta *adj.* Situado o fundado.

situación *f.* Ac. y ef. de situar. 2 Disposición de una cosa respecto del lugar que ocupa.

situado, -da *adj.* Que disfruta de una buena situación económica y social.

situar *tr.* Poner en determinado sitio o situación.

siux *adj.-com.* Individuo de una tribu india en el Estado de Iowa (Estados Unidos).

skay *m.* Materia sintética que imita la piel.

sketch *m.* Bosquejo. 2 Pequeña escena intercalada en una obra de teatro, cine, etc.

slalom *m.* DEP. Carrera de habilidad en esquí.

snack bar *m.* Establecimiento que posee bar y restaurante.

so *prep.* Bajo, debajo de.

¡so! Interjección para que se paren las caballerías.

sobaco *m.* Concavidad que forma el arranque del brazo con el cuerpo.

sobado, -da *adj.* Manido, muy usado.

sobajar tr. Manosear una cosa ajándola.

sobaquera f. Abertura o refuerzo del vestido en la parte del sobaco.

sobaquina f. Sudor de los sobacos.

sobar tr. Manejar y oprimir una cosa repetidamente. 2 fig. Palpar, manosear.

soberanía f. Calidad de soberano. 2 Autoridad suprema. 3 Alteza, excelencia.

soberano, -na adj. Que ejerce o posee la autoridad suprema e independiente. 2 Elevado, excelente.

soberbia f. Orgullo y amor propio desmedidos.

soberbio, -bia adj. Que tiene soberbia. 2 Altivo. 3 Alto, fuerte.

sobón, -bona adj.-s. fam. Que por sus caricias y halagos se hace fastidioso.

sobornar tr. Dar dinero u otro tipo de dádiva a uno para que realice alguna acción ilícita o injusta.

soborno m. Ac. y ef. de sobornar.

sobra f. Exceso. 2 Demasía, injuria. - 3 f. pl. Lo que queda de alguna cosa.

sobradillo m. Guardapolvo de un balcón.

sobrado, -da adj. Demasiado. 2 Rico. - 3 m. Desván.

sobrar intr. Haber más de lo necesario. 2 Estar de más. 3 Quedar, restar.

sobrasada f. Embuchado de carne de cerdo, típica de Mallorca.

sobre prep. Encima. 2 Acerca de. 3 Aproximadamente. - 4 m. Cubierta de papel en que se incluyen las cartas.

sobreabundar intr. Abundar mucho.

sobrealiento m. Respiración fatigosa.

sobrealimentación f. Ac. y ef. de sobrealimentar. 2 Régimen dietético con un aporte excesivo de calorías.

sobrealimentar tr. Dar más alimento del ordinario.

sobreasar tr. Poner de nuevo a la lumbre lo ya asado para que se tueste.

sobrecalentar tr.-prnl. Calentar de manera excesiva. 2 Recalentar.

sobrecarga f. Lo que se añade a una carga regular.

sobrecargar tr. Cargar con exceso.

sobrecargo m. Miembro de la tripulación de un barco o avión que lleva a su cuidado la carga o el pasaje.

sobreceja f. Parte de la frente inmediata a las cejas.

sobrecoger tr. Coger de repente y desprevenido.

sobrecomida f. Postre de una comida.

sobrecrecer intr. Exceder en crecimiento o crecer excesivamente.

sobrecubierta f. Segunda cubierta.

sobrecurar tr. Cicatrizar una herida sólo superficialmente.

sobredicho, -cha adj. Dicho antes.

sobredimensionar tr. Hacer que algo tenga o parezca tener una importancia superior a los que debería poseer.

sobredorar tr. Dorar los metales.

sobredosis f. Dosis excesiva de medicamento o de substancias alucinógenas.

sobreexcitar tr.-prnl. Excitar con exceso.

sobreexponer tr. Exponer en exceso a la luz una superficie sensible.

sobrefalda f. Falda corta que se coloca como adorno sobre otra.

sobrefaz f. Cara exterior de las cosas.

sobrehilar tr. Dar puntadas sobre el borde de una tela para que no se deshilache.

sobrehumano, -na adj. Que excede a lo humano.

sobreimprimir tr. Imprimir dos o más imágenes en el mismo lugar.

sobrellenar tr. Llenar en abundancia una cosa.

sobrellevar tr. Llevar uno encima una carga para aliviar a otro. 2 fig. Padecer con paciencia.

sobremanera adv. m. De modo excesivo.

sobremesa f. Tiempo que se está a la mesa después de haber comido. ▷ *De* ~, inmediatamente después de comer y sin levantarse de la mesa; esp. la conversación o entretenimiento después de comer.

sobrenadar intr. Mantenerse encima de un líquido sin hundirse.

sobrenatural adj. Que excede los términos de la naturaleza.

sobrenaturalizar tr. Hacer que sea sobrenatural una cosa.

sobrenombre m. Apodo. 2 Nombre calificativo que se añade al de una persona.

sobrentender tr.-prnl. Entender una cosa que no está expresa.

sobreparto m. Tiempo que inmediatamente sigue al parto. 2 Estado delicado de salud que suele ser consiguiente al parto.

sobrepasar *tr.* Exceder, aventajar.

sobrepeso *m.* Lo que se añade a la carga.

sobreponer *tr.* Poner una cosa sobre otra. - 2 *prnl.* fig. Dominar los impulsos del ánimo o superarse en las adversidades.

sobrepujar *tr.* Exceder, aventajar.

sobrero, -ra *adj.* Sobrante. - 2 *m.* Toro que se tiene de más por si se inutiliza alguno de los destinados a la corrida.

sobresaliente *adj.* Que sobresale. - 2 *m.* Nota superior a la de notable.

sobresalir *intr.* Salir, formar saliente. 2 Exceder en tamaño, figura, etc. 3 Aventajarse uno a otros, distinguirse.

sobresaltar *tr.* Acometer de repente. - 2 *tr.-prnl.* Asustar, alterar a uno profundamente.

sobresalto *m.* Temor o susto repentino.

sobrescribir *tr.* Escribir un letrero sobre una cosa.

sobresdrújulo, -la *adj.-m.* Díc. de la voz que lleva un acento en la sílaba anterior a la antepenúltima.

sobreseer *intr.-tr.* DER. Dejar sin curso ulterior un procedimiento.

sobresueldo *m.* Paga que se añade al sueldo fijo.

sobresuelo *m.* Segundo suelo que se pone sobre otro.

sobretensión *f.* ELECTR. Tensión anormal superior a la de servicio.

sobretodo *m.* Prenda de vestir ancha y larga que se lleva sobre el traje ordinario.

sobrevenir *intr.* Suceder una cosa además o después de otra. 2 en gral. Venir inesperadamente.

sobreventa *f.* Contratación de más plazas de las disponibles, especialmente en hoteles y aviones.

sobrevivir *intr.* Vivir uno más que otro, o después de determinado suceso o plazo.

sobrevolar *tr.* Volar sobre un lugar.

sobrexceder *tr.* Exceder, aventajar a otro.

sobriedad *f.* Calidad de sobrio.

sobrino, -na *m. f.* Hijo o hija del hermano o hermana, o del primo o prima.

sobrio, -bria *adj.* Moderado, especialmente en el comer y el beber. - 2 *adj.-s.* Que no está borracho. 3 Conciso.

socalce *m.* Refuerzo en la parte inferior de un muro o edificio.

socaliña *f.* Ardid con que se saca a uno lo que no está obligado a dar.

socarrar *tr.-prnl.* Quemar o tostar superficialmente.

socarrén *m.* Parte del alero del tejado que sobresale de la pared.

socarrón, -rrona *adj.-s.* Astuto, disimulado. 2 Burlón.

socarronería *f.* Astucia con que uno procura su interés y disimula su intento.

socavar *tr.* Excavar por debajo, minar.

socavón *m.* Cueva que se excava en la ladera de un cerro o monte. 2 Bache.

sociabilidad *f.* Calidad de sociable.

sociable *adj.* Inclinado a la sociedad.

social *adj.* Perten. o rel. a la sociedad o a las relaciones entre clases. 2 Perten. o rel. a una compañía o sociedad, a los socios, etc.

socialdemocracia *f.* Tendencia moderada dentro de la ideología socialista.

socialdemócrata *adj.* Partidario de la socialdemocracia.

socialismo *m.* Teoría política y económica que propugna una organización de la sociedad sobre la base de la propiedad en común de los medios de producción.

socialista *adj.* Perten. o rel. al socialismo. - 2 *adj.-com.* Partidario del socialismo.

socializar *tr.* Transferir al Estado las propiedades o industrias particulares.

sociedad *f.* Reunión permanente de seres vivos, personas, familias o naciones. 2 Agrupación de personas para un fin.

socio, -cia *m. f.* Persona asociada con otra u otras para un fin. 2 fam. Compañero.

sociocultural *adj.* Perten. o rel. al estado cultural de una sociedad o grupo social.

socioeconómico, -ca *adj.* Perten. o rel. a lo económico y social.

sociolecto *m.* Conjunto de usos lingüísticos que caracterizan a un grupo de hablantes con algún elemento social en común.

sociolingüística *f.* Rama de la lingüística que estudia las relaciones entre las condiciones sociales y los usos lingüísticos.

sociología *f.* Disciplina que estudia el

desarrollo de las sociedades humanas.

socolor *m.* Pretexto para disimular el motivo de una acción.

socorrer *tr.* Ayudar en un peligro.

socorrido, -da *adj.* Que con facilidad socorre la necesidad de otro. 2 Práctico.

socorrismo *m.* Conjunto de actividades y técnicas para prestar socorro en accidente.

socorrista *com.* Persona adiestrada para prestar socorro en casos de accidente.

socorro *m.* Ac. y ef. de socorrer.

socrático, -ca *adj.-s.* Que sigue la doctrina o método de Sócrates.

sochantre *m.* Director del coro en los oficios divinos. 2 p. ext. Cantor de una parroquia.

soda *f.* Bebida hecha con agua que contiene ácido carbónico.

sódico, -ca *adj.* Perten. o rel. al sodio.

sodio *m.* Metal blando, muy ligero, de color y brillo argentinos.

sodomía *f.* Relación sexual entre personas de un mismo sexo.

sodomita *adj.-com.* Que comete sodomía.

sodomizar *tr.* Someter a sodomía.

soez *adj.* Bajo, grosero.

sofá *m.* Asiento cómodo con respaldo y brazos para dos o más personas.

sofisma *m.* Argumento con que se pretende hacer pasar lo falso por verdadero.

sofisticado, -da *adj.* Que se muestra afectado en sus gustos, modales y lenguaje. 2 Desprovisto de naturalidad y sencillez. 3 ANGLIC. Refinado.

sofisticar *tr.* Adulterar, falsificar. 2 ANGLIC. Complicar.

sofocación *f.* Ac. y ef. de sofocar. 2 Disgusto importante. 3 Asfixia causada por dificultad respiratoria.

sofocar *tr.* Apagar, dominar. - 2 *tr.-prnl.* Avergonzar, abochornar.

sofoco *m.* Efecto de sofocar o sofocarse. 2 fig. Grave disgusto que se da o recibe. 3 Sensación de calor.

sofreír *tr.* Freír ligeramente.

sofrito *m.* Condimento compuesto por diversos ingredientes fritos en aceite.

sofrología *f.* Práctica de la relajación psicológica combinando palabras y música.

sofrosine *f.* Sabiduría, inteligencia.

software *m.* Conjunto de programas de ordenador y técnicas informáticas.

soga *f.* Cuerda gruesa de esparto.

soja *f.* Planta herbácea papilionácea procedente de Asia con fruto comestible.

sojuzgar *tr.* Mandar con violencia.

sol *m.* Estrella luminosa, centro de nuestro sistema planetario. 2 Luz, calor o influjo directo del sol. 3 Sitio donde da el sol. 4 fig. Estrella fija. ▷ *No dejar a ~ ni a sombra a uno,* perseguirle o acompañarle continuamente.

solado *m.* Acción de solar. 2 Revestimiento de un piso.

solamente *adv. m.* De un solo modo, en una sola cosa, o sin otra cosa.

solana *f.* Paraje donde el sol da de lleno.

solanáceo, -a *adj.* Díc. de la planta dicotiledónea de hojas simples, flores en forma de campana y fruto en cápsula.

solanera *f.* Efecto que produce en una persona el tomar mucho sol. 2 Paraje expuesto sin resguardo a los rayos solares. 3 Solana, parte de la casa destinada a tomar el sol. 4 Exceso de sol en un sitio.

solano *m.* Viento que sopla de donde sale el sol.

solapa *f.* Parte del vestido que corresponde al pecho y que se dobla hacia afuera. 2 en gral. Cosa montada sobre otra, a la que cubre total o parcialmente.

solapado, -da *adj.* fig. Que por costumbre oculta con malicia sus pensamientos.

solapar *tr.* Poner solapas a los vestidos. 2 fig. Ocultar la verdad o la intención.

solar *adj.* Perten. o rel. al Sol. - 2 *m.* Terreno donde se ha edificado o para edificar en él. - 3 *tr.* Pavimentar.

solariego, -ga *adj.-s.* Perten. o rel. al solar de antigüedad y nobleza. 2 Antiguo y noble.

solario *m.* Lugar destinado a tomar el sol.

solaz *m.* Esparcimiento, recreo. ▷ *A ~,* con gusto y placer.

solazar *tr.-prnl.* Dar solaz.

soldada *f.* Sueldo, salario.

soldadesco, -ca *adj.* Perten. o rel. a los soldados.

soldado *m.* El que sirve en la milicia. 2 Militar sin graduación.

soldador, -ra *m. f.* Persona que por oficio suelda. 2 Instrumento para soldar.

soldadura *f.* Ac. y ef. soldar. 2 Lugar de

unión de dos cosas soldadas.

soldar tr. Unir sólidamente dos cosas.

solear tr.-prnl. Tener al sol.

solecismo m. Vicio de dicción que consiste en alterar la sintaxis.

soledad f. Falta de compañía. 2 Lugar desierto. 3 Modalidad de baile flamenco.

solemne adj. Hecho públicamente con pompa o ceremonia. 2 Formal, firme. 3 Crítico, grave. 4 Majestuoso, imponente.

solemnidad f. Calidad de solemne. 2 Acto solemne. 3 Festividad eclesiástica.

solemnizar tr. Celebrar solemnemente.

soler intr. Acostumbrar. 2 Ser frecuente.

solera f. Madero sobre el que descansan o se ensamblan otros. 2 Disco de piedra fijo sobre el que gira la muela del molino. ▷ De ~, antiguo, rancio, excelente.

solería f. Material para solar. 2 Suelo o piso revestido con este material.

solevantar tr.-prnl. Levantar una cosa empujando de abajo arriba.

solfa f. Arte de solfear. 2 Conjunto de signos con que se escribe la música. ▷ Poner en ~, criticar, ridiculizar.

solfatara f. Abertura en los terrenos volcánicos por donde salen vapores sulfurosos.

solfear tr. Cantar marcando el compás y pronunciando los nombres de las notas.

solfeo m. Ac. y ef. de solfear.

solicitar tr. Pretender, pedir con diligencia. 2 Tratar de enamorar o conquistar a alguien.

solícito, -ta adj. Afanoso por servir.

solicitud f. Diligencia cuidadosa. 2 Documento oficial en que se solicita algo.

solidaridad f. Comunidad de intereses y responsabilidades. 2 Adhesión circunstancial a la causa de otros.

solidario, -ria f. Ligado a otros por comunidad de intereses y responsabilidades. 2 Adherido a la causa de otros.

solidarizarse prnl. Hacerse solidario.

solideo m. Casquete que usaban los eclesiásticos para cubrirse la corona.

solidez f. Calidad de sólido.

solidificación f. Ac. y ef. de solidificar.

solidificar tr.-prnl. Hacer sólido un fluido.

sólido, -da adj. Firme, macizo, fuerte. 2 fig. Establecido con razones fundamentales. - 3 adj.-m. Díc. del cuerpo que tiene forma propia y opone resistencia a ser dividido. - 4 m. GEOM. Cuerpo o figura.

soliloquio m. Discurso de una persona que no dirige a otra la palabra.

solio m. Trono, silla real con dosel.

solípedo, -da adj.-m. Díc. del mamífero ungulado que tiene las extremidades terminadas en un solo dedo.

solista com. Persona que ejecuta un solo de una pieza musical.

solitario, -ria adj. Desamparado, desierto. 2 Solo. - 3 adj.-s. Que vive en la soledad. - 4 m. Diamante grueso que se engasta solo en una joya. 5 Juego que ejecuta una sola persona.

soliviantado, -da adj. Inquieto, perturbado.

soliviantar tr. Inducir a rebelarse. 2 Inquietar, alterar el ánimo.

solo, -la adj. Único en su especie. 2 Sin compañía. - 3 m. Composición que canta o toca una persona sola. 4 Café sin leche.

sólo, solo adv. Solamente.

solomillo m. Capa muscular de los animales que se extiende por entre las costillas y el lomo.

solsticio m. ASTRON. Punto de la eclíptica más alejado del ecuador. 2 ASTRON. Momento del año en que el Sol pasa por uno de estos puntos.

soltar tr.-prnl. Desatar. 2 Desasir. 3 Dar salida o libertad. - 4 tr. Romper en risa, llanto, etc. 5 fam. Decir. - 6 prnl. fig. Adquirir soltura.

soltería f. Estado de soltero.

soltero, -ra adj.-s. Que no ha contraído matrimonio. - 2 adj. fig. Suelto o libre.

solterón, -rona adj.-s. Soltero ya entrado en años.

soltura f. Ac. y ef. de soltar. 2 Agilidad. 3 fig. Lucidez de dicción.

solubilizar tr. Volver soluble.

soluble adj. Que se puede disolver. 2 fig. Que se puede resolver.

solución f. Ac. y ef. de desatar o disolver. 2 Ac. y ef. de resolver una duda. 3 Desenlace. 4 Mezcla resultante de desleír un cuerpo en un líquido.

solucionar tr. Resolver, hallar solución.

soluto m. Substancia que está disuelta en otra.

solvencia f. Ac. y ef. de solventar. 2 Calidad de solvente.

solventar tr. Arreglar cuentas pagando la deuda. 2 Dar solución a un asunto.

solvente adj. Que desata o resuelve. 2 Libre de deudas. 3 Capaz de satisfacerlas.

sollado m. Cubierta inferior del buque.

sollastre m. Pinche de cocina. 2 fig. Pícaro redomado.

sollozar intr. Llorar con un movimiento convulsivo entrecortado.

sollozo m. Ac. y ef. de sollozar.

soma f. BIOL. Conjunto de las células de un organismo.

somalí adj.-s. De Somalia. - 2 m. Lengua somalí.

somanta f. Tunda, zurra.

somático, -ca adj. Perten. o rel. a lo que es material y corpóreo en un ser animado.

somatizar tr. Transformar los trastornos psíquicos en orgánicos y funcionales.

somatología f. Estudio comparativo de la estructura y desarrollo del cuerpo humano.

sombra f. Obscuridad, falta de luz. 2 Imagen obscura que proyecta un cuerpo opaco al interceptar la luz. 3 Espectro, aparición. 4 fig. Amparo. 5 Gracia, donaire. 6 fig. Desconocimiento público. ▷ *Hacer* ~, impedir uno a otro prosperar o lucir. *Tener uno buena* o *mala* ~, ser simpático o antipático.

sombrajo m. Resguardo de ramas, mimbres, etc., para hacer sombra.

sombreado m. Efecto de sombras que se obtiene en los dibujos de ciertos tejidos gracias a una trama de un color y la urdimbre de otro.

sombrear tr. Dar o producir sombra.

sombrerete m. Caperuza de una chimenea. 2 Sombrerillo de los hongos.

sombrerillo m. BOT. Parte superior de ciertos hongos.

sombrero m. Prenda para cubrir la cabeza, que consta de copa y ala. ▷ *Quitarse el* ~, sentir admiración.

sombrilla f. Quitasol.

sombrío, -a adj. Falto de luz. 2 fig. Tétrico, melancólico.

somero, -ra adj. fig. Ligero, superficial.

someter tr.-prnl. Sujetar, subyugar. - 2 tr. Proponer a la consideración de uno.

somier m. Bastidor de metal o madera, sobre el que se coloca el colchón.

somnífero, -ra adj.-m. Que causa sueño.

somnílocuo, -cua adj.-s. Persona que habla durante el sueño.

somnolencia f. Pesadez y torpeza de los sentidos, motivada por el sueño.

somnoliento, -ta adj. Que tiene somnolencia.

somontano, -na adj.-s. Terreno o región situados al pie de una montaña.

somonte m. Terreno situado en la falda de una montaña.

somorgujar tr. Sumergir, chapuzar a uno.

somormujo m. Ave podicipitiforme de pico recto y alas cortas.

son m. Sonido grato al oído. 2 fig. Noticia, rumor. 3 Tenor, modo, manera. ▷ *En* ~, a manera de. *Sin ton ni* ~, sin razón.

sonado, -da adj. Famoso, divulgado con mucho ruido. 2 Que ha perdido facultades mentales por golpes recibidos.

sonaja f. Par de chapas de metal que se ponen a algunos juguetes o instrumentos para hacerlas sonar agitándolas.

sonajero m. Juguete con sonajas.

sonambulismo m. Sueño anormal durante el cual el paciente se levanta, anda y a veces habla.

sonámbulo, -la adj.-s. Que padece sonambulismo.

sonar intr. Hacer ruido una cosa. 2 Producir una letra un sonido. 3 Ofrecerse vagamente al recuerdo alguna cosa como ya oída anteriormente. - 4 tr. Tocar un instrumento. - 5 tr.-prnl. Limpiar las narices. ▷ *Como suena*, literalmente, en sentido estricto.

sonata f. Composición musical que comprende trozos de diferente carácter.

sonatina f. Sonata corta.

sonda f. Ac. y ef. de sondar. 2 Globo que se emplea en el estudio de la atmósfera libre. 3 MAR. Instrumento propio para medir la profundidad del fondo del mar. 4 MED. Instrumento para explorar conductos y heridas, para evacuar líquidos o para alimentar artificialmente.

sondar tr. Echar la sonda al agua. 2 CIR. Introducir la sonda.

sondear tr. Sondar.

sondeo *m.* Ac. y ef. de sondar o sondear. 2 Extracción de muestras de un terreno. 3 Método estadístico de encuesta.

sonecillo *m.* Son que se percibe poco. 2 Son alegre y ligero.

sonería *f.* Conjunto de mecanismos que sirven para hacer sonar un reloj.

sonetillo *m.* Soneto de versos de ocho o menos sílabas.

soneto *m.* Composición poética de catorce versos endecasílabos, distribuidos en dos cuartetos y dos tercetos.

sónico, -ca *adj.* Perten. o rel. a la velocidad del sonido.

sonido *m.* Sensación producida en el oído por el movimiento vibratorio de los cuerpos. 2 GRAM. Vocal y consonante que se pronuncia.

soniquete *m.* Sonecillo. 2 Sonsonete (tonillo).

sonógrafo *m.* Aparato que analiza los sonidos y los representa gráficamente.

sonoridad *f.* Calidad de sonoro. 2 FÍS. Sensación auditiva del sonido.

sonorizar *tr.* Convertir en sonoro. 2 Instalar equipos sonoros. 3 Ambientar una escena, un programa, etc., mediante los sonidos adecuados. 4 GRAM. Convertir una consonante sorda en sonora.

sonoro, -ra *adj.* Que suena o puede sonar. 2 Que suena bien. 3 Que refleja bien el sonido. 4 Díc. de la película que tiene sonido incorporado. - 5 *adj.-s.* GRAM. Díc. del sonido que se produce con vibración de las cuerdas vocales.

sonreír *intr.-prnl.* Reírse levemente.

sonrisa *f.* Ac. y ef. de sonreír o sonreírse.

sonrojar *tr.-prnl.* Hacer salir los colores al rostro.

sonrosar *tr.* Dar, poner o causar color como de rosa.

sonsacar *tr.* Sacar algo con maña.

sonsonete *m.* Sonido repetido a compás. 2 *fig.* Tono monótono con que alguien habla o lee.

soñador, -ra *adj.* Que sueña mucho. 2 *fig.* Que discurre de modo fantasioso.

soñar *tr.* Representar en la fantasía cosas durante el sueño. 2 *fig.* Discurrir llevado por la fantasía. 3 *intr. fig.* Anhelar.

soñarrera *f. fam.* Sueño pesado.

soñera *f.* Propensión a dormir.

soñoliento, -ta *adj.* Acometido del sueño. 2 Que dormita. 3 Que causa sueño.

sopa *f.* Pedazo de pan empapado en un líquido. 2 Plato compuesto de pan, arroz, fideos, etc., y el caldo en que se han cocido. - 3 *f. pl.* Rebanadas de pan que se echan en el caldo. ▷ *Estar* o *quedar hecho una ~*, estar empapado.

sopapo *m.* Golpe que se da con la mano debajo de la papada. 2 *fam.* Bofetón.

sopera *f.* Vasija honda para la sopa.

sopero, -ra *adj.-m.* Díc. del plato hondo. - 2 *adj.-f.* Díc. de la cuchara grande que sirve para tomar la sopa.

sopesar *tr.* Levantar una cosa para tantear su peso. 2 *fig.* Examinar con atención el pro y el contra de un asunto.

sopetear *tr.* Mojar el pan en el caldo.

sopetón *m.* Golpe fuerte y repentino dado con la mano. ▷ *De ~*, de improviso.

sopicaldo *m.* Caldo con muy pocas sopas.

sopladero *m.* Respiradero de las cavidades subterráneas.

soplagaitas *adj.-com.* Tonto, estúpido.

soplamocos *m. fam.* Golpe que se da a uno en la cara.

soplar *intr.-tr.* Despedir aire con violencia por la boca. 2 *p. anal.* Hacer aire con el fuelle. - 3 *intr.* Correr el viento. - 4 *tr. fig.* Hurtar, quitar. 5 *fig.* Inspirar, sugerir. 6 *fig.* Delatar. - 7 *intr.-prnl. fig.* En el juego de damas y otros, quitar al contrario la pieza con que debió comer y no comió.

soplete *m.* Instrumento para dirigir una llama sobre objetos que se han de someter a elevada temperatura.

soplillo *m.* Aventador para avivar el fuego. 2 Bizcocho de pasta muy esponjosa.

soplo *m.* Ac. y ef. de soplar. 2 Momento. 3 Aviso secreto. 4 Delación. 5 MED. Ruido peculiar que se aprecia en la auscultación de distintos órganos.

soplón, -plona *adj.-s. fam.* Que acusa en secreto.

soponcio *m. fam.* Desvanecimiento.

sopor *m.* Estado morboso parecido a un sueño profundo. 2 *fig.* Somnolencia.

soporífero, -ra *adj.-s.* Que da sueño.

soportal *m.* Espacio cubierto que precede a la entrada de una casa. 2 Pórtico.

soportar *tr.* Sostener una carga o peso.

2 fig. Tolerar.

soporte *m.* Apoyo, sostén.

soprano *m.* La más aguda de las voces humanas, propia de las mujeres y niños. - 2 *com.* Persona que tiene voz de soprano.

sor *f.* Precediendo al nombre de ciertas religiosas, hermana.

sorber *tr.* Beber aspirando. 2 fig. Absorber, tragar.

sorbete *m.* Refresco azucarado al que se da cierto grado de congelación.

sorbo *m.* Ac. y ef. de sorber. 2 Porción de líquido que se toma de una vez en la boca.

sordera *f.* Privación o disminución de la facultad de oír.

sordez *f.* GRAM. Calidad de las consonantes sordas o ensordecidas.

sórdido, -da *adj.* Sucio, muy pobre. 2 fig. Mezquino, avariento.

sordina *f.* Pieza que puesta en un instrumento músico disminuye la intensidad de su sonido.

sordo, -da *adj.-s.* Que no oye u oye poco. 2 Que suena poco. 3 fig. Que no hace caso de las persuasiones y consejos. 4 GRAM. Díc. del sonido que se produce sin vibración de las cuerdas vocales.

sordomudo, -da *adj.-s.* Que, por ser sordo de nacimiento, no ha aprendido a hablar.

soriano, -na *adj.-s.* De Soria.

sorna *f.* fig. Disimulo y burla con que se hace o dice una cosa.

soro *m.* Pequeño grupo de esporangios en las frondas de los helechos.

sorosis *f.* Fruto compuesto, como la mora.

sorprendente *adj.* Que sorprende.

sorprender *tr.* Coger desprevenido. 2 fig. Descubrir lo que otro ocultaba.

sorpresa *f.* Ac. y ef. de sorprender. 2 Cosa que da motivo para que alguien se sorprenda.

sortear *tr.* Someter a la decisión de la suerte. 2 fig. Evitar con maña.

sorteo *m.* Acción de sortear.

sortija *f.* Anillo para el dedo. 2 Rizo del cabello.

sortilegio *m.* Adivinación por suertes supersticiosas. 2 Acción por arte de magia.

sos *m.* Petición de auxilio o socorro, en general.

sosa *f.* Óxido de sodio.

sosegado, -da *adj.* Quieto, pacífico.

sosegar *tr.* Aplacar, tranquilizar. - 2 *intr.-prnl.* Descansar.

sosería *f.* Insulsez. 2 Falta de gracia y viveza.

sosia *m.* Persona que tiene un gran parecido con otra.

sosiego *m.* Quietud, tranquilidad.

soslayar *tr.* Poner una cosa ladeada para pasar una estrechura. 2 fig. Evitar con un rodeo una dificultad.

soslayo (de∼) *loc. adv.* De costado, en oblicuo de manera que pueda entrar por un lugar estrecho.

soso, -sa *adj.* Que no tiene sal o tiene poca. 2 fig. Falto de gracia y viveza.

sospecha *f.* Ac. y ef. de sospechar.

sospechar *tr.* Imaginar, juzgar por conjeturas. - 2 *intr.* Desconfiar, dudar.

sospechoso, -sa *adj.* Que da motivo para sospechar.

sostén *m.* Acción de sostener. 2 Persona o cosa que sostiene. 3 Apoyo moral, protección. 4 Prenda de vestir interior que usan las mujeres para ceñir el pecho.

sostener *tr.-prnl.* Coger a alguien o algo de forma que no se caiga, escape, etc. 2 Sustentar o mantener firme una cosa recibiendo su peso o carga. - 3 *tr.* Prestar apoyo.

sostenido, -da *adj.* Díc. de la nota cuya entonación es un semitono más alta que la de su sonido natural. 2 fig. Persistente. - 3 *m.* MÚS. Figura de alteración que indica que la nota aumenta un semitono.

sostenimiento *m.* Ac. y ef. de sostener.

sota *f.* Carta décima de cada palo de la baraja española.

sotabanco *m.* Piso habitable colocado por encima de la cornisa general de la casa.

sotabarba *f.* Barba por debajo de la barbilla.

sotana *f.* Vestido talar que usan los eclesiásticos.

sótano *m.* Pieza subterránea de un edificio.

sotavento *m.* MAR. Costado de la nave opuesto al barlovento.

sotechado *m.* Cobertizo, techado.

soterrar *tr.* Enterrar. 2 fig. Esconder.

soto *m.* Sitio poblado de árboles en las riberas o vegas.

soufflé m. Plato de origen francés, hecho a base de claras de huevo montadas.

souvenir m. Objeto de recuerdo de algún lugar determinado.

soviet m. Institución política del antiguo régimen comunista ruso.

soviético, -ca adj.-s. De la antigua Unión Soviética.

spárring m. DEP. Púgil que entrena a otro boxeador.

sport m. ANGLIC. Deporte. ▷ De ~, de indumentaria cómoda.

spot m. Espacio publicitario televisivo.

spray m. Envase de algunos líquidos mezclados con un gas a presión.

sprint m. ANGLIC. Aceleración rápida del corredor o deportista en la carrera.

sprintar tr. Realizar un sprint.

sprínter com. Deportista especialista en el sprint.

squash m. ANGLIC. Deporte que se practica en un recinto cerrado entre dos jugadores que deben golpear con sus raquetas una pequeña pelota para que rebote contra cualquier pared.

staff m. Conjunto de personas que forman un gabinete de estudio e información.

stand m. ANGLIC. Instalación en una feria o mercado en que se exponen o venden los productos.

standing m. Nivel de vida; bienestar social.

stárter m. Dispositivo de arranque del carburador del automóvil.

status m. Posición social.

stick m. DEP. Palo para jugar al hockey.

stock m. ANGLIC. Almacenamiento.

stop m. Parada. 2 Señal de tráfico para expresar la detención.

stradivarius m. Violín de gran valor, fabricado por el italiano Antonio Stradivarius (¿1643?-1737).

strip-tease m. Espectáculo durante el que se desnuda una persona.

su, sus adj. poses. Apócope de los posesivos suyo, suya, suyos, suyas.

suasorio, -ria adj. lit. Perten. o rel. a la persuasión o propio para persuadir.

suave adj. Liso y blando al tacto. 2 Dulce, grato. 3 fig. Tranquilo.

suavidad f. Calidad de suave.

suavizante adj. Que suaviza. - 2 m. Líquido que se echa a las lavadoras automáticas para que la ropa quede esponjosa.

suavizar tr. Hacer suave una cosa.

subacuático, -ca adj. Que se realiza debajo del agua.

subafluente m. Río o arroyo que desagua en un afluente.

subalar adj. Situado debajo de las alas de un avión.

subalterno, -na adj. Inferior, subordinado. - 2 m. Empleado de categoría inferior.

subarrendar tr. Tomar en arriendo una cosa de manos de otro arrendatario de ella.

subasta f. Venta o adjudicación pública que se hace al mejor postor.

subastar tr. Vender o contratar en pública subasta.

subatómico, -ca adj. Que tiene dimensiones inferiores a las del átomo.

subcampeón, -na adj.-s. Díc. del que queda segundo en una competición.

subcampeonato m. DEP. Segunda posición en una competición deportiva.

subclase f. H. NAT. Categoría de clasificación de animales o plantas entre la clase y el orden.

subcomisión f. Grupo de individuos de una comisión que tiene cometido aparte.

subconjunto m. Conjunto de elementos integrados en otro conjunto más amplio.

subconsciencia f. Actividad mental que escapa a la introspección.

subconsciente adj. Perten. o rel. a la subconsciencia. - 2 m. Subconsciencia.

subcostal adj. Que está debajo de las costillas.

subcultura f. Cultura decadente, inferior.

subcutáneo, -a adj. Que está, se introduce o se desarrolla debajo de la piel.

subdelegado, -da adj.-s. Que sirve inmediatamente a las órdenes del delegado.

subdesarrollado, -da adj. De economía pobre y atrasada.

subdesarrollo m. Desarrollo incompleto o deficiente.

subdirector, -ra m. f. Persona que hace las veces del director o le substituye.

súbdito, -ta adj.-s. Sujeto a la autoridad de su superior. - 2 m. f. Ciudadano de un país.

subdividir tr.-prnl. Dividir lo ya dividido.

subdivisión f. Ac. y ef. de subdividir.

subduplo, -pla adj. MAT. Díc. del número o cantidad que es mitad exacta de otro u otra.

subecuatorial adj. Que se halla entre el ecuador y los trópicos. 2 Perten. o rel. a dicha zona.

subemplear tr.-prnl. Emplear en unas condiciones inferiores a las normales.

subempleo m. ECON. Falta de empleo de una parte de la mano de obra.

súber m. BOT. Tejido, formado por células muertas, que cubre a los vegetales de más de un año.

suberificarse prnl. Convertirse en corcho la parte externa de la corteza de los árboles.

suberoso, -sa adj. Parecido al corcho.

subestación f. Conjunto de instalaciones y aparatos destinados a alimentar una red de suministro eléctrico.

subestimar tr. Estimar en menos de lo que vale.

subfebril adj. MED. Que tiene una temperatura anormal, comprendida entre 37,5 y 38 grados.

subfusil m. Arma de fuego y automática, de culata plegable y uso individual.

subida f. Ac. y ef. de subir. 2 Lugar en declive.

subido, -da adj. Perten. o rel. a lo más fino en su especie. 2 Que impresiona fuertemente.

subíndice m. MAT. Índice situado en la parte inferior del símbolo matemático.

subinspector, -ra m. Jefe inmediato después del inspector.

subir intr. Pasar o trasladar de un lugar a otro superior o más alto. 2 Cabalgar, montar. 3 Crecer en altura. 4 Importar una cuenta. 5 Elevar el tono de la voz o el sonido a uno más agudo. - 6 tr. Hacer más alto. 7 Recorrer un espacio hacia arriba.

súbito, -ta adj. Improviso, repentino.

subjefe com. Persona que hace las veces de jefe.

subjetividad f. Calidad de subjetivo.

subjetivismo m. Doctrina epistemológica que limita la validez del conocimiento al sujeto. 2 Actitud subjetiva.

subjetivo, -va adj. Perten. o rel. a nuestro modo de pensar o de sentir.

subjuntivo, -va adj. Díc. del modo verbal que expresa acción dudosa, posible o deseada.

sublevación f. Ac. y ef. de sublevar o sublevarse.

sublevar tr.-prnl. Hacer que una persona se resista a obedecer a una autoridad. 2 tr. fig. Excitar indignación.

sublimación f. Ac. y ef. de sublimar.

sublimado m. QUÍM. Substancia obtenida por sublimación.

sublimar tr. Engrandecer, ensalzar. 2 Volatilizar un cuerpo.

sublime adj. Excelente.

subliminal adj. Que está por debajo de las posibilidades de percepción del hombre.

sublimizar tr. Sublimar, engrandecer.

sublingual adj. Situado debajo de la lengua.

submarinismo m. Actividad que se realiza bajo la superficie del mar.

submarinista adj.-s. Que practica el submarinismo.

submarino, -na adj. Que está bajo la superficie del mar. - 2 m. Buque que puede navegar bajo el agua.

submaxilar adj. Situado debajo de la mandíbula inferior.

subnormal adj. Inferior a lo normal. - 2 adj.-com. Afectado de una deficiencia mental de carácter patológico. 3 desp. Tonto, idiota.

suboficial m. Categoría militar entre la tropa y los oficiales.

subordinación f. Sujeción, dependencia. 2 GRAM. Dependencia en que se hallan ciertos elementos gramaticales.

subordinado, -da adj.-s. Díc. de la persona que está sujeta a otra. 2 GRAM. Díc. de la palabra u oración que depende gramaticalmente de otra.

subordinante adj.-f. GRAM. Principal (oración). 2 GRAM. Conjunción ~, la que enlaza la oración principal con la subordinada.

subordinar tr.-prnl. Sujetar a la dependencia. 2 GRAM. Hacer depender unos elementos gramaticales a otros.

subranquial adj. Situado debajo de las branquias.

subrayar tr. Señalar por debajo con una raya en lo escrito. 2 fig. Recalcar.

subrepticio, -cia adj. Que se hace o toma ocultamente.

subrogar tr.-prnl. DER. Sustituir o poner una persona o cosa en lugar de otra.

subsanar tr. Remediar un defecto o resarcir un daño. 2 Resolver una dificultad.

subscribir *tr.* Firmar al fin de un escrito. - 2 *prnl.* Obligarse a contribuir como otros al pago de una cantidad. - 3 *prnl.-tr.* Abonarse para recibir una publicación.

subscriptor, -ra *m. f.* Persona que subscribe o se subscribe.

subsecretario, -ria *m. f.* Persona que hace las veces de secretario. - 2 *m.* En España, jefe superior de un departamento ministerial, después del ministro.

subseguir *intr.-prnl* Seguir una cosa inmediatamente a otra.

subsidiar *tr.* Conceder subsidio.

subsidiario, -ria *adj.* Que se da en socorro o subsidio a uno.

subsidio *m.* Auxilio extraordinario. 2 Contribución. 3 Ayuda económica de carácter oficial.

subsiguiente *adj.* Después del siguiente.

subsistencia *f.* El hecho de subsistir. 2 Conjunto de medios para el sustento de la vida humana.

subsistir *intr.* Permanecer, conservarse. 2 Vivir.

subsónico, -ca *adj.* De velocidad inferior a la del sonido.

substancia *f.* Lo que hay de permanente en un ser. 2 Materia de que están formados los cuerpos. 3 Cosa con que otra se nutre. 4 Jugo. 5 Valor de las cosas. ▷ *En ~,* en compendio.

substancial *adj.* Perten. o rel. a la substancia. 2 Substancioso.

substanciar *tr.* Compendiar, extractar.

substancioso, -sa *adj.* Que tiene substancia.

substantivar *tr.* GRAM. Dar función y significado de substantivo a palabras y frases.

substantivo, -va *adj.* Que tiene existencia real e independiente. - 2 *adj.-s.* GRAM. Díc. del nombre con que se designan las personas o cosas. 3 *Verbo ~,* el verbo *ser.* 4 *Oración substantiva,* la que tiene predicado nominal y contiene verbo copulativo.

substitución *f.* Ac. y ef. de substituir.

substituir *tr.* Poner a una persona o cosa en lugar de otra.

substitutivo, -va *adj.-m.* Substancia que puede reemplazar a otra en el uso.

substituto, -ta *m. f.* Persona que hace las veces de otra.

substraendo *m.* MAT. Cantidad que ha de restarse de otra.

substraer *tr.* Apartar, separar, extraer. 2 Hurtar. 3 MAT. Restar.

substrato *m.* FILOL. Influencia que ha quedado en un idioma de la lengua que con anterioridad se habló en un mismo territorio. 2 GEOL. Terreno que se halla bajo una capa sobrepuesta.

subsuelo *m.* Terreno que está debajo de una capa de tierra.

subsumir *tr.* Incluir algo en un conjunto más amplio.

subteniente *m.* MIL. Empleo superior del cuerpo de suboficiales.

subterfugio *m.* Efugio, pretexto.

subterráneo, -a *adj.-m.* Que está debajo de tierra.

subtitular *tr.* Poner subtítulo a una cosa.

subtítulo *m.* Título secundario puesto a veces después del principal. 2 En las películas cinematográficas en versión original, escrito que traduce los diálogos.

subtropical *adj.* Que se halla bajo los trópicos.

suburbano, -na *adj.-s.* Próximo a la ciudad.

suburbio *m.* Barrio próximo a una ciudad.

subvalorar *tr.-prnl* Atribuir a una cosa menos valor o importancia de la que en realidad tiene.

subvención *f.* Ac. y ef. de subvenir. 2 Cantidad con que se subviene.

subvencionar *tr.* Favorecer con una subvención.

subvenir *tr.* Auxiliar, socorrer.

subversivo, -va *adj.* Capaz de subvertir.

subvertir *tr.* Trastornar, destruir.

subyacer *intr.* Yacer debajo de otra cosa.

subyugar *tr.-prnl.* Avasallar, dominar.

succionar *tr.* Chupar. 2 Absorber.

sucedáneo, -a *adj.-m.* Díc. de la substancia que puede reemplazar a otra.

suceder *intr.* Entrar una persona o cosa en lugar de otra o seguirse a ella. 2 Heredar a uno. - 3 *unipers.* Efectuarse un hecho.

sucesión *f.* Ac. y ef. de suceder. 2 Herencia. 3 Prole.

sucesivo, -va *adj.* Que sigue a otra cosa.

suceso *m.* Cosa que sucede.

sucesor, -ra *adj.-s.* Que sucede a uno o sobreviene en su lugar.

suciedad *f.* Calidad de sucio.

sucinto, -ta *adj.* Breve, resumido.

sucio, -cia *adj.* Que tiene manchas o impurezas. 2 Que se ensucia fácilmente. 3 fig. Deshonesto, obsceno.

sucre *m.* Unidad monetaria de Ecuador.

suculento, -ta *adj.* Substancioso.

sucumbir *intr.* Ceder, someterse. 2 Morir, perecer.

sucursal *adj.-f.* Díc. del establecimiento que depende de otro principal.

sudadera *f.* Prenda de vestir que usan los deportistas para favorecer la exhalación del sudor.

sudafricano, -na *adj.-s.* De África del Sur. 2 De la República de Sudáfrica.

sudamericano, -na *adj.-s.* De América del Sur.

sudanés, -nesa *adj.-s.* De Sudán. - 2 *m.* Lengua sudanesa.

sudar *intr.-tr.* Exhalar el sudor. 2 p. ext. fig. Destilar gotas de jugo o de humedad. 3 fam. Trabajar mucho.

sudario *m.* Lienzo en que se envuelve a un difunto.

sudeste *m.* Punto del horizonte equidistante del sur y del este. 2 Viento que sopla de esta parte.

sudista *com.* Persona que, en la guerra de Secesión estadounidense, era partidaria del Sur.

sudoeste *m.* Punto del horizonte equidistante del sur y del oeste. 2 Viento que sopla de esta parte.

sudor *m.* Humor secretado por ciertas glándulas de la piel. 2 fig. Trabajo y fatiga.

sudorífico, -ca *adj.-m.* Díc. del medicamento que hace sudar.

sudoríparo, -ra *adj.* Que segrega el sudor.

sudoroso, -sa *adj.* Que está sudando mucho.

sudsudeste *m.* Punto del horizonte equidistante del sur y del sudeste. 2 Viento que sopla de esta parte.

sudsudoeste *m.* Punto del horizonte equidistante del sur y del sudoeste. 2 Viento que sopla de esta parte.

sueco, -ca *adj.-s.* De Suecia. - 2 *m.* Lengua sueca. ▷ *Hacerse uno el ~,* fingir

que no se entiende.

suegro, -gra *m. f.* Padre o madre del marido o de la mujer respecto al otro.

suela *f.* Parte del calzado que toca al suelo. 2 Cuero vacuno curtido.

sueldo *m.* Remuneración asignada a un individuo por la realización de un trabajo.

suelo *m.* Superficie de la tierra. 2 Pavimento.

suelto, -ta *adj.* Ligero, expedito, ágil. 2 Poco compacto. 3 Separado, que no hace juego. 4 No envasado. - 5 *adj.-m.* Díc. de la moneda fraccionaria. - 6 *m.* Escrito en un periódico de menor extensión que el artículo.

sueño *m.* Acto de dormir o de soñar. 2 Gana de dormir. 3 Cosa fantástica. ▷ *Conciliar el ~,* conseguir dormir.

suero *m.* Parte acuosa de la sangre y otros líquidos animales. 2 MED. Disolución en agua de ciertas sales o substancias.

suerte *f.* Encadenamiento de los sucesos. 2 Circunstancia de ser favorable o adverso lo que sucede. 3 Hecho fortuito favorable. 4 Casualidad a la que se fía la resolución de una cosa. 5 Lance del toreo. ▷ *De ~ que,* en consecuencia. *Por ~,* afortunadamente.

suéter *m.* Especie de jersey de lana.

suficiencia *f.* Capacidad, aptitud.

suficiente *adj.* Bastante. 2 Apto, idóneo. 3 fig. Pedante.

sufijación *f.* Añadidura de sufijos.

sufijal *adj.* Con forma o función de sufijo. 2 Perten. o rel. a los sufijos.

sufijar *tr.-prnl.* GRAM. En la derivación de palabras, añadir sufijos.

sufijo, -ja *adj.-m.* Díc. del afijo que va detrás de las palabras.

sufragáneo, -a *adj.* Que depende de la jurisdicción y autoridad de alguno.

sufragar *tr.* Ayudar, favorecer. 2 Costear.

sufragio *m.* Apreciación favorable. 2 Voto. 3 Sistema electoral.

sufragista *com.* Persona que luchaba a favor de la concesión del sufragio femenino. 2 Persona partidaria del sufragio femenino.

sufrido, -da *adj.* Que sufre con resignación.

sufrimiento *m.* Ac. y ef. de sufrir.

sufrir *tr.* Padecer. 2 Sostener un peso, una fuerza, etc. 3 Tolerar a alguien o algo que nos desagrada.

sugerencia f. Acción de sugerir. 2 Lo sugerido.

sugerir tr. Hacer entrar en el ánimo de alguien una idea.

sugestión f. Ac. y ef. de sugestionar.

sugestionar tr. Inspirar una persona a otra palabras o actos involuntarios.

sugestivo, -va adj. Que sugiere. 2 Que se presenta emocionante y prometedor.

suicida com. Persona que se suicida, o que lo intenta. - 2 adj. fig. Díc. del acto que destruye al propio agente.

suicidarse prnl. Quitarse la vida.

suicidio m. Ac. y ef. de suicidarse.

suido adj.-m. Mamífero suiforme de pequeño tamaño y patas delgadas.

suiforme adj.-m. Mamífero artiodáctilo con las extremidades cortas y tetradáctilas.

suite f. Obra musical. 2 En los hoteles, serie de varias habitaciones unidas.

suizo, -za adj.-s. De Suiza. - 2 m. Bollo especial de harina, huevo y azúcar.

sujeción f. Acción de sujetar. 2 Unión con que una cosa está sujeta.

sujetador, -ra adj.-s. Que sujeta. - 2 m. Sostén, prenda interior femenina.

sujetapapeles m. Pinza para sujetar papeles. 2 Instrumento de otra forma, destinado al mismo objeto.

sujetar tr. Someter al dominio de alguno. 2 Afirmar una cosa con fuerza.

sujeto, -ta adj. Expuesto o propenso a una cosa. - 2 m. Persona innominada. 3 ECON. ~ *pasivo,* la persona natural o jurídica obligada a tributar. 4 FIL. El espíritu humano. 5 GRAM. En la oración, persona o cosa de la cual se dice algo.

sula f. Pez marino teleósteo, pequeño de color plateado y ojos grandes.

sulfamida f. Substancia química de poderosa acción bactericida.

sulfatar tr. Impregnar con un sulfato alguna cosa.

sulfato m. Sal del ácido sulfúrico.

sulfhídrico, -ca adj. Díc. de un ácido gaseoso y tóxico.

sulfurado, -da adj. QUÍM. Díc. del cuerpo que se halla en estado de sulfuro. 2 fig. Enfadado, irritado.

sulfurar tr. Combinar un cuerpo con el azufre. - 2 tr.-prnl. fig. Irritar, encolerizar.

sulfúreo, -a adj. Perten. o rel. al azufre.

sulfúrico, -ca adj. Díc. de un ácido líquido oleoso muy empleado en la industria.

sulfuro m. Compuesto de azufre y otro elemento.

sulfuroso, -sa adj. Sulfúreo. 2 Que contiene azufre.

sultán m. Emperador turco. 2 Príncipe o gobernador mahometano.

suma f. Agregado de muchas cosas. 2 Acción de sumar. 3 Lo más substancial de una cosa. ▷ *En* ~, en resumen.

sumador, -ra adj.-s. Que suma. - 2 f. Máquina utilizada para sumar o restar.

sumando m. MAT. Cantidad parcial que ha de añadirse a otra u otras para formar la suma.

sumar tr. Recopilar, compendiar. 2 MAT. Reunir en una sola varias cantidades homogéneas. - 3 prnl. Agregarse, adherirse.

sumarial adj. DER. Perten. o rel. al sumario.

sumario m. Inscripción al principio de un capítulo, en que se indican los temas a desarrollar. 2 DER. Conjunto de actuaciones encaminadas a preparar el juicio criminal.

sumarísimo adj. DER. Díc. de cierta clase de juicios que se tramitan con suma brevedad.

sumergir tr. Meter una cosa debajo de un líquido. 2 fig. Abismar, hundir.

sumerio, -ria adj.-s. De Sumeria, ant. región de Mesopotamia.

sumersión f. Ac. y ef. de sumergir.

sumidad f. Ápice o extremo más alto de una cosa.

sumidero m. Conducto por donde se sumen las aguas. 2 Rejilla para el desagüe.

suministrar tr. Proveer a uno de algo que necesita.

suministro m. Ac. y ef. de suministrar. 2 Provisión.

sumir tr.-prnl. Hundir, sumergir.

sumisión f. Ac. y ef. de someter. 2 Cualidad de sumiso en palabras o acciones.

sumiso, -sa adj. Obediente.

súmmum m. El colmo, lo sumo.

sumo, -ma adj. Supremo. 2 fig. Muy grande. ▷ *A lo* ~, a lo más, al mayor grado.

sunna f. Conjunto de preceptos que se atribuyen a Mahoma.

suntuario, -ria *adj.* Perten. o rel. al lujo.

suntuosidad *f.* Calidad de suntuoso.

suntuoso, -sa *adj.* Lujoso y costoso.

supeditar *tr.* Subordinar.

súper *adj.* fam. Superior, magnífico. - 2 *m.* fam. Supermercado. - 3 *f.* Gasolina de calidad superior. - 4 *adv.* Muy bien.

superabundancia *f.* Abundancia muy grande.

superabundar *intr.* Abundar con extremo o rebosar.

superalimentar *tr.* Dar a alguien más alimento de lo normal.

superar *tr.* Exceder. 2 Vencer obstáculos o dificultades. - 3 *prnl.* Hacer alguien una cosa mayor que en ocasiones anteriores.

superávit *m.* Exceso del haber sobre el debe o de los ingresos sobre los gastos.

superbombardero *m.* Bombardero que tiene gran capacidad de carga, y un extenso campo de acción.

superciliar *adj.* Perten. o rel. a la región de las cejas.

superconductividad *f.* FÍS. Desaparición brusca y total de la resistencia de algunos materiales cuando su temperatura desciende por debajo de un cierto límite.

superconductor *m.* FÍS. Material que presenta el fenómeno de la superconductividad.

superchería *f.* Engaño, dolo, fraude.

superdotado, -da *adj.-s.* Que posee cualidades que exceden de lo normal.

superestrato *m.* Lengua que se extiende por el territorio de otra lengua, y que es abandonada por sus hablantes, legando, sin embargo, algunos de sus rasgos a ésta.

superestructura *f.* Parte de una construcción que está por encima del suelo.

superficial *adj.* Perten. o rel. a la superficie. 2 Que está o se queda en ella. 3 fig. Frívolo. 4 fig. Aparente.

superficie *f.* Parte externa que limita un cuerpo. 2 fig. Apariencia externa. 3 GEOM. Extensión en que sólo se consideran dos dimensiones.

superfluo, -flua *adj.* No necesario.

superhombre *m.* Ser superior al hombre actual y a cuyo tipo debe tender la humanidad.

superintendente *com.* Persona que tiene la dirección superior de una cosa.

superior, -ra *adj.* Situado encima de otra cosa o más alto que ella. - 2 *m. f.* Persona que dirige una congregación o comunidad.

superioridad *f.* Preeminencia, excelencia. 2 Persona de superior autoridad.

superlativo, -va *adj.* En grado muy alto o el más alto. - 2 *adj.-m.* Díc. del adjetivo o adverbio que expresa esta cualidad.

supermercado *m.* Tienda donde el cliente puede servirse a sí mismo.

superministro *m.* Ministro con unas competencias más amplias a las de cualquier otro.

supernova *f.* Etapa final explosiva de la vida de una estrella.

supernumerario, -ria *m. f.* Empleado que trabaja en una oficina pública sin figurar en la plantilla.

superpetrolero *m.* Petrolero de más de 70.000 toneladas de desplazamiento.

superpoblado, -da *adj.* Poblado en demasía.

superponer *tr.-prnl.* Sobreponer.

superpotencia *f.* País dotado de una fuerte industria y ejército.

superproducción *f.* Exceso de producción. 2 Obra cinematográfica o teatral muy importante y de gran presupuesto.

superrealismo *m.* Surrealismo.

supersónico, -ca *adj.* De velocidad superior a la del sonido.

superstición *f.* Propensión a atribuir carácter sobrenatural a determinados acontecimientos.

supersticioso, -sa *adj.* Perten. o rel. a la superstición. 2 Que tiene superstición.

supervalorar *tr.-prnl.* Otorgar a cosas o personas mayor valor del que realmente tienen.

supervisar *tr.* Inspeccionar.

supervisor, -ra *adj.-s.* Que supervisa, o inspecciona.

supervivencia *f.* Ac. y ef. de sobrevivir.

supervivir *intr.* Sobrevivir.

supinación *f.* Posición de estar tendido boca arriba. 2 Movimiento del antebrazo que hace volver la mano hacia arriba.

supino, -na *adj.* Que está tendido sobre el dorso.

suplantar *tr.* Ocupar con malas artes el lugar de otro.

suplementario, -ria *adj.* Que sirve para suplir una cosa o completarla.

suplemento *m.* Ac. y ef. de suplir. 2 Complemento. 3 Capítulo o tomo que se añade a un libro. 4 Número u hoja adicional de un periódico o revista.

suplencia *f.* Ac. y ef. de suplir una persona a otra. 2 Tiempo que dura esta acción.

suplente *adj.-s.* Que suple.

supletorio, -ria *adj.* Que suple la falta de otra cosa. - 2 *m.* Aparato telefónico conectado a uno principal.

súplica *f.* Ac. y ef. de suplicar.

suplicar *tr.* Rogar o pedir con humildad.

suplicatorio, -ria *adj.* Que contiene súplica. - 2 *m.* Instancia por la que un tribunal pide permiso para encausar a una persona con inmunidad parlamentaria.

suplicio *m.* Lesión corporal o muerte infligida como castigo. 2 fig. Tormento.

suplir *tr.* Completar lo que falta en una cosa o remediar su carencia. 2 Hacer las veces de otro.

suponer *tr.* Dar por real o existente una cosa. 2 Traer consigo, importar. - 3 *intr.* Tener autoridad o representación.

suposición *f.* Ac. y ef. de suponer. 2 Lo que se supone.

supositorio *m.* Medicamento para ser introducido en el ano, vagina, etc.

supranacional *adj.* Díc. del organismo superior al gobierno de cada nación.

suprarrenal *adj.* Situado encima de los riñones.

suprasensible *adj.* Que está más allá de los sentidos.

supremacía *f.* Grado supremo. 2 Superioridad sobre los demás.

supremo, -ma *adj.* Altísimo. 2 Que no tiene superior. 3 Último.

supresión *f.* Ac. y ef. de suprimir.

suprimir *tr.* Hacer cesar. 2 Omitir.

supuesto, -ta *adj.* Pretendido. - 2 *m.* Hipótesis. ▷ *Por ~*, con certeza. *~ que*, ya que.

supurar *intr.* Formar o echar pus.

sur *m.* Punto cardinal opuesto al norte. 2 Viento que sopla de esta parte.

surcar *tr.* Hacer surcos.

surco *m.* Hendidura que hace en la tierra el arado. 2 Señal prolongada que deja

una cosa en otra. 3 Arruga en el rostro.

sureño, -ña *adj.* Habitante del Sur de un país.

surf *m.* Deporte náutico consistente en dejarse llevar por la cresta de una ola sobre una tabla especial.

surgir *intr.* Brotar el agua. 2 Dar fondo la nave. 3 fig. Levantarse, aparecer.

surmenaje *m.* Estado de intensa fatiga, agotamiento.

surrealismo *m.* Movimiento literario y artístico que trataba de reflejar las imágenes formadas en el subconsciente.

sursuncorda *m.* fig. fam. Supuesto personaje anónimo de mucha importancia.

surtido, -da *adj.-s.* Díc. del artículo ofrecido como mezcla de varias clases.

surtidor, -ra *adj.-s.* Que surte. - 2 *m.* Chorro de agua que brota hacia arriba. 3 Aparato que distribuye gasolina.

surtir *tr.-prnl.* Proveer de una cosa. - 2 *intr.* Brotar el agua, especialmente hacia arriba.

susceptible *adj.* Capaz de recibir modificación o impresión. 2 Quisquilloso.

suscitar *tr.* Levantar, promover.

suspender *tr.* Levantar o sostener en alto. 2 Detener temporalmente una acción, obra, etc. 3 fig. Negar la aprobación al que se examina. 4 fig. Causar admiración.

suspense *m.* Sentimiento angustioso de espera o curiosidad.

suspensión *f.* Ac. y ef. de suspender. 2 Aquello con que está suspendida una cosa. 3 QUÍM. Estado de un cuerpo, cuyas partículas se mezclan con el fluido, sin deshacerse en él.

suspenso, -sa *adj.* Admirado, perplejo. - 2 *m.* Nota de haber sido suspendido en examen. ▷ *En ~*, diferida la resolución.

suspensorio, -ria *adj.* Que sirve para suspender o levantar en alto.

suspicacia *f.* Calidad de suspicaz. 2 Desconfianza.

suspicaz *adj.* Propenso a sospechar.

suspirar *intr.* Dar suspiros.

suspiro *m.* Aspiración profunda seguida de una espiración audible que generalmente es expresión de pena, alivio, etc.

sustentáculo *m.* Apoyo o sostén de una cosa.

sustentar *tr.-prnl.* Mantener, alimentar. 2 Sostener, defender.

sustento *m.* Mantenimiento, alimento.

sustitución *f.* Substitución.

sustituir *tr.* Substituir.

susto *m.* Impresión repentina de miedo. 2 fig. Temor.

sustraer *tr.* Substraer.

susurrar *intr.* Hablar quedo produciendo un ruido suave.

susurro *m.* Ruido suave, murmullo.

sutil *adj.* Delgado, tenue. 2 fig. Agudo, perspicaz.

sutileza *f.* Calidad de sutil.

sutilizar *tr.* Adelgazar, atenuar. 2 esp. Perfeccionar. 3 fig. Discurrir con ingenio.

sutura *f.* ANAT. Línea de unión de dos huesos del cráneo. 2 CIR. Costura con que se reúnen los labios de una herida.

suturar *tr.* Efectuar una sutura.

suyo, suya *adj.-pron. poses.* Forma de tercera persona que expresa que la cosa no es poseída ni por el que habla ni por el que escucha. ▷ *De ~,* naturalmente, sin ayuda ajena. *Hacer de las suyas,* obrar según su costumbre.

swing *m.* DEP. En boxeo, movimiento semicircular del brazo de abajo arriba. 2 MÚS. Cualidad rítmica característica en la música de jazz.

T

t *f.* Consonante dental, vigésima tercera letra del alfabeto.

taba *f.* Astrágalo (hueso). 2 Juego en que se tira al aire una taba de carnero a modo de dado.

tabacalero, -ra *adj.* Perten. o rel. al cultivo, fabricación y venta del tabaco.

tabaco *m.* Planta solanácea, narcótica, de olor fuerte. 2 Hoja de esta planta. 3 Cigarro.

tabalear *tr.* Menear. - 2 *intr.* Golpear acompasadamente con los dedos.

tábano *m.* Insecto díptero que pica a las caballerías para chuparles la sangre.

tabaque *m.* Pequeño cesto de mimbres.

tabaquera *f.* Caja para tabaco en polvo. 2 Petaca.

tabaquero, -ra *adj.* Perten. o rel. al tabaco.

tabaquismo *m.* Intoxicación producida por el abuso del tabaco.

tabardillo *m.* Enfermedad febril grave. 2 Insolación. 3 fig. Persona alocada.

tabardo *m.* Prenda de abrigo de paño tosco. 2 Especie de gabán sin mangas, de paño o de piel.

tabarra *f.* Lata, tostón.

tabarro *m.* Tábano (insecto).

tabasco *m.* Salsa muy picante preparada con pimienta.

taberna *f.* Establecimiento público donde se venden bebidas y, a veces, se sirven comidas.

tabernáculo *m.* Lugar donde los hebreos colocaban el arca del Testamento.

tabernario, -ria *adj.* Propio de la taberna. 2 fig. Bajo, grosero.

tabernero, -ra *m. f.* Persona que vende vino en la taberna.

tabicar *tr.* Cerrar con tabique.

tabique *m.* Pared delgada. 2 ANAT. Estructura que separa dos cavidades.

tabla *f.* Pieza de madera, plana, mucho más larga que ancha y de poco grueso. 2 Bancal de huerto. 3 Lista o catálogo de cosas puestas en determinado orden. 4 Pintura hecha en tabla. - 5 *f. pl.* Estado en el juego de damas, o en el de ajedrez, en el cual ninguno de los jugadores puede ganar la partida. 6 Escenario del teatro. ▷ *Hacer ~ rasa de algo,* prescindir o desentenderse de ello.

tablado *m.* Suelo de tablas en alto sobre un armazón. 2 Pavimento del escenario.

tablao *m.* Tarima o escenario usado para un espectáculo flamenco.

tablar *m.* Conjunto de tablas (cuadro de tierra; bancal de un huerto).

tablazón *f.* Agregado de tablas.

tablero *m.* Tabla (pieza plana rígida). 2 Plancha de material aislante, empleada como soporte de controles eléctricos. 3 Tabla cuadrada dividida en cuadritos para jugar al ajedrez, las damas, etc.

tableta *f.* Pastilla.

tablón *m.* Tabla grande.

tabú *m.* Cosa que no se puede tocar o decir.

tabuco *m.* desp. Aposento pequeño.

tabulador, -ra *adj.-s.* Que tabula. - 2 *m.* Dispositivo que en las máquinas de escribir sirve para formar columnas de cifras o de palabras.

tabular *adj.* De forma de tabla. - 2 *tr.* Expresar por medio de tablas.

taburete *m.* Asiento sin brazos ni respaldo, para una persona.

taca *f.* Armario pequeño.

tacada *f.* Golpe dado con el taco a la bola de billar. 2 Serie de carambolas seguidas sin soltar el taco.

tacañear *intr.* Obrar como tacaño.

tacaño, -ña *adj.-s.* Miserable, ruin.

tacatá *m.* Andador de niños.

tácito, -ta *adj.* Callado, silencioso. 2 Que no se oye o se dice formalmente, sino que se supone.

taciturno, -na *adj.* Habitualmente callado. 2 Triste, sombrío.

taco *m.* Pedazo de madera, metal, etc., corto y grueso. 2 Pieza de madera o de plástico que se empotra en la pared para clavar en ella. 3 Vara con que se impelen las bolas de billar. 4 Paquete de hojas de papel. 5 Pedazo de jamón, queso, etc., de cierto grosor. 6 fam. Embrollo, lío. 7 fam. Palabrota. - 8 *m. pl.* fam. Años de edad.

tacógrafo *m.* Tacómetro que registra la distancia recorrida y la velocidad de un vehículo.

tacómetro *m.* Aparato que indica la velocidad de rotación de un mecanismo, generalmente en revoluciones por minuto.

tacón *m.* Pieza semicircular unida a la suela del calzado en la parte correspondiente al calcañar.

taconear *intr.* Pisar haciendo ruido con los tacones.

táctica *f.* Arte de poner las cosas en orden. 2 Conjunto de reglas a que se sujetan las operaciones militares.

táctico, -ca *adj.* Perten. o rel. a la táctica.

táctil *adj.* Perten. o rel. al tacto.

tacto *m.* Sentido corporal con el cual se percibe la forma, aspereza, suavidad, etc., de las cosas. 2 fig. Habilidad para hablar u obrar con acierto y oportunidad.

tacha *f.* Falta, defecto.

tachadura *f.* Ac. y ef. de tachar.

tachar *tr.* Poner falta o tacha. 2 Reprobar. 3 Borrar lo escrito.

tachismo *m.* Género de pintura abstracta que se basa en el uso de manchas de colores.

tachón *m.* Raya con que se tacha lo escrito. 2 Tachuela grande de adorno.

tachonar *tr.* Adornar con tachones.

tachuela *f.* Clavo corto y de cabeza grande.

taekwondo *m.* Deporte de lucha coreano.

tafetán *m.* Tela fina de seda tupida.

tafilete *m.* Cuero curtido y lustroso.

tafiletería *f.* Industria y comercio con artículos de tafilete.

tagalo, -la *adj.-s.* De una raza indígena que habita Filipinas. - 2 *m.* Lengua tagala.

tagarnina *f.* Planta comestible, de flores amarillas y hojas rizadas. 2 fam. Cigarro puro muy malo.

tahalí *m.* Tira de cuero que se cuelga en bandolera para llevar la espada. 2 p. ext. Pieza de cuero sujeta al cinturón

para colgar un arma blanca.

taheño, -ña *adj.* Bermejo.

tahitiano, -na *adj.-s.* De Tahití.

tahona *f.* Molino de harina movido por caballería. 2 Panadería.

tahúr, -hura *adj.-s.* Jugador, fullero. - 2 *m.* El que frecuenta las casas de juego.

taifa *f.* Bandería, parcialidad. 2 fam. Reunión de personas de mala vida.

taiga *f.* Bosque de coníferas del norte de Rusia y Siberia. 2 Vegetación característica de estos bosques.

tailandés, -desa *adj.-s.* De Tailandia.

taimado, -da *adj.-s.* Astuto, pícaro.

tajada *f.* Porción cortada de una cosa. 2 Trozo de carne en un guisado.

tajadera *f.* Cuchilla a modo de media luna.

tajamar *m.* Parte de la roda que hiende el agua. 2 Parte de la pila de un puente para cortar la corriente.

tajante *adj.* Que no admite discusión, ni contradicción. 2 fig. Completo, total, sin término medio.

tajar *tr.* Dividir, cortar una cosa. - 2 *prnl.* fam. Embriagarse.

tajo *m.* Corte con instrumento adecuado. 2 Tarea. 3 Escarpa cortada a pico.

tal *adj.* Igual, semejante. 2 Tan grande. 3 No especificado. - 4 *pron. indef.* Alguno. - 5 *adv. m.* De esta manera, de tal suerte.

talabarte *m.* Cinturón de que cuelgan los tirantes de la espada.

talabartero, -ra *m. f.* Persona que hace talabartes y otros correajes.

taladrador, -ra *adj.-s.* Que taladra. - 2 *m. f.* Máquina usada para hacer agujeros en materiales duros mediante una broca.

taladrar *tr.* Agujerear. 2 fig. Herir los oídos un sonido muy agudo.

taladro *m.* Instrumento agudo para taladrar. 2 Agujero hecho con este instrumento.

tálamo *m.* Lugar donde antiguamente los novios celebraban sus bodas. 2 Lecho conyugal. 3 BIOL. Parte del encéfalo situada en la base del cerebro.

talante *m.* Modo de ejecutar una cosa. 2 Semblante, disposición. 3 Voluntad, deseo, gusto.

talar *adj.* Díc. de la vestidura que llega hasta los talones. - 2 *tr.* Cortar árboles. 3 Destruir.

talasocracia *f.* Dominio de los mares.

talco *m.* Silicato de magnesia, blando, suave al tacto.

talcoso, -sa *adj.* Compuesto de talco o abundante en él.

talega *f.* Bolsa de tela para llevar o guardar las cosas.

talego *m.* Saco largo y angosto de lienzo basto. 2 *vulg.* Cárcel. 3 *fig. vulg.* Billete de mil pesetas.

taleguilla *f.* Calzón usado por los toreros en la lidia.

talento *m.* Antigua moneda imaginaria. 2 *fig.* Aptitud intelectual, capacidad.

talgo *m.* Tren ligero con un solo par de ruedas, independientes, por vagón.

taliforme *adj.* De forma de talo.

talio *m.* Elemento metálico poco común, de color blanco de plata.

talión *m.* Pena en que el delincuente sufre un daño igual al que causó.

talismán *m.* Objeto al que se atribuye virtud sobrenatural.

talmud *m.* Libro religioso de los judíos.

talo *m.* Cuerpo de una planta de estructura indiferenciada o con diferencias muy secundarias.

talofito, -ta *adj.-m.* Díc. de la planta que tiene un conjunto de células sin diferenciar en tejidos.

talón *m.* Calcañar. 2 Parte del calzado que cubre el calcañar. 3 Documento cortado de un libro talonario, cheque. ▷ *Pisarle a uno los talones,* seguirle de cerca.

talonario *m.* Libro de donde se cortan cheques, recibos, etc.

talonear *tr.* DEP. En el juego del rugby, dar con los talones al balón para sacarlo de la melé.

talonera *f.* Refuerzo que se coloca en la parte baja del pantalón.

talque *m.* Tierra talcosa muy refractaria.

talud *m.* Inclinación de un terreno o del paramento de un muro.

talla *f.* Obra de escultura. 2 Estatura. 3 *fig.* Altura moral o intelectual. 4 Ac. y ef. de tallar o labrar piedras preciosas.

tallar *tr.* Dar forma a alguna cosa cortando en ella. 2 Medir la estatura.

tallarín *m.* Tira estrecha de pasta de macarrones cocidos.

talle *m.* Disposición del cuerpo humano. 2 Cintura. 3 Forma que se da al vestido, cortándolo y proporcionándolo al cuerpo.

tallecer *tr.-intr.* Echar tallos la planta.

taller *m.* Oficina para un trabajo manual. 2 Estudio del pintor o escultor.

tallerina *f.* Molusco bivalvo de concha pequeña con forma de triángulo isósceles.

tallo *m.* Parte de las plantas que lleva las hojas y los órganos reproductores.

talludo, -da *adj.* Que tiene tallo grande. 2 *fig.* Crecido y alto. 3 *fig.* Díc. de la persona que va pasando de la juventud.

tamal *m. Amér.* Especie de empanada de harina de maíz.

tamaño, -ña *adj.* Tan grande o tan pequeño como. 2 Semejante, tal. - 3 *m.* Volumen o dimensión de una cosa.

tamarindo *m.* Árbol papilionáceo, de hasta 30 m. de altura, cuyo fruto se usa como laxante. 2 Fruto de este árbol.

tamarisco *m.* Arbusto que crece a orillas de los ríos, con flores pequeñas de color blanco.

tambalear *intr.-prnl.* Menearse una cosa por falta de estabilidad.

también *adv. m.* De la misma manera, igualmente.

tambor *m.* Instrumento músico de percusión, formado por una caja cilíndrica hueca, con ambas bases cubiertas de piel tirante. - 2 *com.* Músico que toca el tambor. - 3 *m.* Aro de madera sobre el cual se tiende una tela para bordarla.

tamboril *m.* Tambor pequeño.

tamborilear *intr.* Tocar el tamboril.

tamborilero *m.* El que toca el tamboril.

tambucho *m.* Caja encima de las ventanas dentro de la cual se enrollan las persianas.

tamiz *m.* Cedazo muy tupido.

tamizar *tr.* Pasar una cosa por el tamiz.

tamo *m.* Pelusa del lino, algodón o lana. 2 Polvo de semillas trilladas.

tampoco *adv. neg.* Sirve para negar una cosa después de haberse negado otra.

tampón *m.* Caja de tamaño reducido, que contiene un trozo de tela empapado con tinta, usada para entintar sellos. 2 Rollo de algodón o celulosa absorbente que se introduce en la vagina para que absorba el flujo de la hemorragia menstrual.

tam-tam *m.* Especie de tambor africano.

tan *adv. c.* Encarece la significación del adjetivo, adverbio o locución adverbial al que precede. - 2 *adv. correlativo.* En correlación con *como* compara denotando igualdad de grado, equivalencia. ▷ ~ *siquiera,* siquiera, por lo menos.

tanatología *f.* BIOL. Parte de la biología que estudia la muerte.

tanatorio *m.* Local destinado a servicios funerarios.

tanda *f.* Turno. 2 Grupo en que alternan las personas o bestias empleadas en algún trabajo. 3 Número determinado de ciertas cosas de un mismo género.

tándem *m.* Bicicleta para dos personas. 2 fig. Unión de dos personas que tienen una actividad común.

tanga *m.* Prenda sucinta que cubre exclusivamente los órganos sexuales; esp., la utilizada como traje de baño.

tángana *f.* Alboroto, escándalo. 2 Engaño, fraude.

tangar *tr.* fam. Engañar, encubrir. - 2 *prnl.* fam. Escaquearse.

tangencial *adj.* Díc. de la línea o superficie que es tangente a otra. 2 fig. Díc. de la cuestión o problema que atañe al asunto de que se trata sin ser esencial a él.

tangente *adj.* Díc. de la línea o superficie que toca o tiene puntos comunes con otra sin cortarse. - 2 *f.* GEOM. Recta que toca en un punto a una curva o a una superficie. ▷ *Salirse uno por la* ~ , eludir una dificultad.

tangible *adj.* Que se puede tocar.

tango *m.* Baile de movimiento moderado y muy marcado.

tanguillo *m.* Variante flamenca del tango que tiene su origen en las fiestas de carnaval de Cádiz.

tanguista *f.* Bailarina contratada para que baile con los clientes de un local de esparcimiento.

tanino *m.* Substancia astringente que se extrae de la corteza de algunos árboles.

tanque *m.* Depósito de agua u otro líquido preparado para su transporte. 2 Carro de combate.

tanqueta *f.* Tanque de guerra, de gran velocidad y movilidad, movido por ruedas.

tántalo *m.* Ave ciconiforme de patas delgadas, cuello muy largo y coloración muy vistosa.

tantear *tr.* Medir una cosa con otra para ver si viene bien. 2 fig. Explorar, examinar. 3 Calcular aproximadamente.

tanteo *m.* Ac. y ef. de tantear. 2 Número de tantos.

tanto, -ta *pron.-adj. relat.* En correlación con *cuanto* se aplica a la cantidad de una cosa indeterminada o indefinida. - 2 *adj.-pron. indef. adv. c.* Comparando y en correlación con *como,* significa la misma cantidad. - 3 *m.* Cantidad determinada de una cosa. 4 En los juegos, unidad de cuenta. 5 ~ *por ciento,* cantidad que se estipula respecto de otra. - 6 *m. pl.* Número indeterminado. ▷ *Al* ~ *de una cosa,* enterado de ella. *En* ~ , *entre* ~ , mientras, en el ínterin. ~ *que,* luego que. *Por* ~ , por lo que, en. *Por lo* ~ , por consiguiente.

tañer *tr.* Tocar (hacer sonar).

tañido *m.* Son que toca un instrumento. 2 Sonido de la cosa tocada.

taoísmo *m.* Religión de la China.

tapa *f.* Pieza que cierra por la parte superior las cajas, cofres, etc. 2 Capa de suela del tacón. 3 Cubierta de un libro encuadernado. 4 Pequeña porción de manjares variados que se sirven como acompañamiento de la bebida.

tapacubos *m.* Tapa metálica que se adapta exteriormente al cubo de la rueda.

tapadera *f.* Parte movible que cubre la boca de alguna cavidad.

tapajuntas *m.* Listón que tapa la unión de una puerta o ventana con la pared.

tapar *tr.* Poner algo para cubrir o llenar un agujero o cavidad. 2 Poner algo encima de un objeto para abrigarlo o protegerlo. 3 fig. Encubrir, ocultar.

taparrabo, taparrabos *m.* Pedazo de tela, a modo de falda, con que se cubren los pueblos primitivos.

tapete *m.* Alfombra pequeña. 2 Paño que se pone encima de una mesa o mueble. ▷ *Poner sobre el* ~ *una cosa,* discutirla o someterla a resolución.

tapia *f.* Pared de tierra amasada. 2 Muro de cerca.

tapiar *tr.* Cerrar con tapias. 2 fig. Cerrar con muro o tabique.

tapicería *f.* Conjunto de tapices. 2 Arte y obra del tapicero. 3 Establecimiento donde trabaja.

tapicero, -ra *m. f.* Persona que por oficio hace o compone tapices. 2 Persona que por oficio tapiza.

tapioca f. Fécula extraída de la mandioca.

tapir m. Mamífero ungulado de cola rudimentaria y hocico prolongado.

tapiz m. Paño con grandes dibujos con que se adornan las paredes. 2 Alfombra.

tapizar tr. Forrar con tela los muebles o las paredes.

tapón m. Pieza con que se tapan botellas, toneles, etc. 2 Acumulación de cerumen en el oído. 3 Embotellamiento de vehículos. 4 fig. Persona gruesa y pequeña. 5 DEP. En baloncesto, acción de interceptar el balón lanzado a canasta.

taponar tr. Cerrar una herida con tapón. 2 Atascar algo.

tapujo m. Embozo. 2 fig. Reserva.

taquicardia f. MED. Frecuencia excesiva del ritmo de las contracciones cardíacas.

taquigrafía f. Técnica de escribir tan de prisa como se habla valiéndose de signos especiales.

taquigrafiar tr. Escribir en taquigrafía.

taquígrafo, -fa m. f. Persona que por profesión se dedica a la taquigrafía. - 2 m. Aparato registrador de velocidad.

taquilla f. Armario para guardar papeles. 2 Casillero para los billetes de teatro, ferrocarril, etc. 3 p. ext. Despacho de billetes. 4 Recaudación obtenida en este despacho.

taquillaje m. Venta de billetes.

taquillero, -ra m. f. Persona encargada de un despacho de billetes.

taquillón m. Mueble bajo, más largo que ancho, con puertas y cajones.

taquimecanógrafo, -fa m. f. Persona que por profesión se dedica a la taquigrafía y a la mecanografía.

taquimetría f. Parte de la topografía que enseña a levantar planos.

taquímetro m. Instrumento que sirve para medir rápidamente distancias y ángulos. 2 Aparato que indica la velocidad de la máquina en que va instalado.

tara f. Parte de peso que se rebaja de las mercancías por los embalajes. 2 Defecto.

tarabilla f. Trozo de madera clavado al marco de una puerta o ventana de forma que las asegure al girar. 2 Pieza que mantiene tensa la cuerda del bastidor de una sierra.

tarabita f. Palito al extremo de la cincha, por donde se aprieta la correa.

taracea f. Labor de incrustación. 2 Entarimado de maderas finas de colores.

tarado, -da adj. Que tiene alguna tara o defecto físico o psíquico. 2 fig. Tonto, bobo; loco, alocado.

tarambana com. fam. Persona de poco juicio.

tarantela f. Baile de origen italiano de ritmo ternario y movimiento muy vivo.

tarántula f. Araña grande de picadura venenosa.

tarar tr. Señalar la tara o parte del peso que corresponde al envase.

tararear tr. Cantar sin decir palabras.

tarasca f. Figura de sierpe monstruosa.

tarascada f. Mordedura. 2 fig. fam. Respuesta áspera o grosera.

tardanaves m. Pez marino teleósteo muy parecido a la rémora.

tardanza f. Detención, demora.

tardar intr.-prnl. Pasar más tiempo del que es necesario. - 2 tr. Emplear un tiempo determinado.

tarde f. Parte del día comprendida entre mediodía y anochecer. - 2 adv. t. A hora avanzada. 3 Después del tiempo oportuno. ▷ *De ~ en ~,* transcurriendo bastante tiempo entre una y otra vez.

tardígrado, -da adj. Que anda despacio.

tardío, -a adj. Que madura tarde. 2 Que sucede fuera de tiempo. 3 Lento.

tardo, -da adj. Lento. 2 No expedito en la comprensión.

tardón, -dona adj.-s. Que tarda, flemático.

tarea f. Obra, trabajo.

tarifa f. Tabla de precios o impuestos.

tarifar tr. Fijar o aplicar una tarifa.

tarima f. Entablado movible.

tarjeta f. Pedazo de cartulina rectangular con datos de una persona, con una invitación o con cualquier aviso.

tarjetero m. Cartera para tarjetas de visita.

tarlatana f. Tejido ligero de algodón.

tarmacadam m. Pavimentado de carretera formado por piedra machacada que ha sido cubierta con alquitrán.

tarot m. Naipe más largo que los corrientes, que se utiliza en cartomancia.

tarquín m. Cieno, légamo.

tarraconense adj.-s. De Tarragona.

tarro m. Vasija cilíndrica. 2 fam. Cabeza.

tarso m. Conjunto de siete huesos de la parte posterior del pie.

tarta f. Torta rellena con dulces de frutas, crema, etc.

tártago m. Planta dicotiledónea de tallos ramificados y frutos venenosos.

tartajal m. Arbusto muy parecido al tamarisco.

tartajear intr. Hablar pronunciando las palabras con torpeza.

tartamudear intr. Hablar con pronunciación entrecortada.

tartamudo, -da adj.-s. Que tartamudea.

tartán m. Tela de lana con cuadros y listas. 2 Conglomerado resistente de las pistas deportivas.

tartana f. Carruaje de dos ruedas con asientos laterales. 2 Embarcación menor de vela. 3 fig. Cosa vieja e inútil.

tártaro, -ra adj.-s. De Tartaria, ant. región de Asia. - 2 m. Lengua tártara.

tartera f. Fiambrera.

tartufo m. Persona hipócrita y falsa.

tarugo m. Clavija gruesa de madera. 2 Trozo de madera para formar pavimento.

tas m. Yunque pequeño de los plateros.

tasa f. Ac. y ef. de tasar. 2 Documento en que consta la tasa. 3 Precio puesto por la autoridad a las mercancías. ▷ Poner ~, poner límite o fin.

tasación f. Valoración.

tasar tr. Poner tasa o precio. 2 Valuar, estimar. 3 fig. Poner regla o medida.

tasca f. Taberna.

tasquil m. Fragmento que salta de la piedra al labrarla.

tata f. fam. Nombre infantil, niñera.

tatami m. Tapiz acolchado sobre el que se ejecutan algunos deportes.

tatarabuelo, -la m. f. Padre o madre del abuelo.

tataranieto, -ta m. f. Hijo o hija del nieto.

tato, -ta adj. Tartamudo que vuelve la c y la s en t.

tatuaje m. Ac. y ef. de tatuar.

tatuar tr.-prnl. Grabar dibujos indelebles en la piel humana.

tau f. Decimonovena letra del alfabeto griego, equivalente a la t del español.

taujel m. Listón, reglón.

taula f. Megalito en forma de mesa.

taumaturgia f. Facultad de realizar prodigios.

taumaturgo, -ga m. f. Persona admirable en sus obras; autor de prodigios.

taurino, -na adj. Perten. o rel. al toro o a las corridas de toros.

tauromaquia f. Arte de lidiar toros. 2 Obra o libro que trata de este arte.

tautología f. RET. Repetición inútil de un pensamiento.

taxáceo, -a adj.-f. Díc. de la planta arbórea, gimnosperma, conífera; como el tejo.

taxativo, -va adj. Que limita y reduce un caso a determinadas circunstancias.

taxi m. Coche de alquiler provisto de un taxímetro.

taxidermia f. Arte de disecar animales.

taxidermista com. Persona que tiene por oficio disecar los animales.

taxímetro m. Aparato que en los automóviles marca la distancia recorrida y la cantidad devengada.

taxista com. Conductor de un taxi.

taxonomía f. Ciencia que estudia los principios, métodos y fines de la clasificación. 2 p. ext. Clasificación.

taxonómico, -ca adj. Perten. o rel. a la taxonomía.

taza f. Vasija pequeña y con asa. 2 Lo que cabe en ella. 3 Pilón de fuente. 4 Receptáculo del retrete.

tazón m. Vasija algo mayor que la taza y, generalmente, sin asa.

te f. Nombre de la letra t. - 2 pron. pers. Forma de segunda persona con el objeto directo e indirecto sin preposición en género masculino y femenino y en número singular.

té m. Pequeño árbol de Oriente, de hojas coriáceas, flores blancas y fruto en cápsula. 2 Hojas de esta planta convenientemente desecadas. 3 Infusión hecha con ellas.

tea f. Astilla impregnada en resina que sirve para dar luz.

teáceo, -a adj.-f. Díc. de la planta angiosperma dicotiledónea como la camelia y el té.

teatral adj. Perten. o rel. al teatro. 2 Exagerado, afectado.

teatralidad f. Calidad de teatral.

teatralizar tr. Dar forma teatral.

teatro *m.* Edificio para la representación de obras dramáticas. 2 Profesión de actor. 3 Arte de componer o representar obras dramáticas. 4 fig. Literatura dramática. ▷ *Hacer ~,* fingir.

tebaína *f.* FARM. Alcaloide cristalino y tóxico, contenido en el opio.

tebeo *m.* Revista infantil recreativa e ilustrada.

tecla *f.* Pieza que, por la presión de los dedos, hace sonar ciertos instrumentos músicos o hace funcionar otros aparatos. ▷ *Dar en la ~,* acertar.

teclado *m.* Conjunto ordenado de teclas de un instrumento.

teclear *intr.* Mover las teclas.

técnica *f.* Conjunto de procedimientos de que se sirve una ciencia o arte. 2 Habilidad para usar de estos procedimientos. 3 fig. Habilidad para ejecutar cualquier cosa, o para conseguir algo.

tecnicismo *m.* Término técnico.

técnico, -ca *adj.* Perten. o rel. a las aplicaciones de las ciencias y las artes. 2 Propio de un arte, ciencia u oficio. - 3 *m. f.* Persona que posee los conocimientos especiales de una ciencia, arte u oficio.

tecnicolor *m.* Procedimiento que permite reproducir en la pantalla cinematográfica los colores de los objetos.

tecnocracia *f.* Influencia de los técnicos en la dirección política de un país.

tecnócrata *com.* Persona que pertenece a la tecnocracia de un país.

tecnografía *f.* Descripción de las artes industriales y de sus procedimientos.

tecnología *f.* Conjunto de conocimientos propios de una técnica.

tegnológico, -ca *adj.* Perten. o rel. a la tecnología.

tecnólogo, -ga *m. f.* Persona que se dedica a la tecnología.

tectónico, -ca *adj.* Perten. o rel. a las obras de arquitectura. 2 Perten. o rel. a la estructura de la corteza terrestre. - 3 *f.* Parte de la geología que trata de dicha estructura.

techar *tr.* Cubrir un edificio.

techo *m.* Parte interior y superior que cubre o cierra un edificio o habitación.

techumbre *f.* Techo de un edificio.

tedéum *m.* Cántico litúrgico católico que se usa para alabar y dar gracias a Dios.

tedio *m.* Aburrimiento.

tedioso, -sa *adj.* Aburrido.

tegumento *m.* Tejido que recubre ciertas partes de los seres orgánicos.

teína *f.* Principio activo del té, semejante a la cafeína.

teísmo *m.* Doctrina teológica que afirma la existencia de un Dios personal.

teja *f.* Pieza de barro cocido en forma de canal, para cubrir por fuera los techos. ▷ *A toca ~,* en dinero.

tejadillo *m.* Tejado de una sola vertiente adosado a un edificio.

tejado *m.* Cubierta con tejas.

tejano, -na *adj.-s.* De Tejas. - 2 *m. pl.* Pantalón al estilo de Tejas.

tejar *m.* Fábrica de tejas. - 2 *tr.* Cubrir con tejas.

tejedor, -ra *adj.* Que teje. - 2 *f.* Máquina de hacer punto.

tejemaneje *m.* fam. Afán y destreza con que se hace una cosa. 2 fam. Manejos o enredos para algún asunto turbio.

tejer *tr.* Entrelazar o cruzar hilos para formar telas, trencillas, etc.

tejido *m.* Textura; cosa tejida. 2 En un ser orgánico, agregado de células de la misma estructura y análoga función.

tejo *m.* Pedazo redondo de teja que sirve para jugar. 2 Árbol perennifolio taxáceo. ▷ *Tirar los tejos a alguien,* insinuar que se quiere mantener relaciones amorosas con ella.

tejoleta *f.* Pedazo de teja.

tejón *m.* Mamífero carnívoro, de patas y cola cortas y pelaje espeso.

tejuelo *m.* Rótulo en el lomo de un libro. 2 Hueso corto y muy resistente que sirve de base al casco de las caballerías.

tela *f.* Obra hecha con muchos hilos entrecruzados. 2 Tejido que forma la araña. 3 Membrana. 4 vulg. Dinero. 5 Pintura sobre lienzo. ▷ *En ~ de juicio,* en duda. *Tener ~,* ser muy difícil.

telar *m.* Máquina para tejer. 2 Fábrica de tejidos.

telaraña *f.* Tela que forma la araña.

tele *f.* fam. Televisión. 2 fam. Televisor.

teleadicto, -ta *adj.* Fiel al seguimiento constante de los programas de televisión.

telecabina *f.* Teleférico de cable único, dotado de cabina.

teleclinómetro *m.* Instrumento que se introduce en los pozos de sondeo para medir su inclinación.

teleclub *m.* Lugar de reunión para ver programas de televisión.

telecomunicación *f.* Ciencia que estudia la transmisión y recepción de señales, sonidos o imágenes a distancia.

telediario *m.* Noticiario televisivo.

teledifusión *f.* Transmisión de imágenes de televisión mediante ondas electromagnéticas.

teledinámico, -ca *adj.* Que comunica una fuerza o movimiento a distancia.

teledirigir *tr.* Dirigir un vehículo desde lejos.

telefacsímil *m.* Transmisión telefónica de facsímiles. 2 Facsímil así transmitido.

telefax *m.* Telefacsímil.

teleférico *m.* Transbordador o sistema de transportes en el que los vehículos van suspendidos de un cable de tracción.

telefilme *m.* Filme concebido y realizado para ser transmitido por televisión.

telefonazo *m.* fam. Llamada telefónica.

telefonear *tr.-intr.* Llamar por teléfono.

telefonía *f.* Parte de la telecomunicación que trata de la construcción instalación y manejo de teléfonos.

telefónico, -ca *adj.* Perten. o rel. al teléfono o a la telefonía.

telefonista *com.* Persona ocupada en el servicio de teléfonos.

teléfono *m.* Conjunto de aparatos con que se transmite a distancia el sonido.

telegenia *f.* Dote natural de algunas personas gracias a la cual resultan muy favorecidas al ser televisadas.

telegrafía *f.* Parte de la telecomunicación que trata de la construcción, instalación y manejo de telégrafos.

telegrafiar *tr.* Comunicar algo por medio del telégrafo.

telegráfico, -ca *adj.* Perten. o rel. al telégrafo o a la telegrafía. 2 fig. Conciso, restringido.

telégrafo *m.* Conjunto de aparatos donde se transmiten despachos a distancia.

telegrama *m.* Despacho telegráfico. 2 Impreso en que se recibe escrito el mensaje telegráfico.

teleinformática *f.* Técnica de transmitir datos informatizados.

telejuego *m.* Sistema electrónico que permite desarrollar diversos juegos en la pantalla de un televisor.

telele *m.* fam. Patatús, soponcio.

telemando *m.* Mando a distancia.

telemática *f.* Servicio de telecomunicaciones que permite la transmisión de datos informatizados a través del teléfono.

telemetría *f.* Medición de distancias por medio del telémetro.

telémetro *m.* Aparato para medir la distancia a que uno se encuentra de un objeto.

telenovela *f.* Narración de tipo melodramático concebida para ser emitida por televisión en forma de serie (relato).

teleobjetivo *m.* Objetivo que permite tomar fotografías a distancia.

teleología *f.* Parte de la metafísica que estudia las causas finales.

teleósteo *adj.-m.* Díc. del pez de esqueleto óseo, línea lateral y delgadas escamas imbricadas.

telepatía *f.* Transmisión de contenidos psíquicos entre personas, sin intervención de agentes físicos conocidos.

teleprocesar *tr.* INFORM. Emplear un ordenador a distancia.

telequinesia *f.* En parapsicología, desplazamiento de objetos sin causa física observable.

telera *f.* Travesaño que sujeta el dental a la cama del arado o al timón. 2 Madero paralelo a otro igual de las prensas de carpinteros, encuadernadores, etc.

telero *m.* Palo o estaca de las barandas de los carros.

telescópico, -ca *adj.* Perten. o rel. al telescopio. 2 Que sólo es visible con el telescopio.

telescopio *m.* Instrumento óptico para observar los cuerpos celestes.

telesilla *m.* Teleférico aéreo formado por sillas suspendidas de un cable único.

telespectador, -ra *m. f.* Espectador de televisión.

telesquí *m.* Teleférico para transportar esquiadores, que se deslizan sobre sus esquíes.

teletex *m.* Transmisión de textos informatizados a través del teléfono.

teletexto *m.* Transmisión de texto a través de televisión.

teletipia *f.* Sistema de comunicación telegráfico o radiotelegráfico que permite la transmisión de un texto mecanografiado.

teletipo *m.* Aparato telegráfico para transmitir y recibir mensajes.

televidente *com.* Telespectador.

televisar *tr.* Transmitir por televisión.

televisión *f.* Sistema de transmisión de imágenes y sonidos mediante ondas hertzianas. 2 Televisor.

televisivo, -va *adj.* Propio para ser televisado. 2 Perten. o rel. a la televisión.

televisor *m.* Aparato de televisión.

télex *m.* Servicio de mecanografía a distancia que se efectúa por medio de teletipos. 2 Mensaje transmitido mediante dicho servicio.

telón *m.* Lienzo grande que puede subirse o bajarse en el escenario de un teatro.

telonero, -ra *adj.-s.* Artista que actúa en primer lugar como menos importante.

telúrico, -ca *adj.* Perten. o rel. a la Tierra como planeta.

telurio *m.* Metaloide cristalino, muy escaso, de aspecto metálico y color parecido al del estaño.

telurismo *m.* Influjo de la configuración del terreno sobre la vida de sus habitantes.

tema *m.* Proposición, idea o asunto del que trata un escrito, una discusión, una obra de arte, etc. 2 Idea principal de una composición musical con arreglo a la cual se desarrolla el resto de ella. 3 Unidad de estudio en una asignatura, oposición, etc.

temario *m.* Lista de temas.

temático, -ca *adj.* Perten. o rel. al tema. - 2 *f.* Conjunto de temas relativos a una ciencia o actividad determinada.

temblar *intr.* Agitarse una persona con pequeños movimientos rápidos, continuos e involuntarios. 2 fig. Tener mucho miedo.

tembleque *m.* Temblor. 2 Persona o cosa que tiembla mucho.

temblequear *intr.* fam. Temblar con frecuencia. 2 fam. Afectar temblor.

temblor *m.* Agitación de lo que tiembla.

tembloroso, -sa, tembloso, -sa *adj.* Que tiembla mucho.

temer *tr.* Tener a una persona o cosa por objeto de temor. 2 Recelar un daño. 3 Sospechar, creer. - 4 *intr.* Sentir temor.

temerario, -ria *adj.* Imprudente, inconsiderado. 2 Hecho o dicho sin fundamento.

temeridad *f.* Calidad de temerario. 2 Acción temeraria. 3 Juicio temerario.

temeroso, -sa *adj.* Que causa temor. 2 Que tiene o siente temor con frecuencia.

temible *adj.* Digno de ser temido.

temor *m.* Pasión del ánimo que incita a rehusar lo que se considera perjudicial o arriesgado. 2 Recelo de un daño futuro.

témpano *m.* Piel del pandero, tambor, etc. 2 Bloque o pedazo de hielo. 3 Hoja de tocino, quitados los perniles.

temperamental *adj.* Que presenta una alternancia de estados de ánimo e intensidades de reacción.

temperamento *m.* Arbitrio para dominar contiendas y dificultades. 2 Carácter físico y mental de un individuo.

temperatura *f.* Grado de calor en los cuerpos. 2 Temperie.

temperie *f.* Estado de la atmósfera. 2 Temperamento.

tempero *m.* Sazón que adquiere la tierra con la lluvia.

tempestad *f.* Fuerte perturbación de la atmósfera, del mar o del ánimo.

tempestivo, -va *adj.* Oportuno.

tempestuoso, -sa *adj.* Que causa o constituye una tempestad.

templado, -da *adj.* Moderado. 2 Ni frío ni caliente. 3 Valiente con serenidad.

templanza *f.* Virtud que modera los apetitos, pasiones, etc. 2 Sobriedad. 3 Benignidad del clima.

templar *tr.* Moderar o suavizar la fuerza de una cosa. 2 Quitar el frío de una cosa, calentarla ligeramente. 3 MÚS. Disponer un instrumento para que dé las notas con exactitud. 4 fig. Sosegar la cólera o enojo.

templario *m.* Individuo de una orden religiosa y militar fundada hacia el año 1118 y cuyo fin era asegurar los Santos Lugares de Jerusalén.

temple *m.* Punto de dureza o elasticidad dado a un metal, cristal, etc. 2 fig. Estado del genio. 3 fig. Arrojo, valentía.

templete *m.* Armazón pequeña en figura de templo. 2 Quiosco.

templo *m.* Edificio destinado públicamente a un culto.

tempo *m* MÚS. Tiempo.

temporada *f.* Espacio de tiempo formando un conjunto. 2 Tiempo durante el cual se realiza habitualmente alguna cosa. ▷ *De ~,* durante algún tiempo, pero no permanente.

temporal *adj.* Perten. o rel. al tiempo. 2 Que dura por algún tiempo. 3 Seglar, profano. 4 Perten. o rel. a las sienes. 5 GRAM. *Oración ~,* la compuesta enlazada por una conjunción temporal. 6 GRAM. *Conjunción ~,* la que denota en la subordinada idea de tiempo respecto a la principal. - 7 *m.* Tempestad. 8 ANAT. Hueso de la cabeza en los lados del cráneo, a la altura de las sienes.

temporalidad *f.* Calidad de temporal.

temporalizar *tr.* Convertir lo eterno en temporal.

temporero, -ra *adj.-s.* Que desempeña un empleo sólo por algún tiempo.

temporizador *m.* Dispositivo electrónico que regula una operación para que se realice en un tiempo determinado.

temporizar *intr.* Contemporizar.

tempranal *m.* Plantío de fruto temprano.

tempranero, -ra *adj.* Temprano.

temprano, -na *adj.* Adelantado, que es antes del tiempo ordinario. - 2 *adv. t.* En las primeras horas del día o de la noche.

tenacidad *f.* Calidad de tenaz.

tenacillas *f. pl.* Instrumento a manera de tenazas pequeñas.

tenaz *adj.* Que se pega o prende con fuerza. 2 Que opone mucha resistencia a romperse o deformarse. 3 fig. Firme, obstinado.

tenaza *f.* Instrumento de metal para asir, con dos brazos trabados por un eje.

tenazmente *adv. m.* Con tenacidad.

tendal *m.* Toldo (cubierta de tela).

tendedero *m.* Sitio donde se tiende.

tendel *m.* En construcción, cuerda horizontal para colocar con igualdad las hiladas de ladrillos.

tendencia *f.* Inclinación, propensión. 2 Idea religiosa, artística, política, etc., que se orienta en determinada dirección.

tendencioso, -sa *adj.* Que manifiesta o implica tendencia hacia un fin.

tendente *adj.* Que tiende a algún fin.

tender *tr.* Desdoblar, extender. 2 Espar-

cir una cosa amontonada. 3 Propender a algún fin. - 4 *prnl.* Tumbarse a lo largo.

tenderete *m.* Puesto de venta al aire libre. 2 Juego de naipes.

tendero, -ra *m. f.* Persona que tiene tienda y vende al por menor.

tendido, -da *adj.* Perten. o rel. al galope del caballo cuando éste se tiende, o a la carrera violenta del hombre. - 2 *m.* Ac. y ef. de tender. 3 Gradería próxima a la barrera en las plazas de toros.

tendinoso, -sa *adj.* Que tiene tendones.

tendón *m.* Haz de fibras conjuntivas que unen los músculos a los huesos.

tenducho, -cha *m. f.* Tienda pobre y de mal aspecto.

tenebrario *m.* Candelabro triangular, con 15 velas, encendido en los ritos de Semana Santa.

tenebrismo *m.* Escuela pictórica barroca, que extremaba los contrastes entre luz y sombra.

tenebroso, -sa *adj.* Obscuro, cubierto de tinieblas. 2 fig. Oculto, malévolo.

tenedor, -ra *m. f.* Persona que tiene una cosa. - 2 *m.* Utensilio de mesa que consiste en un astil con tres o cuatro púas. 3 Signo de la categoría de los restaurantes.

tenencia *f.* Ocupación o posesión de una cosa. 2 Cargo de teniente.

tener *tr.* Estar lo expresado por el complemento directo en relación de posesión, pertenencia o afección, con la persona o cosa designada por el sujeto. 2 Asir. 3 Detener. 4 Sostener. - 5 *tr.-prnl.* Considerarse, juzgar. 6 *~ que,* estar obligado. ▷ *~ en cuenta,* atender, reparar. *No tenerlas uno todas consigo,* sentir recelo o temor.

tenguerengue (en ~) *loc. adv.* Sin estabilidad, en equilibrio inestable.

tenia *f.* Gusano parásito del intestino del hombre, de cuerpo largo y segmentado.

teniente, -ta *adj.* Algo sordo. - 2 *m. f.* Persona que ejerce el cargo o ministerio de otro. - 3 *m.* MIL. Oficial inmediatamente inferior al capitán.

tenis *m.* Deporte que se practica entre dos o cuatro jugadores, consistente en impulsar con una raqueta una pelota por encima de la red que divide en dos una pista rectangular. 2 *~ de mesa,* pimpón. 3 Calzado de tipo deportivo.

tenista *com.* Jugador de tenis.

tenor *m.* Constitución de una cosa. 2 Contenido literal de un escrito. 3 Voz media entre la de contralto y la de barítono. 4 Persona que tiene esta voz.

tenora *f.* Instrumento de viento, de lengüeta doble como el oboe, de mayor tamaño que éste y con la campana o pabellón de metal.

tenorio *m.* fig. Donjuán.

tenorita *f.* MIN. Mineral de la clase de los óxidos, que cristaliza en el sistema monoclínico, de brillo metálico y color pardo.

tensar *tr.* Atirantar.

tensión *f.* Estado de un cuerpo sometido a fuerzas que lo estiran. 2 Intensidad de la fuerza con que los gases tienden a dilatarse. 3 Tendencia de una carga eléctrica a pasar de un cuerpo a otro. 4 ~ *arterial,* presión circulatoria de la sangre.

tenso, -sa *adj.* Que se halla en tensión.

tensón *f.* Composición poética provenzal que consiste en una controversia, generalmente de amores, entre dos o más poetas.

tensor, -ra *adj.-s.* Que tensa u origina tensión. - 2 *m.* Mecanismo que se emplea para estirar algo. 3 ANAT. Músculo que sirve para desdoblar, extender.

tentación *f.* Persona o cosa que induce a una cosa mala. 2 Estado del que se siente impulsado a hacer una cosa.

tentáculo *m.* Apéndice largo y flexible de ciertos animales invertebrados.

tentadero *m.* Sitio cerrado en que se hace la tienta de becerros.

tentador, -ra *adj.* Que tienta o hace caer en la tentación.

tentar *tr.* Palpar, tocar. 2 Examinar. 3 Instigar, inducir. 4 Intentar.

tentativa *f.* Acción con que se intenta una cosa.

tentemozo *m.* Puntal.

tentempié *m.* fam. Refrigerio.

tenue *adj.* Delicado, delgado. 2 De poca importancia.

teñir *tr.* Dar a una cosa color diferente del que tenía.

teocentrismo *m.* Doctrina que considera a Dios como centro y fin de todo.

teocracia *f.* Gobierno ejercido directamente por Dios o por sus sacerdotes.

teocratismo *m.* Clericalismo político.

teodicea *f.* Parte de la teología que defiende la suprema sabiduría de Dios.

teodolito *m.* Instrumento topográfico para medir ángulos.

teofanía *f.* Manifestación divina, epifanía.

teofilantropía *f.* Caridad, amor a Dios y a los hombres.

teogonía *f.* Tratado sobre el origen y descendencia de los dioses paganos.

teologal *adj.* Teológico. 2 *Virtudes teologales,* Fe, Esperanza y Caridad.

teología *f.* Doctrina sobre la esencia, existencia y atributos de Dios.

teológico, -ca *adj.* Perten. o rel. a la teología.

teologizar *intr.* Discurrir sobre cuestiones teológicas.

teólogo, -ga *adj.* Teológico. - 2 *m. f.* Persona que se dedica a la teología.

teomanía *f.* Manía consistente en creerse Dios.

teorema *m.* Proposición que afirma una verdad que se puede demostrar.

teorético, -ca *adj.* Intelectual, especulativo. 2 Perten. o rel. al teorema. - 3 *f.* Estudio del conocimiento.

teoría *f.* Síntesis comprensiva de los conocimientos obtenidos en el estudio de un determinado orden de hechos. 2 Conjunto de razonamientos para explicar un determinado orden de fenómenos.

teórico, -ca *adj.* Perten. o rel. a la teoría. - 2 *m. f.* Versado en el conocimiento de la teoría de un arte o ciencia.

teorizar *tr.* Tratar un asunto sólo en teoría. - 2 *intr.* Formular una teoría o teorías.

teosofía *f.* Doctrina según la cual el hombre podría alcanzar el conocimiento directo de Dios sin necesidad de la revelación.

tépalo *m.* Pieza del perianto de una flor.

tepe *m.* Pedazo de tierra cubierto de césped y muy trabado por las raíces.

tequila *f.* Bebida semejante a la ginebra que se destila de una especie de pita.

terapeuta *com.* Persona que por profesión o estudio se dedica a la terapéutica.

terapéutica *f.* Parte de la medicina que tiene por objeto el tratamiento de las enfermedades.

terapéutico, -ca *adj.* Perten. o rel. a la terapéutica o terapia.

terapia f. Terapéutica.

teratogénesis f. Estudio de las condiciones de producción y de desarrollo de las monstruosidades.

teratología f. Estudio de las anomalías del organismo animal o vegetal.

tercer adj. Apócope de *tercero*. 2 ~ *mundo*, conjunto de países en proceso de desarrollo económico y social.

tercerilla f. Terceto en versos de arte menor.

tercermundista adj. Perten. o rel. a los países del tercer mundo.

tercero, -ra adj.-s. Que ocupa el último lugar en una serie ordenada de tres. 2 Que media entre dos o más personas.

terceto m. Combinación métrica de tres endecasílabos. 2 MÚS. Composición para tres voces o instrumentos. 3 MÚS. Conjunto de estas tres voces o instrumentos.

tercia f. Segunda de las cuatro partes en que los romanos dividían el día. 2 Tercera cava que se da a las viñas. 3 ~ *rima*, tipo de composición poética formado por tercetos encadenados.

terciado, -da adj. De tamaño intermedio.

terciana f. Calentura intermitente que repite al tercer día.

terciar tr. Poner una cosa atravesada al sesgo. - 2 intr. Mediar en algún ajuste o discordia.

terciario, -ria adj. Tercero en orden o grado. - 2 adj.-m. Díc. de la era geológica inmediatamente posterior a la secundaria y del terreno perteneciente a ella.

tercio m. Parte que, junto con otras dos, constituye un todo. 2 Cuerpo militar de voluntarios. 3 TAUROM. Etapa que en número de tres, varas, banderillas y muerte, compone la lidia.

terciopelo m. Tela velluda y tupida de seda o algodón.

terco, -ca adj. Obstinado hasta molestar.

terebinto m. Pequeño árbol anacardiáceo, de madera dura y compacta.

tergal m. Nombre patentado de una fibra textil sintética.

tergiversar tr. Repetir palabras o relatar un hecho deformándolos.

termal adj. Perten. o rel. a las termas. 2 Díc. del agua que brota del manantial a temperatura superior a la del ambiente.

termalismo m. Planificación y explotación de las aguas termales de un país.

termas f. pl. Baños públicos de los antiguos romanos.

termes m. Insecto que vive en sociedades muy organizadas.

termia f. Cantidad de calor necesaria para que una tonelada de agua eleve su temperatura en 1° C. Su símbolo es *th*.

térmico, -ca adj. Perten. o rel. al calor o a la temperatura.

terminación f. Ac. y ef. de terminar. 2 Extremo. 3 Parte final de una palabra.

terminal adj. Final, último. - 2 f. Conjunto de inmuebles que en los puertos y aeropuertos se destinan a viajeros y mercancías. 3 Extremo de una línea de transporte público. - 4 m. INFORM. Dispositivo que permite la entrada de los datos en el ordenador.

terminante adj. Claro, concluyente.

terminar tr. Poner fin a una cosa, acabarla. - 2 intr.-prnl. Tener fin una cosa.

término m. Hito, mojón. 2 Fin. 3 Límite, confín. 4 Plazo. 5 Palabra. 6 MAT. Cantidad que compone un polinomio o forma una razón, una progresión o un quebrado.

terminología f. Conjunto de términos propios de una profesión, ciencia, etc.

terminológico, -ca adj. Perten. o rel. a los términos o vocablos propios de determinada profesión, ciencia o materia, y a su empleo.

termita f. Termes.

termitero, -ra m. f. Nido de termes.

termo m. Vasija para conservar la temperatura de su contenido.

termoaislante adj.-s. Substancia empleada como aislante térmico.

termoclina f. Línea imaginaria que separa dos masas de agua de temperatura diferente.

termocompresor m. Aparato que aprovecha la energía excedente para comprimir, por dos toberas sucesivas, otro vapor de baja presión.

termodinámica f. Parte de la física que trata la acción mecánica del calor.

termoelasticidad f. FÍS. Cualidad de los fenómenos térmicos que tienen lugar en los materiales sometidos a deformaciones elásticas.

termoelectricidad f. Electricidad producida por la acción del calor.

termoestable *adj.* Que no se altera fácilmente por la acción del calor.

termófilo, -la *adj.* BIOL. Díc. del organismo que requiere temperaturas elevadas.

termogénesis *f.* Creación del calor.

termógrafo *m.* Aparato que se utiliza para registrar los cambios de temperatura.

termoiónico, -ca *adj.* FÍS. Perten. o rel. a la emisión de los electrones provocada por el calor.

termólisis *f.* Desintegración de los compuestos químicos por medio del calor.

termología *f.* Parte de la física que estudia el calor.

termoluminiscencia *f.* FÍS. Luminiscencia producida por el calor.

termomanómetro *m.* Instrumento que se utiliza en las calderas para medir la tensión del vapor.

termometría *f.* Medición de la temperatura.

termométrico, -ca *adj.* Perten. o rel. al termómetro o a la termometría.

termómetro *m.* Instrumento para medir la temperatura.

termonuclear *adj.* FÍS. Díc. de la reacción en que se produce la fusión nuclear de dos átomos ligeros.

termopar *m.* Aparato que se utiliza para medir altas temperaturas.

termopausa *f.* Zona de separación entre la ionosfera y la exosfera.

termopropulsión *f.* Impulso de un cuerpo por medio de la energía desprendida.

termoquímica *f.* Parte de la química que estudia las cantidades de calor de las reacciones químicas.

termorregulador *m.* Instrumento que se usa para regular la temperatura.

termosifón *m.* Aparato anejo a la cocina que sirve para calentar agua que luego se distribuye a los baños, lavabos, etc.

termostable *adj.* Que no se descompone por acción del calor.

termostato, termóstato *m.* Aparato que mantiene constante una temperatura.

termotecnia *f.* Técnica del tratamiento del calor.

termovisión *f.* Sistema de televisión que capta las imágenes en la obscuridad.

terna *f.* Conjunto de tres personas para elegir la que desempeñará un cargo.

ternario, -ria *adj.* De tres elementos.

ternero, -ra *m. f.* Cría de la vaca. - 2 *f.* Carne de ternero o de ternera.

ternilla *f.* Cartílago, especialmente el que forma lámina.

ternilloso, -sa *adj.* Compuesto de ternillas. 2 Parecido a ellas.

terno *m.* Conjunto de tres cosas de una misma especie.

ternura *f.* Calidad de tierno. 2 Requiebro.

terquedad *f.* Calidad de terco.

terracota *f.* Escultura de arcilla cocida.

terrado *m.* Azotea.

terraja *f.* Tabla recortada para hacer molduras de yeso. 2 Barra de acero para labrar roscas de tornillo.

terral *m.* Brisa o viento flojo que sopla de tierra al mar.

terraplén *m.* Macizo de tierra.

terráqueo, -a *adj.* Que está compuesto de tierra y agua.

terrario, terrarium *m.* Instalación adecuada para mantener a ciertos animales, como reptiles, etc.

terrateniente *com.* Dueño de tierras o fincas rurales extensas.

terraza *f.* Jarra vidriada de dos asas. 2 Faja de terreno llano que forma escalón. 3 Espacio de una casa, descubierto y elevado.

terrazgo *m.* Pedazo de tierra para sembrar.

terrazo *m.* Pavimento formado por piedrecitas o trozos de mármol aglomerados con cemento, y cuya superficie se pulimenta.

terrear *intr.* Dejarse ver la tierra en un sembrado.

terremoto *m.* Sacudida de la superficie terrestre.

terrenal *adj.* Perten. o rel. a la tierra en contraposición de lo que pertenece al cielo.

terreno, -na *adj.* Terrestre. - 2 *m.* Espacio de tierra. 3 *fig.* Esfera de acción. ▷ *Sobre el ~,* de acuerdo con las noticias o conocimientos que se tienen. *Ganar ~,* adelantar en una cosa. *Perder ~,* atrasar en una cosa.

térreo, -a *adj.* De tierra.

terrestre *adj.* Perten. o rel. a la tierra.

terrible *adj.* Que causa terror. 2 Atroz.

terrícola *com.* Habitante de la tierra.

terrígeno, -na *adj.* Nacido de la tierra.

territorial *adj.* Perten. o rel. al territorio.

territorialidad *f.* Calidad de territorial.

territorio *m.* Extensión de tierra de una nación.

terrizo, -za *adj.* De tierra.

terrón *m.* Masa pequeña y apretada de tierra, azúcar u otras substancias.

terror *m.* Miedo extremado, pavor. 2 Persona o cosa que lo infunde.

terrorífico, -ca *adj.* Que aterroriza.

terrorismo *m.* Dominación por el terror. 2 Sucesión de actos de violencia ejecutados para infundir terror, o para destruir el orden establecido.

terrorista *com.* Persona que practica el terrorismo.

terroso, -sa *adj.* De la naturaleza y propiedades de la tierra.

terruño *m.* Masa pequeña de tierra. 2 Terreno. 3 País natal.

terso, -sa *adj.* Limpio, claro.

tertulia *f.* Conjunto de personas reunidas para conversar o recrearse.

tertuliano, -na, tertuliante, tertulio, -lia *adj.-s.* Que concurre a una tertulia.

tesar *tr.* MAR. Atirantar (poner tirante).

tesela *f.* Pieza cúbica con que se forman los pavimentos de mosaico.

teselado, -da *m.* Pavimento formado con teselas.

tesina *f.* Trabajo de investigación que puede realizarse para acceder a los estudios conducentes al grado de doctor.

tesis *f.* Proposición mantenida con razonamientos. 2 Trabajo de investigación exigido para la obtención del grado de doctor.

tesitura *f.* MÚS. Conjunto de sonidos propios de cada voz o instrumento.

tesla *m.* Unidad de inducción magnética en el Sistema Internacional.

tesón *m.* Perseverancia al hacer las cosas.

tesorería *f.* Cargo y oficina del tesorero.

tesorero, -ra *m. f.* Persona encargada de la custodia y distribución de caudales.

tesoro *m.* Cantidad de dinero, alhajas, etc., reunida y guardada. 2 fig. Persona o cosa de mucho precio o estimación. 3 fig. Repertorio lexicográfico.

test *m.* Prueba empleada para evaluar grados de inteligencia. 2 Tipo de examen en el que hay que contestar con una palabra o una señal.

testa *f.* Cabeza. 2 Parte anterior de algunas cosas.

testáceo, -a *adj.* Díc. del animal que tiene concha; especialmente los moluscos.

testado, -da *adj.* Que ha muerto habiendo hecho testamento.

testador, -ra *m. f.* Persona que hace testamento.

testaférrea, -ferro *m.* El que presta su nombre en un negocio ajeno.

testamento *m.* Declaración que hace una persona disponiendo de sus bienes para después de su muerte.

testar *intr.* Hacer testamento.

testarudo, -da *adj.-s.* Terco, porfiado en sus opiniones o acciones aunque esté equivocado.

testera *f.* Frente o principal fachada.

testero *m.* Testera. 2 Pared de una habitación.

testículo *m.* Glándula productora de espermatozoides.

testifical *adj.* Perten. o rel. a los testigos.

testificar *tr.* Probar con referencia a testigos y documentos. 2 Deponer como testigo. 3 fig. Declarar con verdad una cosa.

testigo *com.* Persona que presencia una cosa o que da testimonio de ella.

testimonial *adj.* Que constituye testimonio. - 2 *f. pl.* Documento que testifica.

testimoniar *tr.* Atestiguar. 2 Dar muestras de algo.

testimoniero, -ra *adj.-s.* Que levanta falsos testimonios.

testimonio *m.* Declaración de alguna persona, esp. un testigo, asegurando algo. 2 Prueba de la certeza de una cosa.

testuz *amb.* En algunos animales, frente.

teta *f.* Órgano glandular de las hembras de los mamíferos para la secreción de la leche.

tétano, -nos *m.* Enfermedad infecciosa caracterizada por la contracción convulsiva de los músculos.

tetera *f.* Vasija para el té.

tetilla *f.* Teta de los machos en los mamíferos. 2 Pezón de goma del biberón.

tetina *f.* Tetilla de biberón.

tetón *m.* Pedazo de la rama podada unido al tronco.

tetrabrik *m.* Envase de cartón para productos alimenticios líquidos.

tétrada *f.* Conjunto de cuatro seres o cosas.

tetradáctilo, -la *adj.* Que tiene cuatro dedos.

tetradínamo, -ma *adj.* BOT. Que tiene seis estambres.

tetraedro *m.* GEOM. Sólido de cuatro caras.

tetragonal *adj.* De cuatro ángulos.

tetrágono *adj.-m.* Polígono de cuatro lados y cuatro ángulos.

tetragrámaton *m.* Palabra compuesta de cuatro letras.

tetramorfo, -fa *adj.* Que tiene cuatro formas cristalinas diferentes.

tetraplejía *f.* Parálisis de los cuatro miembros.

tetrápodo, -da *adj.-m.* Díc. del vertebrado con dos pares de extremidades.

tetráptero, -ra *adj.* Díc. del insecto que tiene dos pares de alas.

tetrasílabo, -ba *adj.-m.* De cuatro sílabas.

tetrástrofo, -fa *adj.* Díc. de la composición que consta de cuatro estrofas. 2 ~ *monorrimo,* cuaderna vía.

tétrico, -ca *adj.* De una tristeza que deprime.

textil *adj.-s.* Que puede tejerse. 2 Perten. o rel. al arte de tejer.

texto *m.* Todo lo que se dice en el cuerpo de una obra, o de una ley. 2 Pasaje que se cita.

textual *adj.* Propio del texto o conforme a él. 2 Exacto, preciso.

textura *f.* Disposición de los hilos en una tela. 2 Operación de tejer.

tez *f.* Superficie, especialmente la del rostro humano.

ti *pron. pers.* Forma tónica de segunda persona en género masculino y femenino y en número singular, que precedida de preposición se usa para todos los complementos.

tía *f.* Hermana o prima del padre o de la madre. 2 fam. vulg. Apelativo para designar a una compañera o amiga.

tiara *f.* Mitra alta usada por el Papa como insignia de su autoridad. 2 Dignidad de Sumo Pontífice.

tibetano, -na *adj.-s.* Del Tíbet. - 2 *m.* Lengua tibetana.

tibia *f.* ANAT. Hueso principal y anterior de la pierna entre la rodilla y el pie.

tibieza *f.* Calidad de tibio. 2 Falta de devoción y piedad.

tibio, -bia *adj.* Templado.

tiburón *m.* Pez marino, grande y muy voraz, con el dorso gris azulado.

tic *m.* Movimiento inconsciente habitual. 2 Onomatopeya con que se imita un sonido seco y poco intenso.

tictac *m.* Ruido acompasado que produce el escape de un reloj.

tiempo *m.* Duración de las cosas sujetas a mudanza. 2 Época durante la cual vive una persona o sucede una cosa. 3 Estación del año. 4 Edad. 5 Oportunidad, coyuntura de hacer algo. 6 Estado de la atmósfera. 7 GRAM. Accidente del verbo que expresa la época relativa en que ocurre la acción. ▷ *Al ~ que,* en el momento en que. *Con ~,* con desahogo. *Dar ~,* esperar. *Matar el ~,* ocupar el tiempo con un entretenimiento.

tienda *f.* Armazón de palos cubierta con telas o pieles que sirve de alojamiento. 2 Establecimiento de comercio al por menor.

tienta *f.* Operación en que se prueba la bravura de los becerros. ▷ *A tientas,* guiado por el tacto.

tientaguja *f.* Barra de hierro para explorar el terreno en que se va a edificar.

tiento *m.* Ejercicio del tacto. 2 Pulso. 3 Miramiento, cuidado. 4 Varita que usa el pintor para apoyar la mano. - 5 *m. pl.* Modalidad de baile flamenco en compás de tres tiempos y acompañamiento de guitarra.

tierno, -na *adj.* Blando, delicado, flexible. 2 fig. Reciente, de poco tiempo. 3 fig. Afectuoso, cariñoso.

tierra *f.* Planeta del sistema solar, tercero en la proximidad al Sol. 2 Parte sólida de su superficie. 3 El material más blando de los que forman esta superficie. 4 Terreno dedicado al cultivo. 5 Territorio, región, patria. ▷ *Dar en ~,* derribar. *~ adentro,* alejado de la costa. *Echar por ~,* estropear, destruir. *Tomar ~,* aterrizar.

tieso, -sa *adj.* Que con dificultad se dobla. 2 Tenso, tirante.

tiesto *m.* Pedazo de vasija de barro. 2 Maceta.

tifoideo, -a *adj.* Perten. o rel. al tifus o

parecido a este mal.

tifón *m.* Manga. 2 Huracán en el mar de la China.

tifus *m.* Fiebre contagiosa acompañada de una erupción de manchas rojas.

tigana *f.* Ave zancuda de figura de pavo real, aunque más pequeña.

tigre *m.* Mamífero carnívoro félido, propio de Asia, muy feroz, y con el pelaje amarillento y rayado de negro. ▷ *Oler a ~,* oler mal.

tija *f.* Astil de la llave.

tijera *f.* Instrumento para cortar, con dos hojas de acero trabadas por un eje.

tijereta *f.* Zarcillo de la vid. 2 Insecto de cuerpo alargado y abdomen terminado en pinzas.

tijeretazo *m.* Corte hecho de un golpe con las tijeras.

tijeretear *tr.* Dar tijeretazos a una cosa especialmente sin arte ni tino.

tijereteo *m.* Ruido que hacen las tijeras movidas repetidamente.

tila *f.* Tilo. 2 Flor del tilo. 3 Bebida hecha con ella.

tílburi *m.* Carruaje de dos ruedas, ligero y sin cubierta.

tildar *tr.* Poner tildes. 2 Borrar, tachar. 3 Señalar con alguna nota denigrante.

tilde *f.* Acento gráfico.

tiliáceo, -a *adj.-f.* Díc. de la planta dicotiledónea de hojas alternas.

tilín *m.* Sonido de la campanilla.

tilintear *intr.* Resonar la campanilla.

tilo *m.* Árbol de flores blanquecinas, olorosas y medicinales.

timar *tr.* Quitar o hurtar con engaño. 2 Engañar con promesas.

timba *f. fam.* Partida de juego de azar. 2 Casa de juego.

timbal *m.* Tambor hecho con una caja metálica semiesférica y una piel tirante.

timbrar *tr.* Estampar un timbre o sello.

timbre *m.* Sello. 2 Aparato de llamada movido por un resorte o por la electricidad.

timbrología *f.* Conjunto de conocimientos concernientes a los timbres del papel sellado del Estado.

timeleáceo, -a *adj.-f.* Díc. de la planta dicotiledónea de hojas alternas u opuestas.

timidez *f.* Calidad de tímido.

tímido, -da *adj.* Díc. de la persona que se siente insegura y turbada al relacio-

narse con los demás, hablar o actuar en público, etc.

timo *m. fam.* Ac. y ef. de timar. 2 Glándula endocrina situada detrás del esternón.

timocracia *f.* Gobierno de los más ricos.

timón *m.* Palo derecho de la cama del arado. 2 Pieza para gobernar la nave.

timonel *m.* El que gobierna el timón.

timonera *f.* Pluma grande que tienen las aves en la cola.

timorato, -ta *adj.* Tímido, indeciso.

tímpano *m.* Tamboril. 2 Instrumento músico de percusión formado por varias tiras de vidrio. 3 Espacio triangular entre las cornisas de un frontón. 4 Membrana del oído.

tina *f.* Vasija en forma de media cuba.

tinaco *m.* Tina pequeña de madera.

tinada *f.* Montón de leña. 2 Cobertizo para recoger el ganado.

tinaja *f.* Vasija grande, mucho más ancha por el medio que por el fondo y la boca.

tinajón *m.* Vasija tosca parecida a la mitad inferior de una tinaja.

tinerfeño, -ña *adj.-s.* De Tenerife.

tinglado *m.* Cobertizo. 2 Tablado. 3 fig. Enredo, maquinación.

tiniebla *f.* Falta de luz. - 2 *f. pl.* Suma ignorancia.

tino *m.* Hábito de acertar a tientas. 2 Destreza para dar en el blanco. 3 fig. Juicio y cordura. 4 fig. Moderación, prudencia. ▷ *Sin ~,* sin medida.

tinta *f.* Substancia de color, fluida o viscosa, para escribir, dibujar o imprimir. 2 Líquido que segregan los calamares. 3 Tinte. - 4 *f. pl.* Matices de color. ▷ *Medias tintas,* hechos o dichos vagos y poco resueltos. *Sudar ~,* esforzarse mucho.

tintar *tr.* Teñir.

tinte *m.* Ac. y ef. de teñir. 2 Color con que se tiñe. 3 Establecimiento donde se tiñe.

tintero *m.* Frasco en que se pone la tinta. ▷ *Dejar una cosa en el ~,* olvidarla u omitirla.

tintín *m.* Sonido de la campanilla, choque de copas, etc.

tintinar, -near *intr.* Producir el sonido del tintín.

tinto, -ta *adj.* Díc. de la uva y del vino de color obscuro.

tintóreo, -a *adj.* Que es colorante.

tintorera *f.* Tiburón de gran tamaño y enorme voracidad.

tintorería *f.* Tinte (establecimiento).

tintorro *m.* fam. Vino tinto.

tintura *f.* Tinte. 2 Líquido en que se ha disuelto una substancia colorante. 3 Disolución de una substancia medicinal en agua, alcohol o éter.

tiña *f.* Afección contagiosa de la piel del cráneo. 2 fig. Miseria, mezquindad.

tiñoso, -sa *adj.-s.* Que padece tiña. 2 Miserable, mezquino.

tío *m.* Hermano o primo del padre o de la madre. 2 fam. Hombre digno de admiración. 3 vulg. Compañero, amigo.

tiovivo *m.* Plataforma giratoria sobre la que se instalan caballitos, coches, etc., y sirve de diversión.

tipario *m.* Conjunto de los tipos de una máquina de escribir.

tipejo, -ja *m. f.* desp. Persona ridícula y despreciable.

tipicidad *f.* Calidad de típico.

típico, -ca *adj.* Peculiar, característico.

tipificar *tr.* Presentar las características de una raza, una profesión, un género, etc. 2 Ajustar varias cosas semejantes a un tipo o norma común.

tipismo *m.* Conjunto de caracteres o rasgos típicos.

tiple *m.* La más aguda de las voces humanas. - 2 *com.* Persona con voz de tiple.

tipo *m.* Modelo ideal. 2 Ejemplo característico de una especie, género, etc. 3 Letra de imprenta. 4 Hombre. 5 Figura o talle de una persona. ▷ *Mantener el ~,* comportarse con valentía ante una adversidad.

tipografía *f.* Sistema de impresión.

tipología *f.* Estudio y clasificación de tipos que se practica en diversas ciencias. 2 Ciencia que estudia los tipos humanos.

tipómetro *m.* Instrumento para medir los puntos tipográficos.

tique, tíquet, tiquete *m.* Billete, boleto, papeleta o cupón, que acredita ciertos derechos.

tiquis miquis, tiquismiquis *m. pl.* Escrúpulos vanos.

tira *f.* Pedazo largo y angosto de una cosa delgada. 2 vulg. Gran cantidad de algo.

tirabotas *m.* Gancho de hierro para calzarse las botas.

tirabuzón *m.* Sacacorchos. 2 fig. Rizo de cabello pendiente en espiral.

tirachinas, tirachinos *m.* Horquilla con mango para disparar piedrecitas.

tirada *f.* Acción de tirar. 2 Número de ejemplares de una edición. 3 Lo que se dice o escribe de un tirón. 4 Distancia.

tirado, -da *adj.* Que abunda o que se da muy barato. 2 Sencillo, fácil. 3 fam. Que lleva mala vida, despreciable.

tirador, -ra *m. f.* Persona que tira. - 2 *m.* Asidero, cordón, etc., de que se tira.

tirafondo *m.* Tornillo para asegurar en la madera algunas piezas de hierro.

tiralevitas *com.* fam. Adulador, pelotillero.

tiralíneas *m.* Instrumento para tirar líneas de tinta.

tiranía *f.* Gobierno de un tirano. 2 fig. Abuso de poder o fuerza.

tiranicidio *m.* Muerte dada a un tirano.

tiránico, -ca *adj.* Propio de un tirano. 2 Perten. o rel. a la tiranía.

tiranizar *tr.* Dominar con tiranía.

tirano, -na *adj.-s.* Que gobierna contra derecho. 2 fig. Que abusa de su poder.

tirante *adj.* Tenso. 2 fig. Que está próximo a romperse. - 3 *m.* Cuerda o correa para tirar del carruaje. 4 Tira elástica que suspende de los hombros el pantalón.

tirantez *f.* Calidad de tirante.

tirar *intr.* Hacer fuerza para traer o llevar tras de sí. 2 Atraer. 3 fig. Tender, propender. 4 Asemejarse. 5 fig. Durar, mantenerse. 6 Producir la corriente de aire a través de un conducto. 7 Esgrimir. - 8 *tr.* Arrojar, lanzar. 9 Disparar un arma. 10 Derribar. 11 Estirar. 12 Reducir a hilo un metal. 13 Hacer líneas. 14 Imprimir.

tirilla *f.* Tira de lienzo en el cuello de las camisas para fijar en ellas el cuello postizo.

tirita *f.* Marca registrada de una tira de esparadrapo, que se usa para desinfectar y proteger heridas pequeñas.

tiritar *intr.* Temblar de frío.

tiritera *f.* Temblor producido por el frío del ambiente o al iniciarse la fiebre.

tiro *m.* Ac. y ef. de tirar. 2 Disparo de un arma de fuego. 3 Alcance de un arma arrojadiza o de fuego. 4 Lugar donde se tira al blanco. 5 Corriente de aire en un conducto. 6 Caballerías que tiran de un carruaje. 7 fig. Alusión desfavorable a una persona. 8 DEP. Lanzamiento hacia la portería, canasta, etc., contrarias, en los juegos que se practican con pelota. ▷ *A ~ hecho,* con propósito deliberado.

tiroideo, -a *adj.* Perten. o rel. al tiroides.

tiroides *m.* Glándula situada en la parte anterior y superior de la tráquea. 2 Cartílago principal de la laringe.

tirolés, -lesa *adj.-s.* De Tirol.

tirón *m.* Ac. y ef. de tirar con violencia. 2 Robo en el que el ladrón se apodera del objeto tirando violentamente. ▷ *De un ~,* de una vez.

tirotear *tr.-prnl.* Disparar repetidamente armas de fuego contra alguien.

tiroxina *f.* Hormona del tiroides que regula los procesos del metabolismo.

tirria *f.* Odio, ojeriza.

tirso *m.* Inflorescencia racimosa.

tirulo *m.* Rollo de hoja de tabaco que forma la tripa del cigarro puro.

tisana *f.* Bebida medicinal que resulta de cocer en agua ciertas hierbas.

tísico, -ca *adj.-s.* Que padece de tisis.

tisis *f.* Tuberculosis pulmonar.

tisú *m.* Tela de seda entretejida con hilos de oro o plata.

titán *m.* Sujeto de gran poder que descuella en algún aspecto.

titánico, -ca *adj.* Perten. o rel. a los titanes. 2 fig. Desmesurado.

titanio, -nia *m.* Metal pulverulento, de color gris de acero.

titear *intr.* Cantar la perdiz llamando a los pollos.

títere *m.* Figurilla que, movida con algún artificio, imita los movimientos humanos. 2 Sujeto ridículo o informal. 3 Persona carente de voluntad.

titi *com.* vulg. Persona joven.

tití *m.* Pequeño primate antropoide, de Sudamérica.

titilar *intr.* Agitarse con ligero temblor. 2 Centellear.

titiritar *intr.* Temblar de frío o miedo.

titiritero, -ra *m. f.* Persona que maneja los títeres. 2 Volatinero.

titubear *intr.* Oscilar, tambalearse. 2 Dudar.

titulado, -da *adj.-s.* Que posee un título académico.

titular *adj.* Que tiene algún título. 2 Que da su nombre por título a otra cosa. 3

Que ejerce profesión con cometido especial y propio. - 4 *m.* Título que en un periódico, revista, etc., encabeza una información. - 5 *com.* Profesor de Universidad inferior al catedrático. 6 DEP. Jugador habitual de la alineación de su equipo. - 7 *tr.* Poner título.

titulillo *m.* Renglón en la parte superior de la página impresa, para indicar la materia de que se trata.

título *m.* Designación distintiva de una obra o de cada una de sus partes. 2 Subdivisión de una ley o reglamento. 3 Dignidad nobiliaria. 4 Documento de propiedad o derecho.

tiza *f.* Arcilla blanca para escribir en los encerados. 2 Compuesto de yeso y greda para untar la suela de los tacos de billar.

tiznar *tr.* Manchar con tizne, hollín, etc.

tizne *amb.* Humo, hollín de la lumbre.

tiznón *m.* Mancha de tizne.

tizo *m.* Pedazo de leña mal carbonizada.

tizón *m.* Palo a medio quemar. 2 Hongo negruzco parásito de los cereales.

toalla *f.* Lienzo para secarse.

toallero *m.* Mueble para colgar la toalla.

toba *f.* Piedra caliza muy porosa y ligera. 2 Sarro de los dientes.

tobera *f.* Abertura tubular por donde entra el aire en un horno o forja. 2 En los motores de reacción, parte posterior por la que sale el gas de combustión.

tobillera *f.* Calcetín elástico abierto por el talón y los dedos, que protege o sujeta el tobillo.

tobillo *m.* Protuberancia en el lugar donde la pierna se une con el pie.

tobogán *m.* Trineo bajo para deslizarse en planos inclinados. 2 Aparato por el que descienden los niños.

tobralco *m.* Tejido de algodón parecido al percal.

toca *f.* Prenda de tela con que se cubría la cabeza. 2 La usada por las monjas. 3 Casquete o sombrero de ala pequeña usada por las señoras.

tocadiscos *m.* Aparato formado de un platillo giratorio, sobre el que se colocan los discos fonográficos.

tocado, -da *adj.* fig. Algo perturbado. - 2 *m.* Peinado y adorno de la cabeza, en las mujeres.

tocador, -ra *adj.-s.* Que toca. - 2 *m.* Mueble con espejo para el aseo y peinado. 3 Aposento para este fin.

tocadura f. Herida o llaga que el roce continuado produce en alguna parte del cuerpo.

tocar tr. Ejercitar el sentido del tacto. 2 Llegar a una cosa con la mano, un bastón, etc. 3 Hacer sonar un instrumento. 4 fig. Tratar un asunto. - 5 intr.-prnl. Entrar en contacto una cosa con otra. - 6 intr. Pertenecer. 7 Caer en suerte. ▷ *Estar uno tocado de una enfermedad,* empezar a sentirla.

tocata f. Breve composición musical.

tocateja (a ~) loc. adv. Al contado.

tocayo, -ya m. f. Respecto de una persona, otra que tiene su mismo nombre.

tocino m. Carne gorda del puerco, especialmente la salada. 2 ~ *de cielo,* dulce de yema de huevo y almíbar cuajados.

tocología f. Obstetricia.

tocólogo, -ga m. f. Especialista en tocología.

tocón m. Parte del tronco que queda unida a la raíz cuando cortan el árbol.

tocho, -cha adj. Tosco, grosero. - 2 m. Libro muy grueso o de lectura pesada.

todabuena, todasana f. Arbusto gutiferáceo de hojas opuestas y redondas.

todavía adv. t. Denota que sigue produciéndose algo, o que no se ha producido. - 2 adv. m. A pesar de eso.

todo, -da adj.-pron. indef. Entero, cabal. 2 Cada. - 3 m. Cosa entera. ▷ *Ante ~,* primera y principalmente. *Así y ~,* a pesar de eso, aun siendo así. *Con ~, con ~ esto* o *eso,* no obstante; sin embargo. *De todas, todas,* con seguridad. *Sobre ~,* con especial importancia, principalmente.

todopoderoso, -sa adj. Omnipotente.

toga f. Vestidura exterior de los romanos. 2 Ropa talar de los magistrados, abogados, catedráticos, etc.

togado, -da adj.-s. Que viste toga.

toilette f. Tocador, mueble donde uno se atavía. 2 Lavabo, cuarto de aseo.

tolano m. Pelillo corto del cogote.

toldo m. Cubierta de tela que se tiende para que dé sombra.

tole m. fig. Confusión y gritería popular. 2 Desaprobación general.

toledano, -na adj.-s. De Toledo.

tolerado, -da adj. Autorizado, lícito.

tolerancia f. Ac. y ef. de tolerar. 2 Disposición a admitir en los demás una manera de ser, de obrar o de pensar.

tolerante adj. Que tolera.

tolerantismo m. Opinión de los que preconizan el libre ejercicio de todo culto religioso.

tolerar tr. Tomar con resignación y paciencia aquello que nos hace sufrir física o moralmente. 2 Permitir, consentir. 3 Soportar un peso o carga.

tolete m. Estaca en el borde de una embarcación, a la cual se ata el remo.

tolita f. Substancia explosiva que se extrae de un derivado del tolueno.

tolmo m. Peñasco aislado.

tolondro, -dra, -drón, -drona adj.-s. Aturdido, desatinado.

tolueno m. QUÍM. Hidrocarburo líquido, semejante al benceno.

tolva f. Caja abierta por debajo en la que se echa el grano en los molinos para que vaya cayendo entre las muelas.

tollo m. Hoyo o enramada donde se oculta el cazador.

toma f. Acción de tomar. 2 Porción tomada de una vez. 3 CINEM. Ac. y ef. de filmar. 4 MIL. Conquista de una plaza.

tomar tr. Coger, asir. 2 Elegir entre varias cosas. 3 Comer y beber. 4 Ocupar, conquistar. 5 Quitar, hurtar. 6 Contratar a una persona. 7 Llevar consigo. 8 Recibir, adquirir. 9 Considerar. 10 Fotografiar, filmar. - 11 intr. Seguir una dirección. ▷ *Tomarla con uno,* enfadarse continuamente con él.

¡toma! Interjección con que se da a entender la poca importancia de una especie; expresa también que uno se da cuenta de lo que antes no había podido comprender.

tomate m. Fruto de la tomatera. 2 Tomatera. 3 fig. fam. Jaleo, alboroto.

tomatera f. Planta hortense cuyo fruto es una baya encarnada y jugosa.

tomavistas m. Cámara fotográfica que se utiliza en cine o televisión.

tómbola f. Rifa de objetos con fines benéficos. 2 Local en que se celebra.

tómbolo m. Banco de arena que une una isla con la costa.

tomento m. Estopa basta que queda del lino después de ser rastrillado. 2 H. NAT. Vello suave de algunas plantas.

tomillo m. Planta perenne muy olorosa de flores blancas o róseas.

tomismo m. Sistema filosófico y teológico de santo Tomás de Aquino (1225-1274).

tomiza f. Soga fina de esparto.

tomo m. Parte de un libro con paginación propia y encuadernada separadamente.

ton m. Apócope de tono.

tonada f. Composición métrica para cantarse.

tonadilla f. Canción y música alegres.

tonadillero, -ra m. f. Autor o cantante de tonadillas.

tonal adj. MÚS. Perten. o rel. al tono o a la tonalidad.

tonalidad f. Sistema de sonidos que sirve de fundamento a una composición musical. 2 Tonos en una pintura.

tonel m. Cuba grande. 2 fig. fam. Persona muy gorda.

tonelada f. Unidad de peso o de capacidad para calcular el desplazamiento de los barcos. 2 Unidad de masa, en el sistema métrico decimal, equivalente a mil kilogramos.

tonelaje m. Arqueo (capacidad).

tonema m. LING. En la entonación, última fase de la curva melódica.

tongo m. Trampa que hace el deportista aceptando dinero para dejarse ganar.

tónico, -ca adj.-m. Que entona o da vigor. - 2 adj. GRAM. Díc. de la vocal o sílaba en la que recae el acento. - 3 m. En cosmética, loción astringente. - 4 f. Bebida gaseosa.

tonificante adj.-s. Que tonifica.

tonificar tr. Entonar, dar vigor.

tonillo m. Tono monótono. 2 Modo particular de acentuar las palabras. 3 Tono reticente o burlón.

tono m. Grado de elevación de un sonido. 2 Modo particular de decir algo. 3 Vigor y relieve de una pintura. ▷ *Dar el* ~, dar la norma, el estilo. *Darse* ~, darse importancia. *Poner* ~, adecuar una cosa a otra.

tonsurar tr. Cortar el pelo o la lana. 2 Dar a uno el sacramento por medio del cual entra a formar parte de la clerecía.

tontaina com. fam. Persona tonta.

tontear intr. Hacer o decir tonterías. 2 fam. Flirtear.

tontería f. Calidad de tonto. 2 Dicho o hecho de tonto.

tonto, -ta adj.-s. Escaso de entendimiento. 2 fam. Ingenuo y sin malicia.

▷ *A lo* ~, como quien no quiere la cosa. *A tontas y a locas*, sin ninguna reflexión. *Hacer el* ~, hacer o decir tonterías; perder el tiempo. *Hacerse uno el* ~, fingir que no se conoce o entiende algo. *Ponerse* ~, mostrar petulancia.

topacio m. Piedra fina, amarilla y dura.

topar tr.-intr. Chocar una cosa con otra. 2 fig. Tropezar. 3 Hallar.

tope m. Parte por donde topan dos cosas. 2 Pieza para detener el movimiento de un mecanismo. - 3 adj. fig. Último, máximo. ▷ *A* ~, hasta el extremo.

topera f. Madriguera del topo.

topetada f. Golpe dado con la cabeza.

topetar, -tear tr.-intr. Dar con la cabeza. 2 Topar, chocar.

tópico, -ca adj. Perten. o rel. a determinado lugar. - 2 m. Medicamento externo. 3 Tema o asunto muy repetido, por lo que no resulta original. 4 RET. Expresión vulgar o trivial. - 5 m. pl. Lugar común que la retórica antigua convirtió en fórmula o cliché fijo.

topista com. Ladrón que salta las cerraduras mediante una palanqueta.

topless m. Modo de vestir una mujer, dejando los pechos desnudos en público. ▷ *En* ~, con los pechos desnudos.

topo m. Mamífero insectívoro de pelaje muy fino, que abre galerías subterráneas.

topografía f. Ciencia que estudia la representación de la superficie de un terreno.

topográfico, -ca adj. Perten. o rel. a la topografía.

topología f. Ciencia que se dedica al estudio de los razonamientos matemáticos, prescindiendo de los significados concretos.

topometría f. Parte de la topografía concerniente a las medidas efectuadas sobre el terreno.

toponimia f. Estudio del origen y significación de los nombres de lugar.

topónimo m. Nombre propio de lugar.

toque m. Acción de tocar. 2 fig. Golpe dado a alguno. 3 Pincelada ligera. 4 Tañido. 5 fig. Advertencia. ▷ *Dar un* ~, poner a prueba; tantear.

toquetear tr. Tocar reiteradamente.

toquilla f. Pañuelo de punto que usan las mujeres para abrigo.

tora f. Libro de la ley de los judíos.

torácico, -ca adj. Perten. o rel. al

tórax.

torada f. Manada de toros.

tórax m. Pecho. 2 Cavidad del pecho. 3 Parte del cuerpo de los insectos comprendida entre la cabeza y el abdomen.

torbellino m. Remolino de viento. 2 fig. Abundancia de cosas que concurren a la vez. 3 fig. Persona muy viva e inquieta.

torca f. GEOL. Embudo o sima circular originada por el hundimiento de una caverna.

torcecuello m. Ave piciforme que anida en los huecos de los árboles frutales.

torcedura f. Ac. y ef. de torcer o torcerse. 2 Distensión de las partes blandas que rodean una articulación.

torcer tr. Dar forma helicoidal a un cuerpo haciéndolo girar sobre sí. 2 Doblar. 3 Hacer cambiar de dirección o posición. 4 fig. Mudar la voluntad. - 5 prnl. Avinagrarse el vino, cortarse la leche. 6 Dificultarse y frustrarse un negocio.

torcida f. Mecha de los velones, candiles, etc.

torcido, -da adj. Que no es recto. 2 fig. Que no obra con rectitud.

torcimiento m. Torcedura.

tórculo m. Prensa de tornillo.

tordo, -da adj.-s. Díc. de la caballería que tiene el pelo negro y blanco. - 2 m. Ave paseriforme de cuerpo grueso que se alimenta de insectos y frutos.

torear intr.-tr. Someter al toro a las diferentes faenas y suertes de que se compone el arte del toreo.

toreo m. Acción y arte de torear.

torero, -ra adj. Perten. o rel. al toreo. 2 fig. Airoso, altanero. - 3 m. f. Persona que por oficio o afición se dedica a torear. - 4 f. Chaquetilla que no pasa de la cintura.

toril m. Encierro para los toros de lidia.

torilio m. Planta umbelífera de flores blancas y frutos con espinas.

toriondo, -da adj. Díc. del ganado vacuno que está en celo, esp. la vaca.

tormenta f. Tempestad. 2 fig. Adversidad.

tormentilla f. Planta de rizoma rojizo, que se usa como astringente.

tormento m. Ac. y ef. de atormentar o atormentarse. 2 Dolor físico.

tormentoso, -sa adj. Que ocasiona o amenaza tormenta.

torna f. Acción de tornar o devolver. 2 Obstáculo puesto en una reguera para cambiar el curso del agua. ▷ *Volver las tornas,* corresponder una persona al proceder de otra; cambiar en sentido opuesto la marcha de un asunto.

tornado m. Huracán en el golfo de Guinea. 2 Manga intensa y violenta de gran diámetro, en cuyo eje central existe una fuerte corriente vertical ascendente.

tornapunta f. Puntal (madero).

tornar tr. Devolver. - 2 tr.-prnl. Mudar, convertir. - 3 intr. Regresar, volver.

tornasol m. Girasol. 2 Reflejo o viso de la luz en materias tersas.

tornasolado, -da adj. Que hace o tiene tornasoles.

tornavía f. En los ferrocarriles, aparato giratorio que sirve para cambiar de vía los coches y las locomotoras.

tornavoz m. Cosa que recoge y refleja el sonido.

torneadura f. Viruta sacada de lo que se tornea.

tornear tr. Labrar o redondear al torno.

torneo m. Combate a caballo. 2 Fiesta pública entre cuadrillas de caballeros. 3 p. ext. Certamen. 4 DEP. En diversos juegos o deportes, competición.

tornero, -ra m. f. Persona que tiene por oficio hacer obras al torno.

tornillo m. Cilindro con resalto helicoidal que entra en la tuerca. 2 Clavo con resalto helicoidal.

torniquete m. Palanca de la campanilla. 2 Instrumento quirúrgico para contener la hemorragia.

torniscón m. fam. Golpe dado con la mano. 2 fam. Pellizco retorcido.

torno m. Máquina que consiste en un cilindro que gira sobre su eje y lleva arrollada una cuerda. 2 Máquina para tornear. 3 Instrumento para sujetar. 4 Instrumento eléctrico que emplean los dentistas en la limpieza de los dientes. ▷ *En ~ a,* alrededor.

toro m. Mamífero rumiante bóvido, con la cabeza gruesa, armada de dos cuernos. - 2 m. pl. Fiesta o corrida de toros.

toronja f. Fruto del toronjo.

toronjina f. Planta labiada cuyas hojas y flores se usan como tónico y antiespasmódico.

toronjo m. Árbol rutáceo parecido al pomelo.

torpe adj. Que no tiene el movimiento libre o es tardo. 2 Que tiene dificultad para aprender o comprender las cosas o determinadas cosas.

torpedear tr. Atacar un navío lanzándole torpedos.

torpedero, -ra adj.-s. Díc. del buque de guerra destinado a lanzar torpedos.

torpedista m. Marinero que se encarga de las maniobras que se han de realizar con los torpedos.

torpedo m. Pez elasmobranquio rayiforme que produce una conmoción eléctrica a quien lo toca. 2 Máquina de guerra, explosiva, submarina, que se lanza contra un barco.

torpeza f. Calidad de torpe. 2 Dicho o dicho torpe.

torrar tr. Tostar.

torre f. Construcción cilíndrica o prismática, más alta que ancha, aislada, o que sobresale de un edificio. 2 Edificio de gran altura. 3 En el juego del ajedrez, pieza que, en número de dos por bando, se mueve paralelamente a los lados del tablero.

torrefacto, -ta adj. Que está tostado al fuego.

torrente m. Corriente de agua impetuosa.

torreón m. Torre grande para defensa.

torreta f. Prominencia blindada donde se colocan las armas de una fortaleza, barco de guerra, etc. 2 En telecomunicaciones, estructura elevada en la que se concentran los hilos de una red aérea.

torrezno m. Pedazo de tocino frito.

tórrido, -da adj. Muy ardiente.

torrija f. Rebanada de pan empapada en vino o leche, frita y endulzada.

torsiómetro m. Instrumento empleado en resistencia de materiales para medir la torsión de una barra metálica.

torsión f. Ac. y ef. de torcer o torcerse una cosa en forma helicoidal.

torso m. Tronco del cuerpo humano. 2 Estatua falta de cabeza, brazos y piernas.

torta f. Masa de harina, de figura redonda, cocida a fuego lento. 2 fig. Bofetada. 3 vulg. Borrachera. 4 vulg. Porrazo. ▷ *Ni* ~, absolutamente nada.

tortada f. Torta grande rellena de carne,

huevos, dulce, etc.

tortazo m. fig. fam. Bofetada.

tortícolis, torticolis f. Dolor de los músculos del cuello que obliga a tener éste torcido.

tortilla f. Fritada de huevo batido, en forma de torta. ▷ *Volverse la* ~, suceder lo contrario de lo habitual.

tórtola f. Ave de plumaje gris rojizo.

tortolear tr. Requebrar, adular.

tortolito, -ta adj. Atolondrado, sin experiencia.

tórtolo m. Macho de la tórtola. - 2 m. pl. Pareja de enamorados.

tortuga f. Reptil del orden de los quelonios, cuyo cuerpo está protegido por un caparazón de placas óseas.

tortuoso, -sa adj. Que tiene vueltas y rodeos. 2 fig. Solapado, cauteloso.

tortura f. Calidad de tuerto. 2 Acción de torturar o atormentar. 3 fig. Dolor.

torturar tr. Atormentar. 2 Someter a tortura.

torunda f. Pelota de algodón envuelta en gasa.

torva f. Remolino de lluvia o nieve.

torvisco m. Mata timeleácea de flores blanquecinas.

torvo, -va adj. Fiero y terrible.

torzal m. Cordoncillo de seda.

tos f. Espiración brusca y ruidosa del aire contenido en los pulmones.

tosca f. Sarro de los dientes.

tosco, -ca adj. Grosero, basto. - 2 adj.-s. fig. Inculto, sin enseñanza.

toser intr. Tener y padecer tos.

tosiguera f. Tos pertinaz.

tosquedad f. Calidad de tosco.

tostada f. Rebanada de pan tostado y generalmente untada de manteca, miel, etc. ▷ *Olerse la* ~, adivinar o descubrir algo oculto.

tostado, -da adj. De color subido y obscuro.

tostador, -ra adj.-s. Que tuesta. - 2 m. f. Instrumento o vasija para tostar.

tostar tr.-prnl. Secar una cosa a la lumbre sin quemarla hasta que tome color.

tostón m. Tostada empapada en aceite. 2 Cochinillo asado. 3 Trozo pequeño de pan frito. 4 fig. Lata, cosa fastidiosa.

total adj. General, universal. - 2 m. Suma. 3 Totalidad. - 4 adv. En resumen.

totalidad f. Calidad de total. 2 Todo, conjunto.

totalitario, -ria adj. Que incluye la totalidad. 2 Díc. del régimen político que concentra todo el poder en el Estado.

totalitarismo *m.* Doctrina o sistema político totalitarios.

totalizar *tr.* Determinar el total, sumar.

totalmente *adv. m.* Enteramente, del todo.

tótem *m.* Ser de quien cree descender la tribu. 2 Símbolo de un tótem.

totemismo *m.* Sistema de creencias basado en el tótem.

totovía *f.* Ave paseriforme de 15 cms. de longitud.

tournée *f.* Viaje de recreo. 2 Gira artística de un cantante, compañía, etc.

touroperador *m.* Empresa que comercializa viajes organizados.

toxemia *f.* Presencia de una substancia tóxica en la sangre.

toxicidad *f.* Calidad de tóxico.

tóxico, -ca *adj.-s.* Díc. de las substancia venenosa.

toxicología *f.* Parte de la medicina que trata de los venenos.

toxicomanía *f.* Hábito patológico de intoxicarse con substancias que procuran sensaciones agradables o que supriman el dolor.

toxicómano, -na *adj.-s.* Que padece toxicomanía.

toxina *f.* Substancia tóxica producida en los seres vivos.

toxoide *m.* Toxina que ha perdido su poder nocivo, aunque no la capacidad de actuar como antígeno.

tozo, -za *adj.* Enano o de baja estatura.

tozudo, -da *adj.* Obstinado, terco.

tozuelo *m.* Cerviz gruesa de un animal.

traba *f.* Ac. y ef. de trabar. 2 Lo que une y sujeta. 3 fig. Impedimento.

trabajador, -ra *adj.* Que trabaja. - 2 *m. f.* Jornalero, obrero.

trabajar *intr.* Aplicarse en la ejecución de una cosa o por conseguir algo. 2 Ocuparse en un oficio. - 3 *tr.* Someter una materia a una acción para darle forma.

trabajera *f.* fam. Trabajo molesto.

trabajo *m.* Acción de trabajar. 2 Esfuerzo humano aplicado a la producción de riquezas. 3 Aquello en lo que se trabaja y producto de esta actividad.

trabajoso, -sa *adj.* Que exige mucho trabajo. 2 Lleno de trabajos y penalidades.

trabalenguas *m.* Palabra o frase difícil

de pronunciar propuesta como juego.

trabanca *f.* Mesa formada por un tablero sobre dos caballetes.

trabar *tr.* Echar trabas. 2 Unir. 3 Prender, agarrar. 4 Espesar. 5 fig. Dar principio a una batalla, una conversación, etc.

trabazón *f.* Unión, enlace, conexión. 2 Espesor, consistencia.

trabilla *f.* Tira que sujeta el pantalón por debajo del zapato. 2 La que por la espalda ciñe a la cintura una prenda de vestir.

trabón *m.* Argolla de hierro, a la cual se atan por un pie los caballos.

trabucar *tr.-prnl.* Volver de arriba abajo. 2 Pronunciar o escribir una cosa por otra.

trabuco *m.* Arma de fuego más corta y de mayor calibre que la escopeta.

traca *f.* Serie de petardos colocados a lo largo de una cuerda y que estallan sucesivamente.

tracción *f.* Ac. y ef. de mover una cosa hacia el punto de donde procede el esfuerzo. 2 Ac. y ef. de arrastrar.

tracería *f.* Decoración arquitectónica formada por figuras geométricas.

tracoma *m.* MED. Conjuntivitis producida por un micrococo.

tracto *m.* Espacio que media entre dos lugares. 2 BIOL. Haz de fibras nerviosas que tienen el mismo origen y la misma terminación y cumplen la misma función fisiológica.

tractocarril *m.* Convoy de locomotora mixta, que puede andar sobre carriles o sin ellos.

tractor *m.* Máquina que produce tracción. 2 Vehículo automóvil cuyas ruedas o cadenas se adhieren al terreno.

tradición *f.* Transmisión oral de hechos históricos, costumbres, etc., de generación en generación. 2 Lo que se transmite así.

tradicional *adj.* Perten. o rel. a la tradición.

tradicionalismo *m.* Sistema político que consiste en mantener las instituciones antiguas. 2 Amor a las costumbres, ideas, normas, etc., del pasado.

tradicionalista *adj.-s.* Vinculado a las costumbres, ideas, etc., del pasado.

tradicionista *com.* Escritor o colector de tradiciones.

traducción *f.* Ac. y ef. de traducir. 2

Obra del traductor.

traducianismo *m.* Doctrina teológica según la cual las almas existían en germen en Adán y se perpetúan por vía de generación, como los cuerpos.

traducir *tr.* Expresar en una lengua lo que está expresado antes en otra.

traductor, -ra *adj.-s.* Que traduce.

traer *tr.* Transportar una cosa al lugar en donde se halla. 2 Atraer hacia sí. 3 Llevar puesta una cosa. 4 Causar, acarrear. ▷ ~ *a mal* ~, maltratar.

trafagar *intr.* Andar por varios países, correr mundo. 2 Andar con mucho ajetreo.

tráfago *m.* Conjunto de negocios o faenas que ocasiona fatiga. 2 Ajetreo.

trafallón, -llona *adj.* Que hace las cosas mal o las embrolla.

traficante *adj.-s.* Que trafica.

traficar *intr.* Comerciar, negociar. 2 Hacer negocios no lícitos.

tráfico *m.* Acción de traficar. 2 Circulación de vehículos. 3 p. ext. Movimiento o tránsito de personas, mercancías, etc.

tragacanto *m.* Arbusto papilionáceo de cuyo tronco fluye una goma muy usada en farmacia. 2 Esta goma.

tragaderas *f. pl.* Faringe. 2 fig. Facilidad para creer cualquier cosa.

tragaldabas *com.* fam. Persona muy tragona.

tragaleguas *com.* fam. Persona que anda mucho y deprisa.

tragaluz *m.* Claraboya.

tragaperras *f.* Máquina de juego que se pone en marcha automáticamente al introducirle una o varias monedas.

tragar *tr.-prnl.* Hacer que una cosa pase de la boca al esófago. 2 Comer mucho. 3 fig. Absorber. 4 Dar crédito. 5 Tolerar. ▷ ~ *quina,* soportar grandes sufrimientos. *No* ~ *a una persona* o *cosa,* sentir antipatía hacia ella.

tragasantos *com.* fam. desp. Persona beata que frecuenta mucho las iglesias.

tragavirotes *m.* fam. Hombre serio y erguido en demasía.

tragedia *f.* Obra dramática de acción grande y desenlace funesto. 2 fig. Suceso funesto, desgraciado.

trágico, -ca *adj.* Perten. o rel. a la tragedia.

tragicomedia *f.* Obra dramática que participa de lo trágico y de lo cómico.

trago *m.* Porción de líquido que se bebe de una vez.

tragón, -gona *adj.-s.* fam. Que come mucho.

traición *f.* Violación de la fidelidad debida. 2 DER. Delito cometido contra la patria por los ciudadanos, o contra la disciplina por los militares. ▷ *A* ~, con engaño o cautela

traicionar *tr.* Hacer traición. 2 fig. fam. Ser infiel un hombre a una mujer, o viceversa.

traidor, -ra *adj.-s.* Que comete traición.

tráiler *m.* ANGLIC. Avance de una película. 2 ANGLIC. Remolque de un camión.

traílla *f.* Cuerda con que los cazadores llevan atado el perro.

traína *f.* Red de fondo, esp. la de pescar sardina.

trainera *f.* Barca destinada a la pesca con traína.

traíña *f.* Red muy espesa que se cala rodeando un banco de sardinas para llevarlas así a la costa.

traje *m.* Vestido completo.

trajeado, -da *adj.* Arreglado en el vestir.

trajín *m.* Acción de trajinar.

trajinar *tr.* Acarrear mercaderías de un lugar a otro. - 2 *intr.* Moverse mucho.

tralla *f.* Cuerda muy gruesa. 2 Trencilla del extremo del látigo. 3 Látigo.

trama *f.* Conjunto de hilos que, cruzados con los de la urdimbre, forman una tela. 2 fig. Confabulación, maquinación. 3 Disposición interna, contextura, especialmente el enredo de una obra literaria.

tramar *tr.* Atravesar los hilos de la trama entre los de la urdimbre. 2 Disponer con habilidad. 3 Preparar un enredo o traición.

tramitar *tr.* Hacer pasar un negocio por los trámites debidos.

trámite *m.* Paso de una parte o cosa a otra. 2 Diligencia para un negocio.

tramo *m.* Trozo de terreno separado de los demás por una señal. 2 Parte de una escalera comprendida entre dos rellanos.

tramontana *f.* Norte, cierzo.

tramontar *intr.* Pasar al otro lado de los montes.

tramoya f. Maquinaria teatral.

trampa f. Artificio para cazar. 2 Infracción maliciosa de las reglas de un juego o de una competición. 3 Puerta abierta en el suelo. 4 fig. Ardid para burlar a alguno.

trampear intr. Arbitrar medios para hacer llevadera la penuria. - 2 tr. fam. Engañar.

trampero, -ra m. f. Persona que pone trampas para cazar.

trampilla f. Ventanilla en el suelo de una habitación.

trampolín m. Plano inclinado u horizontal en que toman impulso el gimnasta o el nadador para saltar.

tramposo, -sa adj.-s. Que hace trampas en el juego.

tranca f. Palo grueso y fuerte. 2 Palo con que se aseguran puertas y ventanas.

trance m. Momento crítico y decisivo. 2 Estado en que un médium manifiesta fenómenos paranormales.

tranco m. Paso largo. 2 Tramo.

tranquera f. Empalizada de trancas.

tranquero m. Piedra con que se forman las jambas y dinteles de puertas y ventanas.

tranquilidad f. Quietud, reposo.

tranquilizante adj. Que tranquiliza. - 2 adj.-s. Calmante, sedante.

tranquilizar tr.-prnl. Sosegar, hacer desaparecer la inquietud.

tranquilo, -la adj. No agitado. 2 Sin inquietud.

tranquilón, -lona adj.-s. Muy tranquilo, que no se preocupa por nada. - 2 m. Mezcla de trigo y centeno.

tranquillo m. fig. Hábito mediante el cual se hace una cosa con más destreza.

transacción f. Ac. y ef. de transigir. 2 p. ext. Trato, convenio, negocio.

transalpino, -na adj. De las regiones del otro lado de los Alpes.

transandino, -na adj. De las regiones del otro lado de los Andes.

transatlántico, -ca adj. De las regiones del otro lado del Atlántico. - 2 m. Barco de gran tamaño destinado al transporte de pasajeros en largas travesías.

transbordador, -ra adj. Que transborda. - 2 m. Barquilla suspendida en dos cables que marcha entre dos puntos. 3 Barco destinado a transbordar personas y vehículos.

transbordar tr. Trasladar de un barco a otro, y, por extensión, de un vehículo a otro o de una orilla de río a la otra.

transcribir tr. Copiar un escrito. 2 Escribir con unos caracteres lo que está escrito en otros. 3 Arreglar para un instrumento la música escrita para otro.

transculturación f. Influencia o difusión que ejerce una sociedad sobre otra de distinto desarrollo cultural.

transcurrir intr. Pasar el tiempo.

transcurso m. Ac. y ef. de transcurrir.

transepto m. Nave transversal de una iglesia que forma el brazo corto de una cruz latina.

transeúnte adj.-com. Que transita por un lugar. 2 Que está de paso.

transexual adj.-com. De sexo incierto, o tendente a sentirse del sexo opuesto.

transferencia f. Ac. y ef. de transferir. 2 Operación bancaria que consiste en imponer una cantidad para ser abonada en otra cuenta corriente.

transferir tr. Pasar a alguno o alguna cosa de un lugar a otro. 2 Pasar a otro el derecho sobre una cosa. 3 Remitir fondos bancarios de una cuenta a otra.

transfigurar tr.-prnl. Hacer cambiar de figura a una persona o cosa.

transfixión f. Acción de herir pasando de parte a parte.

transflor m. Pintura, generalmente verde, sobre metal.

transformación f. Ac. y ef. de transformar o transformarse. 2 DEP. En rugby, jugada en la que se patea el balón para que pase por encima de la barra transversal y entre los postes de la portería. 3 DEP. p. ext. En otros deportes de conjunto, jugada en la que se consigue un tanto en el lanzamiento de una falta. 4 LING. Operación que establece una relación sintáctica relevante entre dos frases de una misma lengua.

transformacional adj. LING. Perten. o rel. a las transformaciones de los elementos lingüísticos.

transformador, -ra adj. Que transforma. - 2 m. Aparato para transformar una corriente eléctrica.

transformar tr.-prnl. Hacer cambiar de forma. 2 Transmutar. 3 DEP. En rugby y otros deportes, hacer una transformación.

transformismo m. Doctrina biológica

según la cual las especies animales y vegetales se transforman en otras, por influencia del medio. 2 Arte del actor o actriz que hace cambios en sus trajes y en los tipos que representa.

tránsfuga *com.* Persona que pasa de un partido político a otro.

transfuguismo *m.* Tendencia a pasar de un partido político a otro.

transfundir *tr.* Hacer pasar un líquido de un recipiente a otro.

transfusión *f.* Ac. y ef. de transfundir. 2 ~ *de sangre,* operación para hacer pasar sangre de un individuo a otro.

transgredir *tr.* Violar, quebrantar una ley.

transgresión *f.* Ac. y ef. de transgredir.

transiberiano, -na *adj.* Que atraviesa la región soviética de Siberia.

transición *f.* Ac. y ef. de pasar de un estado a otro. 2 Cambio repentino de tono o expresión.

transido, -da *adj. fig.* Angustiado.

transigencia *f.* Condición del que transige.

transigir *intr.* Consentir con lo que repugna, a fin de llegar a una concordia.

transistor *m.* Dispositivo electrónico basado en el uso de semiconductores que se aplica como amplificador, convertidor, etc.

transitable *adj.* Díc. del sitio por donde se puede transitar.

transitar *intr.* Pasar por la vía pública.

transitivo, -va *adj.* Que pasa de uno a otro. 2 GRAM. *Verbo* ~, el que tiene complemento directo.

tránsito *m.* Acción de transitar. 2 Paso de un lugar o de un estado a otro.

transitorio, -ria *adj.* Pasajero. 2 Caduco, perecedero.

transliterar *tr.* Representar los signos de un sistema fonético o gráfico, mediante los signos de otro.

translúcido, -da *adj.* Que deja pasar la luz, pero no ver lo que hay detrás de él.

transmarino, -na *adj.* De las regiones del otro lado del mar.

transmediterráneo, -a *adj.* Que atraviesa el Mediterráneo.

transmigración *f.* Ac. y ef. de transmigrar.

transmigrar *intr.* Emigrar. 2 Según ciertas creencias, pasar un alma de un cuerpo a otro.

transmisión *f.* Ac. y ef. de transmitir. 2 Conjunto formado por las piezas que transmiten el movimiento del motor a las ruedas de un automóvil.

transmisor *adj.-s.* Que transmite. - 2 *m.* Aparato que sirve para transmitir las señales eléctricas, telegráficas o telefónicas.

transmitir *tr.* Hacer llegar a alguien algún mensaje. 2 Difundir. 3 Pasar a otro una enfermedad, un virus, etc.

transmudar *tr.-prnl.* Trasladar (mudar). 2 Transmutar.

transmutación *f.* Ac. y ef. de transmutar o transmutarse.

transmutar *tr.-prnl.* Convertir una cosa en otra.

transoceánico, -ca *adj.* Del otro lado del océano. 2 Que atraviesa un océano.

transparencia *f.* Calidad de transparente.

transparentarse *prnl.* Dejarse ver a través de un cuerpo transparente.

transparente *adj.* Díc. del cuerpo a través del cual pueden verse los objetos. 2 Translúcido. 3 fig. Que se deja adivinar. - 4 *m.* Cortina para templar la luz.

transpiración *f.* Ac. y ef. de transpirar.

transpirar *intr.-tr.* Emitir a través de la piel un líquido orgánico o exhalar una planta vapor de agua.

transpirenaico, -ca *adj.* De las regiones del otro lado de los Pirineos. 2 Que atraviesa los Pirineos.

transpolar *adj.* Que pasa por un polo terrestre o sus proximidades.

transpondedor *m.* Repetidor de radio que transmite automáticamente señales identificables cuando recibe una interrogación adecuada.

transponer *tr.-prnl.* Poner a una persona o cosa en lugar diferente. 2 Desaparecer alguna persona o cosa detrás de un objeto.

transportador *m.* Círculo graduado para medir o trazar ángulos. 2 Mecanismo para el transporte continuo de materiales.

transportar *tr.* Llevar una cosa de un lugar a otro. - 2 *prnl. fig.* Enajenarse de la razón o del sentido.

transporte *m.* Ac. y ef. de transportar o transportarse. - 2 *m. pl.* Conjunto de medios destinados al traslado de personas, mercancías, etc.

transposición *f.* Ac. y ef. de transponer o transponerse.

transubstanciación f. Conversión total de una substancia en otra, especialmente la del pan y del vino en cuerpo y sangre de Jesucristo en la Eucaristía.

transvasar tr. Trasegar (mudar).

transverberación f. Transfixión.

transversal adj. Que se halla atravesado de un lado a otro. 2 Que lleva una dirección que corta a otra determinada.

tranvía m. Ferrocarril en una calle o camino. 2 Coche de tranvía.

tranzón m. Parte en que se divide un monte o un pago de tierras.

trapáceo, -a adj.-f. Díc. de la planta dicotiledónea con hojas flotantes en roseta.

trapacería f. Trapaza.

trapacete m. Libro en que el comerciante o el banquero asienta las partidas.

trapajoso, -sa adj. Desaseado.

trápala f. Ruido y confusión de gente. 2 Embuste, engaño. - 3 com. fig. Persona parlanchina o embustera.

trapatiesta f. fig. Riña, alboroto.

trapaza f. Engaño, fraude.

trapecio m. Palo horizontal suspendido en sus extremos por dos cuerdas paralelas. 2 Cuadrilátero que sólo tiene dos lados paralelos. 3 ANAT. Músculo plano y triangular situado en la parte posterior del cuello.

trapecista com. Persona que efectúa ejercicios gimnásticos en el trapecio.

trapense adj.-m. Religioso de la Trapa, orden de cistercienses reformados, fundada en 1662.

trapero, -ra m. f. Persona que por oficio compra y vende trapos y objetos usados.

trapezoedro m. Forma cerrada constituida por seis, ocho, doce o veinticuatro caras dispuestas en dos mitades.

trapezoide m. Cuadrilátero que no tiene ningún lado paralelo a otro.

trapiche m. Molino para extraer el jugo de algunos frutos de la tierra, especialmente la caña de azúcar.

trapichear intr. Buscar recursos para lograr algún fin. 2 Comerciar al por menor.

trapío m. fig. Aire garboso de algunas mujeres. 2 fig. Buena planta del toro.

trapisonda f. Bulla o riña ruidosa. 2

Embrollo, enredo.

trapitos m. pl. fam. Trapos, prendas de vestir.

trapo m. Pedazo de tela viejo y roto. 2 Paño usado para limpiar. 3 Velamen. 4 Tela de la muleta del espada. - 5 m. pl. Prendas de vestir, especialmente de la mujer. ▷ A todo ~, muy aprisa. Poner como un ~, hablar mal de alguien.

traque m. Estallido del cohete.

tráquea f. Conducto respiratorio situado delante del esófago.

traqueal adj. Perten. o rel. a la tráquea.

traquear intr. Traquetear.

traqueotomía f. CIR. Abertura que se hace en la tráquea para evitar la asfixia.

traquetear intr. Hacer ruido. - 2 tr. Agitar una cosa de una parte a otra.

traquido m. Estruendo causado por disparo de un arma de fuego. 2 Chasquido de la madera.

tras prep. Después de. 2 Además. 3 fig. En busca, en seguimiento de. 4 Detrás de.

trasbarrás m. Ruido que produce una cosa al caer.

trasca f. Correa fuerte de piel de toro.

trascacho m. Paraje resguardado del viento.

trascendencia f. Consecuencia de índole grave e importante.

trascendental adj. De gran importancia o gravedad.

trascender intr. Exhalar olor vivo. 2 Empezar a ser conocido lo que estaba oculto. 3 Hacer sentir sus efectos, tener consecuencias. - 4 tr. Penetrar, averiguar.

trascodificar tr. Cambiar de código.

trascolar tr.-prnl. Colar a través de alguna cosa.

trasconejarse prnl. Quedarse la caza detrás de los perros que la persiguen.

trascordarse prnl. Olvidar una cosa o confundirla con otra.

trascoro m. Parte de las iglesias situada detrás del coro.

trasdós m. ARQ. Superficie exterior de un arco o bóveda.

trasegar tr. Trastornar. 2 Mudar de vasija un líquido. 3 fig. Beber mucho.

traseñalar tr. Poner a una cosa distinta señal de la que tenía.

trasera f. Parte de atrás de un coche, una casa, etc.

trasero, -ra adj. Que está detrás. - 2 m.

Parte posterior del animal. 3 Culo.

trasfondo *m.* Lo que está más allá del fondo visible, o detrás de la apariencia.

trasgo *m.* Duende.

trashoguero *m.* Losa o plancha que está detrás del hogar.

trashumante *adj.* Que trashuma.

trashumar *intr.* Pasar el ganado desde las dehesas del invierno a las de verano y viceversa.

traslación *f.* Ac. y ef. de trasladar o trasladarse.

trasladar *tr.-prnl.* Mudar de lugar o tiempo. - 2 *tr.* Hacer pasar a una persona de un puesto a otro de la misma categoría.

traslado *m.* Ac. y ef. de trasladar.

traslapar *tr.* Cubrir total o parcialmente una cosa a otra.

traslaticio, -cia *adj.* Díc. del sentido de un vocablo que expresa un significado distinto al de su acepción corriente.

traslucirse *prnl.* Ser translúcido un cuerpo. - 2 *prnl.-tr.* fig. Conjeturarse una cosa.

traslumbrar *tr.* Deslumbrar a uno una luz viva y repentina.

trasluz *m.* Luz que pasa a través de un cuerpo translúcido. 2 Luz reflejada de soslayo por un cuerpo.

trasmallo *m.* Arte de pesca formado por tres redes.

trasmano (a ~) *loc. adv.* Fuera del alcance de la mano. 2 fig. Fuera de lo corriente y frecuentado.

trasmañanar *tr.* Diferir una cosa de un día para otro.

trasminar *tr.* Minar la tierra abriendo camino. 2 *tr.-prnl.* fig. Penetrar a través de alguna cosa un olor, un líquido, etc.

trasmochar *tr.* Podar los árboles excesivamente.

trasmocho, -cha *adj.-m.* Árbol cortado a cierta altura de su tronco para que produzca brotes.

trasmundo *m.* La otra vida. 2 fig. Mundo fantástico o de ensueño.

trasnochado, -da *adj.* fig. Macilento. 2 fig. Falto de novedad.

trasnochar *intr.* Pasar la noche o gran parte de ella velando o sin dormir.

trasnominación *f.* Metonimia.

trasojado, -da *adj.* Ojeroso, macilento.

trasoñar *tr.* Imaginar equivocadamente o como un ensueño alguna cosa.

traspalar, -lear *tr.* Trasladar con la pala.

traspapelar *tr.-prnl.* Confundirse, desaparecer un papel entre otros. - 2 *prnl.* p. ext. Perderse o figurar en sitio equivocado.

traspasar *tr.* Pasar a la otra parte. 2 p. ext. Pasar una cosa de un sitio a otro. 3 Atravesar. 4 Transferir.

traspaso *m.* Ac. y ef. de traspasar. 2 Conjunto de géneros traspasados. 3 Precio de la cesión de estos géneros o de un local comercial o industrial.

traspié *m.* Resbalón. 2 fig. Error.

traspillar *prnl.* Desfallecer, extenuarse.

traspintarse *prnl.* Clarearse por el revés lo escrito o dibujado por el derecho.

trasplantador *m.* Instrumento que se emplea para trasplantar.

trasplantar *tr.* Trasladar plantas de un terreno a otro. 2 CIR. Injertar un órgano.

trasplante *m.* Ac. y ef. de trasplantar.

traspunte *m.* Apuntador que previene a cada actor cuando ha de salir a escena.

traspuntín *m.* Colchoncillo atravesado debajo de los colchones de la cama. 2 En algunos coches, asiento fácil de plegar.

trasquilar *tr.* Cortar el pelo sin orden ni arte. 2 fig. fam. Menoscabar una cosa.

trasquilimocho, -cha *adj.* fam. Trasquilado a raíz.

trastabillar *intr.* Dar traspiés.

trastada *f.* fam. Mala pasada.

trastazo *m.* fam. Porrazo.

traste *m.* Resalto colocado a trechos en el mástil de la guitarra u otros instrumentos.

trastear *intr.* Revolver o mudar trastos. 2 fig. Discurrir con travesura. - 3 *tr.* Dar al toro pases de muleta.

trastero *m.* Pieza destinada a guardar trastos inútiles.

trastienda *f.* Aposento situado detrás de la tienda. 2 fig. Cautela, astucia.

trasto *m.* desp. Mueble o utensilio doméstico, esp. si es inútil. 2 fig. Persona inútil o informal. - 3 *m. pl.* Utensilios de un arte.

trastocar *tr.* Cambiar de sitio, desordenar las cosas. - 2 *prnl.* Trastornarse, perturbarse la razón.

trastornar *tr.* Volver una cosa de abajo

arriba. 2 Invertir el orden regular de una cosa. 3 fig. Causar disturbios. - 4 *tr.-prnl.* Perturbar el sentido.

trastorno *m.* Ac. y ef. de trastornar o trastornarse. 2 Alteración leve de la salud.

trastrocar *tr.-prnl.* Mudar el ser o estado de una cosa.

trastumbar *tr.* Dejar caer o echar a rodar una cosa.

trasudar *intr.* Exhalar trasudor.

trasudor *m.* Sudor tenue.

trasunto *m.* Figura que imita con propiedad una cosa.

trasver *tr.* Ver una cosa a través de otra. 2 Ver mal y equivocadamente.

trasverter *intr.* Rebosar un líquido.

trasvinar *tr.-prnl.* Rezumarse el vino de las vasijas.

trasvolar *tr.* Pasar volando de un extremo a otro.

trata *f.* Tráfico de negros esclavos. 2 *~ de blancas,* tráfico de mujeres de cualquier raza para forzar su prostitución.

tratable *adj.* Que se puede o deja tratar. 2 Cortés, accesible.

tratadista *com.* Autor que escribe tratados.

tratadística *f.* Conjunto de tratados referentes a una disciplina o a una época determinada.

tratado *m.* Ajuste, convenio entre naciones. 2 Escrito sobre una materia.

tratamiento *m.* Trato. 2 Título de cortesía. 3 Sistema de curación. 4 Modo de trabajar ciertas materias.

tratante *m.* El que se dedica a comprar géneros para revenderlos.

tratar *tr.* Manejar una cosa. - 2 *tr.-intr.- prnl.* Relacionarse con alguien. - 3 *tr.* Conducirse de cierto modo con uno. 4 Dar tratamiento, aplicar un calificativo. 5 Discurrir o disputar sobre un asunto. 6 Someter a tratamiento. - 7 *intr.* Procurar.

trato *m.* Ac. y ef. de tratar o tratarse. 2 Manera de tratar a alguna persona. ▷ *~ de gentes,* experiencia y habilidad en la vida social.

trauma *m.* Traumatismo.

traumatismo *m.* MED. Lesión de los tejidos por agentes mecánicos. 2 Perturbación psíquica por un choque emocional.

traumatología *f.* Parte de la medicina referente a los traumatismos y sus efectos.

travelín *m.* CINEM. Desplazamiento de una cámara montada sobre ruedas con el fin de acercarla al objeto, alejarla de él o seguirle en sus movimientos.

través *m.* Inclinación o torcimiento. 2 fig. Desgracia, fatalidad. ▷ *A ~ de,* por intermedio de, por conducto de. *Al ~,* por entre.

travesaño *m.* ARQ. Pieza que atraviesa. 2 Almohada larga. 3 DEP. En el fútbol, larguero horizontal de la portería.

travesear *intr.* Andar inquieto y revoltoso. 2 fig. Discurrir con ingenio y viveza.

travesía *f.* Camino o calle transversal. 2 Distancia entre dos puntos de tierra o de mar. 3 Viaje por mar.

travestí, travesti *com.* Travestido.

travestido, -da *adj.* Disfrazado. - 2 *adj.-s.* Que pertenece a un sexo y actúa como si fuese del otro.

travestir *tr.-prnl.* Poner a una persona un disfraz propio de otra del sexo contrario.

travestismo *m.* Orientación sexual consistente en buscar el placer vistiéndose con ropas del sexo contrario.

travesura *f.* Ac. y ef. de travesear. 2 Acción maligna o ingeniosa y de poca importancia, hecha por niños.

traviesa *f.* Madero sobre el que se asientan los rieles del ferrocarril.

travieso, -sa *adj.* Puesto de través. 2 fig. Sutil, sagaz. 3 fig. Inquieto y revoltoso.

trayecto *m.* Espacio que se recorre de un punto a otro. 2 Acción de recorrerlo.

trayectoria *f.* Línea descrita en el espacio por un punto que se mueve. 2 fig. Curso que sigue el comportamiento de una persona o de un grupo social.

traza *f.* Planta o diseño de una obra. 2 fig. Plan para realizar un fin.

trazado, -da *adj.* De buena o mala disposición o compostura de cuerpo. - 2 *m.* Recorrido de un camino, canal, etc.

trazar *tr.* Hacer trazos. 2 Dibujar las líneas de una figura.

trazo *m.* Delineación. 2 Línea, raya.

trébedes *f. pl.* Aro o triángulo de hierro con tres pies, para poner vasijas al fuego.

trebejo *m.* Instrumento, utensilio. 2

Pieza del juego del ajedrez.

trébol *f.* Planta leguminosa, de hojas unidas de tres en tres, que se usa como forraje.

trece *adj.* Diez y tres. ▷ *Seguir en sus ~,* mantener algo con obstinación.

treceavo, -va *adj.* Parte que, junto a otras doce iguales, constituye un todo.

trecho *m.* Espacio, distancia.

trefilar *tr.* Transformar en hilo o alambre un metal.

tregua *f.* Cesación temporal de hostilidades. 2 fig. Interrupción, descanso.

treinta *adj.* Tres veces diez.

treintaidosavo, -va *adj.* Parte que, junto a otras treinta y una iguales, constituye un todo.

treintañal *adj.* Que es de treinta años o los tiene.

treintena *f.* Conjunto de treinta unidades.

trematodo, -da *adj.-m.* Díc. del gusano platelminto de cuerpo no segmentado.

tremebundo, -da *adj.* Espantoso, que hace temblar.

tremedal *m.* Terreno pantanoso, abundante en turba y cubierto de césped.

tremendismo *m.* Corriente estética desarrollada en España durante el s. XX, caracterizada por un realismo exagerado.

tremendo, -da *adj.* Terrible, formidable. 2 Muy grande.

trementina *f.* Resina que exudan los pinos, abetos, alerces y otros árboles.

tremolar *tr.* Enarbolar los pendones, banderas, etc., batiéndolos en el aire.

tremolina *f.* Movimiento ruidoso del aire.

trémulo, -la *adj.* Tembloroso.

tren *m.* Conjunto de utensilios empleados para una misma operación. 2 Serie de vagones tirados por una locomotora. 3 fig. Modo de vivir con mayor o menor lujo. ▷ *A todo ~,* a mucha velocidad.

trena *f.* fam. Cárcel.

trenca *f.* Palo que atraviesa la colmena. 2 Raíz principal de una cepa. 3 Abrigo corto, con capucha y de tejido impermeable.

trencilla *f.* Galoncillo de seda, algodón o lana.

treno *m.* Canto fúnebre, lamentación.

trenza *f.* Enlace de tres o más ramales

entretejidos.

trenzado *m.* Trenza. 2 En la danza, salto ligero, cruzando los pies.

trenzar *tr.* Hacer trenzas.

trepa *f.* Ac. y ef. de trepar. 2 Astucia, engaño. 3 Paliza. - 4 *com.* Arribista.

trepador, -ra *adj.* Que trepa. - 2 *adj.-f.* Díc. de la ave que trepa por los árboles sin usar la cola como soporte.

trepanar *tr.* CIR. Horadar el cráneo.

trépano *m.* CIR. Instrumento para horadar el cráneo.

trepar *intr.-tr.* Subir a un lugar ayundándose de los pies y las manos. - 2 *intr.* Crecer las plantas agarrándose a los árboles u otros objetos.

treparriscos *m.* Ave paseriforme insectívora de pico largo y curvado.

trepidar *intr.* Temblar, estremecerse.

tres *adj.* Dos y uno.

tresañal, tresañejo, -ja *adj.* Que tiene tres años.

trescientos, -tas *adj.* Tres veces ciento.

tresdoblar *tr.* Triplicar.

tresillo *m.* Juego de naipes entre tres personas, cada una de las cuales recibe nueve cartas. 2 MÚS. Conjunto de tres notas de igual valor que se ejecutan en el tiempo correspondiente a dos. 3 Conjunto de un sofá y dos butacas.

tresnal *m.* Conjunto de haces de mies apilados en forma de pirámide.

treta *f.* Ardid, artimaña.

triácido *m.* Cuerpo químico dotado de tres funciones ácidas.

tríada *f.* Grupo de tres.

trial *m.* Carrera de habilidad de motocicletas en terreno variado, fuera de carreteras y caminos.

triangular *adj.* De figura de triángulo.

triángulo, -la *adj.* Triangular. - 2 *m.* Figura formada por tres líneas que se cortan mutuamente. 3 fig. Unión amorosa o emocional entre tres personas. 4 Instrumento músico de percusión, formado por una varilla metálica, doblada en forma triangular.

triásico, -ca *adj.-m.* Díc. del primer período de la era secundaria.

triatómico, -ca *adj.* Que tiene tres átomos en cada molécula.

tribásico, -ca *adj.* Que tiene tres funciones básicas.

triboelectricidad *f.* Electricidad que aparece por frotamiento entre dos cuerpos.

tribu f. Agrupación en que se dividían algunos pueblos antiguos. 2 Conjunto de familias nómadas que obedecen a un jefe.

tribulación f. Preocupación, pena, disgusto. 2 Adversidad.

tribuna f. Plataforma elevada donde se lee. 2 Galería destinada a los espectadores. 3 Balcón en el interior de una iglesia.

tribunal m. Lugar donde se administra justicia. 2 Ministro o ministros que administran justicia. 3 Jueces de un examen.

tribuno m. Antiguo magistrado elegido por el pueblo romano.

tributar tr. Pagar tributo. 2 fig. Dar muestras de veneración y gratitud.

tributo m. Lo que se tributa. 2 Carga u obligación de tributar. 3 fig. Carga continua.

tricéfalo, -la adj. Que tiene tres cabezas.

tricenal adj. Que se repite cada treinta años. 2 Que dura treinta años.

tricentenario m. Tiempo de trescientos años. 2 Fecha en que se cumplen trescientos años de algún suceso famoso.

tricentésimo, -ma adj.-s. Parte que, junto con otras doscientas noventa y nueve iguales, constituye un todo. - 2 adj. Que ocupa el último lugar en una serie ordenada de trescientos.

tríceps m. ANAT. Músculo que tiene tres porciones o cabezas.

triciclo m. Vehículo de tres ruedas.

tricípite adj. Que tiene tres cabezas.

triclínico, -ca adj. Díc. del sistema cristalino de forma holoédrica con el centro como elemento de simetría.

triclinio m. Lecho en que los griegos y romanos se reclinaban para comer.

tricloruro m. QUÍM. Cloruro que contiene tres átomos de cloro por uno de otro elemento.

tricolor adj. De tres colores.

tricóptero, -ra adj.-m. Díc. del insecto pterigota con las alas cubiertas de escamas y aspecto similar a las mariposas.

tricornio m. Sombrero de tres picos, especialmente el de la Guardia Civil.

tricot m. GALIC. Género de punto.

tricotar intr. Tejer, hacer punto a mano o con máquina tejedora.

tricotomía f. División en tres.

tricotosa f. Máquina para hacer tejido de punto.

tricromía f. Impresión tipográfica en tres tintas diferentes.

tricúspide adj.-f. De tres cúspides.

tridáctilo, -la adj. Que tiene tres dedos.

tridente adj. De tres dientes.

tridimensional adj. Que tiene tres dimensiones.

triduo m. Ejercicio devoto de tres días.

trienio m. Período de tres años. 2 Incremento económico de un sueldo correspondiente a cada años de servicio activo.

trifásico, -ca adj. De tres fases.

trifloro, -ra adj. Que tiene tres flores.

trifoliado, -da adj. Que tiene tres hojas.

trifulca f. fig. Disputa, pelea.

trigal m. Terreno sembrado de trigo.

trigémino, -na adj. Que ha nacido junto con otros dos.

trigésimo, -ma adj.-s. Parte que, junto con otras veintinueve iguales, constituye un todo. - 2 adj. Que ocupa el último lugar en una serie ordenada de treinta.

tríglifo, triglifo m. ARQ. Miembro arquitectónico que decora el friso.

trigo m. Planta gramínea, de cuyos granos se saca la harina con que se hace el pan. 2 Grano de esta planta. ▷ *No ser ~ limpio*, no ser digno de confianza.

trigonometría f. Parte de las matemáticas que trata de la resolución de los triángulos por medio del cálculo.

trigueño, -ña adj.-m. Color del trigo, entre moreno y rubio. - 2 adj. De color trigueño.

triguero, -ra adj. Perten. o rel. al trigo.

trilátero, -ra adj. De tres lados.

trilingüe adj. Que habla tres lenguas. 2 Escrito en tres lenguas.

trilita f. Trinitrotolueno.

trilítero, -ra adj. De tres letras.

trilito m. Dolmen de dos piedras verticales que sostienen una tercera horizontal.

trilobites m. Crustáceo marino fósil perteneciente a la era primaria, con el cuerpo aplanado y dividido en tres lóbulos.

trilobulado, -da *adj.* Que tiene tres lóbulos.

trilogía *f.* Conjunto de tres obras literarias que tienen cierto enlace.

trilla *f.* Acción y tiempo de trillar.

trillado, -da *adj.* Díc. del camino muy frecuentado. 2 *fig.* Común y sabido.

trilladora *f.* Máquina agrícola para trillar.

trillar *tr.* Quebrantar la mies y separar el grano de la paja.

trillizo, -za *adj.-s.* Nacido de un parto de tres.

trillo *m.* Instrumento para trillar; consiste en un tablón armado con cuchillas.

trillón *m.* Un millón de billones.

trimembre *adj.* De tres miembros.

trimensual *adj.* Que sucede o se repite tres veces al mes.

trimestral *adj.* Que se repite cada tres meses. 2 Que dura tres meses.

trimestre *m.* Espacio de tres meses.

trimotor *adj.-s.* Díc. del avión propulsado por tres motores.

trinar *intr.* MÚS. Hacer trinos. 2 Gorjear.

trinca *f.* Junta de tres cosas de igual clase. 2 MAR. Cabo para trincar una cosa.

trincar *tr.* Partir. 2 Sujetar, agarrar.

trincha *f.* Ajustador de ciertas prendas para ceñirlas al cuerpo.

trinchar *tr.* Partir en trozos la vianda.

trinchera *f.* Excavación estrecha y larga donde se resguardan los soldados. 2 Desmonte con taludes por ambos lados. 3 Prenda de vestir impermeable.

trinchero *m.* Mueble de comedor sobre el que se trinchan los manjares.

trineo *m.* Vehículo sin ruedas que se desliza sobre el hielo.

trinidad *f.* Ministerio de la fe católica, según el cual Dios es uno y trino.

trinitaria *f.* Planta violácea de jardín.

trinitario, -ria *adj.-s.* Religioso de la orden de la Trinidad.

trinitrotolueno *m.* Derivado del tolueno que constituye la tolita, explosivo muy potente.

trino, -na *adj.* Que contiene en sí tres cosas. - 2 *m.* Gorjeo de los pájaros.

trinomio *m.* Expresión algebraica que consta de tres términos.

trinquete *m.* MAR. Palo inmediato a la proa. 2 Verga mayor y vela de este palo. 3 *fam.* Persona muy alta. 4 Garfio que impide el retroceso de una rueda dentada.

trinquis *m.* Trago de vino o licor.

trío *m.* Conjunto de tres personas o cosas. 2 MÚS. Terceto.

trióxido *m.* QUÍM. Cuerpo resultante de la combinación de un radical con tres átomos de oxígeno.

tripa *f.* Intestino. - 2 *f. pl.* Lo interior de ciertas cosas. ▷ *Hacer de tripas corazón,* disimular o sobreponerse a un sentimiento.

tripanosoma *m.* Parásito del hombre y de los mamíferos.

tripartito, -ta *adj.* Dividido en tres partes, órdenes o clases.

triplano *m.* Aeroplano cuyas alas están formadas por tres planos superpuestos.

triple *m.* Díc. del número que contiene a otro tres veces con exactitud. 2 DEP. En el juego del baloncesto, enceste que vale tres puntos.

triplicado *m.* Tercera copia de un escrito.

triplicar *tr.-prnl.* Multiplicar por tres.

trípode *m.* Armazón de tres pies para sostener ciertos instrumentos.

tríptico *m.* Pintura, grabado, etc., dividido en tres hojas. 2 Conjunto de tres elementos.

triptongo *m.* Conjunto de tres vocales que forman una sola sílaba.

tripudo, -da *adj.-s.* Que tiene tripa muy grande.

tripulación *f.* Conjunto de las personas dedicadas a la maniobra y servicio de una embarcación o vehículo aéreo.

tripulante *adj.-s.* Díc. de la persona que forma parte de una tripulación.

tripular *tr.* Dotar de tripulación. 2 Formar parte de la tripulación. 3 Conducir una nave o un avión.

triquina *f.* Gusano que vive enquistado en la carne del cerdo.

triquiñuela *f. fig.* Rodeo, efugio.

triquitraque *m.* Ruido como de golpes seguidos. 2 Rollo de papel con pólvora que produce una serie de detonaciones.

tris *m.* Leve sonido de una cosa delicada al quebrarse. 2 Expresión con que produce este sonido. 3 *fig.* Poca cosa.

trisar *intr.* Cantar las golondrinas.

triscar *intr.* Hacer ruido con los pies. 2 *fig.* Retozar, travesear.

trisemanal *adj.* Que se repite tres veces por semana o cada tres semanas.

trisépalo, -la *adj.* BOT. Que tiene tres sépalos.

trisílabo, -ba *adj.-m.* De tres sílabas.

triste *adj.* Afligido, melancólico. 2 Doloroso, enojoso. 3 Insignificante, mísero.

tristeza *f.* Calidad de triste.

tritón *m.* Anfibio parecido a la salamandra, con una cresta en el lomo.

trituradora *f.* Aparato que se emplea para triturar minerales, rocas, etc.

triturar *tr.* Moler. 2 Mascar.

triunfal *adj.* Perten. o rel. al triunfo.

triunfalismo *m.* Actitud u opinión con exageración halagüeña que un individuo o una sociedad tienen de sí mismos. 2 Manifestación pomposa de ello.

triunfar *intr.* Vencer; tener éxito.

triunfo *intr.* En la antigua Roma, honores que se concedían al vencedor. 2 Victoria. 3 fig. Lo que sirve de trofeo.

triunvirato *m.* Magistratura de la antigua Roma en que intervenían tres personas.

trivalente *adj.* Que tiene tres valores.

trivalvo, -va *adj.* Díc. del molusco que tiene tres valvas.

trivial *adj.* fig. Vulgar, sabido de todos. 2 fig. Sin importancia o novedad.

trivializar *tr.* Quitar importancia.

trivio *m.* Antiguamente, conjunto de las tres artes liberales: gramática, retórica y dialéctica.

triza *f.* Pedazo pequeño de un cuerpo.

trocaico, -ca *adj.* Perten. o rel. al troqueo.

trocánter *m.* Prominencia en la extremidad superior del fémur para inserción de los músculos. 2 Artejo de las patas de los insectos, entre la coxa y el fémur.

trocar *tr.* Cambiar. 2 Equivocar.

trocatinta *f.* fam. Trueque o cambio equivocado o confuso.

trocear *tr.* Dividir en trozos.

trocha *f.* Vereda angosta. 2 Camino abierto en la maleza.

trochemoche (a ∼) *loc. adv.* fam. De modo inconsiderado.

trofeo *m.* Señal de una victoria. 2 Despojo del enemigo.

troglodita *adj.-com.* Díc. del hombre que habita en cavernas.

troica *f.* Especie de trineo ruso muy grande, tirado por tres caballos enganchados de frente.

troj, troje *f.* Granero limitado por tabiques.

trola *f.* Engaño, mentira.

trole *m.* Pértiga de hierro para transmitir a los tranvías eléctricos la corriente.

trolebús *m.* Vehículo urbano de tracción eléctrica, sin raíles.

tromba *f.* Manga.

trombina *f.* Elemento de la sangre que interviene en el mecanismo de coagulación durante las hemorragias.

trombo *m.* Coágulo de sangre, formado en los vasos o en el corazón.

trombocito *m.* Célula pequeñísima que contribuye a la coagulación de la sangre cuando ésta se extravasa.

trombón *m.* Instrumento músico de viento y metal, de tubo cilíndrico y varas correderas.

trombosis *f.* Formación de un coágulo en los vasos, que produce la obstrucción de los mismos.

trompa *f.* Instrumento músico de viento y metal, de tubo cónico arrollado sobre sí mismo y con una ancho pabellón al final. 2 Prolongación muscular de la nariz del elefante y el tapir. 3 Aparato chupador de algunos insectos. 4 Peón hueco, de metal, que suena al girar. 5 fig. fam. Borrachera.

trompada *f.* Puñetazo. 2 Encontrón.

trompazo *m.* Golpe recio.

trompeta *f.* Instrumento músico de viento y metal, compuesto de un tubo cilíndrico acabado en un pabellón. - 2 *com.* Músico que toca la trompeta.

trompetilla *f.* Aparatito que empleaban los sordos para oír.

trompicar *intr.* Tropezar repetidamente.

trompicón *m.* Tropiezo. 2 Porrazo. ▷ *A trompicones,* con dificultades.

trompo *m.* Peón. 2 Peonza.

tronado, -da *adj.* Deteriorado por defecto del uso. 2 vulg. Loco.

tronar *impers.* Sonar truenos. - 2 *intr.* Causar estampido. 3 p. ext. Hablar o escribir violentamente contra algo o alguno.

tronco *m.* GEOM. Cuerpo truncado. 2 Tallo de los árboles y arbustos. 3 Cuerpo del hombre o del animal, prescindiendo de la cabeza y las extremidades. 4 Ascendiente común de dos o más ramas, líneas o familias. 5 vulg.

Amigo, compañero.

tronchar tr.-prnl. Romper con violencia el tronco, tallo o ramas de un vegetal. - 2 prnl. *Troncharse de risa,* reír muy a gusto.

troncho m. Tallo de las hortalizas.

tronchudo, -da adj. De troncho grueso o largo.

tronera f. Abertura para disparar los cañones. 2 Ventana angosta. 3 Agujero de la mesa del billar. - 4 com. Persona de poco juicio.

tronido m. Estampido del trueno.

trono m. Asiento regio con gradas y dosel. 2 Lugar en que se coloca la efigie de un santo. 3 fig. Dignidad del rey.

tronzado m. Operación consistente en cortar en trozos maderos, barras, tubos metálicos, etc.

tronzar tr. Dividir, hacer trozos.

tropa f. Turba. 2 Gente militar. 3 Conjunto de soldados, cabos y sargentos.

tropel m. Movimiento acelerado, ruidoso y desordenado de personas o cosas.

tropelía f. Hecho ilegal. 2 Vejación.

tropezar intr. Dar con los pies en un estorbo. 2 Encontrar un estorbo. 3 fig. Hallar una persona a otra.

tropezón m. Tropiezo. 2 fig. fam. Pedazo pequeño de jamón o vianda que se mezcla con las sopas o las legumbres.

tropical adj. Perten. o rel. a los trópicos.

tropicalización f. Dar el carácter propio de lo tropical.

trópico m. Círculo imaginario menor de las esferas celeste y terrestre, paralelo al ecuador.

tropiezo m. Ac. y ef. de tropezar. 2 Aquello en que se tropieza. 3 fig. Falta. 4 fig. Dificultad. 5 fig. Riña.

tropismo m. Tendencia de un organismo a reaccionar de una manera definida a los estímulos exteriores.

tropo m. RET. Figura que consiste en modificar el sentido propio de una palabra para emplearla en sentido figurado.

tropopausa f. Zona de altitud variable comprendida entre la troposfera y la estratosfera.

troposfera f. Región de la atmósfera en contacto con la superficie de la Tierra.

troquel m. Molde empleado para acuñar monedas, medallas, etc.

troquelar tr. Acuñar. 2 Recortar con troquel.

troqueo m. Pie de la versificación clásica, una sílaba larga seguida de una breve. 2 Pie de la poesía española, una sílaba tónica seguida de otra átona.

trotaconventos f. Alcahueta.

trotamundos com. Persona aficionada a viajar y recorrer países.

trotar intr. Ir el caballo al trote. 2 fig. Andar mucho y de prisa.

trote m. Modo de caminar de las caballerías moviendo a un tiempo pie y mano opuestos. 2 fig. Faena apresurada. ▷ *Al ~,* con celeridad, sin sosiego.

trotón, -tona adj. Díc. de la caballería que acostumbra a andar al trote.

troupe f. Compañía ambulante de artistas de circo o de teatro.

trova f. Verso. 2 Canción compuesta por los trovadores.

trovador, -ra m. f. Poeta, poetisa. - 2 m. Poeta provenzal de la Edad Media.

trovar intr. Hacer versos. 2 Componer trovas.

trovero, -ra m. Trovador francés en lengua de oíl. - 2 m. f. Persona que improvisa y canta trovos. 3 Poeta popular, generalmente repentizador.

trovo m. Composición métrica popular, generalmente de asunto amoroso.

troza f. Tronco serrado por los extremos para sacar tablas.

trozo m. Pedazo de una cosa.

trucaje m. Ac. y ef. de trucar. 2 CINEM. Técnica de manipular imágenes filmadas para obtener efectos especiales.

trucar intr. Hacer el primer envite en el juego de este nombre y en el de billar. - 2 tr. Disponer o preparar algo con ardides.

truco m. Ardid que se utiliza para el logro de un fin. 2 Artificio para producir determinados efectos en el ilusionismo, en la fotografía, en la cinematografía, etc.

truculento, -ta adj. Cruel, atroz.

trucha f. Pez teleósteo de agua dulce, de carne muy sabrosa.

truchimán, -mana m. f. Persona astuta y poco escrupulosa.

trueno m. Ruido que sigue al rayo por la expansión del aire al paso de la descarga eléctrica. 2 Estampido del tiro.

trueque m. Ac. y ef. de trocar o trocarse.

trufa f. Criadilla de tierra muy aromática. 2 Bombón relleno de nata, almendra y chocolate. 3 fig. Mentira.

trufar *tr.* Rellenar de trufas. - 2 *intr.* Mentir.

truhán, -hana *adj.-s.* Malicioso, astuto.

trujal *m.* Prensa para las uvas o para la aceituna. 2 Molino de aceite.

truncar *tr.* Cortar una parte a una cosa, especialmente la cúspide. 2 fig. Dejar incompleto.

truque *m.* Juego de envite.

tse-tsé *f.* Mosca africana portadora de la enfermedad del sueño.

tu, tus *adj. poses.* Apócope de los posesivos *tuyo, tuya, tuyos, tuyas,* empleado antepuesto al nombre.

tú *pron. pers.* Forma de la segunda persona para el sujeto en género masculino y femenino y en número singular. ▷ *Hablar* o *tratar de ~ a uno,* tutearle.

tuareg *adj.-s.* De un pueblo berberisco del sur del Sáhara.

tuba *f.* Instrumento músico de viento y metal, de tubo cónico con pistones y acabado en un ancho pabellón.

tuberáceo, -a *adj.-f.* Díc. del hongo ascomicete subterráneo; como la trufa.

tubérculo *m.* Rizoma convertido en órgano de reserva. 2 Pequeña protuberancia en la piel de ciertos animales.

tuberculosis *f.* Enfermedad ocasionada por el bacilo de Koch, que determina la formación de tubérculos.

tuberculoso, -sa *adj.-s.* Que tiene tubérculos. 2 Enfermo de tuberculosis.

tubería *f.* Conducto formado por tubos.

tuberosidad *f.* Tumor, hinchazón.

tuberoso, -sa *adj.* Que tiene tuberosidades. 2 Que parece un tubérculo.

tubifloras *f. pl.* Orden de plantas dentro de las dicotiledóneas, caracterizado por presentar los pétalos y los sépalos soldados.

tubímetro *m.* Instrumento utilizado para la medición del diámetro interior de los tubos.

tubo *m.* Pieza hueca, más larga que gruesa, de diversos materiales y usos. ▷ *Por un ~,* de manera abundante o exagerada.

tubular *adj.* Parecido a un tubo o formado por tubos.

tucán *m.* Ave trepadora americana, de pico muy grueso.

tudel *m.* Tubo de latón encorvado que se adapta al fagot.

tuerca *f.* Pieza con un hueco helicoidal, que ajusta en el filete de un tornillo.

tuerto, -ta *adj.-s.* Falto de la vista en un ojo.

tuétano *m.* Médula. 2 fig. Intimidad. ▷ *Hasta los tuétanos,* hasta lo más íntimo y profundo.

tufarada *f.* Olor vivo y fuerte que se percibe de pronto.

tufo *m.* Emanación gaseosa de las fermentaciones y combustiones. 2 Olor molesto. 3 fig. Soberbia.

tugurio *m.* fig. Habitación mezquina.

tul *m.* Tejido transparente.

tulipa *f.* Tulipán pequeño. 2 Pantalla de vidrio de forma parecida a la del tulipán.

tulipán *m.* Planta de jardín, de flor grande, cuya raíz es un bulbo. 2 Flor de esta planta.

tulipanero, tulipero *m.* Árbol magnoliáceo de América con las hojas de forma cuadrangular con escotaduras.

tullido, -da *adj.-s.* Que ha perdido el movimiento del cuerpo o de alguno de sus miembros.

tullir *tr.* Dejar tullido. - 2 *prnl.* Perder el uso de los miembros.

tumba *f.* Sepulcro. 2 Armazón en forma de ataúd para las exequias.

tumbacuartillos *com.* fam. Persona que frecuenta mucho las tabernas.

tumbaollas *com.* fam. Persona glotona.

tumbar *tr.* Derribar. 2 fig. Quitar a uno el sentido. - 3 *prnl.* Echarse.

tumbo *m.* Vaivén violento.

tumbón, -bona *adj.-s.* fam. Socarrón. 2 fam. Perezoso, holgazán. - 3 *f.* Clase de hamaca o silla que se puede extender para estar tumbado.

tumefacción *f.* Hinchazón.

tumefacto, -ta *adj.* Que está hinchado, esp. una parte del cuerpo.

tumor *m.* Masa de tejido anormal que se forma en alguna parte del cuerpo.

tumoración *f.* MED. Tumefacción, bulto.

túmulo *f.* Sepulcro levantado en la tierra. 2 Armazón fúnebre que se erige para celebrar las honras de un difunto.

tumulto *m.* Agitación de una multitud. 2 Motín.

tuna *f.* Vida holgazana. 2 Estudiantina.

tunante, -ta *adj.-s.* Que tuna. 2 Pícaro, bribón, taimado. - 3 *f.* Prostituta, ramera.

tunantear *intr.* Tunear.

tunar *intr.* Andar de lugar en lugar en vida holgazana y libre.

tunda *f.* fam. Paliza. 2 fig. fam. Trabajo o esfuerzo que agota.

tundir *tr.* Igualar con tijera el pelo de los paños. 2 fig. Castigar con golpes.

tundra *f.* Pradera casi esteparia de las regiones polares.

tunear *intr.* Hacer vida de tunante. 2 Proceder como tal.

tunecí, tunecino, -na *adj.-s.* De Túnez.

túnel *m.* Paso subterráneo, abierto artificialmente. 2 DEP. *Hacer un ~*, en el juego del fútbol, hacer pasar el balón entre las piernas de un jugador contrario.

tungsteno *m.* Metal de color gris de acero, muy duro, denso y difícil de fundir.

túnica *f.* Vestidura interior usada por los antiguos romanos y griegos. 2 Vestidura exterior amplia y larga.

tunicado, -da *adj.-m.* Díc. del animal procordado caracterizado por segregar una túnica que lo protege.

tunicina *f.* Substancia parecida a la celulosa, de que está formada la túnica de los animales tunicados.

tuno, -na *adj.-s.* Tunante. - 2 m. Componente de una tuna o estudiantina.

tuntún (al ~) *loc. adv.* Sin reflexión ni previsión.

tupé *m.* Copete de pelo. 2 fig. Atrevimiento, descaro.

tupido, -da *adj.* Denso. 2 fig. Torpe.

tupir *tr.* Apretar una cosa cerrando sus poros o intersticios.

turba *f.* Combustible fósil formado de residuos vegetales. 2 desp. Multitud popular.

turbación *f.* Ac. y ef. de turbar. 2 Confusión, desorden.

turbado, -da *adj.* Confundido, impresionado, avergonzado.

turbamulta *f.* desp. Multitud confusa.

turbante *m.* Tocado oriental que consiste en una faja de tela rodeada a la cabeza. 2 p. ext. Adorno parecido.

turbar *tr.-prnl.* Alterar o interrumpir la continuidad de una acción o estado. 2 Alterar el ánimo de alguien de modo que no acierte a hablar o proseguir en su tarea.

turbelario, -ria *adj.-m.* Díc. del gusano platelminto de pequeño tamaño, marino y libre; depredador y hermafrodita.

túrbido, -da *adj.* Turbio.

turbina *f.* Motor hidráulico o de vapor consistente en una rueda horizontal provista de paletas curvas.

turbio, -bia *adj.* Que está mezclado o alterado con algo que quita la claridad que le es propia. 2 fig. Confuso, dudoso.

turbión *m.* Chaparrón con viento fuerte.

turboalternador *m.* Conjunto de un alternador eléctrico y de la turbina que lo mueve.

turbocompresor *m.* Turbina acoplada a un compresor centrífugo de alta presión.

turbodinamo *m.* Grupo formado por una turbina y una dinamo.

turbogenerador *m.* Generador eléctrico que comprende una turbina de vapor, directamente acoplada a él.

turbonada *f.* Fuerte chubasco acompañado de truenos.

turborreactor *m.* Motor de reacción que comprende una turbina de gas.

turbulencia *f.* Alteración que enturbia una cosa. 2 fig. Confusión, alboroto. 3 FÍS. Movimiento desordenado de un fluido.

turbulento, -ta *adj.* Turbio. 2 fig. Confuso, alborotado. 3 FÍS. Díc. de la corriente fluida que tiene turbulencias. - 4 *adj.-s.* Que promueve disturbios.

turco, -ca *adj.-s.* De Turquía. - 2 m. Lengua turca.

túrdiga *f.* Tira de pellejo.

turgente *adj.* lit. Abultado, hinchado; especialmente el cuerpo humano o parte de él.

turión *m.* Brote que nace de un rizoma.

turismo *m.* Afición a viajar por recreo. 2 Automóvil destinado al transporte de personas, con capacidad hasta nueve plazas.

turista *com.* Persona que viaja por turismo.

turmalina *f.* Mineral silicato de aluminio que se encuentra en las rocas eruptivas y metamórficas.

túrmix *f.* Batidora eléctrica.

turnar *intr.-prnl.* Alternar con otras personas en el disfrute de un beneficio, en el ejercicio de un cargo, etc.

turno *m.* Alternativa que se observa entre las personas que turnan.

turolense *adj.-com.* De Teruel.

turón *m.* Mamífero carnívoro que despide olor fétido.

turquesa *f.* Fosfato de aluminio con algo de cobre, muy duro, de color azul verdoso. - 2 *adj.-m.* Color azul verdoso semejante al de la turquesa. - 3 *adj.* De color turquesa.

turrar *tr.* Tostar o asar en las brasas.

turrón *m.* Masa de almendras, avellanas o nueces, tostadas y mezcladas con miel o azúcar.

turulato, -ta *adj.* fam. Atónito.

tururú *adj.* vulg. Loco, chiflado. 2 Expresión equivalente a *no*.

turuta *m.* MIL. fam. Corneta de un regimiento.

tusón, -sona *m.* Vellón de lana. - 2 *m. f.* Potro o potranca de menos de dos años.

tute *m.* Juego de naipes en que se gana la partida si se reúnen cuatro reyes o cuatro caballos. 2 fig. Acometida que se da a una cosa en su ejecución, acabándola. ▷ *Darse un ~,* trabajar mucho.

tutear *tr.* Hablar a uno de tú.

tutela *f.* Autoridad y cargo de tutor. 2 fig. Protección.

tutelar *tr.* Encargarse de la tutela. 2 Ejercer la tutela. 3 Patrocinar.

tuteo *m.* Acción de tutear.

tutiplén (a ~) *loc. adv.* En abundancia. 2 A plena satisfacción.

tutor, -ra *m. f.* Persona encargada de la tutela de alguien. 2 Profesor encargado de orientar a los alumnos.

tutoría *f.* Tutela. 2 Cargo de tutor.

tutti frutti *m.* Helado o dulce compuesto de varios frutos.

tutú *m.* Vestido típico de bailarina de danza clásica, consistente en un corpiño ajustado y una falda corta y vaporosa.

tuyo, tuya, tuyos, tuyas *adj.-pron. poses.* Forma de segunda persona que indica que la cosa es poseída por la persona que escucha.

twist *m.* Baile de origen estadounidense que surgió en 1961 y que se caracteriza por un rítmico balanceo.

U

u *f.* Vocal velar, vigésima cuarta letra del alfabeto. 2 *conj. disyunt.* Se emplea en substitución de la conjunción *o* cuando precede inmediatamente a otra palabra que empiece por *o* o por *ho.*

ubicar *intr.-prnl.* Estar en determinado espacio o lugar.

ubicuo, -cua *adj.* Que está presente a un mismo tiempo en todas partes.

ubre *f.* Teta de la hembra.

ucronía *f.* Utopía aplicada a la historia.

¡uf! Interjección de cansancio o repugnancia.

ufanarse *prnl.* Engreírse, jactarse.

ufano, -na *adj.* Orgulloso, engreído.

ufología *f.* Estudio de los objetos voladores no identificados.

ugetista *adj.* Perten. o rel. al sindicato UGT, Unión General de Trabajadores.

¡uh! Interjección de desilusión o desdén.

ujier *m.* Portero de un palacio. 2 Empleado subalterno de algunos tribunales.

ukelele *m.* Instrumento músico parecido a una guitarra pequeña.

úlcera *f.* Pérdida de substancia en la piel o en una mucosa que causa desintegración de los tejidos.

ulcerar *tr.-prnl.* Causar úlcera.

uliginoso, -sa *adj.* Díc. del terreno húmedo y de la planta que crece en él.

ulmáceo, -a *adj.-f.* Díc. de la planta dicotiledónea de ramas alternas, flores pequeñas y fruto seco en una sola semilla.

ulterior *adj.* Que está al otro lado. 2 Que se dice o sucede después de otra cosa.

ultílogo *m.* Discurso puesto en un libro después de terminada la obra.

ultimar *tr.* Concluir, acabar.

ultimátum *m.* Proposición terminante y definitiva.

último, -ma *adj.* Posterior a todos los demás en el espacio o en el tiempo.

ultra *prep.* Además de. - 2 *adj.-m.* Díc. del partido político extremista. - 3 *com.* Militante de un partido político extremista.

ultraconservador, -ra *adj.* Perten. o rel. a la tendencia política conservadora más radical.

ultracorrección *f.* Establecimiento de una forma no etimológica, por analogía con otras, correctamente obtenidas.

ultraísmo *m.* Corriente literaria basada en una renovación total del espíritu y la técnica poética.

ultrajar *tr.* Injuriar con gravedad de obra o de palabra.

ultraje *m.* Injuria grave de obra o de palabra.

ultraligero *m.* Monoplano de reducido tamaño hecho con materiales poco pesados.

ultramar *m.* País situado allende el mar.

ultramarino, -na *adj.* De allende el mar. - 2 *adj.-s.* Díc. de los géneros traídos de allende el mar.

ultramoderno, -na *adj.* Moderno en extremo.

ultramontanismo *m.* Conjunto de doctrinas favorables a la autoridad absoluta del Papa en lo concerniente a los asuntos eclesiásticos.

ultranza (a ~) *loc. adv.* A muerte; a todo trance.

ultrarrápido, -da *adj.* Muy rápido.

ultrasensible *adj.* Que es excesivamente sensible.

ultrasonido *m.* Vibración mecánica de frecuencia superior a la de las que puede percibir el oído.

ultratumba *adv.* Más allá de la tumba. - 2 *f.* Lo que se cree o se supone que existe, material o espiritual, después de la muerte.

ultravioleta *adj.* Perten. o rel. a la parte invisible del espectro solar que se extiende a continuación del color violeta.

ulular *intr.* Dar gritos o alaridos.

umbela *f.* Inflorescencia en forma de parasol.

umbelífero, -ra *adj.-s.* Díc. de la planta

dicotiledónea de flores en umbela.

umbilicado, -da *adj.* De figura de ombligo. 2 Díc. del cáliz o fruto que presenta una depresión parecida a la del ombligo.

umbilical *adj.* Perten. o rel. al ombligo.

umbráculo *m.* Cobertizo para resguardar las plantas del sol.

umbral *m.* Parte inferior de la puerta. 2 *fig.* Entrada.

umbrela *f.* Parte del cuerpo de la medusa que tiene forma de sombrilla.

umbría *f.* Parte del terreno donde apenas da el sol.

umbrío, -a *adj.* Sombrío.

umbroso, -sa *adj.* Que tiene o causa sombra.

un, una Según algunas teorías gramaticales, artículo indeterminado en género masculino y femenino.

unánime *adj.* Díc. del conjunto de personas que conviene en un mismo parecer.

unanimidad *f.* Calidad de unánime.

unción *f.* Acción de ungir. 2 Extremaunción.

uncir *tr.* Atar al yugo un animal.

undécimo, -ma *adj.-s.* Parte que, junto con otras diez iguales, constituye un todo. - 2 *adj.* Que ocupa el último lugar en una serie ordenada de once.

undécuplo, -pla *adj.-s.* Que contiene un número once veces con exactitud.

ungido *m.* Persona que ha sido signada con el óleo santo.

ungir *tr.* Signar a una persona con óleo sagrado.

ungueal *adj.* ANAT. Perten. o rel. a las uñas.

ungüento *m.* Lo que sirve para untar. 2 Medicamento que se aplica al exterior.

unguiculado, -da *adj.* Que tiene los dedos provistos de uñas.

ungulado, -da *adj.-m.* Díc. del mamífero cuyas extremidades terminan en pezuña.

uniáxico *adj.* Díc. del cristal que sólo tiene un eje óptico.

unible *adj.* Que puede unirse.

únicamente *adv. m.* Solamente.

unicameral *adj.* Díc. de la organización del Estado que tiene una sola cámara legislativa, a diferencia de *bicameral.*

unicelular *adj.* Que consta de una sola célula.

unicidad *f.* Calidad de único.

único, -ca *adj.* Solo y sin otro de su especie. 2 *fig.* Singular, extraordinario.

unicolor *adj.* De un solo color.

unicornio *m.* Animal fabuloso de figura de caballo y con un cuerno recto en la frente. 2 Rinoceronte.

unidad *f.* Propiedad de lo que constituye un todo indivisible. 2 Propiedad de lo que constituye un todo formado de partes que concuerdan. 3 Unicidad. 4 Magnitud de valor conocido y bien definida que se emplea como referencia para medir y expresar el valor de lo medido.

unidimensional *adj.* Que sólo tiene una dimensión.

unidireccional *adj.* Que tiene o va en una sola dirección.

unido, -da *adj.* Que tiene unión.

unifamiliar *adj.* Que corresponde a una sola familia.

unificación *f.* Ac. y ef. de unificar o unificarse.

unificar *tr.-prnl.* Hacer de varias cosas una o un todo. 2 Hacerlas uniformes.

unifoliado, -da *adj.* Que tiene una sola hoja.

uniformar *tr.* Hacer uniforme.

uniforme *adj.* Que tiene la misma forma, intensidad, etc., en toda su extensión o duración. 2 Díc. de una cosa que tiene la misma forma que otra. - 3 *m.* Vestido distintivo de un cuerpo, colegio, etc.

uniformidad *f.* Calidad de uniforme.

uniformizar *tr.* Mezclar de forma que todas las porciones tengan la misma composición.

unigénito, -ta *adj.* Díc. del hijo único.

unilateral *adj.* Que se refiere sólo a una parte o a un aspecto de una cosa.

unión *f.* Ac. y ef. de unir o unirse. 2 Alianza.

uníparo, -ra *adj.* Que da a luz un solo hijo.

unípede *adj.* De un solo pie.

unipersonal *adj.* Que consta de una sola persona. 2 Perten. o rel. a una sola persona.

unir *tr.* Hacer que dos o más cosas materiales o inmateriales queden juntas para formar un todo. 2 Concordar voluntades o pareceres.

unisex *adj.* Apto para ambos sexos.

unisexuado, -da *adj.* Que tiene un solo sexo.

unisexual *adj.* De un solo sexo.

unisón *m.* MÚS. Conjunto de dos o más voces o instrumentos, que interpretan al mismo tiempo la misma nota.

unisonancia *f.* MÚS. Concordancia y condición de dos o más sonidos que tienen el mismo tono.

unisonar *intr.* Sonar al unísono.

unísono, -na *adj.* Que tiene el mismo tono que otra cosa.

unitario, -ria *adj.* Que propende a la unidad o la conserva.

unitarismo *m.* Doctrina o partido favorable a la unidad y centralización política.

unitivo, -va *adj.* Que tiene virtud de unir.

univalvo, -va *adj.* Díc. de la concha de una sola pieza y del molusco que la tiene.

universal *adj.* Que es común a todos. 2 Que pertenece o se extiende a todo el mundo, a todos los tiempos.

universalizar *tr.* Hacer universal.

universidad *f.* Institución de enseñanza superior que comprende diversas escuelas denominadas facultades, colegios, institutos o departamentos. 2 Edificio destinado a una universidad.

universitario, -ria *adj.* Perten. o rel. a la universidad. - 2 *m. f.* Profesor, graduado o estudiante de universidad.

universo *m.* Mundo (lo creado).

unívoco, -ca *adj.-s.* Que tiene igual naturaleza o valor que otra cosa. 2 Que sólo puede tener una significación.

uno, una *adj.* Díc. del número que por adición da origen a todos los de la serie numérica. 2 Que no está dividido; íntegro. 3 Idéntico. 4 Único. - 5 *adj. indef. pl.* Algunos. - 6 *pron. indef.* Una o unas personas. 7 El que habla. - 8 *m.* Unidad. ▷ *A una,* a un mismo tiempo. *Cada ~,* cualquier persona considerada individualmente. *En ~,* con unión. *~ a otro,* mutua o recíprocamente. *~ por otro,* trocando los términos. *~ tras otro,* sucesivamente o por orden sucesivo.

untar *tr.* Cubrir con materia grasa. 2 fig. Sobornar con dádivas. - 3 *prnl.* Mancharse con materia untuosa.

unto *m.* Materia pingüe para untar. 2 Grasa. 3 Tocino y embutidos de los potes.

untuoso, -sa *adj.* Craso y pegajoso.

uña *f.* Lámina córnea y dura que crece en el extremo de los dedos. 2 Pezuña. ▷ *De uñas,* muy enfadado. *Ser ~ y carne dos personas,* ser muy amigas.

uñero *m.* Inflamación en la raíz de la uña. 2 Herida que produce la uña cuando, al crecer mal, se introduce en la carne.

¡upa! Voz de estímulo para levantarse o levantar algo.

uperizar *tr.* Esterilizar un alimento mediante la inyección de vapor muy caliente.

uralita *f.* Nombre registrado de una mezcla de cemento y amianto, con la cual se fabrican placas empleadas para cubiertas de construcción.

uranio *m.* Metal duro, muy denso, de color parecido al del níquel.

urano *m.* Planeta mayor que la Tierra, cuya órbita se halla entre las de Saturno y Plutón.

uranografía *f.* Cosmografía.

uranometría *f.* Parte de la astronomía que trata de la medición de las distancias celestes.

urbanidad *f.* Buenos modales, cortesía.

urbanismo *m.* Conjunto de estudios referentes a la urbanización.

urbanización *f.* Ac. y ef. de urbanizar. 2 Terreno para establecer en él un núcleo residencial.

urbanizar *tr.-prnl.* Hacer urbano a uno. - 2 *tr.* Dotar calles de servicios urbanos.

urbano, -na *adj.* Perten. o rel. a la ciudad.

urbe *f.* Ciudad muy populosa.

urdidera *f.* Instrumento donde se preparan los hilos para las urdimbres.

urdido *m.* Disposición paralela de cierto número de hilos de igual longitud.

urdimbre *f.* Estambre urdido. 2 Conjunto de hilos paralelos entre los que pasa la trama para formar la tela.

urdir *tr.* Preparar los hilos en la urdidera. 2 fig. Maquinar con cautela.

urea *f.* Substancia nitrogenada que se halla en la orina.

uremia *f.* Acumulación en la sangre de substancias que normalmente se eliminan en la orina.

urente *adj.* Que escuece, ardiente.

uréter *m.* Conducto que lleva la orina de los riñones a la vejiga.

uretra *f.* Conducto por donde se expele la orina.

urgencia *f.* Calidad de urgente. 2 Falta

apremiante de lo que es menester. 3 *Servicio de urgencias* o sólo *urgencias,* conjunto de instalaciones que existen en los hospitales para atender los casos urgentes.

urgente *adj.* Apremiante. 2 Díc. de la carta o telegrama que ha de ser entregado al destinatario inmediatamente después de su llegada.

urgir *intr.* Instar una cosa a su pronta ejecución; correr prisa.

úrico, -ca *adj.* Perten. o rel. al ácido úrico. 2 *Ácido ~ ,* substancia incolora y poco soluble que se halla en la orina.

urinario, -ria *adj.* Perten. o rel. a la orina. - 2 *m.* Lugar para orinar, especialmente el dispuesto para el público.

urna *f.* Vaso usado para guardar dinero, restos o cenizas de cadáveres, etc. 2 Caja de cristales planos para varios usos.

uro *m.* Animal salvaje parecido al bisonte.

urodelo, -la *adj.-m.* Díc. del anfibio de cuerpo largo, provisto de cola; como la salamandra.

urogallo *m.* Ave galliforme que vive en los bosques.

urología *f.* Parte de la medicina que trata de las enfermedades del aparato urinario.

urotropina *f.* QUÍM. Producto de condensación del formaldehído con amoníaco.

urraca *f.* Ave paseriforme parecida al cuervo, de plumaje blanco en el vientre.

úrsido, -da *adj.-m.* Díc. del mamífero carnívoro adaptado al régimen vegetariano, plantígrados, de cabeza prolongada y cola corta, que comprende todos los osos.

ursulina *f.* Religiosa de una congregación dedicada a la educación de niñas y el cuidado de enfermos.

urticáceo, -a *adj.-f.* Díc. de la planta dicotiledónea de hojas sencillas, provistas de pelos que segregan un jugo urente.

urticaria *f.* Enfermedad inflamatoria de la piel, caracterizada por escozor.

uruguayo, -ya *adj.-s.* De Uruguay.

usado, -da *adj.* Gastado y deslucido por el uso.

usanza *f.* Uso, moda, estilo.

usar *tr.* Hacer servir una cosa. 2 Practicar

habitualmente, tener por costumbre.

usía *com.* Vuestra señoría.

uso *m.* Ac. y ef. de usar. 2 Práctica general de una cosa. 3 Moda, costumbre. ▷ *Al ~ ,* conforme o según él.

usted *pron. pers.* Forma de segunda persona, usada como tratamiento de respeto y cortesía, para el masculino y el femenino.

usual *adj.* Que con frecuencia se usa.

usuario, -ria *adj.-s.* Que usa ordinariamente una cosa. 2 DER. Díc. del que tiene derecho a usar de la cosa ajena.

usufructo *m.* Derecho a disfrutar bienes ajenos con la obligación de conservarlos. 2 Utilidad, frutos o provecho.

usufructuar *tr.* Tener el usufructo de algo. - 2 *intr.* Producir utilidad una cosa.

usufructuario, -ria *adj.-s.* Que usufructúa una cosa.

usura *f.* Interés del préstamo, especialmente cuando excede del legal.

usurario, -ria *adj.* Perten. o rel. a los contratos y tratos en que hay usura.

usurero, -ra *m. f.* Persona que presta con usura.

usurpación *f.* Ac. y ef. de usurpar. 2 Cosa usurpada.

usurpar *tr.* Apropiarse injustamente una cosa de otro.

utensilio *m.* Lo que sirve para el uso manual o frecuente. 2 Instrumento manual para facilitar operaciones mecánicas.

útero *m.* Matriz (órgano).

útil *adj.* Que produce provecho. 2 Que sirve para un fin. - 3 *m.* Utensilio.

utilería *f.* Conjunto de útiles o instrumentos que se usan en un oficio o arte.

utilidad *f.* Calidad de útil. 2 Beneficio, provecho.

utilitario, -ria *adj.* Que antepone a todo la utilidad. - 2 *adj.-m.* Díc. del vehículo automóvil de bajo coste.

utilitarismo *m.* Doctrina ética que identifica el bien con lo útil.

utilización *f.* Ac. y ef. de utilizar.

utilizar *tr.-prnl.* Emplear de modo útil una persona o cosa.

utillaje *m.* Conjunto de útiles necesarios para una industria o actividad.

utopía, utopia *f.* fig. Plan o sistema halagüeño pero irrealizable.

utrero, -ra *m. f.* Novillo o novilla de dos años.

utrículo *m.* Pequeño saco o cavidad. 2 Parte del laberinto membranoso del oído.

uva *f.* Fruto de la vid. 2 fig. fam. *Mala ~,* mal genio; mala intención.

uve *f.* Nombre de la letra *v.*

úvea *adj.-f.* Díc. de la cara posterior del iris del ojo.

úvula *f.* Lóbulo carnoso que pende de la parte posterior del velo del paladar.

uvular *adj.* Díc. del sonido que se articula en la úvula.

uxoricidio *m.* Muerte causada a la mujer por su marido.

V

v f. Consonante bilabial, vigésima quinta letra del alfabeto. 2 *V*, cifra romana equivalente a cinco.

vaca f. Hembra del toro. 2 Carne de vaca o de buey.

vacación f. Suspensión del trabajo o del estudio durante algún tiempo.

vacada f. Manada de ganado vacuno.

vacante f. Cargo, empleo o dignidad que está sin proveer.

vacar intr. Cesar uno por algún tiempo en sus habituales negocios o trabajos. 2 Quedar vacante un empleo.

vaciado m. Acción de vaciar en molde. 2 Figura o adorno formado en molde.

vaciante f. Tiempo que dura el menguante de las mareas.

vaciar tr. Dejar vacío algo. 2 Verter el contenido de un recipiente. 3 Formar un hueco en un cuerpo sólido. 4 Formar un objeto en un molde hueco. - 5 intr. Desaguar.

vaciedad f. Necedad, sandez.

vacilación f. Ac. y ef. de vacilar.

vacilante adj. Que vacila.

vacilar intr. Moverse de modo indeterminado. 2 Estar poco firme. 3 fig. Dudar.

vacilón, -lona adj. vulg. Burlón.

vacío, -a adj. Falto de contenido; no ocupado. 2 fig. Vano. 3 Sin gente. ▷ *Hacer el ~*, negar el trato, aislar.

vacuidad f. Calidad de vacuo.

vacuna f. Substancia inoculada que inmuniza contra una enfermedad.

vacunar tr. Aplicar una vacuna.

vacuno, -na adj. Perten. o rel. al ganado bovino.

vacuo, -cua adj. Vacío.

vacuola f. Pequeña cavidad en una célula o tejido orgánico, llena de aire o jugo.

vade m. Mueble a modo de pupitre, con tapa inclinada, sobre la cual se escribe y en cuyo interior se guardan papeles, documentos, etc.

vadear tr. Pasar una corriente de agua por un vado.

vademécum m. Libro que contiene las nociones elementales de una ciencia o arte.

vado m. Paraje de un río con fondo poco profundo, por donde se puede pasar. 2 En la vía pública, modificación de la acera destinada a facilitar el acceso de vehículos.

vagabundear intr. Andar vagabundo.

vagabundeo m. Ac. y ef. de vagabundear.

vagabundo, -da adj. Que anda errante.

vagancia f. Acción de vagar. 2 Cualidad de vago. 3 Pereza.

vagar intr. Andar errante. 2 Estar ocioso.

vagaroso, -sa adj. Que vaga o se mueve de una parte a otra.

vagido m. Llanto del recién nacido.

vagina f. Conducto que en las hembras de los mamíferos se extiende desde la vulva hasta la matriz.

vago, -ga adj.-s. Desocupado, sin oficio. 2 Holgazán. 3 Indeterminado, indeciso.

vagón m. Carruaje de ferrocarril.

vagoneta f. Vagón pequeño y descubierto para transporte.

vaguada f. Línea que marca la parte más honda de un valle.

vaguear intr. Vagar de una parte a otra. 2 Holgazanear.

vaguedad f. Calidad de vago o indeterminado. 2 Expresión vaga.

vaharada f. Ac. y ef. de echar el vaho. 2 Golpe de vaho, olor, calor, etc.

vahear intr. Echar de sí vaho.

vahído m. Turbación breve del sentido por alguna indisposición.

vaho m. Vapor que despiden los cuerpos. 2 Aliento. - 3 m. pl. Método curativo consistente en respirar vapor con alguna substancia.

vaina f. Funda de algunas armas. 2 Cáscara tierna de las legumbres.

vainica f. Deshilado menudo que se hace por adorno.

vainilla *f.* Planta de tallos largos y fruto aromático, usado como condimento y en perfumería. 2 Fruto de esta planta.

vaivén *m.* Movimiento alternativo de un cuerpo en dos sentidos opuestos.

vajilla *f.* Conjunto de utensilios y vasijas para el servicio de la mesa.

valar *adj.* Perten. o rel. al vallado, muro o cerca.

valdepeñas *m.* Vino de Valdepeñas.

vale *m.* Documento por el que se reconoce una deuda. 2 Nota firmada que se da al que ha de entregar una cosa.

valedero, -ra *adj.* Que debe valer, ser firme y subsistente.

valedor, -ra *m. f.* Persona que protege a otra.

valencia *f.* QUÍM. Capacidad de un átomo o radical para combinarse con otro.

valenciano, -na *adj.-s.* De Valencia.

valentía *f.* Calidad de valiente. 2 Esfuerzo, vigor.

valentísimo, -ma *adj.* Superlativo de *valiente.*

valentón, -tona *adj.-s.* Que se jacta de guapo o valiente.

valentonada *f.* Jactancia, exageración del propio valor.

valer *m.* Valor, valía. - 2 *intr.* Tener valor una cosa. 3 Tener un precio determinado. 4 Hablando de números, montar, importar. 5 Ser de eficacia o útil. 6 Amparar.

valeriana *f.* Planta valerianácea aromática con las hojas divididas, que se usa como antiespasmódico.

valerianáceo, -a *adj.-f.* Díc. de la planta herbácea dicotiledónea de hojas opuestas; flores pequeñas en corimbo y fruto en aquenio.

valeroso, -sa *adj.* Valiente. 2 Eficaz.

valía *f.* Valor, aprecio de una cosa.

validadora *f.* Máquina de sellado automático para dar validez legal a un gran número de documentos.

validar *tr.* Dar validez.

validez *f.* Calidad de válido.

valido *m.* El que tiene privanza.

válido, -da *adj.* Firme, que vale legalmente.

valiente *adj.-s.* Que tiene valor.

valija *f.* Maleta. 2 Saco de cuero donde llevan la correspondencia los correos. 3 ~ *diplomática*, la cerrada y precintada, que contiene la correspondencia entre un gobierno y sus diplomáticos en el extranjero.

valijero, -ra *m. f.* Persona que conduce las cartas desde la administración principal de correos a los pueblos.

valioso, -sa *adj.* De mucha estimación o poder.

valor *m.* Conjunto de cualidades de una persona o cosa, en cuya virtud es apreciada. 2 Importancia. 3 Cualidad del alma que mueve a afrontar sin miedo los peligros. 4 MÚS. Duración relativa de una nota. - 5 *m. pl.* Acciones, bonos, etc.

valoración *f.* Ac. y ef. de valorar.

valorar *tr.* Determinar el valor de una cosa; ponerle precio.

valorizar *tr.* Valorar. 2 Aumentar el valor de una cosa.

valquiria *f.* Divinidad femenina de la mitología escandinava.

vals *m.* Baile de origen alemán, de movimiento animado.

valuación *f.* Valoración, evaluación.

valuar *tr.* Valorar (determinar).

valva *f.* Pieza que constituye la concha de los moluscos.

válvula *f.* Pieza que cierra o abre una abertura de paso de un líquido o gas. 2 Repliegue que impide el retroceso de un líquido en los vasos del cuerpo de los animales. 3 Bombilla de un aparato de radio.

valla *f.* Vallado. 2 Cartelera con fines publicitarios. 3 DEP. Obstáculo que se debe saltar a lo largo de algunas carreras.

vallado *m.* Cerco para defender o limitar un sitio o impedir la entrada en él.

vallar *tr.* Cercar con vallado.

valle *m.* Espacio de tierra entre montes. 2 Cuenca de un río.

vallisoletano, -na *adj.-s.* De Valladolid.

vallista *com.* Deportista que compite en las carreras de saltos de vallas.

vampiresa *f.* fam. Mujer fatal. 2 fam. Mujer que se enriquece por malos medios.

vampirismo *m.* Crédito que se da a la existencia de los vampiros. 2 Codicia de los que se enriquecen por malos medios.

vampiro *m.* Espectro que, por las noches, chupa la sangre a los vivos. 2 Mamífero que chupa la sangre a los seres dormidos.

vanadio *m.* Elemento de color plateado que, aleado al acero, le da gran dureza.

vanagloria *f.* Jactancia del propio valer.

vanagloriarse *prnl.* Alabarse del propio valer u obrar.

vanamente *adv.* En vano. 2 Sin fundamento.

vandálico, -ca *adj.* Perten. o rel. a los vándalos o al vandalismo.

vandalismo *m.* Devastación propia de los antiguos vándalos. 2 fig. Espíritu de destrucción.

vándalo, -la *adj.-s.* De un pueblo de la antigua Germania que invadió la España romana. - 2 *m.* fig. El que comete acciones de vandalismo.

vanguardia *f.* Parte de una fuerza armada que va delante del cuerpo principal. 2 fig. Conjunto de ideas, hombres, etc., que se adelantan a su tiempo.

vanguardismo *m.* Escuela o tendencia artística de intención renovadora.

vanidad *f.* Calidad de vano. 2 Fausto, ostentación. 3 Palabra inútil. 4 Ilusión, ficción de la fantasía. 5 Orgullo inspirado en un alto concepto de los propios méritos.

vanidoso, -sa *adj.-s.* Que tiene vanidad.

vanilocuencia *f.* Verbosidad inútil.

vano, -na *adj.* Falto de realidad. 2 Hueco, vacío, sin solidez. 3 Inútil. 4 Presuntuoso. 5 Sin fundamento. *-m.* 6 ARQ. Parte del muro en que no hay apoyo para el techo o bóveda.

vapor *m.* Gas en que se transforma un líquido o sólido absorbiendo calor; p. ant., el de agua. 2 Barco de vapor. ▷ *Al ~,* con gran celeridad.

vaporización *f.* Ac. y ef. de vaporizar.

vaporizador *m.* Aparato para vaporizar.

vaporizar *tr.-prnl.* Convertir un líquido en vapor. 2 Dispersar un líquido en gotas muy finas.

vaporoso, -sa *adj.* Que despide vapores; que los contiene. 2 fig. Tenue, ligero.

vapulear *tr.-prnl.* Azotar. 2 fig. Criticar.

vapuleo *m.* Ac. y ef. de vapulear.

vaqueo *m.* Práctica de caza mayor que consiste en esperar a ésta de madrugada, cortándole el camino a su encame diurno.

vaquería *f.* Lugar donde hay vacas o se vende su leche.

vaqueril *m.* Dehesa destinada al pasto de las vacas.

vaqueriza *f.* Lugar donde se recoge el ganado mayor en el invierno.

vaquero, -ra *adj.* Propio de los pastores de ganado bovino. - 2 *m. f.* Pastor o pastora de reses vacunas. - 3 *m. pl.* Pantalón de tela de algodón, muy resistente.

vaqueta *f.* Cuero de ternera curtido.

vara *f.* Palo largo y delgado. 2 Pieza de madera, que junto con otra, sirve para enganchar la caballería al carro. ▷ *Dar la ~,* molestar.

varadero *m.* Lugar donde se varan las embarcaciones.

varal *m.* Vara larga y gruesa. 2 Palo donde se encajan las estacas que forman el costado del carro.

varapalo *m.* Palo largo. 2 Golpe dado con palo o vara.

varar *intr.* Encallar la embarcación. 2 fig. Quedar detenido un negocio. - 3 *tr.* Sacar a la playa una embarcación.

varea *f.* Acción de varear los frutos de ciertos árboles.

varear *tr.* Golpear con vara. 2 Derribar con vara los frutos de un árbol. 3 Picar al toro. 4 Medir con la vara.

varenga *f.* MAR. Pieza curva atravesada sobre la quilla.

vareta *f.* Palito untado con liga para cazar pájaros. 2 En un tejido, lista de diferente color que el fondo.

varetón *m.* Ciervo joven.

variabilidad *f.* Calidad de variable.

variable *adj.* Que varía. 2 Inconstante. - 3 *f.* MAT. Símbolo que designa un conjunto de números y los representa indistintamente.

variación *f.* Ac. y ef. de variar. 2 MAT. Cambio de valor de una magnitud o de una cantidad. 3 MÚS. Imitación melódica, con modificaciones, de un tema.

variado, -da *adj.* Que tiene variedad.

variante *adj.* Que varía. - 2 *f.* Forma con que se presenta una voz. 3 Diferencia en los ejemplares de un libro. 4 Desvío de un camino o carretera.

variar *tr.* Hacer o volver diferente una cosa de lo que antes era. 2 Dar variedad. - 3 *intr.* Cambiar, modificarse.

varice, várice *f.* Dilatación permanente de una vena.

varicela f. Enfermedad infecciosa parecida a la viruela benigna.

varicoso, -sa adj. Perten. o rel. a las varices. - 2 adj.-s. Que las padece.

variedad f. Calidad de vario. 2 Diferencia dentro de la unidad. 3 Alteración. - 4 f. pl. Espectáculo formado por números de índole diversa.

varilarguero m. Picador de toros.

varilla f. Vara larga y delgada. 2 Pieza metálica o de madera que, con otras, forma la armazón del abanico, del paraguas, etc.

varillaje m. Conjunto de varillas.

vario, -ria adj. Diverso. 2 Inconstante. 3 Indeterminado. - 4 adj. pl. Algunos.

variopinto, -ta adj. Que ofrece diversidad de colores o de aspecto. 2 Multiforme, mezclado, diverso.

varón m. Criatura racional del sexo masculino. 2 Hombre de respeto y autoridad.

varonil adj. Perten. o rel. al varón o propio de él. 2 Esforzado, valeroso y firme.

varvas f. pl. Sedimentos de origen glaciar formados por arcillas y arena que se depositan en estratos de poca potencia.

vasallaje m. Condición de vasallo. 2 Tributo pagado por el vasallo.

vasallo, -lla m. f. Persona sujeta a un señor a causa de un feudo. - 2 adj. Súbdito.

vasar m. Estante, anaquel.

vasco, -ca adj.-s. De alguna de las provincias de Álava, Guipúzcoa y Vizcaya. 2 De una parte del sur del territorio francés.

vascongado, -da adj.-s. Vasco.

vascuence m. Lengua vasca.

vascular adj. Perten. o rel. a los vasos de los animales o plantas.

vascularización f. Disposición de los vasos sanguíneos y linfáticos en un tejido, órgano o región del organismo.

vasectomía f. CIR. Operación quirúrgica con el fin de esterilizar al varón.

vaselina f. Substancia translúcida y lubricante obtenida del petróleo. 2 DEP. En algunos deportes, jugada que consiste en pasar suavemente el balón por encima de un jugador contrario.

vasija f. Receptáculo para contener líquidos o alimentos.

vaso m. Receptáculo para contener un líquido, especialmente el cilíndrico que sirve para beber. 2 Líquido que cabe en él. 3 Tubo por donde circula un líquido orgánico.

vasoconstricción f. MED. Disminución del calibre de un vaso por contracción de sus fibras musculares.

vasodilatación f. MED. Aumento del calibre de un vaso por relajación de sus fibras musculares.

vástago m. Ramo tierno de una planta. 2 fig. Persona descendiente de otra. 3 Pieza para articular o sostener otras.

vastedad f. Dilatación, anchura.

vasto, -ta adj. Dilatado, muy extenso.

vate m. Adivino. 2 Poeta.

vaticinador, -ra adj.-s. Que vaticina.

vaticinar tr. Pronosticar, profetizar.

vatio m. Watt.

¡vaya! Interjección de sorpresa, aprobación, leve enfado, etc.

vecera, -ría f. Manada de ganado perteneciente a un vecindario. 2 Alternancia de buenas y malas cosechas.

vecinal adj. Perten. o rel. al vecindario o a los vecinos.

vecindad f. Calidad de vecino. 2 Conjunto de personas que viven en una misma casa o barrio.

vecindario f. Conjunto de vecinos de una población.

vecino, -na adj.-s. Que habita con otros en un mismo pueblo, barrio o casa. 2 Que tiene casa en un pueblo. 3 fig. Cercano.

vector m. Segmento de recta en una dirección determinada y en uno de sus sentidos. 2 BIOL. Agente que transmite el germen de una enfermedad de un huésped a otro.

vectorial adj. Perten. o rel. al vector. 2 Díc. de la magnitud que actúa en un sentido y dirección determinados.

veda f. Ac. y ef. de vedar. 2 Tiempo vedado para cazar o pescar. 3 Prohibición. 4 Libro sagrado primitivo de los hindúes.

vedado m. Terreno acotado donde está prohibido entrar o cazar.

vedar tr. Prohibir. 2 Impedir.

védico, -ca adj. Perten. o rel. a los vedas.

vedija f. Mechón de lana. 2 Pelo enredado.

vedismo m. Religión contenida en los vedas.

veedor, -ra adj.-s. Que ve con curiosidad.

vega f. Tierra baja, regada y fértil.

vegetación f. Conjunto de vegetales de un terreno. 2 MED. Formación carnosa de la superficie de las heridas, la piel, etc.

vegetal adj. Perten. o rel. a las plantas. - 2 m. Ser orgánico que crece y vive sin mudar de lugar por impulso voluntario.

vegetar intr.-prnl. Crecer las plantas. 2 fig. Vivir una persona sólo con vida orgánica. 3 p. anal. Vivir holgazaneando.

vegetarianismo m. Régimen alimenticio en el que se suprimen los alimentos de origen animal.

vegetariano, -na adj.-s. Díc. de la persona dada al vegetarianismo.

vegetativo, -va adj. Que vegeta; que realiza funciones vitales, salvo las reproductoras.

vehemencia f. Calidad de vehemente.

vehemente adj. Que obra con ímpetu. 2 Que se siente o se expresa con viveza.

vehicular tr. Transmitir, difundir, comunicar.

vehículo m. Medio para transportar personas o cosas. 2 fig. Lo que sirve para conducir o transmitir.

veinte adj. Dos veces diez.

veinteavo, -va adj. Vigésimo.

veintena f. Conjunto de veinte unidades.

veinteñal adj. Que dura veinte años.

veinticinco adj. Veinte y cinco.

veinticuatro adj. Veinte y cuatro.

veintidós adj. Veinte y dos.

veintinueve adj. Veinte y nueve.

veintiocho adj. Veinte y ocho.

veintiséis adj. Veinte y seis.

veintisiete adj. Veinte y siete.

veintitantos, -tas adj. Entre veinte y treinta.

veintitrés adj. Veinte y tres.

veintiún adj. Apócope de veintiuno.

veintiuna f. Juego de naipes o de dados en que gana el que hace veintiún puntos.

veintiuno, -na adj. Veinte y uno.

vejación f. Ac. y ef. de vejar.

vejamen m. Vejación.

vejar tr. Maltratar, molestar, perseguir.

vejatorio, -ria adj. Que veja.

vejestorio m. desp. Persona vieja.

vejez f. Calidad de viejo. 2 Edad en que se considera vieja a una persona. 3 fig. Actitudes propias de los viejos.

vejiga f. Saco membranoso en el cual va depositándose la orina. 2 Saco membranoso en los animales lleno de un líquido o de un gas. 3 Ampolla en la piel.

vejiguilla f. Vesícula.

vela f. Acción de velar (no dormir). 2 Tiempo que se trabaja por la noche. 3 Asistencia delante del Santísimo Sacramento. 4 Cilindro de materia grasa con torcida en el eje para alumbrar. 5 MAR. Lona fuerte que se amarra a las vergas para recibir el viento y hacer adelantar la nave. ▷ A toda ~, muy aprisa.

velación f. Ceremonia que consiste en cubrir con un velo a los cónyuges en la misa nupcial celebrada inmediatamente después del casamiento.

velada f. Vela (acción). 2 Reunión nocturna de varias personas. 3 Sesión musical, literaria o deportiva celebrada por la noche.

velado, -da adj. Cubierto por un velo. 2 Díc. de la imagen fotográfica de claridad deficiente.

velador, -ra adj.-s. Que vela. 2 Díc. del que cuida de algo. - 3 m. Candelero.

veladura f. Tinta transparente para suavizar el tono. 2 fig. Disimulo.

velaje, velamen m. Conjunto total de velas de un buque.

velar adj. Perten. o rel. al velo del paladar. - 2 adj.-s. Díc. de la consonante que se articula en la parte posterior de la cavidad bucal. - 3 intr. Estar sin dormir el tiempo destinado al sueño. 4 Cuidar con solicitud, vigilar. - 5 tr.-prnl. Cubrir con un velo. 6 En fotografía, borrarse la imagen por la acción indebida de la luz.

velarización f. FON. Desplazamiento del lugar de articulación de un sonido hacia el velo del paladar.

velarizar tr.-prnl. FON. Convertir en velar el sonido que antes no lo era.

velarte m. Paño negro, tupido y lustroso.

velatorio m. Acto de velar a un difunto.

veleidad f. Deseo vano. 2 Inconstancia.

veleidoso, -sa adj. Inconstante.

velero, -ra adj.-m. Díc. de la embarcación muy ligera. - 2 m. Barco de vela.

veleta f. Pieza giratoria que sirve para

indicar la dirección del viento. - 2 *com.* fig. Persona inconstante.

veleto, -ta *adj.* De cornamenta alta.

velillo *m.* Tela muy sutil, tejida con hilo de plata.

velo *m.* Tela destinada a ocultar algo a las miradas. 2 Parte del vestido de las religiosas que cubre su cabeza. 3 fig. Cosa ligera que cubre otra. ▷ *Correr un ~ sobre alguna cosa,* callarla, ocultarla.

velocidad *f.* Relación entre el espacio recorrido y el tiempo empleado en recorrerlo. 2 Cualidad de un movimiento de efectuarse en un tiempo corto.

velocímetro *m.* Contador de velocidad.

velocípedo *m.* Vehículo ligero cuyas ruedas se mueven por medio de pedales.

velocista *com.* Atleta que participa en carreras de velocidad.

velódromo *m.* Lugar destinado para carreras en bicicleta.

velón *m.* Lámpara de metal, para aceite común, con uno o varios mecheros, que se sostiene sobre un pie y termina con un asa.

velorio *m.* Reunión para esparcimiento celebrada durante la noche. 2 Velatorio.

veloz *adj.* Dotado de velocidad.

vello *m.* Pelo corto y suave de algunas partes del cuerpo. 2 Pelusilla de frutas y plantas.

vellón *m.* Toda la lana de una res esquilada.

vellorí, -rín *m.* Paño entrefino de color pardo o de lana sin teñir.

vellosidad *f.* Abundancia de vello.

vellosilla *f.* Planta herbácea compuesta de flores amarillas.

velloso, -sa *adj.* Que tiene vello.

velludillo *m.* Felpa o terciopelo de algodón, de pelo muy corto.

velludo, -da *adj.* Que tiene mucho vello. - 2 *m.* Felpa o terciopelo.

vena *f.* Vaso sanguíneo que lleva la sangre al corazón. 2 Filón. 3 *~ de agua,* conducto natural subterráneo por donde circula el agua. 4 Nervio de hoja. 5 Lista o raya en ciertas piedras o maderas. 6 Inspiración poética. 7 Disposición favorable.

venablo *m.* Lanza corta y arrojadiza. ▷ *Echar venablos,* prorrumpir en expresiones de cólera.

venado *m.* Ciervo.

venal *adj.* Que se deja sobornar.

venalidad *f.* Calidad de venal.

venatorio, -ria *adj.* Perten. o rel. a la montería.

vencedor, -ra *adj.-s.* Que vence.

vencejo *m.* Ligadura con que se atan las mieses. 2 Ave insectívora, parecida a la golondrina.

vencer *tr.* Rendir, someter. 2 Salir victorioso. 3 Aventajar, exceder. 4 Superar dificultades. - 5 *tr.-intr.-prnl.* Ladear, torcer. - 6 *intr.* Cumplirse un plazo.

vencetósigo *m.* Planta asclepiadácea de raíz medicinal y flores amarillentas.

vencimiento *m.* Ac. y ef. de vencer. 2 Hecho de ser vencido. 3 fig. Cumplimiento de un plazo.

venda *f.* Tira de lienzo para ligar un miembro o sujetar apósitos. ▷ *Tener una ~ en los ojos,* no querer ver la verdad.

vendaje *m.* Ligadura hecha con vendas.

vendar *tr.* Atar o cubrir con vendas.

vendaval *m.* Viento fuerte.

vendedor, -ra *adj.-s.* Que vende.

vendeja *f.* Venta pública y común, como en feria.

vender *tr.* Traspasar la propiedad de una cosa a cambio de dinero. 2 fig. Traicionar. - 3 *prnl.* Dejarse sobornar. ▷ *Estar vendido uno,* estar indefenso ante un peligro. *~ cara una cosa a uno,* hacer que le cueste mucho trabajo el conseguirla.

vendí *m.* Certificado de venta, extendido por el vendedor.

vendimia *f.* Recolección de la uva.

vendimiar *tr.* Recoger el fruto de las viñas.

veneciano, -na *adj.-s.* De Venecia.

venencia *f.* Especie de tubo para escanciar pequeñas cantidades de vino.

veneno *m.* Substancia que, introducida en el organismo, causa la muerte o graves trastornos.

venenoso, -sa *adj.* Que contiene veneno.

venera *f.* Concha semicircular que llevaban los peregrinos. 2 ARQ. Motivo ornamental parecido a la concha de peregrino.

venerable *adj.* Digno de veneración, de respeto.

veneración *f.* Ac. y ef. de venerar.

venerar *tr.* Dar culto a Dios y a los santos. 2 Respetar en sumo grado.

venéreo, -a *adj.* Perten. o rel. a la sensualidad o al acto sexual. - 2 *adj.-m.* Díc. del mal que se contagia por este acto.

venero *m.* Manantial de agua. 2 Línea horaria en los relojes de sol. 3 fig. Origen y principio de donde procede una cosa.

venezolano, -na *adj.-s.* De Venezuela.

venganza *f.* Satisfacción que se toma de un agravio, especialmente causando otro.

vengar *tr.-prnl.* Tomar venganza.

vengativo, -va *adj.* Inclinado a tomar venganza.

venia *f.* Licencia, permiso.

venial *adj.* Que se opone levemente a la ley o al precepto.

venida *f.* Acción de venir. 2 Regreso.

venidero, -ra *adj.* Que ha de venir.

venir *intr.* Ir de allá para acá. 2 Llegar donde está el que habla. 3 Acercarse un tiempo. 4 Traer origen. 5 Presentarse o iniciarse. 6 Con los adverbios *bien, mal,* etc., ajustarse, acomodarse. ▷ *En lo por ~,* en lo sucesivo, en lo futuro. *Venirle a uno ancha* o *muy ancha una cosa,* ser excesiva para su capacidad o mérito. *~ rodada una cosa,* suceder de modo favorable.

venoso, -sa *adj.* Perten. o rel. a las venas.

venta *f.* Ac. y ef. de vender. 2 Parador o posada en los caminos.

ventaja *f.* Lo que da superioridad en cualquier cosa. 2 Provecho, beneficio.

ventajista *adj.-com.* Que abusa de la ventaja que las circunstancias le dan.

ventajoso, -sa *adj.* Que tiene ventaja.

ventana *f.* Abertura en la pared para dar luz y ventilación. 2 Hoja u hojas con que se cierra esa abertura. ▷ *Tirar por la ~,* desperdiciar, malgastar.

ventanal *m.* Ventana grande.

ventanilla *f.* Abertura pequeña en una pared para despachar, cobrar, etc. 2 Abertura provista de cristal que tienen en sus costados los coches, vagones del tren, etc.

ventanillo *m.* Postigo pequeño de puerta o ventana. 2 Ventanilla en la puerta exterior para ver quién llama.

venteamiento *m.* Alteración producida en el vino por la acción del aire.

ventear *impers.* Soplar el viento. - 2 *tr.*

Tomar algunos animales el viento (olor) husmeando. 3 Sacar una cosa al viento. 4 fig. Andar indagando.

ventero, -ra *m. f.* Persona que tiene a su cargo una venta o posada.

ventilación *f.* Ac. y ef. de ventilar. 2 Abertura para ventilar.

ventilador *m.* Aparato con palas que proporciona un fuerte flujo de aire.

ventilar *tr.* Hacer que en un sitio entre aire del exterior para expeler el viciado. 2 Exponer al viento. 3 fig. Dilucidar.

ventisca *f.* Borrasca de viento y nieve.

ventiscar *impers.* Nevar con viento fuerte.

ventisquero *m.* Ventisca. 2 Sitio de los montes donde se conservan la nieve y el hielo. 3 Masa de nieve o hielo reunida en este sitio.

ventolera *f.* Golpe de viento. 2 fig. Determinación inesperada y extravagante.

ventolina *f.* Viento leve y variable.

ventorrillo *m.* Bodegón en las afueras de una población.

ventorro *m.* desp. Venta pequeña y mala.

ventosa *f.* Órgano de ciertos animales que les permite adherirse a los objetos mediante el vacío. 2 Pieza cóncava de material elástico que queda adherida por presión a una superficie lisa.

ventosear *intr.* Expeler del cuerpo los gases intestinales.

ventosidad *f.* Gas intestinal, especialmente cuando se expele.

ventoso, -sa *adj.* Díc. del tiempo o sitio en que hace viento.

ventral *adj.* Perten. o rel. al vientre.

ventrecha *f.* Vientre de los pescados.

ventregada *f.* Conjunto de animales nacidos de una vez. 2 fig. Abundancia de cosas que vienen de una vez.

ventrera *f.* Faja que aprieta el vientre. 2 Cincha del caballo.

ventrículo *m.* Cavidad en un órgano; especialmente la inferior del corazón que, en número de dos, envía la sangre a las arterias.

ventril *m.* Pieza de madera que equilibra la viga en los molinos de aceite.

ventrílocuo, -cua *adj.-s.* Que tiene el arte de la ventriloquia.

ventriloquia *f.* Arte de modificar la voz de manera que parezca venir de lejos e imitar otros sonidos.

ventrudo, -da *adj.* De mucho vientre.

ventura *f.* Felicidad. 2 Casualidad, contingencia. 3 Suerte. ▷ *A la buena ~*, sin objeto ni designio, a lo que depare la suerte. *Por ~*, quizá.

venturoso, -sa *adj.* Feliz, afortunado.

venus *f.* Desnudo escultórico de mujer que representa a la diosa Venus. 2 Estatuilla prehistórica femenina. 3 Planeta cuya órbita está comprendida entre las de Mercurio y la Tierra. 4 *fig.* Mujer muy hermosa.

venusto, -ta *adj.* Hermoso, agraciado.

ver *m.* Parecer o apariencia. - 2 *tr.* Percibir la forma, color, etc., de los objetos materiales por el sentido de la vista. 3 Observar. 4 Presenciar un hecho. 5 Visitar a una persona; avistarse con ella. 6 Mirar con atención, reflexionar. 7 Juzgar. 8 Comprobar. - 9 *prnl.* Ser visible. ▷ *A mí, tu, su, ~*, según el parecer de uno.

vera *f.* Orilla. ▷ *A la ~ de*, junto a, al lado de.

veracidad *f.* Calidad de veraz.

veraneante *adj.-s.* Que veranea.

veranear *intr.* Ir a pasar el verano en alguna parte.

veraneo *m.* Acción de veranear.

veraniego, -ga *adj.* Perten. o rel. al verano.

veranillo *m.* Tiempo breve de calor en otoño.

verano *m.* Estío.

veras *f. pl.* Verdad en las cosas que se dicen o hacen.

veraz *adj.* Que dice siempre la verdad.

verbal *adj.* Perten. o rel. a la palabra. 2 Que se hace de palabra. 3 Perten. o rel. al verbo.

verbalismo *m.* Propensión a dar más importancia a las palabras que a los conceptos.

verbalizar *tr.* Expresar mediante la lengua.

verbalmente *adv. m.* De palabra.

verbena *f.* Planta medicinal, de flores en espiga larga. 2 Velada de regocijo popular.

verbenáceo, -a *adj.-f.* Díc. de la planta dicotiledónea de hojas opuestas y verticiladas.

verberación *f.* Acción de verberar.

verberar *tr.* Azotar.

verbigracia *adv.* Por ejemplo.

verbo *m.* Palabra. 2 GRAM. Parte de la oración que tiene formas personales adaptadas a las circunstancias de voz, modo, tiempo, número y persona, y formas no personales con los caracteres del nombre, el adverbio y el adjetivo.

verborrea *f.* Verbosidad excesiva.

verbosidad *f.* Abundancia de palabras en la locución.

verdad *f.* Adecuación del pensamiento a la cosa. 2 Conformidad de lo que se dice con lo que se siente. 3 Veracidad. ▷ *A decir ~*, con toda certeza y seguridad.

verdadero, -ra *adj.* Que contiene verdad. 2 Real, efectivo. 3 Sincero, veraz.

verdasca *f.* Vara delgada, ordinariamente verde.

verde *adj.-m.* Color parecido al de la hierba fresca. - 2 *adj.* De color verde. 3 No marchito. 4 No maduro. 5 *fig.* Libre, obsceno. - 6 *m.* Follaje. 7 Simpatizante o militante de los partidos ecologistas. ▷ *Poner ~ a uno*, denostar, censurar.

verdear *intr.* Mostrar una cosa color verde. 2 Empezar a brotar las plantas en los campos o las hojas en los árboles.

verdeceladón, verdeceledón *adj.-m.* Color verde claro. - 2 *adj.* De color verdeceladón.

verdecer *intr.* Reverdecer, verdear.

verdecillo *m.* Ave paseriforme de pico rechoncho y plumaje amarillento.

verdegambre *m.* Planta liliácea de hojas dispuestas en verticilos de tres unidades.

verdegay *adj.-m.* Color verde claro. - 2 *adj.* De color verdegay.

verdejo, -ja *adj.* Díc. del fruto que tiene color verde aún después de maduro.

verdemar *adj.-m.* Color verde de mar. - 2 *adj.* De color verdemar.

verdeo *m.* Recolección de las aceitunas antes de que maduren.

verderón *m.* Ave paseriforme cantora, del tamaño de un gorrión, con el plumaje verdoso.

verdevejiga *m.* Compuesto de hiel de vaca y sulfuro de hierro.

verdezuelo *m.* Verderón.

verdiales *m. pl.* Baile popular de Andalucía, parecido al fandango.

verdín *m.* Capa verde formada por ciertas plantas criptógamas en lugares húmedos y en la superficie de aguas estancadas.

verdinegro, -gra adj.-m. Color verde oscuro. - 2 adj. De color verdinegro.

verdiseco, -ca adj. Medio seco.

verdolaga f. Planta de hojas pequeñas, carnosas y comestibles.

verdor m. Color verde de las plantas.

verdoso, -sa adj. Que tira a verde.

verdugal m. Monte bajo que, después de cortado o quemado, se cubre de renuevos.

verdugo m. Estoque delgado. 2 Azote de materia flexible. 3 Roncha que levanta un verdugo (azote). 4 Funcionario de justicia que ejecuta las penas de muerte.

verdugón m. Verdugo (roncha).

verduguillo m. Especie de roncha que se levanta en las hojas de algunas plantas. 2 Navaja para afeitar. 3 Verdugo (estoque).

verdulería f. Tienda de verduras.

verdulero, -ra m. f. Persona que, por oficio, vende verduras.

verdura f. Hortaliza.

vereda f. Camino angosto.

veredicto m. Definición sobre un hecho, dictada por el jurado. 2 p. ext. Parecer.

verga f. Miembro genital de los mamíferos. 2 Palo delgado. 3 MAR. Percha a la cual se asegura la vela.

vergajo m. Azote corto y flexible.

vergel m. Huerto con flores y árboles.

verglás m. Capa de hielo muy fina, que cubre la superficie de los cuerpos sólidos.

vergonzoso, -sa adj. Que causa vergüenza. - 2 adj.-s. Que se avergüenza con facilidad.

vergüenza f. Deshonor humillante, oprobio. 2 Turbación del ánimo. 3 Pundonor. 4 Cortedad para ejecutar una cosa. - 5 f. pl. Órganos sexuales.

vergueta f. Varita delgada.

verguío, -a adj. Flexible y correoso; esp. la madera.

vericueto m. Lugar áspero, por donde se anda con dificultad.

verídico, -ca adj. Que dice verdad. 2 Que la incluye. 3 Verosímil.

verificación f. Ac. y ef. de verificar. 2 Examen de la verdad de una cosa.

verificador, -ra adj.-s. Que verifica.

verificar tr. Comprobar la verdad de una cosa. - 2 prnl. Realizarse, llevarse a cabo.

verificativo, -va adj. Que sirve para verificar.

verismo m. Sistema estético que señala lo verdadero como fin de la obra de arte.

verja f. Enrejado que sirve de puerta, ventana o cerca.

verme m. Lombriz intestinal.

vermicida adj.-m. Vermífugo.

vermiculado, -da adj. ARQ. Díc. del adorno de forma irregular, como roeduras de gusanos.

vermicular adj. Que tiene vermes. 2 Parecido a los gusanos.

vermiforme adj. De figura de gusano.

vermífugo, -ga adj.-m. Que mata las lombrices intestinales.

vermis m. Parte media del cerebelo.

vermú, vermut m. Aperitivo compuesto de vino blanco, ajenjo y otras substancias.

vernáculo, -la adj. Propio del país.

verónica f. Planta medicinal sudorífica. 2 TAUROM. Lance de capa.

verosímil adj. Que parece verdadero.

verosimilitud f. Calidad de verosímil.

verraco m. Cerdo padre.

verraquear intr. Llorar un niño con rabia.

verriondo, -da adj. Que está en celo; especialmente el puerco. 2 Que está marchito, o mal cocido y duro.

verrucaria f. Planta erecta y anual boraginácea.

verruga f. Excrecencia cutánea pequeña. 2 Abultamiento en la superficie de una planta. 3 fig. Falta, imperfección.

verrugato m. Pez marino teleósteo perciforme, parecido a la corvina, de cuerpo alargado.

verrugoso, -sa adj. Que tiene verrugas.

versado, -da adj. Práctico, instruido.

versal adj.-s. IMPR. Díc. de la letra mayúscula.

versalita adj.-s. IMPR. Díc. de la letra mayúscula de igual tamaño que la minúscula.

versallesco, -ca adj. Perten. o rel. a las costumbres de la corte francesa en el s. XVII.

versar intr. Tratar de tal o cual materia un libro, discurso, etc.

versátil *adj.* Que se vuelve o puede volver fácilmente. 2 fig. Que con facilidad cambia de sentimientos, opinión o gustos.

versatilidad *f.* Calidad de versátil.

versícula *f.* Lugar donde se ponen los libros de coro.

versículo *m.* Breve división en los libros, especialmente en la Sagrada Escritura. 2 Oración breve, formada por una frase y la respuesta.

versificación *f.* Arte de versificar.

versificador, -ra *adj.-s.* Que hace versos.

versificar *intr.* Hacer versos. - 2 *tr.* Poner en verso.

versión *f.* Traducción. 2 Modo que tiene cada uno de referir el mismo suceso. 3 Adaptación de una obra (producción del entendimiento) al teatro, al cine, etc.

verso *m.* Palabra o conjunto de palabras sujetas a un ritmo, según reglas fijas.

versus *prep.* Contra.

vértebra *f.* Hueso corto que articulado con otro forma la columna vertebral.

vertebrado, -da *adj.* Que tiene vértebras. - 2 *adj.-m.* Díc. del animal dotado de un esqueleto interno, óseo o cartilaginoso, con columna vertebral.

vertebral *adj.* Perten. o rel. a las vértebras.

vertebrar *tr.* fig. Dar consistencia y estructura internas; dar cohesión.

vertedera *f.* Pieza para voltear la tierra levantada por el arado.

vertedero *m.* Sitio a donde se vierte algo, especialmente escombros, basuras, etc.

vertedor, -ra *adj.-s.* Que vierte. - 2 *m.* Conducto para dar salida al agua.

verter *tr.* Hacer salir de un recipiente y pasar a otro un líquido o cosas como la sal, la harina, etc. 2 Inclinar un recipiente. 3 Traducir. - 4 *intr.* Correr un líquido.

vertibilidad *f.* Calidad de vertible.

vertible *adj.* Que puede volverse o mudarse.

vertical *adj.* Perpendicular al plano del horizonte. 2 Que organiza el poder, político o sindical, tomando las decisiones en los mandos superiores y transmitiéndolas hacia la base. - 3 *adj.-f.* En figuras, escritos, etc., díc. de la línea que va de la cabeza al pie.

verticalidad *f.* Calidad de vertical.

verticalismo *m.* Organización vertical del poder.

vértice *m.* Punto en que concurren los dos lados de un ángulo o las caras de un ángulo poliedro. 2 Cúspide.

verticilado, -da *adj.* Dispuesto en verticilo.

verticilo *m.* Conjunto de hojas, flores, etc., dispuestas en un mismo plano alrededor de un eje.

vertiente *amb.* Declive por donde corre el agua. 2 fig. Aspecto, punto de vista.

vertiginoso, -sa *adj.* Perten. o rel. al vértigo. 2 Que lo causa.

vértigo *m.* Trastorno nervioso que produce al paciente la sensación de que los objetos que le rodean oscilan o dan vueltas. 2 Turbación del juicio repentina y pasajera.

vesania *m.* Demencia, furia.

vesánico, -ca *adj.* Perten. o rel. a la vesania. - 2 *adj.-s.* Que la padece.

vesicante *adj.-m.* Que produce ampollas en la piel.

vesícula *f.* MED. Ampolla pequeña en la epidermis. 2 Pequeña cavidad en el cuerpo del animal o de la planta.

vesicular *adj.* De forma de vesícula.

véspero *m.* El planeta Venus como lucero de la tarde. 2 Últimas horas de la tarde.

vespertina *f.* Acto literario que se celebraba por la tarde en las universidades. 2 Sermón que se predica por la tarde.

vespertino, -na *adj.* Perten. o rel. a las últimas horas de la tarde. - 2 *m.* Diario de la tarde.

vestal *f.* Doncella romana consagrada a la diosa Vesta.

vestíbulo *m.* Portal. 2 Recibidor. 3 Sala próxima a la entrada en los hoteles importantes. 4 ANAT. Cavidad central del oído interno.

vestido *m.* Lo que sirve para cubrir el cuerpo humano. 2 Prenda de vestir exterior femenina de una sola pieza.

vestidor *m.* Dependencia doméstica para arreglarse, tocador.

vestidura *f.* Vestido. 2 Vestido que usan los sacerdotes para el culto.

vestigial *adj.* Escasamente desarrollado.

vestigio *m.* Memoria que queda de una cosa. 2 fig. Indicio.

vestimenta f. Vestido.

vestir tr.-prnl. Cubrir el cuerpo con el vestido. - 2 tr. Hacer el vestido a otro. - 3 tr.-intr. Llevar tal o cual vestido. - 4 tr. Cubrir, adornar. - 5 intr.-prnl. Ir vestido.

vestuario m. Vestido. 2 Conjunto de trajes para una representación escénica. 3 Parte del teatro donde se visten los actores. - 4 m. pl. En los campos de deportes, piscinas, etc., local para cambiarse de ropa.

veta f. Filón, vena. 2 Franja de una materia que se distingue de la masa en que está interpuesta.

vetar tr. Poner el veto.

veteado, -da adj. Que tiene vetas.

vetear tr. Señalar o pintar vetas.

veterano, -na adj.-s. Antiguo y experimentado en una profesión.

veterinaria f. Disciplina que estudia las enfermedades de los animales.

veterinario, -ria m. f. Persona que por oficio se dedica a la veterinaria.

vetiver m. Planta tropical aromática, usada en perfumería.

veto m. Derecho para vedar una cosa.

vetusto, -ta adj. Muy antiguo, de mucha edad.

vez f. Caso en que sucede un acto susceptible de repetición. 2 Tiempo y ocasión determinado o de hacer algo por turno u orden. 3 Realización de una acción en momentos y circunstancias distintos. ▷ A la ~, simultáneamente. Alguna ~, en una que otra ocasión. A su ~, por orden sucesivo y alternativo, por su parte. A veces, en ocasiones. Cada ~ que, siempre que. De una ~, con una sola acción. De una ~ para siempre, de manera definitiva. De ~ en cuando, sólo algunas veces. En ~ de, en sustitución de. Tal ~, quizá. Una ~ que, después que. Hacer las veces de uno, ejercer sus funciones, supliéndole o representándole.

vía f. Camino. 2 Terreno sobre el que se asientan los carriles del ferrocarril, tranvía, etc. 3 Par de carriles sobre los cuales corre un ferrocarril, tranvía, etc. 4 Conducto. 5 Rumbo. 6 ~ Láctea o camino de Santiago, galaxia en que está comprendido el sistema solar. 7 Cuaderna ~, estrofa de cuatro alejandrinos con una sola rima. ▷ De ~ estrecha, que es mediocre en su especie. En vías, en transcurso.

viable adj. Que puede llevarse a cabo.

vía crucis m. Camino señalado con representaciones de los pasos de la Pasión de Jesucristo. 2 Ejercicio piadoso en que se conmemoran los pasos de la Pasión.

viaducto m. Obra a manera de puente, sobre una hondonada.

viajante adj.-s. Que viaja. - 2 com. Dependiente que hace viajes para negociar.

viajar intr. Hacer viaje. 2 Ser transportada una cosa.

viaje m. Ida de una parte a otra. 2 Carga que se transporta de una vez. 3 Estado de alucinación causado por estupefacientes.

viajero, -ra adj.-s. Que viaja.

vial adj. Perten. o rel. a la vía. - 2 m. Frasco pequeño que contiene un medicamento inyectable.

vialidad f. Conjunto de servicios relacionados con las vías públicas. 2 Calidad de transitable.

vianda f. Sustento de los seres humanos. 2 Comida que se sirve a la mesa.

viandante com. Persona que va de camino. - 2 adj.-com. Que anda a pie.

viaraza f. Flujo de vientre.

viático m. Subvención que percibe un funcionario para trasladarse al punto de su destino. 2 En la liturgia cristiana, sacramento de la Eucaristía, administrado a los enfermos que están en peligro de muerte.

víbora f. Serpiente venenosa, de cabeza triangular. 2 fig. Persona maldiciente.

viborera f. Planta boraginácea bienal de hojas lanceoladas y de flores azules.

vibración f. Ac. y ef. de vibrar.

vibráfono m. Instrumento musical formado por placas metálicas vibrantes.

vibrante adj.-s. Díc. del sonido que se pronuncia con un rápido contacto entre los órganos de la articulación.

vibrar intr. Moverse rápidamente un cuerpo a uno y otro lado de sus puntos de equilibrio. 2 fig. Conmoverse. - 3 tr. Dar un movimiento trémulo a una cosa elástica.

vibrátil adj. Capaz de vibrar.

vibratorio, -ria adj. Que vibra.

viburno m. Arbusto de hojas ovales y flores blanquecinas.

vicaría f. Oficio, oficina y jurisdicción

del vicario.

vicario, -ria *adj.-s.* Que asiste a un superior en sus funciones o lo substituye. - 2 *m. f.* Persona que tiene las veces y autoridad de alguno de los superiores.

vicealmirante *m.* Oficial de la armada, inmediatamente inferior al almirante.

vicecanciller *m.* El que hace las veces de canciller.

vicecónsul *m.* Funcionario inmediatamente inferior al cónsul.

vicediós *m.* Título que se da al Papa como representante de Dios en la tierra.

vicegobernador, -ra *m. f.* Persona que hace las veces de gobernador.

vicenal *adj.* Que sucede cada veinte años. 2 Que dura veinte años.

vicepresidencia *f.* Cargo de vicepresidente.

vicepresidente, -ta *m. f.* Persona que hace las veces de presidente o presidenta.

vicerrector, -ra *m. f.* Persona que hace las veces de rector o rectora.

vicesecretario, -ria *m. f.* Persona que hace las veces de secretario o secretaria.

vicetiple *f.* Corista, cantante.

viceversa *adv. m.* Invirtiendo el orden de dos términos; al contrario.

viciado, -da *adj.* Díc. del aire que no ha sido renovado en un espacio cerrado.

viciar *tr.-prnl.* Dañar, corromper. - 2 *tr.* Falsear. - 3 *prnl.* Entregarse a los vicios.

vicio *m.* Defecto. 2 Frondosidad excesiva. 3 Hábito de obrar mal. ▷ *De ~,* sin necesidad, por costumbre.

vicioso, -sa *adj.* Dado al vicio.

vicisitud *f.* Sucesión de unas cosas a otras muy diferentes. 2 Suceso adverso.

víctima *f.* Persona o animal destinado al sacrificio. 2 *fig.* Persona que se expone a un grave riesgo por otra, o que sufre por culpa ajena o por causa fortuita.

victoria *f.* Acción de vencer o ganar en una guerra, lucha, etc.

victorial *f.* Planta liliácea perenne de hojas elípticas.

victorioso, -sa *adj.-s.* Que ha conseguido una victoria. - 2 *adj.* Díc. de la acción en que se consigue una victoria.

vicuña *f.* Mamífero rumiante americano, de pelo largo y fino.

vichy *m.* Tejido fino de algodón con hilos de colores.

vid *f.* Arbusto vitáceo sarmentoso y trepador, de fruto en bayas redondeadas y jugosas.

vida *f.* Fuerza interna mediante la cual obra el ser que la posee. 2 Estado de actividad de un ser orgánico. 3 Unión del alma y el cuerpo. 4 *fig.* Viveza. 5 Tiempo que transcurre desde el nacimiento hasta la muerte; p. ext., duración de las cosas. 6 Modo de vivir. 7 Medios de subsistencia. 8 Ser humano. 9 Biografía.

vidente *adj.-s.* Que ve. - 2 *m.* Profeta que adivina el porvenir o conoce cosas ocultas.

vídeo *m.* Técnica de grabación de la imagen y del sonido, y su reproducción. 2 Aparato para grabar y reproducir imágenes mediante dicha técnica. 3 ~ *comunitario,* empresa que, por medio de cable u otro procedimiento, se dedica a la reproducción simultánea de una misma videocasete en una barriada o ciudad.

videoarte *m.* Práctica artística llevada a cabo mediante el recurso a la tecnología propia del vídeo.

videocámara *f.* Sistema compuesto por un tomavistas y un magnetoscopio portátil.

videocasete *f.* Casete en la que se pueden grabar y reproducir imágenes.

videocinta *f.* Cinta magnética en que se graban imágenes con los mismos sistemas que se emplean en la televisión.

videoclub *m.* Lugar en que se alquilan e intercambian videocasetes ya grabadas.

videodisco *m.* Disco en el que se pueden grabar y reproducir imágenes.

videojuego *m.* Aparato que permite simular sobre una pantalla diversos juegos y entretenimientos. 2 Juego presentado a través de dicho aparato.

videoteca *f.* Colección de grabaciones de vídeo. 2 Lugar donde se guardan.

videoteléfono *m.* Aparato telefónico con una pantalla en la que aparece la imagen del interlocutor.

videotex *m.* Transmisión de textos informatizados a través de la red telefónica y que aparecen en una pantalla.

vidorra *f. fam.* Vida holgada, placentera.

vidriado, -da *adj.* Vidrioso, quebradizo. - 2 *m.* Barro o loza con barniz vítreo.

vidriar *tr.* Dar a las piezas de loza un barniz vítreo.

vidriera *f.* Bastidor con vidrios con que se cierran puertas y ventanas.

vidrio *m.* Substancia transparente o translúcida, dura y frágil, que se obtiene fundiendo una mezcla de sílice con potasa o sosa. 2 Objeto de vidrio.

vidrioso, -sa *adj.* Quebradizo como el vidrio. 2 Díc. de los ojos que se ponen como de vidrio.

vieira *f.* Molusco lamelibranquio de concha acanalada. 2 Concha de este molusco.

vieja *f.* Pez marino teleósteo perciforme.

viejales *com.* fam. Persona vieja de carácter alegre y dicharachero.

viejo, -ja *adj.-s.* De mucha edad. - 2 *adj.* Antiguo. 3 Usado, estropeado.

viento *m.* Corriente de aire producida en la atmósfera por causas naturales. 2 Rumbo. 3 Olor que deja una pieza de caza. 4 Cuerda para mantener una cosa derecha. ▷ *Como el ~,* muy veloz. *Contra ~ y marea,* arrostrando inconvenientes y dificultades. *~ en popa,* con prosperidad. *Correr malos vientos,* ser adversas las circunstancias. *Beber los vientos por algo,* desearlo con ansia.

vientre *m.* Cavidad del cuerpo que contiene el estómago y los intestinos. 2 Región del cuerpo que corresponde a ella.

viernes *m.* Sexto día de la semana.

vierteaguas *m.* Resguardo o reborde para escurrir las aguas llovedizas.

vietnamita *adj.-s.* De Vietnam. 2 *m.* Lengua vietnamita.

viga *f.* Madero largo y grueso, o barra de hierro, para formar techos y sostener las fábricas. 2 Prensa con un gran madero horizontal.

vigente *adj.* Que está en vigor.

vigésimo, -ma *adj.-s.* Parte que, junto a otras diecinueve iguales, constituye un todo. - 2 *adj.* Que ocupa el último lugar en una serie ordenada de veinte.

vigía *f.* Atalaya. 2 Acción de vigiar. - 3 *com.* Persona destinada a vigiar.

vigiar *tr.* Velar o cuidar de hacer descubiertas desde un lugar adecuado.

vigilancia *f.* Ac. y ef. de vigilar. 2 Servicio ordenado y dispuesto para vigilar.

vigilante *adj.* Que vela o está despierto. - 2 *com.* Persona encargada de velar por algo.

vigilar *intr.-tr.* Velar sobre una persona o cosa.

vigilia *f.* Acción de estar en vela. 2 Falta de sueño. 3 Trabajo intelectual, especialmente el de noche. 4 Víspera. 5 Comida con abstinencia de carne.

vigor *m.* Fuerza activa. 2 Viveza, eficacia. 3 Fuerza de obligar en las leyes.

vigorizador, -ra *adj.* Que da vigor.

vigorizar *tr.* Dar vigor.

vigoroso, -sa *adj.* Que tiene vigor.

viguería *f.* Conjunto de vigas de un edificio.

vigués, -guesa *adj.-s.* De Vigo.

vigueta *f.* Barra de hierro laminado, destinada a la edificación.

vihuela *f.* Antiguo instrumento músico de cuerda, parecido a la guitarra.

vikingo, -ga *adj.-s.* De un antiguo pueblo de navegantes escandinavos.

vil *adj.* Falto de moral y dignidad.

vilano *m.* Penacho de pelos o pequeñas escamas que corona el fruto de muchas plantas.

vileza *f.* Calidad de vil. 2 Acción vil.

vilipendiar *tr.* Despreciar una cosa, denigrar a una persona.

vilipendio *m.* Ac. y ef. de vilipendiar.

vilo (en ~) *loc. adv.* Suspendido; sin el fundamento o apoyo necesarios.

vilordo, -da *adj.* Perezoso, tardo.

vilorta *f.* Aro hecho con una vara de madera. 2 Abrazadera que sujeta el timón.

vilorto *m.* Palo grueso para jugar a la vilorta.

villa *f.* Casa de recreo en el campo. 2 Población más importante que el pueblo.

villagodio *m.* Gran chuleta de entrecot.

villancico *m.* Composición poética popular con estribillo, especialmente la de asunto religioso que se canta en Navidad.

villanía *f.* Bajeza de nacimiento, condición o estado. 2 fig. Acción ruin.

villano, -na *adj.-s.* Vecino del estado llano en una villa o aldea. - 2 *adj.* fig. Rústico o descortés. 3 fig. Ruin, indigno.

villorrio *m.* desp. Población pequeña y poco urbanizada.

vimana *f.* Torre piramidal de los templos indios.

vinagrada f. Refresco compuesto de agua, vinagre y azúcar.

vinagre m. Líquido agrio, producido por la fermentación acética del vino.

vinagrera f. Vasija para el vinagre. - **2** f. pl. Utensilio de mesa con dos o más frascos para aceite y vinagre.

vinagreta f. Salsa compuesta de aceite, cebolla y vinagre.

vinagrillo m. Vinagre de poca fuerza.

vinajera f. Jarrillo con el que, junto a otro, se sirve el agua y el vino en la misa.

vinatería f. Comercio de vinos.

vinatero, -ra adj. Perten. o rel. al vino. - **2** m. f. Persona que trafica con el vino.

vinaza f. Vino sacado de los posos.

vincapervinca f. Planta apocinácea de hojas verdes y flores azules.

vinculación f. Ac. y ef. de vincular.

vincular tr. Sujetar los bienes a vínculo. 2 Atar o fundar una cosa en otra. 3 fig. Someter la suerte o el comportamiento de alguien o de algo a las de otra persona o cosa.

vínculo m. Unión, lazo.

vindicar tr.-prnl. Vengar. 2 Defender o exculpar al que se halla calumniado.

vindicativo, -va adj. Que vindica. 2 Vengativo.

vinícola adj. Perten. o rel. a la fabricación del vino.

vinicultura f. Elaboración de vinos.

vinificación f. Proceso de elaboración de los vinos, a partir de la uva.

vinilo m. QUÍM. Derivado del etileno por pérdida de un átomo de hidrógeno.

vino m. Zumo de uvas fermentado.

vinolento, -ta adj. Que bebe vino con exceso.

vinoso, -sa adj. Que tiene las propiedades o apariencia del vino.

vinote m. Residuo que queda después de destilado el vino.

viña, viñedo f., m. Terreno plantado de vides.

viñeta f. Dibujo que se pone para adorno en los libros. 2 Dibujo o escena impresa, que se acompaña de un texto o comentario.

viola f. Instrumento músico de cuerda y arco, de mayor tamaño que el violín.

violáceo, -a adj. Violado.

violación f. Ac. y ef. de violar.

violado, -da adj.-s. Color parecido al de la violeta. - **2** adj. De color violado.

violar tr. Quebrantar una ley o precepto. 2 Tener acceso por fuerza con una mujer.

violencia f. Calidad de violento. 2 Acción violenta. 3 Ac. y ef. de violentar.

violentar tr. Obligar, forzar por medios violentos. 2 fig. Dar interpretación torcida. - **3** prnl. Vencer uno su repugnancia a hacer una cosa.

violento, -ta adj. Que está fuera de su natural estado. 2 Que obra o se hace con ímpetu y fuerza. 3 Iracundo. 4 Falso, torcido. 5 Que se hace contra justicia.

violero m. Constructor de instrumentos de cuerda.

violeta f. Planta de flores moradas o blancas, de suave olor. 2 Flor de esta planta.

violín m. Instrumento músico de cuerda y arco, el más pequeño y agudo de los de su clase. - **2** com. Violinista.

violinista com. Músico que toca el violín.

violón m. Contrabajo.

violonchelista com. Músico que toca el violonchelo.

violonchelo m. Instrumento músico de cuerda y arco, parecido al contrabajo.

viperino, -na adj. Perten. o rel. a la víbora. 2 Que tiene sus propiedades.

vira f. Saeta delgada y de punta aguda. 2 Tira para dar fuerza al calzado.

virador m. Líquido empleado en fotografía para virar.

viraje m. Ac. y ef. de virar.

virar intr. Mudar de dirección en su marcha. 2 fam. Volver, dar vuelta. 3 fig. Evolucionar, cambiar. 4 MAR. Cambiar de rumbo o de bordada.

virazón f. Viento que en las costas suele soplar del mar durante el día.

virgen com. Persona que no ha tenido relaciones sexuales. - **2** f. p. ant. María Santísima, Madre de Dios. 3 Imagen de María Santísima. - **4** adj. Que no ha sido cultivado, ni elaborado. 5 fig. Intacto.

virginal adj. Perten. o rel. a una virgen. 2 fig. Puro, incólume.

virginidad f. Entereza corporal de la persona virgen. 2 fig. Pureza, candor.

virgo adj.-s. Virgen. - **2** m. Himen.

virguería f. fam. Habilidad extremada. 2 Cosa excelente y extraordinaria.

virgulilla f. Signo ortográfico en forma de coma.

viril adj. Varonil. 2 Díc. de la edad en que el hombre ha adquirido ya todo su desarrollo y vigor.

virilidad f. Calidad de viril. 2 Edad viril.

virilismo m. Distrofia femenina relacionada con perturbaciones endocrinas.

viripotente adj. Vigoroso, potente.

virola f. Abrazadera de metal que se pone en algunos instrumentos.

virología f. Estudio de los virus.

virosis f. Enfermedad cuyo origen se atribuye a virus patógenos.

virote m. Especie de saeta guarnecida con un casquillo. 2 fig. Hombre erguido y demasiado serio.

virotismo m. Entono, presunción.

virrey m. El que gobierna en nombre y con la autoridad del rey.

virtual adj. Que puede producir un efecto. 2 Implícito, tácito. 3 FÍS. Que tiene existencia aparente y no real.

virtualidad f. Calidad de virtual.

virtud f. Capacidad de producir un efecto determinado. 2 Disposición habitual del alma para las buenas acciones. 3 Castidad.

virtuosismo m. Alarde de técnica de un arte, especialmente de la música.

virtuoso, -sa adj. Que practica la virtud. 2 Inspirado por la virtud. - 3 m. f. Persona que sobresale en la técnica de su arte.

viruela f. Enfermedad contagiosa, caracterizada por una erupción de pústulas.

virulé (a la ~) loc. adv. Desordenado, de mala traza. 2 Estropeado, torcido.

virulencia f. Calidad de virulento.

virulento, -ta adj. Ponzoñoso, maligno. 2 fig. Sañudo.

virus m. Agente infeccioso, por lo común invisible, que se reproduce en el seno de células vivas específicas.

viruta f. Hoja delgada que se saca con el cepillo al labrar madera o metal.

visado f. Acción de visar. 2 Diligencia que se pone en el documento que se visa.

visar tr. Autorizar un documento poniéndole el visto bueno.

víscera f. Entraña. 2 Órgano contenido en las principales cavidades del cuerpo.

visceral adj. Perten. o rel. a las vísceras. 2 fig. Profundo y arraigado.

vis cómica f. Fuerza cómica.

viscosidad f. Calidad de viscoso. 2 Materia viscosa.

viscoso, -sa adj. Pegajoso.

visera f. Parte movible del yelmo que cubre el rostro. 2 Ala pequeña de la parte anterior de las gorras, quepis, etc.

visibilidad f. Calidad de visible. 2 Grado de transparencia de la atmósfera.

visible adj. Que se puede ver. 2 Evidente.

visigodo, -da adj.-s. De una parte del pueblo godo que invadió España hacia la mitad del s. v.

visigótico, -ca adj. Perten. o rel. a los visigodos.

visillo m. Cortina de tela fina y casi transparente.

visión f. Ac. y ef. de ver. 2 Objeto de la vista. 3 Ilusión que representa como reales cosas que sólo existen en nuestra imaginación.

visionar tr. Ver imágenes cinematográficas o televisivas, especialmente de modo crítico.

visionario, -ria adj.-s. Que ve visiones.

visir m. Ministro de un soberano musulmán.

visita f. Acción de visitar. 2 Persona que visita. 3 Inspección, reconocimiento.

visitador, -ra adj.-s. Que visita frecuentemente. - 2 m. Funcionario que hace visitas de inspección.

visitante adj.-s. Que visita. 2 DEP. Que juega en el terreno de su contrincante.

visitar tr. Ir a ver a uno en su casa. 2 Acudir a un lugar.

vislumbrar tr. Ver confusamente un objeto. 2 fig. Conjeturar por leves indicios.

vislumbre f. Reflejo o tenue resplandor. 2 Leve semejanza. 3 fig. Indicio.

viso m. Reflejo de algunas cosas que parecen ser de color distinto del suyo propio. 2 fig. Apariencia.

visón m. Mamífero carnívoro, parecido a la marta. 2 Prenda de abrigo hecha de pieles de este animal.

visor m. Accesorio de la máquina fotográfica para dirigir la visual al objeto que se quiere fotografiar.

víspera f. Día que antecede inmediatamente a otro. 2 Inmediación de una cosa que ha de suceder.

vista *f.* Facultad de ver. 2 Ojo o conjunto de ambos. 3 Lo que se ve desde un punto. 4 Cuadro que representa un lugar. 5 Apariencia o relación de unas cosas con otras. ▷ *A primera* o *a simple* ~, ligeramente y de paso. *A* ~ *de pájaro,* desde un punto elevado. *Con vistas a,* con la finalidad de. *Hacer la* ~ *gorda,* fingir que no ve una cosa.

vistazo *m.* Ojeada.

visto, -ta *adj.* Pasado de moda, llevado por mucha gente. 2 ~ *bueno,* fórmula V° B°, al pie de un documento para autorizarlo. ▷ ~ *que,* pues que, una vez que.

vistosidad *f.* Calidad de vistoso.

vistoso, -sa *adj.* Que atrae mucho la atención.

visual *adj.* Perten. o rel. a la vista. 2 Línea recta que se considera tirada desde el ojo del espectador hasta el objeto.

visualizar *tr.* Hacer visible lo que normalmente no aparece a la vista. 2 Representar mediante imágenes.

vitáceo, -a *adj.-f.* Díc. de la planta dicotiledónea, trepadora, de hojas palmeadas, flores pequeñas y fruto en baya; como la vid.

vital *adj.* Perten. o rel. a la vida. 2 fig. De suma importancia. 3 Que posee un gran impulso o energía para actuar.

vitalicio, -cia *adj.* Que dura hasta el fin de la vida.

vitalidad *f.* Calidad de tener vida. 2 Actividad, eficacia.

vitalismo *m.* Doctrina biológica y filosófica que explica todas las funciones de los seres vivos como el producto de una fuerza vital esencialmente distinta de las fuerzas físicas, químicas y mecánicas.

vitalizar *tr.* Comunicar fuerza o vigor.

vitamina *f.* Substancia indispensable para la vida, que el organismo es incapaz de producir.

vitela *f.* Piel de vaca adobada y pulida.

vitelina *f.* Membrana que contiene la yema del huevo.

vitelo *m.* Citoplasma del huevo de los animales.

viticultor, -ra *m. f.* Persona que se dedica a la viticultura.

viticultura *f.* Cultivo de la vid.

vito *m.* Baile popular de Andalucía.

vitola *f.* Tamaño de los cigarros puros. 2 Anilla de papel que se pone a los cigarros puros como distintivo de su marca.

vitolfilia *f.* Afición a coleccionar vitolas.

vítor *m.* Función pública en que se aclama a uno. 2 Cartel público en que se elogia a una persona por alguna hazaña.

vitorear *tr.* Aplaudir, aclamar.

vitoriano, -na *adj.-s.* De Vitoria.

vitral *m.* Vidriera de colores.

vítreo, -a *adj.* De vidrio.

vitrificación *f.* Ac. y ef. de vitrificar.

vitrificar *tr.-prnl.* Convertir en vidrio o dar su apariencia. 2 Fundir al horno el vidriado de las piezas de loza o de alfarería.

vitrina *f.* Escaparate, armario o caja con puertas o tapas de cristales.

vitriolo *m.* Sulfato.

vitro (in ~) *loc. adv.* En medio artificial, en laboratorio.

vitualla *f.* Conjunto de víveres.

vituperable *adj.* Que merece vituperio.

vituperar *tr.* Censurar, desaprobar.

vituperio *m.* Oprobio. 2 Censura.

viudedad *f.* Pensión que percibe la viuda de un empleado. 2 Viudez.

viudez *f.* Estado de viudo.

viudo, -da *adj.-s.* Díc. de la persona a quien se le ha muerto su cónyuge y no se ha vuelto a casar.

¡viva! Interjección de alegría y aplauso.

vivac *m.* Vivaque.

vivacidad *f.* Calidad de vivaz. 2 Viveza.

vivalavirgen *m.* Hombre despreocupado. - 2 *com. fam.* Vivales.

vivales *com. fam.* Pillo, fresco, pícaro.

vivaque *m.* Refugio de alta montaña. 2 DEP. En montañismo, campamento ligero para pasar la noche. 3 MIL. Campamento militar de noche al raso.

vivaracho, -cha *adj.* Muy vivo de genio; travieso y alegre.

vivaz *adj.* Que vive mucho. 2 Eficaz, vigoroso. 3 Agudo, perspicaz. 4 Díc. de la planta cuyos órganos aéreos son anuales y cuyas raíces viven varios años.

vivencia *f.* Hecho de experiencia que se incorpora a la personalidad del sujeto.

víveres *m. pl.* Provisiones de boca.

vivero *m.* Terreno donde se recrían plantas. 2 Lugar donde se mantienen dentro del agua peces, moluscos, etc.

vivérrido, -da *adj.-m.* Díc. del mamífero carnívoro de costumbres parecidas a las de los mustélidos, pero de caracteres anatómicos distintos; como la jineta y la mangosta.

viveza *f.* Prontitud, presteza. 2 Energía, ardimiento. 3 Agudeza de ingenio. 4 Esplendor, lustre.

vívido, -da *adj.* Lleno de vida, intenso.

vividor, -ra *adj.-s.* Diligente en buscarse medios de vida. - 2 *m. f.* Persona que vive a expensas de los demás.

vivienda *f.* Morada, habitación.

viviente *adj.-s.* Que vive.

vivificante *adj.* Que vivifica.

vivificar *tr.* Dar vida. 2 Hacer más viva una cosa, fortalecerla.

vivífico, -ca *adj.* Que incluye vida o nace de ella.

vivíparo, -ra *adj.* Que tiene su desarrollo embrionario en el cuerpo de la madre.

vivir *intr.* Tener vida. 2 Durar con vida. 3 Durar en la memoria. - 4 *intr.-tr.* Habitar.

vivisección *f.* Disección de los animales vivos.

vivo, -va *adj.-s.* Que tiene vida. 2 Que subsiste. 3 fig. Intenso. 4 fig. Muy expresivo. 5 fig. Sutil, ingenioso; astuto. 6 fig. Diligente, pronto, ágil.

vizcaíno, -na *adj.-s.* De Vizcaya.

vizcaitarra *adj.-com.* Partidario de la independencia o autonomía de Vizcaya.

vizconde, -desa *m. f.* Título nobiliario inferior al de conde.

vocablo *m.* Palabra.

vocabulario *m.* Diccionario. 2 Conjunto de las palabras de un idioma, ciencia, arte, autor, etc. 3 Lista de palabras ordenadas con arreglo a un sistema determinado.

vocación *f.* Inspiración con que Dios llama a un estado. 2 Inclinación a un estado o profesión.

vocal *adj.* Perten. o rel. a la voz. - 2 *com.* Persona que tiene voz en una junta o consejo. - 3 *adj.-f.* Díc. del sonido de una lengua producido por la simple vibración de las cuerdas vocales. - 4 *f.* Letra que representa a un sonido vocal.

vocálico, -ca *adj.* Perten. o rel. a la vocal.

vocalismo *m.* Sistema de vocales de una lengua.

vocalista *com.* Persona que une su voz a la de los instrumentos.

vocalización *f.* En el arte del canto, ejercicio que se ejecuta valiéndose de cualquiera de las vocales. 2 Transformación histórica de una consonante en vocal.

vocalizar *intr.* Solfear sin nombrar las notas. 2 Articular con la debida distinción las vocales, consonantes y sílabas.

vocativo *m.* GRAM. Caso de la declinación en que va la palabra que sirve para invocar, llamar o nombrar.

vocear *intr.* Dar voces. 2 Publicar con voces.

vociferar *intr.* Hablar a grandes voces.

vocinglería *f.* Calidad de vocinglero.

vocinglero, -ra *adj.-s.* Que da muchas voces. 2 Que habla mucho y vanamente.

vodevil *m.* Género de comedia ligera.

vodka *amb.* Aguardiente de centeno.

volada *f.* Vuelo a corta distancia.

voladera *f.* Paleta de la rueda hidráulica.

voladero, -ra *adj.-s.* Que puede volar.

voladizo, -za *adj.-m.* Que sale de lo macizo en las paredes y edificios.

volado, -da *adj.* IMPR. Díc. del tipo colocado en lo alto del renglón.

volador, -ra *adj.* Que vuela.

volandas (en ~) *loc. adv.* Por el aire o levantado del suelo.

volandera *f.* Rodaja de hierro colocada en los extremos del eje del carro, para sujetar las ruedas.

volandero, -ra *adj.* Volantón. 2 Suspenso en el aire y que se mueve a su impulso. 3 fig. Casual. 4 fig. Que no hace asiento en ningún lugar.

volando *adv.* fam. Inmediatamente.

volante *adj.* Que no tiene asiento fijo. - 2 *m.* Rueda que sirve de control de dirección en los automóviles. 3 Anillo que regulariza el movimiento de un reloj. 4 Hoja de papel en que se manda un aviso, orden, etc. 5 Guarnición con que se adornan prendas de vestir o de tapicería.

volantón, -tona *adj.-s.* Díc. del pájaro que empieza a volar.

volapié *m.* Suerte del toreo que consiste en herir de corrida el espada al toro.

volar *intr.* Ir o moverse por el aire. 2 fig. Ir con gran prisa; transcurrir rápidamente. 3 fig. Desaparecer. 4 fig. Sobresalir fuera de un edificio. - **5** *tr.* fig. Hacer estallar por medio de un explosivo.

volatería *f.* Caza de aves con otras enseñadas. 2 Conjunto de diversas aves.

volátil *adj.-s.* Que puede volar. 2 fig. Mudable. 3 Que se volatiliza.

volatilizar *tr.-prnl.* Convertir en vapor o gas una substancia. - 2 *prnl.* fam. Desaparecer una cosa.

volatinero, -ra *m. f.* Persona que hace ejercicios sobre una cuerda o alambre o volteando por el aire.

volcán *m.* Abertura en la tierra por donde salen materias ígneas, vapores, etc. 2 fig. Pasión ardiente.

volcánico, -ca *adj.* Perten. o rel. al volcán. 2 Ardiente, fogoso.

volcanismo *m.* GEOL. Ciencia que estudia los volcanes.

volcar *tr.-intr.* Inclinar o invertir un objeto o recipiente de modo que caiga lo que contiene. - 2 *prnl.* Inclinarse hacia un bando; entregarse a un trabajo o idea.

volea *f.* Palo labrado a modo de balancín para sujetar en él los tirantes de las caballerías delanteras.

volear *tr.* Golpear una cosa en el aire para impulsarla.

volemia *f.* Volumen de sangre que circula en el organismo.

voleo *m.* Golpe dado en el aire a una cosa antes que caiga al suelo. 2 Acción de sembrar esparciendo la semilla en el aire. ▷ *Al ~*, de manera arbitraria, sin criterio.

volframio *m.* Tungsteno.

volitivo, -va *adj.* Díc. de los actos y fenómenos de la voluntad.

volován *m.* Pastel de pasta de hojaldre relleno de marisco, pescado, pollo, etc.

volovelista *com.* Deportista que practica el vuelo a vela o vuelo sin motor.

volquete *m.* Carro formado por un cajón que se puede vaciar girando sobre el eje. 2 Camión automóvil para el mismo uso.

volt *m.* ELECTR. Unidad de potencial eléctrico en el Sistema Internacional.

voltaje *m.* Potencial eléctrico, expresado en voltios.

volteadora *f.* Máquina que revuelve el heno, una vez segado con el fin de favorecer su secado.

voltear *tr.* Dar vueltas a una persona o cosa. 2 Poner una cosa al revés.

volteo *m.* Ac. y ef. de voltear.

voltereta *f.* Vuelta dada en el aire.

volteriano, -na *adj.* De espíritu lleno de incredulidad, burla y cinismo.

voltímetro *m.* Aparato para medir en voltios la diferencia de potencial eléctrico entre dos puntos de un circuito.

voltio *m.* Volt.

volubilidad *f.* Calidad de voluble.

voluble *adj.* Que con facilidad se puede mover alrededor. 2 Versátil. 3 Díc. del tallo que crece formando espiras.

volumen *m.* Cuerpo material de un libro. 2 Corpulencia de una cosa. 3 fig. Importancia o magnitud de un hecho. 4 Intensidad de la voz o de otros sonidos. 5 GEOM. Espacio ocupado por un cuerpo.

volumetría *f.* Medida del volumen. 2 Ciencia que estudia los volúmenes.

voluminoso, -sa *adj.* De gran volumen.

voluntad *f.* Potencia del alma en cuya virtud tendemos a hacer o no hacer una cosa. 2 Intención. 3 Deseo.

voluntariado *m.* Alistamiento voluntario para el servicio militar. 2 p. ext. Conjunto de personas inscritas voluntariamente para realizar un cometido.

voluntariedad *f.* Calidad de voluntario.

voluntario, -ria *adj.* Que nace de la voluntad. - 2 *m.* Soldado que se alista libremente en el ejército. - 3 *m. f.* Persona que se presta voluntariamente a hacer algo.

voluntarioso, -sa *adj.* Que hace las cosas con voluntad constante.

voluntarismo *m.* Doctrina psicológica, opuesta al intelectualismo, que considera a la voluntad como la actividad esencial del alma humana.

voluptuosidad *f.* Complacencia en los deleites sensuales.

voluptuoso, -sa *adj.* Que inclina a la voluptuosidad o la hace sentir.

voluta *f.* ARQ. Adorno en figura de espiral en los capiteles.

volva *f.* Velo tenue que suele envolver algunos hongos.

volvaria *f.* Seta con el sombrero pardusco.

volvedera *f.* Herramienta que se emplea para dar vueltas a la mies.

volver *tr.* Dar vuelta a una cosa. 2 Entornar o cerrar. 3 Dirigir una cosa hacia otra. 4 Devolver, restituir. 5 Mudar. 6 Traducir. - 7 *intr.-prnl.* Regresar. - 8 *intr.* Con la preposición *a*, repetir lo que antes se ha hecho. 9 Restituirse a su sentido el que lo ha perdido. - 10 *prnl.* Inclinar el cuerpo o el rostro hacia alguien o algo. ▷ ~ *loco a uno*, confundirlo con diversidad de especies inconexas. *Volverse uno atrás*, no cumplir la promesa o la palabra.

volvocales *f. pl.* Orden de algas dentro de las clorofíceas.

volvox *m.* Alga clorofícea de agua dulce que vive formando colonias.

vómer *m.* ANAT. Hueso impar de la cara que constituye el tabique de la nariz.

vómica *f.* MED. Absceso formado en el interior del pecho y en que el pus llega a los bronquios.

vomipurgante *adj.-s.* Que promueve el vómito y las evacuaciones del vientre.

vomitar *tr.* Arrojar violentamente por la boca lo contenido en el estómago. 2 fig. Arrojar de sí lo que tiene dentro. 3 fig. Proferir injurias, maldiciones, etc.

vomitivo, -va *adj.-m.* Que provoca el vómito.

vómito *m.* Acción de vomitar. 2 Lo que se vomita.

vomitorio *m.* Puerta de acceso a las gradas en los antiguos teatros y circos, y en los estadios, plazas de toros, etc.

voracidad *f.* Calidad de voraz.

vorágine *f.* Remolino impetuoso que hacen las aguas. 2 fig. Pasión desenfrenada; mezcla de sentimientos intensos.

voraz *adj.* Muy comedor; de apetito ansioso. 2 fig. Violento, pronto en consumir.

vos *pron. pers.* Forma de segunda persona usada como tratamiento en género masculino y femenino y en número singular y plural.

vosear *tr.* Dar tratamiento de vos.

voseo *m.* Costumbre de vosear. 2 esp. Empleo hispanoamericano de *vos* por *tú*.

vosotros, -tras *pron. pers.* Forma de la segunda persona para el sujeto en género masculino y femenino y en número plural.

votación *f.* Ac. y ef. de votar. 2 Conjunto de votos emitidos. 3 Sistema de emisión de votos.

votar *intr.-tr.* Dar uno su voto.

votivo, -va *adj.* Ofrecido por voto.

voto *m.* Promesa hecha a Dios, a la Virgen o a un santo. 2 Expresión blasfema o irreverente. 3 Deseo del bien de otro. 4 En una asamblea o elección, manifestación de la voluntad de cada uno. 5 Facultad de votar.

voz *f.* Sonido que produce el aire expelido de los pulmones al hacer vibrar las cuerdas vocales. 2 Sonido que producen ciertas cosas. 3 Grito. 4 Aptitud para cantar. 5 Palabra. 6 fig. Fama, rumor. 7 Facultad de hablar en una asamblea.

vozarrón *m.* Voz muy fuerte y gruesa.

vual *m.* Tejido ligero de seda o rayón.

vudú *m.* Conjunto de creencias y prácticas religiosas, procedente de África.

vuelco *m.* Ac. y ef. de volcar. 2 Movimiento de lo que se vuelca.

vuelillo *m.* Adorno de encaje u otra tela ligera, en las bocamangas de algunos trajes.

vuelo *m.* Acción de volar. 2 Espacio que se recorre volando sin posarse. 3 Amplitud de un vestido en la parte que no se ajusta al cuerpo. 4 ~ *a vela* o ~ *sin motor*, deporte de navegación aérea con un velero, aprovechando las corrientes de aire.

vuelta *f.* Movimiento de una cosa alrededor de un punto o girando sobre sí misma. 2 Circunvolución de una cosa alrededor de otra. 3 Curvatura de un camino. 4 Mudanza de las cosas. 5 Regreso. 6 Dinero sobrante de un pago. 7 fig. Parte de una cosa opuesta a la que se tiene a la vista. 8 Repetición. 9 Paseo corto.

vuelto, -ta *adj.* Que, abierto, cae a la izquierda del que lee.

vuelvepiedras *m.* Ave caradriforme zancuda, de pico duro y macizo, y plumaje negro en la parte dorsal y blanco en la ventral.

vuestro, -tra *adj.-pron. poses.* Forma de segunda persona en género masculino, femenino y neutro; es plural en cuanto a los poseedores, y singular o plural en cuanto a la cosa poseída.

vulcanicidad *f.* Fenómenos ocasionados por la acción de los volcanes en la superficie de la tierra.

vulcanizar *tr.* Combinar azufre con

caucho o gutapercha.

vulcanología f. Parte de la geología que estudia los fenómenos volcánicos.

vulgar adj.-s. Perten. o rel. al vulgo. 2 Común, general.

vulgaridad f. Calidad de vulgar. 2 Cosa vulgar.

vulgarismo m. Dicho o frase, especialmente usados por el vulgo.

vulgarización f. Ac. y ef. de vulgarizar.

vulgarizar tr.-prnl. Hacer vulgar o común. 2 Hacer asequible una ciencia o materia técnica.

vulgata f. Versión de la Biblia auténtica recibida por la Iglesia.

vulgo m. El común de la gente popular.

vulnerable adj. Que puede dañarse.

vulnerar tr. fig. Dañar, perjudicar. 2 Quebrantar la ley, precepto, etc.

vulneraria f. Planta papilionácea pubescente de hojas pinnadas.

vulpeja f. Zorra.

vulpino, -na adj. Perten. o rel. a la zorra.

vultuoso, -sa adj. MED. De rostro abultado por congestión.

vultúrido, -da adj.-m. Díc. del ave rapaz falconiforme de garras no retráctiles, con el cuello y cabeza generalmente desnudos; como el buitre.

vulva f. Partes que rodean y constituyen la abertura externa de la vagina.

W

w *f.* Uve doble, letra que no pertenece propiamente al alfabeto español.

wagon-lit *m.* Coche cama.

walkie-talkie *m.* Aparato portátil, receptor y transmisor de ondas de radio.

walkman *m.* Reproductor portátil de casetes, que sólo se puede oír mediante auriculares.

wat *m.* ELECTR. Unidad de potencia eléctrica en el Sistema Internacional.

wáter, water-closet *m.* Retrete (recipiente y habitación).

waterpolo *m.* Deporte acuático practicado en una piscina entre dos equipos de siete jugadores.

wau *f.* En lingüística, nombre que se da a la *u* considerada como semiconsonante explosiva, anterior a una vocal, o bien como semivocal implosiva, posterior a una vocal.

weber *m.* ELECTR. Unidad del flujo magnético en el Sistema Internacional.

wélter *adj.-m.* DEP. Peso (categoría) del boxeo.

western *m.* Película de aventuras que trata de la conquista del oeste norteamericano por los colonos.

whisky *m.* Licor alcohólico obtenido por la destilación de cereales fermentados.

wínchester *m.* Fusil de repetición.

windsurf *m.* DEP. Tabla especial con una vela para deslizarse sobre el agua.

windsurfing *m.* Deporte náutico del windsurf.

wolframita *f.* Mineral que cristaliza en el sistema monoclínico, de color negro o pardo y brillo metálico o resinoso.

won *m.* Unidad monetaria de Corea.

wulfenita *f.* Mineral que cristaliza en el sistema tetragonal, de color amarillo, anaranjado o rojo y brillo vítreo o adamantino.

X

x *f.* Consonante, vigésima sexta letra del alfabeto. 2 *X,* cifra romana equivalente a diez. 3 MAT. Signo de la incógnita.

xantocromía *f.* Coloración amarillenta exagerada de la piel y mucosas.

xantofíceas *f. pl.* Clase de algas dentro de los xantófitos verdes amarillentas, unicelulares.

xantofila *f.* Pigmento amarillo de ciertas células vegetales.

xantófitos *m. pl.* División de algas constituida por la clase de las xantofíceas.

xantoma *m.* Depósito de colesterol que puede observarse en la piel, huesos y tendones, en forma de nódulos.

xenoblástico, -ca *adj.* GEOL. Díc. de la roca que presenta cristales irregulares, mal formados.

xenofilia *f.* Simpatía a los extranjeros.

xenofobia *f.* Odio a los extranjeros.

xenófobo, -ba *adj.* Que siente xenofobia.

xenogamia *f.* BIOL. Fertilización cruzada.

xenón *m.* Elemento gaseoso e inerte.

xerocopia *f.* Copia fotográfica obtenida por medio de la xerografía; fotocopia.

xerófilo, -la *adj.* Díc. de la planta que vive en un hábitat seco y se modifica para adaptarse.

xeroftalmía *f.* Pérdida de la visión por sequedad de la conjuntiva y opacidad de la córnea.

xerografía *f.* Sistema electrostático, que se utiliza para imprimir en seco.

xerosfera *f.* Ambiente climático típico de los desiertos.

xi *f.* Decimocuarta letra del alfabeto griego, equivalente a la *x* del español.

xifoideo, -a *adj.* Perten. o rel. al xifoides.

xifoides *adj.-s.* Díc. del cartílago en que termina el esternón.

xilófago, -ga *adj.* Que roe la madera.

xilófono *m.* Instrumento músico de percusión formado por una serie de listones de madera.

xilografía *f.* Arte de grabar en madera. 2 Impresión tipográfica hecha con planchas de madera grabadas.

xilográfico, -ca *adj.* Perten. o rel. a la xilografía.

xiloideo, -a *adj.* Parecido a la madera.

xilópalo *m.* Madera fosilizada cuyas moléculas orgánicas se han substituido por sílice.

Y

y *f.* Consonante palatal, vigésima séptima letra del alfabeto, salvo cuando va a final de palabra como último elemento de un diptongo o triptongo, en cuyo caso equivale a una *i*. - 2 *conj. copul.* Coordina en la oración términos que hacen el mismo oficio gramatical; une oraciones que expresan hechos sucesivos o simultáneos.

ya *adv. t.* En un tiempo pasado. 2 En la actualidad. 3 Por último. 4 Ahora, de inmediato o sin que pase mucho tiempo. - 5 *conj. distrib.* Ahora, u ora. ▷ *No ~*, no solamente. *~ que*, una vez que, puesto que.

yacaré *m.* Cocodrilo americano de hocico plano y coloración negruzca.

yacer *intr.* Estar echada o tendida una persona. 2 Estar un cadáver en la fosa. 3 Tener trato carnal con una persona.

yacija *f.* Cama pobre.

yacimiento *m.* Sitio donde se halla naturalmente un mineral.

yaguarondi *m.* Mamífero carnívoro félido de Sudamérica.

yak *m.* Bóvido asiático de gran tamaño y pelaje lanoso y ondulado.

yambo *m.* Pie de la poesía clásica formado por una sílaba breve y una larga.

yanqui *adj.-s.* Norteamericano.

yapok *m.* Mamífero marsupial acuático con los pies palmeados.

yarda *f.* Medida inglesa de longitud, equivalente a 91 cms.

yatagán *m.* Sable curvo oriental.

yate *m.* Embarcación de cierta envergadura para recreo.

yaz *m.* Jazz.

ye *f.* Nombre de la letra *y*.

yedra *f.* Hiedra.

yegua *f.* Hembra del caballo.

yeguada *f.* Rebaño de ganado caballar.

yeísmo *m.* Pronunciación de la *ll* como *y*.

yelmo *m.* Parte de la armadura que cubre y defiende la cabeza y el rostro.

yema *f.* Rudimento de brote en que los extremos aún no se han desarrollado. 2 Masa esférica amarilla en el centro del huevo del ave. 3 Parte de la punta del dedo opuesta a la uña. 4 Dulce hecho con azúcar y yema de huevo.

yen *m.* Unidad monetaria del Japón.

yerba *f.* Hierba.

yermo, -ma *adj.* Desierto. 2 *adj.-s.* Inculto. - 3 *m.* Terreno seco y estéril.

yerno *m.* Respecto de una persona, marido de su hija.

yero *m.* Hierba papilionácea que se cultiva para el ganado.

yerro *m.* Falta o delito. 2 Equivocación.

yerto, -ta *adj.* Tieso, rígido o áspero.

yesca *f.* Materia seca y muy inflamable.

yesería *f.* Fábrica o tienda de yeso. 2 Obra de yeso.

yesero, -ra *adj.* Perten. o rel. al yeso.

yeso *m.* Sulfato de calcio que se emplea en la construcción y en escultura.

yesquero, -ra *adj.* Díc. de un hongo y de un cardo con que se hace yesca. - 2 *m.* Encendedor de yesca.

yeti *m.* Ser gigantesco, de leyenda, parecido al hombre que habita en el Himalaya.

ye-yé *adj.-s.* Díc. de la música con acompañamiento vocal y baile correspondiente, de moda durante los años sesenta.

yeyuno *m.* Sección del intestino delgado comprendida entre el duodeno y el íleon.

yezgo *m.* Planta herbácea semejante al saúco, pero de olor fétido.

yiddish *m.* Lengua hablada por los judíos descendientes de los expulsados de Alemania en el s. XIV.

yiu-yitsu *m.* Sistema de lucha sin armas, a base de golpes.

yo *pron. pers.* Forma de la primera persona para el sujeto en género masculino y femenino y en número singular.

yod *f.* En lingüística, todo sonido de *i, y*, o consonante palatal, que cierra el timbre de las vocales precedentes.

yodación f. QUÍM. Substitución de átomos de hidrógeno por otros de yodo.

yodado, -da adj. Que contiene yodo.

yodo m. Metaloide sólido, cristalino y brillante.

yodoformo m. Compuesto de yodo, nitrógeno y carbón.

yoduro m. Compuesto de yodo y otro elemento.

yoga m. Doctrina filosófica hindú basada en las prácticas ascéticas, el éxtasis, la contemplación y la inmovilidad absoluta, para llegar al estado perfecto.

yogui, yoghi m. Asceta hindú que alcanza la perfección mediante la práctica del yoga. - 2 com. Persona que practica alguno o todos los ejercicios físicos del yoga.

yogur m. Leche fermentada.

yogurtera f. Aparato electrodoméstico para la preparación del yogur.

yonqui com. En el lenguaje de la droga, toxicómano que se inyecta con asiduidad.

yóquey, yoqui m. Jinete profesional de las carreras de caballos.

yoyó, yoyo m. Juguete de dos tapas redondas unidas por una pieza que permite enrollar un cordón en medio de ellas.

yperita f. Gas asfixiante utilizado por los alemanes.

yuan m. Unidad monetaria de China.

yubarta f. Mamífero cetáceo de hasta 15 m. de longitud, con enormes aletas pectorales.

yuca f. Planta americana con hojas en forma de espada y flores blancas, de cuya raíz se saca una harina alimenticia.

yudo m. Deporte de origen japonés de lucha cuerpo a cuerpo intentando aprovechar la fuerza y el impulso del contrario.

yudogui m. Traje amplio y de lona fuerte con el que se practica el yudo.

yudoka com. Persona que practica el yudo.

yugada f. Espacio de tierra que puede arar una yunta en un día.

yugo m. Instrumento de madera al cual se uncen las mulas o los bueyes. 2 fig. Ley, dominio que obliga a obedecer.

yugoeslavo, -va adj.-s. De Yugoeslavia.

yugular adj. Perten. o rel. a la garganta. 2 adj.-f. Díc. de la vena y arteria que pasan por ella. - 3 tr. Degollar.

yunque m. Prisma de hierro acerado que se usa para trabajar en él los metales. 2 ANAT. Huesecillo del oído medio.

yunta f. Par de animales que sirven en la labor del campo o en los acarreos.

yuntero m. El que ara con una yunta.

yupatí m. Pequeño marsupial de pelaje obscuro.

yuppie adj.-s. Perten. o rel. al grupo social integrado por jóvenes profesionales muy activos, de formación universitaria, de altos ingresos e ideología conservadora.

yusera f. Piedra circular o conjunto de dovelas que sirve de suelo en el alfarje de los molinos de aceite.

yusivo, -va adj. GRAM. Que expresa un mandato o una orden, especialmente el modo subjuntivo.

yute m. Planta tropical de cuyos tallos se obtiene una fibra textil. 2 Hilado o tejido de esta fibra.

yuxtalineal adj. Díc. de la traducción que acompaña a su original. 2 Díc. del cotejo de textos dispuesto a dos columnas de modo que se correspondan línea por línea.

yuxtaponer tr.-prnl. Poner una cosa junto a otra.

yuxtaposición f. Ac. y ef. de yuxtaponer. 2 GRAM. Sucesión de oraciones sin palabras que expresen el enlace.

yuxtapuesto, -ta p. p. irreg. de *yuxtaponer*. - 2 adj. GRAM. Perten. o rel. a las oraciones unidas por yuxtaposición.

Z

z *f.* Consonante interdental, vigésima octava, y última, letra del alfabeto.

zabordar *intr.* Encallar un barco.

zacatín *m.* Plaza donde se venden ropas.

zafar *tr.* MAR. Desembarazar, quitar los estorbos. - 2 *prnl.* Escaparse, esconderse. 3 Excusarse de hacer una cosa; librarse.

zafarrancho *m.* Desembarazo y disposición de una parte de la embarcación para determinada faena. 2 fig. Riña.

zafiedad *f.* Calidad de zafio.

zafio, -fia *adj.* Tosco, inculto, grosero.

zafiro *m.* Piedra preciosa de color azul.

zafo, -fa *adj.* MAR. Libre, desembarazado.

zafra *f.* Vasija en que se ponen a escurrir las medidas para el aceite. 2 Vasija de metal para guardar el aceite.

zafre *m.* Óxido de cobalto mezclado con cuarzo con que se da color azul a la loza y al vidrio.

zaga *f.* Parte posterior de algunas cosas. 2 DEP. Línea de defensa de un equipo. ▷ *A la, a o en ~,* atrás o detrás.

zagal *m.* Mozo, muchacho adolescente. 2 Pastor mozo a las órdenes del mayoral.

zagala *f.* Muchacha soltera. 2 Pastora joven.

zagalón, -lona *m. f.* Adolescente muy crecido.

zagual *m.* Remo corto con pala plana que no se apoya en la embarcación.

zaguán *m.* Pieza cubierta a modo de vestíbulo en la entrada de una casa.

zaguanete *m.* Aposento de palacio donde está la guardia del príncipe. 2 Escolta de guardia que acompaña a pie a las personas reales.

zaguero, -ra *adj.* Que va en zaga. - 2 *m.* Jugador que se coloca detrás en el juego de pelota.

zahareño, -ña *adj.* Díc. del pájaro difícil de amansar.

zaherir *tr.* Mortificar con reprensión o alusión maligna.

zahína *f.* Planta graminácea cuyas semillas, mayores que las del cañamón, se dan de comer a los pájaros.

zahón *m.* Calzón de cuero o paño, con perniles abiertos que se atan a los muslos.

zahondar *tr.* Ahondar un hoyo en la tierra. - 2 *intr.* Hundirse los pies en ella.

zahorí *com.* Persona a quien se atribuye el poder de ver las cosas ocultas, como veneros de agua y yacimientos minerales.

zahúrda *f.* Pocilga.

zaino, -na *adj.* Traidor, falso. 2 Díc. del caballo o yegua de color castaño obscuro. 3 Díc. del toro o vaca de color negro.

zalagarda *f.* Emboscada.

zalama *f.* Zalamería.

zalamería *f.* Demostración de cariño afectada y empalagosa.

zalamero, -ra *adj.-s.* Que hace zalamerías.

zalea *f.* Cuero de oveja o carnero curtido, de modo que conserve la lana.

zalear *tr.* Arrastrar o menear con facilidad una cosa a un lado y otro.

zalema *f.* Reverencia en señal de respeto. 2 Zalamería.

zaleo *m.* Tela vieja o destrozada.

zamacuco, -ca *m. f.* Persona tonta y bruta. 2 Persona solapada.

zamacueca *f.* Baile popular de música lenta, en compás de seis por ocho, que termina con un zapateado vivo. 2 Música y canto de este baile.

zamarra *f.* Especie de chaqueta de piel con su lana o pelo. 2 Piel de carnero.

zamarrear *tr.* Sacudir a un lado y otro la presa asida con los dientes.

zamarrilla *f.* Planta labiada aromática y medicinal.

zamarro *m.* Calzón ancho de cuero de borrego o chivo. 2 Hombre tosco, lerdo.

zamba *f.* Zamacueca.

zambarco *m.* Correa ancha que ciñe el pecho de las caballerías de tiro.

zambo, -ba *adj.-s.* Díc. de la persona que tiene juntas las rodillas y separadas las piernas hacia fuera.

zambomba *f.* Instrumento músico popular que produce un sonido ronco.

¡zambomba! Interjección de sorpresa.

zambombazo *m.* Porrazo, golpe. 2 Explosión, estampido.

zambombo *m.* fig. fam. Hombre grosero y tosco.

zamborotudo, -da, zamborrotudo, -da *adj.* fam. Tosco, grueso y mal formado.

zambra *f.* Fiesta morisca con bulla y baile. 2 Algazara, ruido.

zambucar *tr.* Esconder rápidamente una cosa entre otras.

zambullida *f.* Ac. y ef. de zambullir o zambullirse.

zambullir *tr.-prnl.* Meter debajo del agua con ímpetu o de golpe.

zamburiña *f.* Molusco lamelibranquio con una concha de hasta 8 cms. parecida a la concha de peregrino.

zamorano, -na *adj.* De Zamora.

zampabollos *com.* Zampatortas.

zampar *tr.* Meter una cosa en otra de prisa. 2 Comer de prisa y con exceso. - 3 *prnl.* Meterse de golpe en alguna parte.

zampatortas *com.* Persona que come con exceso y brutalidad.

zampón, -pona *adj.-s.* fam. Tragón.

zampoña *f.* Instrumento músico rústico a modo de flauta o compuesto de muchas flautas.

zampullín *m.* Somormujo pequeño, de trasero romo, y cuello y pico cortos.

zanahoria *f.* Planta umbelífera de raíz comestible. 2 Raíz de esta planta.

zanca *f.* Pierna larga de un ave. 2 fig. Pierna larga y delgada. 3 ARQ. Madero inclinado que sirve de apoyo a una escalera.

zancada *f.* Paso largo.

zancadilla *f.* Acción de cruzar uno su pierna con la de otro para derribarle. 2 fig. Ardid para perjudicar.

zancajear *intr.* Andar mucho y aceleradamente.

zancajera *f.* Parte del estribo del coche, donde se pone el pie.

zancajo *m.* Parte del pie donde sobresale el talón. 2 Parte del zapato o de la media que cubre el talón.

zancajoso, -sa *adj.* Que tiene los pies torcidos hacia afuera.

zanco *m.* Palo alto con un soporte para los pies, utilizado con otro para andar.

zancón, -na *adj.* fam. Zancudo.

zancudo, -da *adj.* De zancas largas. - 2 *adj.-f.* Díc. del ave adaptada a la vida en zonas pantanosas que tiene muy largos los tarsos.

zangala *f.* Tela de hilo muy engomada.

zangamanga *f.* Treta, ardid.

zanganada *f.* fam. Impertinencia.

zangandullo, -lla, -dungo, -ga *m. f.* Persona inhábil y holgazana.

zanganear *intr.* Vagar sin trabajar.

zángano, -na *m.* Macho de la abeja reina. - 2 *m. f.* fam. Persona holgazana.

zangarrear *intr.* Rasguear sin arte la guitarra.

zangarria *adj.-s.* Trompo saltador.

zangolotear *tr.* Mover continua y violentamente. 2 fig. Moverse sin concierto ni propósito. - 3 *prnl.* Moverse por estar flojo.

zangolotino, -na *adj.* Díc. del muchacho ya crecido que quiere pasar por niño.

zangón *m.* Muchacho alto, desvaído y ocioso.

zanguanga *f.* Ficción de una enfermedad para no trabajar.

zanguango, -ga *adj.-s.* Indolente, perezoso.

zanja *f.* Excavación larga y angosta en la tierra.

zanjar *tr.* Abrir zanjas. 2 fig. Resolver de modo expeditivo un asunto.

zanquear *intr.* Torcer las piernas al andar.

zanquilargo, -ga *adj.-s.* De zancas o piernas largas.

zanquivano, -na *adj.-s.* De piernas largas y flacas.

zapa *f.* Pala herrada con un corte acerado. 2 Excavación. 3 Lija.

zapador *m.* Soldado destinado a obras de excavación.

zapapico *m.* Herramienta con dos bocas, una puntiaguda y la otra de corte angosto.

zapar *intr.* Trabajar con la zapa. 2 p. ext. Excavar en algún sitio.

zaparrastrar *intr.* fam. Llevar arrastrando los vestidos.

zapata *f.* Calzado que llega a media pierna. 2 Chapa en los pies de un trípode de para evitar que se hinquen en el suelo.

zapatazo *m.* Golpe dado con un zapato o contra algo que suena.

zapateado *m.* Baile para un solo bailarín, que lo ejecuta percutiendo los tacones de los zapatos en el suelo.

zapatear *tr.* Golpear con el zapato. 2 Dar golpes en el suelo con los pies descalzos; esp., *abs.,* acompañar al tañido siguiendo el compás con los pies y dando palmadas.

zapateo *m.* Ac. y ef. de zapatear.

zapatería *f.* Oficio y tienda del zapatero.

zapatero, -ra *m. f.* Persona que, por oficio, hace o vende zapatos.

zapateta *f.* Golpe dado en el pie o zapato, brincando al mismo tiempo.

zapatiesta *f.* Riña, alboroto, jaleo.

zapatilla *f.* Zapato ligero para estar en casa. 2 Calzado especial para practicar deportes. 3 Pieza de cuero, goma, etc., para mantener adheridas y herméticas dos partes en comunicación.

zapato *m.* Calzado exterior que no pasa del tobillo.

¡zape! Interjección para ahuyentar a los gatos.

zaque *m.* Odre pequeño.

zaquear *tr.* Trasegar un líquido en zaques.

zaquizamí *m.* Desván, buhardilla.

zar, -rina *m. f.* Título del emperador de Rusia. - 2 *m.* Soberano de Bulgaria.

zarabanda *f.* Antiguo baile. 2 fig. Cosa que causa estrépito, alboroto o molestia.

zaragalla *f.* Carbón vegetal menudo.

zaragata *f.* Gresca, alboroto.

zaragatona *f.* Hierba de semillas pequeñas que, cocidas, dan una substancia mucilaginosa.

zaragozano, -na *adj.-s.* De Zaragoza.

zaragüelles *m. pl.* Especie de calzones anchos y con perneras formando pliegues.

zaranda *f.* Criba.

zarandajas *f. pl.* Cosas menudas, sin valor.

zarandar *f.* Limpiar el grano o la uva con la zaranda. 2 fig. Mover con ligereza.

zarandear *tr.* Zarandar. - 2 *prnl.* Ajetrearse.

zarandeo *m.* Ac. y ef. de zarandear.

zarandillo *m.* Zaranda pequeña. 2 fig. Persona viva y ágil.

zarapito *m.* Ave zancuda, de pico largo y encorvado que vive en playas y pantanos.

zaratita *f.* Mineral de la clase de los carbonatos, de color verde esmeralda.

zaraza *f.* Tela de algodón ancha y fina.

zarazas *f. pl.* Veneno para matar perros y otros animales.

zarcear *intr.* Entrar el perro en los zarzales para buscar la caza.

zarceño, -ña *adj.* Perten. o rel. a la zarza.

zarcero *m.* Ave paseriforme de pequeño tamaño, insectívora.

zarcillo *m.* Pendiente (arete). 2 BOT. Hoja o brote en forma de filamento voluble.

zarco, -ca *adj.* De color azul claro.

zarevitz *m.* Hijo del zar.

zarigüeya *f.* Mamífero marsupial americano, de hocico alargado y cola prensil.

zarismo *m.* Forma de gobierno absoluto, propio de los zares.

zarista *adj.* Perten. o rel. al zar. - 2 *adj.-s.* Partidario del zar.

zarpa *f.* Acción de zarpar. 2 Mano, dedos y uñas de ciertos animales.

zarpar *tr.-intr.* Levar anclas, hacerse a la mar. - 2 *intr.* Partir o salir embarcado.

zarpazo *m.* Golpe dado con la zarpa.

zarracatería *f.* Halago fingido.

zarramplín *m.* Hombre chapucero. 2 Pelagatos.

zarrapastroso, -sa *adj.-s.* fam. Desaliñado, desaseado.

zarria *f.* Pingajo, harapo. 2 Tira de cuero para asegurar la abarca.

zarriento, -ta *adj.* Que tiene zarrias.

zarza *f.* Arbusto rosáceo de tallos sarmentosos, con fruto en drupa.

zarzaganillo *m.* Cierzo que causa tempestades.

zarzamora *f.* Fruto de la zarza. 2 Zarza.

zarzaparrilla *f.* Arbusto americano medicinal de tallos finos y raíces cilíndricas. 2 Bebida hecha con esta planta.

zarzo *m.* Tejido plano hecho con cañas, varas o mimbres.

zarzuela *f.* Obra dramática y musical en la que alternan el canto y la declamación. 2 Plato con varias clases de pescado y marisco condimentados con una salsa.

¡zas! Onomatopeya de un golpe.

zascandil *m.* fam. Hombre despreciable y enredador. 2 Hombre que va de un lado a otro sin hacer nada de provecho.

zascandilear *intr.* Portarse como un zascandil.

zata, zatara *f.* Balsa para transportes fluviales.

zeda *f.* Zeta.

zegris *f.* Mariposa diurna con las alas de color blanco y amarillo.

zéjel *m.* Estrofa de métrica popular hispanoárabe, propagada también a la poesía castellana.

zen *adj.-m.* Díc. de la secta budista que renuncia a toda especulación intelectual y profundidad cognoscitiva.

zendavesta *m.* Colección de los libros sagrados de los persas.

zendo, -da *adj.-m.* Díc. del idioma indoeuropeo usado antiguamente en las provincias septentrionales de Persia.

zeolita *f.* Silicato natural, procedente de algunas rocas volcánicas.

zepelín *m.* Globo dirigible.

zeta *f.* Nombre de la letra *z*. 2 Octava letra del alfabeto griego, equivalente al sonido *z* o *c*, delante de *e*, *i*, del español.

zeugma *m.* Figura de construcción que consiste en sobrentender un verbo o un adjetivo cuando se repite en construcciones homogéneas y sucesivas.

zigodáctilo, -la *adj.* Que tiene dos dedos unidos o soldados.

zigodonto, -ta *adj.* Que tiene las cúspides de los dientes molares unidos en pares.

zigurat *m.* Torre escalonada con terraza, de construcción caldea o babilónica.

zigzag *m.* Serie de líneas que forman ángulos entrantes y salientes.

zigzaguear *intr.* Andar, moverse o extenderse en zigzag.

zinc *m.* Cinc.

zipizape *m.* fam. Riña ruidosa o con golpes.

zloty *m.* Unidad monetaria de Polonia.

zócalo *m.* Cuerpo inferior de un edificio, para elevar los basamentos a un mismo nivel. 2 Parte fija del enchufe en cuyas hembrillas penetran las clavijas.

zocato, -ta *adj.-s.* fam. Zurdo. - 2 *adj.*

Díc. del fruto acorchado y amarillo.

zoclo *m.* Zueco, chanclo.

zodiacal *adj.* Perten. o rel. al zodíaco.

zodíaco *m.* Zona de la esfera celeste dividida en doce partes iguales, llamadas *signos del zodíaco*.

zoidiofilia *f.* Polinización por los animales.

zoilo *m.* fig. Crítico presumido.

zoísmo *m.* Conjunto de características que determinan la clasificación de un organismo vivo entre los animales.

zombi, zombie *com.* Muerto reanimado por un rito mágico. - 2 *adj.* fig. Atontado.

zona *f.* Lista o faja. 2 Extensión considerable de terreno. 3 Parte en que, con otras cuatro, se considera dividida la superficie de la Tierra por los trópicos y los círculos polares. 4 Erupción cutánea acompañada de gran ardor. 5 DEP. Parte de un campo de baloncesto más próxima a las canastas, en forma de trapecio o rectángulo.

zoncería *f.* Sosería.

zonificar *tr.* Dividir un terreno en zonas.

zonzo, -za *adj.-s.* Soso.

zoo *m.* Abreviatura de parque zoológico.

zoobiología *f.* Biología del mundo animal.

zoófago, -ga *adj.* Que se alimenta de materias animales.

zoofilia *f.* Amor por los animales.

zoófito *m.* Animal que tiene aspecto de planta.

zoofobia *f.* Fobia a ciertos animales.

zoogenia *f.* Parte de la zoología que estudia el desarrollo de los animales.

zoogeografía *f.* Ciencia que estudia la distribución geográfica de los animales.

zoografía *f.* Parte de la zoología que describe los animales.

zooide *m.* ZOOL. Individuo que forma parte de un cuerpo con organización colonial y cuya estructura es variable.

zoolatría *f.* Adoración, culto de los animales.

zoolito *m.* Parte petrificada del cuerpo de un animal.

zoología *f.* Parte de la historia natural que trata de los animales.

zoológico, -ca *adj.* Perten. o rel. a la zoología.

zoom m. Sistema óptico que permite el cambio de planos, utilizado en cámaras fotográficas, cinematográficas y de televisión. 2 Objetivo con dicho sistema.

zoometría f. Estudio de las dimensiones de los animales.

zoomorfo, -fa adj. Con forma de animal.

zoónimo m. LING. Nombre de animal.

zoopaleontología f. Rama de la paleontología que estudia los animales fósiles.

zooplancton m. Conjunto de organismos exclusivamente animales que forman parte del plancton.

zoosemiótica f. Estudio de los sistemas de comunicación de los animales.

zoospermo m. Espermatozoide.

zoospora f. Espora en cuya superficie lleva órganos filiformes a modo de cilios o flagelos que le sirven para nadar.

zootaxia f. Ordenación o clasificación metódica del reino animal.

zootecnia f. Técnica de criar animales domésticos.

zootoxina f. Toxina o veneno de origen animal.

zopas com. Persona que cecea.

zopenco, -ca adj.-s. Tonto, bruto.

zopisa f. Brea. 2 Resina de pino.

zoque m. Gazpacho muy espeso, propio de Málaga.

zoqueta f. Especie de guante de madera para resguardar la mano izquierda de los cortes de la hoz al segar.

zoquete m. Taco que queda sobrante al labrar un madero. 2 fig. Pedazo de pan grueso e irregular. 3 fig. fam. Hombre pequeño y gordo. - 4 adj.-com. Díc. de la persona ruda para entender.

zoquetudo, -da adj. Basto o mal hecho.

zorcico m. Baile y canto popular vascongado.

zoroastrismo m. Mazdeísmo.

zorollo adj. Blando, tierno. 2 Díc. del trigo que se siega antes de su madurez.

zorongo m. Pañuelo que los aragoneses llevan alrededor de la cabeza.

zorra f. Zorro común. 2 Hembra del zorro. 3 fig. fam. Ramera.

zorrastrón, -trona adj.-s. fam. Pícaro, astuto.

zorrera f. Cueva de zorros.

zorrería f. Astucia y cautela de la zorra.

2 fig. Astucia y cautela del que busca su utilidad en lo que hace.

zorrilla f. Vehículo que se desliza sobre los carriles y se destina a la inspección de la vía férrea.

zorrillo m. Amér. Mofeta.

zorro m. Mamífero carnívoro, de cola larga y hocico estrecho. 2 fig. Persona taimada y astuta. - 3 m. pl. Utensilio para sacudir el polvo.

zorronglón, -glona adj.-s. Que obedece refunfuñando.

zorzal m. Ave paseriforme con el plumaje de color pardo, salvo en el pecho que es amarillo.

zote adj.-s. Ignorante, torpe, tonto.

zozobra f. Ac. y ef. de zozobrar. 2 fig. Inquietud, congoja.

zozobrar intr. Peligrar la embarcación. 2 fig. Estar muy cerca de perderse una cosa. - 3 intr.-prnl. Naufragar, perderse.

zubia f. Lugar por donde corre mucha agua.

zueco m. Zapato de madera de una pieza. 2 Calzado con suela de corcho o de madera.

zulaque m. Betún en pasta para tapar juntas en obras hidráulicas.

zulo m. Agujero o pequeña habitación oculta.

zulú adj.-s. De un pueblo de raza negra de África.

zulla f. Hierba leguminosa que sirve de pasto para el ganado.

zumacar tr. Adobar las pieles con zumaque.

zumaque m. Arbusto cuya corteza se emplea para curtir.

zumba f. Cencerro grande. 2 Broma.

zumbador m. Timbre eléctrico que al funcionar produce un zumbido sordo.

zumbar intr. Hacer una cosa ruido continuado y bronco. - 2 tr. fam. Dar un golpe, causar un daño. - 3 tr.-prnl. Dar broma.

zumbel m. Cuerda con que se hace bailar el peón.

zumbido m. Ruido de una cosa que zumba.

zumbón, -bona adj. Díc. del cencerro que lleva el cabestro. 2 fig. Burlón.

zumiento, -ta adj. Que arroja zumo.

zumo m. Líquido que se extrae de las flores, hierbas, frutos, etc.

zuncho m. Abrazadera de metal.

zupia f. Poso del vino. 2 Vino turbio. 3

fig. Lo más inútil y despreciable de una cosa.

zurcido *m.* Unión o costura de las cosas zurcidas.

zurcidor, -ra *adj.-s.* Que zurce.

zurcir *tr.* Coser la rotura de una tela de modo que la unión resulte disimulada.

zurdazo *m.* DEP. En el juego del fútbol, disparo con la pierna izquierda.

zurdo, -da *adj.-s.* Que usa de la mano izquierda del modo que las demás personas usan de la derecha. - 2 *f.* Mano izquierda.

zurear *intr.* Hacer arrullos la paloma.

zurito, -ta *adj.* Zuro.

zuro, -ra *adj.* Díc. del palomo silvestre.

zurra *f.* Acción de zurrar las pieles. 2 fig. Paliza.

zurracapote *m.* Bebida popular que en varias regiones de España se hace con vino y diversos ingredientes.

zurrapa *f.* Sedimento en el poso de los líquidos. 2 fig. Cosa vil y despreciable.

zurrapiento, -ta, zurraposo, -sa *adj.* Que tiene zurrapas.

zurrar *tr.* Curtir las pieles. 2 fig. Castigar con golpes. 3 fig. Censurar con dureza.

zurriaga *f.* Pez marino de cuerpo muy alargado de color blanquecino.

zurriagazo *m.* Golpe dado con el zurriago. 2 fig. Desgracia inesperada.

zurriago *m.* Látigo con que se castiga. 2 Correa con que se hace bailar la peonza.

zurriburri *m.* Conjunto de personas de la ínfima plebe o de malos procederes.

zurrido *m.* Sonido bronco y confuso. 2 Golpe, especialmente con palo.

zurrir *intr.* Sonar bronca y confusamente.

zurrón *m.* Bolsa grande de pellejo o cuero. 2 Cáscara primera de ciertos frutos.

zurronero *m.* Cazador furtivo.

zurullo *m.* Pedazo rollizo de materia blanda. 2 p. ext. Mojón (excremento).

zutano, -na *m. f.* Voz usada como complemento o en contraposición de fulano y mengano.